KB246217

영상·디자인 콘텐츠 공모전 최多 도전 실무 노하우

프리미어 프로 & 애프터 이펙트 & 포토샵 CC

김기범, 김경수 지음

영상·디자인 콘텐츠 공모전 최多 도전 실무 노하우

프리미어 프로 &
애프터 이펙트 & 포토샵 CC

ISBN : 978-89-314-5679-0

독자님의 의견을 받습니다.

이 책을 구입한 독자님은 영진닷컴의 가장 중요한 비평가이자 조언가입니다. 저희 책의 장점과 문제점이 무엇인지, 어떤 책이 출판되기를 바라는지, 책을 더욱 알차게 꾸밀 수 있는 아이디어가 있으면 이메일. 또는 우편으로 연락주시기 바랍니다. 의견을 주실 때에는 책 제목 및 독자님의 성함과 연락처(전화번호나 이메일)를 꼭 남겨 주시기 바랍니다. 독자님의 의견에 대해 바로 답변을 드리고, 또 독자님의 의견을 다음 책에 충분히 반영하도록 늘 노력하겠습니다.

파본이나 잘못된 도서는 구입처에서 교환 및 환불해 드립니다.

이 메 일 : support@youngjin.com

주　　소 : (우)08507 서울특별시 금천구 가산디지털1로 128 STX-V타워 4층 401호

등　　록 : 2007. 4. 27. 제16-4189호

STAFF

저자 김기범, 김경수 | **책임** 김태경 | **진행** 성민 | **디자인 · 편집** 지화경 | **제작** 황장협

영업 박준용, 임용수, 김도현 | **마케팅** 이승희, 김근주, 조민영, 이은정, 김예진, 채승희, 김민지 | **인쇄** 제이엠인쇄

왜 '실무'인가?

프리미어 프로와 애프터 이펙트, 포토샵은 영상·디자인 콘텐츠를 위한 '3박자 소프트웨어'입니다. 이 3박자 소프트웨어만 있으면 대부분의 영상과 디자인 콘텐츠를 제작할 수 있습니다. 특히 어도비(Adobe)사라는 공통점이 최고의 호환성과 효율성을 담보합니다. 그러나 정기적으로 업그레이드되는 버전으로 인한 불편함도 있습니다. 이 안에는 수백 가지의 툴과 수천 가지의 플러그인과 수억 가지 이상의 응용 테크닉이 있습니다. 이 모든 것을 소화하려면 평생 공부해도 시간이 부족할 겁니다. 설령 이 많은 기능들을 모두 배웠다고 해도 경쟁력 있는 영상 작품을 만들기는 쉽지 않습니다.

핵심은 3가지 소프트웨어의 툴을 배우는 것이 아니라 기획, 제작, 편집의 3단계 실무 프로세스와 함께 융합하는 것입니다. 이것이 '실무'입니다. 화려한 기술보다 스토리에 충실하고, 하나의 소프트웨어 테크닉보다 소프트웨어별 장점을 활용해서 호환성을 높일 수 있는 능력입니다. 그런데 일반 사용자들은 어떤 것이 실무인지, 활용도가 높은 것인지 알 수 없습니다. 그래서 이 책에 '실무 예제'를 담았습니다. 실무 예제란 3가지 소프트웨어와 함께 3가지 프로세스(기획, 제작, 편집)가 녹아있는 사례입니다. 이 사례는 제한된 시간 내에 치열한 경쟁에서 유용하게 사용할 수 있다는 특징이 있습니다.

이 책의 예제들은 DDL(Digital contents Development Laboratory) 연구실의 학생들과 필자가 지난 10년 이상 월화수목금금금 콘텐츠 공모전에 도전하고, 이 중에서 수상(총 220여 건 수상, 10회 장관상)한 작품을 분석하여 활용도가 높은 테크닉을 실무 예제로 엄선한 것입니다. 독자 여러분이 이 책의 예제를 끝까지 따라한다면 3가지 소프트웨어의 특성을 빠르게 배우고, 실전에서 활용할 수 있으리라 생각합니다. 하지만 무조건 따라하기보다 기획자 관점에서 예제 소스를 분석하고, 다른 툴로 응용해 보고, 창의적인 응용이 필요합니다.

필자가 그동안 이 분야에 집중한 이유는 '감동'을 나눌 수 있는 최선의 수단이 영상이었기 때문입니다. 짧은 시간 안에 여러 사람을 웃길 수도, 울릴 수도 있고, 초등학교 회장부터 대통령까지 당선시킬 수도 있는 게 '영상 콘텐츠의 힘'입니다. 독자 여러분도 여러 사람에게 감동을 전하고, 나 자신에게 보람이 될 수 있는 창의적인 영상을 제작하길 바랍니다.

Thanks 1.

저는 월화수목금금금 쉬지 않는 DDL이 있었기에 이 책을 완성했습니다. 힘들 때마다 저는 대구의 공모전을 생각합니다. 도저히 안 된다고 생각했을 때, 모두가 우리를 외면했을 때 DDL은 해냈기 때문입니다. 한 작품 한 작품에 최선을 다하고 이 책에 그 흔적을 남깁니다. 여러 가지 부족함도 있지만, 그래도 한 걸음 한 걸음씩 앞으로 나아가고 있습니다. 어려울 때마다 제 곁에 있는 분은 교수님이셨습니다. 말로는 표현 못했지만 저를 이끌어주신 김경수 교수님께 늘 감사드립니다. 앞으로도 변함없이 함께 가겠습니다.

전남대학교 DDL 김기범 실장

Thanks 2.

월화수목금금금 공모전에 땀 흘렸던 DDL의 졸업생들, 특히 현리, 승희, 연옥와 여러 제자들에게 감사의 마음을 전합니다. 또 어려운 상황에서 DDL을 후원해주신 와이마트의 김성진 회장님께 특별히 감사의 인사를 드립니다. 끝으로 휴일도 방학도 연말도 없이 DDL과 저의 곁을 지키고 있는 기범이에게 고맙다는 말을 전합니다. 기범이가 머지 않아 날개를 달고 더 높은 곳으로 날아갈 수 있도록 최선을 다하겠다는 다짐을 합니다.

전남대학교 문화전문대학원 미디어예술공학전공 김경수 교수

미리 보기

이 책은 영상 편집에 사용되는 프로그램인 프리미어 프로, 애프터 이펙트, 포토샵 학습을 각각의 Part로 나누어 설명하고 있습니다. 각 Part의 시작 부분에는 Intro 코너를 마련하여 Part에서 다루는 전반적인 내용을 한 눈에 파악할 수 있도록 하였고, 따라하기 단계에서 필요한 부연 설명이나 주의해야 할 사항은 'Tip', '바로 알기' 등의 요소로 구성하였습니다.

핵심내용

각 섹션의 시작 부분에 배치하여 섹션 안에서 어떤 내용을 다루는지 한 눈에 파악할 수 있도록 구성합니다.

핵심기능

예제에서 사용된 핵심 기능을 미리 알려줍니다.

공모전 수상 예제

이 책에서 진행하는 모든 예제는 실제 공모전에서 수상한 작품들로 해당 예제가 출품된 공모전을 소개합니다.

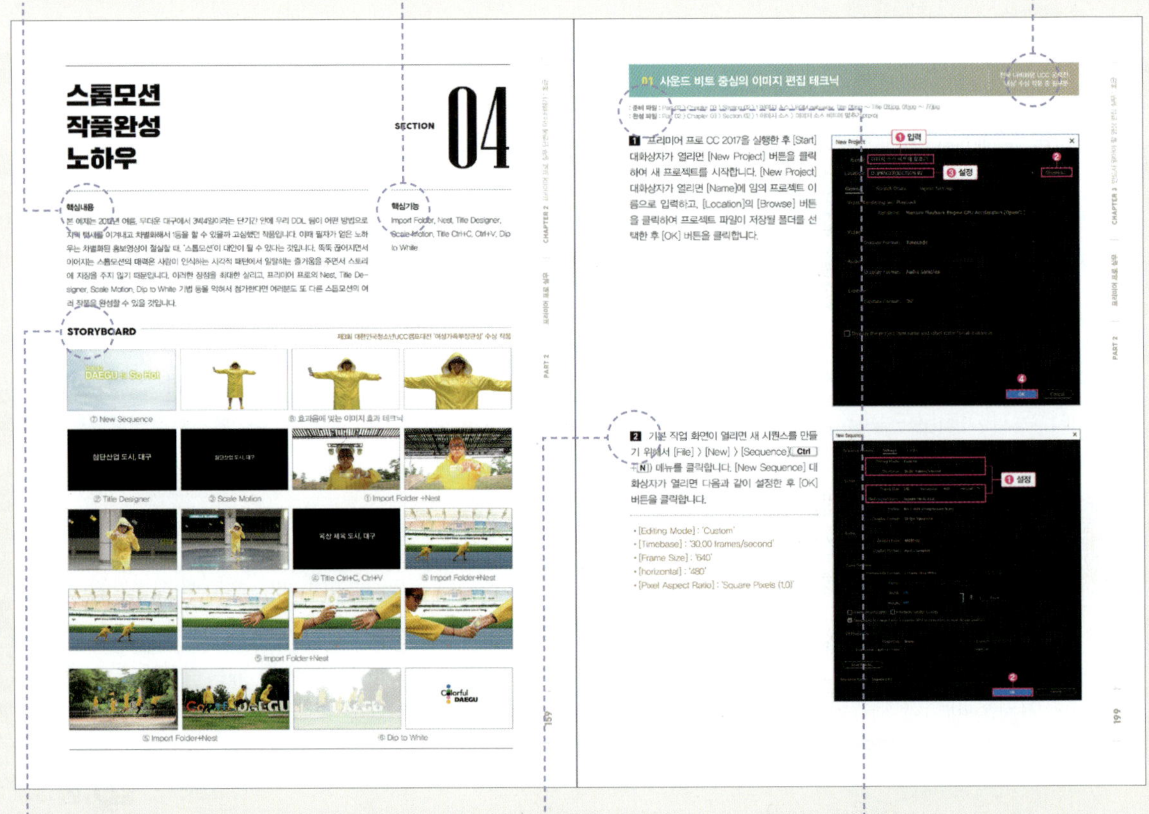

StoryBoard

각 섹션에서 배울 예제의 스토리보드를 보여줍니다.

따라하기 과정

하나하나 쉽게 따라할 수 있도록 자세하게 설명합니다.

준비/완성 파일

따라하기 과정에 필요한 준비 파일 및 완성 파일의 경로를 소개합니다.

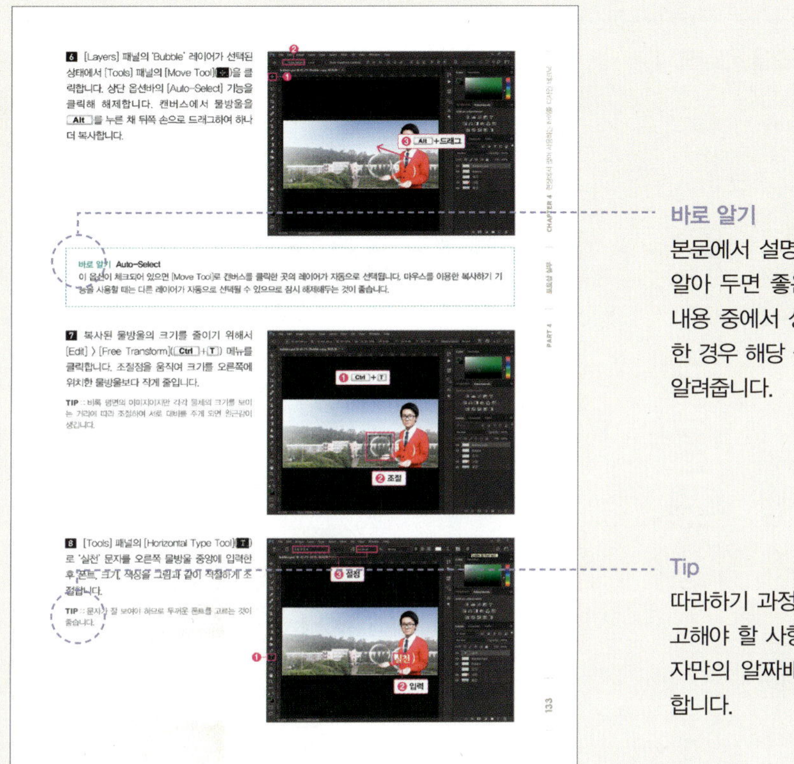

바로 알기

본문에서 설명하지 않은 내용 중 알아 두면 좋은 내용, 또는 본문 내용 중에서 상세한 설명이 필요한 경우 해당 설명 등을 정리해서 알려줍니다.

Tip

따라하기 과정에서 주의 또는, 참고해야 할 사항을 알려주거나, 저자만의 알짜배기 노하우를 공개합니다.

이 책을 보는 방법

이 책의 예제들은 '스토리'가 있고, '이미지+텍스트+사운드'가 함께 어우러진 '실무 예제'입니다. 이 특성을 파악하고 예제의 소스나 기법을 활용하면 창의적인 영상 결과물을 제작할 수 있을 것입니다. 단순한 '기능' 외에 '실무'에 도움을 받기 위해서는 다음과 같은 프로세스가 필요합니다.

첫째, '실무 예제'를 따라하기 전에 완성 결과물을 확인하고, '이미지', '텍스트', '사운드' 각각의 소스를 분석합니다.

둘째, 책의 설명(ex: 수치 입력)대로 따라한 후에 다른 방법(ex: 직접 이동 방식)으로도 제작합니다.

셋째, 책에서 제공한 예제가 아닌 다른 예제(ex: 부록 DVD의 다른 파일)에 동일한 기능을 적용합니다.

마지막으로, 자신의 레포트, 공모전, 프로젝트 등 실전에 도전해서 이를 활용합니다.

이러한 과정을 거친다면 비로소 자신만의 '실무'를 완성할 수 있습니다.

독자 여러분이 이 책의 예제를 통해 창의적으로 응용하고, 다양한 실무에 활용할 수 있기를 기대합니다.

부록 DVD 소개

이 책의 부록 DVD에는 본문에서 사용하는 준비 파일과 완성 파일이 수록되어 있습니다. 부록 DVD의 예제 파일들은 내 컴퓨터에 복사한 후에 사용할 것을 권장합니다.

● 부록 DVD 사용 방법

PART 01 기획/제작/편집 333 실무

기획/제작/편집 333 실무에서 설명하는 스토리보드 파일 및 작품 파일이 수록되어 있습니다.

PART 02 프리미어 프로 실무

[프리미어 프로 실무]에서 사용하는 준비 파일과 작업 완성 파일이 수록되어 있습니다.

PART 03 애프터 이펙트 실무

[애프터 이펙트 실무]에서 사용하는 준비 파일과 작업 완성 파일이 수록되어 있습니다.

PART 04 포토샵 실무

[포토샵 실무]에서 사용하는 준비 파일과 작업 완성 파일이 수록되어 있습니다.

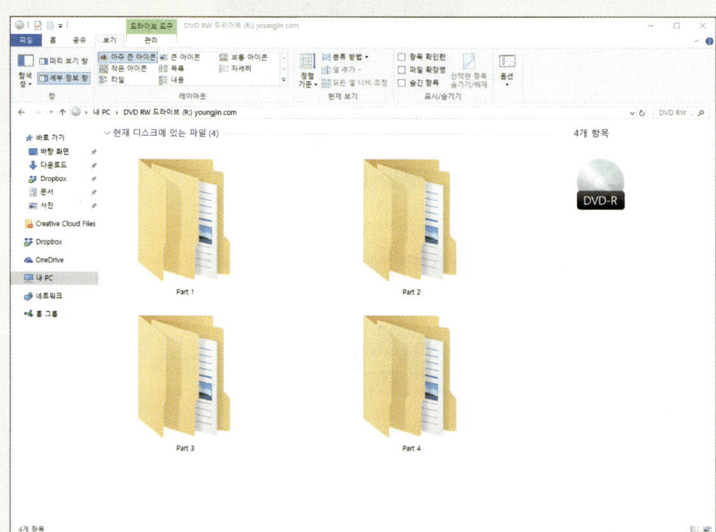

● 홈페이지에서 부록 DVD 자료 다운로드 받는 법

이 책에서 제공하는 부록 DVD의 내용은 영진닷컴 홈페이지(www.youngjin.com)의 [고객센터]-[부록 CD 다운로드] 게시판에서 검색 창에 도서명이나 키워드를 입력한 후 다운로드 받아 사용하실 수 있습니다.

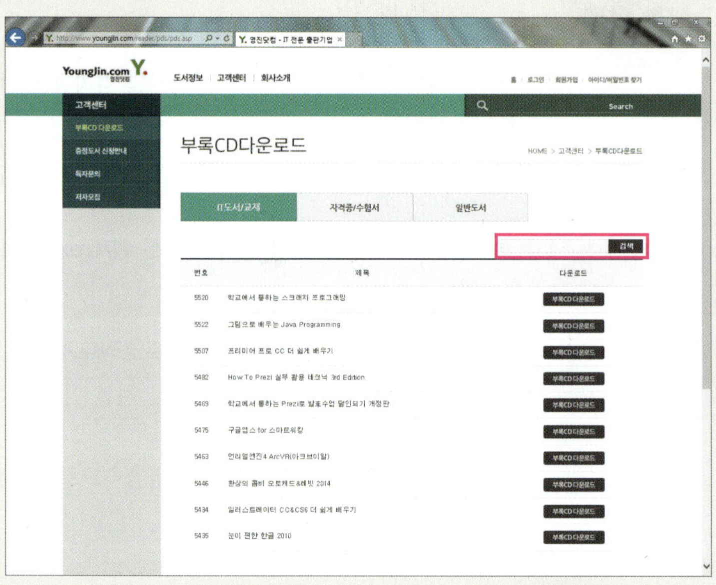

INDEX

기획·제작·편집
333 실무

'1인 미디어 시대'입니다. 누구나 영상을 제작할 수 있는 환경입니다. 그러나 쓸모 있는 영상 콘텐츠 작품을 만들기 위해서는 '영상 기획'을 알아야 합니다. 창의적인 기획이 없다면 뛰어난 영상 편집 테크닉도 무용지물이 되기 때문입니다. 따라서 본 도서에서는 3가지 프로그램(프리미어 프로, 애프터 이펙트, 포토샵)의 기능 외에, '영상 기획'의 핵심적인 실무와 유용한 기획 예제들을 소개하였습니다. 아울러 저자의 20여 년 노하우가 담긴 3가지 프로그램으로 영상 데이터를 제작하고, 영상 편집을 이어가는 3단계의 영상 콘텐츠 기획 · 제작 · 편집의 실무 과정을 안내하였습니다.

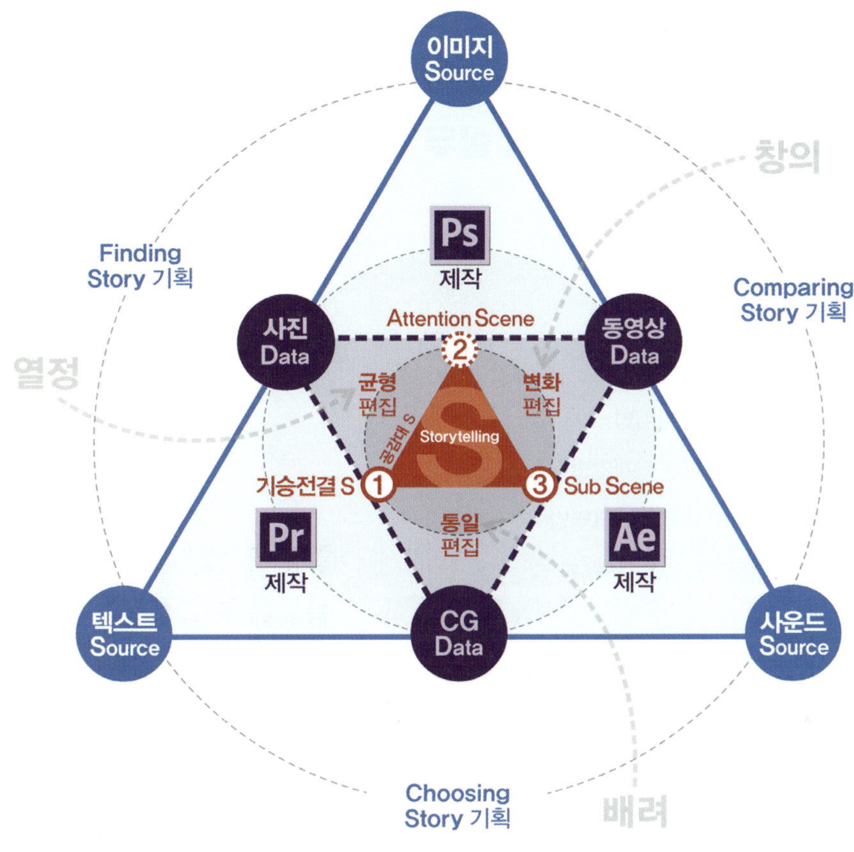

▲ 영상 콘텐츠 기획 · 제작 · 편집 333 실무

영상 콘텐츠 기획 · 제작 · 편집 333 실무란?

영상 콘텐츠 기획 · 제작 · 편집 333 실무는 유튜브와 같은 글로벌 미디어 시장에서 경쟁력 있는 영상 콘텐츠를 생산하기 위한 333단계의 디지털 스토리텔링 프로세스입니다.

첫째, '영상 기획 3 Source(이미지 Source, 텍스트 Source, 사운드 Source)'를 뒤지고, 비교하고, 선택(Finding → Comparing → Choosing)하여 3 Story(이미지 Story, 텍스트 Story, 사운드 Story)를 기획하고,

둘째, '영상 제작 3 Data(사진 Data, 동영상 Data, CG Data)'를 3 Software(프리미어 프로, 애프터 이펙트, 포토샵) 위주로 제작한 다음,

셋째, '영상 편집 3 Scene(기승전결 Scene, Attention Scene, Sub Scene)'을, 공감대를 시작으로 3 Step(균형 · 변화 · 통일)에 맞추어서 편집하여 시퀀스로 완성하는 스토리텔링 실무입니다.

이 영상 콘텐츠 프로세스는 특히 '홍보'를 목적으로 하는 영상물에 적합합니다.

기획·제작·편집 333 실무

 1권

CHAPTER 01

3 Source - 3 Story 기획 실무

1

3 Source-3 Story 기획 실무

영상 콘텐츠 공모전 10년 도전 노하우!

'3 Source−3 Story 기획 실무'는 영상 기획의 3 Source(이미지 Source, 텍스트 Source, 사운드 Source) 중 하나의 소스를 중심으로 뒤지고, 비교하고, 선택(Finding→Comparing→Choosing)하는 것을 시작으로 3 Story (이미지 Story, 텍스트 Story, 사운드 Story)를 조화롭게 연결하여 기획을 완성하는 1단계의 기획 실무입니다. 이 안에는 3 Source(이미지, 텍스트, 사운드)를 중심으로 은유법, 의인법, 직유법(패러디법), 대조법, 열거법, 동작 개발법, 평면 테크닉법, 개사법, 비트 활용법 등의 영상 기획 사례를 다양하게 대입하여 아이디어를 구하는 창의적인 기획법입니다.

※ 위의 이론을 이해하기 어렵다면, 다음 영상 콘텐츠 수상작품의 기획 사례들(Sample)을 참고하기 바랍니다.

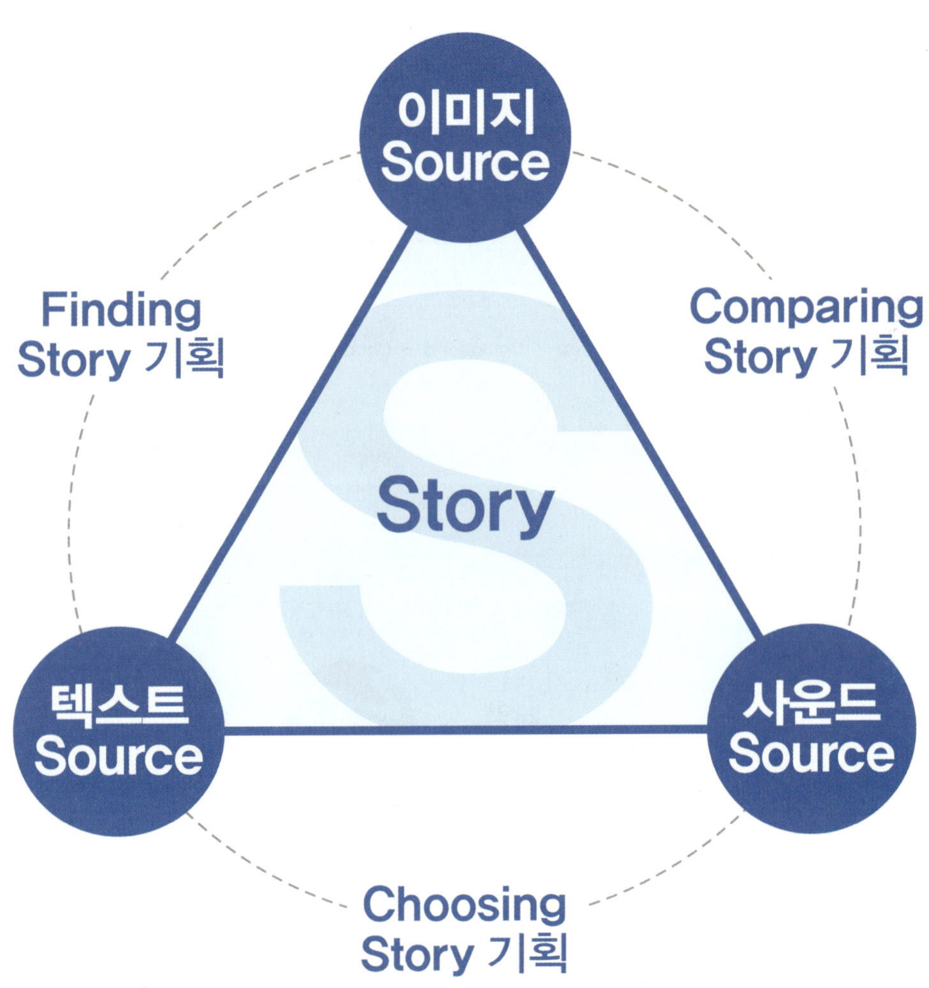

▲ 3 Source–3 Story 기획 실무

이미지 은유법

"U를 V로 은유하라!"

SECTION 

01

핵심내용　이미지 은유법은 표현하고자 하는 시각적 대상을 전혀 다른 대상에 비유해서 표현하는 스토리텔링 기획

1 | 3 Source-3 Story 기획 실무 사례

: 이미지 은유법(Finding – Comparing – Choosing) Story 기획 :

▲ 2012 여수세계박람회 영상애니메이션 공모전 '금상' 수상 작품 '이미지 은유법 Story' 기획

: 이미지 은유법 Story 기획 사례 :

→

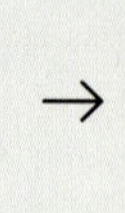

엑스포 심벌　　원(태양)　　원(계란)　　원(커피)　　원(해바라기)　　원(달)

2 | 3 Software-3 Data 제작 실무 사례

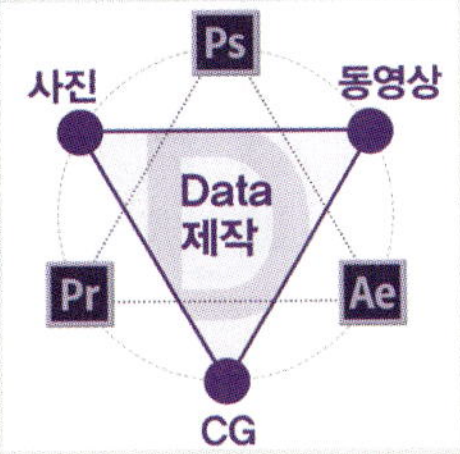

: 사진 합성 Data 제작 :

| 태양 +엑스포 | 계란 +엑스포 | 커피 +엑스포 | 해바라기 +엑스포 | 전구 + 엑스포 | 달 +엑스포 |

3 | 3 Scene-3 Step 편집 실무 사례

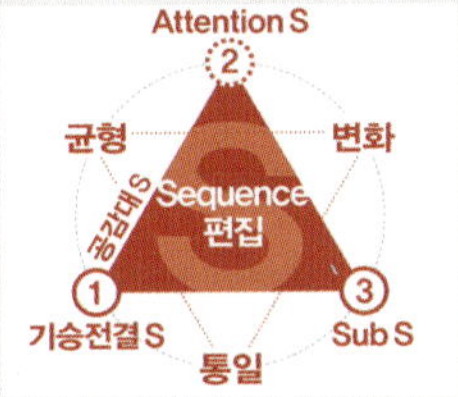

❶ 기승전결 Scene

기 일출(공감대)　아침 식사(계란, 모닝커피)

아침 →

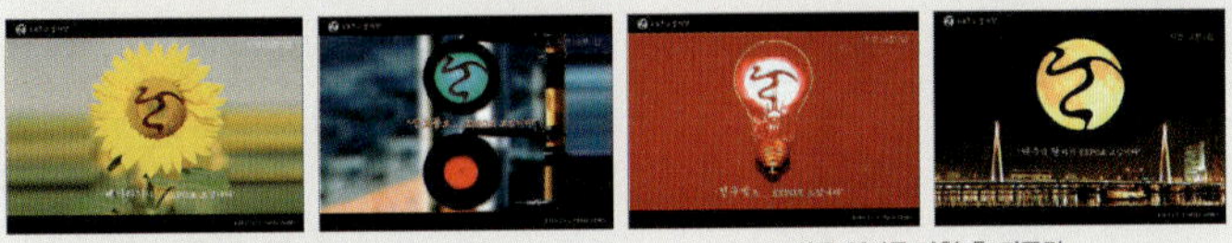

승 출근길　하루 일과를 마친 후 퇴근길

저녁

❷ Attention Scene

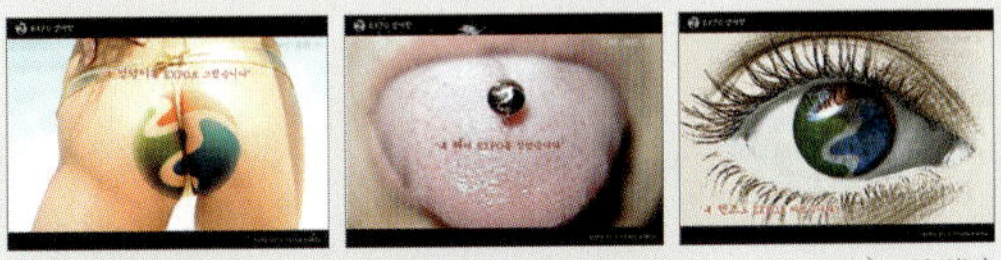

전 인간+엑스포 → 인간(눈)

❸-1 Sub Scene (Closing)

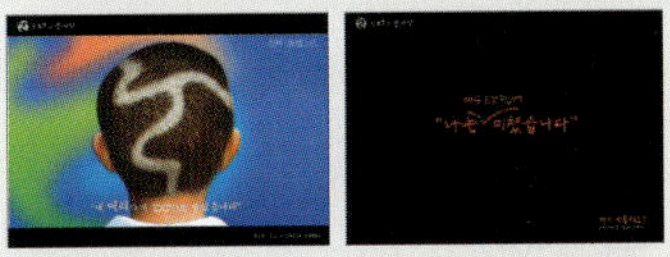

결 인간(머리) → 클로징 멘트

❸-2 Sub Scene (Opening)

주제 타이틀

2012 여수세계박람회 영상애니메이션 공모전 '금상' 수상 작품, '엑스포상사병' (2'57")

이미지 의인법

"사람처럼 의인화하라!"

핵심내용 이미지 의인법은 추상적인 성질이나 동물, 무생물에게 인간의 특성을 시각적으로 부여하는 스토리텔링 기획으로 '생물 의인법'과 '무생물 의인법'이 있습니다.

1 │ 3 Source-3 Story 기획 실무 사례

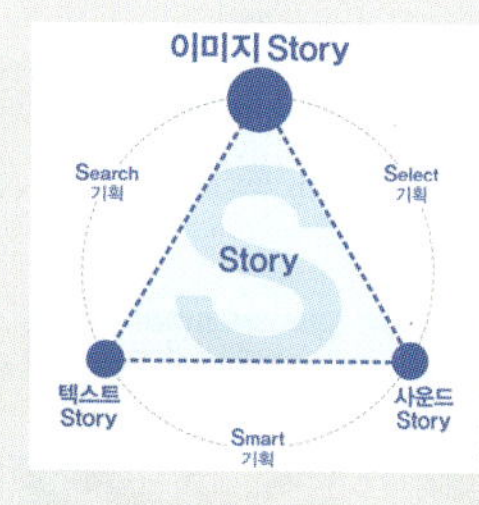

: 이미지 의인법(Finding – Comparing – Choosing) Story 기획 :

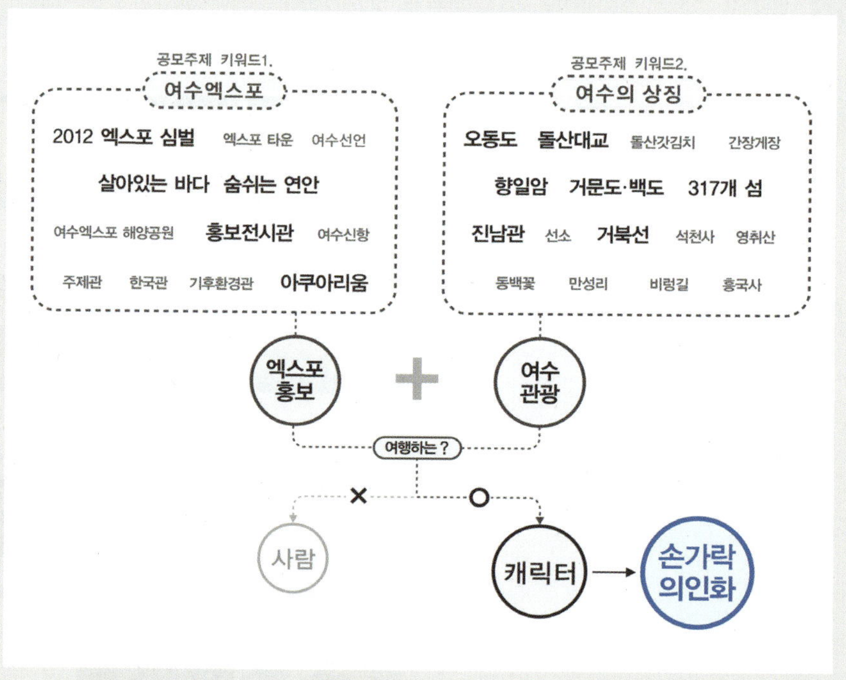

▲ 2012 여수엑스포 UCC 공모전 '해양수산부장관상' 수상 작품 '이미지 의인법 Story' 기획

: 이미지 의인법 Story 기획 사례 :

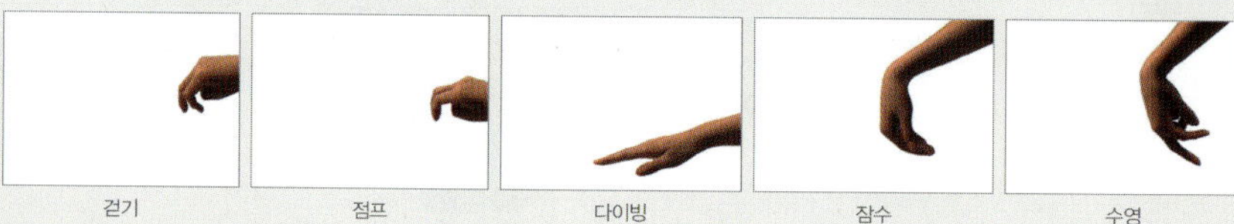

2 | 3 Software–3 Data 제작 실무 사례

: 동영상 Data 제작 :

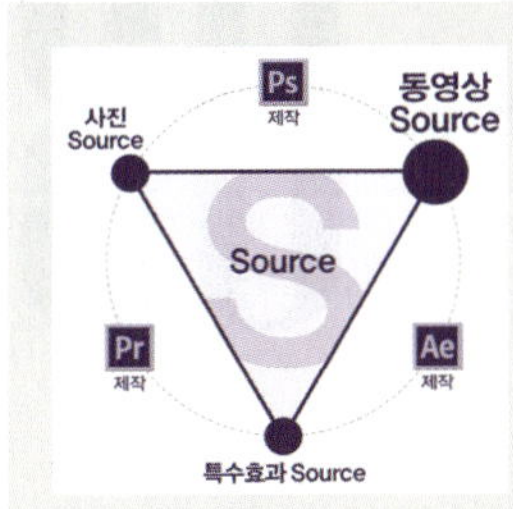

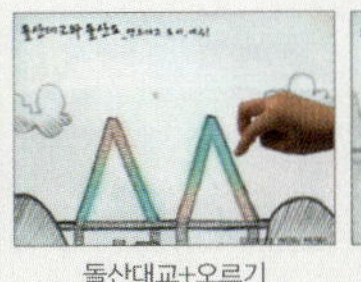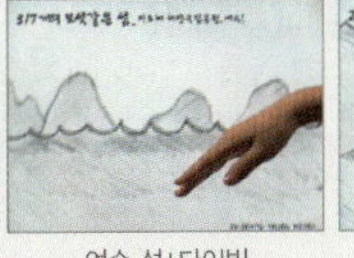

| 오동도+걷기 | 거북선+점프 | 돌산대교+오르기 | 여수 섬+다이빙 | 여수바다+수영 |

3 | 3 Scene–3 Step 편집 실무 사례

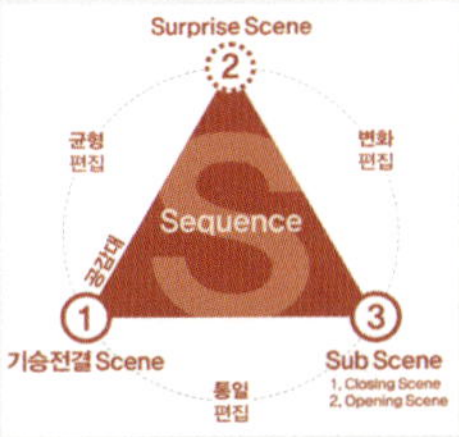

❶ 기승전결 Scene

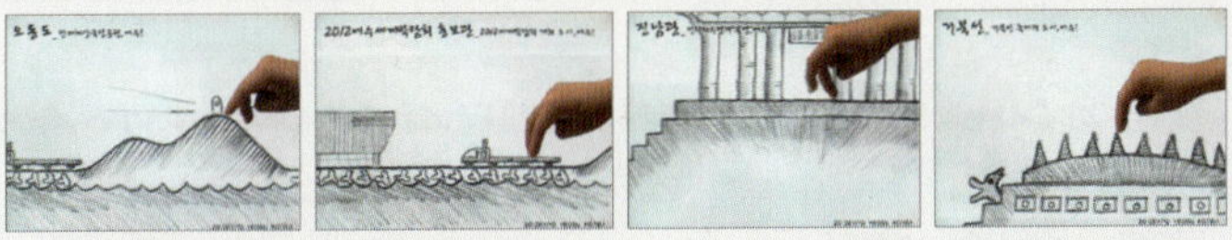

기 가장 알려진 명소 : 오동도(공감대)　　　　역사의 상징 : 진남관, 거북선
육지

승 육지와 바다의 경계 : 돌산대교　　　　바다와 섬 : 거문도, 백도
다리　　　　　　　　　　　　　　　　　바다

❷ Attention Scene

전 바닷속　　　　　　　　　　　　일출

❸-1 Sub Scene (Closing)

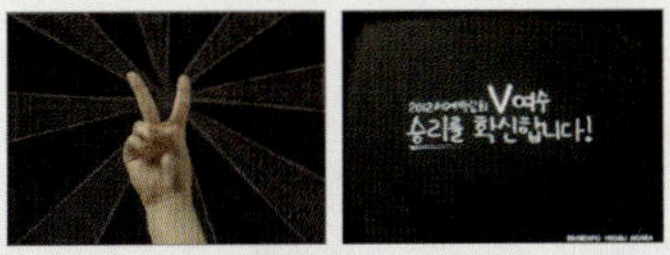

컷 클로징 멘트

❸-2 Sub Scene (Opening)

주제 타이틀

2012 여수엑스포 UCC 공모전 '해양수산부장관상' 수상 작품. '손가락으로 여행하는 여수' (2'59")

이미지 직유법

"공감대를 패러디하라!"

SECTION **03**

핵심내용 이미지 직유법은 공식적인 비교표현 매체를 사용하여 시각적 유사성을 이용하는 기획으로 '패러디법'이라고도 합니다. 대중에게 널리 알려진 영화, 드라마, 만화, 동화, 스포츠 중에서 공감대가 큰 부분을 흉내 내어 익살스럽게 표현하는 스토리텔링 기획입니다.

1 | 3 Source−3 Story 기획 실무 사례

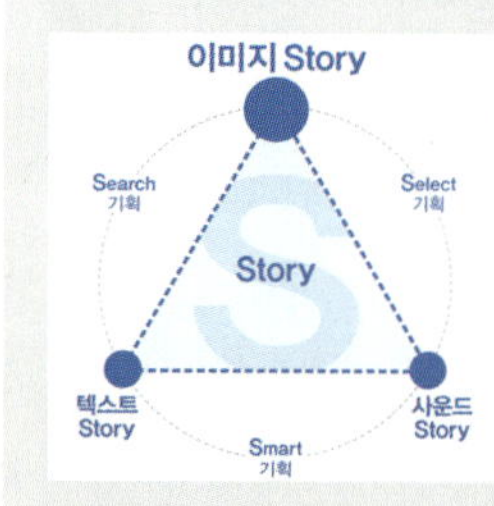

: 이미지 직유법(Finding − Comparing − Choosing) Story 기획 :

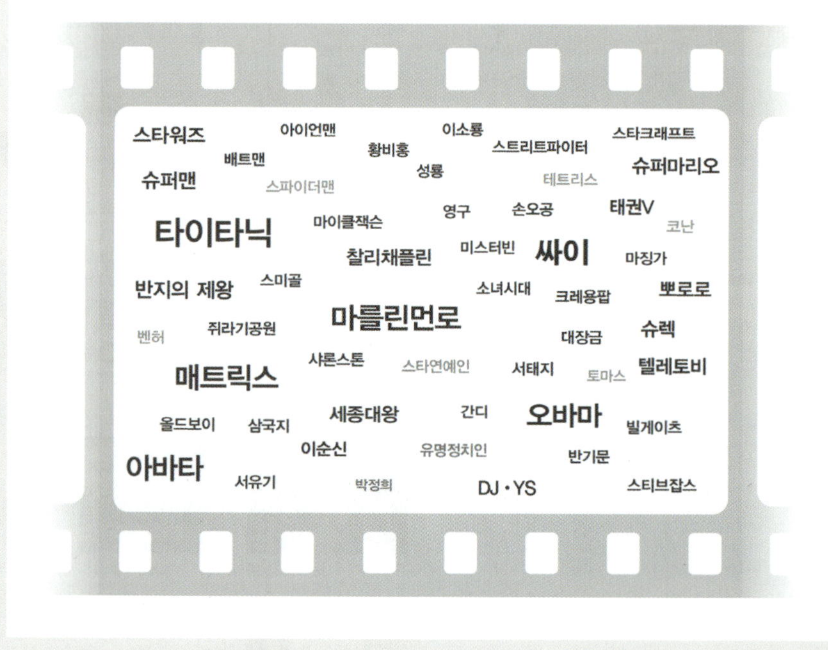

▲ 제1회 LIG 된다댄스 UCC콘테스트 '최우수상' 수상 작품 '이미지 직유법 Story' 기획

: 이미지 직유법 Story 기획 사례 :

타이타닉

매트릭스

인정사정 볼 것 없다

철권

아바타

2 | 3 Software-3 Data 제작 실무 사례

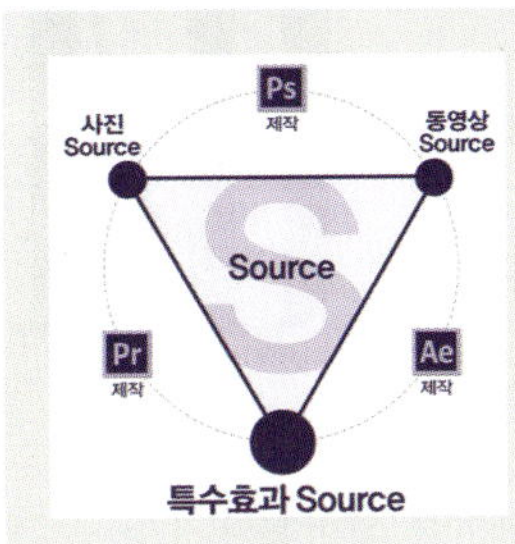

: 동영상 및 CG 제작 :

Chroma-Key 촬영과 특수 효과 제작

3 | 3 Scene-3 Step 편집 실무 사례

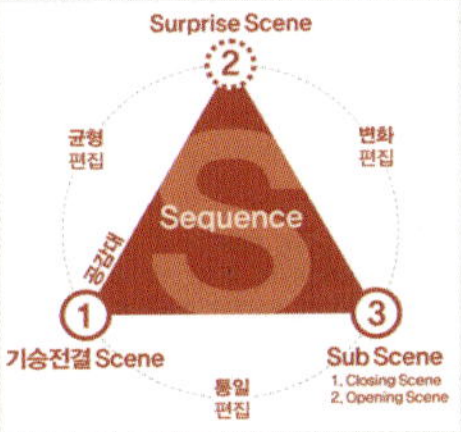

❶ 기승전결 Scene

기 타이타닉(공감대) 패러디 / 매트릭스 패러디

익살 ·····▸

승 인정사정 볼 것 없다 패러디 / 철권 패러디

·····▸ 코믹

❷ Attention Scene

전 아바타 패러디 ·····▸ 엽기

❸-1 Sub Scene (Closing)

견 타이틀 클로징

❸-2 Sub Scene (Opening)

MGM 오프닝 패러디

제1회 LIG 된다댄스 UCC콘테스트 '최우수상' 수상 작품. '된다! 패러디녀' (3'41")

이미지 대조법

"극과 극을 대조하라!"

SECTION 04

핵심내용 이미지 대조법은 서로 상반되는 대상이나 내용을 내세워 주제를 강조하거나 시각적 인상을 선명하게 하는 스토리텔링 기획으로 '전후(before and after) 대조법'과 '차이(극과 극) 대조법'이 있습니다.

1 | 3 Source−3 Story 기획 실무 사례

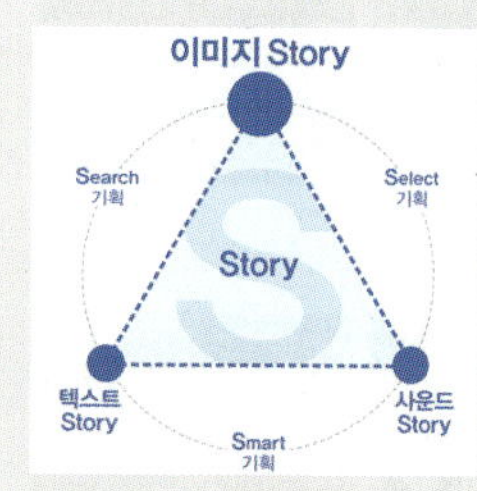

: 이미지 대조법(Finding – Comparing – Choosing) Story 기획 :

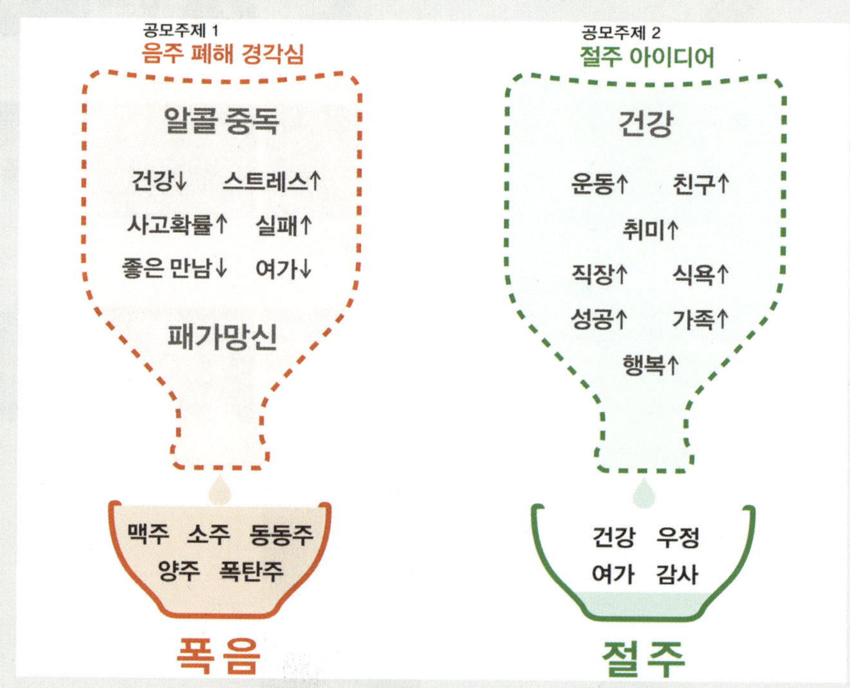

▲ 제1회 대한민국 절주 UCC 공모전 '우수상' 수상 작품 '이미지 대조법 Story' 기획

: 이미지 대조법 Story 기획 사례 :

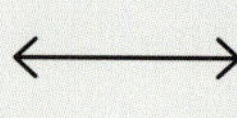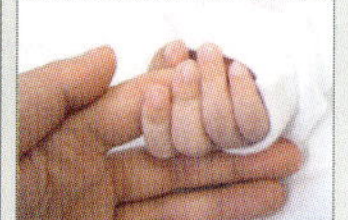

'폭음' 관련 이미지   '절주' 관련 이미지

2 | 3 Software-3 Data 제작 실무 사례

: 사진 합성 Data 제작 :

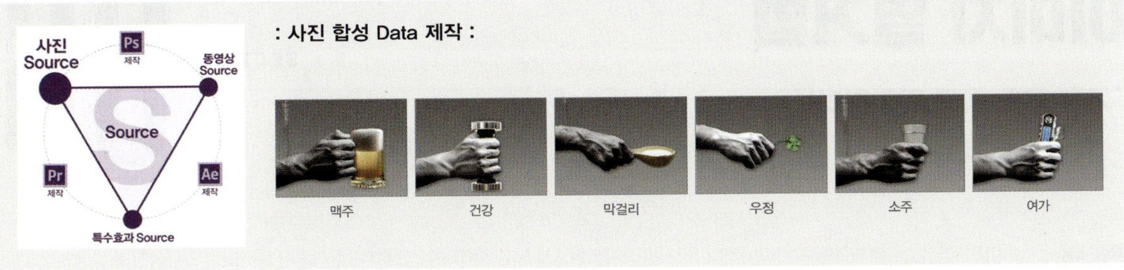

맥주   건강   막걸리   우정   소주   여가

3 | 3 Scene-3 Step 편집 실무 사례

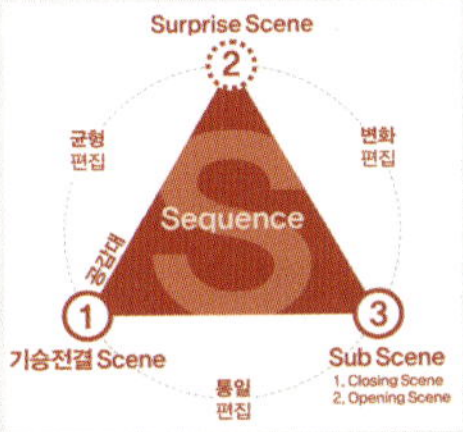

❶ 기승전결 Scene

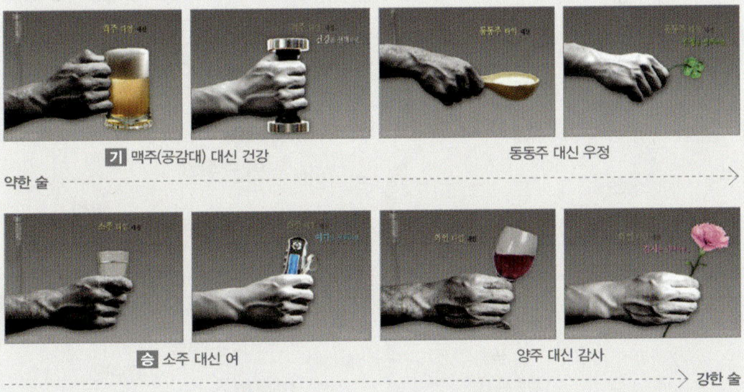

기 맥주(공감대) 대신 건강   동동주 대신 우정
약한 술 →

승 소주 대신 여   양주 대신 감사
→ 강한 술

❷ Attention Scene

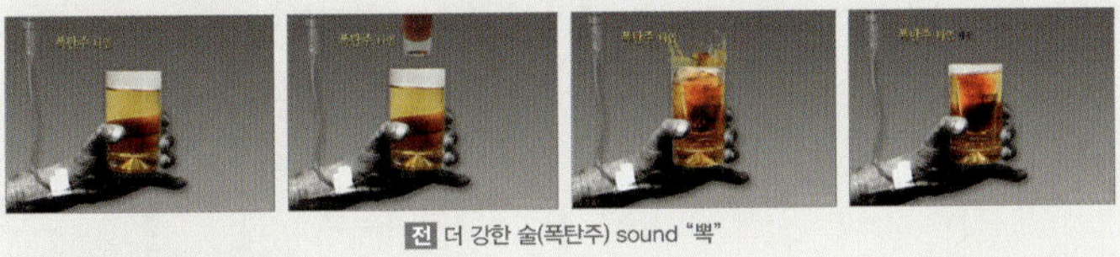

전 더 강한 술(폭탄주) sound "뽁"

❸-1 Sub Scene (Closing)

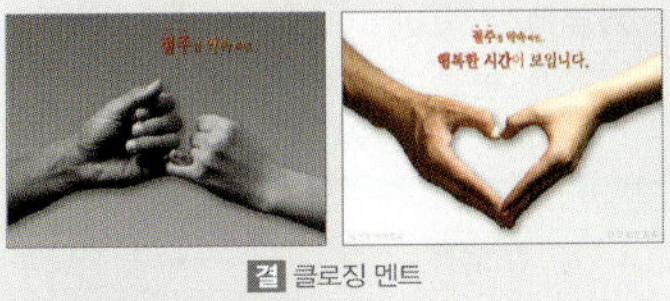

결 클로징 멘트

❸-2 Sub Scene (Opening)

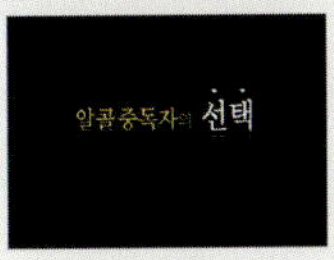

주제 타이틀

제1회 대한민국 절주 UCC 공모전 '우수상' 수상 작품. '알콜중독자의 선택' (59")

이미지 열거법

"가장 흔한 것을 열거하라!"

SECTION **05**

핵심내용　이미지 열거법은 내용적으로 연결되거나 비슷한 이미지를 3개 이상 늘어놓아 전체의 내용을 시각적으로 일관성있게 나열하여 강조하는 스토리텔링 기획입니다.

1 | 3 Source-3 Story 기획 실무 사례

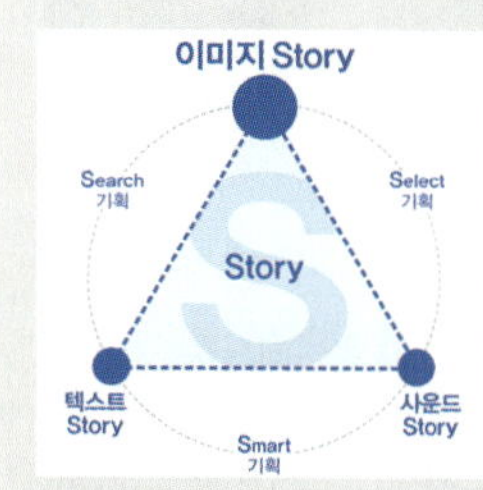

: 이미지 열거법(Finding – Comparing – Choosing) Story 기획 :

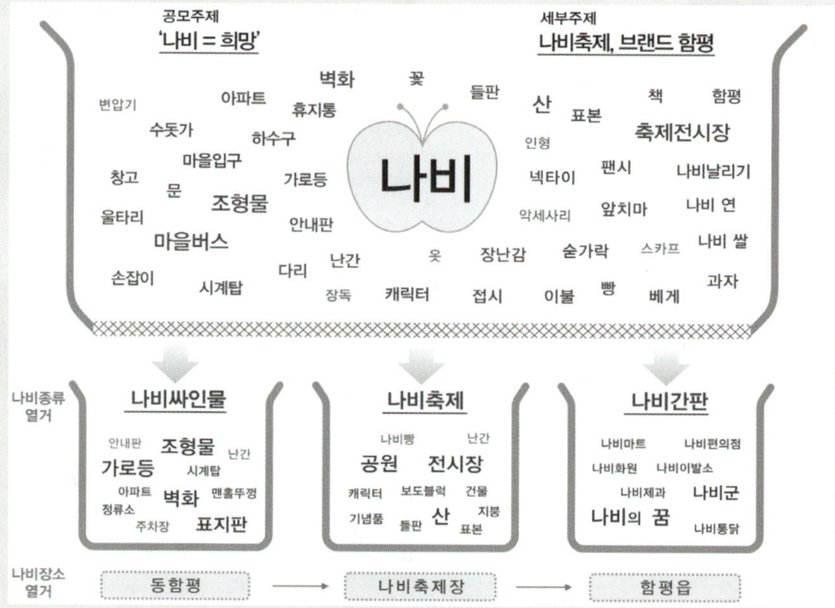

▲ 2009 전국나비희망 UCC 동영상 공모전 '대상' 수상 작품 '이미지 열거법 Story' 기획

: 이미지 열거법 Story 기획 사례 :

나비 상징물

나비 가로등

나비 동산

나비 간판

2 | 3 Software-3 Data 제작 실무 사례

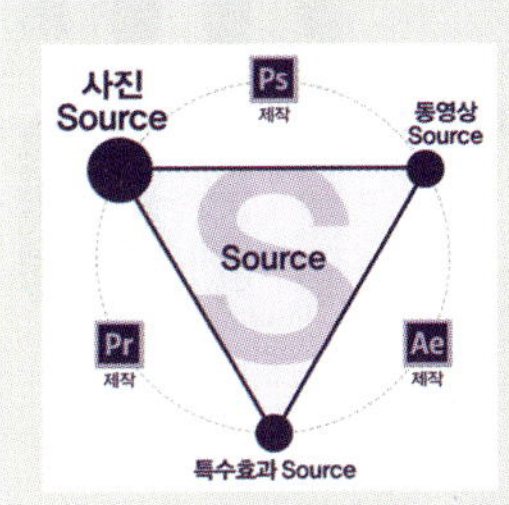

: 사진 촬영 및 폰트 디자인 Data 제작 :

폰트 선택

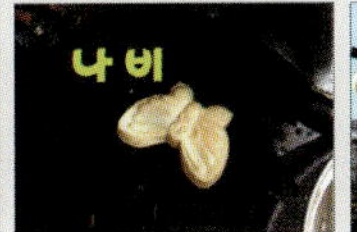

배치 디자인

원근 디자인

반복 디자인

3 | 3 Scene-3 Step 편집 실무 사례

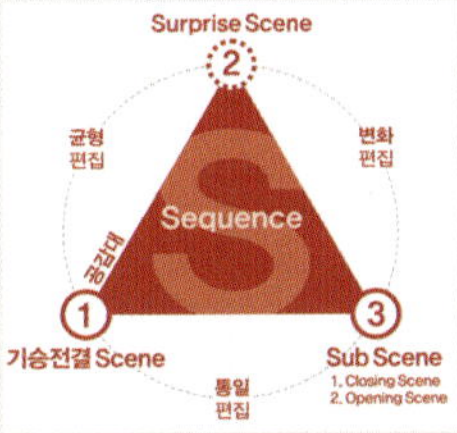

❶ 기승전결 Scene

기 톨게이트 나비(공감대)   나비 축제장

여행 이동 경로

승 함평읍 나비 풍경   합평읍의 나비 간판

❷ Attention Scene

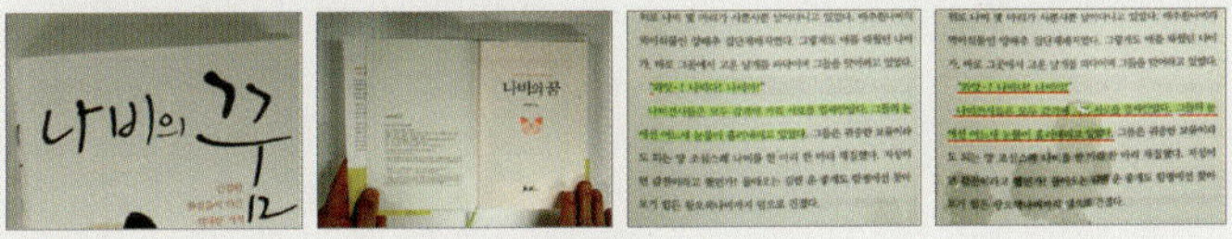

전 나비의 꿈(호접지몽)을 읽고 감동의 눈물

❸-1 Sub Scene (Closing)

킬 포스터 클로징

❸-2 Sub Scene (Opening)

포스터 타이틀

2009 전국나비희망 UCC 동영상 공모전 '대상' 수상 작품. '나비 상사병' (2'59")

이미지 동작개발법

"매력적인 동작을 개발하라!"

SECTION 06

핵심내용   이미지 동작개발법은 고객에게 전달하고자 하는 메시지를 체조, 에어로빅, 무용, 춤, 요가, 무술, 스포츠, 행위예술 등의 동작으로 개발하여 표현하는 스토리텔링 기획입니다.

---

1 | 3 Source–3 Story 기획 실무 사례

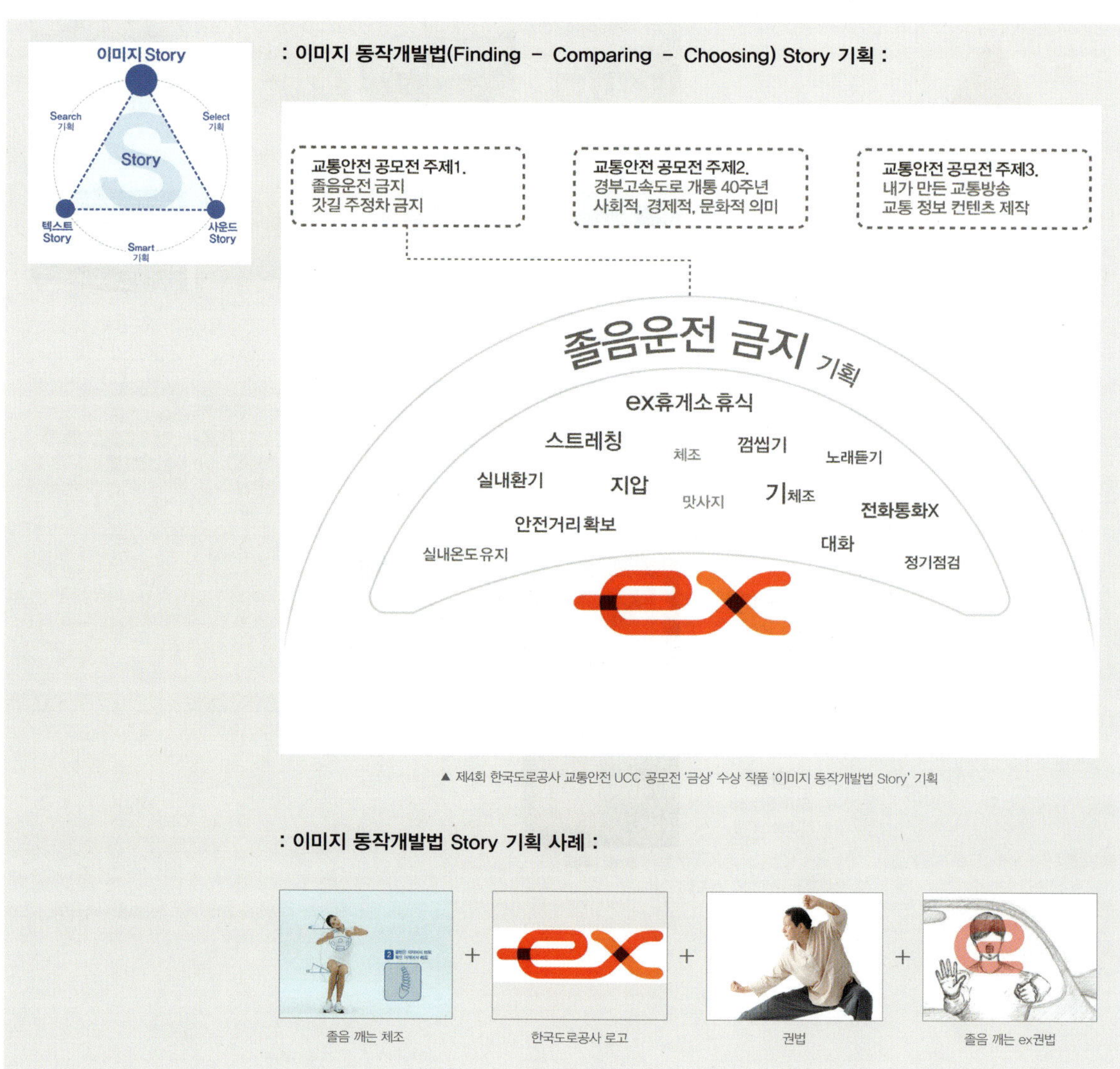

▲ 제4회 한국도로공사 교통안전 UCC 공모전 '금상' 수상 작품 '이미지 동작개발법 Story' 기획

: 이미지 동작개발법 Story 기획 사례 :

2 | 3 Software-3 Data 제작 실무 사례

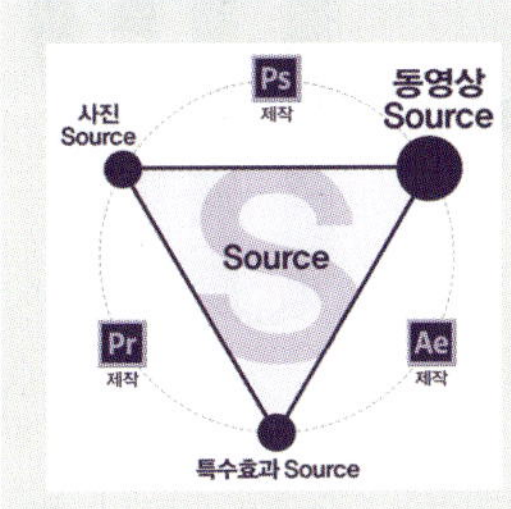

: 동영상 및 CG Data 제작 :

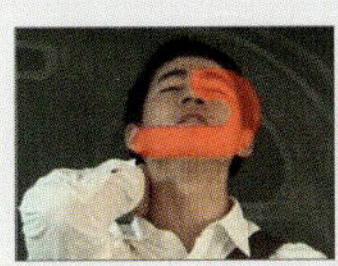 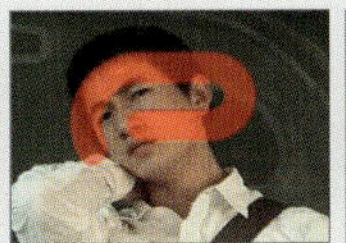 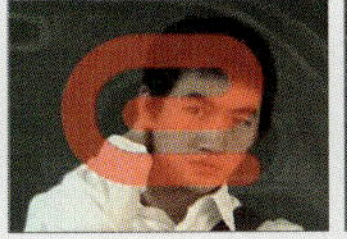 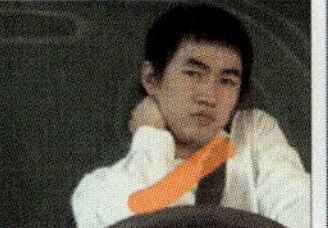 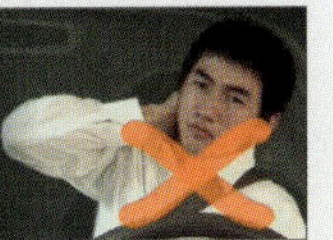

3 | 3 Scene-3 Step 편집 실무 사례

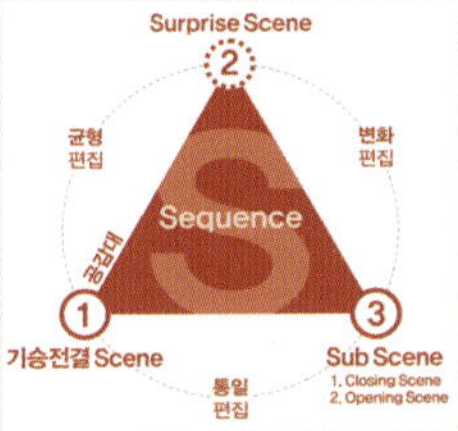

❶ 기승전결 Scene

기 태극권법(공감대)　　　후(원숭이) 권법

부드러운(느린) 동작 ⟶

승 당랑(사마귀) 권법　　　맹호(호랑이) 권법

거친(빠른) 동작 ⟶

❷ Attention Scene

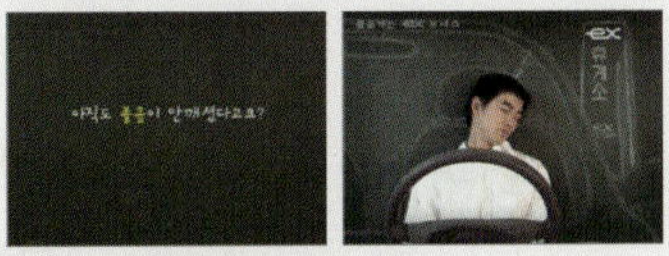

전 ex휴게소에서 잠자는 동작 반전

❸-1 Sub Scene (Closing)

결 클로징 멘트

❸-2 Sub Scene (Opening)

로고 타이틀

제4회 한국도로공사 교통안전 UCC 공모전 '금상' 수상 작품. '졸음 깨는 ex권법' (4'10")

이미지 평면테크닉법

"개인의 장점을 활용하라!"

SECTION
07

핵심내용　이미지 평면테크닉법은 다양한 장르의 드로잉, 페인팅, 또는 포토샵, 일러스트, 플래시 등 2차원 컴퓨터그래픽의 스토리텔링 기획입니다.

1 | 3 Source-3 Story 기획 실무 사례

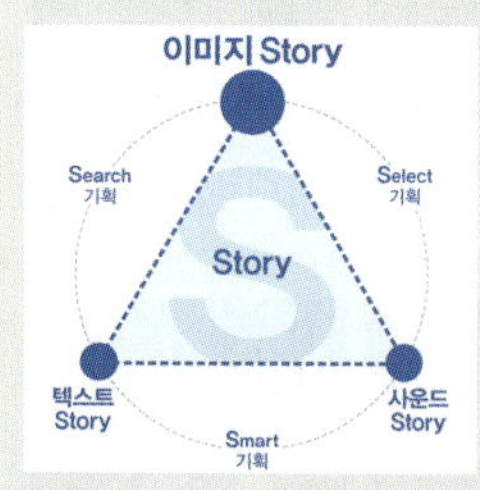

: 이미지 평면테크닉법(Finding – Comparing – Choosing) Story 기획 :

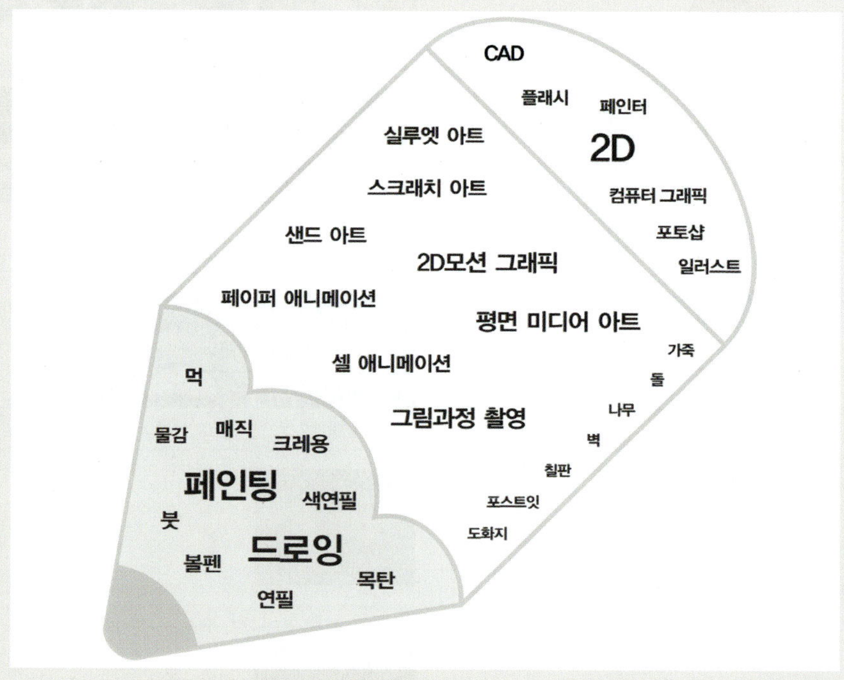

▲ 2011 대한민국 국회 UCC 공모전 '국회사무총장상' 수상 작품 '이미지 평면테크닉법 Story' 기획

: 이미지 평면테크닉법 Story 기획 사례 :

국회 마크

국회 내부

국회의원 업무

국회의사당

2 | 3 Software–3 Data 제작 실무 사례

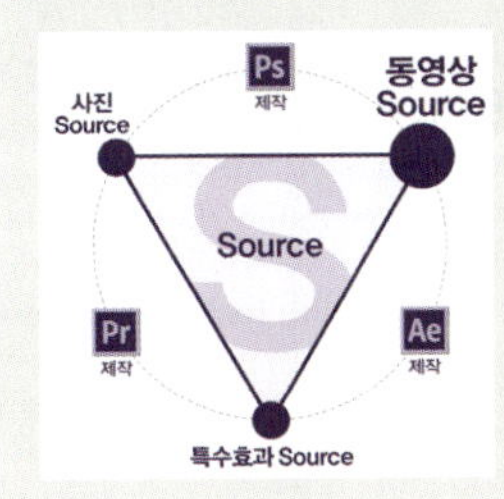

: 동영상 Data 제작 :

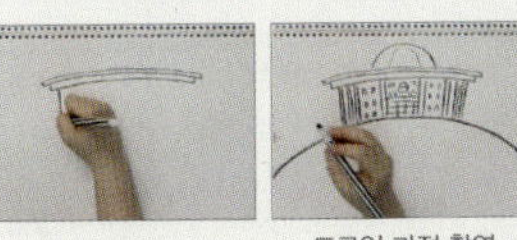    

드로잉 과정 촬영 · 채색 과정 촬영

3 | 3 Scene–3 Step 편집 실무 사례

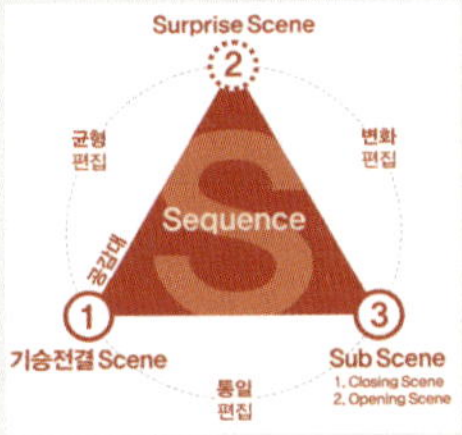

❶ 기승전결 Scene

기 '국'자로 시작하는 말 '국회(공감대)' · 입법기관 국회

단순한 그림 ⟶

승 국정의 중심 국회 · 열린 국회

⟶ 복잡한 그림

❷ Attention Scene

전 그림 위에 사람 등장

❸-1 Sub Scene (Closing)

결 엠블럼 클로징

❸-2 Sub Scene (Opening)

스토리 타이틀

2011 대한민국 국회 UCC 공모전 '국회사무총장상' 수상 작품. '국회쏭' (2'04")

이미지 중심 스토리보드 샘플 IMAGE STORY BOARD SAMPLE

#	이미지	텍스트	사운드	효과
0		EXPO [상사병]	paris_in_winter _Yuhki Kuramoto 2° 27′	fade in
1		"태양이… EXPO로 보입니다"	〃	dissolve
2		"계란이… EXPO로 보입니다"	〃	dissolve
3		"커피도… EXPO로 보입니다"	〃	dissolve
4		"해바라기가… EXPO로 보입니다."	〃	dissolve

DVD에 스토리보드(hwp) 파일 및 작품(avi) 파일이 들어있습니다.
2012 여수세계박람회 영상애니메이션 공모전 '금상' 수상 작품. '엑스포상사병'(2'57")

#	이미지	텍스트	사운드	효과
5		"**신호등**도... EXPO로 보입니다."	〃	dissolve
6		"**전구 빛**도... EXPO로 보입니다."	〃	dissolve
7		"**여수**의 **달**마저... EXPO로 보입니다."	〃	fade out
		(중략)		
14		"내 **머리**까지 EXPO로 바꿨습니다"	〃	fade out
15		"온 세상이 엑스포로 보입니다"	〃	1part ending

텍스트 개사법

"인지도가 높은 노래, 음률을 활용하라!"

핵심내용   텍스트 개사법은 공감대가 큰 동요, 대중가요 등의 노래를 '개사'하거나 유명한 글에서 단어만 바꾸어 '대입'하여 만드는 스토리 기획입니다.

---

1 | 3 Source–3 Story 기획 실무 사례

: 텍스트 개사법(Finding – Comparing – Choosing) Story 기획 :

제목 (장르)	노래 ⟶	개사 대입
원숭이 엉덩이는 빨개 (구전동요)	원숭이 엉덩이는 빨개~ / 빨가면 사과 / 사과는 맛있어 / 맛있으면 바나나	원숭이 엉덩이는 빨개 (구전동요) 원숭이 엉덩이는 빨개~ / 빨가면 사과
		사과는 맛있어 / 맛있으면 바나나 우리집 김치맛은 예술 / 예술은 당신 당신은 완벽해 / 완벽하면 지펠냉장고 (지펠) 아빠 얼굴은 빨~개 / 빨가면 신호등~ / 신호등엔 멈춰~ / 멈추면 정지선~ / 정지선은 넘지마~ / 넘지 말자 속도~ / 속도는 빨라~ / 빠르면 위험해~ / 위험하니 안전띠~ / 안전띠를 착용해~ / 착용하고 실천해~ / 교통사고 줄여요~ (교통사고 줄이기 송)
		국회의사당은 바~빠 / 바빠도 제정해~ / 제정하자 법률~ / 법률을 지켜~ / 지키자 정의~ / 정의의 국회~ / 국회는 대변해~ / 대변하자 민주주의 / 민주주의 대한민국~ / 대한민국 열린국회~ (대한민국 국회송)
빠담 빠담 (샹송)	빠담~ 빠담~ 빠담~	빠름~ 빠름~ 빠름~ LTE올레
겨울 바람 (동요)	손이 시려워 / 발이 시려워 / 겨울바람 때문에 / 꽁꽁꽁	컴퓨터 살 땐 / 어디서 살까 / 하이마트 딱이지 / 하이마트
Da Da Da (팝송)	Da Da Da / Da Da Da / Da Da Da	더 더 더 / 더 더 더 / The The The 현대자동차 블루드라이브

: 이미지 의인법 Story 기획 사례 :

> **'인터넷 중독 예방송'**
>
> 원숭이 엉덩이는 빨~개 / 빨가면 뜨거워~ / 뜨거운 건 컴퓨터~ / 컴퓨터엔 인터넷~ /
> 인터넷은 재밌어~ / 재밌어서 밤새~ / 밤새면 피곤해~ / 피곤해도 계속해~ / 계속하니 못나와~ /
> 못나오면 넌 중독! / 중독되면 상담해~ / 상담하며 대화해~ / 대화는 가족과~ / 가족이 격려해~

2 | 3 Software-3 Data 제작 실무 사례

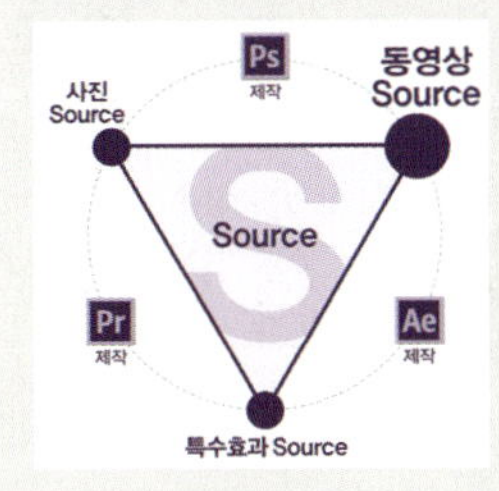

: 텍스트 개사 Data 제작 :

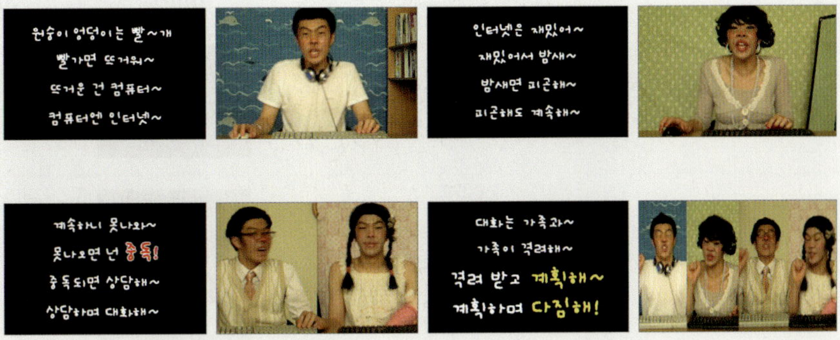

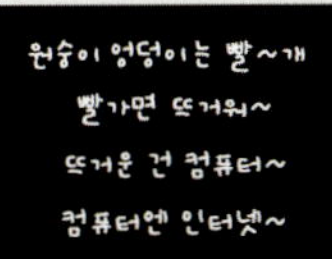

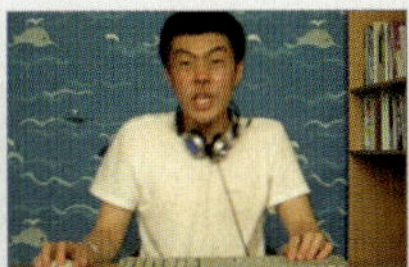

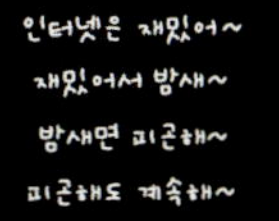

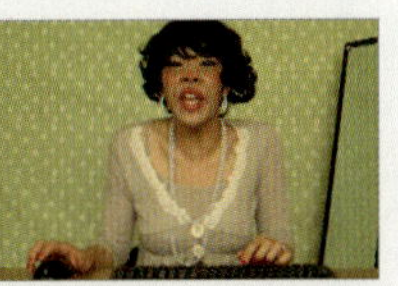

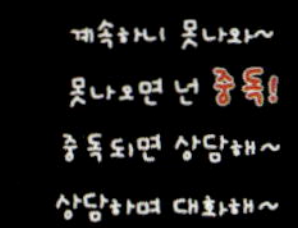

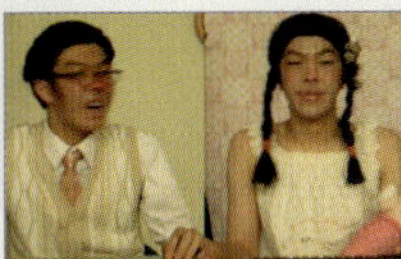

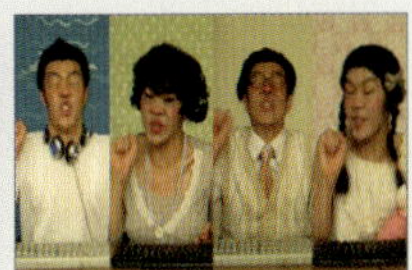

3 | 3 Scene-3 Step 편집 실무 사례

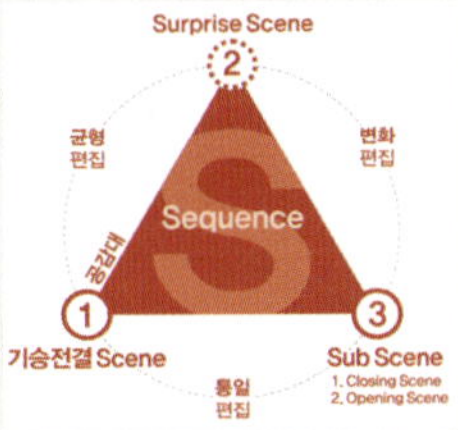

❶ 기승전결 Scene

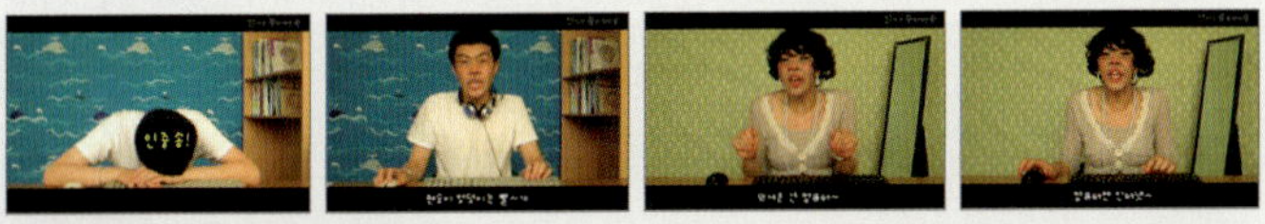

기 인터넷 세대 (공감대) 엄마 인터넷

원숭이 ---->

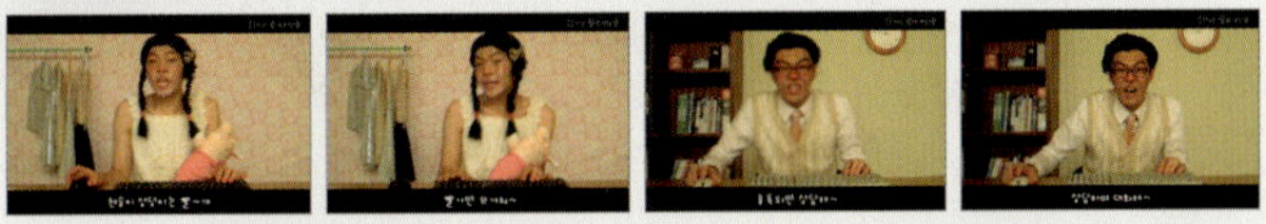

승 딸 인터넷 아빠 인터넷

----> 가족

❷ Attention Scene

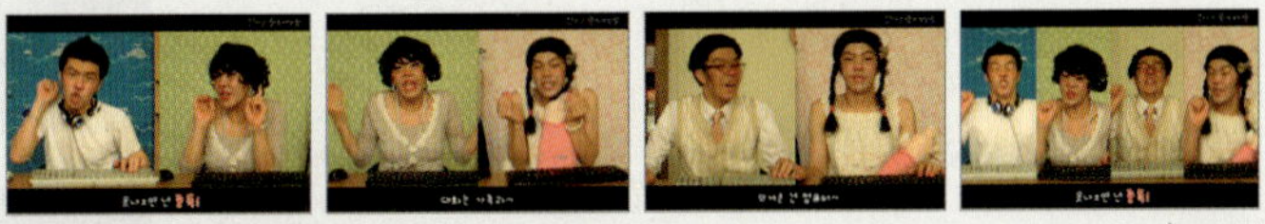

전 2분할 ----> 4분할

❸-1 Sub Scene (Closing)

결 타이틀 클로징

❸-2 Sub Scene (Opening)

심플 타이틀

제25회 정보문화의달 Clean IT 공모전 '행정안전부장관상' 수상 작품, '인중송' (2'36")

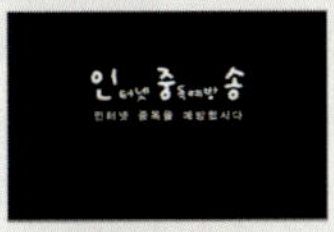

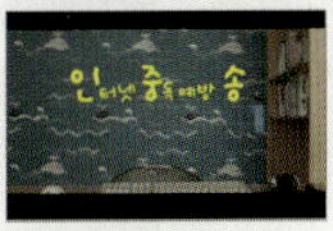

텍스트 중심 스토리보드 샘플 TEXT STORY BOARD SAMPLE

#	텍스트	이미지	사운드	효과
0	영동농장 창업주 김용복 명예회장 동영상 **흙농사, 사람농사** 그리고 **사랑농사** 전남대학교 DDL		우연(에덴의 동쪽 OST) 4˚ 36′	fade in
1	사우디 사막에 배추를 심어 녹색혁명의 기수가 된 기업인		〃	
2	(서울)영동농장 창업주 **김용복** 명예회장		〃	
3	**그는 누구인가?**		〃	grayscale Attention text zoom in
4	어린시절, **등록금이 없어서** **중학교를 중퇴**하고		〃	image zoom in
5	여순사건 때, 쌀 한가마가 없어서 **친형이 총살**을 당한 아픔을 겪었다		〃	zoom out
		(중략)		
14	그러나 김용복은 **좌절하지 않았다**		〃	text zoom in
15	그에겐 **꿈**이 있었기 때문이다		〃	text zoom in 'impact'
16	1975년, **단돈 7달러와 삽 4자루를** 들고 열사의 나라 사우디로 떠났다		〃	zoom in
17	비 한방울 오지 않는 **50도가 넘는 사막에서** **무, 배추농사**를 시작한 것이다		〃	text zoom in
		(중략)		

DVD에 스토리보드(hwp) 파일 및 작품(wmv) 파일이 들어있습니다.
(주)서울영동농장 창업주 김용복 명예회장 동영상. '흙농사 사람농사 사랑농사'(4'36")

#	텍스트	이미지	사운드	효과
24	1979년 4월 20일!		sound cut repeat	text zoom in 'impact' color Attention
25	**배추500kg 첫 수확**을 거두고 감동의 눈물을 흘렸다		volume up 'impact'	text move, scale, color Attention zoom in 'impact'
26	그 후 10년 동안.. 세계농업사에 전무후무한 **사막의 기적**을 남겼다		〃	image zoom out
27	1980년대 초반, **개인외환 보유고 국내 1위!**		〃	zoom in
		(중략)		
34	그래서 가난한 학생을 위해 **10억 장학재단**을 설립했고		〃	zoom in
35	대한민국 농업발전을 위해 **100억을 사회에 환원**하였다		〃	zoom out
		(중략)		
43	젊은이들에게 고합니다		〃	bg color Attention
44	첫째 "작은 일에도 감사할 줄 알고" 둘째 "교만하지 말고" 셋째 "꿈과 목표를 정하고 최선을 다해 노력하십시오."		〃	individual fade in 'impact'
45			〃	zoom out fade out
46	감사합니다 동영상 제작 전남대학교 DDL 영상제작 DDL 엄승희 지도교수 DDL 김경수		Sound fade out	

사운드 비트맞춤법

"비트가 강한 배경음악을 활용하라!"

SECTION **09**

핵심내용   사운드 비트맞춤법은 사운드의 강한 비트(Beat; 강한 엑센트가 있는 지점, 박자)를 기준으로 영상 이미지나 텍스트를 전환하는 스토리텔링 기획입니다.

---

1 | **3 Source-3 Story 기획 실무 사례**   : 사운드 비트맞춤법(Finding - Comparing - Choosing) :

2 | **3 Software-3 Data 제작 실무 사례**

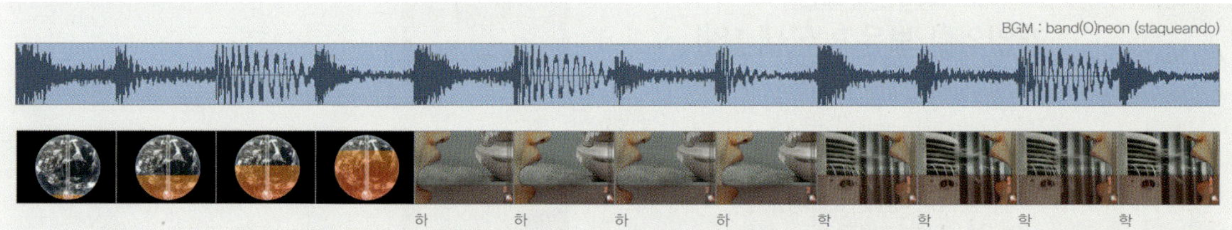

3 | **3 Scene-3 Step 편집 실무 사례**   : 사운드 비트맞춤법 3Scene-3Step 편집 실무 :

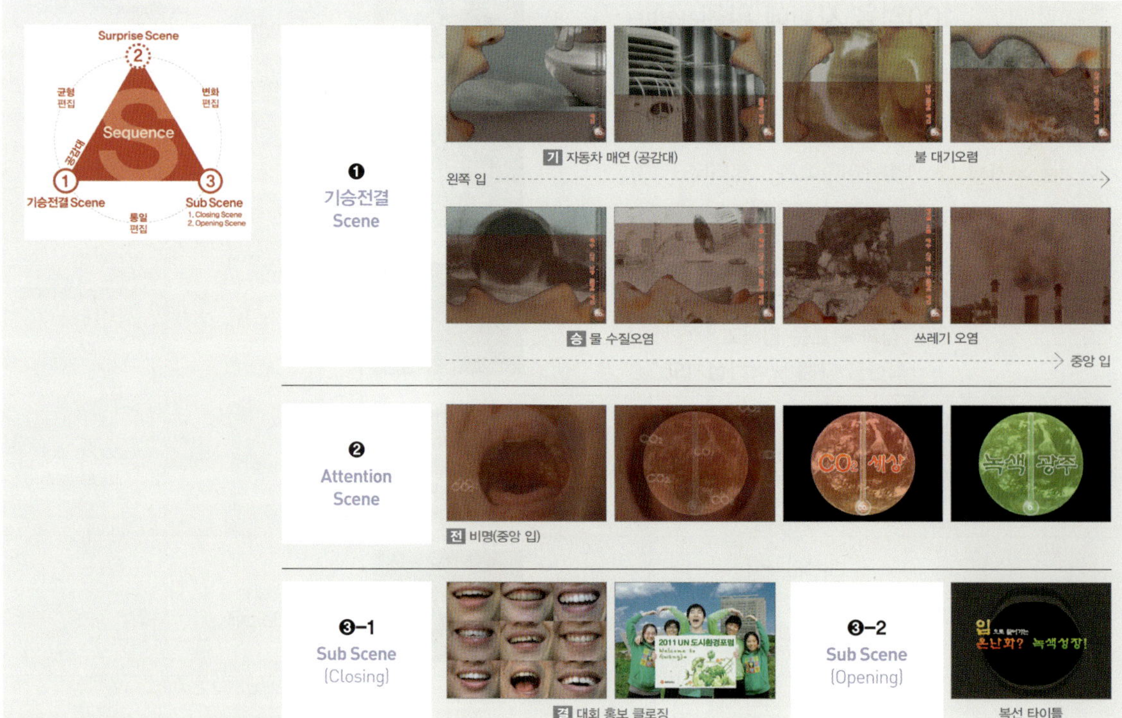

제3회 전국 즐거운 환경 영상콘테스트 '우수상' 수상 작품. '입으로 들어가는 온난화? 녹색성장!'(3'00")

사운드 노래활용법

"다른 느낌으로 노래하라!"

SECTION
10

핵심내용   사운드 노래활용법은 노래의 가사를 기준으로 합창, 코러스, 추임새 등을 기승전결 형태로 삽입하는 스토리텔링 기획입니다.

1 | 3 Source-3 Story 기획 실무 사례   : 사운드 노래활용법(Finding – Comparing – Choosing) :

2 | 3 Software-3 Data 제작 실무 사례

3 | 3 Scene-3 Step 편집 실무 사례   : 사운드 노래활용법 3Scene-3Step 편집 실무 :

2011 바다 UCC 공모전 '장려상' 수상 작품 중 일부분, '바다' (3'12")

사운드 중심 스토리보드 샘플 SOUND STORY BOARD SAMPLE

#	사운드	이미지	텍스트	효과
0	Purple Passion– Diana 0초 ~12초 (간주 – 오프닝)		나비 = 희망 나비 상사병	opening animation
1	12초 ~ 35초 **(16 beat)** 16 cut – 동함평		나비	still cut video
2	35초 ~ 59초 **(20 beat)** 20 cut – 함평엑스포공원		나비 나비	
3	1분 ~ 1분 03 초 (8 beat) 8 Cut		나비 나비 나비 나비	

DVD에 스토리보드(hwp) 파일 및 작품(wmv) 파일이 들어있습니다.
2012 여수세계박람회 영상애니메이션 공모전 '금상' 수상 작품, '나비상사병' (2'57")

#	사운드	이미지		텍스트	효과
3	59초 ~ 1분 23초 (44 beat) 44 cut – 함평읍	1분 03초 ~ 1분 06초 (7 beat) 7 Cut	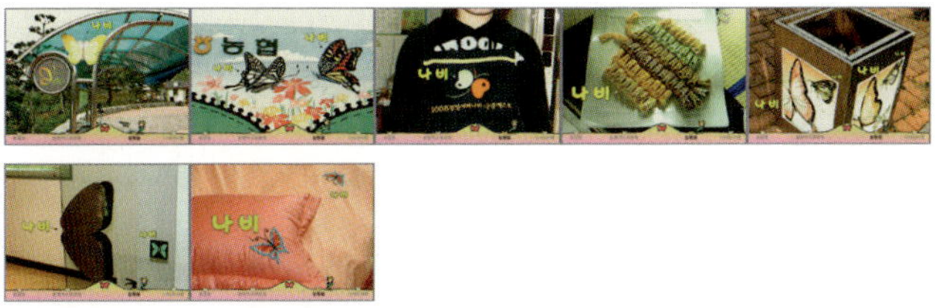		
		1분 06초 ~ 1분 11초 (7 beat) 7 Cut			
		1분 11초 ~ 1분 14초 (7 beat) 7 Cut		나비 나비 나비 나비...	
		1분 14초 ~ 1분 17초 (7 beat) 7 Cut			
		1분 17초 ~ 1분 23초 (8 beat) 8 Cut			1부 끝

3 Software-3 Data 제작 실무

'3 Software-3 Data 제작 실무'는 영상 제작의 3 Data(사진 Data, 동영상 Data, CG Data)를 촬영 또는 그림, 스캔 받은 후, 3가지 Software(프리미어 프로, 애프터 이펙트, 포토샵)를 활용하여 영상, 자막 등의 데이터를 만드는 2단계의 제작 전략입니다.

● **사진 Data 제작**

포토샵을 이용하여 사진 촬영 또는 그림, 스캔, 다운로드한 이미지 소스를 합성 또는 보정하여 낱장의 데이터를 제작하는 과정입니다.

● **동영상 Data 제작**

동영상을 촬영한 후, 프리미어 프로를 이용하여 특정 부분을 선택하여 자르고 붙여서 각각의 동영상 Data를 제작하는 과정입니다.

● **CG Data 제작**

애프터 이펙트를 이용하여 사진이나 동영상으로 해결할 수 없는 부분을 특수효과 등 CG Data를 제작하는 과정입니다.

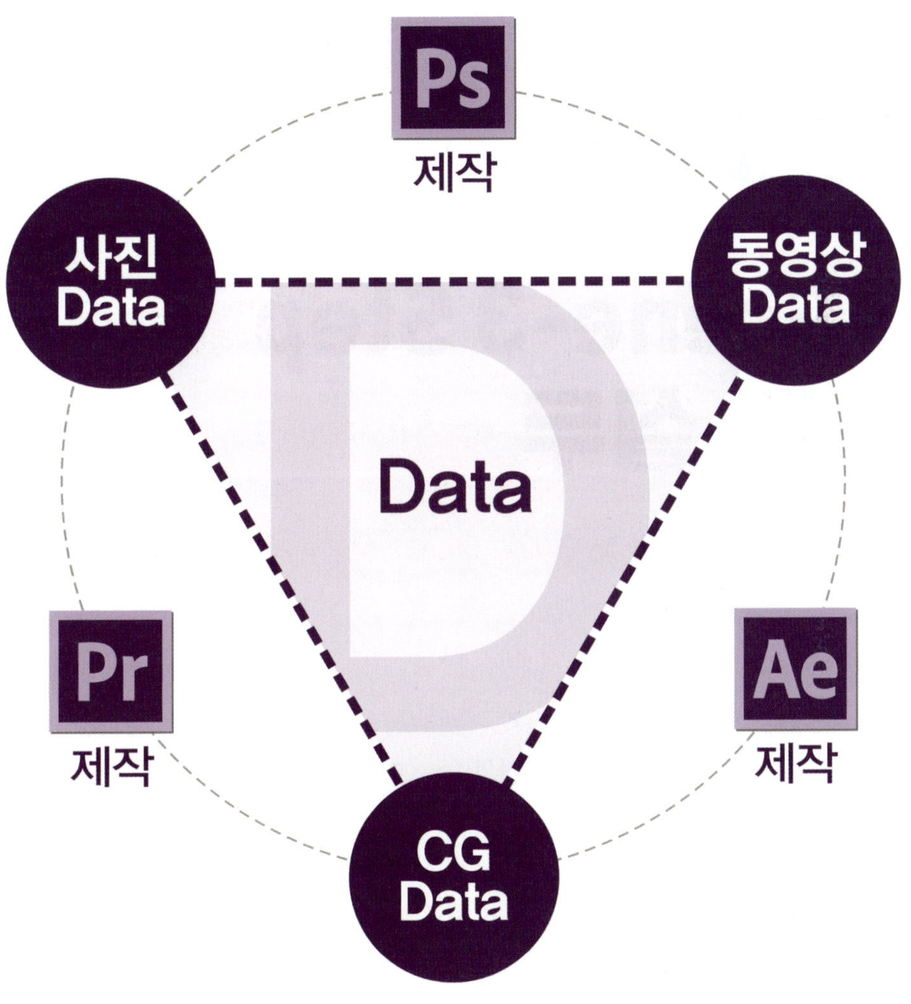

▲ 3 Software – 3 Data 제작 관련

3 Scene-3 Step 편집 실무

'3 Scene-3 Step 편집 실무'는 영상 편집의 3 Scene(기승전결 Scene, Attention Scene, Sub Scene)을, 공감대를 시작으로 3 Step(균형 · 변화 · 통일)에 맞추어서 Sequence로 영상 콘텐츠를 완성하는 마지막 단계의 편집 실무입니다.

① Main Scene(기승전결 Scene) 편집

'공감대'를 시작으로 기(발단), 승(전개), 전(절정), 결(결말)의 Scene을 '균형'있게 편집하는 과정입니다.

② Attention Scene 편집

기승전결 Scene의 균형적인 작업이 끝난 후, 고난도 추가 작업 또는 절정 부분에 카타르시스를 배치하여 '변화'를 주는 과정입니다.

③ Sub Scene(Closing Scene → Opening Scene) 추가 및 편집

기승전결 Scene을 기준으로 '통일'된 Closing Scene과 Opening Scene을 추가 또는 재배치 편집하여 완성하는 과정입니다.

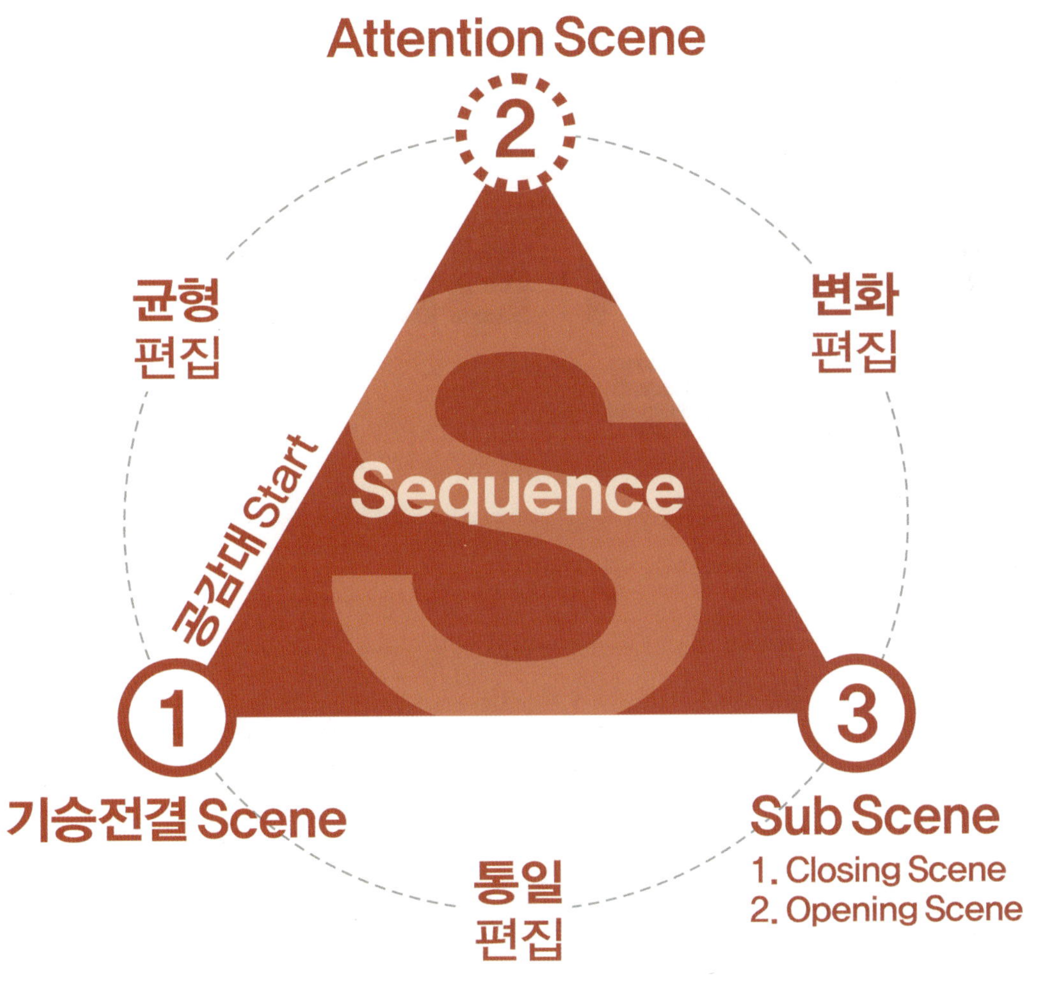

▲ 3 Scene – 3 Step 편집 실무

: CHAPTER : 4

기획·제작·편집 333 실무

영상 제작 과정에서 정답은 없습니다. 그러나 '영상 콘텐츠'는 몇 가지 규칙적인 특징이 있습니다. 봄에는 꽃이 피고 겨울에는 낙엽이 떨어진다는 세상 순리인 기승전결의 흐름을 영상에 적용한다는 점, 홍보를 목적으로 하는 영상은 포지티브를 강조하고, 반사회적인 문제에 대해서는 네거티브로 경각심을 준다는 점, 용도에 따라 제한된 시간과 규격이 정해져있다는 점 등입니다. 이것은 콘텐츠가 '대중성'을 확보해야 하는 특성 때문입니다. 따라서 영상 콘텐츠 제작의 대부분은 촉박한 일정 내에 끝내야 하고, 또 효과를 극대화해야 하는 경우가 많습니다.

저자는 위와 같은 고민을 20여 년간 해왔고, 여러 시행착오 끝에 '영상 콘텐츠 기획·제작·편집 333 실무'를 제안한 것입니다. 독자들이 이 프로세스를 통해 시행착오를 줄이고, 경쟁력 있는 영상 콘텐츠를 제작하길 바랍니다.

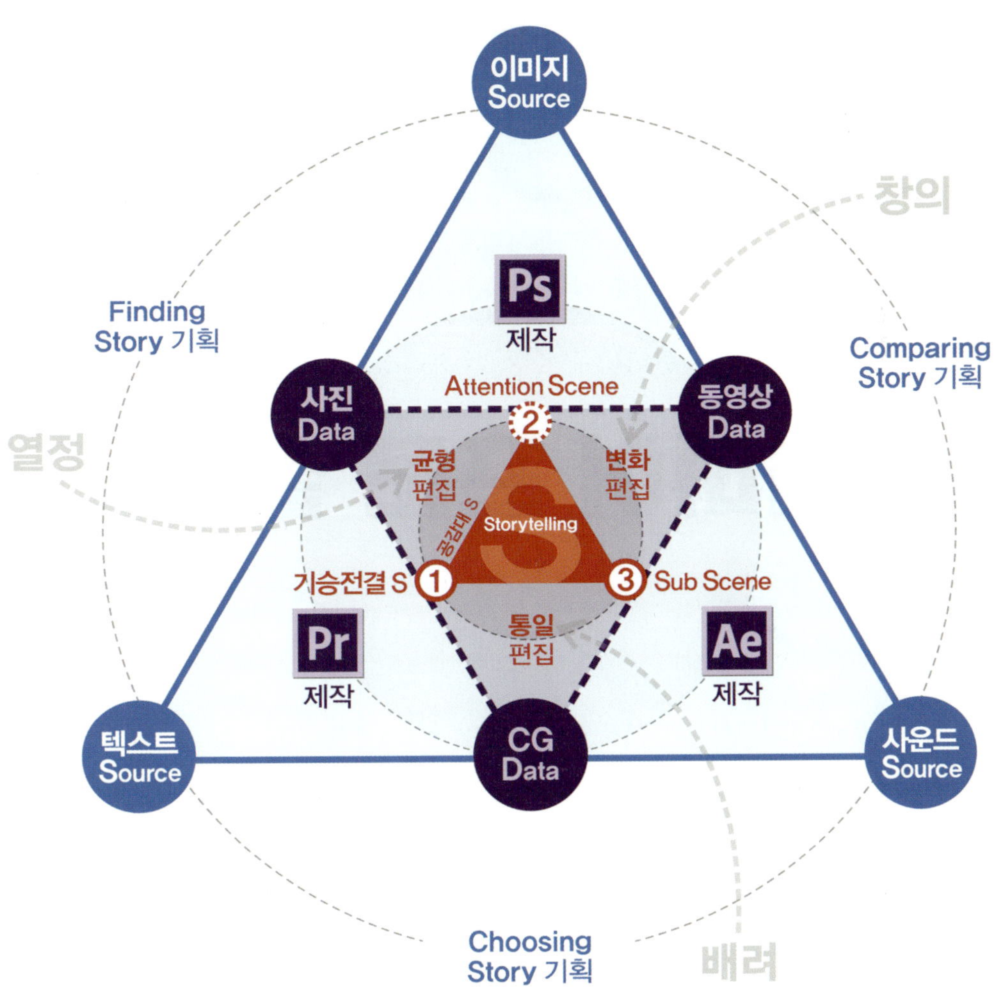

▲ 영상 콘텐츠 기획 · 제작 · 편집 333 실무

프리미어 프로 실무

디지털 홍보 영상 공모전 10년 도전 노하우!

프리미어 프로의 기본은 '영상 편집'입니다. 그런데 프리미어 프로의 기본보다 정기적으로 교체되는 버전의 상업성 기능에 집중하는 경향이 있습니다. 프리미어 1.0에서 시작하여 현재의 프리미어 프로 CC 2017버전까지 많은 변화가 있었지만, 프리미어 프로 고유의 '편집' 기능이 바뀐 것은 아닙니다. 영상과 이미지 소스를 자르고 붙이는 기능, 레이아웃과 화질을 개선하는 기능, 영상의 속도를 조절하거나 되감는 기능, 자막 편집 등은 프리미어 프로의 변함없는 '기본'입니다. 이러한 '기본'에 충실하고, 나머지 테크닉은 '애프터 이펙트'와 '포토샵' 등의 장점을 활용해서 호환하는 것이 영상 편집의 실무입니다. 본 파트에서 이러한 '기본'을 중심으로 '실무' 학습법을 안내하였습니다.

프리미어 프로 실무는 '스토리'가 있습니다. 실무는 고객이 있기에 '스토리'가 절실하지만, 비 실무는 고객이 없기에 스토리가 부실한 것입니다. 따라서 '스토리가 있는 예제'로 학습하는 것과 '스토리가 없는 기능 알기 예제'로 학습하는 것은 큰 차이가 있습니다. 스토리가 있는 예제로 학습해야 실전 활용이 가능합니다.

프리미어 프로 실무는 '이미지+텍스트+사운드'의 조화입니다. 이 중에 하나만 빠져도 실무라고 할 수 없습니다. '사운드'가 빠진 예제로 실습한다면 '이미지'와 '사운드'의 엇박자가 나서 실전에서 활용도가 떨어지기 때문입니다. 따라서 이 책에는 '이미지', '텍스트', '사운드'가 모두 포함된 예제를 수록하여 독자들이 실무를 더 빨리 더 효율적으로 배울 수 있도록 안내하였습니다.

프리미어 프로 실무

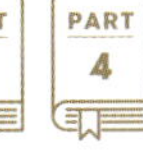

| 예제 | 제11회 대학 벤처동아리 경진대회 '대상' 수상 작품

| 예제 | 제1회 대한민국을 웃겨라 UCC 공모전 '우수상' 수상 작품

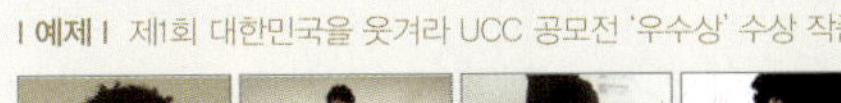
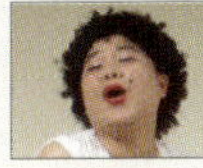

SECTION 03   이미지 소스만으로 작품완성 노하우   130

SECTION 04   스톱모션 작품완성 노하우   159

CHAPTER 03

반드시 알아야 할 영상 편집 실무 : 초급

| 예제 | 제2회 대한민국 청소년 UCC 캠프대전 '금상' 수상 작품 중 일부분

| 예제 | 2009 전국 나비희망 UCC 공모전 '대상' 수상 작품 중 일부분

| 예제 | 제25회 정보문화의달 Clean IT 공모전 '행정안전부장관상' 수상 작품 중 일부분

| 예제 | 제2회 대한민국 맑은 공기 UCC 공모전 '우수상' 수상 작품 편집 과정

| 예제 | 제10회 대한민국 인터넷윤리 콘텐츠 공모전 '동상' 수상 작품 중 일부분

1 : CHAPTER :

프리미어 프로 화면 안내

영상 콘텐츠 공모전 10년 도전 노하우!

프리미어 프로는 초보자와 일반 사용자 누구나 쉽게 사용이 가능한 동시에 전문성을 확보하는 인터페이스로 구성되어 있습니다. 프로젝트 단계별로 최적의 작업 공간을 구성할 수 있으며, 작업 공간 선택은 각 윈도우와 화면상의 팔레트로 나누어져 있습니다. 이때 편리한 작업 공간을 만들기 위해서 각 윈도우의 기능별 배열과 화면상의 팔레트를 자유롭게 구성할 수 있고, 수많은 종류의 데이터를 불러와서 편집할 수 있다는 장점이 있습니다.

ADOBE PREMIERE PRO

프리미어 프로
기본 화면
살펴보기

프리미어 프로 기본 화면은 풀다운 메뉴와 [Effect Controls], [Program Monitors], [Project], [Tools], [Timeline], [Audio Meters] 패널로 구성되어 있습니다.

01 프리미어 프로의 시작 화면 살펴보기 [Start]

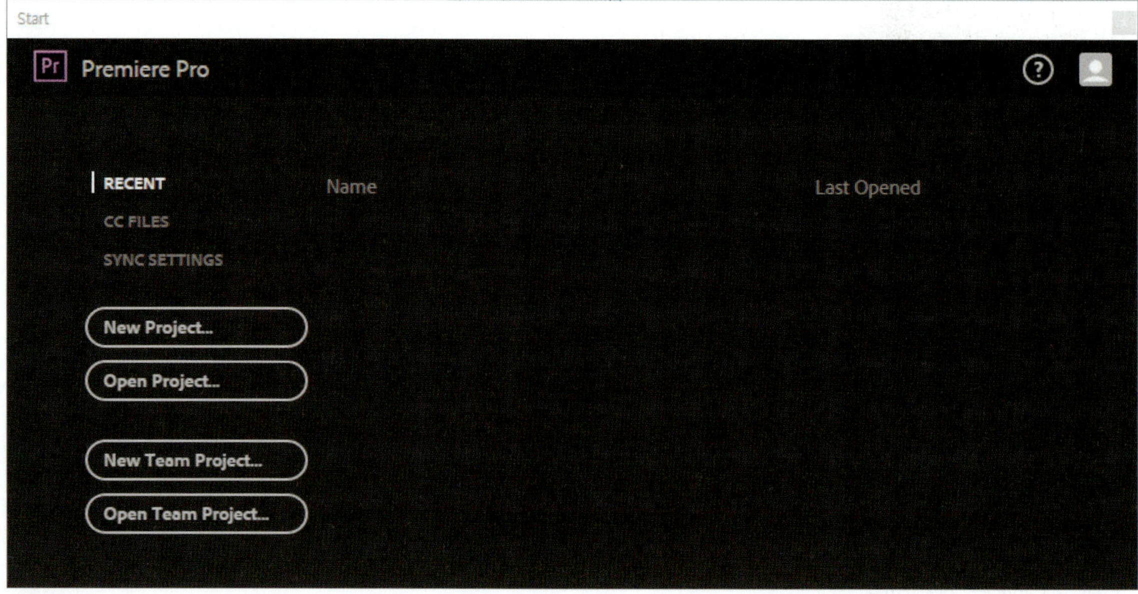

프리미어 프로 CC 2017을 실행하면 위와 같은 [Start] 시작 화면 인터페이스를 볼 수 있습니다. [Start] 패널에서는 가장 중요한 메뉴인 [New Project](Ctrl + Alt + N)와 [Open Project](Ctrl + O) 메뉴 및 팀 프로젝트 메뉴를 큰 버튼 형식으로 왼쪽에 표시하고, 오른쪽에는 최근 작업했던 파일의 이름, 작업 시기를 보여주어 쉽게 기존 작업을 열 수도 있습니다. 물론 [Start] 패널을 닫고 위쪽에 위치한 풀다운 메뉴를 통해서도 새 파일 만들기와 같은 작업을 진행할 수도 있습니다. [Start] 패널을 이용한 작업 파일 열기는 작업하던 파일 목록을 통해 한 번에 쉽게 기존 작업을 이어갈 수 있으므로 사용자의 작업 시간을 단축시켜주고, 파일 관리의 편리함을 더 했습니다.

하지만 사용자에 따라서 시작 화면 기능이 필요하지 않거나 바로 이전에 작업했던 파일을 열고 싶은 경우, 다음과 같은 방법을 통해 [Start] 패널을 해제할 수 있습니다.

❶ [Edit] 〉 [Preferences] 〉 [General] 메뉴 클릭

❷ [At Startup] : 'Show Start Screen'에서 'Open Most Recent'로 변경

❸ [OK] 버튼을 클릭하고 프리미어 프로 재실행

02 프리미어 프로의 기본 작업 화면 살펴보기

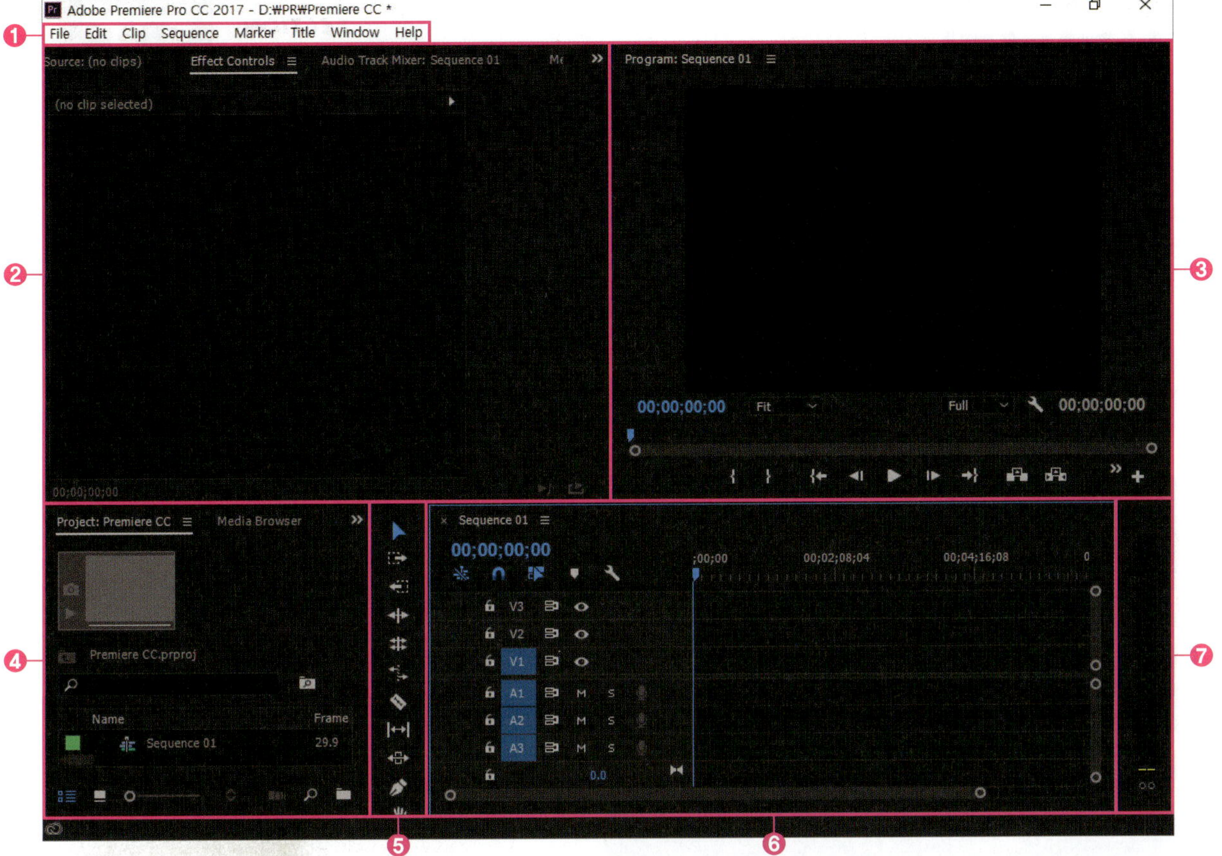

시작 화면에서 새 프로젝트를 만들고, 새 시퀀스를 시작했을 경우 위와 같은 작업 화면 구성을 볼 수 있습니다.

❶ **[풀다운 메뉴]** : 프리미어 프로의 모든 기능과 도움말이 풀다운 메뉴로 정리되어 있습니다.

❷ **[Effect Controls] 패널** : 클립의 비디오 효과(Motion, Opacity, Effects), 오디오 효과(Volume, Effects)를 제어하고, 키프레임을 생성하여 애니메이션을 만듭니다.

❸ **[Program Monitor] 패널** : [Current Time Indicator]가 위치한 시간대의 장면을 시각적으로 표시하고, 영상 편집 과정과 결과를 확인할 수 있습니다.

❹ **[Project] 패널** : 영상 편집에 사용할 모든 클립을 불러와 관리합니다.

❺ **[Tools] 패널** : 클립의 선택과 이동, 자르기 등의 편집 툴과 [Timeline] 화면 크기를 제어하는 툴이 있습니다.

❻ **[Timeline] 패널** : 시간대별로 영상 편집을 하는 실질적인 작업 공간입니다.

❼ **[Audio Meters] 패널** : 오디오의 전체 볼륨을 dB 단위로 표시합니다.

TIP :: 데시벨은 소음의 크기를 나타내는 단위입니다.

[Project] 패널 살펴보기

[Project] 패널은 영상 편집에 사용될 다양한 종류의 클립을 불러오거나 만들 수 있고, 미리보기 또는 미리듣기, 기본정보(해상도, 재생 시간) 보기 등의 기능을 제공합니다. 또한 Bin(폴더)을 이용하여 클립의 종류나 목적에 따라 관리할 수 있습니다.

01 [Project] 패널의 기능 살펴보기

❶ **[Preview Thumbnail]** : 클립의 섬네일 이미지가 표시되고, 영상 클립의 미리보기 기능을 제공합니다.

❷ **[Item Description]** : 클립의 해상도, 재생 시간 등의 정보를 표시합니다.

❸ **[Poster Frame]** : 클립이 영상일 경우, [Project] 패널에서 미리보기를 실행할 때 원하는 장면을 선택하여 섬네일 이미지로 사용합니다.

❹ **[Play-Stop Toggle]** : 비디오, 오디오 클립의 미리보기 또는 미리듣기를 재생하고, 정지합니다.

❺ **[Find Faces]** : 많은 소스들이 있을 경우, 필요한 소스를 찾기 위해서 'Bin(폴더)'과 클립을 검색합니다.

❻ **[Metadata Display]** : 클립의 이름, 라벨 색상을 표시하고, 순서를 각 항목에 따라 정렬할 수 있습니다.

❼ **[List View]** : 'Bin(폴더)'과 클립을 목록 형태로 표시합니다.

❽ [Icon View] : 'Bin(폴더)'과 클립을 아이콘 형태로 표시합니다.

❾ [Zoom Slider] : 클립의 목록 또는 아이콘 크기를 축소하거나 확대합니다.

❿ [Zoom In] : 클립의 목록 또는 아이콘 크기를 확대합니다.

⓫ [Automate to sequence] : 선택한 클립을 자동으로 연결하여 시퀀스로 만들고, [Timeline] 패널에 표시합니다.

⓬ [Find] : 원하는 클립을 검색하여 찾습니다.

⓭ [New Bin] : 클립을 폴더별로 관리할 수 있는 새로운 'Bin(폴더)'를 만듭니다.

⓮ [New Item] : 새로운 아이템을 만듭니다.

```
Sequence...
Offline File...
Adjustment Layer...
Title...
Bars and Tone...
Black Video...
Captions...
Color Matte...
HD Bars and Tone...
Universal Counting Leader...
Transparent Video...
```

- [Sequence] : 새로운 시퀀스를 만듭니다.
- [Offline File] : 새로운 오프라인 파일을 만듭니다.
- [Adjustment Layer] : 하위 트랙의 모든 클립에 동일한 효과가 적용되는 조정 레이어를 만듭니다.
- [Title] : 새로운 타이틀을 만듭니다.
- [Bars and Tone] : 화면과 오디오 볼륨 조정을 위한 컬러바와 사운드를 만듭니다.
- [Black Video] : 검은색 화면의 클립을 만듭니다.
- [Captions] : 영상에 필요한 자막을 쉽게 작성하고 적용할 수 있습니다.
- [Color Matte] : 영상 합성에 사용되는 단일 색상의 클립을 만듭니다.
- [HD Bars and Tone] : 16:9 화면 비율의 컬러바와 사운드를 만듭니다.
- [Universal Counting Leader] : 카운트 다운되는 영상 클립을 만듭니다.
- [Transparent Video] : 투명한 화면을 가진 클립을 만듭니다.

⓯ [Clear] : 'Bin(폴더)' 또는 클립을 삭제합니다.

⓰ [Project Panel Menu] : [Project] 패널의 화면 표시 메뉴를 제공합니다.

[Tools] 패널 살펴보기

[Tools] 패널은 클립을 선택하거나 자르고, 재생 시간과 속도 등을 조절하는 영상 편집 툴과 [Timeline] 패널의 화면 크기를 조절하고, 이동하는 툴이 있습니다.

01 [Tools] 패널의 각 툴 살펴보기

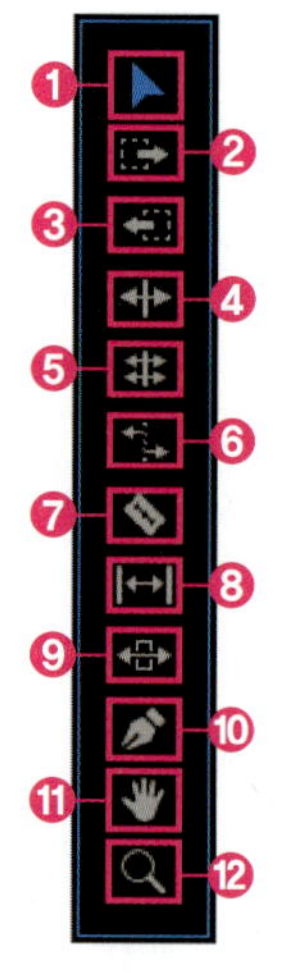

❶ [Selection Tool] : [Timeline] 패널의 클립을 선택합니다.

❷ [Track Select Forward Tool] : 선택한 클립의 오른쪽(시간 순서로 정방향)에 위치한 모든 클립들을 선택합니다. **Shift** 를 이용해 트랙별로 클립들을 선택할 수 있습니다.

❸ [Track Select Backward Tool] : 선택한 클립의 왼쪽(시간 순서로 역방향)에 위치한 모든 클립들을 선택합니다. **Shift** 를 이용해 트랙별로 클립들을 선택할 수 있습니다.

❹ [Ripple Edit Tool] : 클립의 재생 길이를 조절합니다. 이때 클립 사이에 빈 공간이 생기지 않도록 인접한 클립의 재생 길이가 자동으로 조절됩니다.

❺ [Rolling Edit Tool] : 이어진 클립의 길이를 조절합니다. 이때 재생 시간은 변하지 않습니다.

❻ [Rate Stretch Tool] : 클립의 재생 길이를 조절하여 재생 속도를 바꿉니다.

❼ [Razor Tool] : 클립을 자릅니다. **Shift** 를 이용해 모든 트랙의 클립을 한꺼번에 자를 수 있습니다.

❽ [Slip Tool] : 클립의 [In 점]과 [Out 점]을 조절합니다. 이때 클립의 길이는 변하지 않습니다.

❾ [Slide Tool] : 선택한 클립의 [In 점]과 [Out 점]을 고정한 채로 인접한 클립의 위치를 조절합니다.

❿ [Pen Tool] : 키프레임을 추가하거나 선택하여 수정할 수 있습니다.

⓫ [Hand Tool] : [Timeline] 패널의 화면을 좌우로 옮길 수 있습니다.

⓬ [Zoom Tool] : 시간 간격을 조절하여 트랙의 길이를 확대하거나 축소합니다.

TIP :: [Tools] 패널은 사용자의 작업환경 설정에 따라 길게 또는 두 줄, 박스와 같은 형태로 다양하게 표시할 수 있습니다.

[Timeline] 패널 살펴보기

[Timeline] 패널은 다양한 종류의 클립을 이용하여 영상 편집 작업을 하는 공간입니다. [Timeline] 패널의 각 요소별 기능을 살펴보면 다음과 같습니다.

01 [Timeline] 패널의 기능 살펴보기

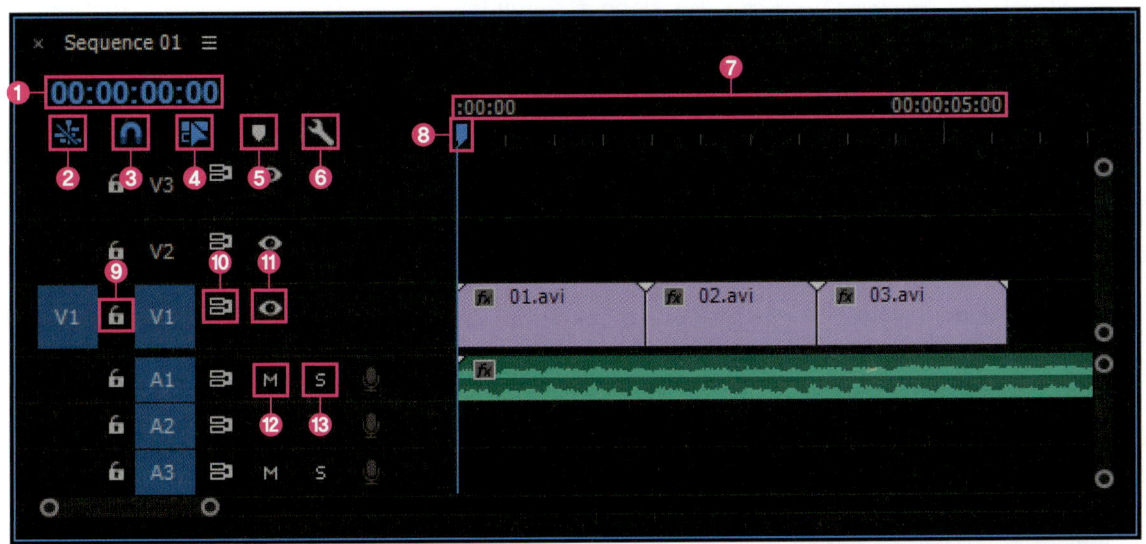

❶ **[Playhead Position]** : [Current Time Indicator]가 위치한 곳의 시간을 00:00:00:00(시:분:초:프레임)의 단위로 표시합니다. 영상 편집의 기준점이 되며, 수치를 입력하여 원하는 시간 지점대로 이동할 수 있습니다.

❷ **[Insert and overwrite sequences nests or individual clips]** : 시퀀스를 트랙에 불러올 때 시퀀스 단위로 [Timeline] 패널에 불러올지 또는 시퀀스 내의 소스를 모두 표시할지 설정합니다.

❸ **[Snap]** : 클립을 옮길 때 클립의 경계지점인 [In 점], [Out 점] 또는 [Current Time Indicator]에 자동으로 붙는 기능을 설정합니다.

❹ **[Linked Selection]** : 링크된 클립 간에 이동을 같이하거나, 개별적으로 움직일지 설정합니다.

❺ **[Add Marker]** : [Current Time Indicator]가 위치한 곳에 마커를 추가하고, 메모를 하거나 정보를 입력할 수 있습니다.

❻ **[Timeline Display Settings]** : 패널에 표시할 내용을 설정합니다.

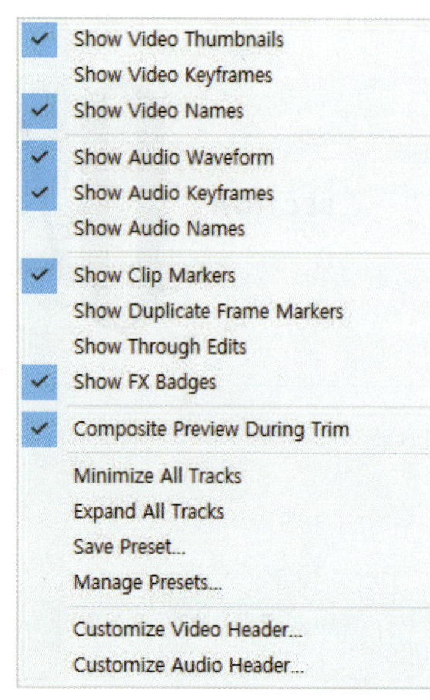

- [Show Video Thumbnails] : 비디오 트랙에 영상 섬네일 이미지를 표시합니다.
- [Show Video Keyframes] : 비디오 트랙에 키프레임을 표시합니다.
- [Show Video Names] : 비디오 트랙에 영상 이름을 표시합니다.
- [Show Audio Waveform] : 오디오 트랙에 음원 파형을 표시합니다.
- [Show Audio Keyframes] : 오디오 트랙에 키프레임을 표시합니다.
- [Show Audio Names] : 오디오 트랙에 음원 이름을 표시합니다.
- [Show Clip Marker] : 트랙에 마커를 표시합니다.
- [Show Duplicate Frame Markers] : 복제된 트랙 소스에 공유 식별 마커를 표시합니다.
- [Show Through Edits] : 잘린 소스가 연결되어 있을 때 식별할 수 있는 마커를 표시합니다.
- [Show FX Badges] : 클립에 이펙트 상태 아이콘을 표시합니다.
- [Composite Preview During Trim] : 클립에서 잘린 지점의 연결 소스 미리보기를 표시합니다.

- [Minimize All Tracks] : 모든 트랙의 세로 길이를 최소화합니다.
- [Expand All Tracks] : 모든 트랙의 세로 길이를 섬네일이 보이도록 최적화합니다.
- [Save Preset] : 현재 설정된 디스플레이 세팅 옵션을 저장합니다.
- [Manage Presets] : 저장된 디스플레이 세팅 옵션을 불러옵니다.
- [Customize Video Header] : 비디오 소스 헤더 아이콘을 사용자 임의로 설정합니다.
- [Customize Audio Header] : 오디오 소스 헤더 아이콘을 사용자 임의로 설정합니다.

❼ [Time Ruler Bar] : 설정한 표시 형식에 따라 시간과 프레임을 표시합니다.

❽ [Current Time Indicator] : [Timeline]에서 영상 편집의 기준선이 되는 슬라이더로써 현재 작업 중인 시간과 프레임을 표시하고, 영상을 탐색하거나 확인할 수 있습니다.

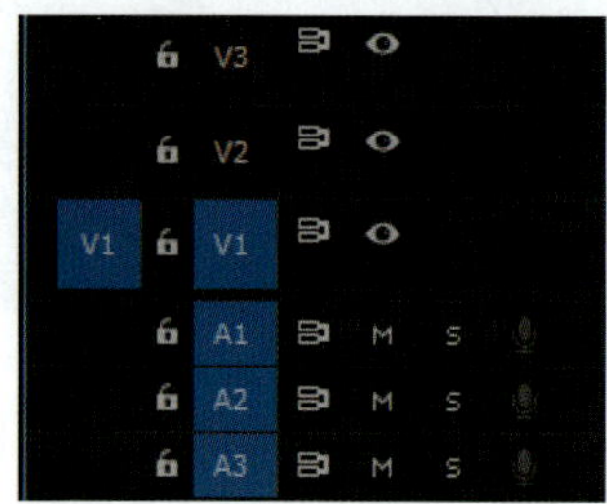

❾ [Toggle Track Lock] : 해당 트랙에서 편집을 할 수 없도록 설정합니다.

❿ [Toggle Sync Lock] : 해당 트랙이 다른 트랙의 영향을 받지 않도록 설정합니다.

⓫ [Toggle Track Output] : 해당 트랙을 보이지 않게 합니다.

⓬ [Mute Track] : 해당 트랙의 소리를 꺼서 들리지 않게 합니다.

⓭ [Solo Track] : 해당 트랙의 소리만 들리게 합니다.

[New Project] 대화상자 살펴보기

SECTION
05

새 프로젝트를 만들기 위한 [New Project] 대화상자에서는 비디오, 오디오 옵션과 저장에 관한 설정을 할 수 있습니다.

01 [New Project] 대화상자 살펴보기

❶ [Name] : 프로젝트의 이름을 입력합니다.

❷ [Location] : [Browse] 버튼을 클릭하여 프로젝트가 저장될 위치를 설정합니다.

❸ [Video Rendering and Playback] : 비디오를 출력하거나 재생할 때 사용되는 소프트웨어 엔진을 설정합니다. 기본으로 'Mercury Playback Engine GPU Acceleration(OpenCL)'로 설정되어 있습니다.

❹ [Video : Display Format] : 영상 편집의 시간 표시 형식을 설정합니다.

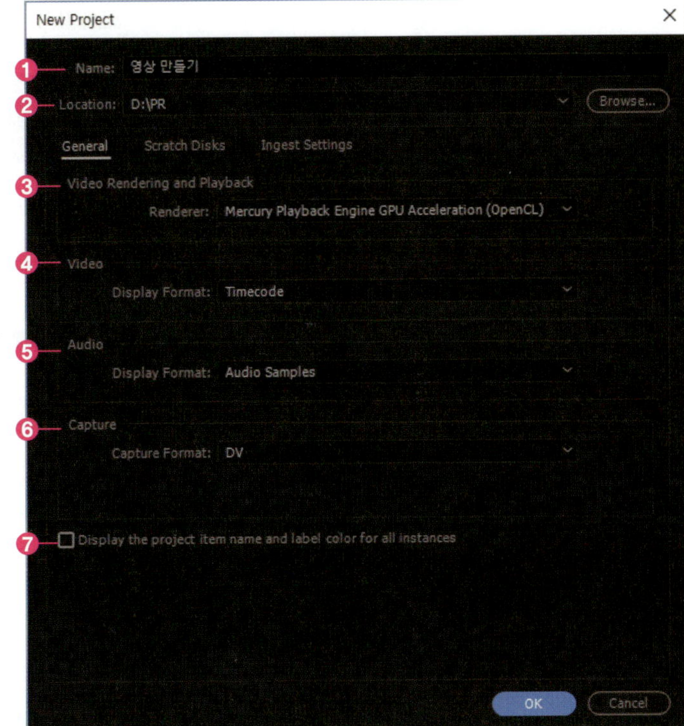

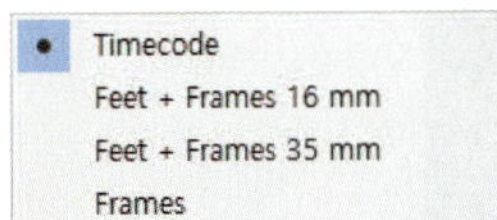

• [Timecode] : 00:00:00:00(시:분:초:프레임)의 단위로 표시합니다.

• [Feet + Frames 16mm] : 16mm 필름에 사용되는 단위로 24frame/sec, 40frame/Feet 설정으로 표시됩니다.

• [Feet + Frames 35mm] : 35mm 필름에 사용되는 단위로 24frame/sec, 16frame/Feet 설정으로 표시됩니다.

• [Frames] : 24frame/1sec의 단위로 표시합니다.

❺ [Audio : Display Format] : 오디오 표시 형식을 'Audio Samples'와 'Milliseconds'로 설정합니다.

❻ [Capture] : 촬영한 영상의 캡처 방식을 'DV'와 'HDV'로 설정할 수 있습니다.

❼ [Display the project item name and label color for all instances] : 모든 프로젝트의 이름과 라벨 색상을 표시합니다.

[New Sequence] 대화상자 살펴보기

새 프로젝트 설정 후, 시퀀스를 만들기 위한 [New Sequence] 대화상자가 열립니다. 시퀀스 설정은 편집할 클립 또는 출력할 영상 설정과 동일하게 하는 것이 좋습니다. 미리 설정된 옵션을 선택하거나, [Settings]를 통해 사용자가 원하는 해상도, 화면 비율 등을 설정할 수 있습니다.

01 [New Sequence] 대화상자의 [Sequence Presets] 탭 살펴보기

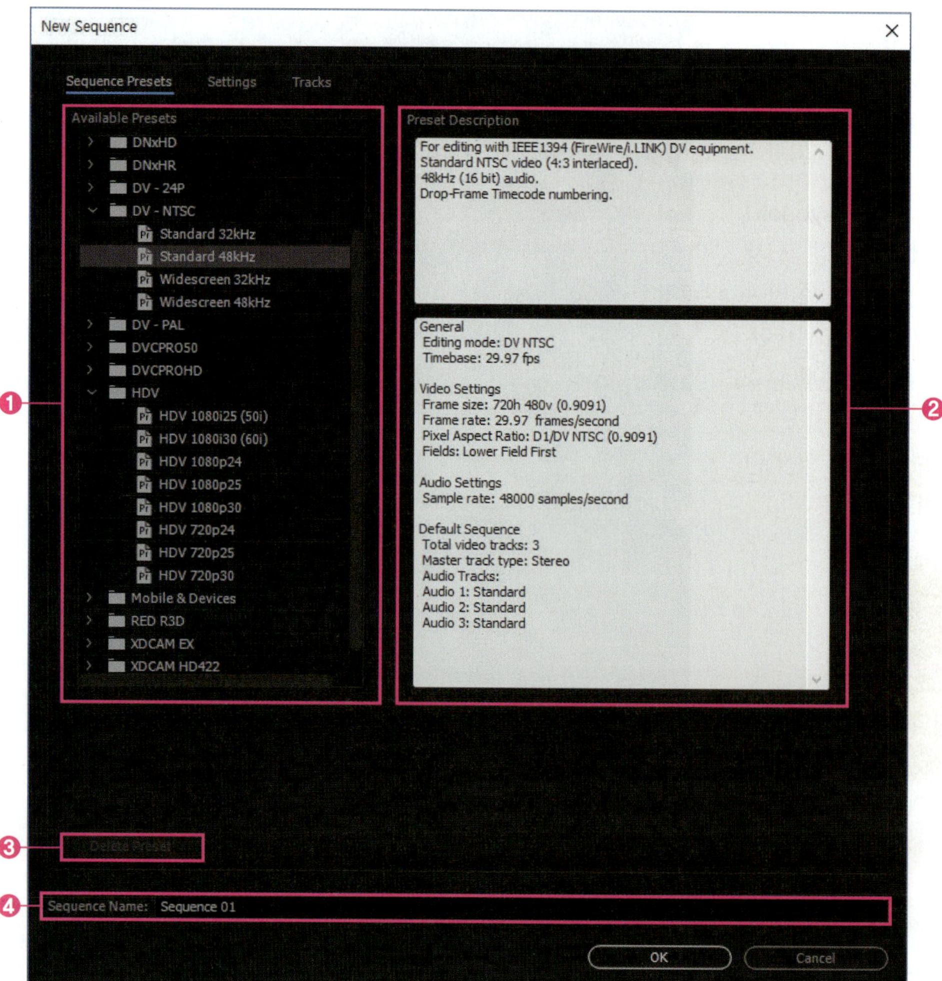

[Sequence Presets] 탭에서는 미리 설정된 다양한 영상 포맷 설정을 탐색하여 선택한 후, [OK] 버튼을 클릭하는 것만으로 시퀀스 설정을 끝낼 수 있습니다.

❶ [Available Presets] : 미리 설정된 영상 기본 프리셋과 커스텀 프리셋을 선택하는 공간입니다. [Sequence Presets]에서 일반적으로 사용되는 설정을 소개하면 다음과 같습니다.
- • [DV–NTSC] 〉 [Standard 48kHz] : 720x480 해상도(SD급)의 표준 영상 규격입니다.
- • [HDV] 〉 [HDV 1080p30] : 1920x1080 해상도(HD급) 영상 규격입니다.
- • [HDV] 〉 [HDV 720p30] : 1280x720 해상도(HD급) 영상 규격입니다.

❷ [Preset Description] : 프리셋 속성을 표시하는 공간입니다.

❸ [Delete Preset] : 지정된 커스텀 프리셋을 삭제합니다.

❹ [Sequence Name] : 시퀀스 이름을 입력합니다.

02 [New Sequence] 대화상자의 [Settings] 탭 살펴보기

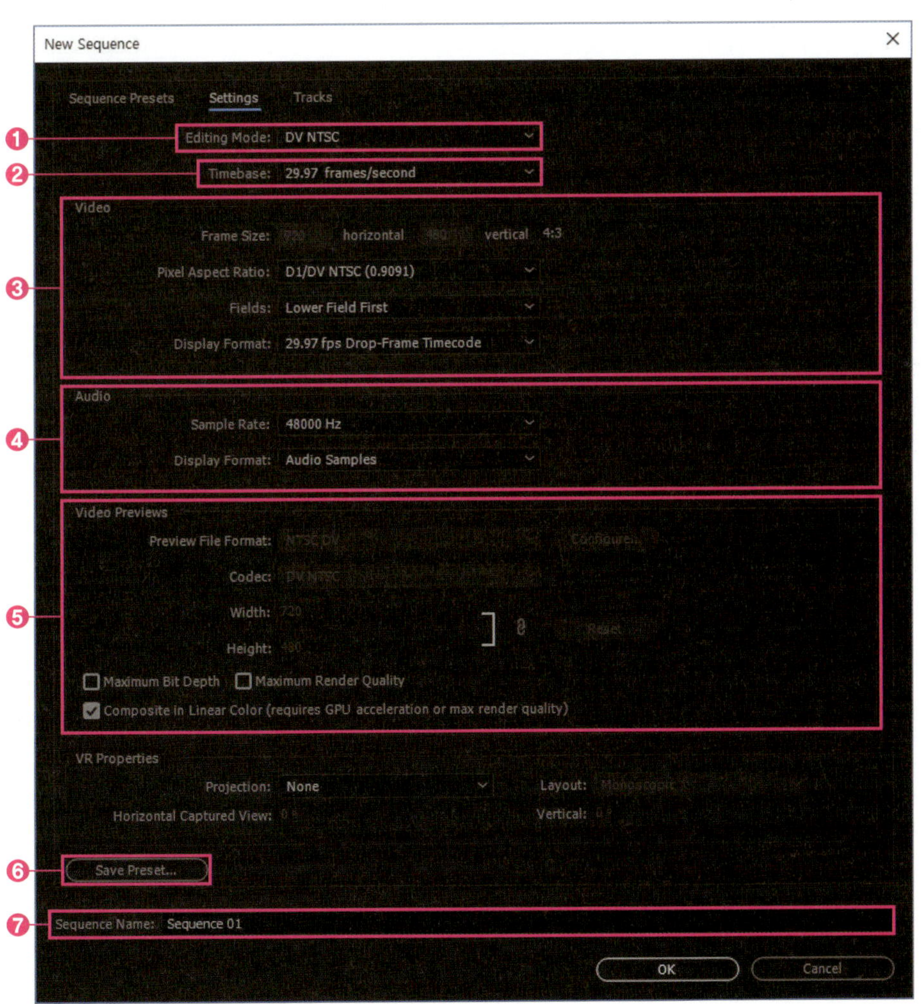

[Settings] 탭에서는 비디오, 오디오 설정을 사용자가 원하는 대로 할 수 있습니다.

❶ [Editing Mode] : 영상 편집 모드를 설정하는 것으로써 저장된 옵션을 선택하면 해상도, 화면 비율, 프레임 등이 자동으로 설정됩니다. 아래의 [Video], [Audio] 옵션을 사용자가 원하는 대로 조절하기 위해서는 'Custom'을 선택해야 합니다.

❷ [Timebase] : 초당 프레임을 설정합니다.

❸ [Video] : 비디오 옵션을 설정합니다.
- [Frame Size] : 영상의 해상도를 픽셀 단위로 설정합니다.
- [Pixel Aspect Ratio] : 픽셀의 가로 세로 비율을 설정합니다. 설정에 따라 화면 비율이 바뀝니다.
- [Fields] : 화면 주사 방식을 설정합니다.
- [Display Format] : 영상의 시간 표시 형식을 설정합니다.

❹ [Audio] : 오디오 옵션을 설정합니다.
- [Sample Rate] : 오디오 샘플링 주파수 수치를 설정합니다.
- [Display Format] : 오디오 시간 표시 형식을 설정합니다.

❺ [Video Preview] : 편집된 영상을 [Program Monitor]에서 확인할 때 코덱과 해상도를 설정합니다.
- [Preview File Format] : 미리보기 비디오 파일 포맷을 설정합니다.
- [Configure] : 특정한 포맷에 대한 세부 옵션을 설정합니다.
- [Codec] : 미리보기 비디오 코덱을 설정합니다.
- [Width] : 미리보기 영상의 가로 크기를 픽셀 단위로 설정합니다.
- [Height] : 미리보기 영상의 세로 크기를 픽셀 단위로 설정합니다.
- [Reset] : 설정한 해상도를 원래대로 되돌립니다.
- [Maximum Bit Depth] : 미리보기 영상의 전송률을 최대로 설정합니다.
- [Maximum Render Quality] : 미리보기 영상의 출력 품질을 최대로 설정합니다.
- [Composite in Linear Color] : 선형 색상 사용 여부를 설정합니다.

❻ [Save Preset] : 시퀀스 설정을 저장합니다.

❼ [Sequence Name] : 시퀀스의 이름을 입력합니다.

프리미어 프로 핵심 단축키 알아두기

01 [File] 메뉴 단축키

New Project	Ctrl + Alt + N
Open Project	Ctrl + O
Close	Ctrl + W
Save	Ctrl + S
Save As	Ctrl + Shift + S
Import File	Ctrl + I
Export 〉 Media	Ctrl + M

02 [Edit] 메뉴 단축키

Undo	Ctrl + Z
Redo	Ctrl + Shift + Z
Cut	Ctrl + X
Copy	Ctrl + C
Paste	Ctrl + V
Paste Insert	Ctrl + Shift + V
Clear	Back Space
Duplicate	Ctrl + Shift + /
Select All	Ctrl + A

Find	Ctrl + F
Edit Original	Ctrl + E

03 [Clip] 메뉴 단축키

Speed/Duration	Ctrl + R
Enable	Shift + E
Link	Ctrl + L
Group	Ctrl + G
Ungroup	Ctrl + Shift + G

04 [Sequence] 메뉴 단축키

Render Effects In to Out	Enter
Apply Video Transition	Ctrl + D
Zoom In	+
Zoom Out	−
Snap	S

05 [Timeline] 패널 단축키

Clear Selection	Back Space
Ripple Delete	Alt + Back Space
Set Work Area Bar In Point	Alt + [
Set Work Area Bar Out Point	Alt +]
Show Next Screen	Page Down
Show Previous Screen	Page Up

06 [Tools] 패널 단축키

Selection Tool	V
Track select Backward Tool	Shift + A
Track select Forward Tool	A
Ripple edit Tool	B
Rolling edit Tool	N
Rate stretch Tool	R
Razor Tool	C
Slip Tool	Y
Slide Tool	U
Pen Tool	P
Hand Tool	H
Zoom Tool	Z

그 밖의 단축키는 [Edit] > [Keyboard Shortcuts] 메뉴에 있습니다.

프리미어 프로 이외에 많이 사용하는 '영상 편집 프로그램(소프트웨어)'이 무엇인지? 또 그 프로그램들의 장단점은 무엇인지? 문의하는 분들이 많습니다. 그것은 아래와 같습니다.

영상 편집 프로그램		내용
프리미어 프로 (Premiere Pro)		프리미어 프로는 포토샵과, 애프터 이펙트 등으로 유명한 어도비(Adobe)사의 영상 편집 프로그램입니다. 다른 어도비 프로그램과 연동이 뛰어나며, 기능이 숙달되면 매우 좋은 결과물을 만들어 냅니다.
	장점	• 영상 편집 자체 기능만으로는 매우 정밀하며, 수많은 고급 기능을 제공합니다. • 포토샵, 프리미어 프로, 애프터 이펙트와 연동하여 영상작업을 할 때 최고의 호환성을 지닙니다.
	단점	• 가끔 코덱 문제로 싱크가 맞지 않거나 화면이 흐리게 나오는 등의 문제점이 있습니다. • 익숙해지기 위해서는 수많은 설정과 용어, 기능을 공부해야 합니다.
파이널 컷 프로 (Final Cut Pro)		파이널 컷 프로는 아이폰으로 유명한 애플(Apple)사에서 만든 영상 편집 프로그램으로 맥OS 환경에서 작동합니다. 기능과 안전성이 탁월하여 영화와 방송 등에서 많이 사용됩니다.
	장점	• 초보자부터 전문가까지 모두 만족할 수 있는 쉽고 전문적인 기능을 제공합니다. • 소스 로딩, 편집, 렌더링 등 전체적인 작업이 빠르고 안정적으로 구동됩니다.
	단점	• 시스템 구축 초기에 시스템과 프로그램에 대한 비용이 매우 비쌉니다. • 편집 프로그램을 배우기 전 맥 시스템과 운영체제를 먼저 배워야 합니다.
베가스 프로 (Vegas Pro)		베가스는 방송용 장비 및 카메라로 유명한 소니(SONY)사에서 개발한 영상 편집 프로그램입니다. 최근 인터넷 방송이 활성화되면서 가장 많이 활용되는 프로그램 중에 하나입니다.
	장점	• 프로그램의 용량이 가볍고 초보자도 비교적 쉽게 배울 수 있습니다. • 비디오 이펙트 기능이 매우 화려합니다.
	단점	• 안정적이나 전문성을 요하는 곳에서는 다른 프로그램보다 조금 떨어집니다. • 한글자막 지원이 매우 부족하여 작업 시 어려움이 있습니다.
에디우스 (Edius)		만들어진 역사가 다른 프로그램에 비해 짧지만 한국 방송환경에 적합하게 개발되어 현재 KBS, SBS, JTBC 등에서 편집 프로그램으로 사용되고 있습니다.
	장점	• 한국 방송환경에 적합한 멀티캠 영상 편집에 매우 뛰어납니다. • 빠른 속도, 렌더링, 다양한 영상 포맷 및 코덱을 지원합니다.
	단점	• 전용 하드웨어를 구입해야 하므로 일반 사용자가 사용하기에는 매우 비쌉니다. • 기본적인 포맷 설정과 편집 기술을 숙지하기 위해서는 오랜 시간이 필요합니다.
아비드 (Avid)		오랜 역사와 전통을 자랑하는 영상 편집 프로그램의 강자이지만 방송 장비 및 편집 시스템이 디지털화되면서 파이널 컷에 밀리고 있습니다. 아직까지는 MBC, M.net 등 많은 곳에서 사용되고 있습니다.
	장점	• 낮은 사양의 시스템에서도 잘 구동됩니다.
	단점	• 편집 기능을 숙지하기 위해서는 어떤 프로그램보다도 어렵습니다.
윈도우 무비메이커 (Window Movie Maker)		마이크로소프트 윈도우에서 구동되는 영상 편집 프로그램입니다. 여기에서 소개하는 영상 편집 프로그램 중에 유일하게 무료로 제공됩니다.
	장점	• 배우기가 매우 쉬워서 누구나 30분만 투자하면 영상을 편집할 수 있습니다. • 자막 기능, 이펙트 기능이 뛰어납니다.
	단점	• 2017년 1월 이후, 무비메이커 지원이 종료되어 공식적으로는 다운로드 받을 수 없습니다. • 고급 기능을 지원하지 않습니다.

2

프리미어 프로 실무 단번에 마스터하기 : 초급

영상 콘텐츠 공모전 10년 도전 노하우!

영상 편집의 주요 데이터는 '동영상'과 '이미지', 그리고 'CG'입니다. 이 중에서 '동영상 데이터'와 '이미지 데이터'를 이용한 영상 편집이 프리미어 프로에서 가장 많이 사용하는 핵심 실무입니다. 따라서 첫 예제인 본 챕터에서는 스토리가 있는 '동영상'과 '이미지' 소스를 각각 제공하여 프리미어 프로 초급 기능을 쉽게 익히면서, 빠르게 작품을 완성하도록 유도함으로써 아이디어와 열정만 있다면 초보자라도 얼마든지 경쟁력 있는 홍보 영상을 만들 수 있다는 자신감을 갖도록 하는 데 역점을 두었습니다.

ADOBE PREMIERE PRO

초보자를 위한
영상 편집과 출력
& 유튜브 활용 기초

핵심내용

본 예제는 프리미어 프로를 처음 다루는 초보자가 반드시 알아야 할 핵심 기능입니다. 이것은 영상 편집에서 가장 많이 사용하는 ①'잘라내기' + '붙이기'와 ②'오프닝', '엔딩' 타이틀 만들기입니다. 그리고 마지막으로 ③'영상 출력'과 '유튜브 업로드' 등 유튜브 활용법을 소개하였습니다. 본 예제를 통해 초보자들이 나무(부분)보다 숲(전체)을 볼 수 있기를 바랍니다.

핵심기능

Razor Tool, Ripple Delete

STORYBOARD

제11회 대학 벤처동아리 경진대회 '대상' 수상 작품

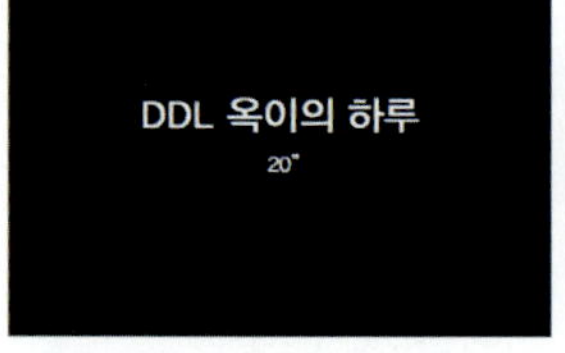

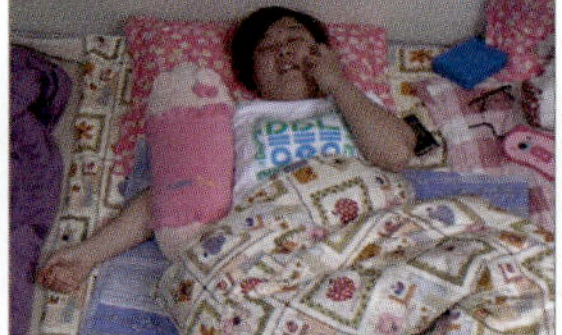
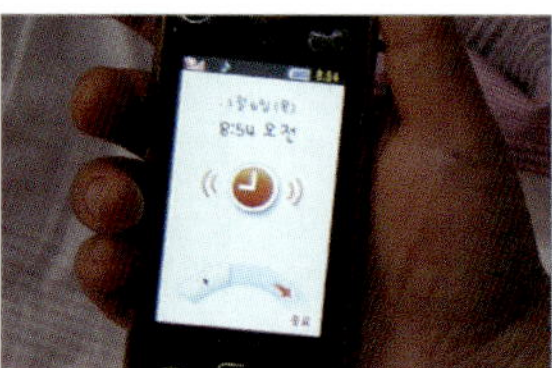
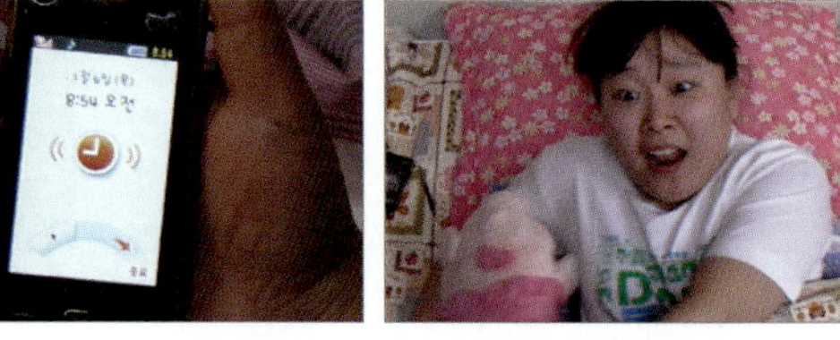

[Out 점] 드래그   Razor Tool - - - - - - - - - - - - - - - - - -→   Razor Tool, Ripple Delete

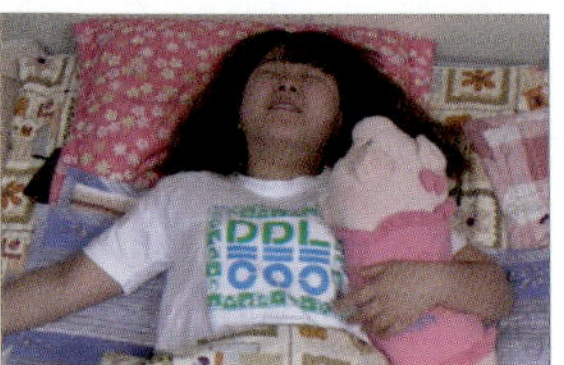

- 영상 클립 : 26개
- 이미지 클립 : 2개
- 프리미어 편집 : 총 28컷

01 새 프로젝트 시작하기

: 준비 파일 : Part 02 〉 Chapter 02 〉 Section 01 〉 01.mp4　**: 완성 파일 :** Part 02 〉 Chapter 02 〉 Section 01 〉 영상 소스 작품완성.prproj

1 윈도우 바탕화면에서 [시작] 버튼을 클릭한 후, 알파벳 [A] 섹션에서 [Adobe Premiere Pro CC 2017]을 찾아 클릭하여 프리미어 프로를 실행합니다.

TIP :: Windows 버전과 개인설정에 따라 [시작] 메뉴의 모양이 다를 수 있습니다. 책에서는 Microsoft Windows 10 버전이 사용되었습니다.

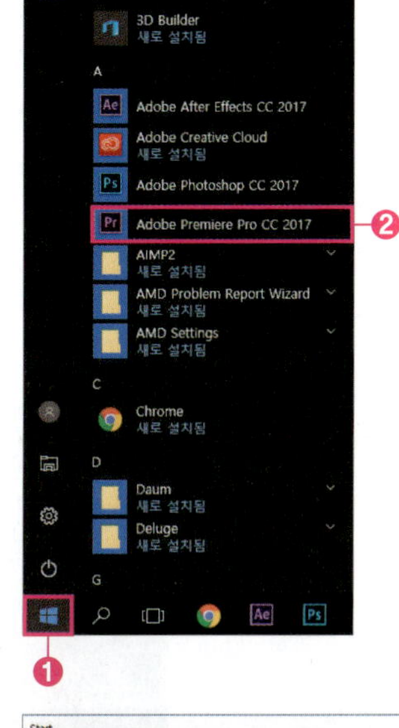

2 프리미어 프로를 실행한 후 [Start] 창이 열리면 [New Project] 버튼을 클릭하여 새 프로젝트를 시작합니다.

TIP :: 프리미어 프로에서 하나의 영상을 만드는 편집 작업을 '프로젝트'라고 지칭하며 영상 편집을 시작하기 위해서는 반드시 새 프로젝트를 만들고 편집을 시작해야 합니다.

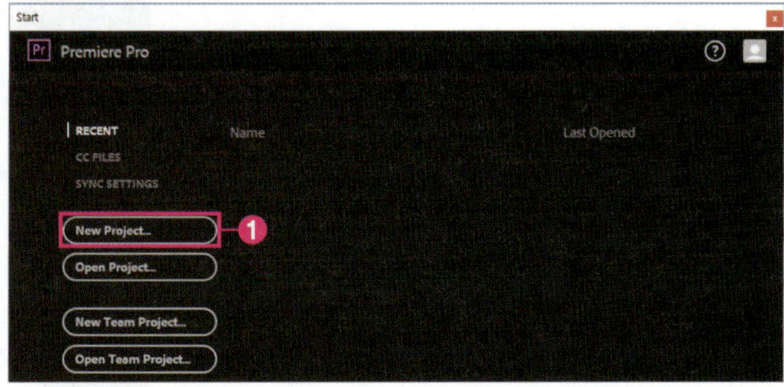

3 [New Project] 대화상자가 열리면 [Name]에 임의 프로젝트 이름으로 입력하고, 프로젝트 파일이 저장될 폴더를 선택하기 위해서 [Location]의 [Browse] 버튼을 클릭합니다.

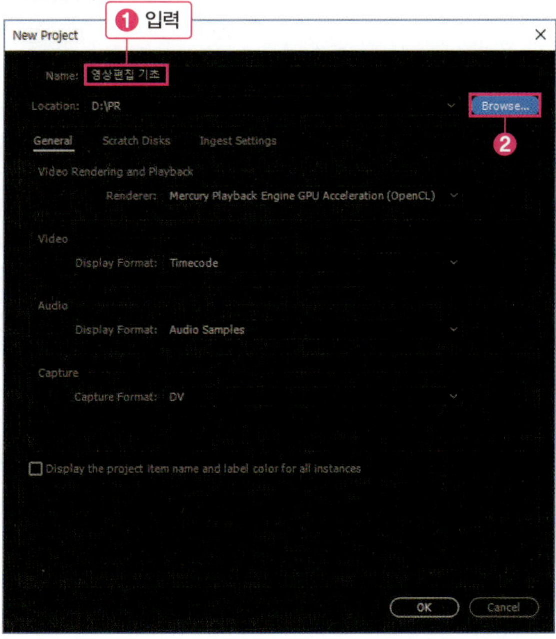

4 [Please select the destination path for your new project] 대화상자가 열리면 작업 파일을 저장할 사용자 임의의 새 폴더를 만들고, [폴더 선택] 버튼을 클릭합니다.

TIP :: 프로젝트 파일은 나중에 수정 및 파일 관리를 위해 반드시 따로 폴더를 만들고 작업 파일을 저장하는 것이 좋습니다. 또한 이 폴더를 이용하여 영상 소스와 각종 파일들을 한꺼번에 관리하면 좋습니다.

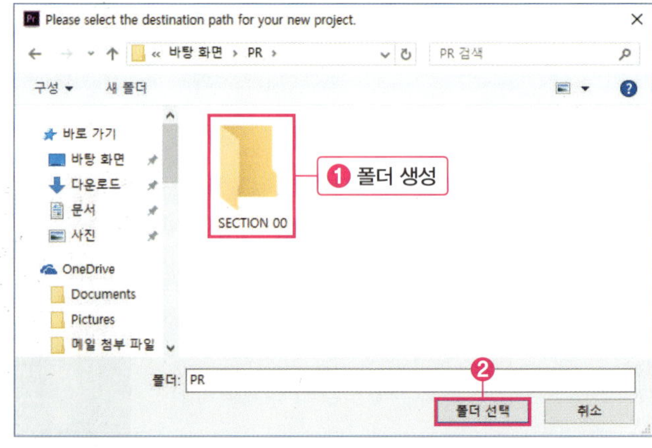

5 [Location]에 자신이 지정한 폴더가 보이는지 확인한 후 나머지 옵션은 기본 설정으로 두고, [OK] 버튼을 클릭하여 새 프로젝트를 시작합니다.

TIP :: 프로젝트 파일의 저장은 작업할 영상 소스와 같은 폴더 또는 하위 폴더에 하는 것이 파일 관리측면에서 좋습니다. 또한 [C] 드라이브보다는 [D] 드라이브처럼 데이터 전용으로 사용하는 하드에 저장하는 것이 컴퓨터의 속도 관리 등 원활한 유지 보수를 위해 유리합니다.

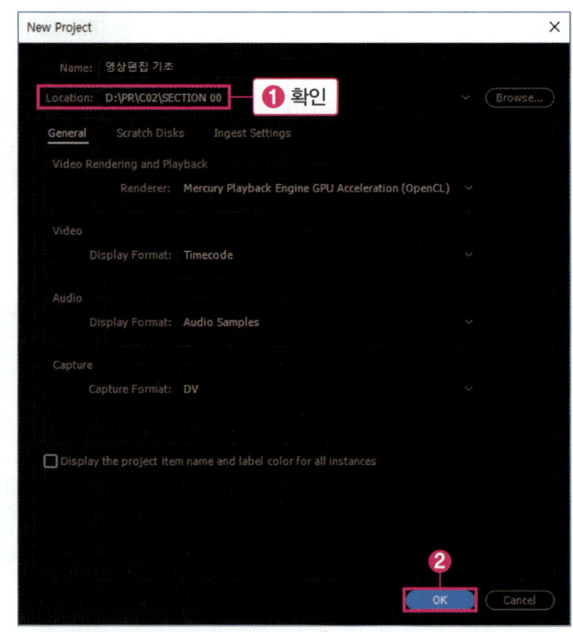

6 새 프로젝트 이름으로 프리미어 프로의 기본 작업 화면이 열립니다. 하지만 아직은 완벽하게 작업환경이 설정된 것은 아닙니다. 영상 편집을 시작하기 위해서는 시퀀스(Sequence)를 만들어야 합니다. 아직 새 시퀀스가 없으므로 오른쪽 아래 [Timeline] 패널이 비활성화되어 있습니다.

TIP :: **시퀀스(Sequence)**

몇 개의 장면이 모여 이루어진 것이 시퀀스입니다. 영상 편집의 단위로써 프리미어 프로에서는 시퀀스 단위로 편집을 하게 됩니다. 긴 영상 같은 경우, 여러 개의 시퀀스를 만들고 이를 이어 붙여서 하나의 영상을 만들게 됩니다.

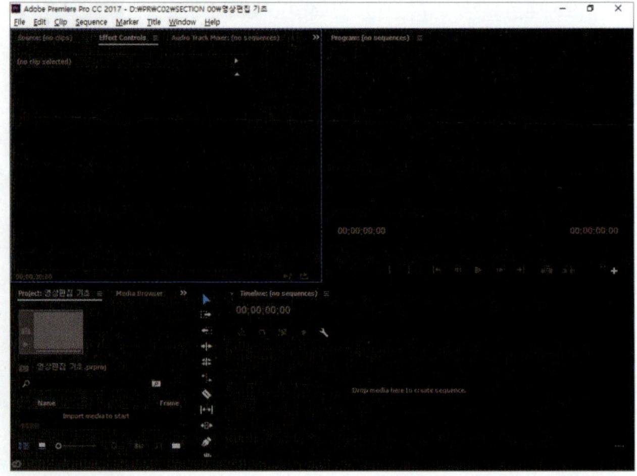

TIP :: **프리미어 프로의 기본 화면으로 되돌리기**

프리미어 프로의 기본 작업 화면 모양이 다음 화면과 다르게 보일 경우, [Window] > [Workspace] > [Editing] 메뉴를 클릭하여 편집용 화면으로 설정하고, 기본 화면 모양으로 되돌리기 위해서 [Window] > [Workspace] > [Reset to Saved Layout] 메뉴를 클릭합니다.

02 잘라내기 + 붙이기 Razor Tool + Ripple Delete

: 준비 파일 : Part 02 〉 Chapter 02 〉 Section 01 〉 Clip 01.mp4 ~ Clip 26.mp4

1 새 시퀀스를 만드는 방법은 사용자 설정과 클립을 이용한 설정으로 크게 두 가지 방법이 있습니다. 이번에는 클립을 이용하여 새 시퀀스를 만들고 편집을 시작해 보겠습니다. 우선 새 시퀀스와 편집을 시작하기 위한 영상 클립을 불러오기 위해서 [File] 〉 [Import](**Ctrl**+**I**) 메뉴를 클릭합니다.

TIP :: **클립 불러오기**
풀다운 메뉴를 이용하는 대신, [Project] 패널의 빈 공간을 '더블클릭'하거나, 단축키 **Ctrl**+**I**를 눌러도 됩니다.

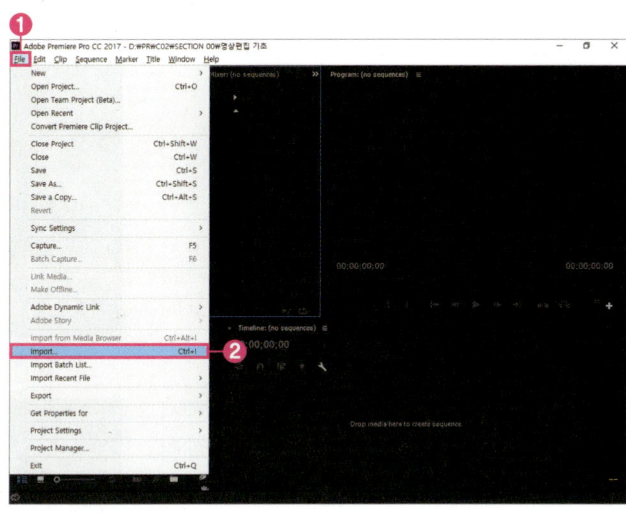

2 [Import] 대화상자가 열리면 'Clip 01.mp4' 파일을 찾아 선택하고, [열기] 버튼을 클릭합니다.

TIP :: 파일 보기가 다음과 같이 큰 아이콘 형태로 보이지 않을 경우, 파일이 없는 빈 공간에 마우스 오른쪽 버튼을 클릭하고, 팝업 메뉴가 열리면 [보기] 〉 [큰 아이콘] 메뉴를 클릭합니다.

3 [Project] 패널에서 'Clip 01.mp4' 영상 클립을 확인합니다. 영상 편집에 사용되는 모든 종류의 클립은 [Project] 패널에서 관리하고, 필요에 따라 언제든지 편집에 이용할 수 있습니다.

TIP :: **클립과 [Project] 패널에서 클립 보기 방식 설정하기**
• 클립(Clip) : 영상 편집을 위해 [Project] 패널에 불러온 이미지, 영상, 오디오 파일 등을 지칭합니다.
• 클립 보기 방식 : '목록(List)'과 '아이콘(Icon)' 두 가지입니다. 현재는 리스트 방식이며 만일 아이콘 방식으로 보고 싶다면, [Project] 패널의 좌측 하단 [Icon View](■) 아이콘을 클릭하면 됩니다.

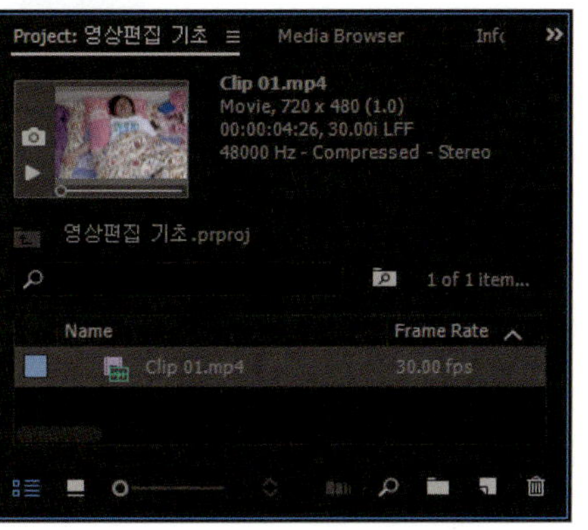

4 [Project] 패널의 'Clip 01.mp4' 영상 클립을 [Timeline] 패널 [V1] 트랙의 시작점으로 드래그합니다. [Timeline] 패널에 새 시퀀스가 자동으로 생성되며, [V1] 트랙의 시작점에 영상 클립이 들어왔음을 확인하고, **Space Bar** 를 눌러 영상을 확인합니다.

TIP ::
- 클립을 이용하여 새 시퀀스를 만드는 경우 복잡한 설정 과정이 생략되고, 클립의 영상 크기, 프레임 설정과 똑같이 새 시퀀스가 자동으로 생성되는 장점이 있습니다.
- [V1] 트랙은 Video 1번 트랙의 약자입니다.
- [Timeline] 패널이 선택된 상태에서 **Space Bar** 를 누르면 [Current Time Indicator]를 기준으로 영상이 재생됩니다.

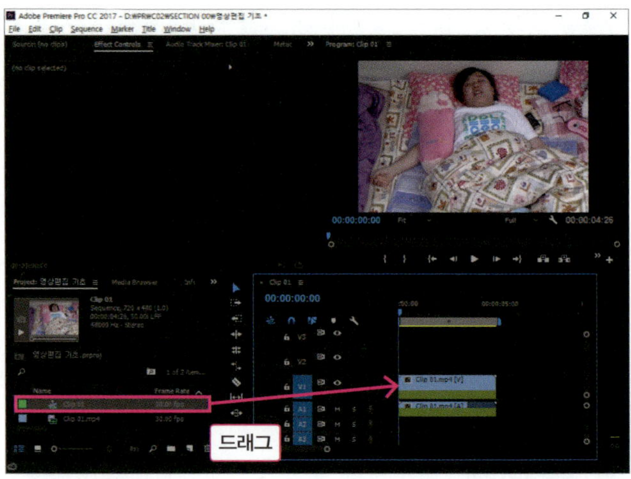

5 [Timeline] 패널에서 정확한 편집을 위해서 키보드의 ＋ 를 눌러 [Timeline] 패널을 확대합니다.

TIP :: [Timeline]의 확대 및 축소

[Timeline] 패널이 선택된 상태에서 키보드 ＋ , － 를 눌러 확대 및 축소를 할 수 있습니다.(단, 숫자패드의 ＋ , － 는 적용되지 않습니다.)

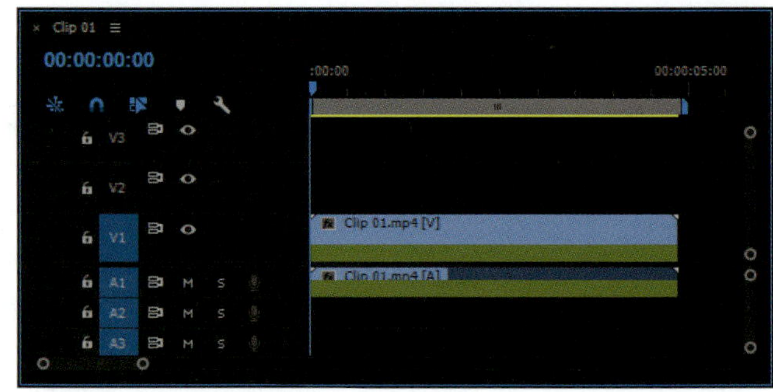

6 영상 클립에서 필요 없는 부분을 잘라내기 위해서 [Current Time Indicator]를 00:00:01;15 위치로 옮깁니다. [Current Time Indicator]를 기준으로 클립의 뒷부분은 잘라내서 삭제하겠습니다.

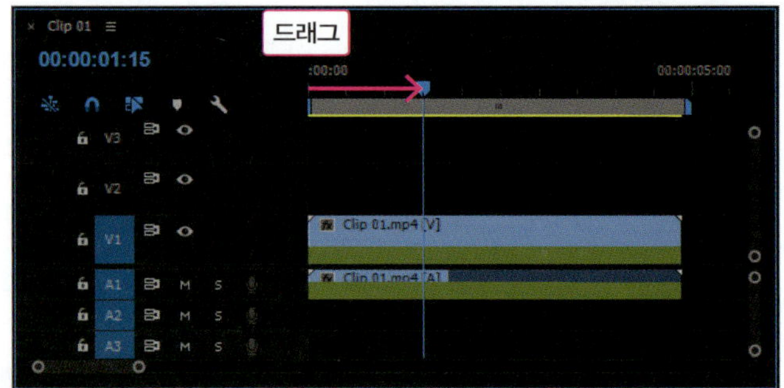

TIP :: [Current Time Indicator]

[Current Time Indicator]는 영상 편집의 기준점이 됩니다. 마우스로 [Current Time Indicator]를 드래그하면서 [Timeline] 패널 왼쪽 상단에 위치한 [Playhead Position]의 시간 지점을 확인합니다.

7 영상 클립을 자르기 위해서 [Tool] 패널의 [Razor Tool](✂)을 클릭하고, [Timeline] 패널에서 [Current Time Indicator]가 위치한 곳을 클릭합니다. 잘라진 표시로 클립에 세로선이 생깁니다.

TIP :: Razor Tool(자르기 툴)

영상 편집에서 가장 기본이 되는 툴로써 클립을 잘라 필요한 부분만 사용할 수 있게 만듭니다.

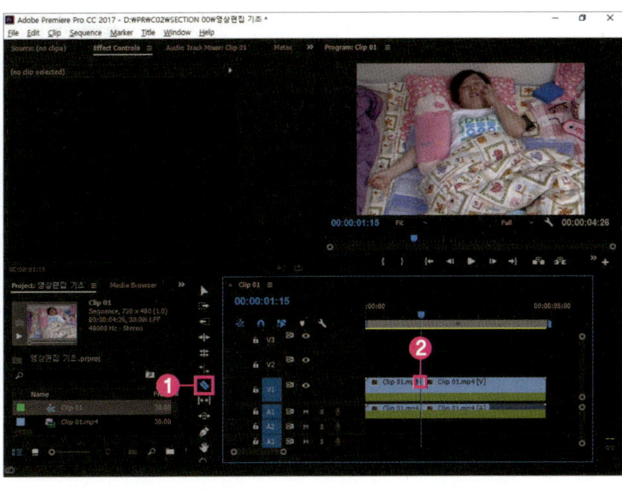

8 2개로 분리된 영상 클립의 뒷부분을 삭제하기 위해서 [Tool] 패널에서 [Selection Tool](▶)을 클릭합니다. [Timeline] 패널에서 클립의 잘려진 뒷부분을 선택한 후 Delete 를 눌러 삭제합니다.

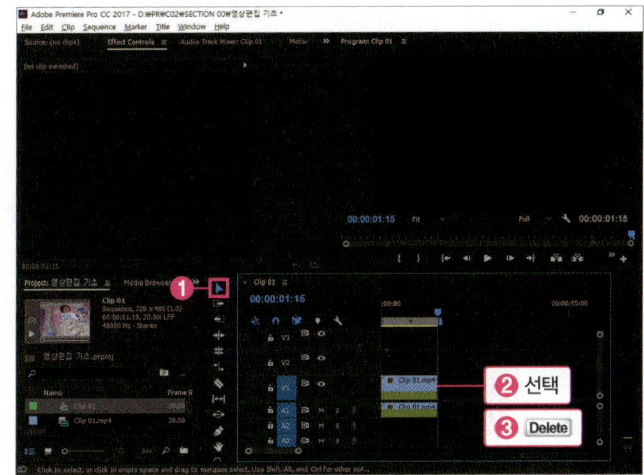

9 다음 편집할 영상 클립을 불러오기 위해서 [Project] 패널의 빈 공간을 더블클릭한 후 [Import] 대화상자가 열리면, 'Clip 02' ~ 'Clip 04.mp4' 파일을 함께 선택하고, [열기] 버튼을 클릭합니다.

TIP :: 파일 여러 개 선택하기

마우스를 드래그하여 필요한 파일을 함께 선택하거나 Ctrl 또는 Shift 를 누른 채 파일을 순서대로 클릭하면 됩니다.

10 [Project] 패널에서 Shift 를 누른 채 'Clip 02' ~ 'Clip 04.mp4' 영상 클립을 함께 선택합니다.

TIP ::: 클립 여러 개 선택하기
파일을 선택하는 것과 마찬가지로 [Project] 패널에서 클립을 선택할 때도 Ctrl 이나 Shift 를 이용하면 여러 개의 클립들을 동시에 선택하고, 한꺼번에 불러올 수 있습니다.

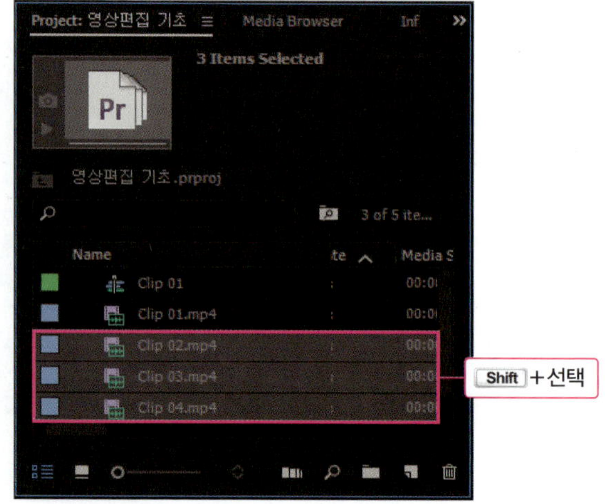

11 선택된 3개의 영상 클립을 [V1] 트랙의 마지막 클립 뒤쪽에 그림과 같이 붙여 넣은 후, 영상 클립의 번호 순서대로 붙여졌는지 확인합니다.

TIP :: [Project] 패널에서 클립을 선택하는 순서에 따라서 [Timeline] 패널에 붙여지는 순서가 달라질 수 있으니 반드시 원하는 순서대로 붙여졌는지 확인해야 합니다.

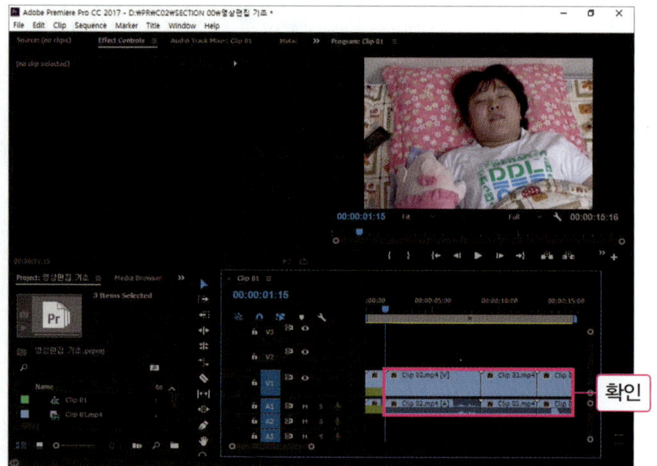

12 'Clip 02.mp4' 영상 클립의 불필요한 부분을 잘라서 삭제하기 위해서 [Current Time Indicator]를 00;00;05;05 위치로 옮기고, [Tool] 패널의 [Razor Tool]( )로 [Timeline] 패널에서 [Current Time Indicator]가 위치한 곳을 클릭합니다.

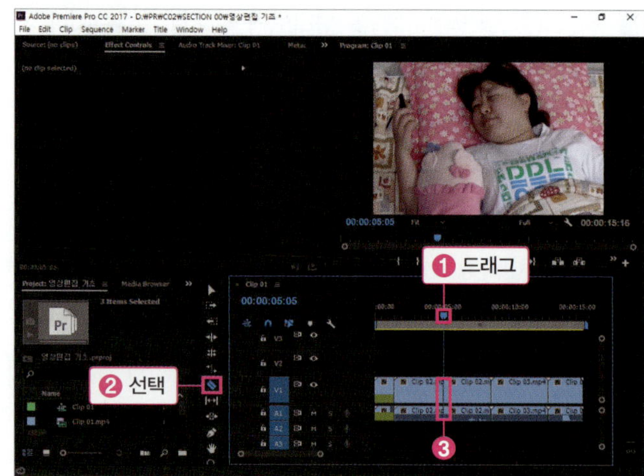

13 [Tool] 패널에서 [Selection Tool](▶)을 클릭하고, [Timeline] 패널에서 'Clip 02.mp4' 영상 클립의 잘려진 뒷부분을 선택한 후 **Delete** 를 눌러 삭제합니다.

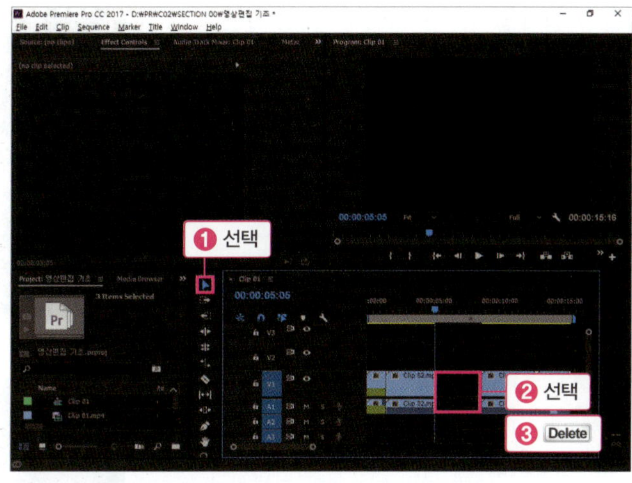

14 클립이 없어진 빈 공간을 삭제하고, 뒤쪽의 영상 클립을 앞쪽으로 옮기기 위해서 [V1] 트랙의 빈 공간에 마우스 오른쪽 버튼을 클릭하고, [Ripple Delete]를 선택합니다.

TIP :: [Selection Tool]로 뒤쪽의 클립들을 선택하고, 앞쪽으로 옮겨서 붙여도 됩니다.

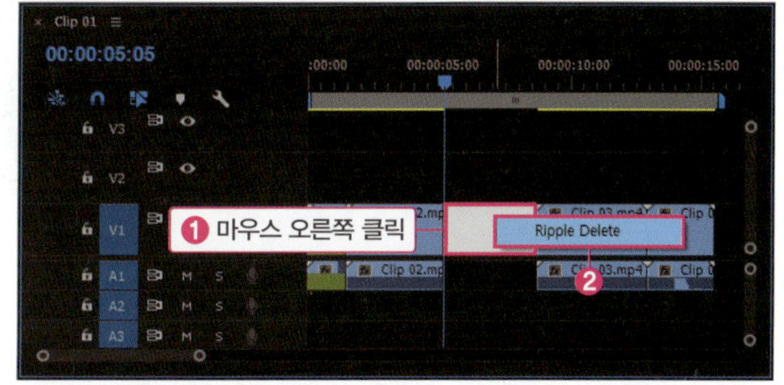

15 빈 공간이 사라지고, 뒤쪽에 있던 영상 클립이 자동으로 앞쪽으로 옮겨지며 앞쪽 클립에 붙습니다. **Space Bar** 를 눌러 편집된 영상 클립을 확인합니다.

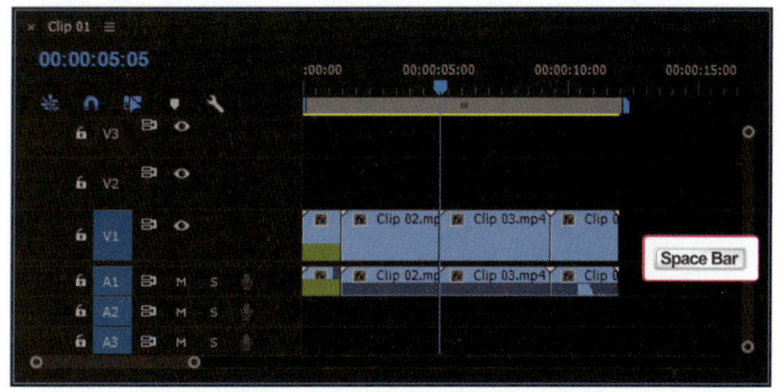

16 다음으로 'Clip 03.mp4' 영상 클립을 편집해 보겠습니다. 'Clip 03.mp4' 영상 클립을 3개로 자른 후, 필요한 중간 부분만 남기기 위해서 [Razor Tool](✂)로 00;00;07;19 지점과, 00;00;08;18 지점을 클릭하여 자르고, [Selection Tool](▶)로 앞쪽과 뒤쪽의 클립을 선택하여 삭제합니다. 그림과 같이 중간 부분만 남기도록 합니다.

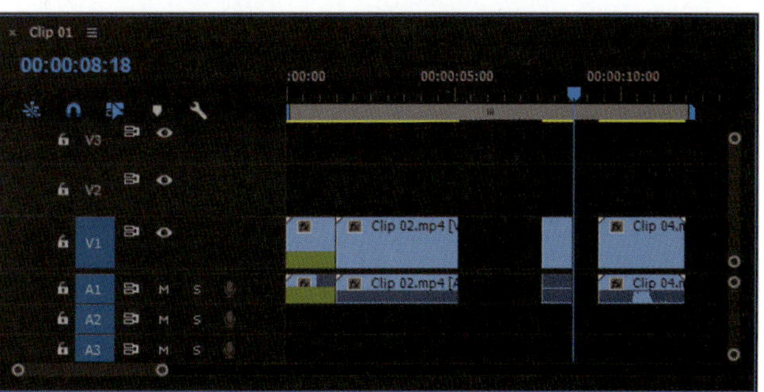

17 클립이 없어진 빈 공간에 마우스 오른쪽 버튼을 클릭하고, [Ripple Delete]를 선택하여 다음과 같이 모든 클립이 이어지도록 합니다.

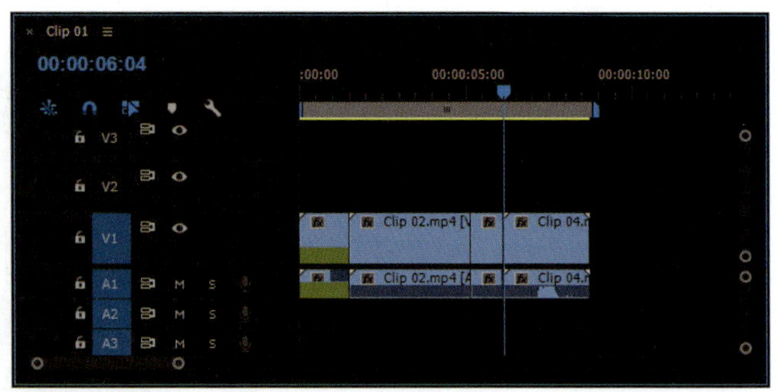

18 위와 같은 방법을 이용하여 나머지 클립들도 불러와 30초 내외로 편집합니다. 편집이 끝나면 Space Bar 를 눌러 영상을 확인합니다.

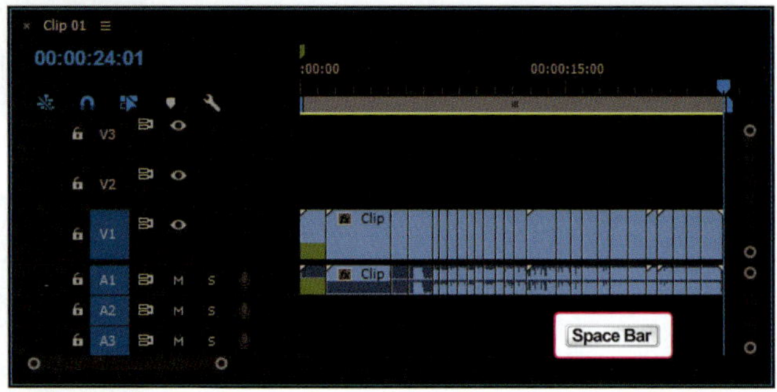

TIP :: 책과 똑같이 편집할 필요는 없습니다. 각자 영상 클립을 확인하고 원하는 지점을 잘라서 편집하면 됩니다. 책에서 완성된 영상의 편집 지점을 확인하고 싶다면 제공된 프리미어 프로 파일 및 출력 영상을 열어서 참고하세요.

TIP :: 프리미어 프로를 위한 영상 편집 환경 구성

프리미어 프로를 노트북 또는 PC에서 실행하기 위해서는 다음과 같은 기본/권장 사양이 필요합니다. 이와 함께 조금 더 쾌적한 환경에서 영상 편집을 하길 원한다면 고사양의 CPU와 그래픽 카드가 필요하며 모니터 역시 두 개를 사용하여 듀얼모니터 환경을 구축하는 것이 좋습니다.

- **Windows**
  - Multicore 프로세서(64비트 지원)
  - Microsoft Windows 7 서비스 팩 1(64비트), Windows 8(64비트) 또는 Windows 10(64비트).
  - 8GB RAM(16GB 이상 권장)
  - 설치를 위한 8GB의 하드 디스크 여유 공간, 설치 중 추가 공간 필요(이동식 플래시 저장 디바이스에 설치할 수 없음)
  - 1280 x 800 디스플레이(1920 x 1080 이상 권장)
  - ASIO 프로토콜 또는 Microsoft Windows 드라이버 모델과 호환 가능한 사운드 카드
  - 선택 사항: GPU 가속 성능을 위한 Adobe 권장 GPU 카드

- **MacOS**
  - Multicore Intel 프로세서(64비트 지원)
  - MacOS X v10.10, v10.11 또는 v10.12
  - 8GB RAM(16GB 이상 권장)
  - 설치를 위한 8GB의 하드 디스크 여유 공간, 설치 중 추가 공간 필요(대/소문자를 구분하는 파일 시스템이 사용되는 볼륨 또는 이동식 플래시 저장 디바이스에 설치할 수 없음)
  - 1280 x 800 디스플레이(1920 x 1080 이상 권장)
  - Apple Core Audio 호환 사운드 카드
  - 선택 사항: GPU 가속 성능을 위한 Adobe 권장 GPU 카드

1 엔딩을 만들기 위해서 타이틀 이미지 클립을 프리미어 프로에서 만들고 추가해 보겠습니다. 우선 [Current Time Indicator]를 엔딩 타이틀이 들어갈 위치인 [V1] 트랙의 끝부분으로 옮깁니다.

TIP :: 타이틀을 만들 때 타이들이 위치할 배경을 보면서 작업을 해야 하기 때문에 우선 [Current Time Indicator]를 엔딩 위치로 옮겨야 합니다.

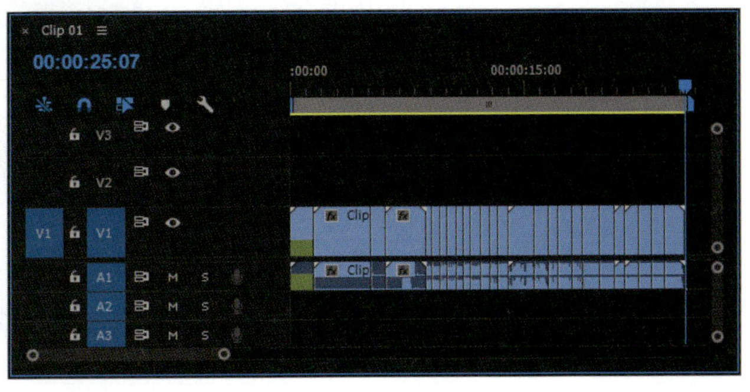

2 엔딩 타이틀을 디자인하기 위해서 [Title] 〉 [New Title] 〉 [Default Still] 메뉴를 클릭합니다.

TIP :: Default Still

문자 또는 도형을 이용하여 영상에 자막, 타이틀 등을 만들 수 있습니다. 만들어지면 이미지 클립이 되며 사용법 역시 같습니다.

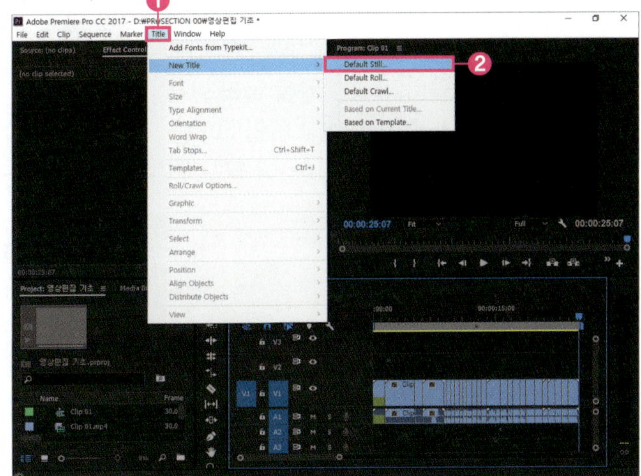

3 [New Title] 대화상자가 열리면 [Video Settings]는 그대로 두고, [Name]에 'Ending'을 입력한 후 [OK] 버튼을 클릭합니다.

TIP :: [Video Settings]는 현재 편집 중인 시퀀스의 영상 크기 및 프레임 설정과 100% 일치하게 기본 설정되므로 변경하지 않아도 됩니다.

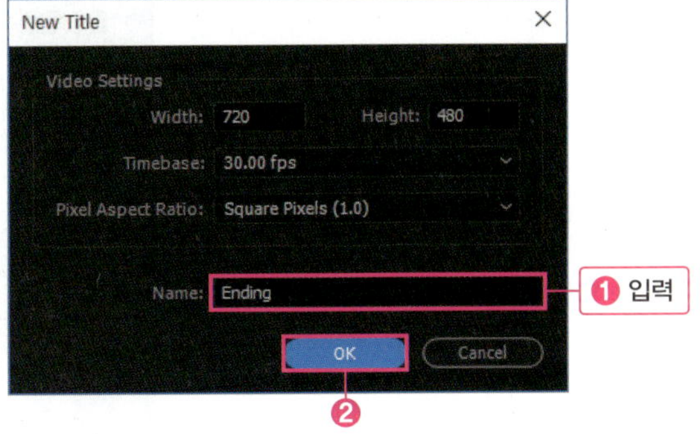

4 타이틀 창이 열립니다. 타이틀 창에서는 문자, 도형을 만들고 테두리, 그림자 효과와 같은 다양한 고급 기능을 제공하기 때문에 아직 포토샵을 몰라도 원하는 고품질의 타이틀을 만들 수 있습니다.

TIP : :

- 중앙의 [Main Work Area]는 [Current Time Indicator]가 위치한 곳의 화면을 표시합니다. 현재 엔딩이 들어갈 곳의 배경은 아무것도 없기 때문에 검은색으로 보입니다.
- 타이틀 만들기 창은 프리미어 내에서 독립적인 제작 프로그램입니다. 프리미어 내의 패널과는 별도로 [Tool], [Design], [Properties] 패널 등의 필요한 기능들이 모두 따로 구성되어 있습니다.

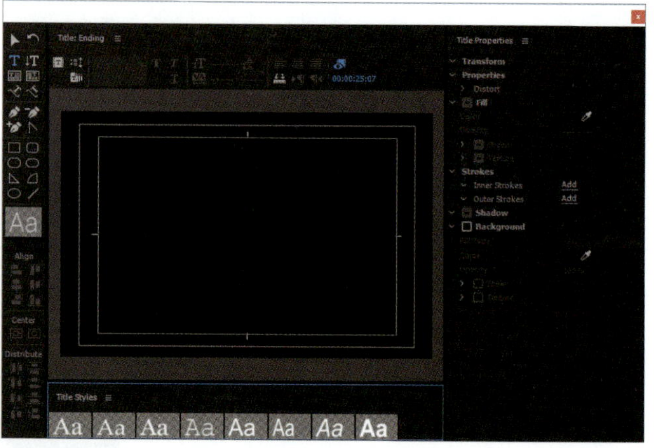

5 문자를 입력하기 위해서 [Title Tool] 패널에서 [Type Tool](**T**)을 클릭하고, [Main Work Area]의 한 지점을 클릭합니다. 한영을 눌러 한글 입력으로 바꾸고, '끝'을 입력합니다. 입력이 끝나면 [Selection Tool](▶)을 클릭하여 문자 입력을 마무리합니다.

TIP : : **[Selection Tool] 선택 툴**

[Title Tool]에서 선택 툴을 선택하고, 문자를 드래그하면 원하는 위치로 편리하게 이동할 수 있습니다.

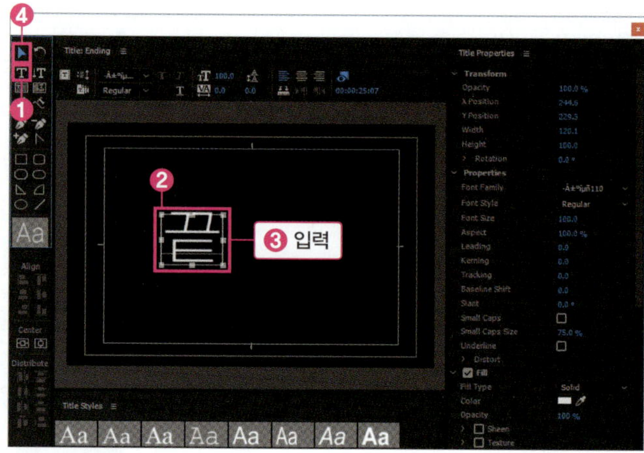

6 입력한 문자의 폰트, 크기, 색상을 수정하기 위해서 [Title Properties] 패널에서 다음과 같이 설정합니다.

- **[Properties]**
  [Font Family] : 'Adobe 고딕 Std'
  [Font Size] : '60'
- **[Fill]**
  [Color] : '흰색(#ffffff)'

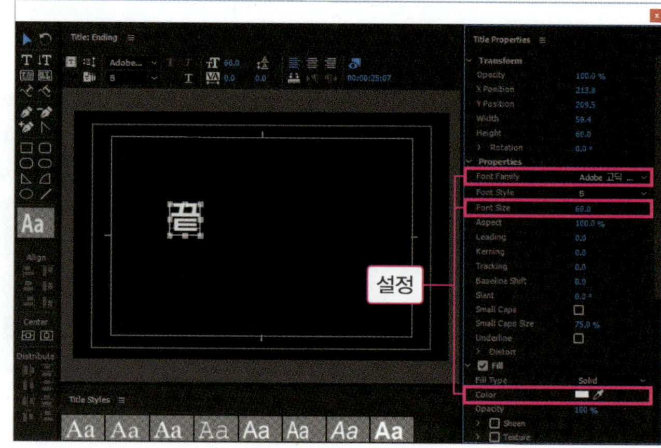

7 [Title Actions] 패널에서 [Horizontal Cen-ter](回)를 클릭하여 가로의 중앙으로 정렬하고, 세로위치는 키보드의 상하 방향키 ↑, ↓를 이용하여 그림과 같은 위치로 이동합니다. 위치 설정이 끝나면 [닫기](×)를 클릭합니다.

TIP ::

• 방향키 ←, →, ↑, ↓를 이용하여 자막의 위치를 세밀하게 조절할 수 있습니다.

• 타이틀 작업은 따로 저장기능이 없습니다. 타이틀 창을 닫으면 마지막까지 한 작업이 자동으로 저장됩니다.

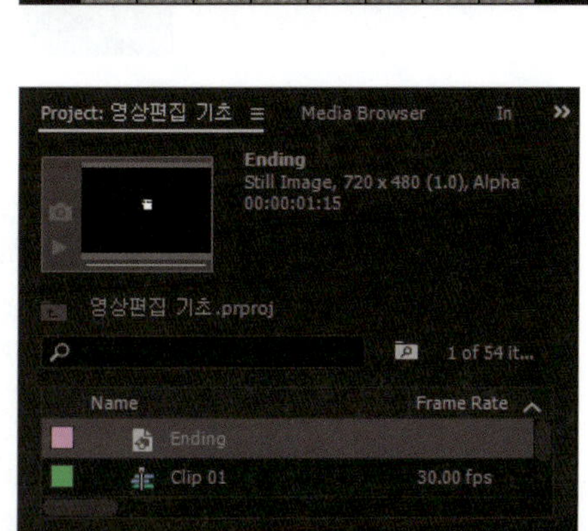

8 [Project] 패널에 'Ending' 이미지 클립이 만들어졌음을 확인합니다.

TIP ::

• 타이틀 창에서 만든 일반 타이틀, 자막 등은 이미지 클립으로, 애니메이션이 추가된 것은 영상 클립으로 저장됩니다.

• 이미지 클립은 JPG, BMP, PNG 등의 이미지를 말하며 포토샵에서 제작하거나 인터넷에서 다운받을 수도 있습니다.

9 [Project] 패널의 'Ending' 이미지 클립을 [Timeline] 패널 [V1] 트랙의 마지막 클립 뒤에 붙여 넣은 후 Space Bar 를 눌러 엔딩을 확인합니다.

TIP ::

• [Timeline] 패널에서 이미지 클립의 재생 길이는 기본 설정 수치에 따라 다를 수 있으며 재생 길이는 사용자가 임의로 조절 가능합니다.

• 이미지 클립의 기본 재생 길이는 [Preferences] 〉 [General] 〉 [Still Image Default Duration]에서 설정할 수 있습니다.

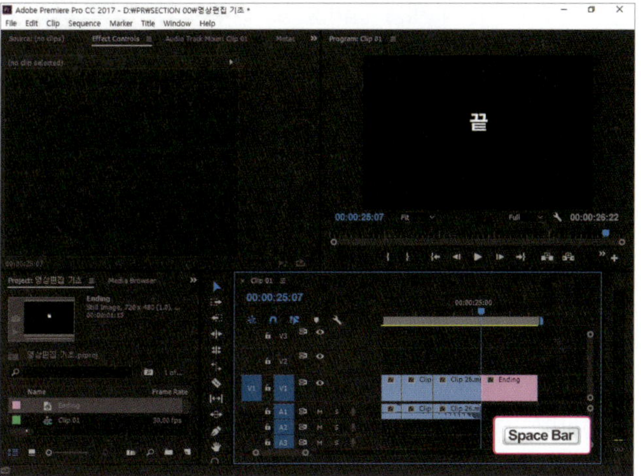

10 이미지 클립의 재생 길이를 1초 정도로 조절하기 위해서 [Clip] 〉 [Speed Duration](**Ctrl** + **R**) 메뉴를 클릭합니다.

TIP : : Speed Duration

클립의 재생 속도 및 길이를 조절할 때 사용합니다. 영상, 이미지, 사운드 등 모든 클립의 재생 속도 및 길이를 원하는 대로 조절할 수 있습니다. 또한 영상 클립을 반대로 재생할 수 있는 Revers 기능 또한 포함하고 있습니다.

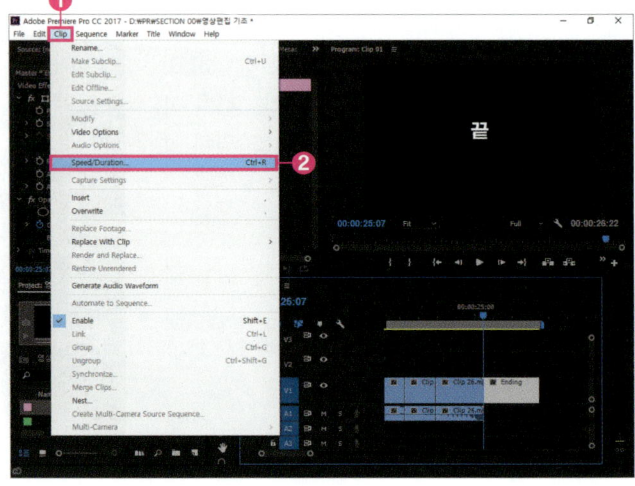

11 [Clip Speed/Duration] 대화상자가 열리면 [Duration]을 확인하여 현재 선택된 이미지 클립의 재생 길이를 체크합니다.

TIP : :

- '00:00:00:00' : 시간:분:초:프레임
- 현재 영상의 설정은 '30프레임 = 1초'입니다.

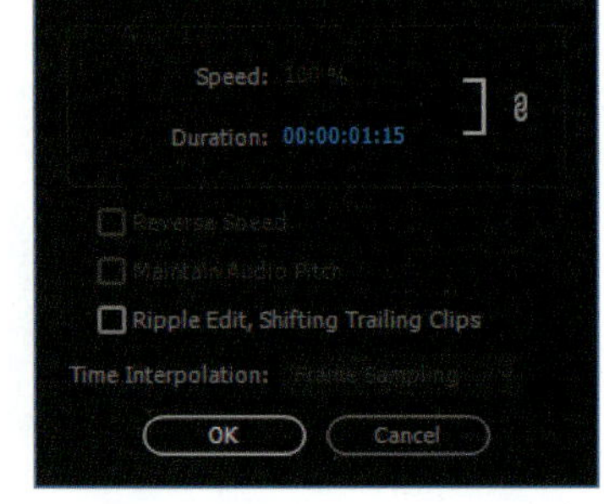

12 이미지 클립의 재생 길이를 1초로 만들기 위해서 [Duration]을 '00:00;01:00'으로 입력하고, [OK] 버튼을 클릭합니다.

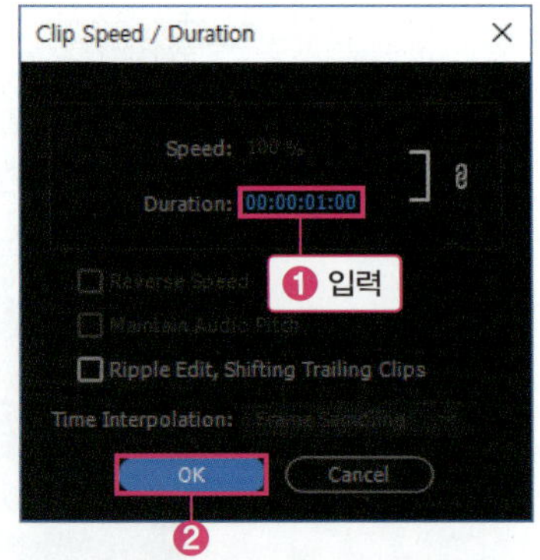

13 이미지 클립의 재생 길이가 입력한 만큼 조절되었음을 확인합니다. 이제 'Ending' 이미지 클립은 설정된 1초 길이로 재생됩니다. **Space Bar** 를 눌러 엔딩 타이틀을 확인합니다.

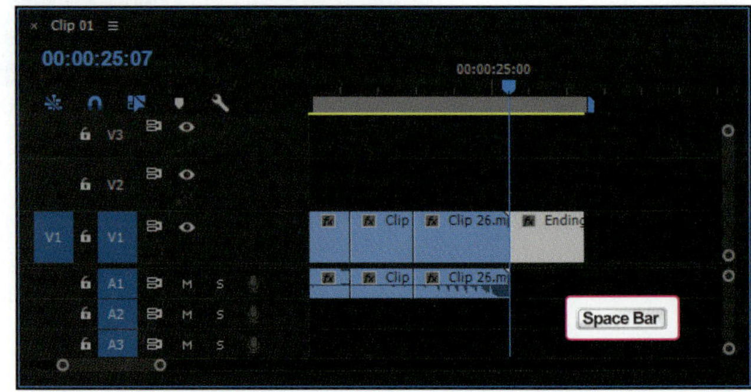

04 오프닝 타이틀 추가하기   Default Still, [In 점], [Out 점]

1 다음으로 오프닝을 추가해 보겠습니다. 우선 가장 앞쪽 부분에 오프닝 타이틀이 들어갈 공간을 확보하기 위해서 [Current Time Indicator]를 00:00:01:00 위치로 옮깁니다. 오프닝 역시 엔딩과 마찬가지로 길이를 1초 정도로 만들겠습니다.

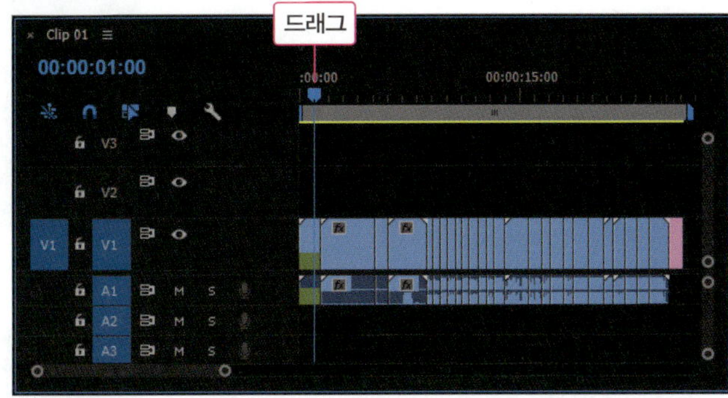

2 [Selection Tool](▶)로 모든 클립을 드래그하여 선택한 후, 오른쪽으로 드래그하여 시작점을 [Current Time Indicator]에 맞춥니다.

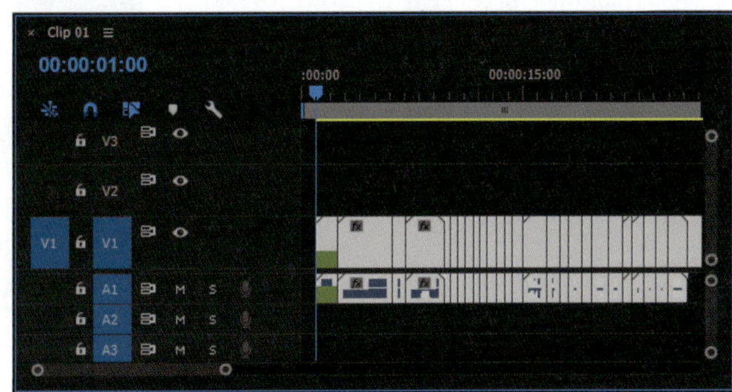

3 [Timeline] 패널을 확대하여 클립의 앞부분이 정확하게 [Current Time Indicator]에 맞춰졌는지 확인합니다.

TIP :: [Timeline] 패널의 확대 및 축소

편집 상황에 따라 [Timeline] 패널의 확대와 축소를 절적하게 하는 연습을 해야 합니다. 키보드 ➕, ➖를 눌러 확대 및 축소를 할 수 있습니다.

4 오프닝 타이틀을 디자인하기 위해서 [Title] 〉 [New Title] 〉 [Default Still] 메뉴를 클릭합니다.

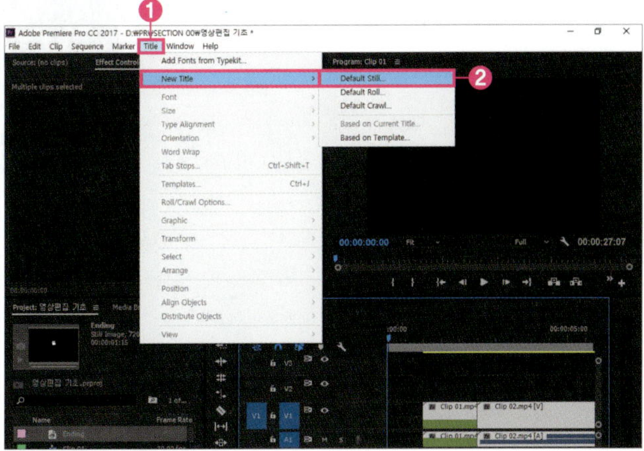

5 [New Title] 대화상자가 열리면 [Name]에 'Opening'을 입력한 후 [OK] 버튼을 클릭합니다.

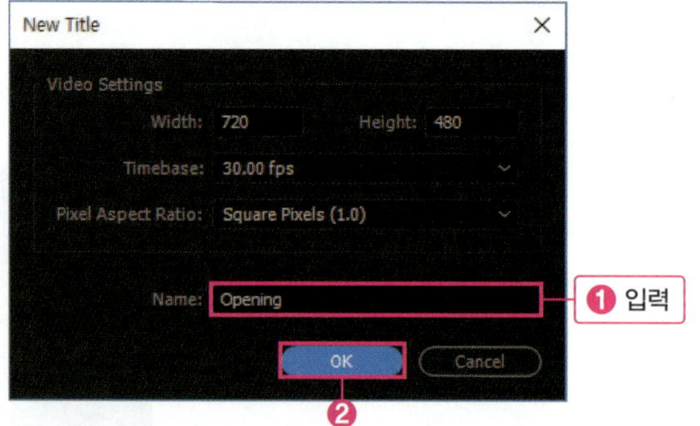

6 타이틀 창이 열리면 [Title Tool] 패널의 [Type Tool](T)로 그림과 같이 'DDL 옥이의 하루 30"'을 입력합니다. 입력이 끝나면 [Title Design] 패널에서 [Center](≣)를 클릭하여 중앙 정렬로 변경하고, [Title Properties] 패널에서 다음과 같이 설정합니다.

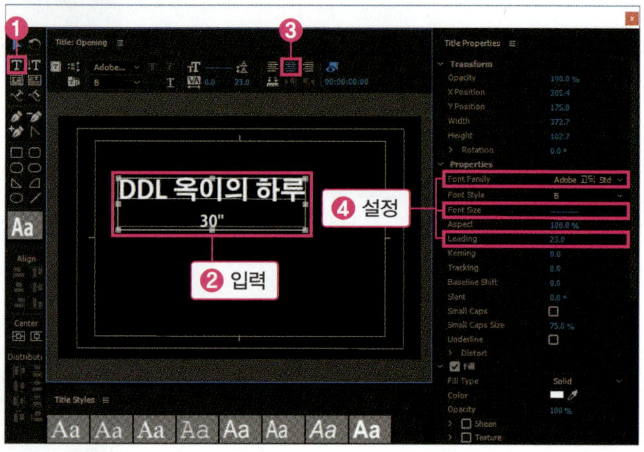

• [Properties]
  [Font Family] : 'Adobe 고딕 Std'
  [Font Size] : '52'(DDL 옥이의 하루), '32'(30")
  [Leading] : '23'

• [Fill]
  [Color] : '흰색(#ffffff)'

TIP :: Leading

행간을 조절하는 옵션입니다.

7 [Title Actions] 패널에서 [Horizontal Center](回)를 클릭하여 가로의 중앙으로 정렬하고, 세로위치는 키보드의 상하 방향키 ↑, ↓를 이용하여 그림과 같은 위치로 이동합니다. 위치 설정이 끝나면 [닫기](x)를 클릭합니다.

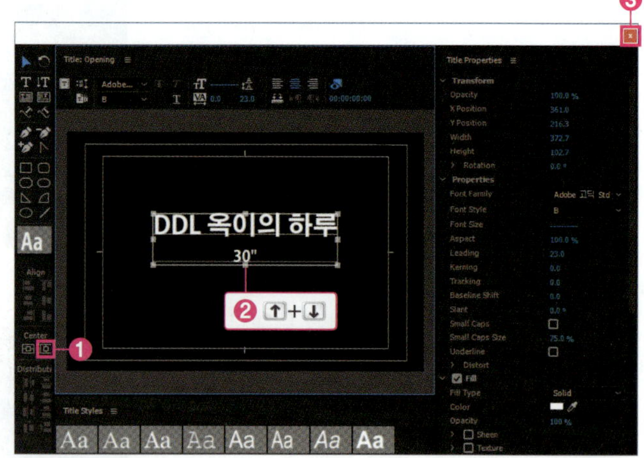

8 [Project] 패널의 'Opening' 이미지 클립을 [Timeline] 패널 [V2] 트랙의 시작점으로 드래그 합니다.

TIP ::
- [V2] 트랙은 Video 2번 트랙의 약자입니다.
- [Timeline] 패널에서 'Opening' 이미지 클립의 재생 길이는 설정에 따라 다를 수 있습니다.

TIP :: **[Video] 트랙**

포토샵의 레이어와 마찬가지로 가장 위쪽에 위치한 클립이 우선으로 보이게 됩니다. 따라서 현재 2개의 클립이 겹쳐진 부분에서 [V1] 트랙의 영상 클립은 [V2] 트랙에 위치한 이미지 클립 때문에 보이지 않습니다.

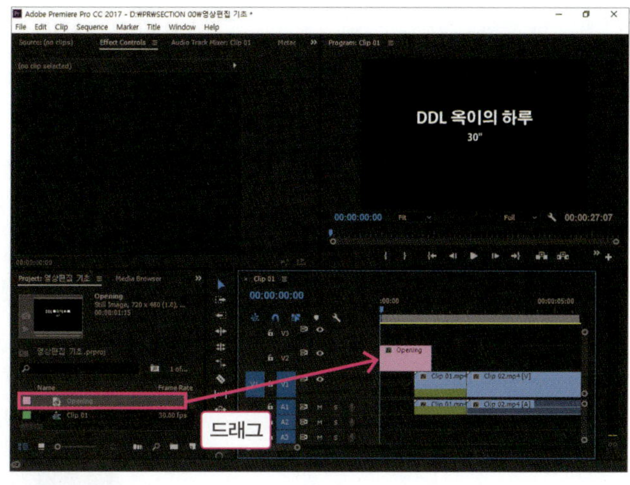

9 이번에는 다른 편집 방법을 이용하여 이미지 클립의 재생 길이를 조절하겠습니다. [Timeline] 패널에서 'Opening' 이미지 클립의 [Out 점]을 [V1] 트랙의 클립이 시작되는 지점([In 점])으로 드래그하여 그림과 같이 맞춥니다.

TIP :: **[In 점]/[Out 점]**

클립이 시작되는 가장 왼쪽 지점을 [In 점], 끝나는 가장 오른쪽 지점을 [Out 점]이라고 합니다.

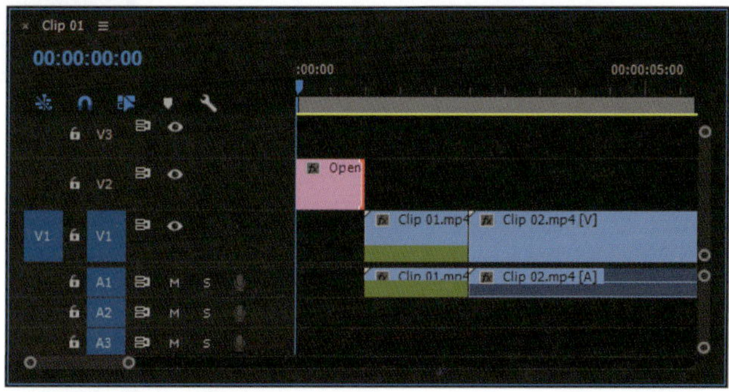

10 타이틀 창에서 타이틀을 디자인하여 이미지 클립을 만든 후, 엔딩과 오프닝 부분을 추가하였습니다. 이제 영상 편집이 모두 마무리되었습니다. Space Bar 를 눌러 최종 편집된 영상을 확인합니다.

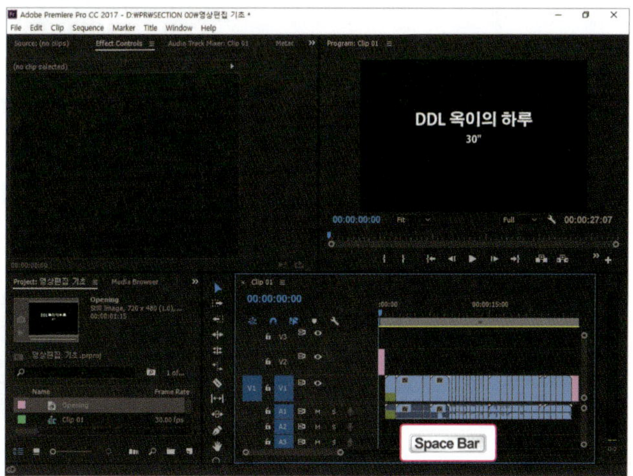

1 다음으로 편집된 클립들을 영상 파일로 출력하기 위해서 [Timeline] 패널을 선택합니다.

TIP :: 편집된 클립들을 영상 파일로 출력하기 위해서는 편집 관련 패널을 선택한 후, 다음 명령을 진행해야 합니다. 이해하기 쉽도록 편집에서 가장 많이 쓰이는 [Timeline] 패널을 기억하면 쉽습니다.

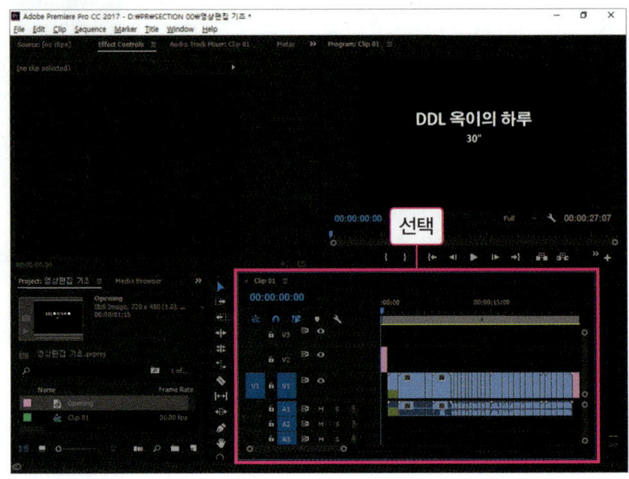

2 [Timeline] 패널이 선택된 상태에서 [File] 〉 [Export] 〉 [Media](**Ctrl** + **M**) 메뉴를 클릭합니다.

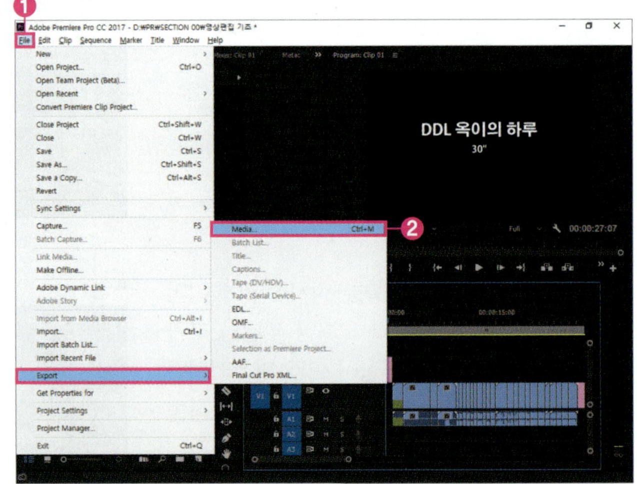

3 영상 출력을 위한 [Export Settings] 대화상자가 열립니다. [Export Settings] 대화상자에서는 영상 파일 출력에 관한 다양한 설정을 통해 원하는 포맷의 영상을 만들 수 있습니다. 왼쪽의 화면에서는 출력할 영상을 확인할 수 있으며 오른쪽 패널에서는 다양한 옵션 설정을 통해 출력할 영상의 포맷, 코덱, 사이즈, 화질, 음질 등의 설정을 할 수 있습니다.

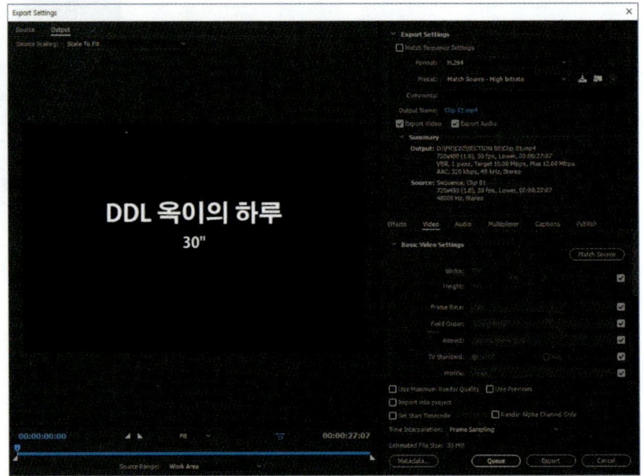

4 오른쪽 위쪽에 보이는 [Export Settings] 탭에서 [Format]을 'H.264'로 설정합니다. 'H.264'로 설정하면 현재 인터넷, 모바일 등에서 주로 사용되는 'MP4' 영상으로 출력됩니다.

TIP :: H.264 코덱(Codec)

현재 영상 코덱 중에서 가장 많이 사용되며 고화질 비디오의 녹화, 재생을 위해서 뛰어난 압축 알고리즘을 사용합니다. 용량대비 화질이 매우 좋습니다.

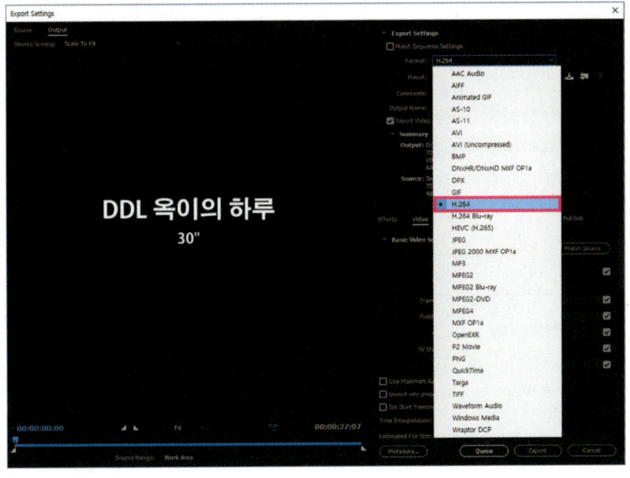

TIP :: 프리미어 프로 출력 포맷 및 코덱

■ 코덱[Codec]

코더(coder)와 디코더(decoder)의 합성어로, 영상 및 오디오 데이터를 압축하거나 푸는 소프트웨어입니다. 용량이 큰 영상 파일을 작은 용량으로 압축하여 복사, 배포가 쉽게 만들고, 재생할 때는 압축을 풀어서 볼 수 있게 해주는 역할을 합니다. 파일 압축을 인코딩(encoding), 재생하는 것을 디코딩(decoding)이라고 합니다. 각 코덱은 표준화가 이루어지지 않아서 필요에 따라 각각 다른 코덱을 사용합니다.

■ 프리미어 프로에서 사용 가능한 출력 포맷 및 코덱

출력 포맷 및 코덱 이름	파일 포맷	확장자 및 포맷 설명	사용 빈도
AAC Audio	ACC	AAC는 애플의 아이폰, 아이팟 등에 사용되는 기본 오디오 포맷으로 아이튠즈 스토어의 모든 음원에 사용됩니다.	★★
AIFF	AIF	애플 매킨토시에서 사용되는 표준 디지털 무손실 압축 포맷이며, 고품질의 오디오 CD를 만드는 데 사용합니다.	★
Animated GIF	GIF	GIF 이미지 애니메이션입니다. 인터넷에서 움직이는 그림을 표시할 때 사용됩니다. 1초당 10프레임의 단위로 출력되며 오디오는 포함되지 않습니다.	★★
AS-10	MXF	디지털 고화질 영상 포맷 중의 하나로써 소니 XDCAM 계열 카메라 및 편집 장비와 작업 내용을 주고받을 때 주로 사용됩니다.	★
AS-11	MXF	디지털 고화질 영상 포맷 중의 하나로써 소니 XDCAM 계열 카메라 및 편집 장비와 작업 내용을 주고받을 때 주로 사용됩니다.	★
AVI	AVI	AVI는 Audio Video Interleaved의 약자로 마이크로소프트에서 디지털 영상을 PC에서 구현하기 위해 만들어진 영상 포맷으로 광범위하게 사용됩니다.	★★
AVI(Uncompressed)	AVI	AVI와 기본적으로 같지만 무손실 압축입니다. 화질의 손실이 없는 대신에 용량은 매우 커지기 때문에 방송국 등에서 특수한 목적으로만 사용됩니다.	★
BMP	BMP	마이크로소프트에서 만든 윈도우 비트맵 이미지 그래픽 파일입니다. 이미지 파일 저장 형식 중에 가장 단순 구조이며, 파일 크기가 매우 큽니다.	★
DNxHR/DNxHD MXF OP1a	MXF	완성된 영상 파일의 형식이지만 영상 편집이 가능한 중간 형태의 코덱으로써 소니, 파나소닉 계열 카메라와 Avid 편집 프로그램에서 사용합니다.	★
DPX	DPX	영화 필름의 디지털 편집 및 이펙트 작업을 위한 파일 포맷으로써, 주로 영화 필름을 디지털로 스캔하여 편집하기 위해서 사용됩니다.	★
GIF	GIF	인터넷에서 주로 볼 수 있는 이미지 파일 포맷으로 압축률이 좋고, 빠른 전송이 가능합니다. 그러나 저장 가능한 색상이 256개로 제한되어 있습니다.	★
H.264	MP4	고화질 비디오의 녹화, 압축, 배포를 위한 가장 일반적인 포맷으로써 모바일, 웹을 포함한 가장 다양한 분야에서 적극적으로 사용되고 있습니다.	★★★
H.264 Blu-ray	MP4V	블루레이 디스크에서 사용되는 고화질 비디오의 기록 및 재생을 위한 H.264 코덱입니다.	★
HEVC (H.265)	MP4	H.264에서 한 단계 진보한 코덱으로써 UHD, 4K, 8K 같은 초고화질 영상을 처리하기 위해서 개발되었습니다.	★★

JPEG	JPG	이미지를 인터넷에서 사용하기 위한 압축 기술의 표준으로써 이미지의 화질과 파일의 크기를 임의로 조절할 수 있는 것이 특징입니다.	★★
JPEG 2000 MXF OP1a	MXF	디지털 시네마에서 사용하는 영상의 크기, 비트, 컬러, 비율, 데이터 포맷 등에 대한 규격을 준수하는 코덱입니다.	★
MP3	MP3	음악 파일 포맷으로 가장 많이 사용되는 형식입니다. 영상은 포함되지 않으며 오디오 부분만 출력됩니다.	★★★
MPEG2	MPG	국제 표준코덱 중의 하나로 컴퓨터 영상, 위성방송, 고화질 HD TV 방송 서비스, 영화나 광고 영상 등에서 주로 사용됩니다.	★★
MPEG2 Blu-ray	M2V	블루레이 디스크에서 사용되는 고화질 비디오의 기록 및 재생을 위한 MPEG2 코덱입니다.	★
MPEG2-DVD	M2V	DVD 디스크에서 사용되는 고화질 비디오의 기록 및 재생을 위한 MPEG2 코덱입니다.	★
MPEG4	3GP	국제 표준코덱 중에서 멀티미디어 통신을 전제로 만들어진 영상 압축, 배포 기술로 인터넷에서 영상 공유 등, 멀티미디어 전송에 사용되고 있습니다.	★★
MXF OP1a	MXF	완성된 영상 파일의 형식이지만 영상 편집이 가능한 중간 형태의 코덱으로써 소니, 파나소닉 계열 카메라와 Avid 편집 프로그램에서 사용합니다.	★
OpenEXR	EXR	HDR 이미지 포맷으로써 무손실 압축이 특징이며 주로 영화산업기술에서 사용되고 있다.	★
P2 Movie	MXF	파나소닉 계열의 카메라(DVCPRO50, DVCPRO HD)에서 사용되는 Op-Atom을 지원하는 영상 포맷입니다.	★
PNG	PNG	인터넷에서 최상의 이미지를 구현하기 위해 만들어진 파일 포맷입니다. 이미지에 전혀 손상을 주지 않는 압축과 알파 채널을 지원합니다.	★★
QuickTime	MOV	매킨토시에서 사용되는 표준 비디오 파일 포맷입니다. 화질대비 압축률이 좋기 때문에 윈도우에서도 영상의 기록 및 배포 등에 자주 사용됩니다.	★★
Targa	TGA	이미지 파일 포맷으로써 무손실 압축이 특징이며 투명 알파채널을 포함하고 있습니다. 디지털 이미지 합성과 편집을 위해 주로 사용됩니다.	★★
TIFF	TIF	디지털 스캔을 위해 개발된 이미지 파일 포맷으로써 무손실 압축이 특징입니다. 스캔, 출력 등의 작업과 인쇄물의 편집용으로 주로 사용됩니다.	★★
Waveform Audio	WAV	윈도우에서 사용하는 오디오 파일 형식입니다. 무손실 압축으로 뛰어난 음질을 얻을 수 있지만 용량이 매우 커진다는 단점이 있습니다.	★★
Windows Media	WMV WMA	윈도우 미디어에서 사용되는 마이크로소프트 멀티미디어 파일 형식입니다. 압축률이 매우 뛰어나지만 화질은 평범한 수준입니다.	★★★
Wraptor DCP	DCP	디지털 시네마 패키지로써 영화관에서 상영하기 위한 디지털 마스터링 된 상영용 영화 파일 코덱입니다.	★

5 이제는 출력할 영상 사이즈 및 화질을 설정해야 합니다. [Export Settings] 탭의 [Preset]을 'Match Source - High bitrate'로 설정합니다. 아래 [Summary]에서 출력 사이즈가 'Output : 720x480'으로 되어 있는지 확인합니다. 확인이 끝나면 출력 영상의 파일 이름을 지정하기 위해서 [Output Name]의 '파일명'을 클릭합니다.

TIP :: Match Source - High bitrate
이 설정은 편집된 영상의 설정과 같은 크기 등으로 자동 설정되며 화질역시 용량대비 가장 고화질로 설정하여 줍니다.

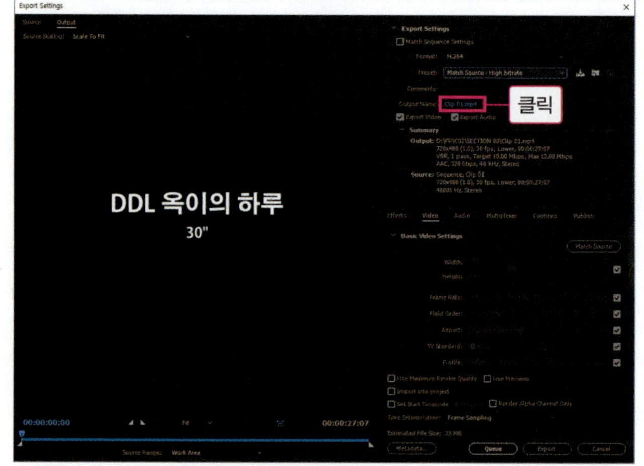

TIP :: 영상의 화면 해상도와 모드

■ SD / DV 모드

SD(Standard–Definition)는 아날로그 방식, DV(Digital Video)는 디지털 비디오 처리방식의 표준 영상 사이즈로 가로 700pixel 사이즈 대의 저해상도 모드를 말합니다. 이 영상 포맷은 HD가 나오기 전 영상의 표준 처리방식이었으며 주사방식과 초당 프레임 수에 따라 NTSC방식(미국, 한국 등)과 PAL(유럽)로 나눌 수 있습니다.

DV 화면 사이즈	내용
720 x 480	SD / DV NTSC 표준이며 기존 TV에 사용되던 해상도입니다.
720 x 576	SD / DV PAL 표준이며 유럽에서 사용하던 TV 해상도입니다.

■ HD 모드

HD(High–definition)는 디지털 TV를 처음 생산할 때 고화질 방식이며, 720p〜2160p 대의 고해상도를 말합니다. 해상도에 따라 HD, FHD, UHD 모드가 있습니다.

HD 화면 사이즈	내용
1280 x 720	HD 720p 사이즈로 FHD 1080p가 일반화되기 직전의 해상도입니다.
1920 x 1080	FHD(Full High Definition) 1080p로 현재 대부분의 고화질 디지털 영상의 해상도입니다.
2048 x 1080	디지털 시네마의 표준규격으로써 2K 디지털 영화 해상도입니다.
3840 x 2160	UHD(Ultra High Definition)라 불리며 차세대 영상의 기준이 될 초고화질 해상도입니다.
4096 x 2160	디지털 시네마의 표준규격으로써 4K 디지털 영화 해상도입니다.

TIP :: SNS별 동영상 업로드 최대 용량 및 권장 해상도

SNS에서는 가장 많이 사용하는 파일은 '사진'과 '영상'입니다. 이 중에서 영상 파일은 용량이 크기 때문에 업로드하거나 전송할 때 제약이 많습니다. 현재 〈YouTube〉와 〈Facebook〉, 〈Instagram〉, 〈카카오톡〉의 동영상 업로드 제약사항은 다음과 같습니다.

SNS 플랫폼	YouTube	Facebook	Instagram	카카오톡
최대 업로드 용량	128GB	4GB (최대 120분)	4GB(최대 60초)	300MB
권장 비율	16:9	PC(1:1, 16:9) Mobile(1:1, 9:16)	1:1, 1.91:1, 4:5	제한없음
권장 해상도 (픽셀)	최소(720x480p) 최대(3840x2160p)	최소(600x315p) 최대(1920x1080p)	최소(600x315p) 최대(1936x1936p)	제한없음

TIP :: 화면 비율

영상의 '가로세로비' 또는 '화면비'라고도 불리며 (보통 'x:y'의 형태로) 가로의 길이를 세로의 길이로 나눈 값으로 표시합니다.

화면 비율	내용
4:3	HD가 일반화되기 전에 사용된 영상의 화면 비율입니다. 현재는 거의 사용되지 않습니다. 기존에는 이 영상 비율에 맞춰 TV나 컴퓨터용 모니터 역시 같은 비율로 만들어졌습니다. 일반적인 와이드 해상도에 비해 세로길이가 길기 때문에 거의 정사각형처럼 보이기도 합니다.
16:9	HD 해상도의 비율로써 와이드 화면 비율로 불리기도 합니다. 현재 가장 많이 사용되는 비율로써 텔레비전 및 컴퓨터용 모니터 역시 같은 화면 비율로 생산됩니다.
21:9	디지털 시네마에서 사용되는 영상의 비율입니다. 여러분들이 보는 영화는 대부분 이 화면 비율을 사용합니다.

6 [Save As] 대화상자가 열리면 임의의 폴더를 선택하고, 파일 이름을 임의의 파일명으로 입력한 후 [저장] 버튼을 클릭합니다.

TIP :: 출력된 영상파일을 찾기 쉽도록 새 폴더를 만들거나 프리미어 프로 소스 파일이 저장된 폴더를 이용하는 것이 좋습니다.

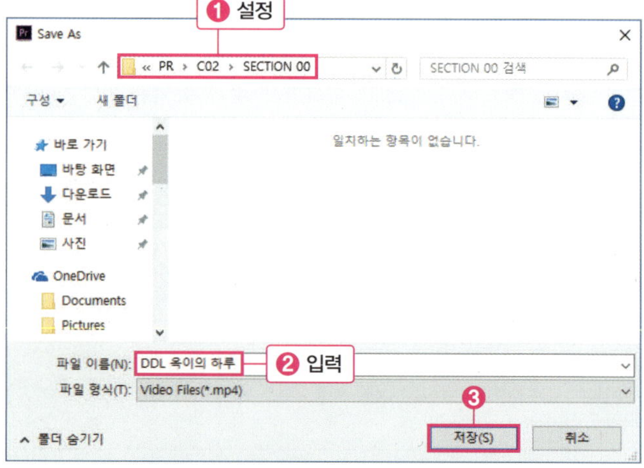

7 위의 설정대로 출력해도 괜찮지만 화질을 좀 더 올리고 싶다면 아랫부분에 위치한 [Video] 탭의 [Bitrate Settings]에서 Target Bitrate[Mbps]를 최대 수치로 설정합니다.

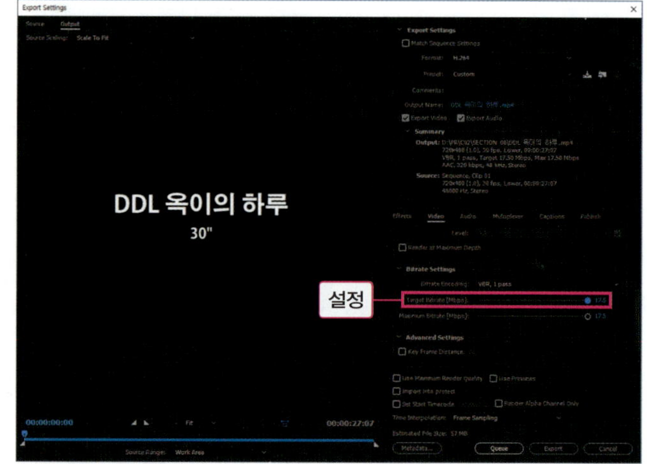

TIP :: Bitrate Settings

영상의 비트레이트에 관한 설정을 합니다. 비트레이트는 데이터 전송률을 의미하며, 수치가 높을수록 화질은 선명해지지만 파일의 용량은 커집니다.

- [Bitrate Encoding] : 비트레이트 인코딩 방식을 설정합니다.
  - CBR : 고정 비트레이트(Constant Bit Rate)로 일정한 전송률로 압축합니다.
  - VBR, 1 pass : 가변 비트레이트(Variable Bit Rate)로 기준 전송률 안에서 필요한 부분만 전송률을 높이는 기술을 적용합니다. 1 pass는 한 번의 인코딩 과정을 의미합니다.
  - VBR, 2 pass : 가변 비트레이트(Variable Bit Rate)로 기준 전송률 안에서 필요한 부분만 전송률을 높이는 기술을 적용합니다. 2 pass는 두 번의 인코딩 과정을 의미합니다. 화질이 좋지만 영상을 출력하는 시간이 오래 걸립니다.
- [Target Bitrate[Mbps]] : 전송률의 기준을 초당 몇 메가바이트로 전송할 것인지 설정합니다.
- [Maximum Bitrate[Mbps]] : 최대 전송률을 초당 몇 메가바이트로 전송할 것인지 설정합니다.

8 모든 출력 설정이 마무리되면 [Export] 버튼을 클릭합니다.

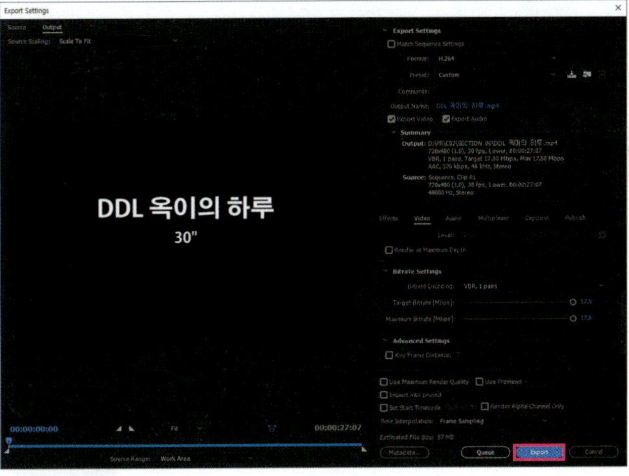

9 진행 바를 보며 영상 출력 과정을 확인합니다.

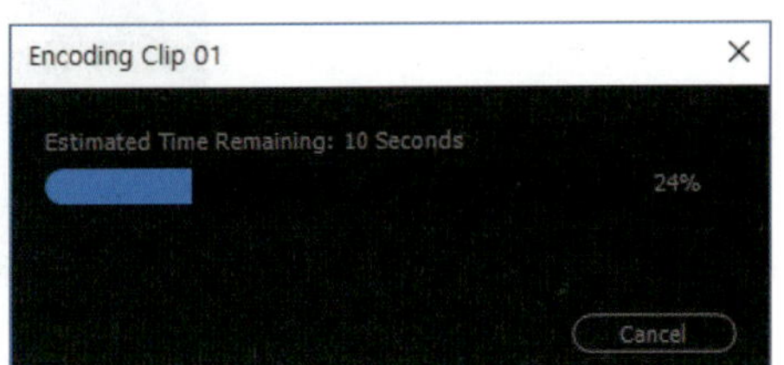

10 출력이 끝나면 [윈도우 탐색기]를 이용하여 출력된 영상이 저장된 폴더를 찾은 후, 출력된 영상 파일을 더블클릭하여 출력된 영상을 확인합니다.

TIP :: 윈도우 탐색기 열기
단축키 ❖+E를 이용하면 쉽게 열 수 있습니다.

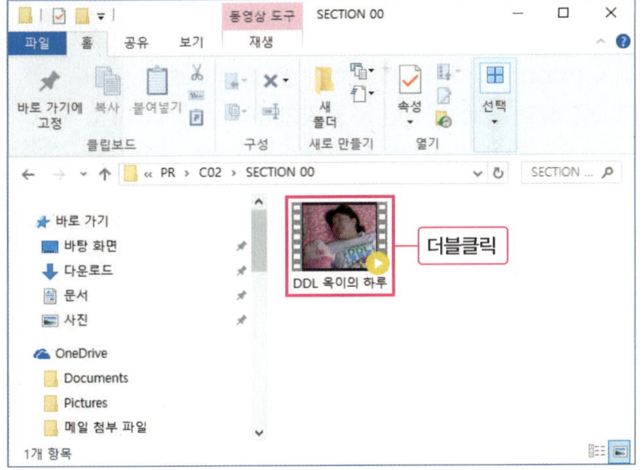

프리미어 프로에서 MP3 출력하기

1 이번에는 편집된 영상을 MP3 음성 파일로 출력해 보겠습니다. [Timeline] 패널이 선택된 상태에서 [File] 〉 [Export] 〉 [Media](**Ctrl**+**M**) 메뉴를 클릭합니다. [Export Settings] 대화상자가 열리면 왼쪽의 [Export Settings] 탭에서 [Format]을 'MP3'로 설정합니다.

TIP :: MP3

MP3는 'MPEG-1 Audio Layer-3'의 약자로 현재 가장 많이 사용되는 음악 파일입니다.

TIP :: 배경음악, 효과음 만들기

배경음악이나 효과음이 필요한 경우, 유튜브에서 필요한 효과음이 있는 영상을 검색하여 PC로 다운받고, 프리미어 프로에서 다운받은 영상을 불러와 필요한 부분만 남기고, 편집하여 MP3 음악 파일로 출력한 후, 사용할 수 있습니다.

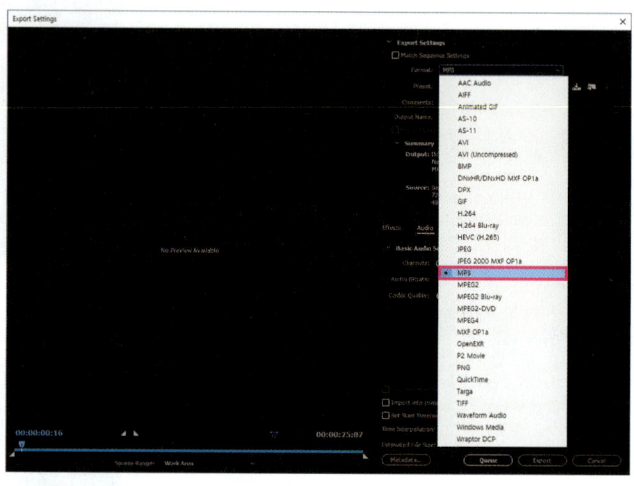

2 출력 파일 이름을 변경하기 위해서 [Output Name]을 클릭하여 임의의 이름을 입력한 후 아래쪽 [Audio] 탭에서 [Audio Bitrate]를 '128kbps'로 설정하고, [Export] 버튼을 클릭합니다.

TIP :: [Audio Bitrate]

오디오 전송 비율을 초당 kbps 단위로 설정하는 것으로써, 주로 '128kbps, 192kbps, 320kbps' 세 개 옵션 중에서 선택합니다. 수치가 높을수록 음질은 좋아지지만 파일의 용량은 커집니다.

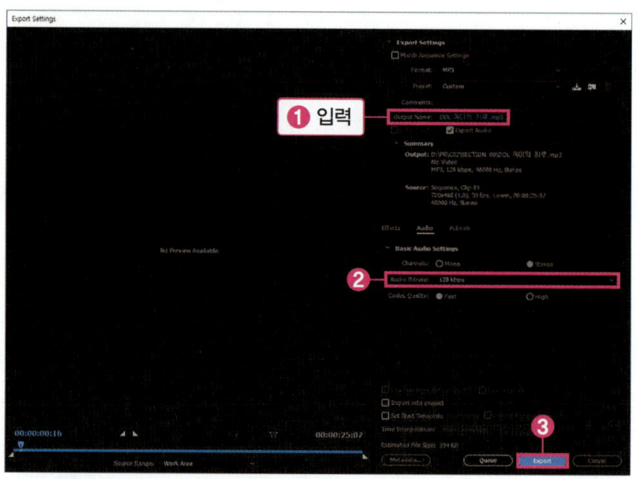

3 출력이 끝나면 [윈도우 탐색기]를 이용하여 출력된 음악 파일이 저장된 폴더를 찾은 후, 출력된 영상 파일을 더블클릭하여 출력된 영상을 확인합니다.

외부 '인코더(encoder)'에서 MP3 출력하기

인코더 프로그램은 출력된 영상이나 인터넷에서 다운받은 영상을 특정한 기기에서 재생하기 쉽도록 용량을 줄이거나 포맷을 변환할 수 있습니다. MP3 음악 파일 역시 인코더 프로그램을 이용하여 쉽게 만들 수 있습니다. 현재 많이 사용하는 인코더 프로그램은 '카카오 인코더', '유마일인코더', '샤나인코더' 등이 있습니다. 이중에서 가장 많은 다운로드를 기록하고 있는 '카카오 인코더'를 소개하겠습니다. 네이버 등 포털에서 '카카오 인코더'를 검색한 후 다운로드하여 설치하면 됩니다.

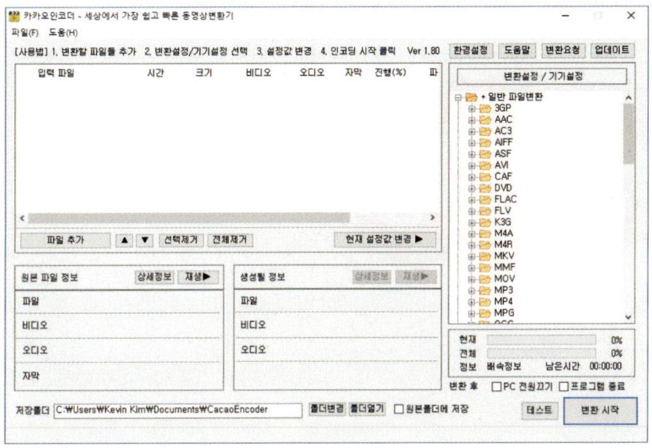

TIP :: 카카오 인코더에서 MP3 음악 파일 출력하기

① 카카오 인코더를 실행하고, [파일 추가] 버튼을 클릭합니다.
② 변환할 원본 영상을 찾아 선택한 후, [열기] 버튼을 클릭합니다.
③ [현재 설정값 변경▶] 버튼을 클릭한 후, [변환값 설정] 대화상자가 열리면 [파일 포맷(형태)]을 'MP3'로 선택하고, [적용] 버튼을 클릭하여 설정을 저장합니다.
④ [저장폴더]에서 변환될 파일이 저장될 폴더를 지정한 후, [변환 시작] 버튼을 클릭합니다.
⑤ 인코딩이 끝나면 폴더를 열어 파일을 확인합니다.

웹사이트에서 MP3 출력하기

유튜브 같은 영상 공유 사이트에서 영상을 검색하다가 마음에 드는 음악이나 배경음, 효과음 등을 저장하고, 또는 MP3 음악 파일로 만들어 사용하기를 원할 때, 역시 MP3로 쉽게 변환할 수 있습니다. 다른 외부 프로그램을 사용하지 않고 유튜브에서 영상을 검색하고, 이를 웹상에서 MP3 음악 파일로 변환하는 방법을 알아보겠습니다.

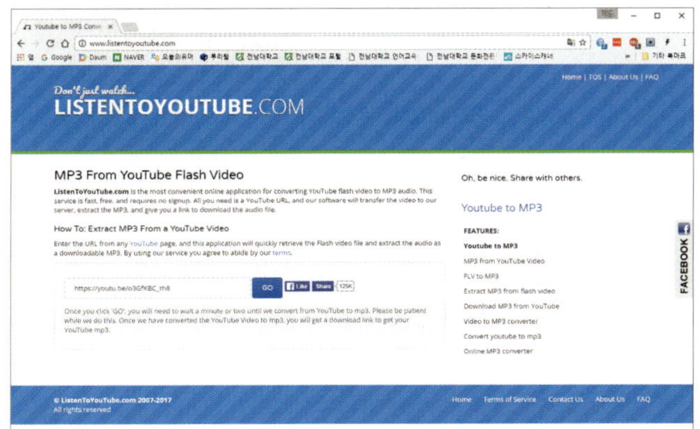

TIP :: 웹상에서 MP3 음악 파일 출력하기

① 우선 유튜브에서 MP3로 저장하고 싶은 영상을 검색합니다. 영상 아랫부분에 [공유] 메뉴를 클릭하면 영상의 주소가 보입니다. **Ctrl** + **C** 를 눌러 주소를 복사합니다.
② 영상을 MP3로 변환하는 사이트를 찾습니다. 네이버 같은 검색 사이트에서 '유튜브 mp3'를 입력하면 수많은 변환 사이트를 찾을 수 있습니다. 이번에는 'listentoyoutube.com'이라는 사이트를 이용해 보겠습니다.
③ 사이트를 열고 주소가 들어갈 칸에 **Ctrl** + **V** 를 눌러 주소를 붙여 넣은 후, [GO] 버튼을 클릭합니다.
④ 변환이 끝나면 파란색의 'CLICK HERE to get your Download Link'를 클릭하여 파일을 다운받습니다.
⑤ 다운로드가 끝나면 폴더를 열어 파일을 확인합니다.

유튜브의 영향력이 점점 커지고 있습니다. 여기에서는 프리미어 프로에서 출력된 영상 파일을 유튜브에 ① 업로드 하는 법 ② 삭제하는 법, 그리고 ③ 유튜브 영상 다운로드하는 법 등 가장 많이 사용하는 유튜브 활용 기초 3가지에 대하여 안내하겠습니다.

유튜브 동영상 감상 팁

● TV모드 빅스크린으로 보기

'www.youtube.com/tv#/'로 가면 TV용 내비게이션 메뉴와 빅스크린 TV를 위한 전체 화면 동영상들을 볼 수 있습니다. 이때 스마트폰을 스마트TV와 직접 연결하여 리모컨 대용으로 사용할 수 있습니다.

● 특정 키워드로만 검색하여 동영상 찾기

유튜브에서 동영상을 검색하다 보면 검색어와 관련된 동영상이 아닌데도 보여지는 경우가 있습니다. 이럴때 allinti-tlile: 를 검색어 앞에 넣어 주면 됩니다.
ex) allintitlile: 강남스타일

● 동영상 반복해서 보기

① 'www.infinitelooper.com'으로 가서 주소 입력하는 창이 보이면 유튜브 동영상 URL을 입력하고, [search] 버튼을 클릭합니다.
② 동영상 URL 주소의 'youtube'라는 글자를 'listenonrepeat'로 변경하여 입력하면 별도의 사이트로 이동하여 원하는 동영상을 반복 시청할 수 있습니다.

1 다음으로 출력된 영상을 동영상 공유 사이트인 유튜브에 업로드해보겠습니다. 웹브라우저를 구동하고, 주소창에 'www.youtube.com'을 입력한 후, 유튜브 메인 화면이 보이면 로그인을 하기 위해서 오른쪽 상단 또는 왼쪽에 보이는 파란색 [로그인] 버튼을 클릭합니다.

TIP :: 크롬(Google Chrome)

유튜브 다운로드는 '인터넷 익스플로러(Internet Explorer)'보다 '크롬'을 추천합니다. 크롬의 파일 전송이 더 빠르고 안정적이기 때문입니다.

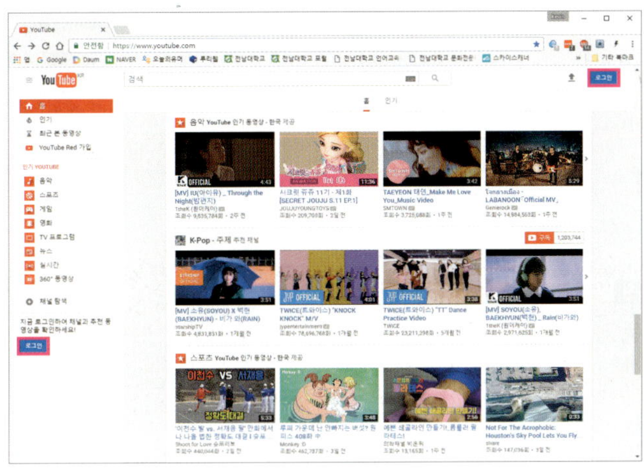

2 유튜브에 동영상을 업로드하기 위해서는 Google 계정이 필요합니다. 아직 계정이 없을 경우 새로 생성한 후, 로그인 화면에서 필요한 정보를 입력하여 로그인합니다.

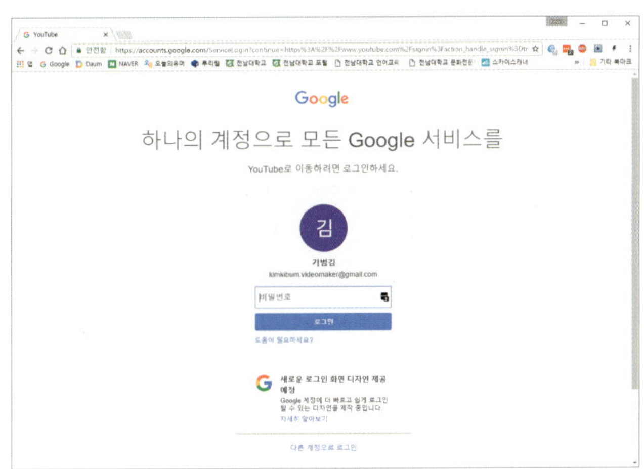

3 로그인이 완료되면 메인 페이지의 오른쪽 상단에 동그라미로 로그인 프로필이 표시됩니다. 이제 동영상을 올릴 준비가 되었습니다. 화면 오른쪽 상단의 [업로드](⬆)를 클릭하면 바로 동영상을 업로드 할 수 있습니다.

TIP :: 로그인에 사용된 계정에서 이름과 성, 프로필 사진 등을 변경할 수 있습니다.

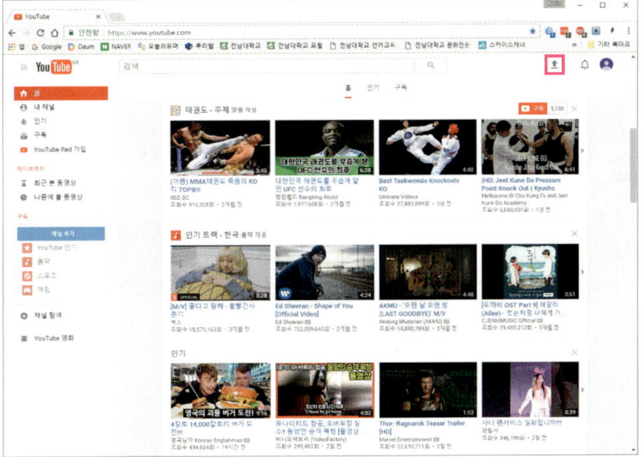

4 [업로드 계정 선택] 대화상자가 나타나면 [채널 만들기] 버튼을 클릭하여 채널을 만듭니다.

TIP ::
- 기존에 유튜브 업로드를 이용했다면 대화상자가 열리지 않습니다.
- 유튜브 채널은 유튜브의 영상관리 시스템입니다.
- 채널이름은 나중에 변경이 가능합니다.

5 화면의 중앙에 '업로드할 파일을 선택 또는 동영상 파일을 드래그 앤 드롭' 메시지가 보이면 중앙의 [업로드](⬆)를 클릭합니다.

6 [열기] 대화상자가 열리면 올리고자 하는 영상 파일을 선택하고, [열기] 버튼을 클릭합니다.

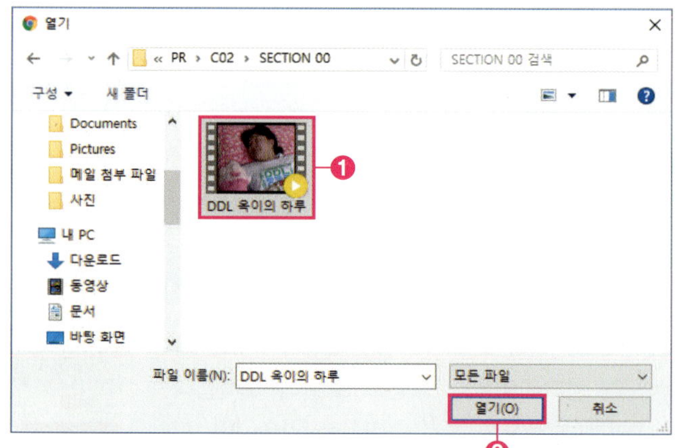

7 파일을 열면 유튜브로 파일이 업로드되며 적절한 코덱과 용량으로 변환하는 과정을 거칩니다. 파일이 업로드되는 동안 [기본 정보] 탭에서 '제목'과 ' 동영상의 공개여부', '설명글', '태그' 등을 입력할 수 있습니다.

TIP :: 동영상의 용량이 클수록 업로드 시간은 길어집니다. 보통 3~10분 내외면 영상들이 업로드됩니다.

TIP :: [고급 설정] 탭
[고급 설정] 탭에서는 댓글 관련 설정(댓글 허용), 공유 허용, 카테고리, 동영상 언어 등의 세부 설정을 할 수 있습니다. 특별한 설정이 필요 없는 경우 [기본 설정] 탭만 입력해도 됩니다.

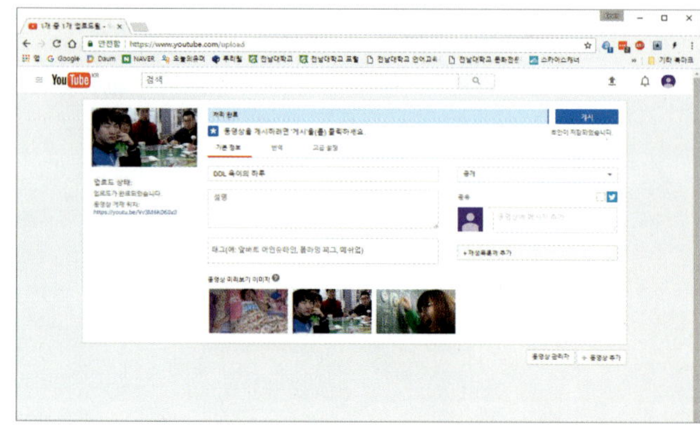

8 업로드가 끝나면 아랫부분에 동영상 미리 보기 이미지가 표시됩니다. 유튜브 화면에 섬네일 이미지로 표시될 이미지를 선택하고, [게시] 버튼을 클릭합니다.

TIP :: 게시를 클릭하지 않으면 다른 사용자에게는 동영상이 보이지 않습니다. 나중에 언제든지 동영상 관리자에서 동영상을 직접 게시할 수 있습니다.

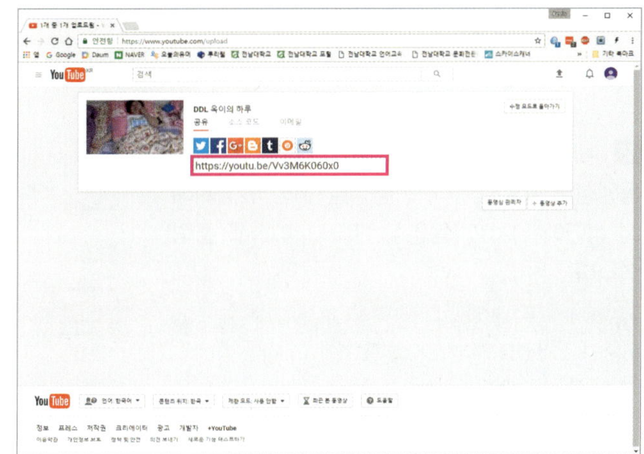

9 게시가 완료되면 그림과 같은 화면이 표시됩니다. 밑에 보이는 주소는 유튜브에 게시된 동영상의 주소입니다. 정상적으로 재생되는지 확인하기 위해서 새 웹페이지를 열고, 주소를 입력합니다.

10 업로드한 영상이 재생되는지 확인합니다. 본인이 올린 동영상의 경우 재생화면 밑에 동영상 관리자가 뜨게 되며 해당 버튼을 클릭해 영상을 수정하거나 삭제를 할 수 있습니다.

TIP :: 업로드가 완료되면 유튜브에서 동영상 업로드와 처리가 완료되었음을 알리는 이메일이 전송되며, 이메일을 친구나 가족에게 전달하여 동영상을 손쉽게 공유할 수 있습니다.

TIP :: 유튜브에서 자신이 올린 동영상을 검색할 때, 필터에서 [업로드 날짜]를 오늘로 설정하면 쉽게 찾을 수 있습니다.

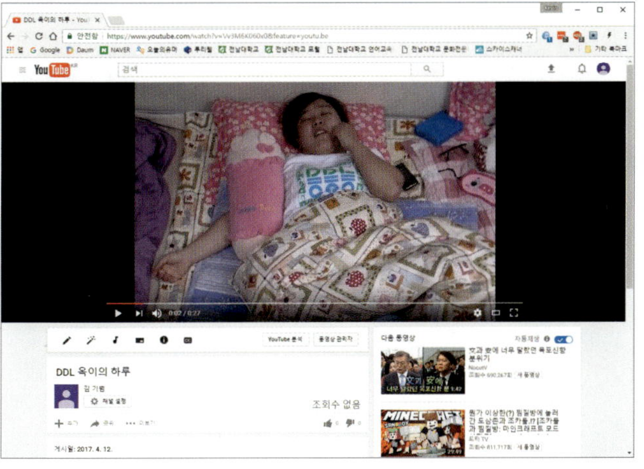

1 다음으로 유튜브에 업로드된 동영상을 삭제해 보겠습니다. 유튜브 메인 화면에서 자신의 계정을 이용하여 로그인한 후, 왼쪽에서 [내 채널] 메뉴를 클릭합니다.

TIP :: 화면 해상도 또는 브라우저의 크기가 작을 경우, 오른쪽 메뉴들이 표시되지 않을 수도 있습니다. 이때는 [내 채널] 메뉴를 클릭하는 대신, 오른쪽 상단에 위치한 둥근 계정 프로필 사진을 클릭한 후, [크리에이터 스튜디오] 버튼을 클릭해도 됩니다.

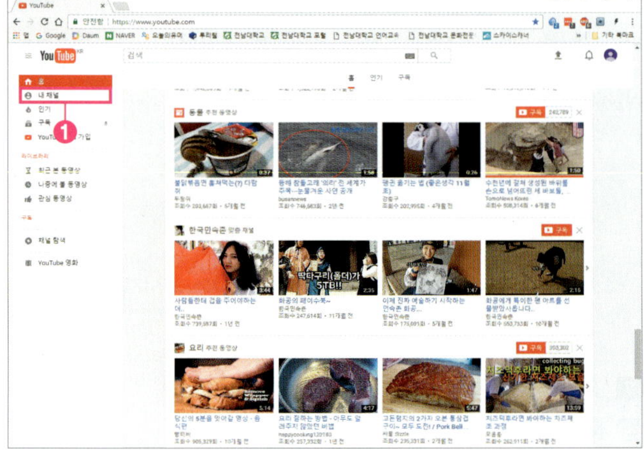

2 내 채널 화면에서 그 동안 업로드한 모든 동영상이 표시됩니다. 동영상을 수정하기 위해서 상단에 위치한 [동영상 관리자] 메뉴를 클릭합니다.

TIP :: [크리에이터 스튜디오] 버튼을 클릭하여 내 채널로 들어온 경우, [동영상 관리자] 메뉴가 왼쪽에 보입니다.

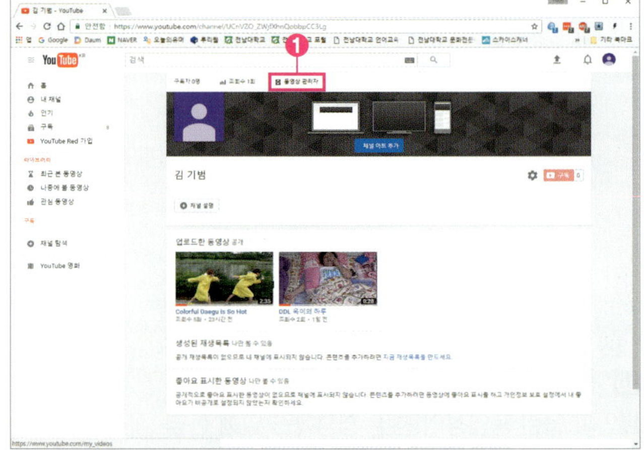

3 [동영상 관리자] 화면에서는 업로드된 동영상이 목록 형태로 표시되며, 여기에서 다양한 설정을 변경할 수 있습니다.

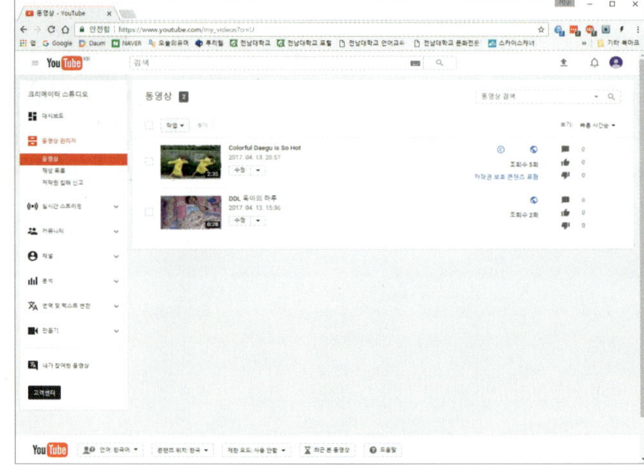

4 삭제하려는 동영상의 [수정] 옆에 보이는 화살표를 클릭하여 팝업 메뉴를 열고, [삭제] 버튼을 클릭합니다.

TIP :: 여러 개의 영상 한꺼번에 삭제하기

삭제할 영상 왼쪽의 체크박스에 표시한 후. 목록 위쪽에 위치한 [작업]을 클릭하면 팝업 메뉴가 열리고, [삭제] 메뉴를 선택합니다.

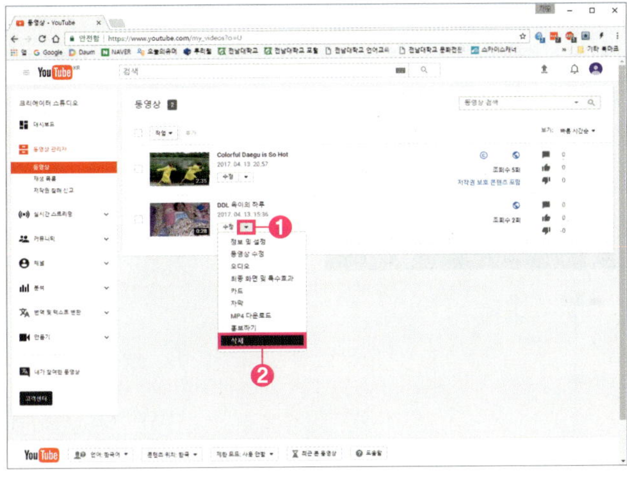

5 [동영상 삭제] 대화상자가 열리면 [삭제] 버튼을 클릭합니다.

TIP :: 삭제처리가 된 이후에는 되돌리기가 불가능하므로 신중하게 작업을 진행합니다.

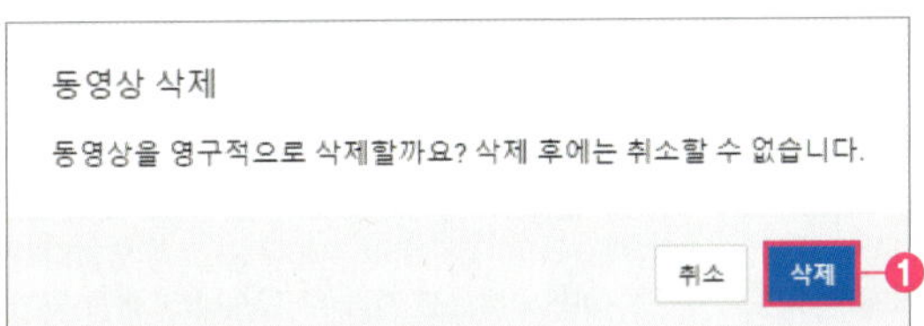

6 [동영상이 삭제되었습니다.] 표시가 알림으로 뜨고 목록에서 동영상이 더 이상 보이지 않습니다.

TIP :: 동영상이 삭제되면 아무도 볼 수 없게 됩니다. 동영상 검색 결과와 미리보기 이미지에서 사라지는 데는 다소 시간이 걸릴 수 있습니다.

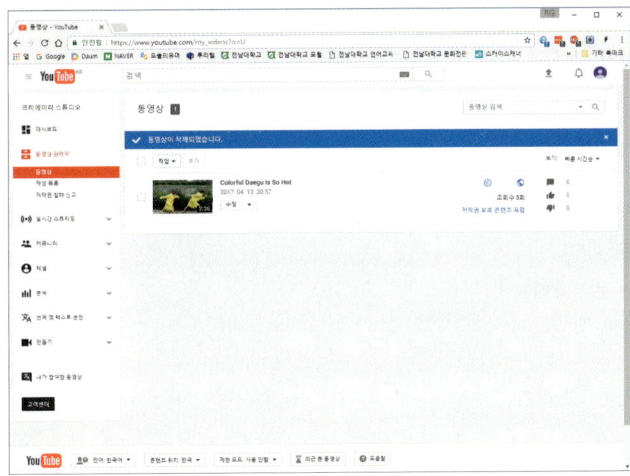

TIP :: 유튜브 동영상 삭제, 교체, 수정

내 유튜브 채널에 업로드한 모든 동영상을 삭제할 수 있습니다. 하지만 기존에 있던 동영상을 교체하고자 한다면 삭제 후. 다시 업로드해야 합니다. 유튜브에 동영상을 새로 업로드하면 새 URL이 부여되기 때문입니다. 대신 기존 업로드된 동영상을 변경할 수 있는데 유튜브 영상 수정 기능을 사용해 동영상을 어느 정도 편집할 수 있습니다. 동영상 일부를 자르고, 조명과 색상을 자동으로 수정하고, 동영상 일부를 흐리게 처리하고, 필터를 적용하는 등의 수정이 가능합니다.

■ 유튜브 동영상 편집기로 편집하기

유튜브 동영상 편집기 도구를 사용하면 웹상에서 여러 클립을 결합해 새 동영상을 만들고 클릭 한 번으로 유튜브에 게시할 수 있습니다. 업로드된 동영상은 모두 자동으로 동영상 편집기에 추가되어 편집할 수 있습니다. 동영상 편집기에서는 여러 영상과 이미지를 결합 및 잘라서 새로운 동영상을 제작하고, 간단한 특수 효과를 사용할 수 있습니다.

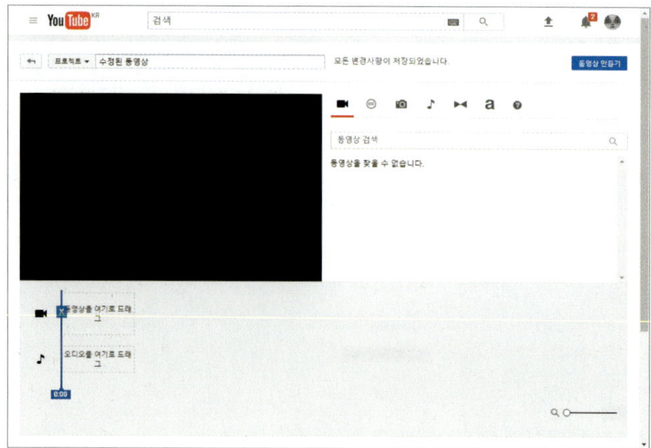

■ 유튜브 동영상 편집기로 이동하기

유튜브 동영상 편집기는 웹브라우저의 주소창에 'http://www.youtube.com/editor'를 입력하여 사용할 수 있습니다. 우선 자신의 계정으로 업로드된 영상이 있을 경우에 이를 편집하여 새로운 영상을 만들 수 있습니다.

■ 클립 추가

유튜브 자신의 계정에 올린 동영상 및 이미지는 모두 자동으로 동영상 편집기에 추가되어 클립으로 사용할 수 있습니다. 업로드 방법은 앞서 설명한 대로 진행하여 편집할 모든 동영상과 이미지를 올린 후, 동영상 편집기로 이동하여 편집기 하단에 동영상을 여기로 드래그하고 표시된 타임라인 아래쪽으로 클립이나 이미지를 드래그하여 편집을 시작할 수 있습니다.

■ 클립 편집하기(자르기, 분할)

클립을 타임라인으로 가져와 재생 길이를 자르거나 분할하여 편집할 수 있습니다.
- 자르기 : 타임라인의 클립 윗부분에 커서를 클릭하여 클립을 자를 수 있습니다. 길이를 줄이려면 클립 중앙으로 드래그합니다.
- 분할 : 분할을 사용하면 동영상을 여러 부분으로 자를 수 있습니다. 클립 위에 커서를 놓고 가위 아이콘을 클릭해 분할 표시가 나타나면 클릭해 클립을 자릅니다.

■ 클립을 수정하거나 효과를 추가

- 회전 : 클립을 90도로 회전합니다.
- 효과 : 색상 및 떨림을 수정하고 필터 및 효과를 추가합니다.
- 텍스트 : 클립에 자막을 적용합니다.
- 슬로우 모션 : 클립 재생 속도를 수정합니다.

■ 음악 추가

새로운 오디오 트랙을 추가합니다. 추가된 트랙의 오디오는 클립의 원래 오디오를 대체합니다. 편집기 왼쪽 상단에 있는 오디오 버튼을 클릭하면 유튜브에서 제공하는 음악이 표시됩니다. 아티스트 및 장르를 기준으로 정렬하고, 검색하여 음악을 찾습니다. 음악을 찾으면 타임라인으로 드래그합니다.

■ 영상 출력하기

프로젝트를 모두 만들었으면 [동영상 만들기]를 클릭합니다.

1 유튜브 동영상을 보다 보면 필요에 따라서 자신의 PC에 저장하여 언제든지 사용하고 싶을 때가 있습니다. 동영상을 저장하면 인터넷이 안 되는 환경에서도 언제든지 사용할 수 있다는 장점이 있습니다. 먼저 유튜브에서 저장하고 싶은 동영상을 검색하여 재생한 후, 웹브라우저 주소창에 재생되고 있는 동영상의 주소에서 나머지 주소는 그대로 두고 'youtube' 문자 앞부분에 'ss'를 입력합니다.

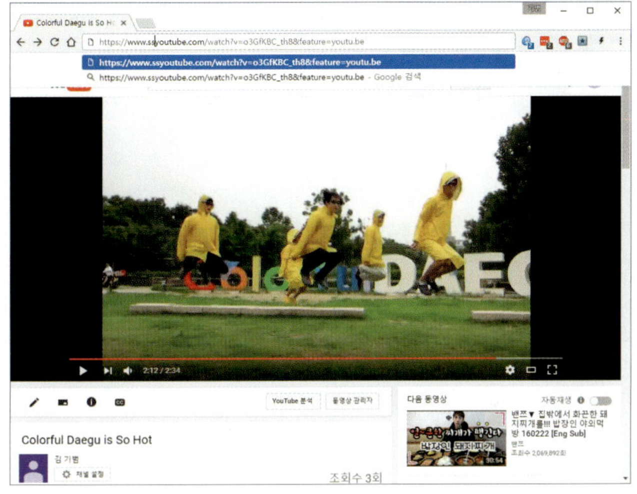

• 'www.youtube.com' → 'www.ssyoutobe.com'

TIP :: **유튜브 자체의 동영상 저장 기능**

유튜브에서는 '유튜브 Red' 라는 유료화 기능이 있습니다. 이는 월마다 일정액을 지불하고 고급 기능을 이용하는 것으로써 동영상 저장, 광고제거, 백그라운드 재생, 독점 콘텐츠 이용 등입니다.

2 그림과 같은 화면으로 바뀌면 다른 메뉴들은 무시하고, 아랫부분의 파란색 'Download video in browser' 메뉴를 클릭합니다. 녹색의 [Download] 버튼이 보이면 화면 해상도 및 품질을 선택합니다. 이후, 파일의 다운로드가 진행됩니다.

TIP ::
• 다른 메뉴나 버튼을 클릭하면 광고 사이트로 이동하므로 주의해야 합니다.
• 크롬 브라우저는 자동으로 다운이 진행되고, 익스플로러는 저장 관련 대화상자가 열립니다. 이때 저장 버튼을 클릭합니다.

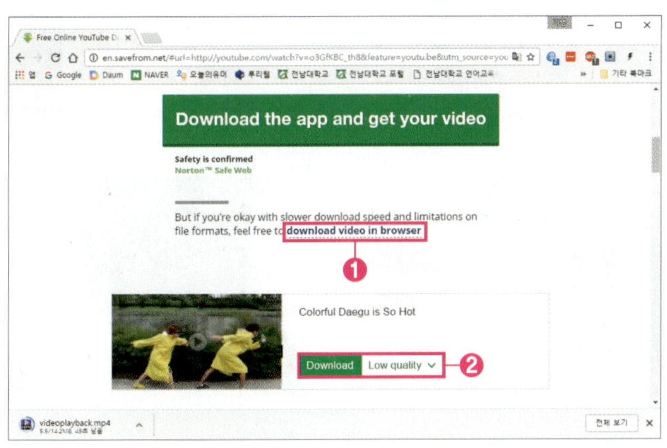

3 다운로드가 끝나면 파일이 저장된 폴더를 찾아 검색한 후 파일을 더블클릭하여 영상을 재생합니다.

TIP :: 위와 같은 방법으로 다운받을 수 있는 동영상의 최대 해상도는 720p(1280x720)입니다. 이 이상의 고화질 영상을 다운받기 위해서는 다운로드 전용 외부 프로그램을 설치해야 합니다.

TIP :: **유튜브 동영상 모바일로 다운로드하기**

유튜브 동영상을 모바일 앱(App)으로 다운로드하는 경우가 많습니다. 가장 많이 사용하는 앱은 '유튜브 다운로드 for YouTube', '튜브다운 – tubedown' 등입니다. 아주 편리하고 빠르게 유튜브 동영상을 다운로드할 수 있다는 장점이 있지만, 광고 스팸이 자주 뜬다는 단점이 있으니 사전에 알아두기 바랍니다.

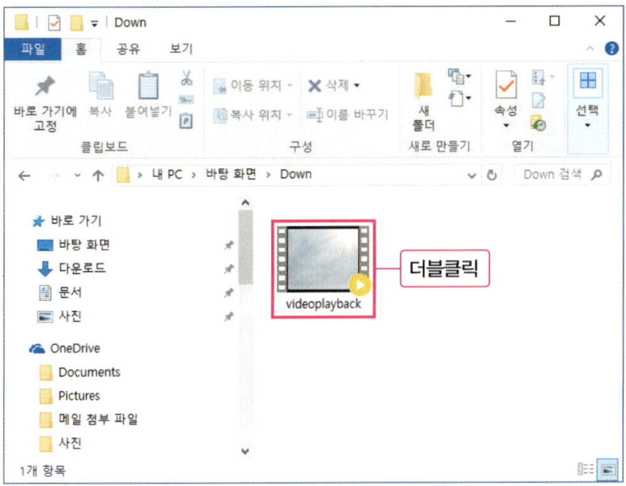

영상 소스만으로 작품완성 노하우

핵심내용

이번 예제는 '영상 소스'로만 편집하여 완성한 예제입니다. 프리미어 프로의 기초기능인 잘라서 편집하는 기능을 중심으로 실무에서 가장 많이 사용하는 Add-Remove Keyframe, Dissolve, 효과음 삽입 등 핵심 테크닉을 제공하였습니다. 필자의 의도는 몇 가지 핵심기능만으로도 얼마든지 경쟁력 있는 홍보영상을 만들 수 있다는 것입니다.

핵심기능

In 점, Out 점, Razor Tool, Add-Remove Keyframe, Unlink, Export Frame

STORYBOARD

제1회 대한민국을 웃겨라 UCC공모전 '우수상' 수상 작품

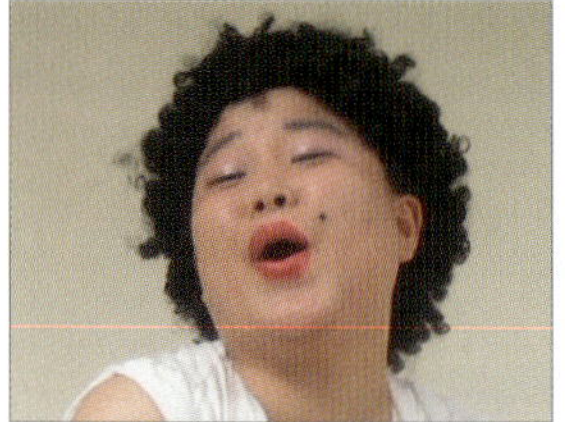
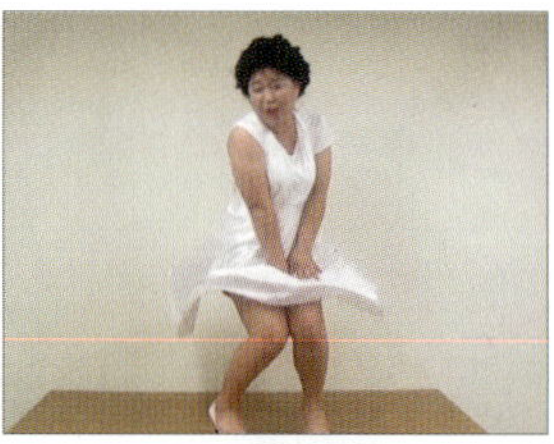
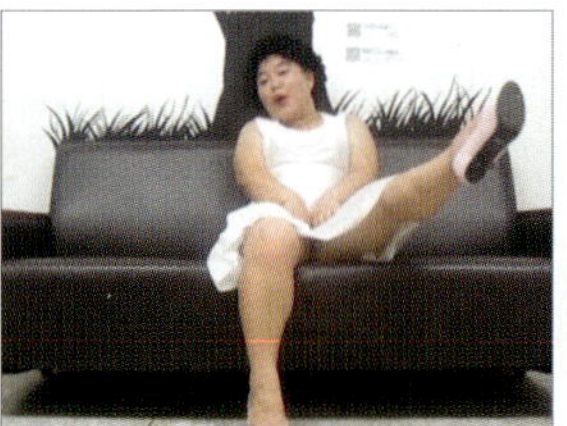
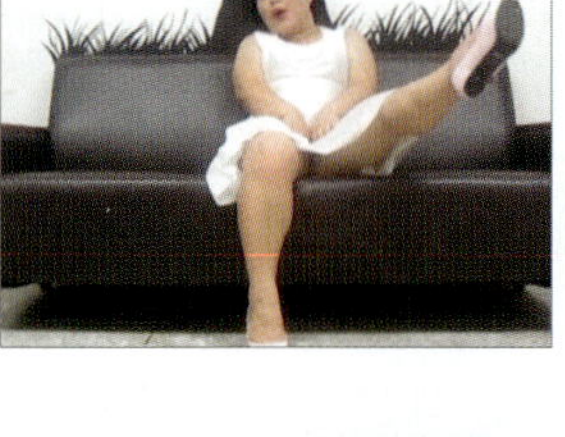

In 점, Out 점, Razor Tool   Add-Remove Keyframe

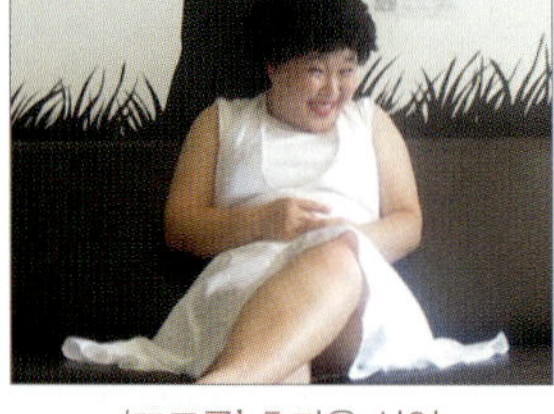

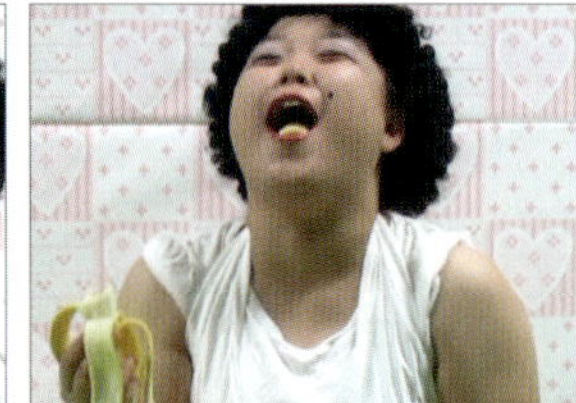

'꼬르륵' 효과음 삽입

BGM 삽입   Clip Copy, Unlink

Export Frame

제1회 대한민국을 웃겨라 UCC공모전
'우수상' 수상 작품

1 프리미어 프로 CC 2017을 실행한 후 [Start] 대화상자가 열리면 [New Project] 버튼을 클릭하여 새 프로젝트를 시작합니다.

TIP :: 새 프로젝트가 아닌 기존의 작업을 이어서 해야 하는 경우에는 오른쪽에 작업했던 프로젝트가 리스트 형태로 표시되므로 선택하면 됩니다.

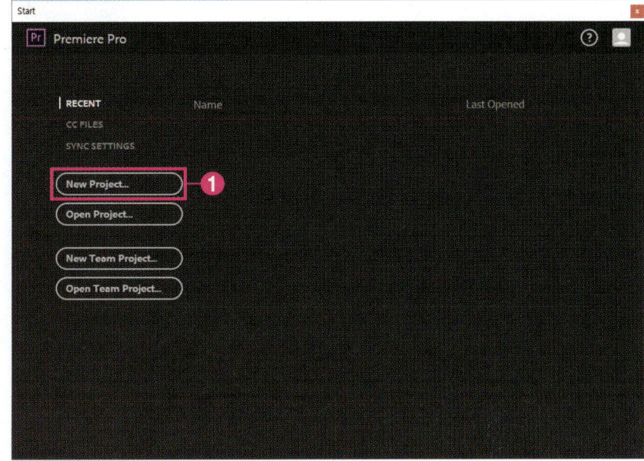

2 [New Project] 대화상자가 열리면 [Name]에 임의 프로젝트 이름으로 입력하고, 프로젝트 파일이 저장될 폴더를 선택하기 위해서 [Location]의 [Browse] 버튼을 클릭합니다.

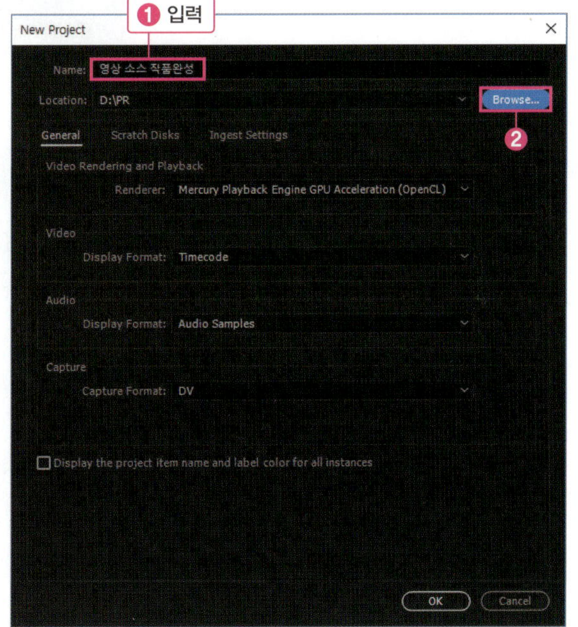

3 [Please select the destination path for your new project] 대화상자가 열리면 사용자 임의의 새 폴더를 만들고, [폴더 선택] 버튼을 클릭합니다.

TIP :: 수정 및 파일 관리를 위해 반드시 따로 폴더를 만들어 작업 파일을 저장하는 것이 좋습니다.

4 [Location]에 자신이 만든 폴더의 경로가 제대로 나타나는지 확인한 후 나머지 옵션은 그대로 둔 상태로 [OK] 버튼을 클릭합니다.

TIP :: 프로젝트 파일의 저장은 작업할 영상 소스와 같은 폴더 또는 하위 폴더에 하는 것이 파일 관리 측면에서 좋습니다. 또한 C 드라이브보다는 D 드라이브처럼 데이터 전용으로 사용하는 하드디스크에 저장하는 것이 컴퓨터의 속도 관리 등 원활한 유지 보수를 위해 유리합니다.

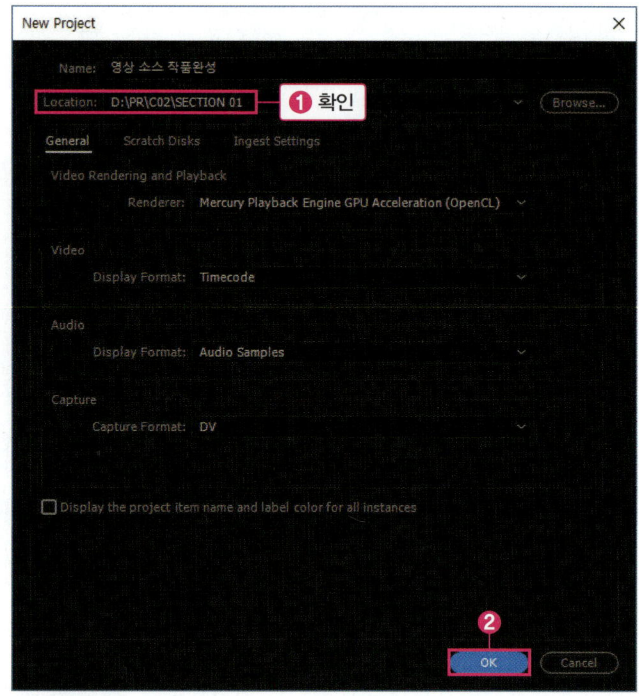

5 새 프로젝트 이름으로 프리미어 프로 기본 작업 화면이 열립니다. 아직 작업을 위한 시퀀스가 없으므로 타임라인에서 작업할 수 있습니다.

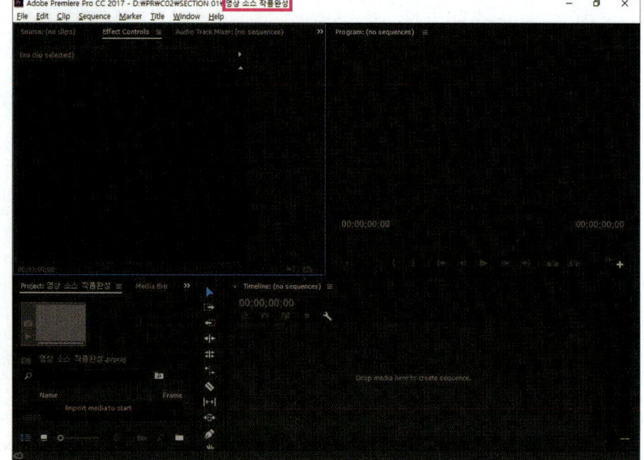

6 새 시퀀스를 만들기 위해서 [File] 〉 [New] 〉 [Sequence](**Ctrl** + **N**) 메뉴를 클릭합니다.

TIP :: Sequence
장면과 장면으로 이루어진 영상의 단위입니다. 하나의 영상을 작업할 때 보통 여러 개의 시퀀스로 나누어 각각 작업하고 이를 합쳐서 완성합니다. 하지만 짧은 영상의 경우, 하나의 시퀀스만으로 작업하기도 합니다.

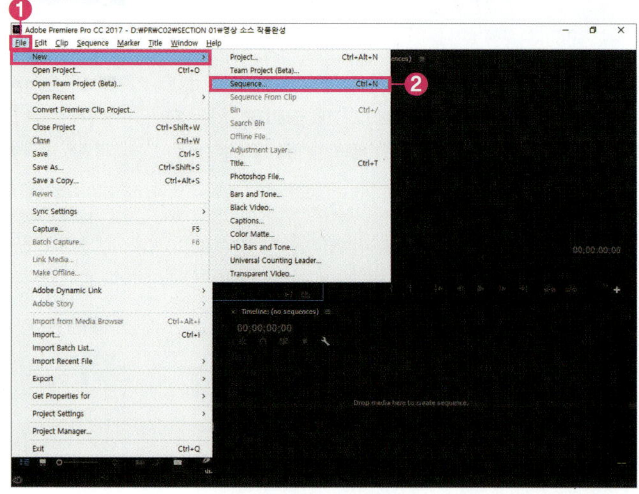

7 [New Sequence] 대화상자가 열리면 상단의 [Settings] 탭을 클릭하고, 다음과 같이 설정한 후 [OK] 버튼을 클릭합니다.

- [Editing Mode] : 'Custom',
- [Timebase] : '30.00 frames/second'
- [Frame Size] : '640'
- [horizontal] : '480'
- [Pixel Aspect Ratio] : 'Square Pixels (1.0)'
- [Sequence Name] : 'Sequence 01'(사용자 임의로 입력해도 됩니다. 책에서는 편의상 기본 이름을 사용했습니다.)

TIP :: 640 X 480 SD(Standard Definition)

640 X 480은 현재도 인터넷 등에서 저용량 동영상 등에 많이 사용하고 있는 사이즈입니다. 화면의 가로와 세로 비율에 이론적으로 일정한 규격이 없지만, 기본적으로 아날로그 TV와 같은 4:3 비율을 채택하고 있습니다.

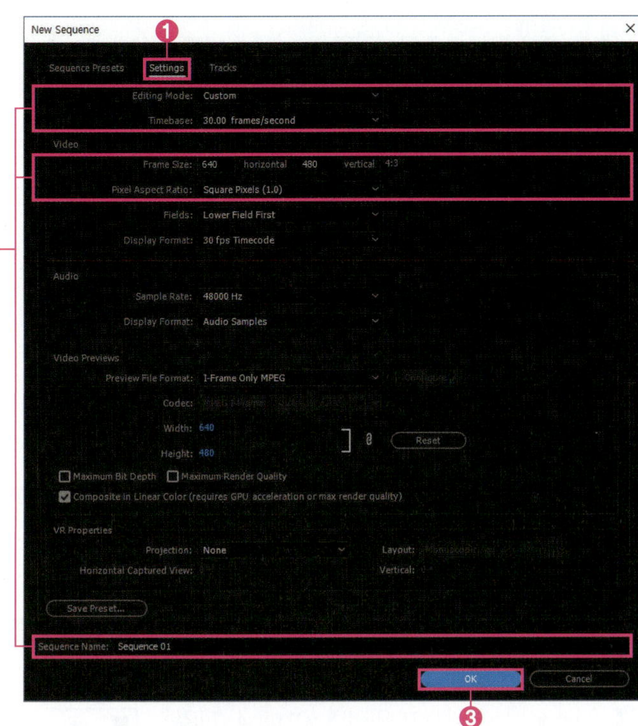

8 [New Sequence]의 설정 값에 따라 프리미어 프로의 기본 작업 화면이 열리고, [Timeline] 패널이 활성화된 것을 확인할 수 있습니다.

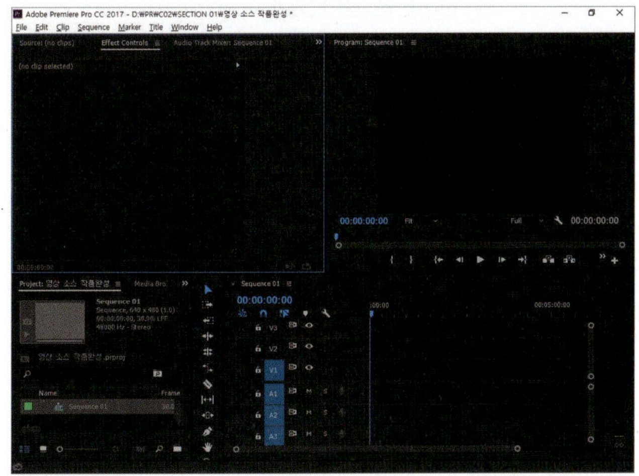

02 영상 클립 불러와서 자르기 In 점, Out 점

: **준비 파일 :** Part 02 〉 Chapter 02 〉 Section 02 〉 01.mp4   **완성 파일 :** Part 02 〉 Chapter 02 〉 Section 02 〉 영상 소스 작품완성.prproj

1 편집에 사용할 영상 클립을 불러오기 위해서 [File] 〉 [Import](**Ctrl** + **I**) 메뉴를 클릭합니다.

TIP :: 상단 메뉴를 이용하는 대신, [Project] 패널의 빈 공간에 '더블클릭'을 하는 방법도 있습니다.

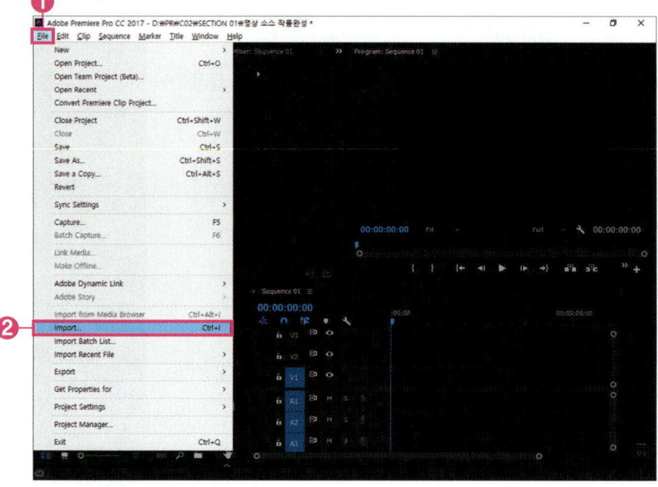

2 [Import] 대화상자가 열리면 '01.mp4' 파일을 선택한 후 [열기] 버튼을 클릭합니다.

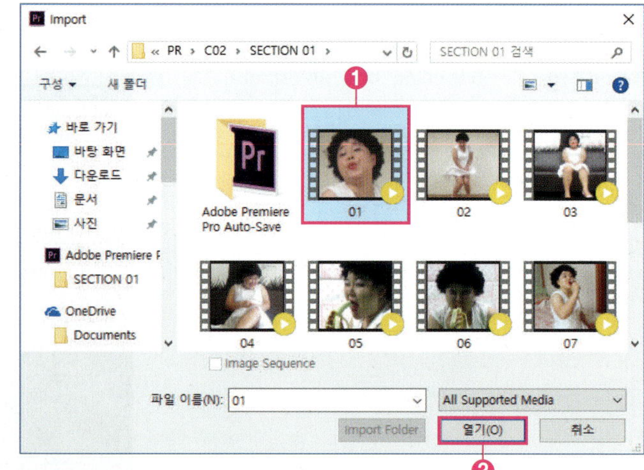

3 [Project] 패널의 '01.mp4' 영상 클립을 확인합니다.

TIP :: **클립과 [Project] 패널에서 클립 보기 방식 설정하기**
- 클립(Clip) : 영상 편집을 위해 [Project] 패널에 불러온 이미지, 영상, 오디오 파일 등을 지칭합니다.
- 클립 보기 방식 : '목록(List)'과 '아이콘(Icon)' 두 가지입니다. 아이콘으로 보고 싶다면, [Project] 패널의 좌측 하단 [Icon View](■)를 클릭하면 됩니다.

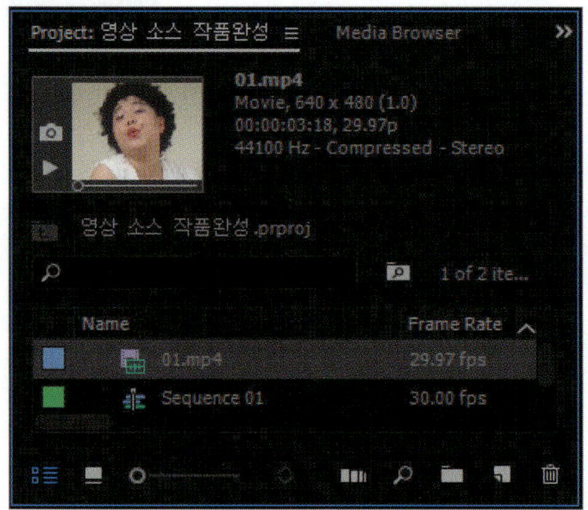

4 [Project] 패널의 '01.mp4' 영상 클립을 [Timeline] 패널 [V1] 트랙의 시작점으로 드래그합니다. [V1] 트랙의 시작점에 다음과 같이 영상 클립이 들어왔음을 확인합니다.

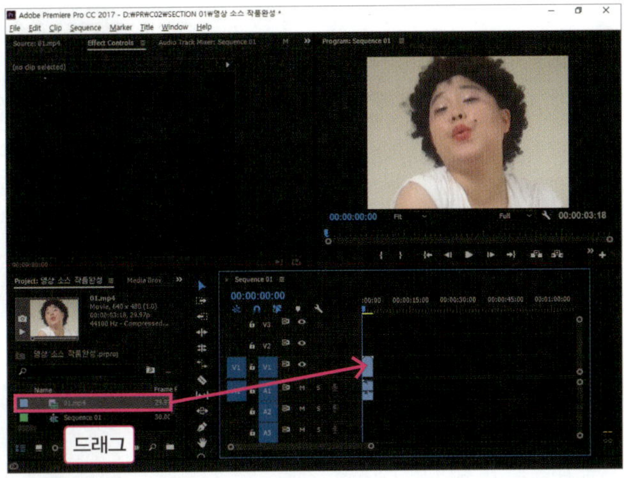

5 [Timeline] 패널에서 클립의 길이가 짧아서 잘 보이지 않으므로 ➕를 눌러 [Timeline] 패널을 확대합니다.

TIP :: **[Timeline] 패널의 확대 및 축소**

[Timeline] 패널이 선택된 상태에서 키보드 ➕, ➖를 눌러 확대 및 축소를 할 수 있습니다(단, 숫자패드의 ➕, ➖는 적용되지 않습니다.).

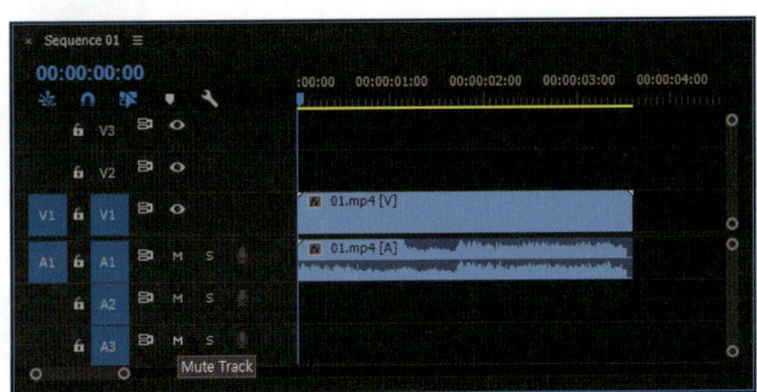

6 영상 클립에서 필요하지 않는 부분을 잘라내기 위해서 [Current Time Indicator]를 00;00;01;10 위치로 옮기고, '01.mp4' 영상 클립의 [In 점]을 [Current Time Indicator]까지 드래그합니다.

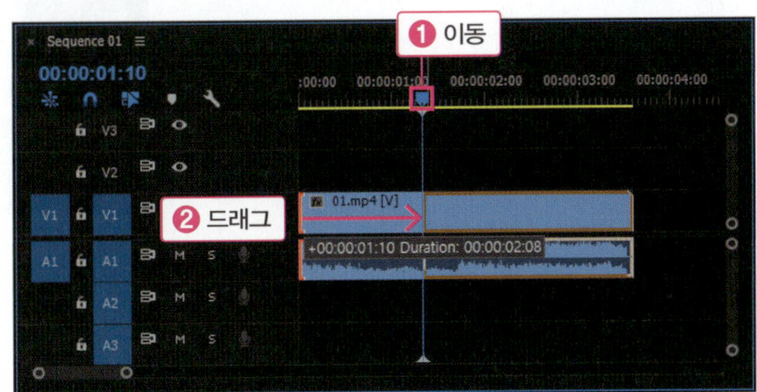

TIP :: **[Current Time Indicator]와 [In 점], [Out 점]**

• [Current Time Indicator] : 편집의 기준점으로써 편집 위치의 시간을 표시하고, 프레임을 확인하거나 탐색할 때 사용합니다. **Shift** 를 누른 채 옮기면 클립의 [In 점]/[Out 점]으로 정확하게 옮길 수 있습니다.
• [In 점], [Out 점] : 클립이 시작되는 왼쪽 지점을 [In 점], 끝나는 오른쪽 지점을 [Out 점]이라고 합니다.

7 영상 클립의 앞부분을 잘라서 [V1] 트랙의 앞부분에 그림과 같이 빈 공간이 생겼습니다.

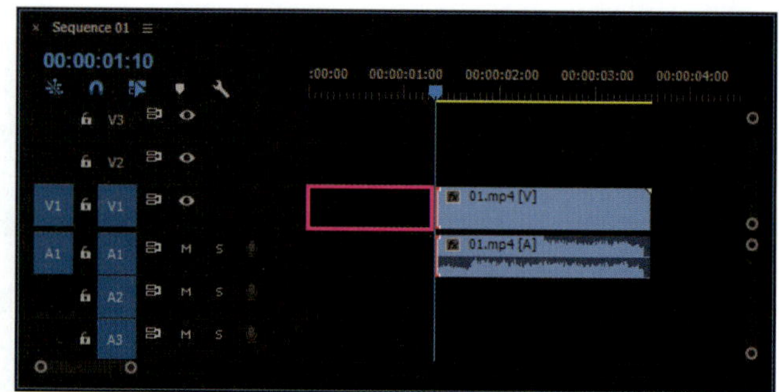

8 빈 공간을 삭제하고 영상 클립을 앞쪽으로 옮기기 위해서 [V1] 트랙의 빈 공간에 마우스 오른쪽 버튼을 클릭하고 [Ripple Delete]를 선택합니다.

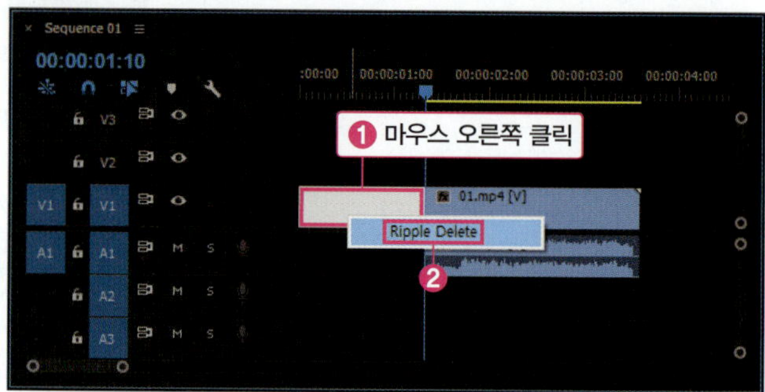

9 빈 공간이 사라지고, 영상 클립이 자동으로 앞쪽으로 옮겨지며 시작점에 붙습니다. Space Bar 를 눌러 영상 클립을 확인합니다.

03 영상 클립 오려내기   Razor Tool

: 준비 파일 : Part 02 〉 Chapter 02 〉 Section 02 〉 02.mp4

1 다음 편집할 영상 클립을 불러오기 위해서 [Project] 패널의 빈 공간을 더블클릭한 후 [Import] 대화상자가 열리면, '02.mp4' 파일을 선택하고 [열기] 버튼을 클릭합니다.

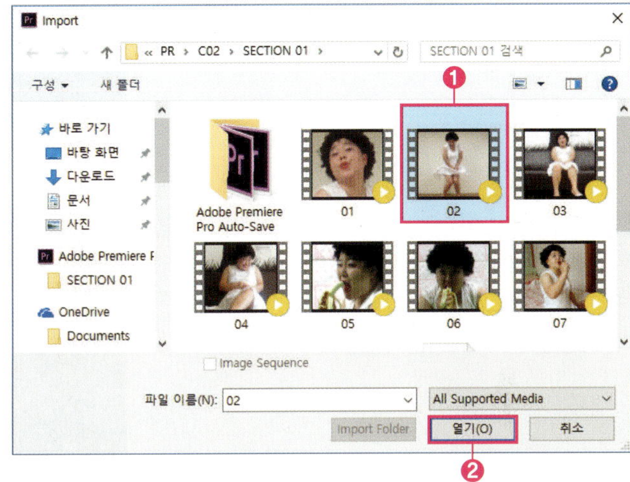

2 [Project] 패널의 '02.mp4' 영상 클립을 [Timeline] 패널 [V1] 트랙의 '01.mp4' 영상 클립 뒤로 드래그하여 붙여 넣습니다.

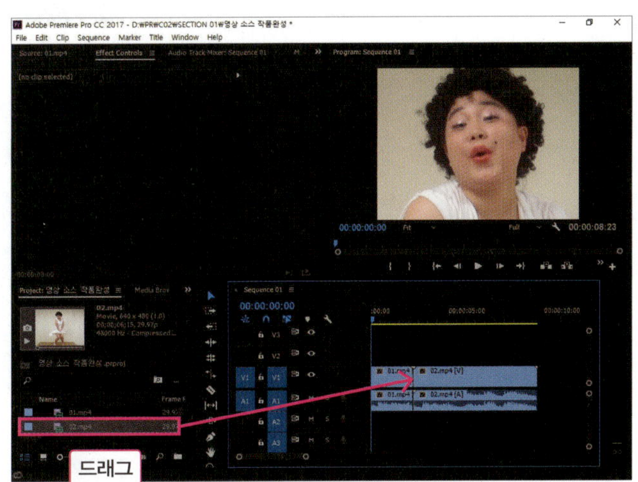

3 '02.mp4' 영상 클립의 가운데 부분을 오려내기 위해서 [Current Time Indicator]를 00;00;04;10 위치로 옮긴 후 [Tool] 패널의 [Razor Tool](✎)을 클릭하고, [Current Time Indicator]가 위치한 곳을 클릭합니다.

TIP :: [In 점], [Out]점 드래그 Vs [Razor Tool]의 사용 구분법
클립의 양끝 부분을 잘라낼 때는 [In 점], [Out 점]을 드래그하고, 가운데 부분 등을 오려낼 때는 [Razor Tool](✎)을 사용하는 것이 편리합니다.

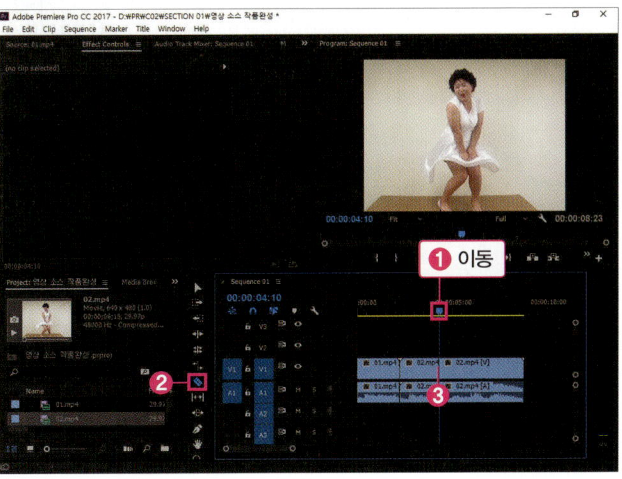

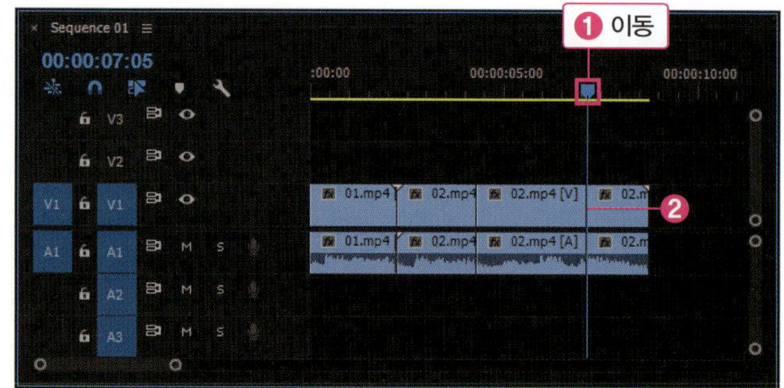

5 잘린 영상 클립에서 중앙 부분을 삭제하기 위해서 [Tool] 패널의 [Selection Tool](이미지)을 클릭한 후 3개로 나뉜 '02.mp4' 영상 클립의 가운데 부분을 선택하고, Delete 를 눌러 삭제합니다.

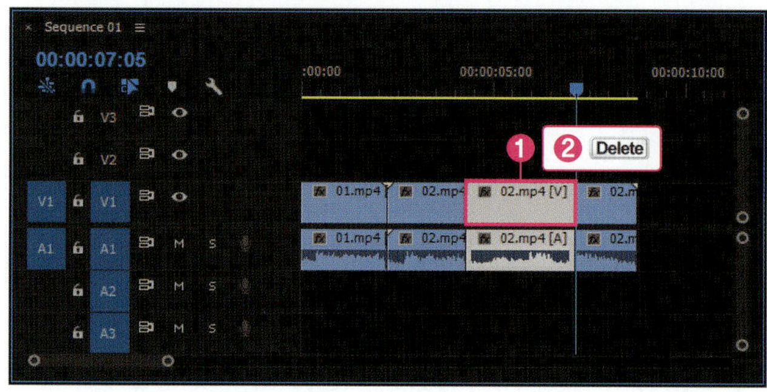

6 클립이 삭제되고 남은 빈 공간에 마우스 오른쪽 버튼을 클릭하고, [Ripple Delete]를 선택합니다.

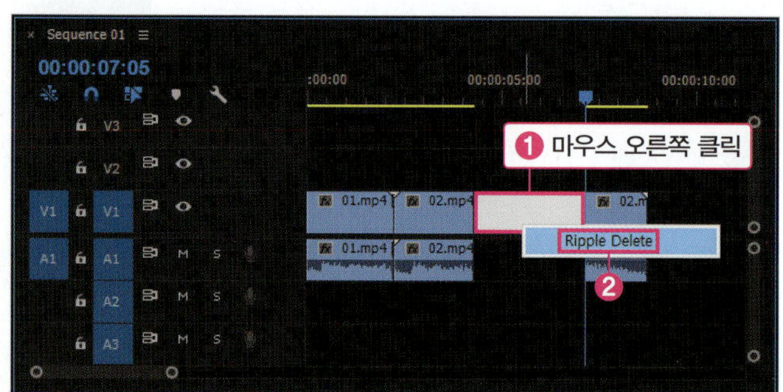

7 빈 공간이 사라지고, 클립이 연결되면 Space Bar 를 눌러 영상을 확인합니다.

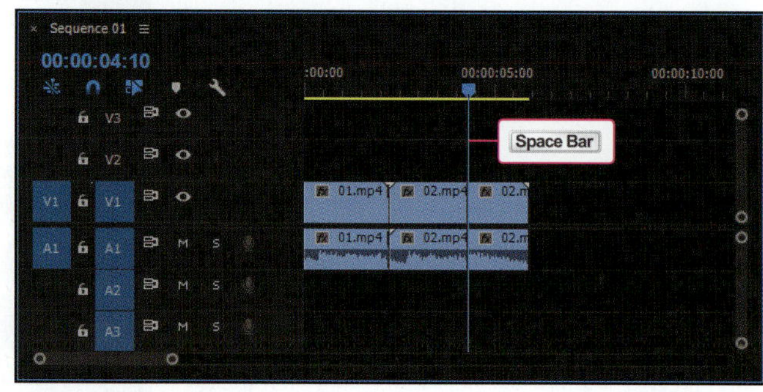

04 영상 소스 Dissolve 테크닉   Add-Remove Keyframe

1 분리된 2개의 클립에 Dissolve 효과를 적용하기 위해서 한쪽 클립의 오디오를 삭제해야 합니다. 먼저 '02.mp4' 영상 클립을 선택하고 [Clip] 〉 [Unlink] 메뉴를 클릭하여 비디오와 오디오 링크를 해제합니다.

TIP ∷ Dissolve 효과
장면과 장면이 자연스럽게 바뀌는 화면전환 기법입니다. 영상 편집에서 화면전환 테크닉 중에서 가장 많이 사용하는 기법입니다.

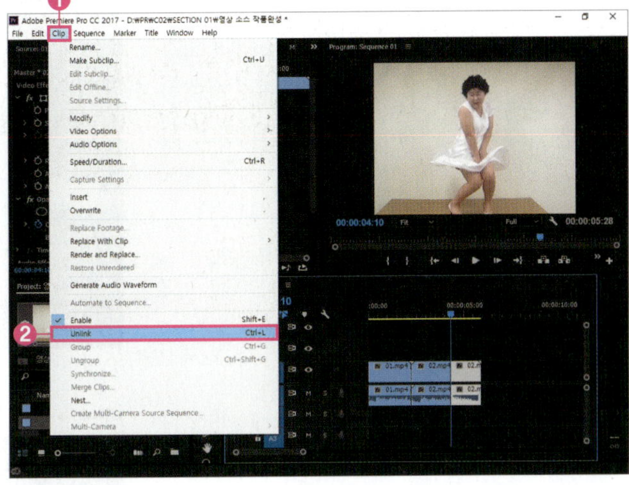

2 영상 클립의 비디오와 오디오 링크가 해제되어 선택을 각각 따로 할 수 있습니다. 오디오 클립만 선택하고 **Delete** 를 눌러 삭제합니다.

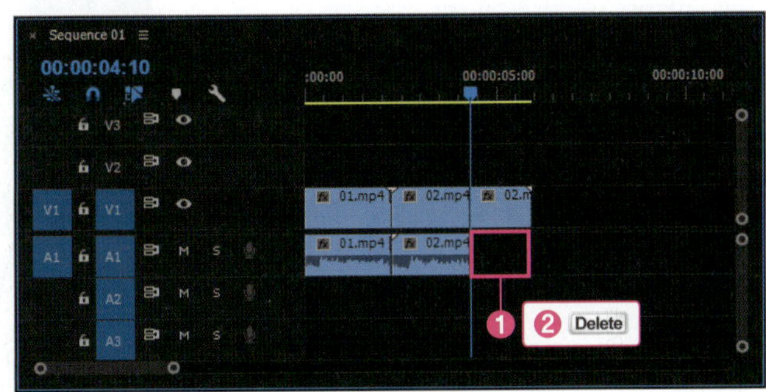

3 [Current Time Indicator]를 00:00:03:20 위치로 옮기고, 영상 클립을 [V2] 트랙의 [Current Time Indicator] 뒤에 드래그하여 아래 클립과 겹치는 부분을 만듭니다.

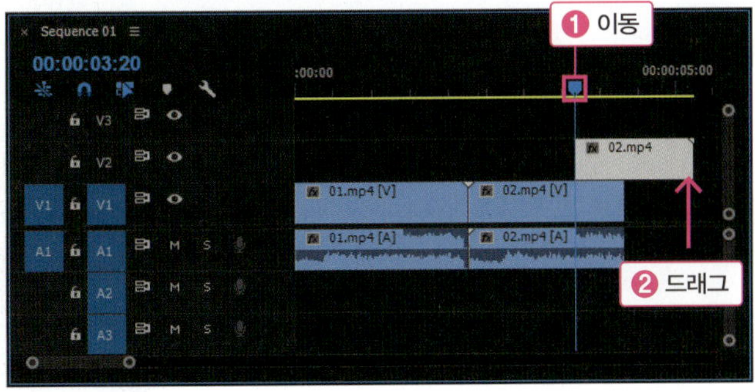

4 Dissolve 효과를 적용하기 위해 [V2] 트랙의 '02.mp4' 영상 클립을 선택하고, [Window] 〉 [Effect Controls](Shift + 5) 메뉴를 클릭하여 [Effect Controls] 패널을 엽니다. [Current Time Indicator]가 00;00;03;20 위치에 있음을 확인하고, [Effect Controls] 패널 [Opacity] 항목의 [Add/Remove Keyframe](◎)을 클릭하여 키프레임을 생성합니다.

TIP :: Opacity

'불투명도'로써 이 수치를 조절하여 이미지가 자연스럽게 나타나거나 사라지는 효과를 만들 수 있습니다. 100%면 이미지가 완전히 보이고, 0%면 투명해져서 보이지 않습니다.

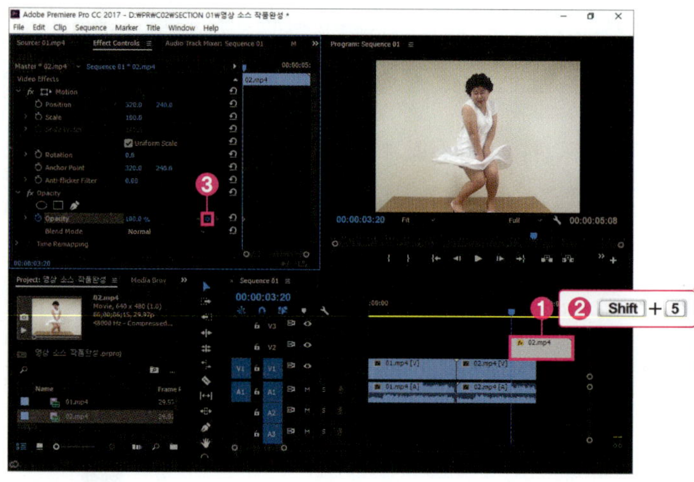

5 [Current Time Indicator]를 00;00;04;10 위치로 옮긴 후 [Effect Controls] 패널 [Opacity]의 [Add/Remove Keyframe](◎)을 클릭하여 두 번째 키프레임을 생성합니다.

TIP :: Dissolve 테크닉

장면에 따라서 길게 겹쳐서 Dissolve 효과를 줄 수도 있고, 이동하면서 Dissolve 효과를 줄 수도 있으며, 그 외에도 다양한 Dissolve 테크닉이 있습니다.

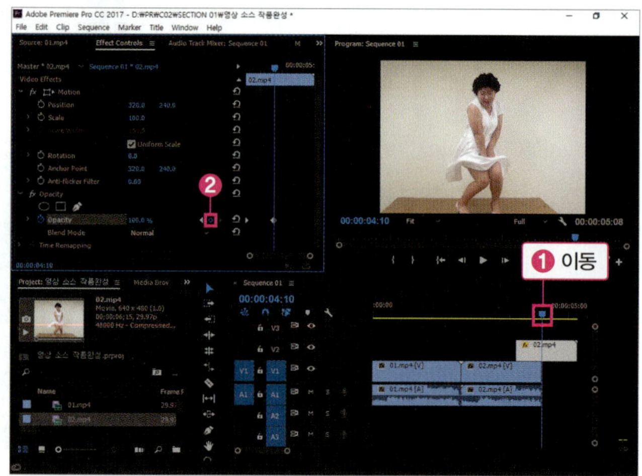

6 [Current Time Indicator]를 다시 00;00;03;20 위치로 옮긴 후 [Effect Controls] 패널 [Opacity]의 수치를 '0%'로 입력하여 Dissolve 효과를 완성합니다.

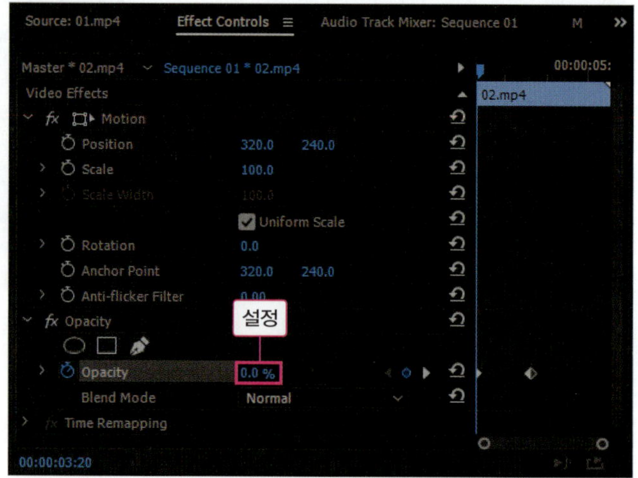

7 [A1] 트랙의 '02.mp4' 영상 클립에 오디오를 채우기 위해서 [A1] 트랙의 '02.mp4' 영상 클립을 선택하고, [Clip] 〉 [Unlink] 메뉴를 클릭하여 비디오와 오디오 링크를 해제한 후 오디오 클립의 [Out 점]을 오른쪽으로 드래그하여 [V2] 트랙의 '02.mp4' 영상 클립 [Out 점]에 맞춥니다.

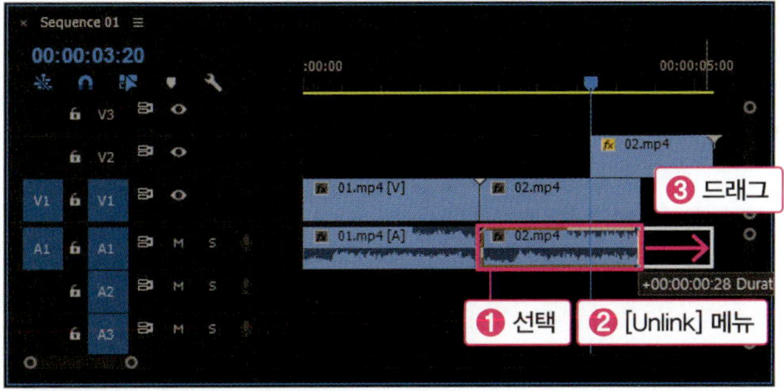

8 [A1] 트랙의 빈 공간이 그림과 같이 채워졌습니다. `Space Bar` 를 눌러 부드럽게 연결된 오디오를 확인합니다.

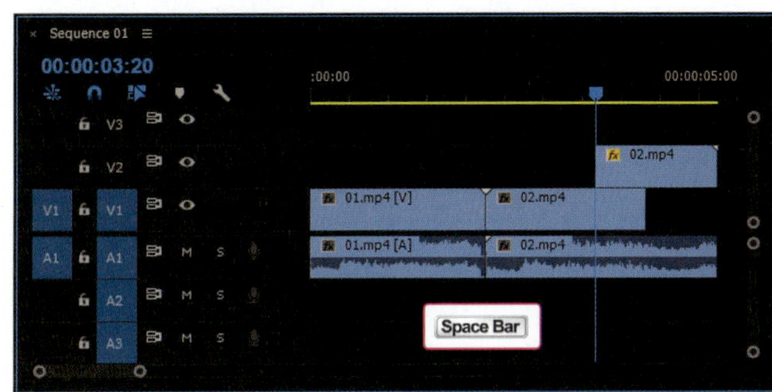

TIP :: 프리미어 프로와 디졸브(Dissolve) 효과

디졸브란 한 화면이 사라짐과 동시에 다른 화면이 점차로 나타나는 장면 전환 기법입니다. 한 화면의 투명도가 점점 감소하는 것과 동시에 다른 화면의 불투명도가 높아져서 두 개의 장면이 서로 교차되어 전환되는 것을 말합니다. 특히 영화나 드라마에서 쓰이는 기법 중 하나로 오버랩(over-lap)과 비슷한 뜻으로 사용되기도 합니다. 디졸브 효과는 장소나 시간이 바뀌는 데 연속성을 강조하고 싶을 때 사용합니다. 특히, 회상 장면이나 시간의 흐름이 순식간에 다른 시공간으로 바뀔 때 자연스럽게 화면을 이동할 수 있습니다.

프리미어 프로에서는 위에서 설명한대로 투명도 설정을 이용한 디졸브 효과와 효과 패널에서 화면 전환 효과를 이용하여 디졸브를 적용할 수 있습니다. 가장 정확하고 쉬운 방법은 투명도를 이용한 방법으로써 우선 이 방법을 확실히 익혀두는 것이 좋습니다.

: **준비 파일 :** Part 02 〉 Chapter 02 〉 Section 02 〉 03.mp4 ∼ 08.mp4

1 다음으로 편집할 영상 클립들을 한꺼번에 불러오기 위해서 [Project] 패널의 빈 공간을 더블클릭하고 [Import] 대화상자가 열리면 '03' ∼ '08.mp4' 파일을 선택한 후 [열기] 버튼을 클릭합니다.

2 [Project] 패널에서 Shift 를 누른 상태로 '03' ∼ '08.mp4' 영상 클립을 함께 선택합니다.

TIP :: **동시 선택**

키보드의 Ctrl 이나 Shift 를 이용하면 여러 개 클립들을 동시에 선택하고, 한꺼번에 불러올 수 있습니다.

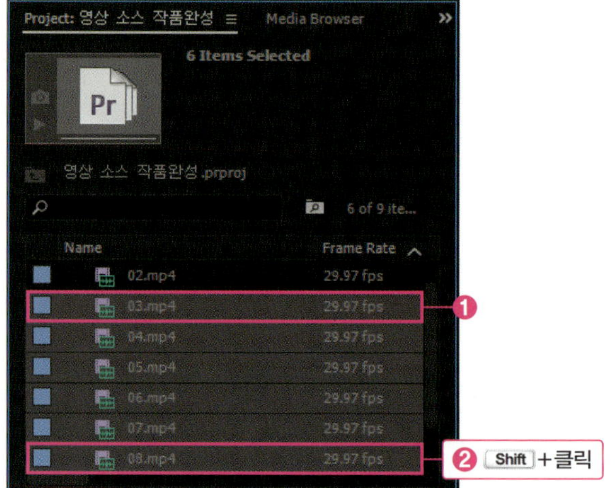

3 선택된 6개의 영상 클립을 [V1] 트랙의 뒤쪽에 그림과 같이 붙여 넣은 후 영상 클립의 번호 순서대로 붙여졌는지 확인합니다.

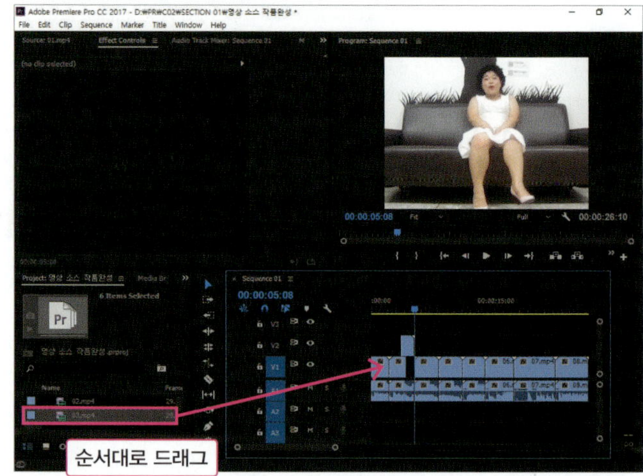

06 영상 클립 복사 및 편집 테크닉   Unlink

: **준비 파일 :** Part 02 〉 Chapter 02 〉 Section 02 〉 09.mp4

1 다음 영상 클립을 불러오기 위해서 [Proj-
ect] 패널의 빈 공간을 더블클릭한 후 [Import]
대화상자가 열리면, '09.mp4' 파일을 선택하고
[열기] 버튼을 클릭합니다.

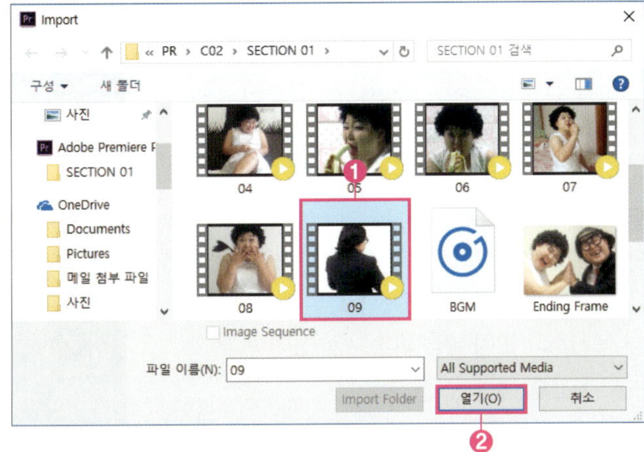

2 [Project] 패널의 '09.mp4' 영상 클립을
[Timeline] 패널 [V1] 트랙에서 마지막 영상 클립
의 끝에 붙여 넣습니다.

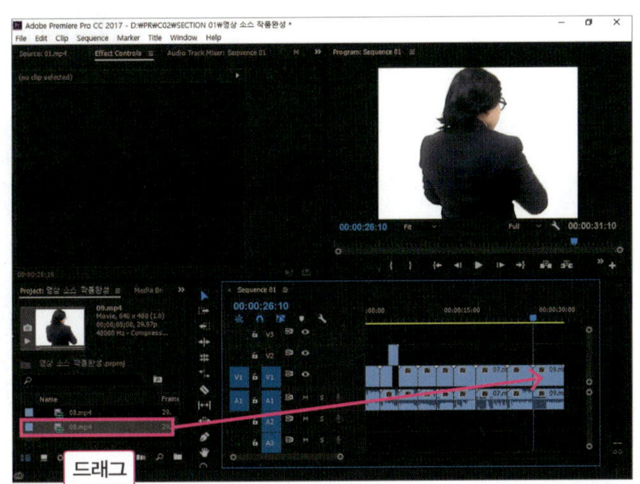

3 클립에서 필요한 장면만 남기기 위해서
[Current Time Indicator]를 00;00;27;10 위치로
옮긴 후 '09.mp4' 영상 클립의 [Out 점]을 왼쪽
[Current Time Indicator]까지 드래그하여 클립
을 자릅니다.

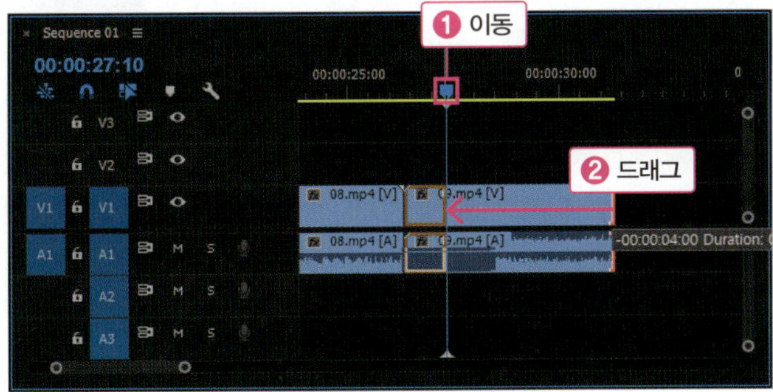

4 '09.mp4' 영상 클립의 뒷부분이 그림과 같이 잘렸음을 확인합니다.

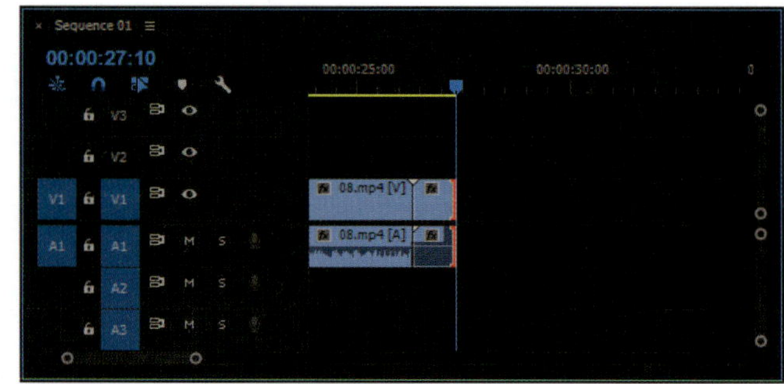

5 장면을 복사하여 사용하기 위해서 '09.mp4' 영상 클립을 선택한 후 **Ctrl**+**C**를 누르고, **Ctrl**+**V**를 세 번 연속으로 눌러 영상 클립을 복사하고 붙여 넣습니다.

TIP :: 클립 복사 방법

클립의 [Out 점]에 [Current Time Indicator]를 놓고 **Ctrl**+**V**로 복사하면 그림과 같이 클립을 이어서 복사할 수 있습니다.

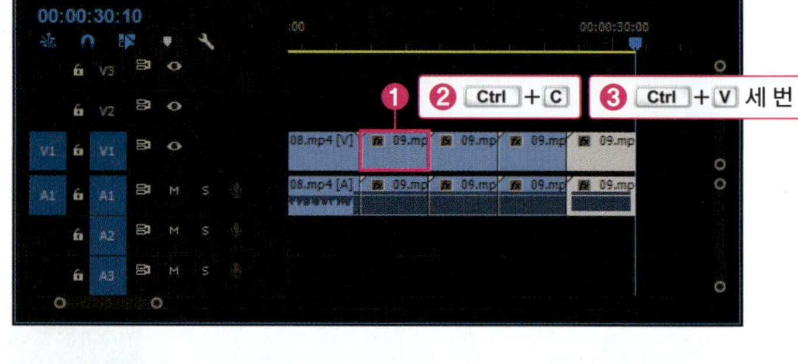

6 마지막으로 복사된 '09.mp4' 영상 클립의 [Out 점]을 오른쪽으로 끝까지 드래그하여 원래의 영상 길이로 복원합니다.

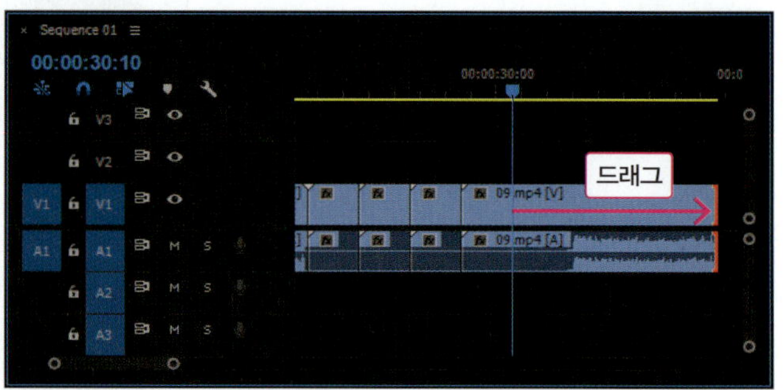

7 반복되는 장면에서 오디오를 삭제하기 위해서 '09.mp4' 영상 클립의 앞쪽 3개 클립을 선택한 후 [Clip] 〉 [Unlink] 메뉴를 클릭하여 비디오와 오디오 링크를 해제합니다. [A1] 트랙의 오디오만 선택한 후 **Delete**를 눌러 삭제합니다.

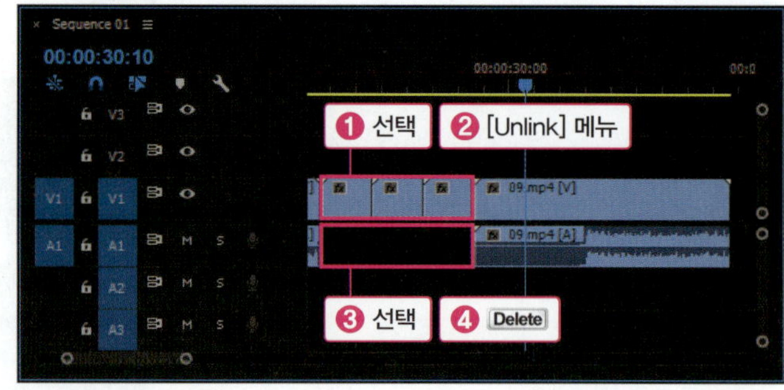

8 장면전환 효과를 넣기 위해 영상 클립을 겹치기 위해서 [Current Time Indicator]를 00;00;28;25 위치로 옮기고, 마지막에 복사된 '09.mp4' 영상 클립을 그림과 같이 [V2] 트랙의 [Current Time Indicator] 뒤에 드래그합니다.

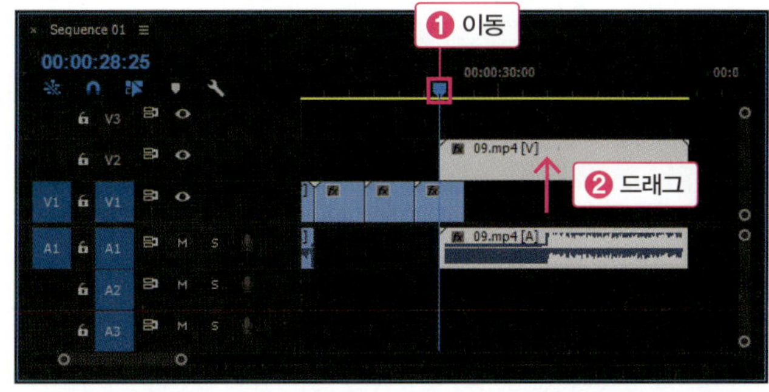

9 Dissolve 효과를 적용하기 위해서 [V2] 트랙 '09.mp4' 영상 클립을 선택하고, [Effect Controls] 패널에서 [Opacity]의 [Add/Remove Keyframe](◉)을 [In 점]과 00:00:29;10 위치에서 클릭하여 키프레임을 생성한 후 [In 점]의 [Opacity]를 '0%'로 입력합니다.

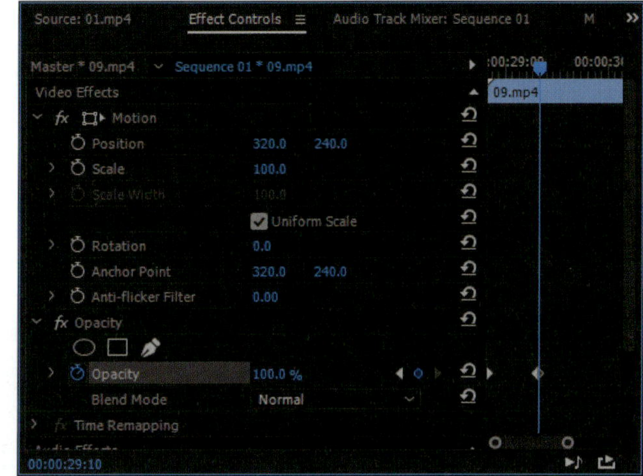

10 클립을 복사하고, 장면전환 효과를 편집한 결과를 Space Bar 를 눌러 확인합니다.

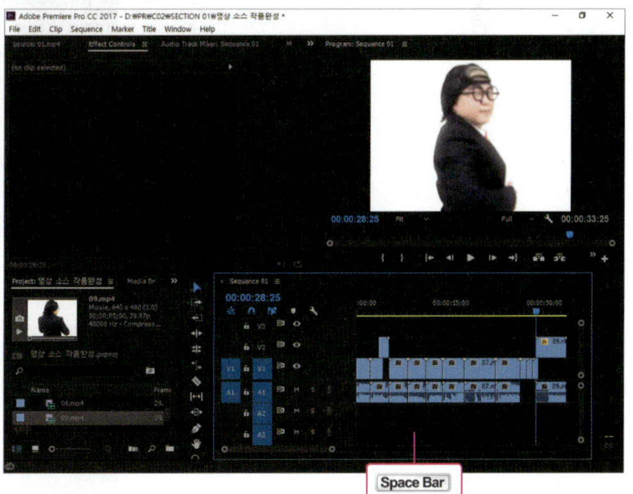

: 준비 파일 : Part 02 〉 Chapter 02 〉 Section 02 〉 Ending.mp4

1 다음으로 편집할 영상 클립을 불러오기 위해서 [Project] 패널의 빈 공간을 더블클릭한 후 [Import] 대화상자가 열리면, 'Ending.mp4' 파일을 선택하고 [열기] 버튼을 클릭합니다.

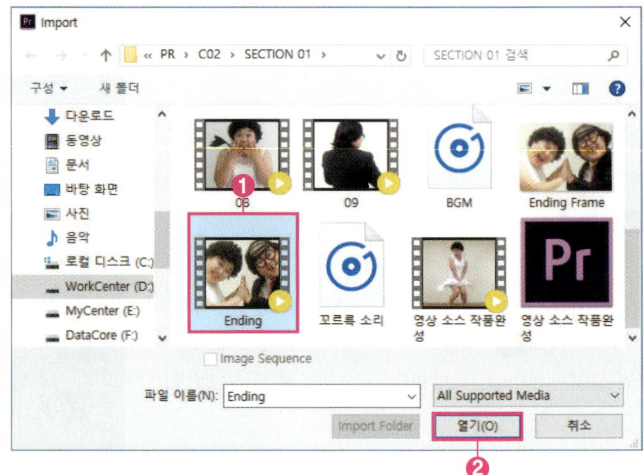

2 [Project] 패널의 'Ending.mp4' 영상 클립을 다음과 같이 [V1] 트랙의 마지막 클립 뒤에 드래그하여 붙여 넣습니다.

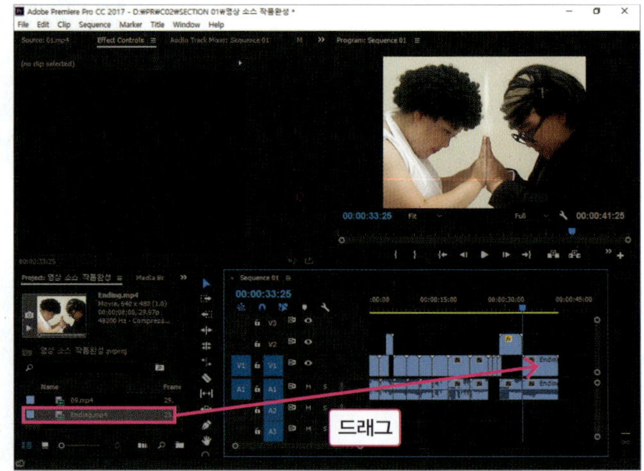

3 영상 클립에서 한 장면을 스틸 이미지(Still Image)로 출력하여 사용하기 위해서 [Current Time Indicator]를 'Ending.mp4' 영상 클립의 [Out 점]으로 옮긴 후 ← 를 눌러 한 프레임 앞으로 옮깁니다.

TIP :: 클립의 [Out 점]에는 프레임이 없기 때문에 화면에 아무것도 표시되지 않습니다.

4 스틸 이미지를 만들기 위해서 [Program Monitor] 패널의 [Export Frame](📷)을 클릭합니다.

TIP :: [Program Monitor] 패널과 버튼 설정

• [Program Monitor] 패널 : 편집 화면입니다. [Timeline] 패널에서 작업한 결과를 실시간으로 보여주며, 영상 편집의 결과를 도와주는 역할을 합니다.

• [Export Frame](📷)이 안 보일 때 : 화면의 하단 우측 모서리 쪽의 [Button Editor +]을 클릭한 후 [Button Editor] 대화상자에서 [Program Monitor] 패널로 드래그하여 추가하면 됩니다.

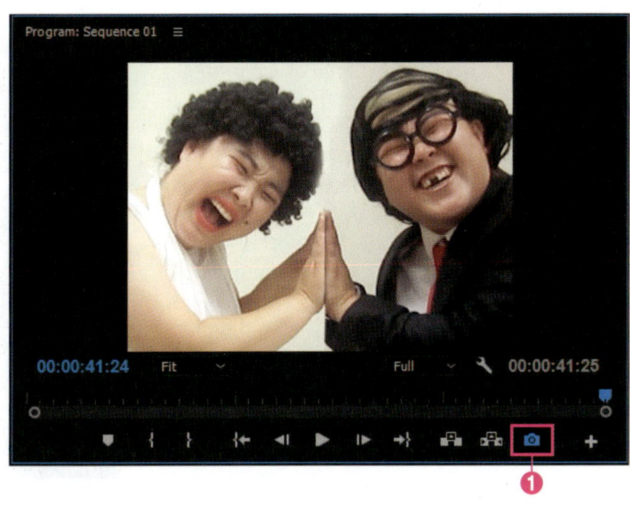

5 [Export Frame] 대화상자가 열리면 다음과 같이 설정한 후 [OK] 버튼을 클릭하면 스틸 이미지가 출력됩니다.

• [Name] : 'Ending Frame'
• [Format] : 'JPEG'
• [Browse] 버튼 클릭 후 파일 저장 위치를 선택
• [Import into project] 체크

TIP :: JPEG 포맷

가장 범용으로 사용되는 이미지 포맷입니다. 화질에 비해 용량이 적으므로 일반적인 용도로는 가장 많이 사용됩니다.

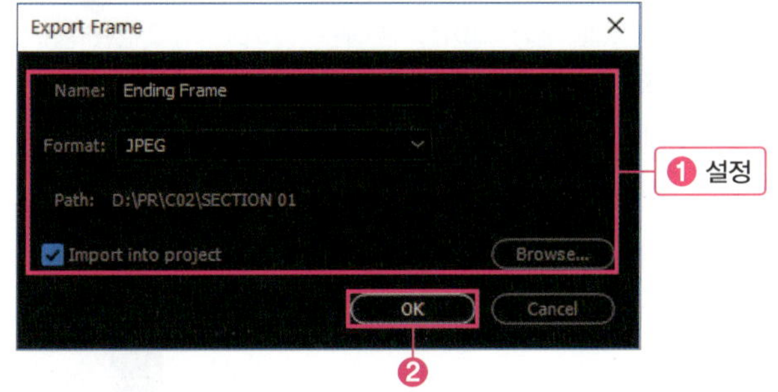

6 방금 출력한 'Ending Frame.jpg' 이미지 클립이 [Project] 패널에 있는지 확인합니다.

7 [Project] 패널의 'Ending frame.jpg' 이미
지 클립을 [V1] 트랙의 마지막 클립 끝에 드래그
하여 붙여 넣습니다.

TIP :: **이미지 클립의 재생 길이**

이미지 클립의 재생 길이는 [Edit] 〉 [Preferences] 〉 [Gen-
eral] 메뉴를 클릭하여 나오는 옵션 설정 [Still Image Default
Duration]의 수치에 따라 각자 다를 수 있습니다.

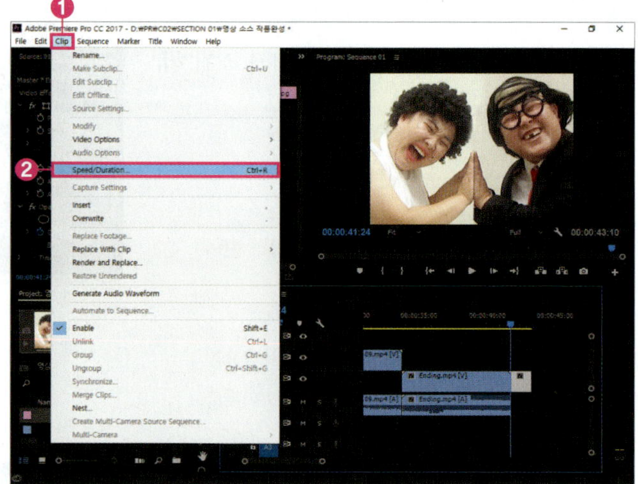

8 이미지 클립의 재생 길이를 원하는 길이로
재설정하기 위해서 [Clip] 〉 [Speed/Duration]
(Ctrl + R) 메뉴를 클릭합니다.

9 [Clip Speed/Duration] 대화상자가 열리면
[Duration]을 '00:00:03:00'으로 입력하고, [OK]
버튼을 클릭합니다.

TIP :: '00:00:03:00'은 3초를 의미합니다.

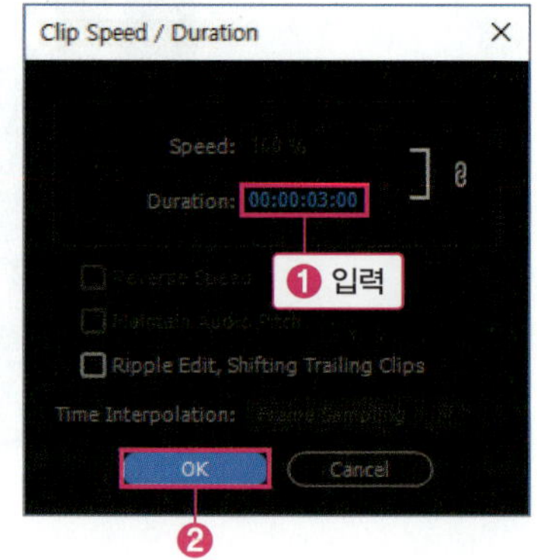

10 [Timeline] 패널에서 'Ending Frame.jpg' 이미지 클립의 재생 시간이 3초로 재설정되었음을 확인합니다.

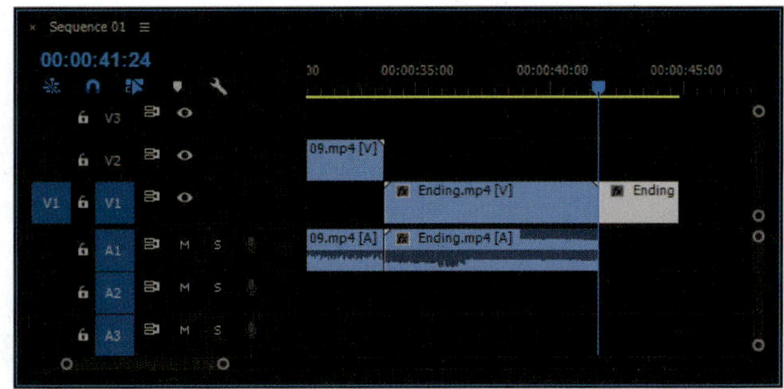

11 'Ending Frame.jpg' 이미지 클립이 자연스럽게 사라지는 Opacity 효과를 주기 위해서 [Timeline] 패널에서 클립을 선택한 후 [Effect Controls] 패널에서 [Opacity]의 [Add/Remove Keyframe](◉)을 [In 점]과 [Out 점] 위치에서 클릭하여 키프레임을 생성한 후 [Out 점]의 [Opacity]를 '0%'로 입력합니다.

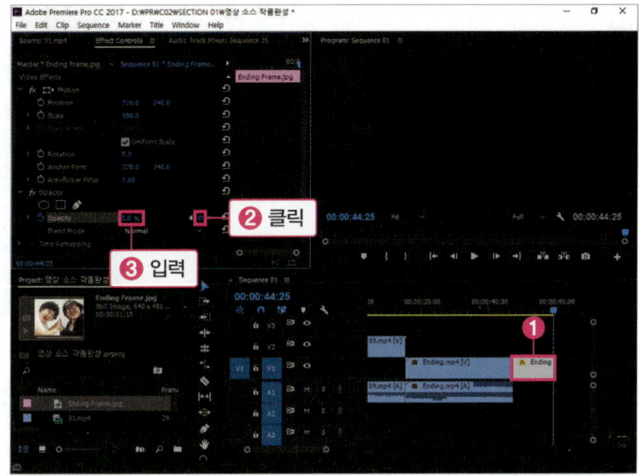

12 'Ending Frame.jpg' 이미지 클립에 오디오를 넣기 위해서 [V1] 트랙의 'Ending.mp4' 영상 클립을 선택한 후 [Clip] 〉 [Unlink] 메뉴를 클릭하여 비디오와 오디오 링크를 해제합니다.

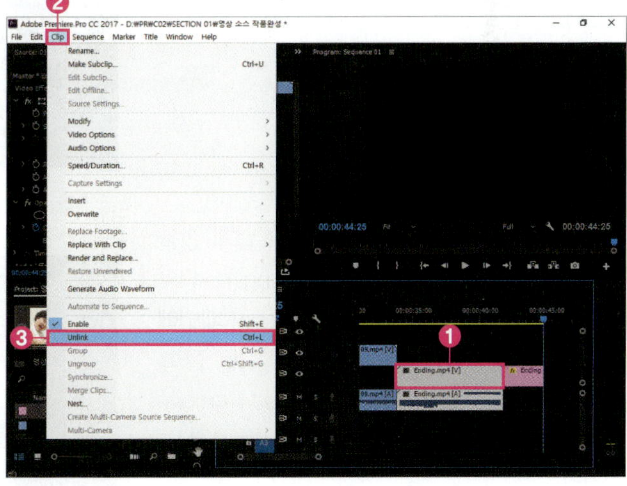

13 [Current Time Indicator]를 'Ending Frame.jpg'의 [In 점]으로 옮기고, 'Ending.mp4'의 오디오만 선택하여 Ctrl +C , Ctrl +V 로 복사하고, 붙여 넣습니다.

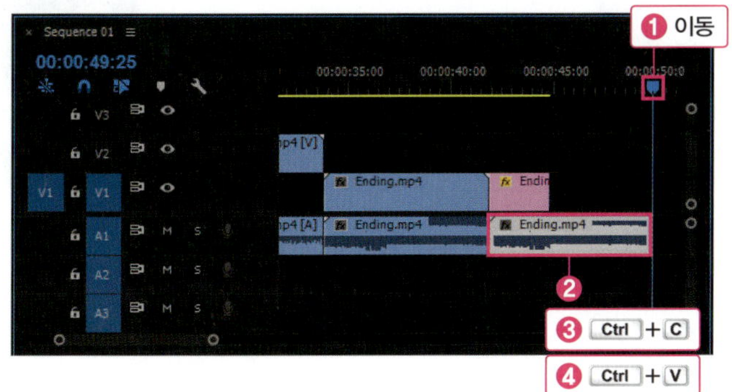

14 복사한 'Ending.mp4' 오디오 클립의 [In 점]을 [V1] 트랙의 'Ending Frame.jpg' 이미지 클립의 [Out 점]으로 드래그합니다.

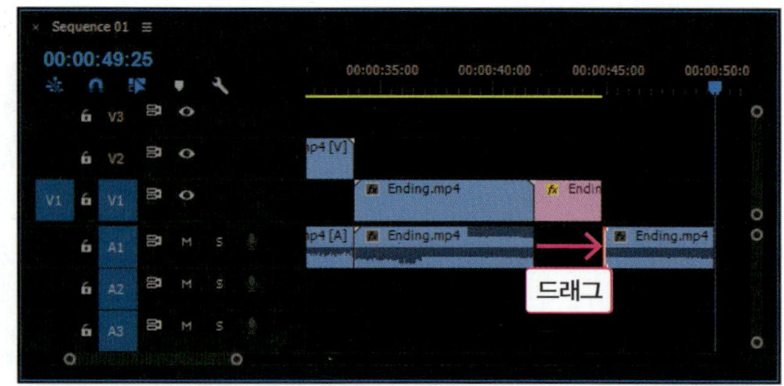

15 [Current Time Indicator]를 00:00:40;25 위치로 옮기고, 복사한 'Ending.mp4' 오디오 클립을 [A2] 트랙의 [Current Time Indicator] 뒤에 붙여 넣습니다.

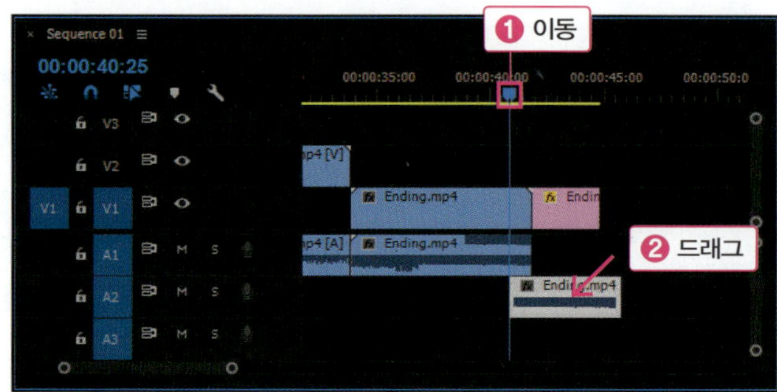

16 오디오 클립 뒤쪽에 남는 부분을 잘라내기 위해서 [Out 점]을 왼쪽으로 드래그하여 'Ending Frame.jpg' 이미지 클립의 [Out 점]에 맞춥니다.

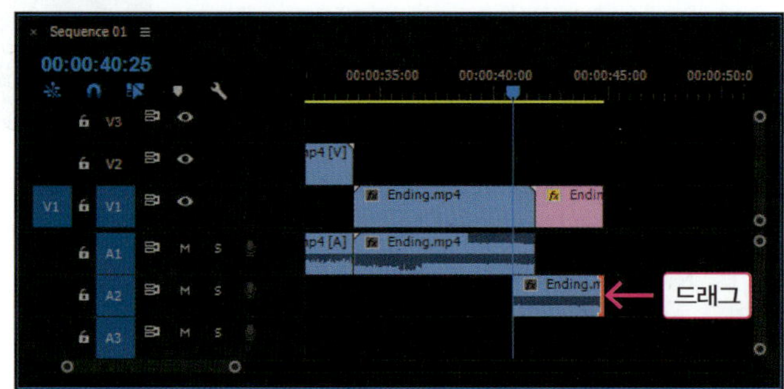

17 오디오가 겹치는 부분을 자연스럽게 만들기 위해서 [Timeline] 패널에서 'Ending.mp4' 오디오 클립을 선택하고, [Effect Controls] 패널에서 [Volume] 항목을 클릭하여 연 후 [In 점]과 00:00:41;25 위치에서 [Level] 〉 [Add/Remove Keyframe](⬤)을 클릭하여 키프레임을 생성하고, [In 점]의 [Level]을 '-285.5 dB'로 입력합니다.

TIP :: '-285.5 dB'는 [Level]의 가장 작은 수치입니다. 오디오 볼륨을 최소로 줄인다는 의미입니다.

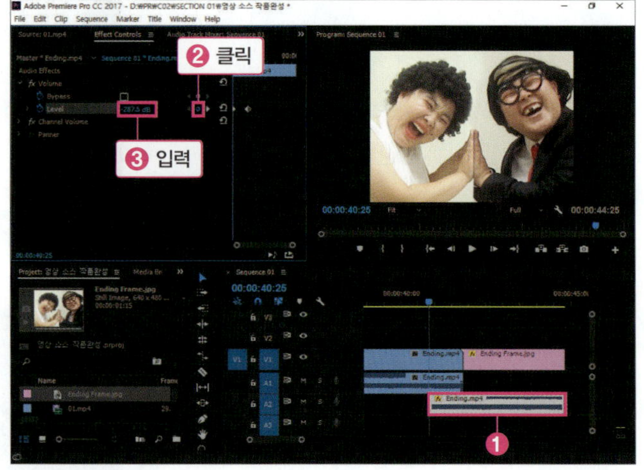

18 뒷부분은 자연스럽게 오디오가 사라지도록 하기 위해서 [Out 점]에 위와 같은 방법으로 키프레임을 생성하고, [Out 점]의 [Level]을 '−285.5 dB'로 입력합니다.

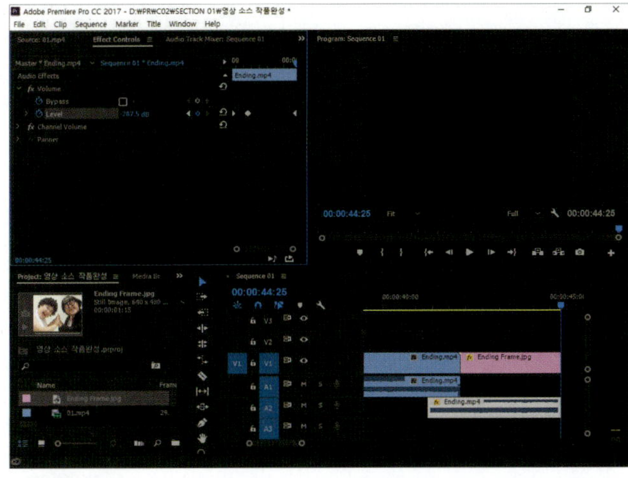

19 영상 클립에서 스틸 이미지를 출력하여 엔딩 부분을 편집하였습니다. Space Bar 를 눌러 영상을 확인한 후 프로젝트를 저장합니다.

TIP :: 오디오의 볼륨 조절

영상 편집을 하다보면 오디오의 볼륨이 너무 작거나 큰 경우가 있습니다. 이럴 때 오디오의 볼륨을 전체적으로 조절하는 방법을 알아보도록 하겠습니다.

① 볼륨을 조절하고 싶은 오디오 클립을 선택하고 오른쪽 마우스 버튼을 클릭하여 [Audio Gain]을 선택합니다.

② [Audio Gain] 대화상자가 열리면 'Set Gain to'에 적당한 값을 입력합니다. + 값을 입력하면 볼륨이 올라가고 − 값을 입력하면 볼륨이 줄어듭니다. 여기서 dB(데시벨)는 소음의 크기를 측정하는 단위로 사용되는데 프리미어 프로 또는 영상 편집에서는 오디오의 볼륨 크기 단위를 말합니다. 여기서 입력하는 값은 딱히 정해져 있지 않으므로 변경 후, 오디오를 들으면서 적당한 값을 찾는 것이 좋습니다.

: 준비 파일 : Part 02 〉 Chapter 02 〉 Section 02 〉 BGM.mp3, 꼬르륵 소리.wav

1 배경음악과 효과음을 불러오기 위해서 [Project] 패널의 빈 공간을 더블클릭한 후 [Import] 대화상자가 열리면, 'BGM.mp3', '꼬르륵 소리.wav' 선택하고, [열기] 버튼을 클릭합니다.

TIP :: BGM

'Background Music'의 약자입니다. 효과음은 'Sound Effect'라고 합니다.

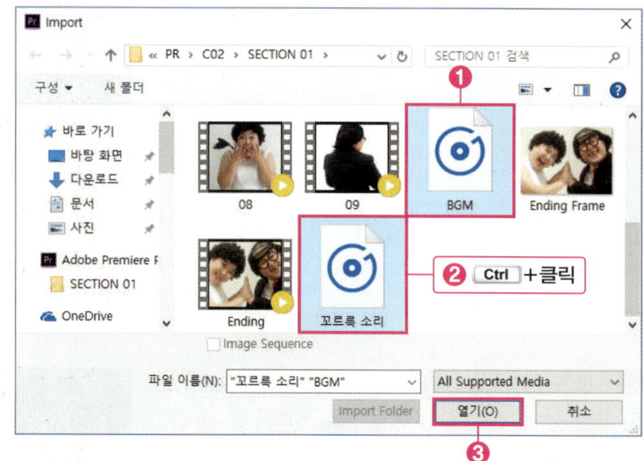

2 [Current Time Indicator]를 배경음악이 시작될 지점인 '08.mp4' 영상 클립의 "오빠~" 소리가 끝나는 지점으로 옮깁니다. 배경음악을 삽입하기 위해서 [Project] 패널의 'BGM.mp3' 오디오 클립을 드래그하여 [A3] 트랙의 [Current Time Indicator] 뒤에 붙여 넣습니다. **Space Bar** 를 눌러 삽입된 배경음악을 확인합니다.

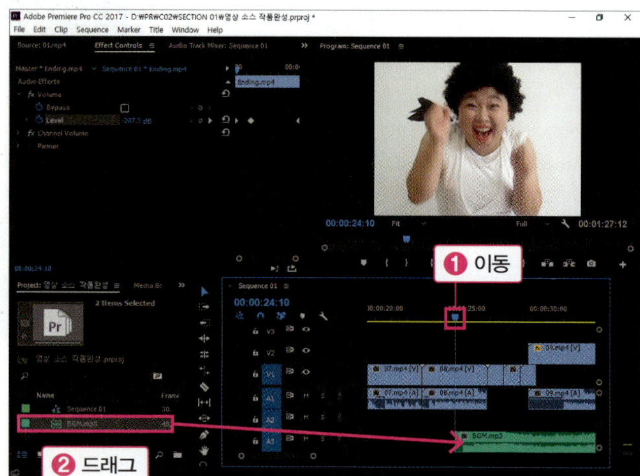

3 'BGM.mp3' 오디오 클립의 [Out 점]을 왼쪽으로 드래그하여 비디오 트랙의 끝부분에 맞춥니다.

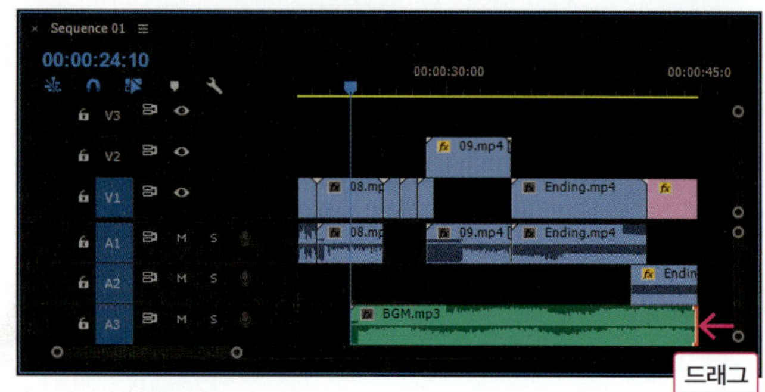

4 배경음악이 뒷부분에서 자연스럽게 줄어들게 하기 위해서 [Timeline] 패널에서 'BGM.mp3' 오디오 클립을 선택하고, [Effect Controls] 패널에서 00;00;41;25 위치와 [Out 점]에서 [Level] 〉 [Add/Remove Keyframe](◉)을 클릭하여 키프레임을 생성한 후 [Out 점]의 [Level]을 '−285.5 dB'로 입력합니다. Space Bar 를 눌러 배경음악 볼륨이 자연스럽게 줄어드는지 확인합니다.

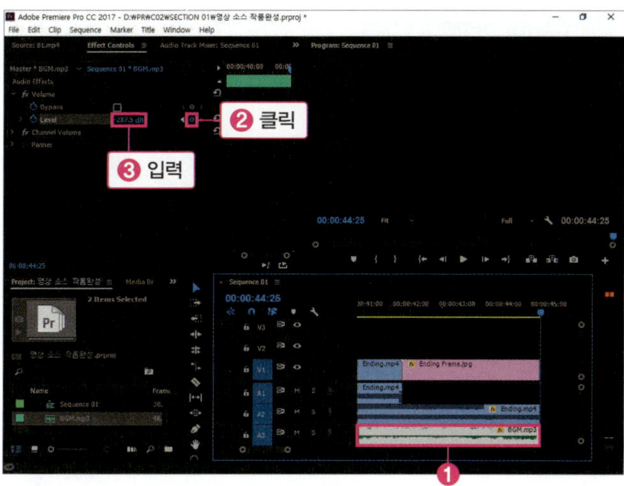

5 다음으로 '꼬르륵~' 소리 효과음을 삽입하기 위해서 [Project] 패널의 '꼬르륵 소리.wav' 오디오 클립을 '04.mp4'의 [In 점]에 맞춰 [A2] 트랙에 붙여 넣습니다. Space Bar 를 눌러 삽입된 효과음을 확인합니다.

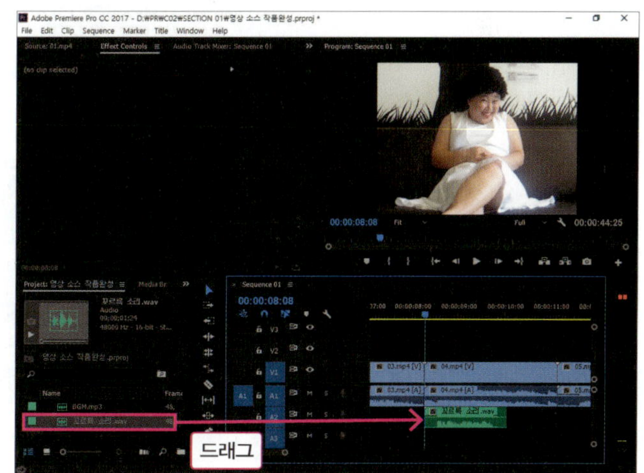

6 오디오가 겹쳐 효과음이 잘 들리지 않기 때문에 겹치는 오디오의 볼륨을 조절하기 위해서 [Timeline] 패널에서 '04.mp4' 영상 클립을 선택한 후 [Effect Controls] 패널에서 다음과 같은 위치에 세 개의 키프레임을 생성합니다. 효과음을 돋보이게 하기 위해서 앞쪽의 두 개 키프레임을 다음과 같이 설정합니다. 배경음악과 효과음이 영상과 잘 어울리는지 Space Bar 를 눌러 확인합니다.

- 00;00;08;08 지점 : '−285.5 dB'
- 00;00;09;15 지점 : '−285.5 dB'
- 00;00;10;02 지점 : '0.0 dB'

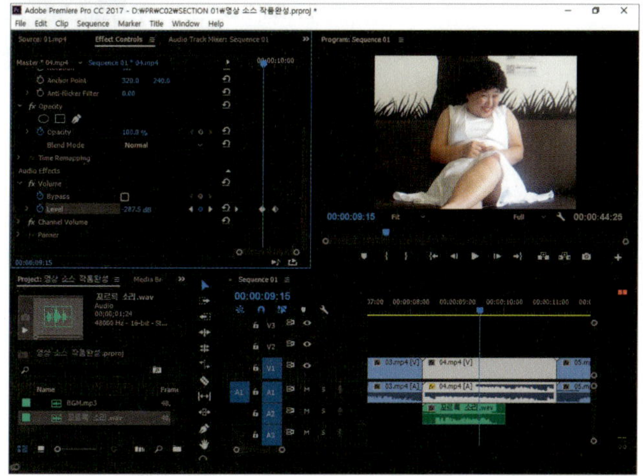

1 다음으로 편집된 클립들을 영상 파일로 출력하기 위해서 [Timeline] 패널이 선택된 상태에서 [File] 〉 [Export] 〉 [Media](**Ctrl**+**M**) 메뉴를 클릭합니다.

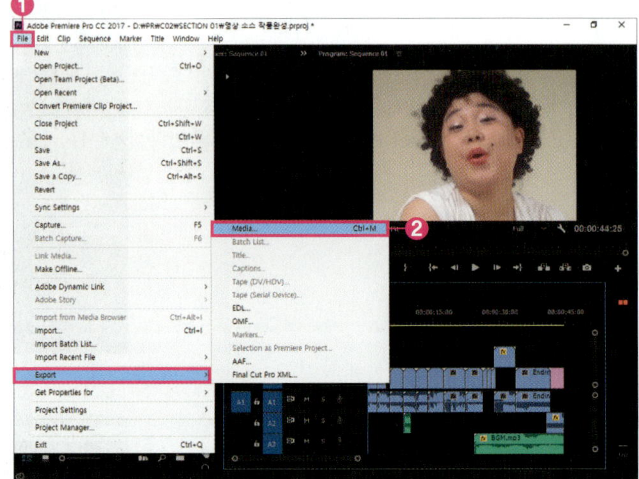

2 [Export Settings] 대화상자가 열리면 출력될 영상 파일의 포맷을 설정하기 위해서 [Export Settings] 탭에서 다음과 같이 설정한 후 출력 영상의 파일 이름을 지정하기 위해서 [Output Name]의 'Sequence 01.mp4'를 클릭합니다.

• [Format] : 'H.264'
• [Preset] : 'YouTube 480p SD'

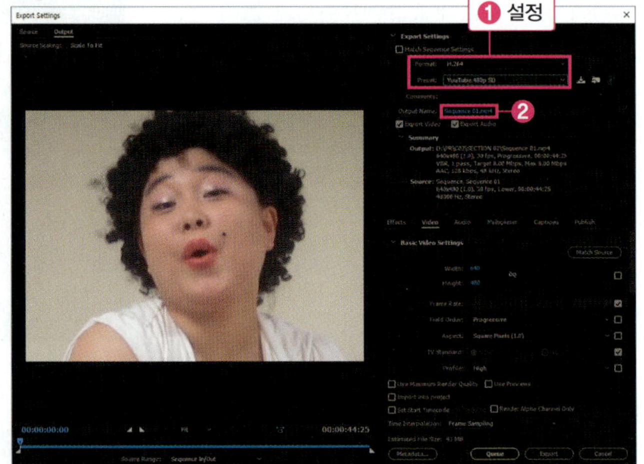

TIP :: [Export Settings] 대화상자

• [Format] : 출력할 영상 포맷을 선택합니다. 'H.264'는 최신 비디오 압축 기술의 표준으로, 고선명도 비디오의 녹화, 압축, 배포를 위한 안정적인 포맷입니다.
• [Preset] : [Format]에서 선택한 포맷의 다양한 규격을 선택합니다.
• [Output Name] : 출력할 영상 파일의 이름과 경로를 지정합니다.
• [Source Range] : 출력할 범위를 설정합니다. Export 전에 출력 범위를 작업 영역(Work Area)으로 지정하고 출력합니다.
• [Queue] : Media Encoder 프로그램을 실행시켜 출력하는 방법으로 출력할 영상이 여러 개일 경우 순서대로 출력할 수 있습니다. Media Encoder 프로그램이 별도로 실행되기 때문에 출력하는 동안 프리미어 작업을 할 수 있는 장점이 있습니다.
• [Export] : Media Encoder 프로그램을 사용하지 않고 바로 출력을 하지만, 출력하는 동안 프리미어 프로에서 작업을 할 수 없습니다.

3 [Save As] 대화상자가 열리면 임의의 폴더를 선택하고, 파일 이름을 '영상 소스 작품완성'으로 입력한 후 [저장] 버튼을 클릭합니다.

4 출력될 영상을 좀 더 나은 화질로 만들기 위해서 [Video] 탭의 [Bitrate Settings]에서 다음과 같이 설정하고, [Export] 버튼을 클릭합니다.

- [Bitrate Encoding] : VBR, 1 pass
- [Target Bitrate[Mbps]] : '17.5'
- [Maximum Bitrate[Mbps]] : '17.5'

TIP :: Bitrate Setting

화질을 설정하는 것으로 숫자가 커질수록 용량이 커지고, 화질이 좋아집니다.

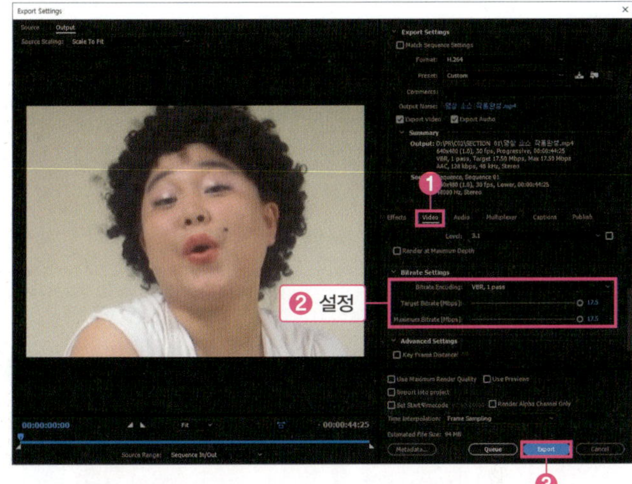

5 진행 바를 보며 영상 출력 과정을 확인합니다.

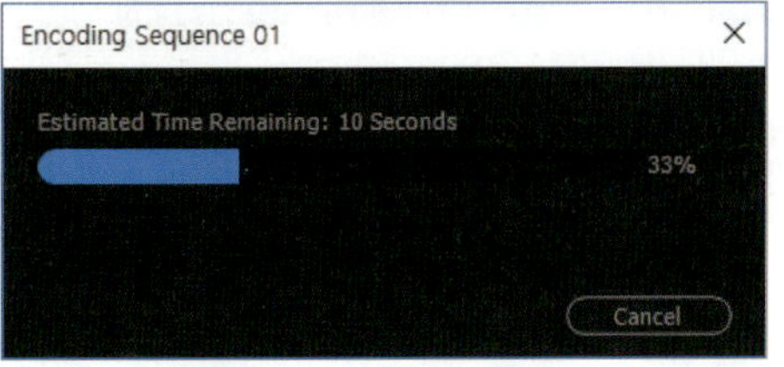

6 출력이 끝나면 [윈도우 탐색기]를 이용하여 출력된 영상이 저장된 폴더를 찾은 후 '영상 소스 작품완성.mp4' 파일을 더블클릭하여 출력된 영상을 확인합니다.

이미지 소스만으로 작품완성 노하우

핵심내용

본 예제의 특징은 몇 장 안 되는 '사진 소스'만으로도 작품을 완성할 수 있다는 사례입니다. 실제로 14 장의 이미지만으로 공모전에서 큰 상을 수상하였습니다. 느린 배경음악에 사진과 이미지 합성 등을 통한 '이미지 소스'와 Opacity Editing, Motion Copy, Mask, Blur 등의 핵심 기법만 사용하였습니다.

핵심기능

Opacity Editing, Motion Keyframe Copy, Mask Animation, Blur Animation

STORYBOARD

2012 여수세계박람회 영상애니메이션공모전 '금상' 수상 작품

Blur Animation

Dissolve 화면전환 테크닉 : Opacity Editing

Video Effect Copy : Opacity, Motion Keyframe

Video Effect Copy : Opacity, Motion Keyframe

Video Effect Copy : Opacity, Motion Copy

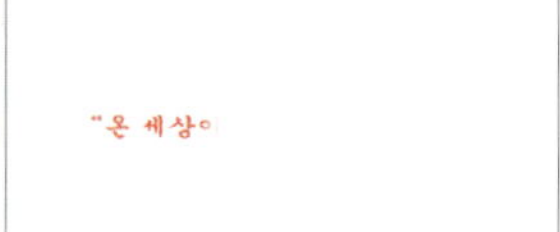

Mask Animation

01 720×480 새 프로젝트 설정하기

2012 여수세계박람회 영상애니메이션공모전
'금상' 수상 작품

1 프리미어 프로 CC 2017을 실행한 후 [Start] 대화상자가 열리면 [New Project] 버튼을 클릭하여 새 프로젝트를 시작합니다.

TIP :: [Start] 대화상자를 닫고 상단에 위치한 [File] 〉 [New] 〉 [Project](Ctrl + Alt + N) 메뉴를 클릭하여 시작해도 됩니다.

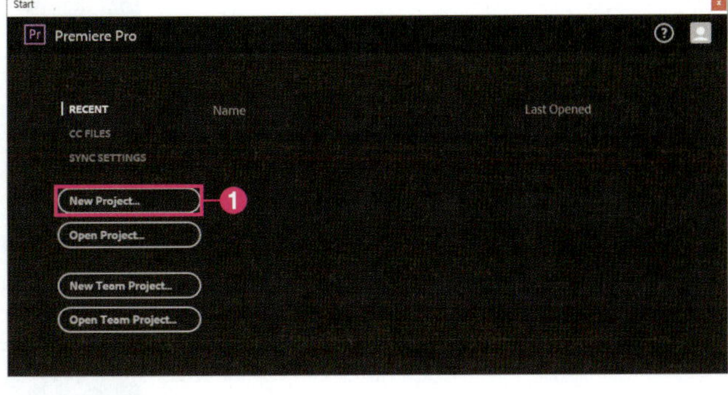

2 [New Project] 대화상자가 열리면 [Name]에 임의 프로젝트 이름으로 입력하고, 프로젝트 파일이 저장될 폴더를 선택하기 위해서 [Location]의 [Browse] 버튼을 클릭합니다.

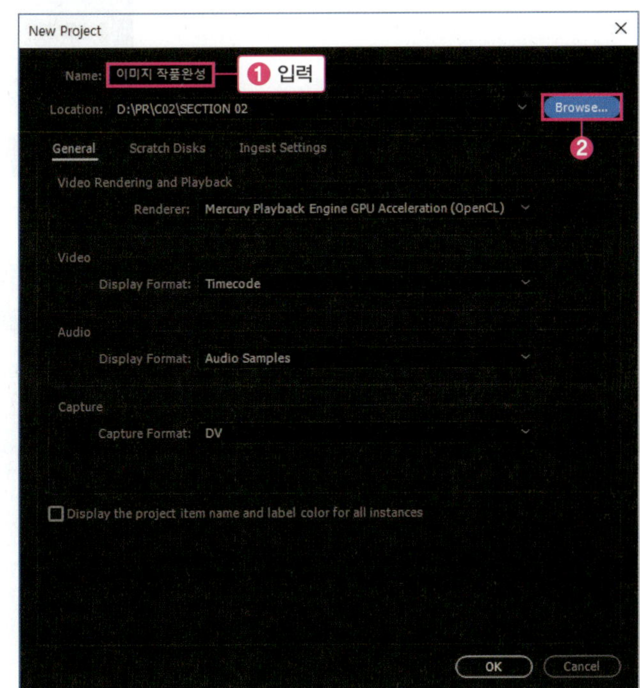

3 [Please select the destination path for your new project] 대화상자가 열리면 사용자 임의의 새 폴더를 만들고, [폴더 선택] 버튼을 클릭합니다.

TIP :: 폴더 이름은 수정 작업을 위해 파일을 찾기 쉽도록 쉽고 짧은 이름으로 입력합니다. 또한 폴더에 넘버나 작업 날짜를 추가 입력하는 것도 좋습니다.

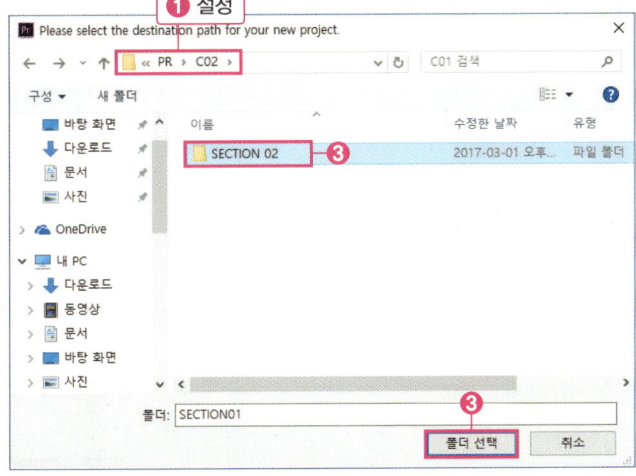

4 폴더를 선택하고 [Location]에 자신이 만든 폴더가 제대로 나타나는지 확인한 후 나머지 옵션은 그대로 두고, [OK] 버튼을 클릭합니다.

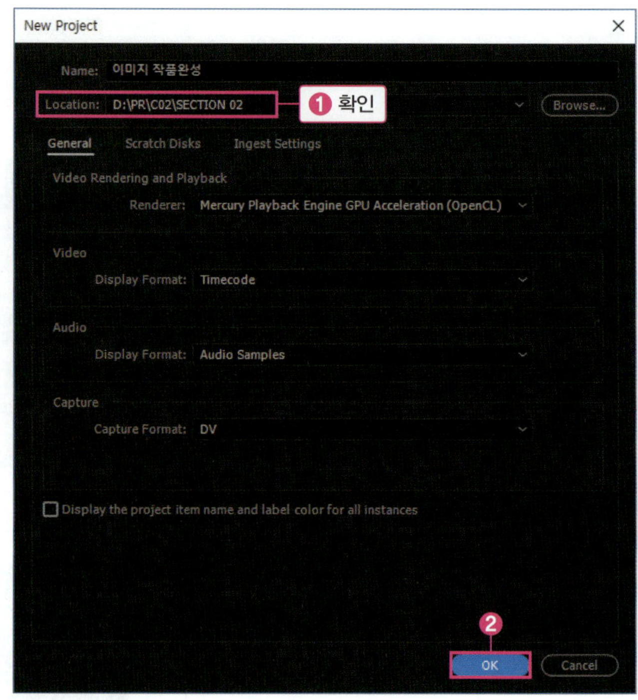

5 새 프로젝트 이름으로 기본 작업 화면이 열립니다. 아직 작업을 위한 시퀀스가 없으므로 타임라인에서 작업을 할 수 있습니다.

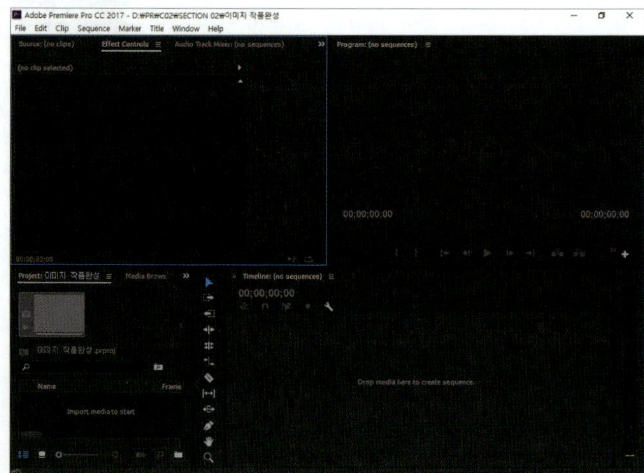

6 새 시퀀스를 만들기 위해서 [File] 〉 [New] 〉 [Sequence](**Ctrl**+**N**) 메뉴를 클릭합니다.

TIP :: Sequence

장면과 장면으로 이루어진 영상의 단위입니다. 하나의 영상을 작업할 때 보통 여러 개의 시퀀스로 나누어 각각 작업하고 이를 합쳐서 완성합니다. 하지만 짧은 영상의 경우, 하나의 시퀀스만으로 작업하기도 합니다.

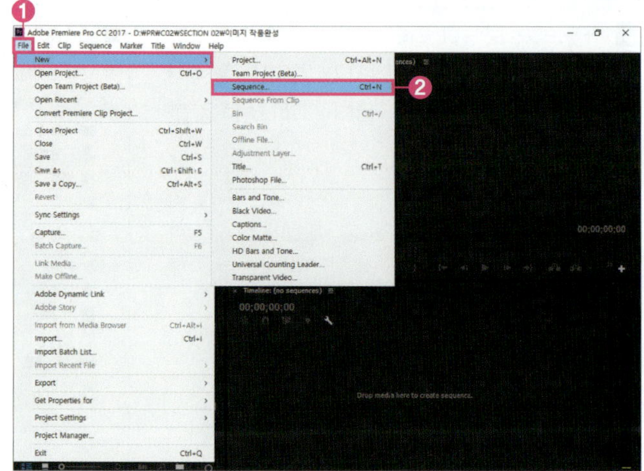

7 [New Sequence] 대화상자가 열리면 [Sequence Presets] 탭 [DV–NTSC] 〉 [Standard 48kHz]로 설정되어 있음을 확인하고, 아래의 [Sequence Name]에 임의의 이름을 입력한 후 [OK] 버튼을 클릭합니다.

TIP :: Sequence 설정

새 시퀀스를 만들고 난 후 설정을 바꾸어야 할 때는 [Sequence] 〉 [Sequence Settings] 메뉴를 클릭합니다.

TIP :: TV 송출 방식

- [DV] : 디지털 비디오(Digital Video)의 약어입니다.
- [NTSC(National Television System Committee method)] : 초당 30(29.97) frame, 525 주사선으로 미국에서 개발되어 일본, 한국 등에서 채택되고 있는 컬러 텔레비전 표준방식입니다.
- [PAL(Phase Alternation Line system)] : 초당 25frame, 625 주사선으로 독일에서 개발되어 서유럽, 중국, 북한 등에서 채택되고 있는 컬러 텔레비전 방식입니다.
- [SECAM(Sequential Color with Memory)] : 초당 25frame, 819 주사선으로 프랑스에서 개발되어 러시아, 동유럽 국가에서 사용하는 텔레비전 방식입니다.

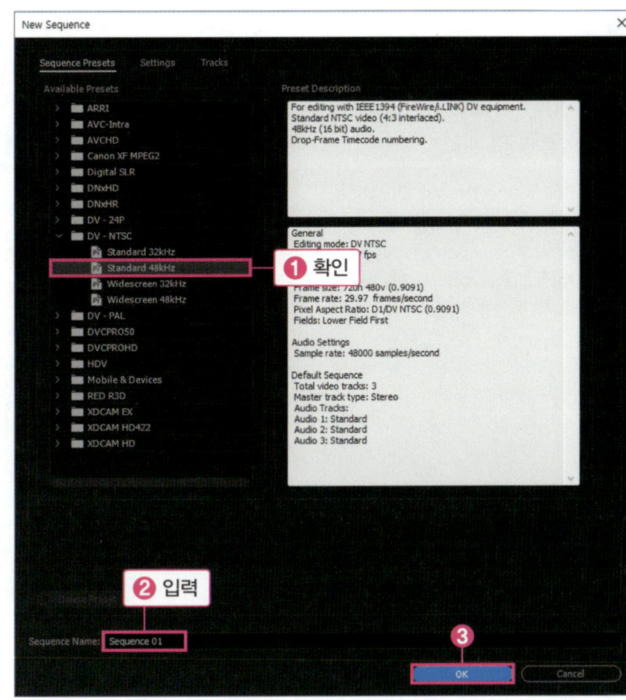

8 프리미어 프로 작업 화면의 [Timeline] 패널에 새 시퀀스가 열리면 이미지 소스에 대한 기본설정을 확인하기 위해서 [Edit] 〉 [Preferences] 〉 [General] 메뉴를 클릭합니다.

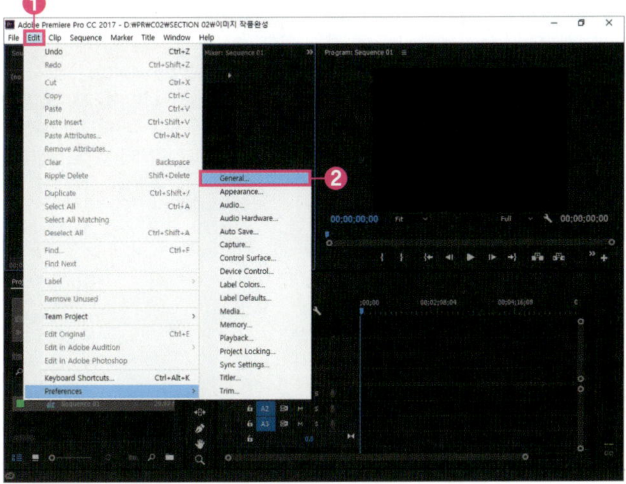

9 [Preferences] 대화상자가 열리면 [General]의 [Still Image Default Duration]이 '5', 'Seconds'로 설정되어 있음을 확인하고 [OK] 버튼을 클릭합니다.

TIP :: [Still Image Default Duration]

스틸 이미지의 재생 길이를 설정하는 옵션입니다. 단위는 'Seconds'와 'Frames'가 있으며 '5 Seconds' 설정은 한 장의 이미지 클립을 [Timeline] 패널에 배치할 때 영상에서 5초의 길이로 재생되는 것입니다.

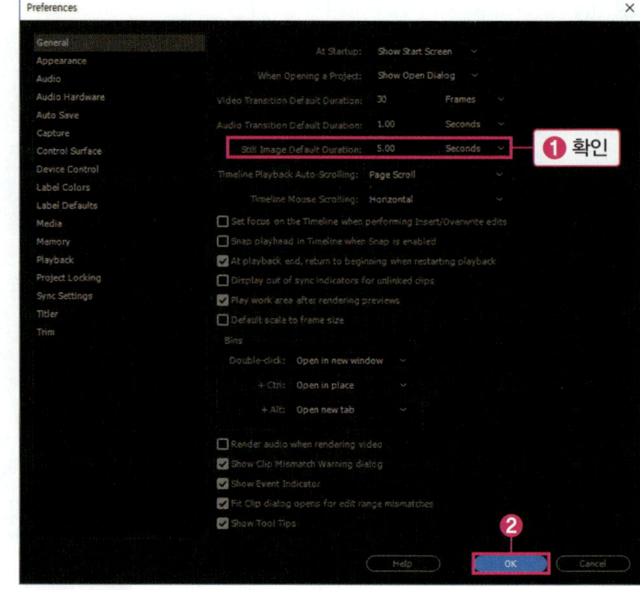

❶ 확인

❷

TIP :: [Preferences] 〉 [General]

[Preferences] 대화상자는 작업환경에 대한 여러 가지 환경을 설정하는 곳입니다. 몇 가지 주요한 설정을 살펴보면 다음과 같습니다.

- [At Startup] : 프로그램을 실행했을 때 시작 화면에 대한 설정입니다.
- [When Opening a project] : 프로젝트 파일을 불러올 때 대화상자에 대한 설정입니다.
- [Video Transition Default Duration] : 화면전환 효과의 기본 지속 시간을 설정합니다.
- [Audio Transition Default Duration] : 사운드전환 효과의 기본 지속 시간을 설정합니다.
- [Still Image Default Duration] : 이미지의 기본 재생 길이를 설정합니다.
- [Timeline Playback Auto-Scrolling] : [Timeline] 패널에서 영상을 재생할 때 자동으로 화면이 스크롤되는 방식을 설정합니다.
- [Timeline Mouse Scrolling] : [Timeline] 패널에서 마우스로 화면이 스크롤되는 방식을 설정합니다.
- [Bins] : [Project] 패널의 Bin(폴더)을 여는 방법에 대한 각각의 옵션을 설정합니다.

02 포토샵(PSD) 파일 불러오기

: 준비 파일 : Part 02 〉 Chapter 02 〉 Section 03 〉 bgm.mp3, Expo.psd   : 완성 파일 : Part 02 〉 Chapter 02 〉 Section 03 〉 이미지 작품완성.prproj

1 먼저 배경음악을 불러오기 위해서 [File] 〉 [Import](**Ctrl** + **I**) 메뉴를 클릭합니다.

TIP :: 소스 파일을 불러오기 위해 메뉴 대신에 [Project] 패널의 빈 공간을 더블클릭해도 됩니다.

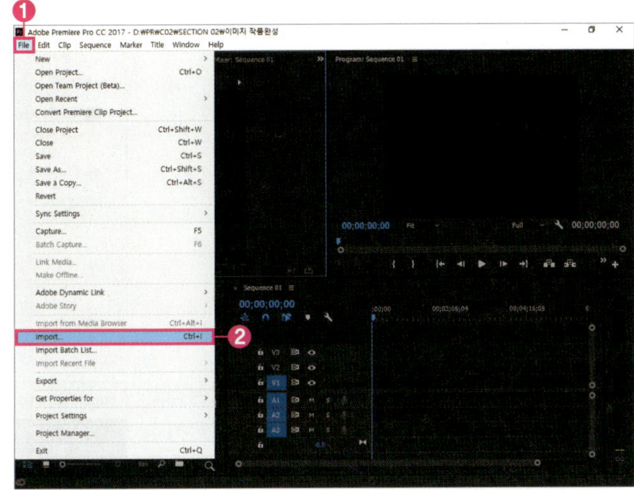

2 [Import] 대화상자가 열리면 'bgm.mp3' 파일을 선택하고, [열기] 버튼을 클릭합니다.

TIP :: 배경음악(BGM) 실무

영상 작업에서 배경음악을 먼저 불러오는 이유는 배경음악을 먼저 확인하여 듣고, 분위기와 흐름에 파악하여 그 리듬 및 박자에 맞추어 이미지의 재생 길이와 화면전환을 조절하기 위함입니다.

3 [Project] 패널에 'bgm.mp3' 오디오 클립이 들어와 있는지 확인합니다. 오디오 클립을 [Timeline] 패널 [A1] 트랙의 시작점으로 드래그하여 배경음악을 넣고, **Space Bar** 를 눌러 삽입된 배경음악을 확인합니다.

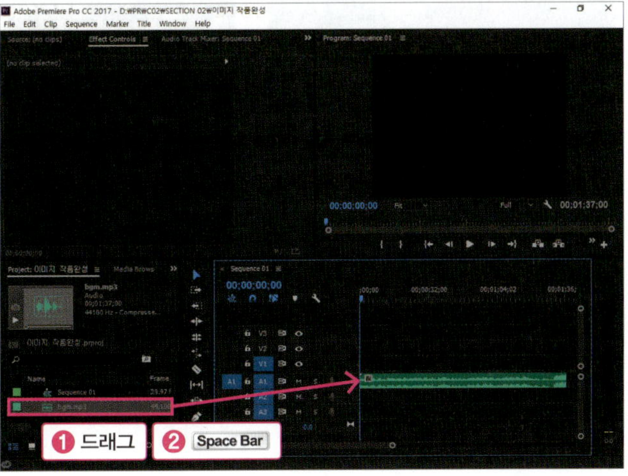

4 다음으로 포토샵에서 작업한 PSD 파일을 불러오기 위해서 [Project] 패널의 빈 공간을 더블클릭하고, [Import] 대화상자가 열리면 'Expo.psd' 파일을 선택하고, [열기] 버튼을 클릭합니다.

TIP :: [Project] 패널에서 클립이 있는 쪽의 빈 공간을 더블클릭해야 합니다. 특히 클립 이름의 앞쪽 빈 공간을 더블클릭하면 쉽게 [Import] 대화상자를 열 수 있습니다.

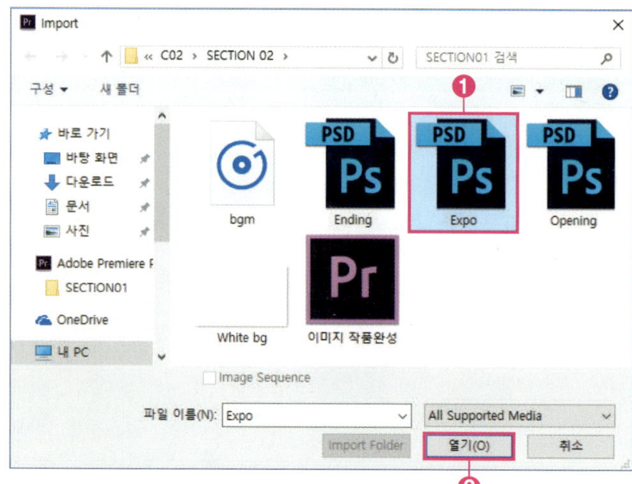

5 불러온 포토샵 파일에 레이어가 2개 이상일 경우, [Import Layered File : 파일 이름] 대화상자가 열립니다. [Import As]를 'Individual Layers'로 설정한 후 '01'로 시작하는 이름의 3개 레이어를 체크하고 [OK] 버튼을 클릭합니다.

TIP :: Individual Layers 설정
포토샵 파일에서 필요한 레이어만 개별적으로 불러올 수 있습니다.

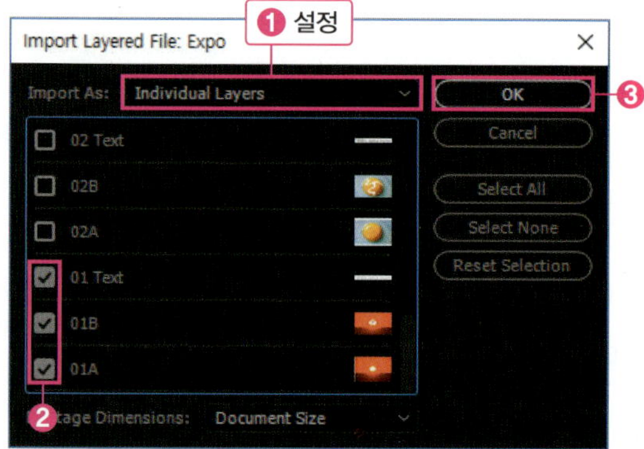

6 [Project] 패널에 'Expo' Bin(폴더)이 만들어졌음을 확인하고, Bin을 열면 체크한 레이어가 각각의 이미지 클립으로 포함되어 있습니다. 같은 PSD 파일에서 다른 레이어를 불러왔을 경우, Bin의 이름이 중복되기 때문에 'Expo'를 클릭하여 이름을 '01 Expo'로 바꿔줍니다.

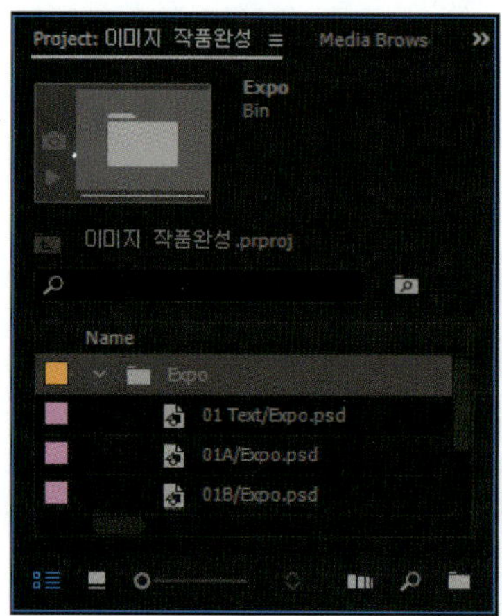

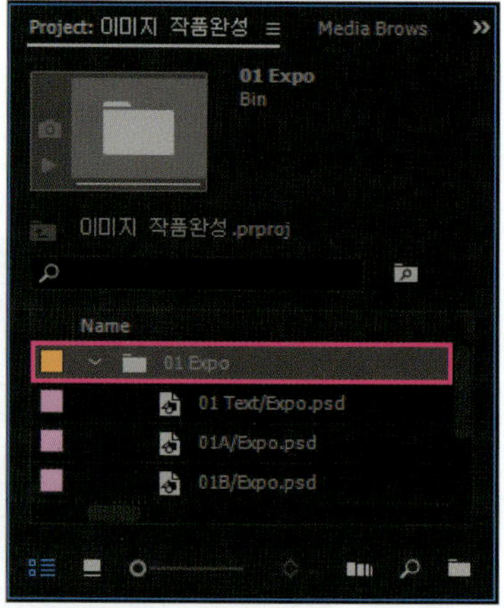

TIP :: Bin
윈도우 운영체제에서 '폴더'와 같은 의미입니다. 프리미어 프로에서 사용하는 파일 관리 폴더를 'Bin'이라고 합니다. 소스 파일이 많을 경우, 'Bin'을 만들고 각 특성별로 파일을 나눠서 관리하면 좋습니다.

: **준비 파일 :** Part 02 〉 Chapter 02 〉 Section 03 〉 White bg.jpg

1 다음으로 이미지 소스들을 배치하여 영상을 제작해 보겠습니다. [Project] 패널의 '01A/Expo.psd' 이미지 클립을 [Timeline] 패널 [V1] 트랙의 시작점으로 드래그하여 삽입합니다. 초반에 이미지 클립의 재생 길이를 5초로 설정한 대로 [Timeline] 패널에 들어갔는지 확인합니다.

TIP ::
- [V1]은 'Video 1번' 트랙의 약자입니다.
- [Timeline] 패널이 선택된 상태에서 **Space Bar** 를 누르면 영상이 재생됩니다.

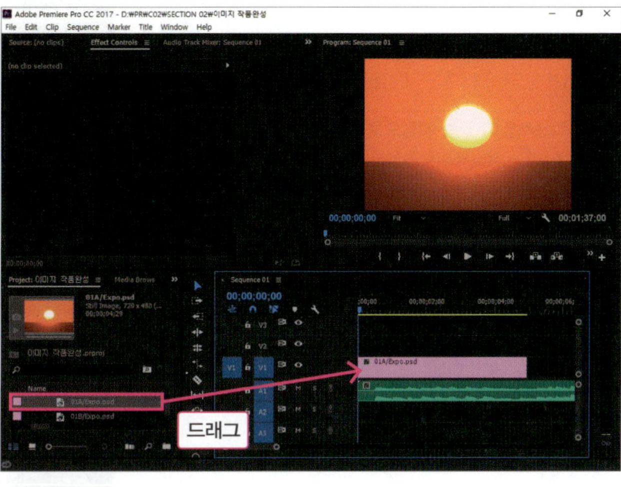

2 영상의 이미지가 자연스럽게 나타나는 Opacity 효과를 적용하기 위해서 '01A/Expo.psd' 이미지 클립을 선택합니다. 상단 왼쪽의 [Effect Controls] 패널을 확인하면 해당 클립의 [Video Effects]가 보입니다. 00;00;00;00 위치에서 [Opacity] 항목의 [Add/Remove Key-frame](▣)을 클릭하여 키프레임을 생성합니다. 바로 오른쪽 작은 [Timeline]에 키프레임이 생성되었는지 확인합니다.

TIP :: Opacity

'불투명도'로써 이 수치를 조절하여 이미지가 자연스럽게 나타나거나 사라지는 효과를 만들 수 있습니다. 100%면 이미지가 완전히 보이고, 0%면 투명해져서 보이지 않습니다.

TIP :: [Effect Controls] 패널 내에서 오른쪽에 위치한 작은 [Timeline]은 아래 위치한 큰 [Timeline] 패널과 같은 역할을 합니다.

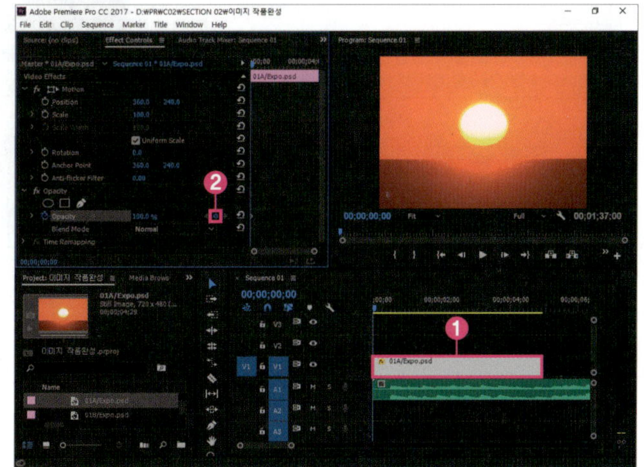

3 [Current Time Indicator]를 00;00;01;00 위치로 옮긴 후 [Opacity] 〉 [Add/Remove Key-frame](▣)을 클릭하여 두 번째 키프레임을 생성합니다.

TIP :: 원하는 시간 지점으로 이동하기

[Timeline] 패널에서 시간 지점으로 이동은 대부분 [Current Time Indicator]를 사용하고, 가끔씩 세밀한 이동이 필요한 경우, '키보드의 좌/우 방향키'를 사용하는 게 편리합니다.

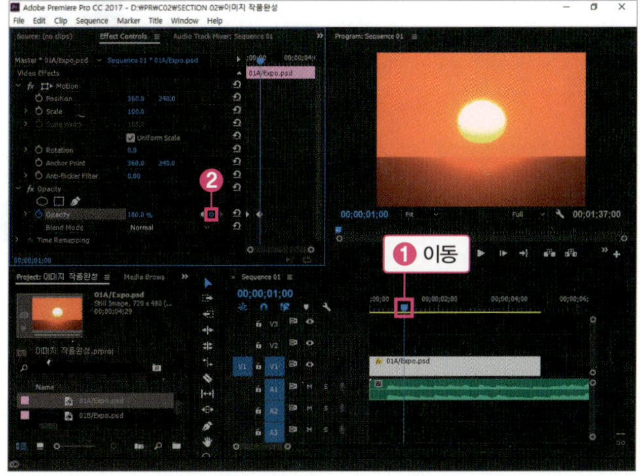

4 다시 [Current Time Indicator]를 00;00;00;
00 위치로 옮긴 후 [Opacity]를 '0%'로 입력하
여 이미지가 자연스럽게 나타나는 효과를 적용
합니다.

TIP :: 00;00;00;00 지점의 [Opacity] : 0%에서 이미지가 보
이지 않다가 00;00;01;00 지점의 [Opacity] : 100%까지 서서
히 수치가 올라가며 이미지가 자연스럽게 나타나게 됩니다.

TIP :: **키프레임이 있는 지점으로 이동하기**

[Add/Remove Keyframe]의 좌우에 위치한 화살표을 클릭
하면 [Current Time Indicator]를 기준으로 키프레임이 있는
지점으로 바로 이동할 수 있습니다. 화살표은 [Current Time
Indicator]를 기준으로 키프레임이 있을 경우에만 활성화됩니
다.

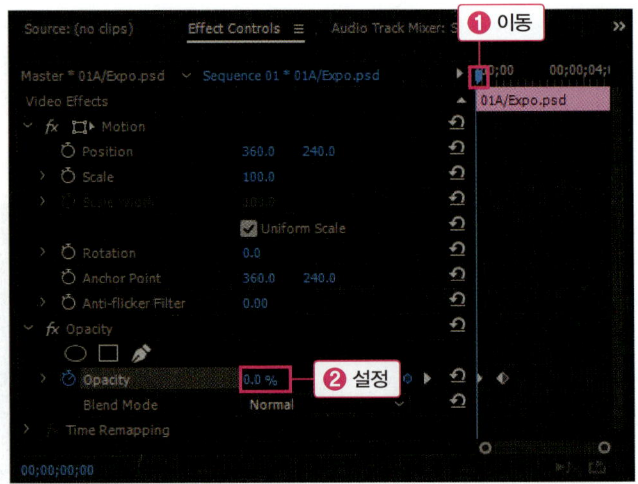

5 두 번째 이미지를 넣기 위해서 [Current
Time Indicator]를 00;00;01;20 위치로 옮긴 후
[Project] 패널의 '01B/Expo.psd' 이미지 클립을
[V2] 트랙의 [Current Time Indicator] 뒤로 드래
그합니다.

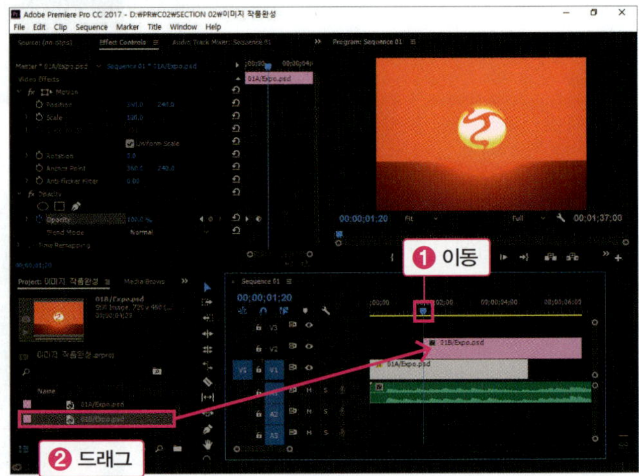

6 두 번째 이미지 클립은 앞뒤로 [Opacity] 효
과를 넣기 위해서 재생 길이가 더 길어야 합니
다. 이를 위해서 [Timeline] 패널에서 '01B/Expo.
psd' 클립을 선택한 후 [Clip] 〉 [Speed/Dura-
tion](**Ctrl** + **R**) 메뉴를 클릭합니다.

TIP :: Speed/Duration

클립의 재생 속도 및 길이를 조절할 때 사용합니다. 영상, 이
미지, 사운드 등 모든 클립의 재생 속도 및 길이를 원하는 대
로 조절할 수 있습니다.

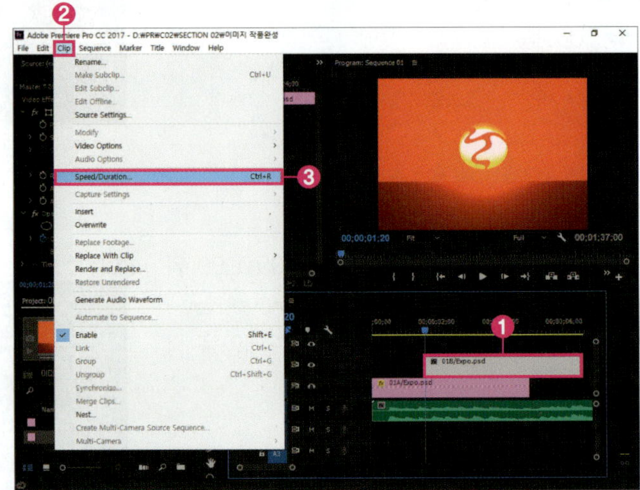

7 [Clip Speed/Duration] 대화상자가 열리면 [Duration]을 '00;00;07;00'으로 입력하고, [OK] 버튼을 클릭합니다.

TIP :: '00;00;07;00'에서 '7'은 7초를 의미합니다.

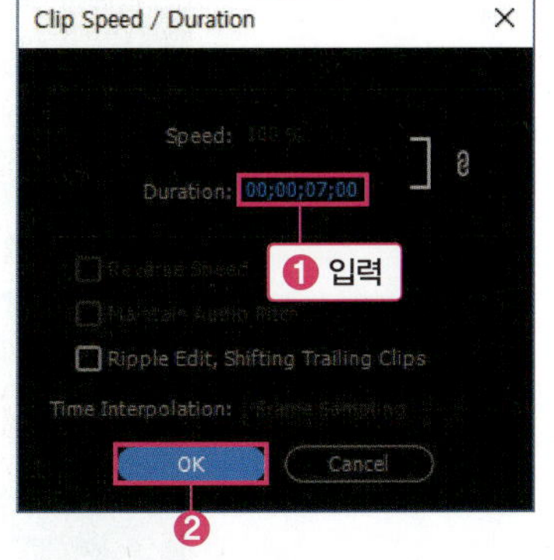

8 이미지 클립의 재생 길이가 입력한 만큼 늘어난 것을 확인합니다. 이제 '01B/Expo.psd' 이미지 클립은 기존 5초에서 7초 길이로 재생됩니다.

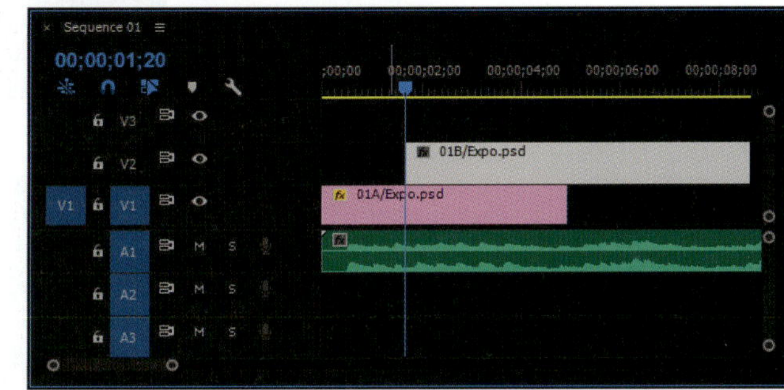

9 첫 번째 클립에서 두 번째 클립이 자연스럽게 나타나는 Dissolve 효과를 적용하기 위해서 [Timeline] 패널에서 '01B/Expo.psd'를 선택하고, [Effect Controls] 패널에서 [In 점]과 00;00;05;00 위치에서 [Opacity]의 [Add/Remove Keyframe](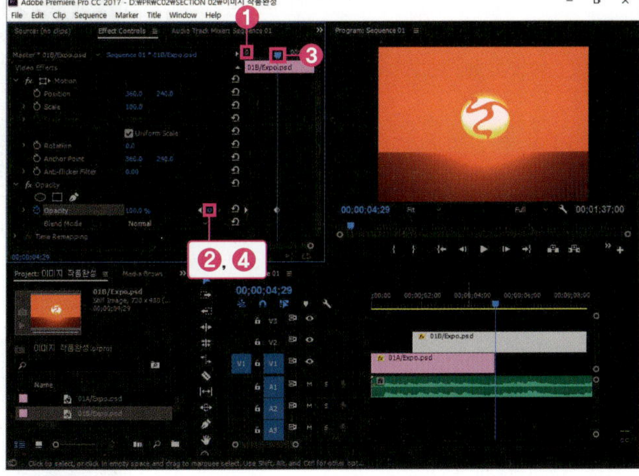)을 클릭하여 키프레임을 생성합니다.

TIP :: NTSC의 프레임 자동 보정 기능으로 인해 프레임 위치가 1프레임씩 짧아지거나 길어질 수 있으니 책에서 제시한 위치가 조금씩 다를 수 있습니다.

TIP :: Dissolve 효과

2개의 이미지 또는 영상 클립에 Opacity 효과를 적용하여 첫 번째 클립에서 두 번째 클립이 자연스럽게 나타나는 효과를 말합니다.

TIP :: [In 점]/[Out 점]

클립이 시작되는 가장 왼쪽 지점을 [In 점], 끝나는 우측 지점을 [Out 점]이라고 합니다. **Shift** 를 누르면서 [Current Time Indicator]를 이동하면 쉽게 클립의 [In 점]/[Out 점]에 정확히 위치시킬 수 있습니다.

10 [In 점]의 키프레임에서 [Opacity]를 '0%'로 입력하여 이미지가 자연스럽게 나타나는 효과를 적용합니다.

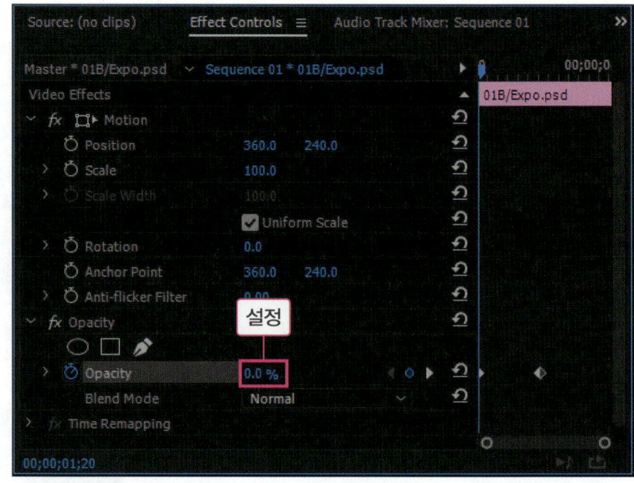

11 '01B/Expo.psd' 이미지 클립의 뒤쪽에도 이미지가 자연스럽게 사라지는 Opacity 효과를 적용하기 위해서 00;00;07:20 위치와 [Out 점]에 [Opacity]의 [Add/Remove Keyframe](◉)을 클릭하여 키프레임을 생성한 후 [Out 점]의 키프레임을 '0%'로 입력합니다.

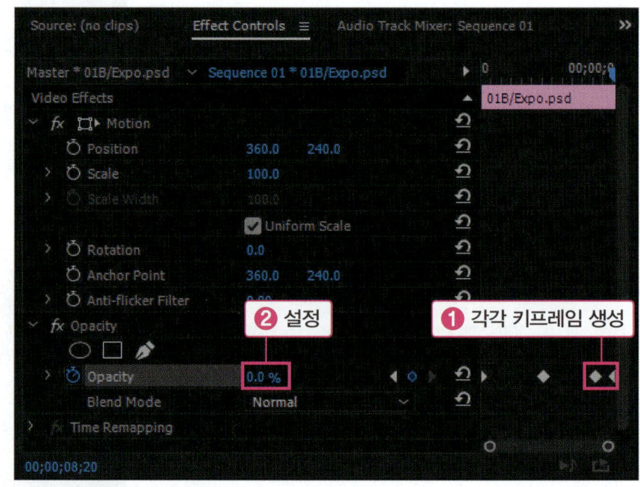

12 다음으로 이미지 위에 자막을 넣기 위해서 [Current Time Indicator]를 00;00;03:20 위치로 옮긴 후 [Project] 패널의 '01 Text/Expo.psd' 이미지 클립을 [V3] 트랙의 [Current Time Indi-cator] 뒤로 드래그합니다.

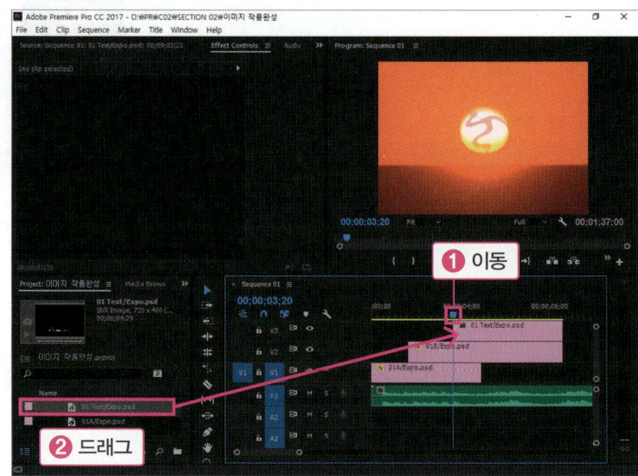

13 클립에 위치 이동 애니메이션을 만들기 위해서 [Timeline] 패널에서 '01 Text/Expo.psd' 이미지 클립을 선택하고, [Effect Controls] 패널 [Video Effects]의 [Motion] 항목을 확인합니다. [Position]은 이미지 클립의 현재 위치를 픽셀의 수치로 표시합니다. [Current Time Indicator]가 00;00;03;20 위치에 있는지 확인한 후 [Position]의 [Toggle animation](아이콘)을 클릭해 활성화하고, '320', '240'으로 입력합니다.

TIP :: [Position]의 첫 번째 수치는 가로 위치, 두 번째 수치는 세로 위치를 표시합니다.

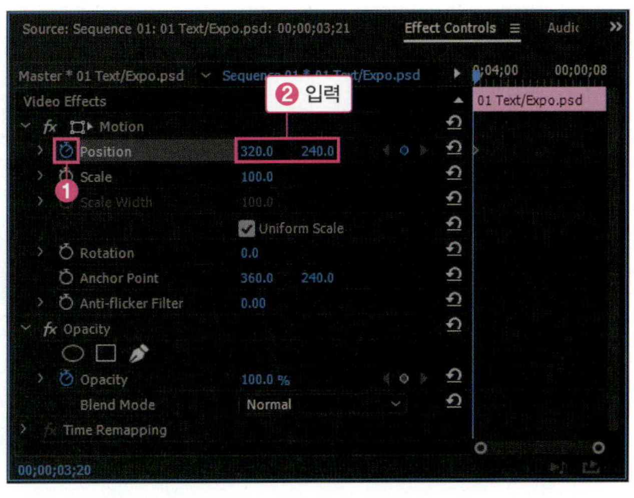

14 [Current Time Indicator]를 00;00;08;19 위치로 옮긴 후 [Position]을 '380', '240'으로 입력합니다. 현재 위치에 자동으로 키프레임이 생성되며, 이미지 클립의 위치가 왼쪽에서 오른쪽으로 이동하는 애니메이션이 만들어집니다.

TIP :: [Position]의 첫 번째 수치만 변화를 주었기 때문에 가로로만 움직이는 애니메이션이 만들어집니다.

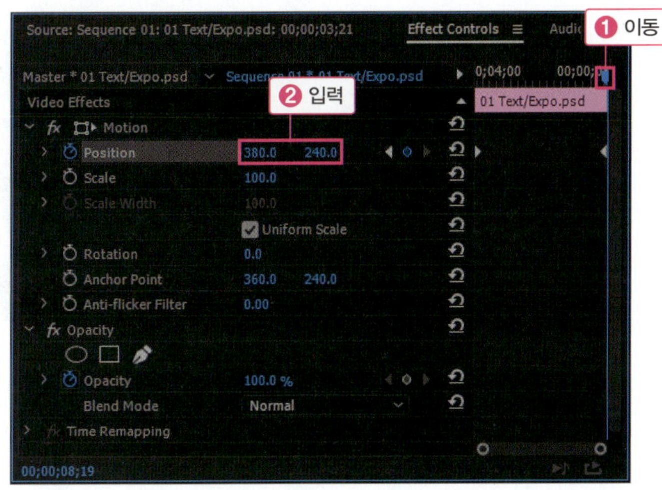

15 '01 Text/Expo.psd' 이미지 클립의 앞부분에 자연스럽게 나타나는 Opacity 효과를 적용하기 위해서 [In 점]과 00;00;05;00 위치에서 [Opacity]의 [Add/Remove Keyframe](아이콘)을 클릭하여 키프레임을 생성한 후 [In 점]의 키프레임을 '0%'로 입력합니다.

16 '01 Text/Expo.psd' 이미지 클립의 뒷부분에도 자연스럽게 사라지는 Opacity 효과를 적용하기 위해서 00;00;07;20 위치와 [Out 점]에 [Opacity]의 [Add/Remove Keyframe](●)을 클릭하여 키프레임을 생성한 후 [Out 점]의 키프레임을 '0%'로 입력합니다. **Space Bar** 를 눌러 지금까지 만든 영상을 확인합니다.

17 영상의 배경을 흰색으로 바꾸기 위해 [Timeline] 패널에서 Video 트랙에 위치한 3개의 이미지 클립을 드래그하여 모두 선택한 후 위쪽 트랙으로 드래그하여 그림과 같이 [V1] 트랙을 비웁니다. 이때 정확히 수직 방향으로 이동하여 시간 지점은 동일하도록 해야 합니다.

TIP :: Video 트랙 추가하기

클립을 트랙 위쪽 빈 공간으로 드래그하면 트랙이 자동으로 추가됩니다. 트랙이 시작되는 왼쪽 부분의 빈 공간에서 마우스 오른쪽 버튼을 클릭하고, [Add Tracks] 메뉴를 선택해도 됩니다. Audio 트랙도 마찬가지입니다.

TIP :: Video 트랙

포토샵의 레이어와 마찬가지로 가장 위쪽에 위치한 클립이 우선으로 보이게 됩니다. 영상의 배경을 넣어야 할 때 가장 아래 위치한 트랙 1번을 이용해야 합니다.

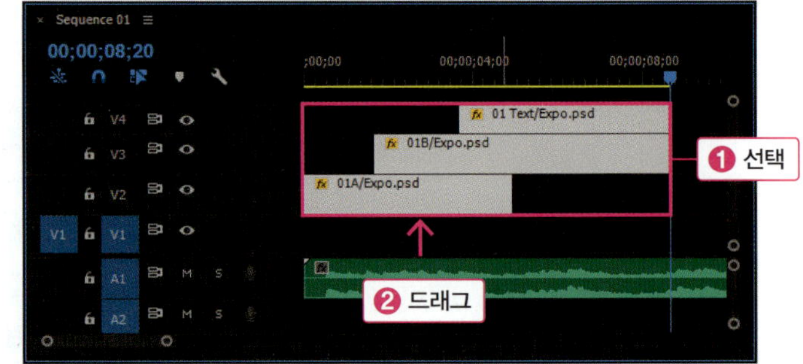

18 흰색 배경 이미지를 불러오기 위해서 [Project] 패널의 빈 공간을 더블클릭한 후 [Import] 대화상자가 열리면, 'White bg.jpg' 파일을 선택하고, [열기] 버튼을 클릭합니다.

TIP :: 작업 스타일에 따라 단축키 **Ctrl** + **I** 를 눌러서 [Import] 대화상자를 열어도 됩니다.

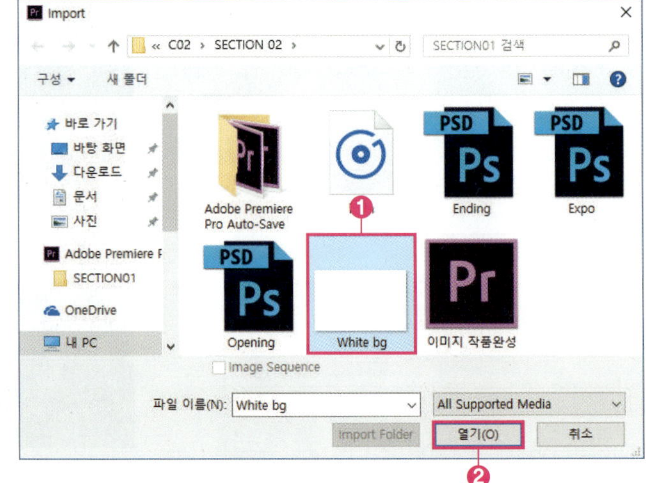

19 [Project] 패널의 'White bg.jpg' 이미지 클립을 [Timeline] 패널 [V1] 트랙의 시작점으로 드래그하고, 다음과 같이 [Out 점]을 오른쪽으로 드래그하여 '01B/Expo.psd' 이미지 클립의 [Out 점]에 맞춥니다. **Space Bar** 를 눌러 배경이 흰색으로 바뀌었는지 확인합니다. 이제 포토샵의 1번 이미지 클립을 이용한 영상 작업이 만들어졌습니다.

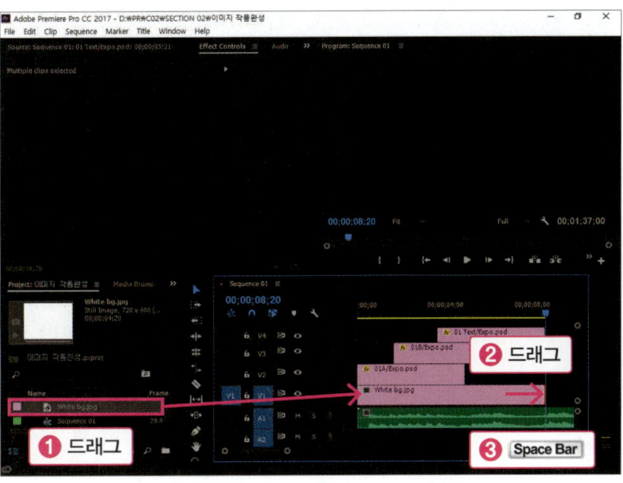

TIP :: 프리미어 프로 자체에서 흰색 스틸 이미지 만들기

이번 예제에서는 흰색 스틸 이미지를 제공하였으나 필요한 경우 직접 프리미어 프로에서 이를 만들 수 있습니다. 'Color Matte'라는 기능으로써 원하는 단색의 색상으로 스틸 이미지를 쉽게 만들 수 있습니다. 이 기능은 원래 합성을 위한 기능으로 제공되지만 스틸 이미지를 만들어 다양한 용도로 사용할 수 있습니다.

① [File] 〉 [New] 〉 [Color Matte] 메뉴를 클릭합니다.
② [New Color Matte] 대화상자가 열리면 [OK] 버튼을 클릭합니다.
④ [Color Picker] 대화상자가 열리면 원하는 색상으로 설정하고 [OK] 버튼을 클릭합니다.
⑤ [Project] 패널에서 단색의 스틸 이미지 클립이 생성되었는지 확인합니다.

: **준비 파일 :** Part 02 〉 Chapter 02 〉 Section 03 〉 Expo.psd

1 이제 포토샵 파일의 두 번째 레이어들을 불러와서 동일한 영상을 편집해보겠습니다. [Project] 패널의 빈 공간을 더블클릭한 후 [Import] 대화상자가 열리면, 'Expo.psd' 파일을 선택하고, [열기] 버튼을 클릭합니다.

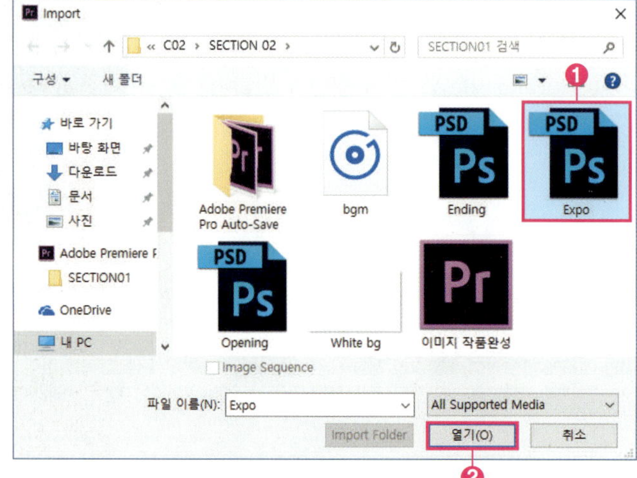

2 레이어들을 개별적으로 불러오기 위해서 [Import As]를 'Individual Layers'로 설정한 후 '02'로 시작하는 이름의 3개 레이어를 체크하고 [OK] 버튼을 클릭합니다.

3 [Project] 패널에서 불러온 Bin의 이름을 '02 Expo'로 변경합니다.

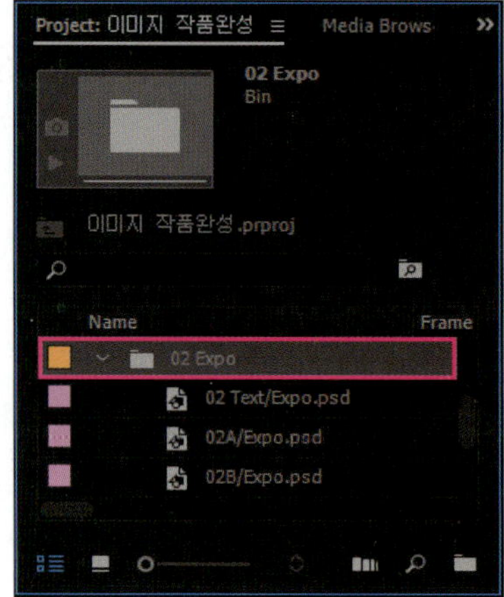

4 [Project] 패널의 '02A/Expo.psd' 이미지 클립을 그림과 같이 [Timeline] 패널 [V2] 트랙으로 드래그하여 'White bg.jpg' 이미지 클립의 [Out 점] 바로 뒤 위치에 정확히 배치합니다.

5 01번 이미지 클립의 Opacity 효과를 똑같이 적용하기 위해서 [Timeline] 패널에서 '01A/Expo.psd' 이미지 클립을 선택한 후 [Video Effects] 패널에서 [Opacity]를 클릭하고, Ctrl +C 를 눌러 키프레임을 복사합니다.

6 [Timeline] 패널에서 '02A/Expo.psd' 이미지 클립을 선택하고, Ctrl + V 를 눌러 Opacity 효과의 키프레임을 붙여 넣습니다. [Video Effects] 패널에 키프레임이 복사되어 붙여졌는지 확인한 후 Space Bar 를 눌러 적용된 효과를 확인합니다.

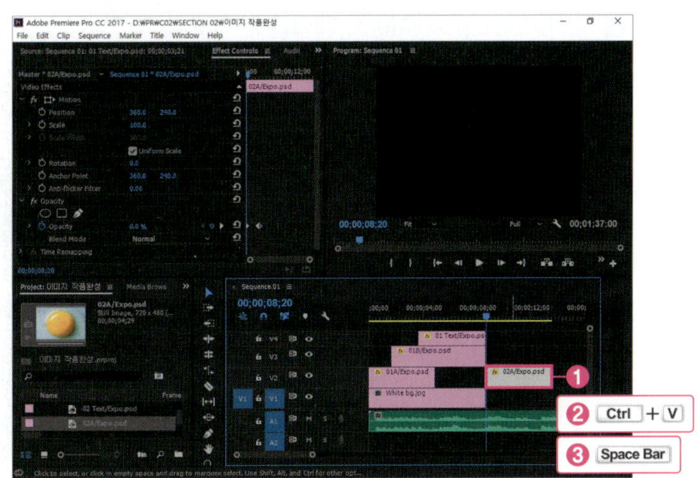

7 [Current Time Indicator]를 00;00;10;10 위치로 옮긴 후 [Project] 패널에서 '02B/Expo. psd' 이미지 클립을 [V3] 트랙의 [Current Time Indicator] 뒤에 드래그하고, 클립을 선택합니다. 재생 길이를 늘이기 위해서 [Clip] 〉 [Speed/Duration](**Ctrl** + **R**) 메뉴를 클릭한 후 [Speed/Duration] 대화상자가 열리면 [Duration]을 '00:00:07:00'으로 입력하고, [OK] 버튼을 클릭합니다.

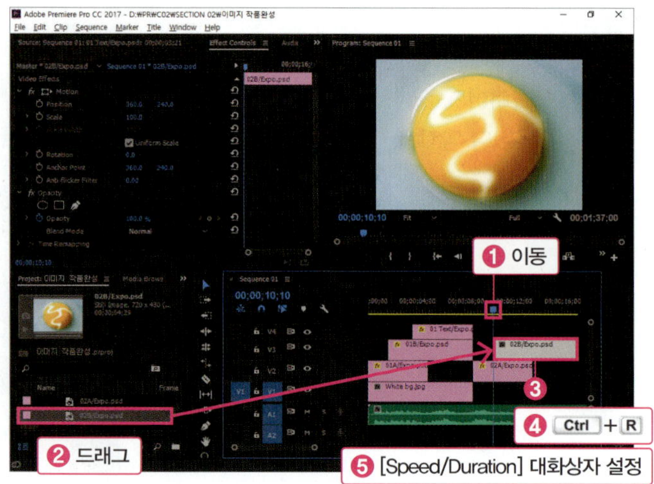

8 같은 Opacity 효과를 똑같이 적용하기 위해서 위와 같은 방법으로 [Timeline] 패널에서 '01B/Expo.psd' 이미지 클립을 선택한 후 [Video Effects] 패널에서 [Opacity]를 클릭하고, **Ctrl** + **C** 를 눌러 키프레임을 복사합니다.

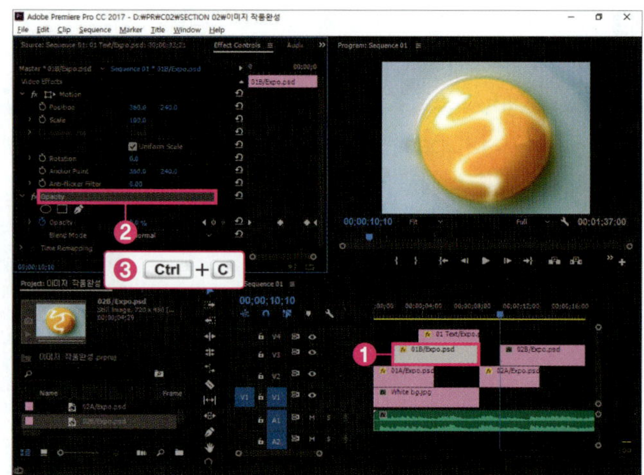

9 '02B/Expo.psd' 이미지 클립을 선택하고, **Ctrl** + **V** 를 눌러 키프레임을 붙여 넣습니다. **Space Bar** 를 눌러 복사된 효과를 확인합니다.

10 [Current Time Indicator]를 00;00;12;10 위치로 옮긴 후 [Project] 패널에서 '02 Text/Expo. psd' 이미지 클립을 [V4] 트랙의 [Current Time Indicator] 뒤로 드래그합니다.

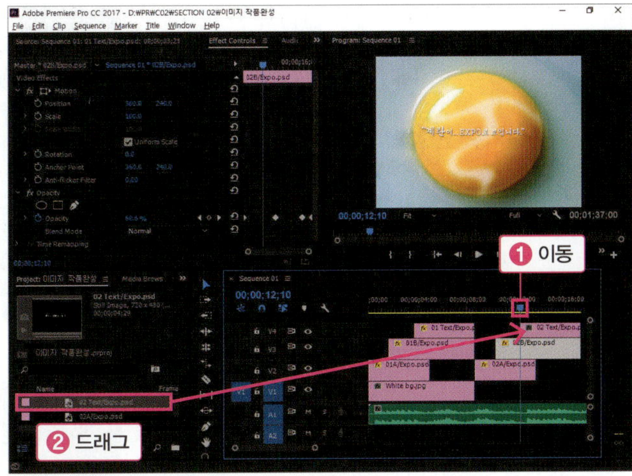

11 앞서 편집했던 Motion과 Opacity 효과를 똑같이 적용하기 위해서 [Timeline] 패널에서 '01 Text/Expo.psd' 이미지 클립을 선택하고, [Video Effects] 패널에서 Ctrl 을 누른 채 [Motion]과 [Opacity] 항목을 차례로 클릭한 후 Ctrl + C 를 눌러 복사합니다.

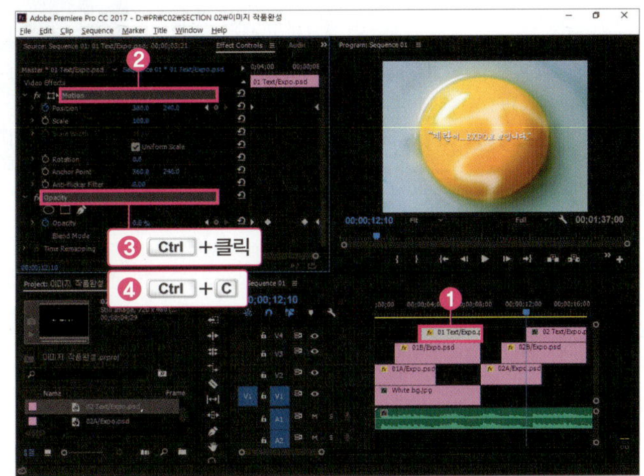

12 [Timeline] 패널에서 '02 Text/Expo.psd' 이미지 클립을 선택하고, Ctrl + V 를 눌러 효과를 붙여 넣습니다. Space Bar 를 눌러 이제까지 만든 Video Effects 영상을 확인합니다.

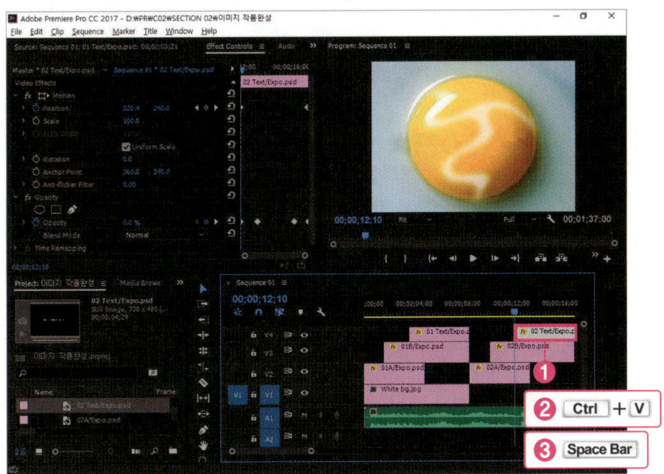

13 'Expo.psd'의 '03' 이미지 클립도 [Project] 패널에 가져온 후 같은 방법으로 [Timeline] 패널에 배치하고, [Video Effects] 패널의 효과를 복사 붙여 넣기로 편집합니다.

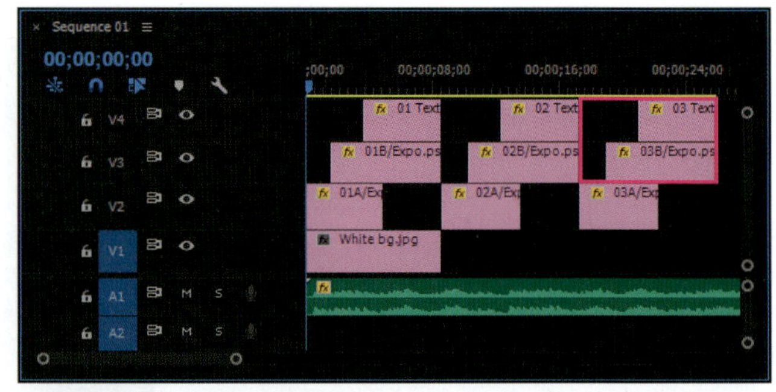

14 'Expo.psd'의 '04 ～ 07' 이미지 클립도 위와 동일한 방법으로 편집합니다. 편집이 끝나면 흰색 배경을 전체 영상에 적용하기 위해서 'White bg.jpg' 이미지 클립의 [Out 점]을 그림과 같이 오른쪽으로 드래그하여 '07B/Expo.psd' 이미지 클립의 [Out 점]에 맞춥니다. Space Bar 를 눌러 복사된 편집된 영상을 확인하고, Ctrl +S 를 눌러 수시로 저장합니다.

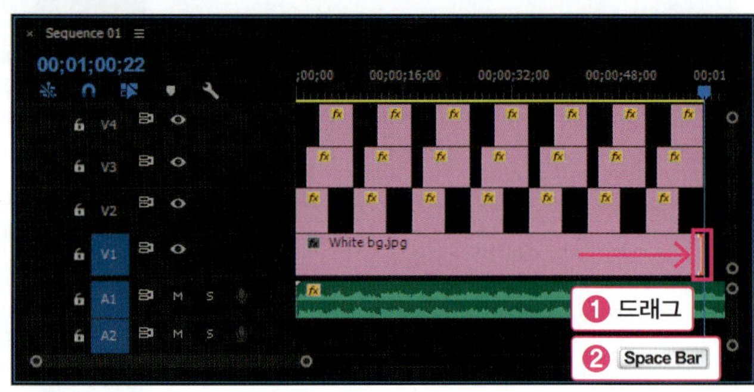

TIP :: 단축키 활용으로 작업 속도 빠르게 하기

이미지 클립이 반복적으로 나오는 영상 편집에서는 상황에 맞는 단축키를 얼마나 사용하느냐에 따라 작업 시간을 획기적으로 줄일 수 있습니다. 다음 단축키는 프리미어 프로에서 가장 많이 사용되는 편집 단축키로써 반드시 외워서 사용하는 것이 좋습니다.

- 작업 취소 : Ctrl + Z
- 되돌리기 : Ctrl + Shift + Z
- 잘라내기 : Ctrl + X
- 복사하기 : Ctrl + C
- 붙여넣기 : Ctrl + V
- 삭제 : Delete
- 그룹 : Ctrl + G
- 그룹 해제 : Ctrl + Shift + G
- [Timeline] 비디오 트랙 상하길이 확대 : Ctrl + +
- [Timeline] 비디오 트랙 상하길이 축소 : Ctrl + −
- [Timeline] 오디오 트랙 상하길이 확대 : Alt + +
- [Timeline] 오디오 트랙 상하길이 축소 : Alt + −

05 글자가 나타나는 마스크 애니메이션 Mask Animation

: 준비 파일 : Part 02 〉 Chapter 02 〉 Section 03 〉 Ending.psd

1 다음으로 엔딩 부분을 편집하기 위해서 [Project] 패널의 빈 공간을 더블클릭한 후 [Import] 대화상자가 열리면 'Ending.psd' 파일을 선택하고 [열기] 버튼을 클릭합니다.

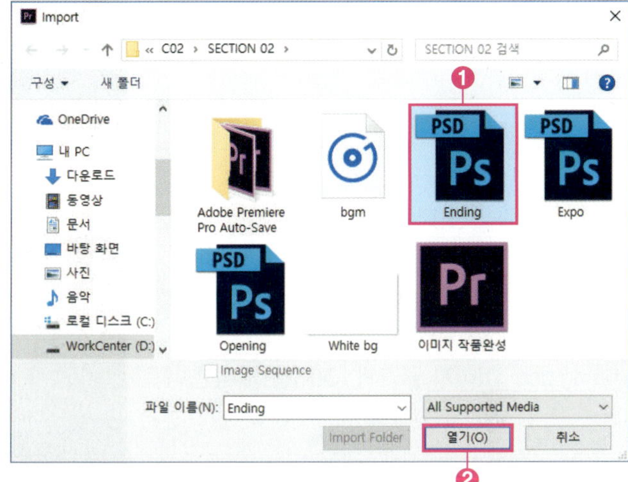

2 [Import Layered File : Ending] 대화상자가 열리면 [Import As]를 'Individual Layers'로 설정하고, [OK] 버튼을 클릭하여 엔딩 편집에 필요한 2개의 레이어를 [Project] 패널에 불러옵니다.

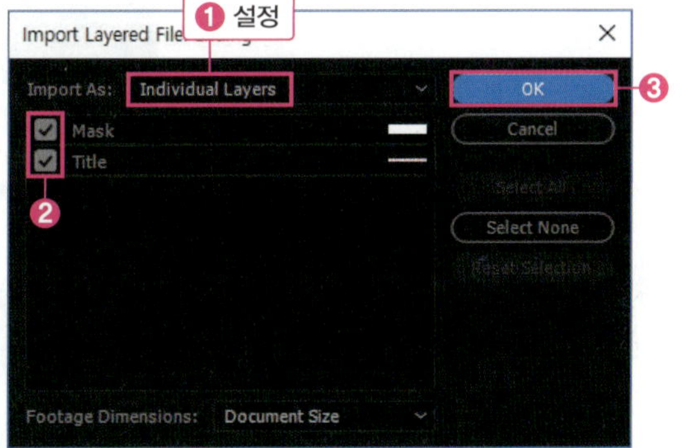

3 [Current Time Indicator]를 00;01;00;22 위치로 옮긴 후 [Project] 패널에서 'Title/Ending.psd' 이미지 클립을 [V2] 트랙의 [Current Time Indicator] 뒤로 드래그합니다. 재생 길이를 늘이기 위해서 클립을 선택하고 [Clip] 〉 [Speed/Duration](**Ctrl** + **R**) 메뉴를 클릭합니다. [Duration]을 '00:00:10:00'으로 입력하고 [OK] 버튼을 클릭하여 재생 길이를 늘입니다.

TIP :: NTSC의 프레임 자동 보정 기능으로 인해 프레임 위치가 1프레임씩 짧아지거나 길어질 수 있으니 책에서 제시한 위치가 조금씩 다를 수 있습니다.

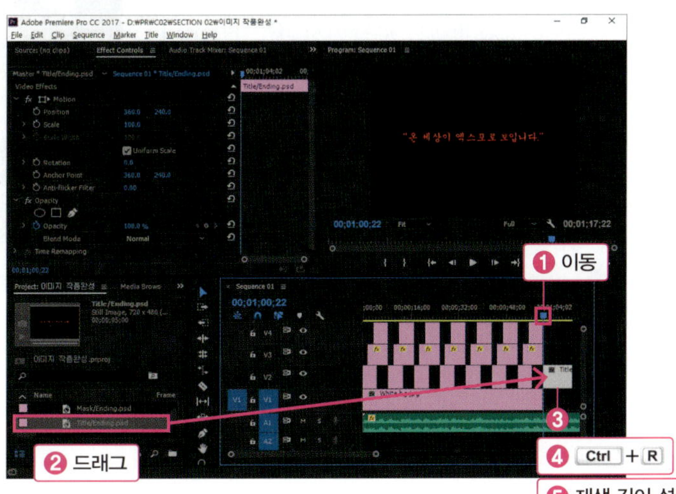

4 엔딩의 배경을 흰색으로 바꾸기 위해서 'White bg.jpg' 이미지 클립의 [Out 점]을 오른쪽으로 드래그하여 'Title/Ending.psd' 이미지 클립의 [Out 점]에 맞춥니다.

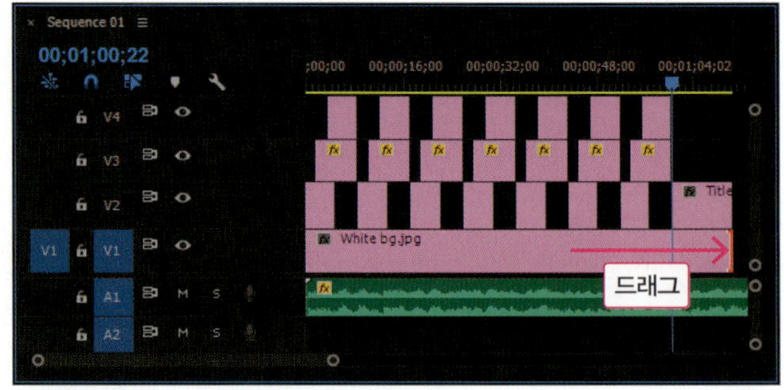

5 다음으로 엔딩 타이틀에 마스크 효과를 넣기 위해서 [Project] 패널에서 'Mask/Ending.psd' 이미지 클립을 [V3] 트랙의 끝으로 드래그한 후 [Out 점]을 오른쪽으로 드래그하여 'Title/Ending.psd' 이미지 클립의 [Out 점]에 맞춥니다.

TIP :: 마스크 효과

우리가 마스크를 착용하면 얼굴의 일정 부분이 마스크로 인해 가려지듯이 클립의 마스크를 씌어서 특정한 부분을 가리는 효과를 말합니다.

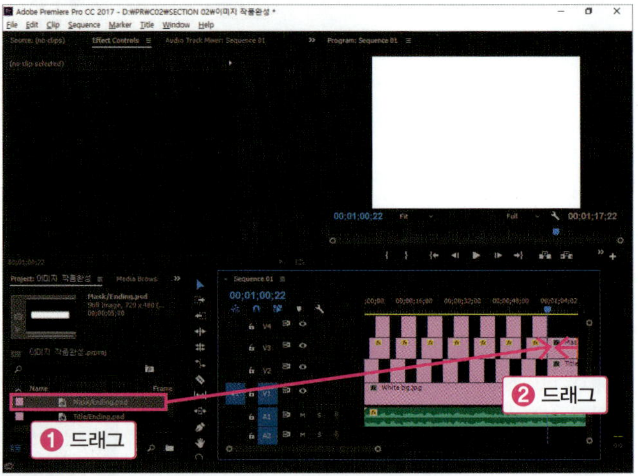

6 마스크에 위치 이동 애니메이션을 추가하여 엔딩 타이틀이 왼쪽부터 자연스럽게 나타나게 하기 위해서 [Timeline] 패널에서 'Mask/Ending.psd' 이미지 클립을 선택합니다. [Current Time Indicator]를 00;01;01;20 위치로 옮긴 후 [Effect Controls] 패널에서 [Position]의 [Toggle animation](🕙)을 클릭해 활성화합니다.

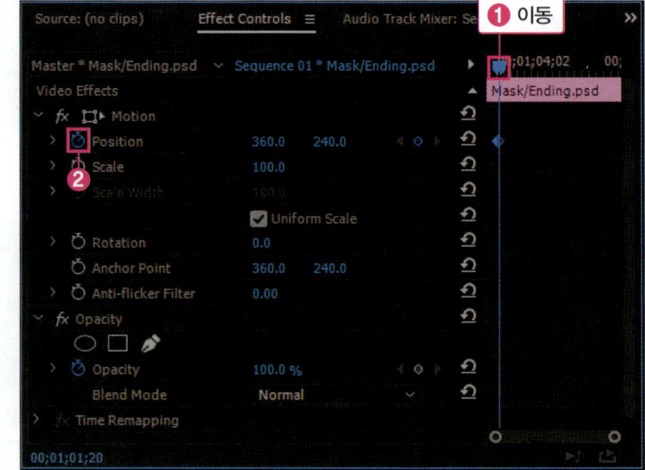

7 [Current Time Indicator]를 00;01;05;20 위
치로 옮긴 후 [Position]을 '960', '240'으로 입력
합니다. 마스크 이미지 클립이 왼쪽에서 오른쪽
으로 이동하면서 엔딩 타이틀이 나타납니다.

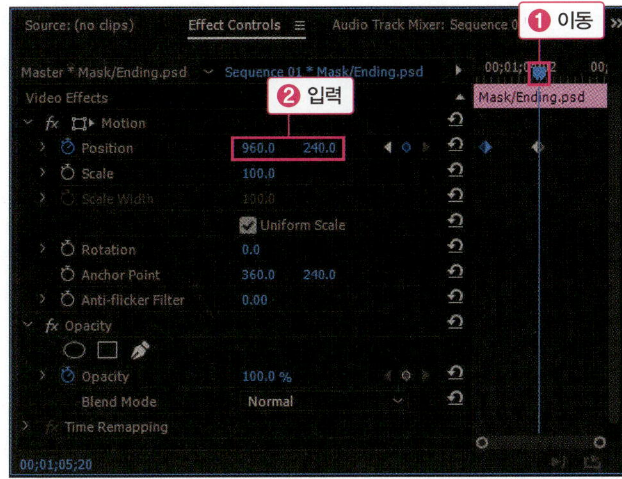

8 'Title/Ending.psd' 이미지 클립의 뒤쪽에
다음과 같이 3초 정도의 Opacity 효과를 적용하
여 자연스럽게 사라지는 애니메이션을 만든 후
Space Bar 를 눌러 마스크 애니메이션을 확인합
니다.

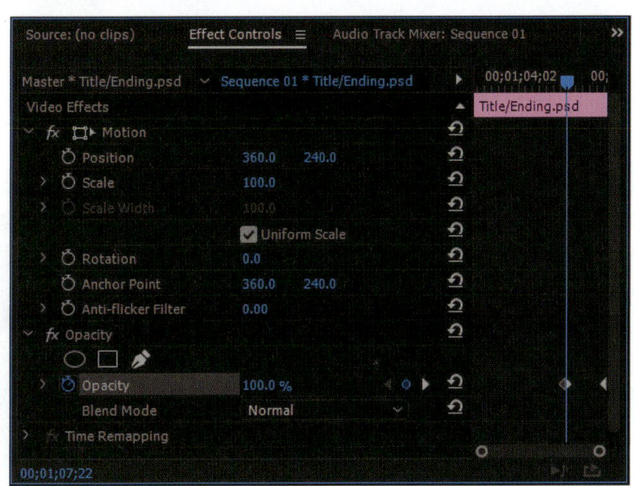

: **준비 파일 :** Part 02 〉 Chapter 02 〉 Section 03 〉 Opening.psd

1 다음으로 오프닝을 만들기 위해서 [Project] 패널의 빈 공간을 더블클릭한 후 [Import] 대화 상자가 열리면 'Opening.psd' 파일을 선택하고 [열기] 버튼을 클릭합니다.

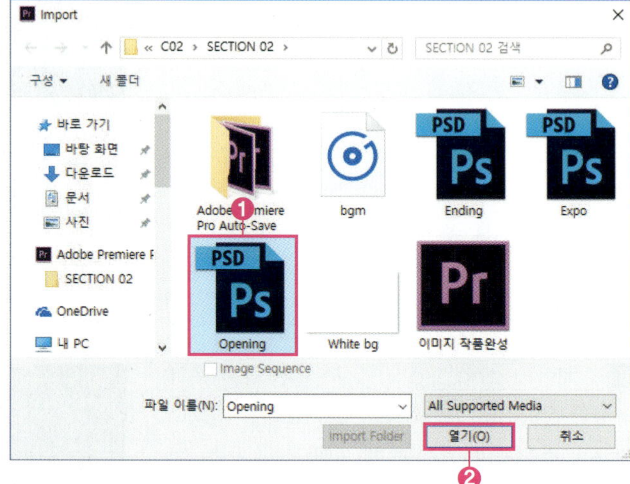

2 [Import Layered File : Opening] 대화상자 가 열리면 [Import As]를 'Individual Layers'로 설정하고 [OK] 버튼을 클릭합니다.

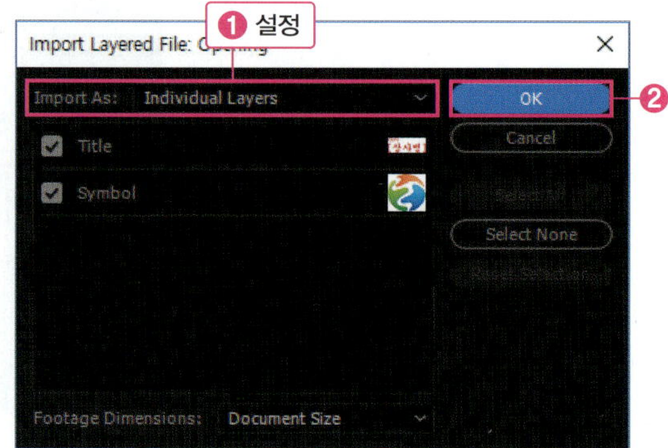

3 오프닝 편집을 위해서 비디오 트랙의 앞부 분에 빈 공간을 만들어야 합니다. [Current Time Indicator]를 00;00;07;00 위치로 옮긴 후 모든 클립을 선택하고, 그림과 같이 [Current Time Indicator] 뒤로 드래그합니다.

TIP :: 정확한 시간 지점에 맞추기 위해서 ⊞를 여러 번 눌러 트랙을 확대하고, 클립들을 드래그합니다.

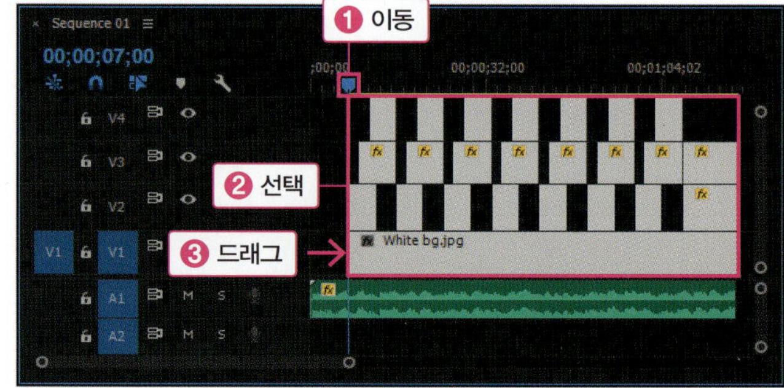

4 [Project] 패널에서 'Symbol/Opening.psd' 이미지 클립을 [V2] 트랙의 시작점으로 드래그한 후 [Out 점]을 '01A/Expo.psd' 이미지 클립의 [In 점]까지 오른쪽으로 드래그합니다.

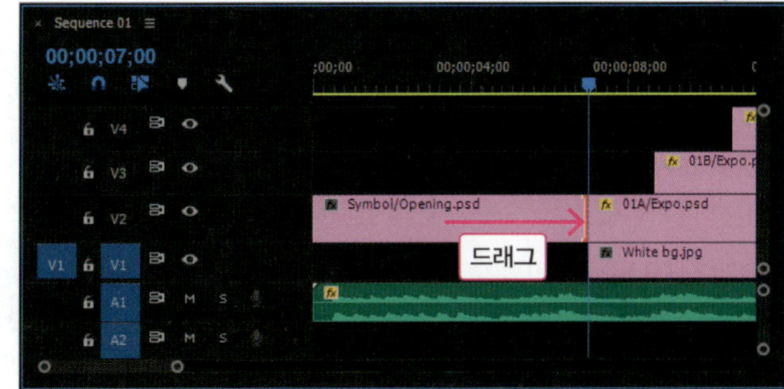

5 오프닝의 배경을 흰색으로 바꾸기 위해서 [V1] 트랙의 'White bg.jpg' 이미지 클립을 [In 점] 왼쪽으로 끝까지 드래그합니다.

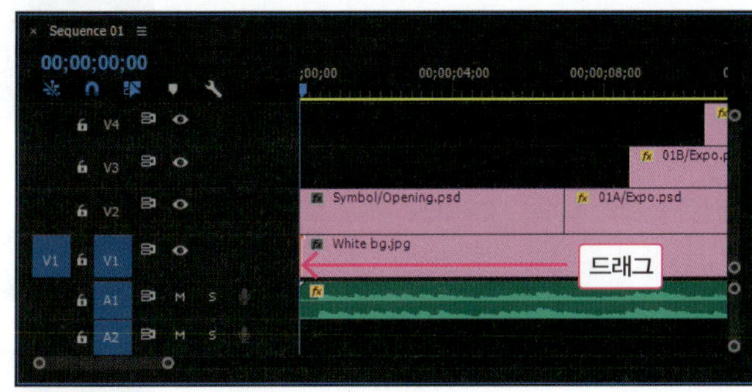

6 'Symbol/Opening.psd' 이미지 클립을 선택하고, 블러 효과를 적용하기 위해서 [Window] 〉 [Effects] 메뉴를 클릭하여 [Effects] 패널을 엽니다.

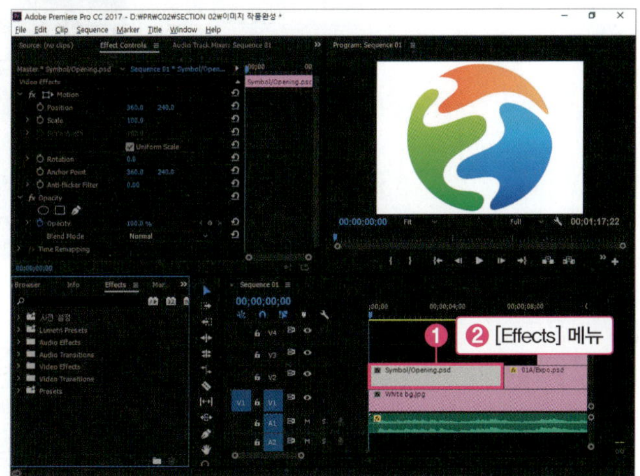

7 [Effects] 패널에서 [Video Effects] 〉 [Blur & Sharpen] 〉 [Gaussian Blur]를 찾아서 더블클릭하여 'Symbol/Opening.psd' 이미지 클립에 블러 효과를 적용합니다.

TIP :: 블러 효과
이미지를 희미하게 만듭니다.

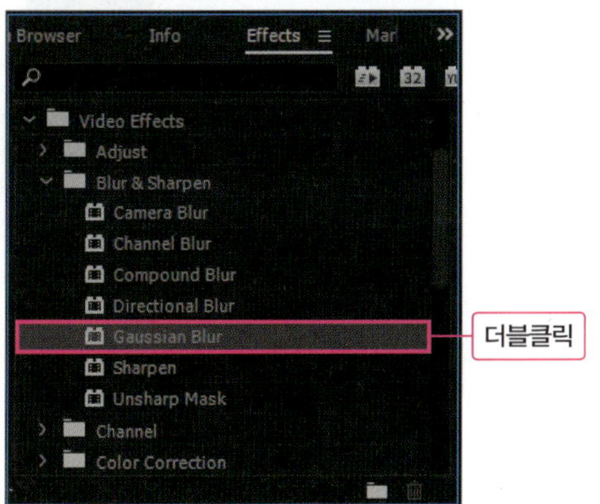

8 [Effect Controls] 패널에 그림과 같이 [Gaussian Blur] 효과가 추가됩니다. 블러 효과의 수치를 조절하여 블러 애니메이션을 만들기 위해서 [Current Time Indicator]를 00;00;01;15 위치로 옮긴 후 [Gaussian Blur]에서 [Blurri-ness]의 [Toggle animation](◌)을 클릭해 활성화합니다.

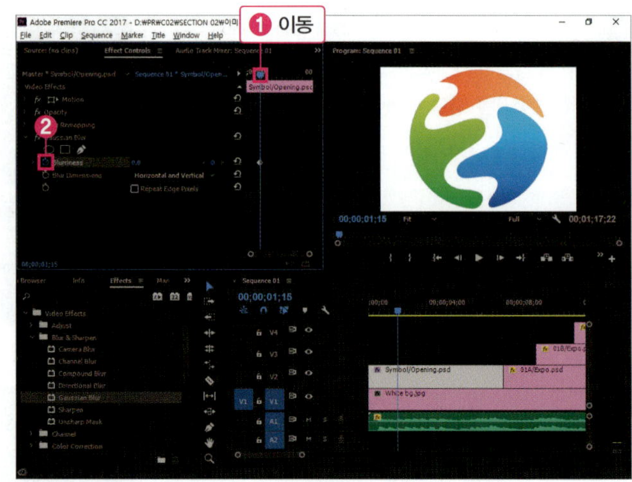

9 [Current Time Indicator]를 00;00;03;00 위치로 옮긴 후 [Blurriness]을 '70'으로 입력하고 Space Bar 를 눌러 블러 애니메이션을 확인합니다.

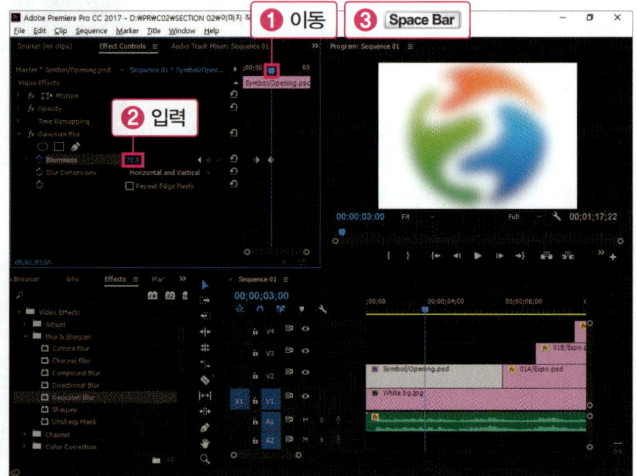

10 다음으로 오프닝 타이틀을 넣기 위해서 [Current Time Indicator]를 00;00;02;00 위치로 옮긴 후 [Project] 패널에서 'Title/Opening.psd' 이미지 클립을 [V3] 트랙의 [Current Time Indi-cator] 뒤로 드래그하고, 위와 같은 방법으로 블러 애니메이션을 적용합니다.

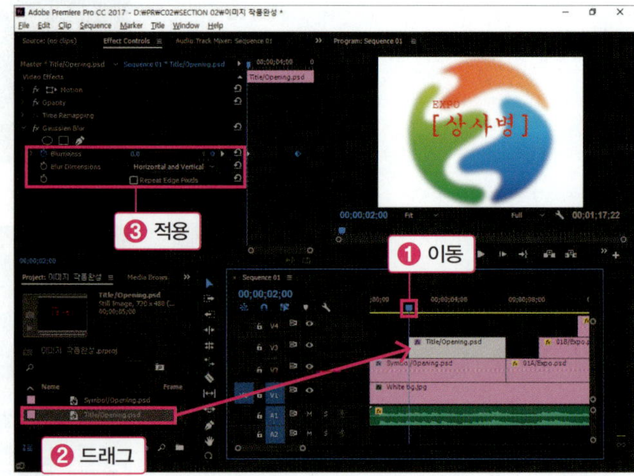

11 [Timeline] 패널에서 'Symbol/Opening.
psd' 이미지 클립을 선택하고, [Effect Controls]
패널에서 [In 점]과 00;00;01;15 위치에 [Opaci-
ty] 키프레임을 생성한 후 [In 점]의 수치를 '0%'
로 입력하여 Opacity 효과를 적용합니다. 뒤쪽
에도 1초 정도 길이로 Opacity 효과를 적용합니
다.

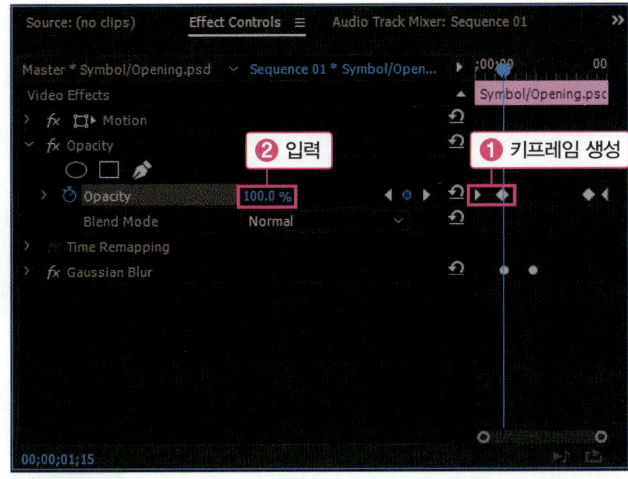

12 'Title/Opening.psd' 이미지 클립에도 그림
과 같이 앞뒤로 Opacity 효과를 적용합니다.

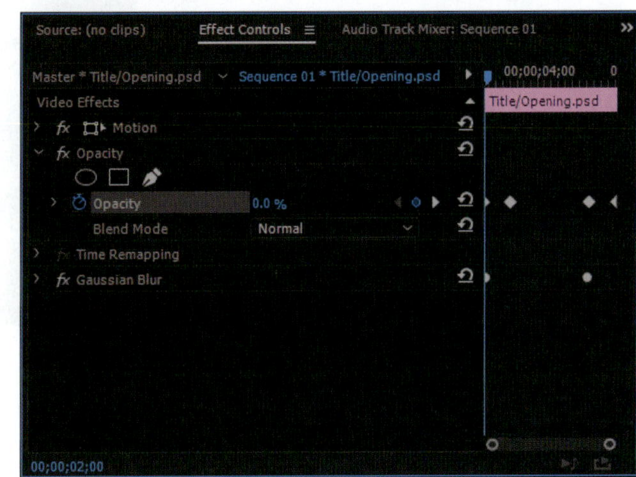

13 오프닝 부분에 이미지가 흐려지는 블러 애
니메이션이 완성되었습니다. **Space Bar** 를 눌러
영상을 확인합니다.

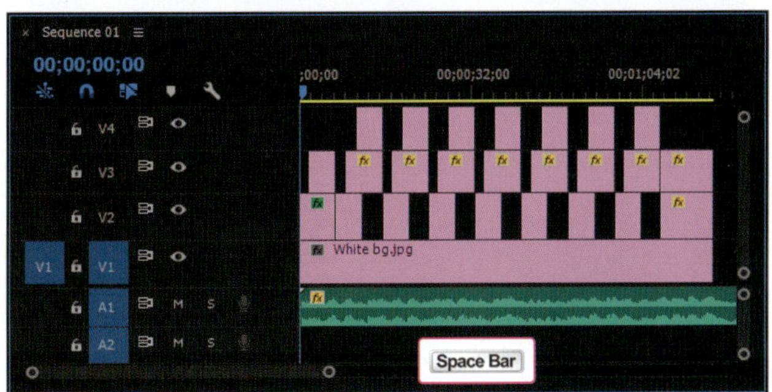

14 마지막으로 배경음악의 재생 길이를 비디오 트랙의 편집된 이미지 클립에 맞추기 위해서 'bgm.mp3' 오디오 클립의 [Out 점]을 왼쪽으로 드래그하여 'White bg.jpg' 이미지 클립의 [Out 점]에 맞춥니다.

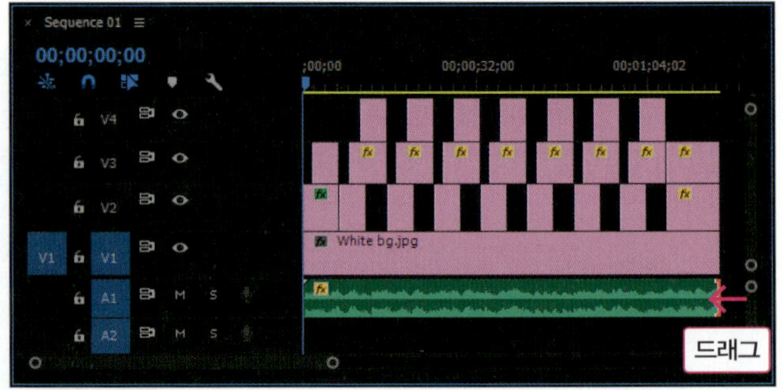

15 배경음악 마지막 부분의 볼륨이 자연스럽게 작아지도록 하기 위하여 [Timeline] 패널에서 'bgm.mp3' 오디오 클립을 선택합니다. [Effect Controls] 패널에서 00:01:14;20 위치와 [Out 점]에 [Volume] 〉 [Level]에 각각의 키프레임을 생성하고, [Out 점]의 키프레임에 마이너스로 최대 수치를 입력하여 볼륨을 낮춥니다. 모든 영상 편집이 마무리되었으면 Space Bar 를 눌러 최종 영상을 확인합니다.

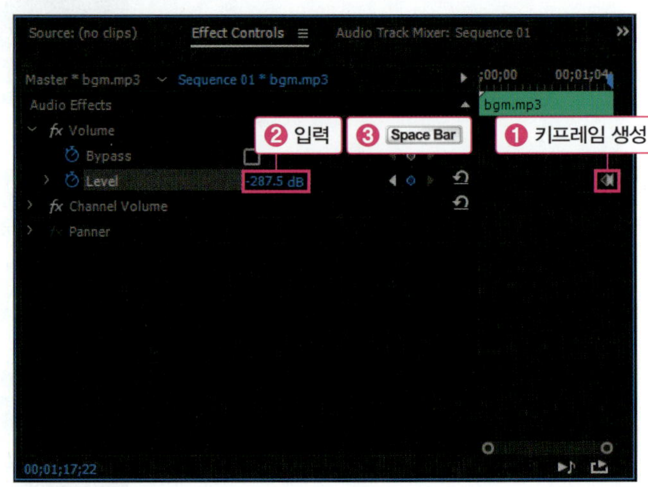

07 720×480 영상 출력하기

1 다음으로 편집된 이미지 클립들을 영상 파일로 출력하기 위해서 [Timeline] 패널이 선택된 상태에서 [File] 〉 [Export] 〉 [Media](**Ctrl** + **M**) 메뉴를 클릭합니다.

TIP ∷ SD란?

Standard Definition의 약어로 일반 화질을 말합니다. 480개의 주사선을 지원하는 보다 낮은 해상도를 갖습니다. 특정 화면 비율은 지정되지 않았지만, 디지털 방식이므로 선명한 화면의 지원도 가능하며 HD보다 주파수 대역폭을 적게 차지합니다.

2 [Export Settings] 대화상자가 열리면 [Export Settings] 탭에서 다음과 같이 설정한 후 출력 영상의 파일 이름을 지정하기 위해서 [Output Name]의 'Sequence 01.avi'를 클릭합니다.

- [Format] : 'AVI'
- [Preset] : 'NTSC DV'

TIP ∷ 영상 출력 포맷 방식

- [NTSC DV] : 미국의 국제 텔레비전 표준 방식(National Television System Committee method)의 디지털 비디오(Digital video)입니다.
- [PAL(Phase Alternation Line system)] : 초당 25frame, 625 주사선으로 독일에서 개발되어 서유럽, 중국, 북한 등에서 채택되고 있는 컬러 텔레비전 방식입니다.
- [SECAM(Sequential Color with Memory)] : 초당 25frame, 819 주사선으로 프랑스에서 개발되어 러시아, 동유럽 국가에서 사용하는 텔레비전 방식입니다.

3 [Save As] 대화상자가 열리면 임의의 폴더를 선택하고, 파일 이름을 '이미지 작품완성'으로 입력한 후 [저장] 버튼을 클릭합니다.

4 모든 설정이 끝나면 [Export] 버튼을 클릭하여 영상을 출력합니다. 진행 바가 보이며 영상 출력 과정을 확인합니다.

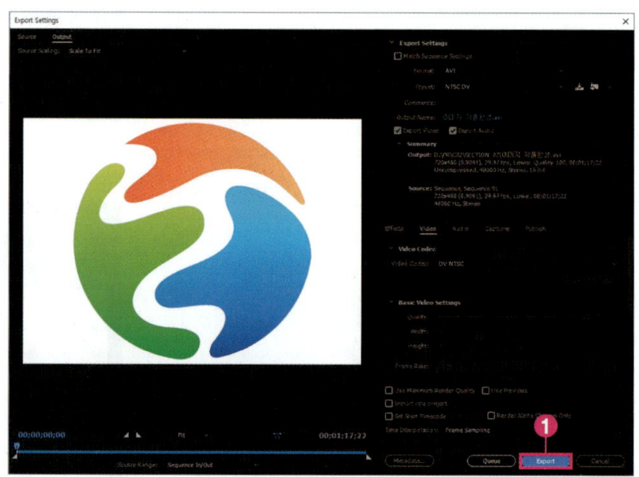

5 출력이 끝나면 [윈도우 탐색기]를 이용하여 출력된 영상이 저장된 폴더를 찾은 후 '이미지 작품완성.avi' 파일을 더블클릭하여 출력된 영상을 확인합니다.

TIP ∷ **영상 파일 용량 줄이기**

인코더(Encoder)를 이용하여 사용목적에 따라 출력된 영상 파일의 용량을 줄이거나, 포맷을 변환할 수 있습니다. 변환 포맷은 주로 인터넷이나 모바일 기기에서 사용하는 mp4, wmv로써 작은 용량에 비해 비교적 고화질의 영상을 얻을 수 있습니다. 인코더는 인터넷에서 무료로 쉽게 구할 수 있으며 대표적으로는 'Daum PotEncoder'가 있습니다.

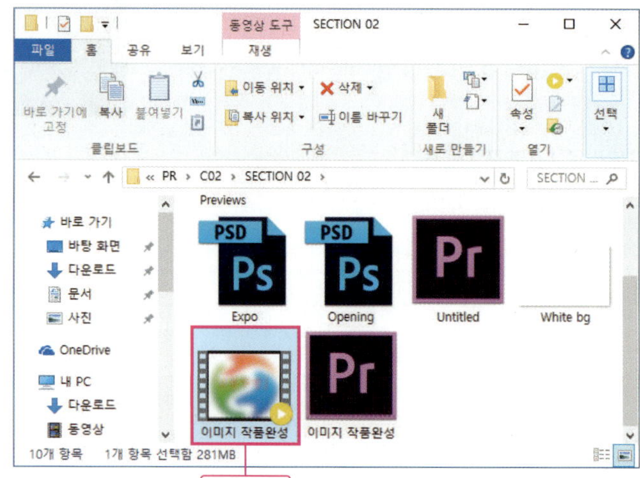

스톱모션
작품완성
노하우

SECTION **04**

핵심내용

본 예제는 2012년 여름, 무더운 대구에서 3박4일이라는 단기간 안에 우리 DDL 팀이 어떤 방법으로 지역 텃새를 이겨내고 차별화해서 1등을 할 수 있을까 고심했던 작품입니다. 이때 필자가 얻은 노하우는 차별화된 홍보영상이 절실할 때, '스톱모션'이 대안이 될 수 있다는 것입니다. 뚝뚝 끊어지면서 이어지는 스톱모션의 매력은 사람이 인식하는 시각적 패턴에서 일탈하는 즐거움을 주면서 스토리에 지장을 주지 않기 때문입니다. 이러한 장점을 최대한 살리고, 프리미어 프로의 Nest, Title Designer, Scale Motion, Dip to White 기법 등을 익혀서 첨가한다면 여러분도 또 다른 스톱모션의 여러 작품을 완성할 수 있을 것입니다.

핵심기능

Import Folder, Nest, Title Designer, Scale Motion, Title Ctrl+C, Ctrl+V, Dip to White

STORYBOARD

제3회 대한민국청소년UCC캠프대전 '여성가족부장관상' 수상 작품

⑦ New Sequence

⑧ 효과음에 맞는 이미지 효과 테크닉

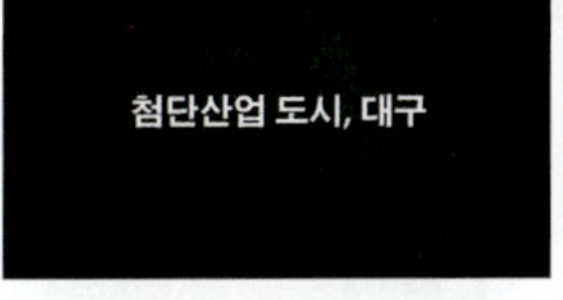

② Title Designer

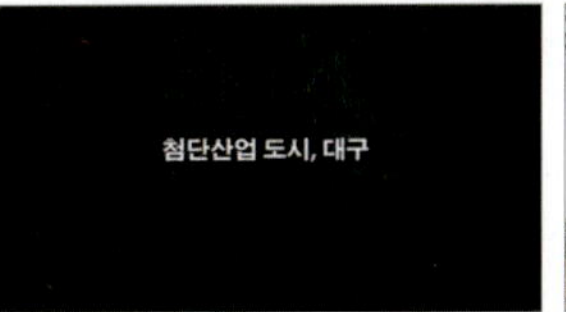

③ Scale Motion

① Import Folder +Nest

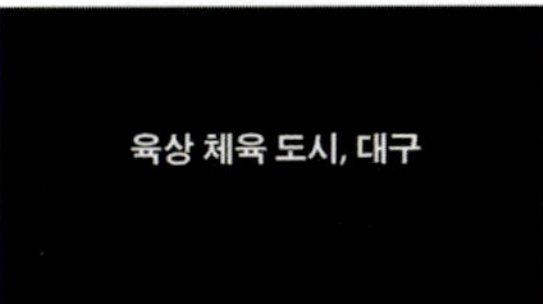

④ Title Ctrl+C, Ctrl+V

⑤ Import Folder+Nest

⑤ Import Folder+Nest

⑤ Import Folder+Nest

⑥ Dip to White

1 프리미어 프로 CC 2017을 실행한 후 [Start] 대화상자가 열리면 [New Project] 버튼을 클릭하여 새 프로젝트를 시작합니다. [New Project] 대화상자가 열리면 [Name]에 임의 프로젝트 이름으로 입력하고, 프로젝트 파일이 저장될 폴더를 선택하기 위해서 [Location]의 [Browse] 버튼을 클릭하여 프로젝트 파일이 저장될 폴더를 선택합니다.

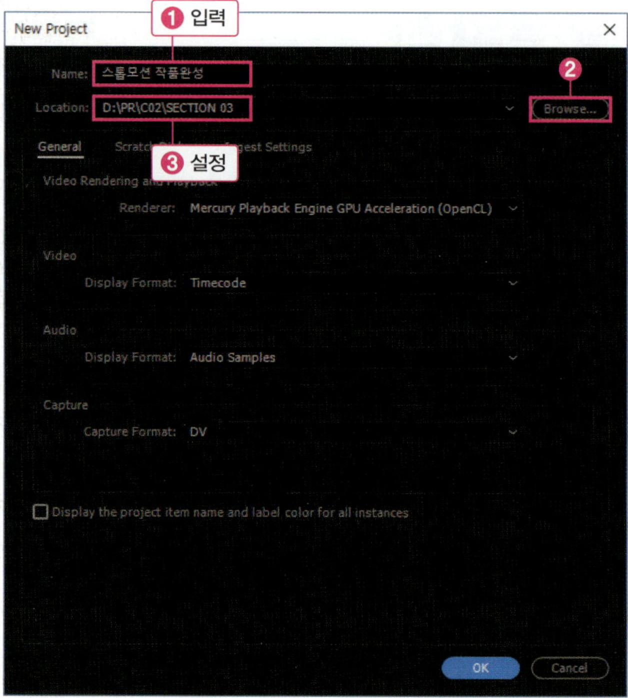

2 새 프로젝트 이름으로 기본 작업 화면이 열리면 새 시퀀스를 만들기 위해서 [File] > [New] > [Sequence](**Ctrl** + **N**) 메뉴를 클릭합니다.

TIP :: 스톱모션(Stop Motion)이란?

정지하고 있는 물체를 프레임마다 조금씩 이동하고, 카메라로 계속해서 촬영하여 움직이고 있는 것처럼 보여주는 기법입니다.

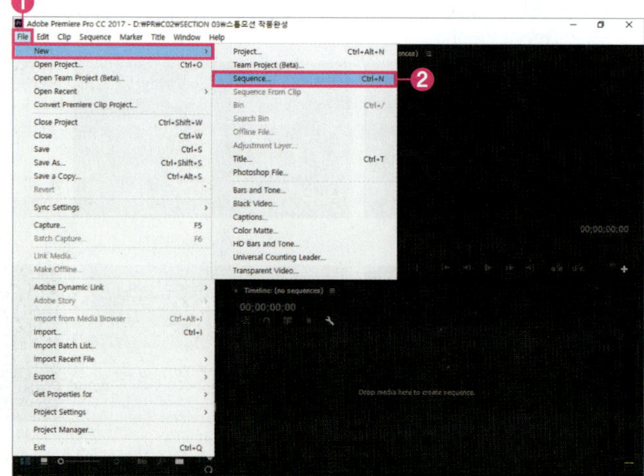

3 [New Sequence] 대화상자가 열리면 [Sequence Presets] 탭 [HDV] 〉 [HDV 720p30]을 선택합니다.

TIP :: [HDV 720p30]

- 화면 크기 : 1280 X 720 (단위 : 픽셀)
- 1초당 프레임 : 29.97 frames/second

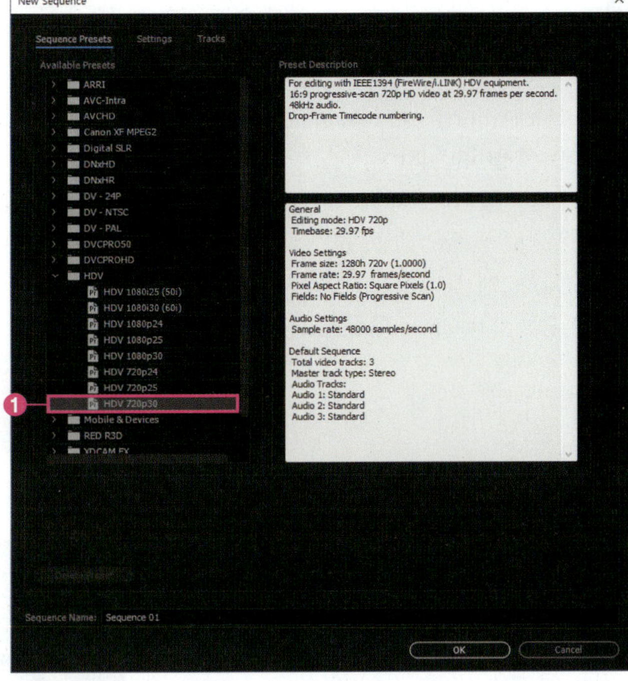

4 스톱모션 영상 작업을 위해서 [Settings] 탭에서 다음과 같이 설정하고 [OK] 버튼을 클릭합니다.

- [Editing Mode] : 'Custom',
- [Timebase] : '30.00 frames/second'
- [Sequence Name] : 'Sequence 01'(사용자 임의로 입력해도 됩니다. 책에서는 편의상 기본 이름을 사용하였습니다.)

TIP :: 스톱모션의 [Timebase]

스톱모션에서 초당 이미지의 개수를 정확히 계산하면서 작업하기 위해 '29.97 frame/second'로 하지 않고, '30.00 frame/second'로 설정합니다.

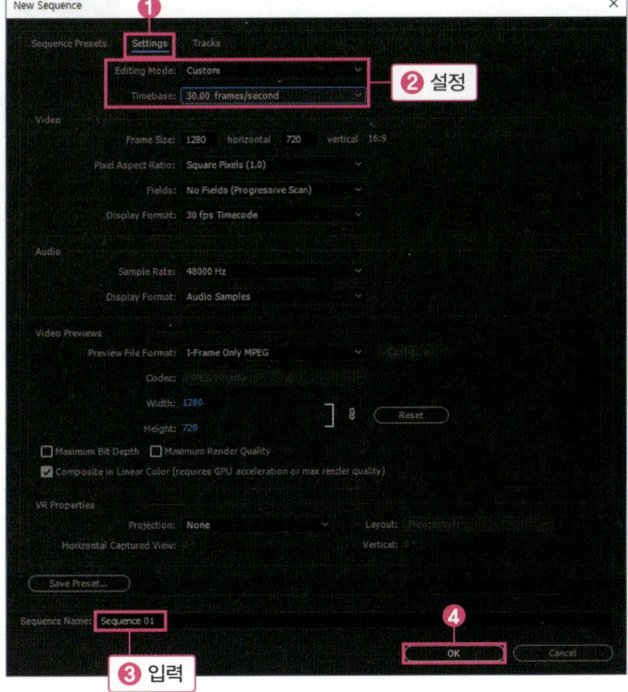

5 1280 x 720 HD로 시퀀스 설정이 끝나면 [Timeline] 패널에서 새 시퀀스를 확인하고, 이미지 소스에 대한 기본설정을 스톱모션용으로 바꾸기 위해서 [Edit] 〉 [Preferences] 〉 [General] 메뉴를 클릭합니다.

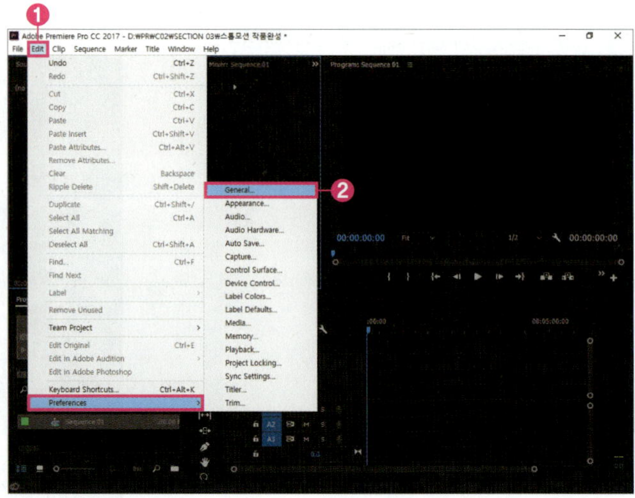

6 [Preferences] 대화상자가 열리면 [Still Image Default Duration]을 '6', 'frames'으로 입력하고 [OK] 버튼을 클릭합니다. 설정이 끝난 후 불러오는 모든 이미지는 [Timeline] 패널에서 6frame의 재생 길이를 갖습니다.

TIP : : 6frame 길이의 이미지로 현재 시퀀스 설정에서 1초의 영상을 만들기 위해서는 총 5장이 필요합니다.
30frame = 1초

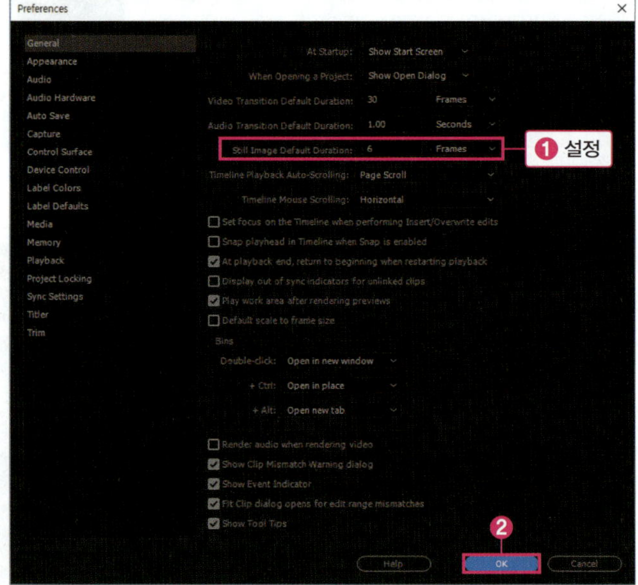

02 스톱모션 이미지 클립 불러오기 Import Folder

: 준비 파일 : Part 02 〉 Chapter 02 〉 Section 04 〉 BGM.wav, A폴더   **: 완성 파일 :** Part 02 〉 Chapter 02 〉 Section 04 〉 스톱모션 작품완성.prproj

1 배경음악(BGM)을 불러오기 위해서 [Project] 패널의 빈 공간을 더블클릭한 후 [Import] 대화상자가 열리면 'BGM.wav' 파일을 선택하고 [열기] 버튼을 클릭합니다.

TIP :: [윈도우 탐색기]에서 필요한 파일을 선택한 후 드래그해서 프리미어 프로의 [Project] 패널로 불러올 수도 있습니다.

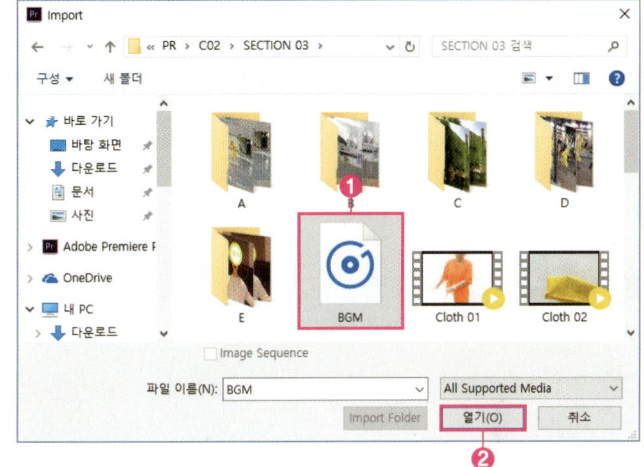

2 [Project] 패널의 'BGM.wav' 오디오 클립을 [Timeline] 패널 [A1] 트랙의 시작점으로 드래그하여 배경음악을 넣은 후 **Space Bar** 를 눌러 삽입된 배경음악을 확인합니다.

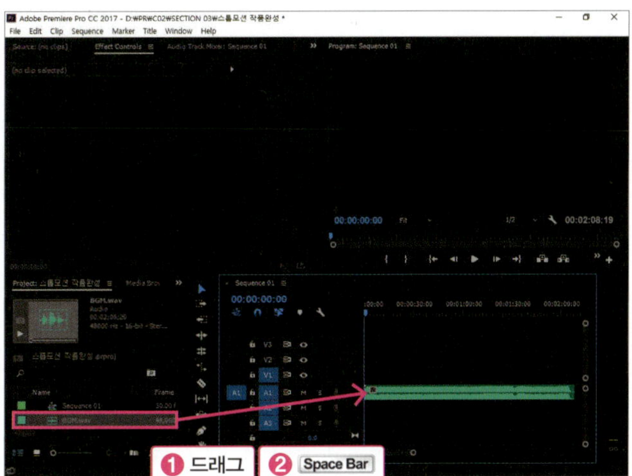

3 다음으로 스톱모션 이미지 파일을 불러오기 위해서 [Project] 패널의 빈 공간을 더블클릭한 후 [Import] 대화상자가 열리면 'A' 폴더를 선택하고 [Import Folder] 버튼을 클릭합니다.

TIP :: [Import Folder] 버튼

폴더와 안에 포함된 모든 클립을 한꺼번에 불러올 수 있는 기능입니다.

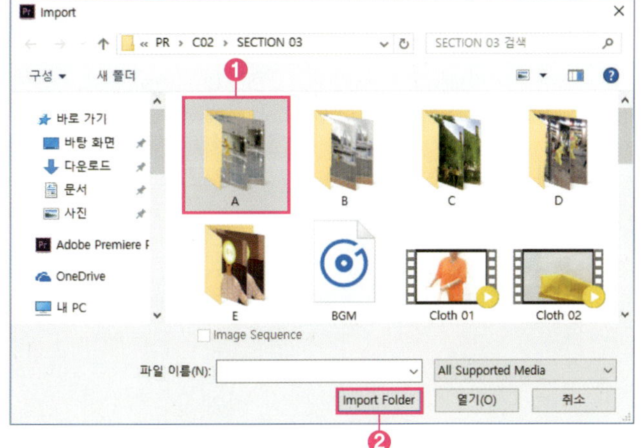

4 [Project] 패널에 그림과 같이 'A' Bin이 만들어졌음을 확인한 후 Bin에 포함된 클립들을 확인하기 위해서 'A' Bin의 아이콘을 더블클릭합니다.

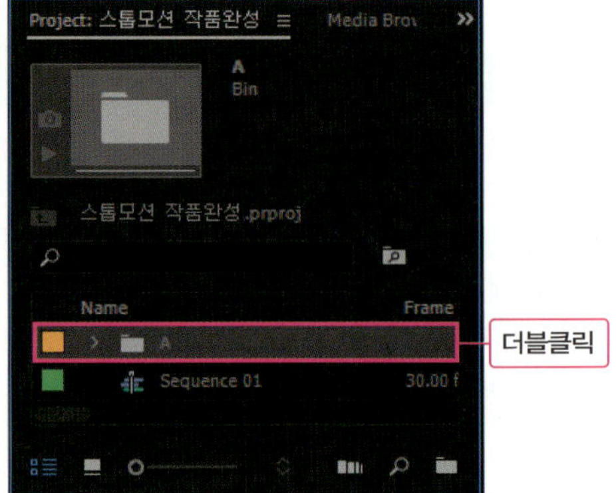

5 [Bin: A] 패널이 열리면 Bin에 포함된 스톱모션 이미지 클립 40개를 확인한 후 [닫기](×)를 클릭합니다.

TIP :: 5장의 이미지가 1초의 재생 길이에 해당되므로 40장의 스톱모션 이미지는 총 8초입니다.

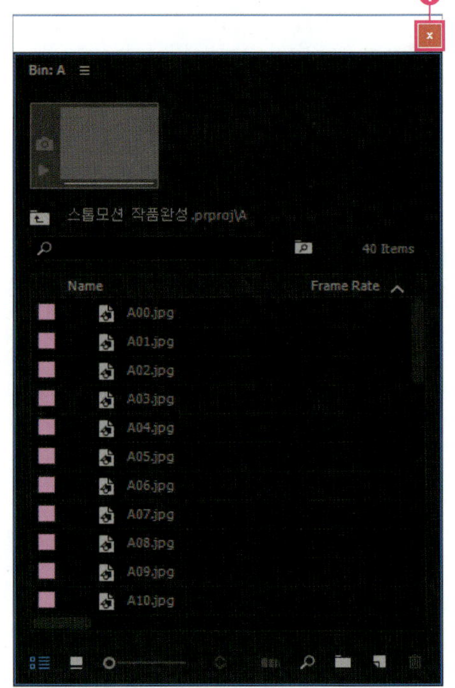

03 여러 개의 이미지 클립 하나로 묶기 Nest

1 메인 작업 이전에 우선 오프닝이 들어갈 자리를 비워놓기 위해서 [Current Time Indicator]를 00;00;04;00 위치로 옮긴 후 [Project] 패널의 'A' Bin을 [V1] 트랙의 [Current Time Indicator] 뒤로 드래그합니다.

TIP :: 사운드 활용 테크닉

홍보영상 실무에서는 사운드가 차지하는 비중이 큽니다. 그 분위기에 따라 모든 것이 달라질 수 있기 때문입니다. 대부분의 사운드는 전주가 있습니다. 따라서 오프닝 편집을 할 때, 트랙의 앞부분을 비워놓고 시작하는 경우가 대다수입니다.

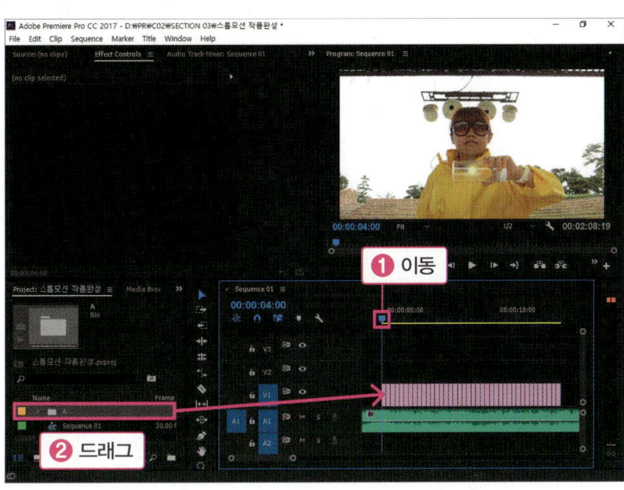

2 여러 개의 이미지 클립은 선택, 이동 등의 편집이 까다롭기 때문에 이미지 클립들을 하나로 묶어 작업을 조금 더 편리하게 만들기 위해서 'A' Bin의 모든 이미지 클립들을 드래그하여 선택한 후 [Clip] 〉 [Nest] 메뉴를 클릭합니다.

TIP :: Nest

선택된 여러 개의 클립을 시퀀스로 묶어서 하나의 클립처럼 편집할 수 있는 기능입니다. [Nest]로 묶인 클립을 더블클릭하면 언제든지 안에 포함된 클립들을 개별 편집을 할 수도 있습니다.

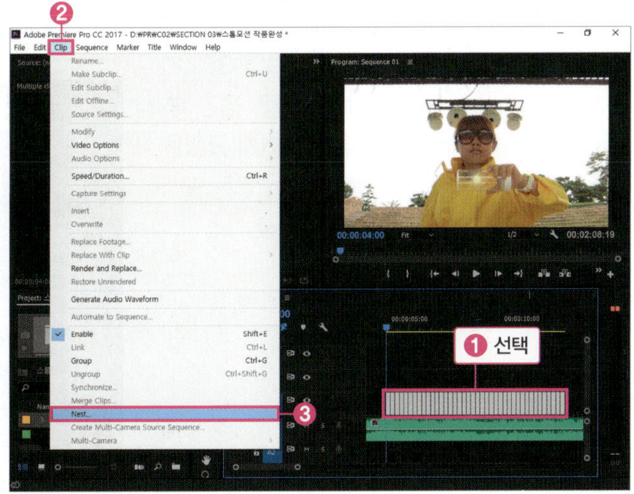

3 [Nested Sequence Name] 대화상자가 열리면 [Name]에 기본 입력된 이름을 확인한 후 [OK] 버튼을 클릭합니다.

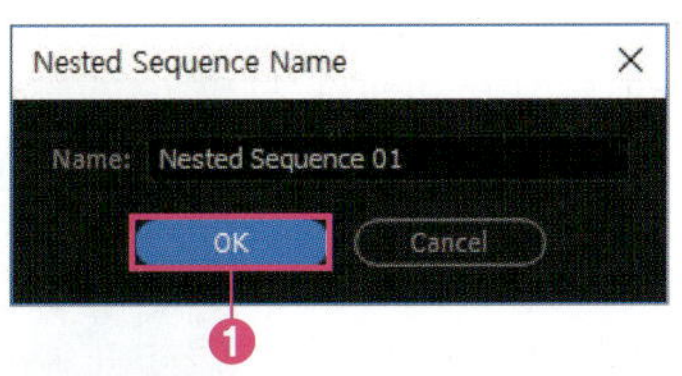

4 여러 개의 이미지 클립들이 하나의 클립처럼 묶이고, 방금 설정한 'Nested Sequence 01'이라는 이름을 갖습니다.

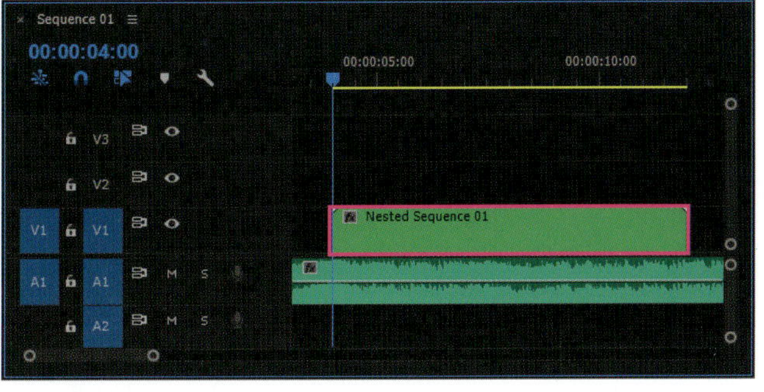

: **준비 파일 :** Part 02 〉 Chapter 02 〉 Section 04 〉 Title Back.jpg

1 다음으로 각 스톱모션 영상에 사용될 타이틀을 작업해 보겠습니다. 우선 타이틀 배경을 불러오기 위해서 [Project] 패널의 빈 공간을 더블 클릭하고, [Import] 대화상자가 열리면 'Title Back.jpg' 파일을 선택한 후 [열기] 버튼을 클릭합니다.

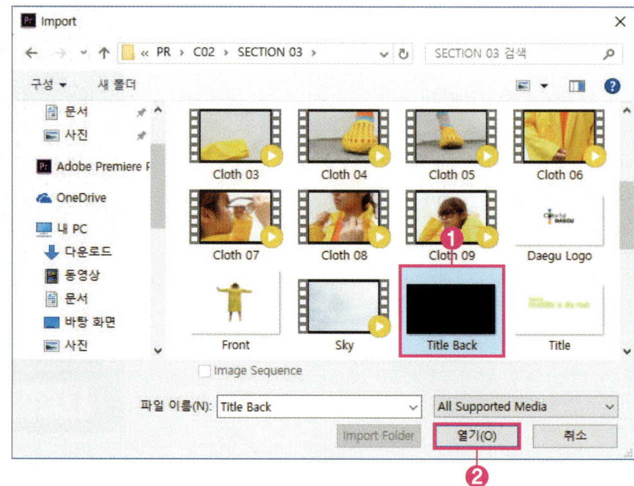

2 타이틀 배경 이미지가 시작될 00;00;02;10 위치로 [Current Time Indicator]를 옮긴 후 [Project] 패널의 'Title Back.jpg' 이미지 클립을 [V1] 트랙의 [Current Time Indicator] 뒤로 드래그합니다.

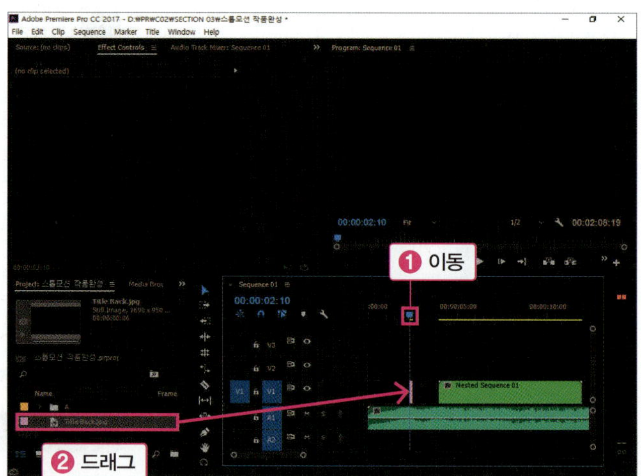

3 이미지 클립의 재생 길이를 늘이기 위해서 'Title Back.jpg'의 [Out 점]을 오른쪽으로 드래그하여 [Nested Sequence 01]의 [In 점]에 맞춥니다.

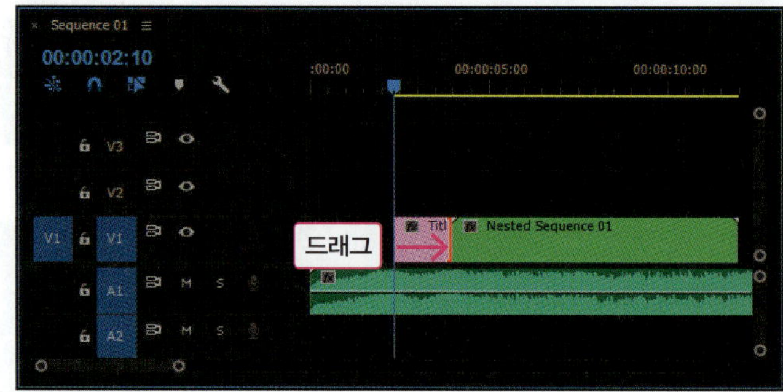

4 다음으로 타이틀을 디자인하기 위해서 [Title] 〉 [New Title] 〉 [Default Still] 메뉴를 클릭합니다.

TIP :: [Title] 메뉴

영상에 필요한 타이틀과 자막 등을 제작할 수 있습니다. 더불어 다양한 꾸미기 효과와 애니메이션 기능도 제공됩니다.

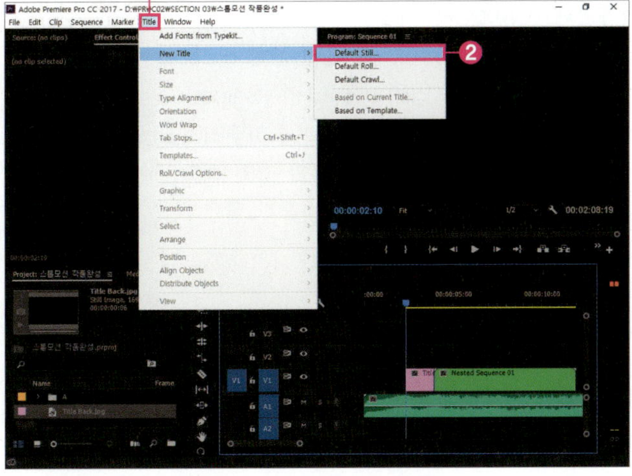

5 [New Title] 대화상자가 열리면 [Video Settings]는 그대로 두고, [Name]에 'A Title'을 입력한 후 [OK] 버튼을 클릭합니다.

TIP :: [Video Settings]는 현재 시퀀스 설정과 100% 일치하게 기본 설정되므로 변경하지 않아도 됩니다.

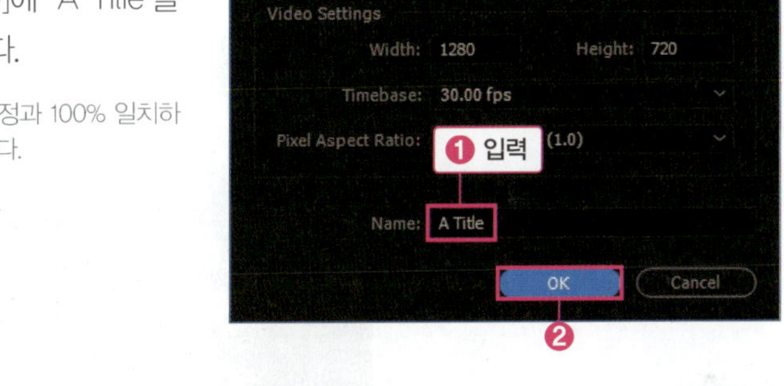

6 타이틀 창이 열리면 [Title Tool] 패널의 [Type Tool](T)을 클릭하고, [Main Work Area]의 한 지점을 클릭합니다. 문자를 바로 입력하지 말고 [Title Properties]의 [Properties] 〉 [Font Family]를 'Adobe 고딕 Std'로 설정합니다.

TIP ::

• 문자를 먼저 입력하지 않고 폰트부터 설정하는 이유는 프리미어 프로의 기본 언어가 영어로 설정되어 있기 때문에 한글 폰트로 변경하기 위함입니다.

• 'Adobe 고딕 Std'이 보이지 않을 경우, 비슷한 폰트로 대체해도 됩니다.

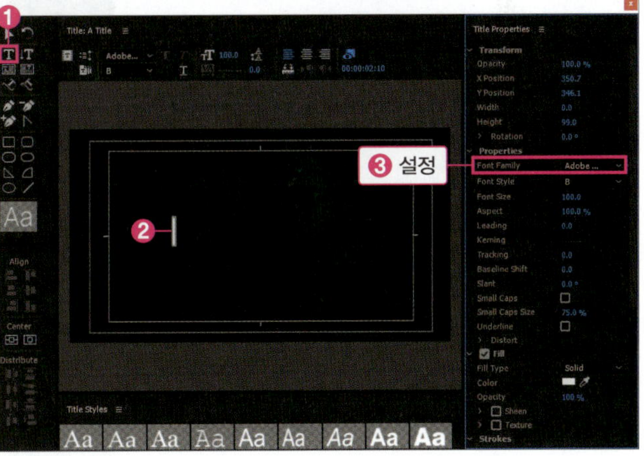

7 [Main Work Area]를 다시 클릭한 후 한영을 눌러 한글 입력으로 바꾸고, '첨단 산업 도시, 대구'를 입력합니다. 입력이 끝나면 [Selection Tool](▶)을 클릭하여 문자 입력을 마무리하고 [Title Properties] 패널에서 다음과 같이 설정합니다.

• [Properties]
  [Font Size] : '82'
• [Fill]
  [Color] : '흰색(#ffffff)'

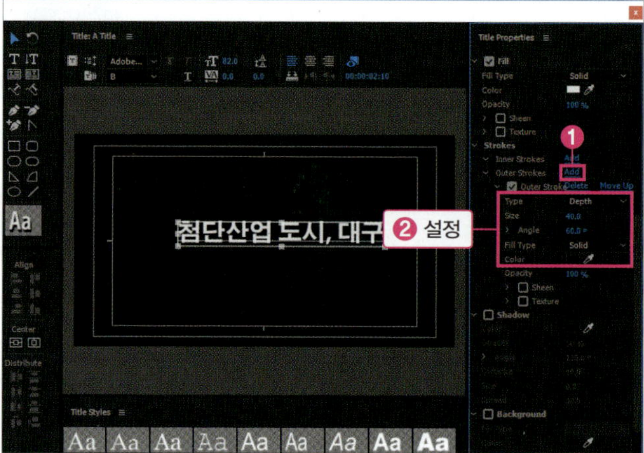

TIP :: [Selection Tool](▶)
[Title Tool]에서 선택 툴을 선택하고 [Title Design] 패널에서 문자를 드래그하면 원하는 위치로 편리하게 이동할 수 있습니다.

8 타이틀에 입체감을 주기 위해서 [Title Properties] 패널에서 [Outer Strokes]의 [Add]를 클릭한 후 다음과 같이 설정합니다.

• [Outer Strokes]
  [Type] : 'Depth',
  [Size] : '40',
  [Angle] : '60°'
  [Color] : '검정색(#000000)'

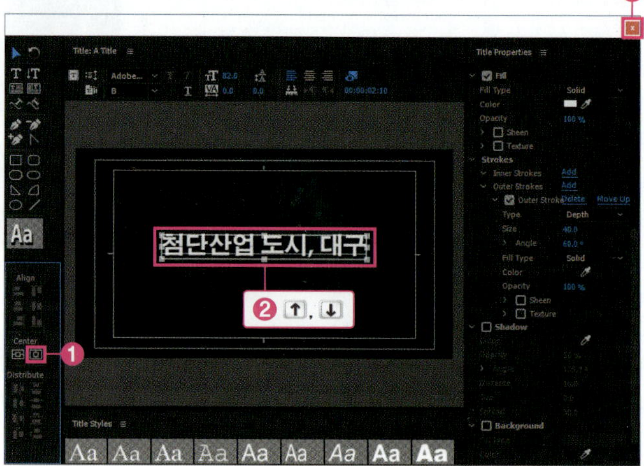

9 [Title Actions] 패널에서 [Horizontal Center](回)을 클릭하여 가로의 중앙으로 정렬하고, 세로 위치는 키보드의 상하 방향키 ↑, ↓를 이용하여 다음과 같은 위치로 이동합니다. 위치 설정이 끝나면 [닫기](x)를 클릭합니다.

TIP :: 타이틀 작업은 따로 저장하지 않아도 마지막까지 한 작업이 자동으로 저장되므로 작업 후 창을 닫아도 됩니다.

10 [Project] 패널에 'A Title' 이미지 클립이 만들어졌음을 확인합니다.

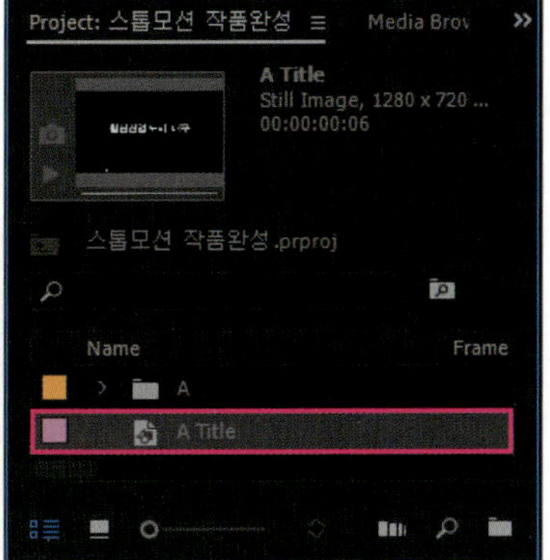

11 [Current Time Indicator]가 00;00;02;10 위치에 있음을 확인한 후 [Project] 패널의 'A Title' 이미지 클립을 [V2] 트랙의 [Current Time Indicator] 뒤에 드래그하고 클립의 [Out 점]을 오른쪽으로 드래그하여 'Title Back.jpg'의 [Out 점]에 맞춥니다. **Space Bar** 를 눌러 첫 번째 타이틀을 확인합니다.

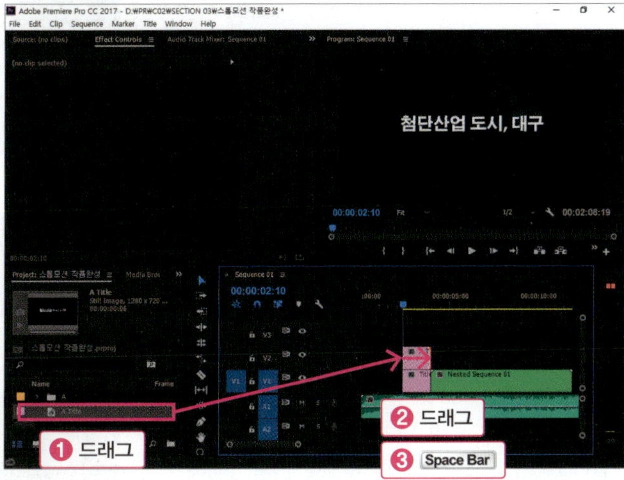

1 타이틀에 확대-축소 모션을 만들기 위해서 [Timeline] 패널의 'A Title' 이미지 클립을 선택하고 [Effect Controls] 패널을 클릭하여 활성화합니다.

TIP :: [Effect Controls] 패널이 보이지 않을 경우, [Window] 〉 [Effect Controls] 메뉴를 클릭합니다.

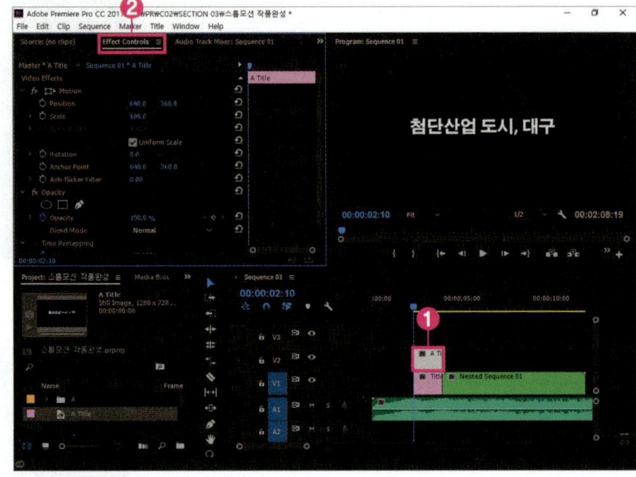

2 [Current Time Indicator]가 00;00;02;10 위치에 있음을 확인한 후 [Effect Controls] 패널에서 [Motion]의 [Scale] 〉 [Add/Remove Key-frame](▣)을 클릭하여 활성화한 후 '60.0'으로 입력하여 크기를 줄입니다. 이어서 자연스럽게 나타나는 Opacity 애니메이션을 추가하기 위해서 [Opacity] 항목을 연 후 '0%'로 입력합니다.

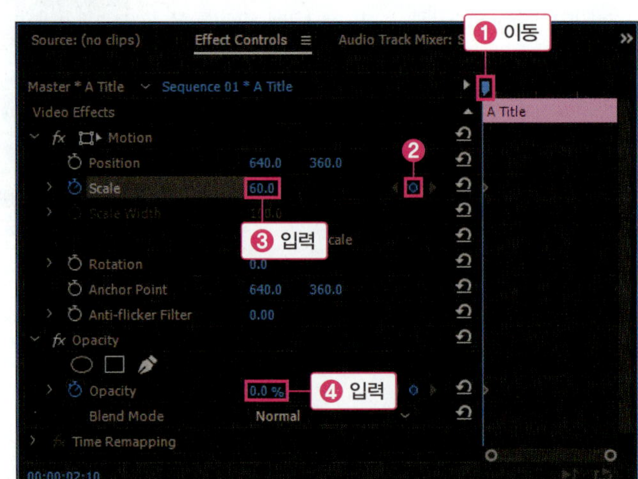

3 [Current Time Indicator]를 00;00;02;20 위치로 옮긴 후 [Opacity]를 '100%'로 입력하여 타이틀이 자연스럽게 화면에 나타나게 합니다.

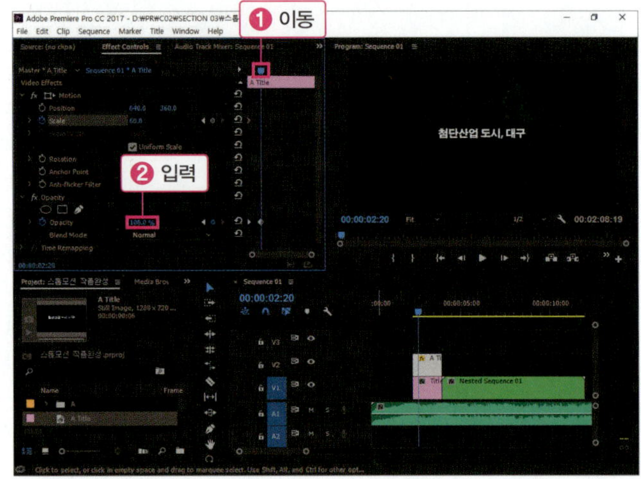

4 [Current Time Indicator]를 00;00;03;29 위치로 옮긴 후 [Motion] > [Scale]을 '100'으로 입력하여 타이틀이 확대되는 모션을 만듭니다.

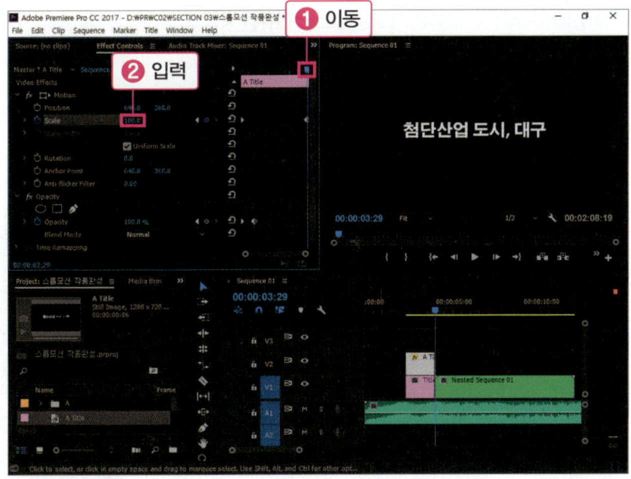

5 위와 반대로 타이틀의 배경은 축소되는 모션을 만들기 위해서 [Timeline] 패널의 'Title Back.jpg' 이미지 클립을 선택하고, [Current Time Indicator]를 00;00;02;10 위치로 옮긴 후 [Effect Controls] 패널에서 [Motion] > [Scale]의 [Add/Remove Keyframe](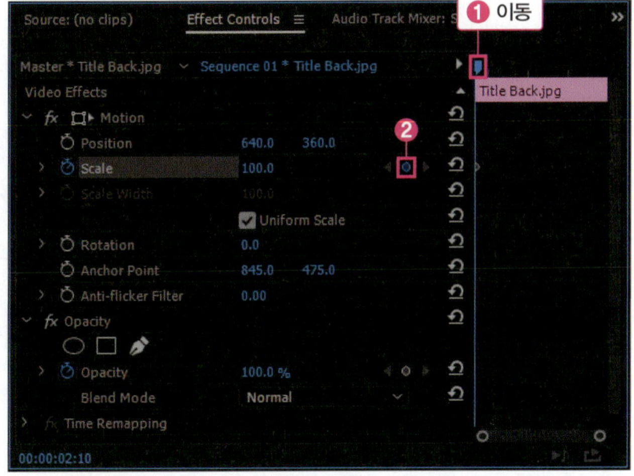)을 클릭하여 활성화합니다.

TIP :: 확대-축소용 이미지 클립의 사이즈 준비하기
이미지 확대-축소 모션을 만들 때에는 이미지 외곽이 잘릴 것을 감안하여 영상 출력 사이즈보다 큰 이미지 소스를 준비해야 합니다.

6 이어서 [Current Time Indicator]를 00;00;03;29 위치로 옮긴 후 [Motion] > [Scale]을 '80'으로 입력합니다. Space Bar 를 눌러 타이틀 배경이 축소되면서 타이틀은 확대되는 모션을 확인합니다.

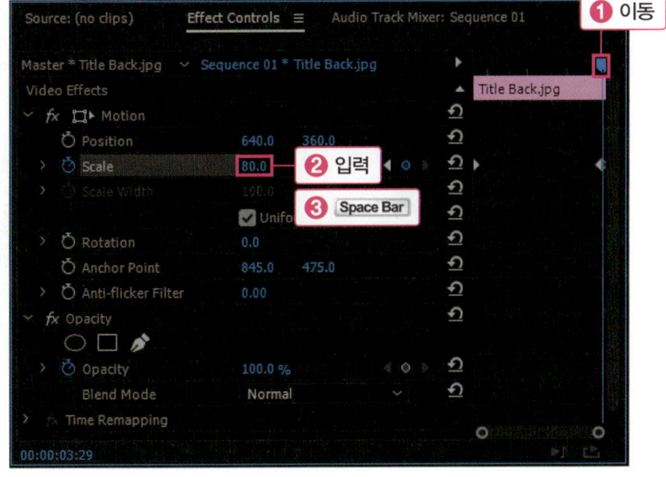

: 준비 파일 : Part 02 〉 Chapter 02 〉 Section 04 〉 B폴더, C폴더, D폴더

1 각 스톱모션의 타이틀에 사용되는 배경은 같으므로 이를 복사하여 사용하기 위해서 [Timeline] 패널에서 'Title Back.jpg' 이미지 클립을 선택하고, **Ctrl** + **C** 를 눌러 복사한 후 [Current Time Indicator]를 붙여넣기 할 위치인 'Nested Sequence 01'의 [Out 점]으로 옮기고, **Ctrl** + **V** 를 눌러 붙여 넣습니다.

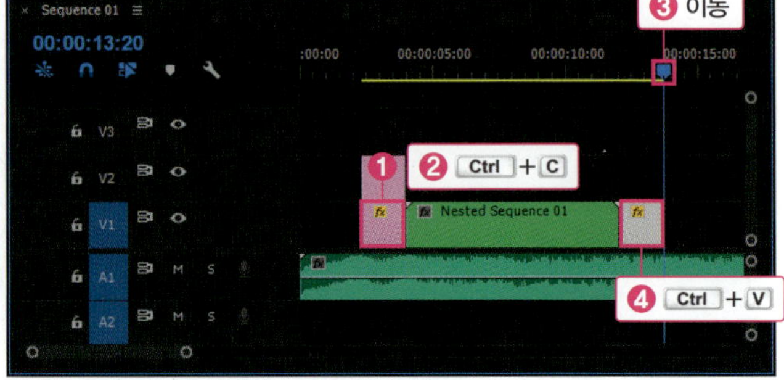

2 다음으로 타이틀을 복사하기 위해서 [Project] 패널에서 'A Title' 이미지 클립을 선택하고, **Ctrl** + **C** , **Ctrl** + **V** 를 눌러 복사하여 붙여 넣습니다. 클립의 이름을 클릭하여 'B Title'로 변경하고 타이틀 내용을 수정하기 위해서 [Project] 패널에서 'B Title' 이미지 클립의 아이콘을 더블클릭하여 타이틀 창을 엽니다.

3 타이틀 창이 열리면 '육상 체육 도시, 대구'로 수정한 후 [Title Actions] 패널에서 [Horizontal Center](▣)를 클릭하여 가로의 중앙으로 정렬하고, 타이틀 창을 닫습니다.

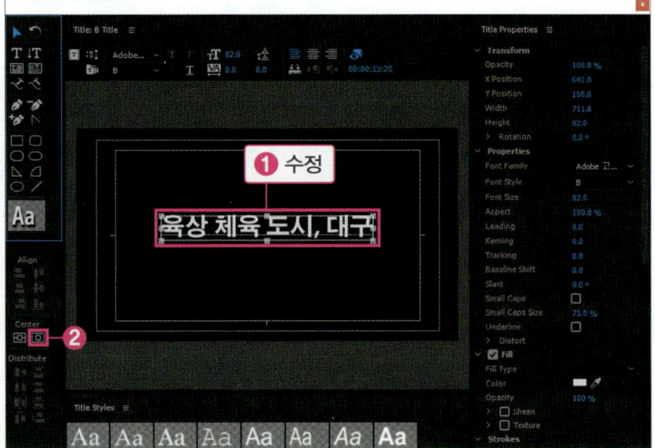

4 [Current Time Indicator]를 두 번째 타이틀이 들어갈 00;00;12:00 위치로 옮긴 후 [Project] 패널의 'B Title' 이미지 클립을 [V2] 트랙의 [Current Time Indicator] 뒤에 드래그하고 [Out 점]을 오른쪽으로 드래그하여 'Title Back.jpg' 이미지 클립의 [Out 점]에 맞춥니다.

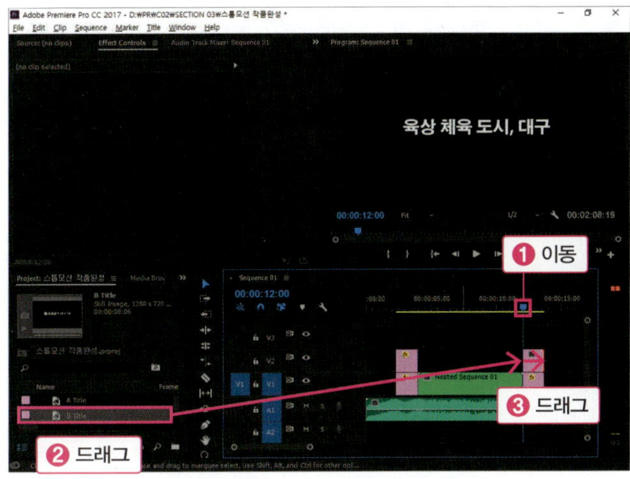

5 첫 번째 타이틀과 같은 확대—축소 모션을 적용하기 위해서 [Timeline] 패널에서 'A Title' 이미지 클립을 선택합니다. [Effect Controls] 패널에서 Ctrl 을 누른 채 [Motion]과 [Opacity]를 각각 선택하고 Ctrl + C 를 눌러 모션을 복사합니다.

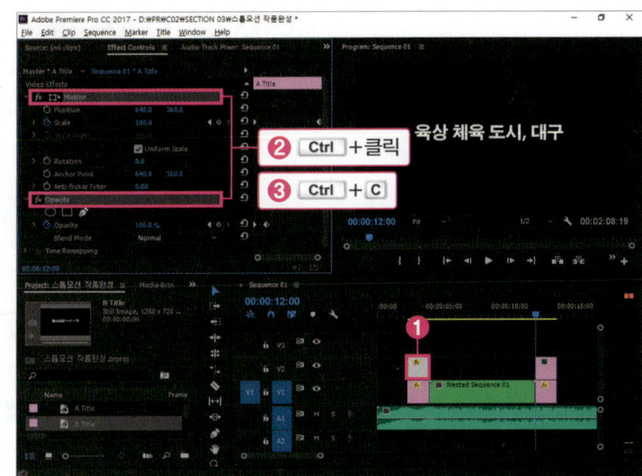

6 같은 모션을 적용할 'B Title'을 선택하고, Ctrl + V 를 눌러 모션을 붙여 넣은 후 Space Bar 를 눌러 타이틀 모션을 확인합니다.

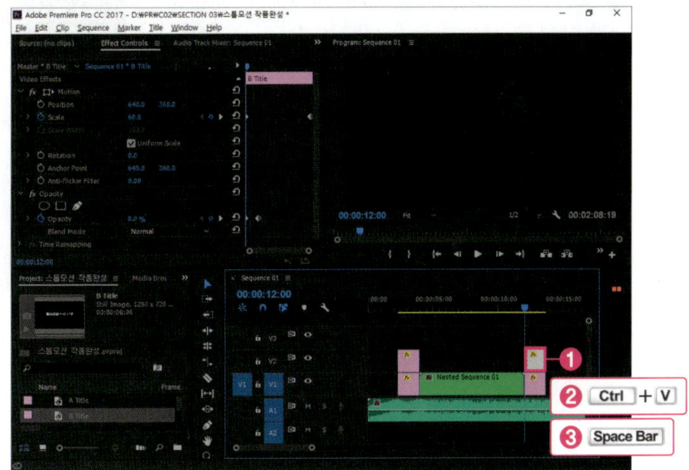

7 두 번째 스톱모션에 사용될 이미지 파일을 불러오기 위해서 [Project] 패널의 빈 공간을 더블클릭합니다. [Import] 대화상자가 열리면 'B' 폴더를 선택하고 [Import Folder] 버튼을 클릭합니다.

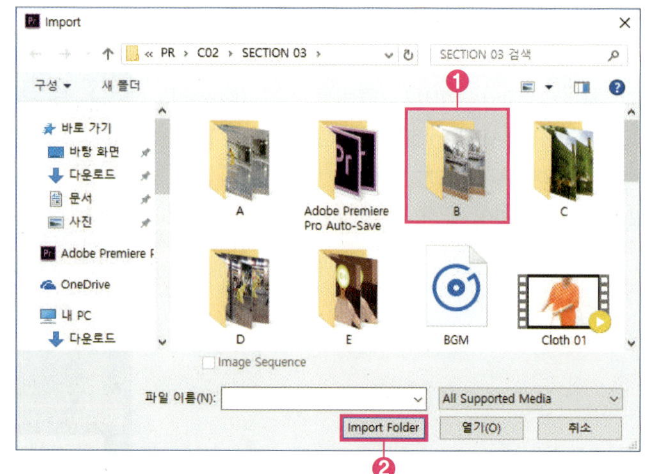

8 [Project] 패널의 'B' Bin을 다음과 같이 [V1] 트랙의 두 번째 타이틀 뒤에 드래그합니다.

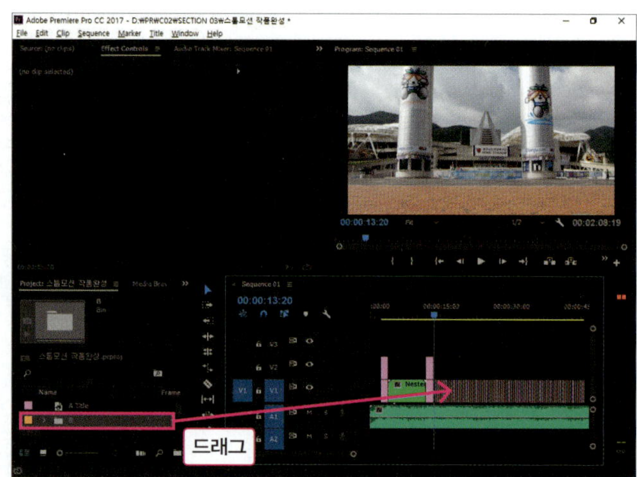

9 이전과 동일한 방법으로 [Timeline] 패널에서 'B' Bin의 모든 이미지 클립들을 드래그하여 선택한 후 [Clip] 〉 [Nest] 메뉴를 클릭하여 편집하기 쉽게 하나로 묶습니다.

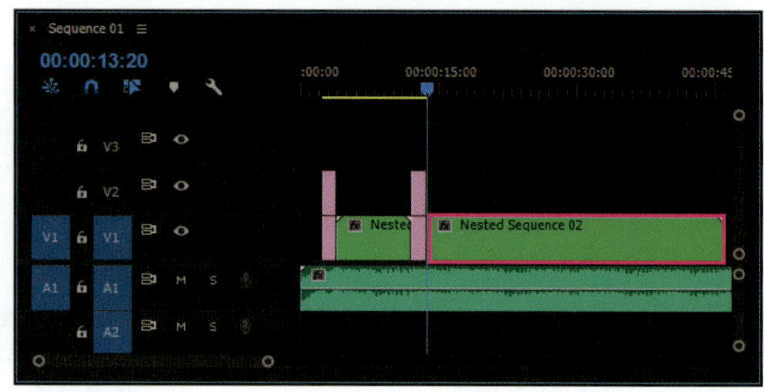

10 나머지 스톱모션에 사용될 타이틀 역시 같은 방법으로 이전 타이틀을 복사하고, 붙여 넣은 후 내용을 수정하여 다음과 같이 만듭니다.

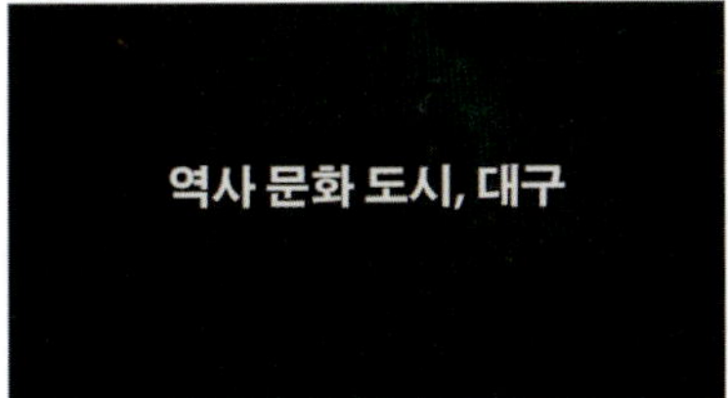

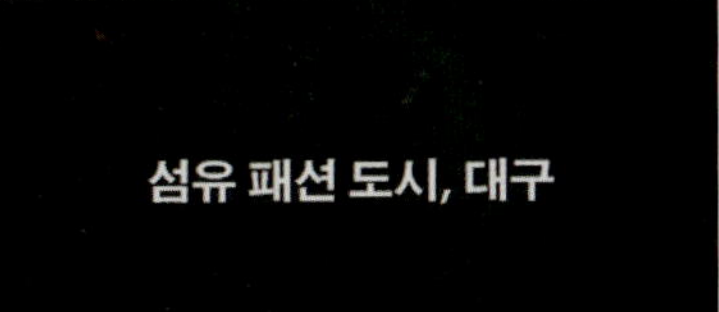

11 지금까지 배운 방법을 이용하여 나머지 'C', 'D', 'E' 폴더도 불러와 차례대로 넣고, 타이틀도 편집하여 다음과 같이 순서대로 배치합니다.

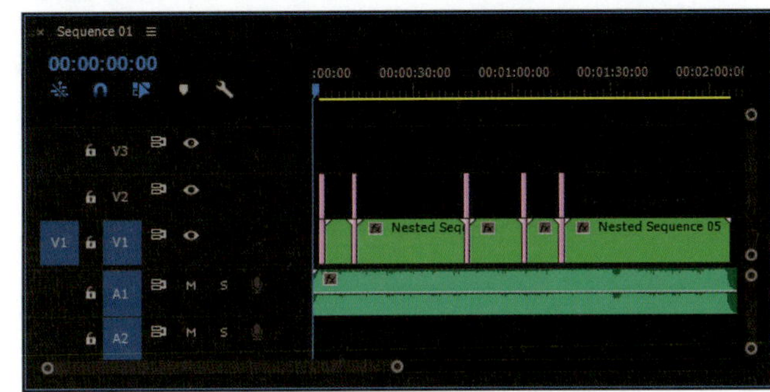

TIP :: **프리미어 프로에서 자막을 만들 때 고려해야 할 사항**

보통 자막은 정보를 전달하려는 목적에서 만들어지는 것이므로 첫 번째 고려할 사항은 무조건 잘 보이게 해야 한다는 것입니다. 자막이 잘 보이지 않는다면 정보 전달력이 떨어질뿐더러 무슨 내용을 전달하려는지 명확하지 않은 영상은 매체로써의 가치가 없는 영상입니다. 따라서 자막의 명시성이 아주 중요합니다.

• 자막 색상 : 자막을 만들 때 검은색 바탕에서는 주로 흰색 또는 노란색 글씨를 쓰고, 흰색 바탕에는 흰색, 노란색을 제외한 색을 씁니다. 또한 자막에 'Stroke', 'Shadow' 기능을 추가하여 색상 대비로 자막의 명시성을 높일 수 있습니다.
• 자막의 폰트 종류 : 기본적으로 자막의 폰트는 단순하면서 두꺼운 것을 사용하는 것이 좋습니다. 따라서 주로 고딕체 계열을 많이 사용합니다.
• 자막의 배열 : 자막을 입력할 때 타이틀 창의 화면에 흰색의 선으로 틀이 잡혀져 있는 것이 보입니다. 가장 바깥에 있는 흰색선을 넘어가면 영상을 재생하는 장치(TV, 컴퓨터, 스마트폰)에 따라서 화면이 잘릴 수도 있으니 가급적이면 안에 있는 흰색선 안에 맞춰서 작업하길 바랍니다.

: **준비 파일 :** Part 02 〉 Chapter 02 〉 Section 04 〉 Daegu Logo.jpg

1 메인 부분이 만들어졌으므로 이제 엔딩 부분을 만들기 위해서 [Project] 패널의 빈 공간을 더블클릭하고, [Import] 대화상자가 열리면 엔딩에 사용될 'Daegu Logo.jpg' 파일을 선택한 후 [열기] 버튼을 클릭합니다.

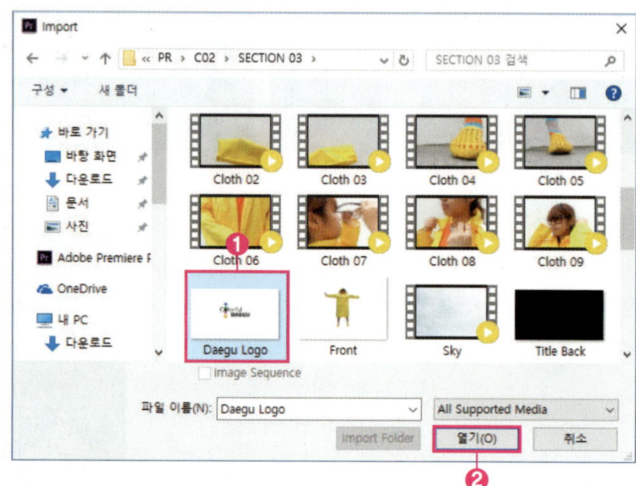

2 [Project] 패널에서 'Daegu Logo.jpg' 이미지 클립을 [V1] 트랙의 끝 부분에 다음과 같이 드래그한 후 [Out 점]을 오른쪽으로 드래그하여 [A1] 트랙에 위치한 'BGM.wav'의 [Out 점]에 맞춥니다.

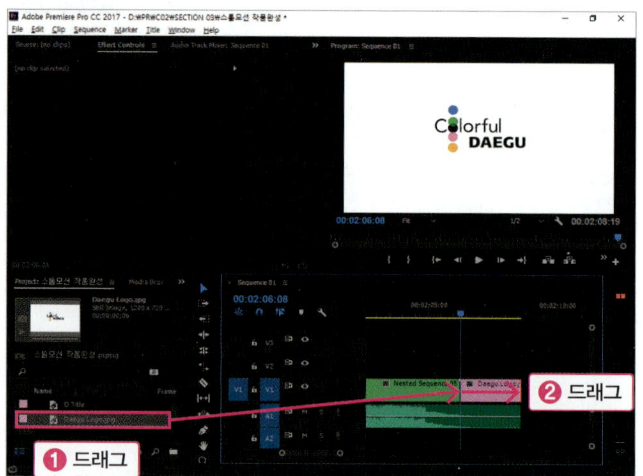

3 마지막 스톱모션 장면과 다음 부분에 넣은 'Daegu Logo.jpg' 이미지 클립 사이에 장면전환 효과를 적용하기 위해서 [Window] 〉 [Effects] 메뉴를 클릭한 후 [Effects] 패널에서 [Video Transitions] 〉 [Dissolve] 〉 [Dip to White] 효과를 선택합니다. [V1] 트랙 'Nest Sequence 05' 시퀀스 클립의 끝부분에 드래그합니다.

TIP :: 장면전환 효과

영상이 100% 투명한 상태에서 자연스럽게 나타나는 장면전환 효과를 Fade In이라고 하며, 반대로 화면이 자연스럽게 사라지는 효과는 Fade Out입니다.

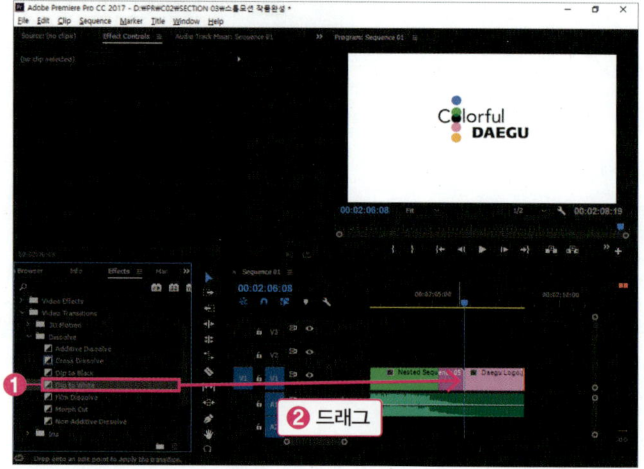

4 시퀀스 클립에 적용된 [Dip to White] 효과를 선택하여 [Effect Controls] 패널에 옵션이 보이게 합니다.

TIP :: Dip to White
영상이 자연스럽게 사라지며 점차 흰색으로 바뀝니다.

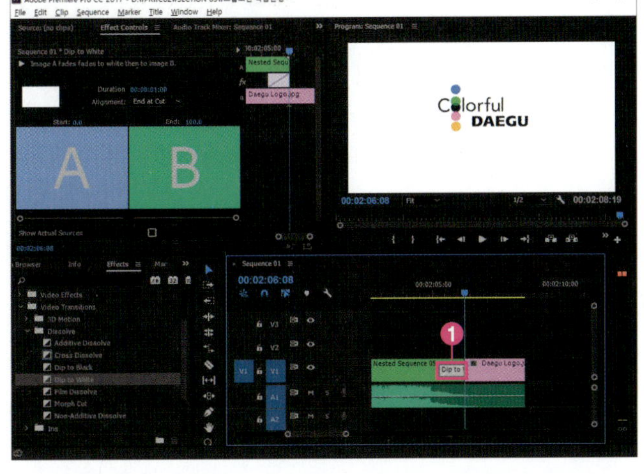

5 [Effect Controls] 패널의 오른쪽에 위치한 작은 [Timeline]에서 [Dip to White] 효과의 [Out 점]을 오른쪽으로 드래그하여 1초 정도 늘립니다. 'Duration'이 '00:00:01:00'에서 '00:00:02:00'로 늘어난 것을 확인합니다.

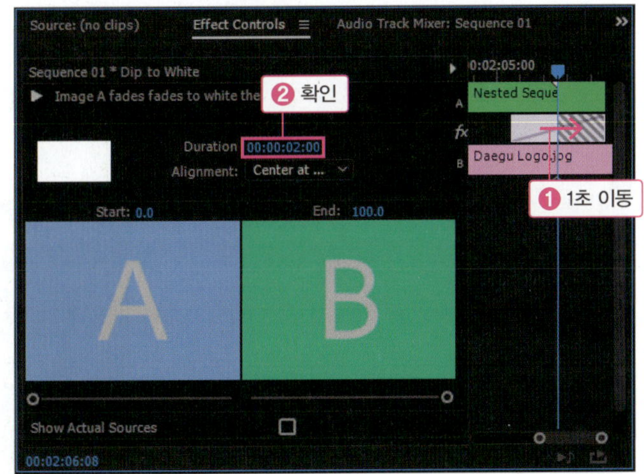

6 [Dip to White] 효과의 길이가 2초로 길어져서 스톱모션 시퀀스 클립과 이미지 클립이 자연스럽게 바뀌는 장면전환 효과가 적용되었습니다. **Space Bar** 를 눌러 장면전환 효과를 확인합니다.

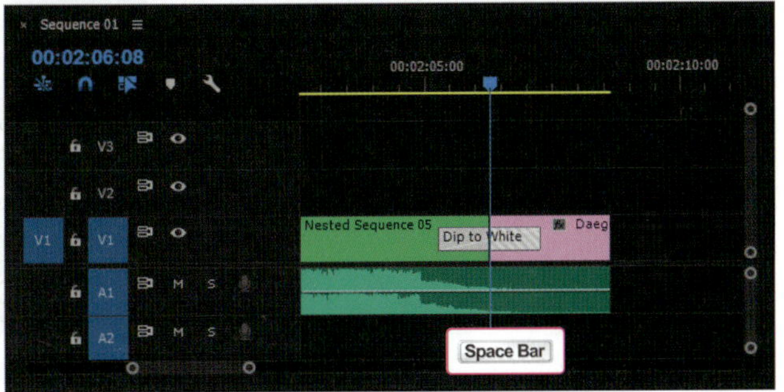

: 준비 파일 : Part 02 〉 Chapter 02 〉 Section 04 〉 Sky.avi, Title.png, Cloth 01.avi ～ Cloth 09.avi

1 다음으로 새 시퀀스를 추가하여 오프닝을 만들기 위해서 [File] 〉 [New] 〉 [Sequence] (**Ctrl**+**N**) 메뉴를 클릭합니다.

TIP :: 새 시퀀스를 추가하여 편집하는 이유

영상의 길이가 길거나 편집이 복잡할 때, 실무에서는 보통 여러 개의 시퀀스로 나눠서 편집하게 됩니다. 이는 편집에서 작업의 편리함과 동시에 수정의 유연함이 있습니다.

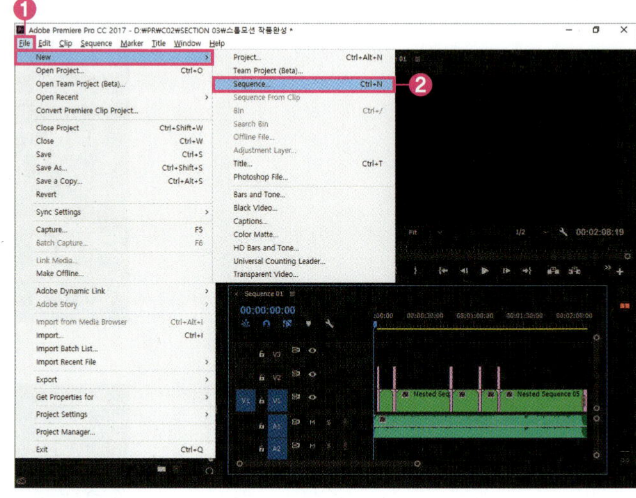

2 [New Sequence] 대화상자가 열리면 [Settings] 탭을 클릭하고, 다음과 같이 설정한 후 [OK] 버튼을 클릭합니다.

• [Editing Mode] : 'Custom'
• [Timebase] : '30.00 frames/second'
• [Video]
  [Frame Size] : '1280'
  [horizontal] : '720'
  [Pixel Aspect Ratio] : 'Square Pixels (1.0)'
  [Fields] : 'No Fields(Progressive Scan)'
• [Sequence Name] : 'Opening'

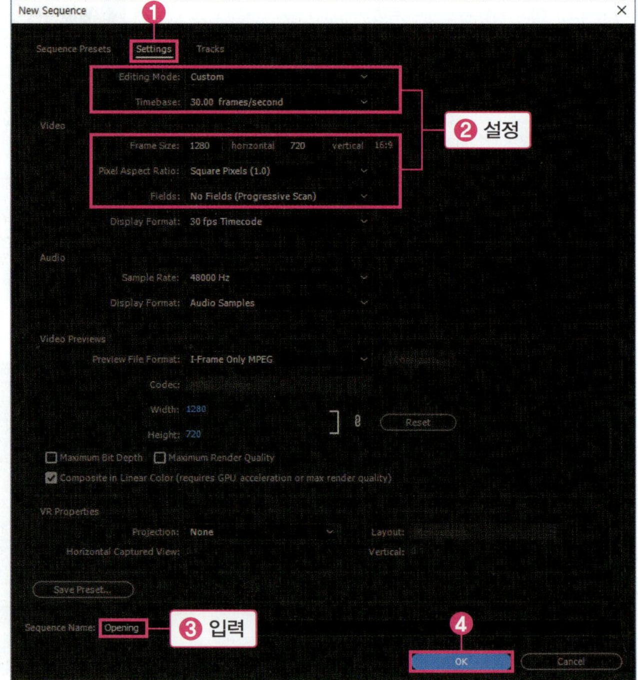

3 [Timeline] 패널에 새로 만든 [Opening] 시퀀스가 추가됩니다.

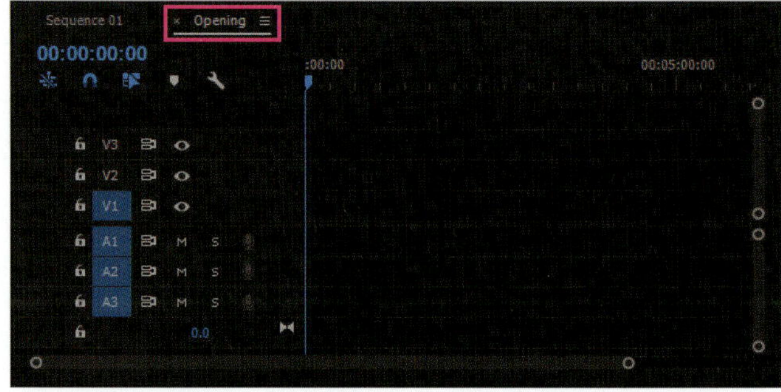

4 오프닝 만들기에 필요한 파일을 불러오기 위해서 [Project] 패널의 빈 공간을 더블클릭합니다. [Import] 대화상자가 열리면 'Sky.avi', 'Title.png' 파일을 선택하고 [열기] 버튼을 클릭합니다.

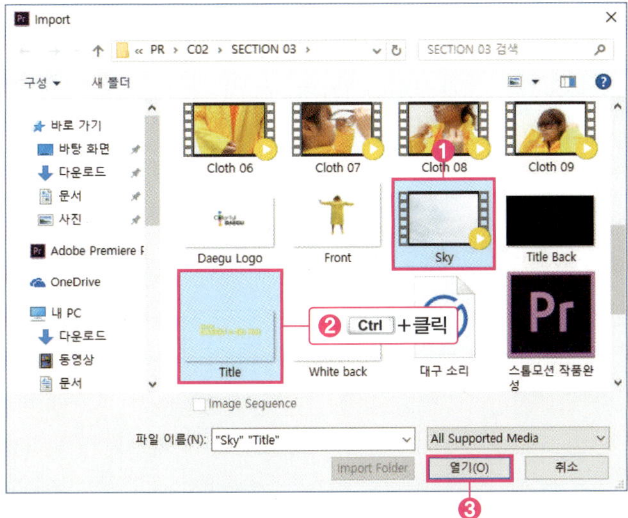

5 [Project] 패널에서 'Sky.avi' 영상 클립을 [V1] 트랙에 넣고, 'Title.png' 이미지 클립을 [V2] 트랙의 시작점으로 각각 드래그합니다. 'Title. png' 이미지 클립의 재생 길이를 조절하기 위해서 [Timeline] 패널에서 클립을 선택하고 [Clip] 〉 [Speed/Duration](Ctrl + R) 메뉴를 클릭합니다. [Speed/Duration] 대화상자가 열리면 [Duration]을 '00:00:03:15'로 입력한 후 [OK] 버튼을 클릭하여 재생 길이를 늘립니다.

TIP :: **[Project] 패널이 보이지 않을 경우**
[Window] 〉 [Project] 메뉴를 클릭합니다.

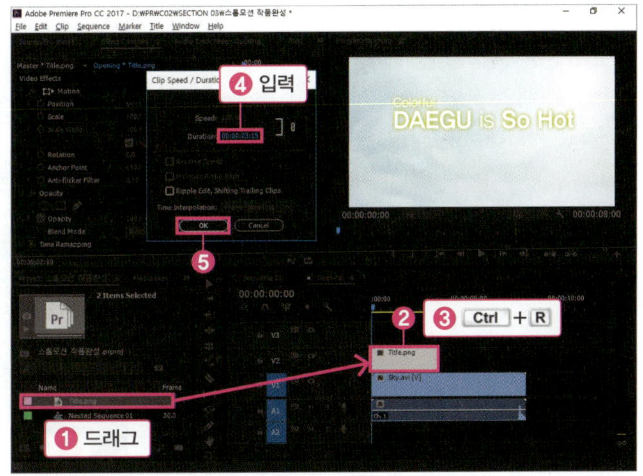

6 'Title.png' 이미지 클립에 자연스럽게 나타나고, 사라지는 Opacity 효과를 적용하기 위해서 [Timeline] 패널에서 클립을 선택합니다. [Effect Controls] 패널의 다음과 같은 위치에서 [Opacity]의 [Add/Remove Keyframe](◆)을 클릭하여 키프레임을 생성한 후 수치를 입력합니다.

· 00;00;00;00 지점 : 0%
· 00;00;01;10 지점 : 100%
· 00;00;02;15 지점 : 100%
· 00;00;03;15 지점 : 0%

7 오프닝에 필요한 추가 영상을 불러오기 위해서 [Project] 패널의 빈 공간을 더블클릭합니다. [Import] 대화상자가 열리면 'Cloth 01.avi'부터 'Cloth 09.avi' 파일 9개를 선택한 후 [열기] 버튼을 클릭합니다.

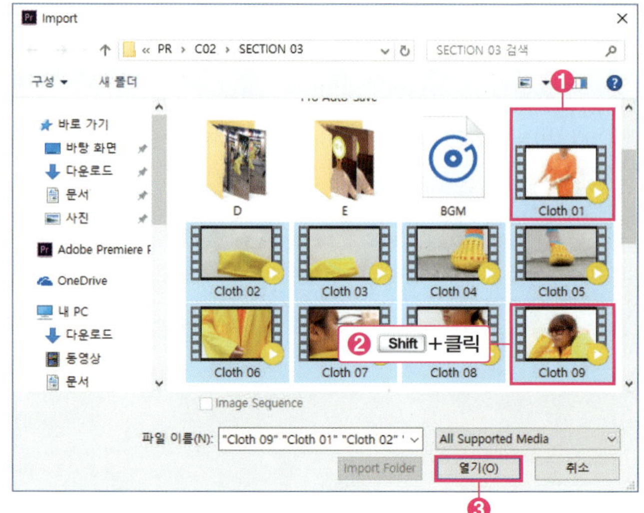

8 [Project] 패널에서 'Cloth 01.avi'부터 'Cloth 09.avi' 영상 클립을 Shift 를 눌러 함께 선택한 후 [V1] 트랙의 끝 부분에 붙여 넣고, Space Bar 를 눌러 순서대로 영상이 붙여졌는지 확인합니다.

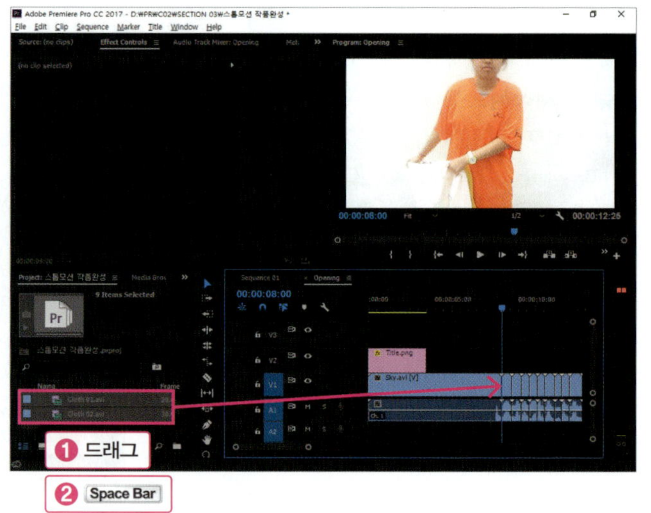

09 효과음에 맞추는 이미지 효과 테크닉

: 준비 파일 : Part 02 〉 Chapter 02 〉 Section 04 〉 카메라 플래시 소리.wav, Front.jpg, White Back.jpg

1 오프닝에 사용될 이미지 클립을 불러오기 위해서 [Project] 패널의 빈 공간을 더블클릭합니다. [Import] 대화상자가 열리면 'Front.jpg', 'White Back.jpg', '카메라 플래시 소리.wav' 파일을 선택하고 [열기] 버튼을 클릭합니다.

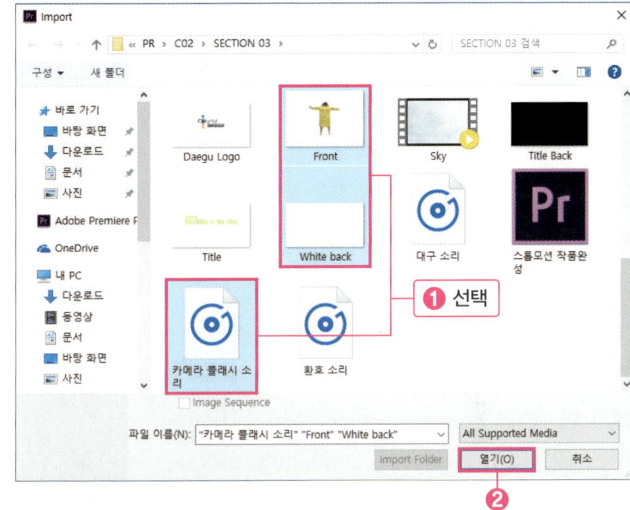

2 [Project] 패널에서 'Front.jpg' 이미지 클립을 [V1] 트랙 끝 부분에 드래그한 후 재생 길이를 변경하기 위해서 클립을 선택합니다. [Clip] 〉 [Speed/Duration](**Ctrl** + **R**) 메뉴를 클릭하여 대화상자가 열리면 [Duration]을 '00:00:00: 17'로 입력하여 재생 길이를 늘입니다.

3 'Front.jpg' 이미지 클립을 화면에 맞게 크기와 위치를 조절하기 위해서 클립을 선택하고 [Effect Controls] 패널에서 다음과 같이 입력합니다.

• [Motion]
  [Position] : '640', '425'
  [Scale] : '50'

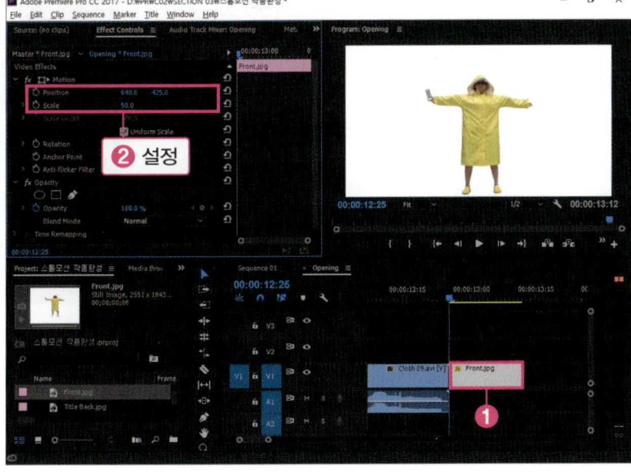

4 이미지 클립에 카메라 플래시가 터지는 것처럼 순간적으로 나타나는 효과를 만들기 위해서 [In 점]과 00:00;13;05 위치에서 [Opacity]의 [Add/Remove Keyframe](◈)을 클릭하여 키프레임을 생성한 후 [In 점]의 키프레임을 '0%'로 입력합니다.

TIP :: 이미지의 재생 길이는 효과음(카메라 플래시 소리. wav)의 길이(0.3초)에 맞춘 것입니다.

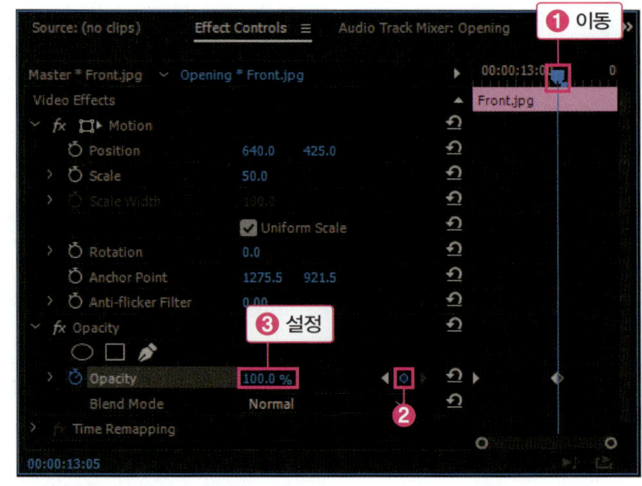

5 이미지 클립이 카메라 플래시 터지는 순간에 맞춰 확대되는 모션을 만들기 위해서 [Timeline] 패널에서 [Current Time Indicator]를 'Front.jpg' 이미지 클립의 [Out 점]으로 옮긴 후 Ctrl + C , Ctrl + V 를 눌러 복사하고 붙여넣습니다. 복사된 이미지 클립을 선택한 후 [Effect Controls] 패널에서 다음과 같이 입력합니다.

- [Motion]
  [Position] : '630', '590'
  [Scale] : '86'

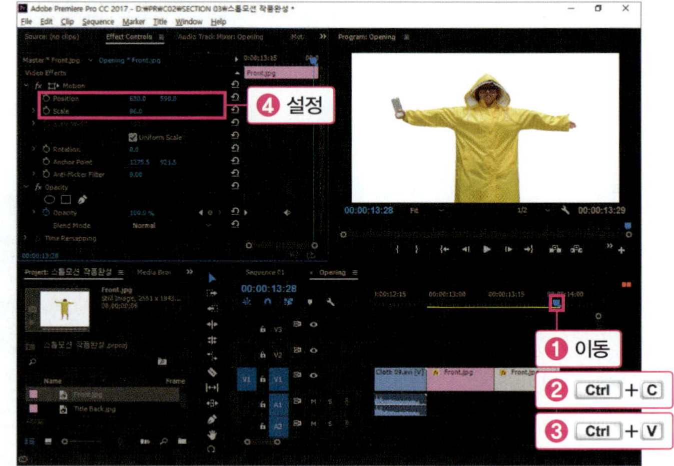

6 위와 같은 방법으로 이미지 클립을 한 번 더 복사하고, 복사된 클립을 선택한 후 [Effect Controls] 패널에서 다음과 같이 입력합니다.

- [Motion]
  [Position] : '610', '870'
  [Scale] : '145'

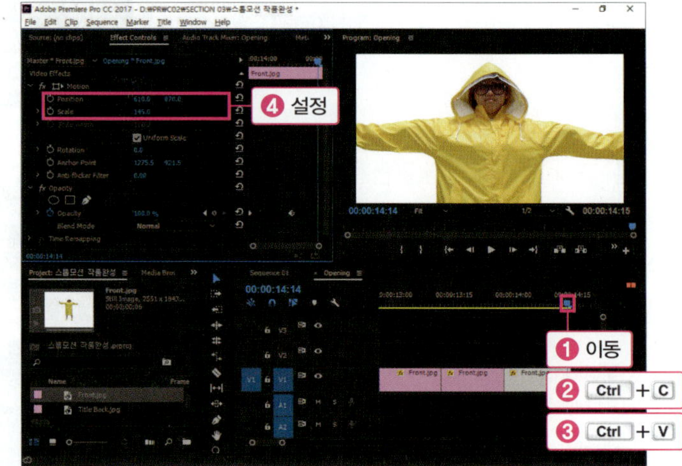

7 이미지 클립 아래에 새로운 배경을 추가하기 위해서 [Timeline] 패널에서 'Front.jpg' 이미지 클립 3개를 선택한 후 위쪽 트랙으로 드래그하여 [V1] 트랙을 비웁니다.

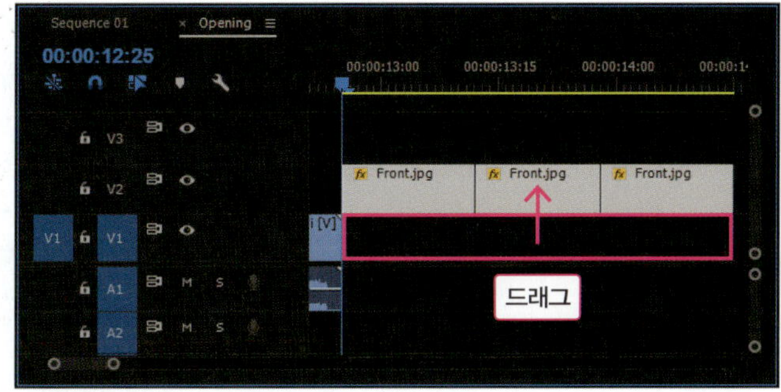

8 [Project] 패널의 'White Back.jpg' 이미지 클립을 [V1] 트랙의 'Cloth 09.avi' 영상 클립 뒤에 드래그한 후 [Out 점]을 오른쪽으로 드래그하여 재생 길이를 다음과 같이 이미지 클립 끝에 맞춥니다.

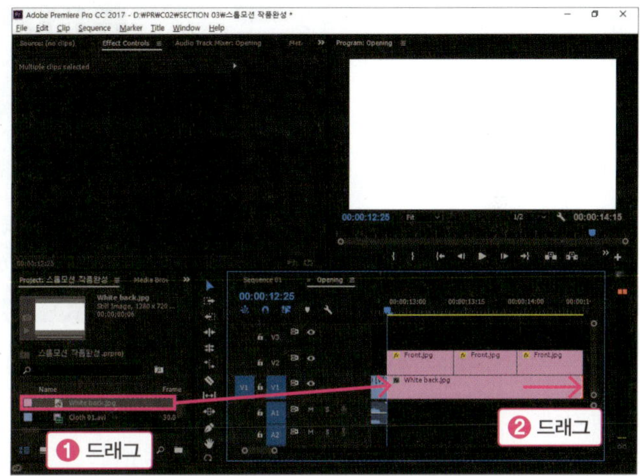

9 카메라 플래시 터지는 효과음(0.3초)을 삽입하기 위해서 [Project] 패널의 '카메라 플래시 소리.wav' 오디오 클립을 [A1] 트랙에 드래그하여 배경음악 뒷부분에 붙여 넣은 후 복사하기 위해서 [Current Time Indicator]를 클립의 [Out 점]으로 옮깁니다.

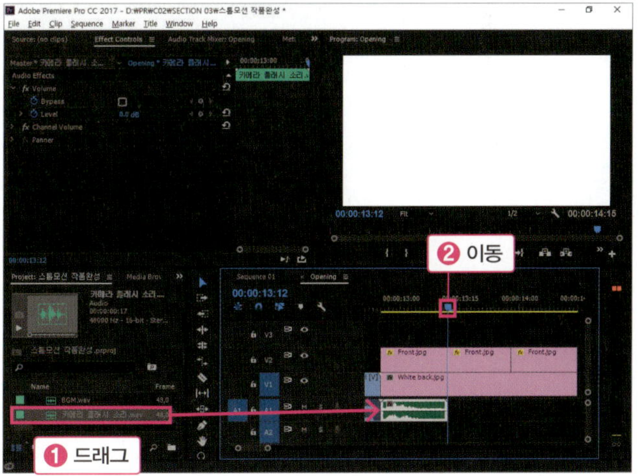

10 '카메라 플래시 소리.wav' 오디오 클립을
선택한 후 Ctrl+C, Ctrl+V를 2번 연속
으로 눌러 오디오 클립 두 개를 복사하고 붙여
넣습니다.

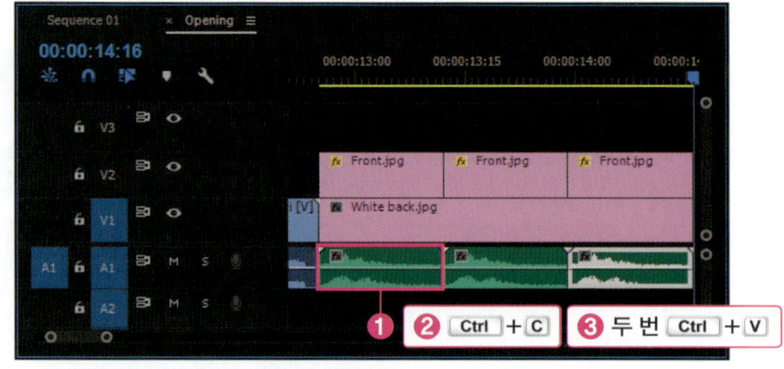

11 새 시퀀스를 추가하여 오프닝을 편집하였
습니다. Space Bar 를 눌러 영상을 확인합니다.

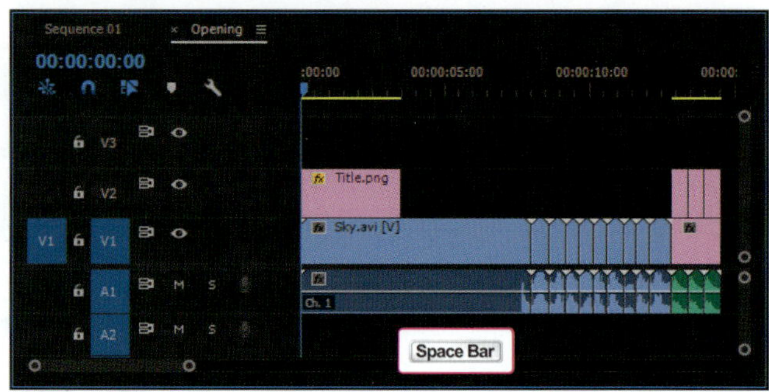

TIP :: 오디오 파일의 확장자에 따른 포맷 형식

오디오 파일 형식에는 다음과 같은 다양한 포맷이 있습니다. 오디오 파일 포맷에는 크게는 압축을 하지 않는 '비압축 포맷'과 압축하는 '비손실 압축 포맷'과 '손실 압축 포맷'이 있습니다.

• 비압축 포맷 : 원본과 같은 음질로 재생이 가능하며 파일 용량이 매우 큽니다.
  – WAV
  – AIFF
  – AU
• 비손실 압축 포맷 : 용량을 줄이기 위해서 압축을 하지만 원본과 같은 음질로 재생 가능합니다. 이를 재생하기 위해서는 특별한 프로그램 또는 코덱이 필요합니다.
  – FLAC
  – Monkey's Audio
  – WavPack
  – TTA
• 손실 압축 포맷 : 음질보다는 용량을 적극적으로 줄이기 위해서 사용하는 포맷입니다.
  – MP3
  – Vorbis
  – Musepack
  – AAC
  – ATRAC

10 시퀀스에 새 시퀀스 불러오기

1 [Timeline] 패널에서 [Sequence 01]을 클릭하여 원래 편집하던 시퀀스로 돌아옵니다. 여기에 새로 만든 오프닝 시퀀스의 공간을 확보하기 위해서 [Current Time Indicator]를 00:00:12:06 위치로 옮깁니다.

TIP :: 작업된 오프닝 시퀀스의 길이를 확인하고 그 만큼 앞쪽에 공간을 확보해야 합니다.

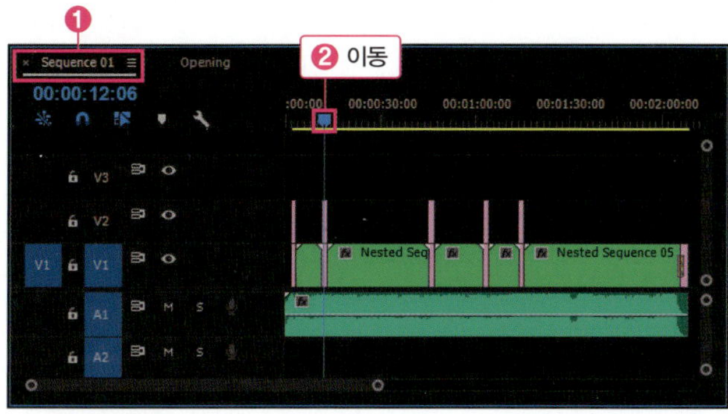

2 모든 클립을 선택하고 [Current Time Indicator] 뒤에 드래그하여 앞쪽에 빈 공간을 만듭니다. 그리고 'Opening' 시퀀스의 오디오와 겹치지 않도록 오디오 클립만 선택하여 [A2] 트랙으로 옮깁니다.

TIP :: 클립들을 이동할 때 [Timeline] 패널을 확대하여 정확한 지점에 위치하는지 확인해야 합니다.

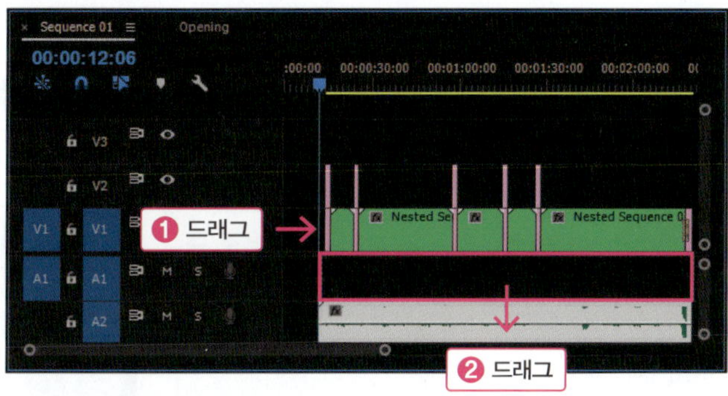

3 [Project] 패널에서 'Opening' 시퀀스를 [V1] 트랙의 시작점으로 드래그합니다. + 를 눌러 [Timeline] 패널을 확대하고, 중간에 빈 공간이 없는지 확인한 후 Space Bar 를 눌러 영상을 확인합니다.

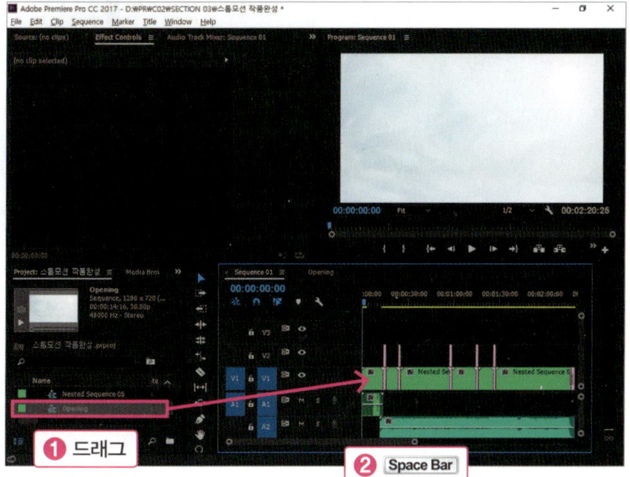

1 영상 파일로 출력하기 위해서 [Timeline] 패널이 선택된 상태에서 [File] 〉 [Export] 〉 [Media](`Ctrl`+`M`) 메뉴를 클릭합니다.

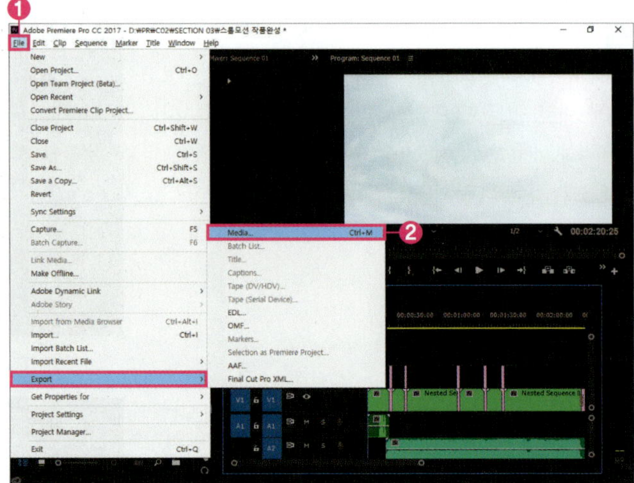

2 [Export Settings] 대화상자가 열리면 [Export Settings] 탭에서 다음과 같이 설정한 후 출력 영상의 파일 이름을 지정하기 위해서 [Output Name]의 'Sequence 01.mp4' 영상 클립을 클릭합니다.

- [Format] : 'H.264'
- [Preset] : 'HD 720p 29.97'

TIP :: HD 720p

High Definition의 약어로 고화질을 말합니다. 720개의 주사선을 지원하며, 1280×720해상도의 고화질 영상을 출력할 수 있습니다. 일반적으로 와이드 16:9의 화면 비율을 갖습니다.

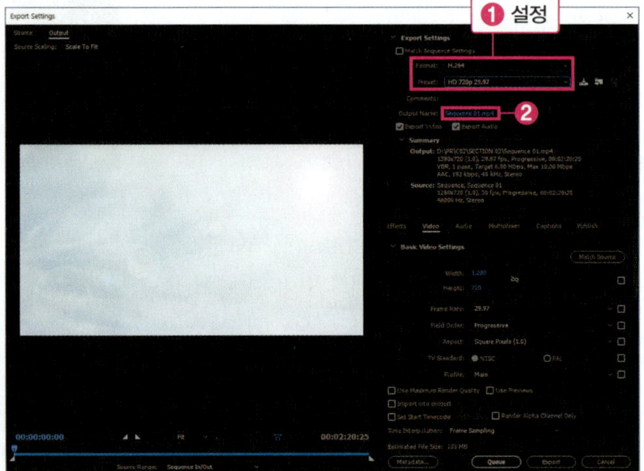

3 [Save As] 대화상자가 열리면 임의의 폴더를 선택하고, 파일 이름을 '스톱모션 작품완성'으로 입력한 후 [저장] 버튼을 클릭합니다.

4 더 나은 화질로 출력하기 위해서 [Video] 탭 [Bitrate Settings] 〉 [Target Bitrate[Mbps]]를 '20'으로 입력하고 [Export] 버튼을 클릭합니다.

TIP :: [Bitrate Setting]

VBR(Variable Bit Rate)은 가변 비트레이트로, 1pass는 한 번의 렌더링을, 2pass는 두 번의 렌더링을 합니다. 따라서 VBR 2pass가 화질이 좀 더 좋지만, 렌더링 시간이 길고 용량이 커지는 단점이 있습니다.

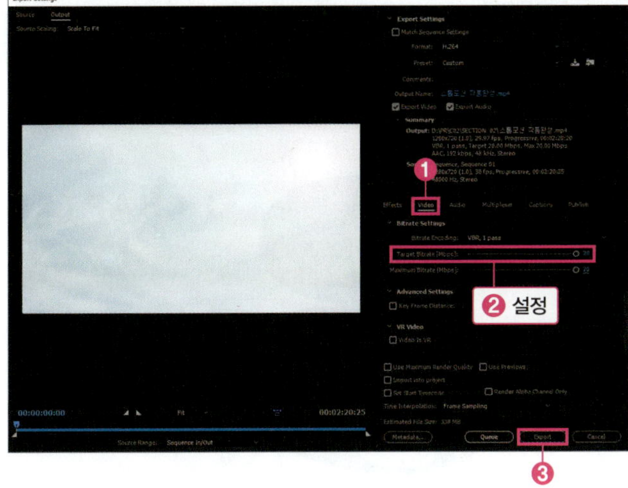

5 출력(Encoding)되는 과정을 확인합니다.

TIP :: 출력(Encoding) 속도

실무에서는 출력 속도가 중요합니다. 큰 작업일수록 출력 속도가 오래 걸려서 다음 작업을 하는데 지장을 받을 수 있기 때문입니다. 컴퓨터의 성능, 파일 편집, Format 선택 등 여러 요소에 따라 Encoding 속도의 차이가 커질 수 있으니 유의하기 바랍니다.

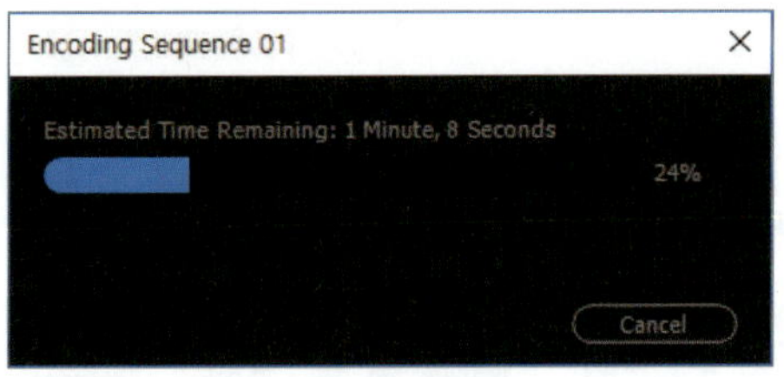

6 출력이 끝나면 [윈도우 탐색기]를 이용하여 출력된 영상이 저장된 폴더를 찾은 후 '스톱모션 작품완성.avi' 파일을 더블클릭하여 출력된 영상을 확인합니다.

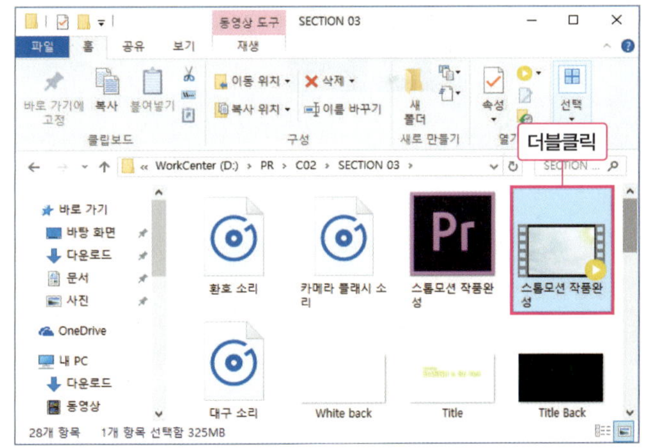

3

반드시 알아야 할
영상 편집 실무
: 초급

영상 콘텐츠 공모전 10년 도전 노하우!

본 챕터에서는 프리미어 프로에서 초보자나 일반 사용자들이 반드시 알아야 할 레이아웃 수정과 화질 개선 방법에 대하여 소개하였습니다. 또한 누구나 간과하기 쉬운, 사운드 비트를 맞추는 이미지 편집과 영상 편집에 대해서 실습하고, 빨리 감기, 느리게 감기, 되돌리기 등 재생 스피드 조절 방법을 안내하였습니다. 이 예제들의 주 목적은 기본의 중요성을 인지하고, 이미지, 텍스트, 사운드가 엇박자가 나지 않으면서 스토리의 흐름에 맞추어서 편집하는 법을 안내함으로써 프리미어 프로의 사용자들이 영상 편집에 대한 올바른 습관을 갖도록 유도하여 실무 기초를 탄탄하게 다지는 데에 있습니다.

ADOBE PREMIERE PRO

레이아웃 및
화질 개선
실무

핵심내용

UCC 동영상 공모전 작품들에서 일반적으로 드러나는 부분이 '레이아웃'과 '화질'입니다. 초보자나 일반 사용자들이 간과하기 때문이 아닐까 생각합니다. 이 기능은 매우 단순하지만, '기본'의 중요성에 대해 언급하고자 합니다. 본 예제에서는 사이즈가 큰 영상 원본 영상을 [Program Monitor] 패널에서 레이아웃 디자인하고, [Brightness & Contrast]를 통해 화질이 좋지 않은 영상의 화질을 개선하는 방법에 대해서 안내하였습니다.

핵심기능

Brightness & Contrast, RGB Curves

STORYBOARD

제2회 대한민국청소년UCC캠프대전 '금상' 수상 작품 중 일부분

Before 01	Layout Design	화질 개선	After 01

Before 02			After 02

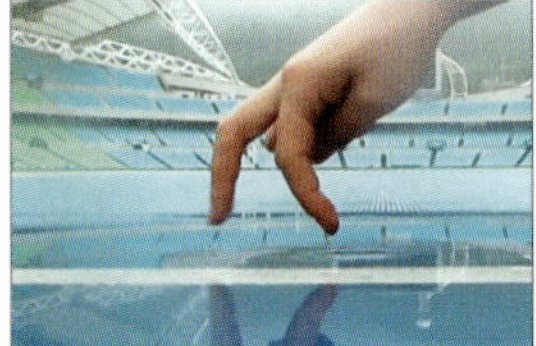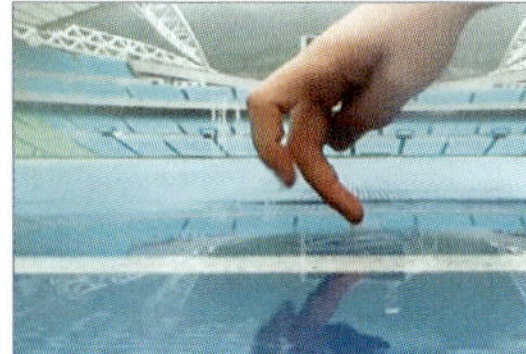

Before 03			After 03

Before 04			After 04

: 준비 파일 : Part 02 〉 Chapter 03 〉 Section 01 〉 bgm hand.wav, 01.avi ~ 05.avi　　**: 완성 파일 :** Part 02 〉 Chapter 03 〉 Section 01 〉 영상 소스 작품완성.prproj

1　프리미어 프로 CC 2017을 실행한 후 [Start] 대화상자가 열리면 [New Project] 버튼을 클릭하여 새 프로젝트를 시작합니다. [New Project] 대화상자가 열리면 [Name]에 임의 프로젝트 이름으로 입력하고, [Location]의 [Browse] 버튼을 클릭하여 프로젝트 파일이 저장될 폴더를 선택한 후 [OK] 버튼을 클릭합니다.

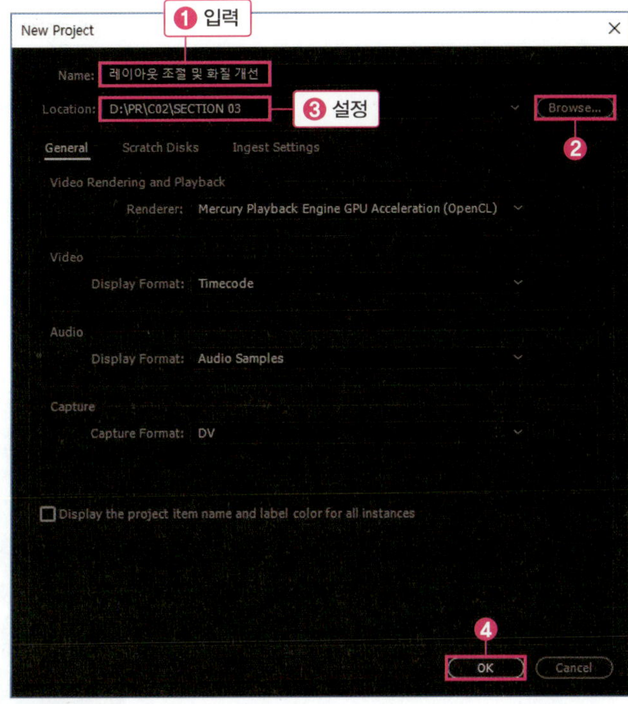

2　기본 작업 화면이 열리면 새 시퀀스를 만들기 위해서 [File] 〉 [New] 〉 [Sequence](**Ctrl** +**N**) 메뉴를 클릭하고, [New Sequence] 대화상자가 열리면 다음과 같이 설정한 후 [OK] 버튼을 클릭합니다.

- [Editing Mode] : 'Custom'
- [Timebase] : '30.00 frames/second'
- [Frame Size] : '720'
- [horizontal] : '480'
- [Pixel Aspect Ratio] : 'Square Pixels (1.0)'

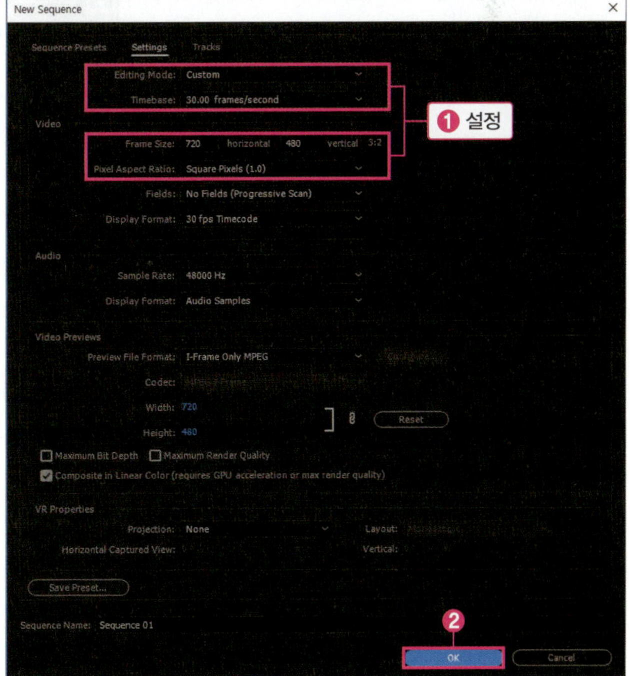

3 배경음악(BGM)을 불러오기 위해서 [Proj-ect] 패널의 빈 공간을 더블클릭합니다. [Import] 대화상자가 열리면 'bgm hand.wav' 파일을 선택하고 [열기] 버튼을 클릭합니다.

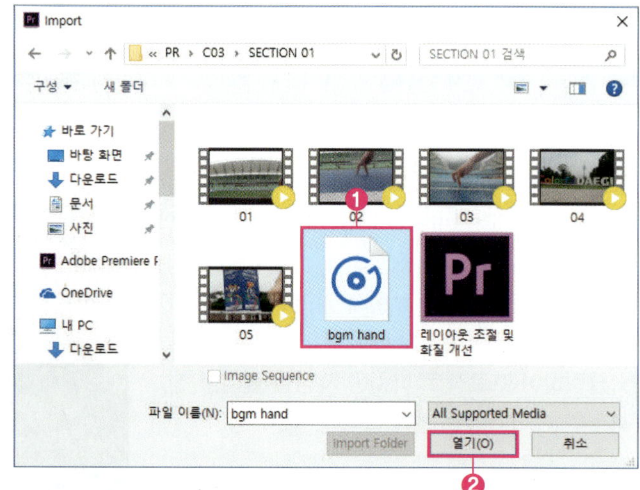

4 [Project] 패널의 'bgm hand.wav' 오디오 클립을 [Timeline] 패널 [A1] 트랙의 시작점으로 드래그하여 배경음악을 넣은 후 Space Bar 를 눌러 삽입된 배경음악을 확인합니다.

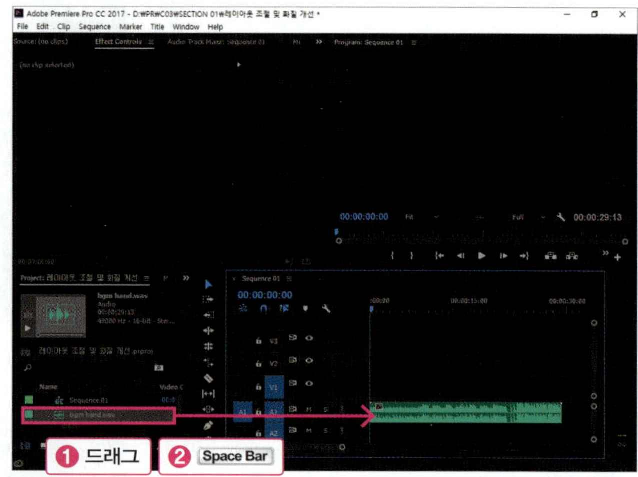

5 다음으로 영상 소스 파일을 불러오기 위해서 [Project] 패널의 빈 공간을 더블클릭합니다. [Import] 대화상자가 열리면 '01' ~ '05.avi'까지 5개 영상 파일을 선택하고 [열기] 버튼을 클릭합니다.

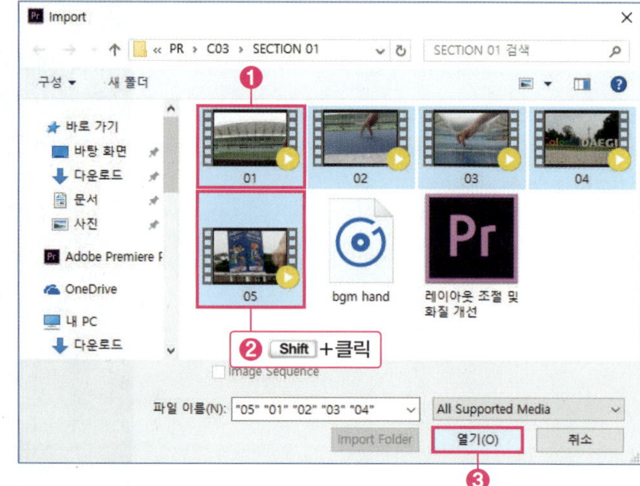

6 [Project] 패널의 '01.avi' 영상 클립을 [V1] 트랙의 시작점으로 드래그한 후 **Space Bar** 를 눌러 영상을 확인하면 오른쪽 구석에서 움직이는 손이 잘려 보입니다. 이는 원본 영상 사이즈가 프리미어 프로 편집 설정 사이즈보다 크기 때문에 레이아웃 수정이 필요합니다.

TIP :: 영상 소스가 편집 크기보다 크면 부분 확대, 레이아웃 설정 등이 편리합니다.

7 [Timeline] 패널의 '01.avi' 영상 클립을 선택하고 [Effect Controls]을 클릭하여 활성화한 후 [Motion] 항목을 선택합니다. [Program Monitor] 패널에서 [Select Zoom Level]을 '25%' 정도로 축소하여 설정하면 조절박스가 나타나고 영상 클립의 전체 사이즈를 확인할 수 있습니다.

TIP :: 현재 프리미어 프로 편집 크기 설정은 720 x 480 해상도이고, 영상 클립의 해상도 크기는 1280 x 720입니다.

8 [Program Monitor] 패널에서 조절박스의 내부를 드래그하면 위치(Position)를 옮길 수 있고, 테두리의 조절점을 드래그하면 크기(Scale)를 조절할 수 있으며, 모서리 외곽을 드래그하면 회전(Rotation)을 수정할 수 있습니다. 이 3가지 Transform 기능을 이용하여 다음과 같이 나오도록 레이아웃을 수정합니다.

TIP :: 좌측 [Effect Controls] 패널에서 [Motion] 항목 수치를 입력하는 것과 동일합니다. 하지만 [Program Monitor] 패널에서 직접 클립을 수정하면 직관적으로 확인이 가능하기 때문에 실무에서는 수치 입력보다 자주 사용합니다.

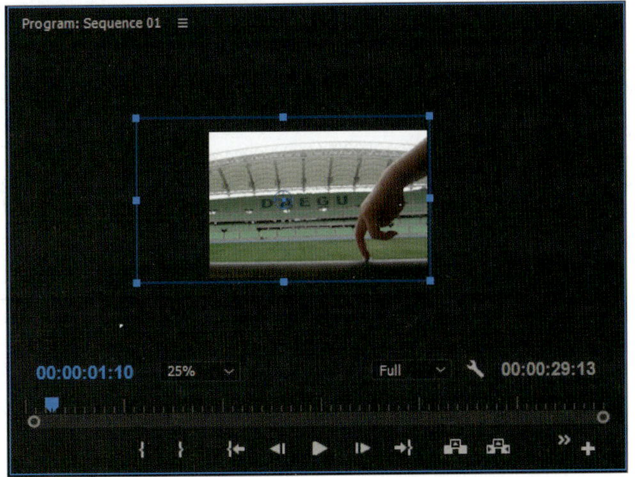

9 위치, 크기, 회전 등의 Transform 수정이 끝나면 [Program Monitor]의 [Select Zoom Level]을 'Fit'으로 설정한 후 `Space Bar` 를 눌러 영상을 확인하고, 자신이 원하는 레이아웃과 다르면 위의 작업을 반복하여 원하는 레이아웃으로 수정합니다.

TIP :: 세밀한 수정을 하려면 [Video Effects] 패널에서 [Motion] 항목의 수치를 조절합니다.

TIP :: [Effect Controls] 패널에서 모션 속성

- **[Position]**

  포지션은 클립의 위치를 변경할 때 사용하는 기능입니다. 또한 클립이 위에서 아래로 나타나거나 옆으로 이동하는 모션에도 많이 사용합니다.

- **[Scale]**

  클립의 크기를 변경할 때 쓰는 기능으로써 클립의 크기를 작게 만들어서 변화를 주거나 특정한 피사체를 확대할 때도 사용합니다.

- **[Scale width]**

  클립의 가로의 넓이를 지정할 때 사용합니다.

  ※ [Uniform scale] : 체크가 비활성화되면 가로, 세로 비율을 다르게 하여 확대, 축소가 가능합니다.

- **[Rotation]**

  클립을 회전시킬 때 사용합니다. 주로 수평과 수직이 비틀어진 사진을 올바르게 회전시켜 사용할 수 있습니다.

- **[Anchor point]**

  클립의 중심점을 변화시키는 기능입니다. 위치 이동 애니메이션을 하거나 확대, 축소 애니메이션을 할 때 중심점을 변화시켜 애니메이션을 만듭니다.

- **[Anti-Flicker Filt]**

  영상이 촬영된 후 재생할 때 프레임 차이로 인하여 깜박거리는 현상을 방지하는 기능입니다.

02 화질 개선 테크닉

1 화질이 좋지 않은 영상을 개선하기 위해서 [Window] 〉 [Effects] 메뉴를 클릭한 후 [Effects] 패널에서 [Video Transitions] 〉 [Color Correction] 〉 [Brightness & Contrast]를 선택합니다.

TIP :: **Brightness & Contrast 효과**
어두운 화질을 밝게 하고, 명암의 차이를 부각시켜 선명한 영상을 만드는 데 도움을 주는 효과입니다.

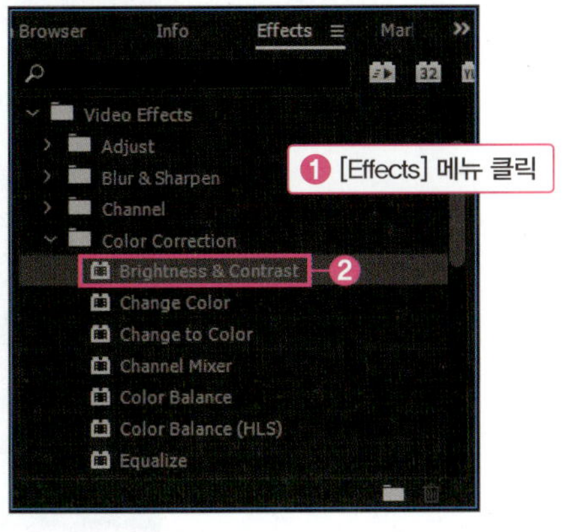

2 [Effects] 패널에서 [Brightness & Contrast] 효과를 [Timeline] 패널 [V1] 트랙의 '01.avi' 영상 클립에 드래그한 후 [Effects Controls] 패널의 [Brightness & Contrast]에서 다음과 같이 입력하여 화면 밝기 및 명암을 수정합니다.

- [Brightness] : '26'
- [Contrast] : '32'

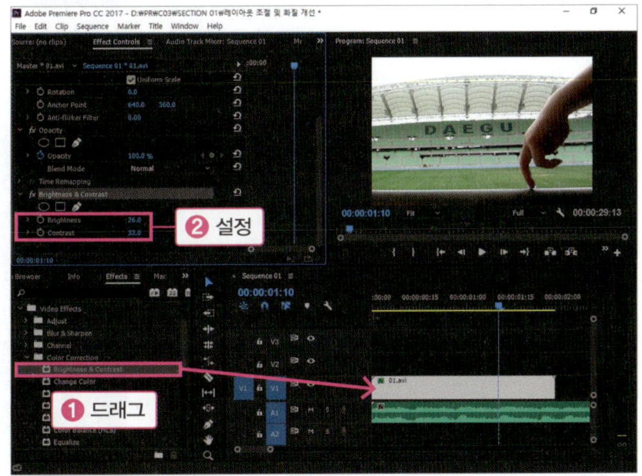

3 다음으로 [Project] 패널의 '02.avi' 영상 클립을 [V1] 트랙의 '01.avi' 영상 클립 뒤에 드래그하여 붙여 넣은 후 클립을 선택합니다. [Effect Controls]을 클릭하여 활성화한 후 [Motion]을 클릭하고, [Program Monitor] 패널에서 레이아웃을 그림과 같이 수정합니다.

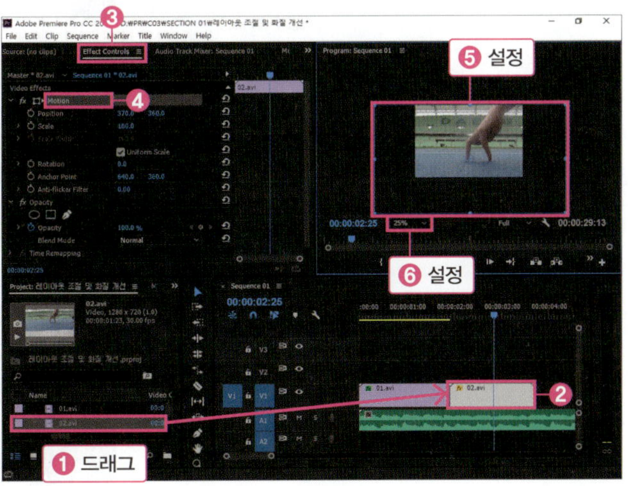

4 화질 개선 효과는 [Brightness & Contrast]만 있는 것은 아닙니다. 이번에는 실무에서 많이 사용하는 RGB Curves 효과를 사용해 보겠습니다. [Effects] 패널에서 [Video Effects] 〉 [Obsolete] 〉 [RGB Curves]를 선택합니다.

TIP :: RGB Curve 효과

Red, Green, Blue 채널별로 화면 밝기와 명암 등을 조절할 수 있는 효과입니다.

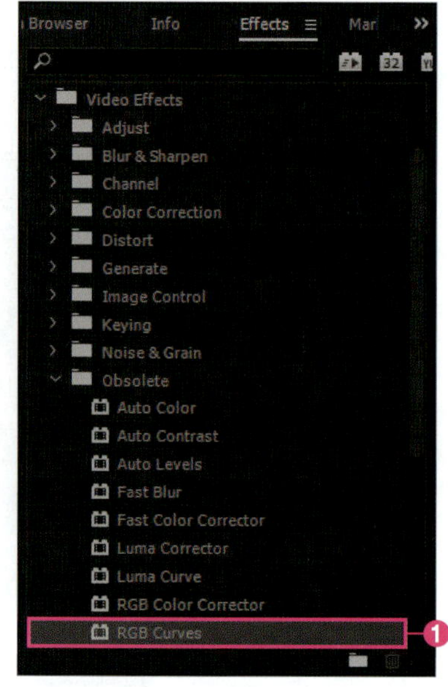

5 [Effects] 패널의 [RGB Curves] 효과를 [Timeline] 패널의 '02.avi' 영상 클립에 드래그하여 적용한 후 효과 수정을 위해서 클립을 선택합니다.

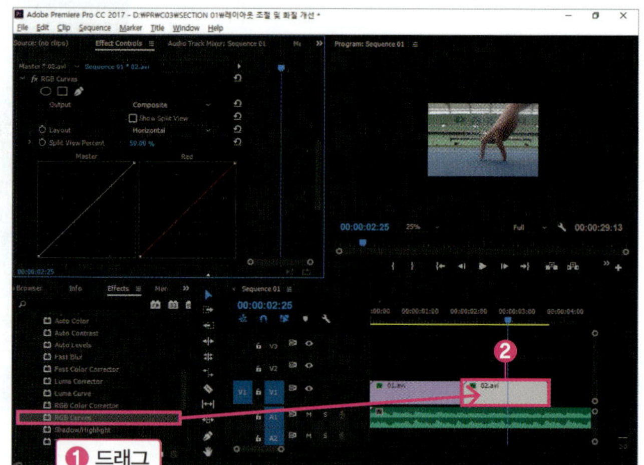

6 [Effects Controls] 패널에서 [RGB Curves] 효과 옵션 중 [Master] 곡선을 왼쪽 위로 움직여 화질을 밝게 합니다. [Program Monitor] 패널에서 영상을 확인하며 적당한 밝기가 나오도록 합니다.

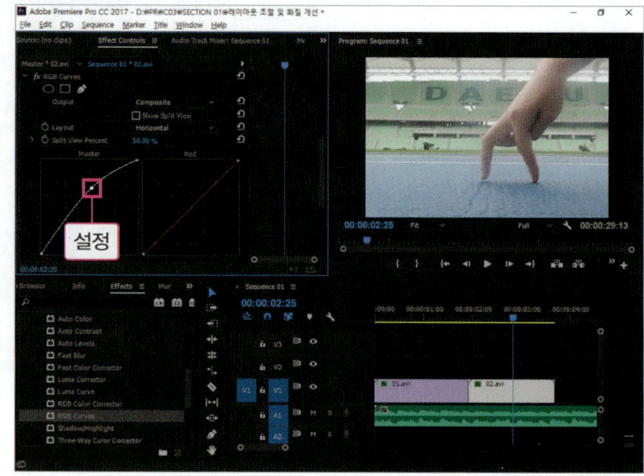

7 계속해서 명암을 뚜렷하게 하기 위해서 [Master] 곡선의 아랫부분을 아래쪽으로 드래그 하여 명암 차이를 강하게 줘서 화질을 개선합니다.

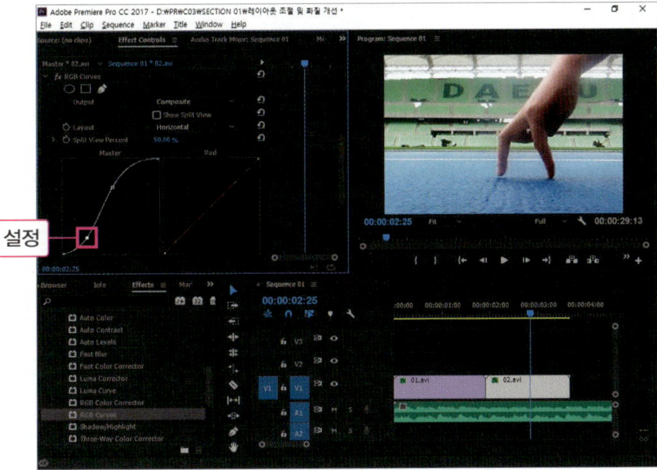

8 나머지 클립들도 위와 같은 방법을 이용하여 레이아웃을 수정하고, 화질을 개선하여 마무리합니다.

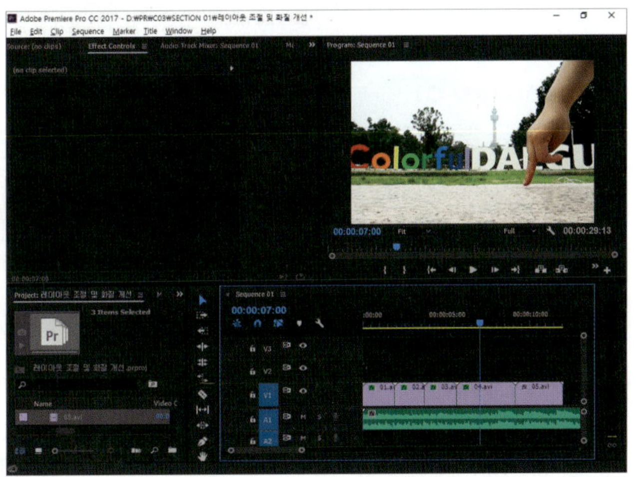

사운드 영상 편집 실무

핵심내용

영상 실무에서 사운드가 차지하는 비중은 얼마나 될까요? 상황에 따라 다르겠지만, 뮤직비디오는 물론이고 영화, 드라마, 뉴스 오프닝 등에서 대부분 사운드를 중심으로 영상 편집이 이루어집니다. 그럼에도 불구하고 사운드가 없는 예제를 실습한다면, 그건 실무라고 보기 어렵습니다. 사운드가 없는 영상은 세상에 존재하지 않기 때문입니다. '강남스타일' 같은 히트곡도 사운드의 비트(Beat)에 맞춘 영상 편집입니다. 따라서 본 예제에서는 비트에 맞춘 이미지 편집, 비트에 맞춘 영상 편집 실무를 배워보겠습니다.

STORYBOARD 01

전국 나비희망 UCC 공모전 '대상' 수상 작품 중 일부분

Sound Beat + Image Duration ——————————————————→

STORYBOARD 02

제25회 정보문화의달 Clean IT 공모전 '행정안전부장관상' 수상 작품 중 일부분

Sound Beat + Image Duration ——————————————————→

01 사운드 비트 중심의 이미지 편집 테크닉

: **준비 파일 :** Part 02 〉 Chapter 03 〉 Section 02 〉 1 이미지 소스 〉 BGM nabi.wav, Title 01.jpg ~ Title 03.jpg, 01.jpg ~ 77.jpg
: **완성 파일 :** Part 02 〉 Chapter 03 〉 Section 02 〉 1 이미지 소스 〉 이미지 소스 비트에 맞추기.prproj

1 프리미어 프로 CC 2017을 실행한 후 [Start] 대화상자가 열리면 [New Project] 버튼을 클릭하여 새 프로젝트를 시작합니다. [New Project] 대화상자가 열리면 [Name]에 임의 프로젝트 이름으로 입력하고, [Location]의 [Browse] 버튼을 클릭하여 프로젝트 파일이 저장될 폴더를 선택한 후 [OK] 버튼을 클릭합니다.

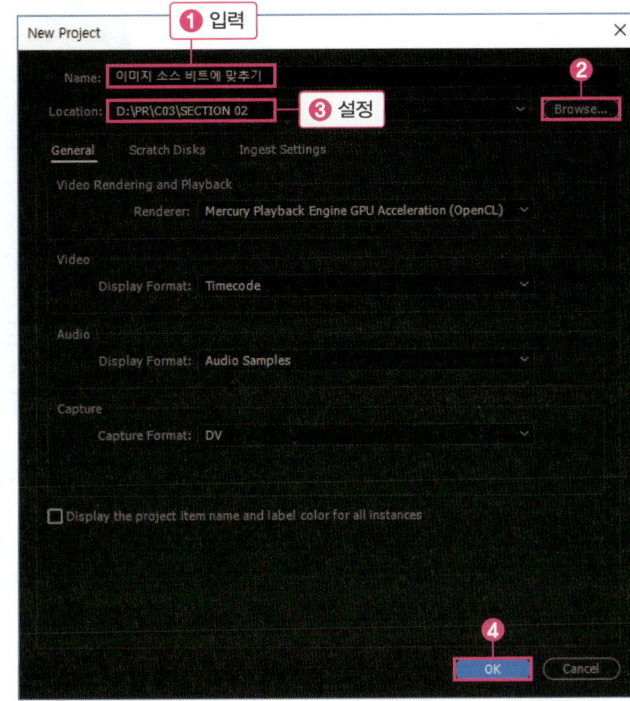

2 기본 작업 화면이 열리면 새 시퀀스를 만들기 위해서 [File] 〉 [New] 〉 [Sequence](**Ctrl** + **N**) 메뉴를 클릭합니다. [New Sequence] 대화상자가 열리면 다음과 같이 설정한 후 [OK] 버튼을 클릭합니다.

- [Editing Mode] : 'Custom'
- [Timebase] : '30.00 frames/second'
- [Frame Size] : '640'
- [horizontal] : '480'
- [Pixel Aspect Ratio] : 'Square Pixels (1.0)'

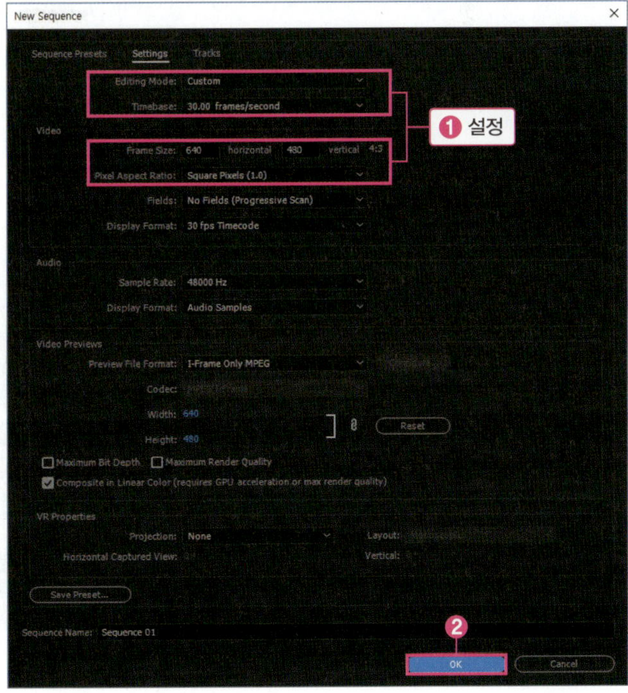

3 이미지 소스에 대한 재생 길이를 재설정하기 위해서 [Edit] > [Preferences] > [General] 메뉴를 클릭합니다. [Preferences] 대화상자가 열리면 [General]의 [Still Image Default Duration]을 '45', 'Frame'으로 설정하고 [OK] 버튼을 클릭합니다.

TIP :: 현재 시퀀스 설정이 1초당 30frame이기 때문에 이미지 클립의 재생 길이를 45frames으로 설정하면 이미지 한 장당 1.5초의 길이라는 뜻입니다. 이렇게 설정한 이유는 이번 BGM의 비트 길이와 이미지 재생 길이의 평균값 정도를 비슷하게 맞추어 작업하기 편리하게 하기 위함입니다.

TIP :: Still Image Default Duration 비교
본 예제 중 앞서 작업한 이미지 소스 작품완성에서 이미지 한 장의 재생 길이는 '150frames'이었고, 스톱모션 작품완성 예제는 '6frames'으로 설정하였습니다. BGM이 빠를수록 재생 길이의 수치를 낮게 설정하여 여러 장의 이미지를 넣을 수 있게 합니다.

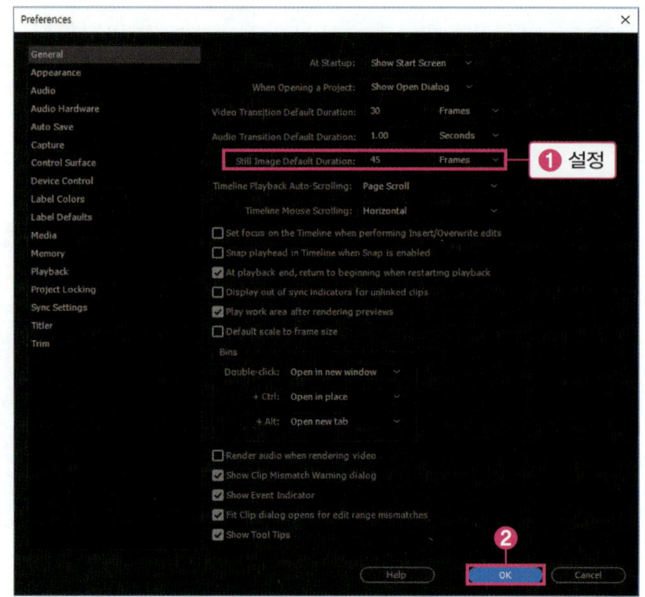

4 배경음악(BGM)을 불러오기 위해서 [Project] 패널의 빈 공간을 더블클릭합니다. [Import] 대화상자가 열리면 'BGM nabi.wav' 파일을 선택하고 [열기] 버튼을 클릭합니다.

5 [Project] 패널의 'BGM nabi.wav' 오디오 클립을 [Timeline] 패널 [A1] 트랙의 시작점으로 드래그하여 배경음악을 넣은 후 Space Bar 를 눌러 배경음악의 흐름과 비트를 확인합니다.

TIP :: 'BGM nabi.wav' 오디오 클립을 확인해보면, 비트 속도가 점진적으로 빨라지는 '3단계'의 구성임을 알 수 있습니다. 이러한 비트에 따라 이미지가 바뀌는 테크닉을 이용한 예제입니다.

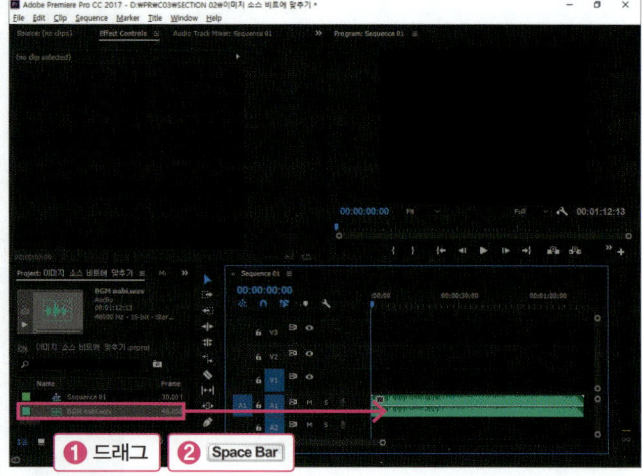

6 ⊕를 눌러 [Timeline] 패널을 확대하면 사운드 비트의 일정한 간격을 파형으로도 확인할 수 있습니다.

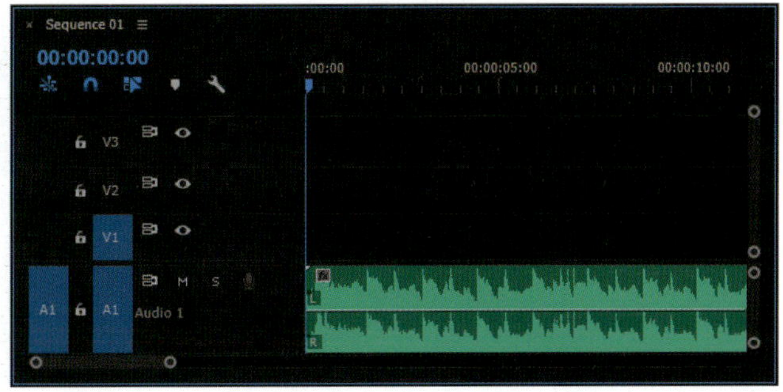

7 [Import] 대화상자를 열어 'Title 01.jpg'와 '01' ~ '15.jpg'까지 이미지 파일 1단계 16개 파일을 선택하고 [열기] 버튼을 클릭하여 이미지 소스를 불러옵니다.

TIP :: 사운드 1단계가 16비트이므로 16개의 이미지가 필요한 것입니다.

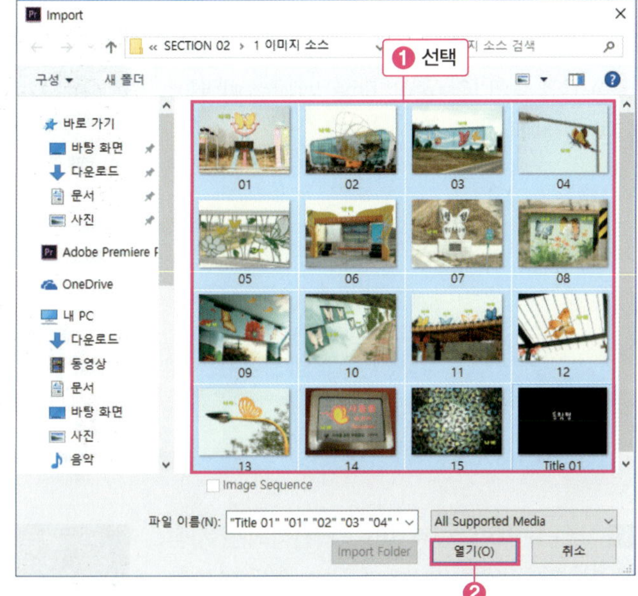

8 영상의 타이틀을 먼저 넣기 위해서 [Project] 패널의 'Title 01.jpg' 이미지 클립을 [Timeline] 패널 [V1] 트랙의 시작점에 드래그합니다.

TIP :: 이미지 클립 한 장의 재생 길이는 [Preferences]의 [Still Image Default Duration]에서 설정한 1.5초(45frame)입니다.

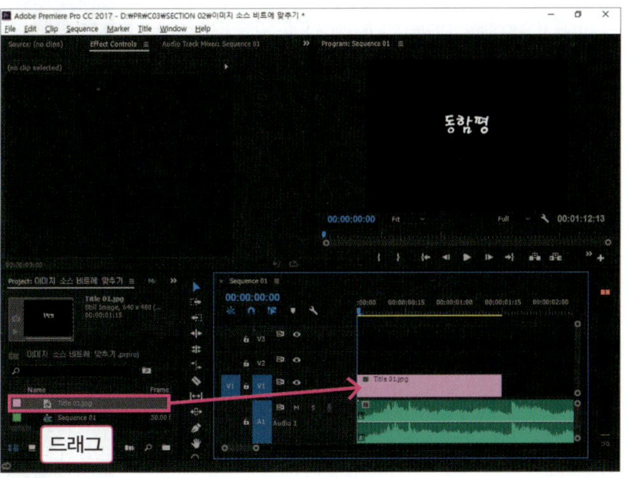

9 사운드의 첫 번째 비트가 시작되는 지점
(00;00;01;18)으로 [Current Time Indicator]를
옮긴 후 'Title 01.jpg' 이미지 클립의 [Out 점]을
드래그하여 [Current Time Indicator]에 맞춥
니다.

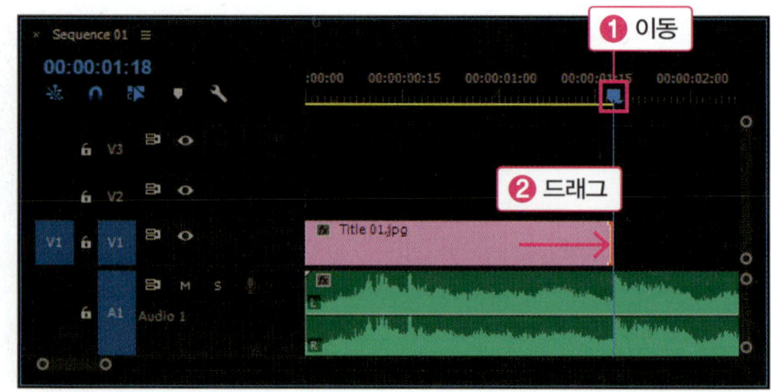

10 이제 이미지 클립들을 차례로 붙여 넣어보
겠습니다. [Project] 패널의 '01.jpg' 이미지 클립
을 [V1] 트랙의 [Current Time Indicator] 뒤에
붙여 넣습니다.

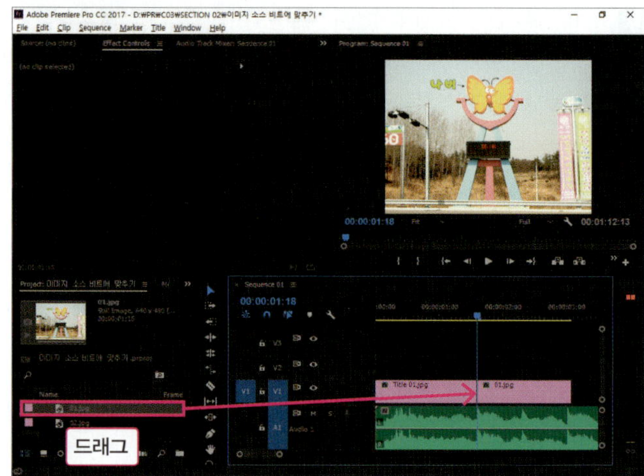

11 사운드의 두 번째 비트가 시작되는 지점
(00;00;03;01)으로 [Current Time Indicator]를
옮긴 후 '01.jpg' 이미지 클립의 [Out 점]을 드래
그하여 [Current Time Indicator]에 맞춥니다.

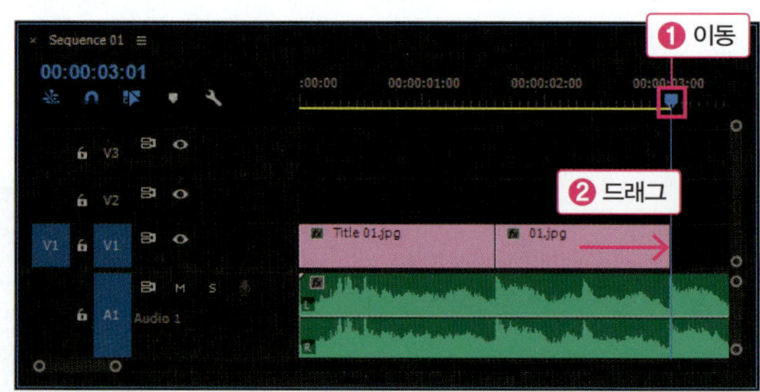

12 다음으로 '02.jpg' 이미지 클립을 '01.jpg' 이
미지 클립의 뒤쪽으로 붙여 넣은 후 세 번째 비
트가 시작되는 지점(00;00;04;14)으로 [Current
Time Indicator]를 옮기고, '02.jpg' 이미지 클립
의 [Out 점]을 드래그하여[Current Time Indi-
cator]에 맞춥니다.

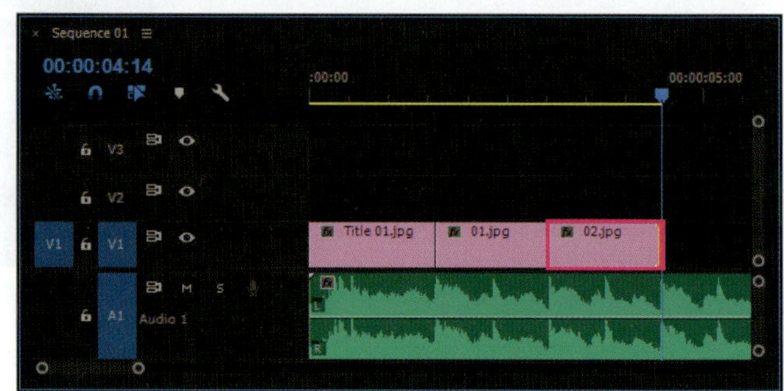

13 '03.jpg' ～ '15.jpg' 이미지 클립을 다음을 참고하여 지점에 차례대로 붙여 넣어 사운드 비트의 1단계 영상을 편집합니다. **Space Bar** 를 눌러 사운드 비트에 맞춘 영상을 확인합니다.

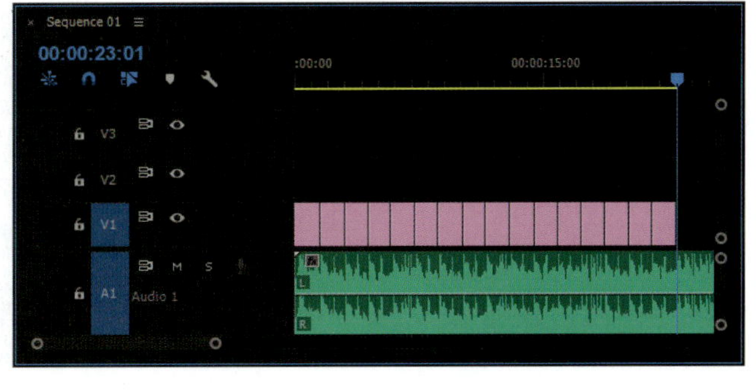

- 03.jpg [Out 점] : 00;00;05;23
- 04.jpg [Out 점] : 00;00;07;08
- 05.jpg [Out 점] : 00;00;08;20
- 06.jpg [Out 점] : 00;00;10;05
- 07.jpg [Out 점] : 00;00;11;15
- 08.jpg [Out 점] : 00;00;13;00
- 09.jpg [Out 점] : 00;00;14;15
- 10.jpg [Out 점] : 00;00;15;27
- 11.jpg [Out 점] : 00;00;17;09
- 12.jpg [Out 점] : 00;00;18;22
- 13.jpg [Out 점] : 00;00;20;05
- 14.jpg [Out 점] : 00;00;21;18
- 15.jpg [Out 점] : 00;00;23;01

14 이어서 2단계 비트에 맞춰 이미지를 편집해 보겠습니다. [Import] 대화상자를 열어 'Title 02.jpg'와 '16' ～ '33.jpg'까지 이미지 파일 2단계 19개를 선택하고 [열기] 버튼을 클릭해 불러옵니다.

TIP :: 배경음악의 2단계 비트가 19개이기 때문에 여기에 맞게 편집하기 위해서는 19개의 이미지가 필요합니다.

15 'Title 02.jpg'와 '16' ~ '33.jpg'까지 다음 시간 지점을 참고하여 19개의 이미지 클립을 차례대로 붙여 넣어 비트 2단계 영상을 편집합니다.

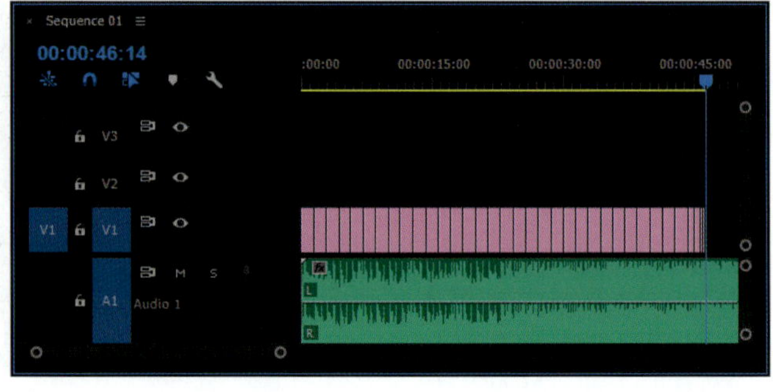

* Title 02.jpg [Out 점] : 00;00;24;14
* 16.jpg [Out 점] : 00;00;25;27
* 17.jpg [Out 점] : 00;00;27;10
* 18.jpg [Out 점] : 00;00;28;23
* 19.jpg [Out 점] : 00;00;30;06
* 20.jpg [Out 점] : 00;00;31;18
* 21.jpg [Out 점] : 00;00;33;01
* 22.jpg [Out 점] : 00;00;34;14
* 23.jpg [Out 점] : 00;00;35;27
* 24.jpg [Out 점] : 00;00;37;10
* 25.jpg [Out 점] : 00;00;38;22
* 26.jpg [Out 점] : 00;00;40;05
* 27.jpg [Out 점] : 00;00;41;18
* 28.jpg [Out 점] : 00;00;43;01
* 29.jpg [Out 점] : 00;00;44;14
* 30.jpg [Out 점] : 00;00;45;04
* 31.jpg [Out 점] : 00;00;45;26
* 32.jpg [Out 점] : 00;00;46;05
* 33.jpg [Out 점] : 00;00;46;14

16 다음으로 사운드 비트의 3단계에 맞춰 이미지를 편집하겠습니다. [Import] 대화상자를 열어 'Title 03.jpg'와 '34' ~ '77.jpg'까지 3단계 45개 이미지 파일을 선택하고, [열기] 버튼을 클릭합니다.

TIP :: 배경음악의 비트 3단계는 매우 빠른 45개의 비트로 이루어져 있기 때문에 45개의 이미지가 필요합니다.

17 3단계 비트에 맞춰 'Title 03.jpg'와 '34' ~ '77.jpg'까지 45개의 클립을 다음과 시간 지점을 참고하여 차례대로 붙여 넣어 마지막 3단계의 작업을 마무리한 후 **Space Bar** 를 눌러 사운드 비트에 맞추어 편집한 영상을 확인합니다.

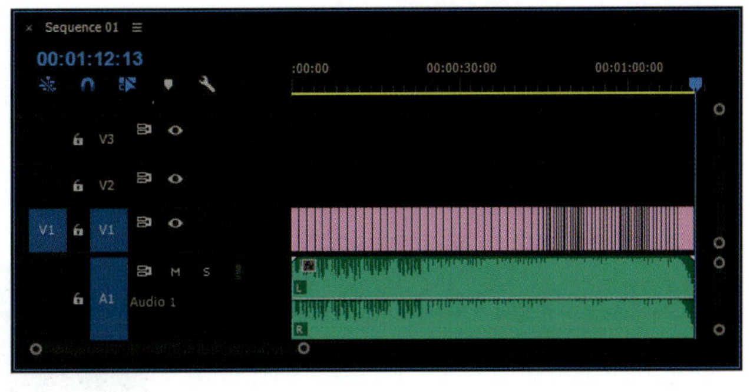

- Title 03.jpg [Out 점] : 00;00;47;04
- 34.jpg [Out 점] : 00;00;47;16
- 35.jpg [Out 점] : 00;00;47;27
- 36.jpg [Out 점] : 00;00;48;08
- 37.jpg [Out 점] : 00;00;48;20
- 38.jpg [Out 점] : 00;00;49;01
- 39.jpg [Out 점] : 00;00;49;13
- 40.jpg [Out 점] : 00;00;50;03
- 41.jpg [Out 점] : 00;00;50;14
- 42.jpg [Out 점] : 00;00;50;26
- 43.jpg [Out 점] : 00;00;51;07
- 44.jpg [Out 점] : 00;00;51;17
- 45.jpg [Out 점] : 00;00;51;29
- 46.jpg [Out 점] : 00;00;52;08
- 47.jpg [Out 점] : 00;00;53;01

- 48.jpg [Out 점] : 00;00;53;21
- 49.jpg [Out 점] : 00;00;54;13
- 50.jpg [Out 점] : 00;00;55;06
- 51.jpg [Out 점] : 00;00;55;24
- 52.jpg [Out 점] : 00;00;53;15
- 53.jpg [Out 점] : 00;00;57;07
- 54.jpg [Out 점] : 00;00;57;29
- 55.jpg [Out 점] : 00;00;58;21
- 56.jpg [Out 점] : 00;00;59;03
- 57.jpg [Out 점] : 00;00;59;14
- 58.jpg [Out 점] : 00;00;59;25
- 59.jpg [Out 점] : 00;01;00;05
- 60.jpg [Out 점] : 00;01;00;16
- 61.jpg [Out 점] : 00;01;00;27
- 62.jpg [Out 점] : 00;01;01;18

- 63.jpg [Out 점] : 00;01;01;29
- 64.jpg [Out 점] : 00;01;02;29
- 65.jpg [Out 점] : 00;01;02;20
- 66.jpg [Out 점] : 00;01;03;01
- 67.jpg [Out 점] : 00;01;03;12
- 68.jpg [Out 점] : 00;01;03;23
- 69.jpg [Out 점] : 00;01;01;09
- 70.jpg [Out 점] : 00;01;05;02
- 71.jpg [Out 점] : 00;01;05;23
- 72.jpg [Out 점] : 00;01;06;15
- 73.jpg [Out 점] : 00;01;07;08
- 74.jpg [Out 점] : 00;01;08;02
- 75.jpg [Out 점] : 00;01;08;23
- 76.jpg [Out 점] : 00;01;09;16
- 77.jpg [Out 점] : 00;01;12;13

TIP :: **프리미어 프로에서 이미지 편집하기**

프리미어 프로는 기본적으로 영상 편집 작업을 하기 위해 만들어졌지만 사진을 편집하여 영상을 만드는 기능도 매우 훌륭합니다. 사진을 이용한 영상 편집을 위해서는 기본적으로 이미지를 편집할 수 있는 포토샵과 같은 프로그램을 이용하여 모든 이미지를 만든 후 불러오는 게 좋으며, 그렇게 하기가 어려울 때는 프리미어 프로 기능 중에 몇 가지 기능을 통해 이미지를 편집해야 합니다.

- [Effect Controls] 패널 : 모션을 통해 이미지의 위치, 크기, 회전 가능
- [Effect] 패널 : 이미지의 밝기, 색상 조절, 합성

: 준비 파일 : Part 02 〉 Chapter 03 〉 Section 02 〉 2 영상 소스 〉 BGM phone.wav, 01.avi, 02.avi, 03.avi
: 완성 파일 : Part 02 〉 Chapter 03 〉 Section 02 〉 2 영상 소스 〉 영상 소스 비트에 맞추기.prproj

1 새 프로젝트를 시작하기 위해서 [File] 〉
[New] 〉 [Project](**Ctrl** + **Alt** + **N**) 메뉴를
클릭합니다. [New Project] 대화상자가 열리면
[Name]에 임의 프로젝트 이름으로 입력하고
[Location]의 [Browse] 버튼을 클릭하여 프로젝
트 파일이 저장될 폴더를 선택한 후 [OK] 버튼
을 클릭합니다.

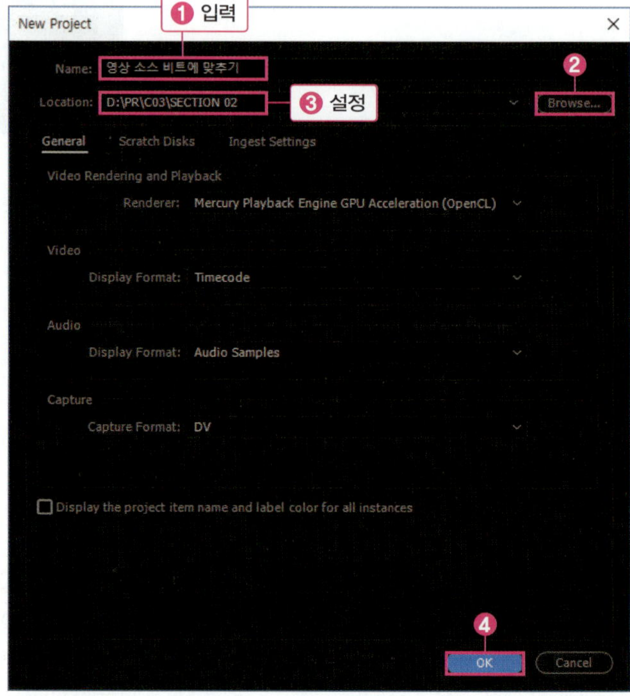

2 기본 작업 화면이 열리면 새 시퀀스를 만들
기 위해서 [File] 〉 [New] 〉 [Sequence](**Ctrl**
+ **N**) 메뉴를 클릭합니다. [New Sequence] 대
화상자가 열리면 다음과 같이 설정한 후 [OK]
버튼을 클릭합니다.

- [Editing Mode] : 'Custom'
- [Timebase] : '30.00 frames/second'
- [Frame Size] : '720'
- [horizontal] : '480'
- [Pixel Aspect Ratio] : 'Square Pixels (1.0)'

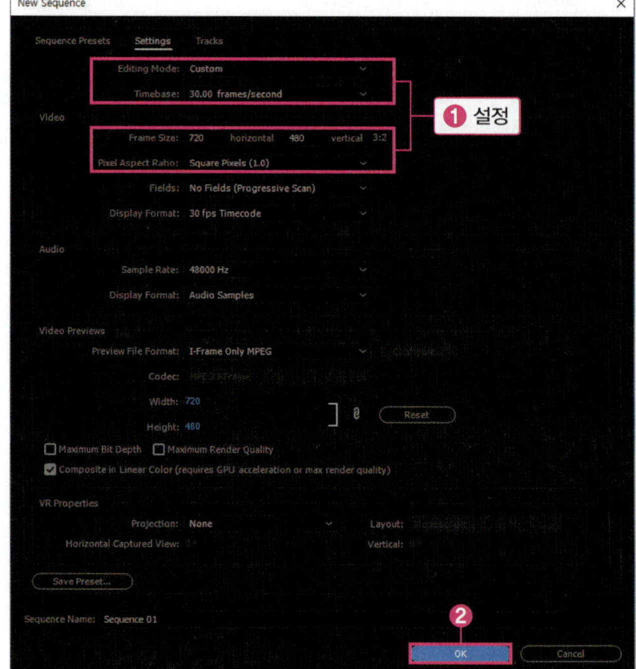

3 배경음악(BGM)을 불러오기 위해서 [Proj-ect] 패널의 빈 공간을 더블클릭한 후 [Import] 대화상자가 열리면 'BGM phone.wav' 파일을 선택하고 [열기] 버튼을 클릭합니다.

4 [Project] 패널의 'BGM phone.wav' 오디오 클립을 [Timeline] 패널 [A1] 트랙의 시작점으로 드래그하여 배경음악을 넣은 후 **Space Bar** 를 눌러 삽입된 사운드 비트를 확인합니다.

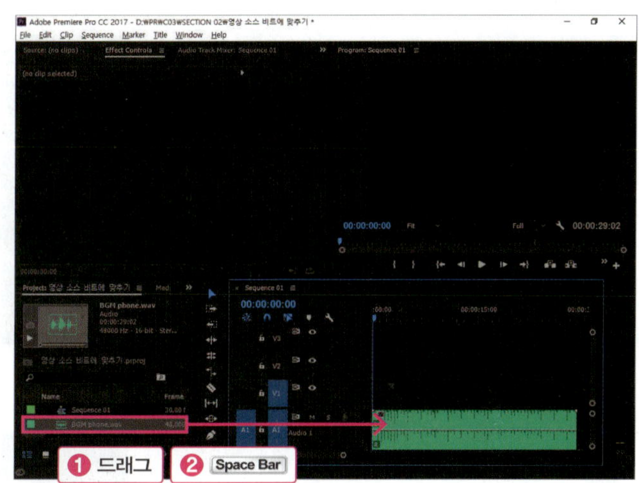

5 다음으로 영상 소스 파일을 불러오기 위해서 [Project] 패널의 빈 공간을 더블클릭한 후 [Import] 대화상자가 열리면 '01' ∼ '03.avi' 영상 파일을 선택하고 [열기] 버튼을 클릭합니다.

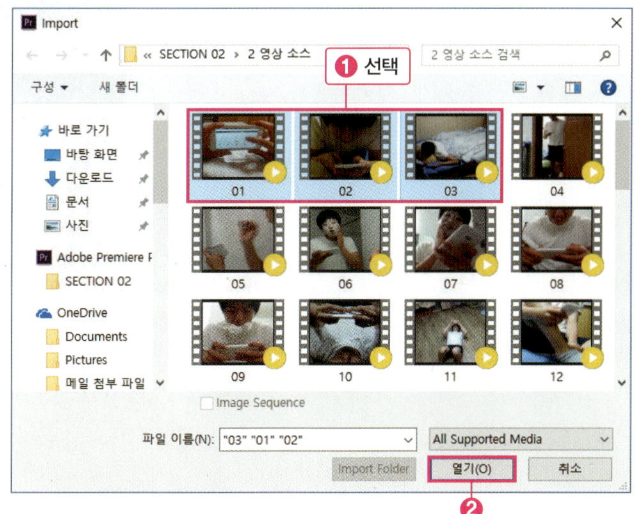

6 이제 영상 클립을 사운드 비트에 맞춰서 편집해보겠습니다. [Project] 패널의 '01.avi' 영상 클립을 [Timeline] 패널 [V1] 트랙의 시작점에 드래그합니다.

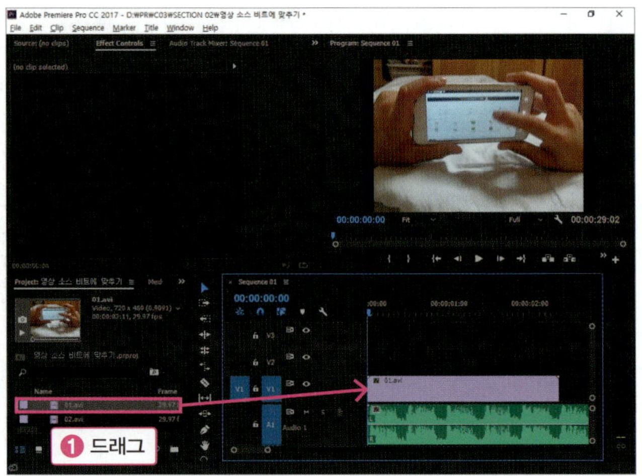

7 영상 클립을 비트에 맞춰서 재생 길이를 맞추기 위해서 [Current Time Indicator]를 첫 번째 비트가 시작되는 지점(00;00;00;16)으로 옮긴 후 '01.avi' 영상 클립의 [Out 점]을 드래그하여 [Current Time Indicator]에 맞춥니다.

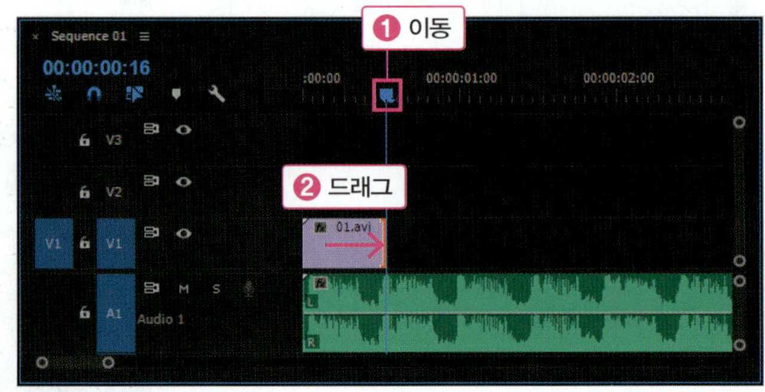

8 이어서 [Project] 패널의 '02.avi' 영상 클립을 [V1] 트랙의 '01.avi' 영상 클립 뒤에 붙여 넣고, [Current Time Indicator]를 두 번째 비트가 시작되는 지점(00;00;01;00)으로 옮긴 후 '02.avi' 영상 클립의 [Out 점]을 드래그하여 [Current Time Indicator]에 맞춥니다.

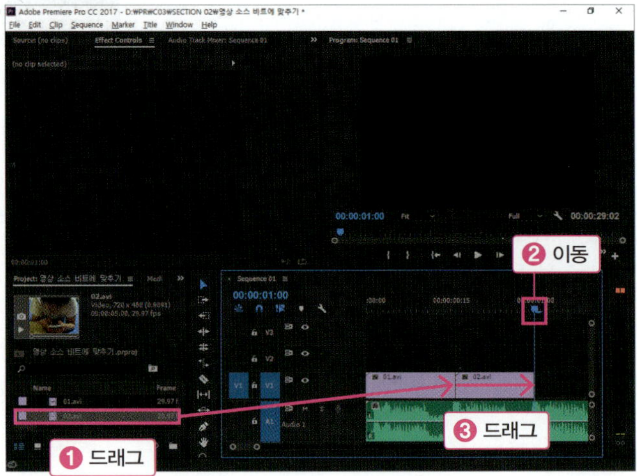

9 같은 방법으로 '03.avi' 영상 클립을 [Proj-ect] 패널에서 [V1] 트랙의 '02.avi' 영상 클립 뒤에 붙여 넣습니다. '03.avi' 영상 클립은 상당이 재생 시간이 길어서 필요한 여러 장면을 잘라내어 사용해 보겠습니다.

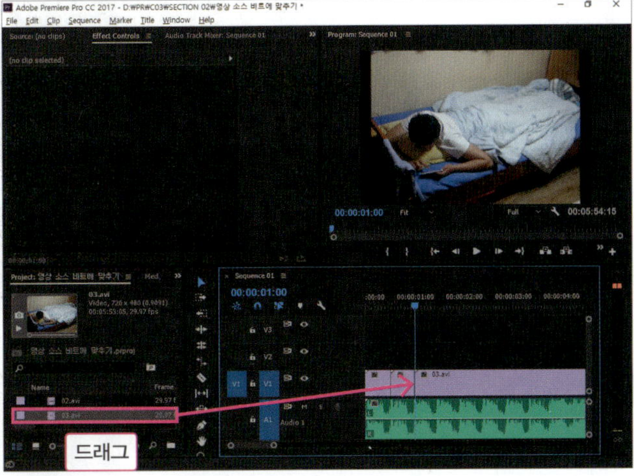

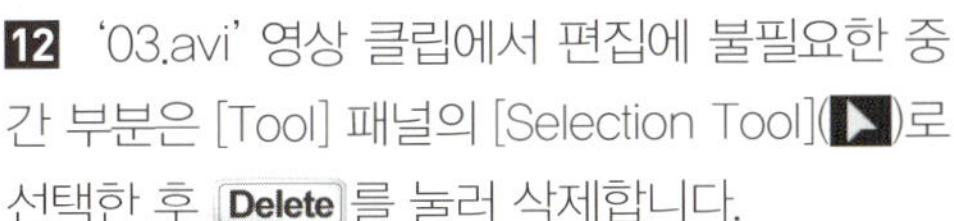

10 [Current Time Indicator]를 세 번째 비트가 시작되는 지점(00;00;01;14)으로 옮긴 후 [Tool] 패널에서 [Razor Tool](🔪)을 클릭합니다. [Timeline] 패널에서 '03.avi' 영상 클립의 [Current Time Indicator]가 위치한 지점을 클릭하여 클립을 자릅니다.

TIP :: [Razor Tool](🔪)

클립을 자르는 데 사용합니다. 영상 편집에서 가장 많이 사용되는 툴로써 편집이 필요한 부분을 잘라서 이어 붙이는 작업이기 때문에 [Razor Tool]은 필수로 익혀야 할 가장 중요한 툴입니다.

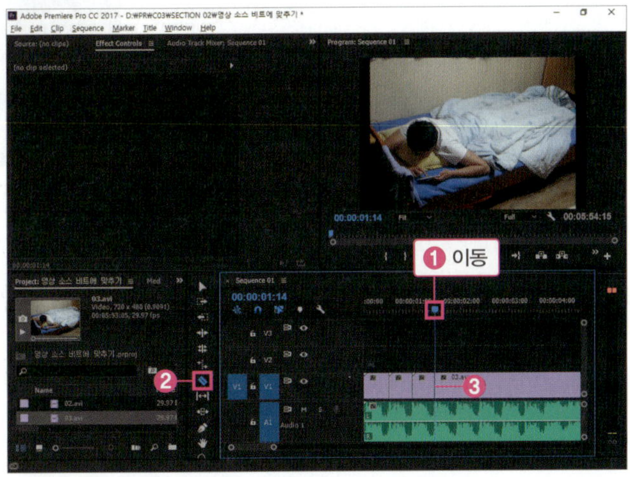

11 [Current Time Indicator]를 '03.avi' 영상 클립에서 편집에 필요한 장면이 시작되는 지점(00;00;09;00)으로 옮긴 후 [Razor Tool](🔪)로 [Current Time Indicator]가 위치한 지점을 클릭하여 영상 클립을 자릅니다.

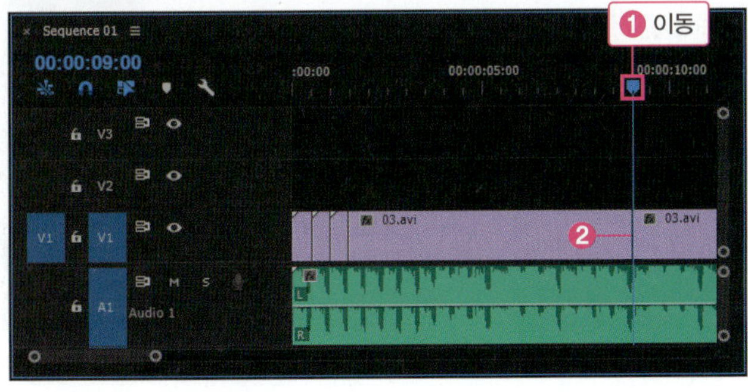

12 '03.avi' 영상 클립에서 편집에 불필요한 중간 부분은 [Tool] 패널의 [Selection Tool](▶)로 선택한 후 **Delete** 를 눌러 삭제합니다.

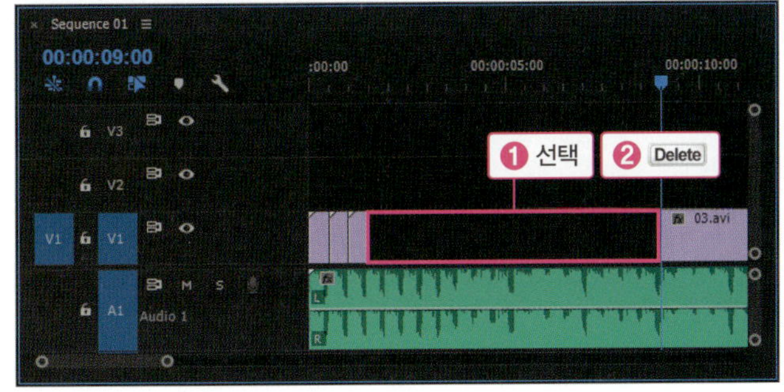

13 영상 클립에서 삭제되고 남은 빈 공간에 마우스 오른쪽 버튼을 클릭하고 [Ripple Delete]를 선택합니다. 빈 공간이 삭제되어 떨어져 있던 영상 클립이 자동으로 붙습니다.

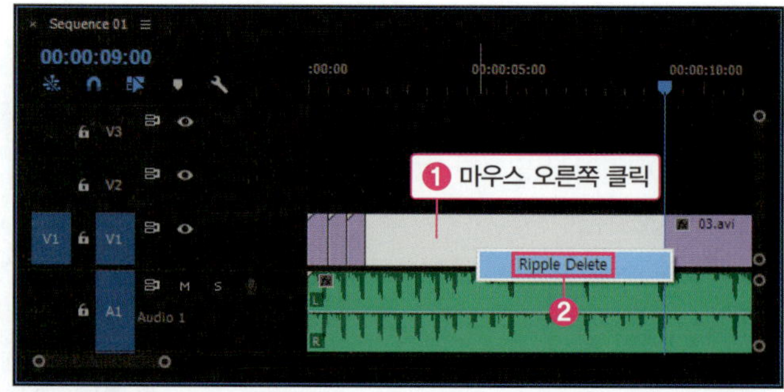

14 위와 동일한 방법으로 '03.avi' 영상 클립에서 불필요한 장면을 삭제하고, 필요한 장면만 붙여서 편집합니다. 정확한 시간 지점은 다음을 참고하여 편집해보기 바랍니다.

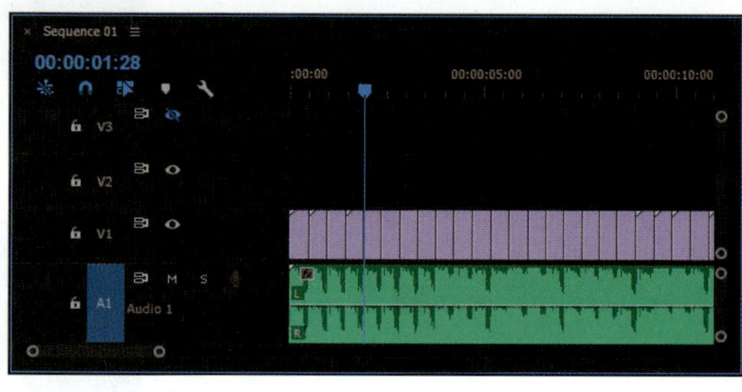

• 4 비트 지점 : 00;00;01;28
• 5 비트 지점 : 00;00;02;12
• 6 비트 지점 : 00;00;02;26
• 7 비트 지점 : 00;00;03;10
• 8 비트 지점 : 00;00;03;24
• 9 비트 지점 : 00;00;04;08
• 10 비트 지점 : 00;00;04;22
• 11 비트 지점 : 00;00;05;07
• 12 비트 지점 : 00;00;05;21
• 13 비트 지점 : 00;00;06;05
(생략)

15 나머지 영상 소스도 '사운드 비트'에 맞추어 자유롭게 편집해 봅니다.

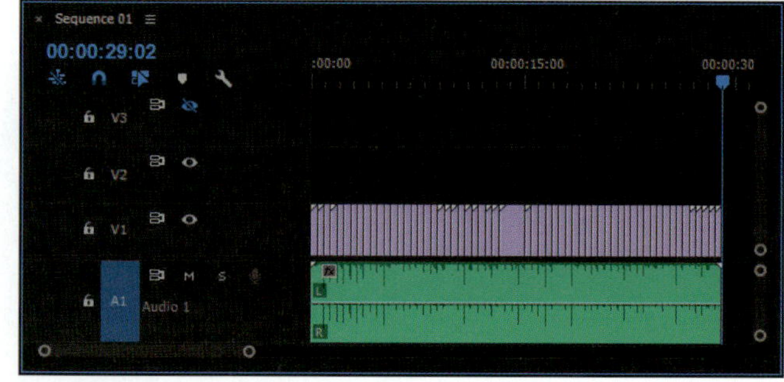

03 사운드 비트 중심의 영상 자막 편집 테크닉

: 준비 파일 : Part 02 〉 Chapter 03 〉 Section 02 〉 2 영상 소스 〉 bgm beat, 21.avi ~ 30.avi **: 완성 파일 :** Part 02 〉 Chapter 03 〉 Section 02 〉 2 영상 소스 〉 영상 소스 비트에 맞추기.prproj

1 다음은 사운드 비트에 맞춰 편집된 영상에 자막을 넣는 테크닉입니다. 새 시퀀스를 만들어 편집하기 위해서 [File] 〉 [New] 〉 [Sequence] (Ctrl + N) 메뉴를 클릭하고 [New Se-quence] 대화상자가 열리면 다음과 같이 설정한 후 [OK] 버튼을 클릭합니다.

- [Editing Mode] : 'Custom'
- [Timebase] : '30.00 frames/second'
- [Frame Size] : '720'
- [horizontal] : '480'
- [Pixel Aspect Ratio] : 'D1/DV NTSC (0.9091)'

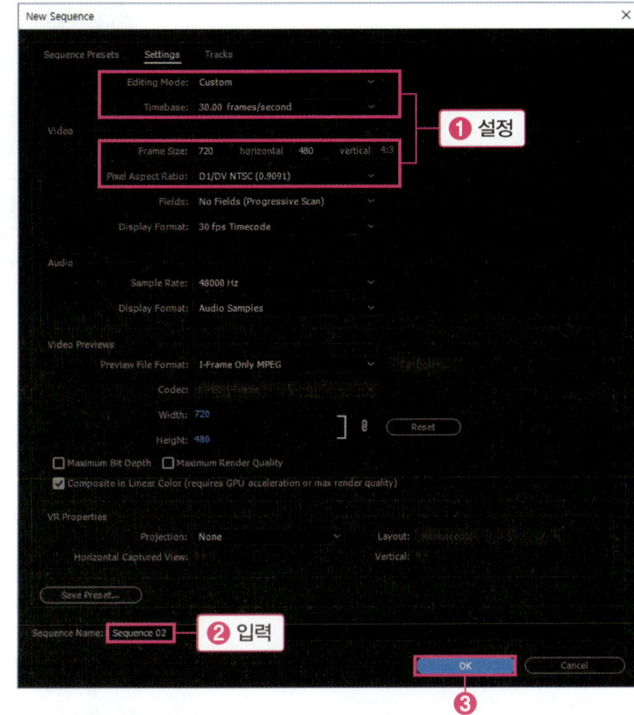

2 [Timeline] 패널에 그림과 같이 새로 만든 [Sequence 02] 시퀀스가 추가됩니다.

TIP :: 시퀀스 이름은 [New Sequence] 대화상자에서 입력한 이름에 따라 다를 수 있습니다.

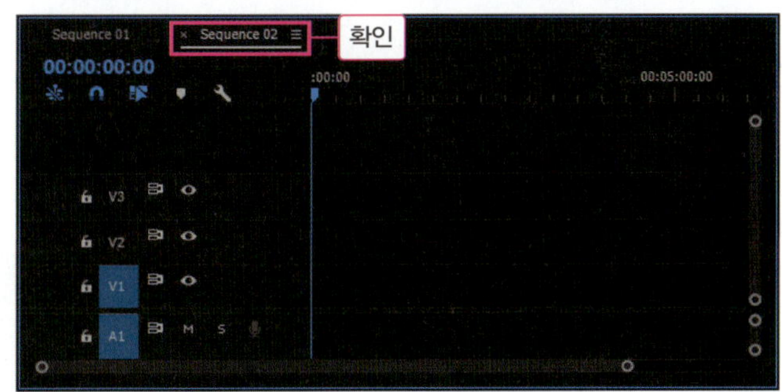

3 배경음악(BGM)을 불러오기 위해서 [Proj-ect] 패널의 빈 공간을 더블클릭합니다. [Import] 대화상자가 열리면 'bgm beat.wav' 파일을 선택하고 [열기] 버튼을 클릭합니다.

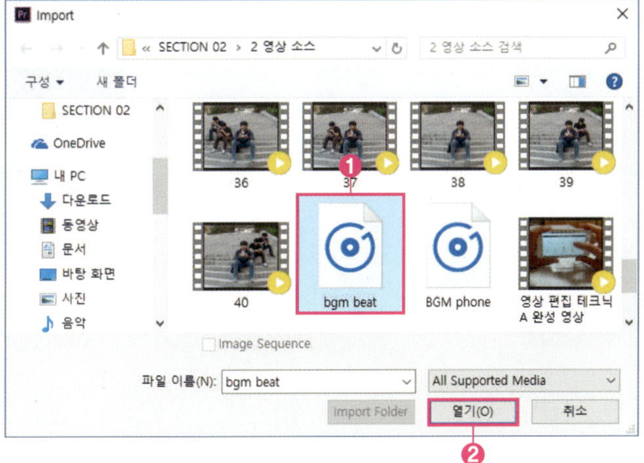

4 [Project] 패널의 'bgm beat.wav' 오디오 클립을 [Timeline] 패널 [A1] 트랙의 시작점으로 드래그하여 배경음악을 넣은 후 **Space Bar** 를 눌러 사운드 비트를 확인합니다.

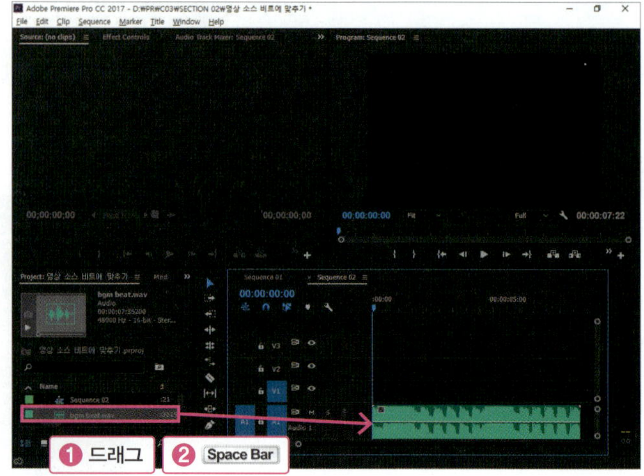

5 다음으로 영상 소스 파일을 불러오기 위해서 [Project] 패널의 빈 공간을 더블클릭합니다. [Import] 대화상자가 열리면 '21' ~ '31.avi'까지 **Shift** 를 누른 채 영상 파일을 선택하고 [열기] 버튼을 클릭합니다.

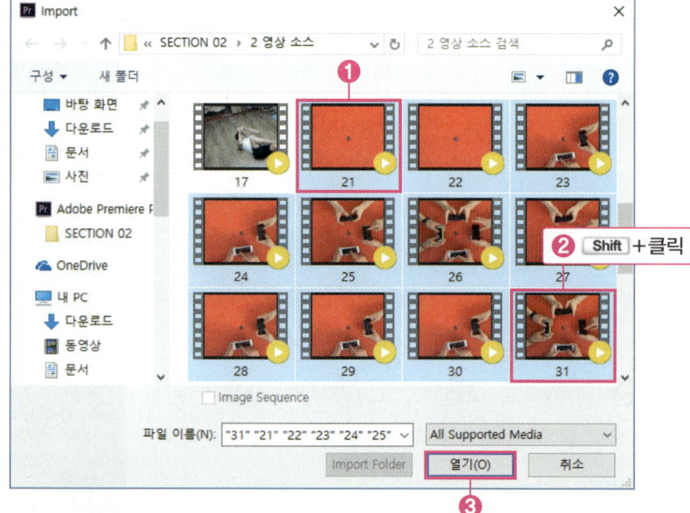

6 [Project] 패널에서 '21' ~ '31.avi' 파일까지 [Timeline] 패널의 [V1] 트랙에 순서대로 붙여 넣은 후 **Space Bar** 를 눌러 사운드 비트에 맞추어 편집된 영상을 확인합니다.

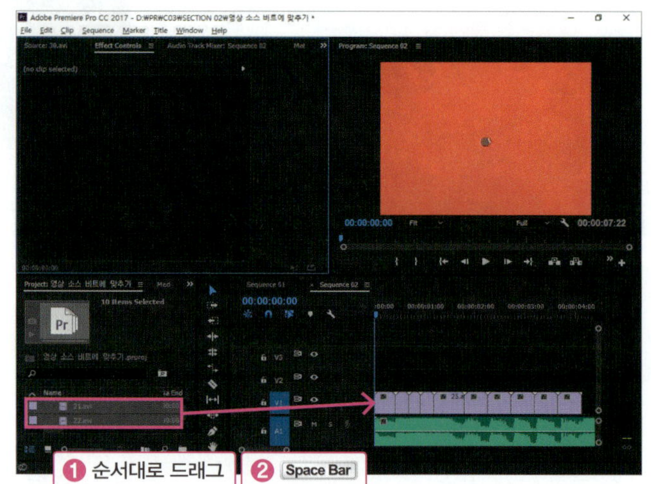

7 사운드의 비트에 맞는 자막을 편집하기 위해서 [Current Time Indicator]를 첫 번째 손이 등장하는 지점(00;00;00;15)으로 옮긴 후 새 자막을 디자인하기 위해서 [Title] 〉 [New Title] 〉 [Default Still] 메뉴를 클릭합니다.

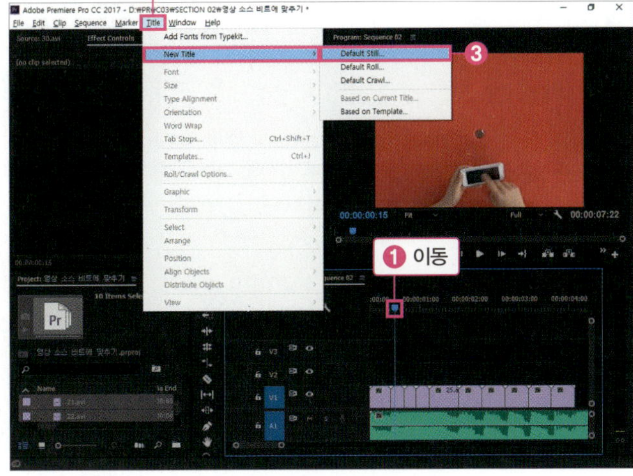

8 [New Title] 대화상자가 열리면 [Video Settings]는 그대로 두고, [Name]에 '자막 01'을 입력한 후 [OK] 버튼을 클릭합니다.

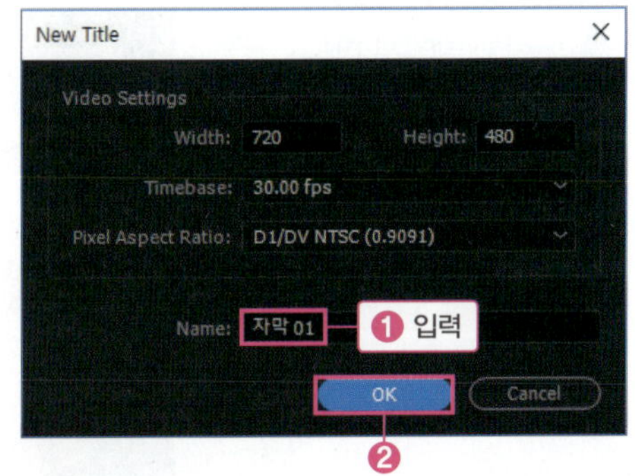

9 타이틀 창이 열리면 [Title Tool] 패널의 [Type Tool](T)을 클릭하고, [Main Work Area]의 한 지점을 클릭하여 '채팅 중독'을 입력한 후 [Title Properties] 패널에서 다음과 같이 설정합니다.

- [Properties]
  [Font Family] : 'Adobe 고딕 Std'
- [Fill]
  [Color] : '채팅' – '흰색(#ffffff)'
  　　　　　'중독' – '노란색(#ffff00)'

10 자막에 그림자를 추가하여 좀 더 뚜렷하게 만들기 위해서 [Title Properties] 패널에서 다음과 같이 설정합니다.

- [Shadow] : 체크
  [Opacity] : '60%'
  [Angle] : '135°'
  [Distance] : '6'
  [Size] : '2',
  [Spread] : '20'

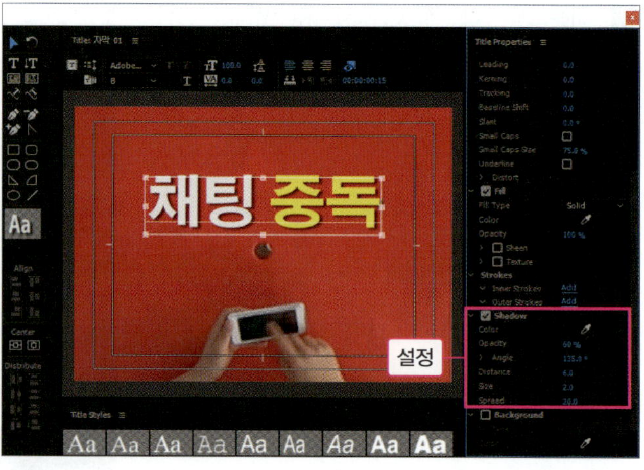

11 자막의 크기와 위치를 영상에 맞게 수정하기 위해서 [Title Properties] 패널에서 다음과 같이 입력합니다. [Title Tool] 패널의 [Selection Tool](▶)로 자막을 그림과 같은 위치로 옮긴 후 [닫기](✕)를 클릭합니다.

- [Properties]
  [Font Size] : '30'

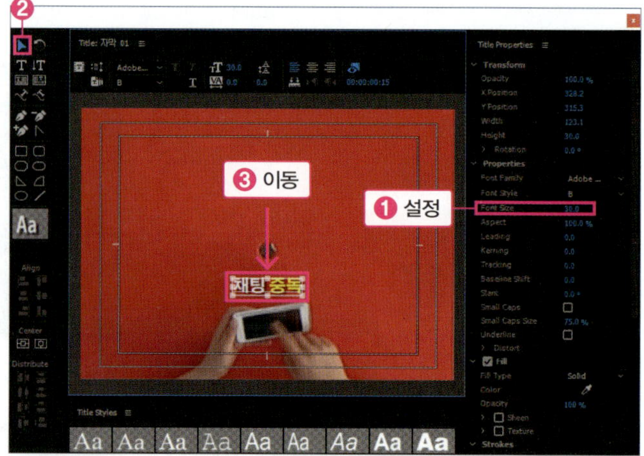

12 [Current Time Indicator]가 자막이 들어갈 위치인 00;00;00;14에 있음을 확인한 후 [Project] 패널에서 '자막 01' 클립을 [V2] 트랙의 [Current Time Indicator]에 드래그하고, 이미지 클립의 [Out 점]을 오른쪽으로 드래그하여 '30. avi' 영상 클립의 [Out 점]에 맞춥니다.

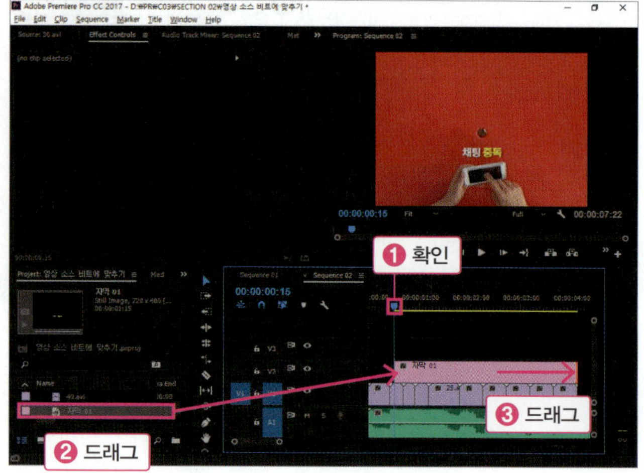

13 두 번째 자막을 편집하기 위해서 [Current Time Indicator]를 두 번째 손이 등장하는 지점 (00;00;00;23)으로 옮긴 후 [Project] 패널에서 '자막 01'을 선택하고. Ctrl + C . Ctrl + V 를 눌러 복사하고 붙여 넣은 후 복사된 클립의 이름을 '자막 02'로 변경합니다. '자막 02' 클립의 아이콘을 더블클릭하여 타이틀 창을 엽니다.

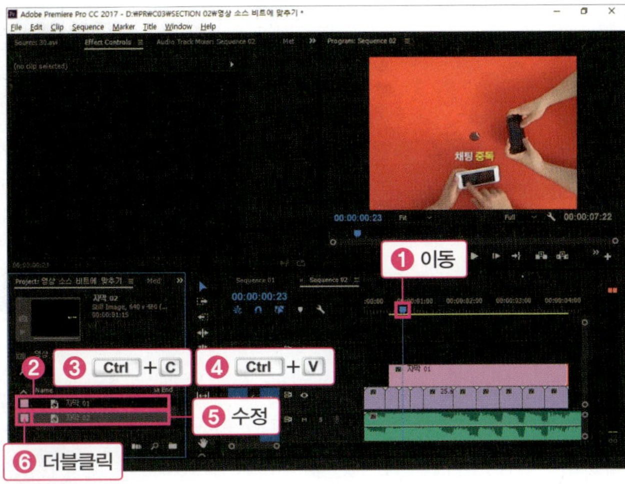

14 타이틀 창이 열리면 [Selection Tool](▶)로 '자막 02' 타이틀을 그림과 같은 위치로 옮기고, '게임 중독'으로 수정한 후 [닫기](✕)를 클릭합니다.

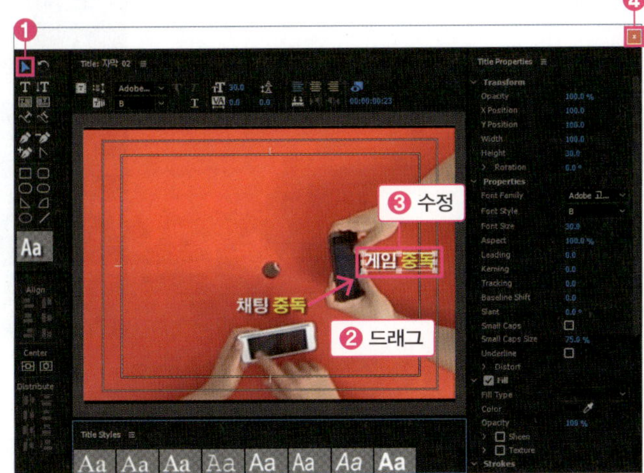

15 [Project] 패널의 '자막 02' 클립을 [V3] 트랙의 [Current Time Indicator]에 드래그합니다.

16 [Current Time Indicator]를 두 번째 손가락이 사라지는 지점(00;00;02;24)으로 옮긴 후 '자막 02' 클립의 [Out 점]을 오른쪽으로 드래그하여 [Current Time Indicator]에 맞춥니다.

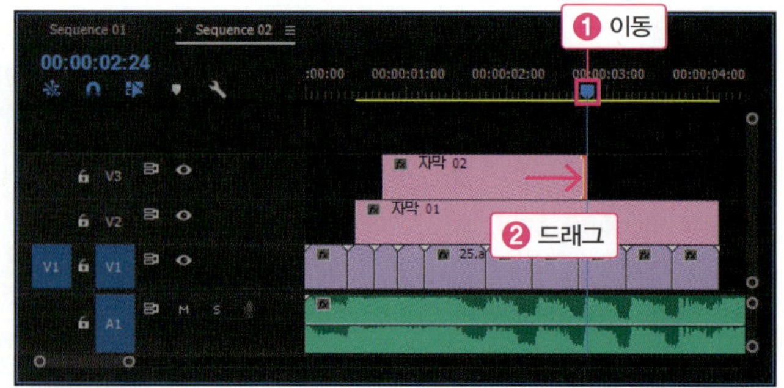

17 다음 자막들을 편집하기 위한 [Video] 트랙을 추가하기 위해서 [Timeline] 패널의 빈 공간에 마우스 오른쪽 버튼을 클릭하고 [Add Tracks]를 선택합니다.

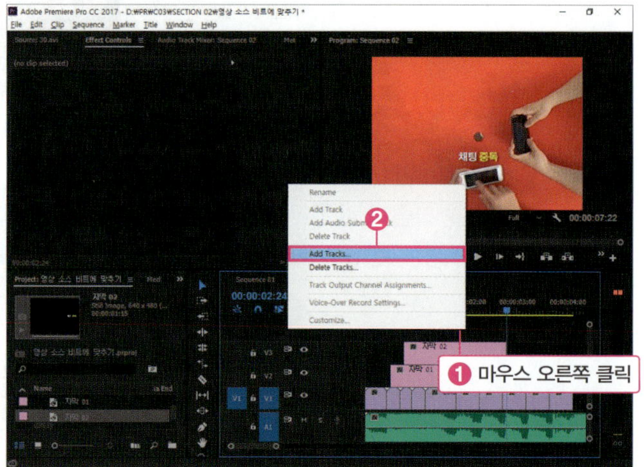

18 [Add Tracks] 대화상자가 열리면 다음과 같이 입력하고 [OK] 버튼을 클릭합니다. [Video] 트랙을 2개 추가합니다.

....

- [Video Tracks]
  [Add] : '2'
- [Audio Tracks]
  [Add] : '0'

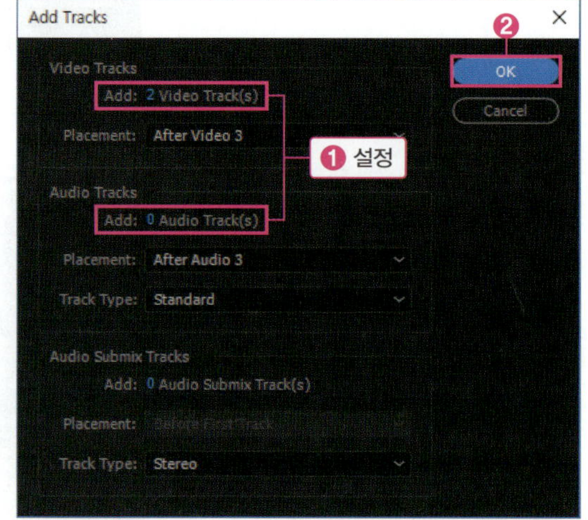

19 세 번째 자막도 앞선 방법으로 복사하여 '자막 03'을 타이틀 창에서 '미디어 중독'으로 변경하여 입력합니다. [Project] 패널의 '자막 03' 클립을 [V4] 트랙의 세 번째 손가락이 등장하는 지점(00:00:01:00)으로 드래그하고, 클립의 [Out 점]은 세 번째 손이 사라지는 지점(00:00:02:10)에 맞춥니다.

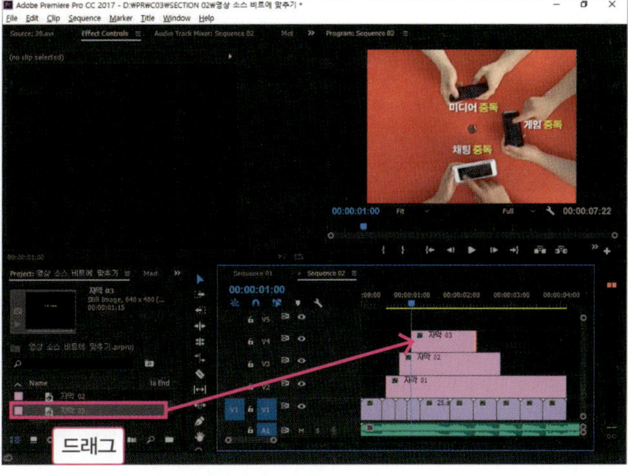

20 자막을 하나 더 복사한 후 '자막 04'를 '검색 중독'으로 변경하여 입력합니다. 네 번째 손이 등장하는 곳에 '자막 04' 클립을 [V5] 트랙에 드래그하고 클립의 [Out 점]은 네 번째 손이 사라지는 지점에 맞춥니다. **Space Bar** 를 눌러 영상을 확인합니다.

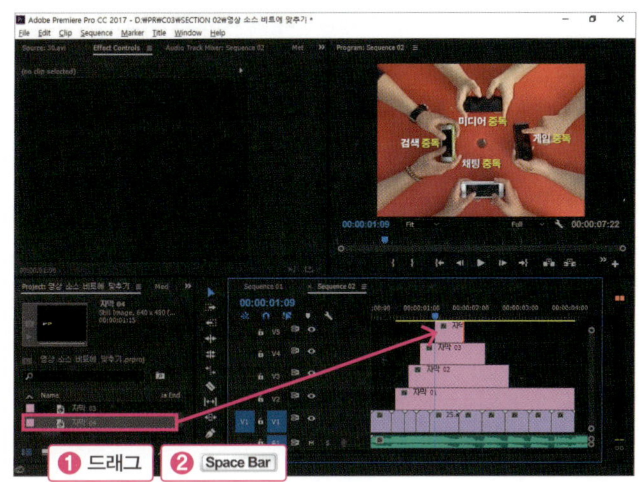

21 이와 같은 방법으로 뒷부분의 자막도 사운드 비트에 맞추어 편집합니다.

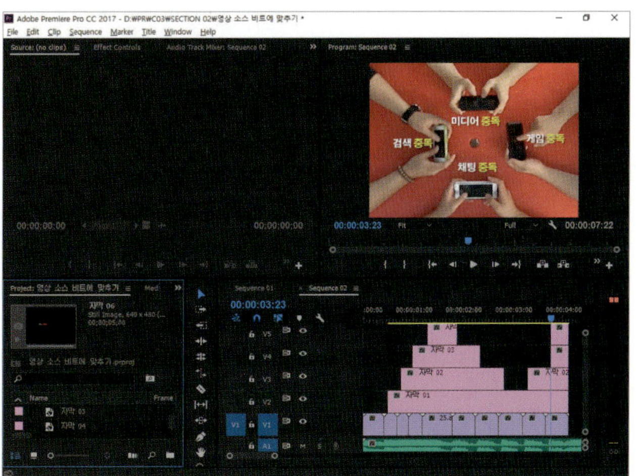

22 나머지 영상과 자막도 다양한 방법으로 사운드 비트에 맞추어 편집해 봅니다.

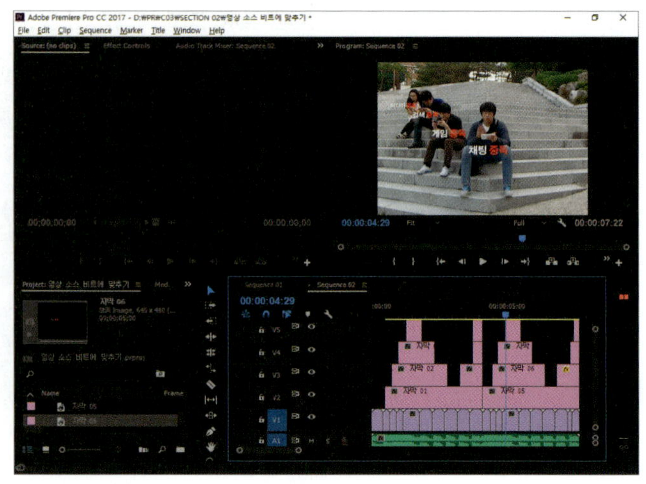

TIP :: **오디오 클립의 볼륨을 시각적으로 확인하기**

프리미어 프로의 타임라인 또는 프로그램 모니터에서 오디오 클립의 볼륨 레벨을 시각적으로 모니터링 할 수 있습니다.

① [Audio Meters] 패널이 열려 있는지 확인합니다.
　※ [Audio Meters] 패널이 보이지 않으면 [Window] 〉 [Audio Meters] 메뉴를 클릭합니다.
② [Program Monitor] 또는 [Timeline] 패널을 선택합니다.
③ **Space Bar** 를 누르거나 [Program Monitor] 패널에서 [재생−정지 켜기/끄기] 버튼을 클릭합니다.
④ [Audio Meters] 패널에 해당 타임라인에 대한 오디오 레벨이 표시됩니다.

[Audio Meters] 패널에서 오디오 레벨의 시각적 확인을 통해 적당한 오디오 레벨을 찾고 볼륨 조절을 통해 적절한 값으로 설정할 수 있으며, 영상 편집 시 박자가 바뀌는 부분도 시각적으로 확인할 수 있습니다.

영상 빨리감기 및 되감기 실무

핵심내용

영상 편집 실무에서 '빨리감기'나 '느리게감기', '되감기' 등의 시간조절 테크닉은 반드시 알아야 할 기법입니다. 예를 들어 반복되는 장면이나 긴 타임의 영상에는 '빨리감기', 멋스러운 장면이나 재확인 상황에서는 '느리게감기' 기법 등이 많이 사용됩니다. 특히, 홍보 영상에서는 지루함을 덜어주어야 할 때, 반전의 감동을 주고자 할 때 어텐션(Attention) 기법으로도 자주 사용하기 때문에 본 예제의 Clip Speed, Reverse Speed 기능 등을 배우면 다양한 응용이 가능할 것입니다.

STORYBOARD 01

제2회 대한민국 맑은 공기 UCC공모전 '우수상' 수상 작품 편집과정

[Clip Speed] 180% ----------------------------→ 850% 900%

STORYBOARD 02

제10회 대한민국 인터넷윤리콘텐츠공모전 '동상' 수상 작품 중 일부분

 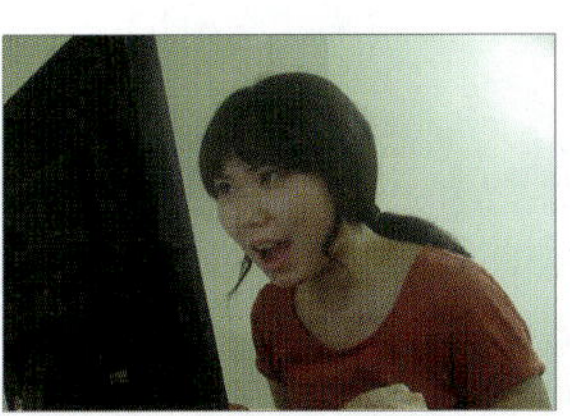  

  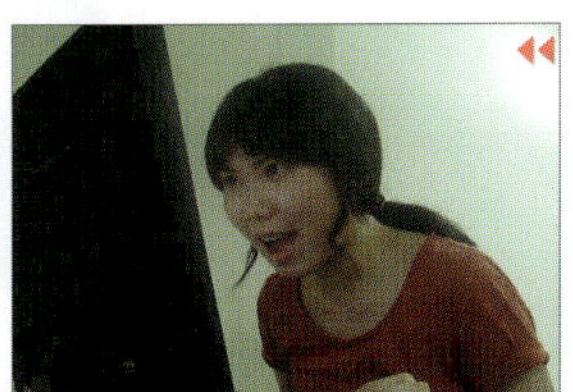 

[Reverse Speed] 200% 300% 400%

: 준비 파일 : Part 02 〉 Chapter 03 〉 Section 03 〉 1 영상 빨리감기 〉 bgm car.wav, 01.avi ～ 04.avi
: 완성 파일 : Part 02 〉 Chapter 03 〉 Section 03 〉 1 영상 빨리감기 〉 영상 빨리감기.prproj

1 프리미어 프로 CC 2017을 실행한 후 [Start] 대화상자가 열리면 [New Project] 버튼을 클릭하여 새 프로젝트를 시작합니다. [New Project] 대화상자가 열리면 [Name]에 임의 프로젝트 이름으로 입력하고, [Location]의 [Browse] 버튼을 클릭하여 프로젝트 파일이 저장될 폴더를 선택한 후 [OK] 버튼을 클릭합니다.

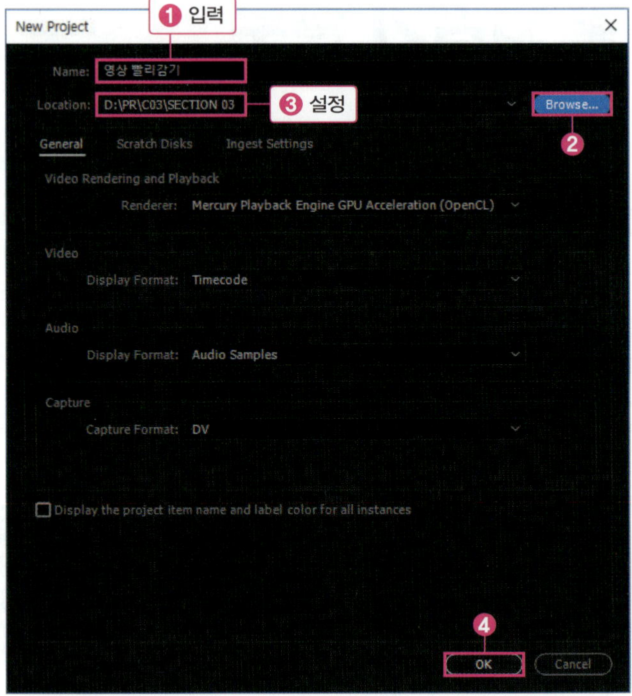

2 기본 작업 화면이 열리면 새 시퀀스를 만들기 위해서 [File] 〉 [New] 〉 [Sequence](**Ctrl** +**N**) 메뉴를 클릭합니다. [New Sequence] 대화상자가 열리면 [Sequence Presets] 탭에서 [DV-NTSC] 〉 [Standard 48kHz]를 선택하고 [OK] 버튼을 클릭합니다.

TIP : : [DV-NTSC] 〉 [Standard 48kHz] 설정
• Video Settings
 – Frame size : 720h 480v (0.9091)
 – Frame rate : 29.97 frames/second
 – Pixel Aspect Ratio : D1/DV NTSC (0.9091)
 – Fields : Lower Field First

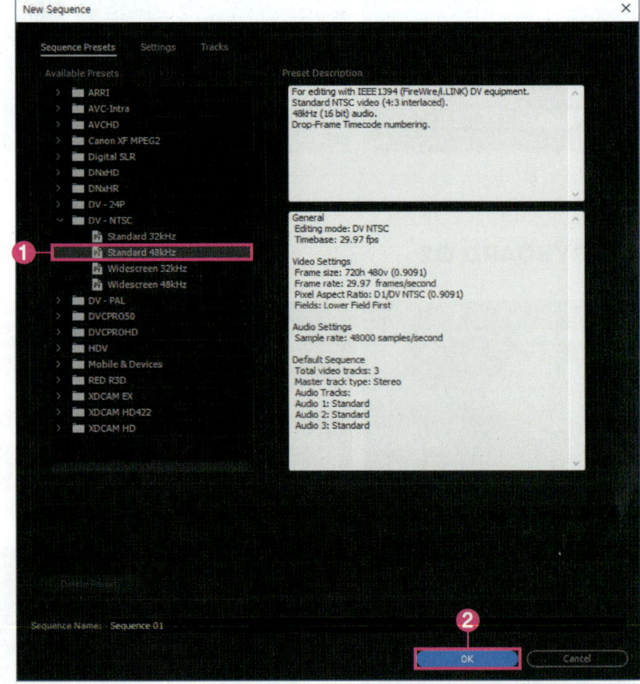

3 배경음악(BGM)을 불러오기 위해서 [Proj-ect] 패널의 빈 공간을 더블클릭합니다. [Import] 대화상자가 열리면 'bgm car.wav' 파일을 선택하고 [열기] 버튼을 클릭합니다.

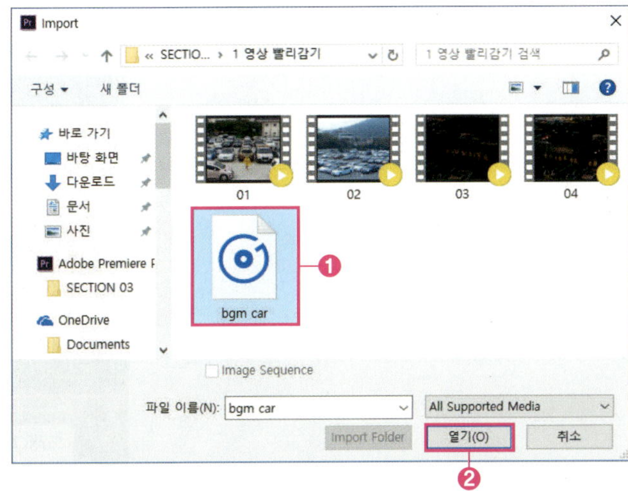

4 [Project] 패널의 'bgm car.wav' 오디오 클립을 [Timeline] 패널 [A1] 트랙의 시작점으로 드래그하여 배경음악을 넣은 후 Space Bar 를 눌러 삽입된 배경음악을 확인합니다.

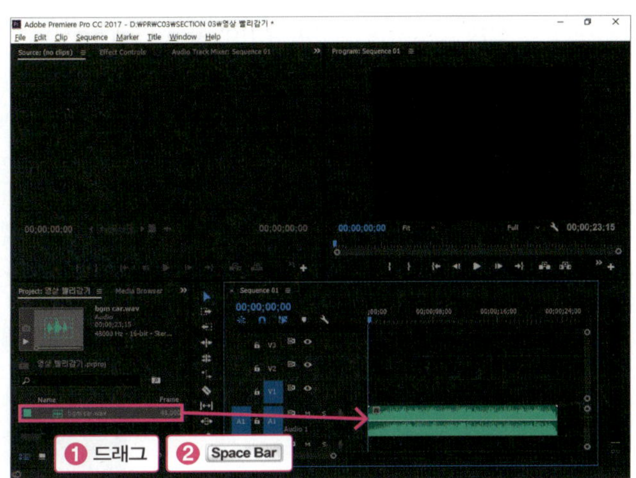

5 다음으로 영상 파일을 불러오기 위해서 [Project] 패널의 빈 공간을 더블클릭합니다. [Import] 대화상자가 열리면 '01' ~ '04.avi' 파일을 선택하고 [열기] 버튼을 클릭합니다.

6 [Project] 패널의 '01.avi' 영상 클립을 [V1] 트랙의 시작점으로 드래그하여 영상을 확인합니다.

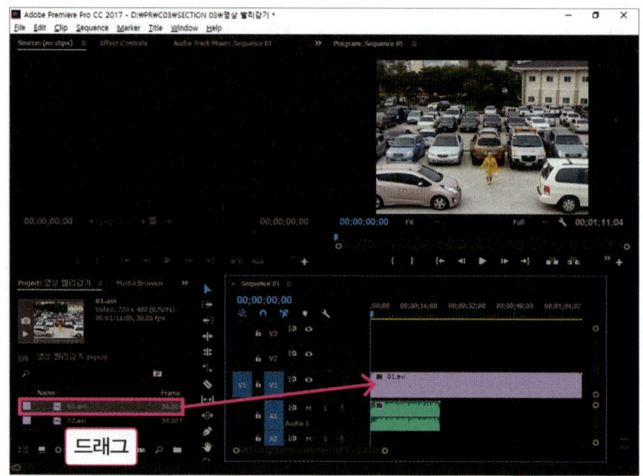

7 영상의 실제 속도는 배경음악과 비교하여 느리기 때문에 영상에 빨리감기 효과를 주기 위해서 [Timeline] 패널에서 '01.avi' 영상 클립을 마우스 오른쪽 버튼으로 클릭한 후 [Speed/Duration]을 선택합니다.

TIP :: 영상 클립을 선택하고 [Clip] 〉 [Speed/Duration] (Ctrl + R) 메뉴를 클릭해도 됩니다.

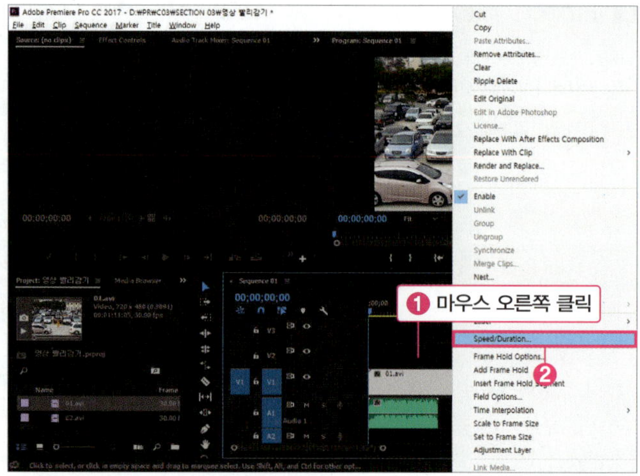

8 [Clip Speed/Duration] 대화상자가 열리면 [Speed]에 '180'을 입력하고 [OK] 버튼을 클릭합니다.

TIP :: [Clip Speed/Duration] 대화상자

- [Speed/Duration] : 클립의 재생 속도와 재생 시간을 설정합니다. Speed는 100을 기준으로 그보다 크면 영상의 재생 속도가 빨라지고, 그보다 작으면 느려집니다. Duration 은 클립의 재생 시간을 타임코드 단위로 설정합니다.
- [Reverse Speed] : 재생 방향을 반대로 바꿉니다.

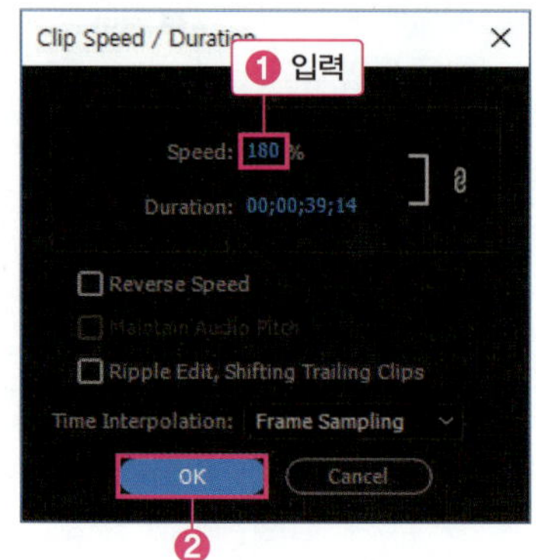

9 **Space Bar** 를 눌러 영상을 확인하면 '01. avi' 영상 클립의 재생 속도가 빨라지고, 대신 재생 길이는 짧아졌음을 확인할 수 있습니다.

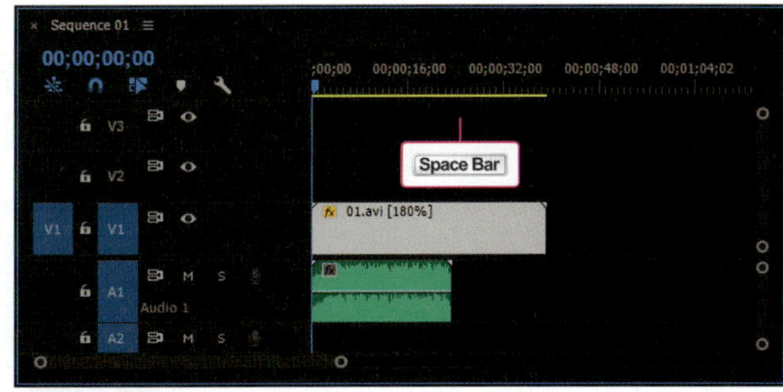

10 '01.avi' 영상 클립의 후반부를 더 빠르게 하기 위해서 클립을 2개로 분리한 후 각각 다른 재생 속도로 설정하겠습니다. [Current Time Indi-cator]를 00;00;06;25 위치로 옮긴 후 [Tool] 패널의 [Razor Tool](🔪)로 [Current Time Indi-cator]가 위치한 지점을 클릭하여 클립을 자릅니다.

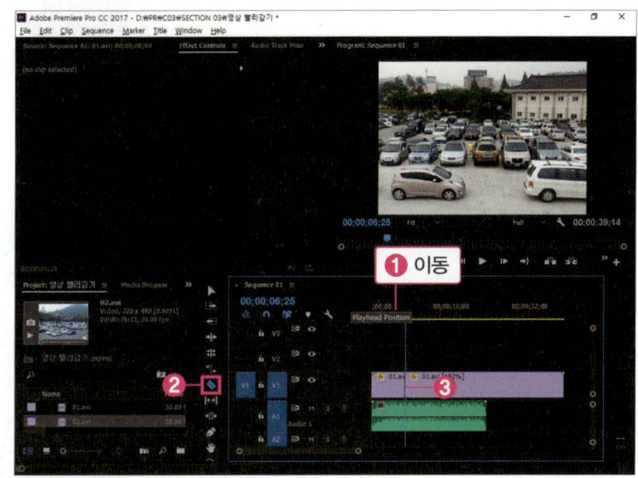

11 [Selection Tool](▶)로 잘린 뒷부분 영상 클립을 선택해서 다시 [Clip Speed/Duration] 대화상자를 열고, [Speed]에 '850'을 입력한 후 [OK] 버튼을 클릭합니다.

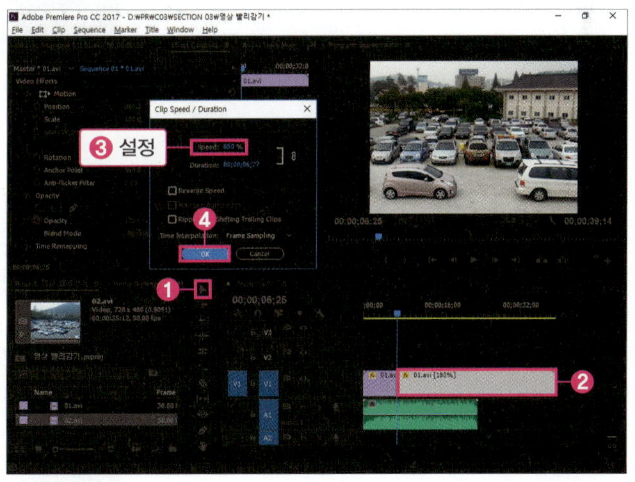

12 **Space Bar** 를 눌러 영상을 확인하면 영상 클립의 재생 길이가 매우 짧아지고, 재생 속도는 줄어들었음을 확인할 수 있습니다.

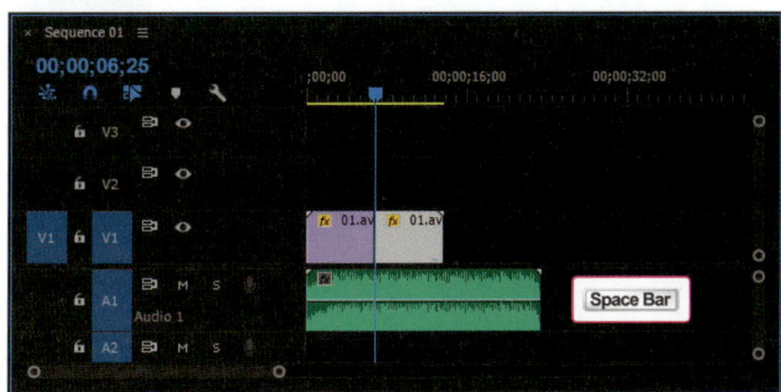

13 이제 다음 영상 클립을 넣고 재생 속도 조절을 해보겠습니다. [Project] 패널의 '02.avi' 영상 클립을 [V1] 트랙의 뒷부분에 붙여 넣은 후 앞선 방법으로 [Clip Speed/Duration]의 [Speed]를 '900'으로 입력하고 [OK] 버튼을 클릭합니다. 재생 속도가 점점 빨라지는 것을 확인할 수 있습니다.

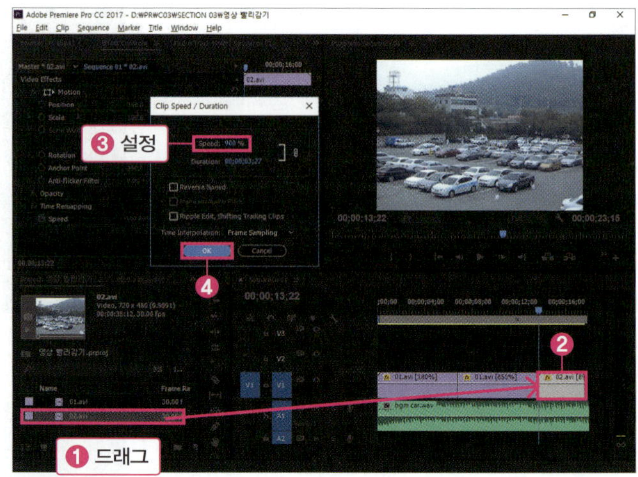

14 계속해서 [Project] 패널의 '03.avi' 영상 클립을 [V1] 트랙에 드래그하여 붙여 넣고, [Clip Speed/Duration] 대화상자에서 [Speed]를 '200'으로 입력하고 [OK] 버튼을 클릭합니다.

15 이번에는 영상 클립을 추가하여 넣고, 자연스럽게 화면이 전환되어 바뀌는 Dissolve 효과를 추가하기 위해서 [Current Time Indicator]를 00;00;18;25 지점으로 옮기고, '04.avi' 영상 클립을 [V2] 트랙의 [Current Time Indicator] 뒤에 붙여 넣습니다. [Clip Speed/Duration] 대화상자를 열고 [Speed]를 '550'으로 입력한 후 [OK] 버튼을 클릭합니다. [Effect Controls] 패널에서 [V1] 트랙의 '03.avi' 영상 클립과 겹치는 부분에 Opacity를 이용한 Dissolve 효과를 적용합니다.

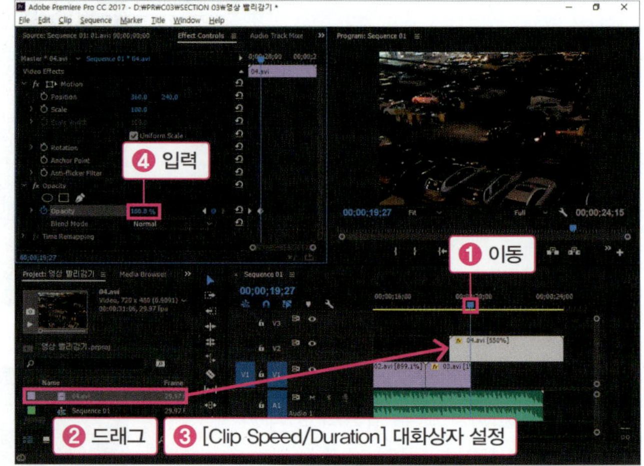

• [In 점] : 0%
• 00;00;19;27 지점 : 100%

16 '04.avi' 영상 클립을 분리하여 영상이 겹치는 효과를 만들기 위해서 [Current Time Indicator]를 00;00;21;20 위치로 옮긴 후 [Razor Tool](🔪)로 '04.avi' 영상 클립의 [Current Time Indicator]가 위치한 지점을 클릭하여 자릅니다.

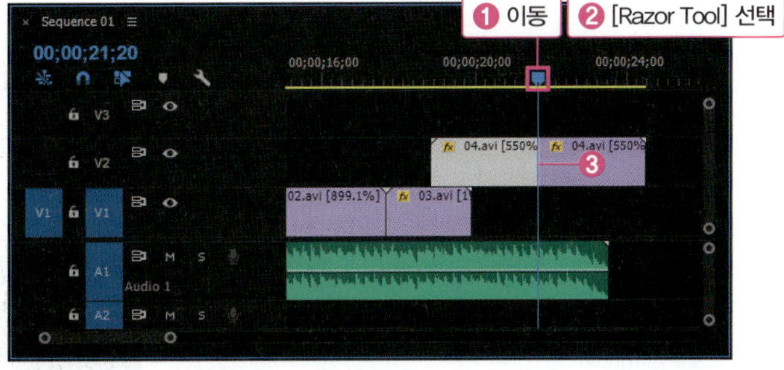

17 잘린 '04.avi' 영상 클립의 뒷부분이 위치할 지점인 00;00;20;20 위치로 [Current Time Indicator]를 옮긴 후 [Selection Tool](▶)로 '04.avi'의 뒷부분을 [V1] 트랙의 [Current Time Indicator] 뒤로 드래그합니다.

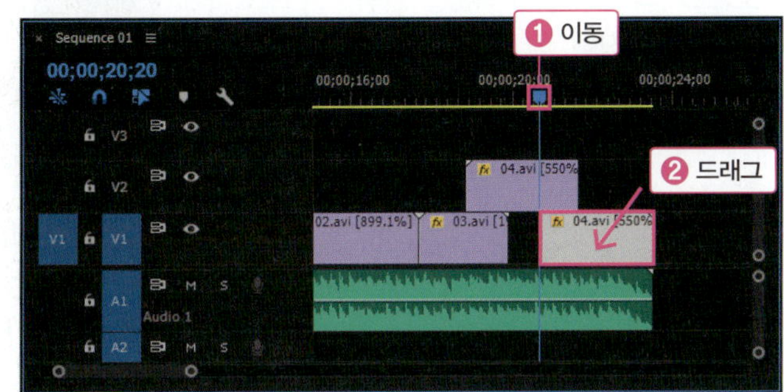

18 겹친 부분에 Dissolve 효과를 적용하기 위해서 [Timeline] 패널 [V2] 트랙의 '04.avi' 영상 클립을 선택하고, [Effect Controls] 패널에서 Opacity를 다음과 같이 설정합니다.

- 00;00;20;20 지점 : 100%
- [Out 점] : 0%

TIP :: Dissolve 효과

빨리감기나 느리게감기, 되감기 실무에서 Dissolve 효과는 혼합해서 사용하는 경우가 많으니 꼭 기억해두기 바랍니다.

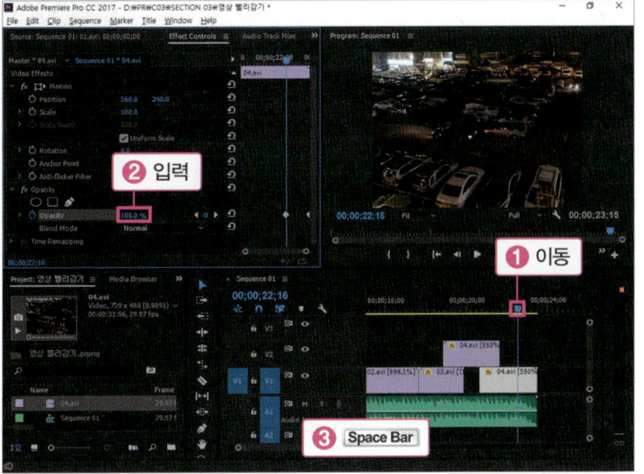

19 [V1] 트랙 '04.avi' 영상 클립의 뒷부분에 1초 정도 Opacity 효과를 주어 영상을 마무리합니다. Space Bar 를 눌러 '빨리감기' 영상을 확인합니다.

: **준비 파일 :** Part 02 〉 Chapter 03 〉 Section 03 〉 2 영상 되감기 〉 Video.mp4, Reverse Icon.png, 되감는 소리.wav
: **완성 파일 :** Part 02 〉 Chapter 03 〉 Section 03 〉 2 영상 되감기 〉 영상 되감기.prproj

1 새 프로젝트를 시작하기 위해서 [File] 〉 [New] 〉 [Project](**Ctrl** + **Alt** + **N**) 메뉴를 클릭합니다. [New Project] 대화상자가 열리면 [Name]에 임의 프로젝트 이름으로 입력하고, [Location]의 [Browse] 버튼을 클릭하여 프로젝트 파일이 저장될 폴더를 선택한 후 [OK] 버튼을 클릭합니다.

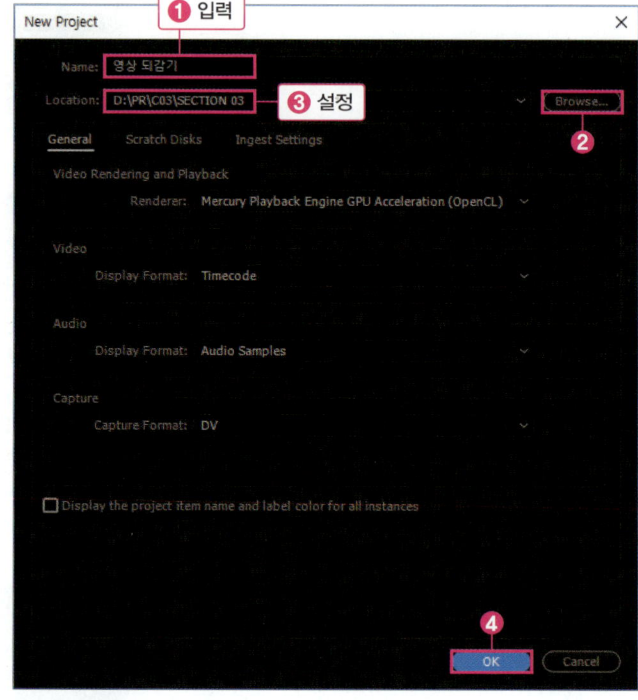

2 기본 작업 화면이 열리면 새 시퀀스를 만들지 않았기 때문에 [Timeline] 패널이 비활성화되어 있습니다. 새 시퀀스를 따로 만들지 않고 영상 클립을 이용하여 쉽게 시퀀스를 만들어 보겠습니다.

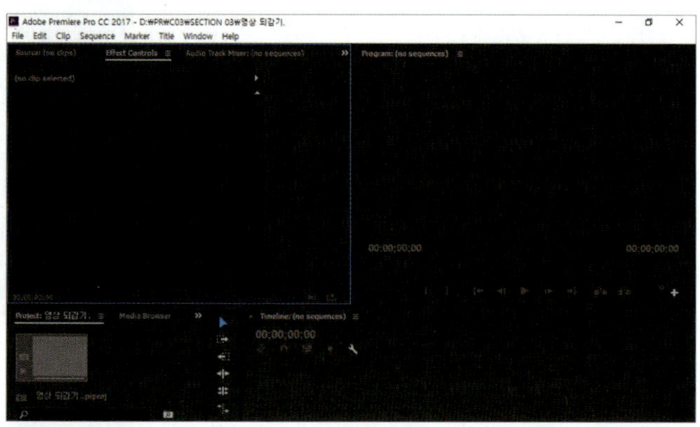

3 영상 소스 파일을 불러오기 위해서 [Project] 패널의 빈 공간을 더블클릭합니다. [Import] 대화상자가 열리면 'Video.mp4' 영상 파일을 선택하고 [열기] 버튼을 클릭합니다.

4 [Project] 패널에서 'Video.mp4' 영상 클립을 비어있는 [Timeline] 패널로 드래그하면 새 시퀀스가 자동으로 만들어지고, [V1], [A1] 트랙에 클립이 들어갑니다.

TIP :: 영상 소스 규격대로 새 시퀀스를 설정하여 만드는 방법입니다.

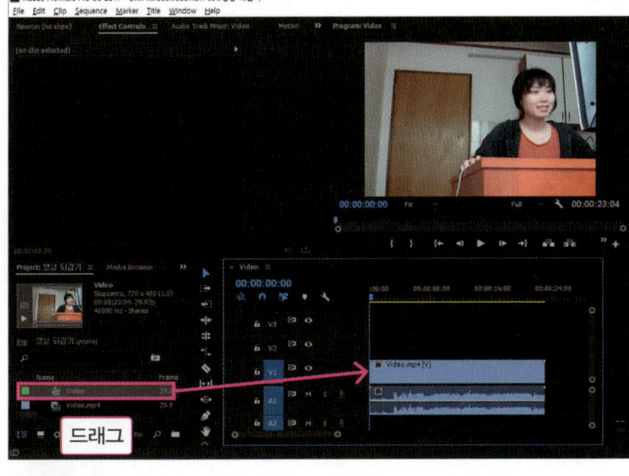

5 영상 클립을 하나 더 복사하여 되감기 효과를 적용해 보겠습니다. [Current Time Indicator]를 클립의 [Out 점]으로 옮긴 후 클립을 선택하고, **Ctrl**+**C**, **Ctrl**+**V**를 눌러 되감기할 영상을 복사합니다.

6 복사된 'Video.mp4' 영상 클립을 선택하고 [Clip] 〉 [Clip Speed/Duration](**Ctrl**+**R**) 메뉴를 클릭합니다. [Clip Speed/Duration] 대화상자가 열리면 [Reverse Speed]를 체크하고 [OK] 버튼을 클릭합니다. **Space Bar**를 눌러 되감기된 영상을 확인합니다.

TIP :: 되감기된 클립에는 이름 옆에 마이너스 값의 퍼센트(−100%)가 표시됩니다. 퍼센트 값에 따라서 되감기 속도가 느린지 빠른지 확인할 수 있습니다.

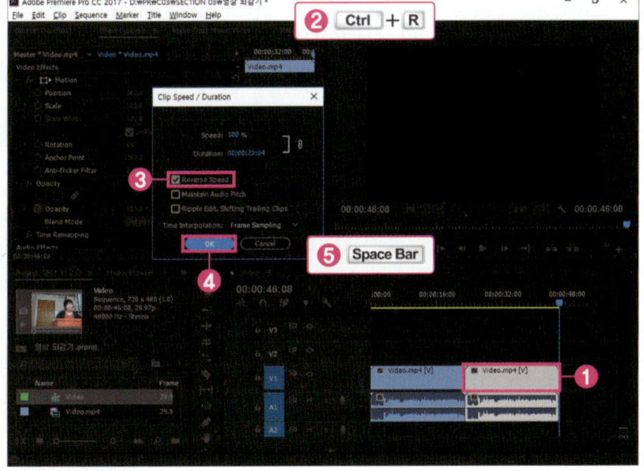

7 되감기된 영상 클립의 재생 속도를 실제 속도보다 빠르게 만들기 위해 다시 [Clip Speed/Duration] 대화상자를 열고 [Speed]에 '200'을 입력한 후 [OK] 버튼을 클릭합니다.

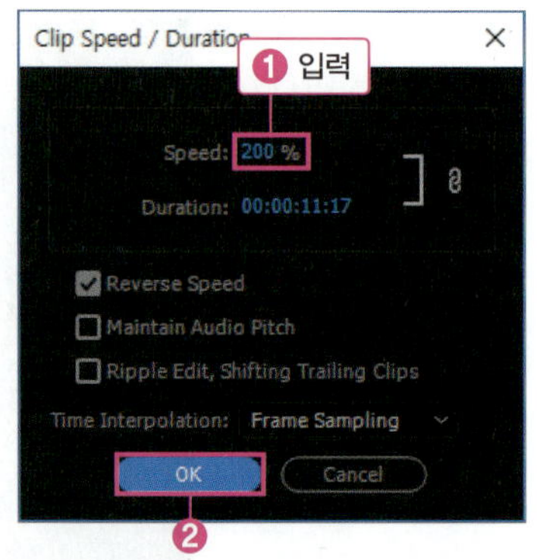

8 되감기된 'Video.mp4' 영상 클립을 여러 개로 분리하여 재생 속도를 다르게 설정하기 위해서 [Current Time Indicator]를 00:00:24:21 위치로 옮긴 후 [Tool] 패널의 [Razor Tool]로 [Current Time Indicator]가 위치한 지점을 클릭하여 클립을 자릅니다. 잘린 뒷부분 클립을 선택한 후 [Clip Speed/Duration] 대화상자를 열어 [Speed]를 '300'으로 입력하고 [OK] 버튼을 클릭하여 되감기 재생 속도를 더욱 빠르게 설정합니다.

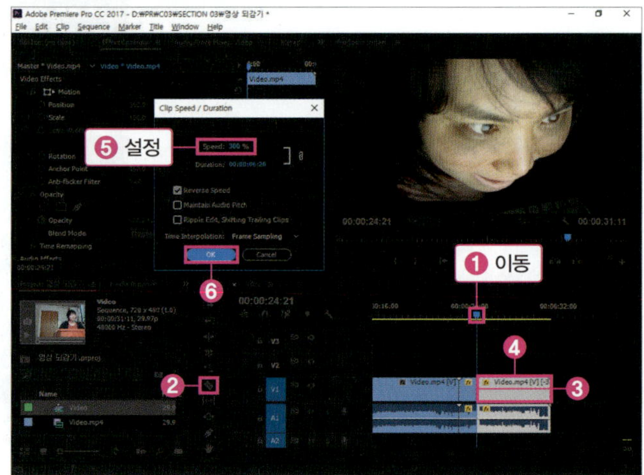

9 [Current Time Indicator]를 00:00:26:28 위치로 옮긴 후 [Razor Tool]로 [Current Time Indicator]가 위치한 지점을 클릭하여 클립을 다시 한 번 더 자릅니다. 잘린 뒷부분 클립을 선택한 후 [Clip Speed/Duration] 대화상자를 열어 [Speed]를 '350'으로 입력하고 [OK] 버튼을 클릭하여 되감기 재생 속도를 더욱 빠르게 설정합니다.

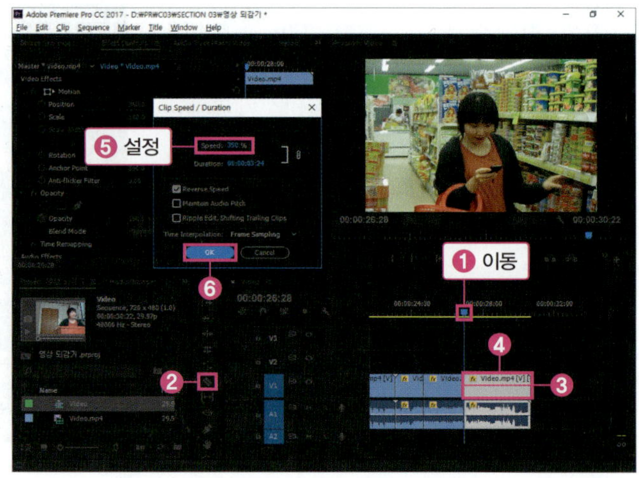

10 00;00;28;18 위치에서 클립을 마지막으로 한 번 더 자른 후 [Clip Speed/Duration] 대화상자를 열어 [Speed]를 '350'으로 입력한 후 [OK] 버튼을 클릭합니다. **Space Bar** 를 눌러 '빨리 되감기' 영상을 확인합니다.

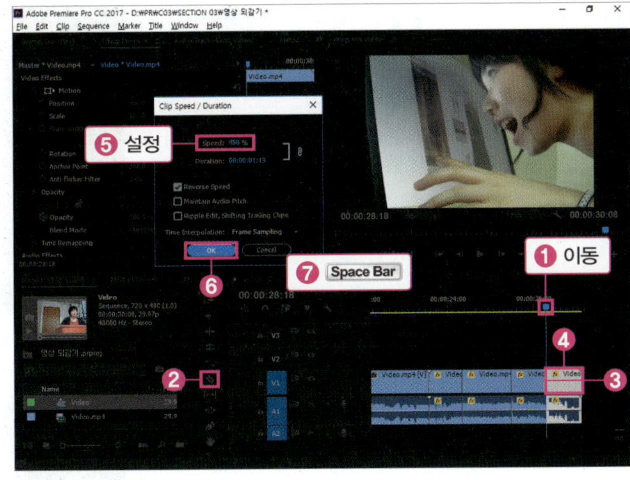

11 되감기 영상에 필요한 아이콘을 삽입하기 위해서 [Import] 대화상자를 열어 'Reverse Icon.png' 파일을 선택하고 [열기] 버튼을 클릭합니다.

TIP :: 영상 클립의 되감기되는 것을 아이콘으로 강조하기 위한 테크닉입니다.

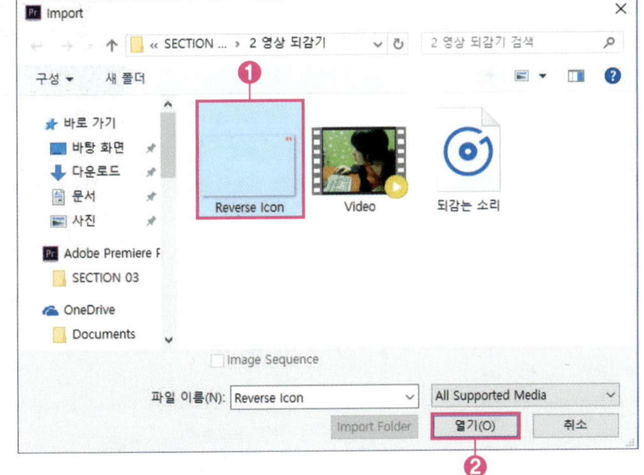

12 [Project] 패널의 'Reverse Icon.png' 이미지 클립을 [Timeline] 패널 [V2] 트랙의 되감기가 시작되는 지점(00;00;23;04) 뒤로 드래그합니다. 클립을 선택하고, [Clip Speed/Duration] 대화상자를 열어 [Duration]을 '00;00;00;10' 정도로 입력한 후 [OK] 버튼을 클릭합니다.

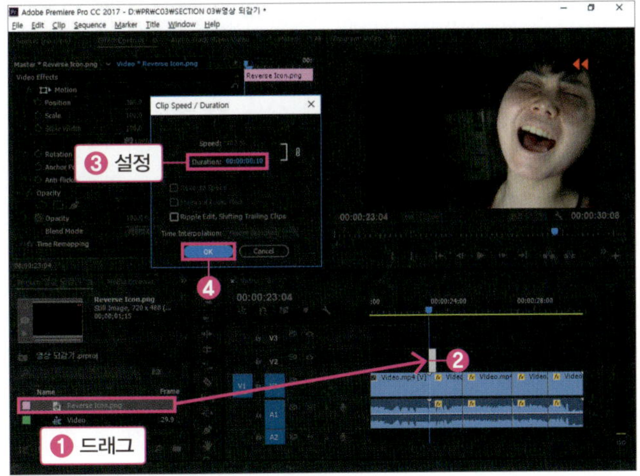

13 [Selection Tool]( )을 클릭하고 Alt 를 누른 채 'Reverse Icon.png' 이미지 클립을 오른쪽으로 드래그하여 복사합니다. 후반부로 갈수록 간격이 좁아지도록 복사하여 되감기 아이콘을 표현합니다.

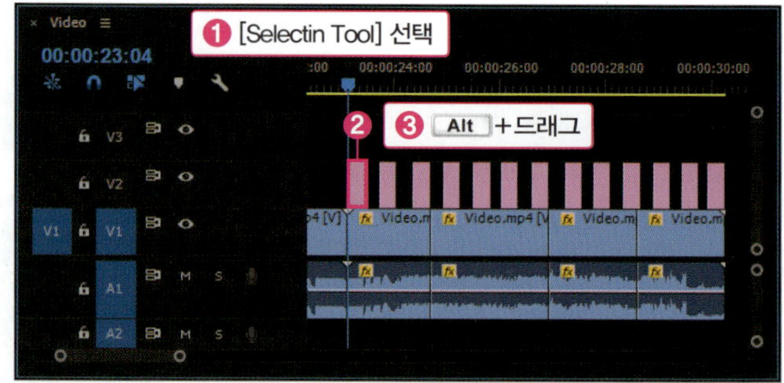

14 마지막으로 [Import] 대화상자를 열고 '되감는 소리.wav' 오디오 클립을 불러온 후 되감기가 시작되는 지점(00;00;23;04)의 [A2] 트랙으로 드래그하여 효과음을 삽입하여 영상을 마무리합니다. Space Bar 를 눌러 '되감기' 영상을 확인합니다.

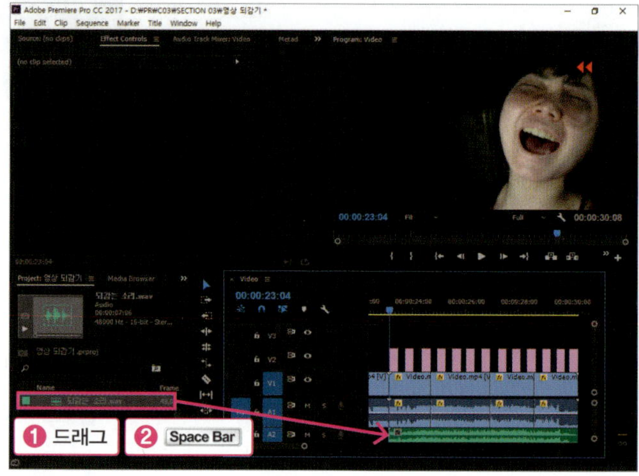

TIP :: 프리미어 프로에서 클립의 속도를 조절하는 다른 기능

- **[Rate Stretch Tool]**

  [Timeline] 패널에서 클립의 재생 속도를 높여 길이를 줄이거나 재생 속도를 낮춰 길이를 늘릴 수 있습니다.
  ① [Tool] 패널에서 [Rate Stretch Tool]을 선택합니다.
  ② [Rate Stretch Tool]을 사용하여 클립의 [In 점], [Out 점]을 드래그하여 유연하게 재생 속도를 조절할 수 있습니다.

- **Time Remapping**

  Time Remapping 기능을 이용하여 한 클립 내에서 속도를 다르게 조절할 수 있습니다.
  ① 클립을 선택합니다.
  ② [Effect Controls] 패널에서 Time Remapping에 키프레임을 생성합니다.
  ③ Ctrl 을 누른 채 키프레임의 간격을 조절합니다.

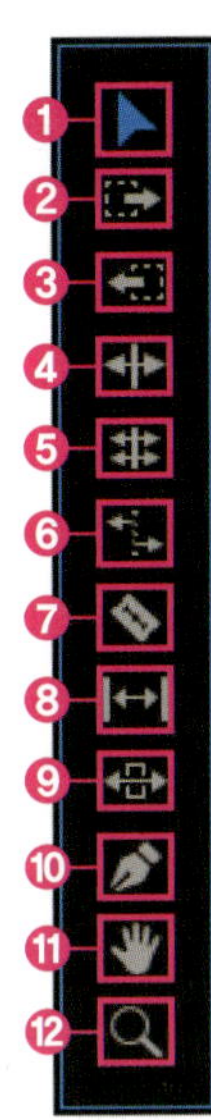

TIP :: 프리미어 프로 [Tool] 자세히 살펴보기

❶ [Selection Tool]
트랙의 클립을 선택하는 툴입니다. 선택된 클립은 반전 상태로 나타내며, 선택 툴은 하나의 클립만 선택할 수 있습니다.

❷❸ [Track Select Forward/Backward Tool]
하나의 트랙에 존재하는 모든 클립을 한 번에 선택하는 툴입니다.

❹ [Ripple Edit Tool]
선택한 클립의 [In 점]과 [Out 점]을 변경하여 클립의 재생 시간을 조절하는 툴입니다.

❺ [Rollig Edit Tool]
수정된 클립의 위치가 이동하지 않으며, 클립의 지속 시간을 조절하는 툴입니다. 기본적인 기능은 [In 점]과 [Out 점]의 재설정으로, 리플 에디트 툴과 똑같은 기능을 수행합니다. 두 툴의 차이점은 편집할 클립의 뒤에 있는 다른 클립과의 간격 유지에 있습니다.

❻ [Rate Stretch Tool]
트랙의 클립을 선택하는 툴입니다. 클립의 재생 시간을 변경하는 툴로 [In 점]과 [Out 점]을 재설정하지 않고 그대로 둔 채 프레임 수를 늘리거나 줄임으로써 지속 시간을 조절합니다. 예를 들어 30Frame을 두 배의 지속 시간인 60Frame으로 늘리면 클립의 시간과 끝은 동일하지만 30Frame이 새로 삽입되므로 결국 이 클립은 슬로 모션으로 변합니다.

❼ [Razor Tool]
클릭한 곳을 기준으로 클립을 두 개로 자르는 툴입니다.

❽ [Slip Tool]
인접한 클립에 영향을 주지 않으면서 편집될 클립의 마커를 수정하는 툴입니다. 편집할 [In 점]과 [Out 점]을 프로그램 패널로 보면서 바로 수정하는 툴로, 이 클립과 인접한 클립의 [In 점]과 [Out 점]에는 아무런 영향을 주지 않습니다.

❾ [Slide Tool]
인접한 클립에 영향을 미치며, 편집될 클립의 마커를 수정하는 툴입니다. 슬라이드 툴이 슬립 툴과 다른 점은 3개 클립의 전체 지속 시간은 변함없지만 첫 번째 클립과 세 번째 클립의 지속 시간은 바뀐다는 점입니다. 슬립 툴의 경우 전체는 물론 각 클립의 지속 시간에도 아무런 변화가 없습니다. 슬라이드 툴과 슬립 툴은 [In 점]과 [Out 점]을 동시에 변경한다는 점에서 [In 점] 또는 [Out 점]을 각각 조절하는 리플 에디트 툴이나 롤링 에디트 툴과 다릅니다.

❿ [Pen Tool]
키프레임의 선택이나 추가 등에 사용하는 툴입니다.

⓫ [Hand Tool]
[Timline] 패널에서 좌우로 이동이 필요할 때 사용하는 툴입니다.

⓬ [Zoom Tool]
[Timline] 패널을 확대하거나 축소하여 편집을 용이하게 해주는 툴입니다.

4

약방에 감초!
자막 편집 실무
: 중급

영상 콘텐츠 공모전 10년 도전 노하우!

간단한 자막 편집은 이미 이전 예제의 응용을 통해서 실현 가능합니다. 하지만 조금 더 난이도가 있는 자막 편집이 필요할 때가 있습니다. 특히 영상 스토리의 상황에 맞는 노래방 타입의 자막, 엔딩크레딧 타입의 Roll 자막, 뉴스 자막 타입의 Crawl 타입 등입니다. 이러한 자막 편집을 통해서 다양한 영상 편집에 적용할 수 있습니다.

ADOBE PREMIERE PRO

노래방 타입 마스크 자막 실무

핵심내용

자막 실무에서 핵심 기법은 '마스크 자막'입니다. 이것은 노래방 자막뿐만 아니라 CF나 영상 프레젠테이션 등 다양한 곳에 활용할 수 있기 때문에 반드시 유용하게 사용할 수 있습니다. 또한, 본 예제는 프리미어 프로에서 [Title Designer]의 다양한 기능을 활용해서 자막 디자인을 배우고, 마스크를 트랙 위에 올려서 Track Matte Key 효과를 주는 방법에 대해 배워보겠습니다.

핵심기능

Title Designer, Rectangle, Track Matte key

STORYBOARD

2011 전국 찬소 CF공모전 '대상' 수상 작품 중 일부분

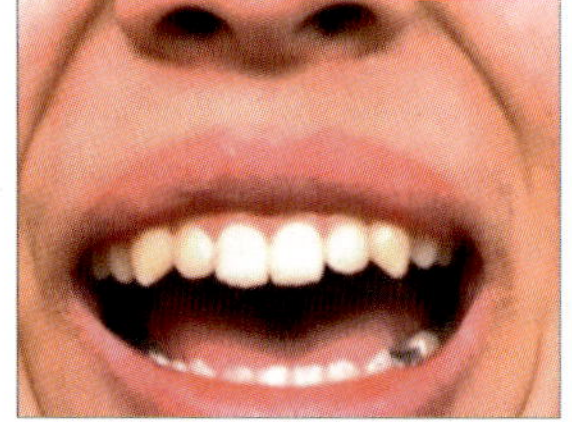

[Title Designer]+[Rectangle]+[Track Matte Key]

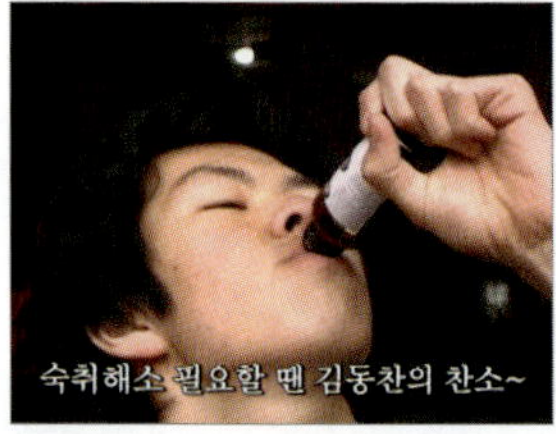

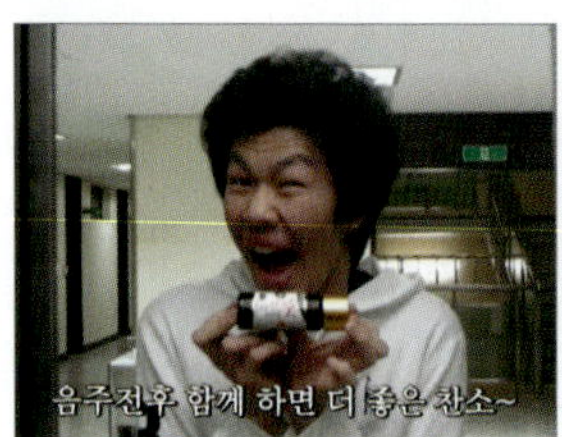

01 노래방 타입 마스크 자막 실무 Track Matte Key

: **준비 파일 :** Part 02 〉 Chapter 04 〉 Section 01 〉 BGM.wav, 01.avi ~ 17.avi : **완성 파일 :** Part 02 〉 Chapter 04 〉 Section 01 〉 노래방 자막.prproj

1 프리미어 프로 CC 2017을 실행한 후 [Start] 대화상자가 열리면 [New Project] 버튼을 클릭하여 새 프로젝트를 시작합니다. [New Project] 대화상자가 열리면 [Name]에 임의 프로젝트 이름으로 입력하고, [Location]의 [Browse] 버튼을 클릭하여 프로젝트 파일이 저장될 폴더를 선택한 후 [OK] 버튼을 클릭합니다.

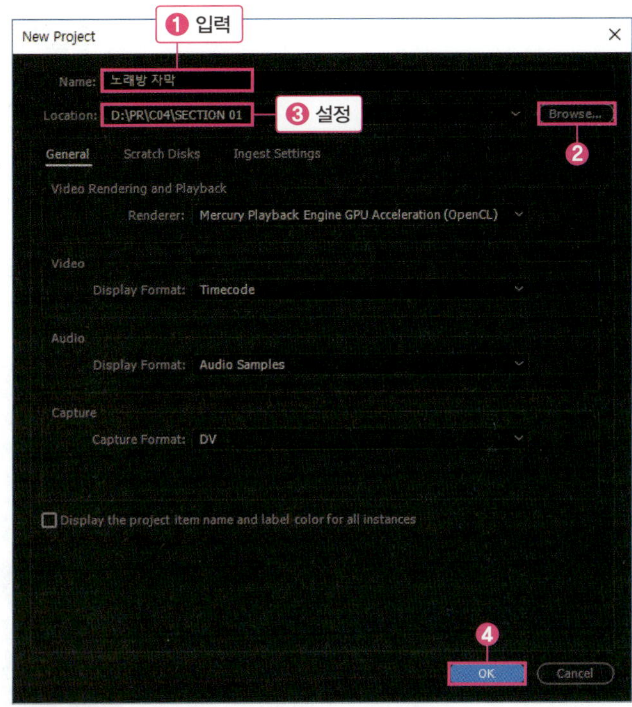

2 기본 작업 화면이 열리면 새 시퀀스를 만들기 위해서 [File] 〉 [New] 〉 [Sequence](**Ctrl** +**N**) 메뉴를 클릭합니다. [New Sequence] 대화상자가 열리면 다음과 같이 설정한 후 [OK] 버튼을 클릭합니다.

- [Editing Mode] : 'Custom'
- [Timebase] : '30.00 frames/second'
- [Frame Size] : '640'
- [horizontal] : '480'
- [Pixel Aspect Ratio] : 'Square Pixels (1.0)'

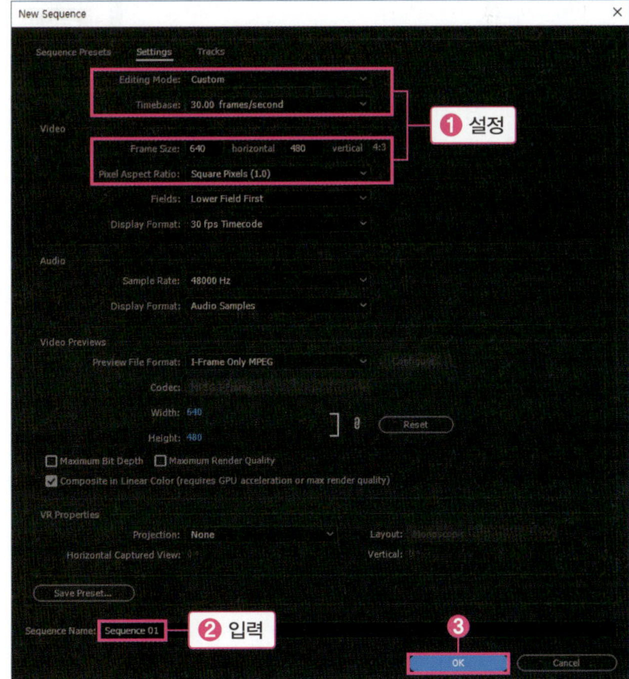

3 배경음악(BGM)을 불러오기 위해서 [Proj-ect] 패널의 빈 공간을 더블클릭합니다. [Import] 대화상자가 열리면 'BGM.wav' 파일을 선택하고 [열기] 버튼을 클릭합니다.

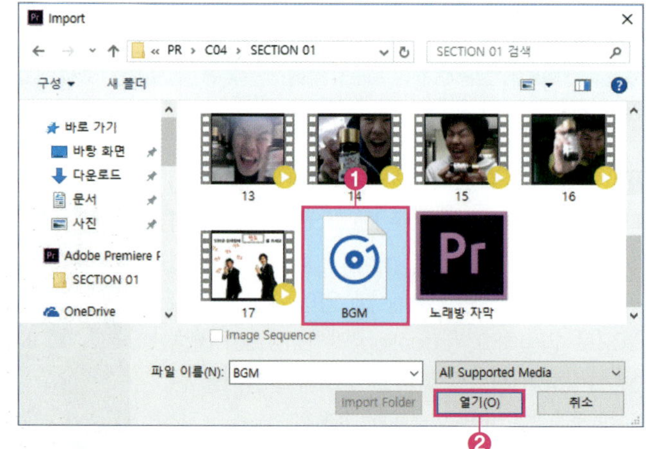

4 [Project] 패널의 'bgm hand.wav' 오디오 클립을 [Timeline] 패널 [A2] 트랙의 시작점으로 드래그하여 배경음악을 넣은 후 **Space Bar** 를 눌러 삽입된 배경음악을 확인합니다.

TIP :: [A1] 트랙은 영상 클립의 오디오와 겹치지 않도록 비워둡니다.

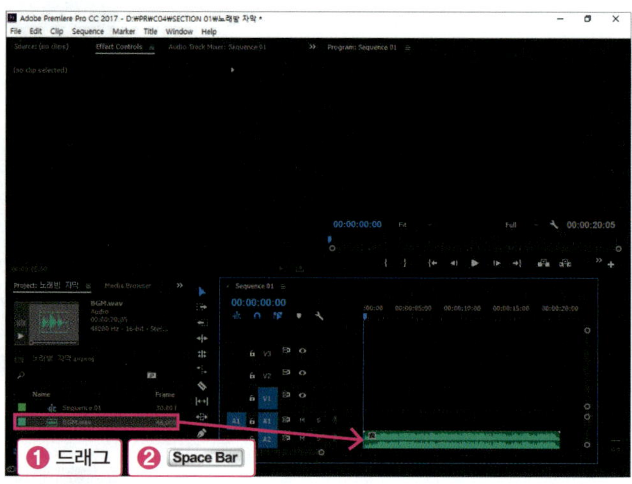

5 다음으로 영상 소스 파일을 불러오기 위해서 [Project] 패널의 빈 공간을 더블클릭한 후 [Import] 대화상자가 열리면 '01' ~ '17.avi'까지 파일을 선택하고 [열기] 버튼을 클릭합니다.

6 [Project] 패널에서 불러온 모든 영상 클립을 [Timeline] 패널 [V1] 트랙에 번호 순서대로 붙여 넣은 후 **Space Bar** 를 눌러 영상을 확인합니다.

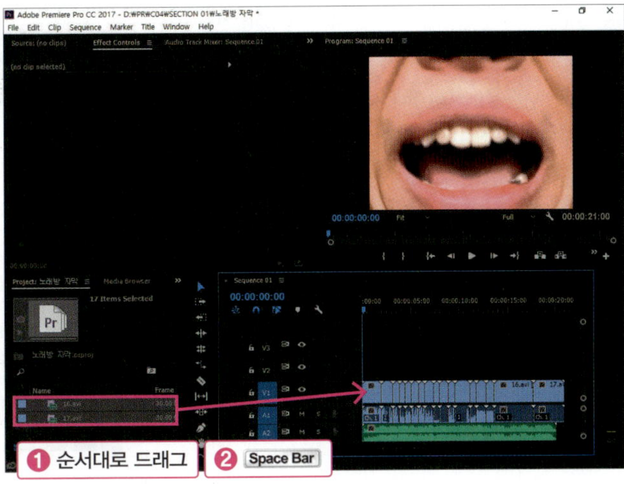

7 영상에 자막이 들어갈 위치인 00:00:02:00 로 [Current Time Indicator]를 옮긴 후 '노래방 자막'을 만들기 위해서 [Title] 〉 [New Title] 〉 [Default Still] 메뉴를 클릭합니다.

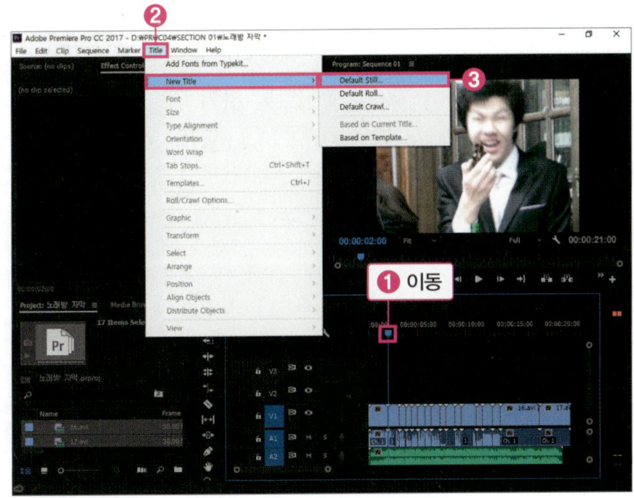

8 [New Title] 대화상자가 열리면 [Video Settings]는 그대로 두고, [Name]에 '자막 01'을 입력한 후 [OK] 버튼을 클릭합니다.

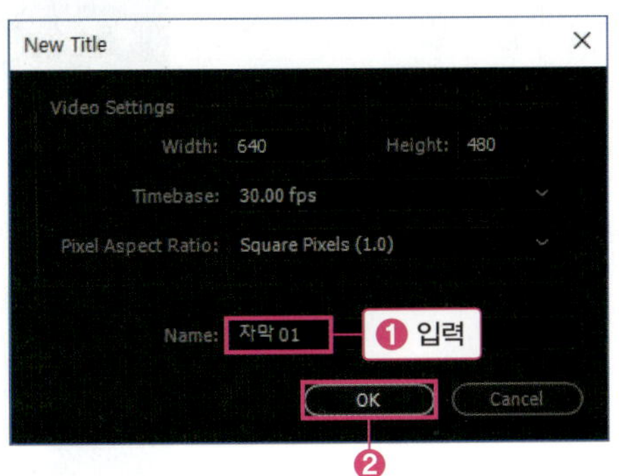

9 타이틀 창이 열리면 [Title Tool] 패널의 [Type Tool](T)로 '숙취해소 필요할 땐 김동찬의 찬소~'를 입력합니다. [Title Properties] 패널에서 다음과 같이 설정한 후 [Selection Tool](▶)을 이용하여 위치를 아래쪽으로 옮깁니다.

• [Properties]
  [Font Family] : 'Adobe 명조 Std'
  [Font Size] : '32'
  [Tracking] : '−5'
• [Fill]
  [Color] : '흰색(#ffffff)'

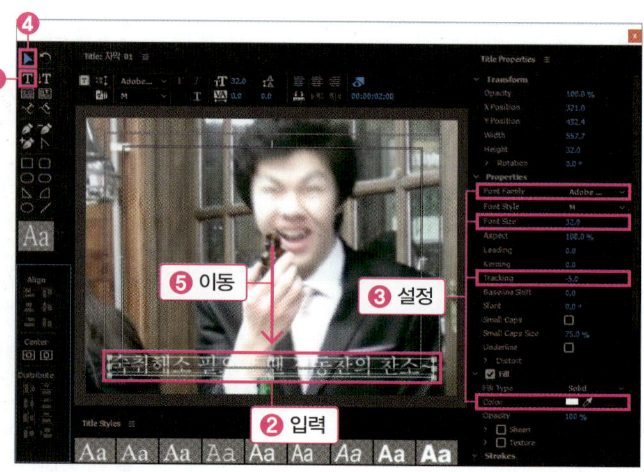

10 배경 때문에 자막이 선명하게 보이지 않기 때문에 자막의 두께를 좀 더 두껍게 하고, 검은색 테두리를 만들어 더욱 잘 보이도록 하기 위해서 [Strokes] 〉 [Outer Strokes]의 [Add]를 두 번 클릭하고 다음과 같이 설정합니다.

• [Outer Strokes]
  [Size]: '13'
  [Color] : '흰색(#ffffff)'
• [Outer Strokes]
  [Size] : '20'

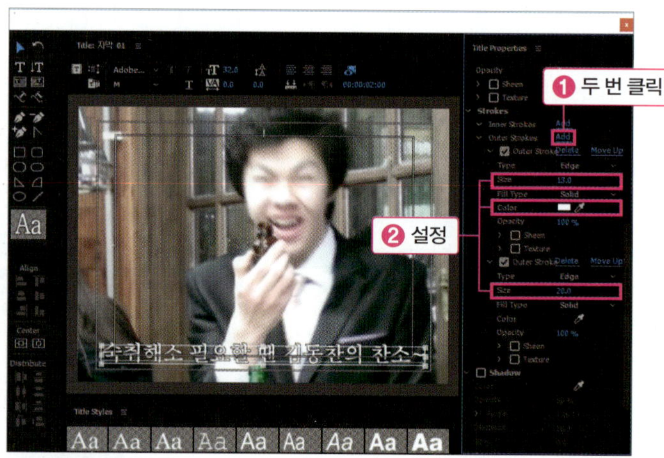

11 자막에 그림자 효과를 주기 위해서 [Shadow]를 체크하고, 다음과 같이 입력한 후 [닫기](x)를 클릭합니다.

• [Shadow]
  [Opacity] : '90%'
  [Angle] : '−235°'
  [Distance] : '3'
  [Size] : '2'
  [Spread] : '12'

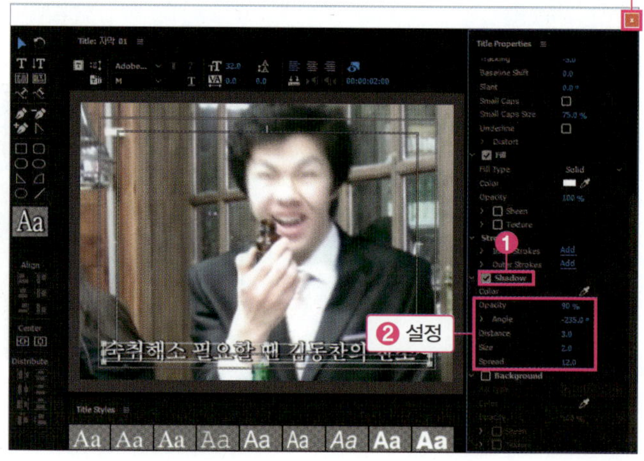

12 [Project] 패널에 타이틀 창에서 디자인한 '자막 01' 이미지 클립이 만들어졌음을 확인합니다.

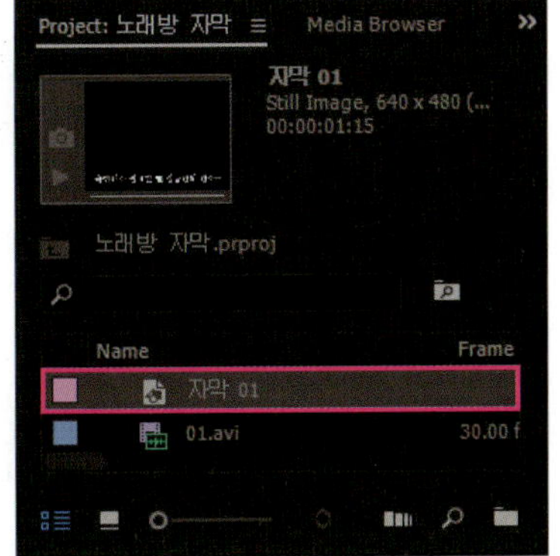

13 [Current Time Indicator]가 자막이 들어갈 00;00;02;00 위치에 있음을 확인한 후 [Project] 패널에서 '자막 01' 이미지 클립을 [V2] 트랙의 [Current Time Indicator] 뒤에 드래그합니다. [Out 점]을 드래그하여 '10.avi' 영상 클립의 [Out 점]에 맞춥니다.

TIP :: **자막 수정하기**
자막의 내용, 폰트, 색 등의 수정이 필요한 경우, [Project] 패널에서 '자막' 이미지 클립의 아이콘을 더블클릭하면 됩니다.

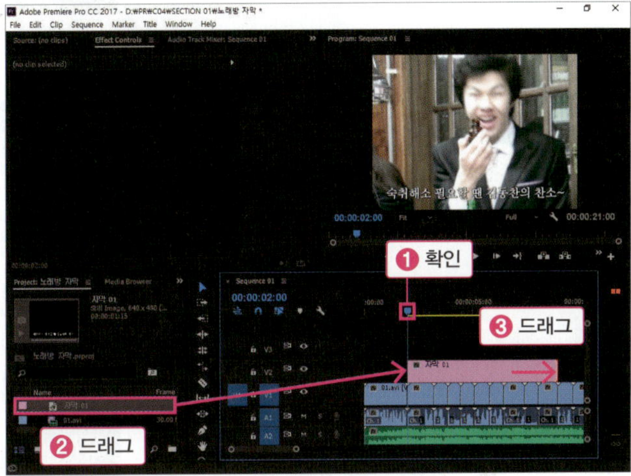

14 다음으로 노래방 자막처럼 노래에 따라 자연스럽게 자막이 순서대로 나타나는 자막 마스크 애니메이션을 만들기 위해서 마스크 클립을 하나 만들어야 합니다. [Title] 〉 [New Title] 〉 [Default Still] 메뉴를 클릭하고, [New Title] 대화상자가 열리면 [Name]에 '자막 마스크 01'을 입력한 후 [OK] 버튼을 클릭합니다.

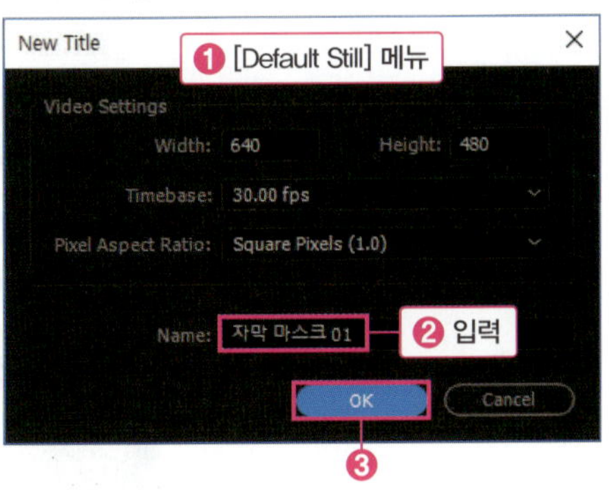

15 타이틀 창이 열리면 [Title Tool] 패널의 [Rectangle Tool](■)을 클릭하고, [Main Work Area]에 자막을 덮을 수 있는 크기로 박스를 그린 후 [Fill] 〉 [Color]를 '흰색(#ffffff)'으로 설정합니다. 박스는 자막 글자를 덮어서 보이게 하거나 보이지 않게 만드는 기능을 가진 마스크로 활용합니다.

16 글자가 부드럽게 나타나기 위해서는 박스의 경계선 테두리를 부드럽게 만들어야 합니다. [Shadow]를 체크하고, 다음과 같이 설정한 후 모든 설정이 끝나면 [닫기](x)를 클릭합니다.

· [Shadow]
 [Color] : '흰색(#ffffff)'
 [Opacity] : '100%'
 [Angle] : '135°'
 [Distance] : '0'
 [Size] : '15'
 [Spread] : '40'

17 [Project] 패널에 '자막 마스크 01' 이미지 클립이 만들어졌음을 확인합니다.

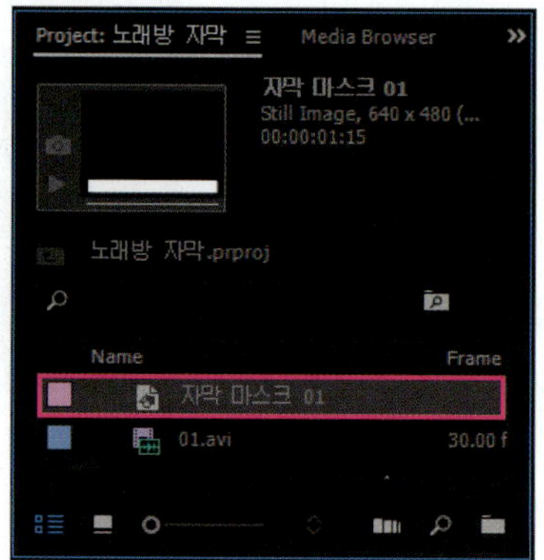

18 자막에 마스크를 적용하기 전에 [Project] 패널의 '자막 01' 이미지 클립을 [V3] 트랙에 붙여 넣고, 재생 길이는 [V2] 트랙에 있는 '자막 01' 이미지 클립과 동일하게 설정합니다.

TIP :: [V2] 트랙의 '자막 01' 이미지 클립은 노래방 자막이 나오기 전에 희미하게 보이는 자막이며, [V3] 트랙의 '자막 01' 이미지 클립은 마스크로 인해 처음엔 가려졌다가 노래에 맞춰 자연스럽게 나타납니다.

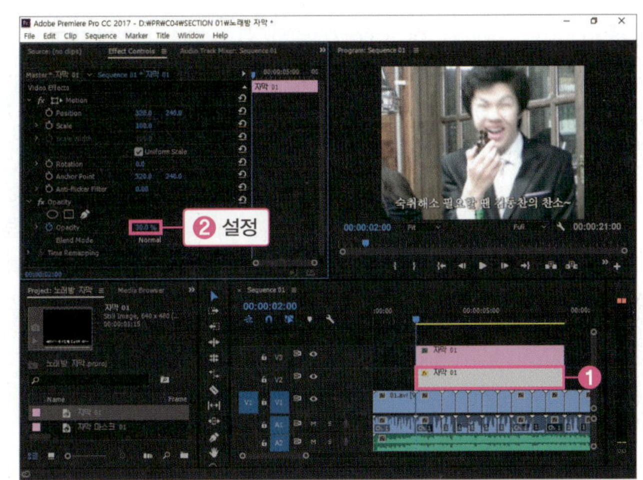

19 [V2] 트랙의 '자막 01'은 노래방 자막이 나오기 전에 희미하게 보여야 하므로 [V2] 트랙의 '자막 01'을 선택하고, [Effect Controls] 패널에서 [Opacity] : '30%'로 설정하여 투명도를 통해 희미하게 만듭니다.

20 다음으로 자막 마스크를 편집할 비디오 트랙을 추가하기 위해서 [Timeline] 패널의 빈 공간을 마우스 오른쪽 버튼으로 클릭하고 [Add Tracks]를 선택합니다.

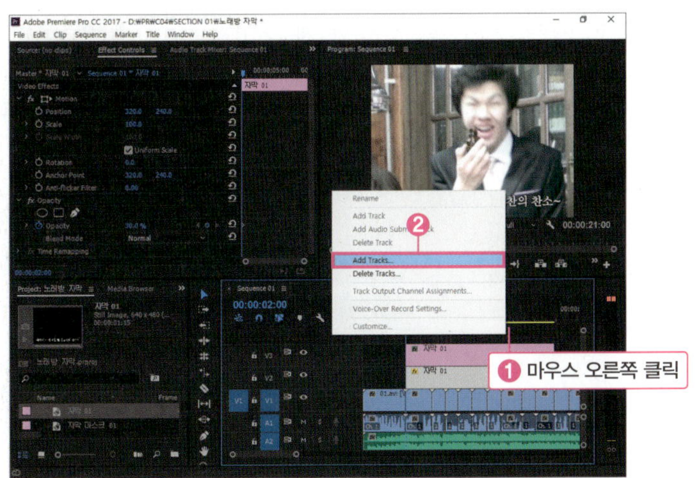

21 [Add Tracks] 대화상자가 열리면 다음과
같이 설정한 후 [OK] 버튼을 클릭합니다.

- [Video Tracks]
  [Add] : '1'
- [Audio Tracks]
  [Add] : '0'

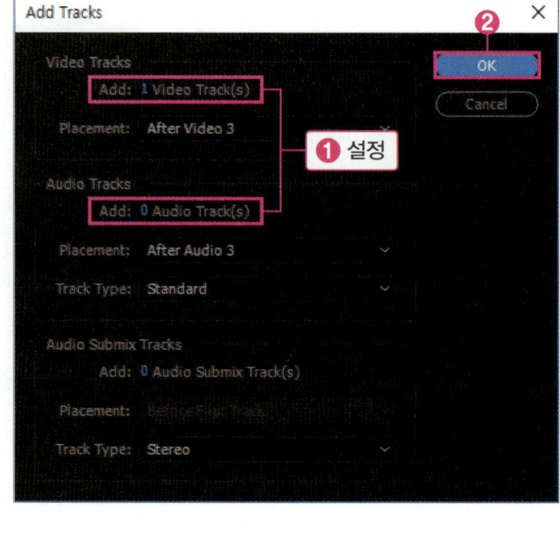

22 [Current Time Indicator]가 00;00;02;00
위치에 있음을 확인한 후 [Project] 패널의 '자막
마스크 01' 이미지 클립을 [V4] 트랙의 [Current
Time Indicator] 뒤에 드래그하고, 클립의 [Out
점]을 드래그하여 '자막 01'의 [Out 점]에 맞춥니
다.

23 노래방 자막처럼 자연스럽게 나타나는 애
니메이션을 만들기 위해서 박스에 마스크 효과
를 추가해야 합니다. [Window] > [Effects] 메뉴
를 클릭하여 [Effects] 패널을 연 후 [Video Ef-
fects] > [Keying] > [Track Matte Key]를 찾습니
다.

TIP :: Track Matte Key
다른 비디오 트랙에 존재하는 이미지를 통해 적용할 이미지
를 보이게 하는 효과입니다. 따라서 다른 비디오 트랙에 있는
이미지의 모양에 따라 적용할 이미지의 모양이 결정됩니다.

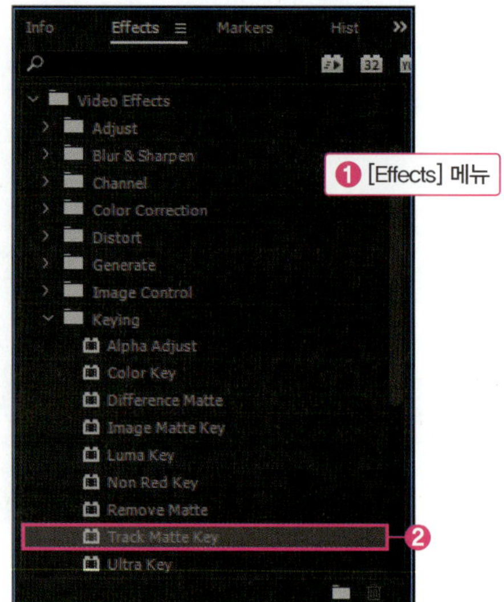

24 [Effects] 패널에서 [Track Matte Key] 효과를 [V3] 트랙의 '자막 01'에 드래그한 후 [Effect Controls] 패널에서 [Track Matte Key] 효과의 [Matte]를 'Video 4'로 설정합니다.

TIP ::
• 'Video 4'는 [V4] 트랙을 의미합니다.
• [V4] 트랙의 박스는 마스크 역할만 하기 때문에 화면에서 사라집니다. 박스가 있는 위치에 따라 자막이 보이거나 사라지게 됩니다.

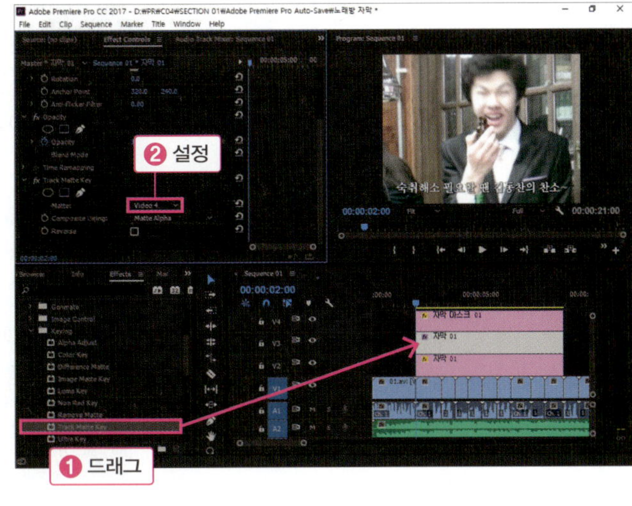

25 [Timeline] 패널 [V4] 트랙의 '자막 마스크 01'을 선택한 후 [Effects Controls] 패널 [Motion] 〉 [Position]의 [Add/Remove Keyframe] (⬤)을 클릭하여 활성화합니다. 위치 이동 모션을 위해서 [Effects Controls] 패널의 [Motion] 항목을 클릭하면 우측에 보이는 [Program Monitor] 패널에 파란색 테두리로 박스가 표시됩니다.

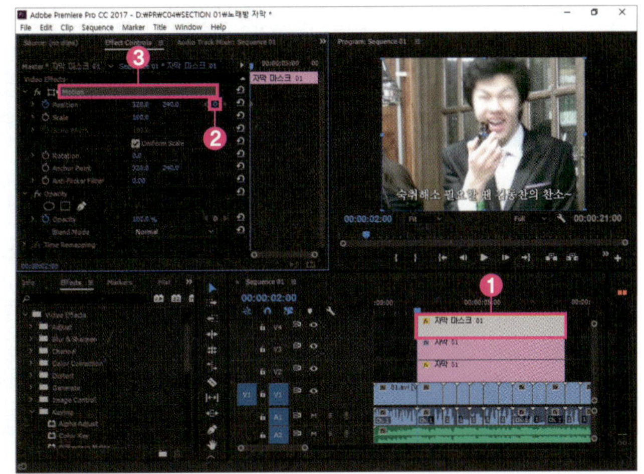

26 [Program Monitor] 해설의 [Select Zoom Level]을 25% 정도로 조절하여 화면을 작게 표시합니다. 박스를 그림과 같이 왼쪽으로 드래그하여 자막 글자를 보이지 않게 합니다.

TIP :: [V3] 트랙 '자막 01' 이미지 클립은 마스크로 인해 보이지 않게 되고, [V2] 트랙 '자막 01' 이미지 클립(Opacity : 30%)만 보이게 됩니다.

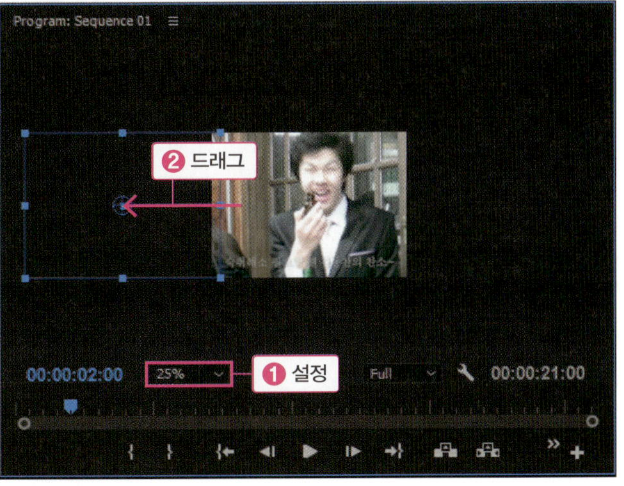

27 [Current Time Indicator]를 00:00:07;27 위치로 옮긴 후 박스를 오른쪽으로 드래그하여 자막 글자가 모두 선명하게 보이도록 합니다.

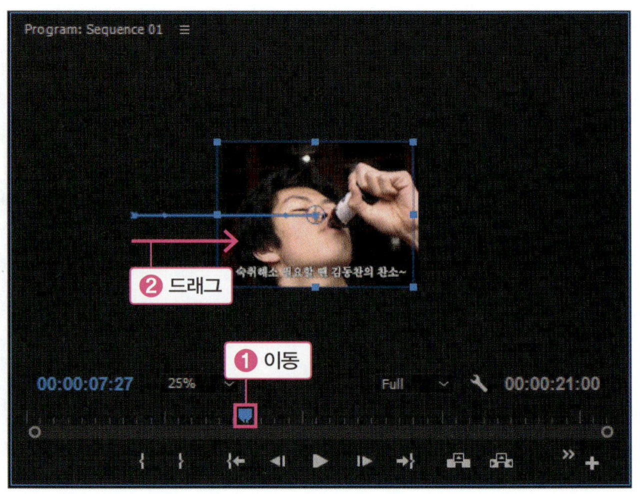

28 [Program Monitor] 패널의 [Select Zoom Level]를 다시 'Fit'으로 설정한 후 **Space Bar** 를 눌러 노래방 자막 애니메이션을 확인합니다.

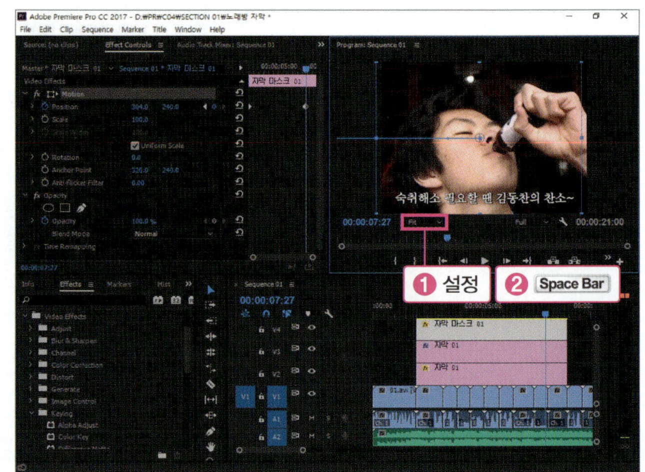

29 위와 같은 방법으로 나머지 자막을 만듭니다.

30 그림과 같이 영상에 맞는 자막을 편집하여 노래방 타입의 마스크 자막을 마무리하고 Space Bar 를 눌러 영상을 확인합니다.

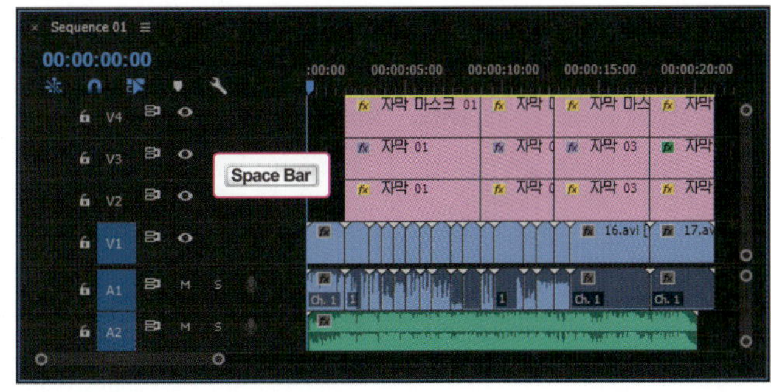

TIP :: 프리미어 프로에서의 마스크 기능

프리미어 프로에서는 앞에서 배운 방법과는 다르게 좀 더 강력한 마스크 및 추적 작업 기능을 제공합니다. 이러한 마스크를 사용하면 클립에서 흐리게 하거나, 덮거나, 강조 표시하거나, 효과를 적용하거나, 색상을 교정할 특정 영역을 정의할 수 있습니다.

① [Timeline] 패널에서 클립을 선택합니다.
② [Effect Controls] 패널의 [Opacity] 항목에서 타원 또는 사각형 같은 다양한 모양의 마스크를 만들고 수정합니다. 또는 펜 도구를 사용하여 자유형 베지어 모양을 그릴 수 있습니다.
③ [Program Monitor] 패널에서 마스크를 확인합니다.

※ Opacity 항목의 마스크 도구
타원 모양 도구/사각형 모양 도구/펜 도구
마스크된 영역 안쪽이나 바깥쪽에서 효과를 적용할 수 있습니다. 마스크의 일반용도 중 하나로 신원 보호를 위해 사람의 얼굴을 흐리게 만들 수도 있습니다. 예를 들어 클립에 흐림 효과 또는 모자이크 효과를 적용하여 사람의 얼굴 부분만 마스크할 수 있습니다.

마스크를 적용하여 특정 색상을 교정하는 등 보다 창조적인 방법으로 마스크를 사용할 수도 있습니다. 반전된 마스크 선택을 사용하여 클립의 나머지 부분에 적용된 색상 교정에서 마스크된 영역을 제외할 수 있습니다. 또한 다양한 효과의 여러 가지 모양 마스크를 클립의 다른 영역에 추가할 수 있습니다.

엔딩크레딧 타입 Roll 자막 실무

SECTION 02

핵심내용

영화나 드라마에서 엔딩크레딧으로 자막이 올라가는 영상을 많이 보았을 것입니다. 자막 실무에서 가장 많이 사용하는 기법이 바로 'Roll 자막'입니다. 본 예제에서는 프리미어 프로의 Position Motion 기법처럼 아래에서 위로 올라가는 자막 테크닉에 대해 알아보겠습니다. 그러나 본 예제에서는 자막만 올라가는 것이 아니라 이미지의 변화와 속도에 맞추어서 자막이 올라가는 기법에 대해서도 배워보겠습니다.

STORYBOARD

  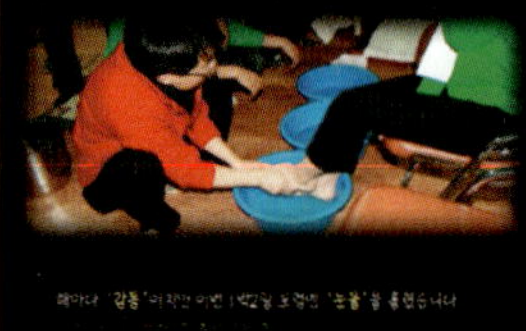 

[PNG 마스크 이미지] + [Position Motion]

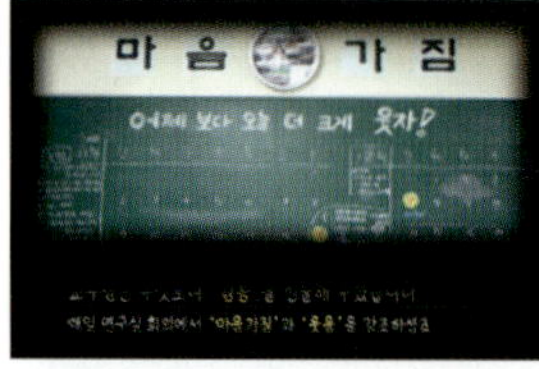   

 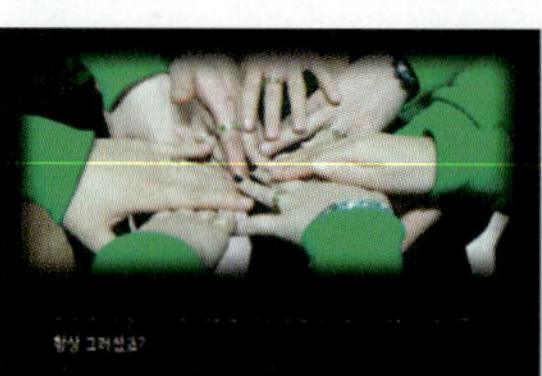  

: **준비 파일 :** Part 02 〉 Chapter 04 〉 Section 02 〉 BGM.wav, Video.mp4, Video Mask.png, 자막.png, 자막 Mask.png
: **완성 파일 :** Part 02 〉 Chapter 04 〉 Section 02 〉 Roll 자막.prproj

1   프리미어 프로 CC 2017을 실행한 후 [Start] 대화상자가 열리면 [New Project] 버튼을 클릭하여 새 프로젝트를 시작합니다. [New Project] 대화상자가 열리면 [Name]에 임의 프로젝트 이름으로 입력하고, [Location]의 [Browse] 버튼을 클릭하여 프로젝트 파일이 저장될 폴더를 선택한 후 [OK] 버튼을 클릭합니다.

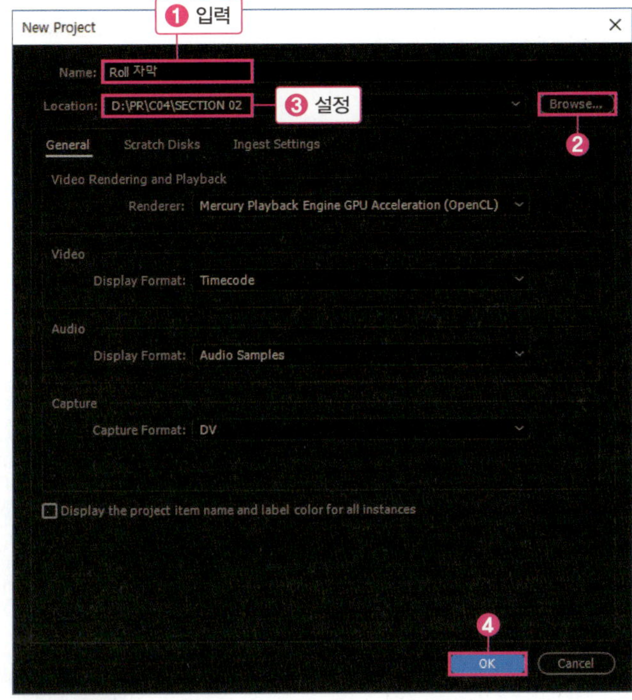

2   기본 작업 화면이 열리면 새 시퀀스를 만들기 위해서 [File] 〉 [New] 〉 [Sequence](Ctrl +N) 메뉴를 클릭합니다. [New Sequence] 대화상자가 열리면 다음과 같이 설정한 후 [OK] 버튼을 클릭합니다.

- [Editing Mode] : 'Custom'
- [Timebase] : '30.00 frames/second'
- [Frame Size] : '640'
- [horizontal] : '480'
- [Pixel Aspect Ratio] : 'Square Pixels (1.0)'

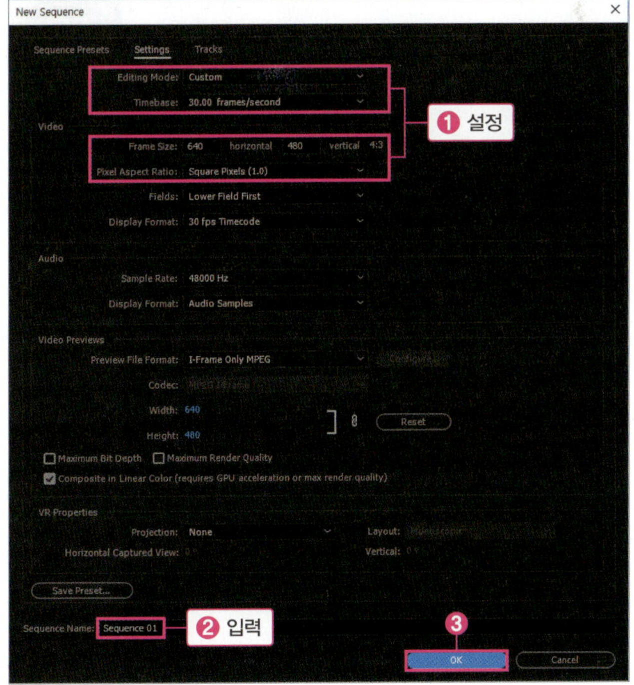

3 배경음악(BGM)을 불러오기 위해서 [Proj-
ect] 패널의 빈 공간을 더블클릭합니다. [Import]
대화상자가 열리면 'BGM.wav' 파일을 선택하고
[열기] 버튼을 클릭합니다.

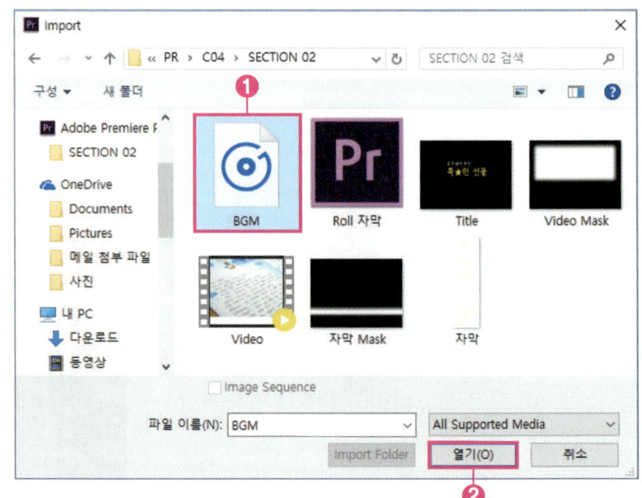

4 [Project] 패널의 'BGM.wav' 오디오 클립을
[Timeline] 패널 [A1] 트랙의 시작점으로 드래그
하여 배경음악을 넣은 후 Space Bar 를 눌러 확
인합니다.

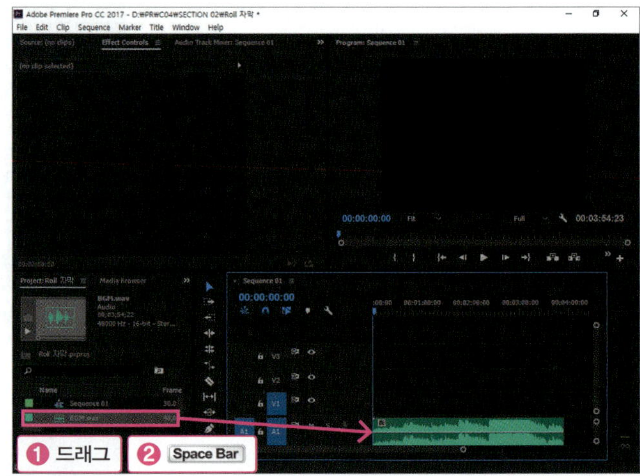

5 계속해서 다음으로 영상 소스 파일을 불러
오기 위해서 [Project] 패널의 빈 공간을 더블클
릭합니다. [Import] 대화상자가 열리면 'Video.
mp4' 파일을 선택하고 [열기] 버튼을 클릭합니
다.

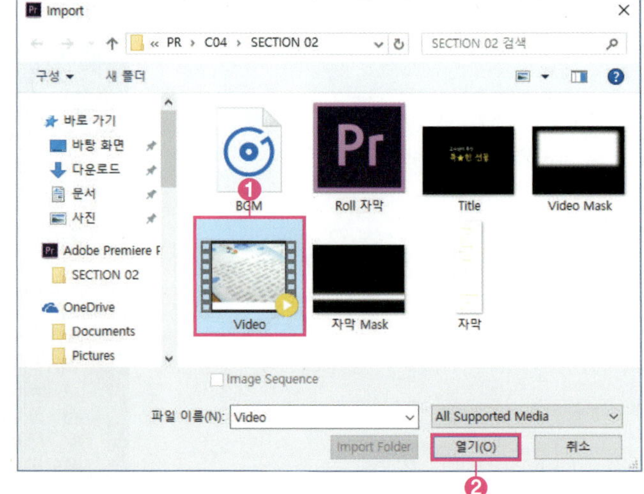

6 [Project] 패널의 'Video.mp4' 영상 클립을 [Timeline] 패널 [V1] 트랙의 시작점으로 드래그한 후 **Space Bar** 를 눌러 영상을 확인합니다.

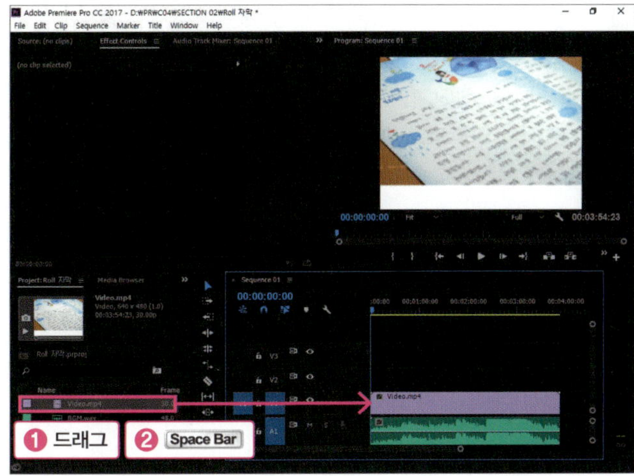

7 영상의 아랫부분을 검은색으로 가려서 편지 내용을 삽입하기 위해서 마스크 이미지를 불러오겠습니다. [Import] 대화상자를 열고, 'Video Mask.png' 파일을 선택한 후 [열기] 버튼을 클릭합니다.

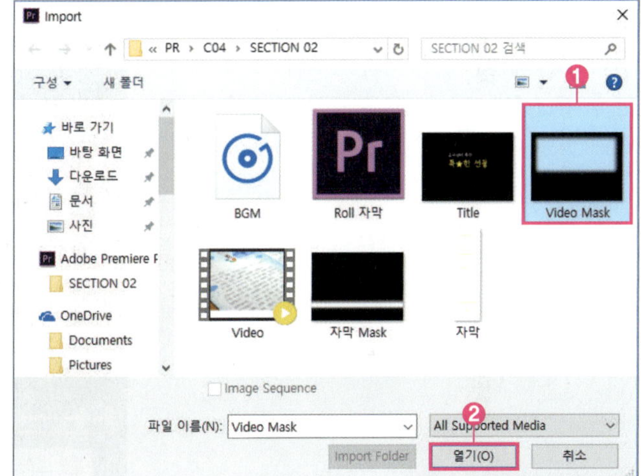

TIP :: 'Video Mask.png' 이미지 클립은 영상의 일부분을 감추기 위해 포토샵에서 만든 마스크 이미지입니다. 참고로 PNG 파일은 일부분이 '투명' 처리된 이미지를 저장할 수 있는 파일 포맷입니다.

8 [Project] 패널의 'Video Mask.png' 이미지 클립을 [Timeline] 패널 [V2] 트랙의 시작점으로 드래그한 후 [Out 점]을 오른쪽으로 드래그하여 'Video.mp4' 영상 클립의 [Out 점]에 맞춥니다. **Space Bar** 를 눌러 마스크가 적용된 영상을 확인합니다.

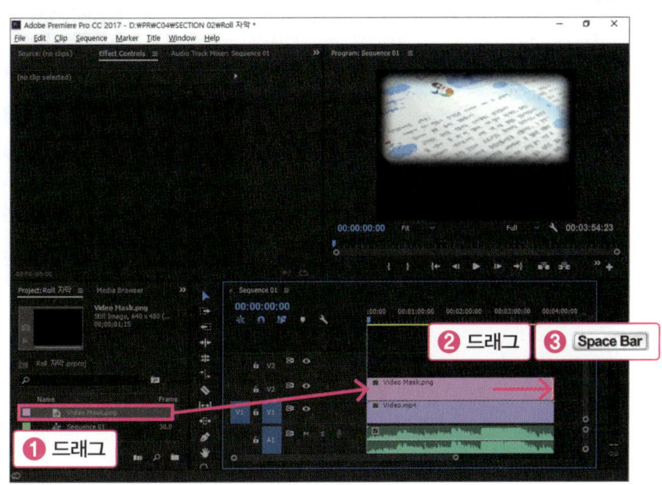

9 다음으로 영상의 아랫부분에 들어갈 편지 자막과 편지 자막 마스크를 불러와 작업하기 위해서 [Import] 대화상자를 열고, '자막.png'와 '자막 Mask.png' 파일을 선택한 후 [열기] 버튼을 클릭합니다.

TIP :: 편지 자막 파일은 포토샵에서 제작된 '가로 640픽셀', '세로 2211픽셀' 사이즈의 가로가 매우 긴 자막 이미지입니다.

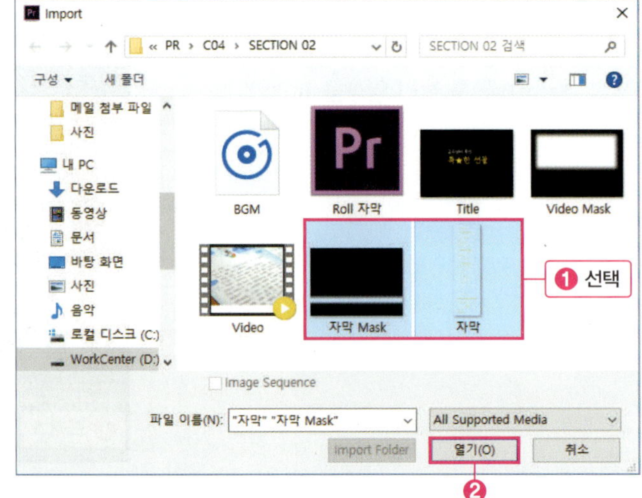

10 [Project] 패널의 '자막.png' 이미지 클립을 [Timeline] 패널 [V3] 트랙의 시작점으로 드래그한 후 [Out 점]을 오른쪽으로 드래그하여 'Video Mask.png' 이미지 클립의 [Out 점]에 맞춥니다.

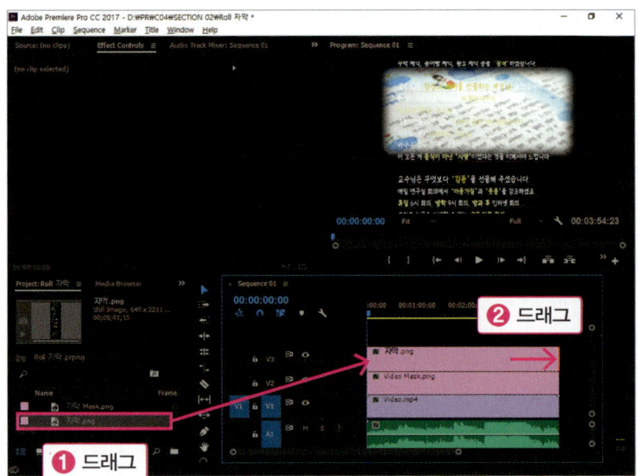

11 '자막.png' 이미지 클립이 아래에서 서서히 위로 올라가는 위치 이동 모션을 만들기 위해서 클립을 선택하고 [Effect Controls] 패널의 [Motion] 〉 [Position]의 [Add/Remove Keyframe] (◎)을 클릭하여 활성화한 후 '320.0', '1505.0'으로 입력하여 자막 내용의 첫 부분이 보이게 합니다.

TIP :: **자막의 위치 이동 확인하기**

[Program Monitor] 패널의 [Select Zoom Level]을 10% 정도로 조절하여 화면을 작게 표시하고, [Video Effects]의 [Motion]을 활성화하여 자막이 위치한 곳을 눈으로 확인할 수 있습니다.

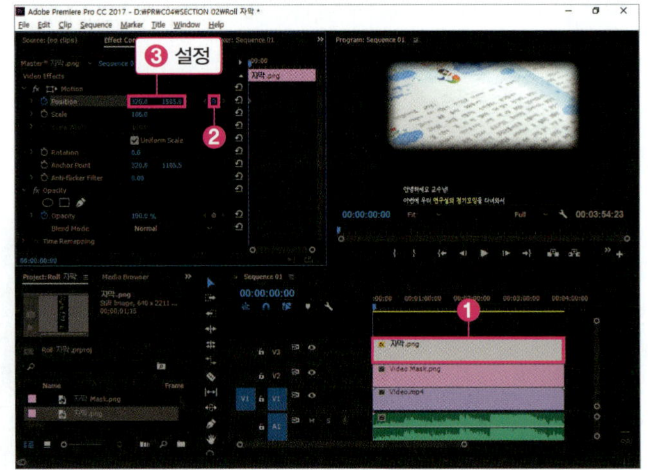

12 자막이 영상의 내용에 맞춰서 끝나야 할 00:03:54:11 위치로 [Current Time Indicator]를 옮긴 후 [Effect Controls] 패널의 [Motion] 〉 [Position]을 '320.0', '−745.0'으로 입력합니다. Space Bar 를 눌러 자막이 아래에서 위로 서서히 올라가는 모션을 확인합니다.

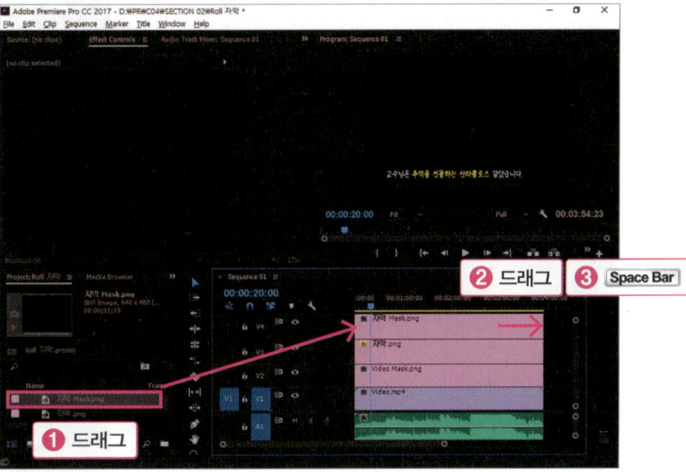

13 자막에서 영상과 겹치는 불필요한 부분을 감추기 위해 [Project] 패널의 '자막 Mask.png' 이미지 클립을 [Timeline] 패널 [V4] 트랙으로 드래그한 후 아래 클립과 똑같이 [Out 점]을 오른쪽으로 드래그하여 재생 길이를 똑같이 맞춥니다. Space Bar 를 눌러 마스크가 적용된 자막을 확인합니다.

TIP :: [Timeline] 패널의 트랙 추가

패널의 트랙이 없는 빈 공간에 클립을 드래그하면 트랙이 자동으로 추가됩니다. 마우스 오른쪽 버튼을 클릭하고 [Add Tracks]를 선택해도 됩니다.

14 가려진 영상을 보이도록 하기 위해서 자막과 자막 마스크의 윗부분을 잘라내어 영상을 보이도록 만들어야 합니다. 먼저 자르기 전에 2개의 이미지 클립을 하나로 합치기 위해서 [Timeline] 패널에서 Shift 를 누른 채 '자막 Mask.png'와 '자막.png' 이미지 클립을 함께 선택하고 [Clip] 〉 [Nest] 메뉴를 클릭합니다.

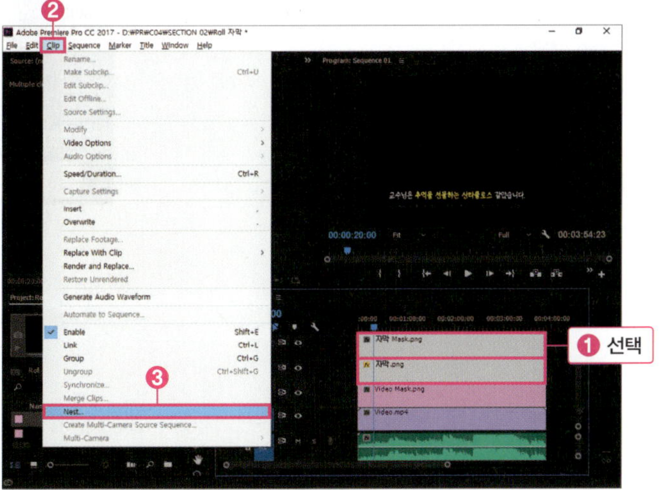

15 [Nested Sequence Name] 대화상자가 열리면 [Name]에 임의의 이름을 입력하고, [OK] 버튼을 클릭하여 이미지 클립을 하나로 합칩니다.

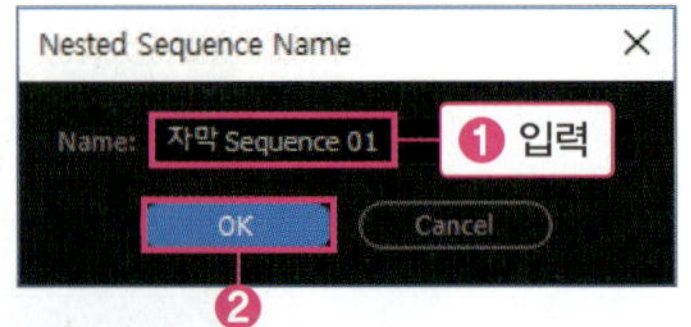

16 합쳐진 클립의 윗부분을 잘라내기 위한 Crop 효과를 적용하기 위해서 [Window] 〉 [Effects] 메뉴를 클릭하여 [Effects] 패널을 연 후 [Video Effects] 〉 [Transform] 〉 [Crop]을 찾습니다.

TIP :: Crop 효과

클립의 일부분을 잘라내서 보이지 않도록 하는 효과입니다.

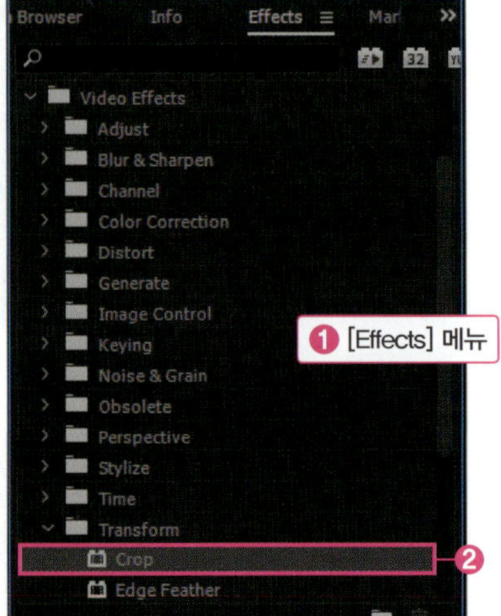

17 [Effects] 패널의 [Crop] 효과를 [Timeline] 패널 [V3] 트랙의 합쳐진 클립에 드래그한 후 클립을 선택하고, [Window] 〉 [Effect Controls] 메뉴를 클릭하여 [Effect Controls] 패널을 엽니다.

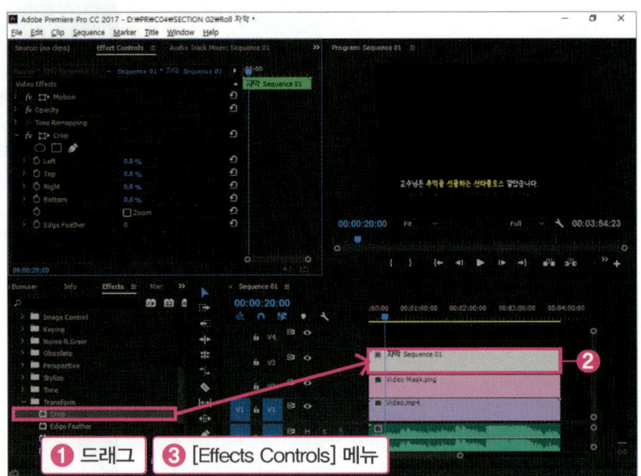

18 [Effect Controls] 패널에서 [Crop]의 [Top]을 '62.0%'로 입력합니다. **Space Bar** 를 눌러 영상과 자막을 확인합니다.

TIP :: [Crop] 〉 [Top]
클립의 위쪽 부분을 잘라내는 옵션 항목입니다.

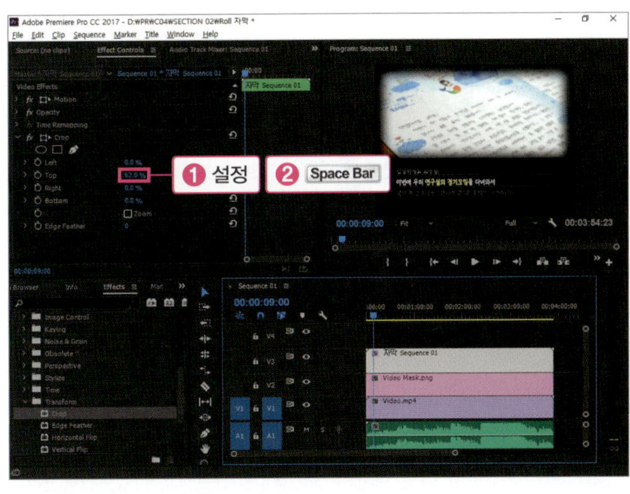

19 마지막으로 'Video.mp4' 영상 클립의 앞부분에 Opacity 효과를 추가하여 자연스럽게 영상이 시작되도록 하기 위해서 [Timeline] 패널에서 'Video.mp4' 영상 클립을 선택하고, [Effect Controls] 패널에서 그림과 같은 위치에 키프레임을 추가하여 [Opacity]를 설정합니다. **Space Bar** 를 눌러 엔딩크레딧 타입의 Roll 자막 영상을 확인합니다.

· 00;00;01;10 지점 : 0%
· 00;00;03;10 지점 : 100%

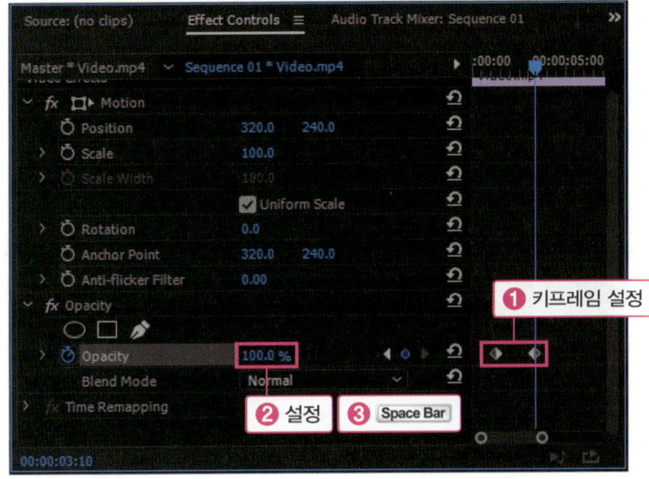

뉴스자막 타입
Crawl 자막
실무

핵심내용

Crawl 자막은 대개 화면 아래에 위치하고, 오른쪽에서 왼쪽으로 계속 흘러가는 타입이 많습니다. 24시간 뉴스나 증권 채널 TV에서 많이 나오죠. 그러나 영상 이미지에 상관없이 흐르는 자막과 영상의 스토리나 속도에 맞춘 자막 편집은 정성이 다릅니다. 본 예제에서는 [Title Designer]에서 자막 글을 작성하고 [Crawl Options]에서 영상 장면과 속도에 맞추어 자막을 제작하는 방법에 대해서 학습하겠습니다.

STORYBOARD

2009 전남보물찾기영상콘테스트 '장려상' 수상 작품 중 일부분

[Grawl Options] + [Duration]   ⟶

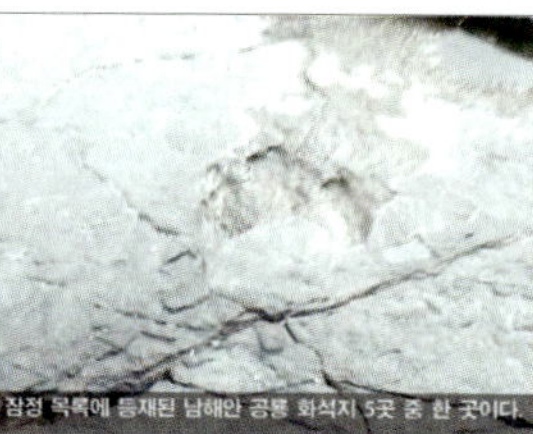

: 준비 파일 : Part 02 〉 Chapter 04 〉 Section 03 〉 video sado.avi, bgm sado.wav   **: 완성 파일 :** Part 02 〉 Chapter 04 〉 Section 03 〉 Crawl 자막.prproj

1 프리미어 프로 CC 2017을 실행한 후 [Start] 대화상자가 열리면 [New Project] 버튼을 클릭하여 새 프로젝트를 시작합니다. [New Project] 대화상자가 열리면 [Name]에 임의 프로젝트 이름으로 입력하고, [Location]의 [Browse] 버튼을 클릭하여 프로젝트 파일이 저장될 폴더를 선택한 후 [OK] 버튼을 클릭합니다.

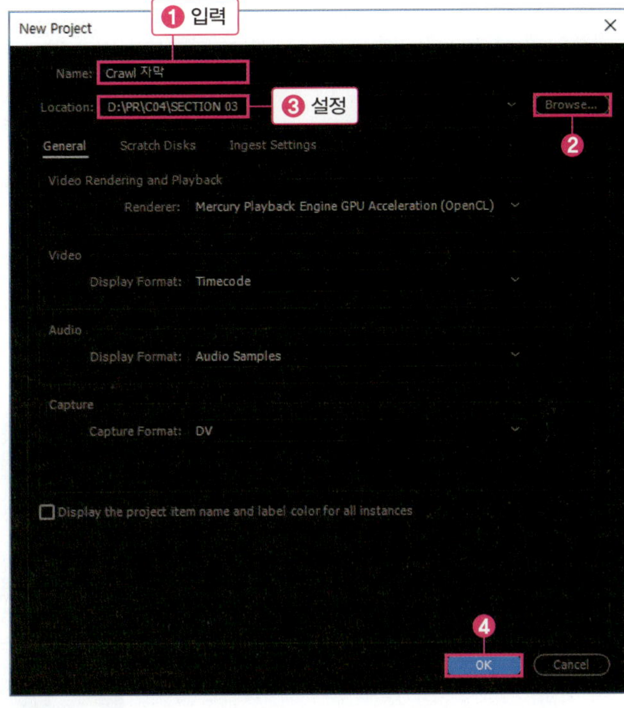

2 기본 작업 화면이 열리면 현재 시퀀스가 없기 때문에 [Timeline] 패널이 비활성화되어 있습니다. 새 시퀀스를 영상 소스 규격대로 설정하기 위해서 먼저 파일을 불러오겠습니다.

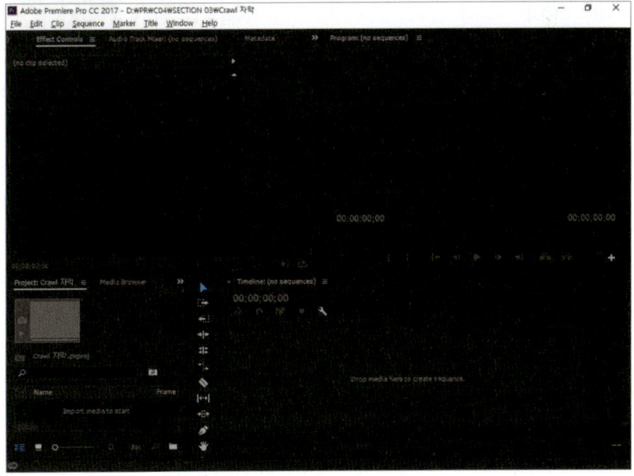

3 영상 소스 파일을 불러오기 위해서 [Proj-ect] 패널의 빈 공간을 더블클릭합니다. [Import] 대화상자가 열리면 'video sado.avi' 파일을 선택하고, [열기] 버튼을 클릭합니다.

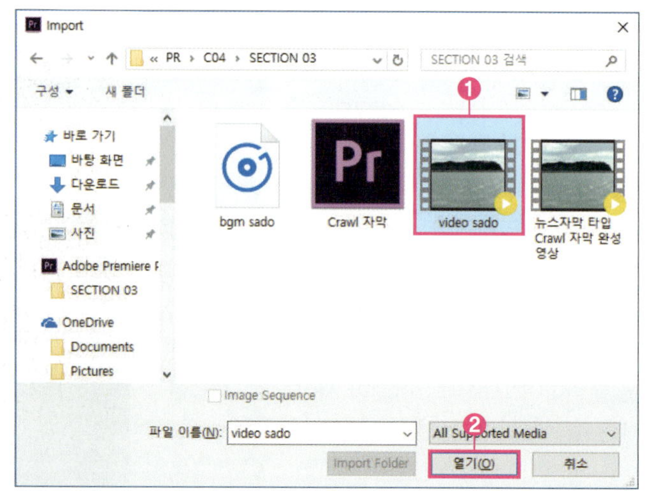

4 [Project] 패널에서 'Video sado.avi' 영상 클립을 [Timeline] 패널에 드래그하면 새 시퀀스가 자동으로 만들어지고, [V1] 트랙에 클립이 들어갑니다. **Space Bar** 를 눌러 영상을 확인합니다.

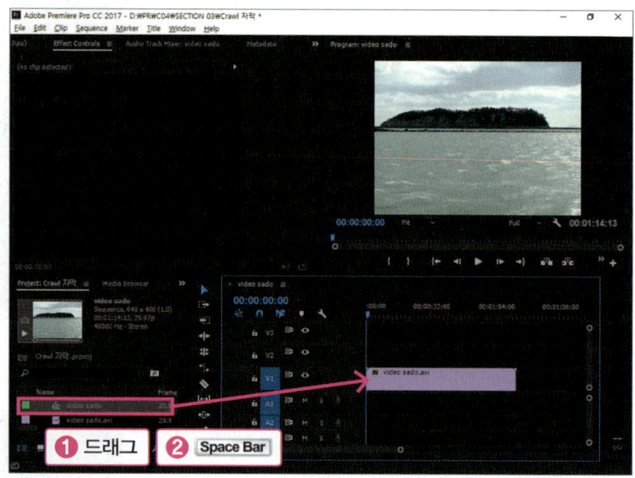

5 다음으로 배경음악(BGM)을 불러오기 위해서 [Project] 패널의 빈 공간을 더블클릭한 후 [Import] 대화상자가 열리면 'bgm sado.wav' 파일을 선택하고 [열기] 버튼을 클릭합니다.

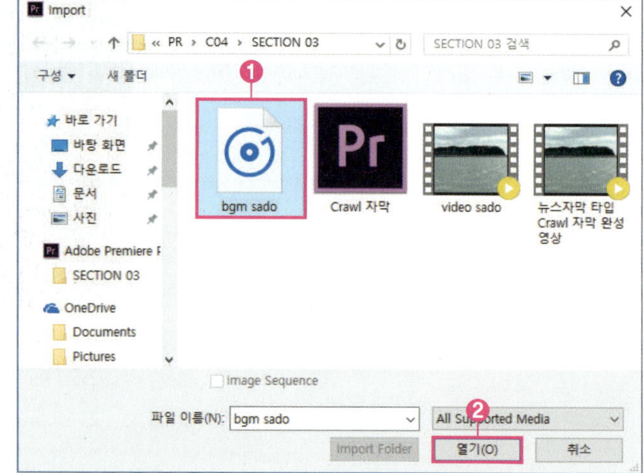

6 [Project] 패널의 'bgm sado.wav' 오디오 클립을 [Timeline] 패널 [A1] 트랙의 시작점으로 드래그하여 배경음악과 영상을 확인합니다. 이제 영상에 뉴스자막 타입의 Crawl 자막을 만들겠습니다.

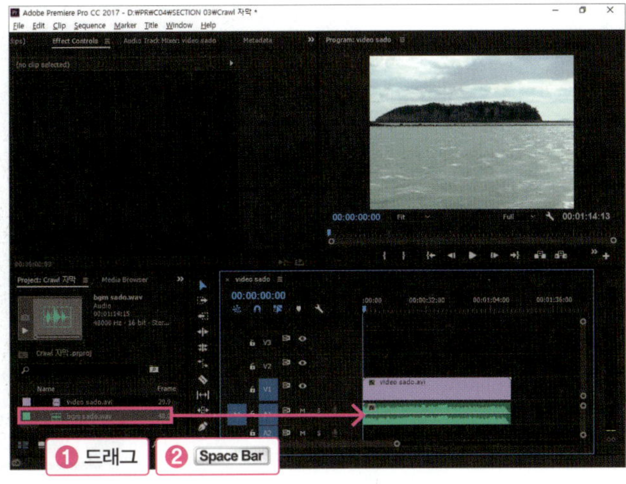

7 자막을 만들기 전에 아래쪽에 자막배경을 만들기 위해서 [Title] 〉 [New Title] 〉 [Default Still] 메뉴를 클릭합니다. [New Title] 대화상자가 열리면 [Name]에 '자막배경'을 입력하고 [OK] 버튼을 클릭합니다.

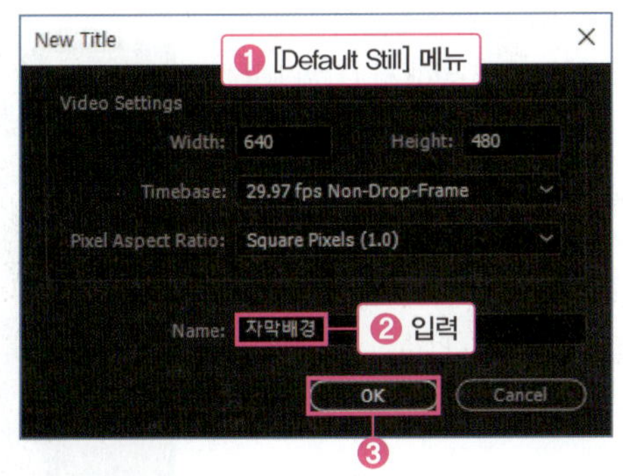

8 타이틀 창이 열리면 [Title Tool] 패널의 [Rectangle](■)을 클릭합니다. [Main Work Area]의 아랫부분에 자막이 들어갈 만한 크기와 위치로 박스를 그린 후 다음과 같이 설정하고 [닫기](×)를 클릭합니다.

• [Fill]
　[Color] : '검정색(#000000)'
　[Opacity] : '50%'

TIP :: 정확한 크기와 위치에 박스를 그리려면 우측 상단의 [Transform]의 설정 값을 참고하기 바랍니다.

9 [Current Time Indicator]를 자막배경이 시작될 00;00;07;00 위치로 옮긴 후 [Project] 패널의 '자막배경'을 [V2] 트랙의 [Current Time Indicator] 뒤에 드래그하고, [Out 점]을 오른쪽으로 드래그하여 'video sado.avi' 영상 클립의 [Out 점]에 맞춥니다.

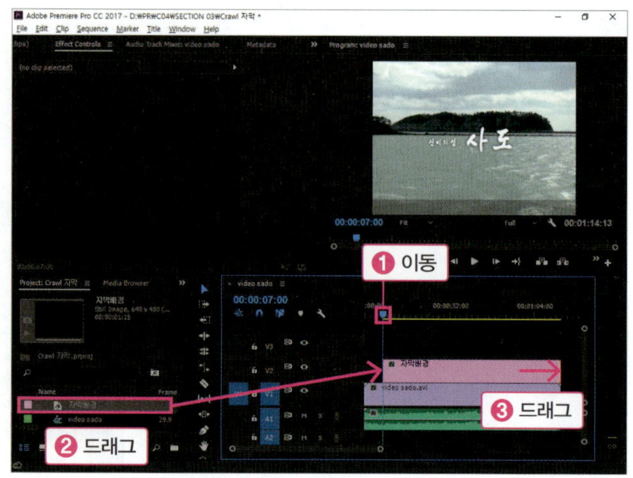

10 '자막배경'의 앞부분에 자연스럽게 등장하는 Opacity 효과를 적용하기 위해서 [Timeline] 패널의 '자막배경' 이미지 클립을 선택하고 [Effect Controls]을 클릭하여 활성화합니다. [Effect Controls] 패널에서 [Opacity] 〉 [Add/Remove Keyframe](◉)을 다음과 같은 위치에서 클릭하여 키프레임을 만들고, 수치를 설정합니다.

- 00;00;07;00 지점 : 0%
- 00;00;08;00 지점 : 100%

11 첫 번째 장면에 들어갈 자막을 다음과 같이 준비합니다.

'여수시 화정면 낭도리 사도, 바다 한 가운데 모래로 쌓은 섬 같다 하여 '사도'라 불리운다.'

12 다음으로 뉴스처럼 옆으로 흘러가는 Crawl 자막을 만들기 위해서 [Title] 〉 [New Title] 〉 [Default Still] 메뉴를 클릭합니다. [New Title] 대화상자가 열리면 [Name]에 '자막 01'을 입력한 후 [OK] 버튼을 클릭합니다.

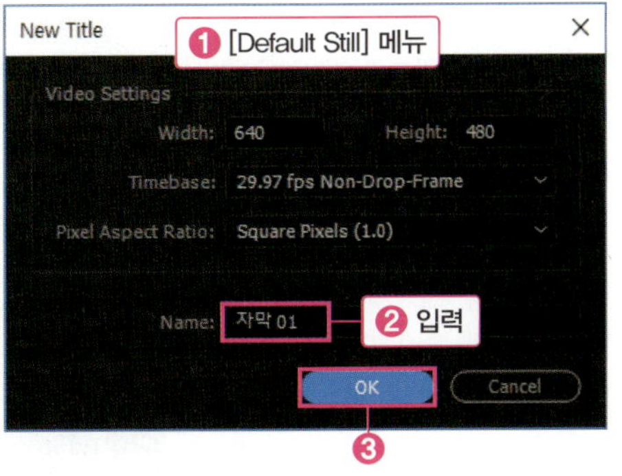

13 타이틀 창이 열리면 [Title Tool] 패널의 [Type Tool](T)로 준비된 자막을 입력하고 다음과 같이 설정합니다. [Selection Tool](▶)로 자막의 위치를 그림과 같이 옮깁니다.

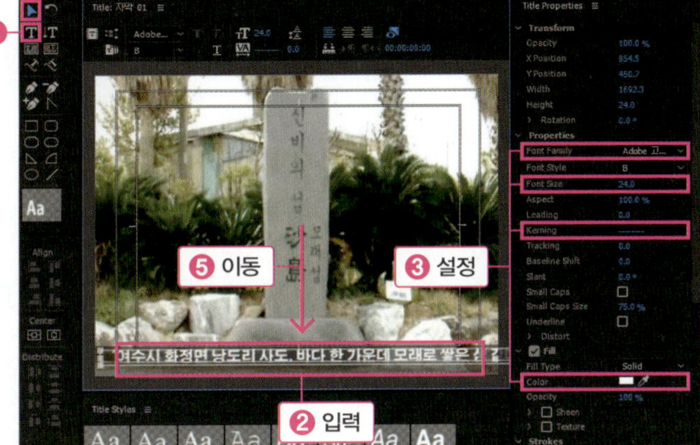

- [Properties]
  [Font Family] : 'Adobe 고딕 Std'
  [Font Size] : '24.0'
  [Kerning] : '−1.0'
- [Fill]
  [Color] : '흰색(FFFFFF)'

TIP :: 폰트 대체하기

위와 같은 폰트가 없으면 비슷한 폰트를 선택해서 사용하기 바랍니다.

14 자막을 잘 보이게 하기 위해서 [Title Properties] 패널의 [Strokes] 〉 [Inner Strokes]에서 'Add'를 클릭하고, [Size]를 '3.0'으로 입력하여 폰트의 두께를 두껍게 만든 후 자막에 모션을 추가하기 위해서 [Roll/Crawl Options](▤)를 클릭합니다.

15 [Roll/Crawl Options] 대화상자가 열리면 [Title Type]의 [Crawl Left]가 체크되어 있음을 확인한 후 [Start Off Screen]과 [End Off Screen]을 둘 다 체크하고 [OK] 버튼을 클릭합니다.

TIP :: [Roll/Crawl Options] 대화상자 옵션

- [Crawl Left] : 자막이 오른쪽에서 왼쪽으로 이동합니다.
- [Start Off Screen] : 체크하면 자막 움직임이 스타트 다음 장면부터 시작되고, 체크하지 않으면 타이틀 창의 위치부터 자막이 시작됩니다. [End Off Screen]도 끝부분에서 이와 같은 내용입니다.

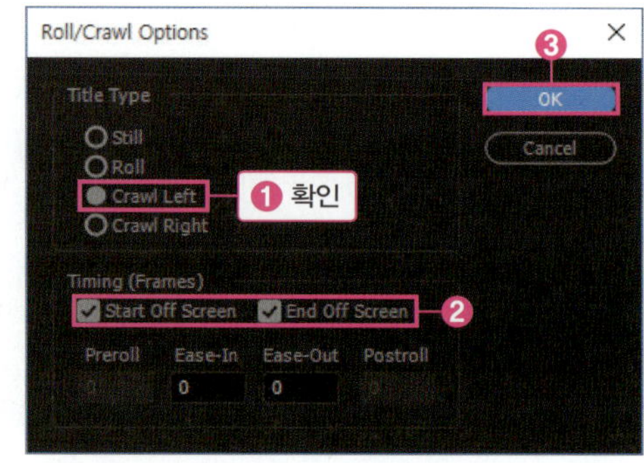

16 모든 설정이 끝나면 [닫기]( )를 클릭하여 타이틀 창을 닫습니다.

17 [Project] 패널에 '자막 01' 영상 클립이 생성되었음을 확인합니다. [Project] 패널의 '자막 01' 영상 클립을 [V3] 트랙의 [Current Time Indicator] 뒤(00:00:07:00)에 드래그합니다. Space Bar 를 눌러 영상을 확인하면 Crawl 자막이 너무 빠르게 움직이는 것을 확인할 수 있습니다.

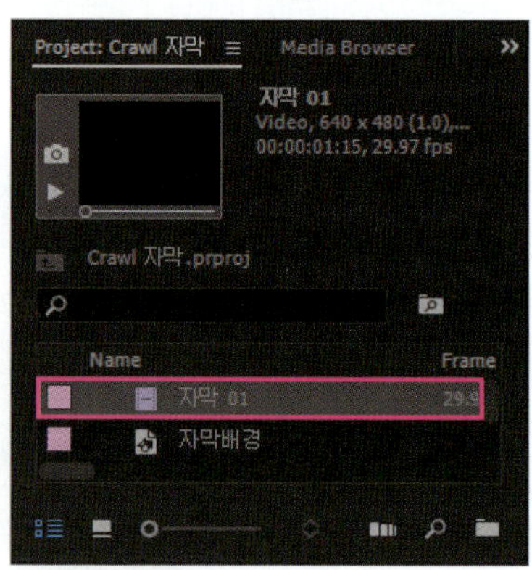

18 이를 해결하기 위해서 '자막 01' 영상 클립을 선택하고, [Clip] 〉 [Speed/Duration](Ctrl +R) 메뉴를 클릭합니다. [Speed/Duration] 대화상자가 열리면 [Duration]을 '00:00:12:10'으로 입력하고, [OK] 버튼을 클릭하여 재생 길이를 늘립니다.

TIP :: [Duration] 설정

자막의 재생 길이만 보는 게 아니라 영상 및 자막의 길이와 속도 등의 흐름을 전체적으로 살펴보면서 여러 번의 반복 입력을 통해 확인한 후 결정합니다.

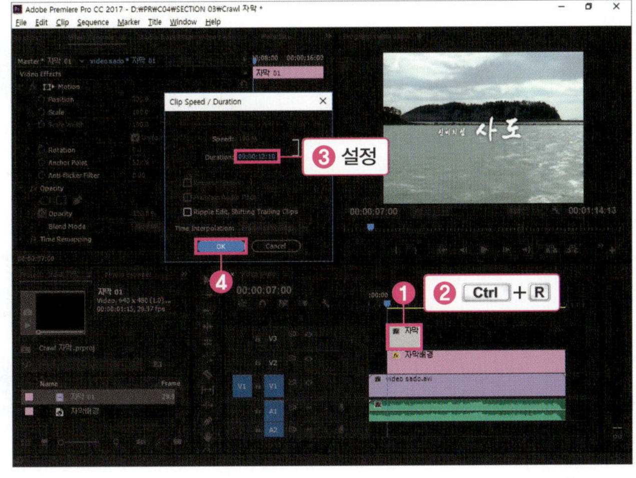

19 두 번째 장면에 들어갈 자막을 준비합니다.

'사도 입구 선착장에서 육지 사람들을 먼저 반기는 것은 두 개의 공룡 모형이다.'

20 [Current Time Indicator]를 두 번째 장면의 한 지점(00:00:20:00)으로 옮긴 후 [Project] 패널의 '자막 01' 영상 클립을 선택합니다. Ctrl +C, Ctrl +V를 눌러 복사하고 붙여 넣은 후 영상 클립의 이름을 변경합니다. '자막 02' 영상 클립의 아이콘을 더블클릭하여 타이틀 편집 대화상자를 엽니다.

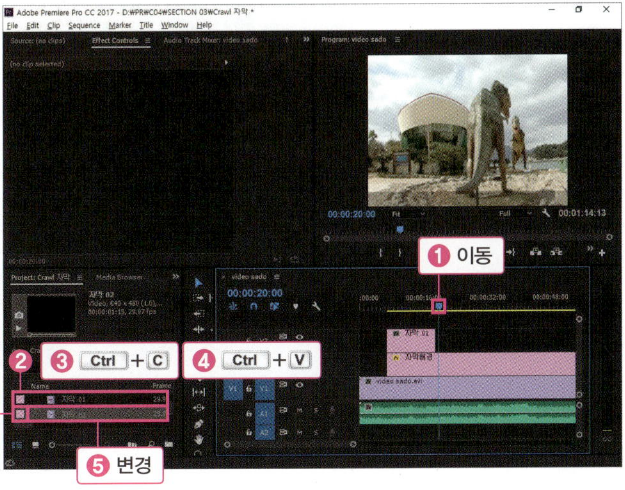

21 타이틀 창이 열리면 두 번째 준비된 자막을 입력한 후 [닫기](x)를 클릭합니다.

22 [Current Time Indicator]를 두 번째 자막이 시작될 지점(00;00;16;15) 위치로 옮긴 후 [Project] 패널의 '자막 02' 영상 클립을 [V4] 트랙의 [Current Time Indicator] 뒤에 드래그합니다. [Timeline] 패널에서 클립을 선택하여 [Speed/Duration] 대화상자를 열고, [Duration]을 '00:00:11:00'으로 입력한 후 [OK] 버튼을 클릭합니다.

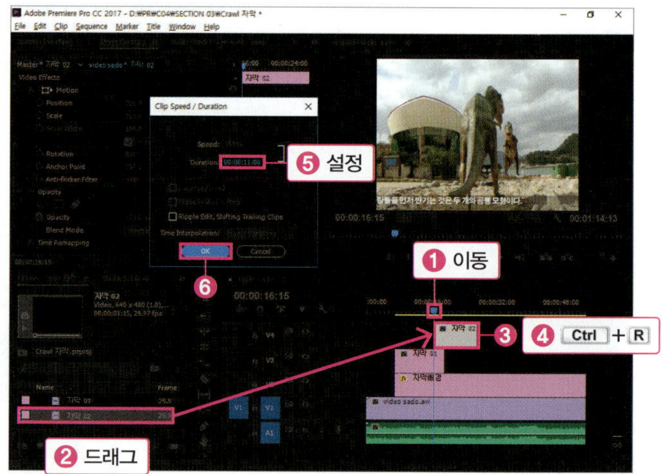

23 위와 동일한 방법으로 나머지 영상에 뉴스 자막 타입의 Crawl 자막을 그림과 같이 편집하여 마무리합니다.

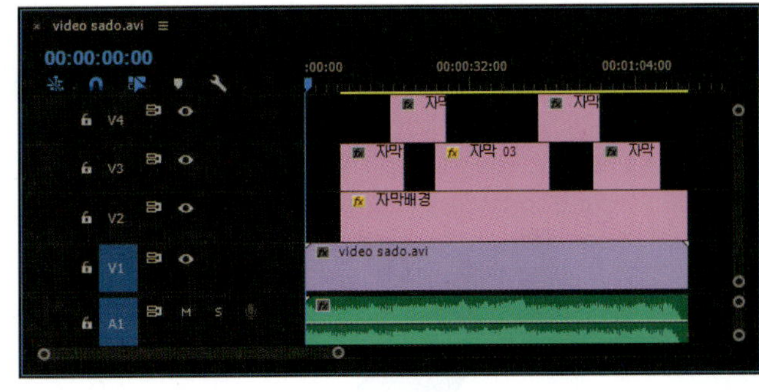

아래 그림(영상 클립)에 해당되는 자막 내용입니다.

경이로운 자연경관과 백악기 공룡 발자국 화석 발견 등으로 관광객들의 관심을 끌면서 개발이 추진되고 있는 섬이다. 사도는 2002년 1월 유네스코 세계유산 잠정 목록에 등재된 남해안 공룡 화석지 5곳 중 한 곳이다. 곳곳이 용암의 흔적과 공룡발자국 투성이다.

왼편 장사도와 오른편 시루섬이 양면해수욕장을 사이에 두고 서로 바라보고 있다.

이순신장군이 거북선을 생각했다는 거북바위. 남자의 옆모습을 한 증도의 얼굴바위도 보인다.

5

현장에서 많이 사용하는 영상 편집 테크닉 : 고급

영상 콘텐츠 공모전 10년 도전 노하우!

마지막 고급 실무는 현장에서 가장 많이 사용하는 영상 편집 테크닉입니다. 처음 예제에 비해서 약간의 난이도는 있지만, 침착하게 하나씩 따라하고 몇 번 더 연습하다 보면 모두 소화할 수 있을 것이라고 생각합니다. 특히 화면전환 테크닉은 반드시 여러 번 따라해 볼 것을 추천합니다. 가장 현장 중심적인 실무예제이기 때문입니다. 또한 화면 분할과 화면 이동, 그리고 영상 합성 테크닉도 알아두면 언젠가 반드시 응용이 가능한 예제들입니다.

ADOBE PREMIERE PRO

트랜지션 테크닉 편집 실무

핵심내용

본 예제는 느린 음악에 맞추어 트랜지션 효과를 삽입한 감성 미디어입니다. 트랜지션은 영상 편집 실무에서 많이 사용하는 기법 중 하나이지만, 이 기능을 잘못 사용하면 오히려 산만한 결과를 초래하기도 합니다. 본 예제에서는 프리미어 프로의 Motion과 Transition, 그리고 Transition을 통한 Adjustment Layer와 Border 기능을 배우고, 흑백 이미지 교체와 콘트라스트 효과에 대해서 안내합니다. 특히, 키프레임에 숫자를 입력하는 방식이 아닌 [Program Monitor] 패널에서 직접 모션을 주는 방법, 그리고 꼬리에 꼬리를 무는 '스토리 편집 방법'에 대해서 학습하겠습니다.

STORYBOARD

2011 DDL 포럼 프레젠테이션 작품 중 일부분

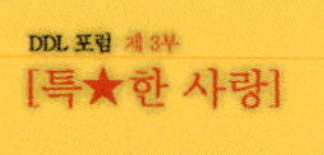

[Motion] + [Transition] [Border] ⟶

⟶

⟶

[Adjustment Layer] + [Tint] ⟶

⟶

01 모션과 트랜지션 테크닉   Motion + Transition

2011 DDL 포럼 프레젠테이션
작품 중 일부분

: **준비 파일** : Part 02 〉 Chapter 05 〉 Section 01 〉 DDL Forum.prproj   : **완성 파일** : Part 02 〉 Chapter 05 〉 Section 01 〉 DDL Forum 완성.prproj

1 [File] 〉 [Open Project](**Ctrl** + **O**) 메뉴를 클릭하고, [Open Project] 대화상자가 열리면 'DDL Forum.prproj' 파일을 선택한 후 [열기] 버튼을 클릭합니다. 프로젝트가 열리면 **Space Bar** 를 눌러 컷 편집된 영상을 확인합니다.

TIP :: 본 예제는 이미지 클립 수가 많아서 편집 시간이 많이 소요되므로 편집된 프로젝트 파일을 제공하였습니다. 여기에 화면전환 효과를 추가하여 편집하겠습니다.

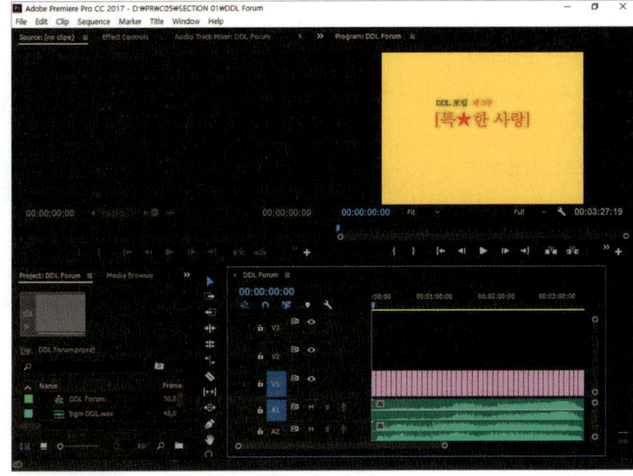

2 정지된 이미지 클립에 움직임(Position +Scale)을 주기 위해서 [Current Time Indicator]를 '01.jpg' 이미지 클립의 [In 점]으로 옮기고 이미지 클립을 선택합니다. [Effect Controls] 패널을 클릭하여 열고 [Position]과 [Scale]의 [Add/Remove Keyframe](●)을 클릭하여 활성화합니다.

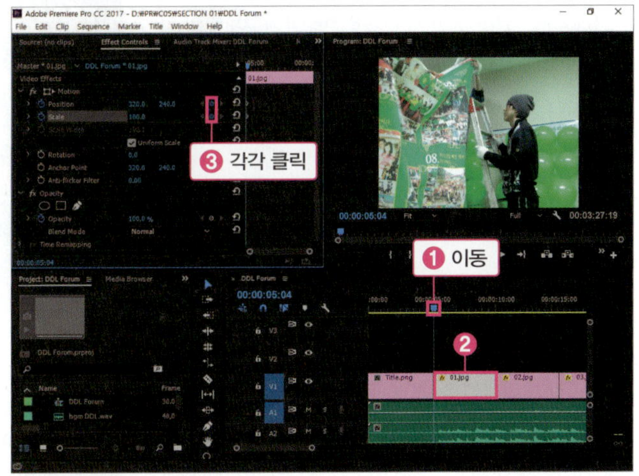

3 [Current Time Indicator]를 '01.jpg' 이미지 클립의 [Out 점]에서 키보드의 방향키 ← 를 눌러 한 프레임 앞 지점(00;00;10;03)으로 옮긴 후 [Effect Controls] 패널의 [Motion]을 클릭합니다. [Program Monitor] 패널에서 직접 모션을 주기 위해 [Select Zoom Level]을 '25%' 정도로 조절하여 화면을 작게 표시합니다.

TIP :: [Select Zoom Level] 설정하기

[Program Monitor] 패널에서 모션의 상황에 따라서 적절한 %를 선택하여 확대 및 축소를 설정하여 사용합니다.

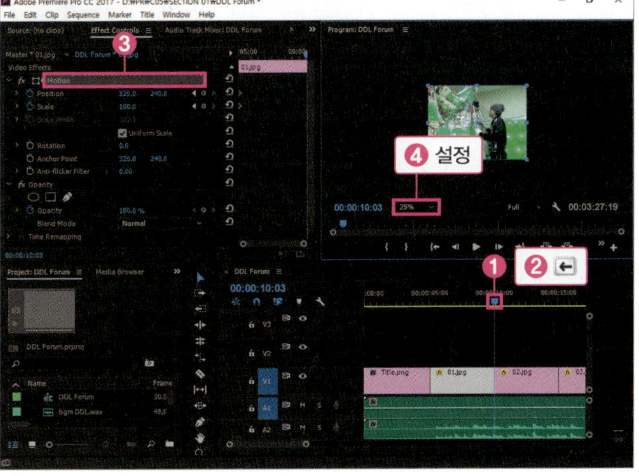

4 [Program Monitor] 패널에서 조절박스의 모서리를 드래그하여 확대하고, 내부를 드래그하여 위치를 그림과 같이 화면의 1번 남자 얼굴 방향으로 설정합니다. **Space Bar** 를 눌러 이미지 클립의 모션을 확인합니다.

TIP :: 모션 조절박스

조절박스 내부를 드래그하면 위치(Position)를 이동할 수 있고, 테두리의 점을 드래그하면 크기(Scale)를 조절할 수 있습니다.

TIP :: 모션 적용하기

[Program Monitor] 패널에서 직접 이동 및 확대를 하면서 모션을 주는 방법과 [Effect Controls] 패널의 [Position]과 [Scale]에 수치를 입력하면서 모션을 주는 방법이 있습니다. 두 가지 방법을 병행하면서 편집해보기 바랍니다.

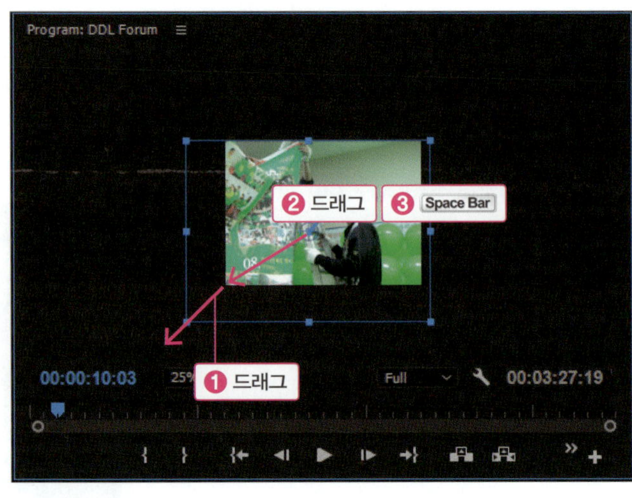

5 이어서 다음 이미지 클립에 모션을 주기 위해서 [Current Time Indicator]를 '02.jpg' 이미지 클립의 [In 점]으로 옮기고 이미지 클립을 선택합니다. [Effect Controls] 패널에서 [Position]과 [Scale]의 [Add/Remove Keyframe]( )을 클릭하여 활성화합니다.

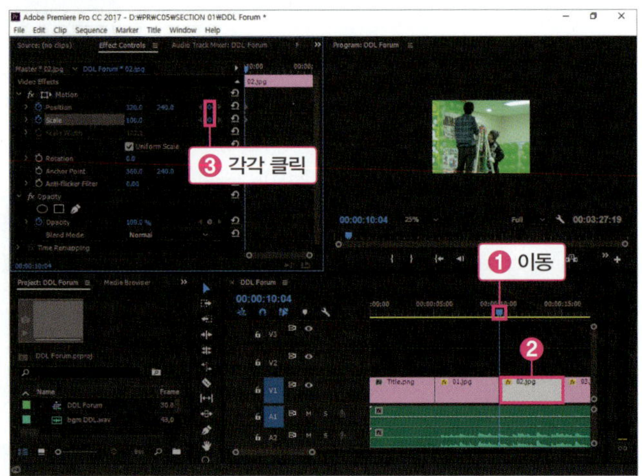

6 [Current Time Indicator]를 '02.jpg' 이미지 클립의 [Out 점]에서 방향키 ← 를 눌러 한 프레임 앞 지점(00;00;15;03)으로 옮긴 후 [Effect Controls] 패널에서 [Motion]을 클릭합니다. 이번에는 왼쪽 2번 남자 방향으로 확대되도록 [Program Monitor] 패널에서 다음과 같이 박스 크기와 위치를 조절합니다. **Space Bar** 를 눌러 모션을 확인합니다.

TIP :: [Current Time Indicator]를 이미지 클립의 [Out 점]에서 한 프레임 앞쪽으로 이동하는 이유는 [Program Monitor] 패널에서 이미지 클립을 보면서 모션을 주기 위해서입니다. 마지막 [Out 점]에서는 이미지가 보이지 않습니다.

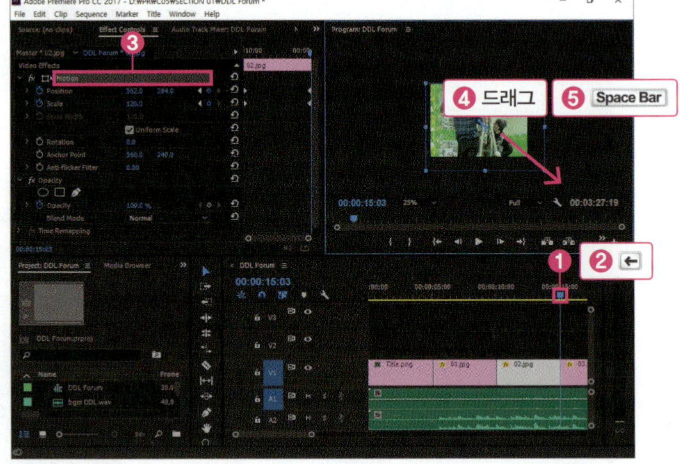

7 '01.jpg'와 '02.jpg' 이미지 클립 사이에 트랜지션(화면전환) 효과를 적용하기 위해서 [Window] 〉 [Effects] 메뉴를 클릭합니다. [Effects] 패널을 연 후 [Video Transitions] 〉 [Dissolve] 〉 [Cross Dissolve]를 찾습니다.

TIP :: Cross Dissolve 효과

두 화면이 교차되어 부드러운 장면전환이 이루어지는 트랜지션으로 프리미어 프로 실무에서 가장 많이 사용하는 Dissolve 효과입니다. Opacity 편집과 비슷한 결과가 나오지만 수정이 쉽고, 작업 속도가 빠르다는 장점이 있습니다.

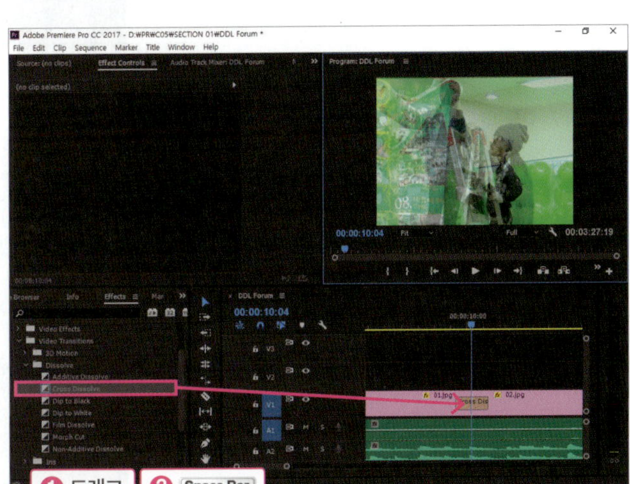

8 [Timeline] 패널을 선택하고 +를 눌러 화면의 필요한 구간을 확대한 후 '01.jpg'와 '02.jpg' 이미지 클립 사이에 [Effects] 패널의 [Cross Dissolve]를 드래그합니다. 2개의 이미지 클립사이에 효과가 삽입된 것을 확인한 후 Space Bar를 눌러 트랜지션 효과를 확인합니다.

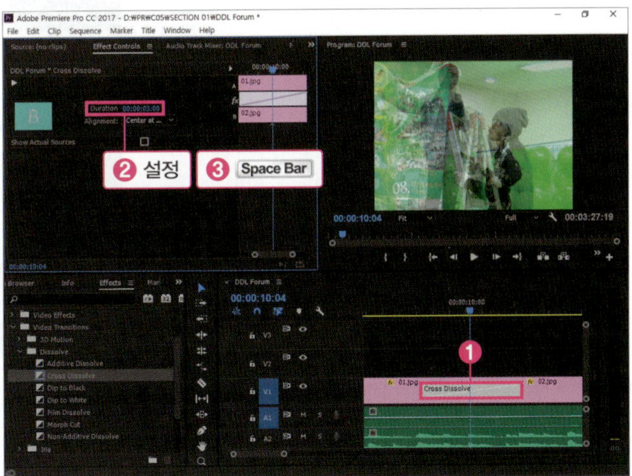

9 트랜지션 효과의 기본 적용시간은 1초입니다. 이를 길게 늘이기 위해서 [Timeline] 패널에서 적용된 [Cross Dissolve]를 선택하고 [Effect Controls] 패널에서 [Duration]을 '00:00:03;00'으로 입력하여 트랜지션 효과의 길이를 3초로 늘입니다. Space Bar를 눌러 늘어난 트랜지션 효과를 확인합니다.

TIP :: 트랜지션의 [In 점], [Out 점]을 드래그하여 효과의 길이를 늘이는 방법도 있습니다.

10 모션을 보면 중간에 모션이 정지되는 것을 확인할 수 있습니다. 모션을 '01.jpg' 이미지 클립의 [Out 점]까지만 적용했기 때문입니다. 따라서 [Cross Dissolve]가 끝나는 위치까지 모션을 연장해야 합니다. '01.jpg' 이미지 클립을 선택하고 [Cross Dissolve]가 끝나는 지점(00;00;11;19)에 [Current Time Indicator]를 옮긴 후 [Effect Controls] 패널 [Timeline]에서 끝부분에 위치한 두 개의 키프레임을 드래그하여 선택합니다. Ctrl+X, Ctrl+V를 눌러 키프레임을 잘라내어 [Current Time Indicator]가 위치한 지점에 붙여 넣습니다.

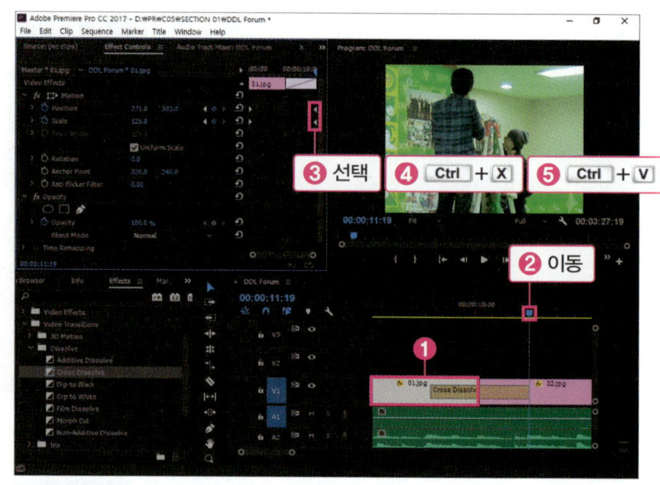

11 위와 마찬가지로 '02.jpg' 이미지 클립의 시작 부분 모션도 연장하기 위해서 [Timeline] 패널에서 클립을 선택합니다. [Current Time Indicator]를 [Cross Dissolve]가 시작하는 지점(00;00;08;19)으로 옮긴 후 [Effect Controls] 패널 [Timeline]에서 두 개의 키프레임을 드래그하여 선택하고, Ctrl+X, Ctrl+V를 눌러 잘라내기 및 붙여 넣어 키프레임을 옮깁니다.

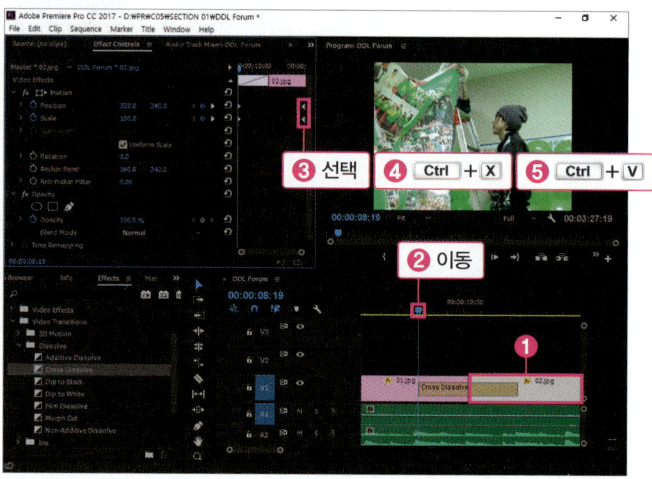

12 이제부터는 위의 작업을 반복하여 다음 이미지 클립에 적용해 보겠습니다. 다음으로 [Current Time Indicator]를 '03.jpg' 이미지 클립의 [In 점]으로 옮기고 이미지 클립을 선택합니다. [Effect Controls] 패널에서 [Position]의 [Toggle animation](○)을 클릭해 활성화하고, [Motion]을 클릭한 후 [Program Monitor] 패널에서 왼쪽의 2번 남자 방향으로 확대되도록 클립의 크기와 위치를 다음과 같이 조절합니다.

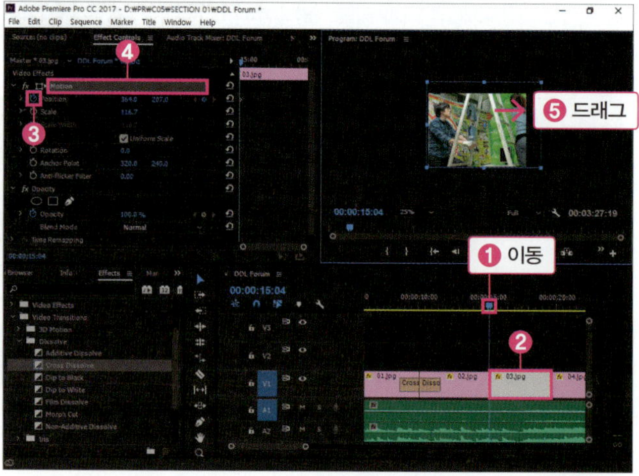

13 [Current Time Indicator]를 '03.jpg' 이미지 클립의 [Out 점]에서 ←를 눌러 프레임 앞 지점(00:00:19;16)으로 옮긴 후 [Program Monitor] 패널에서 오른쪽의 3번 여자 방향으로 이동하는 모션이 되도록 다음과 같이 클립의 위치를 조절합니다.

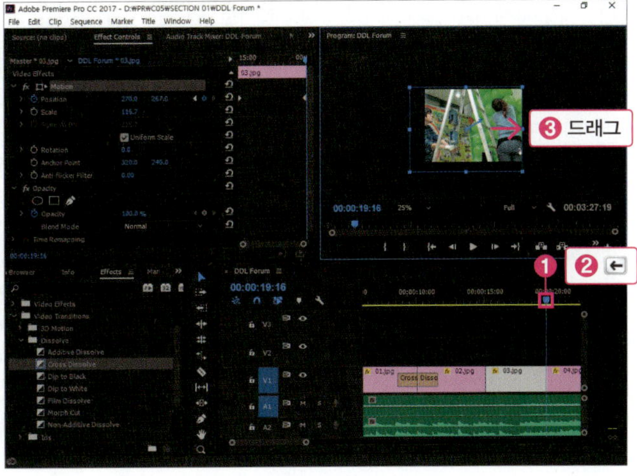

14 '02.jpg'와 '03.jpg' 이미지 클립 사이에 [Effects] 패널의 [Cross Dissolve]를 드래그한 후 선택하고, [Effect Controls] 패널에서 [Duration]을 '00:00:03;00'으로 입력하여 트랜지션 효과를 적용합니다. 마찬가지로 모션의 키프레임을 트랜지션 효과에 맞춰 늘려줘야 합니다.

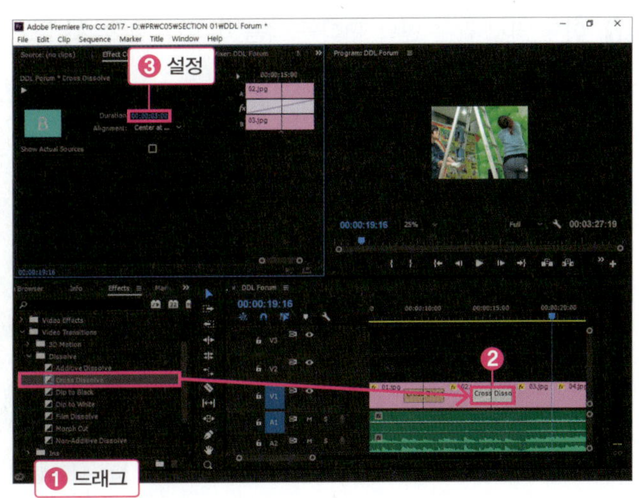

15 [Current Time Indicator]를 두 번째 [Cross Dissolve]가 끝나는 지점(00:00:16;19)으로 옮기고 '02.jpg' 이미지 클립을 선택합니다. [Effect Controls] 패널의 [Timeline]에서 오른쪽에 위치한 두 개의 키프레임을 드래그하여 선택하고, Ctrl + X , Ctrl + V 를 눌러 잘라내고 붙여넣어 키프레임을 옮깁니다.

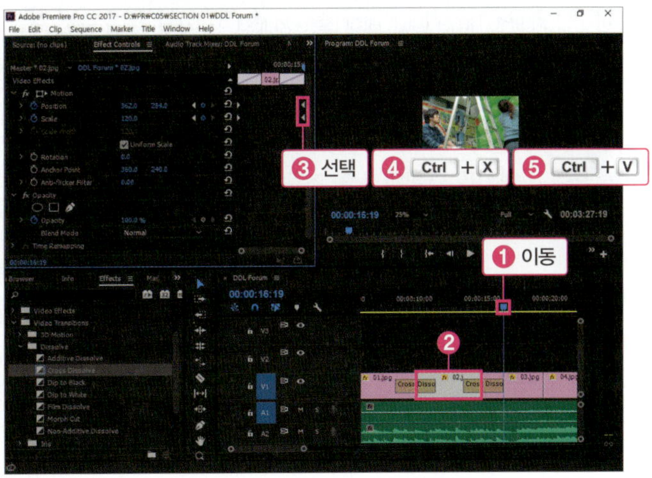

16 계속해서 [Current Time Indicator]를 두 번째 [Cross Dissolve]가 시작하는 지점(00:00; 13;19)으로 옮기고 '03.jpg' 이미지 클립을 선택합니다. [Effect Controls] 패널의 [Timeline]에서 키프레임을 선택하고 Ctrl +X, Ctrl +V 를 눌러 잘라내고 붙여 넣어 키프레임을 옮깁니다. Space Bar 를 눌러 부드러워진 영상을 확인합니다.

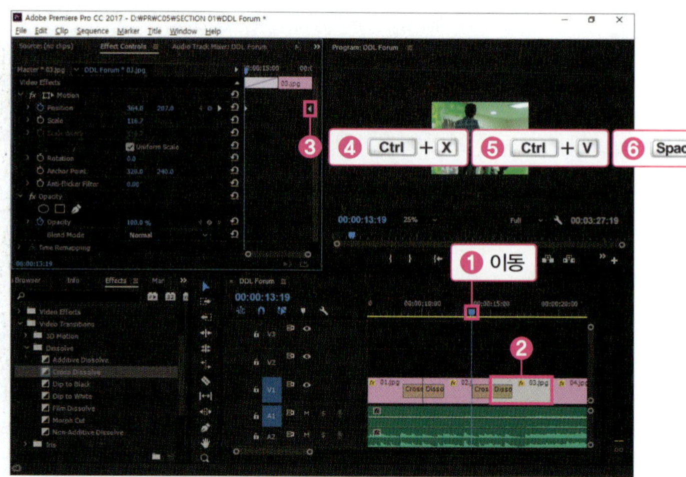

17 이제 역시 같은 반복 편집을 다음 이미지 클립에 적용해 보겠습니다. [Current Time Indicator]를 '04.jpg' 이미지 클립의 [In 점]으로 옮기고 이미지 클립을 선택합니다. [Effect Controls] 패널에서 [Position]의 [Toggle animation] ()을 클릭해 활성화하고, [Motion]을 클릭한 후 [Program Monitor] 패널에서 3번 여자의 얼굴 방향으로 확대되도록 이미지 클립을 조절합니다.

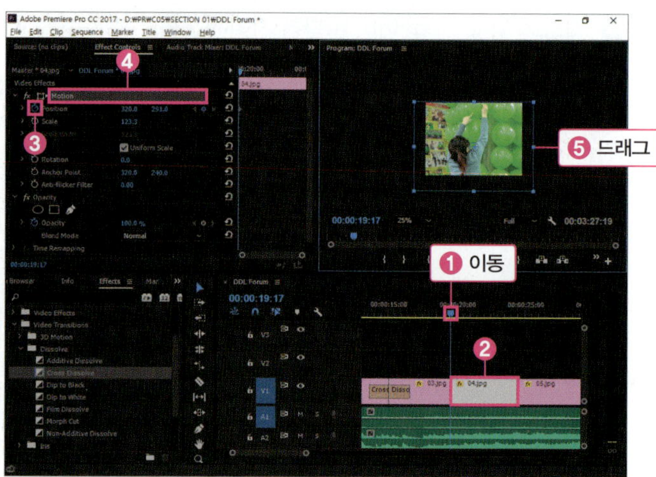

18 [Current Time Indicator]를 '04.jpg' 이미지 클립의 [Out 점]에서 ←를 눌러 한 프레임 앞 지점(00:00;24;16)으로 옮긴 후 [Program Monitor]에서 3번 여자의 아래 방향으로 모션이 되도록 클립의 위치를 그림과 같이 조절합니다.

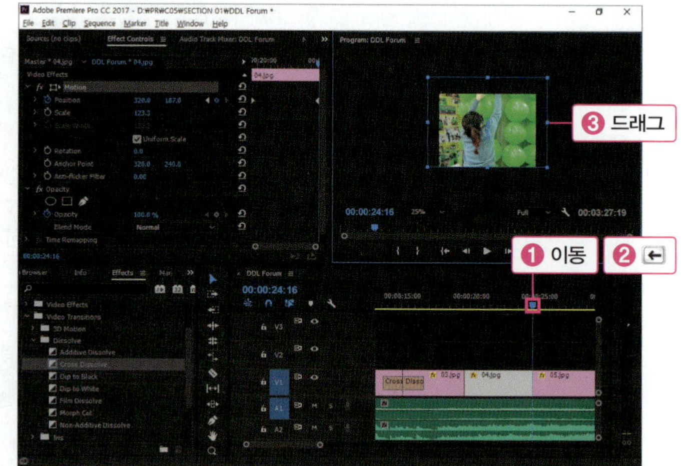

19 모션 편집이 끝나면 앞선 방법으로 '03.jpg' 와 '04.jpg' 이미지 클립 사이에 [Cross Dissolve]를 3초의 길이로 적용한 후 '03.jpg' 이미지 클립의 키프레임은 세 번째 적용한 [Cross Dissolve]의 끝 지점(00:00:21:02)에, '04.jpg' 이미지 클립의 키프레임은 세 번째 적용한 [Cross Dissolve]의 시작 지점(00:00:18:02)으로 옮깁니다.

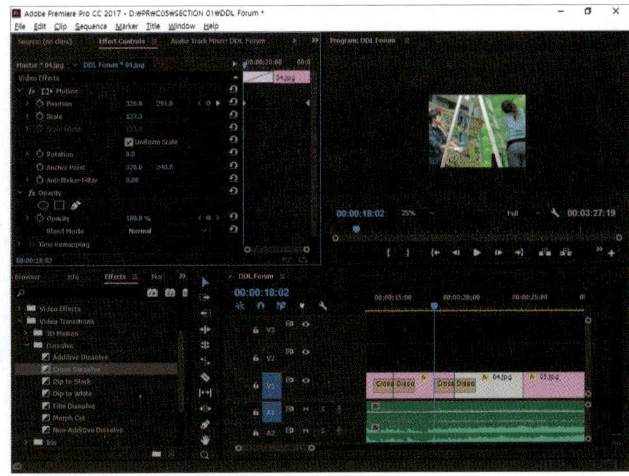

20 다음 이미지 클립을 계속해서 편집해 보겠습니다. [Current Time Indicator]를 '05.jpg' 이미지 클립의 [In 점]으로 옮기고 이미지 클립을 선택합니다. [Effect Controls] 패널에서 [Position]의 [Toggle animation](⏱)을 클릭해 활성화하고, [Motion]을 클릭한 후 [Program Monitor] 패널에서 3번 여자의 발이 확대되도록 이미지 클립의 크기와 위치를 다음과 같이 조절합니다.

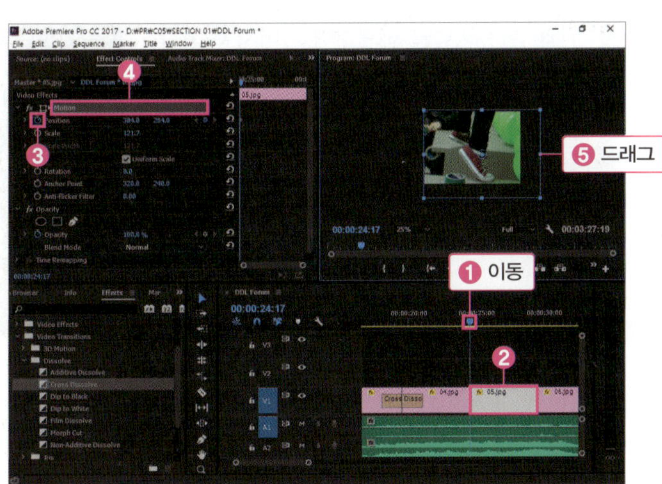

21 [Current Time Indicator]를 '05.jpg' 이미지 클립의 [Out 점]에서 ←를 눌러 한 프레임 앞 지점(00:00:29:15)으로 옮긴 후 [Program Monitor] 패널에서 3번 여자의 발이 아래 방향으로 이동하는 모션을 주기 위해서 이미지 클립의 위치를 다음과 같이 조절합니다.

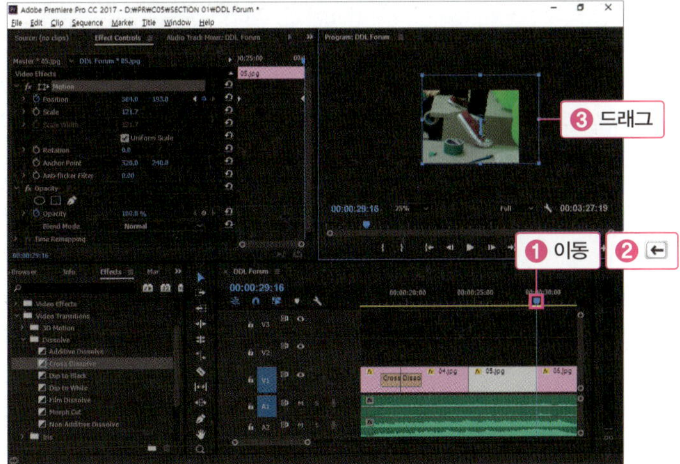

22 모션 편집 끝나면 위와 같은 방법으로 '04. jpg'와 '05.jpg' 이미지 클립 사이에 [Cross Dissolve]를 3초로 적용한 후 '04.jpg' 이미지 클립의 키프레임은 세 번째 적용한 [Cross Dissolve]의 끝 지점(00;00;26;02), '05.jpg' 이미지 클립의 키프레임은 세 번째 적용한 [Cross Dissolve]의 시작 지점(00;00;23;02)으로 옮깁니다.

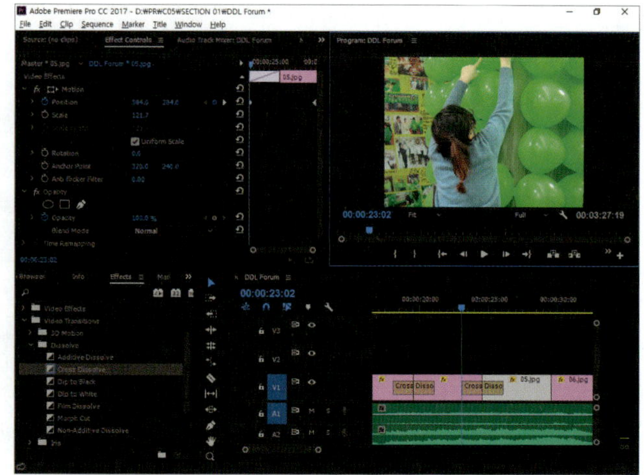

23 위와 같은 방법을 이용하여 나머지 이미지 클립에 모션과 트랜지션 효과를 적용합니다.

TIP ∷ Video Transitions 주의사항

이외에도 다양한 트랜지션 효과들을 한 번씩 적용해 보길 바랍니다. 그러나 어울리지 않는 트랜지션은 영상 작품을 산만하게 만들 수 있으니 유의합니다.

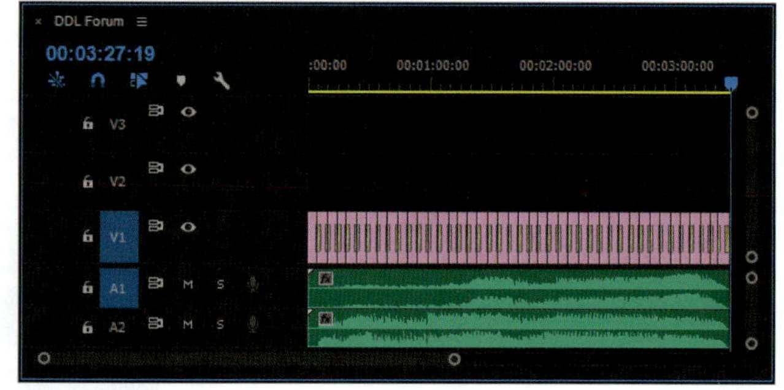

02 흑백 이미지 테크닉 Transition + Adjustment Layer + Border

: 준비 파일 : Part 02 〉 Chapter 03 〉 Section 01 〉 border.png

1 편집된 이미지 클립들에 흑백 효과를 주기 위해서 [Current Time Indicator]를 효과가 시작될 지점인 '15-1.jpg' 이미지 클립이 보이는 위치(00;01;22;00)로 옮깁니다. 효과를 편리하게 적용하기 위한 가상의 이미지 클립을 만들기 위해서 [Project] 패널의 [New Item]을 클릭하고, [Adjustment Layer] 메뉴를 클릭합니다.

TIP :: 조정 레이어(Adjustment Layer)

다수의 클립에 같은 효과를 일률적으로 적용할 때 편리하게 사용합니다.

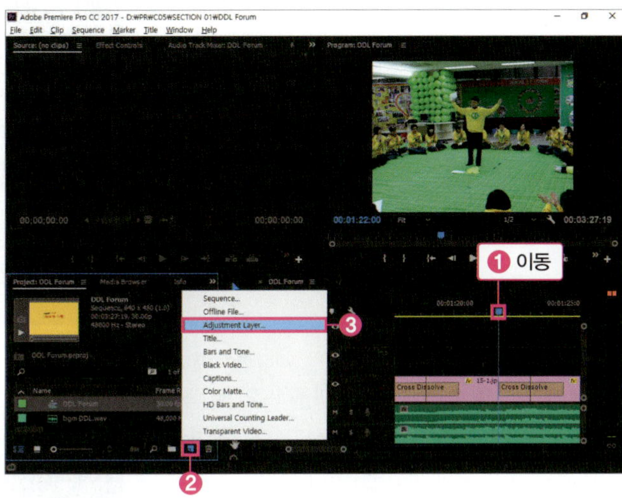

2 [Adjustment Layer] 대화상자가 열리면 기본설정 그대로 [OK] 버튼을 클릭합니다.

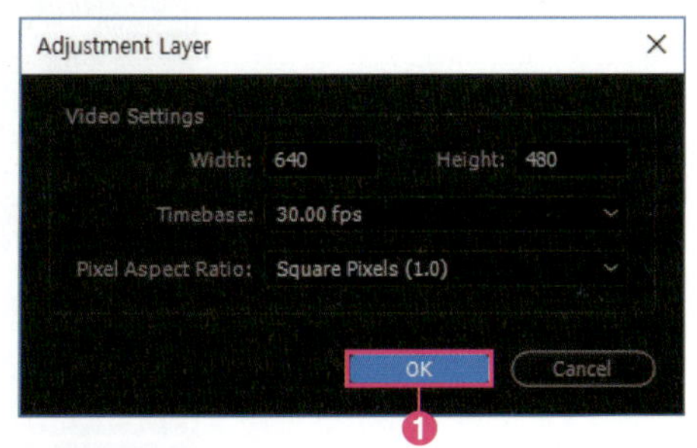

3 00;01;22;00 지점에서 [Project] 패널의 'Adjustment Layer'를 [V2] 트랙의 [Current Time Indicator]에 드래그하고, [Out 점]을 오른쪽으로 드래그하여 [V1] 트랙의 끝에 맞춥니다.

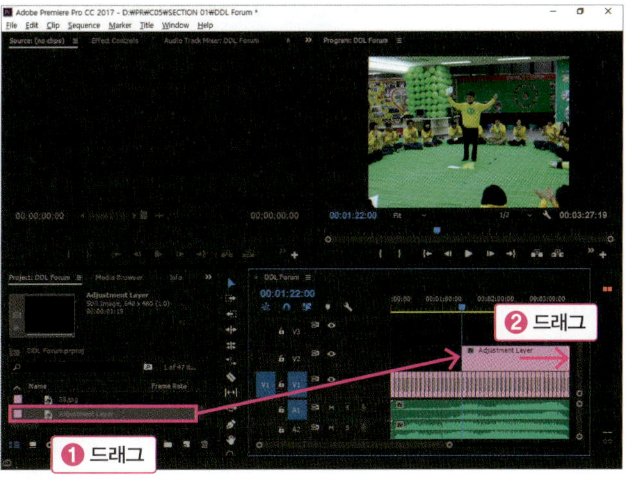

4 효과를 적용하기 위해서 [Effects] 패널을 연 후 [Video Effects] 〉 [Color Correction] 〉 [Tint]를 찾습니다.

TIP :: Tint 효과

색상을 흑백으로 만듭니다.

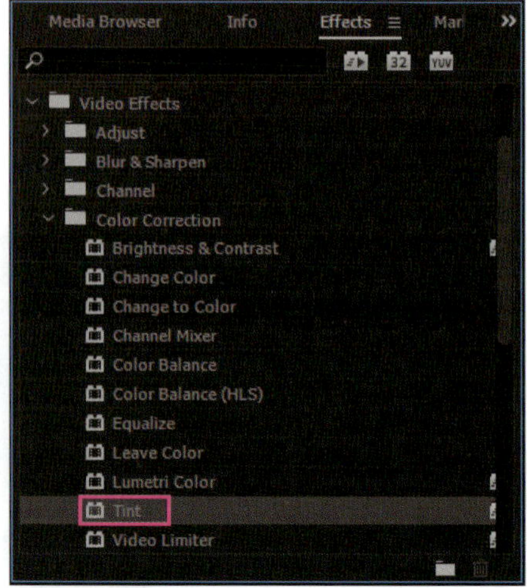

5 [Effects] 패널의 [Tint] 효과를 [V2] 트랙의 'Adjustment Layer'로 드래그하고, Space Bar 를 눌러 적용된 흑백 효과를 확인합니다.

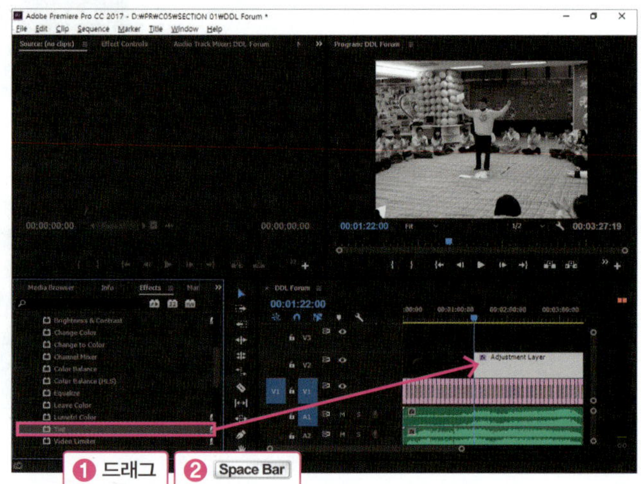

6 흑백 효과가 자연스럽게 시작되도록 하기 위해서 [Timeline] 패널에서 'Adjustment Layer'를 선택합니다. [Effect Controls] 패널에서 Opacity 키프레임을 다음과 같은 위치에 생성하고 수치를 설정합니다.

- 00;01;22;00 지점 : 0%
- 00;01;27;00 지점 : 100%

TIP :: Opacity 테크닉

조정 레이어(Adjustment Layer)에 Opacity를 적절하게 혼합하면 효과가 부드럽게 나타나게 하거나 사라지는 모션을 쉽게 만들 수 있습니다.

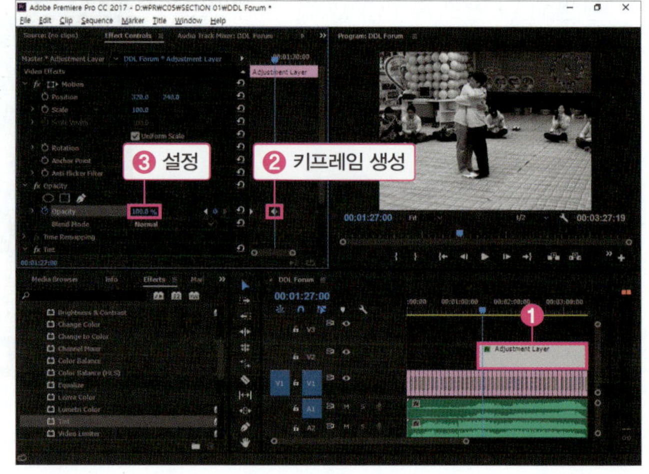

7 흑백 효과가 적용된 이미지 클립에 밝기와 대비를 수정하여 좀 더 밝고 선명한 흑백 영상을 만들기 위해서 [Effects] 패널에서 [Video Effects] 〉 [Color Correction] 〉 [Brightness & Contrast]를 찾습니다.

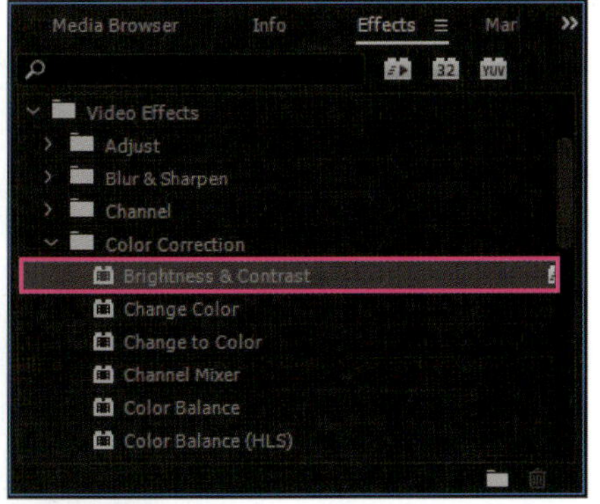

8 [Effects] 패널의 [Brightness & Contrast]를 [V2] 트랙의 'Adjustment Layer'에 드래그한 후 [Effects Controls] 패널의 [Video Effects] 〉 [Brightness & Contrast]에서 다음과 같이 입력합니다.

- [Brightness] : '36'
- [Contrast] : '22'

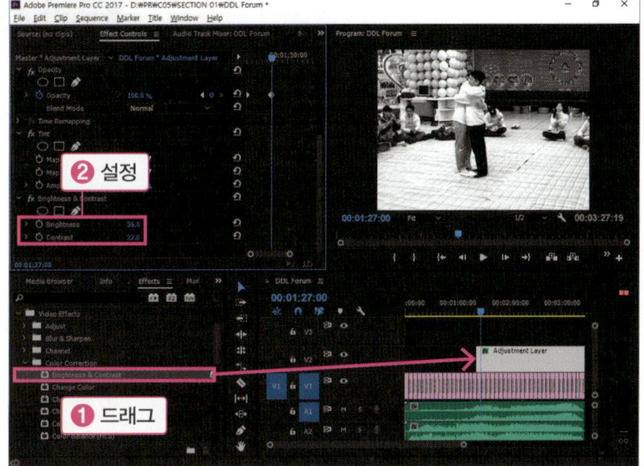

9 다음으로 영상에서 시선을 모아주기 위한 방법으로서 외곽이 어두운 흑백 Border 이미지를 불러와 편집해보겠습니다. [Project] 패널의 빈 공간을 더블클릭한 후 [Import] 대화상자가 열리면 'border.png' 파일을 선택하고 [열기] 버튼을 클릭합니다.

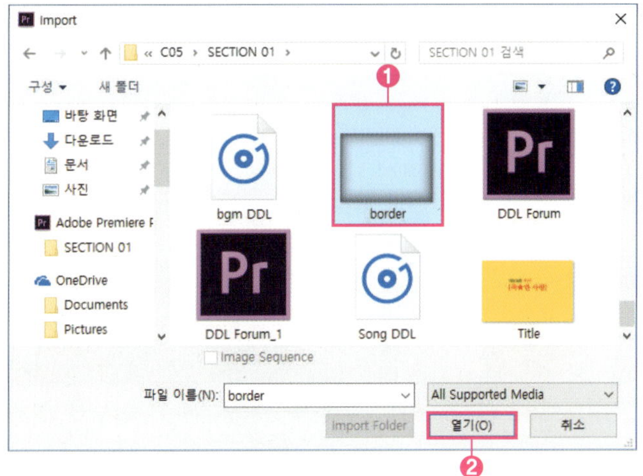

10 [Current Time Indicator]를 '01.jpg' 이미지 클립의 [In 점]으로 옮긴 후 [Project] 패널의 'border.png' 이미지 클립을 [V3] 트랙의 [Current Time Indicator]에 드래그하고, [Out 점]을 오른쪽으로 드래그하여 아래 영상의 [Out 점]에 맞춥니다. Space Bar 를 눌러 영상을 확인합니다.

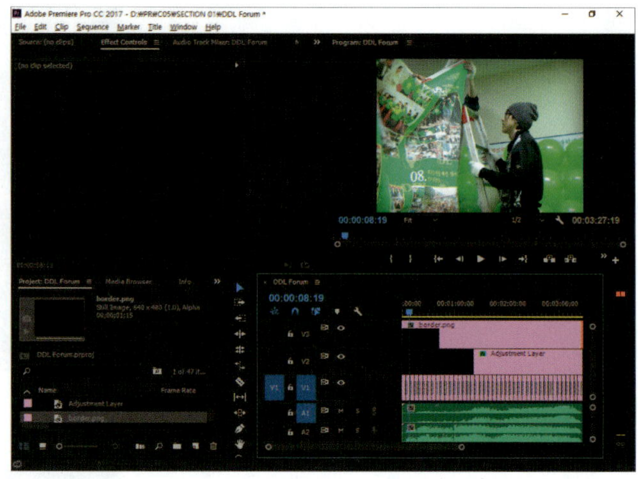

화면 분할 및
화면 이동
테크닉 실무

SECTION **02**

핵심내용

화면 분할은 영화나 뉴스에서 전화 통화나 프로야구의 투수와 포수 등 주요 인물들을 한 화면에서 보여주고자 할 때 사용하는 기법입니다. 화면을 분할하는 기능은 단순하지만, 이를 응용하는 기술은 다양하다는 뜻입니다. 또한 분할한 화면을 함께 이동하는 기법은 더욱 다양합니다. 본 예제에서는 Crop Effect를 통해 2분할, 4분할하는 기법을 실습해 보고, Position과 Crop 기능으로 '화면 이동'하는 테크닉에 대해서도 배워보겠습니다.

STORYBOARD

2011 전국인터넷중독예방 UCC경진대회 '대상' 수상 작품 중 일부분

[원본 영상]

↓

[Crop Effect] --> [Position + Crop] -->

: **준비 파일 :** Part 02 〉 Chapter 05 〉 Section 02 〉 01.avi ~ 10.avi   : **완성 파일 :** Part 02 〉 Chapter 05 〉 Section 02 〉 화면 분할.prproj

1 프리미어 프로 CC 2017을 실행한 후 [Start] 대화상자가 열리면 [New Project] 버튼을 클릭하여 새 프로젝트를 시작합니다. [New Project] 대화상자가 열리면 [Name]에 임의 프로젝트 이름으로 입력하고, [Location]의 [Browse] 버튼을 클릭하여 프로젝트 파일이 저장될 폴더를 선택한 후 [OK] 버튼을 클릭합니다.

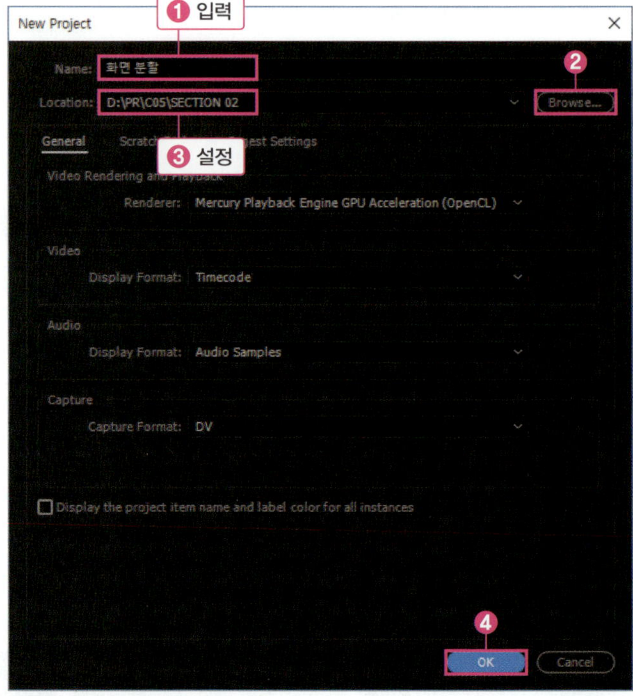

2 기본 작업 화면이 열리면 현재 시퀀스가 없기 때문에 [Timeline] 패널이 비활성화되어 있습니다. 새 시퀀스를 영상 소스 규격대로 설정하기 위해서 먼저 파일을 불러오겠습니다.

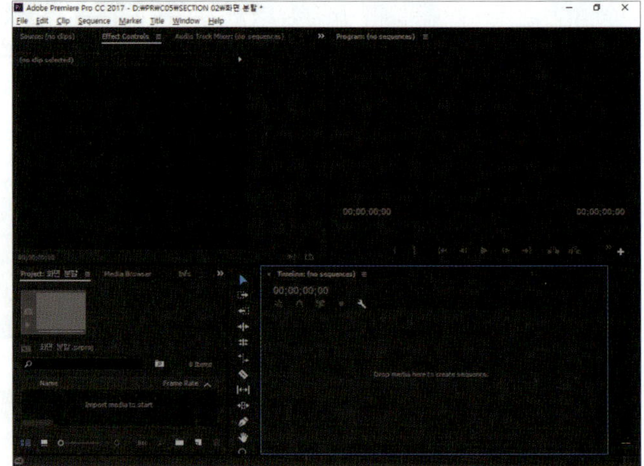

3 영상 소스 파일을 불러오기 위해서 [Proj-
ect] 패널의 빈 공간을 더블클릭합니다. [Import]
대화상자가 열리면 '01' ~ '10.avi' 파일을 선택
하고 [열기] 버튼을 클릭합니다.

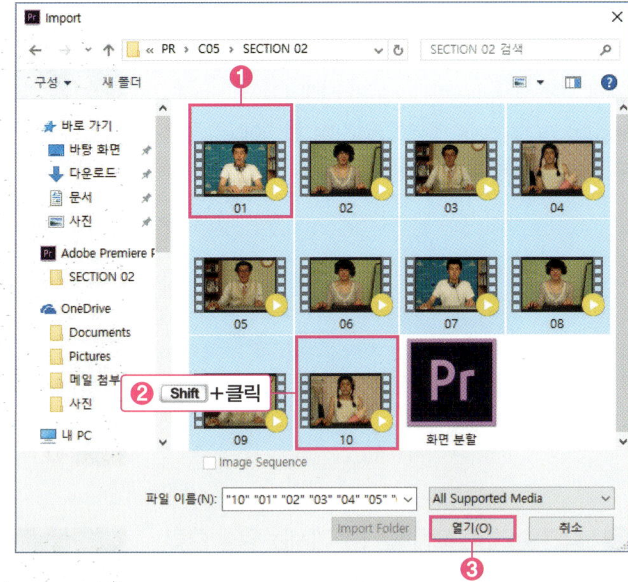

4 [Project] 패널에서 '01.avi' 영상 클립을
[Timeline] 패널에 드래그하면 새 시퀀스가 영상
클립 설정과 같게 자동으로 만들어지고 [V1] 트
랙에 클립이 들어갑니다. **Space Bar** 를 눌러 영
상을 확인합니다.

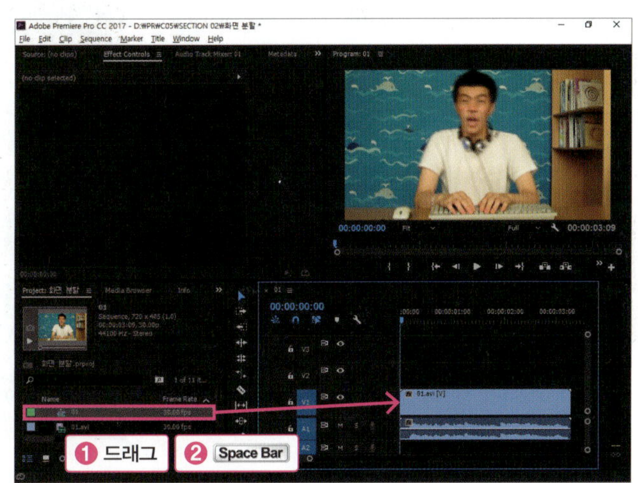

5 하나의 영상에 2명의 인물이 보이도록 2분
할 화면을 만들기 위해서 [Timeline] 패널에서
'01.avi' 영상 클립을 선택한 후 [Effect Controls]
를 클릭하여 패널을 열고, [Motion] > [Position]
을 '180', '202.5'로 입력하여 영상 클립의 위치
를 화면에서 왼쪽으로 옮깁니다.

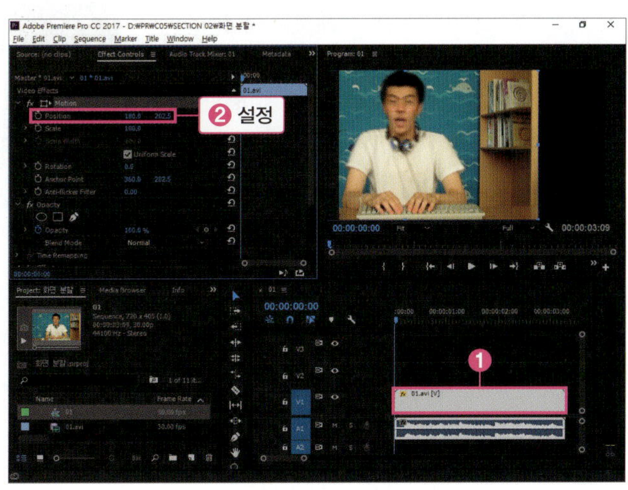

6 다음으로 [Project] 패널의 '02.avi' 영상 클립을 [Timeline] 패널 [V2] 트랙의 시작점으로 드래그한 후 [Effect Controls] 패널에서 [Position]을 '560', '202.5'로 입력하여 화면에서 위치를 오른쪽으로 옮깁니다.

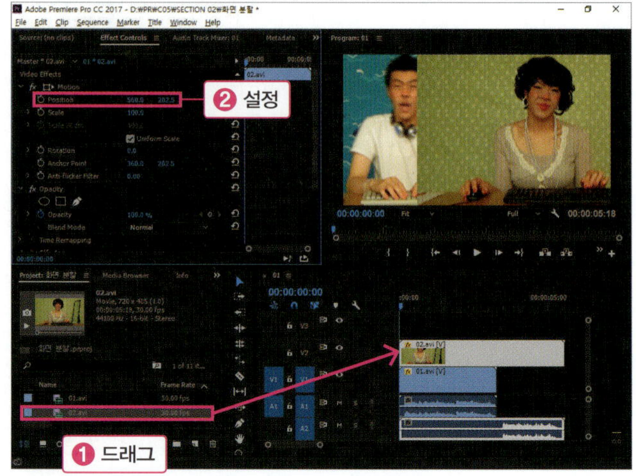

7 화면을 2분할로 만들기 위해서는 영상 클립의 일부분을 잘라내야 합니다. 이를 위해서 [Window] 〉 [Effects] 메뉴를 클릭하여 패널을 연 후 [Video Effects] 〉 [Transform] 〉 [Crop]을 찾습니다.

TIP :: Crop 효과
클립의 상하좌우 일부분을 수치(%)로 입력하여 잘라낼 수 있습니다.

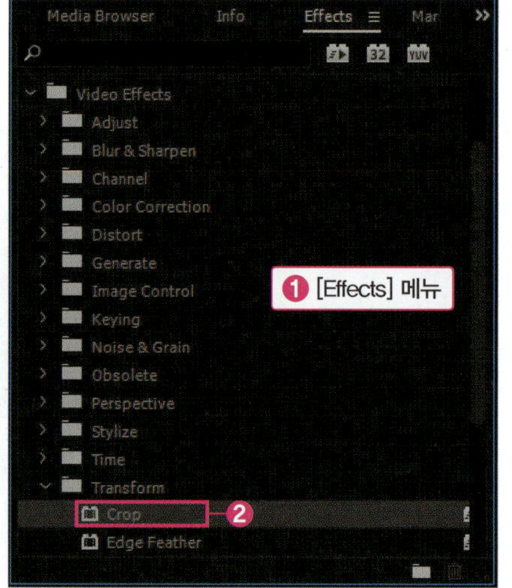

8 [Effects] 패널의 [Crop]을 [Timeline] 패널의 '02.avi' 영상 클립에 드래그하고, [Effect Controls] 패널에서 [Crop] 〉 [Left]를 '22.0%'로 입력하여 클립의 왼쪽 일부분을 잘라냅니다. Space Bar 를 눌러 2분할 화면을 확인합니다.

02 화면 이동 테크닉 Position + Crop

1 2분할 화면에 움직임을 주어 다음 인물이 나오도록 하기 위해서 [Current Time Indicator]를 '01.avi' 영상 클립의 주인공의 얼굴이 돌아가는 지점(00;00;02;15)으로 옮긴 후 [Timeline] 패널에서 '01.avi' 영상 클립을 선택합니다. [Effects Controls] 패널에서 [Position] 〉 [Add/Remove Keyframe](●)을 클릭하여 활성화합니다.

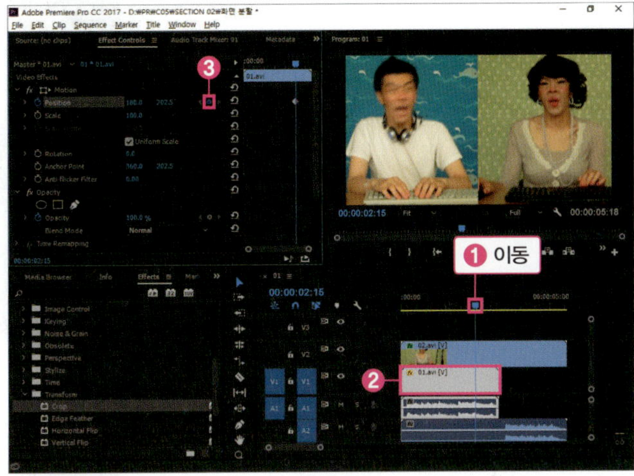

2 [Current Time Indicator]를 '01.avi' 영상 클립의 주인공이 사라지는 지점(00;00;03;09)으로 옮긴 후 [Effects Controls] 패널에서 [Position]을 '−180', '202.5'로 입력하여 '01.avi' 영상 클립이 오른쪽에서 왼쪽으로 이동하는 모션을 만듭니다.

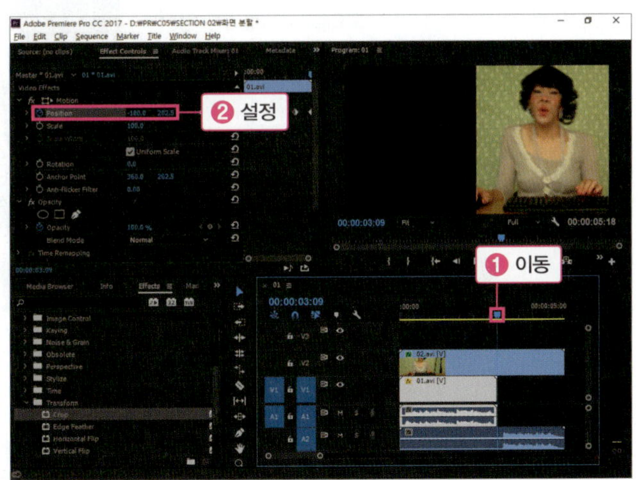

3 '02.avi' 영상 클립도 동일한 모션을 만들기 위해서 [Timeline] 패널에서 클립을 선택합니다. 00;00;02;15 위치에서 [Position] 〉 [Add/Re-move Keyframe](●)을 클릭하여 활성화한 후 00;00;03;09 위치에서 [Position]을 '200', '202.5'로 입력하여 영상 좌측 끝부분으로 이동합니다.

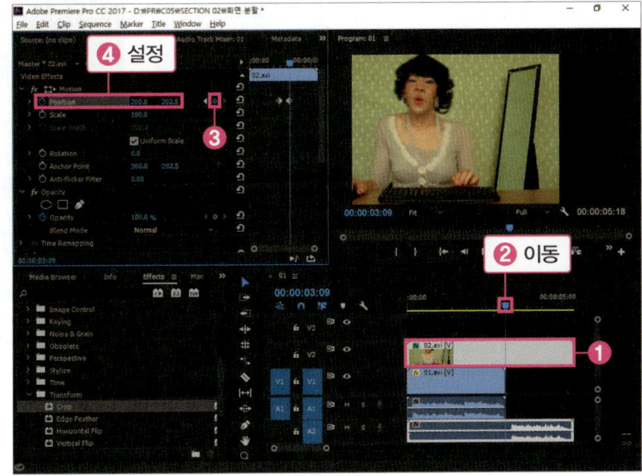

4 '02.avi' 영상 클립의 오른쪽에 절반의 공간을 확보하기 위해서 [Effect Controls] 패널에서 [Crop]의 [Right]를 '27.8%'로 입력하여 화면 오른쪽 일부분을 잘라냅니다.

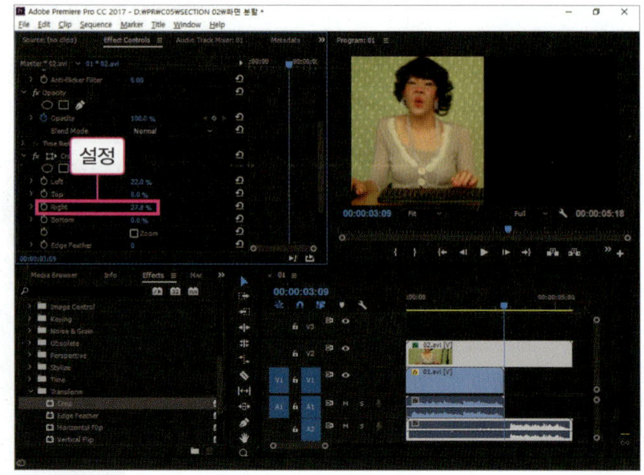

5 다음 영상 클립을 불러와 편집하기 위해서 [Current Time Indicator]를 00;00;02;15 위치로 옮긴 후 [Project] 패널의 '03.avi' 영상 클립을 [V3] 트랙의 시작점으로 드래그한 후 [Effect Controls] 패널에서 [Position]을 '03.avi' 영상 클립의 주인공 중심('535.0', '202.5')으로 이동합니다.

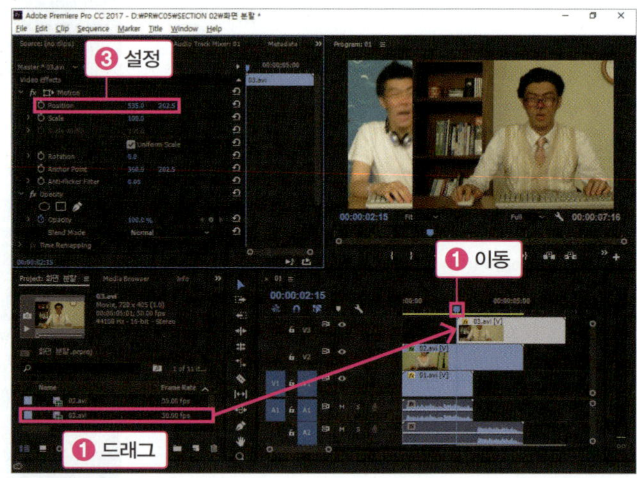

6 '03.avi' 영상 클립의 일부분을 잘라내기 위해서 [Effects] 패널의 [Crop]을 '03.avi' 영상 클립에 적용합니다. [Effect Controls] 패널에서 [Crop] 〉 [Left]를 '25.6%'로 입력합니다.

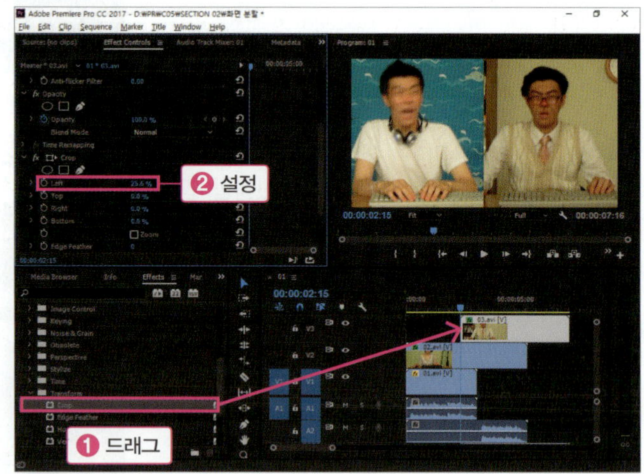

7 '03.avi' 영상 클립도 동일한 모션을 만들기 위해서 [Current Time Indicator]를 '02.avi' 영상 클립의 주인공 노래 시작 지점(00;00;03;09)으로 옮깁니다. [Effects Controls] 패널에서 [Position] 〉 [Add/Remove Keyframe](●)을 클릭하여 활성화합니다.

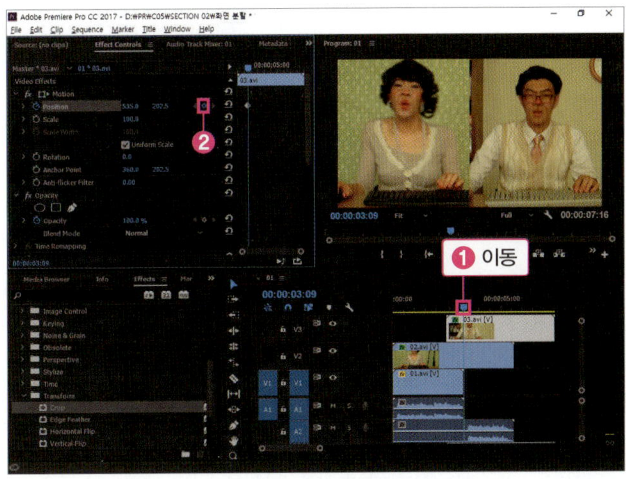

8 [Current Time Indicator]를 00;00;02;15 위치로 옮긴 후 [Effects Controls] 패널에서 [Position]을 우측 대기 지점('895', '202.5')으로 입력합니다. Space Bar 를 눌러 영상을 확인합니다.

9 나머지 소스를 활용하여 앞선 방법으로 화면을 분할하고, 차례대로 다음 인물이 나오도록 편집합니다. 이를 응용하여 4분할 화면도 만들어 봅니다.

TIP :: 4분할 화면 만들기는 제공된 프리미어 프로 파일(화면 분할.prproj)을 참고하기 바랍니다.

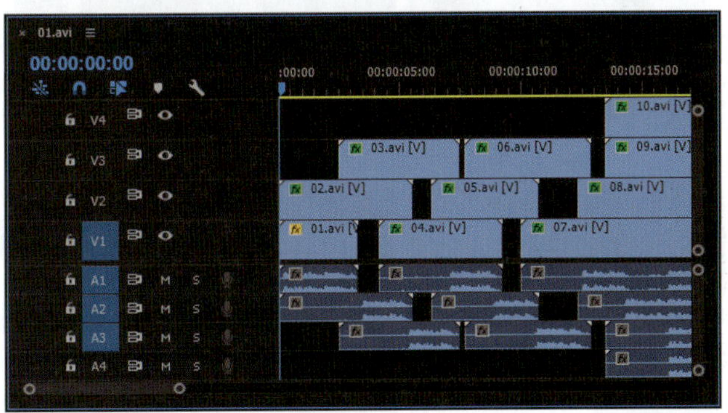

영상 합성 편집 실무

핵심내용

본 예제에서는 영상과 영상 합성에 대해서 배워보겠습니다. 프리미어 프로에서 [Video Effects] 패널의 [Ultra Key]를 이용해서 그린스크린을 지우고 배경 영상과 합성하는 방법입니다. 물론 애프터 이펙트의 특수 효과에서도 섬세한 영상 합성이 가능하지만, 프리미어 프로의 영상 합성과 비교해 보면서 자신만의 영상 합성 방법을 활용하기 바랍니다.

STORYBOARD

2012 LIG 된다댄스 UCC콘테스트 '최우수상' 수상 작품 중 일부분

그린 스크린 촬영

배경 영상

영상 합성

[Ultra Key]

01 영상 합성 편집 실무   Ultra Key

: **준비 파일** : Part 02 〉 Chapter 05 〉 Section 03 〉 01A.avi, 01B.avi, BGM.wav, 된다송.wav   : **완성 파일** : Part 02 〉 Chapter 05 〉 Section 03 〉 영상 합성.prproj

1 프리미어 프로 CC 2017을 실행한 후 [Start] 대화상자가 열리면 [New Project] 버튼을 클릭하여 새 프로젝트를 시작합니다. [New Project] 대화상자가 열리면 [Name]에 임의 프로젝트 이름으로 입력하고, [Location]의 [Browse] 버튼을 클릭하여 프로젝트 파일이 저장될 폴더를 선택한 후 [OK] 버튼을 클릭합니다.

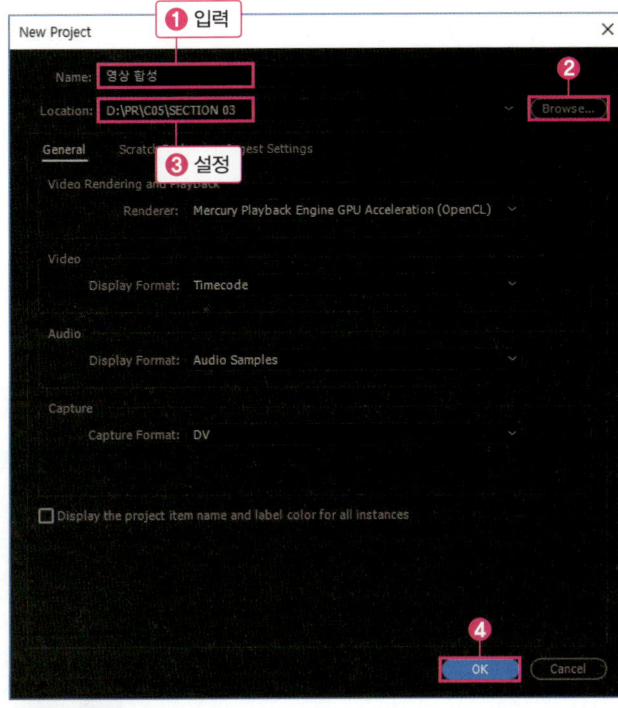

2 기본 작업 화면이 열리면 현재 시퀀스가 없기 때문에 [Timeline] 패널이 비활성화되어 있습니다. 새 시퀀스를 영상 소스 규격대로 설정하기 위해서 먼저 파일을 불러오겠습니다.

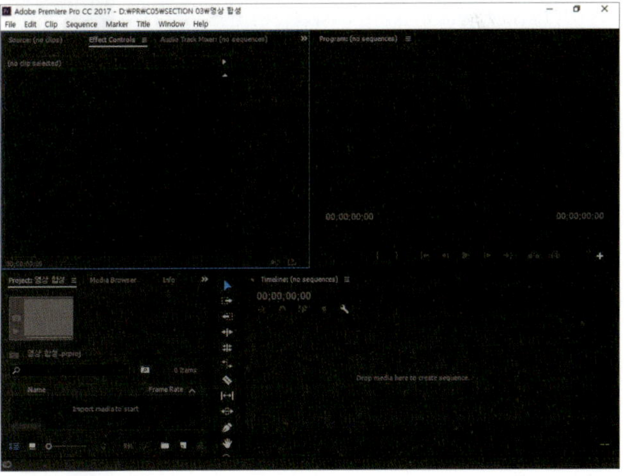

3 영상 소스 파일을 불러오기 위해서 [Project] 패널의 빈 공간을 더블클릭한 후 [Import] 대화상자가 열리면 '01A.avi', '01B.avi' 파일을 선택하고 [열기] 버튼을 클릭합니다.

TIP :: '01A.avi' 영상 클립은 배경을 지우기 쉽도록 그린스크린에서 촬영되었으며 중앙의 인물만 사용합니다. '01B.avi' 영상 클립은 인물의 배경 영상으로 사용합니다.

4 [Project] 패널에서 '01A.avi' 영상 클립을 [Timeline] 패널에 드래그하여 영상 클립의 설정과 같은 시퀀스를 자동으로 만듭니다.

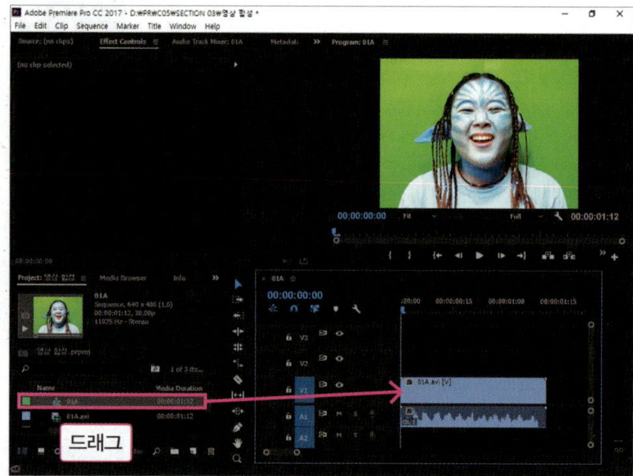

5 '01A.avi' 영상 클립의 배경색을 지우기 위해서 [Window] 〉 [Effects] 메뉴를 클릭합니다. [Effects] 패널을 연 후 [Video Effects] 〉 [Keying] 〉 [Ultra Key]를 찾습니다.

TIP :: Ultra Key 효과
블루스크린이나 그린스크린으로 촬영된 영상의 배경색을 지우기 위한 기능입니다.

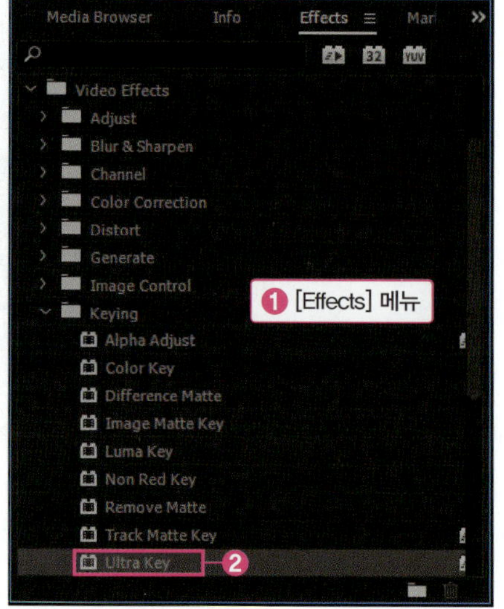

6 [Effects] 패널에서 [Ultra Key]를 [Timeline] 패널 [V1] 트랙의 '01A.avi' 영상 클립에 드래그한 후 [Effect Controls] 패널에서 효과의 옵션이 보이는지 확인합니다.

7 [Effect Controls] 패널의 [Ultra Key]에서 [Key Color]의 [Spuit](🖊)을 클릭합니다. 마우스 포인터가 스포이트 모양으로 바뀌면 [Program Monitor] 패널에서 배경 그린스크린의 한 부분을 클릭합니다.

TIP :: 효과 적용 후 인물은 선명하게, 배경색은 균일한 검정색으로 보여야 나중에 배경과 깨끗한 합성이 됩니다.

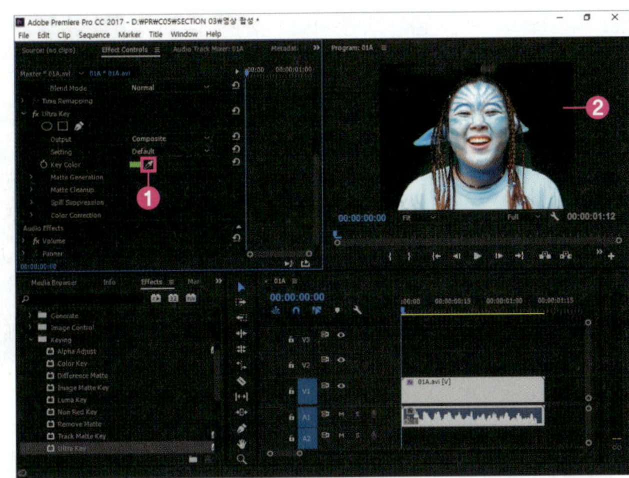

8 배경을 더 깨끗하게 지우기 위해서 [Ultra Key] 〉 [Matte Generation]을 클릭해 열고, 다음과 같이 설정합니다.

- [Transparency] : '50.0'
- [Tolerance] : '90.0'
- [Pedestal] : '50.0'

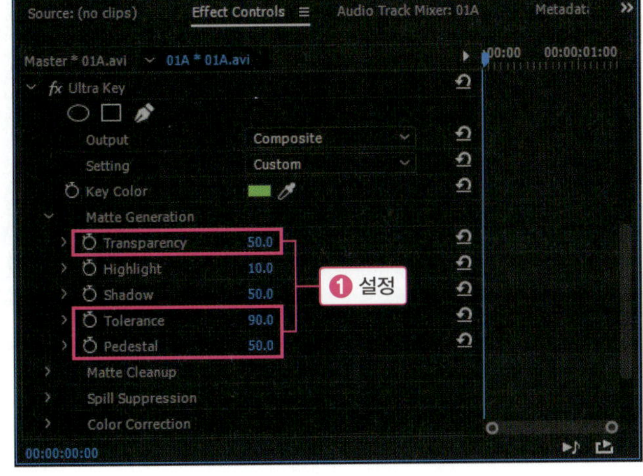

TIP ::
- 스포이트로 클릭한 곳의 색상에 따라 옵션 설정이 달라질 수 있습니다. 각자 옵션을 세밀하게 조절하면서 배경을 깨끗하게 만듭니다.
- [Matte Generation] : 배경색을 깨끗하게 지우기 위해서 투명도 조절, 밝은 부분과 어두운 부분의 범위 등을 설정합니다.

9 [Effect Controls] 패널에서 [Ultra Key]의 옵션 설정 후 [Program Monitor] 패널에서 그림과 같이 배경이 균일한 검은색이 되었음을 확인합니다.

10 다음으로 배경 영상을 추가하기 위해 [V1] 트랙을 비우기 위해서 [V1] 트랙의 '01A.avi' 영상 클립을 위쪽 트랙으로 드래그하여 [V1] 트랙을 비웁니다.

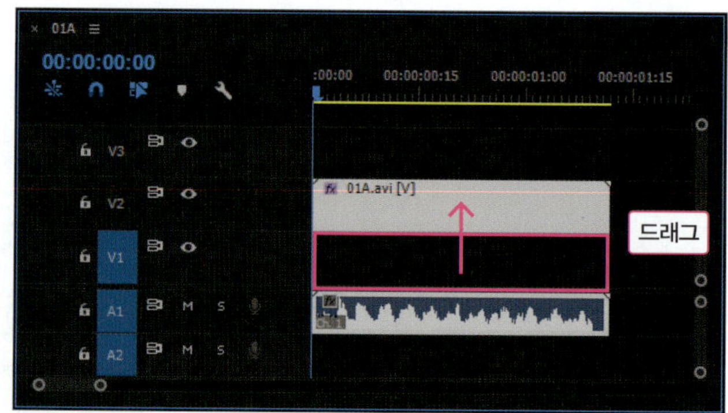

11 [Project] 패널의 '01B.avi' 영상 클립을 [Timeline] 패널 [V1] 트랙의 시작점으로 드래그합니다. Space Bar 를 눌러 합성된 영상을 확인합니다.

TIP :: 영상 합성과 Gaussian Blur 효과

배경이 주인공보다 더 선명할 때 [Effects] 패널의 [Video Effects] 〉 [Blur & Sharpen] 〉 [Gaussian Blur]를 적용하여 배경을 흐리게 하는 것이 좋습니다.

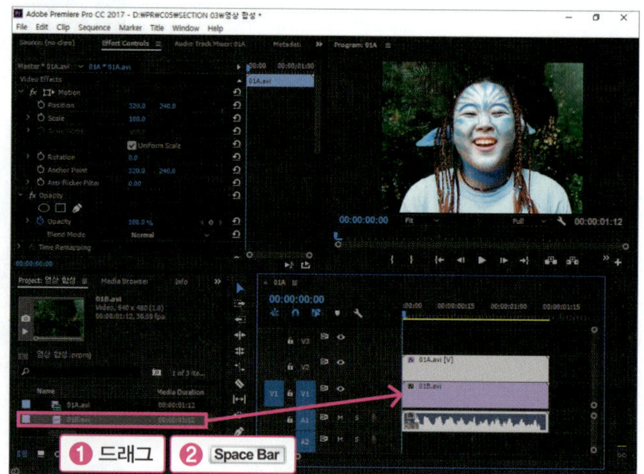

12 앞선 방법으로 제공된 나머지 영상 소스를
합성하고, 그림과 같이 차례대로 붙여 넣습니다.

13 [Import] 대화상자를 열고, 'BGM.wav'과 '된
다송.wav' 파일을 불러온 후 그림과 같이 편집
하여 완성합니다. [Space Bar]를 눌러 완성된 합
성 영상을 확인합니다.

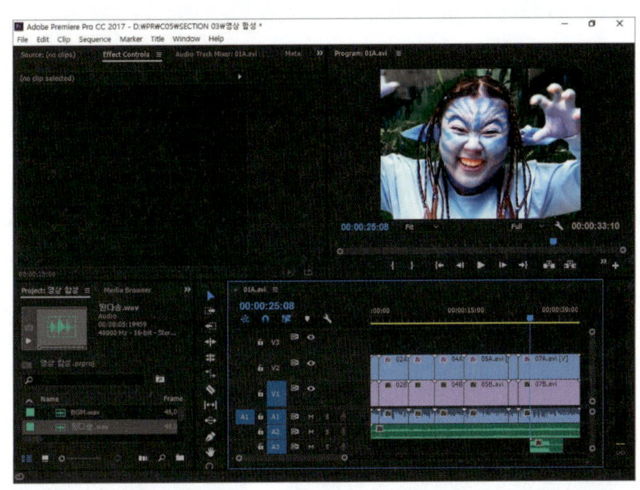

가장 많이 사용하는 핵심 기능

PREMIERE PRO CC

영상 클립 기본 편집, 영상 렌더링, 스틸 이미지 설정, 투명도 애니메이션, 스톱모션, 화면 레이아웃 수정, 자막, 영상 속도 조절

01 영상 클립 기본 편집

❶ **편집 기준점 정하기 :** 영상 편집의 시작은 기준점(시;분:초:프레임)을 정하는 것으로 시작됩니다.
   • [Current Time Indicator] : 영상 편집의 기준점으로써 [Timeline] 패널에 위치한 수직선을 말합니다.
   • [Playhead Position] : 시;분:초; 프레임으로 표시되며 영상 편집의 기준점을 숫자로 변경할 수 있습니다.

❷ **클립 자르기 :** 기준점이 설정되면 이를 기준으로 클립을 자릅니다.
   • [Razor Tool] : 클립을 여러 조각으로 자를 수 있습니다.
   • [Selection Tool] : 클립의 앞쪽 또는 뒤쪽만 잘라낼 때는 선택 툴로 [In 점]/[Out 점]을 드래그합니다.

❸ **이어 붙이기 :** 클립을 잘라내어 중간이 빈 경우 이를 붙여서 연결합니다.
   • [Ripple Delete] : 빈 공간을 마우스 오른쪽 버튼으로 클릭한 후 선택하면 자동으로 연결시킵니다.
   • [Selection Tool] : 뒤쪽에 위치한 클립들을 드래그하여 앞쪽으로 이동합니다.

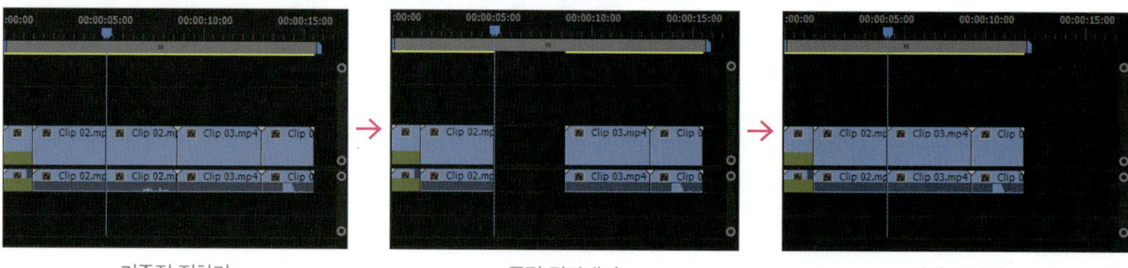

| 기준점 정하기 | 클립 잘라내기 | 이어 붙이기 |

02 영상 렌더링

❶ **[Export Settings] 대화상자 열기 :** 렌더링을 위한 대화상자입니다.
   [File] 〉 [Export] 〉 [Media] 메뉴를 클릭하거나 단축키 `Ctrl`+`M`를 누릅니다.

❷ **출력 포맷 결정하기 :** 렌더링의 첫 단계는 영상의 출력 포맷 및 코덱을 결정하는 것입니다.
   • [Format] : 영상의 확장자를 결정합니다. MP4, AVI, WMV 등이 주로 사용됩니다.

- 코덱(Codec) : 코더(coder)와 디코더(decoder)의 합성어로, 영상 및 오디오 데이터를 압축하거나 푸는 소프트웨어입니다. 필요에 따라 영상과 오디오를 각각 설정해주는 경우도 있습니다.
- 화면 사이즈 : 화면의 크기를 말합니다.
- 화면 비율 : 영상의 '가로세로비' 또는 '화면비'를 말합니다.

❸ **영상 파일로 렌더링하기** : 모든 설정이 마무리되면 영상 파일로 만드는 과정을 거쳐야 합니다.
- 파일 이름과 경로 정하기 : 영상 파일이 저장될 위치와 파일명을 입력합니다.
- [Export] : 모든 출력 설정이 마무리되면 컴퓨터가 자동으로 영상 파일을 만듭니다.

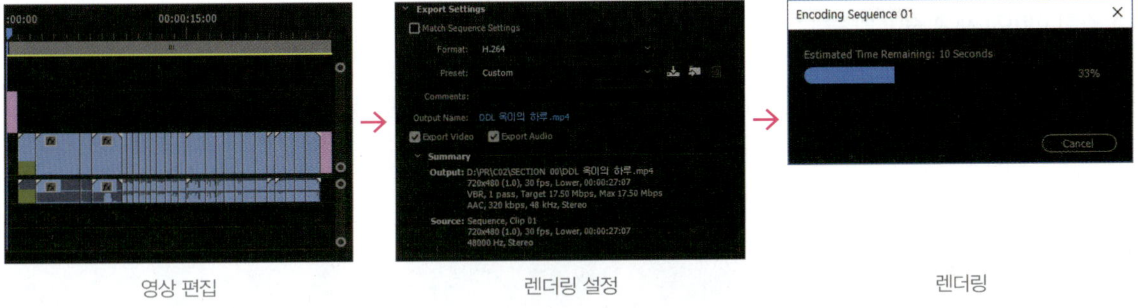

영상 편집	렌더링 설정	렌더링

03 스틸 이미지(PSD) 설정

❶ **스틸 이미지 재생 길이 설정하기** : 스틸 이미지를 불러오기 전에 재생 길이를 먼저 설정하는 것이 좋습니다.
[Edit] 〉 [Preferences] 〉 [General] 메뉴를 클릭하여, [Preferences] 대화상자가 열리면 [General]의 [Still Image Default Duration]을 설정합니다.
- [Second] : 재생 길이를 '초' 단위로 설정합니다. 주로 5초 내외로 설정합니다.
- [Frame] : 재생 길이를 '프레임' 단위로 설정합니다.

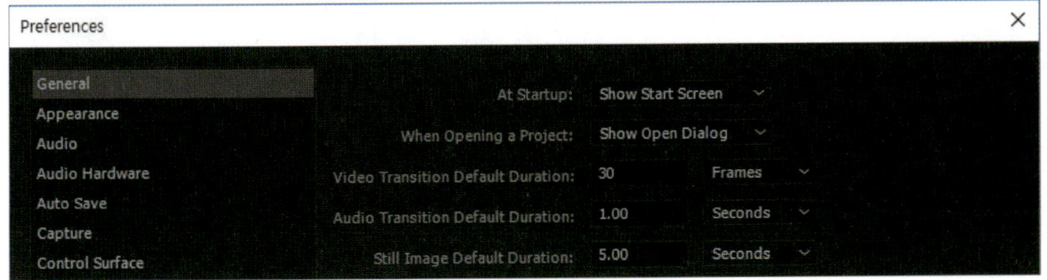

[Preferences] 대화상자에서 스틸 이미지 재생 길이 설정

❷ **PSD 파일 불러오기** : 프리미어 프로에서는 일반 이미지뿐만 아니라 포토샵의 PSD 포맷을 불러올 수 있습니다.
- 불러오기 방식 선택하기 : 하나의 스틸 이미지, 레이어 선택 등을 설정합니다.
- 레이어 선택하기 : [Import Layered File] 대화상자에서 필요한 레이어만 선택할 수 있습니다.
- 크기 설정하기 : 프리미어 프로의 작업 사이즈에 맞출 것인지 결정합니다.

❸ **스틸 이미지 소스 확인하기**
[Project] 패널에서 'Bin(폴더)'를 확인하고, 알기 쉬운 이름으로 변경하는 것이 좋습니다.

PSD 파일 불러오기

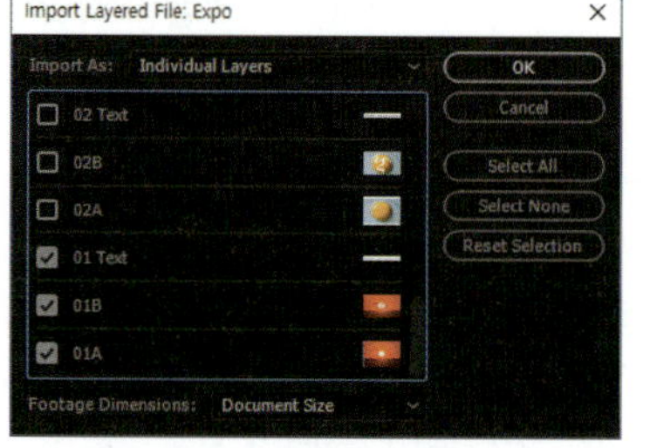

PSD 불러오기 방식 설정 (레이어 선택하기)

[Project] 패널에서 확인

❹ 스틸 이미지 재생 길이 변경하기

- [Selection Tool] : 이미지 클립의 앞쪽 또는 뒤쪽을 드래그하여 재생 길이를 임의로 변경합니다.
- [Speed/Duration] : 이미지의 클립의 재생 길이를 정확한 숫자로 변경합니다.

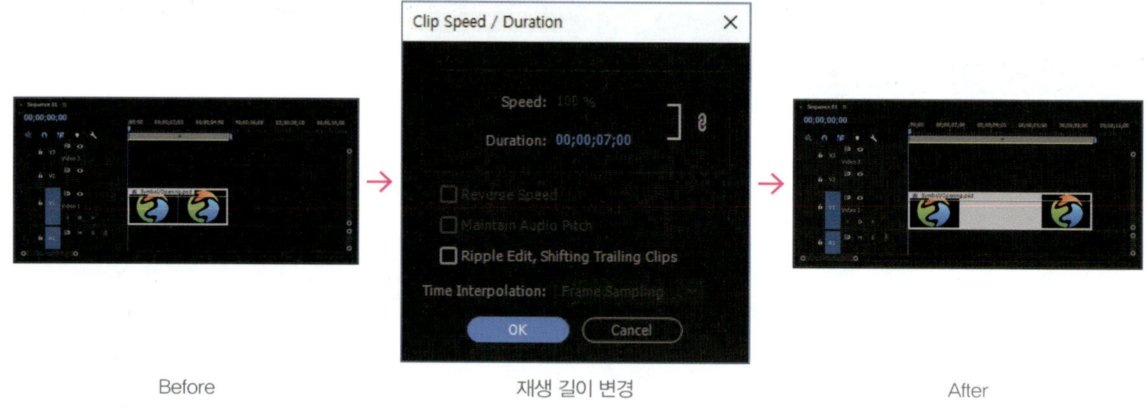

Before

재생 길이 변경

After

2개의 이미지 또는 영상 클립에 Opacity 효과를 적용하여 첫 번째 클립에서 두 번째 클립이 자연스럽게 나타나는 효과를 말합니다.

❶ 키프레임 만들기 : [Effect Controls] 패널에서 클립에 키프레임을 만들어 투명도가 올라가거나 내려가는 지점을 설정합니다.

- A 클립 키프레임 : 1번 비디오 트랙에 위치하며, [Opacity]는 100%로 변하지 않습니다.
- B 클립 키프레임 : 2번 비디오 트랙에 위치하며, [Opacity]를 0% → 100%로 만듭니다.

❷ A,B 클립 겹치기 : A와 B 클립이 교차되며 디졸브 효과가 발생합니다.

- A와 B 클립은 서로 다른 비디오 트랙에 위치해야 합니다.
- A와 B 클립에서 교차된 위치는 [Opacity]가 변하는 위치와 동일합니다.

A Opacity(투명도) : 100 % ··· 100%

B Opacity(투명도) : 0 % ··· 100%

A Opacity(투명도) : 100 % ---> 0%
B Opacity(투명도) : 0 % ---> 100%

05 스톱모션

❶ **스틸 이미지 재생 길이 설정하기 :** 스톱모션은 1초당 이미지가 4~6장 필요하기 때문이 스틸 이미지의 재생 길이를 적절하게 설정하는 것이 매우 중요합니다.
  • [Still Image Default Duration]을 4~6프레임으로 설정합니다.

❷ **폴더별로 불러오기 :** 스틸 이미지가 매우 많기 때문에 폴더를 통째로 불러와야 합니다.
  • [Import Folder] : [Import] 대화상자에서 폴더를 선택하고, [Import Folder] 버튼을 클릭합니다.

❸ **스틸 이미지 묶기**
  • [Project] 패널에서 폴더를 [Timeline] 패널로 드래그하여 배치합니다.
  • [Nest] : [Timeline] 패널에서 스틸 이미지를 선택하고, [Nest]를 적용하여 하나로 묶습니다.

Import Folder   폴더 확인   스틸 이미지 묶기

06 화면 레이아웃 수정

❶ **조절박스 나타내기 :** 레이아웃을 수정하기 위해서는 먼저 조절박스를 나타내야 합니다.
  • 클립이 선택된 상태에서 [Effect Controls] 패널에서 [Motion] 항목을 클릭합니다.
  • [Program Monitor] 패널에서 조절박스를 확인합니다.

❷ **조절박스 조절하기 :** [Program Monitor] 패널에서 조절박스를 움직여 레이아웃을 수정합니다.
  • [Position] : 조절박스의 내부를 드래그합니다.
  • [Scale] : 조절박스의 외곽에 위치한 점들을 드래그합니다.
  • [Rotation] : 조절박스의 외곽 부분을 드래그합니다.

Before　　　　　　　조절박스에서 레이아웃 수정　　　　　　　After

07 자막

❶ **자막 종류 정하기 :** 정지된 자막 또는 애니메이션 자막을 선택합니다.
  - [Default Still] : 스틸 이미지 자막을 만듭니다.
  - [Default Roll] / [Default Crawl : 애니메이션용 영상 자막을 만듭니다.

❷ **글자 입력하고 수정하기 :** 타이틀 창에서 글자를 입력하고 수정합니다.
  - [Title Tool] : [Main Work Area]의 한 지점을 클릭하여 글자를 입력합니다.
  - [Properties] : 글자 폰트, 글자 크기, 자간, 행간 등을 수정합니다.
  - [Fill] : 글자의 색상, 그림자, 테두리 등을 설정합니다.

❸ **스틸 이미지 자막 넣기 :** 스틸 이미지 자막을 만들고, [Timeline] 패널에 붙여 넣고 편집합니다.

오프닝 자막　　　　　　　영상 삽입 자막　　　　　　　Roll 자막

08 영상 속도 조절

[Clip Speed/Duration] 대화상자 : 클립의 재생 속도와 재생 시간을 설정합니다. [Speed]는 재생 속도를 조절하고, [Duration]은 클립의 재생 시간을 타임코드 단위로 설정합니다.

❶ **영상 빨리감기 :** [Clip Speed/Duration]의 [Speed]를 100% 이상으로 입력합니다.

❷ **영상 되감기 :** [Reverse Speed]를 체크하고, [Speed]를 조절합니다.

프리미어 프로 & 애프터 이펙트 & 포토샵 CC

★ ★ ★

다년간의 공모전 수상 경력으로 축척된
'이미지+텍스트+사운드'가 함께 어우러진 실전 활용 예제 수록!

영상 · 디자인 콘텐츠 제작 전문가가 되기 위한
저자의 '기획 · 제작 · 편집 333 실무' 이론 소개!!

더욱 강력해진 프리미어 프로, 애프터 이펙트,
포토샵 CC의 핵심 기능 소개!!!

★ ★ ★

13000

그래픽 | 값 28,000원

9 788931 456790
ISBN 978-89-314-5679-0

YoungJin.com Y.
영진닷컴

프리미어 프로 & 애프터 이펙트 & 포토샵 CC

부록 DVD :
'이미지＋텍스트＋사운드(효과음)'
실무 예제/완성 파일 수록

김기평, 김정수 지음

영상 콘텐츠
기획·제작·편집 333 전략!
환상의 콤비

2권 · 애프터 이펙트

애프터 이펙트 실무

디지털 홍보 영상 공모전 10년 도전 노하우!

애프터 이펙트 실무는 '차별화'입니다. 애프터 이펙트는 일반적인 촬영으로 표현이 어려울 때, 고객의 시선을 1초라도 더 붙잡아야 할 때, 경쟁에서 1위가 절실할 때 중요한 역할을 합니다. 이를 실현하기 위해서는 여러 개의 어설픈 기능보다 한 가지 기능이라도 확실하게 알아두는 게 중요합니다. 본 파트의 실무 예제를 학습하면 실전에서도 차별화할 수 있습니다.

'활용 빈도'가 높은 예제를 수록하였습니다. '활용 빈도가 높다'는 것은 '어디서든 통할 수 있는 테크닉'이라는 뜻입니다. 이러한 예제는 빨리 배우고 많이 응용해서 실전에 활용해야 합니다. 반대로 활용 빈도가 낮은 것은 아깝더라도 버리는 게 실무입니다. 독자 여러분이 활용 빈도가 높은 실무 예제를 하나씩 마스터할수록 어디서든 통할 수 있는 테크닉을 습득하게 될 것입니다.

애프터 이펙트 실무도 '이미지+텍스트+사운드'의 조화입니다. 프리미어 프로가 '전체 영상'을 담고 있다면 애프터 이펙트는 '부분 영상'을 표현한 경우가 많습니다. 예를 들어 애프터 이펙트의 효과 안에는 대부분 '효과음'이 들어갑니다. 그런데 '효과음'이 빠진 예제로 실습을 하게 되면, 실전에서 좋은 결과를 얻지 못할 가능성이 높습니다. 따라서 본 파트에서는 특수 효과에 어울리는 '효과음' 또는 '액세서리' 등의 데이터를 제공하여 독자 여러분이 섬세한 실무를 할 수 있도록 안내하였습니다.

| 예제 | 2008 대한민국 절주 UCC 공모전 '우수상' 수상 작품

| 예제 | 2013 Dream CNU 영상 콘텐츠 공모전 '우수상' 수상 작품 중 일부분

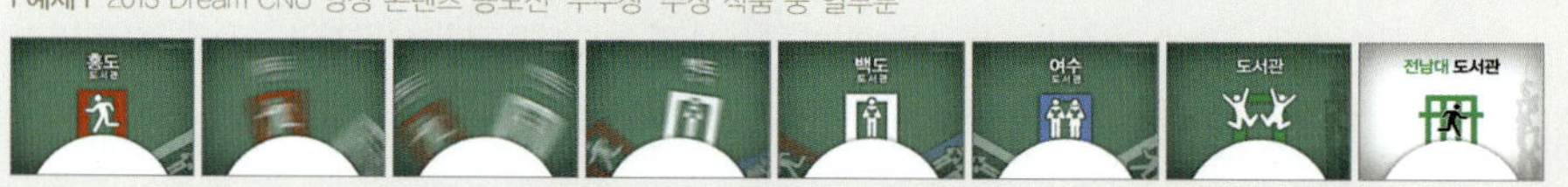

CHAPTER 03

모션 UP!
키프레임
애니메이션
노하우
: 중급

SECTION 01 키프레임 애니메이션 노하우   86

| 예제 | 2012 엑스포 UCC 공모전 '해양수산부장관상' 수상 작품 중 일부분

SECTION 02 붓글씨 애니메이션 노하우   94

| 예제 | 제2회 자살예방 및 생명사랑 애니메이션 공모전 '최우수상' 수상 작품 중 일부분

SECTION 03 이동 경로 애니메이션 노하우   101

| 예제 | 제3회 전국 즐거운 환경 영상 콘테스트 '우수상' 수상 작품 중 일부분

SECTION 04 모션 트래킹 노하우   107

| 예제 | 제2회 대한민국 맑은 공기 UCC 공모전 '우수상' 수상 작품 중 일부분

1

애프터 이펙트
화면 안내

영상 콘텐츠 공모전 10년 도전 노하우!

애프터 이펙트는 프리미어 프로나 포토샵에 비해 난이도가 높은 소프트웨어입니다. 그러나 화면 구성은 일반 사용자는 물론 초보자도 쉽게 사용할 수 있는 인터페이스로 구성되어 있습니다. 하드디스크나 DVD에서 불러온 파일은 모두 [Project] 패널로 등록되고, 이렇게 등록된 파일은 'Footage'라고 하는데, 이를 가공하기 위해서 [Timeline] 패널에 'Layer'를 넣고, [Composition] 패널에서 합성 및 효과, 모션을 주도록 구성되어 있습니다.

ADOBE AFTER EFFECTS

애프터 이펙트 기본 화면 살펴보기

SECTION 01

애프터 이펙트 기본 화면은 상단 메뉴와 [Tools], [Project], [Composition], [Timeline], [Info], [Preview], [Effects & Presets] 패널로 구성되어 있습니다. 그럼 본격적인 학습에 앞서 애프터 이펙트의 기본 화면 구성에 대해 알아보겠습니다.

01 애프터 이펙트의 시작 화면 살펴보기 [Start]

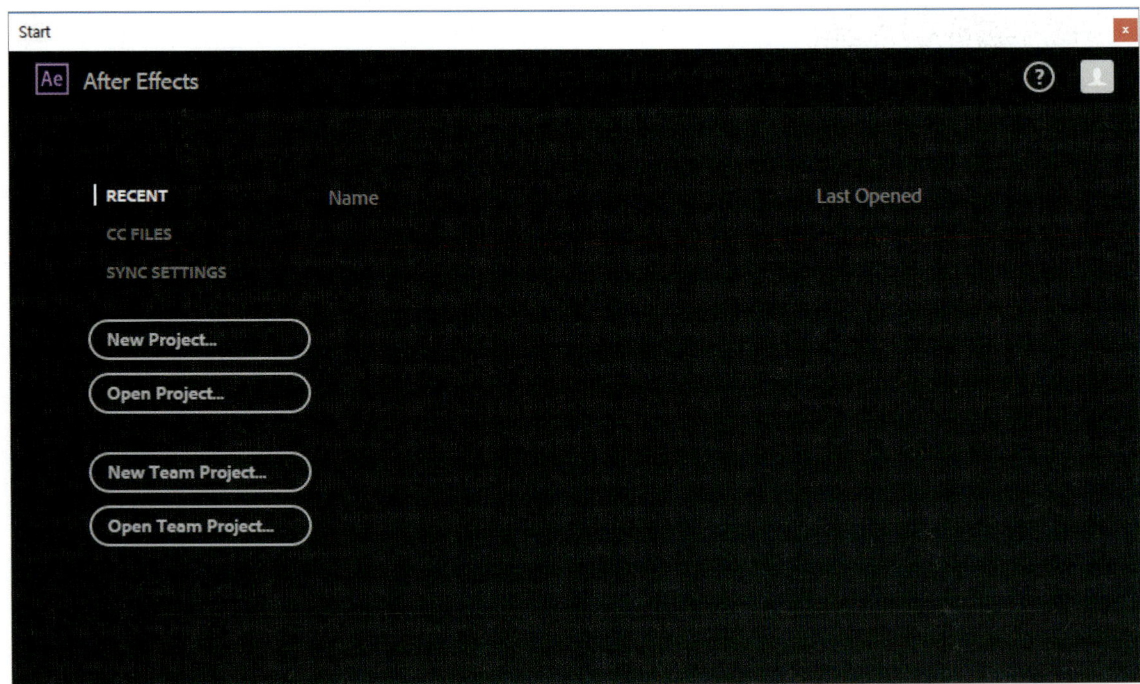

애프터 이펙트 CC 2017을 실행하면 위와 같은 [Start] 시작 화면 인터페이스를 볼 수 있습니다. [Start] 패널에서는 가장 중요한 메뉴인 [New Project](Ctrl+Alt+N)와 [Open Project](Ctrl+O) 메뉴 및 팀 프로젝트 메뉴를 큰 버튼 형식으로 왼쪽에 표시하고, 오른쪽에는 최근 작업했던 파일의 이름, 작업 시기를 보여주어 쉽게 기존 작업을 열 수도 있습니다. 물론 [Start] 패널을 닫고 위쪽에 위치한 상단 메뉴를 통해서도 새 파일 만들기와 같은 작업을 진행할 수 있습니다. [Start] 패널을 이용한 작업 파일 열기는 작업하던 파일 목록을 통해 한 번에 쉽게 기존 작업을 이어갈 수 있으므로 사용자의 작업 시간을 단축시켜주고, 파일 관리의 편리함을 더했습니다.

하지만 사용자에 따라서 시작 화면 기능이 필요하지 않거나 컴퓨터의 사양 문제로 부하가 걸릴 경우, 다음과 같은 방법을 통해 이를 해제하고 기존 버전의 화면으로 돌아갈 수 있습니다.

① [Edit] 〉 [Preferences] 〉 [General] 메뉴 클릭
② [Show Start Screen at Startup] 체크 해제
③ [OK] 버튼을 클릭한 후 애프터 이펙트 재실행

02 애프터 이펙트의 기본 작업 화면 살펴보기

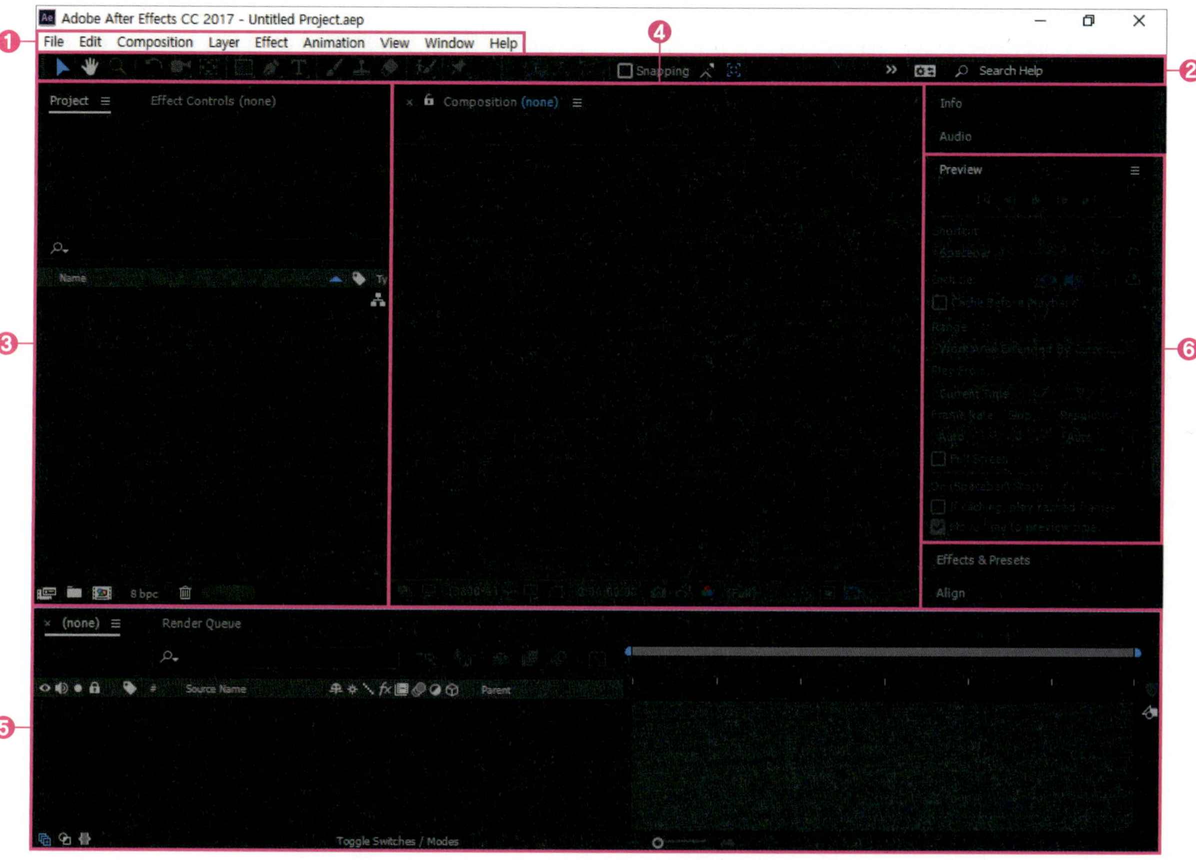

시작 화면에서 새 프로젝트를 만들거나 닫을 경우 위와 같은 작업 화면 구성을 볼 수 있습니다.

❶ **[상단 메뉴]** : 애프터 이펙트의 모든 기능과 도움말이 풀다운 메뉴로 정리되어 있습니다.

❷ **[Tools] 패널** : 왼쪽부터 애프터 이펙트에서 가장 중요한 기능인 선택 기능과 화면 크기 제어 등의 주요 기능들이 버튼 형태로 정리되어 있고, 오른쪽 부분에는 [Workspace Preset]과 [Search Help] 기능이 있습니다.

❸ **[Project] 패널** : 외부에서 제작하거나 애프터 이펙트에서 만든 이미지, 사운드 등의 소스 파일을 관리합니다.

❹ **[Composition] 패널** : [Current Time Indicator]가 위치한 시간의 장면을 보여주고, 작업 과정과 결과를 시각적으로 표시합니다.

❺ **[Timeline] 패널** : [Project] 패널에서 소스 파일을 불러와 레이어별로 배치하여 효과와 모션 등을 주는 실질적인 작업 공간입니다.

❻ **[Preview] 패널** : 결과물을 미리보기로 확인할 수 있습니다.

[Project] 패널
살펴보기

[Project] 패널은 작업에 필요한 다양한 종류의 소스 파일을 관리합니다. 애프터 이펙트 작업은 수많은 파일을
사용하므로 폴더 기능을 이용하여 파일을 종류나 목적에 따라 체계적으로 관리하는 것이 좋습니다.

01 [Project] 패널의 기능 살펴보기

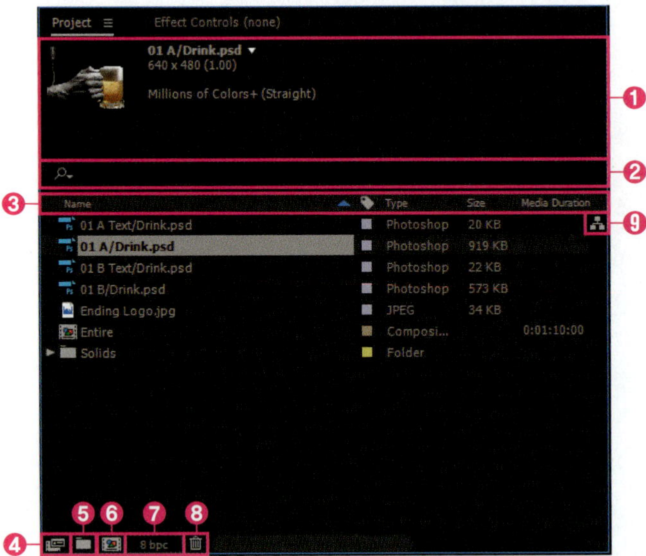

❶ [Footage Detail] : 선택한 파일의 섬네일 이미지와 속성, 작업사용 여부 등을 표시합니다.

❷ [Find a Project item] : 파일을 검색하여 찾습니다.

❸ [Columns] : 파일의 이름과 속성, 크기 등을 표시합니다.

❹ [Interpret Footage] : 파일에 대한 속성과 정보 등을 수정합니다.

❺ [Create a new Folder] : 새로운 폴더를 만듭니다.

❻ [Create a new Composition] : 새로운 컴포지션을 만듭니다. [Composition] 〉 [New Composition] 메뉴를 클릭
한 것과 같습니다.

❼ [Project Setting & Color Depth] : [Project Settings] 대화상자를 열어 프로젝트 설정을 수정할 수 있습니다.

❽ [Delete selected project items] : 선택한 파일을 삭제합니다.

❾ [Project Flowchart] : 현재 프로젝트의 플로우차트를 표시합니다.

[Tools] 패널 살펴보기

SECTION **03**

[Tools] 패널은 레이어의 선택과 이동, 화면의 확대 축소, 마스크 만들기 등의 기능을 제공합니다. 버튼의 오른쪽 하단에 보이는 작은 삼각형은 숨겨진 기능이 있다는 표시로써 해당 버튼을 길게 클릭하면 팝업 메뉴가 열리고, 필요한 툴을 클릭하여 사용할 수 있습니다.

01 [Tools] 패널의 각 툴 살펴보기

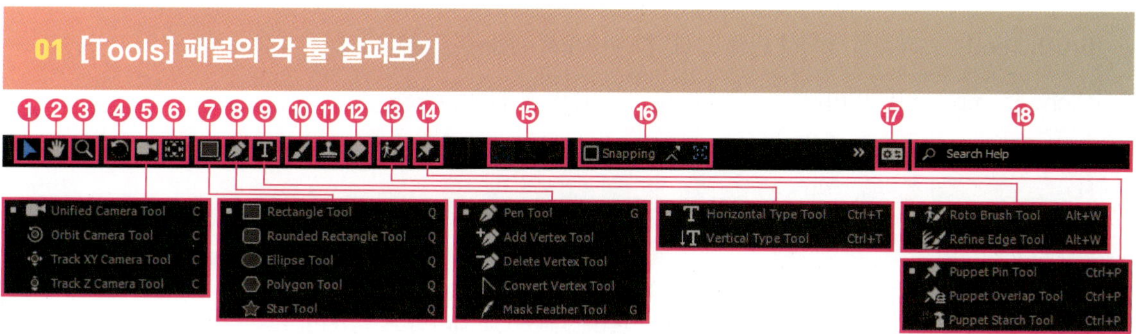

❶ **[Selection Tool]** : 파일과 레이어, 키프레임, 마스크, 효과 등을 선택하여 특정한 작업을 수행할 수 있습니다.

❷ **[Hand Tool]** : [Composition], [Timeline] 패널이 확대되어 있을 때 화면을 원하는 위치로 옮길 수 있습니다.

❸ **[Zoom Tool]** : 화면을 확대하거나 축소합니다.

❹ **[Rotation Tool]** : [Composition] 패널에서 레이어를 회전합니다.

❺ **[Camera Tool]** : [Layer] 〉 [Camera] 메뉴로 카메라를 만들고, 레이어의 [3D Layer] 버튼이 활성화된 상태에서 카메라의 움직임을 제어합니다.

　• [Unified Camera Tool] : 카메라의 모든 이동 기능을 마우스를 통해 사용합니다. 마우스 왼쪽 버튼은 [Orbit Camera Tool], 가운데(휠) 버튼은 [Track XY Camera Tool], 마우스 오른쪽 버튼은 [Track Camera Tool] 기능을 합니다.

　• [Orbit Camera Tool] : 카메라를 상하좌우로 회전합니다.

　• [Track XY Camera Tool] : 카메라를 X, Y 축으로만 옮깁니다.

　• [Track Camera Tool] : 카메라를 Z 축으로만 옮깁니다.

❻ **[Pan Behind (Anchor Point) Tool]** : 레이어의 [Anchor Point](중심점 : 회전축)를 이동하거나 마스크가 적용된 레이어의 경우, 마스크를 고정한 채 레이어의 위치를 이동할 수 있습니다.

❼ **[Shape Tool]** : 벡터 도형을 만들어 오브젝트 또는, 마스크로 사용합니다.

　• [Rectangle Tool] : 사각형 도형 또는, 마스크를 만듭니다.

　• [Rounded Rectangle Tool] : 모서리가 둥글게 처리된 사각형 도형 또는, 마스크를 만듭니다.

　• [Ellipse Tool] : 원형의 도형 또는, 마스크를 만듭니다.

• [Polygon Tool] : 다각형의 도형 또는, 마스크를 만듭니다.

• [Star Tool] : 별 모양의 도형 또는, 마스크를 만듭니다.

TIP :: `Shift` 를 누른 채 [Shape Tool]을 사용하면 가로 세로 비율이 1:1인 정사이즈의 도형이나 마스크를 만들 수 있습니다.

❽ **[Pen Tool]** : 사용자가 원하는 모양의 도형이나 마스크, 패스를 만들 수 있습니다.

• [Pen Tool] : 점과 선을 이용해 도형, 마스크, 패스를 만들 수 있습니다.

• [Add Vertex Tool] : 점을 추가합니다.

• [Delete Vertex Tool] : 점을 삭제합니다.

• [Convert Vertex Tool] : 곡선 또는, 직선으로 바꿉니다.

• [Mask Feather Tool] : 마스크의 경계 부분을 부드럽게 만들기 위한 수치를 설정합니다.

❾ **[Type Tool]** : 문자를 입력하거나 수정합니다.

• [Horizontal Type Tool] : 가로 방향으로 문자를 입력합니다.

• [Vertical Type Tool] : 세로 방향으로 문자를 입력합니다.

TIP :: 문자를 입력한 후 [Character] 패널에서 문자의 폰트, 크기, 굵기, 간격 등을 세밀하게 조절할 수 있습니다.

❿ **[Brush Tool]** : 스케치를 효과를 만들고, 애니메이션으로 만들 수 있습니다.

⓫ **[Clone Stamp Tool]** : 이미지를 복제하고, 애니메이션으로 만들 수 있습니다.

⓬ **[Eraser Tool]** : 이미지의 특정한 부분을 삭제하고, 애니메이션으로 만들 수 있습니다.

⓭ **[Roto Brush Tool]** : 영상에서 특정한 부분을 분리하여 다른 영상 및 이미지와 합성하는 로토스코핑(Roto-scoping) 기법을 위한 기능입니다.

• [Roto Brush Tool] : 영상에서 분리하고자 하는 부분을 브러시로 선택합니다.

• [Refine Edge Tool] : 분리된 영상에서 경계 부분을 세밀하게 정리할 수 있습니다.

TIP :: 로토스코핑은 영상과 애니메이션을 합성하는 것입니다.

⓮ **[Puppet Tool]** : 이미지에 고정점을 만들고, 이를 중심으로 변형을 줍니다.

• [Puppet Pin Tool] : 이미지에 고정점을 만들거나, 위치를 옮깁니다.

• [Puppet Overlap Tool] : 이미지가 변형으로 인해 겹쳐질 때 우선순위와 영역을 지정합니다.

• [Puppet Starch Tool] : 변형의 영향을 받지 않도록 특정한 부분을 고정합니다.

⓯ **[Axis Mods]** : [Composition] 패널에서 3D 레이어 작업 시 축의 기준점을 변경하는 기능입니다.

• [Local Axis Mods] : 이미지에 고정점을 만들거나, 위치를 옮깁니다.

• [World Axis Mods] : X,Y,Z 축으로 기준점을 변경합니다.

• [View Axis Mods] : View 기준으로 기준점을 변경합니다.

⓰ **[Snapping]** : 스냅 기능을 활성화 또는 비활성화합니다.

TIP :: 스냅은 오브젝트를 이동할 때 다른 오브젝트의 꼭짓점이나 외곽선 등에 자석처럼 붙는 기능을 말합니다. 두 개의 오브젝트를 특정한 부분끼리 정확히 맞출 때 사용합니다.

• [Snap along edges extending beyond layer boundaries] : 레이어의 가장자리를 무한대로 늘려서 스냅을 적용할 수 있습니다. 붙어있지 않은 오브젝트를 정렬할 때 사용합니다.

• [Snap to and show features inside collapsed compositions and text layers] : 이 스냅 기능은 합쳐진 컴포지션과 텍스트 레이어에도 동작하며, 특히 3D 레이어 간에 스냅도 시각적으로 보여주도록 하는 기능입니다. 기본으로 활성화되어 있습니다.

⓱ **[Sync settings]** : 여러 컴퓨터에서 작업할 때 컴퓨터 간의 기본 설정을 동기화할 수 있는 기능입니다. 동기화 설정 기능을 사용하면 Creative Cloud를 통해 환경 및 기타 설정을 동기화할 수 있습니다.

⓲ **[Search Help]** : 애프터 이펙트의 기능을 검색하거나 도움말을 찾을 때 사용합니다. 'www.adobe.com'에서 정보를 찾아 웹브라우저를 통해 검색 결과를 표시합니다.

[Composition] 패널 살펴보기

SECTION 04

[Composition] 패널은 작업 진행 상황과 결과를 시각적으로 확인하고, [Position], [Rotation], [Scale] 등의 모션을 직접 편집할 수 있습니다.

01 [Composition] 패널의 기능 살펴보기

❶ **[Composition Navigator]** : 현재 작업 중인 컴포지션의 연결을 한 눈에 확인할 수 있습니다.

❷ **[Composition View]** : 작업 진행 상황과 결과물을 표시합니다.

❸ **[Always preview this view]** : 여러 개의 컴포지션이 있을 경우, 다른 컴포지션에서 미리보기를 실행할 경우, 이 기능이 활성화된 컴포지션에서만 미리보기가 됩니다.

❹ **[Primary Viewer]** : 여러 개의 컴포지션 중에서 체크된 컴포지션을 사운드 및 영상 소스의 미리보기 패널로 지정합니다.

❺ **[Magnification ratio popup]** : 컴포지션의 화면의 크기를 비율을 통해 조절합니다. 클릭하여 확대하거나 축소합니다. 다른 방법으로는 [Composition View] 화면에 마우스 커서를 위치한 후 마우스 휠을 상하로 움직여 쉽게 화면의 크기를 설정할 수 있습니다.

❻ [Choose grid and guide options] : 컴포지션의 화면에 [Title/Action Safe], [Proportional Grid], [Grid], [Guides], [Rulers]를 표시하거나 숨깁니다.

❼ [Toggle Mask and Shape Path Visibility] : 도형이나 마스크의 점과 선을 표시하거나 숨깁니다. 작업 중 이러한 선들이 방해가 될 경우, 잠시 숨겨놓는 용도로 사용됩니다.

❽ [Current Time] : [Current Time Indicator]가 [Timeline] 패널에서 위치한 곳의 시간을 표시하고, 클릭하면 원하는 시간 지점으로 이동할 수 있는 [Go to Time] 대화상자가 열립니다.

❾ [Take Snapshot] : 현재 컴포지션의 화면을 메모리에 저장합니다. 마지막 클릭한 단 한 장의 장면만 저장할 수 있습니다.

❿ [Show Snapshot] : [Take Snapshot]으로 저장된 화면을 봅니다. 주로 효과 적용 전/후를 비교할 때 사용합니다.

⓫ [Show Channel and Color Management Settings] : 현재 화면에 보이는 결과물의 RGB 색상과 알파를 채널별로 볼 수 있습니다.

⓬ [Resolution/Down Sample Factor Popup] : 화면의 해상도를 설정합니다. 해상도를 높이면 깨끗한 화면을 볼 수 있으며 해상도를 낮추게 되면 컴퓨터의 자원을 적게 사용하므로 결과를 빠르게 확인할 수 있습니다. 최종 렌더링 품질과는 상관없습니다.

⓭ [Region of Interest] : 화면에서 원하는 부분만 선택하여 볼 수 있습니다. 작업이 복잡하고 무거워져서 결과물을 확인하는데 시간이 오래 걸린다면 이 기능을 사용하여 미리보기를 할 때 원하는 부분만 매우 빠르게 확인할 수 있습니다.

⓮ [Toggle Transparency Grid] : 배경을 검은색 또는, 투명으로 설정합니다. 투명으로 설정할 경우, 레이어의 투명도를 확인하며 작업할 수 있습니다.

⓯ [3D View Popup] : 3D 레이어를 사용하여 작업하는 경우, 화면을 [Camera], [Front], [Left], [Top], [Right], [Bottom] 시점으로 볼 수 있습니다. 3D 작업은 정면뿐만 아니라 다양한 시점에서 보고 작업해야 하기 때문입니다.

⓰ [Select view layout] : 3D 작업 시 화면을 분할하여 각각 다른 시점으로 설정한 후 작업할 수 있습니다. 최대 4개로 분할하여 표시합니다.

⓱ [Toggle Pixel Aspect Ratio Correction] : 1:1 픽셀 비율을 사용하지 않는 경우, 픽셀 비율을 보정하여 화면을 표시합니다. 아날로그 편집에서 사용되는 옵션으로써 현재는 거의 사용하지 않습니다.

⓲ [Fast Previews] : 화면에서 미리보기 품질을 설정합니다. 미리보기가 시간이 오래 걸릴 경우 낮춰서 설정하면 좋습니다.

⓳ [Timeline] : 현재 컴포지션과 연결된 [Timeline] 패널을 선택합니다.

⓴ [Composition Flowchart] : 현재 프로젝트의 플로우차트를 표시합니다.

㉑ [Reset Exposure] : 화면의 노출을 초기화합니다.

㉒ [Adjust Exposure] : 컴포지션 화면의 노출을 조절합니다. 화면이 너무 밝거나 어두워서 확인이 어려울 때 조절합니다. [Reset Exposure] 버튼을 클릭하여 기본 설정으로 되돌릴 수 있으며 최종 렌더링 결과물과는 상관없습니다.

[Timeline] 패널 살펴보기

[Timeline] 패널은 소스 파일을 레이어별로 배치하여 효과, 모션 등을 적용하는 실질적으로 거의 모든 작업이
이루어지는 패널입니다.

01 [Timeline] 패널의 기능 살펴보기

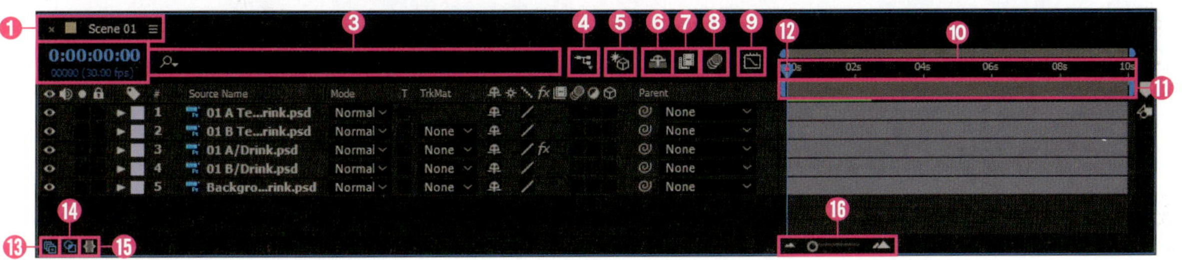

❶ **[Label Color & Composition Name]** : 현재 컴포지션의 라벨 색상과 이름을 표시합니다.

❷ **[Current-time display]** : [Current Time Indicator]가 위치한 곳의 시간을 표시합니다. `Ctrl` 을 누른 채 클릭
하면 SMPTE(Society of Motion Picture and Television Engineers) Timecode와 Frame Timecode 표시 형식
으로 볼 수 있습니다.

❸ **[Quick Search]** : 레이어를 검색하여 찾습니다.

❹ **[Composition Mini-Flowchart]** : 현재 컴포지션의 미니 플로우차트를 표시합니다.

❺ **[Draft 3D]** : 3D 레이어를 작업할 때 화면의 질을 낮춰서 화면 표시 속도를 높입니다.

❻ **[Hide Shy Layers]** : [Shy](￿)가 활성화된 레이어를 [Timeline] 패널에서 숨깁니다.

❼ **[Enable Frame Blending]** : 영상 파일에 가상의 프레임을 삽입하여 레이어의 연결을 부드럽게 합니다.

❽ **[Enable Motion Blur]** : [Motion Blur](￿)가 활성화된 레이어에 모션 블러 효과를 적용합니다.

❾ **[Graph Editor]** : 키프레임 모션을 그래프 형태로 표시하고, 수정할 수 있습니다.

❿ **[Time ruler]** : 설정한 표시 형식에 따라 시간과 프레임을 표시합니다.

⓫ **[Work Area]** : 출력되는 영역을 설정할 수 있습니다.

⓬ **[Current Time Indicator]** : [Timeline] 패널에서 작업의 기준선이 되는 슬라이더로써 영상을 탐색하거나 확인
할 수 있습니다.

⑬ **[Expand or Collapse the Layer Switches pane]** : [Timeline] 패널에 [Layer Switches]를 표시하거나 숨깁니다.

⑭ **[Expand or Collapse the Transfer Controls pane]** : [Timeline] 패널에 [Transfer Controls]를 표시하거나 숨깁니다.

⑮ **[Expand or Collapse In/Out/Duration/Stretch panes]** : [Timeline] 패널에 [In 점]과 [Out 점], [Duration] 등을 표시하거나 숨깁니다.

⑯ **[Zoom In/Out]** : [Timeline] 패널을 확대 또는, 축소합니다.

[Timeline] 패널 [Column]과 [Layer Switch] : 레이어의 기본 기능과 표시 방법, 합성 등을 제어합니다. [Timeline] 패널의 [Expand or Collapse the Layer Switches pane]( )과 [Expand or Collapse the Transfer Controls pane]( )이 활성화되어 있지 않는 경우, 위와 같은 기능의 아이콘이 보이지 않습니다.

❶ **[Video]** : 레이어의 이미지를 [Composition]에서 숨기거나 표시합니다.

❷ **[Audio]** : 레이어의 오디오를 On/Off합니다.

❸ **[Solo]** : 체크한 레이어만 [Composition]에 표시합니다.

❹ **[Lock]** : 레이어의 모든 편집 기능을 잠급니다.

❺ **[Label]** : 레이어의 라벨 색상을 바꿉니다.

❻ **[#]** : 레이어의 번호를 표시합니다.

❼ **[Source Name/Layer Name]** : 레이어의 이름을 표시합니다. 이름을 마우스 오른쪽 버튼으로 클릭한 후 [Rename]을 선택하여 변경할 수 있습니다.

❽ **[Blending Mode]** : 레이어의 모드를 변경하여 색상(Color), 대비(Contrast), 밝기(Bright), 채도(Saturation), 색조(Tone) 등의 속성으로 현재 레이어와 아래 위치한 레이어를 합성합니다.

❾ **[Preserve Underlying Transparency]** : 레이어의 Alpha 값을 보존합니다.

❿ **[Track Matte]** : 레이어와 레이어를 [Alpha Matte]와 [Luma Matte]로 합성합니다.

⓫ **[Shy]** : [Hide Shy Layers]( )가 활성화된 상태에서 체크하면 레이어를 [Timeline] 패널에서 숨깁니다.

⑫ **[Collapse Transformation/Continuously Rasterize]** : 레이어의 이미지를 원본 크기로 표시합니다. 벡터 오브젝트의 경우, 벡터 속성을 유지한 채 비트맵으로 화면을 표시하여 이미지 품질을 좋게 합니다.

⑬ **[Quality]** : 레이어의 화질을 조절할 수 있습니다.

⑭ **[Effect]** : 레이어에 적용된 효과를 표시하거나 숨깁니다.

⑮ **[Frame Blend]** : 영상의 프레임을 부드럽게 처리하여 표시합니다.

⑯ **[Motion Blur]** : [Enable Motion Blur]( )가 활성화된 상태에서 체크하면 레이어에 모션 블러 효과를 적용합니다.

⑰ **[Adjustment Layer]** : 적용된 효과가 아래 있는 모든 레이어에 동일하게 적용됩니다.

⑱ **[3D Layer]** : 레이어의 Z축을 활성화하여 3D로 만듭니다.

⑲ **[Parent]** : 레이어 간의 종속 관계를 지정합니다. 이때 [Parent]에 연결된 [Child] 레이어는 [Opacity]를 제외한 모든 속성을 따라가게 됩니다.

TIP : : **[Timeline] 패널의 시간 코드 관련 팁**

[Timeline] 패널에서 가장 고려해야 할 것은 자신이 작업하고 있는 현재 시간, 레이어 시작 및 종료 지점, 레이어, 레이어 항목 및 컴포지션 지속 시간 등의 시점 또는 시간 범위입니다.

기본적으로 애프터 이펙트에서는 SMPTE(Society of Motion Picture and Television Engineers) 시간 코드(시간, 분, 초 및 프레임)로 시간을 표시합니다. 하지만 작업의 종류, 사용자의 선택에 따라 다른 시간 표시 시스템(예: 프레임이나 16mm 또는 35mm 필름의 피트 + 프레임)으로 변경할 수 있습니다.

영화 작업에서 최종 출력하기 위해 동영상을 준비하는 등의 경우 시간 값을 피트 + 프레임 형식으로 보거나, 플래시와 같은 애니메이션 프로그램에서 동영상을 사용할 계획인 경우 시간 값을 단순 프레임 번호 형식으로 보아야 할 수 있습니다. 선택한 형식은 현재 프로젝트에만 적용됩니다.

■ **시간 코드 형식 변경**

시간 표시 형식을 변경하면 출력의 프레임 속도는 변경되지 않고 표시할 프레임의 번호를 매기는 방법만 변경됩니다. 애프터 이펙트에서는 소스 파일의 시간 코드를 다양한 파일 형식으로 표시할 수 있습니다. 소스 시간 코드는 [Project] 패널과 설정 대화상자, [Composition] 패널 설정 대화상자, [Preferences] 대화상자를 비롯한 여러 인터페이스 영역에 나타납니다.

■ **시간 코드 단위 변경**

[시간 코드 기반] 또는 [프레임/피트 + 프레임]([프로젝트 설정]에서 "피트 + 프레임 사용" 옵션을 선택했는지 여부에 따라 다름), **Ctrl** (Windows)을 누른 상태에서 [Current-time display](현재 시간 표시)를 클릭하십시오. [Current-time display]는 [Timeline] 패널 왼쪽 위와 [Layer], [Composition] 패널 아래쪽에 있습니다.

■ **시간 표시 단위 옵션**

－ 시간 코드(00:00:00:00)

현재 작업 중인 곳을 00:00:00:00부터 시작하여 시간을 시간 코드로 표시합니다.

00:00:00:00 → 시:분:초:프레임

－ 프레임(00000)

시간 대신 프레임 번호를 표시합니다. Flash 또는 SWF와 같은 프레임 기반 응용 프로그램이나 형식과 통합하는 작업을 수행할 때는 편의상 이 설정을 사용합니다.

[Composition Settings] 대화상자 살펴보기

[Composition Settings] 대화상자는 애프터 이펙트 작업의 첫 번째 단계로써 해상도, 재생 시간 등을 설정합니다.

01 [Composition Settings] 대화상자의 기능 살펴보기

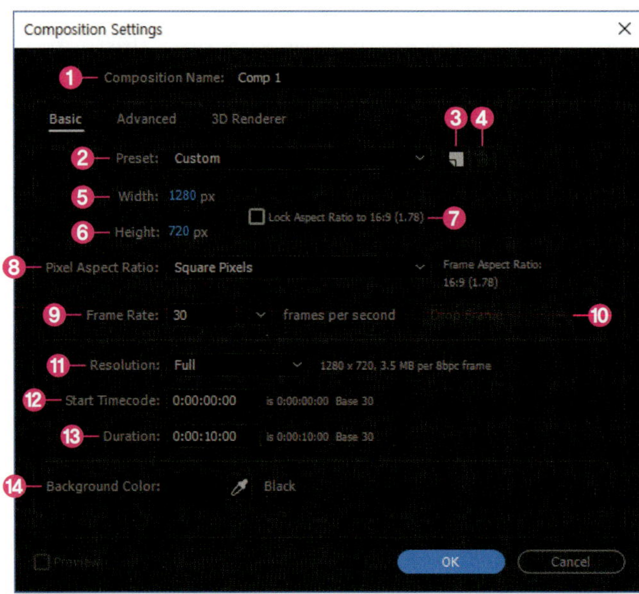

❶ **[Composition Name]** : 컴포지션의 이름을 입력합니다.

❷ **[Preset]** : 저장된 옵션을 선택하면 해상도, 화면비율, 프레임 등이 자동으로 설정됩니다.

❸ **[Save]** : [Composition Settings]의 설정된 값을 [Preset]으로 저장합니다.

❹ **[Delete]** : 저장한 [Preset]을 삭제합니다.

❺ **[Width]** : 컴포지션의 가로 크기를 픽셀 단위로 설정합니다.

❻ **[Height]** : 컴포지션의 세로 크기를 픽셀 단위로 설정합니다.

❼ **[Lock Aspect Ratio]** : 해상도의 비율을 유지합니다. 체크한 후 [Width]와 [Height]를 각각 변경하면 설정된 비율에 따라 [Width], [Height] 크기가 자동으로 바뀝니다.

❽ **[Pixel Aspect Ratio]** : 픽셀의 가로 세로 비율을 설정합니다. 설정에 따라 화면 비율이 바뀝니다.

❾ **[Frame Rate]** : 영상의 초당 프레임 수를 설정합니다.

❿ **[Drop Frame/Non-Drop Frame] :** NTSC의 초당 29.97프레임은 초당 30프레임을 기준으로 할 때 중간에 누락되는 프레임이 생깁니다. 이때 프레임을 보정하기 위해 시간의 오차를 계산하여 건너뛰는 방식인 [Drop Frame]을 사용합니다. [Non-Drop Frame]은 오차를 보정하지 않습니다.

⓫ **[Resolution] :** 이미지 해상도 크기를 설정합니다. 일반적으로 'Full'로 설정하여 원본의 화질로 작업하는 것이 좋습니다.

⓬ **[Start Timecode] :** 컴포지션의 시작 시간을 설정합니다.

⓭ **[Duration] :** 컴포지션의 재생 시간을 설정합니다.

⓮ **[Background Color] :** 배경 색상을 설정합니다.

TIP :: **컴포지션 활용 팁**

컴포지션은 영상을 제작하기 위한 기본 틀입니다. 컴포지션마다 편집을 위한 자체 타임라인이 있습니다. 일반 컴포지션에는 비디오 및 오디오, 텍스트 및 벡터 그래픽, 스틸 이미지, 조명 등의 구성 요소를 나타내는 여러 레이어가 포함될 수 있습니다. 소스를 통해 레이어를 만들어 컴포지션에 해당 항목을 추가하고 레이어를 공간 및 시간상으로 정렬한 후, 다양한 기능을 사용해 편집, 합성하여 영상을 편집합니다.

- 애프터 이펙트의 컴포지션은 프리미어 프로의 시퀀스와 유사합니다.
- 간단한 프로젝트에는 하나의 컴포지션만 만들어 작업할 수도 있고, 복잡한 프로젝트에는 대량의 소스나 많은 효과를 구성할 여러 개의 컴포지션을 만들어 하나의 영상을 만들 수도 있습니다.
- 애프터 이펙트에서는 composition을 comp로 약칭하기도 합니다. 도움말 또는 영문 버전에서는 'comp'라는 용어를 자주 사용하기 때문에 알아 두어야 합니다.
- [Project] 패널을 보면 컴포지션 항목이 표시됩니다. [Project] 패널에서 컴포지션 항목을 두 번 클릭하면 해당 컴포지션이 [Timeline] 패널에서 열립니다.

TIP :: **컴포지션 설정 팁**

컴포지션 설정은 수동으로 입력하거나, 기본 설정을 사용하여 자주 사용하는 여러 출력 포맷의 프레임 크기(폭 및 높이), 픽셀 종횡비, 프레임 속도를 자동으로 설정할 수 있습니다. 또한 사용자 정의 컴포지션 설정 사전 설정을 만들어 저장해 두었다가 나중에 사용할 수도 있습니다. 하지만 일부 설정값은 사전 설정으로 저장되지 않습니다.

- 컴포지션 지속 시간의 제한은 3시간입니다. 3시간 이상의 소스를 사용할 수는 있지만 3시간이 지나면 시간이 올바르게 표시되지 않습니다.
- 최대 컴포지션 크기는 30,000x30,000픽셀입니다. 30,000x30,000 8bpc 이미지에는 약 3.5GB가 필요합니다. 최대 컴포지션 크기는 운영 체제와 사용 가능한 RAM에 따라 더 작을 수도 있습니다.

01 [File] 메뉴 단축키

New Project	Ctrl + Alt + N
Open Project	Ctrl + O
Close	Ctrl + W
Save	Ctrl + S
Save As	Ctrl + Shift + S
Import File	Ctrl + I

02 [Edit] 메뉴 단축키

Undo	Ctrl + Z
Redo	Ctrl + Shift + Z
Cut	Ctrl + X
Copy	Ctrl + C
Paste	Ctrl + V
Clear	Delete
Duplicate	Ctrl + D
Split Layer	Ctrl + Shift + D
Select All	Ctrl + A

03 [Composition] 메뉴 단축키

New Composition	Ctrl + N
Composition Settings	Ctrl + K
Add to Render Queue	Ctrl + M

04 [Layer] 메뉴 단축키

New Solid	Ctrl + Y
New Adjustment Layer	Ctrl + Alt + Y
New Mask	Ctrl + Shift + N
Group Shapes	Ctrl + G
Ungroup Shapes	Ctrl + Shift + G
Pre-compose	Ctrl + Shift + C

05 [Effect] 메뉴 단축키

Effect Controls	F3
가장 최근 적용한 Effect 적용	Ctrl + Alt + Shift + E

06 [View] 메뉴 단축키

Zoom In	>
Zoom Out	<
Show Rulers	Ctrl + R
Show Guides	Ctrl + :;
Show Grid	Ctrl + ~

07 [Window] 메뉴 단축키

Character 패널 보이기 / 숨기기	`Ctrl` + `6`
Paragraph 패널 보이기 / 숨기기	`Ctrl` + `7`

08 [Tools] 단축키

Selection Tool	`V`
Hand Tool	`H`
Temporarily Hand Tool	`Space Bar` / middle mouse button
Zoom In Tool	`Z`
Zoom Out Tool	Zoom Tool이 선택된 상태에서 `Alt`
Rotation Tool	`W`
Camera Tools	`C`
Pan Behind Tool	`Y`
Shape Tools	`Q`
Pen Tools	`G`
Type Tools	`Ctrl` + `T`
Brush, Clone Stamp, and Eraser Tools	`Ctrl` + `B`
Roto Brush tool	`Ctrl` + `W`
Puppet tools	`Ctrl` + `P`

09 [Timeline] 패널 단축키

Work Area 시작점으로 이동	`Shift` + `Home`
Work Area 끝점으로 이동	`Shift` + `End`
이전 키프레임 또는 마커로 이동	`J`

다음 키프레임 또는 마커로 이동	K
Timeline의 시작점으로 이동	Home
Timeline의 끝점으로 이동	End
1 프레임 앞으로 이동	Page Down
1 프레임 뒤로 이동	Page Up
레이어 In 점으로 이동	I
레이어 Out 점으로 이동	O
레이어 속성 열기 / 닫기	Ctrl + ~
Anchor Point 속성 열기 / 닫기	A
Opacity 속성 열기 / 닫기	T
Position 속성 열기 / 닫기	P
Rotation 속성 열기 / 닫기	R
Scale	S
Effects	E
키프레임 보기	U

그 밖의 단축키는 [Help] 〉[Keyboard Shortcuts] 메뉴에 있습니다.

애프터 이펙트 기초 마스터하기 : 초급

영상 콘텐츠 공모전 10년 도전 노하우!

애프터 이펙트 실무를 원한다면 화려하거나 새로 추가된 툴보다 '기초'에 충실해야 합니다. 화려한 테크닉으로 할 수 있는 것은 제한적이지만, 기본을 모르면 아무 것도 할 수 없기 때문입니다. 특히 애프터 이펙트 실무에서는 프리미어 프로, 포토샵과의 연계 기능을 알아두는 것이 중요합니다. 그래야 유기적으로 프로그램을 빠르게 마스터할 수 있기 때문입니다. 따라서 필자는 프리미어 프로, 포토샵과 연계할 수 있는 영상 작품 만들기를 '애프터 이펙트 기초 마스터하기'에 예제로 사용하였습니다. 또한, '스틸 이미지'와 '픽토그램'이라는 전혀 다른 장르를 실습해 보면서 애프터 이펙트의 다양성과 창의성을 제시하고자 합니다.

ADOBE AFTER EFFECTS

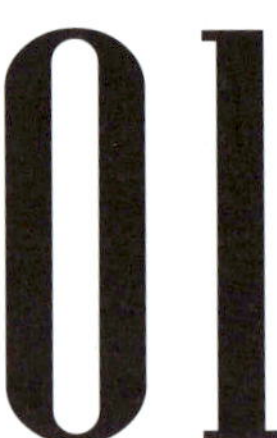

기초 테크닉만으로 작품 완성 노하우

SECTION 01

핵심내용

본 예제에서는 이미지만을 이용하여 영상을 만들 수 있는 가장 기초적인 기법을 사용함으로써 애프터 이펙트의 '기초 테크닉'에 대해서 배워보겠습니다. 새 컴포지션을 만들고, 이미지 파일 불러오기, 레이어 활용, 블렌딩 장면전환 효과와 키프레임 복사, 솔리드 레이어 사용법, 흑백 전환 효과, Opacity, Position과 Scale 등 기초적이고 실무적인 모션 테크닉을 실습하겠습니다.

핵심기능

New Composition, Import, Layer & Motion, CC Burn Film + Hue/Saturation, Keyframe, Opacity + Position, Solid Layer, Tint, Position + Scale, Add render Queue + Windows Media Options

STORYBOARD

2008 대한민국 절주 UCC 공모전 '우수상' 수상 작품

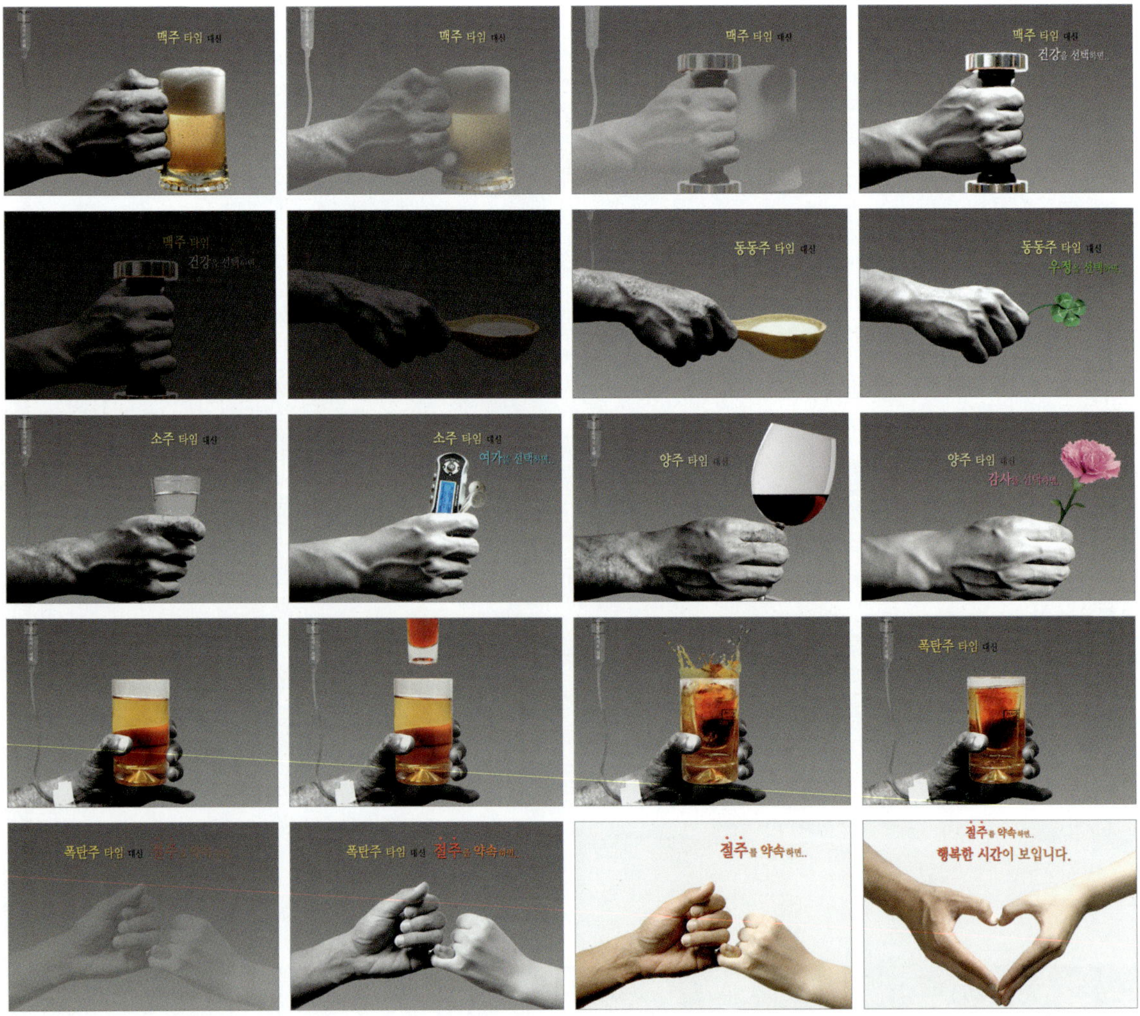

01 새 컴포지션 만들기 New Composition

1 윈도우 바탕화면에서 [시작] 버튼을 클릭한 후 알파벳 [A] 섹션에서 [Adobe After Effects CC 2017]을 클릭하여 프로그램을 실행합니다.

TIP :: 윈도우에 따라 [시작] 메뉴의 모양이 다를 수 있습니다.

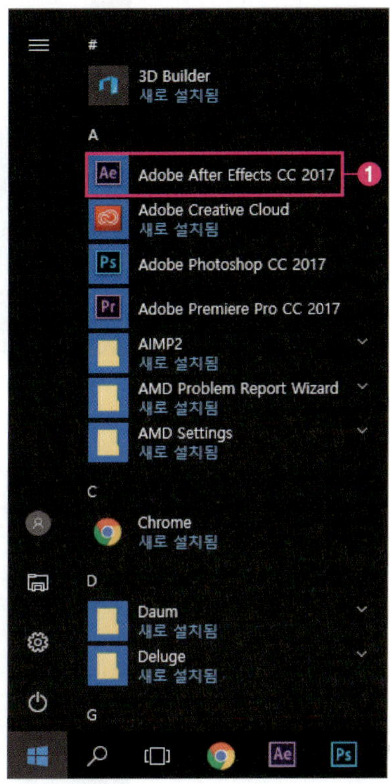

2 애프터 이펙트 CC 2017의 기본 작업 화면은 다음과 같습니다. 포토샵 CC 2017과 마찬가지로 최근에 작업했던 프로젝트가 새 창으로 표시됩니다.

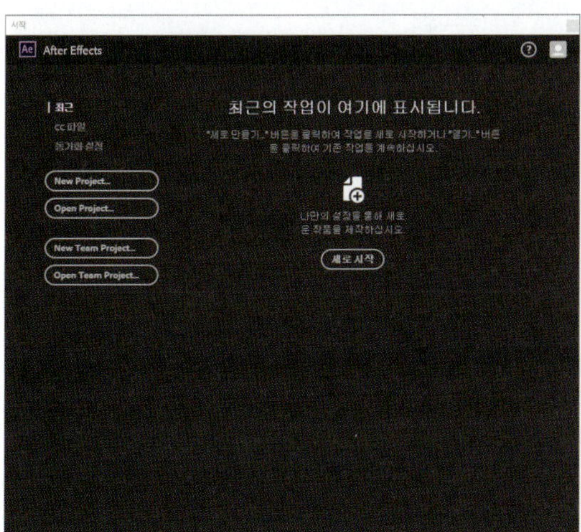

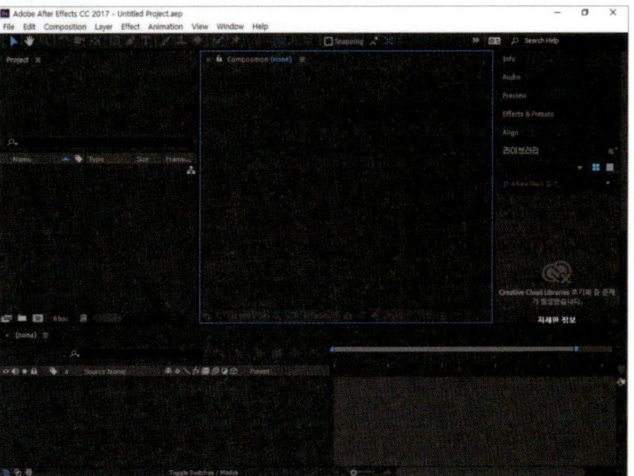

TIP ::
- 다음과 같은 초기 화면은 포토샵 CC 2017에서 새로 적용된 기능으로써 기존에 작업한 파일을 쉽게 불러올 수 있도록 섬네일 이미지를 보여줍니다.
- 기존 버전의 경우 상단 메뉴의 [File] > [New]를 클릭합니다.
- 애프터 이펙트는 3개의 주요 패널로 구성되어 있습니다. 왼쪽 상단의 [Project] 패널, 중앙 상단의 [Composition] 패널, 그리고 하단의 [Timeline] 패널입니다. 그 외 옵션 패널은 우측 상단의 [Info], [Audio], [Preview], [Effects & Presets] 등이 있습니다.

3 새 컴포지션을 만들기 위해서 [Composi-
tion] > [New Composition](**Ctrl** + **N**) 메뉴를
클릭합니다.

TIP :: 컴포지션(Composition)

- 애프터 이펙트의 컴포지션은 포토샵의 캔버스처럼 작업 창
  을 말하는 것으로써 이미지와 텍스트 등의 소스 파일에 모
  션을 주고 애니메이션을 만드는 곳입니다.
- 하나의 프로젝트에는 여러 개의 컴포지션을 만들 수 있습
  니다. 또한 컴포지션은 각각 연결하여 하나의 영상으로 만
  들 수 있습니다.

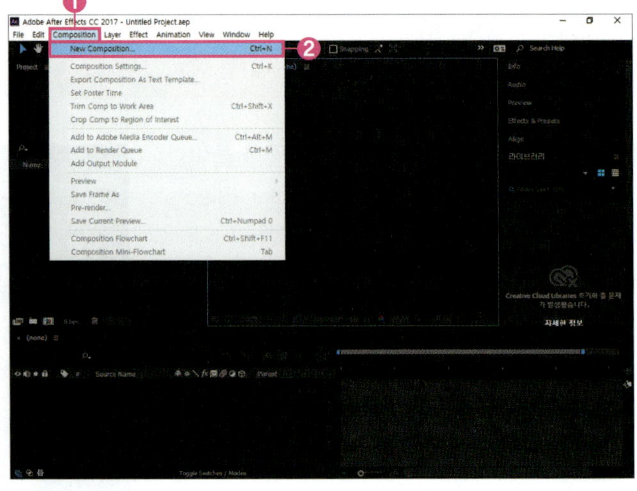

4 [Composition Settings] 대화상자가 열리면
옵션 항목을 다음과 같이 설정한 후 [OK] 버튼
을 클릭합니다.

- [Composition Name] : 'Scene 01'
- [Width] : '640'
- [Height] : '480'
- [Pixel Aspect Ratio] : 'Square Pixels'
- [Frame Rate] : '30'
- [Start Timecode] : '0:00:00:00'
- [Duration] : '0:00:10:00'
- [Background Color] : 검은색(#000000)

TIP :: 컴포지션 사이즈를 사용자 임의로 조정하기 위해서는
'Lock Aspect Ratio' 체크를 해제해야 합니다. 나머지
[Composition Settings] 대화상자에 대한 자세한 설명은 Part
03의 Chapter 01 > Section 06의 내용을 참고하세요.

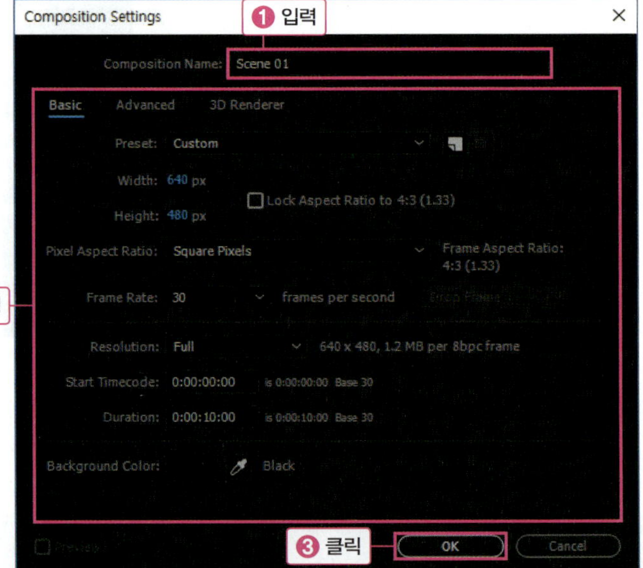

5 [Project] 패널과 [Timeline] 패널에 새 컴포
지션이 만들어졌음을 확인합니다.

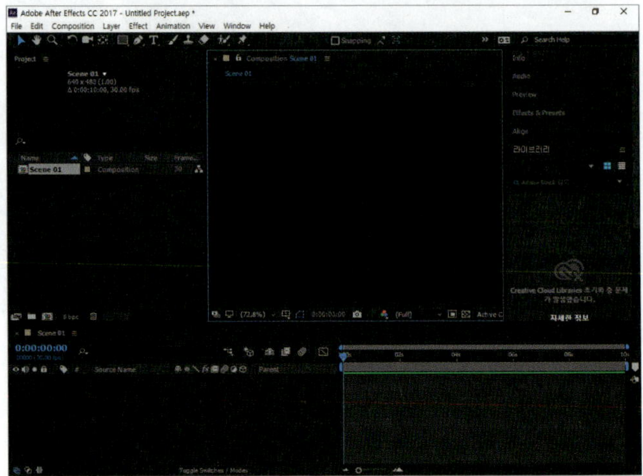

6 프로젝트를 저장하기 위해서 [File] 〉 [Save] (**Ctrl** + **S**) 메뉴를 클릭하여 [Save As] 대화 상자를 열고, 사용자 임의의 새 폴더를 만듭니다. 폴더에 [파일 이름]을 임의로 입력하고 [저장] 버튼을 클릭합니다.

TIP :: 애프터 이펙트 저장 방법
파일의 안전성 확보를 위해 프로젝트를 먼저 저장하고 시작합니다. 실무에서는 다양한 상황 변화에 따라 어느 순간 파일이 열리지 않거나 사라질 수도 있기 때문에 수시로 저장하는 습관이 무엇보다 중요합니다.

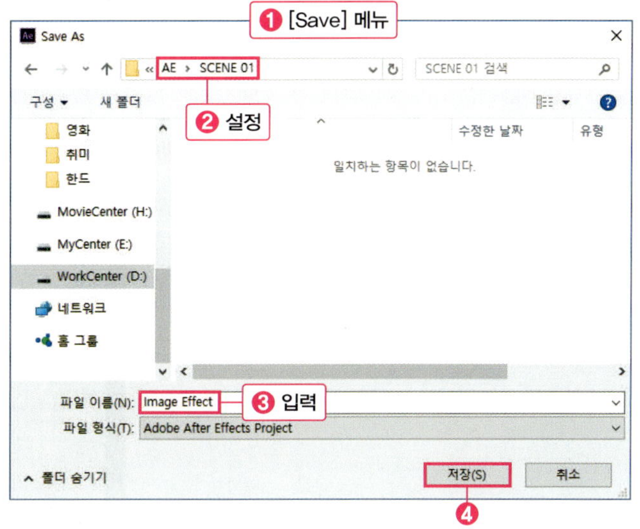

TIP :: 애프터 이펙트 프로젝트와 소스 저장

애프터 이펙트의 저장은 다른 프로그램의 저장 개념과 조금은 다릅니다. 프리미어 프로에서 프로젝트 저장과 소스 관리에 대해서 익숙해졌다면 상관없지만 다시 한 번 다음 내용을 숙지하여 작업한 내용을 잃어버리지 않고 잘 관리할 수 있도록 합니다.

- 애프터 이펙트는 영상을 제작하는 프로그램이지만 프로젝트로 저장한다고 해서 영상이 자동으로 저장되는 것은 아닙니다. 단지 여러 가지 소스를 가져와서 편집하고, 합성하는 등의 작업 과정을 기억하는 것뿐입니다. 따라서 프로젝트를 저장하게 되면 편집 내용만 저장하게 됩니다.
- 영상을 보고 싶으면 '렌더링' 작업을 해야 합니다. 따라서 마지막으로 결과물은 'export'를 해야 합니다.
- 포토샵은 작업에 사용된 소스와 결과를 모두 한 파일에 저장하기 때문에 따로 소스를 관리하지 않아도 되지만 애프터 이펙트의 경우 여러 가지 소스들을 이용해 작업하게 되고 이를 링크 형식으로 가져와서 사용하기 때문에 소스는 프로젝트 저장과 별도로 따로 관리해야 합니다.
- 처음 작업부터 폴더 관리를 명확하게 하는 게 중요합니다. 특정 작업 폴더에 애프터 이펙트 파일을 저장하고 하위 폴더를 만들어서 사용된 소스들을 관리하거나, 하나의 특정 작업 폴더에 프로젝트 파일과 소스 파일을 모두 관리할 수도 있습니다.
- 소스 관리를 하지 않아서 프로젝트에 사용된 소스들이 어떤 폴더에 저장되어 있는지 모를 때, 또는 다음 작업을 위해 모든 소스들을 함께 모아서 저장하고 싶은 때는 [File] 〉 [Dependencies] 〉 [Collect Files] 메뉴를 이용하여 소스와 프로젝트를 한꺼번에 저장하고 모을 수 있습니다.

: **준비 파일 :** Part 03 〉 Chapter 02 〉 Section 01 〉 Drink.psd　　**완성 파일 :** Part 03 〉 Chapter 02 〉 Section 01 〉 Image Effect 완성.aep

1 PSD 파일을 불러오기 위해서 [File] 〉 [Im-port] 〉 [File](**Ctrl** + **I**) 메뉴를 클릭합니다.

TIP : : [Project] 패널의 빈 공간을 더블클릭해도 됩니다.

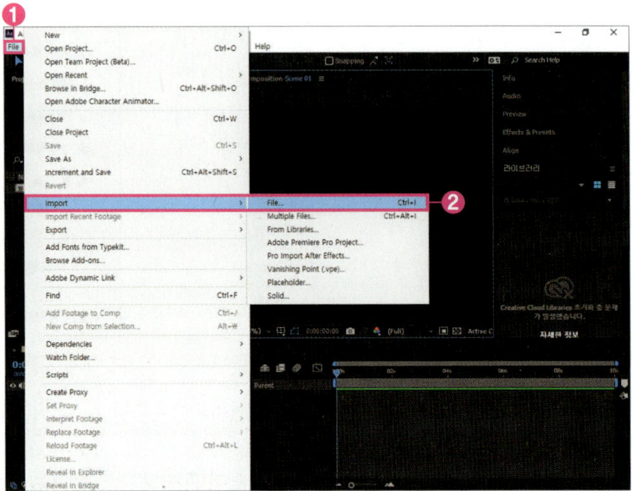

2 [Import File] 대화상자가 열리면 'Drink.psd' 파일을 선택한 후 [Import] 버튼을 클릭합니다.

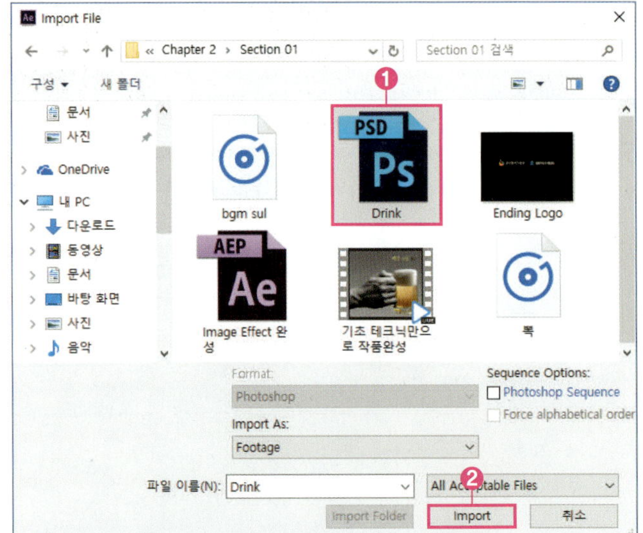

3 불러오는 포토샵 파일의 레이어가 2개 이상일 경우에 그림과 같은 대화상자가 열립니다. 다음과 같이 설정하고, [OK] 버튼을 클릭합니다.

- [Choose Layer] : 'Background'
- [Footage Dimensions] : 'Document Size'

TIP : : [Merged Layers]를 선택하면 포토샵 파일에 저장된 모든 레이어가 불러집니다.

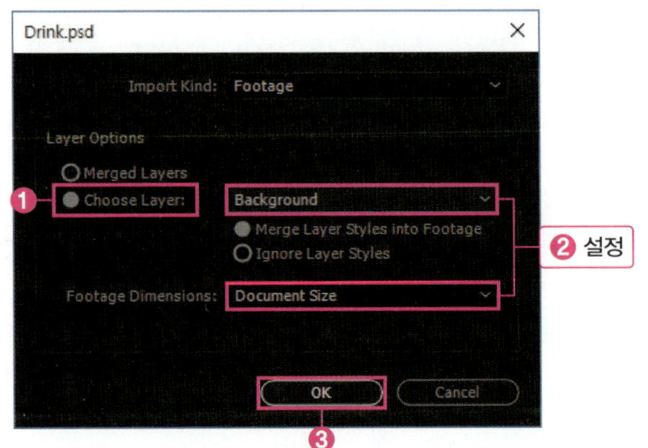

4 [Project] 패널에 'Background/Drink.psd' 푸티지(Footage)가 들어왔음을 확인합니다.

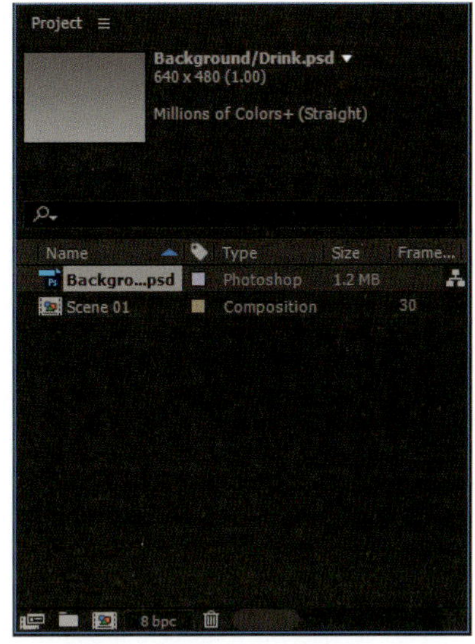

TIP :: 푸티지(Footage)

애프터 이펙트로 불러온 파일은 모두 [Project] 패널에 등록됩니다. 이때 [Project] 패널 안에 들어오는 이미지, 영상, 사운드 등 모든 소스 파일을 '푸티지'로 표현합니다. 푸티지가 실제 작업 창인 컴포지션으로 들어오면 [Timeline] 패널에서는 '레이어'라고 합니다.

5 앞선 방법으로 'Drink.psd' 파일에서 '01'로 표시된 4개의 레이어를 각각 불러옵니다.

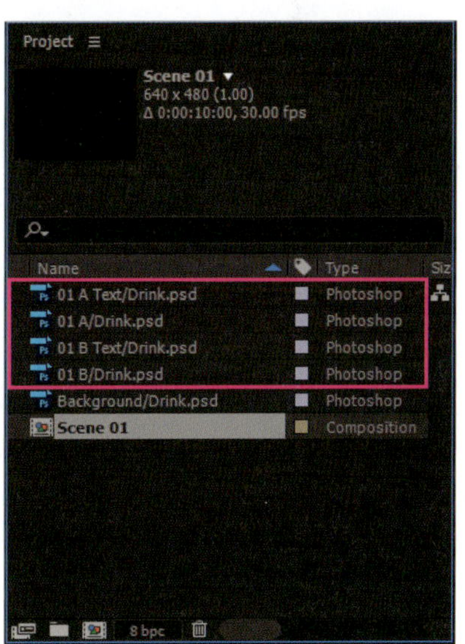

1 [Project] 패널의 'Background/Drink.psd' 푸티지를 [Timeline] 패널로 드래그하면 그림과 같이 레이어가 생성됩니다.

TIP :: 레이어(Layer)

푸티지가 [Timeline] 패널에 들어오면 '레이어'가 됩니다. 포토샵의 레이어와 같아서 순서에 따라 결과가 달라지기 때문에 순서에 유의해야 합니다.

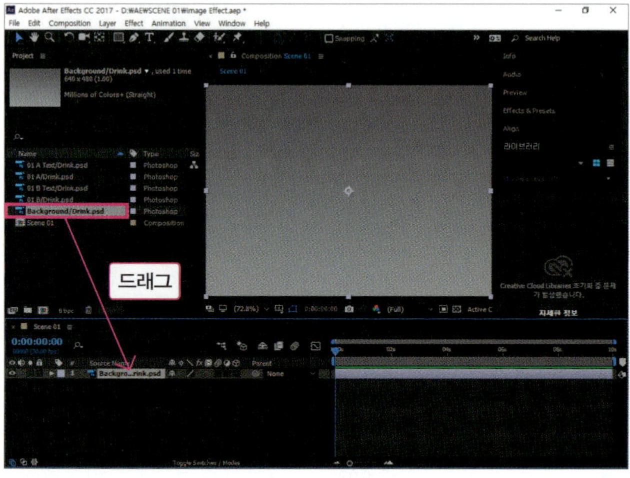

2 앞선 방법으로 [Project] 패널에서 '01 A Text/Drink.psd', '01 A/Drink.psd' 푸티지를 함께 선택하여 [Timeline] 패널로 드래그합니다. [Source Name] 왼쪽에 위치한 [#]에 1번, 2번, 3번 레이어 순서로 배치합니다.

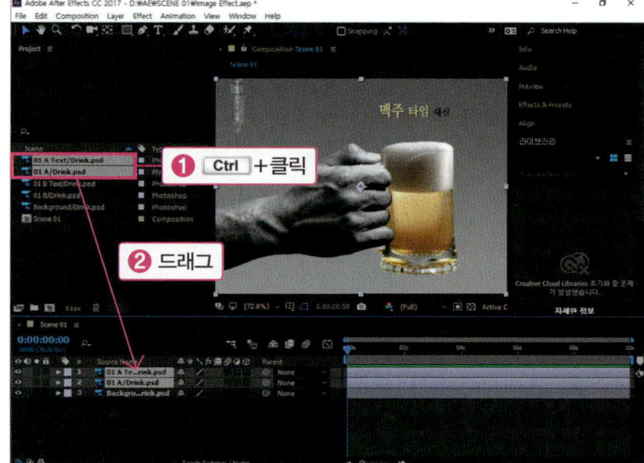

3 이제부터 레이어에 Opacity 모션 효과를 적용하기 위해 [Timeline] 패널에서 '01 A Text/Drink.psd' 레이어를 선택하고, 왼쪽의 작은 화살표를 클릭하여 [Transform]의 아래 항목까지 보이게 한 후 [Current Time Indicator]를 0:00:02:15 위치로 옮깁니다.

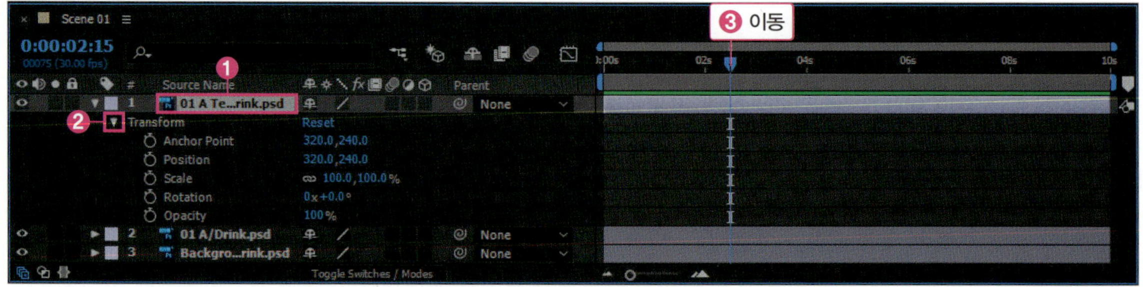

- [Current Time] 표시 위치 : '시:분:초:프레임(0:00:00:00)'은 [Timeline] 패널의 왼쪽 위에 있습니다.
- [Current Time Indicator] : 프리미어 프로와 같습니다. [Timeline] 패널에서 현재 편집 위치를 시간으로 표시하는 슬라이더로 영상을 확인하거나 탐색하고, 편집의 기준선이 됩니다. [Current Time Indicator]를 **Shift** 를 누른 채 옮기면 키프레임과 레이어의 [In 점]/[Out 점]으로 정확하게 옮길 수 있습니다.
- [In 점]/[Out 점] : 프리미어 프로와 같습니다. 영상이 시작되는 왼쪽 지점을 [In 점], 끝나는 우측 지점을 [Out 점]이라고 합니다. 프리미어 프로와 마찬가지로 **Shift** 를 누르면서 [Current Time Indicator]를 이동하면 쉽게 [In 점]/[Out 점]에 정확히 위치시킬 수 있습니다.

4 Opacity 모션 효과를 적용하기 위해서 [Opacity] 〉 [Time-Vary stop watch](⏱)를 클릭해 활성화합니다. [Current Time Indicator]가 위치한 곳에 키프레임을 생성하고 '0%'로 입력한 후 **Enter** 를 누릅니다.

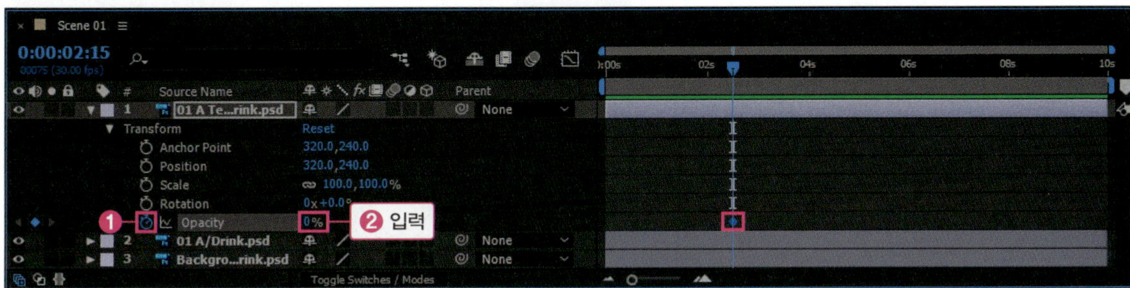

5 [Current Time Indicator]를 0:00:03:15 위치로 옮기고, [Opacity]를 '100%'로 입력한 후 **Enter** 를 누릅니다. [Current Time Indicator]를 좌우로 이동하면서 Opacity 모션 효과를 확인합니다.

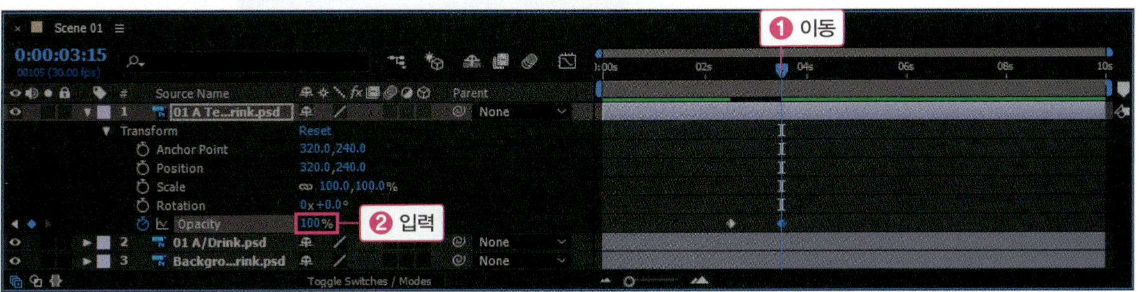

TIP :: 키프레임 작업이 끝나면, 다음 작업을 위해 레이어의 Transform을 닫도록 합니다. 그렇지 않으면 화면의 세로 공간이 좁아지고, 작업환경도 산만해져 실수를 할 수 있기 때문입니다.

1 두 개의 손 형태가 자연스럽게 섞이면서 장면이 전환되는 효과를 적용하기 위해서 [Timeline] 패널의 '01 A/Drink.psd' 레이어를 선택하고, [Effect] 〉 [Stylize] 〉 [CC Burn Film] 메뉴를 클릭합니다.

TIP ::
• [Effect] 메뉴에는 적용 가능한 모든 효과가 풀다운 메뉴 형식으로 정리되어 있습니다.
• [CC Burn Film] : 필름이 타들어가는 효과입니다. 나머지 다양한 효과들도 적용해 보기 바랍니다.

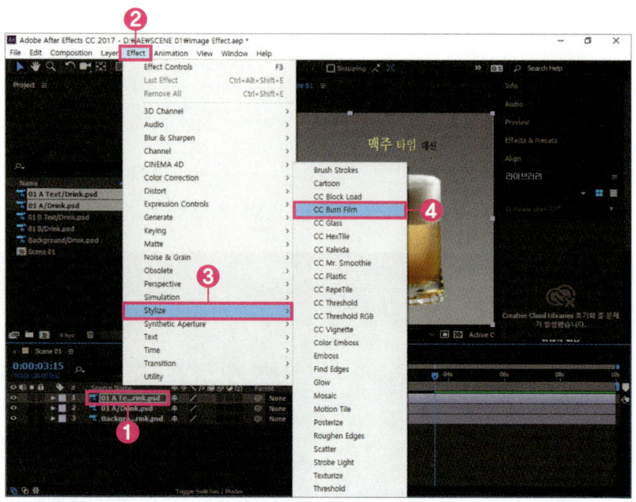

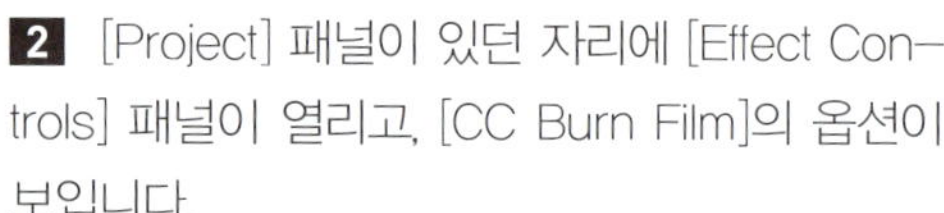

2 [Project] 패널이 있던 자리에 [Effect Controls] 패널이 열리고, [CC Burn Film]의 옵션이 보입니다.

TIP :: [CC Burn Film] 효과의 보이는 항목 중에서 [Time-Vary stop watch]가 있는 항목은 애니메이션이 가능합니다.

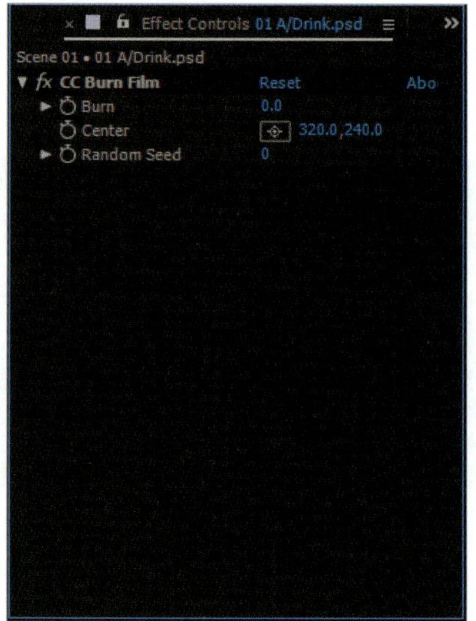

3 [Timeline] 패널에서 '01 A/Drink.psd' 레이어 아래의 [Effects]를 열면 방금 적용한 [CC Burn Film]이 보입니다. [Current Time Indicator]를 0:00:05:10 위치로 옮기고, [CC Burn Film] 〉 [Burn] 〉 [Time-Vary stop watch]( )를 클릭하여 활성화합니다.

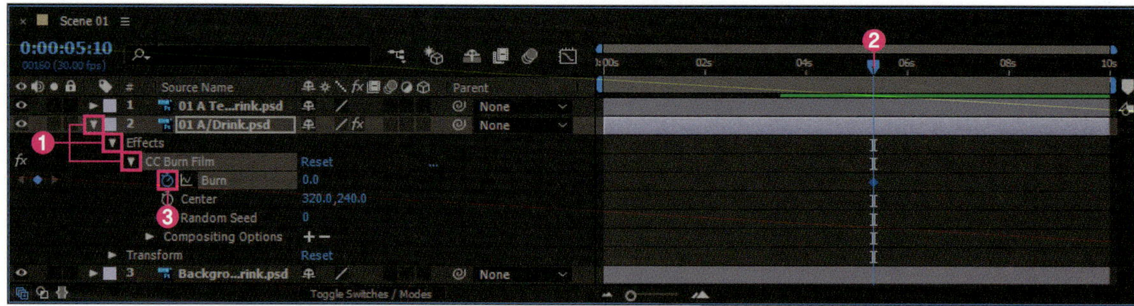

4 [Current Time Indicator]를 0:00:06:00 위치로 옮기고, [Burn]에 '80.0'으로 입력한 후 Enter 를 누릅니다. [Current Time Indicator]를 좌우로 이동하면서 효과를 확인합니다.

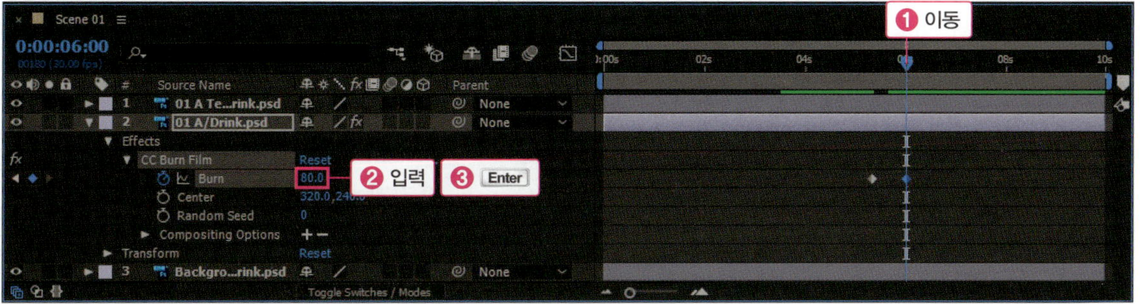

5 현재 어둡게 보이는 CC Burn Film 효과를 밝게 만들기 위해서 '01 A/Drink.psd' 레이어가 선택된 상태에서 [Effect] 〉 [Color Correction] 〉 [Hue/Saturation] 메뉴를 클릭합니다.

TIP :: Hue/Saturation 효과

레이어의 색상과 채도, 밝기를 조절하는 효과입니다. 포토샵에도 같은 기능이 있습니다. 이와 연관된 [Levels], [Curves] 등도 이용해 보기 바랍니다.

6 [Effect Controls] 패널에 [Hue/Saturation]의 옵션이 보이면 [Timeline] 패널에서 [Current Time Indicator]를 [CC Burn Film]이 시작되는 지점(0:00:05:10)으로 옮긴 후 다시 [Effect Controls] 패널에서 [Channel Range] 〉 [Time-Vary stop watch](⏱)를 클릭하여 활성화합니다.

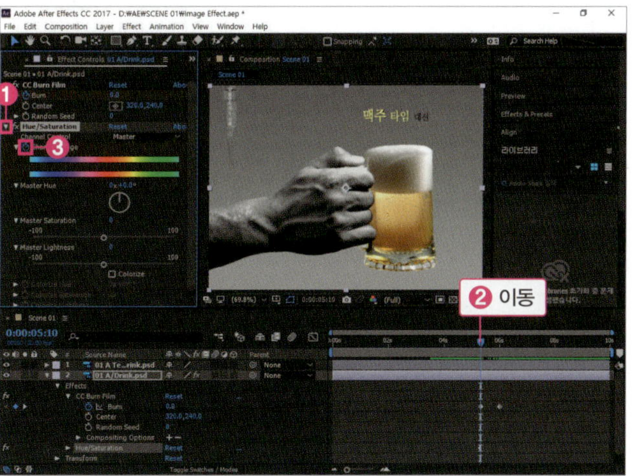

7 [Current Time Indicator]를 0:00:06:00 위치로 옮기고, [Effect Controls] 패널에서 [Master Lightness]를 '100'으로 입력합니다. [Current Time Indicator]를 좌우로 이동하면서 밝아진 CC Burn Film 효과를 확인합니다.

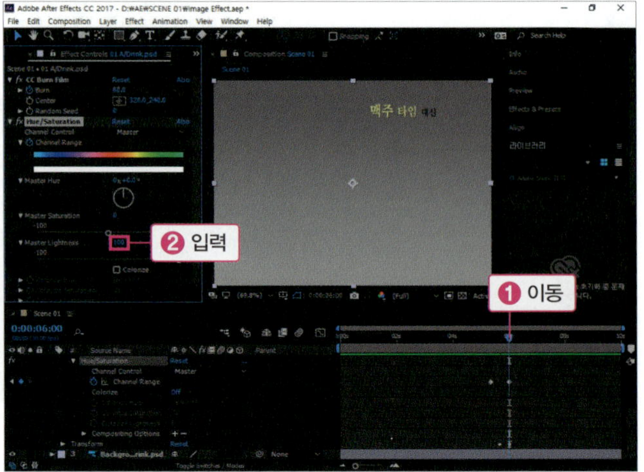

8 이번에는 CC Burn Film 효과에 Opacity 모션을 주기 위해서 '01 A/Drink.psd' 레이어가 선택된 상태에서 [Current Time Indicator]를 0:00:05:20 위치로 옮기고, [Opacity] 〉 [Time–Vary stop watch](🕑)를 클릭하여 활성화합니다.

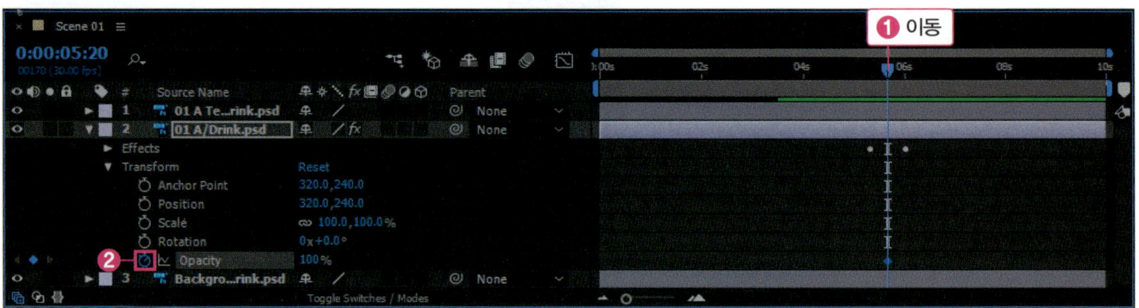

9 [Current Time Indicator]를 0:00:06:00 위치로 옮기고, [Opacity]를 '0%'으로 입력합니다. Opacity가 적용된 영상의 변화를 확인합니다.

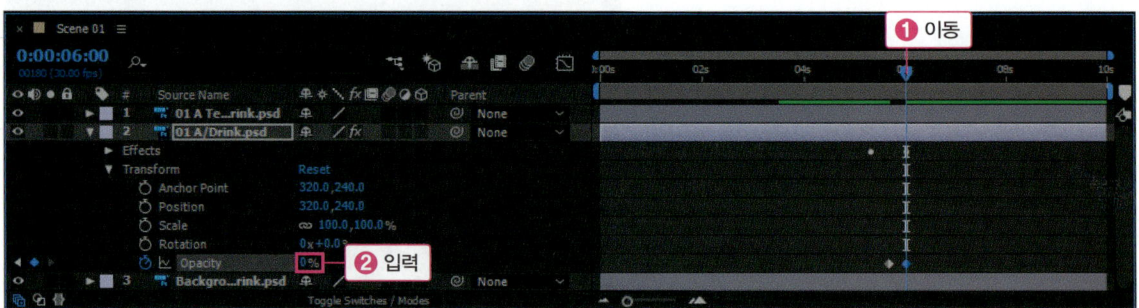

10 다시 [Project] 패널로 돌아와서 '01 B/Drink.psd' 푸티지를 [Timeline] 패널의 3번 위치로 드래그한 후 레이어를 엽니다.

TIP :: **[Project] 패널이 보이지 않을 경우**

[Project] 패널은 [Effect Controls] 패널이 있는 곳에 숨겨져 있습니다. 위쪽에 [Project] 탭을 클릭하여 패널을 열 수 있습니다. 탭 역시 보이지 않을 경우, [Windows] 〉 [Project](Ctrl + 0) 메뉴를 클릭하여 보이게 할 수 있습니다.

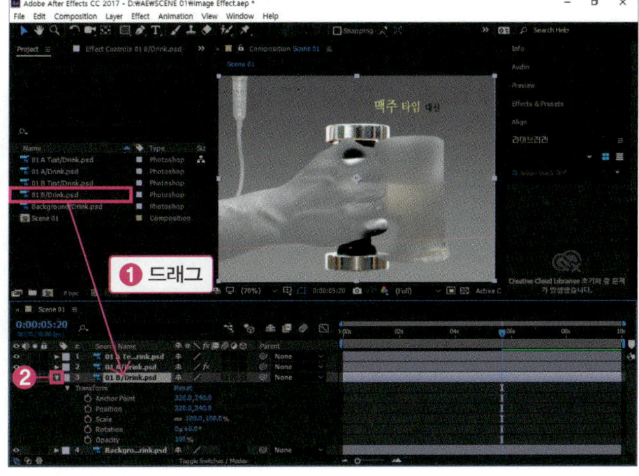

11 [Current Time Indicator]를 0:00:05:20 위치로 옮깁니다. '01 B/Drink.psd' 레이어를 모두 열고, [Opacity] 〉 [Time-Vary stop watch](⏱)를 클릭하여 활성화하고, '0%'로 입력한 후 [Current Time Indicator]를 0:00:06:00 위치로 옮기고, '100%'로 입력합니다. [Current Time Indicator]를 좌우로 이동하면서 효과 및 모션을 확인합니다.

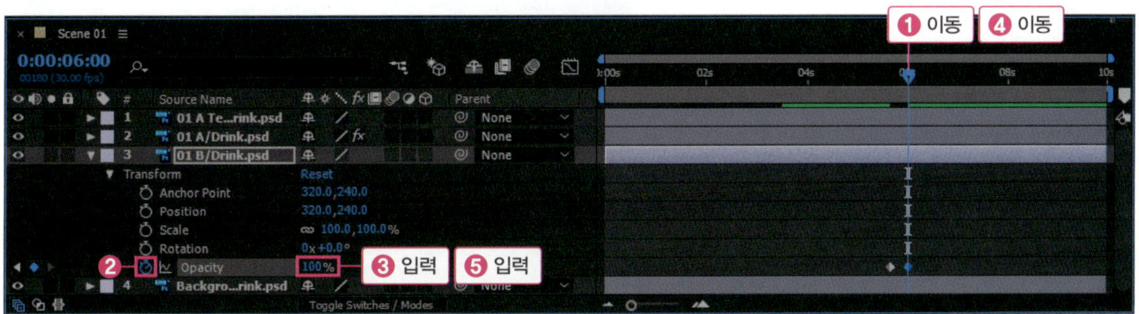

12 마지막으로 [Project] 패널의 '01 B Text/Drink.psd' 푸티지를 [Timeline] 패널의 2번 위치로 드래그한 후 레이어를 열고, [Current Time Indicator]를 0:00:06:00 위치로 옮깁니다.

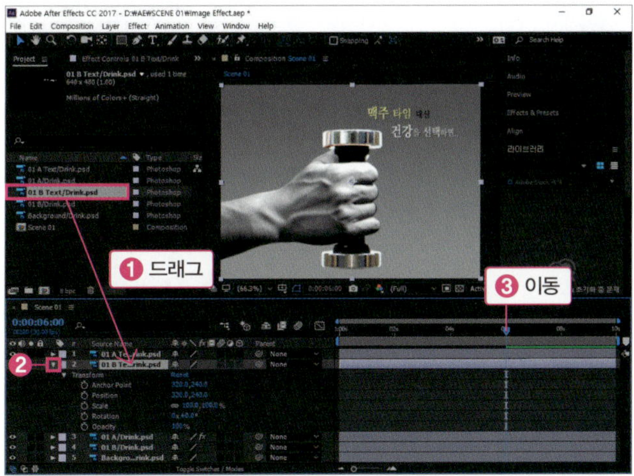

13 '01 B Text/Drink.psd' 레이어의 [Opacity] 〉 [Time-Vary stop watch]( )를 클릭하여 활성화하고, '0%'로 입력한 후 [Current Time Indicator]를 0:00:07:00 위치로 옮기고, '100%'로 입력합니다.

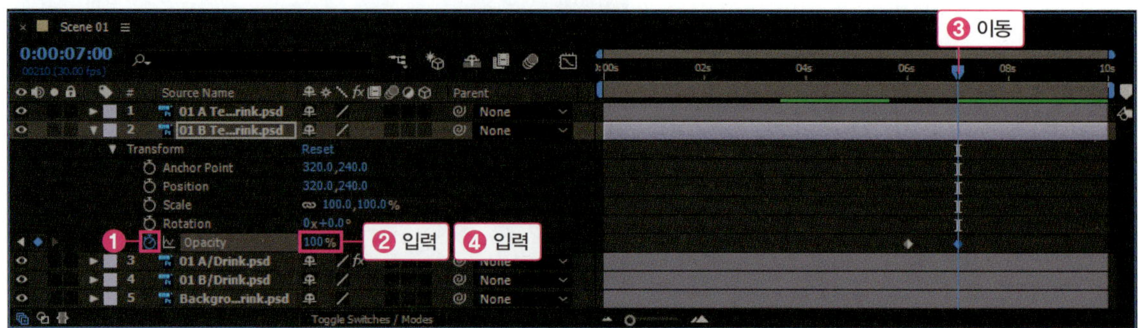

14 새 컴포지션을 만들어 이미지 화면전환 영상을 완성하였습니다. Ctrl + S 를 눌러 프로젝트 파일을 저장하고, 키보드의 숫자패드 0을 눌러 '장면전환 모션'을 확인합니다.

TIP :: 영상 미리 확인하기(Preview)

애프터 이펙트에서 미리보기를 하는 방법은 단축키 0을 누르는 방법과 [Composition] 〉 [Preview] 〉 [Play Current Preview] 메뉴를 클릭하는 방법, 그리고 우측 상단의 [Preview] 패널에서 [Play/Stop]을 클릭하는 방법이 있습니다.

05 새 컴포지션 추가 및 키프레임 복사 테크닉   Keyframe

05 새 컴포지션 추가 및 키프레임 복사 테크닉   Keyframe

: **준비 파일 :** Part 03 〉 Chapter 02 〉 Section 01 〉 Drink.psd

1 새 컴포지션을 만들기 위해서 [Composi-tion] 〉 [New Composition](Ctrl + N) 메뉴를 클릭합니다. [Composition Settings] 대화상자가 열리면 옵션 항목을 다음과 같이 설정한 후 [OK] 버튼을 클릭합니다.

- [Composition Name] : 'Scene 02'
- [Width] : '640'
- [Height] : '480'
- [Pixel Aspect Ratio] : 'Square Pixels'
- [Frame Rate] : '30'
- [Start Timecode] : '0:00:00:00'
- [Duration] : '0:00:10:00'
- [Background Color] : 검은색(#000000)

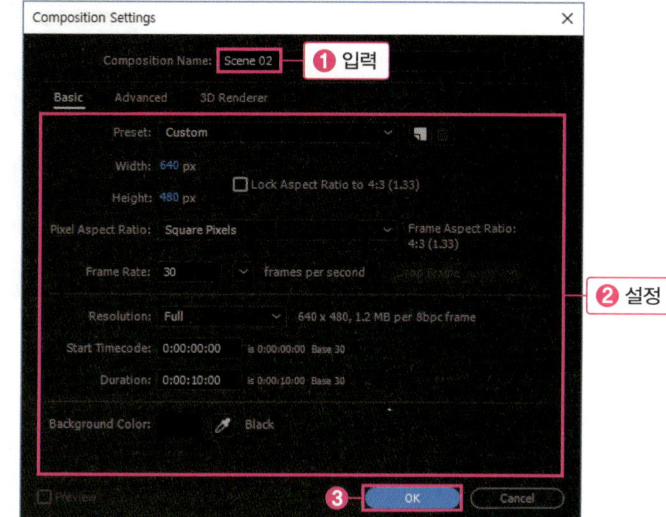

2 [Timeline] 패널과 [Project] 패널에서 새 컴포지션을 확인합니다.

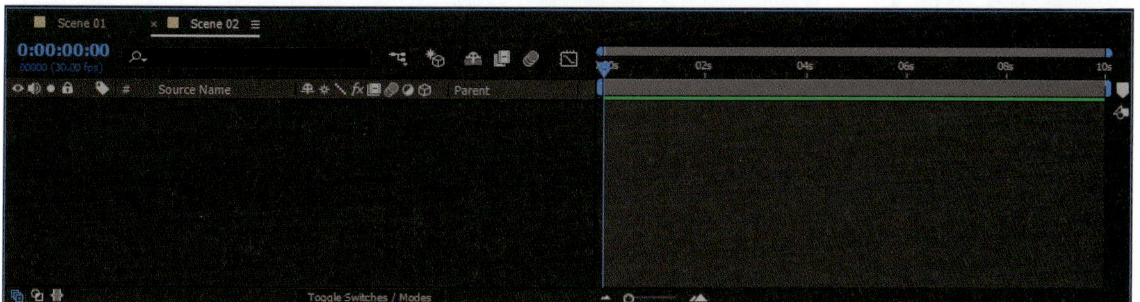

3 [Project] 패널의 빈 공간을 더블클릭하여 'Drink.psd' 파일에서 '02' 레이어 4개를 각각 불러옵니다.

TIP :: 소스 파일을 불러올 때 가장 빠르고, 쉬운 방법은 [Project] 패널의 빈 공간을 더블클릭하는 것입니다.

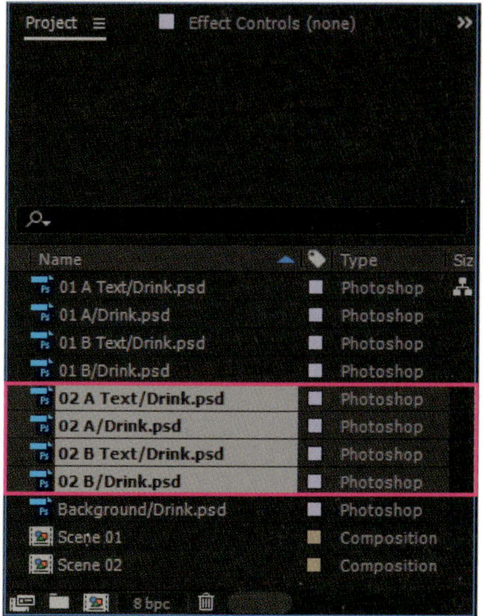

4 [Project] 패널의 '02 A Text/Drink.psd'와 '02 A/Drink.psd' 그리고 'Background/Drink.psd' 푸티지를 [Timeline] 패널의 새 컴포지션에 드래그하고, 3개의 레이어를 다음과 같은 순서로 배치합니다.

TIP :: 여러 개의 푸티지 동시 선택 방법

키보드의 Ctrl 을 누르고 푸티지를 선택하면 원하는 여러 개 푸티지를 선택할 수 있습니다. 순서대로 한꺼번에 선택하려면 Shift 를 누르고, 전체를 선택하려면 Ctrl + A 를 누릅니다.

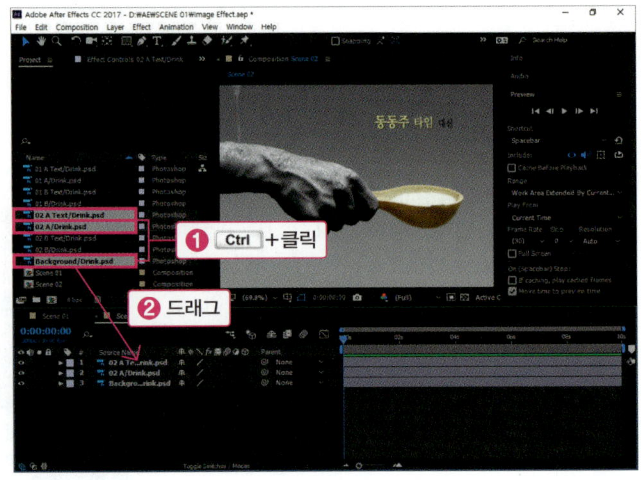

5 여기서부터는 이전 모션 작업을 반복합니다. 따라서 이전 작업의 키프레임을 복사하고, 붙여 넣는 것이 편리합니다. [Timeline] 패널에서 기존에 만들었던 'Scene 01' 컴포지션 탭을 클릭하고, '01 A/Drink.psd' 레이어를 선택합니다. 키프레임이 보이도록 레이어의 항목들을 열거나 단축키 U 를 눌러 키프레임만 보이도록 한 후 키프레임 6개를 드래그하여 모두 선택하고, Ctrl + C 를 눌러 복사합니다.

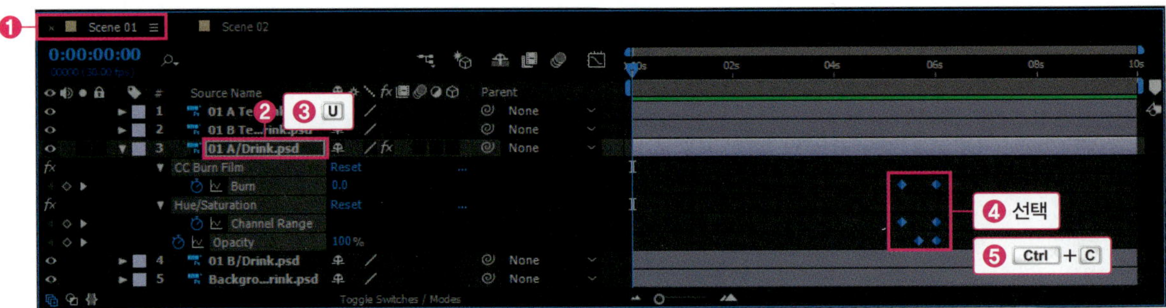

TIP :: 레이어 열기 단축키

• 단축키 U : 키프레임만 보입니다. 한 번 누르면 키프레임이 보이고, 다시 누르면 원래대로 보입니다. 키프레임이 많을 때는 세로 창이 길어지기 때문에 실무에서 유용한 단축키입니다.
• [Transform] 단축키 : A (Anchor Point), P (Position), S (Scale), R (Rotate), T (Opacity)

TIP :: 키프레임 관련 유의사항

• 키프레임 작업 유의사항 : 키프레임 작업 시, 해당 사항이 없는 레이어는 가급적 닫고 작업하는 게 좋습니다.

6 다시 [Scene 02] 컴포지션으로 돌아와서, '02 A/Drink.psd' 레이어를 선택하고, [Current Time Indicator]를 이전 작업과 동일한 지점(0:00:05:10)으로 옮긴 후 **Ctrl**+**V**를 눌러 키프레임을 붙여 넣습니다. **U**를 눌러 확인하고, [Current Time Indicator]를 좌우로 옮기면서 이전 작업과 동일한 모션을 확인합니다.

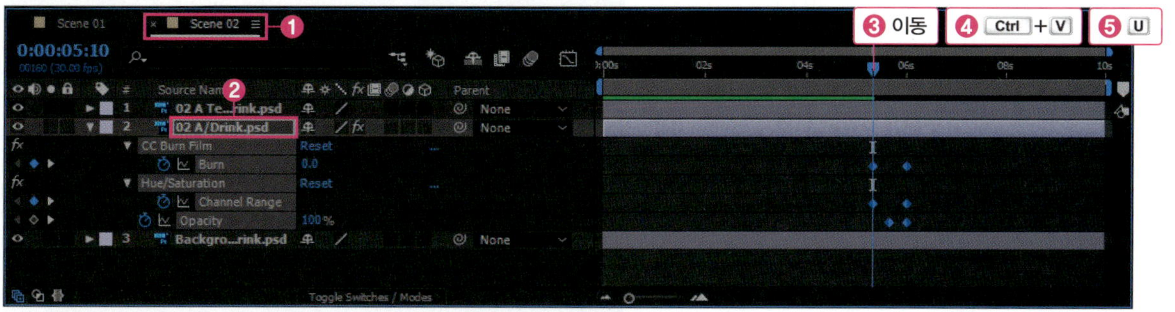

TIP :: 키프레임 붙여 넣을 시 유의사항

복사한 키프레임을 붙여 넣을 때 [Current Time Indicator]의 위치를 기준으로 붙여 넣기가 되므로 주의합니다.

7 다음으로 [Scene 02] 컴포지션의 '02 A Text/Drink.psd' 레이어도 이전 작업의 모션과 같으므로 [Scene 01] 컴포지션에서 '01 A Text/Drink.psd' 레이어를 선택하고, **U**를 눌러 키프레임을 모두 선택합니다. 그리고 **Ctrl**+**C**를 눌러 복사합니다.

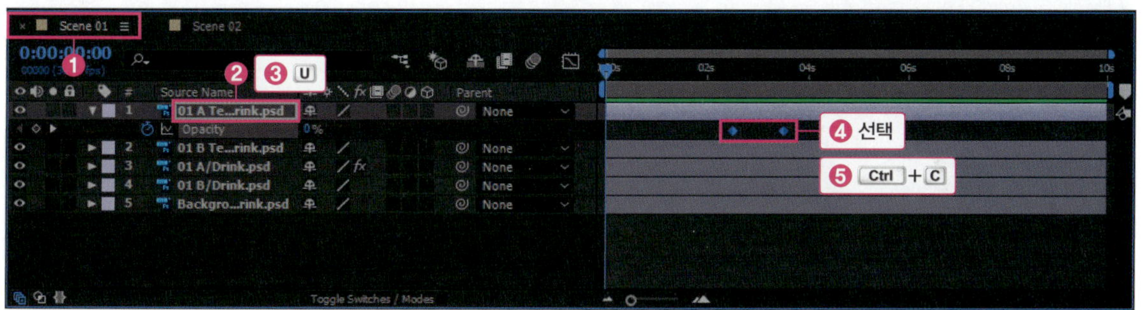

8 다시 [Scene 02] 컴포지션으로 돌아와서 '02 A Text/Drink.psd' 레이어를 선택하고 [Current Time Indicator]를 0:00:01:15 위치로 옮긴 후 **Ctrl**+**V**를 눌러 키프레임을 복사합니다. **U**를 눌러 복사된 키프레임을 확인하고 [Current Time Indicator]를 좌우로 옮기면서 모션을 확인합니다.

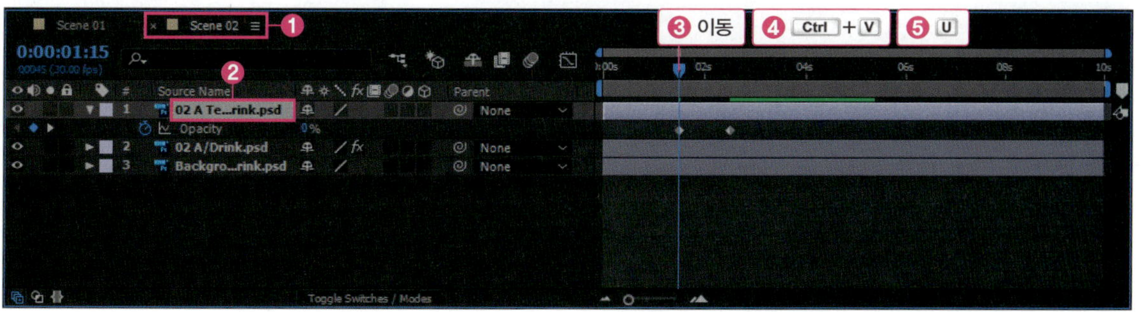

9 다음으로 [Project] 패널의 '02 B Text/
Drink.psd', '02 B/Drink.psd' 푸티지를 [Time-
line] 패널의 'Scene 02' 컴포지션에 각각 드래
그하고 그림과 같은 순서로 배치합니다.

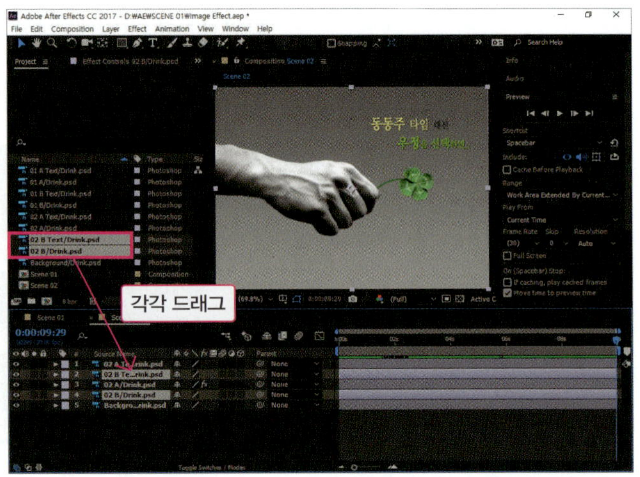

10 앞선 방법으로 [Scene 01] 컴포지션의 '01 B/Drink.psd' 레이어 키프레임 2개를 복사하고, [Scene 02] 컴포지션의 '02 B/Drink.psd' 레이어의 0:00:05:20 위치에 붙여 넣습니다. **U**를 눌러 복사된 키프레임을 확인합니다.

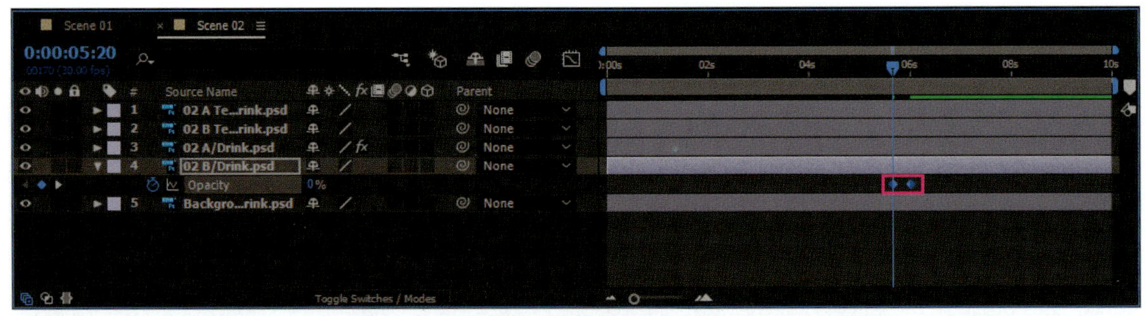

11 앞선 방법으로 [Scene 01] 컴포지션의 '01 B Text/Drink.psd' 레이어 키프레임을 [Scene 02] 컴포지션 '02 B Text/Drink.psd' 레이어의 0:00:06:00 위치로 복사하고 붙여 넣은 후 확인합니다. 기존 만들었던 레이어의 키프레임을 복사하여 새 컴포지션에 붙여 넣기로 모션을 쉽게 완성하였습니다. 숫자패드 **0**을 눌러 키프레임 모션을 확인합니다.

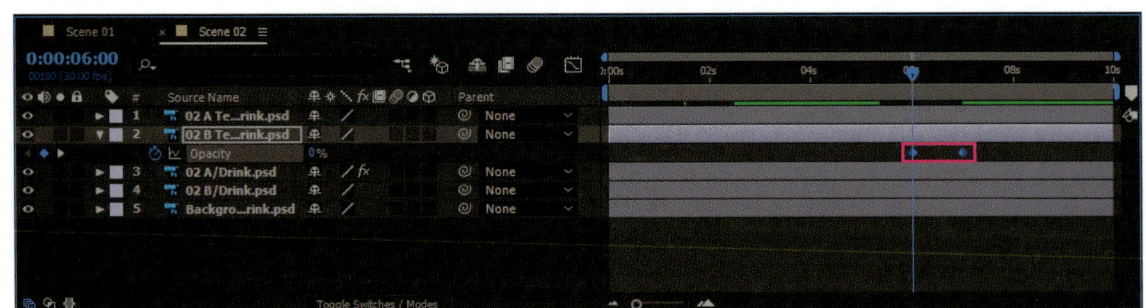

12 'Drink.psd' 파일에서 '03'번 레이어, '04'번 레이어 역시 [Scene 03], [Scene 04] 컴포지션을 만들어 레이어의 키프레임 복사, 붙여 넣는 방법을 통해 완성합니다.

TIP :: 키프레임 관련 작업 속도 빠르게 하기

키프레임은 보통 반복된 작업이 많기 때문에 이와 관련된 단축키를 외워서 사용하는 것이 시간 단축에 도움이 됩니다.

키프레임 관련 단축키	
키프레임 복사	Ctrl + C
키프레임 붙여넣기	Ctrl + V
해당 속성에 관련된 모든 키프레임 선택	해당 속성 이름 클릭
표시되는 모든 키프레임 및 속성 선택	Ctrl + Alt + A
모든 키프레임, 속성 및 속성 그룹 선택 해제	Shift + F2 또는 Ctrl + Alt + Shift + A
키프레임을 이후 또는 이전에 1프레임 이동	Alt + → 또는 Alt + ←
키프레임을 이후 또는 이전에 10프레임 이동	Alt + Shift + → 또는 Alt + Shift + ←
선택한 키프레임의 보간 설정(레이어 막대 모드)	Ctrl + Alt + K
키프레임 보간 방법을 [고정] 또는 [자동 베지어]로 설정	Ctrl + Alt + H
키프레임 보간 방법을 [선형] 또는 [자동 베지어]로 설정	레이어 막대 모드에서 Ctrl 을 누른 상태로 클릭
키프레임 보간 방법을 [선형] 또는 [고정]으로 설정	레이어 막대 모드에서 Ctrl + Alt 를 누른 상태로 클릭
선택한 키프레임 천천히 들어오기 및 나가기	F9
선택한 키프레임 천천히 들어오기	Shift + F9
선택한 키프레임 천천히 나가기	Ctrl + Shift + F9
선택한 키프레임의 속도 설정	Ctrl + Shift + K
현재 시간에 키프레임 추가 또는 제거	Alt + 속성 단축

※ [Timeline] 패널 관련 단축키는 p.24~25 참조

: **준비 파일** : Part 03 〉 Chapter 02 〉 Section 01 〉 Drink.psd

1　새 컴포지션을 만들기 위해서 [Composi-
tion] 〉 [New Composition](Ctrl + N) 메뉴를
클릭합니다. [Composition Settings] 대화상자가
열리면 옵션 항목을 다음과 같이 설정한 후
[OK] 버튼을 클릭합니다.

- [Composition Name] : 'Scene 05'
- [Width] : '640'
- [Height] : '480'
- [Pixel Aspect Ratio] : 'Square Pixels'
- [Frame Rate] : '30'
- [Start Timecode] : '0:00:00:00'
- [Duration] : '0:00:18:00'
- [Background Color] : 검은색(#000000)

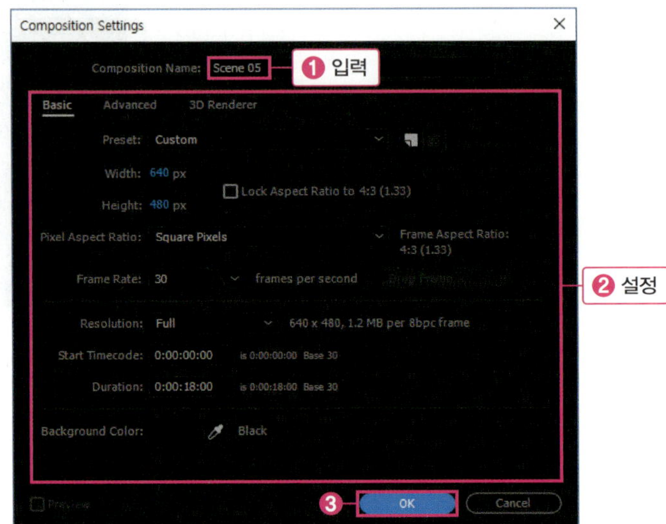

2　[Project] 패널의 빈 공간을 더블클릭하여
'Drink.psd' 파일에서 '05' 레이어 7개를 각각 불
러옵니다. [Project] 패널의 '05 A/Drink.psd',
'05 A-a/Drink.psd', 'Background/Drink.psd'
3개 푸티지를 [Timeline] 패널의 새 컴포지션에
드래그한 후 '양주잔(05 A-a/Drink.psd)'의
[Transform]을 클릭해 열고, [Position]을 '85,
115'로 입력합니다.

TIP :: Transform의 수치를 입력(좌우 드래그)하는 방법 이
외에 [Composition] 패널에서 이미지를 직접 드래그해서 '양
주잔'을 위쪽으로 옮기는 방법도 있습니다.

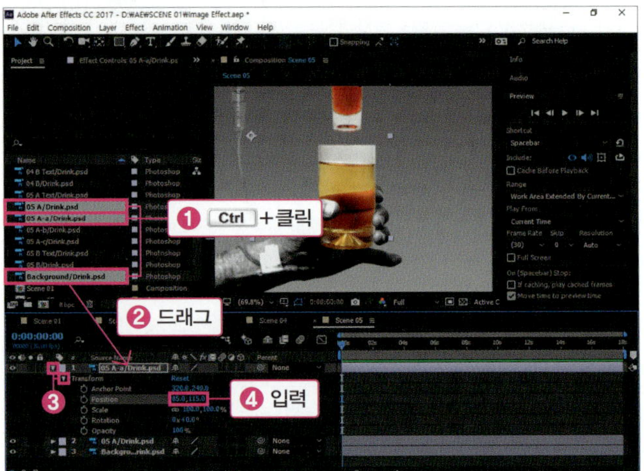

3　[Current Time Indicator]를 0:00:02:00 위치로 옮깁니다. '05 A-a/Drink.psd' 레이어의 [Opacity] 〉 [Time-
Vary stop watch]( )를 클릭해 활성화하고, '0%'로 입력한 후 [Current Time Indicator]를 0:00:02:10 위치로 옮기고
'100%'로 입력합니다. [Current Time Indicator]를 좌우로 옮기면서 양주잔이 등장하는 Opacity 모션을 확인합니다.

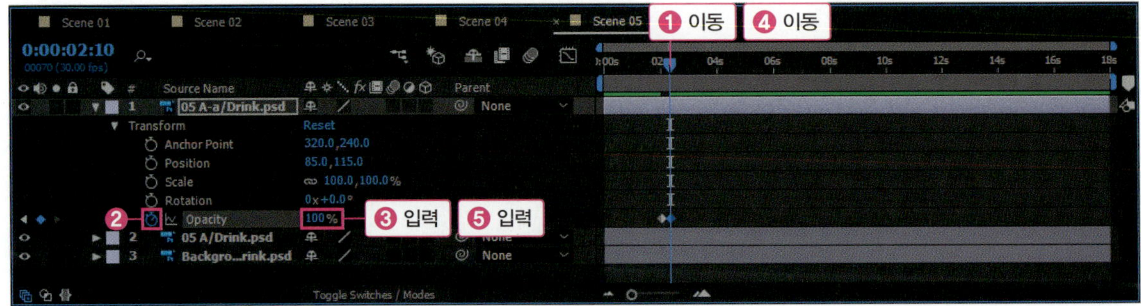

4 ＋를 눌러 [Timeline] 패널을 확대한 후 [Current Time Indicator]를 0:00:02:18 위치로 옮깁니다. 왼쪽의 0:00:02:10에 위치한 키프레임 1개를 선택하고, **Ctrl**＋**C**, **Ctrl**＋**V**를 눌러 복사하고 붙여 넣은 후 [Current Time Indicator]를 0:00:02:20 위치로 옮기고 '0%'로 입력합니다. [Current Time Indicator]를 좌우로 옮기면서 양주잔이 등장했다가 사라지는 모션을 확인합니다.

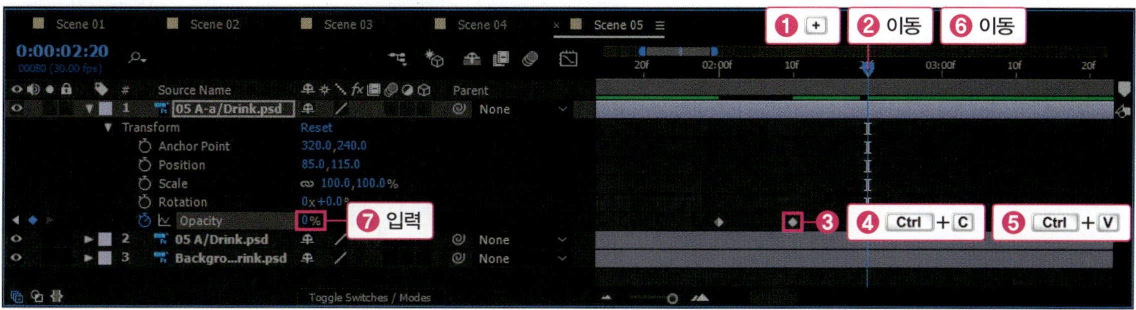

TIP ∷ [Timeline] 패널의 Zoom In, Zoom Out

[Timeline] 패널이 선택된 상태에서 키보드의 ＋, －를 눌러 확대 및 축소를 할 수 있습니다(단, 숫자패드 ＋, － 적용 안 됨). 또한, [Timeline] 패널 하단의 Zoon In과 Zoom Out 아이콘과 이동 바를 움직이는 방법도 있습니다. [Timeline] 화면을 확대하면 프레임 바에 한 눈금의 단위가 보이는데, 'f'는 frame이고 's'는 second의 약자입니다.

5 '양주잔'이 떨어져 '폭탄주'가 되는 모션을 만들기 위해 [Project] 패널의 '05 A-b/Drink. psd' 푸티지를 [Timeline] 패널 가장 위쪽에 드래그한 후 **T**를 눌러 [Opacity]만 보이게 하고 [Current Time Indicator]를 0:00:02:18 위치로 옮깁니다. [Opacity] 〉 [Time-Vary stop watch] (⏱)를 클릭해 활성화하고, '0%'로 입력한 후 [Current Time Indicator]를 0:00:02:20 위치로 옮기고, '100%'로 입력합니다.

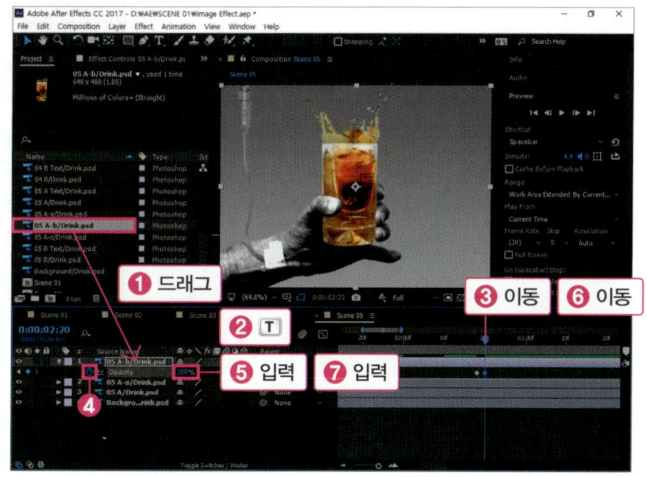

TIP ∷ Opacity 단축키

[Timeline] 패널에서 선택된 레이어의 Opacity만 보이게 하는 단축키는 **T**입니다.

6 [Current Time Indicator]를 0:00:03:05 위치로 옮긴 후 왼쪽의 0:00:02:20에 위치한 키프레임을 선택한 후 **Ctrl**＋**C**, **Ctrl**＋**V**로 복사하고 붙여 넣습니다. 다시 [Current Time Indicator]를 0:00:03:25 위치로 옮기고, '0%'로 입력한 후 [Current Time Indicator]를 좌우로 옮기면서 모션을 확인합니다.

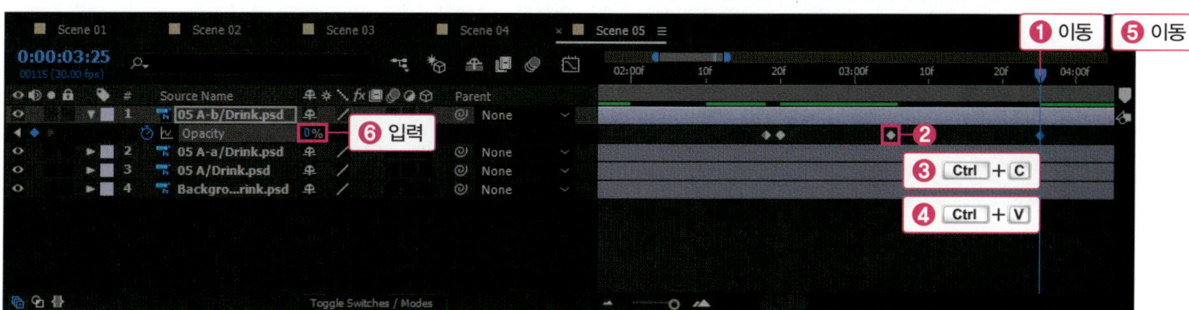

7 [Project] 패널의 '폭탄주(05 A-c/Drink. psd)' 푸티지를 [Timeline] 패널에 드래그한 후 T를 누릅니다. 0:00:03:05 위치에서 [Opacity] 〉 [Time-Vary stop watch](ⓞ)를 클릭해 활성화하고, '0%'로 입력한 후 0:00:03:25 위치에서 '100%'로 입력합니다. [Current Time Indicator]를 좌우로 옮기며 두 개의 술잔이 합쳐져 '폭탄주'가 되는 모션을 확인합니다.

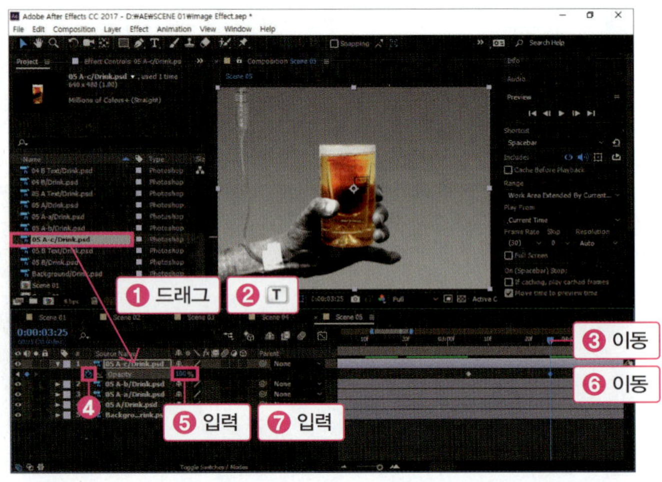

8 텍스트 모션을 만들기 위해 [Project] 패널의 '05 A Text/Drink.psd' 푸티지를 [Timeline] 패널에 드래그합니다. 0:00:03:05 위치에서 [Opacity] 〉 [Time-Vary stop watch](ⓞ)를 클릭해 활성화하고, '0%'로 입력한 후 0:00:04:04 위치는 '100%'로 입력합니다. 텍스트 Opacity 모션을 확인합니다.

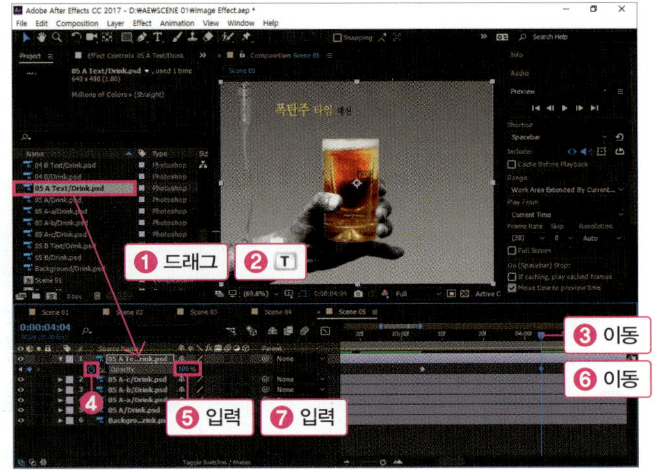

9 지금까지 작업한 Opacity 모션에 기존에 만들었던 Effects(CC Burn Film)을 추가하기 위해 [Scene 01] 컴포지션에서 '01 A/Drink.psd' 레이어를 선택하고 U를 눌러 6개의 키프레임을 선택합니다. Ctrl+C를 눌러 복사한 후 [Scene 05] 컴포지션 '05 A/Drink.psd' 레이어의 0:00:05:10 위치에서 Ctrl+V를 눌러 키프레임을 붙여 넣습니다. 05 손 이미지에 Effects(CC Burn Film) 효과가 적용됨을 확인합니다.

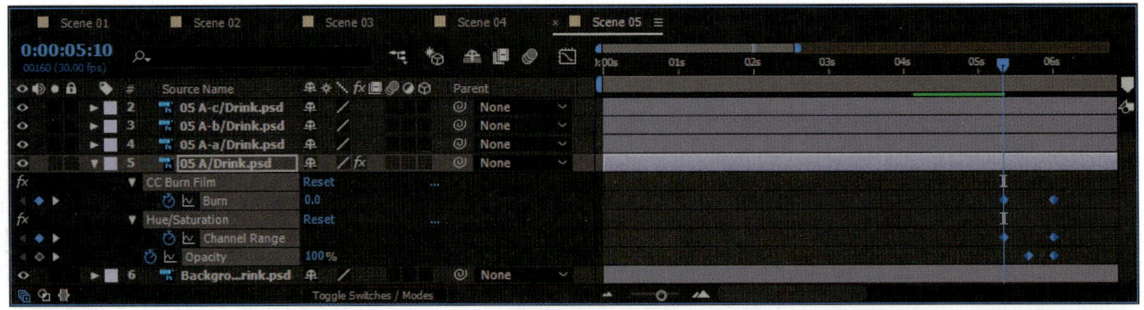

10 05 술잔도 함께 사라지도록 하기 위해 '05 A-c/Drink.psd' 레이어를 선택하고, **T**를 눌러 [Opacity]를 보이도록 합니다. 0:00:05:10 위치에서 왼쪽의 0:00:03:25에 위치한 키프레임을 선택하고, **Ctrl**+**C**, **Ctrl**+**V**로 복사하고 붙여 넣습니다. [Current Time Indicator]를 0:00:06:00 위치로 옮기고 '0%'로 입력한 후 [Current Time Indicator]를 좌우로 옮기며 '폭탄주'와 '손'이 동시에 사라지는 모션을 확인합니다.

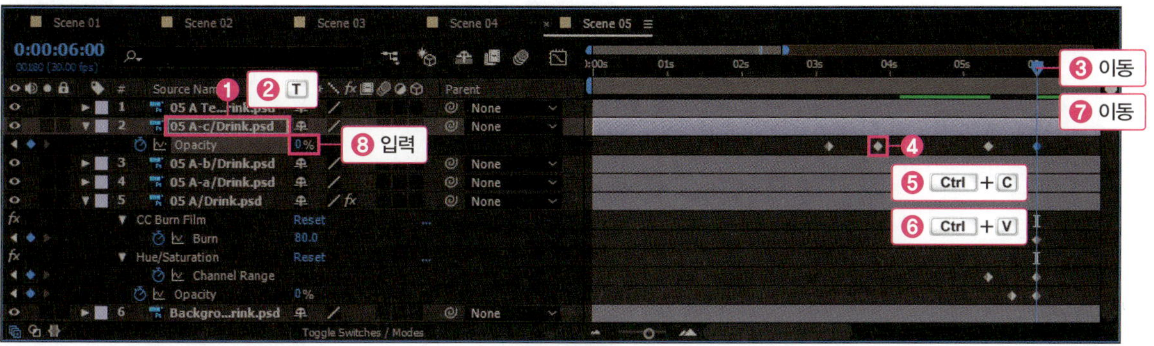

11 [Project] 패널의 '05 B Text/Drink.psd', '약속 손(05 B/Drink.psd)' 푸티지를 [Timeline] 패널에 각각 드래그하여 다음과 같은 순서로 배치합니다.

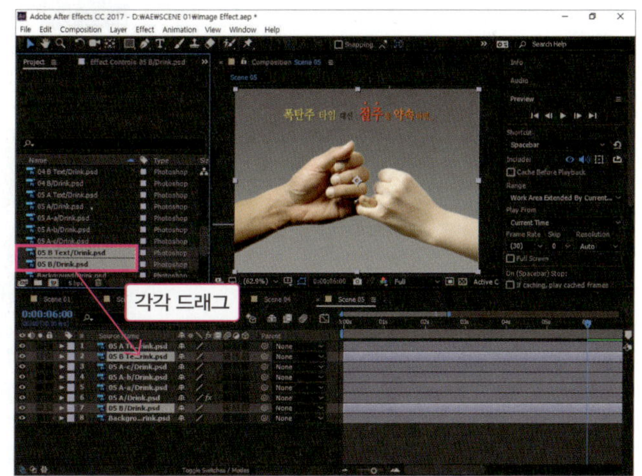

12 '05 B Text/Drink.psd', '05 B/Drink.psd' 레이어를 선택하고, **T**를 눌러 [Opacity]를 보이게 한 후 0:00:06:00 위치에서 [Time-Vary stop watch](⏱)를 클릭해 활성화합니다. '0%', 0:00:07:00 위치에서 '100%'로 입력하고, [Current Time Indicator]를 좌우로 옮기며 모션을 확인합니다.

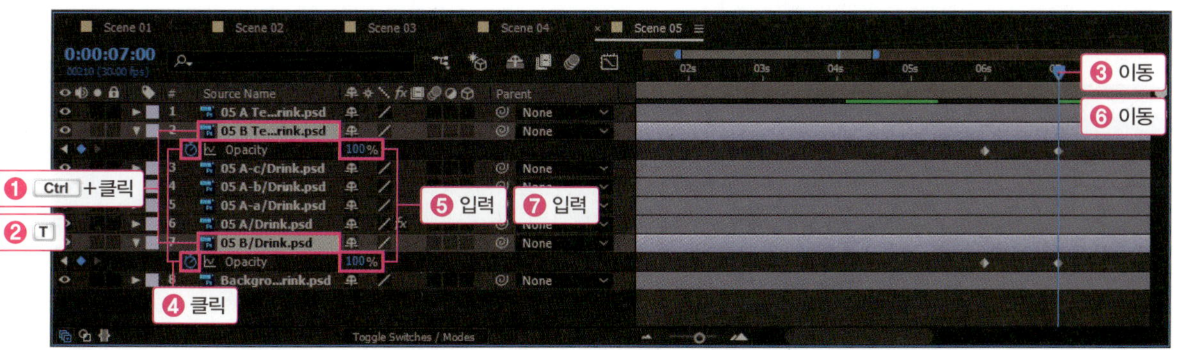

1 새 배경으로 사용할 솔리드 레이어를 만들기 위해서 [Layer] 〉 [New] 〉 [Solid](**Ctrl** + **Y**) 메뉴를 클릭합니다.

TIP :: 솔리드 레이어

단일 색상으로 채워진 이미지입니다. 포토샵에서 색상을 채운 레이어와 같습니다. 색상과 크기를 자유롭게 조절하여 마스크 모션이나 애니메이션, 배경 등의 다양한 레이어로 사용합니다. 사이즈는 최대 30,000×30,000 pixels까지 지원합니다.

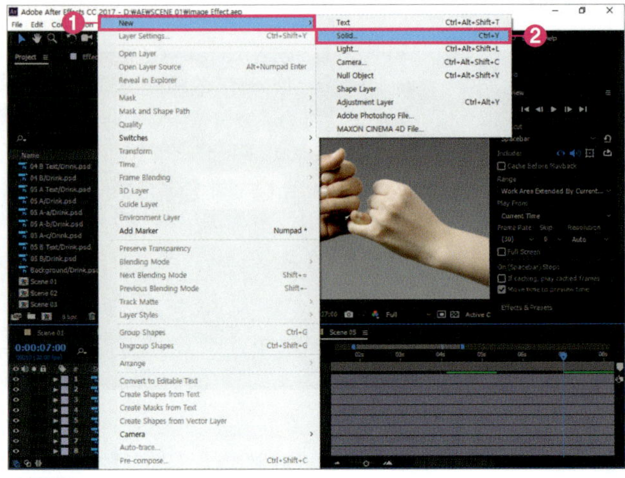

2 [Solid Settings] 대화상자가 열리면 [Color]를 '흰색(#ffffff)'으로 설정하고 [OK] 버튼을 클릭합니다.

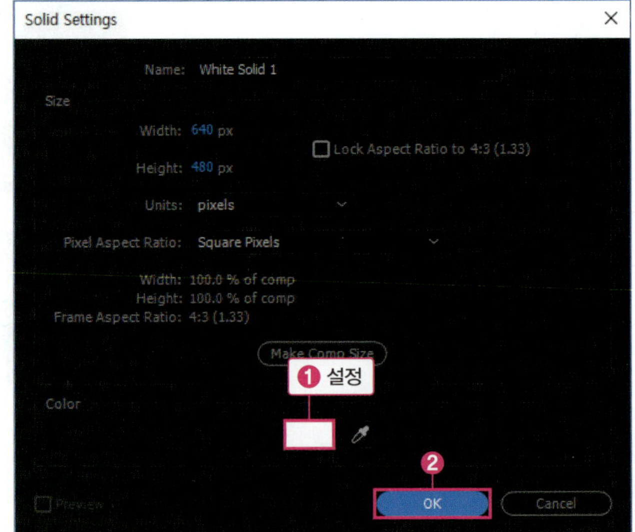

3 [Timeline] 패널에 솔리드 레이어가 만들어졌음을 확인한 후 드래그하여 맨 아래 레이어 위치로 옮깁니다.

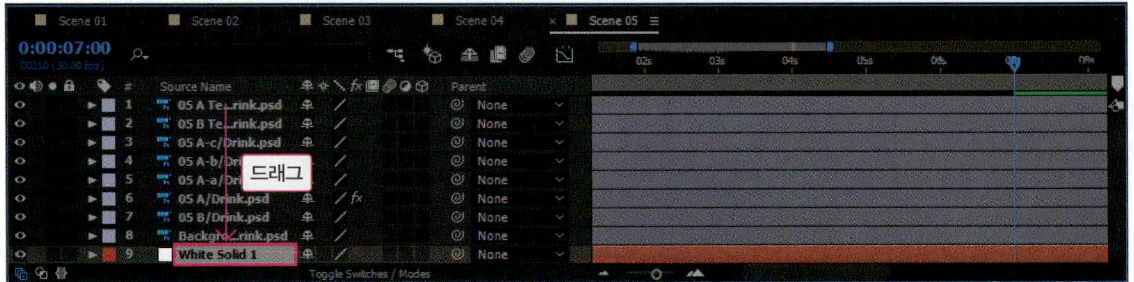

4 [Timeline] 패널에서 'Background/Drink. psd' 레이어를 선택하고, **T**를 눌러 [Opacity]를 보이게 한 후 0:00:08:00 위치에서 [Time-Vary stop watch](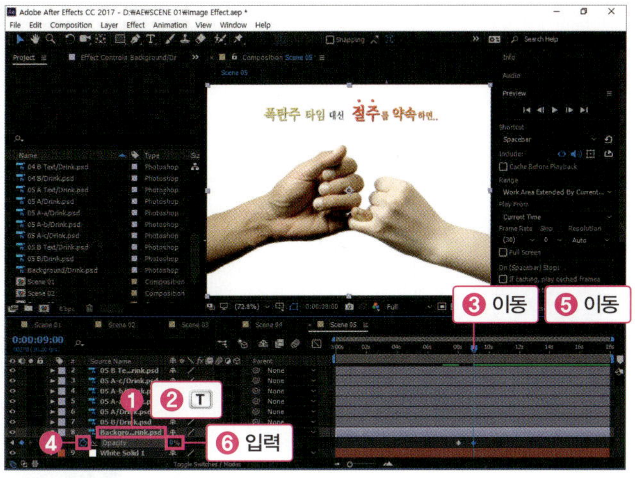)를 클릭해 활성화하고, 0:00:09:00 위치로 이동하여 '0%'로 입력합니다. [Current Time Indicator]를 좌우로 옮기며 배경이 솔리드 레이어로 바뀌는 모션을 확인합니다.

5 [Timeline] 패널에서 '05 A Text/Drink.psd' 레이어를 선택하고 **T**를 눌러 [Opacity]를 보이게 합니다. [Current Time Indicator]를 0:00:08:00 위치로 옮긴 후 왼쪽의 0:00:04:04에 위치한 키프레임을 선택하여 **Ctrl**+**C**, **Ctrl**+**V**로 복사하고 붙여 넣습니다. [Current Time Indicator]를 0:00:09:00 위치로 옮기고 '0%'로 입력한 후 [Current Time Indicator]를 좌우로 옮기면서 배경이 바뀌는 모션을 확인합니다.

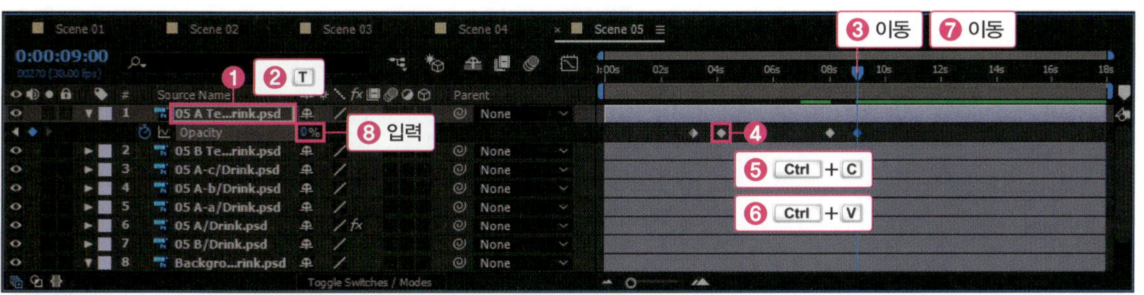

: 준비 파일 : Part 03 〉 Chapter 02 〉 Section 01 〉 Drink.psd

1 '약속 손(05 B/Drink.psd)'에 흑백 효과를 적용하기 위해서 레이어를 선택하고, [Effect] 〉 [Color Correction] 〉 [Tint] 메뉴를 클릭하여 효과를 적용하면 이미지가 흑백으로 바뀝니다.

TIP :: Tint 효과

이미지나 영상의 명도와 채도 조절이 가능하며, Duotone처럼 두 가지 계열의 색상을 표현할 수 있습니다.

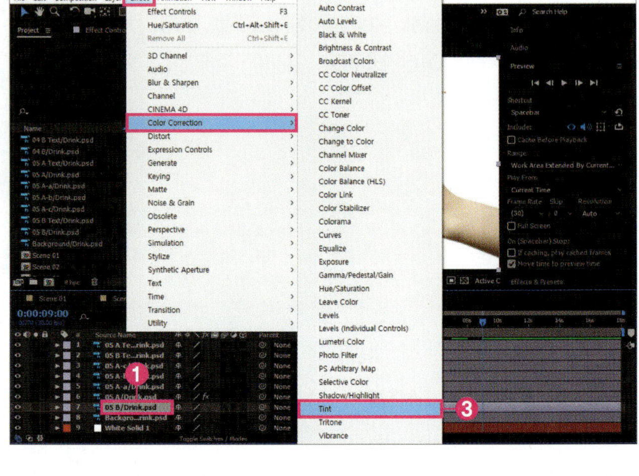

2 [Effect Controls] 패널에 Tint 효과의 옵션이 보이면 [Current Time Indicator]를 0:00:08:00 위치로 옮긴 후 [Amount to Tint] 〉 [Time–Vary stop watch]( )를 클릭해 활성화합니다.

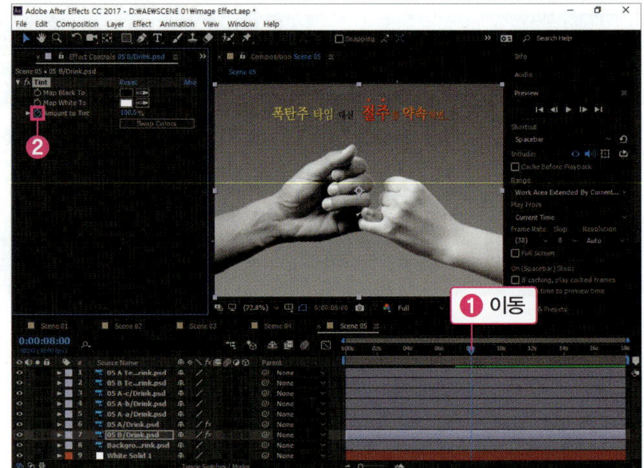

3 [Current Time Indicator]를 0:00:09:00 위치로 옮긴 후 [Amount to Tint]를 '0.0%'로 입력합니다. [Current Time Indicator]를 좌우로 옮기면서 흑백에서 컬러로 변하는 '약속 손' 이미지의 모션을 확인합니다.

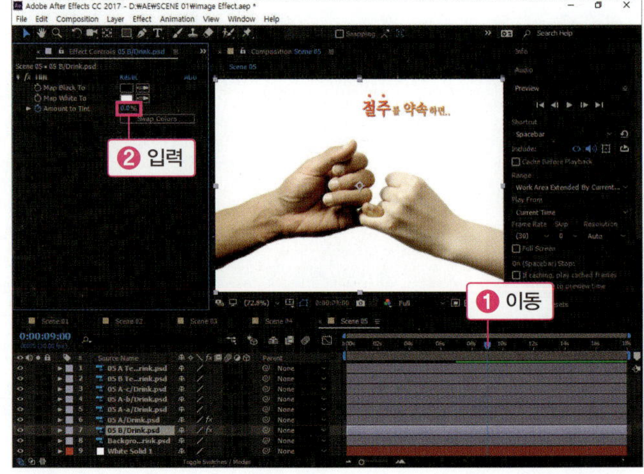

4 [Project] 패널의 빈 공간을 더블클릭하여 'Drink.psd' 파일의 'Ending' 레이어 2개를 각각 불러옵니다.

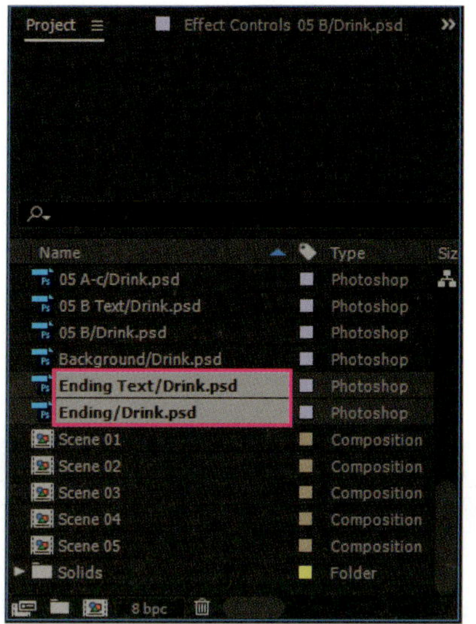

5 [Project] 패널의 '하트 손(Ending/Drink. psd)' 푸티지를 [Timeline] 패널의 8번 위치로 드래그합니다. **T**를 눌러 [Opacity]를 보이게 하고, 0:00:10:00 위치에서 [Time-Vary stop watch](⏱)를 클릭해 활성화한 후 '0%', 0:00:12:00 위치는 '100%'로 입력합니다.

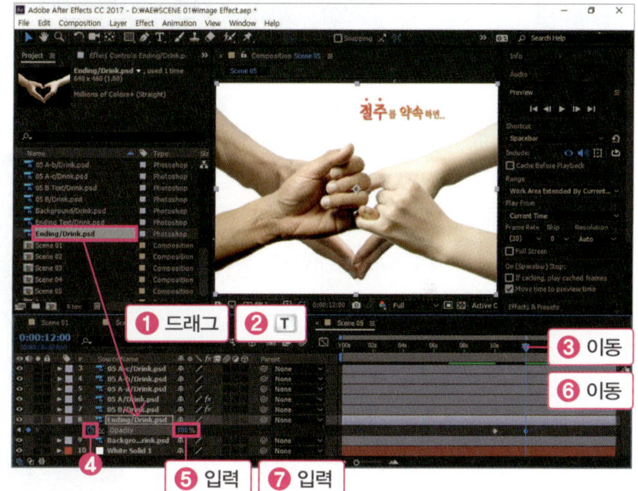

6 '약속 손(05 B/Drink.psd)' 레이어를 선택하고, **T**를 눌러 [Opacity]를 보이게 한 후 키프레임 복사를 이용하여 0:00:10:00 위치는 '100%', 0:00:12:00 위치는 '0%'로 입력합니다. [Current Time Indicator]를 좌우로 옮기면서 '약속 손'이 '하트 손'으로 바뀌는 모션을 확인합니다.

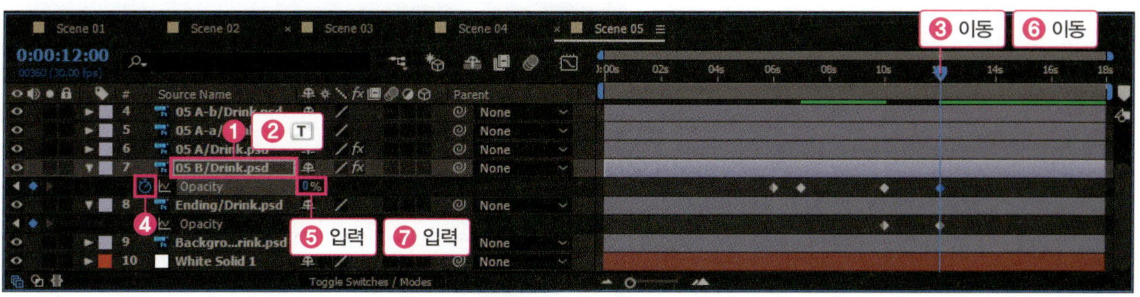

1 '05 B Text/Drink.psd' 레이어를 열고, 0:00:10:00 위치에서 [Position]과 [Scale]의 [Time–Vary stop watch]( )를 클릭해 활성화합니다. [Current Time Indicator]를 0:00:12:00 위치로 옮기고, 다음과 같이 입력한 후 위치 이동과 크기 조절이 동시에 되는 모션을 확인합니다.

• [Position] : '237, 190'
• [Scale] : '80, 80.%'

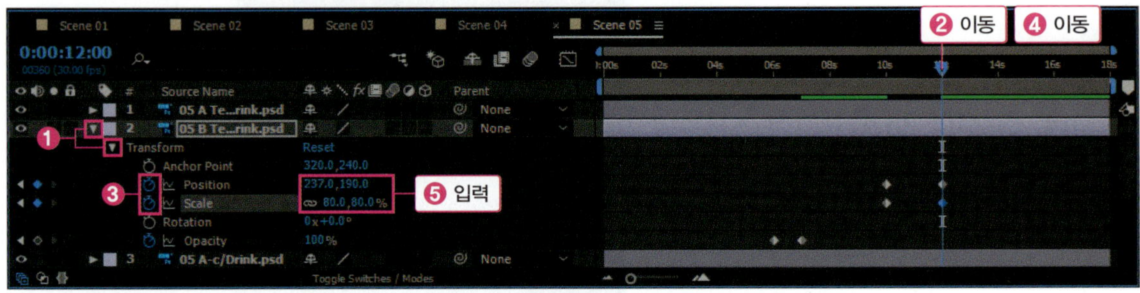

2 [Project] 패널의 'Ending Text/Drink.psd' 푸티지를 [Timeline] 패널로 1번 위치로 드래그한 후 **T**를 눌러 [Opacity]를 보이게 합니다. 0:00:12:00 위치에서 [Time–Vary stop watch]( )를 클릭해서 활성화한 후 '0%', 0:00:14:00 위치는 '100%'로 입력합니다.

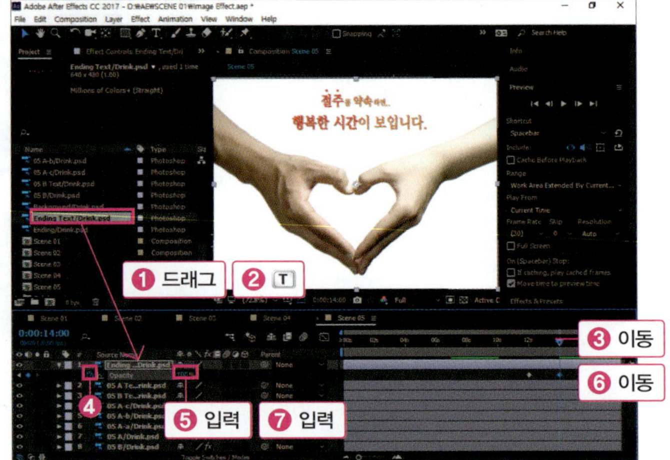

3 위치 이동과 크기 조절 Transform 모션을 완성하였습니다. 숫자패드 **0**을 눌러 지금까지 직업한 영상을 확인합니다.

10 BGM에 맞춘 컴포지션 종합 편집 테크닉

: 준비 파일 : Part 03 〉 Chapter 02 〉 Section 01 〉 bgm sul.mp3, 뿅.wav

1 새 컴포지션을 만들기 위해서 [Composition] 〉 [New Composition](Ctrl + N) 메뉴를 클릭합니다. [Composition Settings] 대화상자가 열리면 옵션 항목을 다음과 같이 설정한 후 [OK] 버튼을 클릭합니다.

- [Composition Name] : 'Entire'
- [Width] : '640'
- [Height] : '480'
- [Pixel Aspect Ratio] : 'Square Pixels'
- [Frame Rate] : '30'
- [Start Timecode] : '0:00:00:00'
- [Duration] : '0:01:10:00'
- [Background Color] : 검은색(#000000)

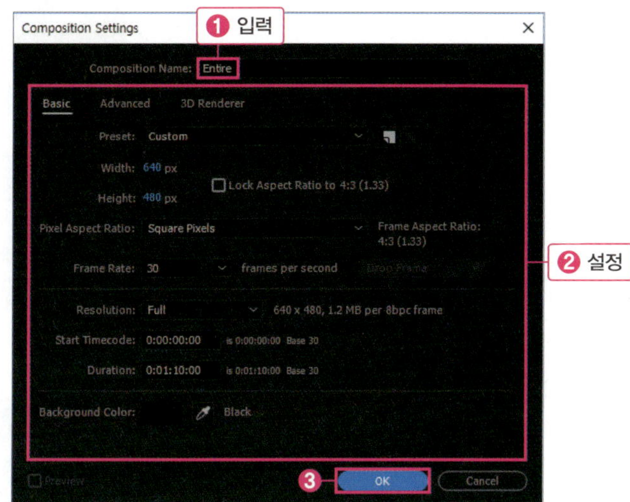

2 BGM(배경음악)을 넣기 위해서 [Project] 패널의 빈 공간을 더블클릭한 후 'bgm sul.mp3' 파일을 불러옵니다.

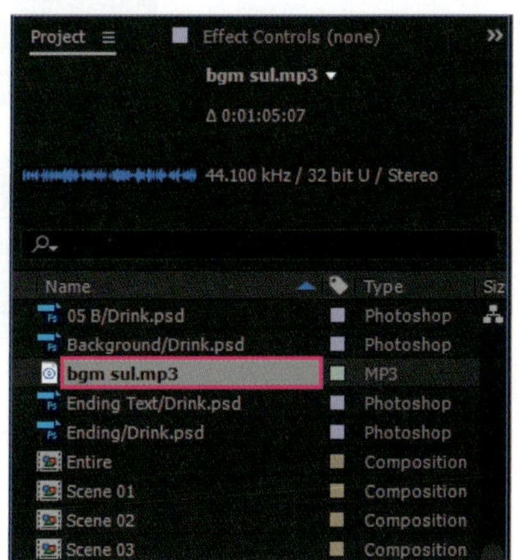

3 [Project] 패널의 'bgm sul.mp3' 푸티지를 [Timeline] 패널로 드래그하여 BGM을 넣고, 확인합니다.

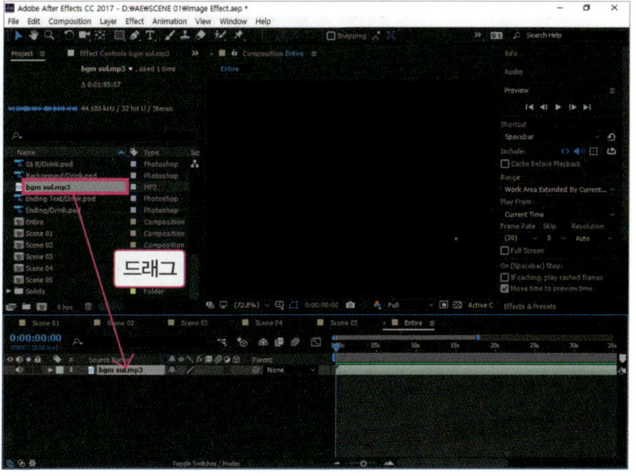

4 [Project] 패널의 [Scene 01] 컴포지션을 [Timeline] 패널에 드래그한 후 **T**를 눌러 [Opacity]가 보이도록 합니다. [Time–Vary stop watch](아이콘)를 클릭해서 활성화하고, BGM의 부드러운 흐름에 맞추어 0:00:00:00 위치는 '0%', 0:00:01:15 위치와 0:00:08:15 위치는 '100%', 0:00:10:00 위치는 '0%'로 입력합니다.

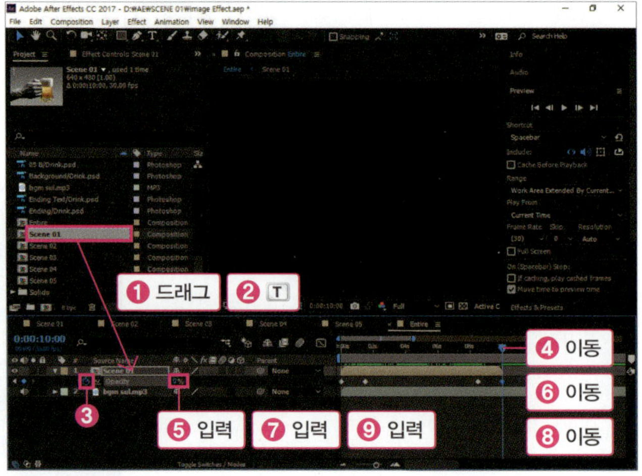

5 [Project] 패널의 [Scene 02] 컴포지션을 [Timeline] 패널로 드래그하고, [Current Time Indicator]를 0:00:10:00 위치로 옮긴 후 레이어의 위치를 옮깁니다. [Scene 01] 레이어의 Opacity 키프레임 4개를 선택하고, **Ctrl**+**C**로 복사하여 'Scene 02' 레이어의 [In 점]에 **Ctrl**+**V**로 붙여 넣어 Opacity 모션을 적용합니다.

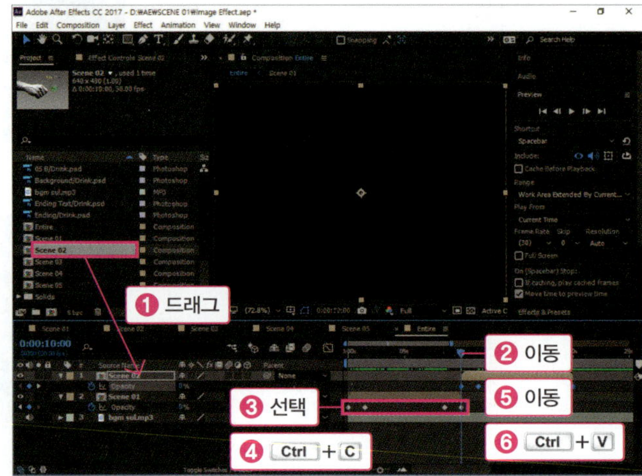

TIP :: [Current Time Indicator]를 활용하여 레이어를 이동하는 방법

레이어를 이동할 지점에 [Current Time Indicator]를 옮긴 후 **[** 또는 **]**를 누르면 Indicator를 기준으로 왼쪽, 오른쪽으로 자동 이동됩니다.

6 위와 같은 방법으로 [Scene 03], [Scene 04], [Scene 05] 컴포지션을 [Timeline] 패널에 붙여 넣고, Opacity 모션을 적용합니다.

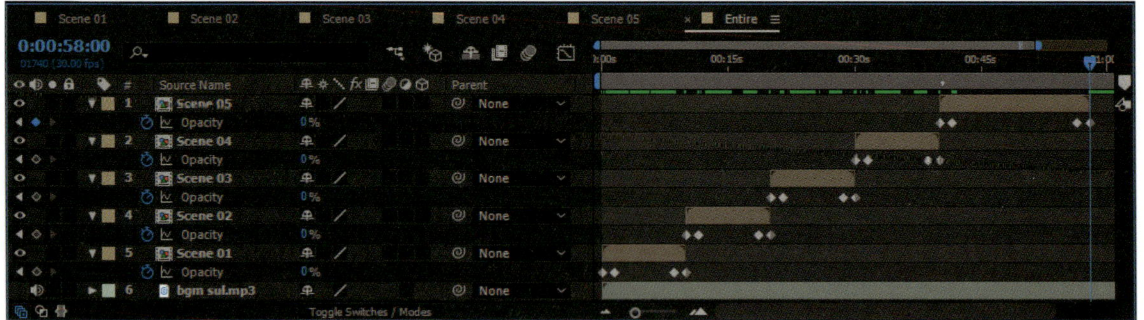

7 상황에 적절한 '효과음'을 넣기 위해서 [Project] 패널의 빈 공간을 더블클릭한 후 '뽁.wav' 파일을 불러옵니다.

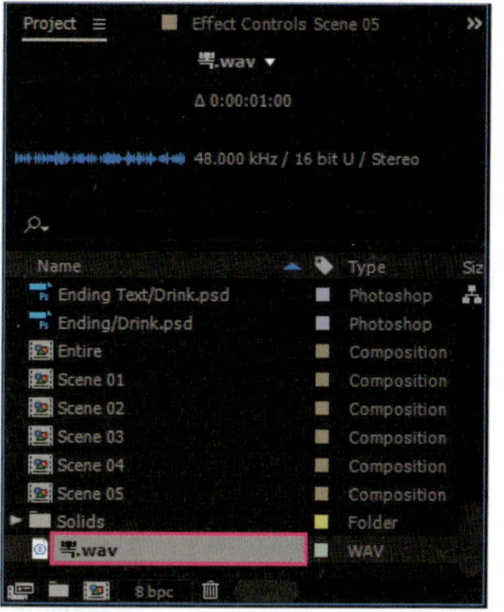

8 [Current Time Indicator]를 0:00:42:18 위치로 옮기고, '뽁.wav' 푸티지를 그 지점으로 옮깁니다.

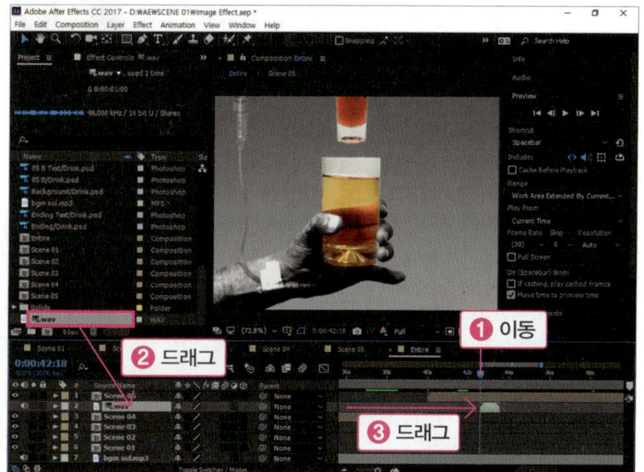

9 이제까지 새 컴포지션을 추가하고, 각각 완성한 컴포지션을 붙여 영상을 완성하였습니다. 숫자패드 **0**을 눌러 영상을 확인합니다.

1 [Timeline] 패널의 [Entire] 컴포지션이 선택된 상태에서 [Composition] 〉 [Add to Render Queue](**Ctrl** + **M**) 메뉴를 클릭합니다.

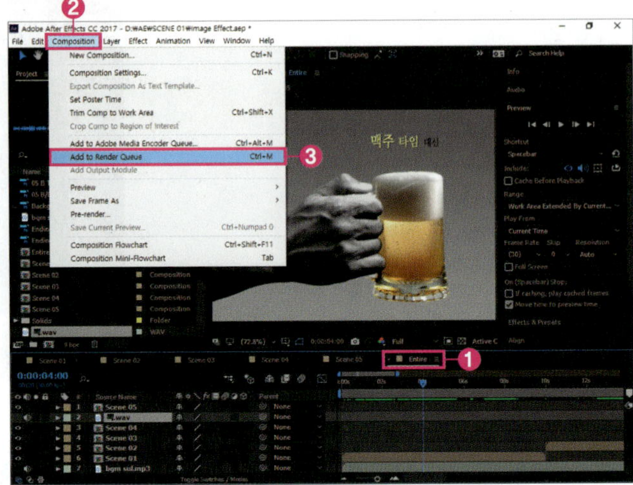

2 [Render Queue] 패널이 열리면, 출력할 파일의 비디오와 오디오 설정을 위해서 [Output Module]의 [Loss-less]를 클릭합니다.

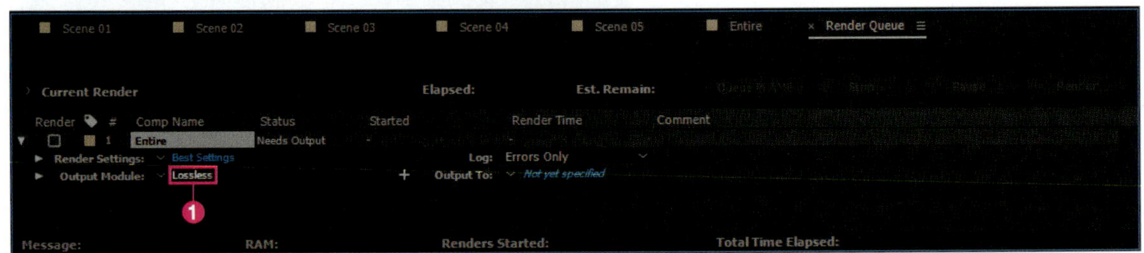

3 [Output Module Settings] 대화상자가 열리면 [Format]을 'QuickTime'으로 설정한 후 바로 오른쪽에 위치한 [Format Options]를 클릭합니다.

TIP :: [Format] 옵션 항목에 'QuickTime'이 보이지 않는 경우. 제공된 'QuickTime Codec'을 설치한 후 다시 컴퓨터를 재시작하고 작업을 시작합니다.

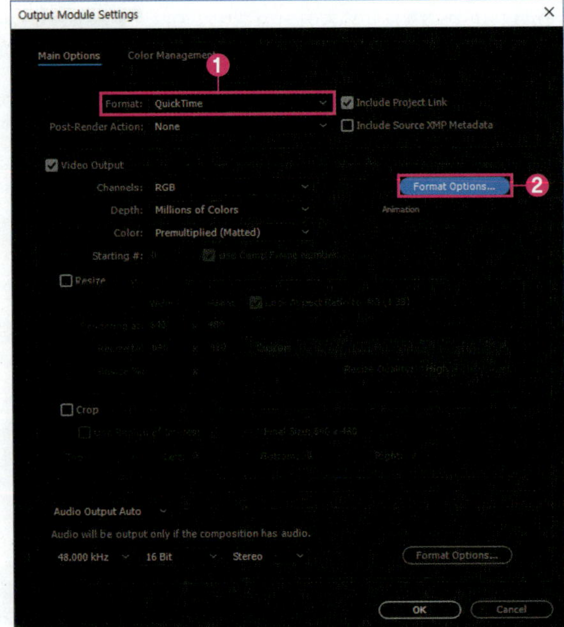

TIP :: [Output Module Settings] 대화상자

- [Format] : 비디오, 오디오, 이미지 시퀀스의 형식을 선택합니다.
- [Post–Render Action] : 영상 출력 후 실행 옵션을 설정합니다.
- [Include Project Link] : 출력물에 프로젝트 링크를 포함합니다.
- [Include Source XMP Metadata] : 출력물에 XMP 메타데이터를 포함합니다.
- [Channels] : 채널 방식을 선택합니다.
- [Depth] : 색상의 심도를 선택합니다. 심도가 높을수록 해상도는 높지만, 용량이 커집니다.
- [Color] : 색상 매트의 포함 여부를 선택합니다.
- [Format Options] : 비디오, 오디오의 코덱, 품질 등을 설정합니다.
- [Resize] : 출력물의 화면 사이즈를 재설정합니다. 체크하지 않으면 컴포지션의 설정대로 출력됩니다.
- [Crop] : 출력 영상을 잘라서 출력합니다.
- [Audio Output Auto] : 출력 오디오의 샘플 비율과 채널 등을 설정합니다.

4 [QuickTime Options] 대화상자가 열리면 [Video Codec]을 'H.264'로 설정합니다.

TIP :: H.264

유튜브의 동영상 등에 쓰이는 현재 가장 압축률과 화질이 뛰어난 코덱 중에 하나입니다.

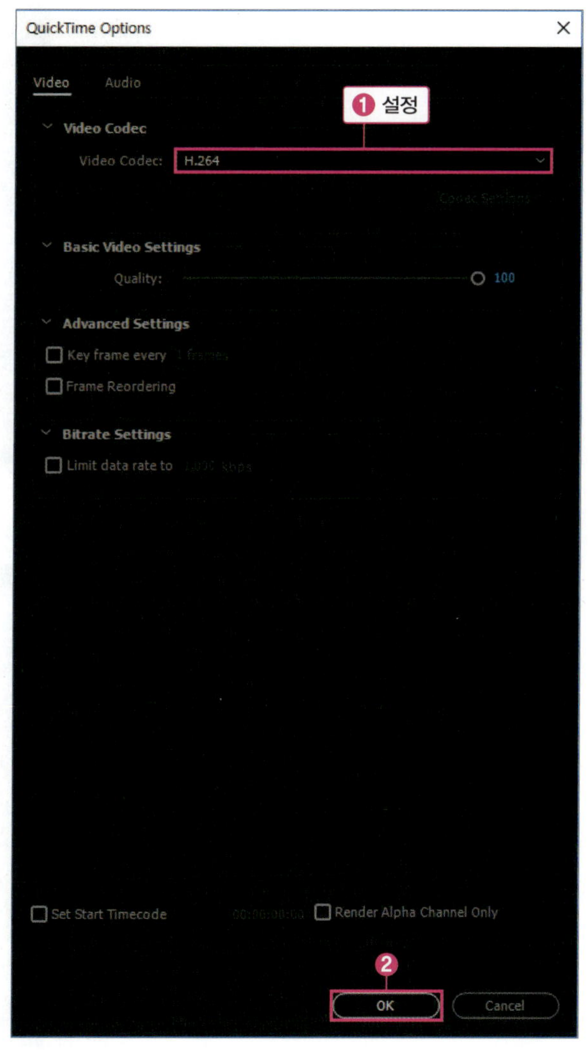

5 [Audio] 탭을 클릭하고, [Audio Codec]을 'AAC'로
설정한 후 [OK] 버튼을 클릭합니다.

TIP :: 오디오 설정을 하는 이유는 기본 음질이 매우 낮게 설정되어 있
을 수 있기 때문입니다.

6 모든 설정이 끝나면 다시 [Output Module Settings]
대화상자에서 [OK] 버튼을 클릭합니다.

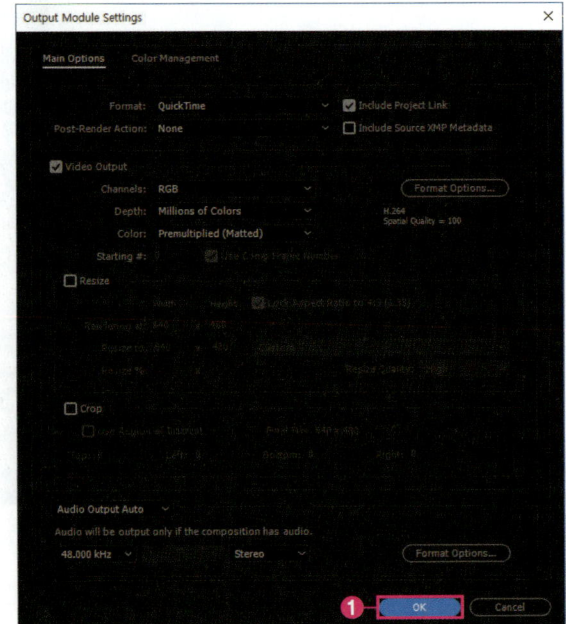

7 비디오와 오디오 설정이 끝난 후 출력 파일의 이름을 설정하기 위해서 [Output To]의 '파일 이름'을 클릭합니다.

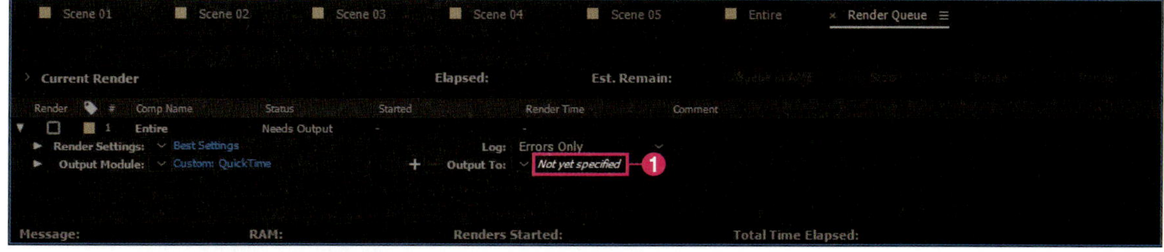

TIP :: Output To : Not yet specified

출력될 파일명을 입력할 수 있습니다. 현재는 특정한 이름이 입력되지 않아서 위와 같이 표시되며, 보통은 저장된 작업 파일명을 따라갑니다. 어떠한 상황이든 클릭하여 자신이 원하는 이름으로 출력될 영상 파일의 이름을 입력할 수 있습니다.

8 [Output Movie To] 대화상자가 열리면 임의의 폴더에 임의의 파일명을 입력한 후 [저장] 버튼을 클릭합니다.

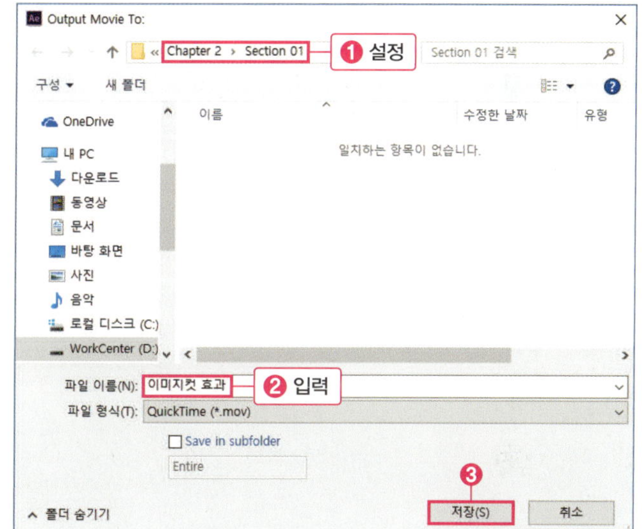

9 [Render Queue] 패널의 [Render] 버튼을 클릭하여 출력을 시작합니다.

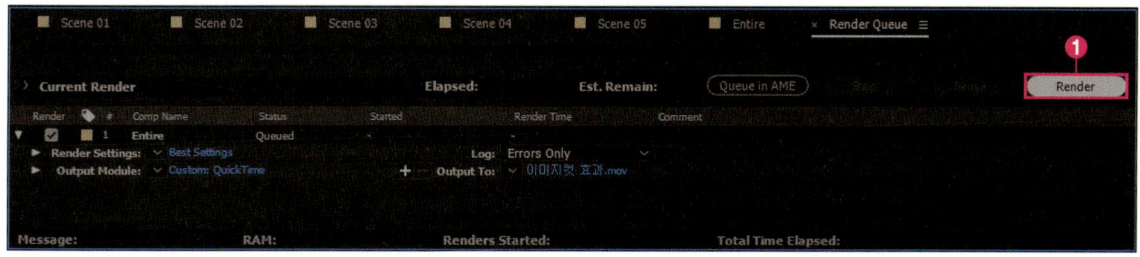

10 출력 파일이 저장된 폴더를 찾은 후 영상 파일을 확인합니다.

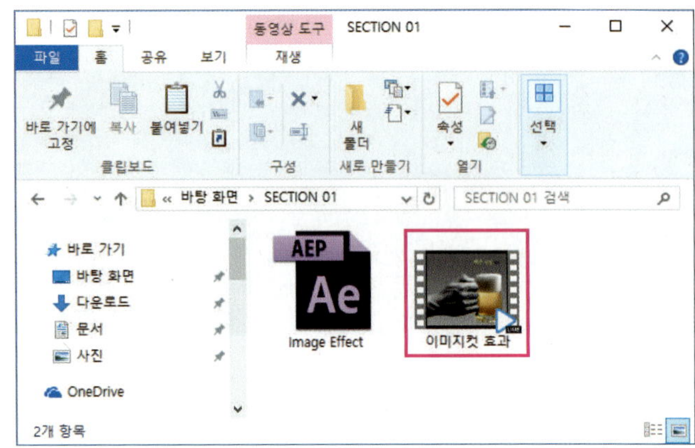

TIP :: 애프터 이펙트와 H.264 출력

애프터 이펙트와 프리미어 프로와 같은 영상 편집 프로그램에서 마지막 결과물을 영상으로 출력할 때 일반적이며 가장 많이 사용되는 포맷은 H.264(MP4)입니다.

※ H.264는 비디오 코덱 가운데 현재 가장 사용되며 고선명 비디오의 녹화, 압축, 배포를 위한 가장 일반적인 포맷으로 매우 높은 데이터 압축 효율을 가지고 있습니다.

하지만 현재 애프터 이펙트 CC 2017에서는 처음부터 H.264를 선택할 수 없고 편법으로 QuickTime 포맷을 이용하여 H.264를 사용합니다. 이 방법도 괜찮지만 용량이 커진다는 단점이 있습니다. 하지만 온전하게 H.264를 이용하여 출력하는 방법도 있습니다.

※ QuickTime 포맷을 이용하여 H.264로 출력했을 때 용량이 너무 큰 경우는 외부 인코더를 사용하여 용량을 줄일 수 있습니다.

• 어도비 미디어 인코더(Adobe Media Encoder)를 사용하여 출력하기 : 이 방법으로 쉽게 H.264(MP4)로 출력할 수 있습니다. 애프터 이펙트에서 [Composition] 〉 [Add to adobe media encoder Queue] 메뉴를 클릭하면 미디어 인코더가 뜨면서 H.264로 선택할 수 있습니다.

픽토그램 애니메이션 실무 노하우

SECTION 02

핵심내용

애프터 이펙트는 다양한 애니메이션이 가능한 소프트웨어입니다. 본 예제에서는 픽토그램이라는 실무 디자인 소스를 활용하여 레이어와 레이어의 링크 테크닉, 모션 블러 테크닉, 잔상 효과 모션 테크닉 등을 실습하고, 이를 통해 초보자도 얼마든지 애프터 이펙트 애니메이션을 할 수 있다는 것을 알려주고자 합니다.

핵심기능

IParent Layer, Rotation + Opacity, Duplicate + Scale + Opacity + Motion Blur, Audio Levels, MPEG4 Options

STORYBOARD

2013 Dream CNU 영상 콘텐츠 공모전 '우수상' 수상 작품 중 일부분

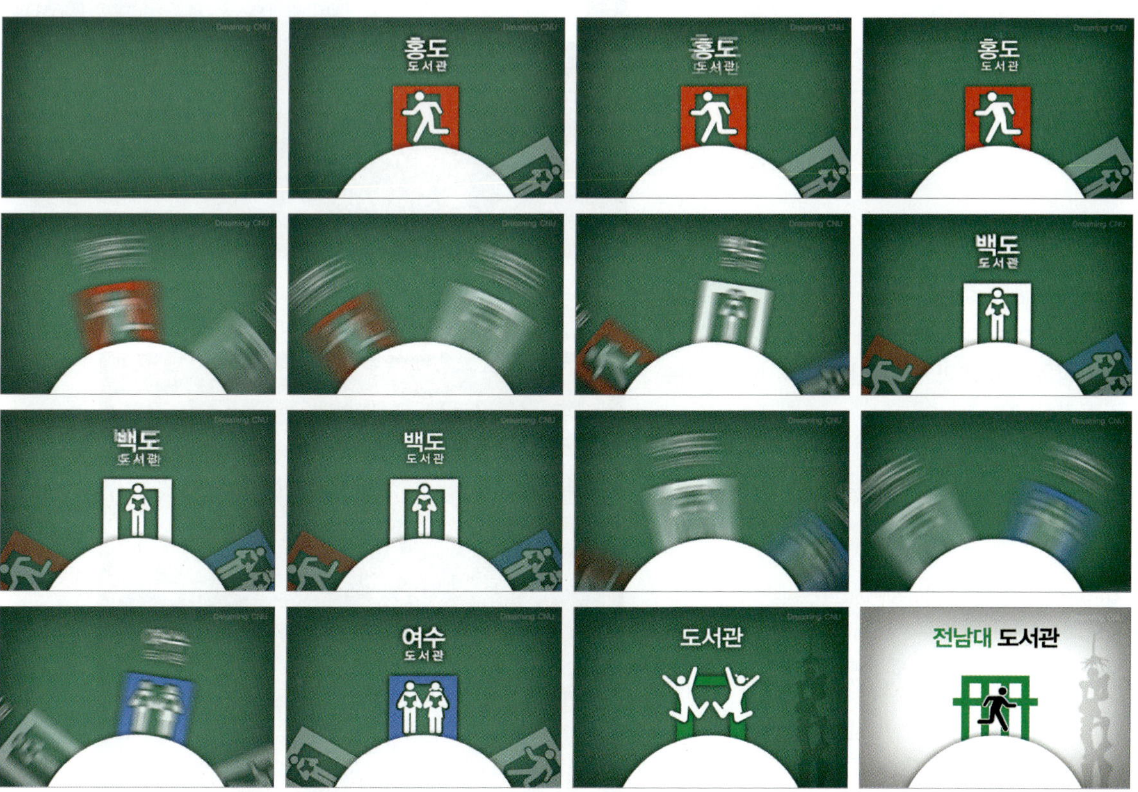

준비 파일 : Part 03 〉 Chapter 02 〉 Section 02 〉 Motion Graphic.aep   **완성 파일 :** Part 03 〉 Chapter 02 〉 Section 02 〉 Motion Graphic 완성.aep

1 제공하는 애프터 이펙트 파일을 불러오기 위해서 [File] 〉 [Open Project](**Ctrl** + **O**) 메뉴를 클릭합니다. 'Motion Graphic.aep' 파일을 선택한 후 [열기] 버튼을 클릭합니다. 파일이 열리면 [Project] 패널의 푸티지들을 확인합니다.

TIP :: 작업을 편리함을 위해서 이미지, 사운드 등의 소스 파일을 미리 불러와서 저장한 애프터 이펙트 파일을 제공하였습니다. 이 과정을 생략하고 필요할 때 마다 제공된 소스 파일을 불러와도 상관없습니다.

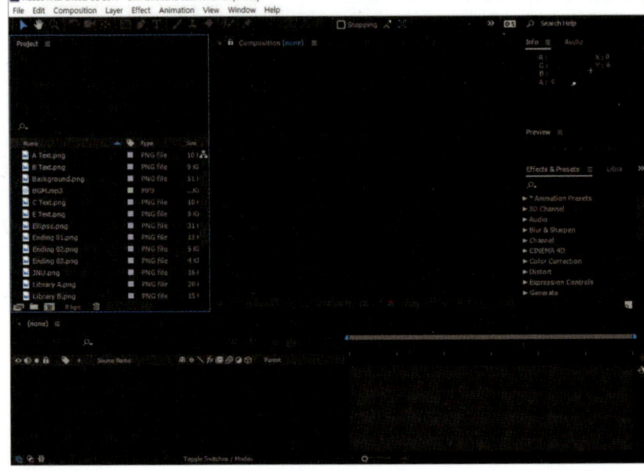

2 새 컴포지션을 만들기 위해서 [Composition] 〉 [New Composition](**Ctrl** + **N**) 메뉴를 클릭합니다.

TIP :: 컴포지션(Composition)

• 컴포지션은 이미지와 텍스트 등의 소스 파일에 모션을 주고 애니메이션을 만드는 작업 공간입니다. 영상 작업을 위해서는 반드시 먼저 만들어야 합니다.

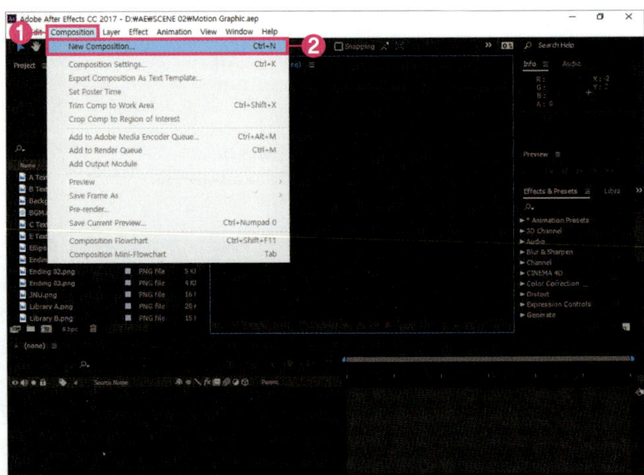

3 [Composition Settings] 대화상자가 열리면 옵션 항목을 다음과 같이 설정한 후 [OK] 버튼을 클릭합니다.

• [Composition Name] : 'Motion'
• [Width] : '720'
• [Height] : '480'
• [Pixel Aspect Ratio] : 'Square Pixels'
• [Frame Rate] : '30'
• [Start Timecode] : '0:00:00:00'
• [Duration] : '0:00:07:00'
• [Background Color] : 검은색(#000000)

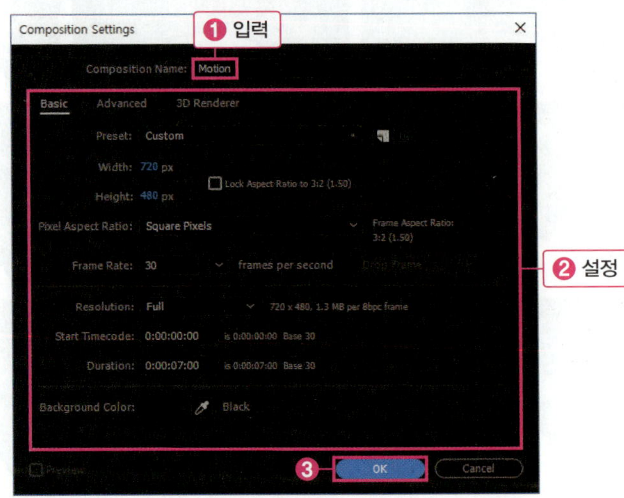

4 [Timeline] 패널에 [Motion] 컴포지션이 만들어졌음을 확인합니다. [Project] 패널의 'Background.png' 푸티지를 [Timeline] 패널로 드래그하여 배경으로 사용될 레이어를 만듭니다.

TIP :: 영상 배경 디자인

영상 제작 실무에서 주인공과 같은 캐릭터는 많은 시간을 들여 제작하는 반면, 배경 디자인은 무심코 넘어가는 경우가 많습니다. 그러나 배경은 영상의 전체적인 수준을 결정합니다. 단순히 단일 톤으로 채우는 것보다 그레이디언트 처리, 주변을 어둡게 하여 시선을 가운데로 집중시키는 디자인 등으로 스토리나 캐릭터의 상황에 맞게 넣어야 합니다. 만약, 디자인이 어렵다고 느껴진다면 좋은 무료 배경을 찾아서 비슷하게 따라하는 방법을 추천합니다.

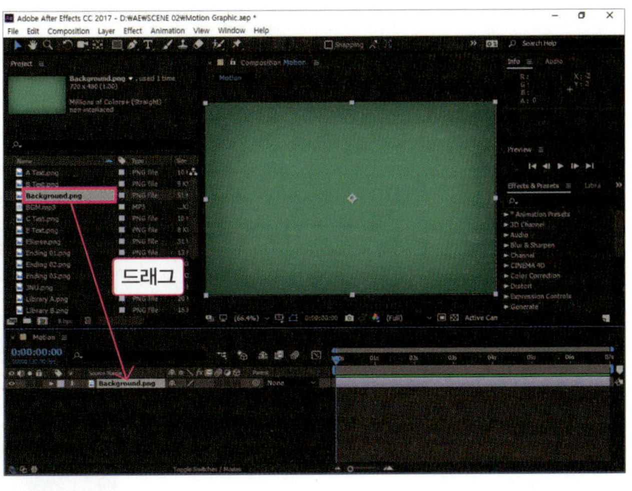

5 [Project] 패널의 'Logo.png' 푸티지를 [Timeline] 패널의 1번 위치에 드래그한 후 T를 눌러 [Opacity]를 보이게 하고, '40%'로 입력합니다.

TIP :: 레이어를 선택하고 T를 누르면 해당 레이어의 [Opacity]만 열립니다. 레이어가 많아서 작업 공간을 부족할 때 유용합니다.

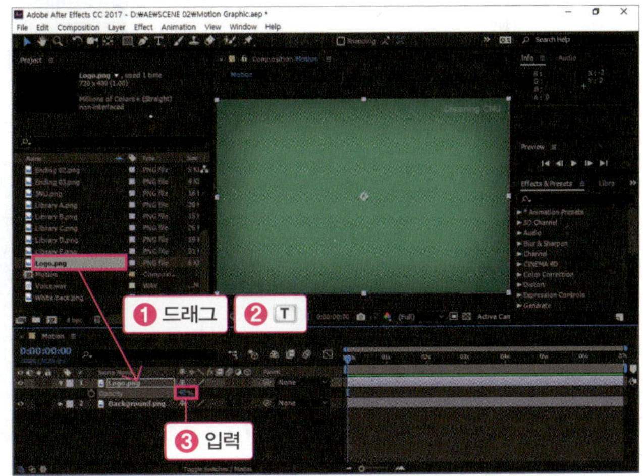

6 [Project] 패널의 'BGM.mp3' 푸티지를 [Timeline] 패널의 가장 아래쪽에 드래그하여 배경음악(BGM)을 삽입합니다. BGM의 비트(Beat)에 맞춰 모션을 만들기 위해서 'BGM.mp3' 레이어를 열고, [Audio] 〉 [Waveform]을 확인한 후 키보드의 숫자패드 0 을 눌러 배경음악의 흐름을 파악합니다.

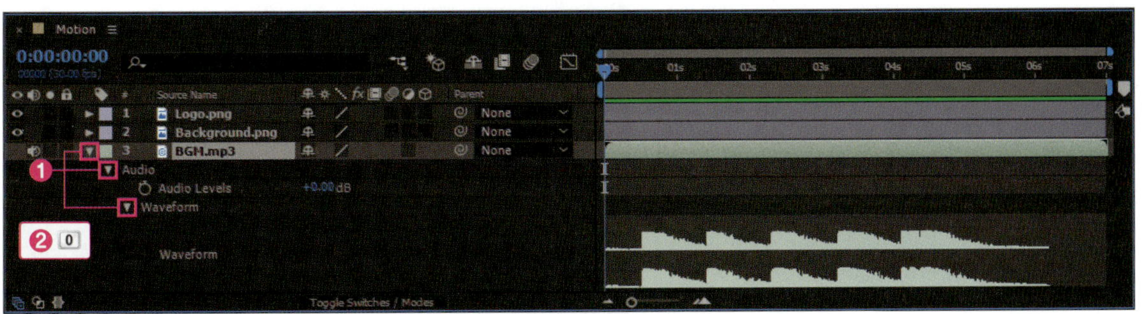

1 [Project] 패널에서 'Ellipse.png' 푸티지를 [Timeline] 패널의 1번 레이어 위치로 드래그합니다. 레이어를 클릭하여 열고, [Position]을 '360, 600'으로 입력하여 아래로 옮깁니다.

TIP :: [Composition] 패널에서 직접 이미지를 드래그해서 아래로 옮겨도 됩니다. 이때 Shift 를 누르고 이동하면 정확히 직선 방향으로 이동이 가능합니다.

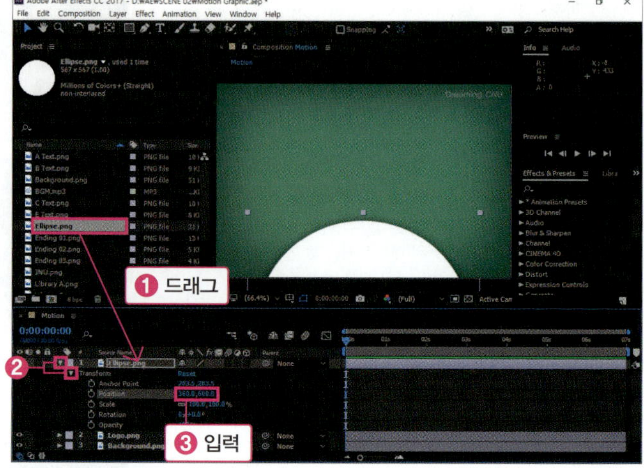

2 [Project] 패널의 'A Text.png', 'Library A.png' 푸티지를 [Timeline] 패널의 2번, 3번 위치로 드래그합니다. 'A Text.png' 레이어를 열고, [Position]을 '360, 98'로 입력합니다.

TIP :: 레이어를 선택하고 P 를 누르면 [Position] 항목만 보이게 되므로 입력이 편리하며, 마우스를 클릭하는 것보다 작업시간을 단축시킬 수 있으므로 단축키 사용을 권장합니다.

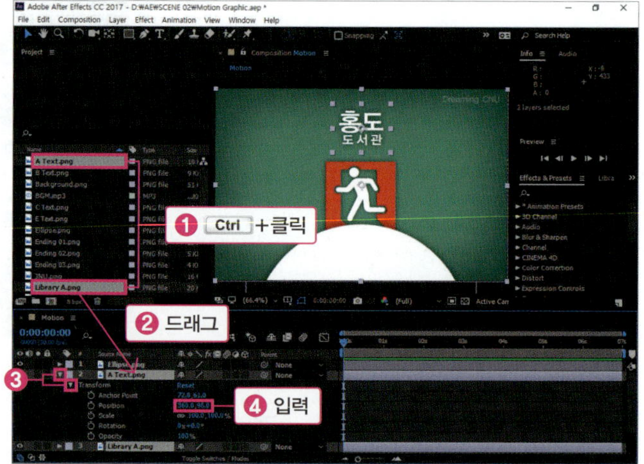

3 'A Text.png' 레이어를 'Ellipse.png' 레이어의 모션에 따라가도록 하기 위해서 'A Text.png' 레이어 [Parent]의 'None'을 클릭하여 레이어 리스트가 열리면 'Ellipse.png'를 선택합니다. 이제부터 'A Text.png'는 무조건 'Ellipse.png' 레이어의 모션을 따라가게 됩니다.

TIP :: **Parent Layer**
레이어 간의 종속 관계를 지정합니다. 자식 레이어가 부모 레이어의 모든 모션을 따라가는 기능입니다. 단, Opacity 모션은 각각 따로 적용됩니다.

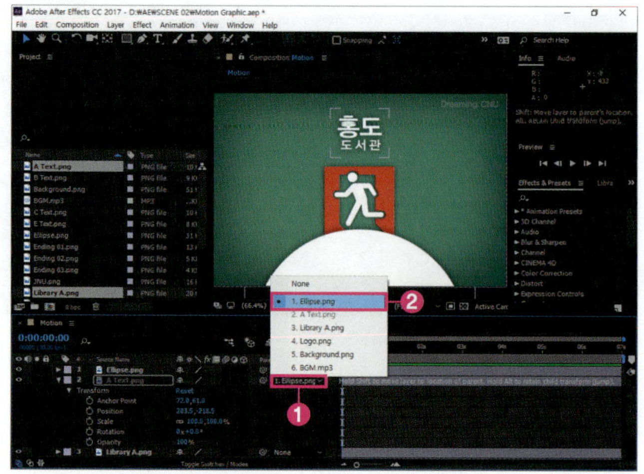

4 'Library A.png' 레이어의 [Parent]도 'Ellipse.png'로 설정합니다.

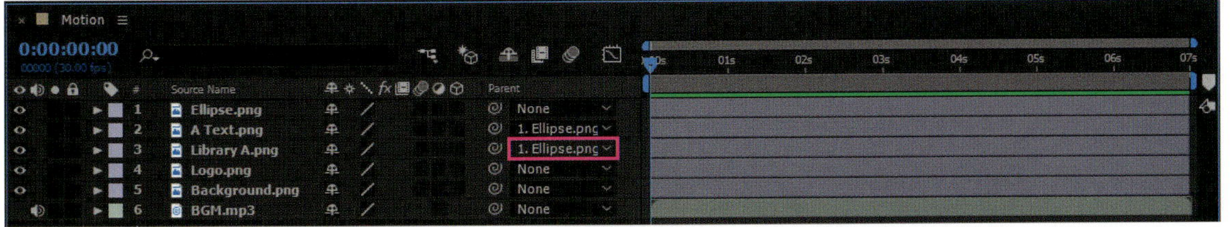

5 이제 레이어 간의 연결이 잘 되었는지 확인하기 위해서 'Ellipse.png' 레이어에 모션을 적용해 봅니다. [Timeline] 패널에서 'Ellipse.png' 레이어를 열고, [Rotation]을 '-60°'으로 입력합니다. 다음과 같이 앞서 연결한 두 개의 레이어가 자동으로 회전되는지 확인합니다.

TIP :: 레이어를 선택하고 R 를 누르면 [Rotation]만 보이게 되므로 입력이 편리합니다.

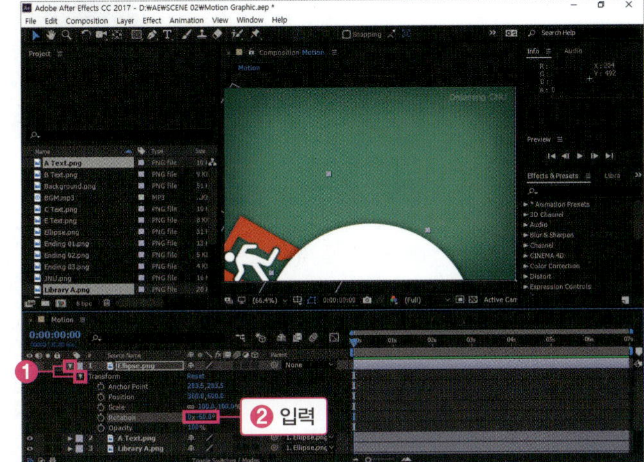

6 [Project] 패널의 'B Text.png', 'Library B.png', 푸티지를 [Timeline] 패널의 4번, 5번 위치로 드래그합니다. 'B Text.png' 레이어만 선택하고, P 를 눌러 [Position]을 보이게 한 후 '360, 98'로 입력하여 위쪽으로 옮깁니다.

TIP :: [Composition] 패널에서 드래그하여 옮겨도 됩니다.

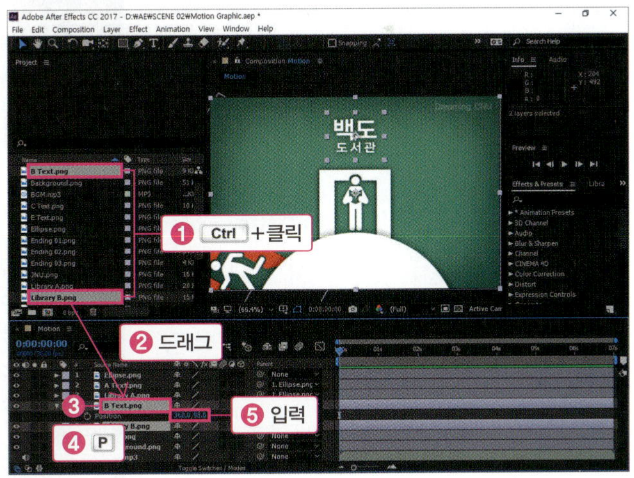

7 위와 마찬가지로 'Library B.png', 'B Text.png' 레이어의 [Parent]를 'Ellipse.png'로 설정하여 레이어를 연결합니다.

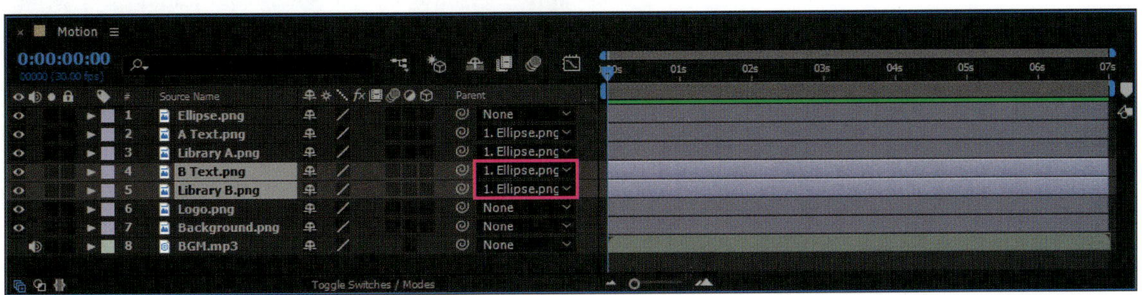

8 연결된 레이어를 확인하고, 다음 연결 작업을 위해서 'Ellipse.png' 레이어에 회전 모션을 다시 만듭니다. [Timeline] 패널에서 'Ellipse.png' 레이어를 선택하고, **R**을 눌러 [Rotation]을 '–120°'으로 입력한 후 회전 모션을 확인합니다.

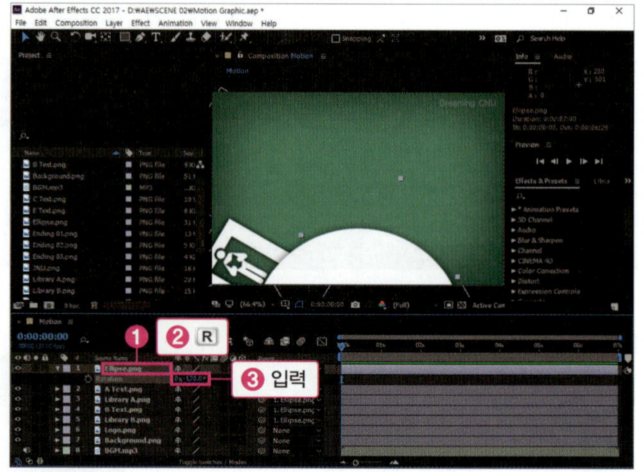

9 [Project] 패널의 'C Text.png', 'Library C.png' 푸티지를 [Timeline] 패널의 6번, 7번 위치로 각각 드래그하여 배치합니다. 'C Text.png' 레이어의 [Position]을 '360, 98'로 입력하고, [Parent]를 'Ellipse.png'로 각각 설정하여 레이어를 연결합니다.

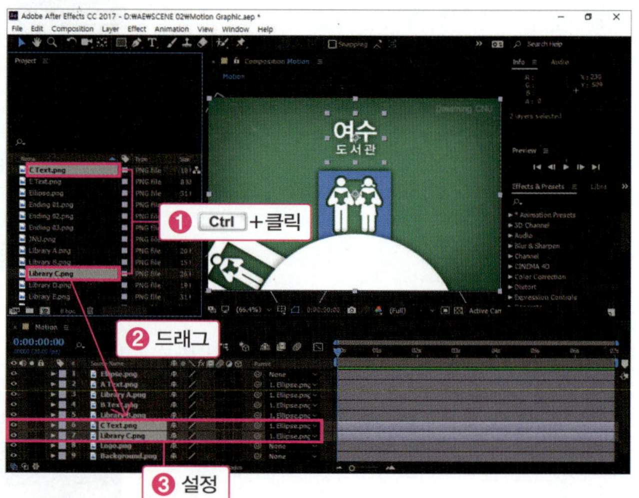

10 'Ellipse.png' 레이어의 [Rotation]을 '–180°'으로 입력하여 회전 모션을 만듭니다. 계속해서 [Project] 패널의 'Library D.png' 푸티지를 [Timeline] 패널의 8번 위치로 드래그하고, [Parent]를 'Ellipse.png'로 설정하여 레이어를 연결합니다. 이로서 사람 모양의 픽토그램 레이어는 모두 'Ellipse.png'와 연결되었습니다.

TIP :: [Parent] 연결은 필요에 따라 해제할 수 있으며, 언제든지 다른 레이어와 연결도 가능합니다.

03 모션 블러 애니메이션 및 잔상 효과 테크닉   Rotation + Opacity + Scale

1 [Current Time Indicator]를 BGM 비트의 시작 지점(0:00:00:16)으로 옮기고, 'Ellipse.png', 'Library A.png', 'Library B.png', 'Library C.png', 'Library D.png', 'A Text.png', 'B Text.png', 'C Text.png' 8개 레이어를 선택한 후 [In 점]을 잡아 **Shift** 를 누른 채 [Current Time Indicator]까지 드래그합니다. 위의 8개 레이어는 이제 0:00:00:16 지점부터 보이기 시작합니다.

TIP ::
• [In 점]은 레이어의 가장 앞부분을 말합니다.
• **Alt** +**[** 를 눌러 선택된 레이어의 앞부분을 잘라내도 됩니다. 작업시간 단축을 위해 단축키 사용을 권장합니다.
• **Shift** 를 누른 채 [In 점]을 드래그하면 [Current Time Indicator]의 정확한 지점에 맞출 수 있습니다.

2 8개 레이어가 선택된 상태에서 [Current Time Indicator]를 BGM의 네 번째 지점(00:00:03:07)으로 옮긴 후 **Ctrl** 을 누른 채 'Ellipse.png' 레이어만 클릭하여 선택을 해제하고, **Alt** +**]** 를 눌러 선택된 레이어의 뒷부분을 잘라냅니다.

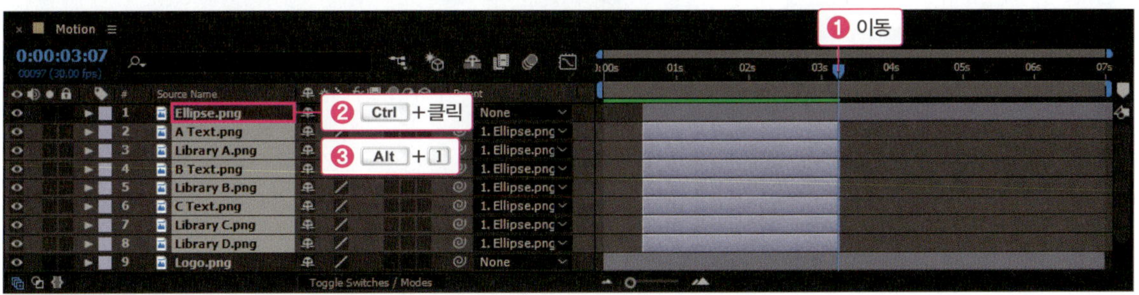

3 7개 레이어가 선택된 상태에서 모션 블러 효과를 적용하기 위해서 [Timeline] 패널의 [Enables Motion Blur]( )를 클릭해 전체 모션 블러 효과를 키고, 이어서 선택된 레이어의 [Motion Blur]( )를 클릭해 활성화합니다.

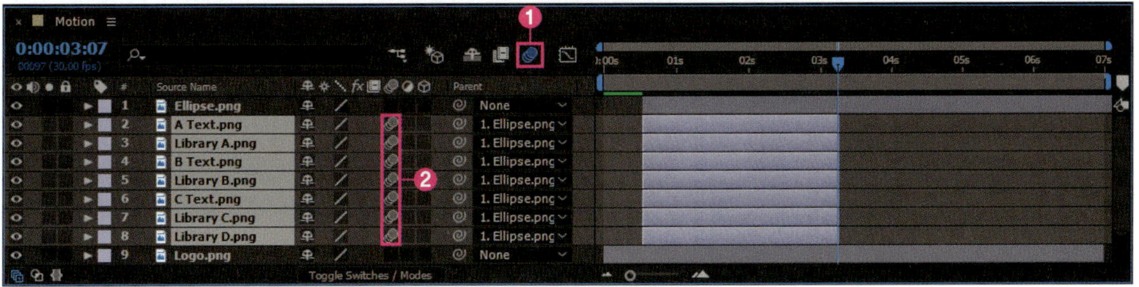

TIP :: Motion Blur 아이콘이 보이지 않는 경우
[Timeline] 패널의 왼쪽 아래 [Expand or Collapse the Layer Switches Pane]( )이 파란색으로 활성화되어 있는지 확인합니다.

4 [Timeline] 패널의 'Ellipse.png' 레이어를 선택하고, **R**을 눌러 [Rotation]을 보이게 합니다. [Current Time Indicator]를 두 번째 비트 지점(0:00:01:08) 위치로 옮긴 후 [Time–Vary stop watch](🕐)를 클릭하여 활성화하고, '0.0°'으로 입력합니다.

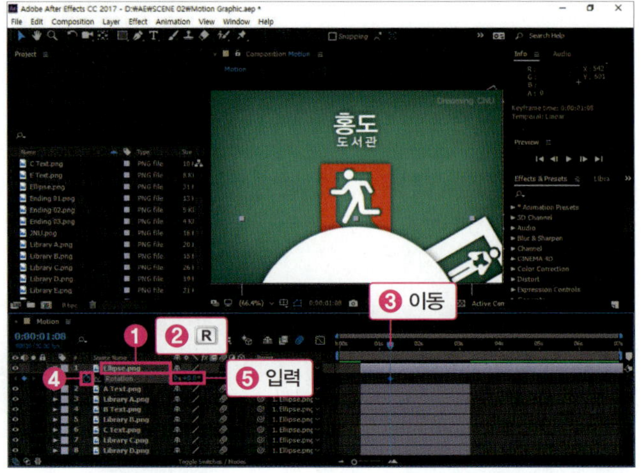

5 이제 잔상 효과를 추가하기 위해서 'Library A.png' 레이어를 선택하고, **T**를 눌러 [Opacity]를 보이게 하고, [Time–Vary stop watch](🕐)를 클릭하여 활성화합니다. 같은 방법으로 'Library B.png' 레이어의 [Opacity] 〉 [Time–Vary stop watch](🕐)를 클릭하여 활성화하고, '40%'로 입력합니다.

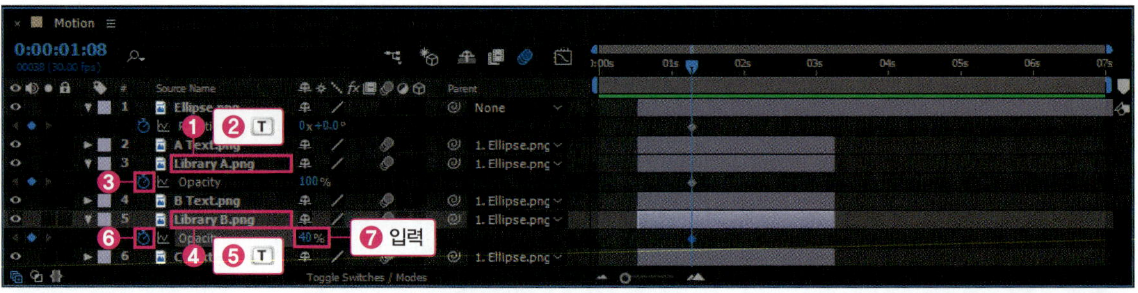

6 [Current Time Indicator]를 0:00:01:15 위치로 옮기고, 다음과 같이 입력하여 불투명과 크기 모션을 통한 잔상 효과를 넣습니다. [Current Time Indicator] 좌우 이동을 통해 모션을 확인하고, 숫자패드 **0**을 눌러 배경음악과 함께 모션도 확인합니다.

- 'Ellipse.png' 레이어 〉 [Rotation] : '–60.0°'
- 'Library A.png' 레이어 〉 [Opacity] : '40%'
- 'Library B.png' 레이어 〉 [Opacity] : '100%'

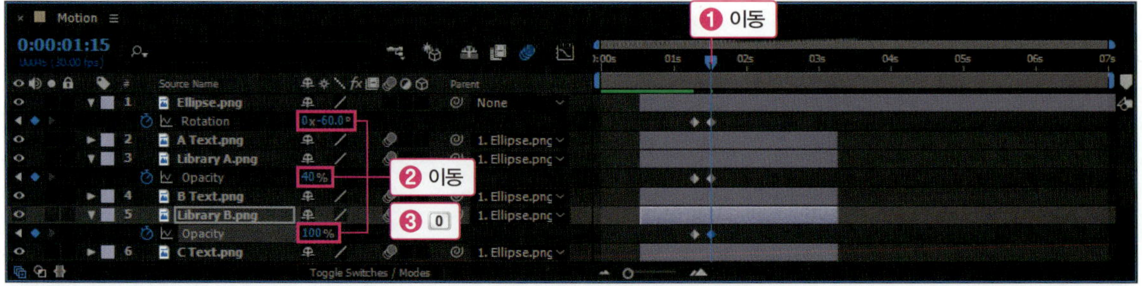

7 이어서 같은 방법을 이용하여 나머지 레이어에도 잔상 효과를 추가해 보겠습니다. [Current Time Indicator]를 세 번째 비트 지점(0:00:02:05)으로 옮긴 후 'Ellipse.png' 레이어 [Rotation]의 0:00:01:15에 위치한 키프레임을 선택하고, Ctrl + C , Ctrl + V 를 눌러 키프레임을 복사하고 붙여 넣습니다.

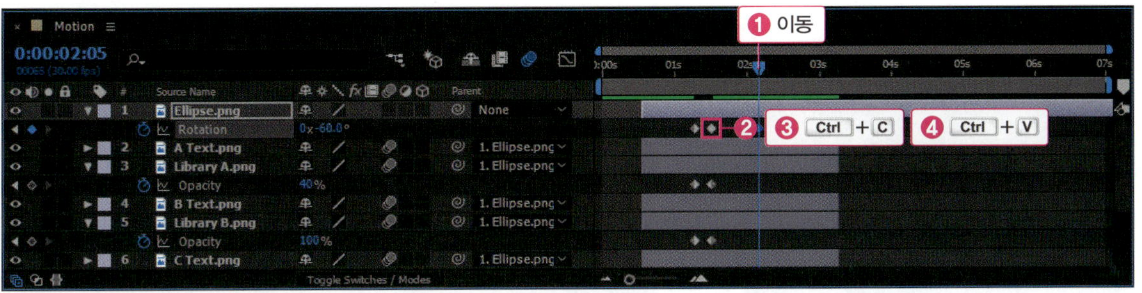

TIP :: 키프레임 붙여넣기 시 유의사항

복사한 키프레임을 붙여 넣을 때 항상 [Current Time Indicator]의 위치를 기준으로 붙여 넣기 되므로 주의합니다.

8 'Library B.png' 레이어 [Opacity]의 0:00:01:15에 위치한 키프레임을 선택하고, Ctrl + C , Ctrl + V 를 눌러 키프레임을 복사하고 붙여 넣습니다.

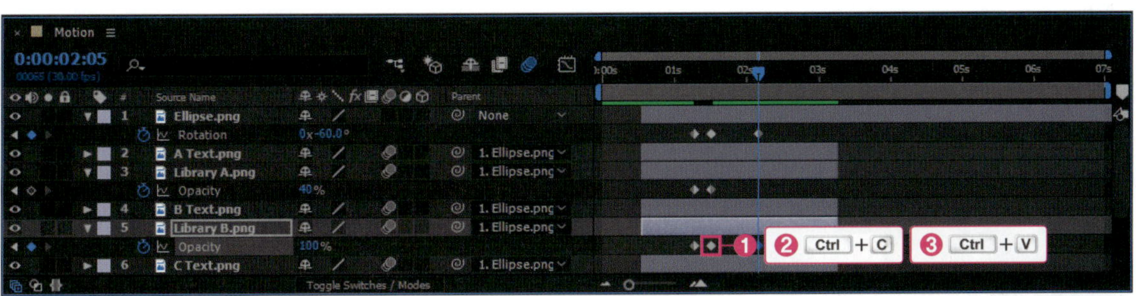

9 'Library C.png' 레이어를 선택하고, T 를 눌러 [Opacity]를 보이게 한 후 [Time-Vary stop watch](🕘)를 클릭하여 활성화하고, '40%'로 입력합니다. [Current Time Indicator] 좌우 옮기면서 어떤 변화가 생겼는지 확인해 봅니다.

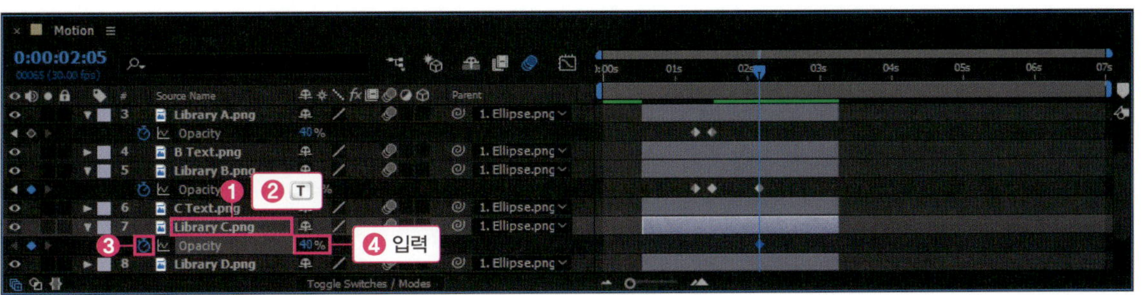

10 [Current Time Indicator]를 0:00:02:12 위치로 옮기고, 다음과 같이 입력합니다.

- 'Ellipse.png' 레이어 〉 [Rotation] : '-120.0°'
- 'Library B.png' 레이어 〉 [Opacity] : '40%'
- 'Library C.png' 레이어 〉 [Opacity] : '100%'

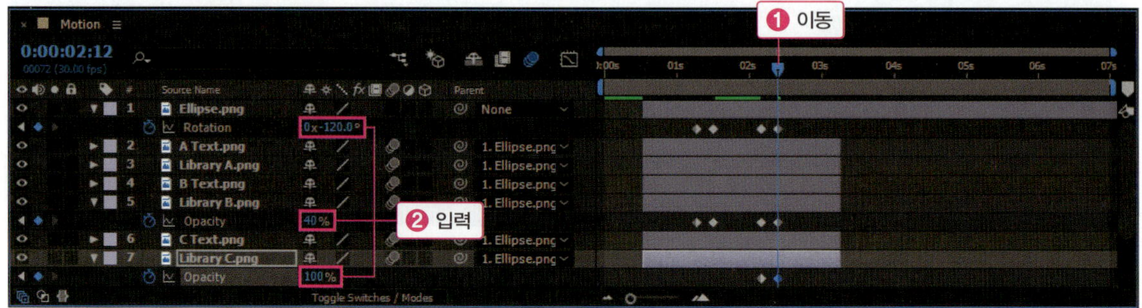

11 'Library D.png' 레이어를 선택하고, T를 눌러 [Opacity]를 보이게 한 후 [Time-Vary stop watch](⏱)를 클릭하여 활성화하고, '40%'로 입력합니다. 숫자패드 0을 눌러 '모션 블러(Motion Blur) 애니메이션 및 잔상 효과'를 확인합니다.

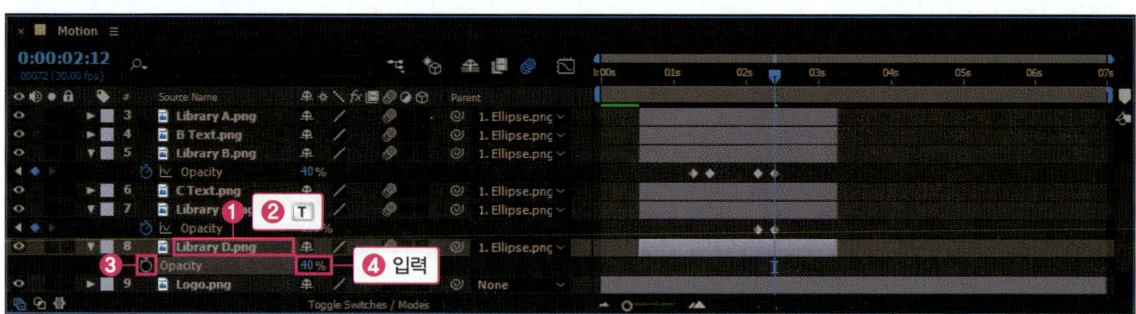

04 BGM 비트에 맞춰 레이어 편집하기

1 [Current Time Indicator]를 0:00:03:08 위치로 옮기고, [Project] 패널의 'E Text.png', 'JNU.png', 'Library E.png' 3개 푸티지를 [Timeline] 패널의 9번, 10번, 11번 위치로 각각 드래그합니다. 'E Text.png' 레이어를 선택하고, P를 눌러 [Position]을 보이게 한 후 '360, 80' 으로 설정합니다.

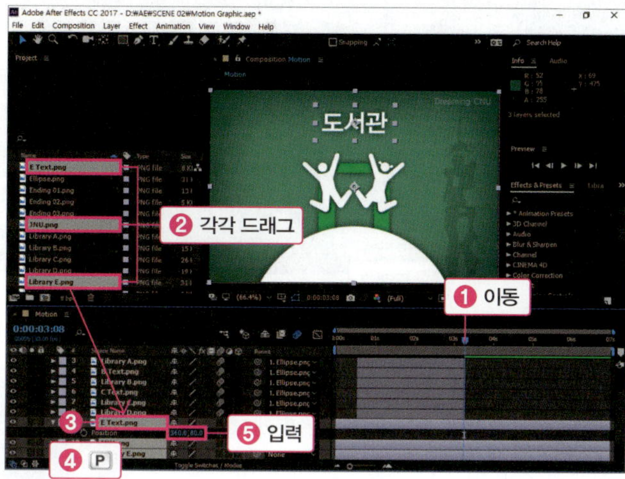

2 BGM 비트에 맞춰 레이어를 잘라내기 위해서 'E Text.png', 'JUN.png', 'Library E.png' 레이어를 선택한 후 Alt +[[]를 눌러 앞부분을 잘라냅니다.

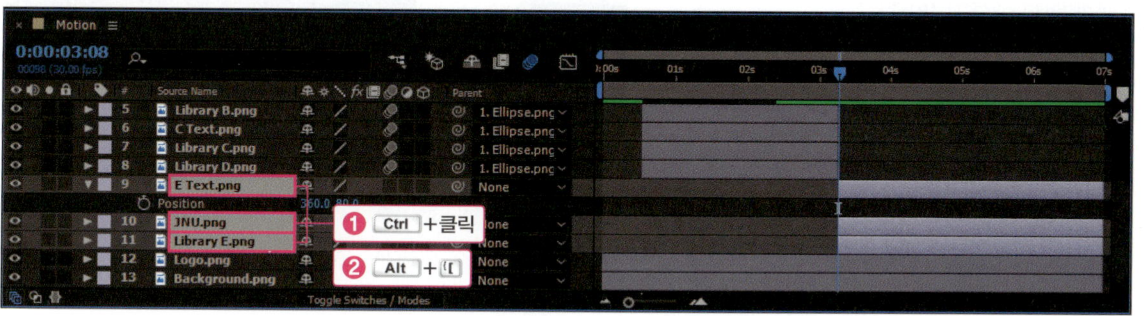

3 [Current Time Indicator]를 마지막 비트 지점(0:00:04:03) 위치로 옮기고, 'E Text.png', 'Library E.png', 'Background.png' 레이어를 선택한 후 Alt +[']를 눌러 뒷부분을 잘라냅니다.

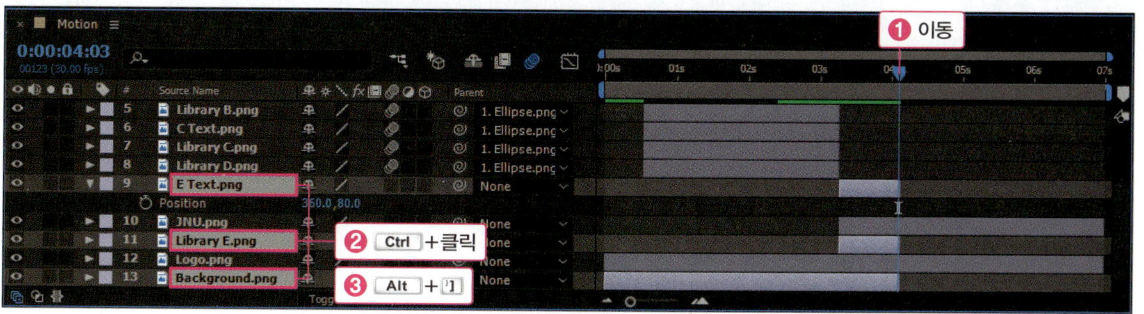

4 [Current Time Indicator]를 0:00:04:04 위치로 옮기고, [Project] 패널의 'White Back.png' 푸티지를 [Timeline] 패널의 'Background.png' 레이어 아래로 드래그하여 밝은 배경으로 바꿉니다.

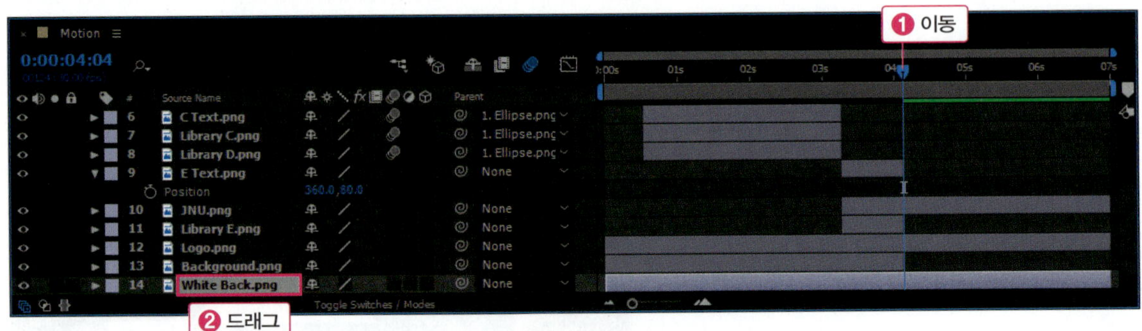

5 [Project] 패널의 'Ending 01.png', 'Ending 02.png', 'Ending 03.png' 푸티지를 [Timeline] 패널의 12번, 13번, 14번 위치로 드래그합니다. 'Ending 03.png' 레이어를 선택하고, [Composition] 패널에서 Shift 를 누른 채 다음과 같이 위쪽으로 옮깁니다.

TIP :: [Composition] 패널에서 옮기는 대신 'Ending 03. png' 레이어를 선택하고, P 를 눌러 [Position]을 보이게 한 후 '360, 80'으로 설정해도 됩니다.

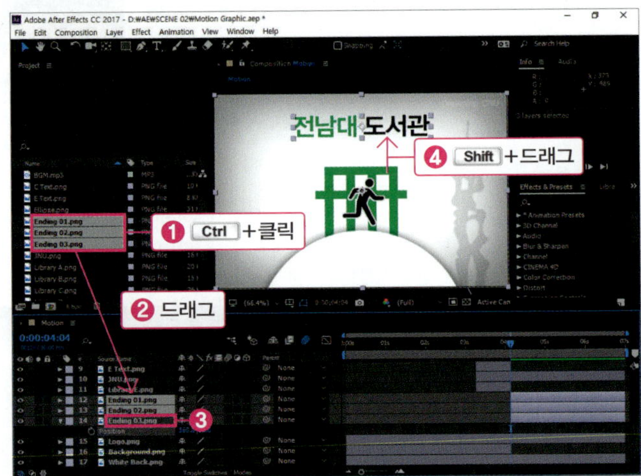

6 'Ending 01.png', 'Ending 02.png', 'Ending 03.png' 레이어를 선택한 후 Alt +[를 눌러 불필요한 앞부분을 잘라냅니다.

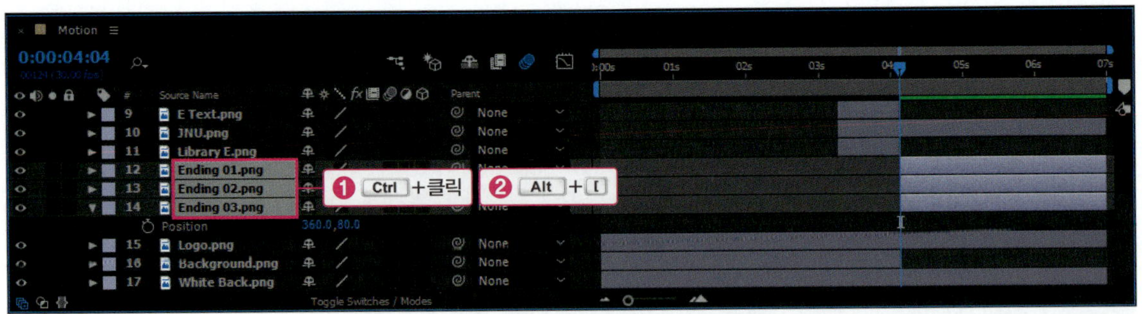

7 BGM 비트에 맞춰 레이어를 잘라내고 편집했습니다. 숫자패드 **0**을 눌러 모션을 확인합니다.

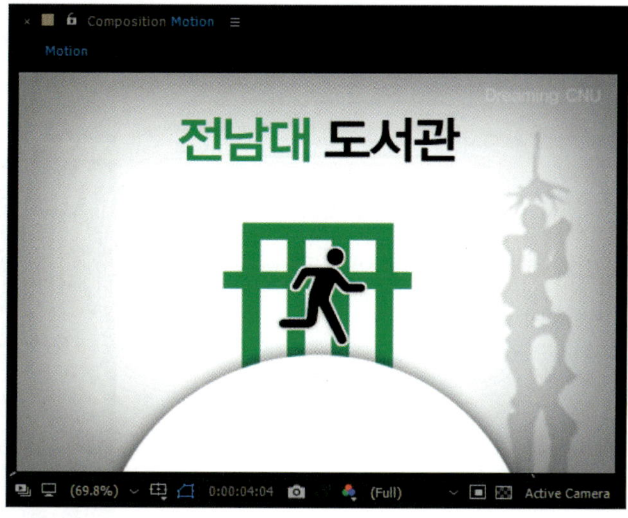

TIP :: 애프터 이펙트에서 사운드를 들으며 영상 편집하기

애프터 이펙트에서 그냥 미리 보기를 통해서는 사운드를 확인할 수 없어 프로그램을 처음 접하는 사용자에게는 당황스러울 때가 있습니다. 이때는 다음과 같은 미리보기 기능을 통해 사운드를 확인한 후 편집 작업을 할 수 있습니다.

미리보기 관련 단축키	
※ RAM 미리보기	**0** (숫자패드)
대체 설정으로 RAM 미리보기	**Shift** + **0** (숫자패드)
RAM 미리보기 저장	**Ctrl** 을 누른 채 [RAM 미리보기] 클릭 또는 **Ctrl** + **0**
대체 설정으로 RAM 미리보기 저장	**Ctrl** + **Shift** 를 누른 채 [RAM 미리보기] 클릭 또는 **Ctrl** + **Shift** + **0**
오디오만 미리보기(현재 시간부터)	**.** (숫자패드)
오디오만 미리보기(작업 영역에서)	**Alt** + **.** (숫자패드)
수동으로 비디오 미리보기	[Current Time Indicator]를 **Alt** 를 누른 채 드래그
수동으로 오디오 미리보기	**Ctrl** 을 누른 채 [Current Time Indicator] 드래그
지정된 프레임의 수만큼 RAM 미리보기	**Alt** + **0** (숫자패드)

1 문자에 잔상 효과를 주기 위해 먼저 [Current Time Indicator]를 0:00:00:16 위치로 옮긴 후 'A Text.png' 레이어를 선택하고, Ctrl +D를 눌러 레이어를 복사합니다.

TIP :: 레이어 복사

[Edit] 〉 [Duplicate] 메뉴에 있으며, 단축키는 Ctrl +D 입니다. 실무에서 많이 사용하는 단축키이니 숙지하기 바랍니다.

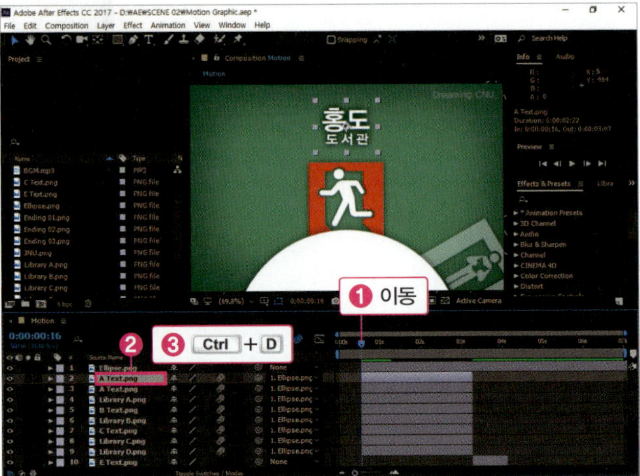

2 복사된 'A Text.png' 레이어의 [Transform]을 클릭해 열고, [Scale]과 [Opacity]의 [Time-Vary stop watch](⏱)를 클릭하여 활성화합니다. [Current Time Indicator]를 0:00:01:01 위치로 옮기고, 다음과 같이 입력합니다.

- [Scale] : '150, 150%'
- [Opacity] : '0%'

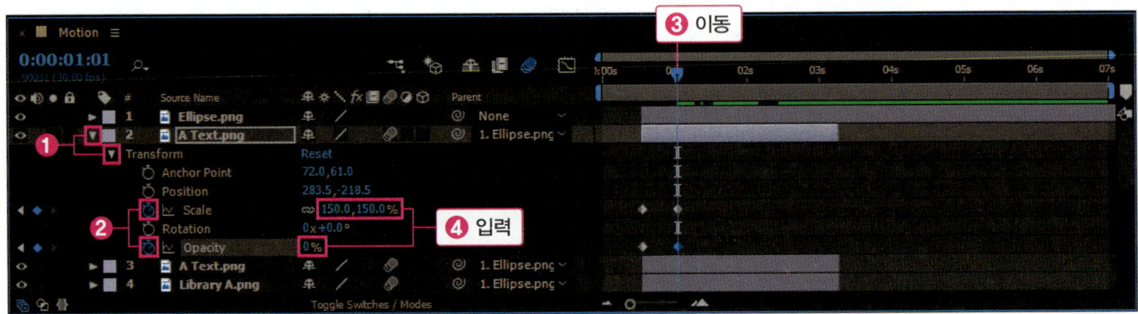

3 'B Text.png' 레이어를 선택하고, Ctrl +D 를 눌러 레이어를 복사합니다. [Current Time Indicator]를 0:00:01:15 위치로 옮기고, Alt +[[를 눌러 앞부분을 잘라냅니다. 복사된 레이어를 클릭해 열고, [Scale]과 [Opacity]의 [Time-Vary stop watch](⏱)를 클릭하여 활성화한 후 [Current Time Indicator]를 0:00:02:00 위치로 옮기고, 다음과 같이 입력합니다.

- [Scale] : '150.0, 150.0%'
- [Opacity] : '0%'

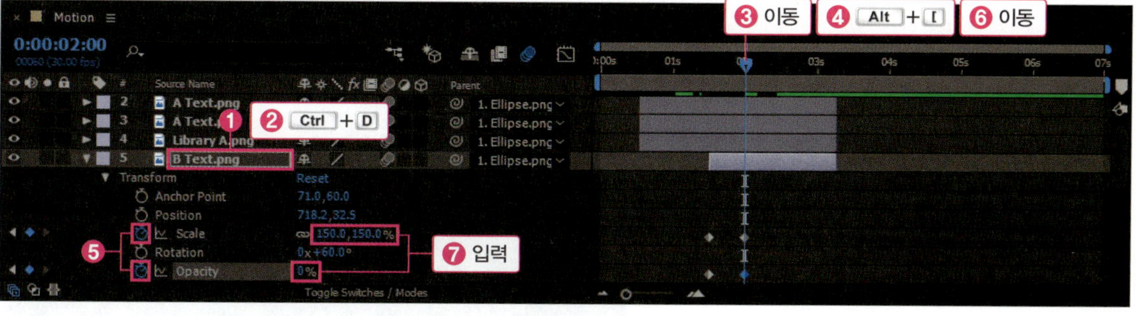

4 'C Text.png' 레이어를 선택하고, `Ctrl`+`D`를 눌러 복사한 후 0:00:02:13 위치에서 `Alt`+`[`를 눌러 앞부분을 잘라냅니다. 복사된 'C Text.png' 레이어를 클릭해 열고, [Scale]과 [Opacity]의 [Time-Vary stop watch](🕐)를 클릭하여 활성화한 후 [Current Time Indicator]를 0:00:02:27 위치로 옮기고, [Scale]과 [Opacity]에 앞서 적용한 것과 같은 수치를 입력합니다. 모션 적용 후에는 항상 [Current Time Indicator]를 좌우로 옮기면서 어떤 변화가 생겼는지 확인하고, `0`을 눌러 배경음악과 함께 모션도 확인합니다.

5 'E Text.png', 'Ending 03.png' 레이어도 앞선 방법으로 BGM 비트에 맞추어 [Scale]과 [Opacity]에 '잔상 효과'를 적용합니다. 'Ending 01.png' 픽토그램도 창의적인 방법으로 '잔상 효과'를 적용해 보기 바랍니다.

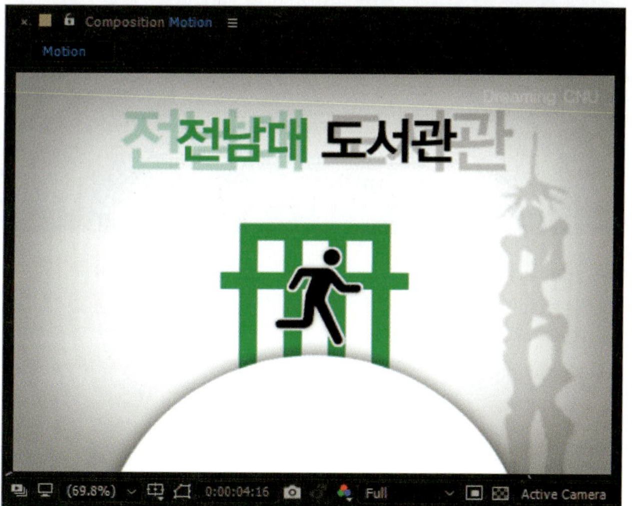

1 [Project] 패널의 'Voice.mp3' 푸티지를 [Timeline] 패널로 드래그한 후 **0**을 눌러 더빙 파일을 확인합니다.

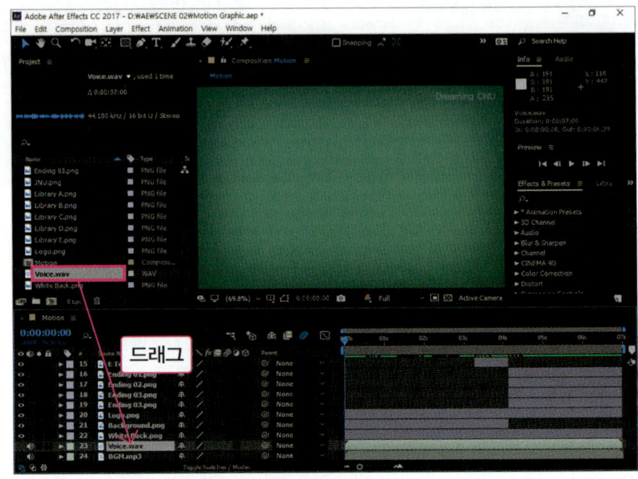

TIP :: 비트에 맞추는 더빙 테크닉

더빙이 BGM 비트와 일치하기 위해서는 녹음할 때, 헤드폰을 쓰고 음악을 들으면서 녹음합니다. 단, 영상의 속도나 비트를 예상할 수 없을 때는 처음부터 끝까지 쉬지 않고 더빙을 하는 방법보다 단락을 끊어서 더빙하는 방법이 더 편리합니다. 녹음 후에는 다양한 소프트웨어를 활용하여 사운드 레이어를 늘이거나 줄여서 섬세한 편집을 합니다.

2 녹음한 목소리 볼륨이 BGM 볼륨에 비해 크거나 작을 때, 'BGM.mp3' 레이어의 [Audio]를 클릭해 열고, [Audio Levels]의 dB 수치를 조절하면 됩니다. **0**을 눌러 볼륨을 확인합니다.

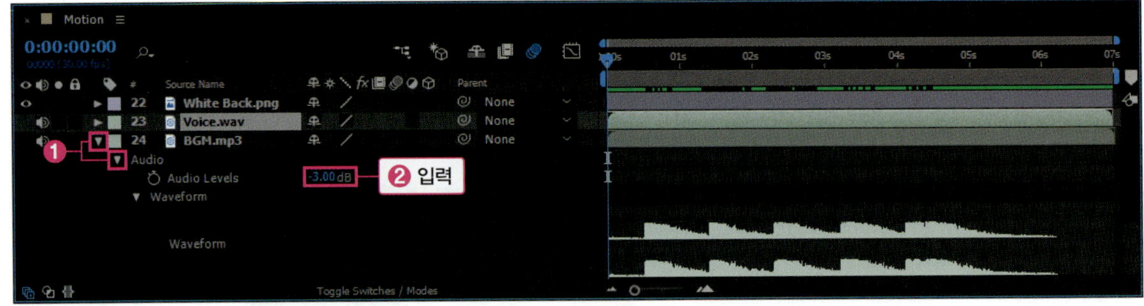

TIP :: dB 수치

dB 기본 수치는 0dB입니다. 소리를 줄이기 위해서는 마이너스(−)값을 입력하고, 키우기 위해서는 플러스(+)값을 입력합니다.

1 [Timeline] 패널의 [Entire] 컴포지션이 선택된 상태에서 [Composition] 〉 [Add to Render Queue](**Ctrl**+**M**) 메뉴를 클릭합니다.

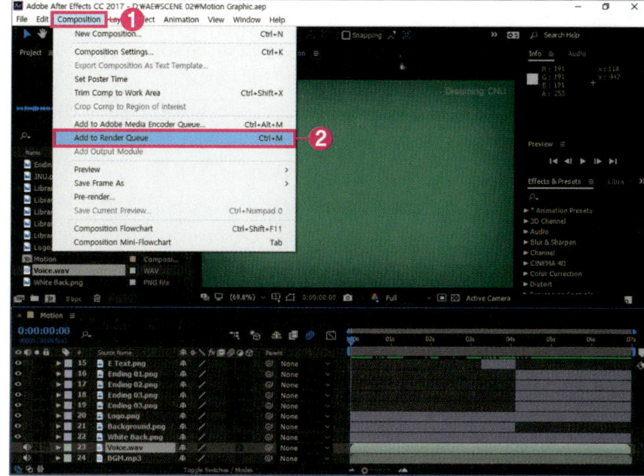

2 [Render Queue] 패널이 열리면, 출력할 파일의 비디오와 오디오 설정을 위해서 [Output Module]의 [Loss-less]를 클릭합니다.

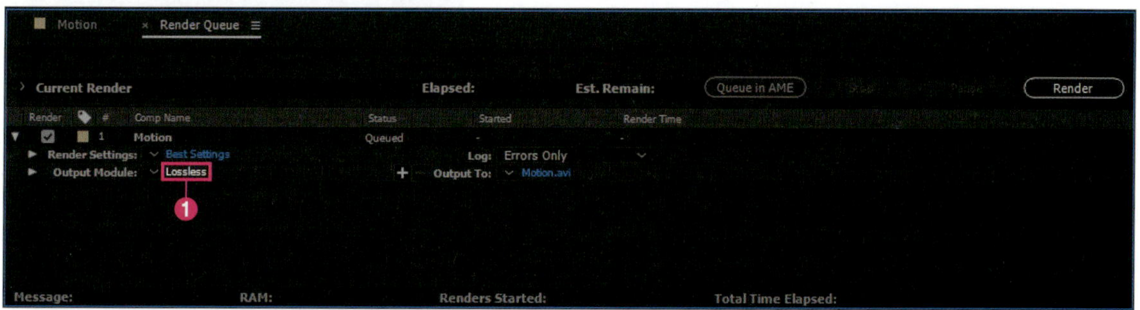

3 [Output Module Settings] 대화상자가 열리면 [Format]을 'QuickTime'으로 설정한 후 바로 오른쪽에 위치한 [Format Options]를 클릭합니다.

TIP : : [Format] 옵션 항목에 'QuickTime'이 보이지 않는 경우, 제공된 'QuickTime Codec'을 설치한 후 다시 컴퓨터를 재시작하고 작업을 시작합니다.

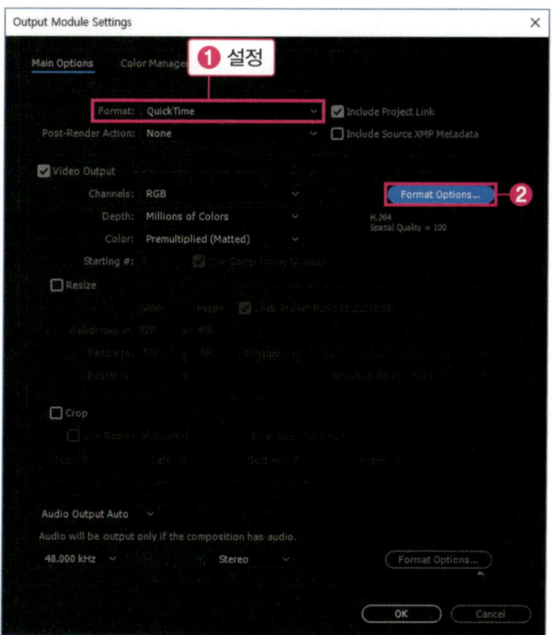

4 [QuickTime Options] 대화상자가 열리면 [Video Codec]을 'H.264'로 설정합니다.

TIP :: H.264
MPEG-4는 영상 압축 표준의 하나로 최신 비디오 압축 기술의 표준으로, 고선명도 비디오의 녹화, 압축, 배포를 위한 안정적인 포맷입니다.

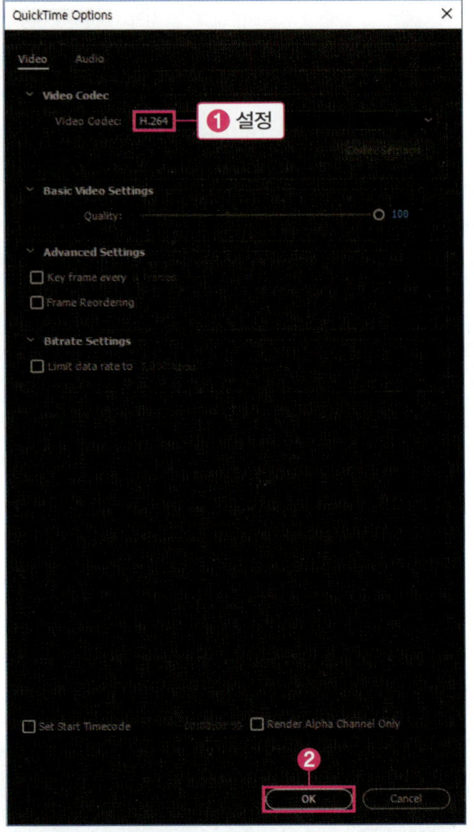

5 [Audio] 탭을 클릭하고, [Audio Codec]을 'AAC'로 설정한 후 [OK] 버튼을 클릭합니다.

6 모든 설정이 끝나면 다시 [Output Module Settings] 대화상자에서 [OK] 버튼을 클릭합니다.

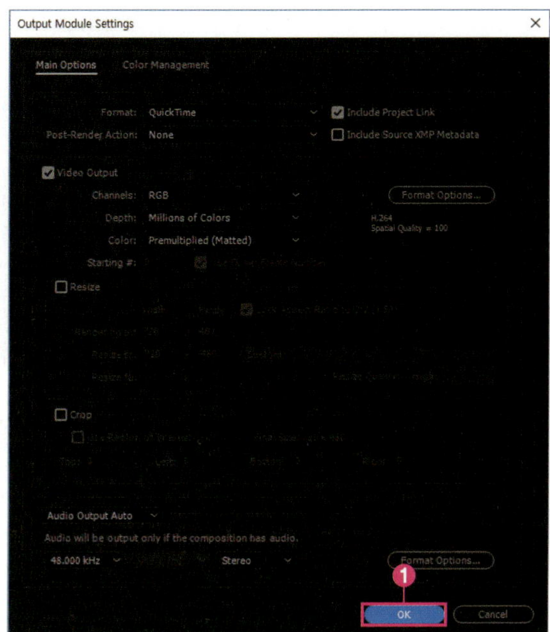

7 비디오와 오디오 설정이 끝난 후 출력 파일의 이름을 설정하기 위해서 [Output To]의 '파일 이름'을 클릭합니다.

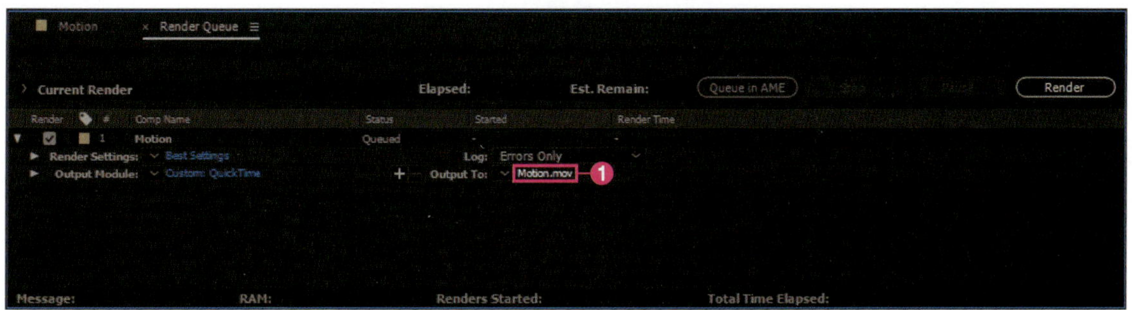

8 [Output Movie To] 대화상자가 열리면 임의의 폴더에 임의의 파일명을 입력한 후 [저장] 버튼을 클릭합니다.

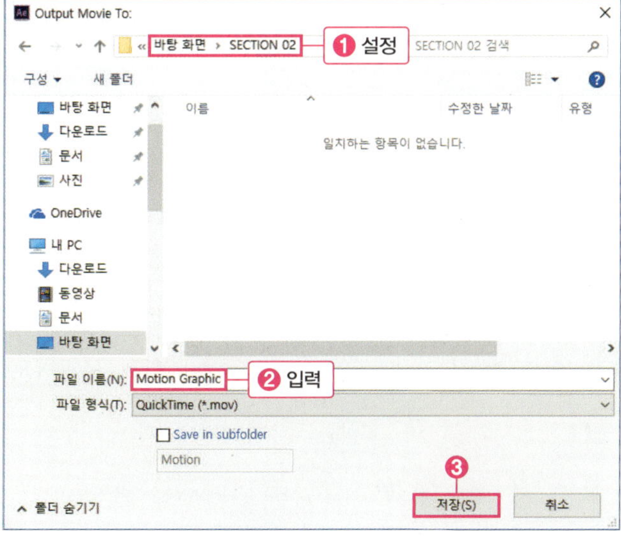

9 [Render Queue] 패널의 [Render] 버튼을 클릭하여 출력을 시작합니다.

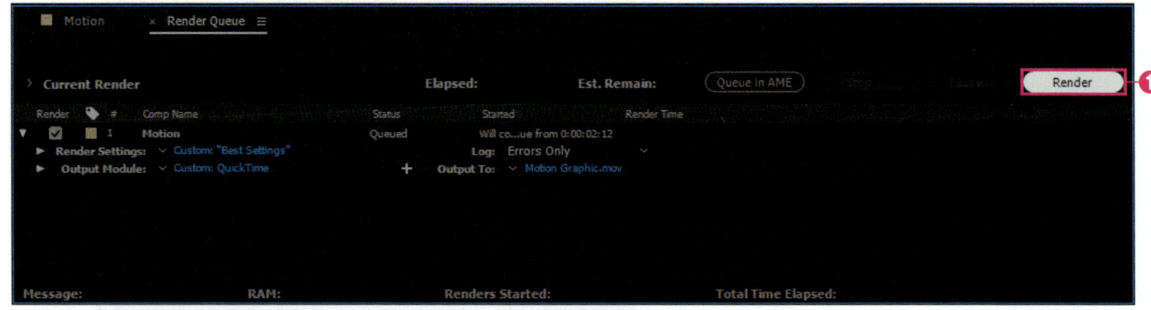

10 출력 파일이 저장된 폴더를 찾은 후 영상 파일을 확인합니다.

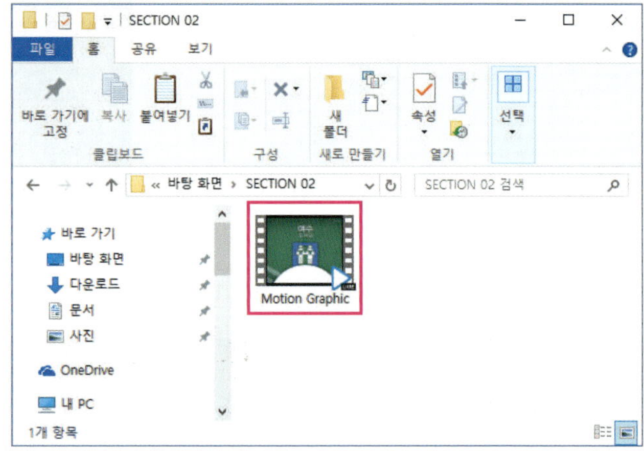

TIP :: 애프터 이펙트에서 지원되는 출력 포맷

■ 비디오 및 애니메이션 포맷

 – QuickTime(MOV)
 – Windows용 비디오(AVI: Windows 전용)

※ 애니메이션 GIF 동영상을 만들려면 먼저 애프터 이펙트에서 QuickTime 동영상을 렌더링하고 내보냅니다. 그런 다음 QuickTime 동영상을 포토샵으로 가져와서 애니메이션 GIF로 내보냅니다.

■ 비디오 프로젝트 포맷

 – 프리미어 프로 프로젝트(PRPROJ)

■ 스틸 이미지 포맷

 – Adobe Photoshop(PSD)
 – Cineon(CIN, DPX)
 – Maya IFF(IFF)
 – JPEG(JPG, JPE)
 – OpenEXR(EXR)
 – PNG(PNG)
 – Radiance(HDR, RGBE, XYZE)
 – SGI(SGI, BW, RGB)
 – Targa(TGA, VBA, ICB, VST)
 – TIFF(TIF)

■ 오디오 전용 포맷

 – AIFF(Audio Interchange File Format)
 – MP3
 – WAV

※ 필요에 따라 외부에서 제공된 코덱을 별도로 설치하여 사용할 수 있습니다.

TIP :: 애프터 이펙트에서 QucikTime(MOV) 포맷과 오류 문제

애플(Apple)사에서 컴퓨터에 동영상을 지원하기 위하여 개발한 영상 코덱입니다. 기본적으로는 비디오와 사운드를 압축 및 재생할 수 코덱으로 볼 수 있습니다. 보통 QuickTime을 통해 렌더링하면 확장자로 mov가 생성되므로 쉽게 구별할 수 있습니다. 현재 애프터 이펙트에서 일반적으로 출력할 수 있는 가장 좋은 포맷으로 사용됩니다. 하지만 가끔 QuickTime과 관련된 오류 문제가 발생할 수 있으며 이를 해결하는 방법에 대해 간단히 알아보겠습니다.

■ 오류 메시지

- "QuickTime is not installed on this system…"
- "You have at least one output module template that refers to a missing output plug-in…"
- "File '[file name].mov' cannot be imported – this 'MooV' file is damaged or unsupported."
- "Error reading frame from file '[file path and name].mov'. (86 :: 2)"
- "[File path and name].mov". An output module failed. The file may be damaged or corrupted. (−1610153464)
- Crashes or hangs when initializing MediaCore

■ 해결

위와 같은 오류 메시지가 나올 경우 다음과 같은 순서로 시도해 보기 바랍니다.

- 우선 QuickTime이 설치되어 있는지 확인합니다. Apple 웹 사이트에서 최신 QuickTime 버전을 다운로드하여 설치합니다.
- 다음 파일을 삭제하고 다시 애프터 이펙트를 실행합니다.
 ① C:/Library/QuickTime으로 이동합니다.
 ② DVCPROHDVideoOutput.component를 바탕 화면으로 드래그하여 백업 사본을 만듭니다.
 ③ DVCPROHDVideoOutput.component를 Library/QuickTime 폴더에서 삭제합니다.
 ④ 휴지통을 비웁니다.
- 공격적 방화벽 소프트웨어나 기타 보안 소프트웨어에서는 QuickTime 관련 통신을 차단할 수 있으므로 보안 프로그램을 삭제하거나 해제합니다. 이러한 보안 프로그램은 주로 은행이나 관공서에 접속할 때 자동으로 설치됩니다.
- 애프터 이펙트를 종료하고, 다음 폴더를 제거한 다음. 다시 시작합니다.
 /Users/[사용자_이름]/AppData/Roaming/Adobe/After Effects
 Windows: /Users/[사용자_이름]/AppData/Roaming/Adobe/
- 그래픽 카드 제조 업체의 웹 사이트에서 업데이트된 드라이버를 다운로드하고 설치합니다.

3

모션 UP! 키프레임 애니메이션 노하우 : 중급

영상 콘텐츠 공모전 10년 도전 노하우!

모든 애니메이션이 키프레임에서 출발하기 때문에 이를 활용한 테크닉은 헤아릴 수 없이 많지만, 본 챕터에는 다양한 키프레임 테크닉을 활용한 붓글씨 애니메이션, 이동 경로 애니메이션, 모션 트래킹 등의 실무 노하우를 실습 예제로 담았습니다. 이를 여러 번 복습하고 응용한다면 키프레임 애니메이션에 자신감이 생길 것입니다.

ADOBE AFTER EFFECTS

키프레임 애니메이션 노하우

SECTION 01

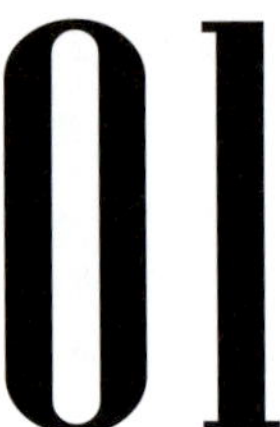

핵심내용

다음 예제에서는 트랜스폼을 활용한 기초 키프레임 테크닉에 대해 알아보겠습니다. 이중에서 Keyframe Assistant와 Parent, 그리고 Graph Editor와 Motion Blur에 대해서 실습해보겠습니다.

핵심기능

Keyframe Assistant, Parent + Graph Editor + Motion Blur

STORYBOARD

2012 엑스포 UCC 공모전 '해양수산부장관상' 수상 작품 중 일부분

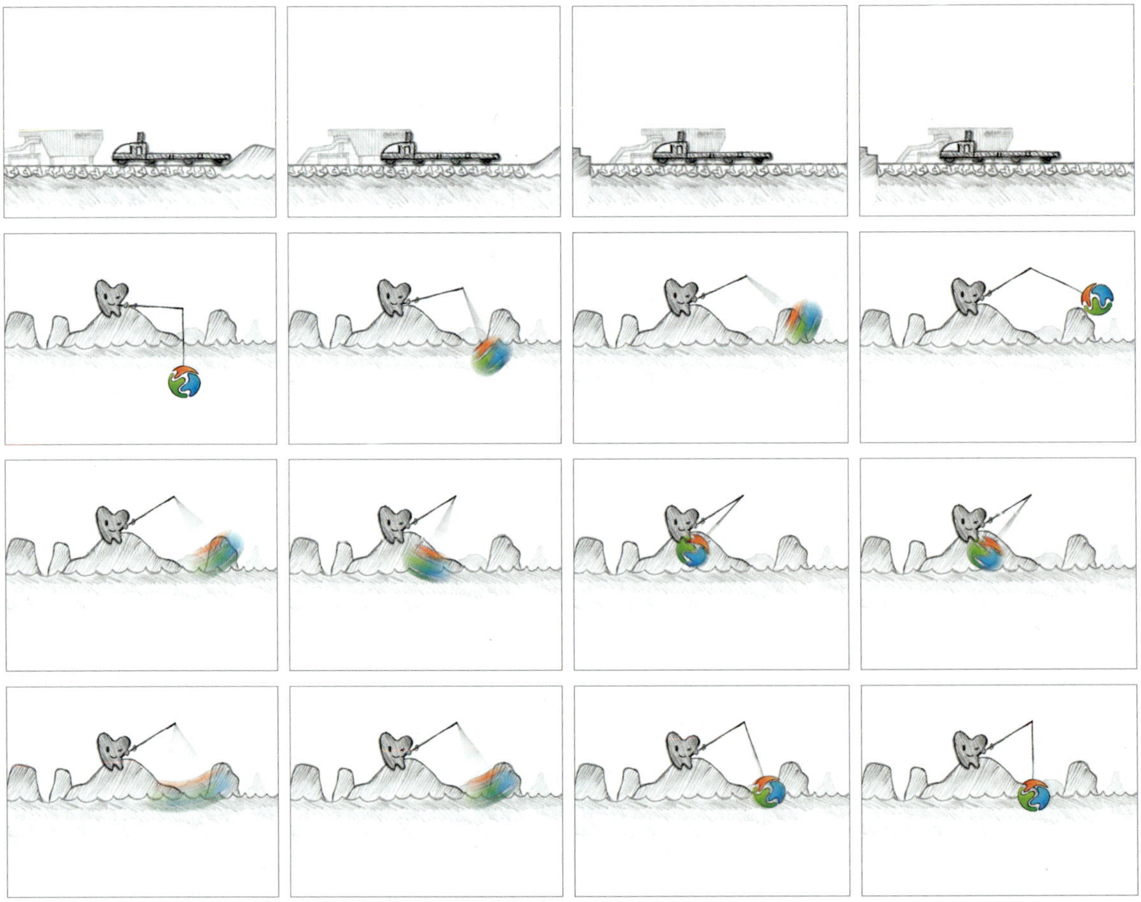

01 위치 이동과 가속도 애니메이션 Keyframe Assistant

: 준비 파일 : Part 03 〉 Chapter 03 〉 Section 01 〉 Keyframe Assistant.aep   **: 완성 파일 :** Part 03 〉 Chapter 03 〉 Section 01 〉 Keyframe Assistant 완성.aep

1 제공된 애프터 이펙트 파일을 불러오기 위해서 [File] 〉 [Open Project](Ctrl + O) 메뉴를 클릭합니다. 'Keyframe Assistant.aep' 파일을 선택한 후 [열기] 버튼을 클릭합니다. 파일이 열리면 [Timeline] 패널에 있는 'Train.png'와 'Background 01.jpg' 2개 레이어를 확인합니다.

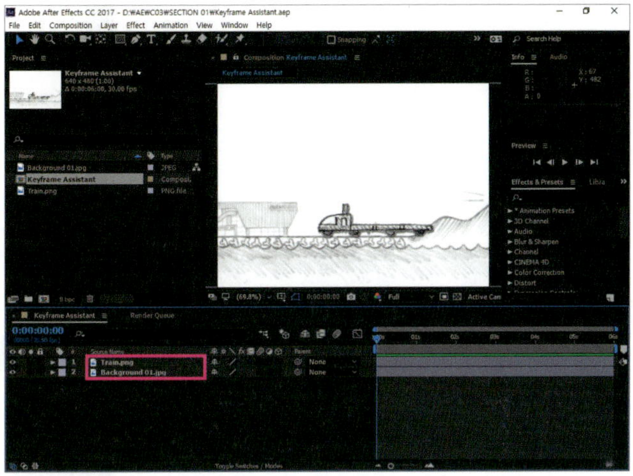

2 위치 이동 애니메이션을 만들기 위해서 [Timeline] 패널의 'Train.png'와 'Background 01.jpg' 레이어를 선택한 후 P 를 눌러 [Position]을 보이게 하고, [Time-Vary stop watch]( )를 클릭하여 활성화합니다.

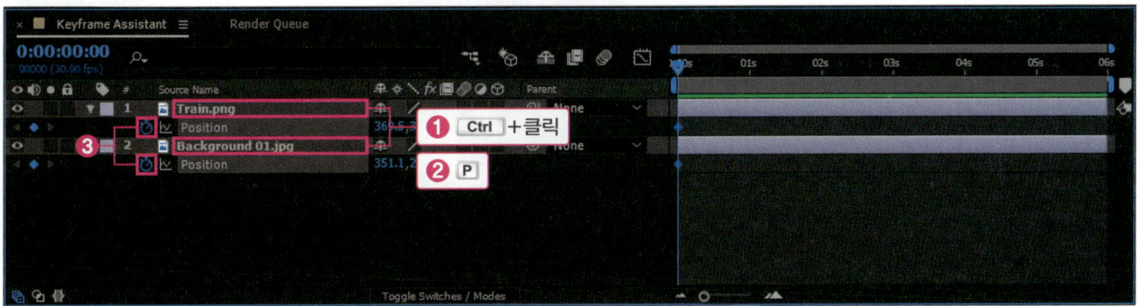

3 [Current Time Indicator]를 0:00:04:00 위치로 옮기고, 'Train.png' 레이어 [Position]은 '275, 324'로, 'Background 01.jpg' 레이어는 '608, 240'으로 입력합니다.

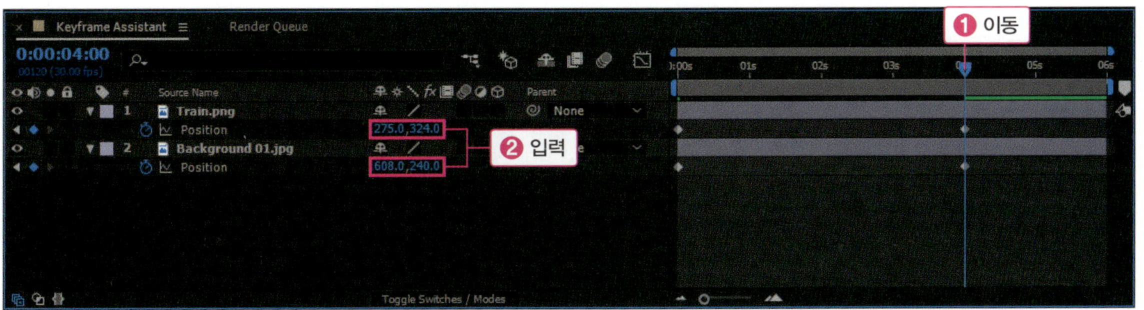

4 숫자패드 **0**을 눌러 위치 이동 모션을 확인합니다.

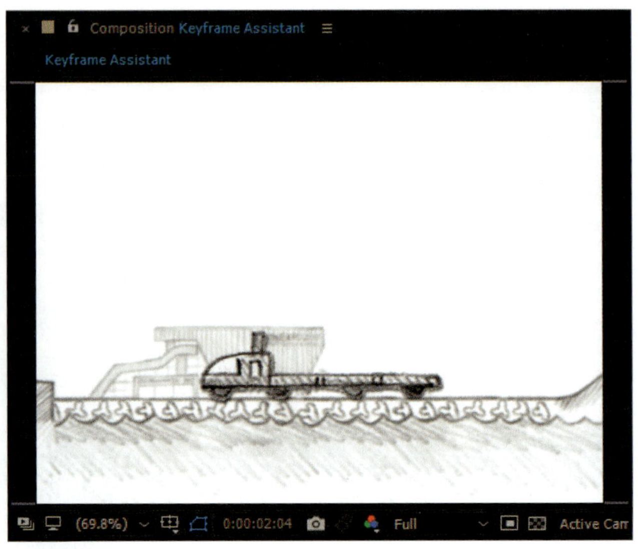

5 위치 이동 모션의 속도를 수정하기 위해서 'Train.png' 레이어 [Position]의 첫 번째 키프레임에 오른쪽 마우스를 버튼을 클릭하고, 팝업 메뉴가 열리면 [Keyframe Assistant] 〉[Easy Ease Out](**Ctrl** + **Shift** + **F9**)을 클릭합니다. 'Train.png' 레이어가 출발하면서 모션 속도가 점점 빨라지는 것을 확인합니다.

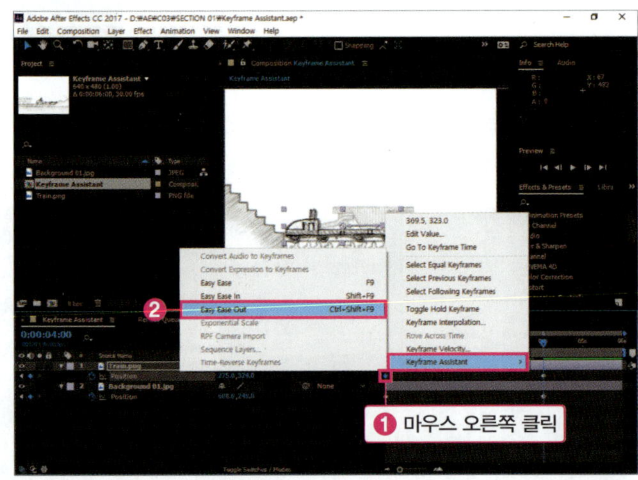

TIP :: **키프레임 어시스턴트 메뉴**

• [Keyframe Assistant] : 모션 속도를 점점 빠르게 하거나 느리게 조절하는 '가속도' 옵션입니다.
• [Easy Ease] : 키프레임에서 느리게 출발했다, 점점 빨라지고 끝나는 지점에서 다시 속도가 느려집니다.
• [Easy Ease In] : 모션 속도가 점점 느려집니다.
• [Easy Ease Out] : 모션 속도가 점점 빨라집니다.

6 'Train.png' 레이어 [Position]의 두 번째 키프레임을 마우스 오른쪽 버튼으로 클릭한 후 [Keyframe Assistant] 〉[Easy Ease In](**Shift** + **F9**)을 선택합니다. 'Train.png' 레이어가 도착하면서 모션의 속도가 점점 느려지는 것을 확인합니다.

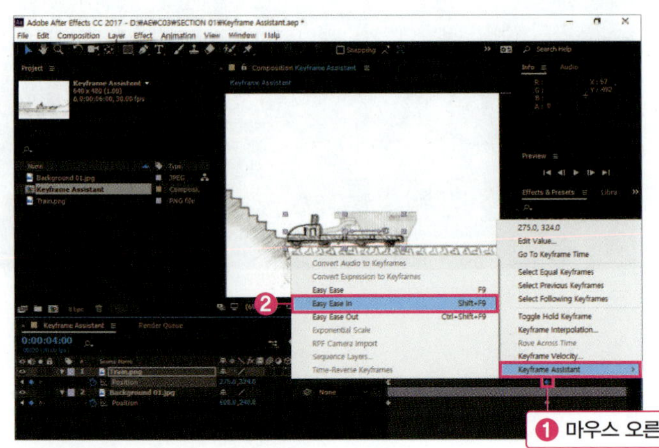

7 'Background 01.jpg' 레이어도 앞선 방법으로 [Easy Ease Out]과 [Easy Ease In]을 각각 설정합니다. 숫자패드 **0**을 눌러 '위치 이동'에 '가속도'를 추가한 모션을 만들었습니다. 다양한 방법으로 응용해 보기 바랍니다.

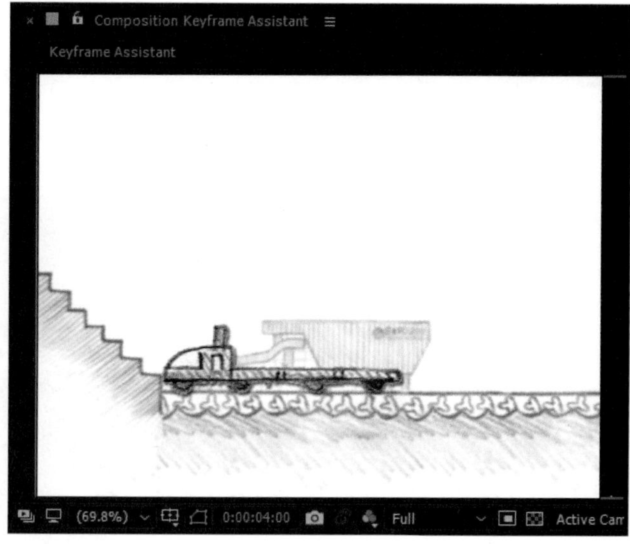

TIP :: 키프레임 애니메이션 모션 속성

애프터 이펙트에서 키프레임을 만들고 모션을 만들 때 기본적으로는 이동이 일정하게 이루어지며 이는 물리학적으로 속도가 일정하다는 것을 알 수 있습니다. 자동차가 속도를 줄이기 위해서 브레이크를 밟았을 때 일정하게 속도가 줄어드는 것이 아니라 점점 속도가 줄어드는 것처럼 사실적인 모션을 만들 때 감속과 가속의 개념이 반드시 적용해야 합니다.

이러한 가감속의 설정은 앞에서 배운 것과 같이 쉽게 사용할 수 있도록 메뉴를 통해 변경할 수 있습니다. 키프레임에서 마우스 오른쪽 버튼을 클릭하면 [Keyframe Assistant]의 하위 항목에서 필요한 항목을 선택합니다.

- **Easy Ease(가속도)** : In, Out을 모두 적용합니다. 처음에 속도가 느리게 시작했다가 빨라지고 마지막에 다시 느려집니다. 키프레임의 모양이 모래시계 형태로 변합니다.
  ※ 단축키를 이용해 빠르게 적용하기 : 키프레임 선택하고, **F9**
- **Easy Ease In(감속)** : 속도가 점점 느려집니다. 키프레임의 모양이 오른쪽 화살표로 변합니다.
  ※ 단축키를 이용해 빠르게 적용하기 : 키프레임 선택하고, **Shift** + **F9**
- **Easy Ease Out(가속)** : 속도가 점점 빨라집니다. 키프레임의 모양이 왼쪽 화살표로 변합니다.
  ※ 단축키를 이용해 빠르게 적용하기 : 키프레임 선택하고, **Ctrl** + **Shift** + **F9**

※ 기본 키프레임은 Linear(등속) 속성으로써 속도가 일정한 키프레임을 말합니다(키프레임 생성 시 기본 적용). 모양은 마름모 형태입니다.

: **준비 파일 :** Part 03 〉 Chapter 03 〉 Section 01 〉 Graph Editor.aep   **완성 파일 :** Part 03 〉 Chapter 03 〉 Section 01 〉 Graph Editor 완성.aep

1 제공된 애프터 이펙트 파일을 불러오기 위해서 [File] 〉 [Open Project](`Ctrl`+`O`) 메뉴를 클릭합니다. 'Graph Editor.aep' 파일을 선택한 후 [열기] 버튼을 클릭합니다.

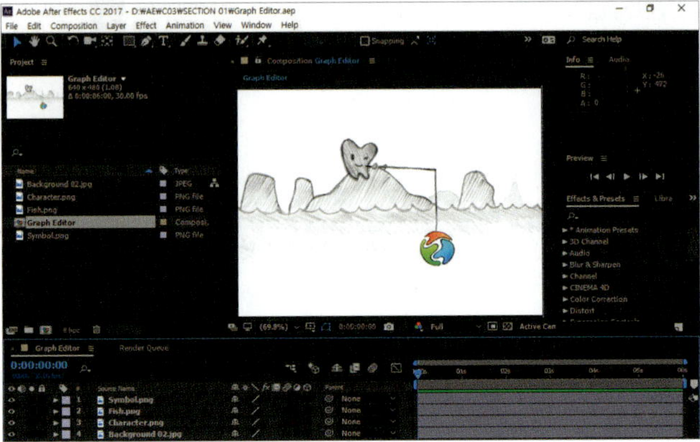

2 [Timeline] 패널에서 'Symbol.png' 레이어를 선택한 후 [Parent]의 'None'을 선택하고, 레이어 선택 메뉴가 열리면 '2. Fish.png'로 설정하여 2개의 레이어를 연결합니다.

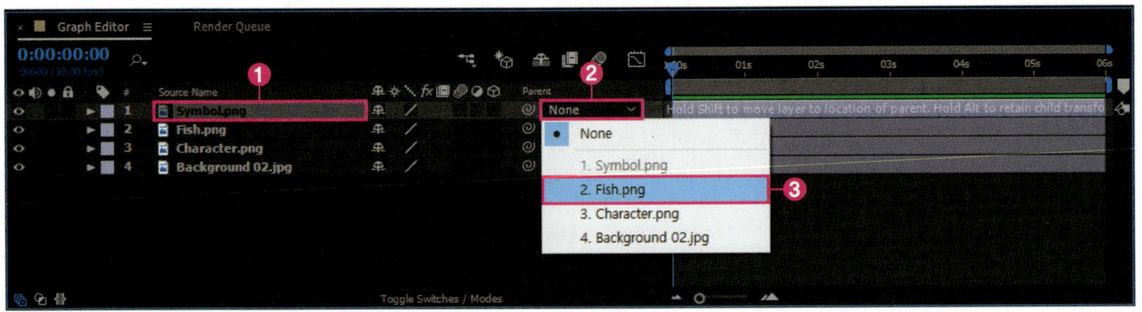

TIP :: 'Symbol.png' 레이어가 'Fish.png' 레이어와 서로 연결됩니다.

3 회전 모션을 주기 위해서 [Timeline] 패널의 'Fish.png' 레이어를 선택하고, `R`을 눌러 [Rotation]을 보이게 합니다. [Current Time Indicator]를 0:00:00:20 위치로 옮기고, [Time–Vary stop watch]( )를 클릭하여 활성화합니다. [Current Time Indicator]를 0:00:01:10 위치로 옮기고, '–15°'로 입력합니다.

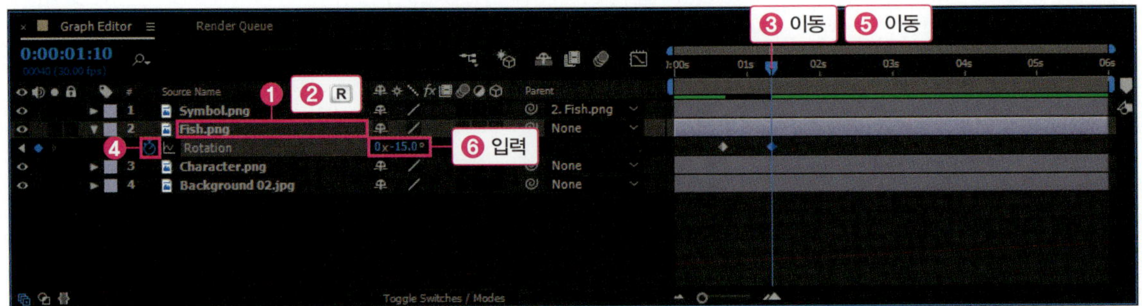

4 'Symbol.png' 레이어를 선택하고, R을 눌러 [Rotation]을 보이게 합니다. [Current Time Indicator]를 0:00:00:25 위치로 옮기고, [Time-Vary stop watch](◎)를 클릭하여 활성화합니다. [Current Time Indicator]를 0:00:01:15 위치로 옮기고, '-50°'으로 입력하여 낚시하는 모션을 만듭니다.

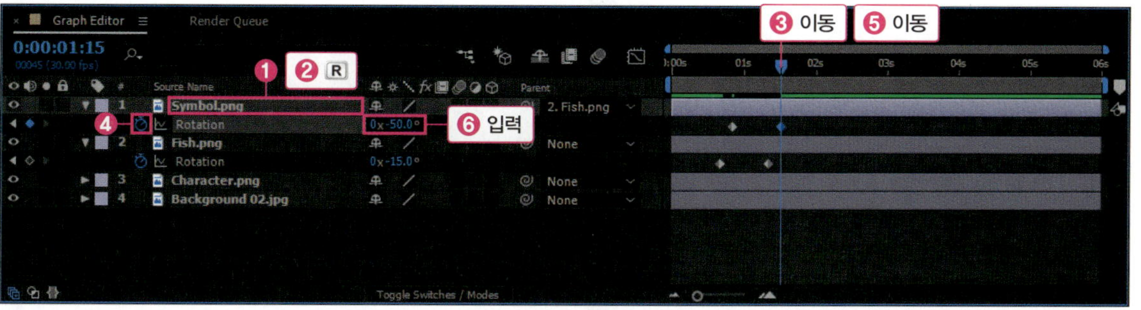

5 조금 더 실감나는 낚시 모션을 만들기 위해서 'Symbol.png' 레이어 [Rotation]의 0:00:02:10 위치는 '60°', 0:00:03:00 위치는 '-30°'으로 입력하여 키프레임을 생성합니다. [Current Time Indicator]를 좌우로 옮기면서 회전 모션을 확인합니다.

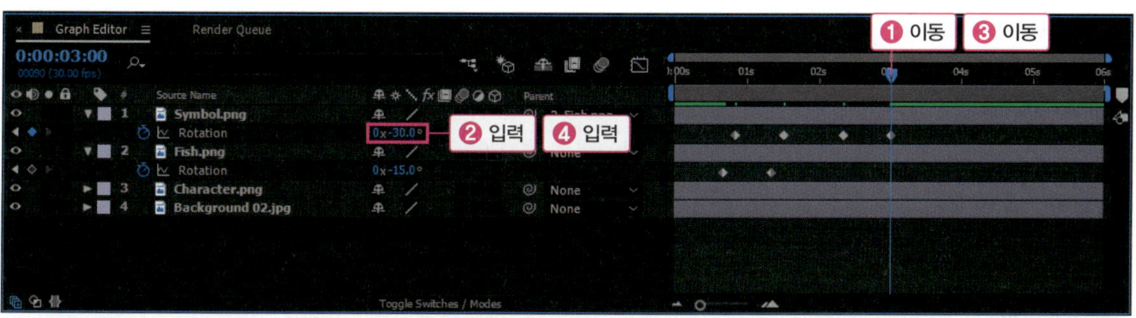

6 이어서 0:00:03:15 위치는 '40°', 0:00:03:25 위치는 '-5°', 0:00:04:00 위치는 '20°', 0:00:04:03 위치는 '10°', 0:00:04:05 위치는 '14°'로 입력합니다.

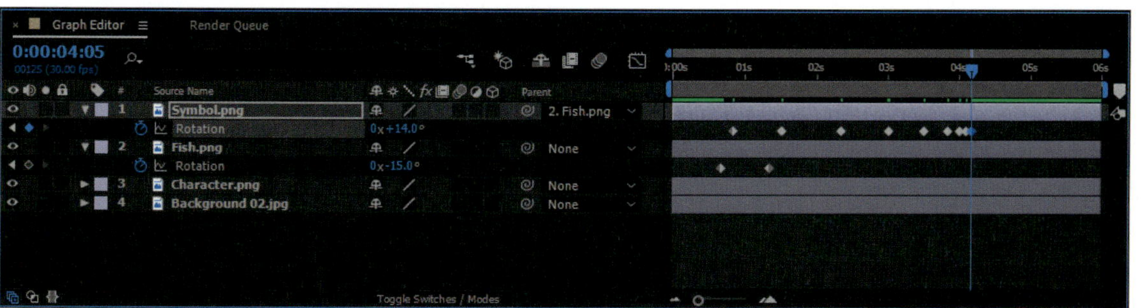

7 숫자패드 **0**을 눌러 회전 모션을 확인합니다.

8 조금 더 자연스러운 모션으로 수정하기 위해서 'Symbol.png' 레이어의 [Rotation]을 선택하고 [Graph Editor]( )를 클릭하여 활성화합니다. [Timeline]에 보이는 직선의 그래프를 곡선으로 수정해야 합니다.

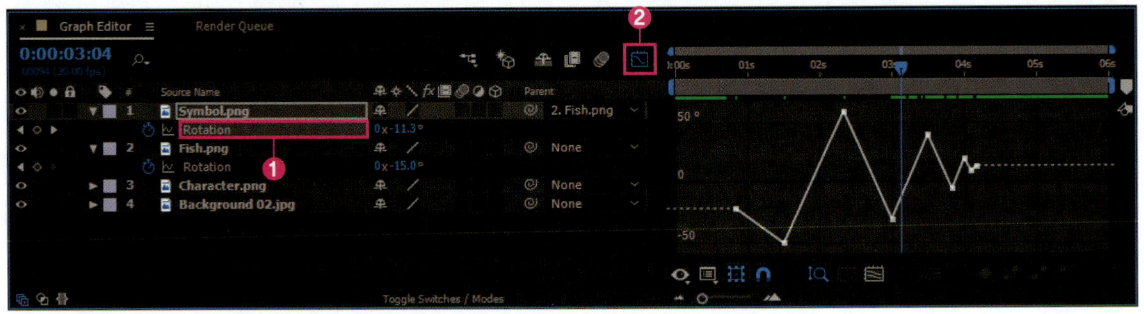

TIP :: Graph Editor

모션의 속도를 그래프로 표시하고, 수정할 수 있습니다.

9 0:00:00:25에 위치한 첫 번째 키프레임을 **Alt**를 누른 채 클릭하면 그림과 같이 조절 바가 나옵니다. 조절 바를 드래그하여 그림과 같은 곡선 모양으로 만듭니다.

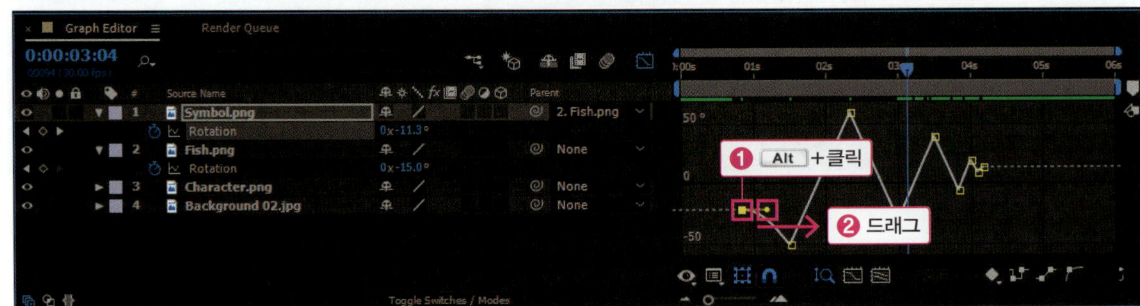

10 0:00:01:15에 위치한 두 번째 키프레임을 [Alt]를 누른 채 클릭하여 조절 바가 나오게 한 후 조절 바를 드래그하여 그림과 같은 곡선 모양으로 만듭니다. [Current Time Indicator]를 좌우로 옮기면서 부드러워진 모션을 확인합니다.

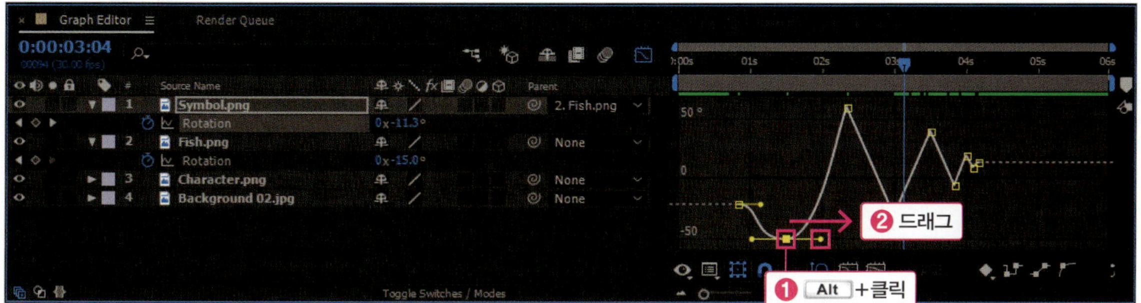

11 위와 같은 방법으로 나머지 키프레임을 수정하여 그림과 같은 곡선 모양을 만듭니다.

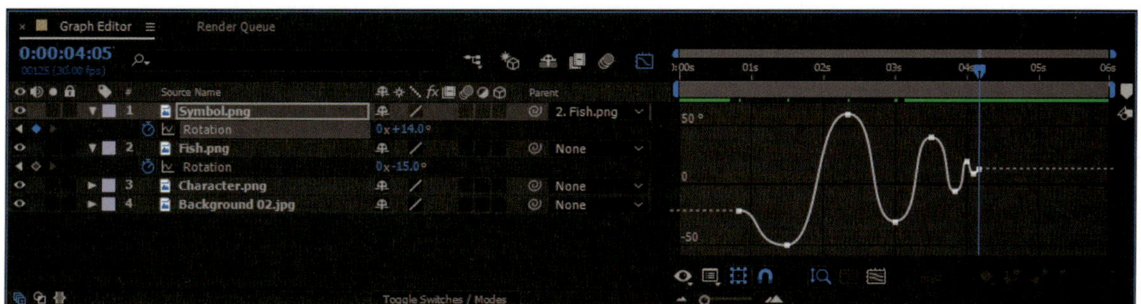

12 [Timeline] 패널의 [Enables Motion Blur] (●)와 'Symbol.png' 레이어의 [Motion Blur] (●)를 클릭하여 활성화한 후 숫자패드 [0]을 눌러 수정된 모션을 확인합니다.

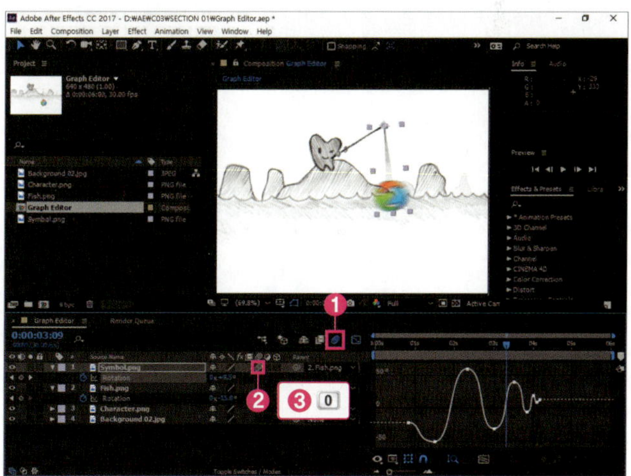

TIP :: 모션 블러

• [Enables Motion Blur for all layers with the Enables Motion switch set](●) : 모션 블러가 적용된 레이어 효과를 [Composition] 패널에 표시합니다.

• [Motion Blur](●) : 선택한 레이어에 블러 효과를 적용합니다. 만약, 이 버튼이 보이지 않는다면 [Timeline] 패널의 왼쪽 아래 모서리의 [Expand or Collapse the Layer Switches Pane](●)이 활성화되어 있는지 확인하기 바랍니다.

붓글씨
애니메이션
노하우

핵심내용

붓글씨 애니메이션은 현장에서 많이 사용하는 실무 테크닉입니다. 키프레임으로 Mask와 Pen Tool, Opacity, 그리고 Effects Stroke 등의 기법을 활용하여 먹물이 떨어지는 표현과 붓글씨를 써 나가는 테크닉에 대해 실습하겠습니다.

핵심기능

Mask + Pen Tool + Effects Stroke

STORYBOARD

제2회 자살예방 및 생명사랑 UCC 공모전 '최우수상' 수상 작품 중 일부분

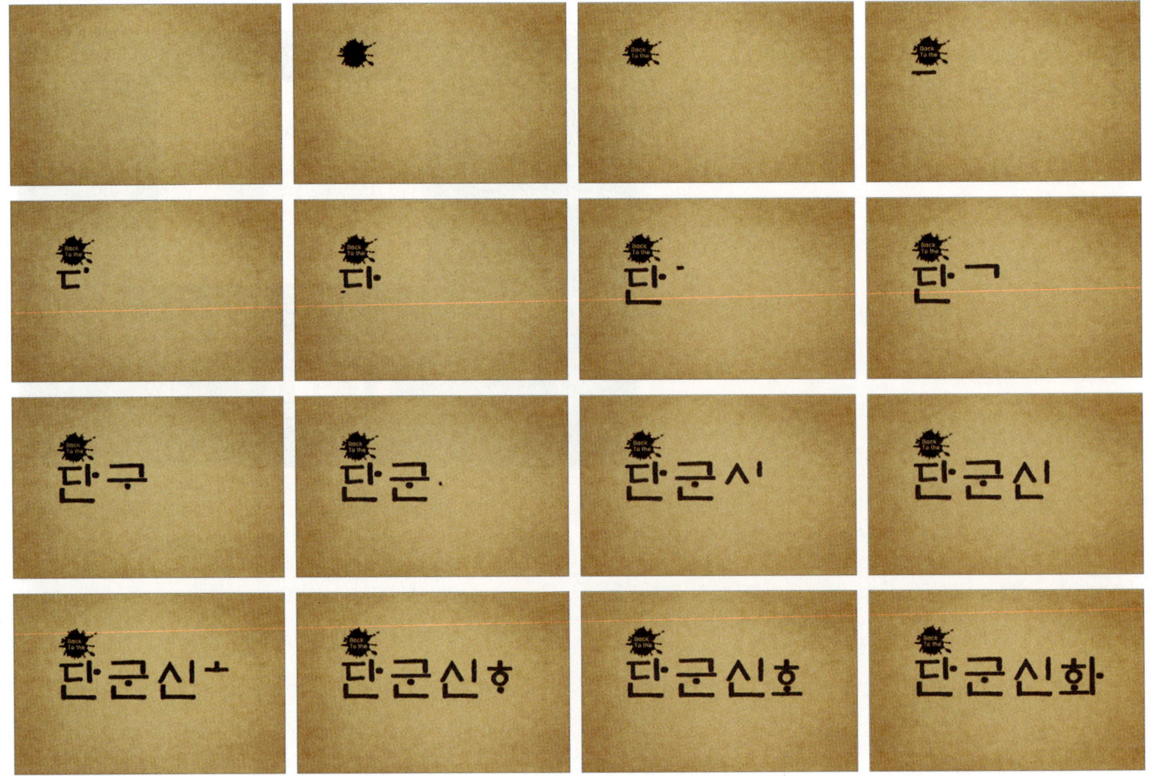

01 붓글씨 애니메이션 Mask + Pen Tool + Effects Stroke

제2회 자살예방 및 생명사랑 UCC 공모전
'최우수상' 수상 작품 중 일부분

: **준비 파일 :** Part 03 〉 Chapter 03 〉 Section 02 〉 Path Effect.aep   : **완성 파일 :** Part 03 〉 Chapter 03 〉 Section 02 〉 Path Effect 완성.aep

1 제공된 애프터 이펙트 파일을 불러오기 위해서 [File] 〉 [Open Project](**Ctrl** + **O**) 메뉴를 클릭합니다. 'Path Effect.aep' 파일을 선택한 후 [열기] 버튼을 클릭합니다. 파일이 열리면 [Timeline] 패널에 있는 'Sub Title.png', 'Title.png', 'Background.jpg' 3개의 레이어를 확인합니다. [Project] 패널에서 'Calli.jpg' 푸티지를 [Timeline] 패널의 2번 레이어 위치로 드래그합니다.

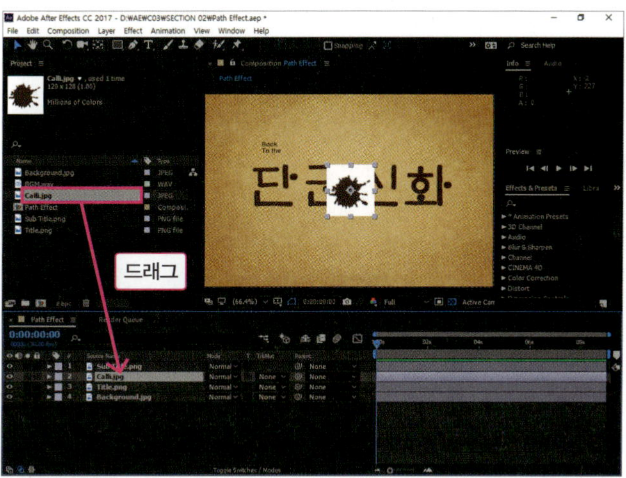

2 [Timeline] 패널의 'Calli.jpg' 레이어를 선택하고, **P** 를 눌러 [Position]을 보이게 한 후 '170, 128'을 입력하여 '단군신화'의 '단'자 위로 위치를 옮깁니다.

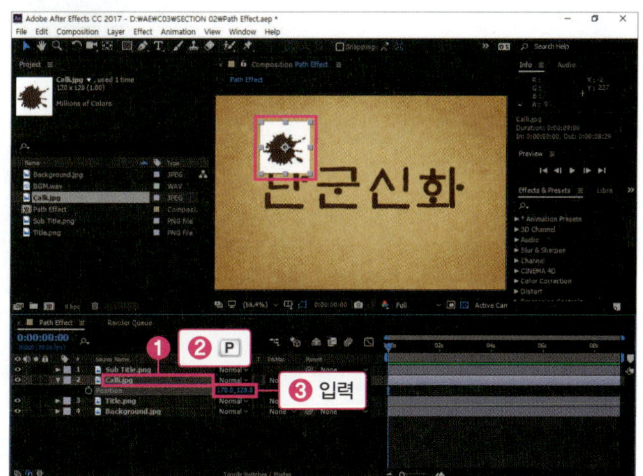

3 'Calli.jpg' 레이어 [Mode]의 [Normal]을 클릭하여 'Multiply'로, [TrkMat]의 [None]을 클릭하여 'Alpha Inverted Matte "Sub Title.png"'로 설정하고, 변화를 확인합니다.

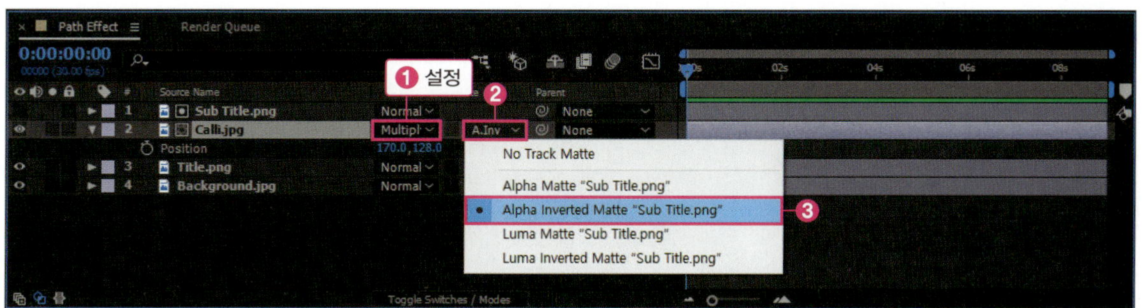

4 '먹물이 한지에 떨어지는 효과'를 만들기 위해서 'Calli.jpg' 레이어를 선택합니다. [Tools] 패널의 [Rectangle Tool]를 길게 클릭한 후 메뉴가 열리면 [Ellipse Tool](◯)을 클릭하여 그림과 같은 크기로 마스크를 만듭니다.

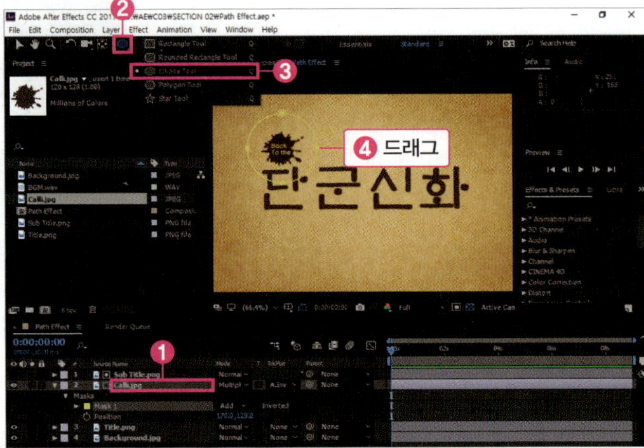

5 'Calli.jpg' 레이어를 클릭해 열고, [Mask Expansion]을 마이너스 값으로 입력하여 그림과 같이 레이어의 이미지가 보이지 않게 합니다. [Current Time Indicator]를 0:00:00:15 위치로 옮기고, [Time–Vary stop watch](◯)를 클릭하여 활성화합니다.

TIP :: [Mask Expansion] 값은 전에 그림 원의 크기에 따라 달라질 수 있습니다. 본문에서는 약 –70에서 –100사이로 입력하여 이미지를 사라지게 했습니다.

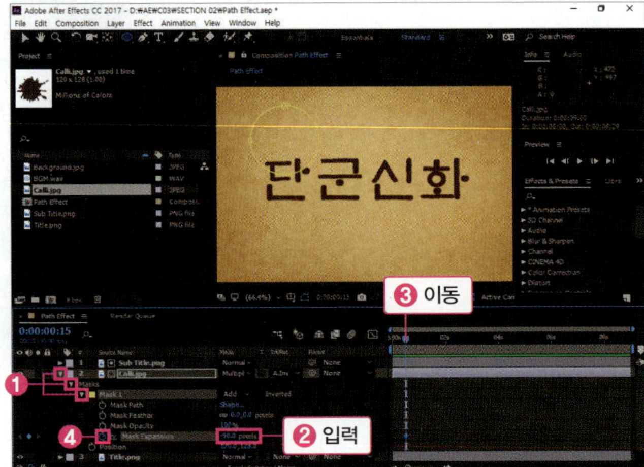

6 [Current Time Indicator]를 0:00:00:20 위치로 옮기고, [Mask Expansion]을 '0.0'으로 입력합니다. [Current Time Indicator]를 좌우로 옮기면서 변화를 확인합니다.

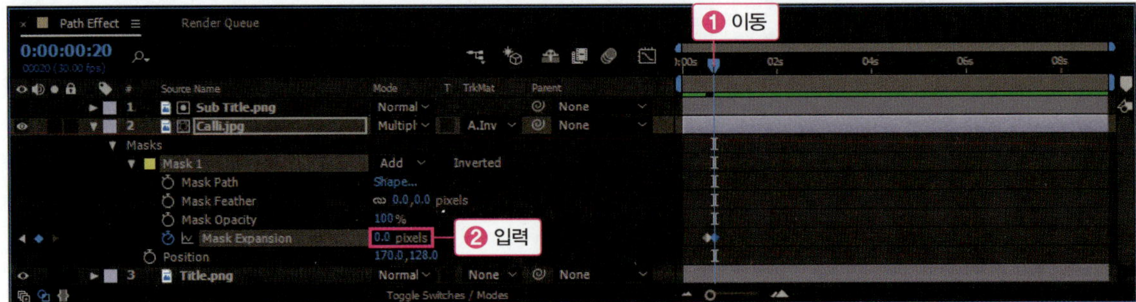

7 다음으로 'Sub Title.png' 레이어를 선택하고 **T**를 눌러 [Opacity]를 보이게 한 후 [Current Time Indicator]를 0:00:00:25 위치로 옮깁니다. [Time–Vary stop watch](⏱)를 클릭하여 활성화하고 '0%'를 입력합니다. [Current Time Indicator]를 0:00:01:25 위치로 옮기고 '100%'로 입력합니다.

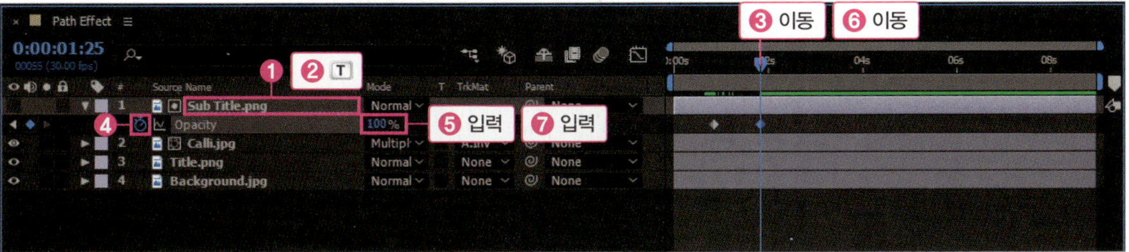

8 [Current Time Indicator]를 좌우로 옮기면서 '패스 애니메이션'을 확인합니다.

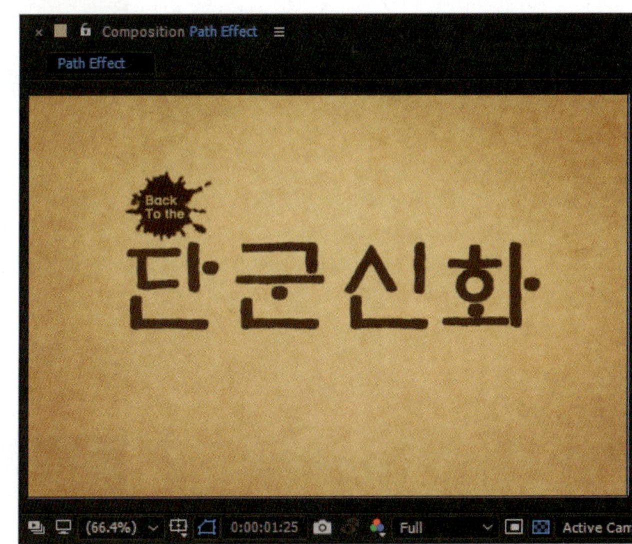

9 [Timeline] 패널의 'Title.png' 레이어를 선택하고, [Tools] 패널의 [Pen Tool](✏)을 클릭한 후 [Composition] 패널에서 마우스 휠로 그림과 같이 화면을 확대합니다.

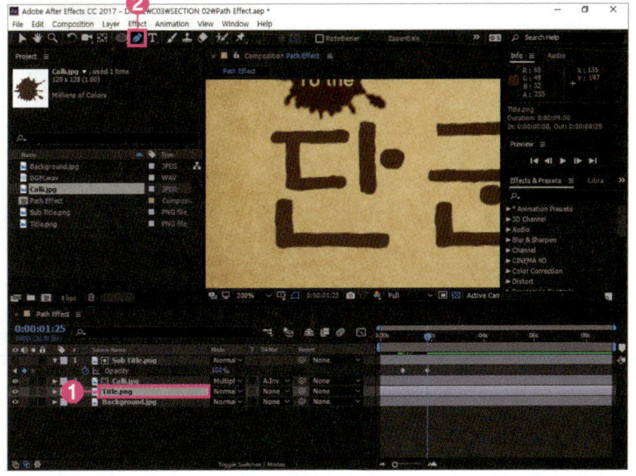

바로 알기

- 레이어를 선택하지 않고 [Pen Tool] 이용 시 : 면이 채워지는 셰이프 레이어가 생성됩니다.
- 화면의 Zoom In, Zoom Out : [Composition] 패널을 선택한 상태에서 마우스 휠을 사용하고, 화면을 이동할 때는 **Space Bar**를 누르면서 드래그로 이동합니다.

10 패스로 문자가 써지는 애니메이션을 만들기 위해서 [Composition] 패널의 '단' 문자에 맞춰 문자를 쓰는 순서에 따라 [Pen Tool](✎)로 패스를 그립니다.

11 패스를 이어서 그림과 같이 '단' 문자가 써지는 경로를 순서대로 그립니다.

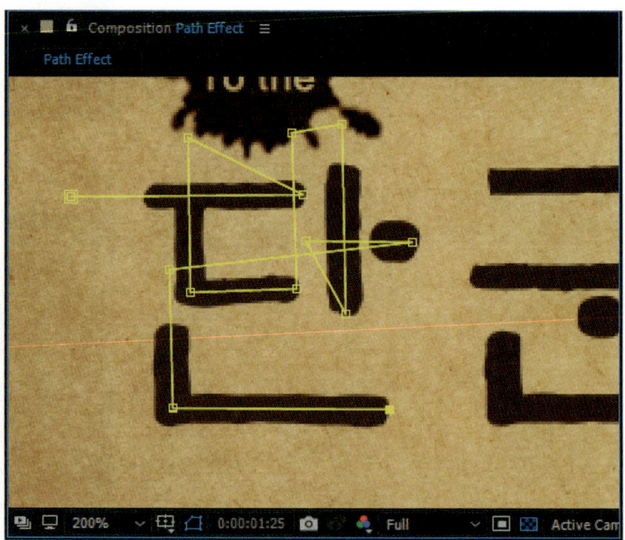

12 패스가 끊어지지 않도록 '단군신화' 문자를 따라 그립니다.

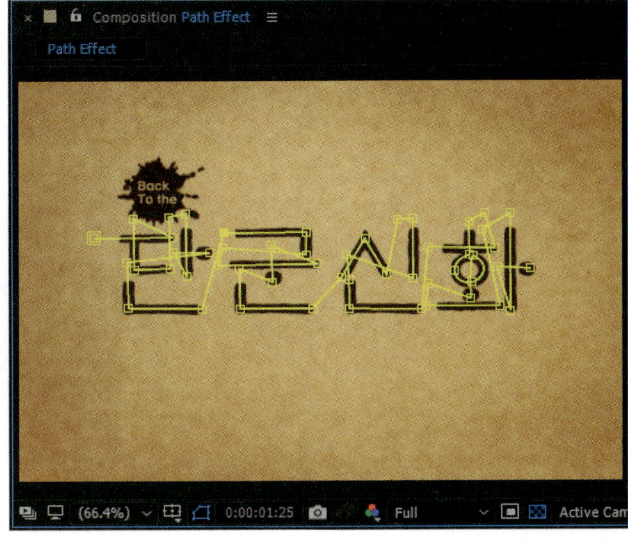

13 필터 효과를 적용하기 위해서 [Timeline] 패널의 'Title.png' 레이어를 클릭해 열고 [Mask 1]을 선택한 후 [Effects] > [Generate] > [Stroke] 메뉴를 클릭합니다.

TIP :: Stroke 효과

사용자가 만든 선이나 도형에 선을 그려 넣습니다. 두께, 색상 등을 설정하고 모션을 만들 수 있습니다.

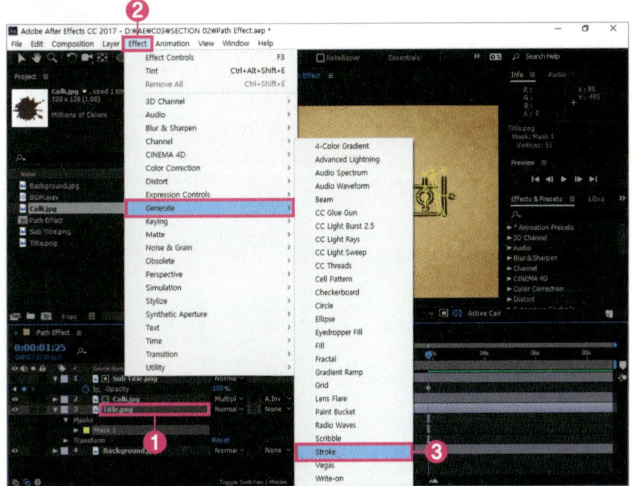

14 [Effect Controls] 패널에서 [Stroke]의 [Brush Size]를 서서히 드래그하면서 '단군신화'를 뒤덮을 사이즈 '10.0' 정도로 입력하고, 빈틈이 보이면 [Pen Tool]로 수정해서 덮습니다. 이어서 [End]는 '0.0%', [Paint Style]은 'Reveal Original Image'로 설정합니다.

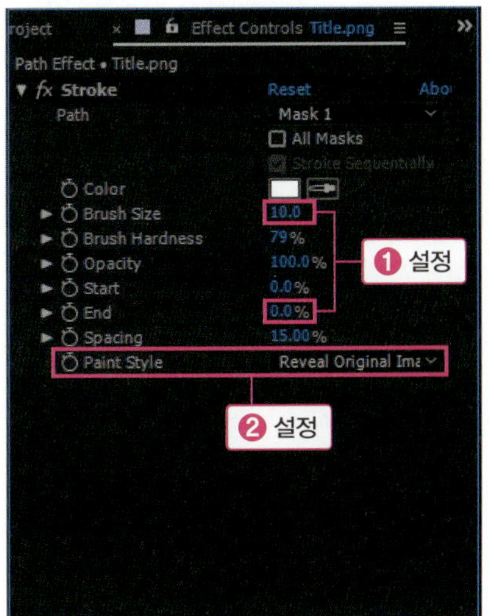

15 [Current Time Indicator]를 0:00:01:25 위치로 옮기고, [Effect Controls] 패널의 [Stroke] 〉 [End] 〉 [Time–Vary stop watch](🕐)를 클릭하여 활성화합니다. [Current Time Indicator]를 0:00:06:00 위치로 옮기고 '100%'로 입력합니다. 숫자패드 **0** 을 눌러 패스 모션을 확인합니다.

TIP :: 패스 모션의 속도를 늦추려면 0:00:06:00 위치의 키프레임을 뒤쪽으로 옮기면 됩니다.

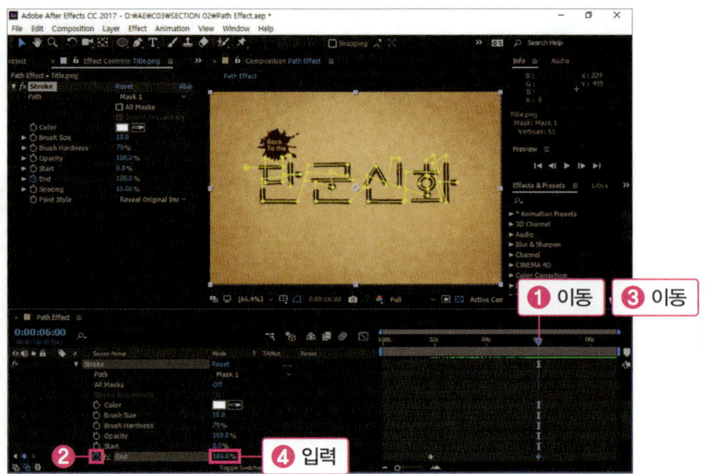

16 [Project] 패널의 'BGM.wav' 푸티지를 [Timeline] 패널로 드래그하여 '효과음'을 삽입합니다. 패스에 Stroke 효과를 적용하여 '글자 쓰는 애니메이션'을 완성하였습니다. 숫자패드 **0** 을 눌러 영상을 확인합니다.

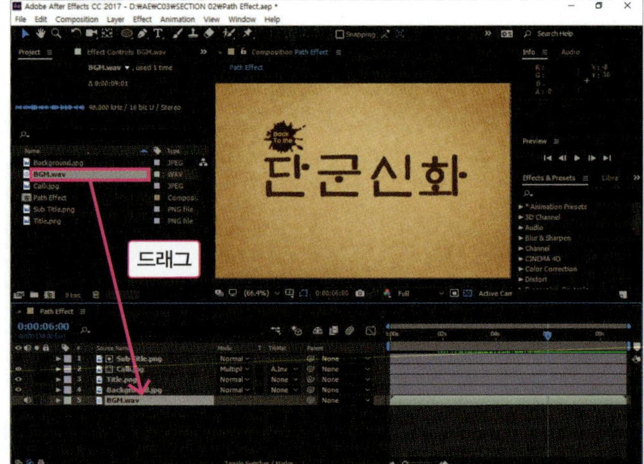

이동 경로
애니메이션
노하우

SECTION **03**

핵심내용

다음 예제에서는 [Pen Tool]을 이용하여 패스를 그리고 이를 따라가는 이동 경로 애니메이션에 대해 알아보겠습니다. 이중에서 Path Options 테크닉과 Transform의 Position 모션의 복사 기법 등을 활용하여 자연스러운 이동 경로 모션을 실습해보겠습니다.

핵심기능

Path Options + Position

STORYBOARD

제3회 전국 즐거운 환경 영상 콘테스트 '우수상' 수상 작품 중 일부분

: **준비 파일** : Part 03 〉 Chapter 03 〉 Section 03 〉 Path Motion.aep   : **완성 파일** : Part 03 〉 Chapter 03 〉 Section 03 〉 Path Motion 완성.aep

1 제공된 애프터 이펙트 파일을 불러오기 위해서 [File] 〉 [Open Project](Ctrl + O) 메뉴를 클릭합니다. 'Path Motion.aep' 파일을 선택한 후 [열기] 버튼을 클릭합니다. 파일이 열리면 [Timeline] 패널에 있는 'Text 01', 'Text 02', 'Text 03', 'Path Motion.mp4' 4개의 레이어를 확인합니다.

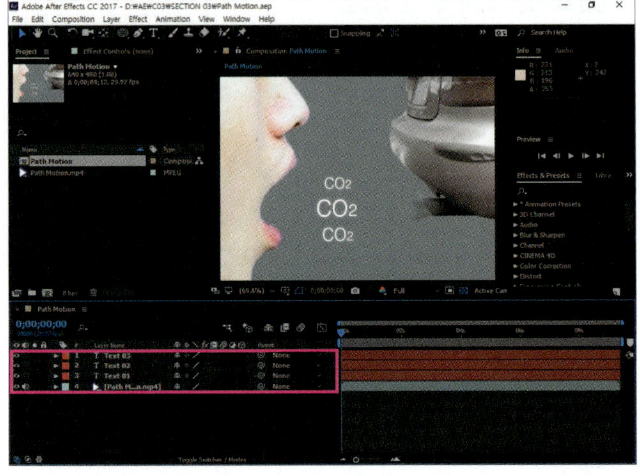

2 자동차에서 배출되는 CO_2가 입안으로 들어가는 모션을 표현하기 위해서 [Timeline] 패널의 'Text 01' 레이어를 선택한 후 [Tools] 패널의 [Pen Tool]( )을 클릭하고, [Composition] 패널에서 그림과 같이 사람의 입에서부터 자동차의 배기통 쪽으로 패스를 그립니다.

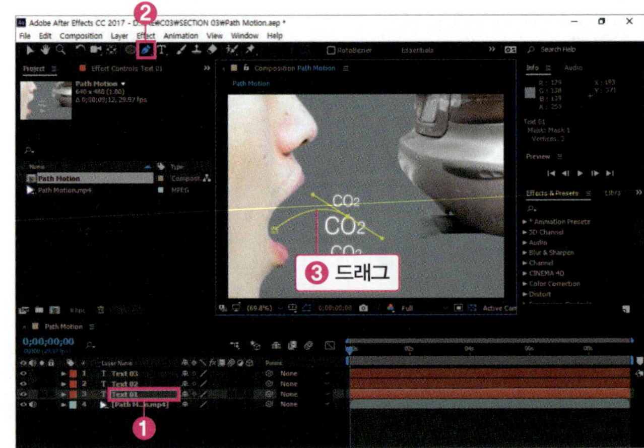

3 패스를 자동차 배기구까지 그린 후 곡선(Bezier Curve)을 정밀하게 조절하여 그림과 같이 부드러운 선을 만듭니다.

TIP :: **[Pen Tool]의 곡선 사용법**

직선을 곡선으로 바꾸려면 Alt 를 누른 상태에서 패스의 점에 대고 드래그해서 생성되는 곡선(Bezier Curve)을 이용하면 됩니다. 만약 이 방법이 어렵다면, [Tools] 패널의 [Selection Tool]로 수정하는 방법도 있습니다.

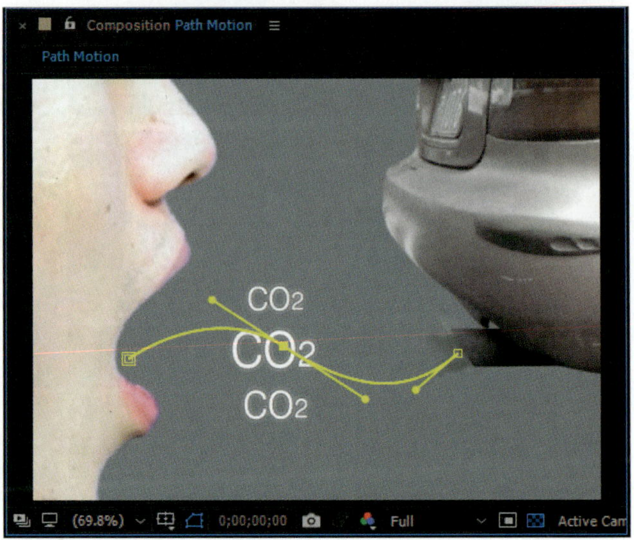

4 [Timeline] 패널의 'Text 01' 레이어를 클릭해 열고, [Text] 〉 [Path Options] 〉 [Path]의 'None'을 클릭하여 'Mask 1'로 설정합니다. [Current Time Indicator]가 0:00:00:00 위치에 있음을 확인한 후 [First Margin] 〉 [Time-Vary stop watch](⏱)를 클릭하여 활성화하고, '300.0'을 입력하여 문자가 '자동차 배기통'에 닿도록 합니다.

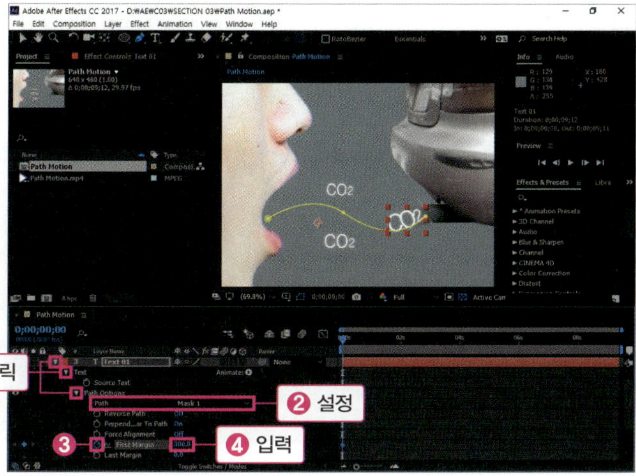

5 [Current Time Indicator]를 0:00:03:00 위치로 옮기고, [First Margin]을 '0.0'으로 입력합니다. [Current Time Indicator]를 좌우로 옮기면서 '패스 모션'을 확인합니다.

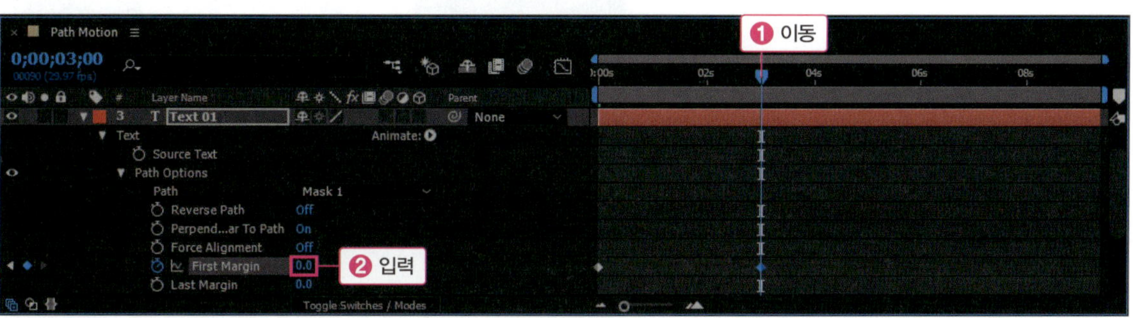

6 'Text 01' 레이어를 선택하고 T를 눌러 [Opacity]만 보이게 한 후 [Current Time Indicator]를 0:00:00:00 위치로 옮깁니다. [Opacity] 〉 [Time-Vary stop watch](⏱)를 클릭하여 활성화하고 '0%'으로 입력합니다. [Current Time Indicator]를 0:00:00:10 위치로 옮기고, '100%'로 입력하여 'CO2'가 서서히 나타났다가 사라지는 모션을 만듭니다.

7 [Current Time Indicator]를 0:00:02:20 위치로 옮기고, 0:00:00:10에 위치한 키프레임을 선택한 후 Ctrl + C, Ctrl + V 로 복사하고 붙여 넣습니다. [Current Time Indicator]를 0:00:03:00 위치로 옮기고 '0%'로 입력합니다. 'CO2'가 자연스럽게 나타났다가 사라지는 모션을 확인합니다.

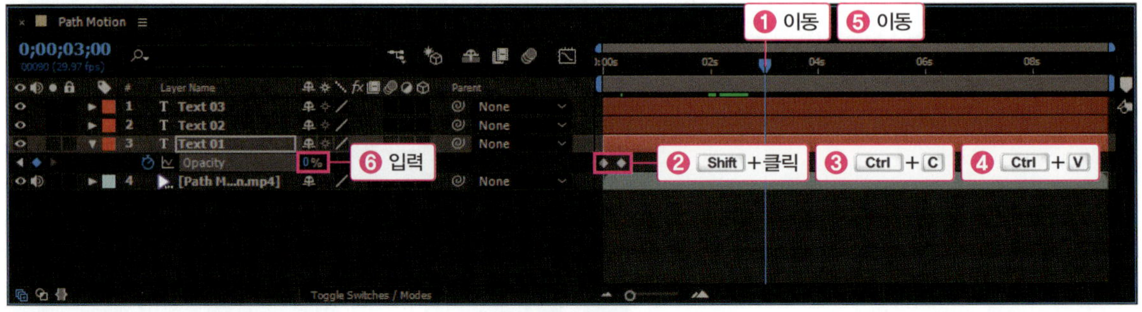

8 위쪽의 'CO2'에도 같은 모션을 주기 위해서 'Text 02' 레이어를 선택한 후 그림과 같이 패스를 그립니다.

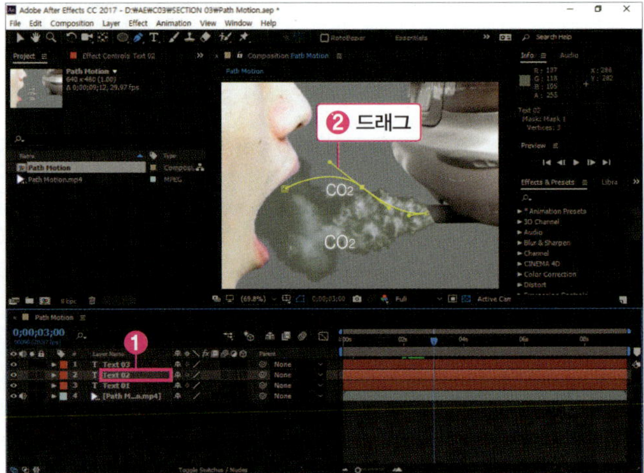

9 [Timeline] 패널 'Text 02' 레이어를 클릭해 열고 [Text] 〉 [Path Options] 〉 [Path]를 'Mask 1'로 설정한 후 [Current Time Indicator]를 0:00:01:00 위치로 옮깁니다. [First Margin] 〉 [Time–Vary stop watch](⏱)를 클릭하여 활성화하고 '290.0'으로, [Current Time Indicator]를 0:00:04:00 위치로 옮기고 '0.0'을 입력합니다.

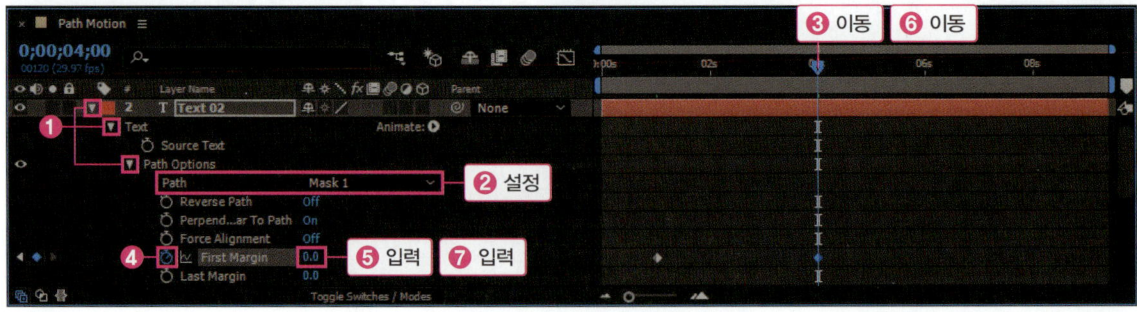

10 ‘Text 02’ 레이어를 닫고 T를 눌러 [Opacity]만 보이게 합니다. 0:00:01:00 위치에서 [Time–Vary stop watch] (⏱)를 클릭하여 활성화하고, ‘0%’로, 0:00:01:10 위치는 ‘100%’, 0:00:03:20 위치는 앞전의 키프레임을 복사하여 ‘100%’, 0:00:04:00 위치는 ‘0%’로 입력합니다. [Current Time Indicator]를 좌우로 옮기면서 ‘패스 모션’을 확인합니다.

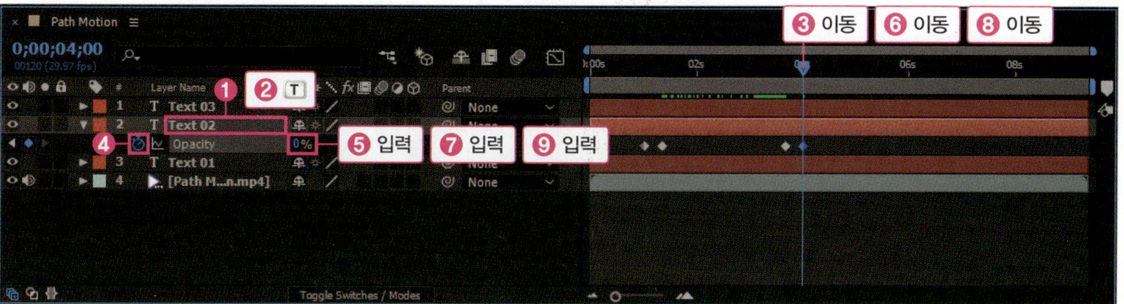

11 ‘Text 03’ 레이어도 앞선 방법으로 패스를 그리고 모션을 주어 완성합니다.

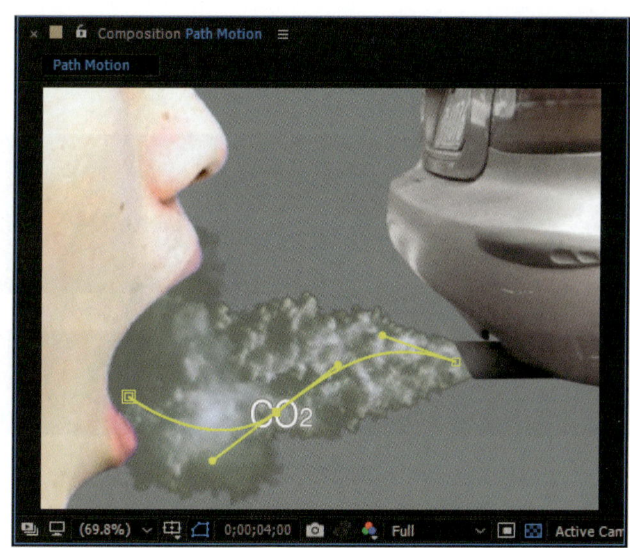

12 여러 개의 CO2 글자를 더 만들기 위해서 ‘Text 01’, ‘Text 02’, ‘Text 03’ 레이어를 선택하고, Ctrl + C, Ctrl + V를 눌러 복사하고 붙여 넣습니다. 복사된 3개의 레이어를 확인합니다.

13 [Current Time Indicator]를 0:00:03:00 위치로 옮기고, 'Text 04', 'Text 05', 'Text 06' 레이어를 [Current Time Indicator]에 맞춰 뒤쪽으로 드래그합니다.

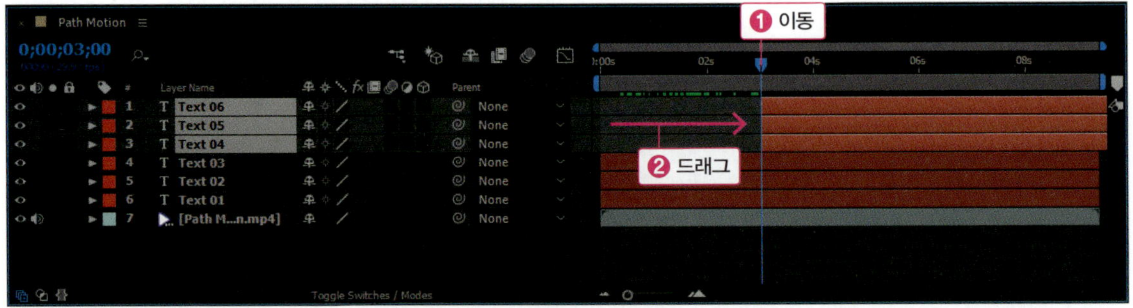

TIP ::
• 레이어 이동 단축키는 [1]입니다.
• [In 점]을 옮기면 안 됩니다. 복사된 레이어의 키프레임 위치가 같아서 CO2 글자가 겹쳐서 나오기 때문입니다.

14 CO2 글자를 더 만들기 위해서 'Text 04', 'Text 05', 'Text 06' 레이어를 선택한 후 Ctrl + C , Ctrl + V 를 눌러 복사하고 붙여 넣습니다. [Current Time Indicator]를 0:00:06:00 위치로 옮기고, 뒤쪽으로 드래그합니다.

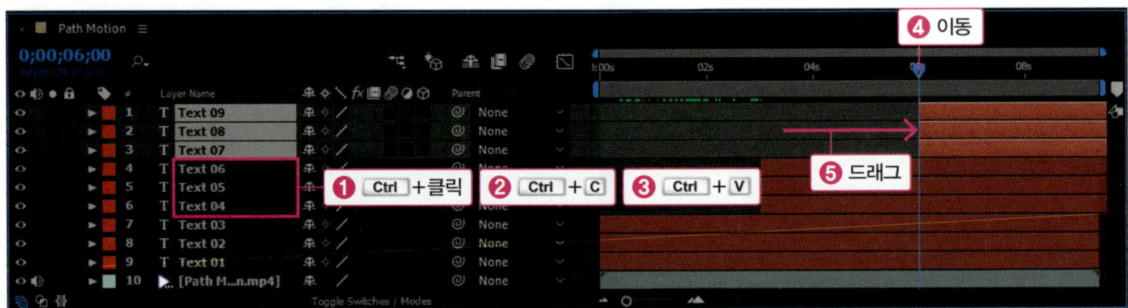

TIP :: 기계적으로 복사된 느낌을 줄이려면 레이어를 선택하고, P를 눌러 [Position] 값을 수정하거나, S를 눌러 [Scale] 값을 수정합니다.

15 숫자패드 0을 눌러 '경로 이동 애니메이션'을 확인합니다.

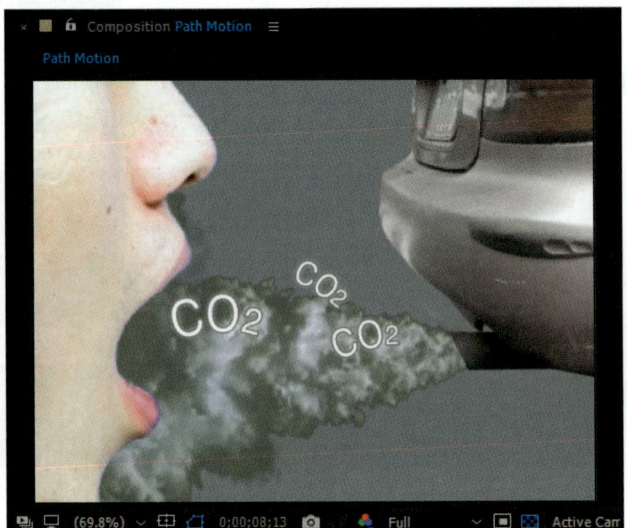

모션 트래킹
노하우

04

핵심내용

본 실무 예제에서는 특정한 색상이나 채도의 차이를 활용하여 사물의 움직임을 추적하는 모션 트래킹에 대해 알아보겠습니다. 특히 Track Motion과 Motion Tracker Apply 등의 테크닉을 배워서 적절한 곳에 활용할 수 있도록 안내하였습니다.

핵심기능

Track Motion + Motion Tracker Apply

STORYBOARD

제2회 대한민국 맑은 공기 UCC 공모전 '우수상' 수상 작품 중 일부분

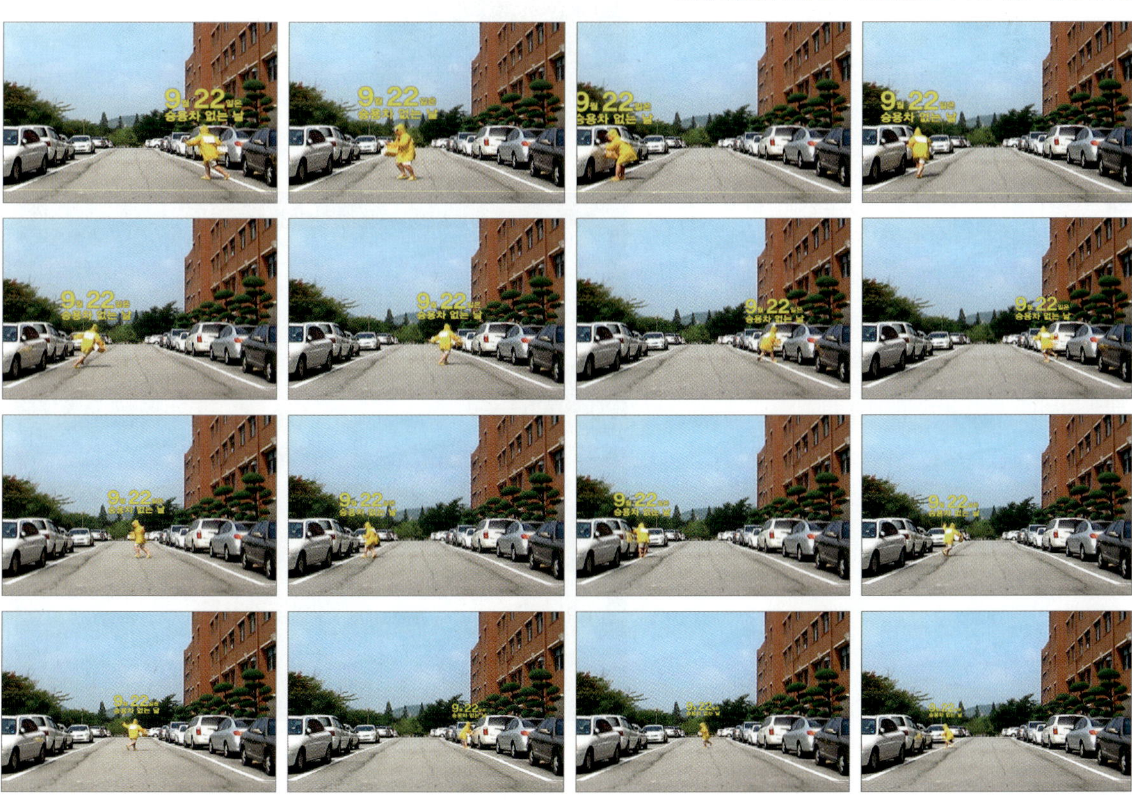

: **준비 파일** : Part 03 〉 Chapter 03 〉 Section 04 〉 Motion Tracking.aep, BGM.wav　　: **완성 파일** : Part 03 〉 Chapter 03 〉 Section 04 〉 Motion Tracking 완성.aep

1　제공된 애프터 이펙트 파일을 불러오기 위해서 [File] 〉 [Open Project](Ctrl + O) 메뉴를 클릭합니다. 'Motion Tracking.aep' 파일을 선택한 후 [열기] 버튼을 클릭합니다. 파일이 열리면 [Timeline] 패널에 있는 'Motion 01.mp4' 레이어를 선택하고, 모션 트래킹을 하기 위해서 [Window] 〉 [Tracker] 메뉴를 클릭합니다.

TIP :: Motion Tracking

모션 트래킹이란 영상에서 지정된 피사체의 움직임을 추적하여 기록하는 기능입니다.

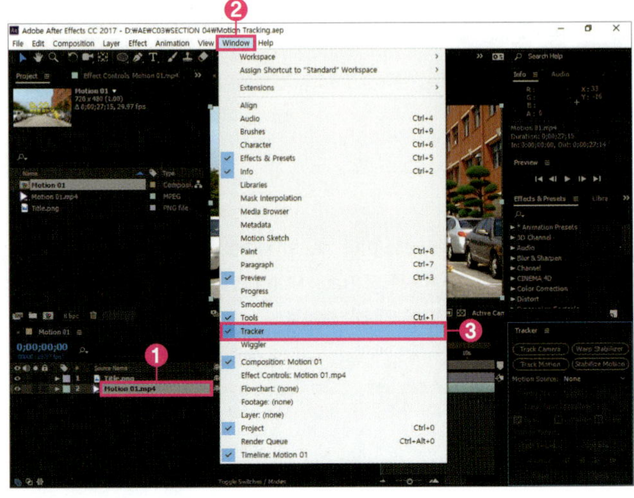

2　[Tracker] 패널이 열리면 트래킹을 시작하기 위해서 [Track Motion] 버튼을 클릭합니다.

TIP :: Track Motion

피사체의 움직임을 추적하여 다른 오브젝트가 함께 움직일 수 있도록 합니다.

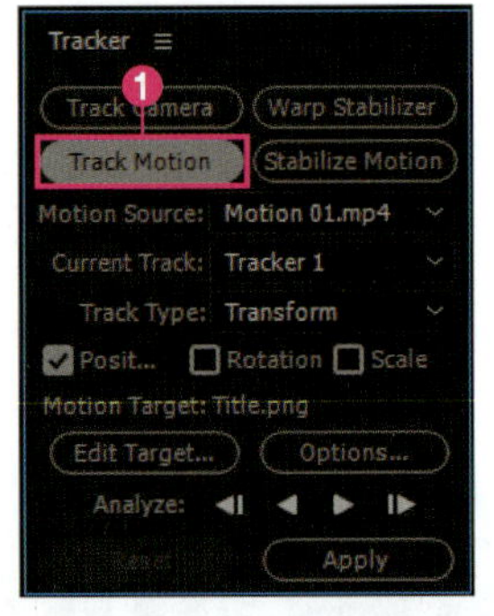

3　[Composition] 패널에 [Layer] 탭이 열리면, 화면 중앙에 모션 트래킹 영역을 지정하는 2개의 박스로 이루어진 [Track Point 1]이 보입니다. 안쪽 박스는 모션을 트래킹하려는 대상의 위치와 영역을 설정하고 바깥쪽 박스는 트래킹의 최대 영역을 설정합니다.

4 [Track Point 1]의 위치를 다음과 같이 트래
킹하려는 대상으로 옮기고, 안쪽과 바깥쪽 박스
의 크기를 각각 조절합니다.

TIP :: 안쪽의 작은 박스는 머리 부분을 넓게 지정하고, 바깥
쪽 박스는 상체를 지정하였습니다.

5 모션 트래킹을 시작하기 전에 옵션 설정을
위해서 [Tracker] 패널의 [Options] 버튼을 클릭
합니다.

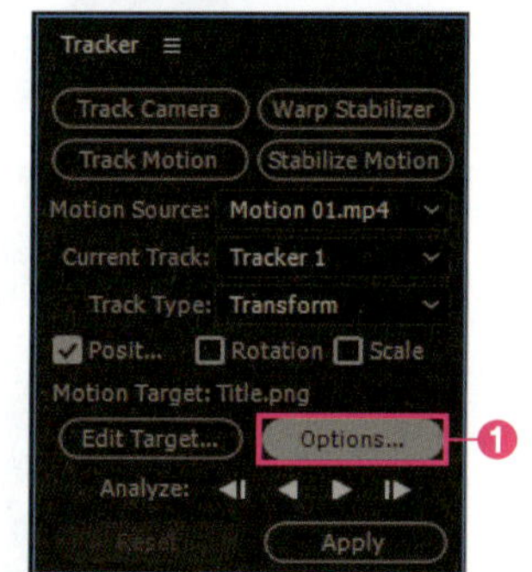

6 [Motion Tracker Options] 대화상자가 열
리면 [Channel]을 'Saturation'으로 설정하고,
[OK] 버튼을 클릭합니다.

TIP :: [Motion Tracker Options] 대화상자의 Channel 설정
움직임을 추적하는 데 필요한 이미지의 차이를 설정하는 옵
션입니다. 추적할 대상이 주변의 색상과 구분될 때는 [RGB]
를 선택하고, 밝기가 주변과 차이가 날 경우에는 [Lumi-
nance]를 선택하며, 주변의 색상들은 비슷하지만 채도가 다
른 경우에는 [Saturation]을 선택합니다.

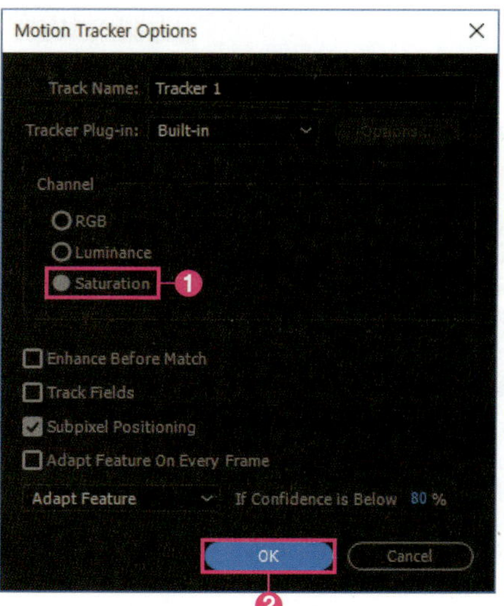

7 모션 트래킹을 위한 모든 설정이 마무리되었으므로 [Tracker] 패널에서 [Analyze forward](▶)를 클릭하여 모션 트래킹을 시작합니다.

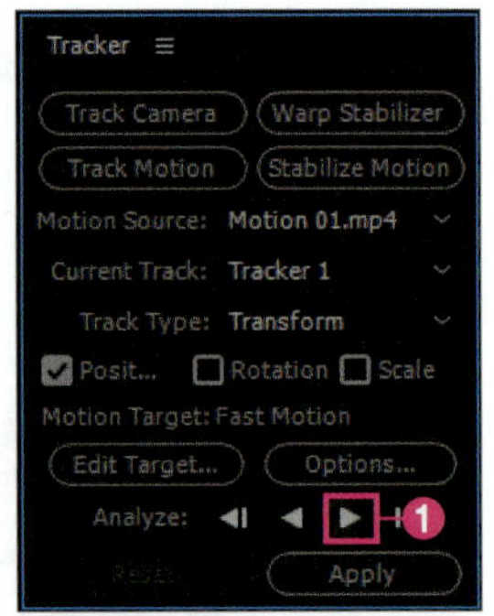

8 [Track Point 1]이 영상에서 피사체의 모션을 추적하여 다음과 같이 키프레임을 생성합니다.

TIP :: **트래킹이 중간에 실패하는 경우**
[Tracker] 패널의 [Reset] 버튼을 클릭하고, [Track Point 1]의 위치와 크기, 채널 등을 재설정한 후 다시 [Analyze for-ward]를 클릭합니다.

9 모션 트래킹이 끝나면, 'Motion 01.mp4' 레이어에서 U를 눌러 [Motion Trackers]의 [Track Point 1]에 수많은 키프레임이 생성되어 있음을 확인합니다.

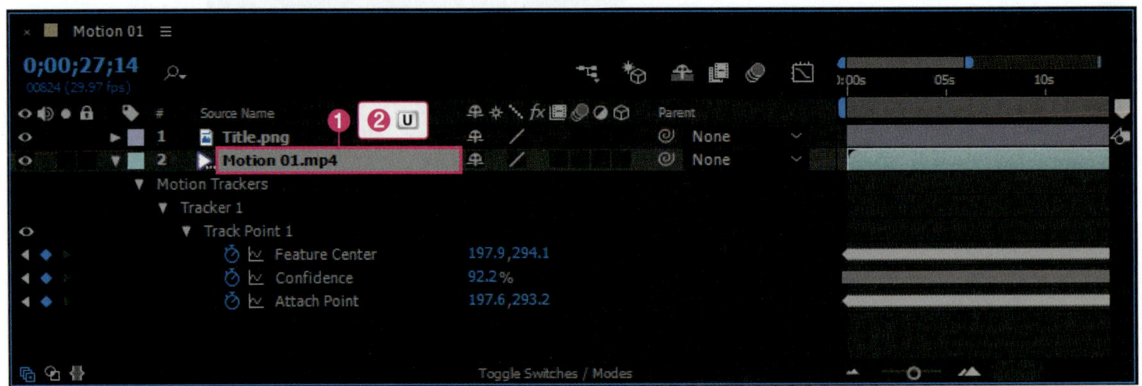

TIP :: 단축키 U : 선택한 레이어에 있는 모든 키프레임을 표시합니다.

10 모션 트래킹에 의해 생성된 키프레임을 타이틀에 적용하기 위해서 [Tracker] 패널의 [Edit Target] 버튼을 클릭합니다.

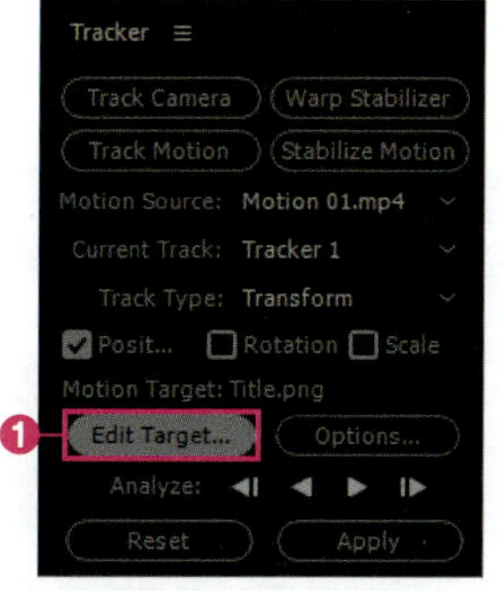

11 [Motion Target] 대화상자가 열리면 [Apply Motion To]를 [Layer]: 'Title.png'로 설정한 후 [OK] 버튼을 클릭합니다.

TIP :: Motion Target
모션 트래킹 결과를 어떤 레이어에 적용할 건지를 설정합니다.

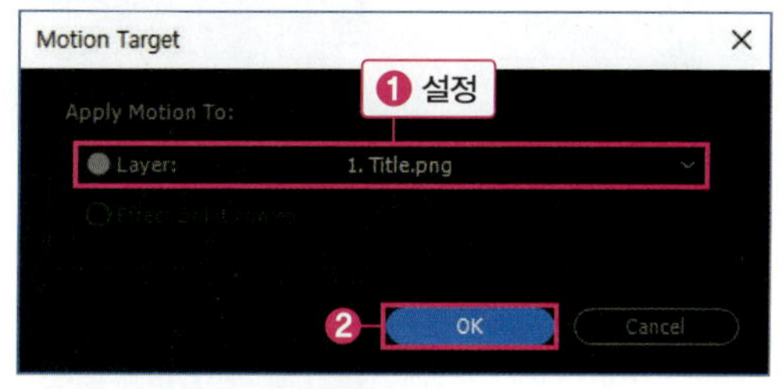

12 모션 트래킹 결과를 다른 레이어에 적용하기 위해서 [Tracker] 패널의 [Apply] 버튼을 클릭합니다.

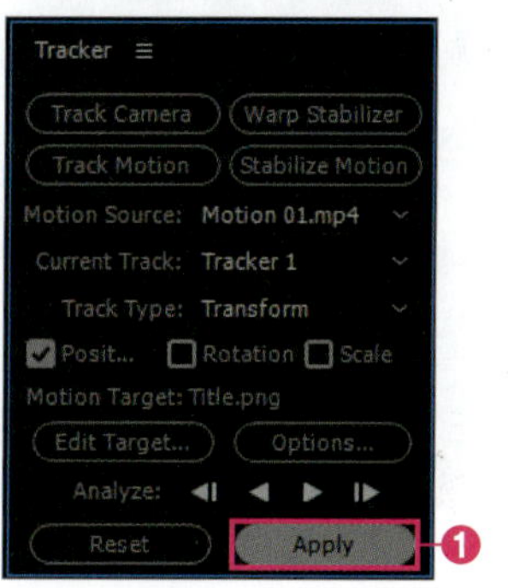

13 [Motion Tracker Apply Options] 대화상자가 열리면 [Apply Dimensions]가 'X and Y'로 설정되어 있음을 확인한 후 [OK] 버튼을 클릭합니다.

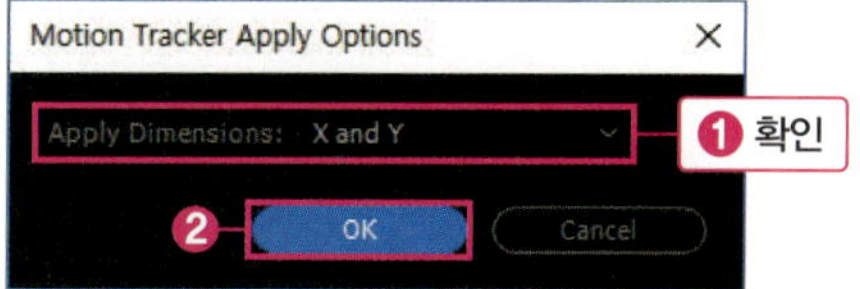

14 'Title.png' 레이어를 선택하고, <U>를 눌러 [Transform]의 [Position]에 키프레임이 적용되어 있음을 확인합니다. 숫자패드 <0>을 눌러 '모션 트래킹'을 확인합니다.

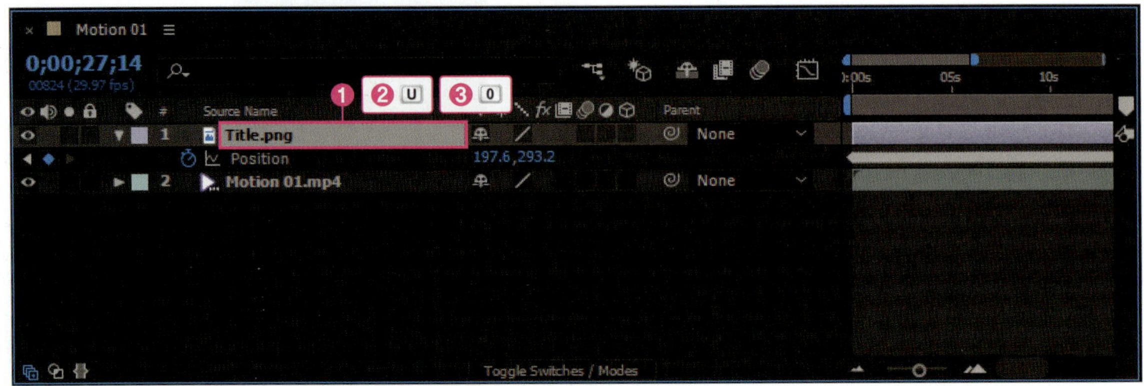

15 타이틀의 위치와 크기를 조절하기 위해서 'Title.png' 레이어에서 <A>를 눌러 [Anchor Point]를 '170, 162'로 입력하여 주인공 위쪽에 배치합니다. [Current Time Indicator]를 0:00:03:15 위치로 옮긴 후 <S>를 눌러 [Scale]의 [Time-Vary stop watch]를 클릭하여 활성화하고 '70, 70%'로 입력합니다.

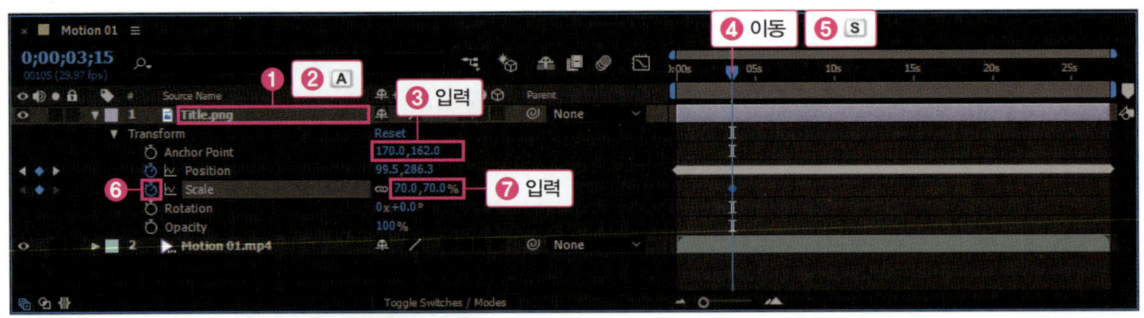

TIP :: Anchor Point

레이어의 중심을 설정합니다. [Anchor Point]를 중심으로 레이어를 옮길 수 있습니다. 단축키는 <A>입니다.

16 [Current Time Indicator]를 0:00:07:10 위치로 옮기고 '50, 50%'로 입력합니다. [Current Time Indicator]를 0:00:16:10 위치로 옮기고, 0:00:07:10에 위치한 키프레임을 선택합니다. <Ctrl>+<C>, <Ctrl>+<V>를 눌러 복사하고 붙여 넣은 후 0:00:19:20 위치를 '30, 30%'로 입력합니다.

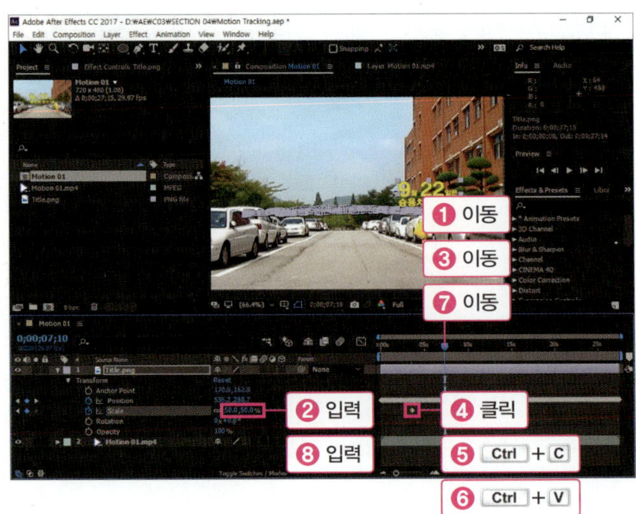

17 숫자패드 **0** 을 눌러 트래킹 모션과 타이틀의 크기 변화를 확인합니다.

18 영상의 재생 속도를 빠르게 조절하기 위해서 [Timeline] 패널에서 레이어를 모두 선택한 후 [Layer] 〉 [Pre–compose](**Ctrl** + **Shift** + **C**) 메뉴를 클릭하여 레이어를 하나의 컴포지션으로 묶습니다.

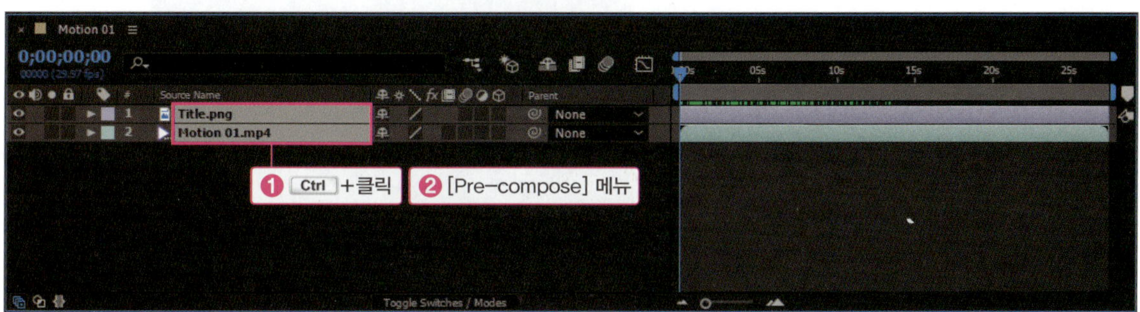

19 [Pre–Compose] 대화상자가 열리면 [New composition name]을 'Fast Motion'으로 입력한 후 [OK] 버튼을 클릭합니다.

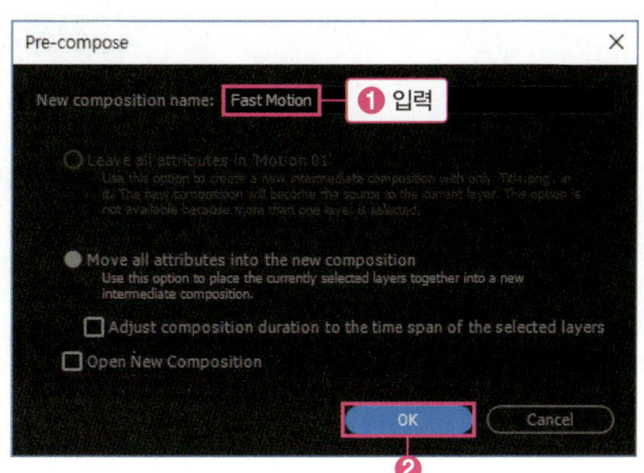

20 재생 속도를 좀 더 빠르게 조절하기 위해서 'Fast Motion' 레이어를 마우스 오른쪽 버튼으로 클릭한 후 [Time] 〉 [Time Stretch]를 선택합니다.

TIP :: 이름은 사용자 임의의 이름으로 입력할 수 있습니다.

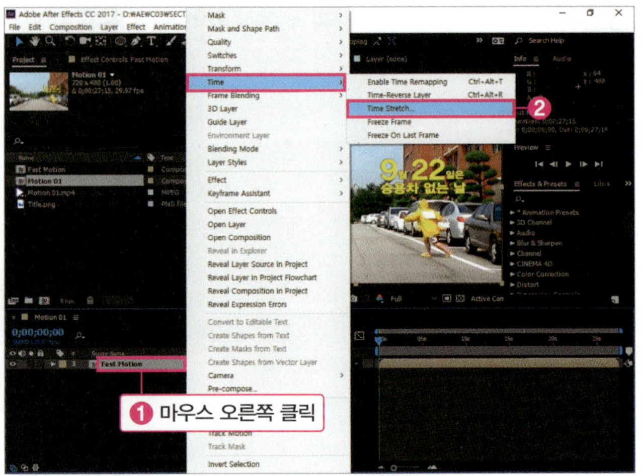

21 [Time Stretch] 대화상자가 열리면 [Stretch Factor]를 '20%' 정도로 입력하고 [OK] 버튼을 클릭합니다.

TIP :: 속도가 초반부에 느리고, 후반부에 빠른 영상을 원한다면, 여러 가지 방법이 있지만 가장 쉬운 방법은 해당 레이어를 선택하고, Ctrl + D를 눌러 복사한 후 영상을 2등분으로 잘라서 단계별 속도를 입력하여 편집하면 됩니다. 더 세분화하려면 더 작게 잘라서 편집하면 됩니다.

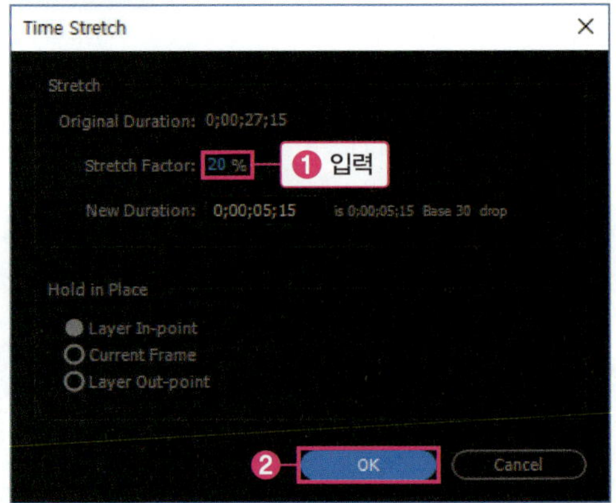

22 그림과 같이 'Fast Motion' 레이어의 길이가 줄어들고 재생 속도가 빨라집니다.

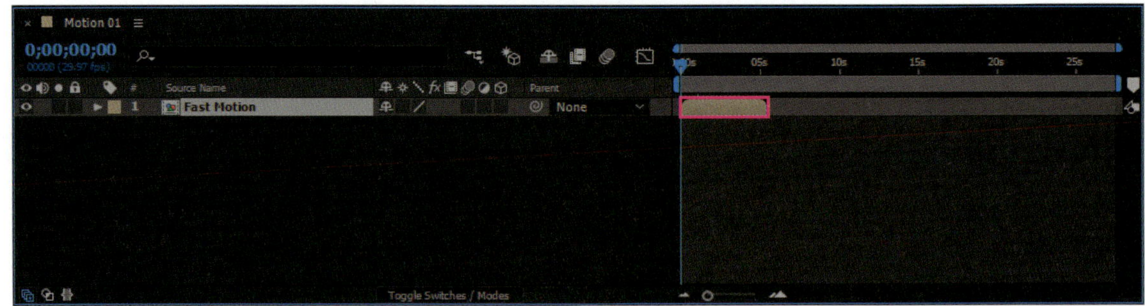

23 [File] 〉 [Import] 〉 [File](Ctrl + I) 메뉴를 클릭하고 'BGM.wav' 파일을 선택한 후 [Import] 버튼을 클릭합니다. [Project] 패널의 'BGM.wav' 푸티지를 [Timeline] 패널로 드래그하여 배경음악을 삽입합니다.

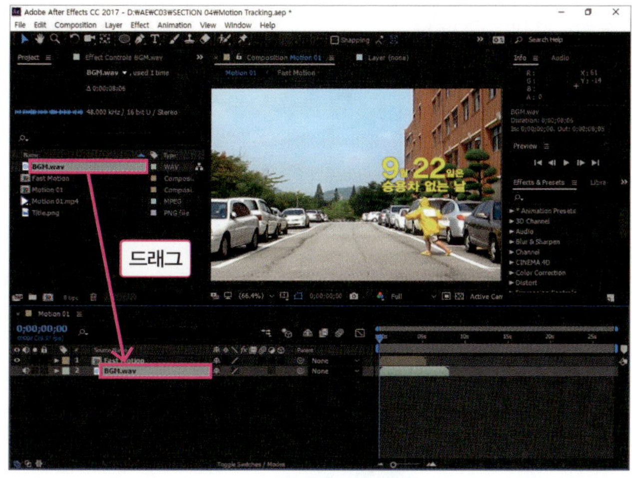

24 영상을 출력할 영역을 지정하기 위해서 [Timeline] 패널 위의 [Time Navigator End]를 왼쪽으로 드래그하여 'Fast Motion' 레이어의 [Out 점]에 맞춥니다.

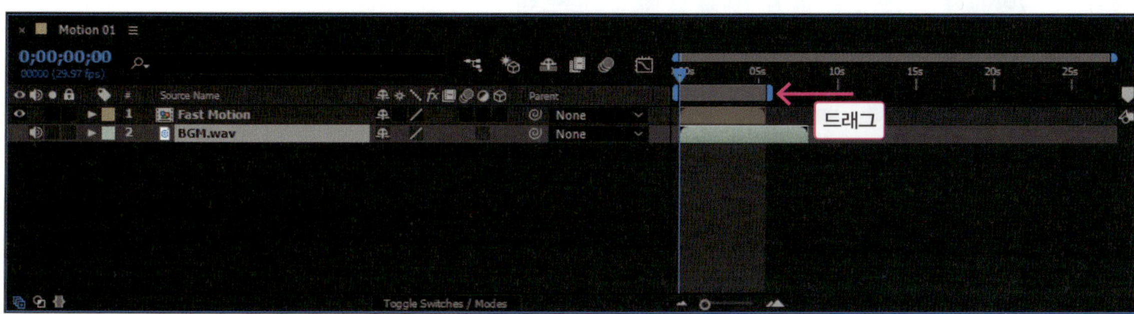

25 숫자패드 0 을 눌러 '모션 트래킹' 영상을 확인합니다.

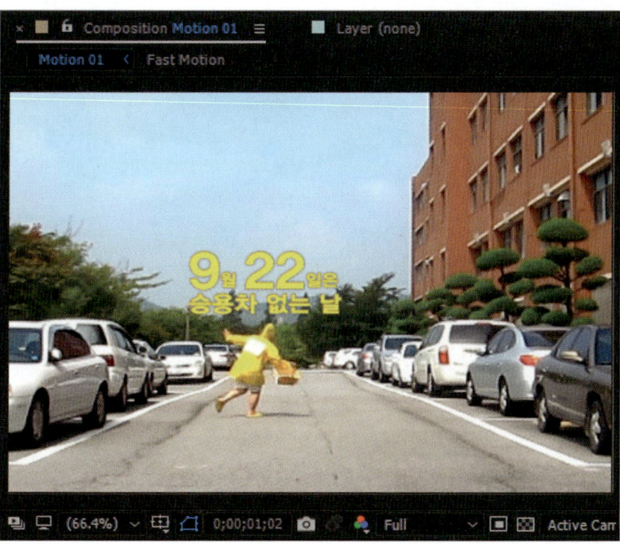

4

꼭 알아야 할 마스크 테크닉 실무 : 중급

영상 콘텐츠 공모전 10년 도전 노하우!

마스크 테크닉은 애프터 이펙트를 활용한 모션에서 가장 많이 사용하는 기법입니다. 본 챕터에서는 뉴스 오프닝, CF, 스포츠 채널 등의 영상에서 많이 등장하는 빛 패스 이동 애니메이션, 특정 부분 칼라 광고 영상, 1인 2역 영상, 영상과 이미지의 합성 등 응용할 수 있는 분야가 많은 마스크 테크닉에 대해 알아보겠습니다.

ADOBE AFTER EFFECTS

빛 패스 이동 마스크 모션 노하우

핵심내용

다음 예제는 뉴스 오프닝이나 광고 영상에서 많이 등장하는 빛의 패스를 따라 이동하는 마스크 모션 테크닉입니다. 이를 실습하고, 트랜스폼이나 컬러, 속도 등을 응용한다면 실무에서 다양한 모션을 만들 수 있습니다. 여기에서는 Mask Expansion과 Mask Path 기능에 대해 알아보고 실습해보겠습니다.

핵심기능

Mask Expansion, Mask Path

STORYBOARD

2007 전국 디지털영상애니메이션 공모전 '대상' 수상 작품 중 일부분

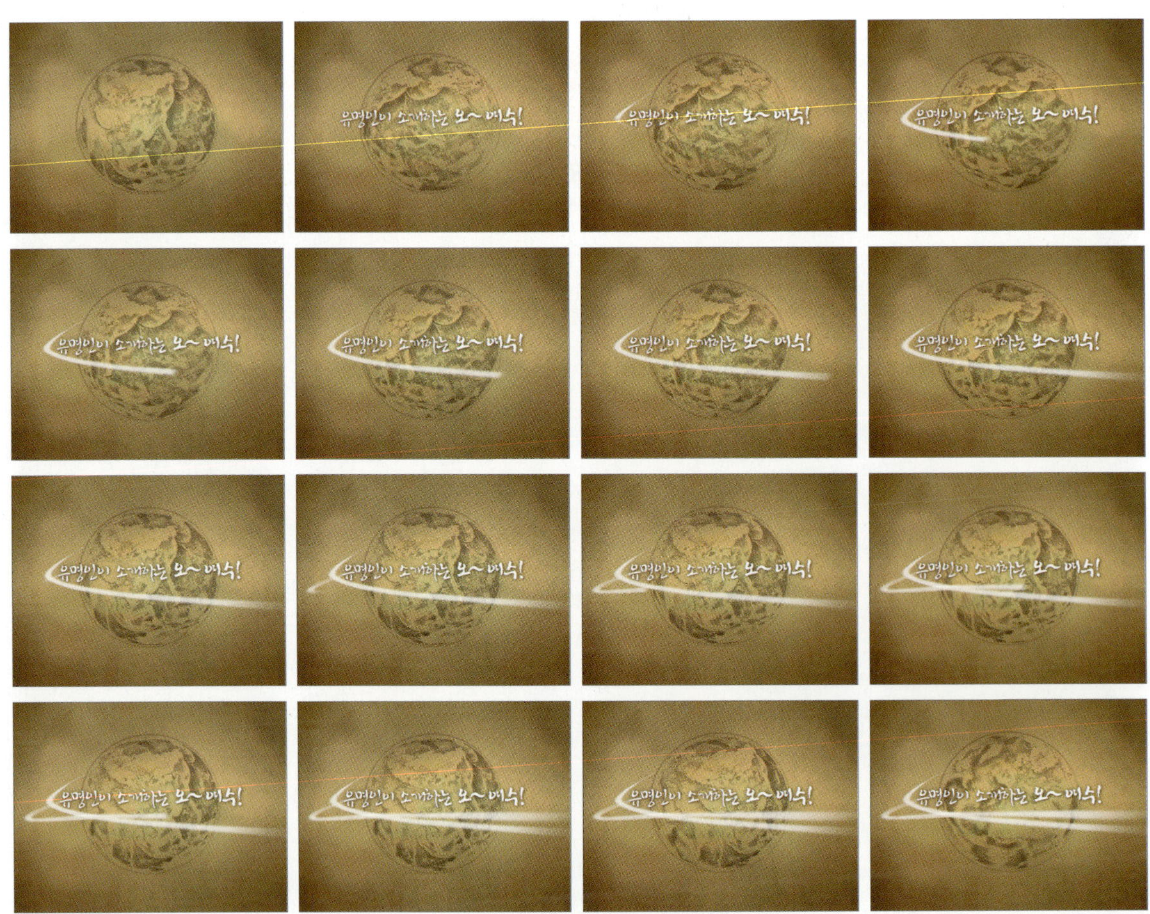

01 빛 패스 이동 마스크 모션 　Mask Expansion, Mask Path

: 준비 파일 : Part 03 〉 Chapter 04 〉 Section 01 〉 Mask Motion.aep　　: 완성 파일 : Part 03 〉 Chapter 04 〉 Section 01 〉 Mask Motion 완성.aep

1 제공된 애프터 이펙트 파일을 불러오기 위해서 [File] 〉 [Open Project](Ctrl + O) 메뉴를 클릭합니다. 'Mask Motion.aep' 파일을 선택한 후 [열기] 버튼을 클릭하고, png 파일 3개와 mp4 파일 1개를 확인합니다.

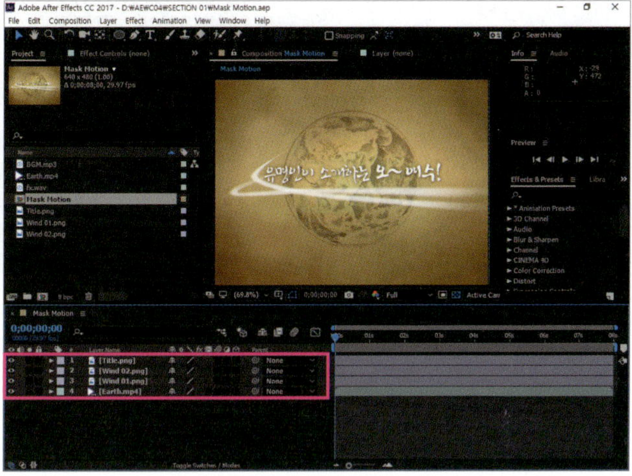

2 [Timeline] 패널의 'Title.png' 레이어를 선택하고 T 를 눌러 [Opacity]를 보이게 합니다. [Current Time Indicator]를 0:00:00:15 위치로 옮깁니다. [Opacity] 〉 [Time-Vary stop watch](⏱)를 클릭하여 활성화한 후 '0%'로 입력하고, [Current Time Indicator]를 0:00:02:00 위치로 옮긴 후 '100%'로 입력하여 타이틀이 자연스럽게 등장하는 모션을 만듭니다.

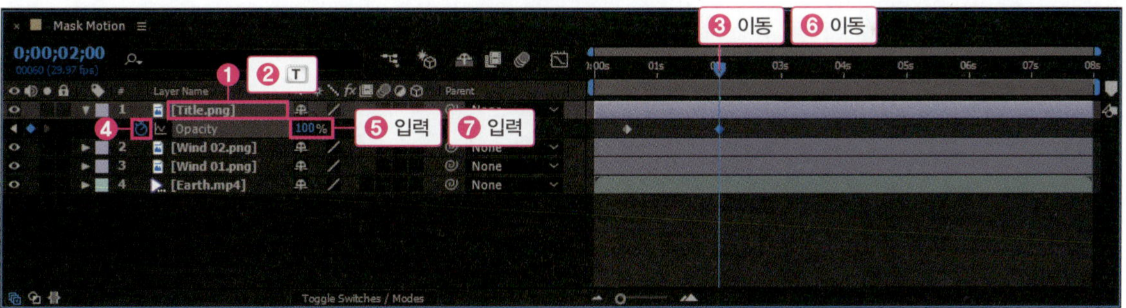

3 마스크 모션을 만들기 위해서 [Timeline] 패널의 'Wind 01.png' 레이어를 선택하고, [Tools] 패널의 [Ellipse Tool](⬭)을 클릭하여 그림과 같은 위치와 크기로 마스크로 사용할 원을 그립니다. 원을 그린 후 다음과 같이 'Wind 01.png' 레이어가 사라져 보이지 않게 됩니다.

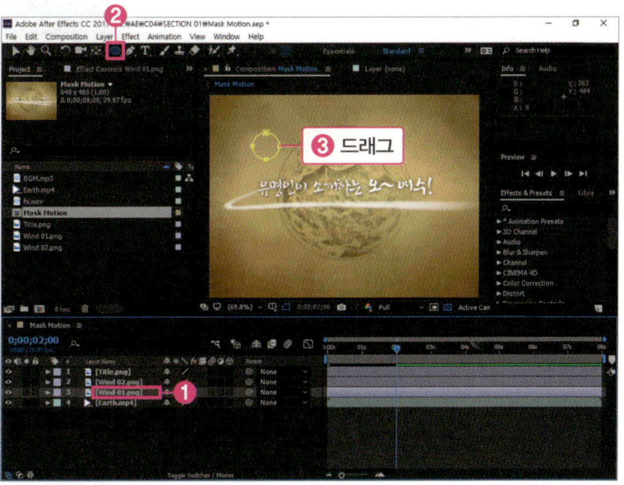

4 [Current Time Indicator]가 0:00:02:00 위치에 있음을 확인한 후 'Wind 01.png' 레이어를 클릭해 엽니다. [Masks] 〉 [Mask 1] 〉 [Mask Feather]를 '10, 10'으로 입력한 후 [Mask Expansion] 〉 [Time–Vary stop watch]를 클릭하여 활성화합니다.

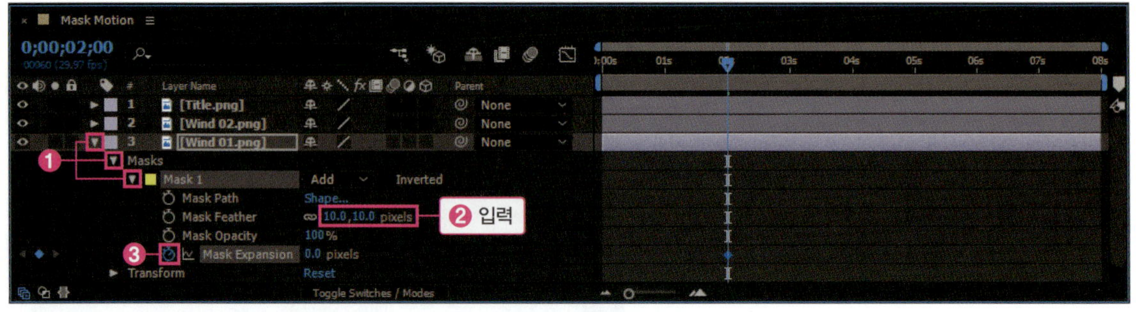

바로 알기 Mask Expansion

마스크의 크기를 확대하거나 축소하는 옵션입니다. 숫자를 단순하게 입력하지 말고, 숫자를 드래그하면서 마스크의 영역을 직접 확인합니다.

---

5 마스크의 원을 크게 만들어 'Wind 01.png' 레이어가 화면에 나타나게 하기 위해서 [Current Time Indicator]를 0:00:02:06 위치로 옮기고, [Mask Expansion]을 '520'으로 입력합니다. 마스크의 크기가 커지면서 레이어가 나타납니다.

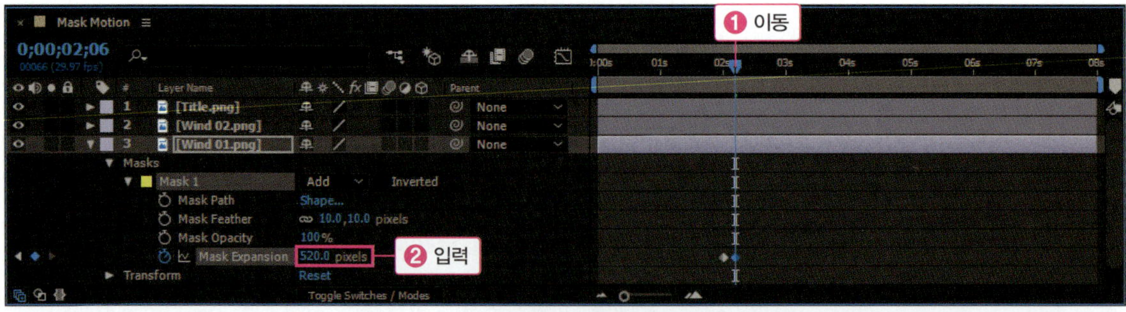

6 숫자패드 **0**을 눌러 '마스크 모션'을 확인합니다.

7 'Wind 02.png' 레이어는 위와 다르게 [Pen Tool](✐)로 한 프레임씩 드로잉하며 좀 더 세밀한 마스크 애니메이션을 만들어 보겠습니다. 'Wind 02.png' 레이어를 클릭해 열고, [Tools] 패널의 [Pen Tool](✐)을 클릭한 후 [Composition] 패널에 그림과 같은 위치와 모양으로 마스크를 그립니다.

8 [Current Time Indicator]를 0:00:02:15 위치로 옮기고, 'Wind 02.png' 레이어를 클릭해 연 후 [Masks] 〉 [Mask 1] 〉 [Mask Path] 〉 [Time–Vary stop watch](⏱)를 클릭하여 활성화합니다.

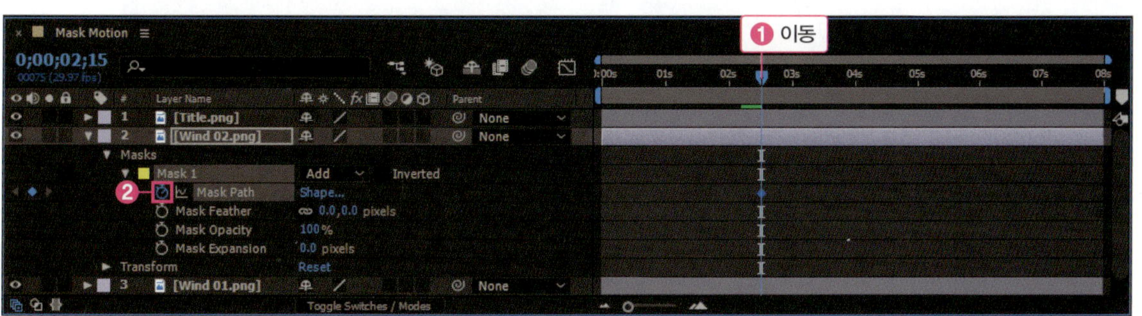

9 [Current Time Indicator]를 0:00:02:16 위치로 옮기고, [Pen Tool](✐)로 점을 추가해가며 그림과 같이 레이어의 모양대로 마스크를 수정합니

TIP :: [Pen Tool]의 점을 추가하려면 선 위를 클릭하면 됩니다. 반대로 삭제하려면 Ctrl 을 누른 상태에서 점을 클릭합니다.

 [Current Time Indicator]를 한 프레임씩 옮기며, 마스크를 다음과 같이 레이어가 왼쪽부터 오른쪽으로 나타나게 모양을 수정합니다. [Current Time Indicator]를 좌우로 옮기면서 '마스크 애니메이션'을 확인합니다.

0:00:02:17

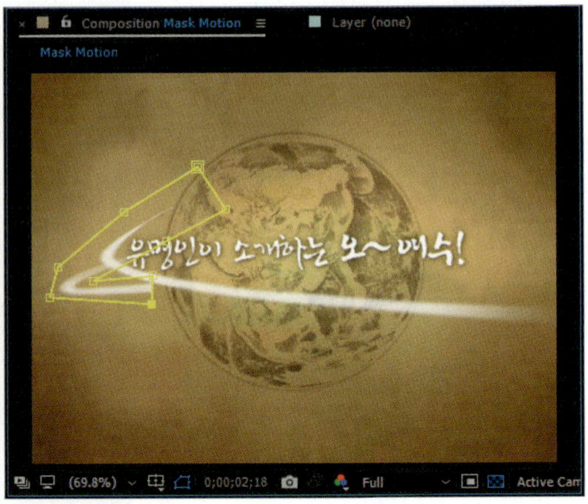

0:00:02:18

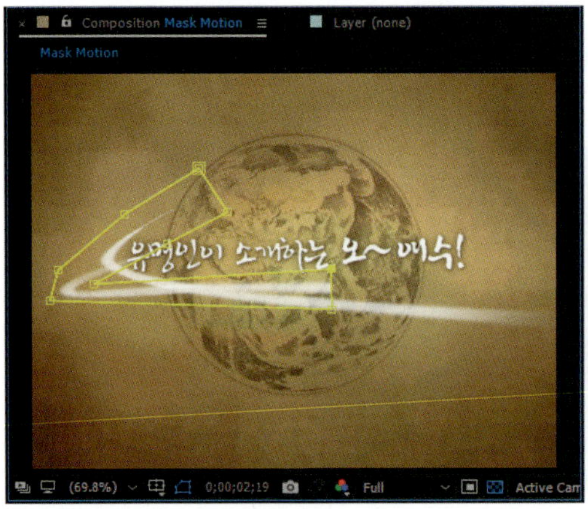

0:00:02:19

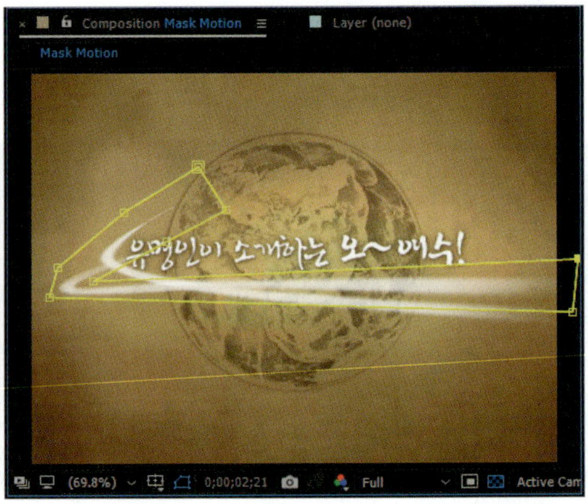

0:00:02:21

11 'Wind 02.png' 레이어의 [Mask Path]에 그림과 같이 마스크 모션 키프레임이 생성되었음을 확인한 후 [Mask Feather]를 '10, 10'으로 입력합니다.

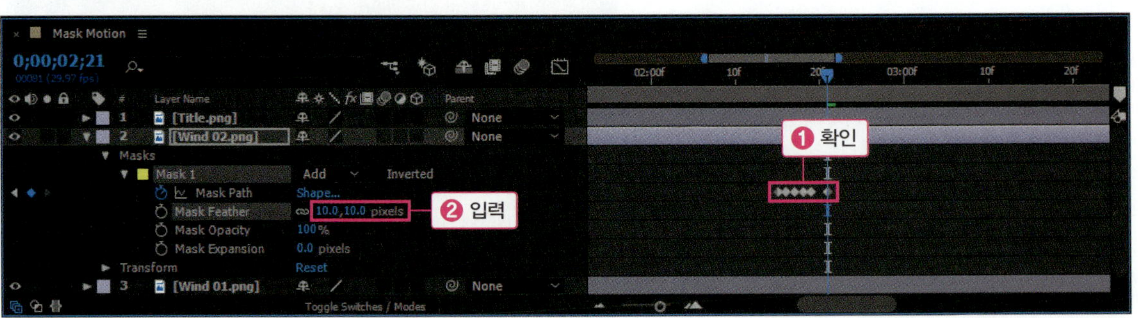

바로 알기 Mask Feather
마스크의 경계 부분을 부드럽게 처리합니다.

12 효과음을 삽입하기 위해서 [Project] 패널의 'fx.wav' 푸티지를 [Timeline] 패널로 드래그한 후 [Current Time Indicator]를 0:00:02:00 위치로 옮기고, 'Fx.wav' 레이어를 [Current Time Indicator] 뒤로 드래그합니다.

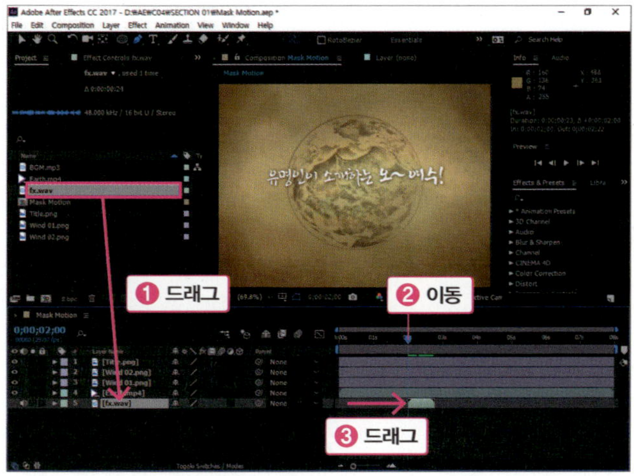

13 'fx.wav' 레이어가 선택된 상태에서 [Ctrl]+[D]를 눌러 하나 더 복사합니다. [Current Time Indicator]를 0:00:02:15 위치로 옮기고, 복사한 레이어를 [Current Time Indicator] 뒤로 드래그합니다.

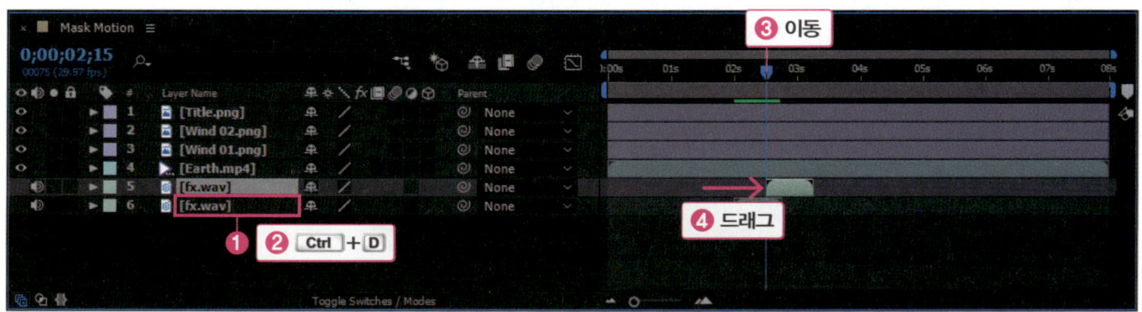

14 숫자패드 [0]을 눌러 '마스크 모션'을 확인합니다.

특정 부분 컬러 광고 영상 노하우

핵심내용

특정 부분만 컬러로 처리하는 영상은 제품광고 영상에서 많이 사용하는 테크닉으로 적절한 예제 선택이 필요합니다. 따라서 소재의 형태나 모션에 따라서 많은 작업 시간이 소요될 수도 있다는 것을 염두에 두고, Mask와 Track Motion, Hue/Saturation에 대해 실습해 보겠습니다.

핵심기능

Mask + Track Motion + Hue/Saturation

STORYBOARD

2011 전국 찬소 CF 공모전 '대상' 수상 작품 중 일부분

Mask + Track Motion + Hue/Saturation

01 특정 부분 컬러 광고 영상 Mask + Track Motion + Hue/Saturation

: 준비 파일 : Part 03 〉 Chapter 04 〉 Section 02 〉 Mask and Motion Tracking.aep · 완성 파일 : Part 03 〉 Chapter 04 〉 Section 02 〉 Mask and Motion Tracking 완성.aep

1 제공된 애프터 이펙트 파일을 불러오기 위해서 [File] 〉 [Open Project](Ctrl + O) 메뉴를 클릭하고, 'Mask and Motion Tracking.aep' 파일을 선택한 후 [열기] 버튼을 클릭합니다. 파일이 열리면 mp4 포맷의 영상을 확인합니다.

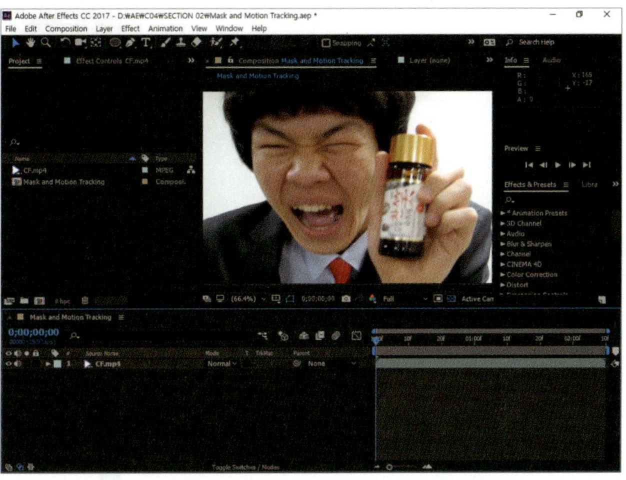

2 마스크 용도로 사용할 레이어를 만들기 위해서 [Layer] 〉 [New] 〉 [Solid](Ctrl + Y) 메뉴를 클릭합니다. [Solid Settings] 대화상자가 열리면 [Color]를 '흰색(#ffffff)'으로 설정하고 [OK] 버튼을 클릭합니다.

TIP :: 솔리드 레이어는 단색의 이미지로써 마스크 등 다양한 용도로 사용됩니다.

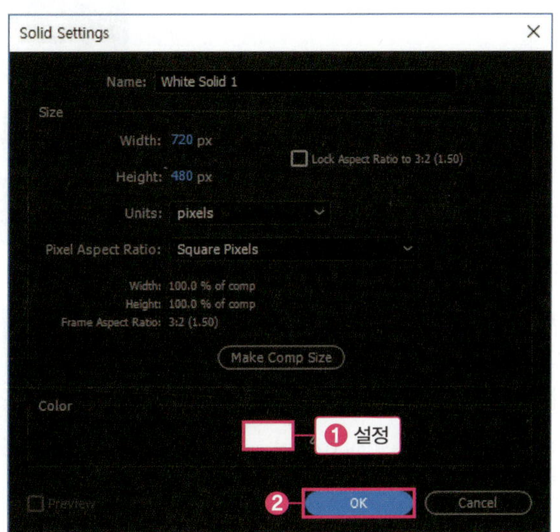

3 [Timeline] 패널에 'White Back' 솔리드 레이어가 만들어졌음을 확인합니다. 모션 트래킹을 하기 위해서 'CF.mp4' 레이어를 선택하고, [Window] 〉 [Tracker] 메뉴를 클릭하여 [Tracker] 패널을 엽니다.

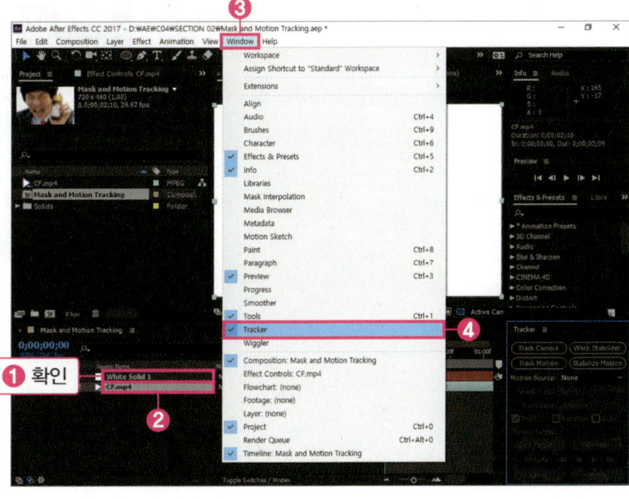

4 [Tracker] 패널이 열리면 [Track Motion] 버튼을 클릭한 후 [Rotation]을 체크합니다.

TIP :: [Rotation]을 체크하면 직선의 움직임뿐만 아니라 회전 모션까지 추적하여 기록할 수 있습니다.

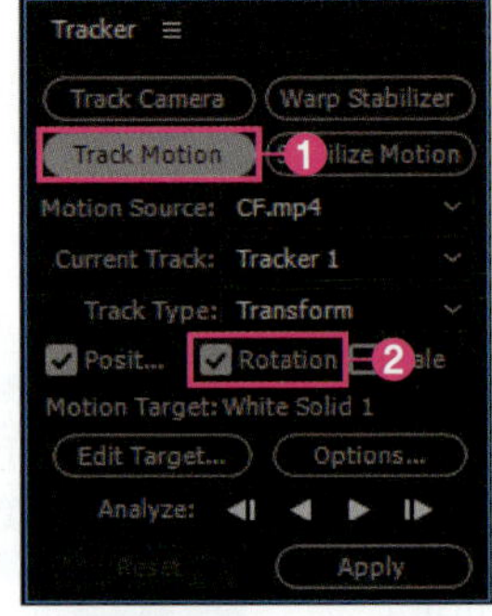

5 [Layer] 패널이 열리면 [Track Point 1]과 [Track Point 2]가 보입니다.

TIP :: 2개의 [Track Point]가 나타나는 이유는 기울기를 통한 회전 모션을 추적하기 위해서입니다.

6 [Track Point 1]과 [Track Point 2]의 위치를 그림과 같이 옮기고, 박스의 크기를 각각 조절합니다.

TIP :: 모션을 잘 추적하도록 하기 위해서는 [Track Point]의 위치를 피사체와 배경의 경계 부분에 위치시키는 것이 좋습니다.

7 모션 트래킹을 위한 모든 설정이 마무리되었으므로 [Tracker] 패널에서 [Analyze forward] (▶)를 클릭하여 모션 트래킹을 시작합니다.

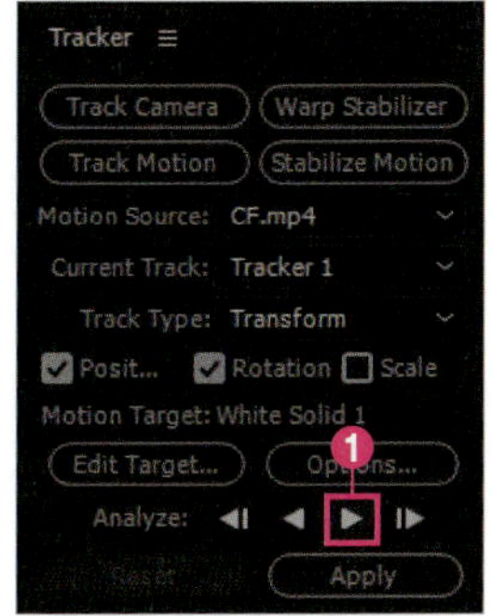

8 [Track Point 1]과 [Track Point 2]가 영상의 모션을 추적하여 다음과 같이 키프레임을 생성합니다.

> **바로 알기** **트래킹이 중간에 실패하는 경우**
> [Tracker] 패널의 [Reset] 버튼을 클릭한 후 [Track Point 1]과 [Track Point 2]의 위치와 크기, 채널 등을 재설정하고, [Analyze forward] 버튼을 다시 클릭합니다.

9 모션 트래킹에 의해 생성된 키프레임을 솔리드 레이어에 적용하기 위해서 [Tracker] 패널의 [Edit Target] 버튼을 클릭합니다.

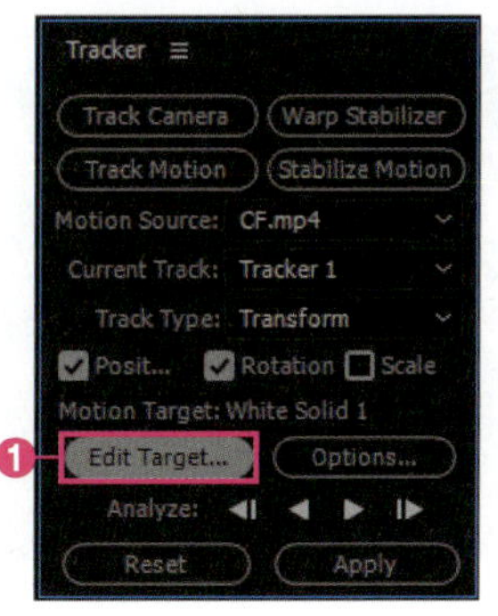

10 [Motion Target] 대화상자가 열리면 [Apply Motion To]를 [Layer]: 'White Solid 1'로 설정한 후 [OK] 버튼을 클릭합니다.

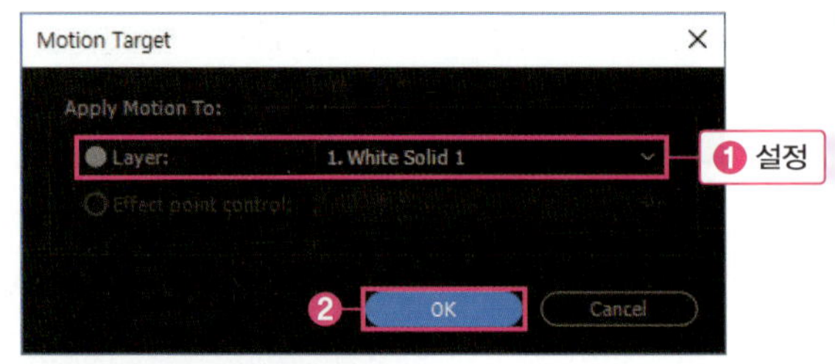

11 모션 트래킹 결과를 설정한 다른 레이어에 적용하기 위해서 [Tracker] 패널의 [Apply] 버튼을 클릭합니다.

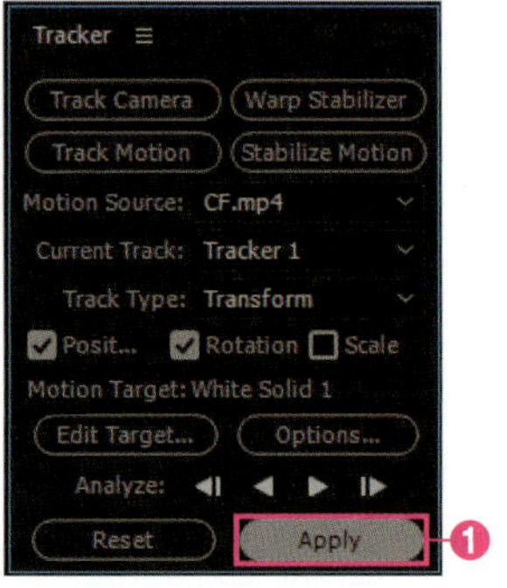

12 [Motion Tracker Apply Options] 대화상자가 열리면 [Apply Dimensions]가 'X and Y'로 설정되어 있음을 확인한 후 [OK] 버튼을 클릭합니다.

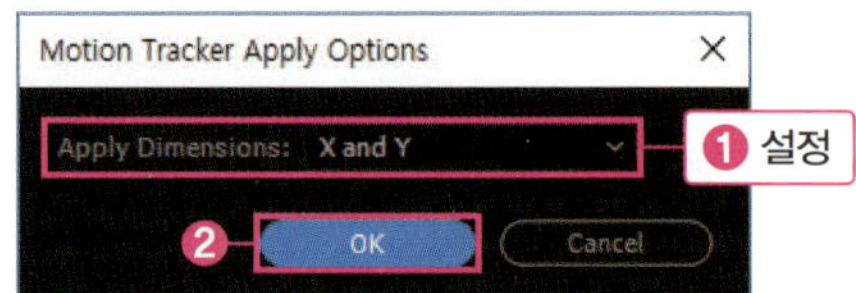

13 'White Solid 1' 레이어에서 U를 눌러 [Transform]의 [Position]과 [Rotation]에 키프레임이 적용되어 있음을 확인합니다.

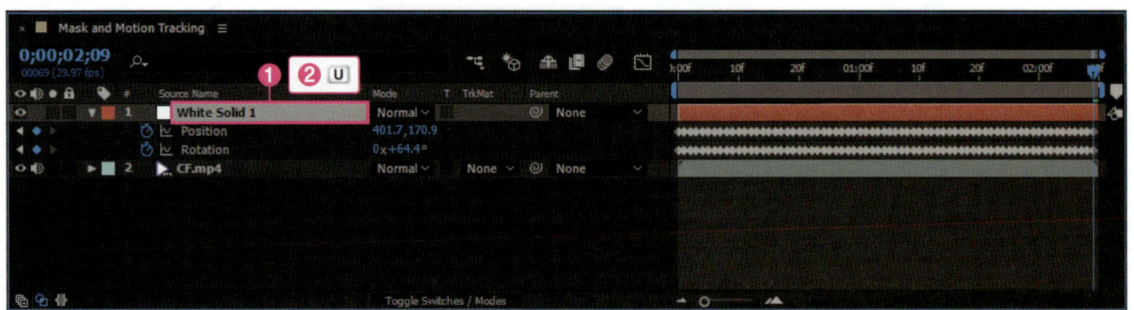

14 [Timeline] 패널의 'CF.mp4' 레이어를 선택하고, [Ctrl]+[C], [Ctrl]+[V]를 눌러 레이어를 하나 더 복사하고 붙여 넣습니다. [TrkMat]의 [None]을 클릭하여 'Alpha Matte White Solid 1'로 설정합니다.

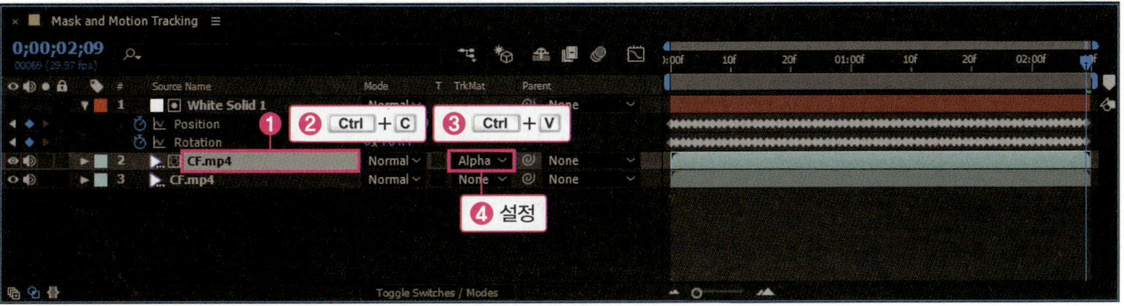

TIP ::
- 레이어를 복사할 때 [Ctrl]+[C], [Ctrl]+[V]를 누르는 대신 [Ctrl]+[D]만 눌러도 됩니다.
- [TrkMat] : 트랙매트입니다. Alpha, Luma(광도)의 속성에 따라 아래의 레이어와 합성합니다.

15 마스크를 만들기 위해서 [Timeline] 패널의 'White Solid 1' 레이어를 선택하고, [Tools] 패널의 [Pen Tool]( )을 클릭합니다.

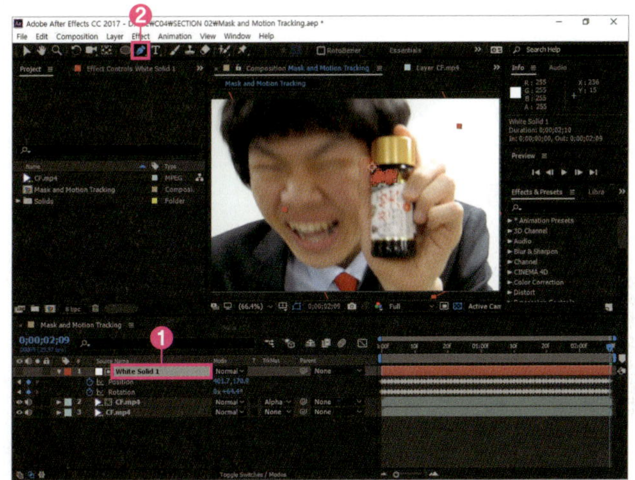

16 [Current Time Indicator]를 0:00:0:00 위치로 옮기고, [Composition] 패널에서 약병의 형태를 따라 그림과 같이 마스크를 그립니다..

17 'White Solid 1' 레이어를 클릭해 열고 [Masks] 〉 [Mask 1] 〉 [Mask Feather]를 '2, 2'로 입력합니다.

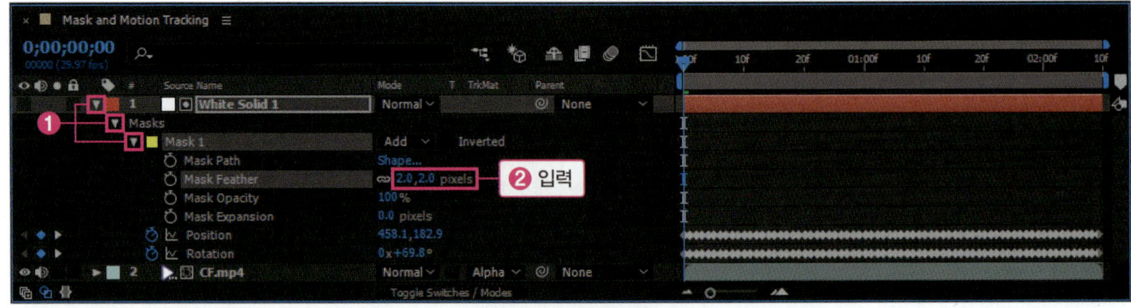

바로 알기 **Mask Feather**
경계 부분을 부드럽게 표현합니다.

---

18 영상에서 약병을 제외한 부분을 흑백 (Monotone)으로 만들기 위해서 [Timeline] 패널의 가장 아래에 위치한 'CF.mp4' 레이어를 선택하고, [Effect] 〉 [Color Correction] 〉 [Hue/Saturation] 메뉴를 클릭합니다.

바로 알기 **흑백(Monotone) 만들기**
[Curves], [Color Balance] 등의 기능을 이용해도 됩니다.

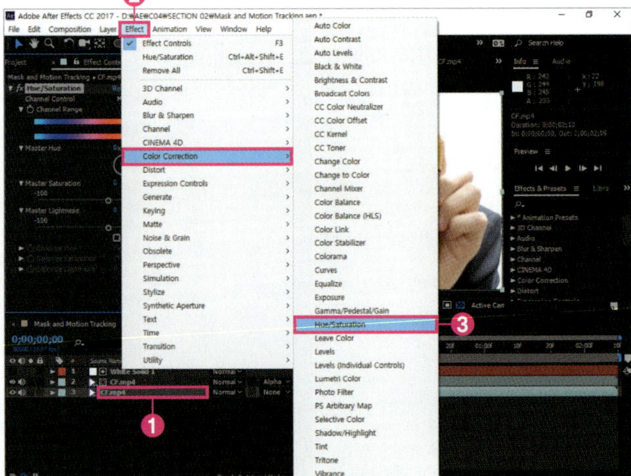

19 [Effect Controls] 패널에서 [Hue/Saturation]의 옵션을 다음과 같이 설정합니다.

- [Colorize] : 체크
- [Colorize Hue] : '45°'
- [Colorize Saturation] : '20'
- [Colorize Lightness] : '15'

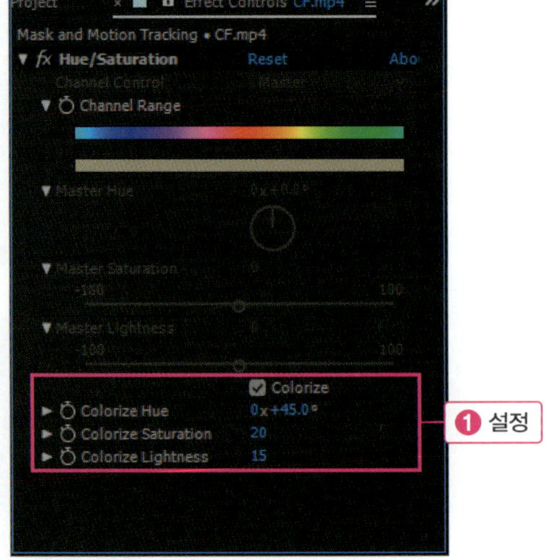

20 숫자패드 **0** 을 눌러 마스크와 모션 트래킹
을 이용해 '필요한 부분만 컬러로 남기는 영상'
을 확인합니다.

TIP :: 많이 사용하는 Color Correction 효과

- Auto Color and Auto Contrast effects : 이미지의 그림자, 중간 영역 및 밝은 영역을 분석한 다음 이미지의 대비와 색상을 조정합니다. 그 결과로 밝은 영역은 더 밝게, 그림자는 더 어둡게 표현됩니다.

- Auto Levels effect : 이미지의 각 색상 채널에서 가장 밝은 값과 가장 어두운 값을 각각 흰색과 검은색에 매핑한 다음 중간 값을 다시 분포합니다. 그 결과로 밝은 영역은 더 밝게, 그림자는 더 어둡게 표현됩니다.

- Black & White effect : 컬러 이미지를 회색 명암으로 변환합니다.

- Brightness & Contrast effect : 전체 레이어의 명도와 대비를 조정하여 이미지의 색조 범위에 대한 간단한 조정 작업을 매우 쉽게 수행할 수 있습니다. 이 효과는 이미지의 모든 픽셀 값(밝은 영역, 그림자 및 중간 영역)을 한 번에 조정합니다.

- Color Balance effect : 이미지의 그림자, 중간 영역 및 밝은 영역에 사용되는 빨간색, 녹색 및 파란색의 양을 변경합니다.

- Curves effect : 이미지의 톤 범위와 톤 응답 곡선을 세밀하게 조정합니다. 256개의 점으로 정의되는 곡선을 사용하여 이미지의 밝기 및 대비를 조정할 수 있습니다.

- Exposure effect : 한 번에 한 채널에 대해 또는 모든 채널에 대해 소스의 톤을 조정할 수 있습니다.

- Hue/Saturation effect : 이미지의 개별 색상 구성 요소에 대한 색조, 채도 및 명도를 조정합니다. 이 효과는 색상환을 기반으로 합니다. 색조 또는 색상을 조정하면 색상환의 둘레를 따라 색상이 이동합니다. 채도 또는 색상의 순도를 조정하면 색상환의 반경을 따라 색상이 이동합니다. RGB로 변환된 회색 이미지에 색상을 추가하거나 RGB 이미지에 색상을 추가할 수 있습니다.

- Leave Color effect : 레이어에서 지정된 색상과 비슷한 색상을 제외한 모든 색상의 채도를 감소시킵니다. 예를 들어 농구공 자체의 주황색만 남긴 채 나머지 부분은 흑백으로 만들 수 있습니다.

- Levels effect : 이 효과는 포토샵에서 레벨 조정 기능을 사용하는 것과 매우 비슷한 결과를 제공합니다. 밝은 영역, 어두운 영역 및 중간 영역의 세 컨트롤만을 사용하여 밝기 및 대비 조정을 수행할 수 있습니다.

- Tint effect : 각 픽셀의 색상 값을 검정, 흰색으로 바꿈으로써 레이어에 색조를 적용합니다. 따라서 이미지를 흑백으로 만들거나 단색의 세피아 느낌의 이미지로 변환할 수 있습니다.

1인 2역/4역 합성 노하우

핵심내용

다음 예제는 영화나 CF에서 자주 등장하는 1인 2역, 1인 4역 합성 노하우로 공모전 등에서 수상 가능성이 높은 실무 테크닉이기도 합니다. Mask와 Mask Feather 기능을 따라하면서 다양한 응용력을 발휘해 보기 바랍니다.

핵심기능

Mask + Mask Feather

STORYBOARD

2010 신세계백화점 홍보영상 공모전 '베스트 추천상' 수상 작품 중 일부분

 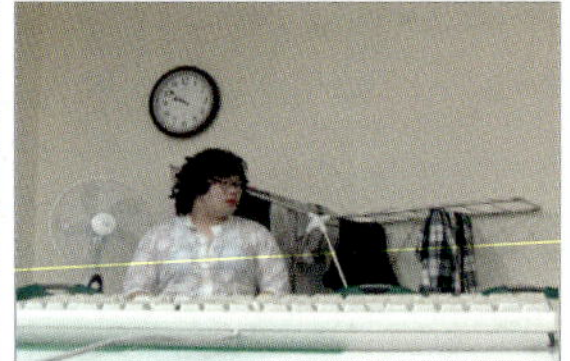 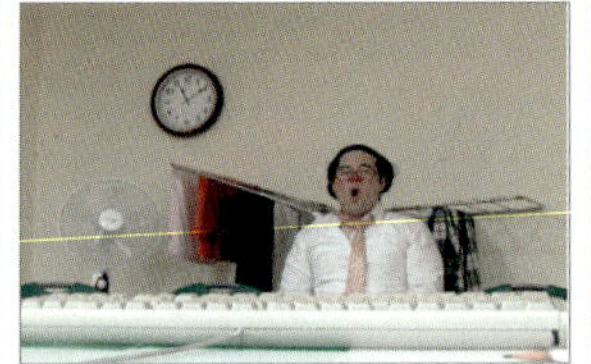 

Mask + Mask Feather

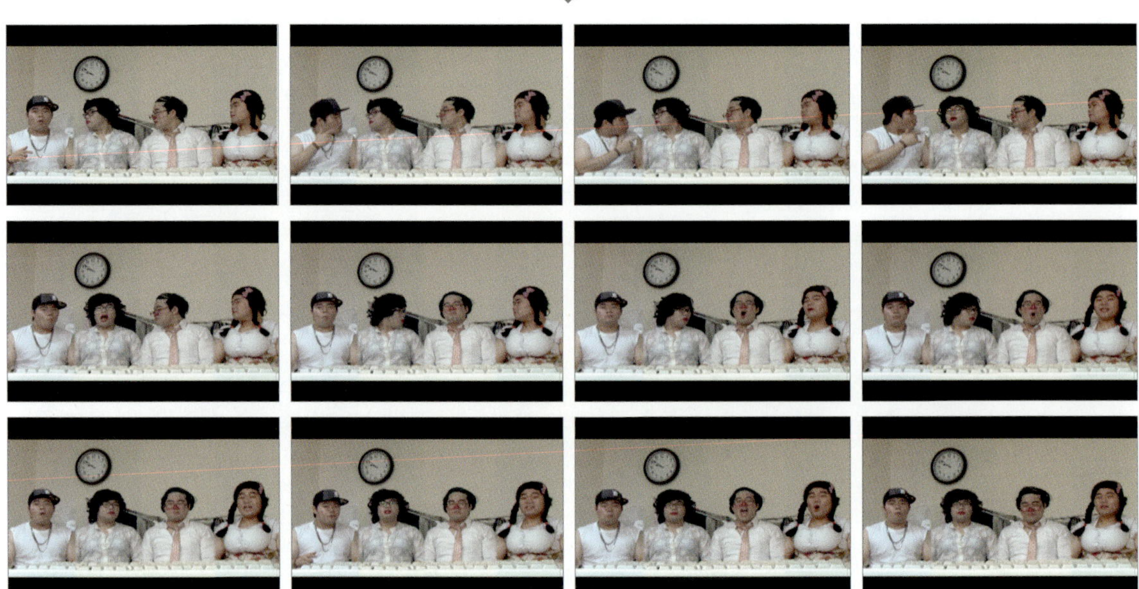

01 1인 2역/4역 합성 Mask + Mask Feather

: 준비 파일 : Part 03 〉 Chapter 04 〉 Section 03 〉 Mask Compose.aep   : 완성 파일 : Part 03 〉 Chapter 04 〉 Section 03 〉 Mask Compose 완성.aep

1 제공된 애프터 이펙트 파일을 불러오기 위해서 [File] 〉 [Open Project](Ctrl + O) 메뉴를 클릭하고, 'Mask Compose.aep' 파일을 선택한 후 [열기] 버튼을 클릭합니다. 파일이 열리면 2개의 솔리드 레이어와 네 개의 mp4 영상을 확인합니다.

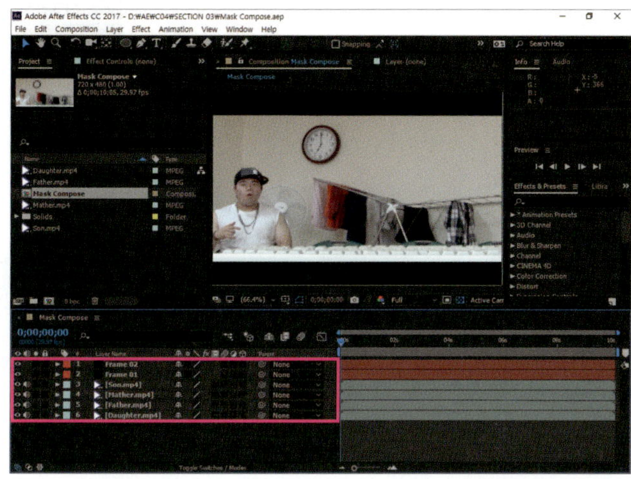

2 [Composition] 패널을 마우스 휠로 다음과 같이 축소하고, [Timeline] 패널의 'Son.mp4' 레이어를 선택한 후 [Tools] 패널의 [Rectangle Tool](■)을 클릭합니다.

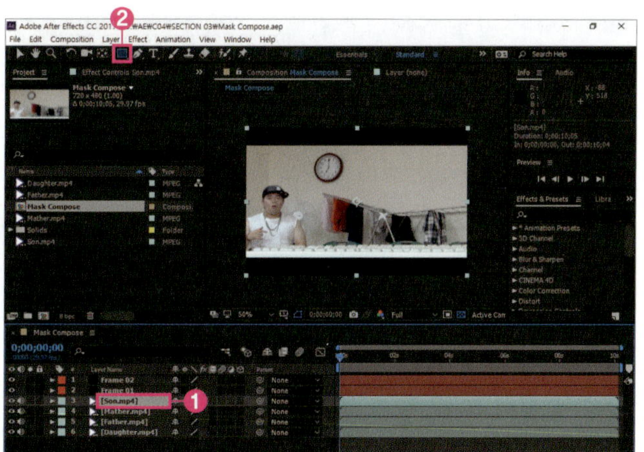

3 [Composition] 패널에 그림과 같은 위치와 크기로 마스크를 그립니다.

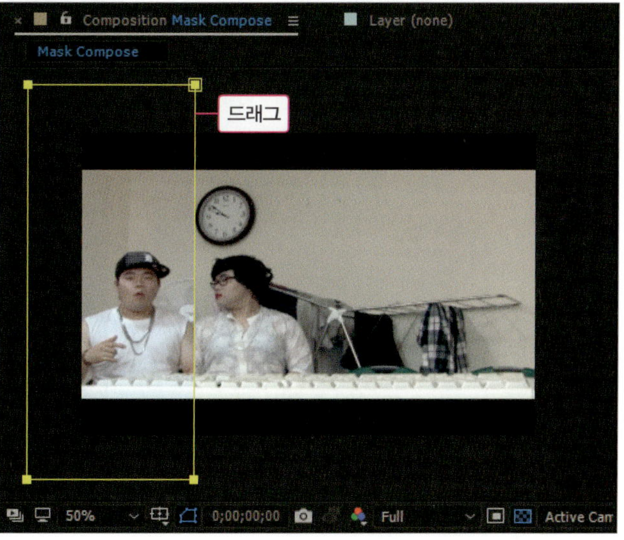

4 배경을 정밀하게 합성하려면 [Tools] 패널의 [Pen Tool]( )을 클릭하고, 다음과 같이 점을 추가하여 마스크의 모양을 수정합니다.

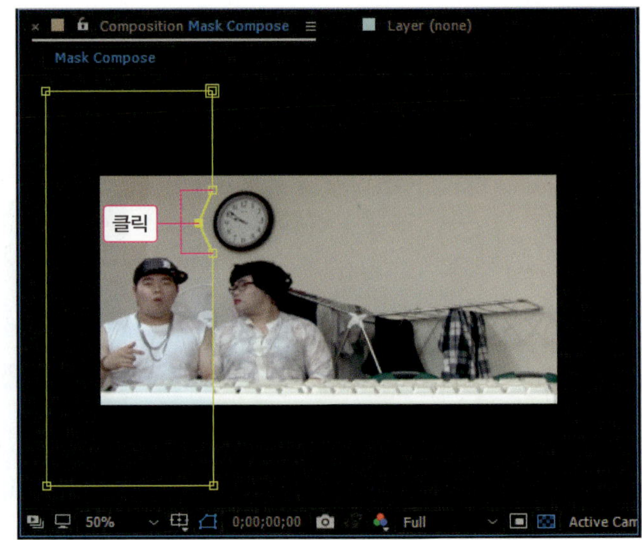

5 [Timeline] 패널의 'Son.mp4' 레이어를 클릭해 열고 [Mask Feather]를 '5, 5'로 입력하여 마스크의 경계 부분을 부드럽게 처리합니다.

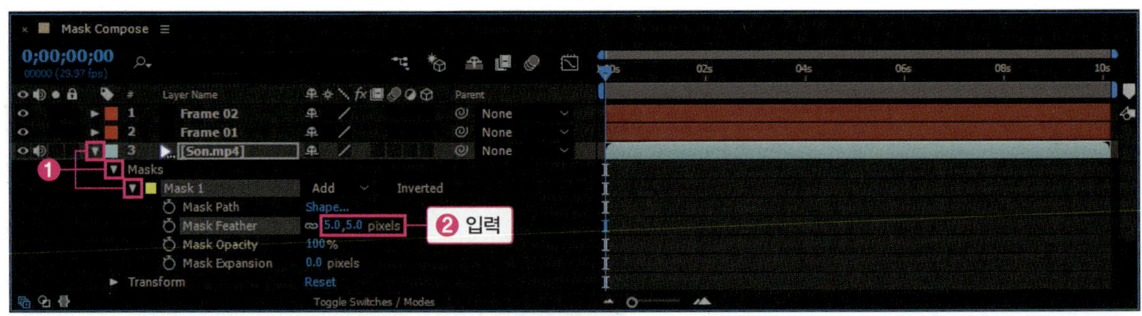

6 다음 영상에도 마스크를 적용해 보겠습니다. [Timeline] 패널의 'Mother.mp4' 레이어를 선택하고, [Tools] 패널의 [Rectangle Tool]( )로 [Composition] 패널에 그림과 같은 위치와 크기로 마스크를 만듭니다.

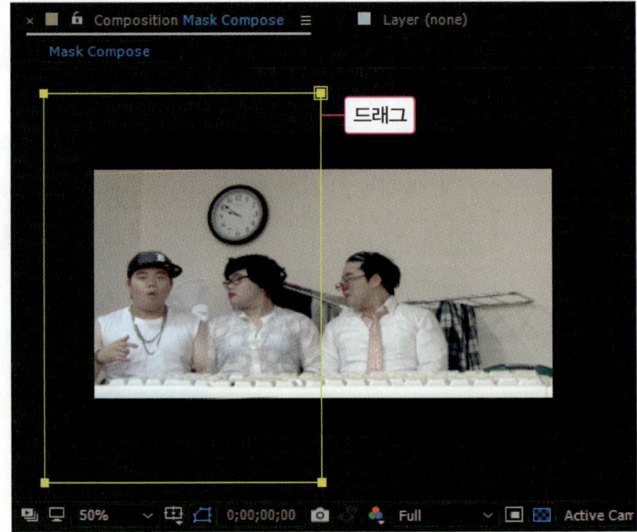

7 [Timeline] 패널의 'Mother.mp4' 레이어를 클릭해 열고, [Mask Feather]를 '5, 5'로 입력하여 마스크의 경계 부분을 부드럽게 처리합니다.

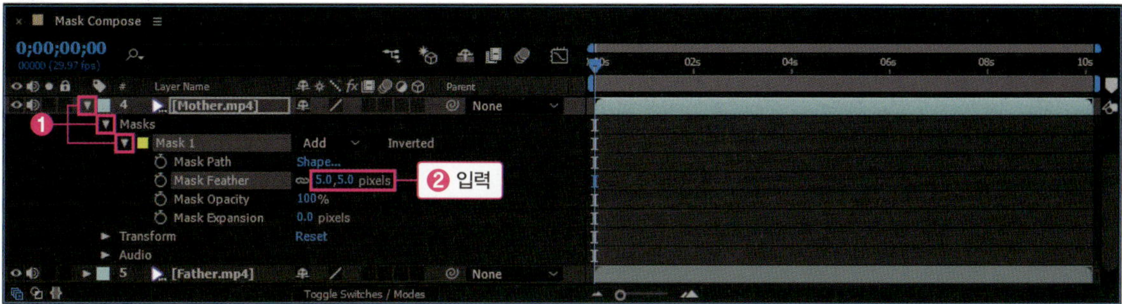

8 나머지 영상에도 마스크를 적용해 보겠습니다. [Timeline] 패널의 'Father.mp4' 레이어를 선택하고, [Rectangle Tool](▣)로 그림과 같은 위치와 크기로 마스크를 만든 후 'Father.mp4'를 열어 [Mask Feather]를 '5, 5'로 입력합니다.

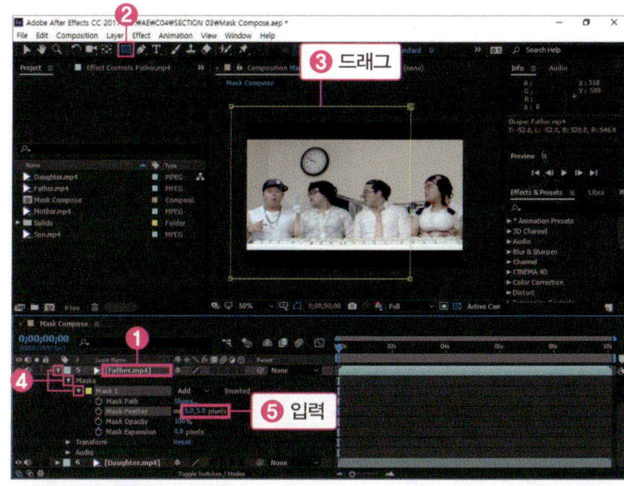

9 숫자패드 ⓪을 눌러 '1인 2역/4역 합성 영상'을 확인합니다.

영상과 이미지 합성 노하우

핵심내용

본 예제는 이동하는 피사체를 마스크로 선택하고 이미지 배경에 합성하는 테크닉입니다. 홍보 영상에서 활용도가 높은 반면, 피사체의 형태와 타임, 속도에 따라서 많은 작업 시간이 소요될 수 있습니다. Pen Tool과 Mask Path에 대해서 집중적으로 실습해 보겠습니다.

핵심기능

Pen Tool + Mask Path

STORYBOARD

제2회 대한민국청소년 UCC 캠프대전 '금상' 수상 작품 중 일부분

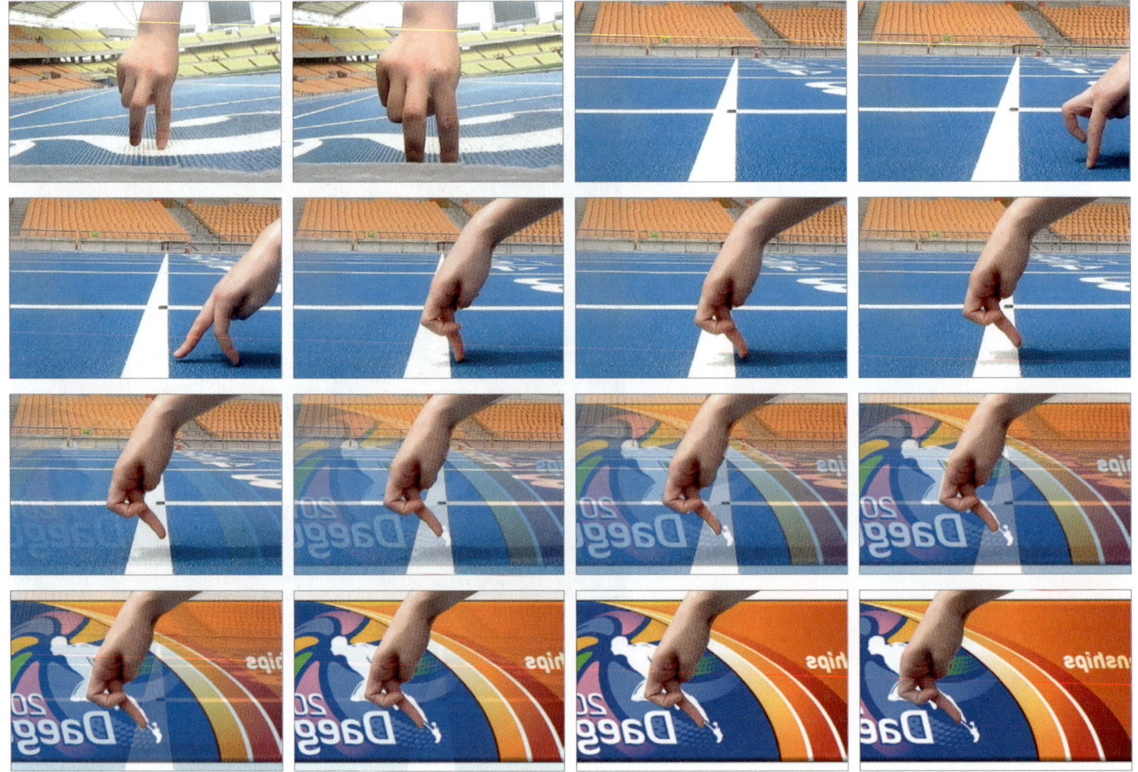

01 영상과 이미지 합성 Pen Tool + Mask Path

: 준비 파일 : Part 03 〉 Chapter 04 〉 Section 04 〉 Image and Movie Compose.aep **: 완성 파일 :** Part 03 〉 Chapter 04 〉 Section 04 〉 Image and Movie Compose 완성.aep

1 제공된 애프터 이펙트 파일을 불러오기 위해서 [File] 〉 [Open Project](**Ctrl** + **O**) 메뉴를 클릭하고, 'Image and Movie Compose. aep' 파일을 선택한 후 [열기] 버튼을 클릭합니다. 파일이 열리면 mp4 영상을 확인합니다.

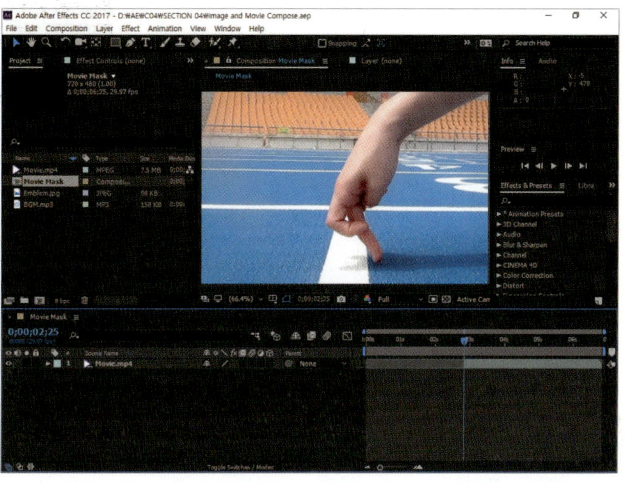

2 [Timeline] 패널의 'Movie.mp4' 레이어를 선택하고, [Tools] 패널의 [Pen Tool](펜툴)을 클릭한 후 [Composition] 패널에서 '손' 형태를 따라 마스크를 그립니다.

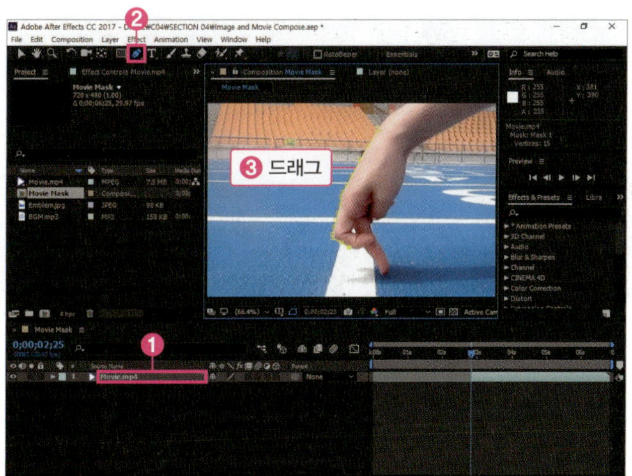

3 그림과 같이 '손' 형태를 그려 마스크를 완성합니다.

TIP :: 반드시 마스크의 시작점과 끝점이 이어져서 닫힌 곡선이 되어야 합니다.

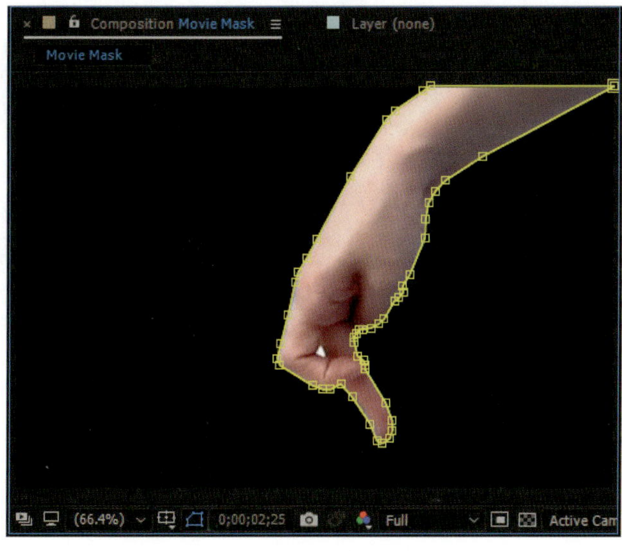

4 손가락 사이의 빈 공간을 잘라내기 위해서 마우스 휠로 화면을 더 크게 확대한 후 [Pen Tool](🖊)을 이용하여 그림과 같이 빈 공간에 마스크를 그립니다.

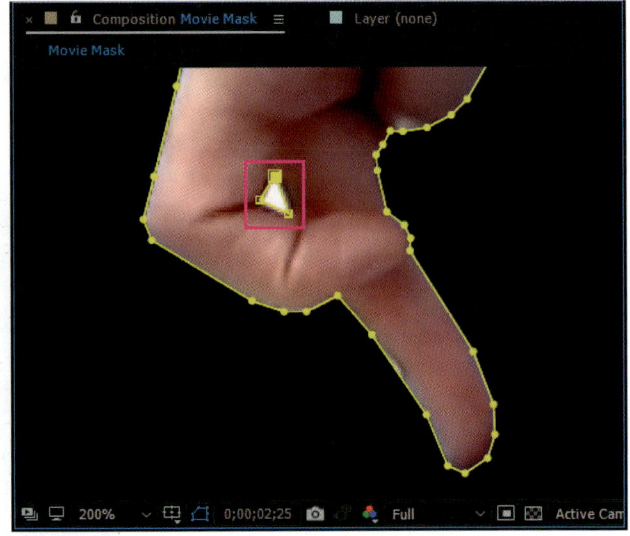

5 [Timeline] 패널의 'Movie.mp4' 레이어를 열면 2개의 마스크 [Mask 1], [Mask 2]가 보입니다. [Mask 2]의 [Add]를 클릭하여 'Subtract'로 설정합니다.

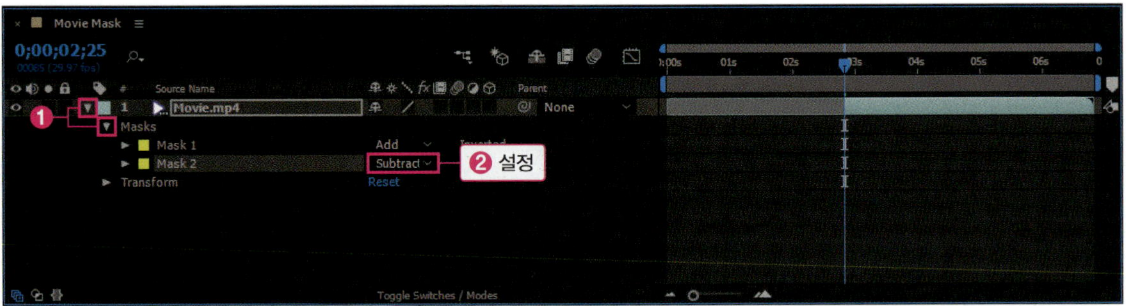

TIP ::
• [Mask 1]은 '손'이고, [Mask 2]가 '빈 공간'입니다.
• [Subtract] : 마스크를 반대로 적용할 때, 'Subtract'를 선택합니다.

6 [Current Time Indicator]를 0:00:02:25 위치로 옮긴 후 [Mask 1], [Mask 2]를 클릭해 열어 [Mask Path] 〉 [Time-Vary stop watch](⏱)를 클릭하여 활성화합니다.

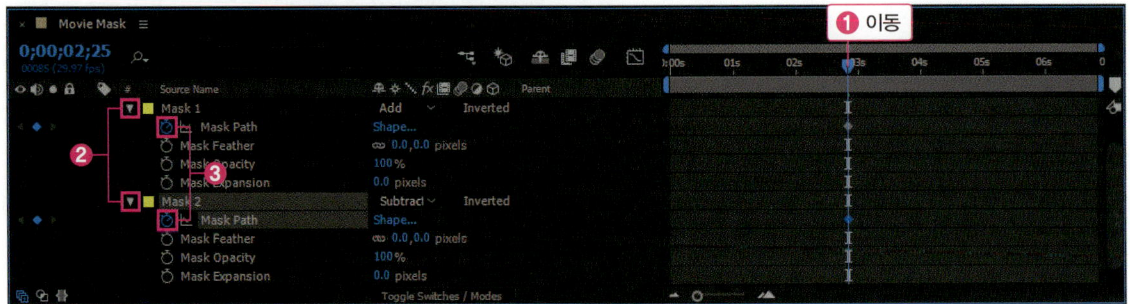

7 [Current Time Indicator]를 0:00:03:05 위치로 옮기고, 'Movie.mp4' 레이어의 [Mask 1], [Mask 2]를 조금 달라진 손의 위치와 형태에 따라 [Selection Tool](▶)로 수정합니다.

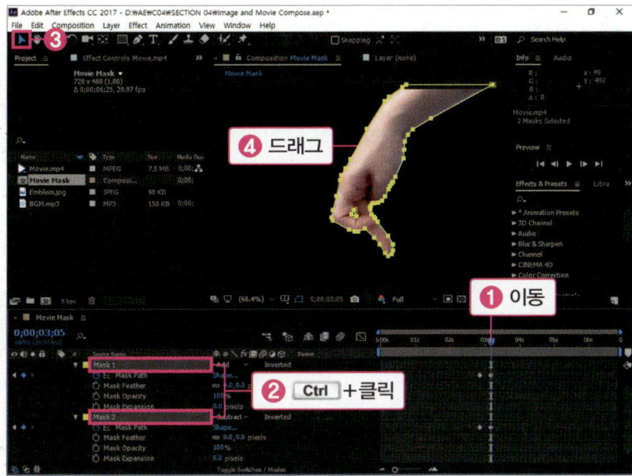

8 [Current Time Indicator]를 0:00:03:15 위치로 옮기고, 마스크를 그림과 같이 수정합니다. [Current Time Indicator]를 일정한 간격으로 조금씩 옮기면서 마스크의 형태와 손의 모양이 어긋나 보이면 수정합니다.

TIP :: Mask Path 수정 방법
많은 키프레임을 생성할수록 정교한 결과를 얻을 수 있습니다.

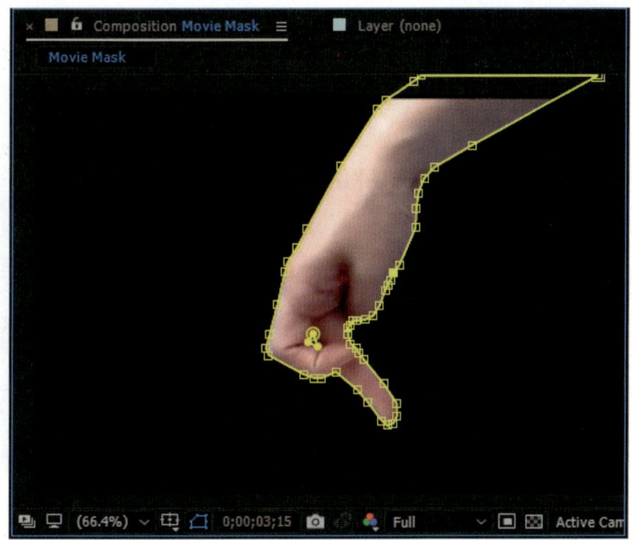

9 [Mask 1], [Mask 2]의 [Mask Path]를 수정하면 그림과 같은 키프레임이 생성됩니다.

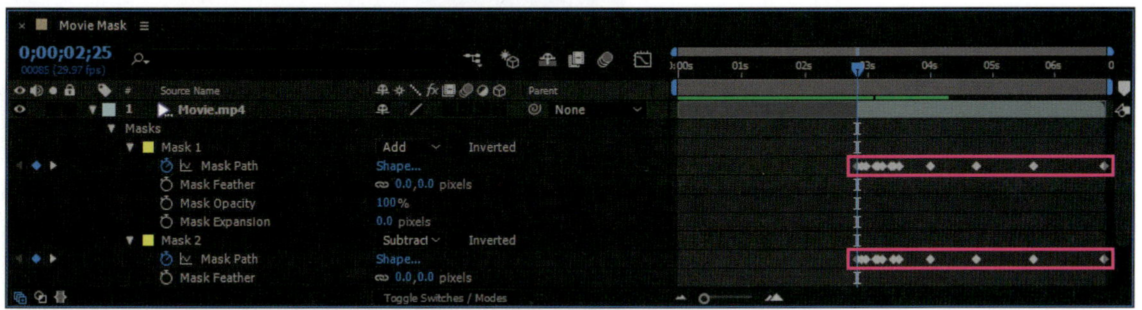

TIP :: 눈에 띄는 주요 장면은 조금 더 디테일한 수정을 합니다.

10 [Project] 패널의 'Emblem.jpg' 푸티지를 [Timeline] 패널로 드래그합니다. 배경 이미지를 '손'의 위치에 따라 맞추기 위해서 [Current Time Indicator]를 0:00:03:18 위치로 옮깁니다. 레이어를 클릭하여 열고, [Position]을 '498, 240'으로, [Scale]의 [Constrain Properties](🔗)를 해제한 후 '-223, 223%'으로 입력합니다.

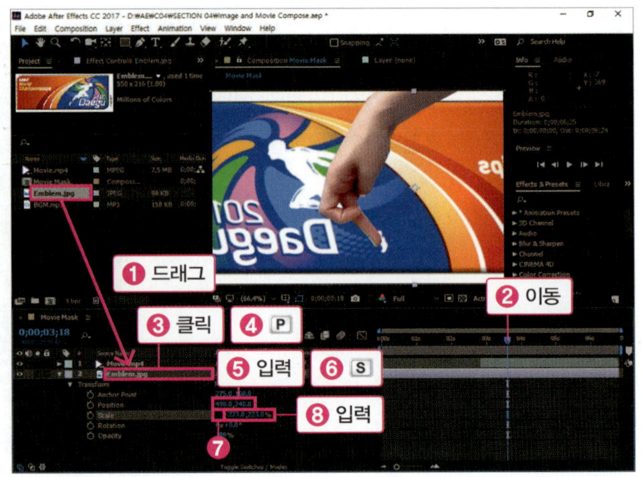

11 0:00:03:18에서 [Position]의 [Time-Vary stop watch](🕐)를 클릭하여 활성화하고, [Current Time Indicator]를 0:00:06:24 위치로 옮긴 후 '382, 240'을 입력합니다. [Current Time Indicator]를 좌우로 옮기면서 모션의 변화를 확인합니다.

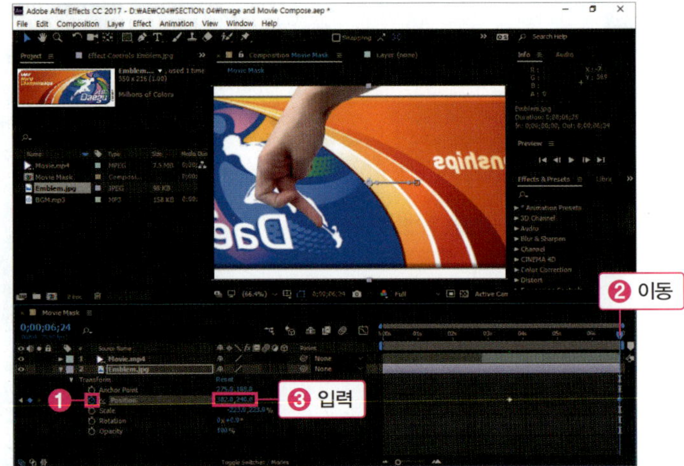

12 배경이 될 영상을 넣기 위해서 [Project] 패널의 'Movie.mp4' 푸티지를 [Timeline] 패널의 2번 위치로 드래그한 후 T를 눌러 [Opacity]를 보이게 합니다. 0:00:03:18 위치에서 [Time-Vary stop watch](🕐)를 클릭하여 활성화하고, [Current Time Indicator]를 0:00:04:25 위치로 옮긴 후 '0%'로 입력합니다.

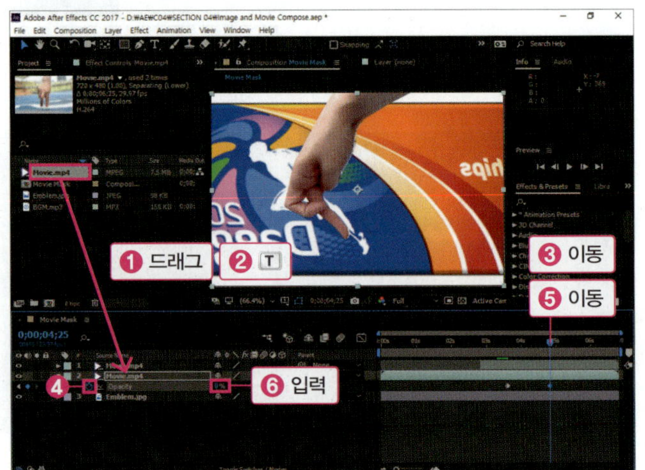

13 [Project] 패널의 'BGM.mp3' 푸티지를 [Timeline] 패널로 드래그하여 배경음악을 삽입합니다. 숫자패드 **0** 을 눌러 '영상과 이미지 합성' 영상을 확인합니다.

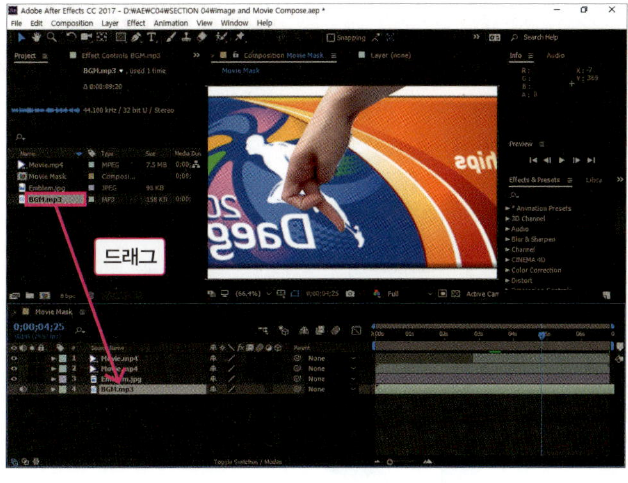

TIP ∷ [Pen Tool]을 사용하여 마스크 만들기

[Composition] 패널에서 [Pen Tool]을 사용하여 선택한 레이어에 원하는 모양의 마스크 패스를 만들 수 있습니다.
※ 레이어를 선택하지 않은 상태로 그리면 마스크가 아닌 새 레이어가 추가되어 도형이 만들어집니다.

■ [Pen Tool]을 사용하여 마스크 패스 만들기

① [Pen Tool]을 선택하고 [Composition] 패널에서 첫 번째 점의 위치할 곳을 클릭합니다.
② 다음 점이 위치할 곳을 연속으로 클릭합니다. 곡선을 그리려면 드래그하여 원하는 곡선을 만듭니다.
※ 클릭하여 점을 만들고 마우스 버튼을 놓기 전에 점의 위치를 변경하려면 드래그하는 동안 **Space Bar** 를 누릅니다.
　 패스를 완성할 준비가 될 때까지 두 번째 작업을 반복합니다.
③ 패스를 닫으려면 가장 먼저 그린 첫 번째 점 위에 포인터를 놓고 클릭합니다.
※ 마지막 점을 더블클릭하여 패스를 닫을 수도 있습니다.

■ [Pen Tool]로 직선 그리기

① 직선이 시작될 곳을 클릭하여 점을 만듭니다(클릭하고 드래그하면 안됩니다.).
② 다른 한곳을 다시 클릭합니다. **Shift** 를 누른 채 클릭하면 45°로 각도가 제한된 채로 그려집니다.
③ 계속해서 클릭하여 추가 직선을 그립니다.

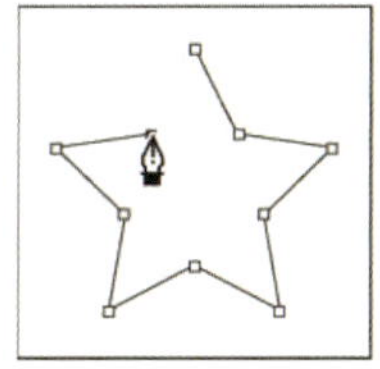 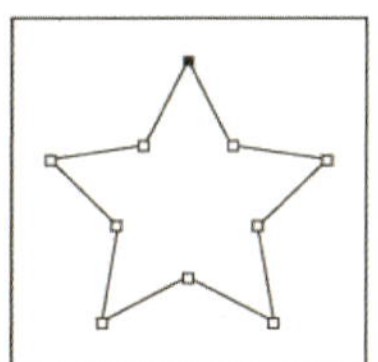

■ [Pen Tool]로 곡선 그리기

① 곡선이 시작될 지점을 클릭한 채로 드래그하여 조절점의 길이와 방향을 정한 다음 마우스 버튼을 놓습니다.
② 곡선이 그려질 다음 위치를 클릭하고 드래그하여 곡선의 방향과 길이를 정한 후, 마우스 버튼을 놓습니다.
③ 계속해서 다른 위치에서 클릭-드래그하여 곡선을 이어 그립니다.

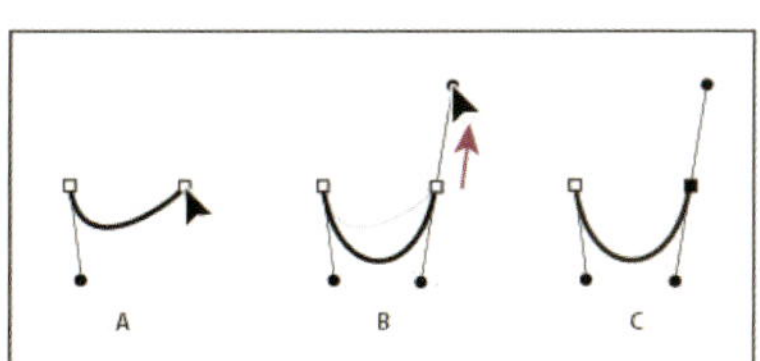

다양한 응용이 가능한 레이어 테크닉 실무 : 고급

영상 콘텐츠 공모전 10년 도전 노하우!

애프터 이펙트의 레이어와 포토샵의 레이어는 유사성이 많습니다. 이러한 레이어 테크닉을 블루스크린 크로마 키 합성, 트랙 매트 합성 디자인, 3D 레이어 애니메이션, 원근 문자 디자인 영상, 3D 뷰 영상 등의 실무 예제의 실습을 통해 다양한 응용이 가능하도록 안내해 보겠습니다.

ADOBE AFTER EFFECTS

블루스크린
크로마키
합성 노하우

핵심내용

본 예제는 일기예보에서 사용하는 블루스크린 크로마키 합성 테크닉입니다. 선명한 크로마키를 위해 영상을 여러 번 겹치거나 Color Key 작업을 반복하는 방법에 대해 안내하며, 영상에서 프레임을 뽑아내어 자연스러운 효과를 주는 방법에 대해서 실습하겠습니다.

핵심기능

Color Key + Save Frame As

STORYBOARD

2011 대한민국 국회 UCC 공모전 '국회사무총장상' 수상 작품 중 일부분

01 블루스크린 크로마키 합성   Color Key + Save Frame As

: **준비 파일** : Part 03 〉 Chapter 05 〉 Section 01 〉 Chroma-Key.aep   : **완성 파일** : Part 03 〉 Chapter 05 〉 Section 01 〉 Chroma-Key 완성.aep

1 제공된 애프터 이펙트 파일을 불러오기 위해서 [File] 〉 [Open Project](**Ctrl** + **O**) 메뉴를 클릭합니다. 'Chroma-Key.aep' 파일을 선택한 후 [열기] 버튼을 클릭합니다.

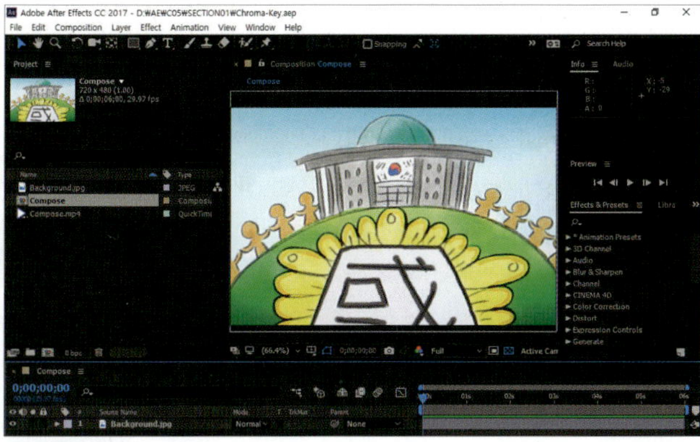

2 [Project] 패널의 'Compose.mp4' 푸티지를 [Timeline] 패널의 1번 레이어로 드래그합니다.

3 [Timeline] 패널 'Compose.mp4' 레이어의 [Solo](●)를 활성화하여 다른 레이어를 화면에서 보이지 않게 합니다. 인물만 남겨두고 배경만 삭제하기 위해서 'Compose.mp4' 레이어가 선택된 상태에서 [Effect] 〉 [Keying] 〉 [Color Range] 메뉴를 클릭합니다. [Effect Controls] 패널에 [Color Range]의 옵션이 보이면 [Spuit](✎)를 클릭하고 [Composition] 패널에서 중앙의 파란색을 클릭합니다.

바로 알기 Solo

체크한 레이어만 화면상에 표시되며, 여러 개의 레이어에 적용할 수 있습니다.

4 배경에 남아있는 파란색 배경을 더 깨끗하게 지우기 위해서 [Effect Controls] 패널에 [Color Range]의 [Spuit+](📌)를 클릭하고, [Composition] 패널에서 왼쪽 위쪽의 파란색을 클릭합니다. 클릭한 부분의 배경이 지워지는 것을 확인합니다.

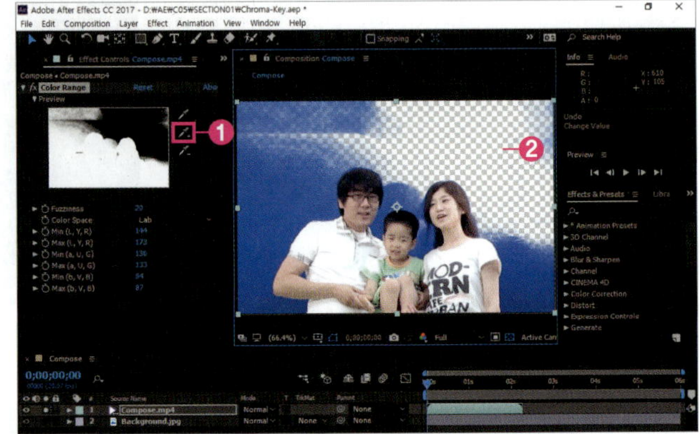

5 [Spuit+](📌)를 클릭하고, [Composition] 패널에서 남은 배경의 파란색을 클릭합니다. 그림과 같이 배경이 깨끗해질 때까지 반복합니다.

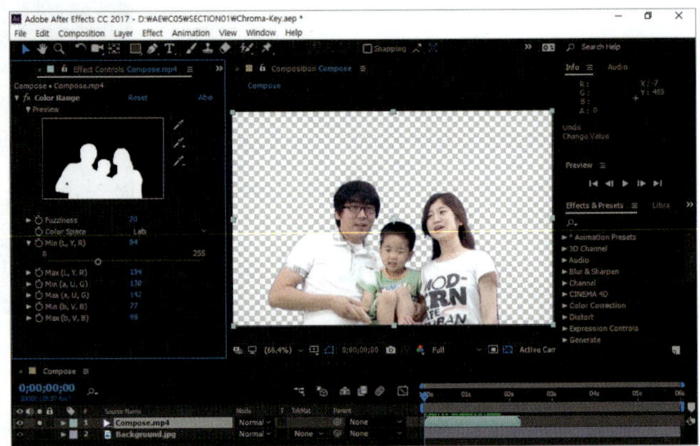

6 영상의 첫 장면은 자연스럽게 나타나고, 마지막 장면은 자연스럽게 사라지게 하기 위해서 낱장의 스틸 이미지가 필요합니다. [Current Time Indicator]를 시작 지점(0:00:00:00) 위치로 옮기고, [Composition] 〉 [Save Frame As] 〉 [File](**Ctrl** + **Alt** + **S**) 메뉴를 클릭합니다.

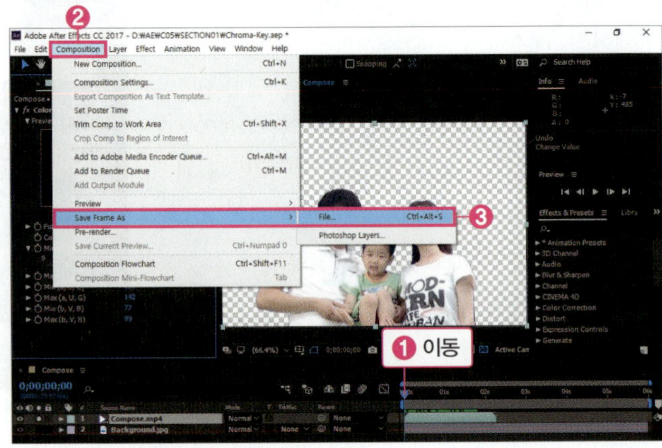

7 [Render Queue] 패널이 열리면 저장할 이미지의 파일 포맷을 설정하기 위해서 [Output Module]의 'Photo-shop'을 클릭합니다.

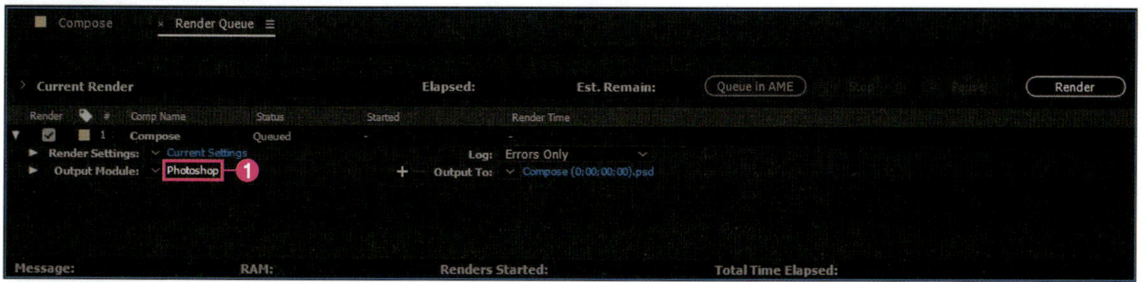

8 [Output Module Settings] 대화상자가 열리면 [Format]을 'PNG Sequence'로 설정하고, [OK] 버튼을 클릭합니다.

TIP :: JPEG 등 다른 일반적인 포맷을 사용해도 됩니다

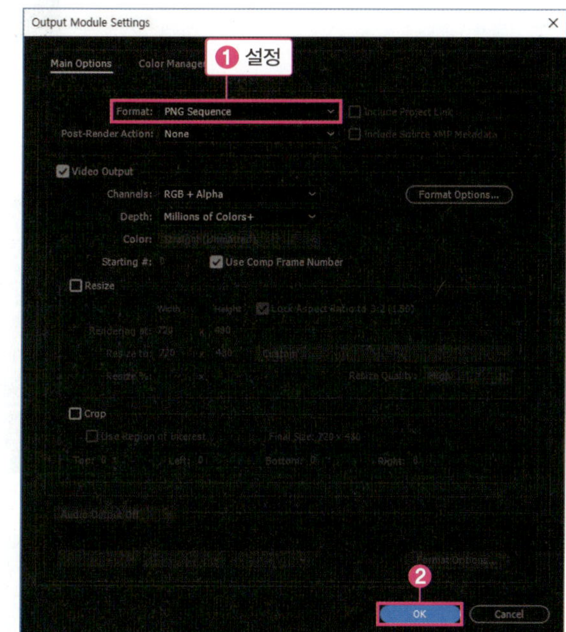

9 저장할 파일의 이름을 입력하기 위해서 [Output To]의 'Compose (0;00;00;00).png'를 클릭한 후 [Output Movie To] 대화상자가 열리면 스틸 이미지가 저장될 폴더에 파일 이름을 'Start'로 입력하고 [저장(S)] 버튼을 클릭합니다.

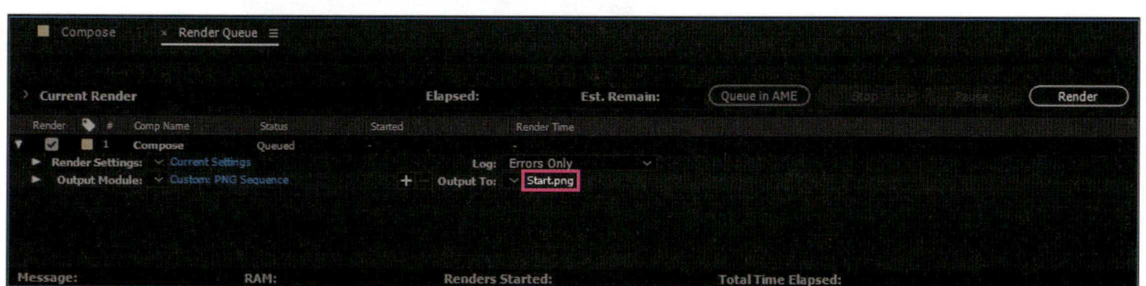

10 다시 [Compose] 컴포지션으로 돌아와서 [Current Time Indicator]를 영상의 끝 지점 (0:00:02:07) 위치로 옮기고, [Composition] 〉 [Save Frame As] 〉 [File](Ctrl+Alt+S) 메뉴를 클릭합니다.

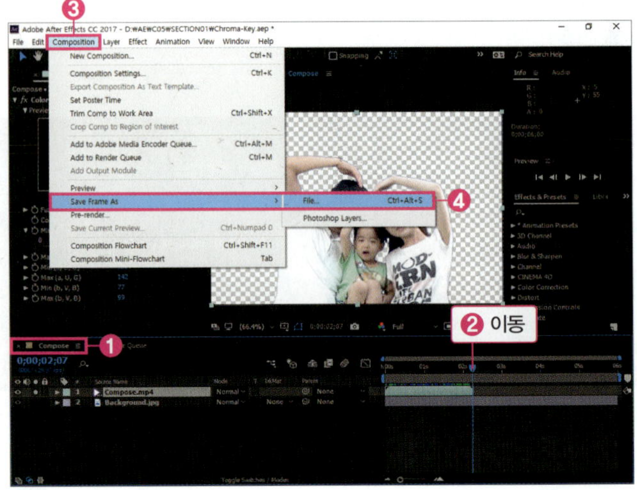

11 [Render Queue] 패널이 열리면 같은 방법으로 [Output Module]을 'PNG Sequence'로, [Output To]를 'End. png'로 설정한 후 [Render] 버튼을 클릭합니다.

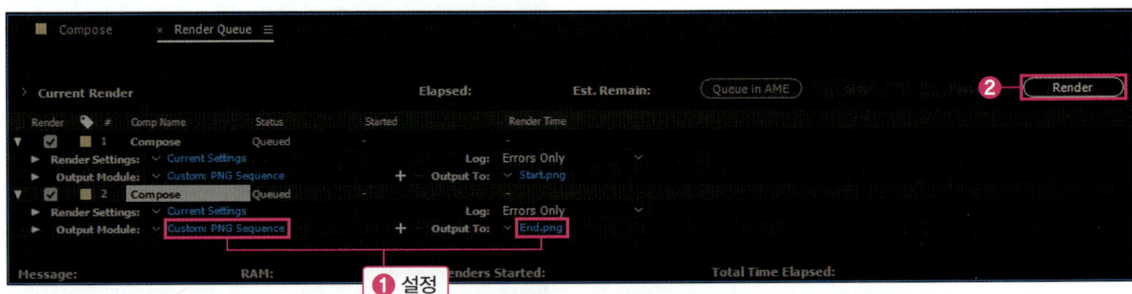

12 [Project] 패널의 빈 공간을 더블클릭한 후 방금 만든 'Start.png', 'End.png' 파일을 불러와 2개의 스틸 이미지를 확인합니다.

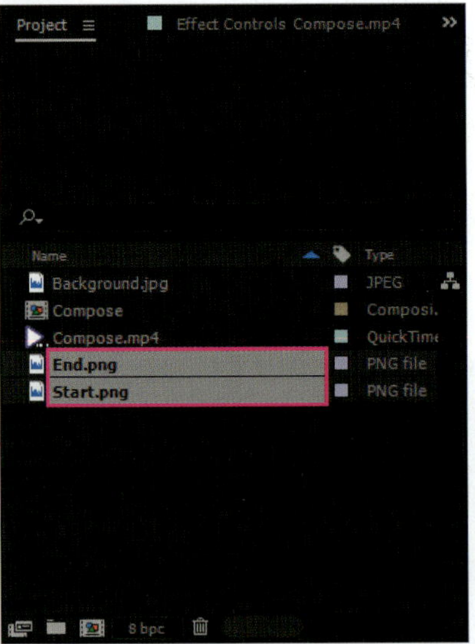

13 [Current Time Indicator]를 0:00:01:15 위치로 옮긴 후 'Compose.mp4' 레이어를 [Current Time Indicator] 뒤로 드래그합니다.

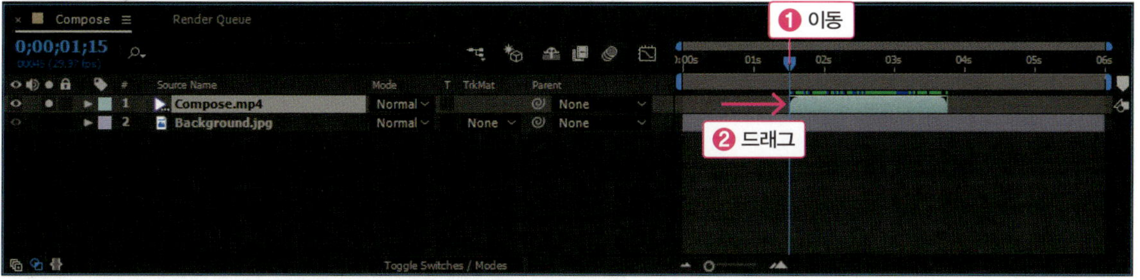

TIP ::
드래그하는 대신 옮길 레이어를 선택하고, 단축키 [[]를 눌러도 됩니다.

14 'Start.png' 푸티지를 [Timeline] 패널로 드래그한 후 [Out 점]을 드래그하여 'Compose.mp4' 레이어의 [In 점]에 맞춥니다. [Current Time Indicator]를 좌우로 옮기면서 영상을 확인합니다.

15 이번에는 'End.png' 푸티지를 [Timeline] 패널로 드래그하고, [Current Time Indicator]를 0:00:03:23 위치로 옮긴 후 [In 점]을 드래그하여 [Current Time Indicator]에 맞춥니다.

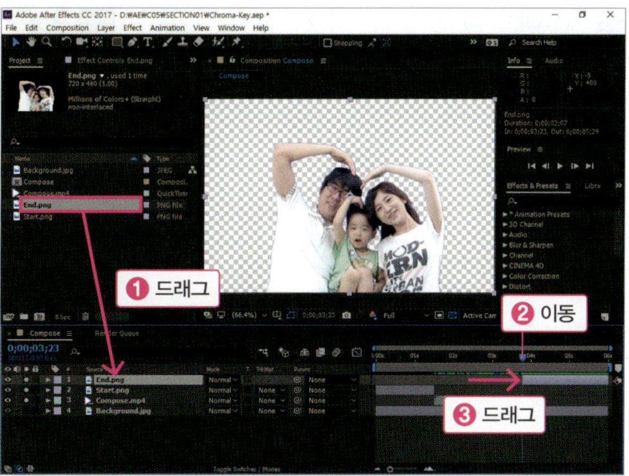

16 'Start.png', 'Compose.mp4', 'End.png' 레이어의 [Solo](●)를 해제하여 배경 이미지가 보이게 합니다. 그림과 같이 인물과 배경이 합성되었음을 확인합니다.

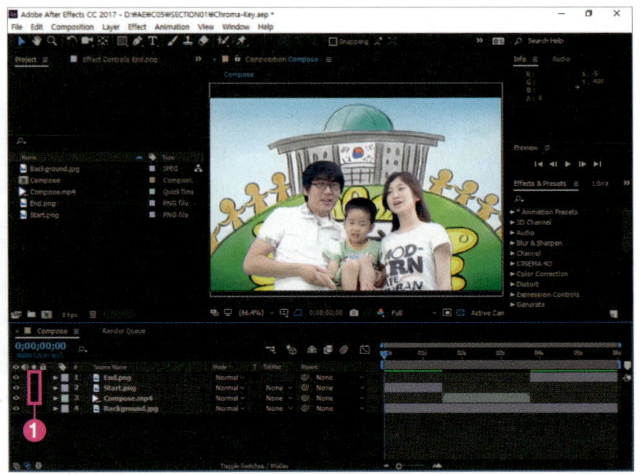

17 마지막으로 영상의 앞, 뒤 부분을 부드럽게 연결하기 위해 'Start.png' 레이어를 선택하고, **T**를 눌러 [Opacity]를 보이게 한 후 [Current Time Indicator]를 0:00:00:00 위치로 옮깁니다. [Opacity]의 [Time-Vary stop watch](🕚)를 클릭하여 활성화하고, '0%'으로 입력한 후 [Current Time Indicator]를 0:00:01:15 위치로 옮기고 '100%'로 입력합니다. 'End.png' 레이어도 [Opacity]를 0:00:03:23은 '100%', 0:00:05:29는 '0%'로 설정하여 마무리합니다.

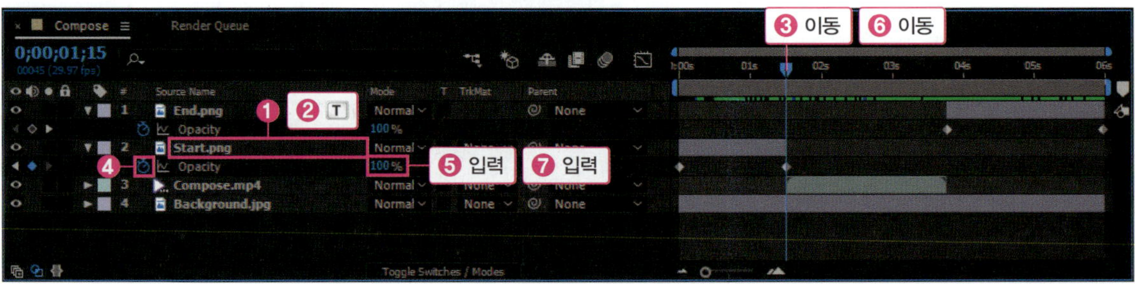

18 숫자패드 **0**을 눌러 '크로마키 합성' 영상을 확인합니다.

트랙 매트
합성 디자인
노하우

핵심내용

트랙 매트를 활용한 합성 디자인은 2012 여수세계박람회 유치 홈페이지의 플래시 애니메이션으로 사용되었던 실무 영상입니다. 플래시에서 구현되는 기능들이 애프터 이펙트에서도 가능하다는 것을 보여준 사례로, 본 예제에서는 Track Matte 기능 위주로 설명하겠습니다.

핵심기능

Track Matte

STORYBOARD

2012 여수세계박람회 홈페이지 홍보 동영상 중 일부분

:준비 파일 : Part 03 〉 Chapter 05 〉 Section 02 〉 Track Matte.aep   **완성 파일 :** Part 03 〉 Chapter 05 〉 Section 02 〉 Track Matte 완성.aep

1 제공된 애프터 이펙트 파일을 불러오기 위해서 [File] 〉 [Open Project](**Ctrl** + **O**) 메뉴를 클릭합니다. 'Track Matte.aep' 파일을 선택한 후 [열기] 버튼을 클릭합니다. 파일이 열리면 각 푸티지와 레이어를 확인합니다.

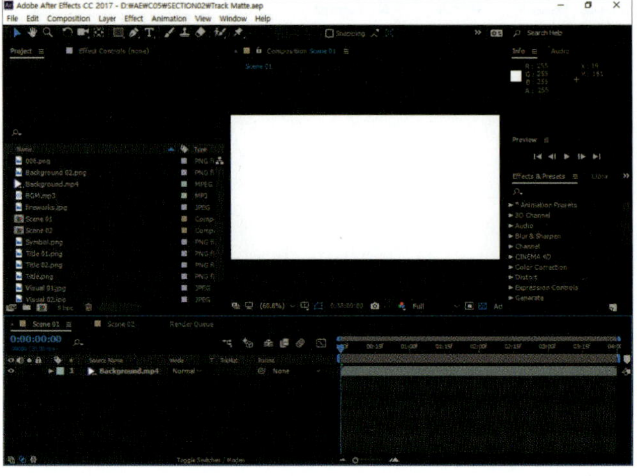

2 새 컴포지션을 만들기 위해서 [Composition] 〉 [New Composition](**Ctrl** + **N**) 메뉴를 클릭합니다. [Composition Settings] 대화상자가 열리면 옵션 항목을 다음과 같이 설정한 후 [OK] 버튼을 클릭합니다.

- [Composition Name] : 'Visual'
- [Width] : '720'
- [Height] : '390'
- [Duration] : '0:00:04:00'

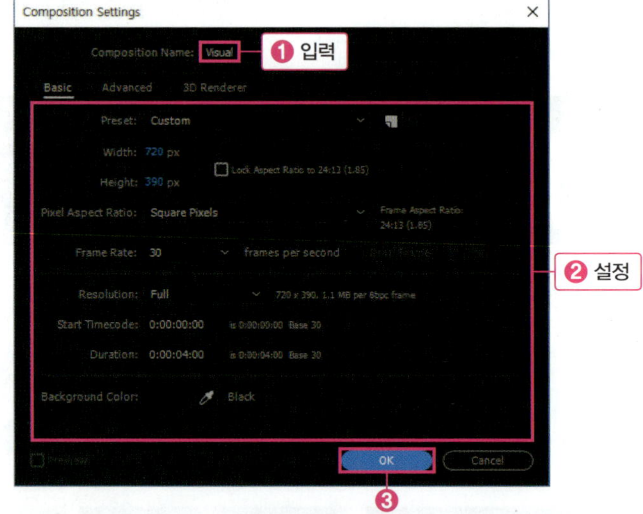

3 [Project] 패널의 'Visual 01~03.jpg' 푸티지를 [Timeline] 패널로 드래그합니다. 그림과 같은 순서대로 레이어가 배치되었는지 확인합니다.

TIP :: 레이어의 순서에 따라 작업 결과물이 달라질 수 있으니 주의해야 합니다.

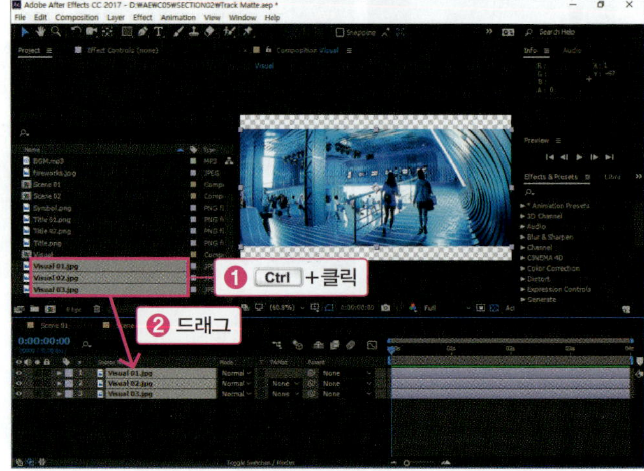

4 3개의 레이어가 투명도 모션을 통해 자연스럽게 바뀌는 애니메이션을 만들기 위해서 'Visual 01.jpg' 레이어를 선택하고 [T]를 눌러 [Opacity]를 보이게 한 후 [Current Time Indicator]를 0:00:01:00 위치로 옮깁니다. [Opacity] 〉 [Time–Vary stop watch](⏱)를 클릭하여 활성화한 후 [Current Time Indicator]를 0:00:01:15 위치로 옮기고, '0%'로 입력합니다.

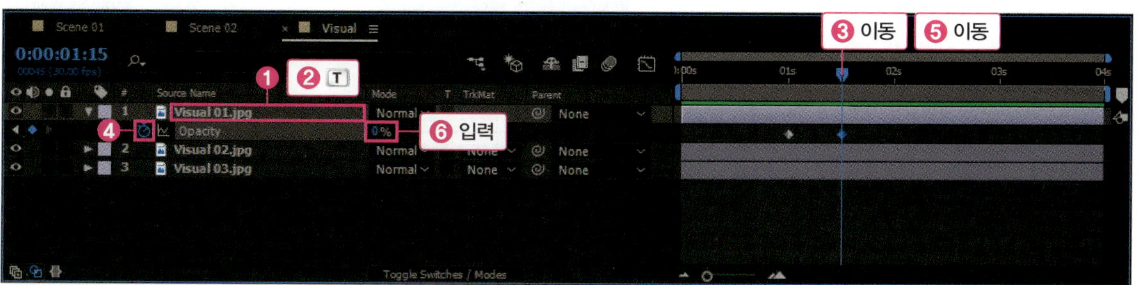

5 'Visual 02.jpg' 레이어를 선택하고, [T]를 눌러 [Opacity]를 보이게 한 후 [Current Time Indicator]를 0:00:02:15 위치로 옮깁니다. [Opacity] 〉 [Time–Vary stop watch](⏱)를 클릭하여 활성화한 후 [Current Time In-dicator]를 0:00:03:00 위치로 옮기고, '0%'로 입력합니다.

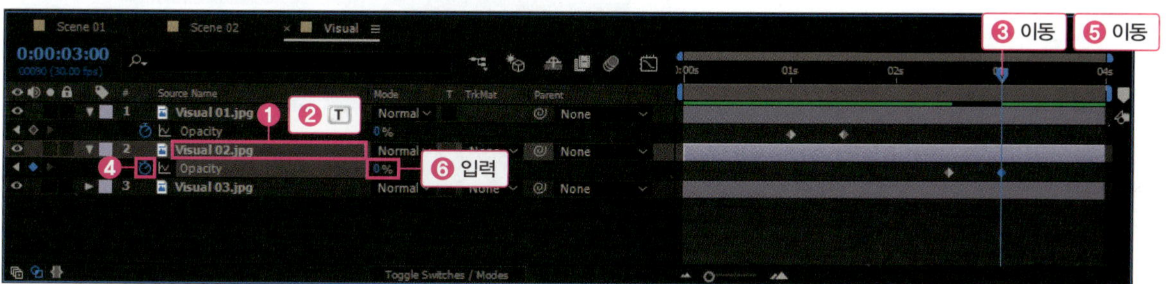

6 방금 만든 [Visual] 컴포지션을 배경과 합치기 위해서 [Timeline] 패널의 [Scene 01] 컴포지션을 클릭합니다. [Project] 패널의 'Visual' 컴포지션을 [Timeline] 패널로 드래그한 후 [P]를 눌러 [Position]을 보이게 한 후 '360, 157'로 입력합니다.

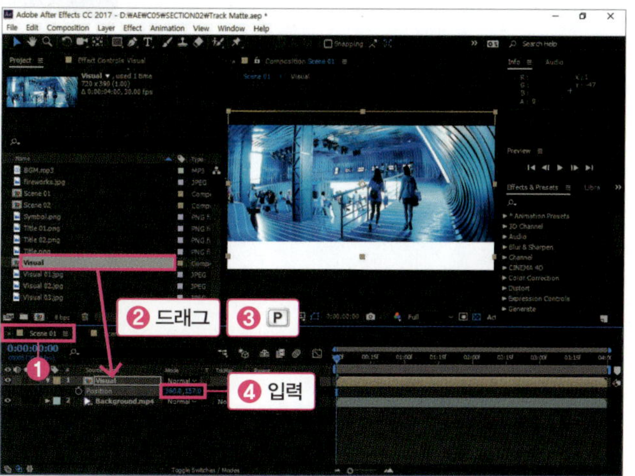

TIP :: 여러 개의 레이어로 작업한 컴포지션도 하나의 푸티지로써 다른 컴포지션에서 불러올 수 있습니다. 따라서 여러 개로 나눠서 작업한 컴포지션을 하나로 합쳐서 영상을 만들 수도 있습니다.

7 다음으로 문자가 움직이는 모션을 만들기 위해서 준비된 문자 푸티지를 불러오겠습니다. [Project] 패널의 'Title 01.png' 푸티지를 [Time-line] 패널의 1번 위치로 드래그한 후 P를 눌러 [Position]을 보이게 하고, '1540, 140'을 입력하여 그림과 같이 위치를 변경합니다.

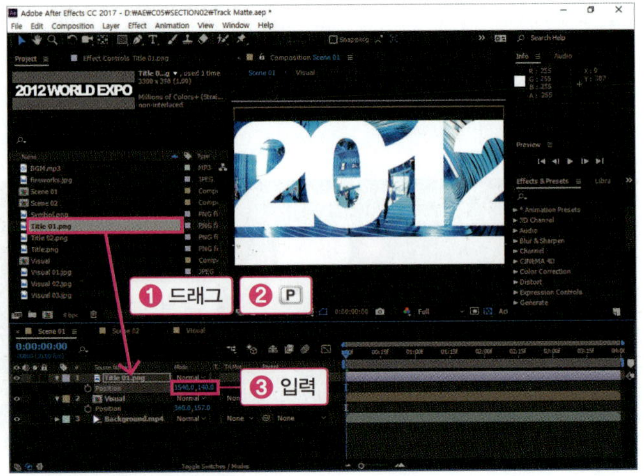

8 'Visual' 레이어 [TrkMat]의 'None'을 클릭하여 'Alpha Matte "Title 01.png"'를 선택합니다.

> **바로 알기 트랙 매트(TrkMat)**
> 지정된 레이어의 Alpha, Luma(광도)의 속성에 따라 현재 레이어를 화면상에 표시합니다. 따라서 'Visual' 레이어는 'Title 01.png' 레이어의 Alpha Matte(문자 모양)에 따라 화면을 표시하므로 문자 안에만 이미지가 표시됩니다.

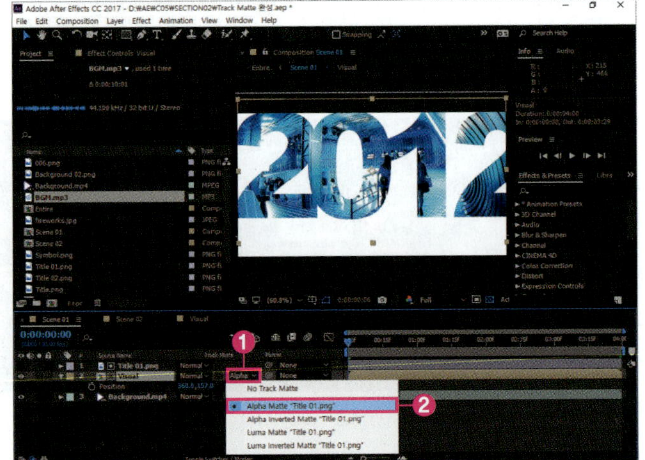

9 'Title 01.png' 레이어가 'Track Matte' 설정에 따라서 배경 이미지가 문자 안에만 보입니다.

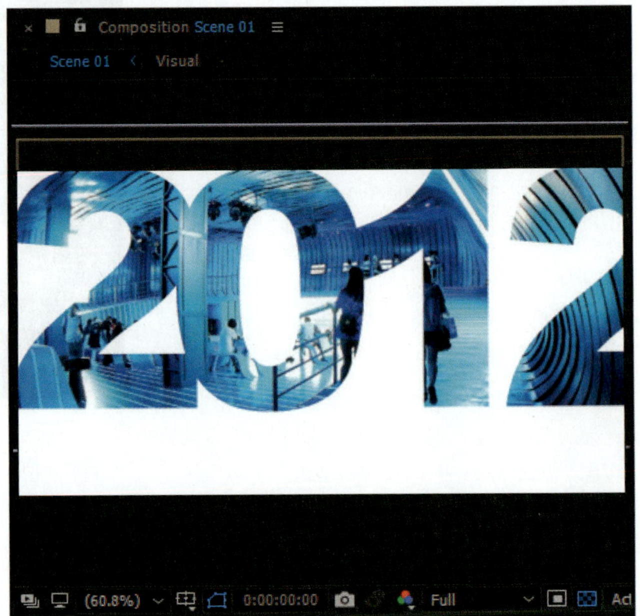

10 [Current Time Indicator]를 0:00:00:00 위치로 옮깁니다. 'Title 01.png' 레이어에 수평으로 움직이는 모션을 만들기 위해서 [Position] 〉 [Time-Vary stop watch](⏱)를 클릭하여 활성한 후 [Current Time Indicator]를 0:00:03:29로 옮기고, '-830, 140'을 입력합니다. [Current Time Indicator]를 좌우로 옮기면서 문자가 움직이는 모션을 확인합니다.

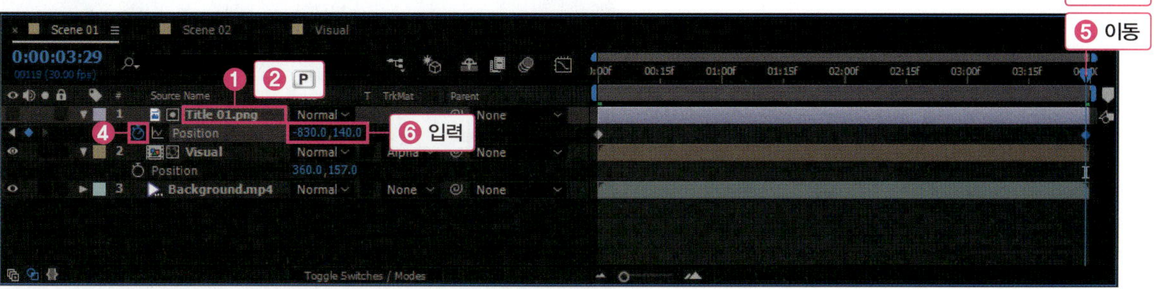

11 이어서 준비된 작은 문자 이미지를 불러와서 배치하기 위해서 [Project] 패널의 'Title 02.png' 푸티지를 [Timeline] 패널로 드래그한 후 레이어를 클릭해 열고, [Position]은 '295, 316'으로 [Opacity]는 '60%'로 입력합니다.

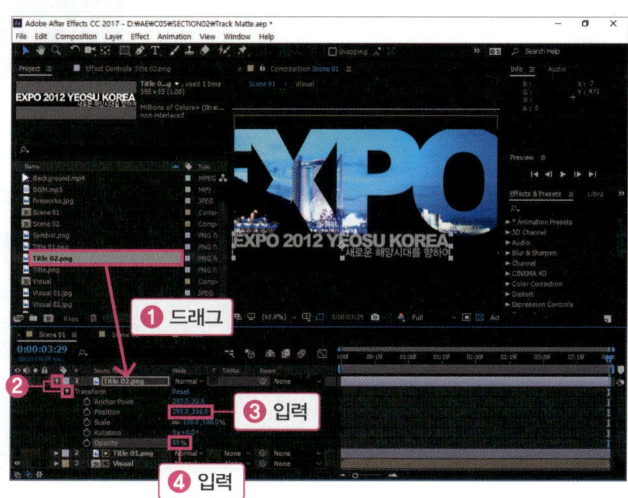

12 작은 문자 이미지에도 모션을 만들기 위해서 [Current Time Indicator]를 0:00:00:00 위치로 옮기고, 'Title 02.png' 레이어 [Position] 〉 [Time-Vary stop watch](⏱)를 클릭하여 활성한 후 [Current Time Indicator]를 0:00:03:29 위치로 옮기고, '422, 316'으로 입력합니다. [Current Time Indicator]를 좌우로 옮기면서 문자 모션을 확인합니다.

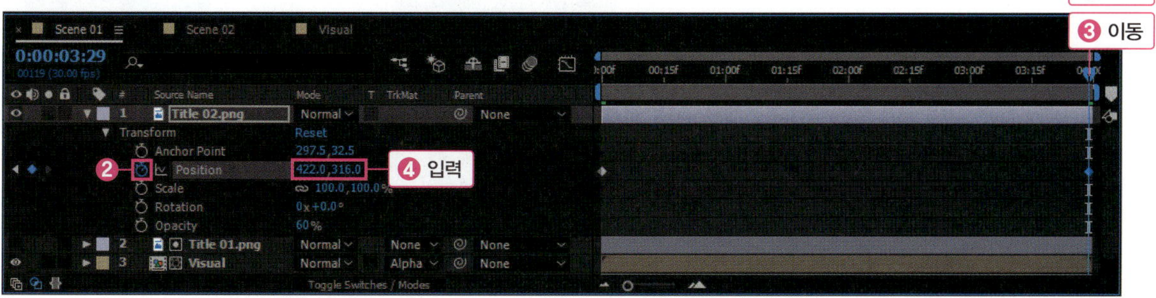

13 숫자패드 **0**을 눌러 [Scene 01] 컴포지션의 '트랙 매트' 모션을 확인합니다.

14 다음 장면을 만들기 위해서 [Timeline] 패널의 [Scene 02] 컴포지션을 클릭합니다.

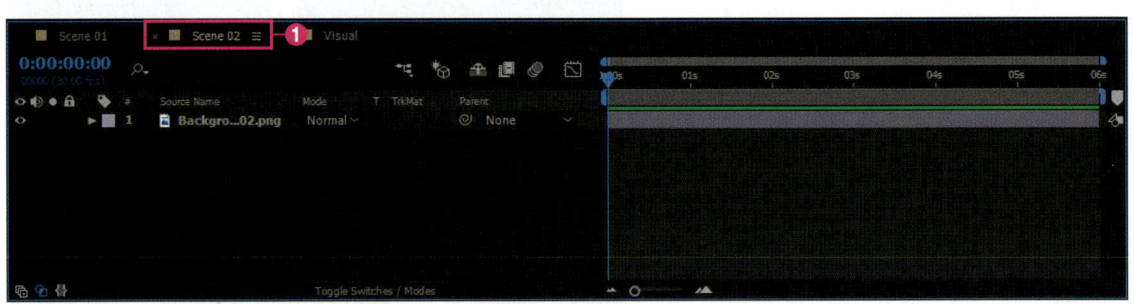

15 [Project] 패널의 'Symbol.png' 푸티지를 [Timeline] 패널의 1번 위치로 드래그한 후 레이어를 클릭해 열고, [Position]은 '360, 312, [Scale]은 '45, 45%'로 입력합니다.

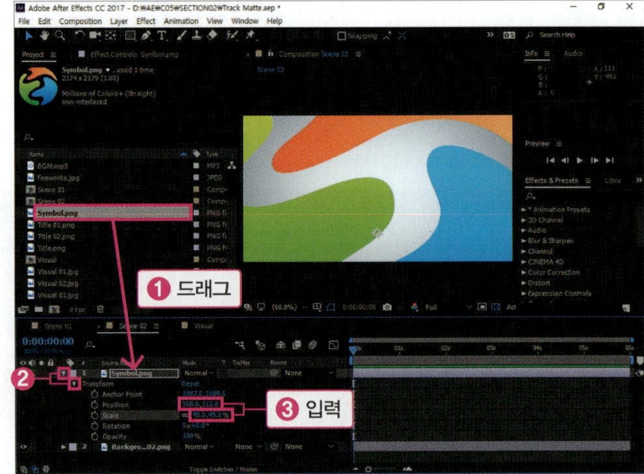

16 불러온 로고에 모션을 주기 위해서 [Current Time Indicator]가 0:00:00:00 위치에 있음을 확인하고, 'Symbol.png' 레이어 [Position]과 [Scale]의 [Time-Vary stop watch](🕐)를 클릭하여 활성화합니다. [Current Time Indicator]를 0:00:02:00 위치로 옮기고, [Position]은 '360, 158', [Scale]은 '6.4, 6.4%'로 입력합니다.

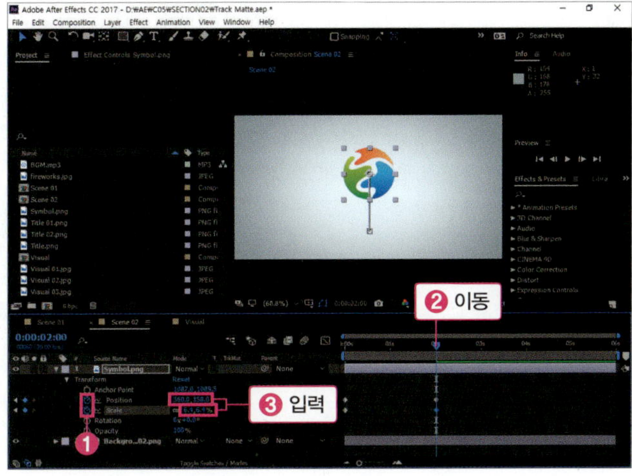

17 [Project] 패널의 'Title.png' 푸티지를 [Timeline] 패널의 1번 위치로 드래그한 후 레이어를 클릭해 열고. [Position]은 '360, 267', [Scale]은 '32, 32%'로 입력합니다.

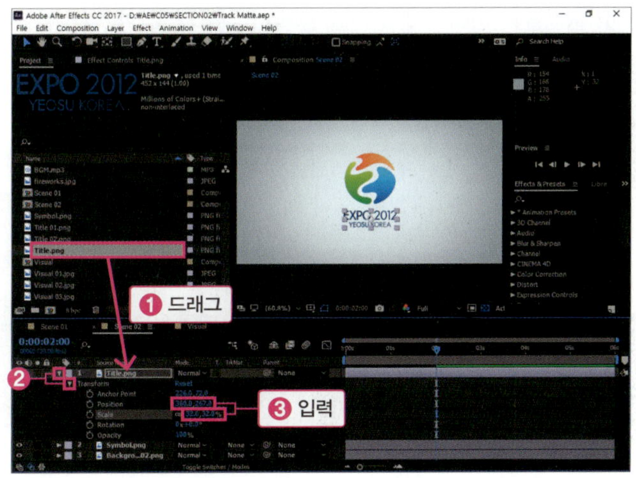

18 [Current Time Indicator]를 0:00:02:05 위치로 옮긴 후 'Title.png' 레이어의 [Opacity] 〉 [Time-Vary stop watch](🕐)를 클릭하여 활성화하고 '0%'로 입력합니다. [Current Time Indicator]를 0:00:03:05 위치로 옮기고 '100%'로 입력합니다.

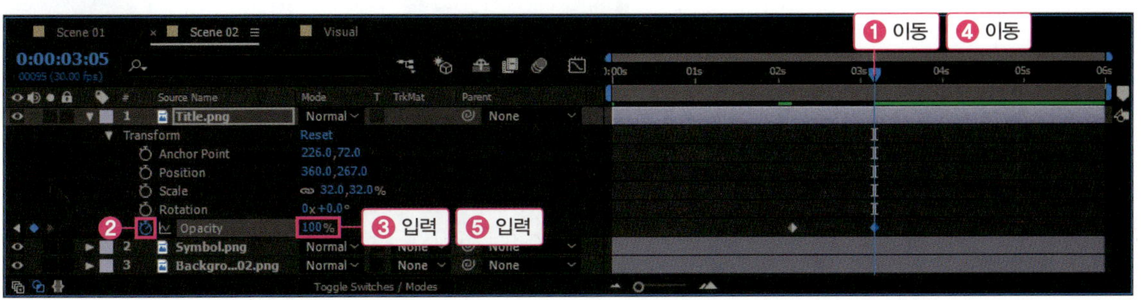

19 이어서 불꽃놀이 이미지를 불러와 배치하기 위해서 [Project] 패널의 'fireworks.jpg' 푸티지를 [Timeline] 패널의 3번 위치로 드래그한 후 레이어를 클릭해 열고, [Position]은 '360, 173', [Scale]은 '89, 89%'로 입력합니다.

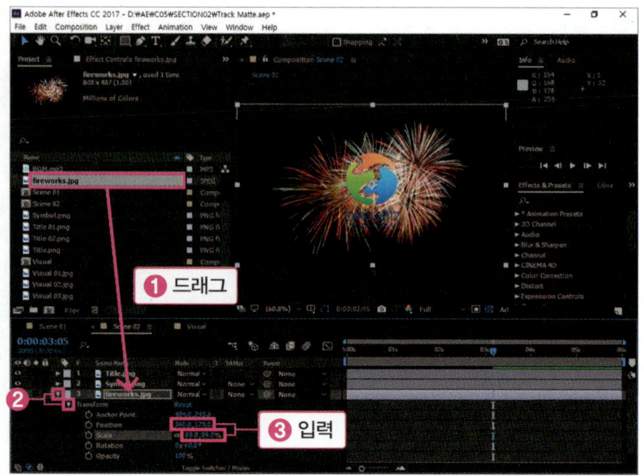

20 불꽃놀이 이미지에 모션을 만들기 위해서 [Current Time Indicator]를 0:00:00:00 위치로 옮기고, 'fireworks.jpg' 레이어 [Scale] 〉 [Time-Vary stop watch](이미지)를 클릭하여 활성화한 후 [Current Time Indicator]를 0:00:03:05 위치로 옮기고, '135, 135%'로 입력합니다.

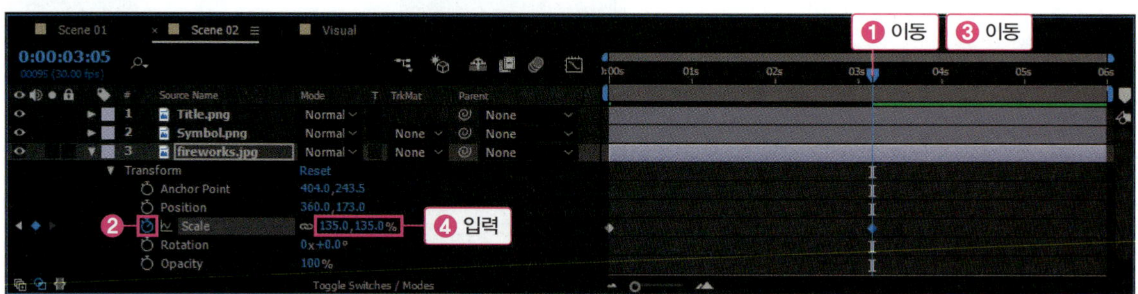

21 트랙 매트를 적용하기 위해서 'fireworks.jpg' 레이어 [TrkMat]의 'None'을 클릭하여 'Alpha Matte "Symbol.png"'로 설정합니다.

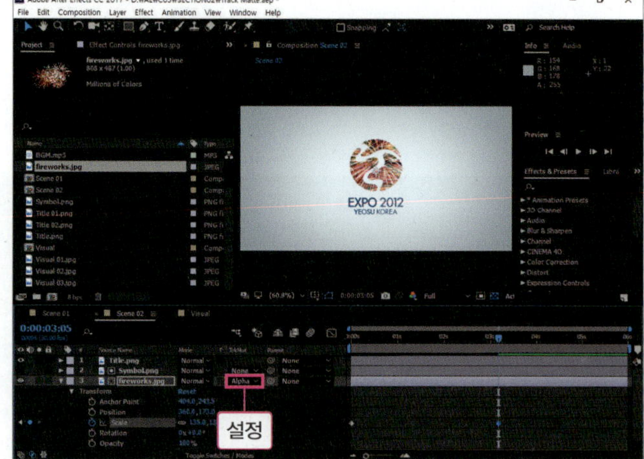

22 현재는 로고가 트랙 매트로 사용되어 보이지 않기 때문에 로고를 다시 한 번 불러와야 합니다. [Project] 패널의 'Symbol.png' 푸티지를 [Timeline] 패널로 그림과 같이 드래그한 후 레이어를 열고, [Position]은 '360, 158', [Scale]은 '6.4, 6.4%'로 입력합니다.

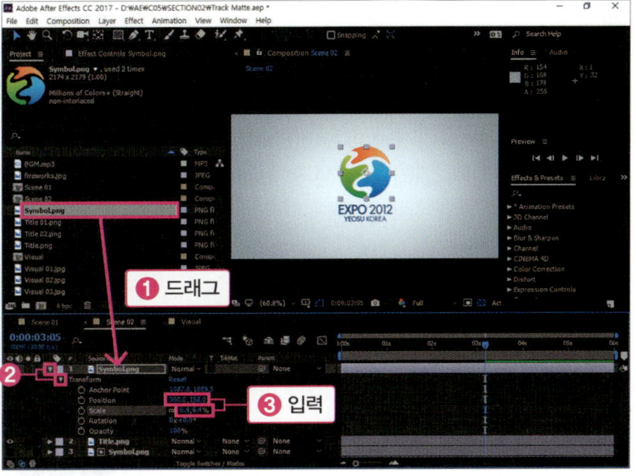

23 [Current Time Indicator]를 0:00:02:05 위치로 옮기고 'Symbol.png' 레이어의 [Opacity] 〉 [Time-Vary stop watch](🕐)를 클릭하여 활성화한 후 '0%'로 입력합니다. [Current Time Indicator]를 0:00:03:05 위치로 옮기고 '100%'로 입력합니다.

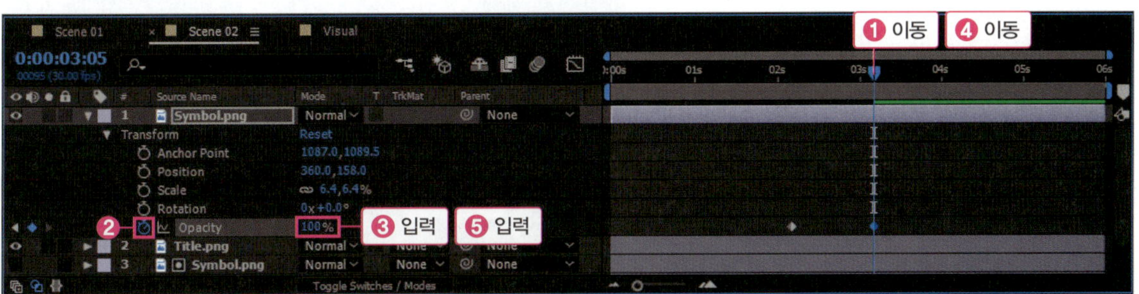

24 숫자패드 **0**을 눌러 [Scene 02] 컴포지션의 '트랙 매트' 모션을 확인합니다.

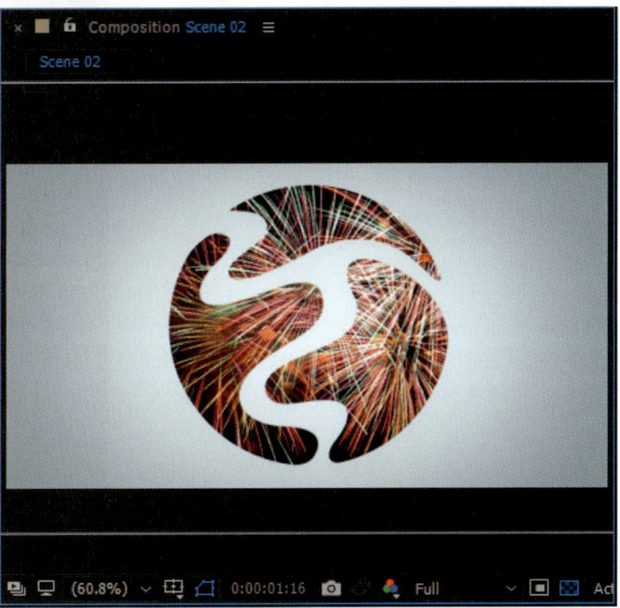

25 이제까지 만든 결과물을 합쳐 영상을 완성하기 위해서 새 컴포지션을 만들어야 합니다. [Composition] 〉 [New Composition](**Ctrl** + **N**) 메뉴를 클릭합니다. [Composition Settings] 대화상자가 열리면 옵션 항목을 다음과 같이 설정한 후 [OK] 버튼을 클릭합니다.

• [Composition Name] : 'Entire'
• [Duration] : '0:00:10:00'

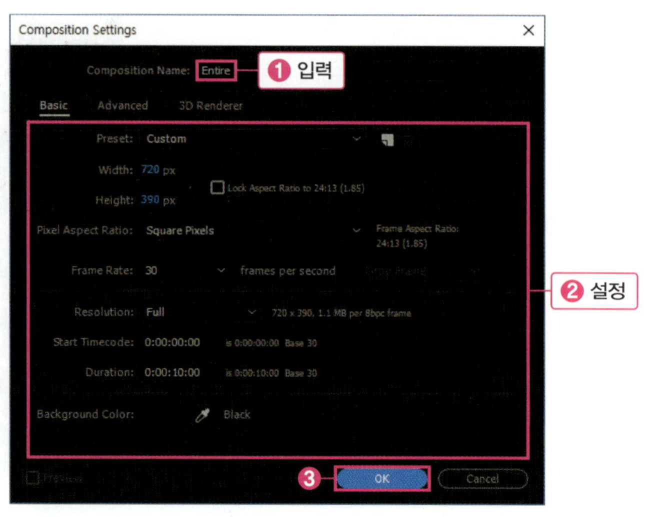

26 [Project] 패널의 'Scene 01', 'Scene 02' 컴포지션을 [Timeline] 패널로 드래그합니다. 'Scene 02' 레이어를 **Shift** 를 누른 채 오른쪽으로 드래그하여 'Scene 01' 레이어의 [Out 점]에 맞춥니다.

TIP :: **Shift** 를 누른 채 레이어를 드래그하면 다른 레이어의 [In 점] 또는 [Out 점]에 정확하고 쉽게 붙일 수 있습니다.

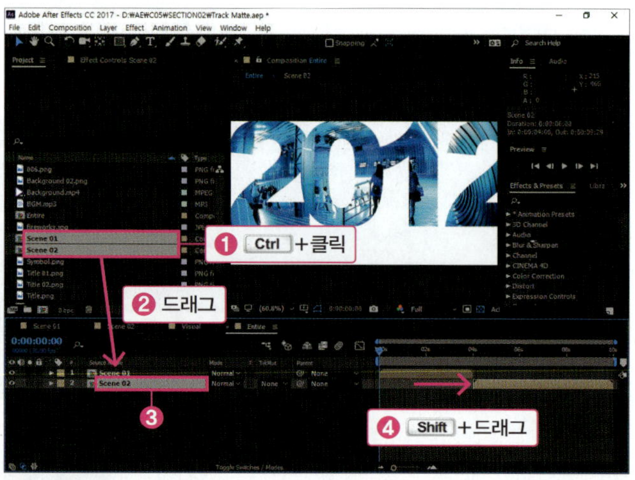

27 [Project] 패널의 'BGM.mp3' 푸티지를 [Timeline] 패널로 드래그하여 배경음악을 삽입하여 트랙 매트 합성으로 모션을 완성하였습니다. 숫자패드 **0** 을 눌러 영상을 확인합니다.

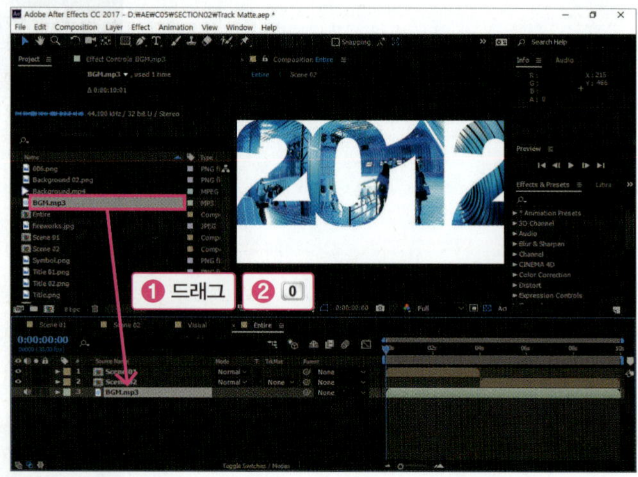

3D 레이어 애니메이션 노하우

SECTION **03**

핵심내용

3D 레이어 애니메이션은 공모전, 프레젠테이션 등의 실무 경쟁에서 주최 측의 심볼 로고를 차별화되게 강조하여 이목을 집중시키는 효과가 있습니다. 3D Layer의 다양한 기능과 Transform, Motion Blur를 활용하는 방법에 대해 안내하겠습니다.

핵심기능

3D Layer + Transform + Motion Blur

STORYBOARD

제2회 대한민국청소년 UCC 캠프 '금상' 수상 작품 중 일부분

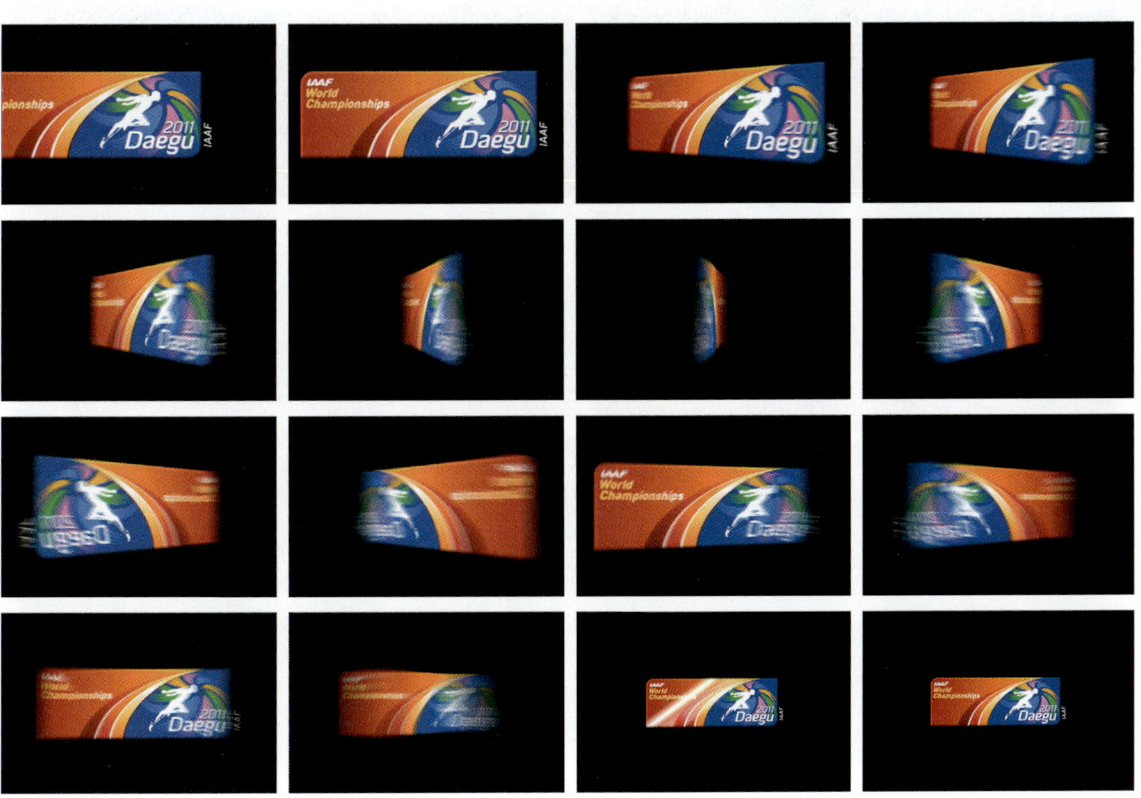

: **준비 파일 :** Part 03 〉 Chapter 05 〉 Section 03 〉 3D Layer.aep **: 완성 파일 :** Part 03 〉 Chapter 05 〉 Section 03 〉 3D Layer 완성.aep

1 제공된 애프터 이펙트 파일을 불러오기 위해서 [File] 〉 [Open Project](**Ctrl** + **O**) 메뉴를 클릭합니다. '3D Layer.aep' 파일을 선택한 후 [열기] 버튼을 클릭합니다.

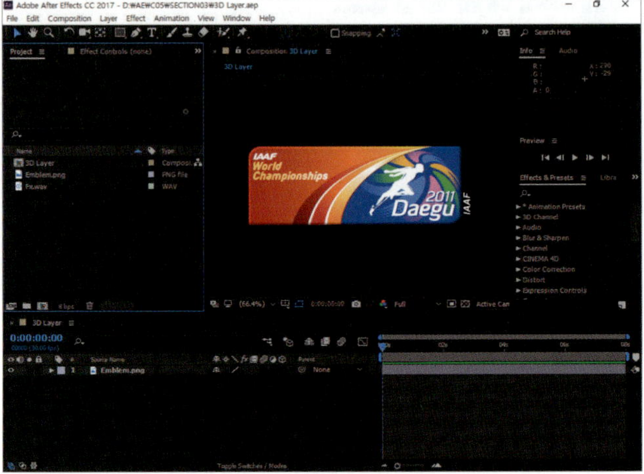

2 애프터 이펙트의 기본 레이어는 2D이므로 3D 레이어로 만들기 위해서 'Emblem.png' 레이어의 [3D Layer] (□)를 클릭하여 활성화합니다. [Transform]을 클릭해 열어 [Rotation]이 X, Y, Z로 분리되어 있음을 확인합니다.

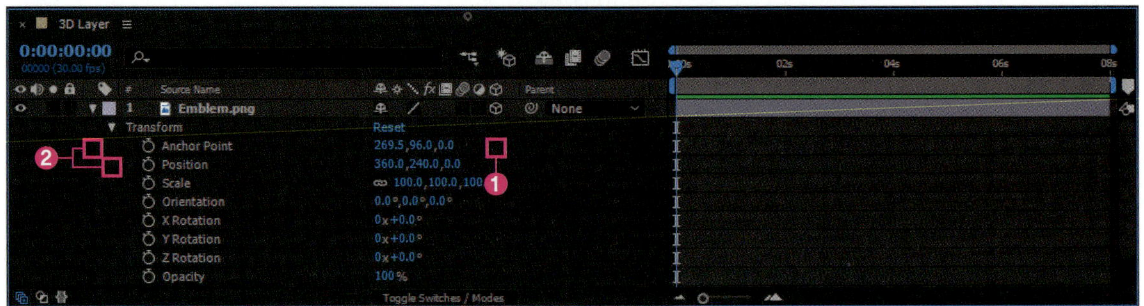

바로 알기
- [3D Layer] : 레이어에 Z축을 추가하여 3D 공간(X, Y, Z축)에 위치하도록 합니다.
- [3D Layer]가 보이지 않는 경우 : [Timeline] 패널의 왼쪽 아래 [Expand or Collapse the Layer Switches Pane](□)을 활성화하기 바랍니다.

3 [Position]을 마우스 오른쪽 버튼으로 클릭한 후 [Separate Dimensions]를 선택합니다.

바로 알기 Separate Dimensions
[Position] 등의 [Transform] 항목을 X, Y, Z축으로 나누는 역할을 합니다.

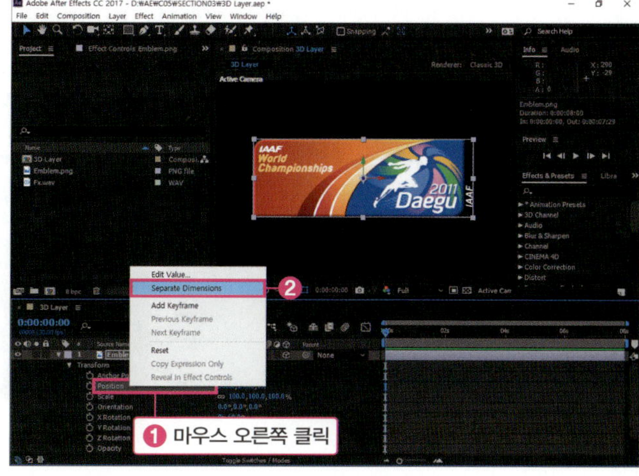

4 [Position]이 그림과 같이 X, Y, Z로 분리됩니다.

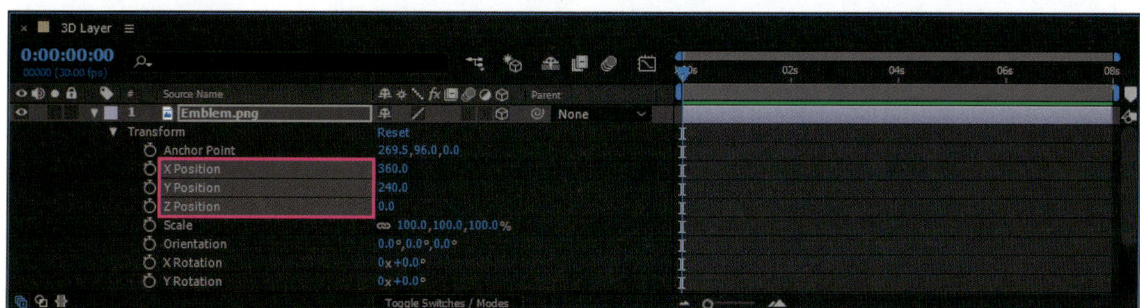

5 [Current Time Indicator]가 0:00:00:00 위치에 있음을 확인합니다. 시작 지점은 이미지를 좀더 크게 만들기 위해서 [Scale]을 '120, 120, 120'으로 입력한 후 3D 레이어에 모션을 주기 위해서 [X Position] 〉 [Time-Vary stop watch]( )를 클릭하여 활성화하고, '210'을 입력합니다.

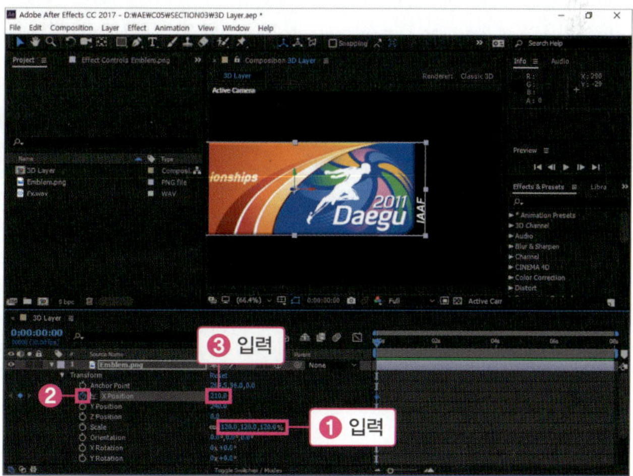

6 [Current Time Indicator]를 0:00:02:00 위치로 옮기고, [X Position]을 '360'으로 입력한 후 [Y Rotation] 〉 [Time-Vary stop watch](⏱)를 클릭해 활성화합니다.

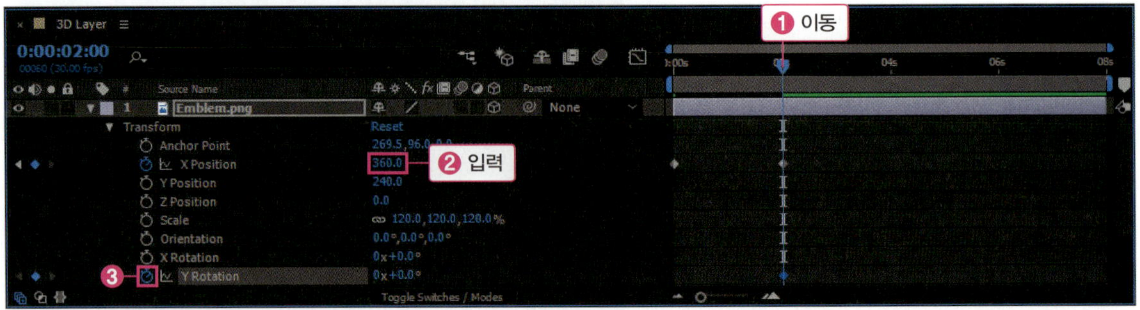

7 [Current Time Indicator]를 0:00:03:00 위치로 옮긴 후 [Z Position] 〉 [Time-Vary stop watch](⏱)를 클릭해 활성화합니다.

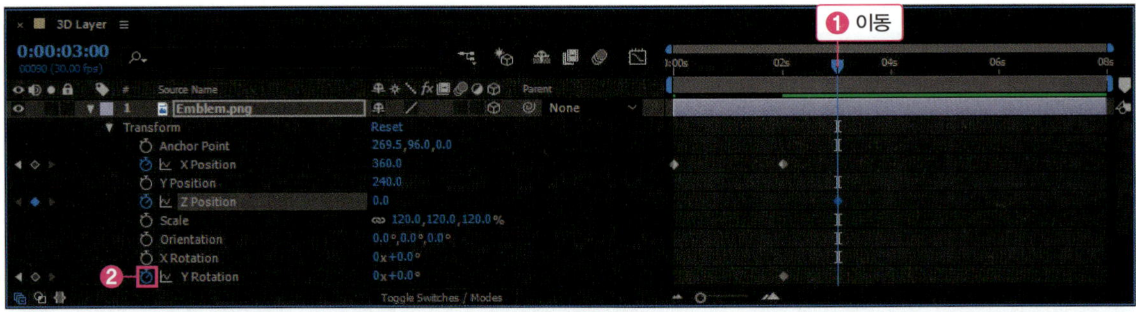

8 [Current Time Indicator]를 0:00:05:00 위치로 옮긴 후 [Z Position]은 '800'으로, [Y Rotation]은 '5x+0.0°'으로 입력합니다. [Current Time Indicator]를 좌우로 옮기면서 모션을 확인합니다.

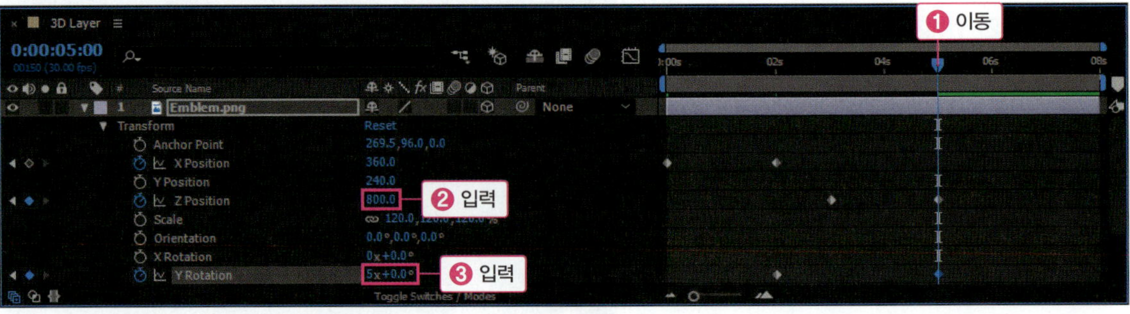

TIP : : '5x+0.0°'는 '5바퀴(5x360°) 회전을 의미합니다.

9 이번에는 모션에 가속도를 적용하기 위해서 [Transform]의 [Z Position]을 클릭한 후 [Graph Editor](🖾)를 클릭하여 활성화합니다.

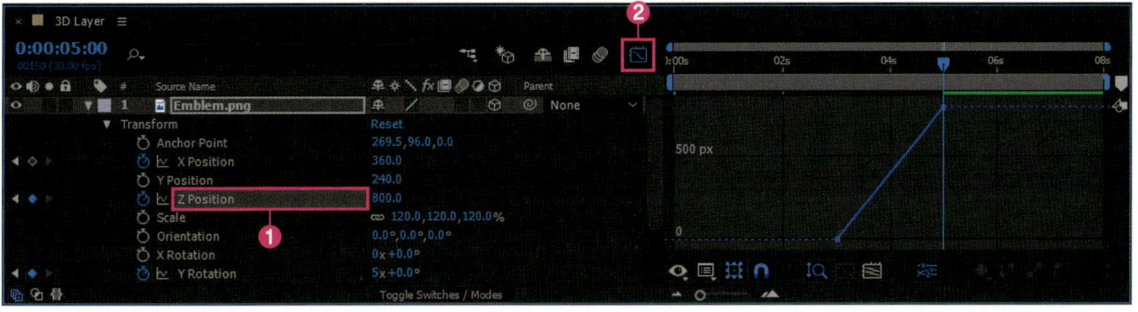

바로 알기

모션 가속도는 일정한 속도의 모션이 아니라 속도 가 · 감속을 조절하여 출발할 때는 느리게 출발했다가 가속도가 붙어 빨라지는 모션 등을 표현할 수 있습니다.

10 Z축의 이동 모션에 가속도를 적용하기 위하여 [Z Position]의 키프레임을 ⎡Alt⎤를 누른 채 클릭하여 조절 바가 나오게 한 후 조절 바를 드래그하여 그림과 같은 곡선 모양으로 만듭니다. 숫자패드 ⎡0⎤을 눌러 변화된 모션을 확인합니다.

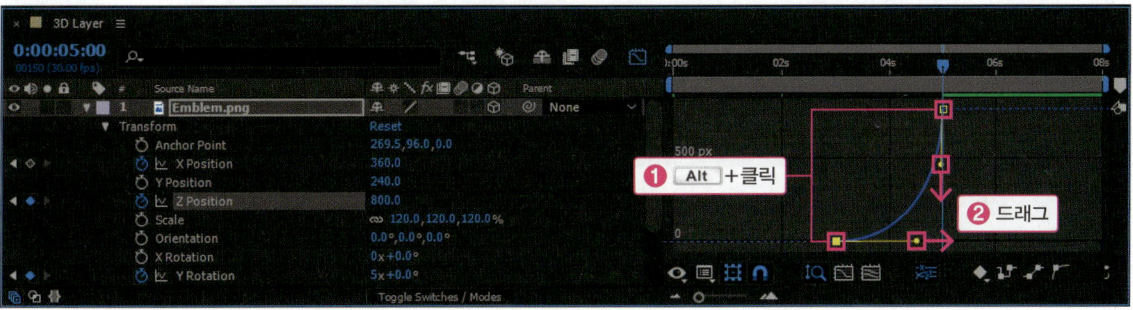

11 Y축의 회전 모션에 가속도를 올리기 위해 [Timeline] 패널에서 [Transform]의 [Y Rotation]을 클릭하고, 위와 같은 방법으로 그림과 같은 곡선 모양으로 만든 후 숫자패드 ⎡0⎤을 눌러 회전 속도가 점점 빨라지는 모션을 확인합니다. [Graph Editor](🖾)를 클릭하여 그래프 수정 모드를 해제합니다.

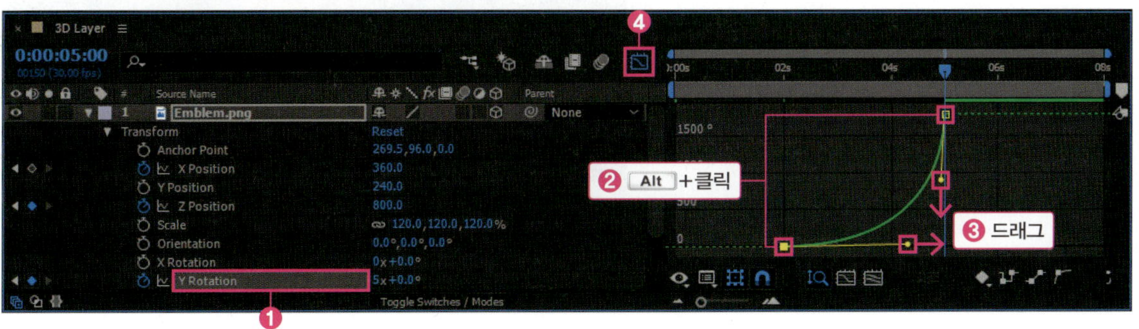

12 이동 및 회전 모션에 '블러 효과'를 추가하기 위해서 [Timeline] 패널의 [Enables Motion Blur](🌫)와 'Emblem. png' 레이어의 [Motion Blur](🌫)를 클릭해 활성화합니다. 숫자패드 **0**을 눌러 '3D 레이어 모션'을 확인합니다.

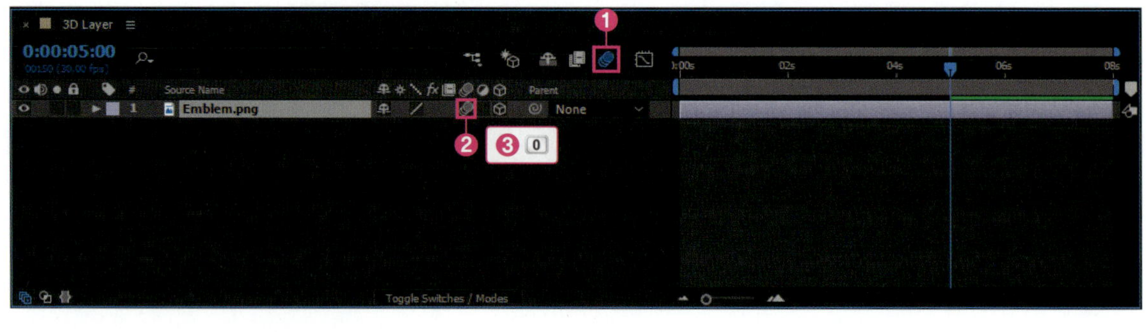

바로 알기 모션 효과가 보이지 않는 경우

키보드의 **Caps Lock** 을 확인합니다.

---

13 3D 레이어에 '빛이 지나가는 모션'을 추가하기 위해 [Current Time Indicator]를 0:00:05:15 위치로 옮긴 후 'Emblem.png' 레이어를 선택하고 **Ctrl**+**D**를 눌러 복사합니다. **U**를 눌러 복사된 레이어의 모든 키프레임을 보이게 한 후 키프레임을 모두 드래그하여 선택하고 **Delete**를 눌러 삭제합니다.

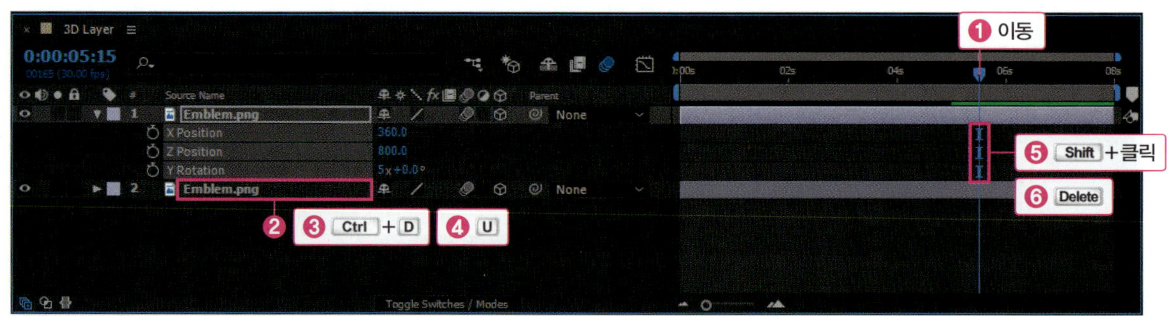

14 복사된 'Emblem.png' 레이어가 선택된 상태에서 [Tools] 패널의 [Rectangle Tool](■)을 클릭한 후 [Composition] 패널에 다음과 같이 박스 형태의 마스크 3개를 각각 만듭니다.

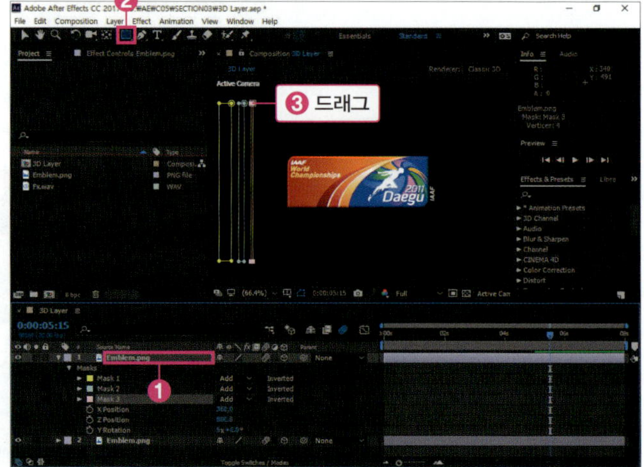

15 만든 마스크를 변형하기 위해서 [Selection Tool](▶)을 클릭하고, 마스크 위쪽의 점들을 드래그하여 모두 선택한 후 그림과 같이 Shift 를 누른 채 오른쪽 수평 방향으로 드래그합니다.

16 밝게 빛나는 효과를 만들기 위해서 [Effect] 〉 [Stylize] 〉 [Glow] 메뉴를 클릭한 후 [Effect Controls] 패널의 [Glow] 옵션이 보이면 [Glow Threshold]를 '0%'로 입력하여 마스크 부분이 밝게 빛나도록 합니다.

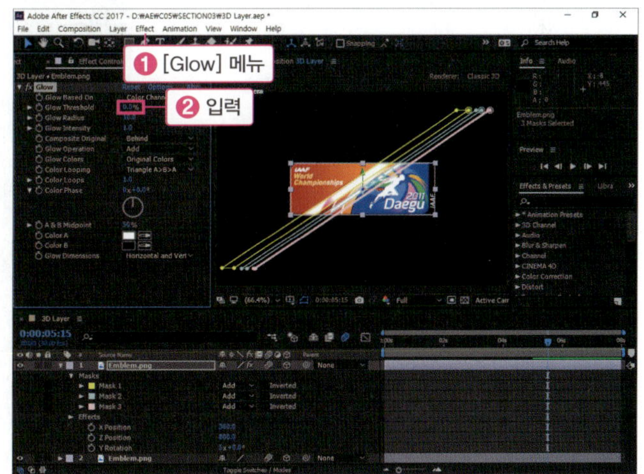

17 마스크에 모션을 주기 위해서 [Current Time Indicator]가 0:00:05:15 위치에 있음을 확인하고, [Timeline] 패널에서 [Mask 1], [Mask 2], [Mask 3]을 모두 클릭하여 연 후 [Mask Path] 〉 [Time-Vary stop watch](◷)를 클릭하여 모두 활성화합니다.

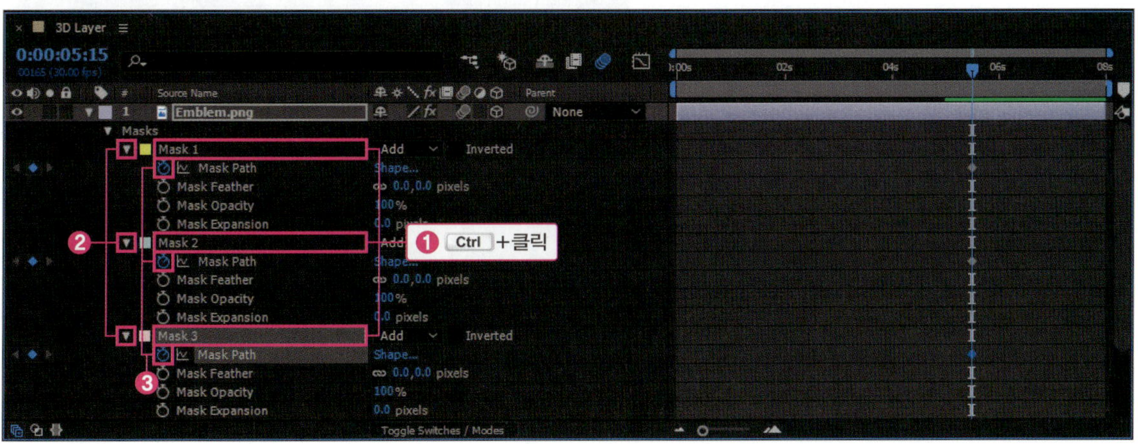

18 [Timeline] 패널에서 Ctrl 을 누른 채 [Mask 1], [Mask 2], [Mask 3]을 클릭하여 모두 선택합니다. [Selection Tool](▶)을 클릭하고, 마스크의 중앙 부분을 왼쪽 수평 방향으로 드래그하여 그림과 같이 배치합니다.

19 [Current Time Indicator]를 0:00:06:15 위치로 옮긴 후 [Mask 1], [Mask 2], [Mask 3]을 그림과 같은 위치로 드래그합니다. 숫자패드 **0**을 눌러 '빛이 지나가는 모션'을 확인합니다.

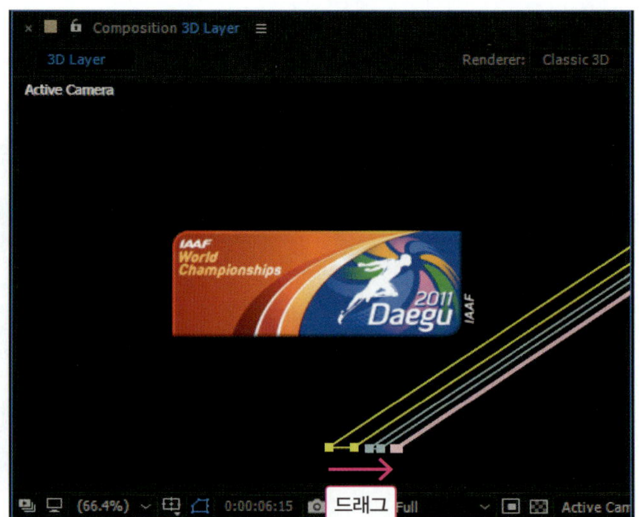

20 마지막으로 '효과음'을 넣기 위해 [Project] 패널의 'Fx.wav' 푸티지를 [Timeline] 패널로 드래그한 후 [Current Time Indicator]를 0:00:02:25 위치로 옮기고, 'Fx.wav' 레이어를 [Current Time Indicator] 뒤로 드래그합니다. 숫자패드 **0**을 눌러 '3D 레이어 애니메이션'을 확인합니다.

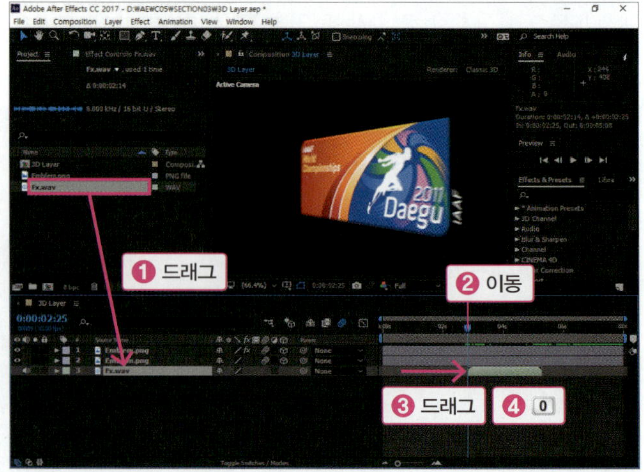

원근 문자
디자인 영상
노하우

핵심내용

본 예제는 최근 광고 CF에서 많이 나오는 원근 문자 테크닉입니다. 건물이나 풍경 등 공간의 투시도를 활용하는 디자인으로 3차원의 느낌을 주는 실무입니다. 3D Layer를 기본으로 Mask Path와 Layer Style에 대하여 설명하겠습니다.

핵심기능

3D Layer + Mask Path + Layer Style

STORYBOARD

제25회 정보문화의달 창작 UCC 공모전 '행정안전부장관상' 수상 작품 중 일부분

: 준비 파일 : Part 03 〉 Chapter 05 〉 Section 04 〉 3D Layer Text.aep　**: 완성 파일 :** Part 03 〉 Chapter 05 〉 Section 04 〉 3D Layer Text 완성.aep

1　제공된 애프터 이펙트 파일을 불러오기 위해서 [File] 〉 [Open Project](**Ctrl**+**O**) 메뉴를 클릭합니다. '3D Layer Text.aep' 파일을 선택한 후 [열기] 버튼을 클릭하고 파일이 열리면 레이어와 영상을 확인합니다.

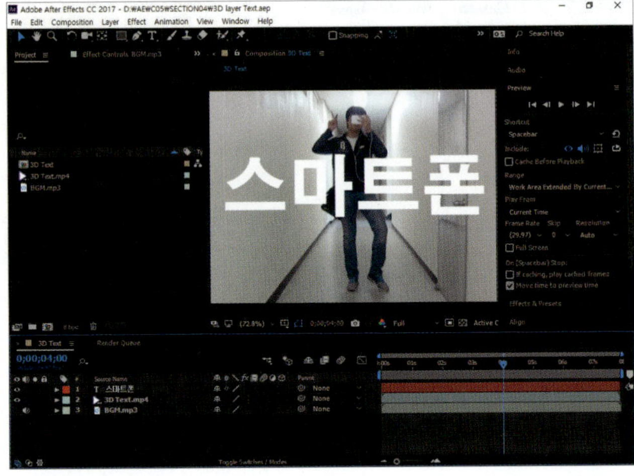

2　[Timeline] 패널에서 '스마트폰' 레이어의 3D Layer(📦)의 빈 공간을 클릭하여 아이콘이 나타나도록 활성화합니다. 레이어를 클릭해 열어 [Transform]을 보이게 하고, 문자를 배경의 왼쪽 벽에 맞추기 위해서 다음과 같이 입력합니다.

- [Position] : '10, 450, 82'
- [X Rotation] : '4°'
- [Y Rotation] : '−90°'
- [Opacity] : '65%'
- [Character] 패널 〉 [Font Size] : '515'

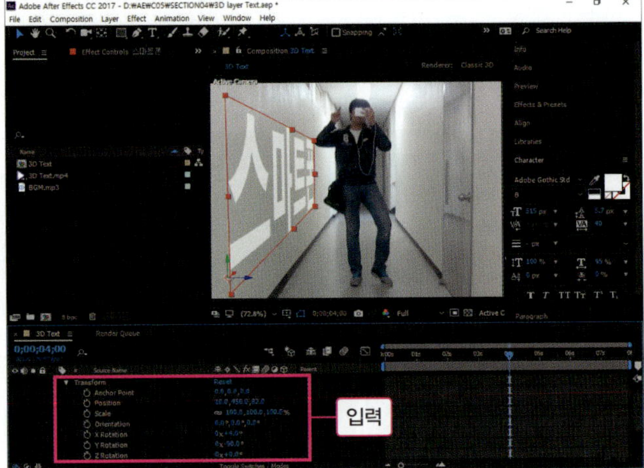

바로 알기
[Character] 패널은 '스마트폰' 레이어(텍스트 레이어)를 더블클릭하면 우측 중간 위치에서 열립니다.

3 '스마트폰' 레이어가 선택된 상태에서
[Layer] 〉 [Layer Styles] 〉 [Drop Shadow] 메뉴
를 클릭하여 그림자 효과를 적용합니다. [Time-
line] 패널에서 [Layer Styles] 〉 [Drop Shadow]
를 클릭해 열고, 다음과 같이 입력합니다.

- [Opacity] : '25%'
- [Distance] : '0.0'
- [Size] : '10'

TIP :: 반드시 컴포지션의 영상을 확인하면서 원근 문자와
Drop Shadow 효과 등을 디자인합니다.

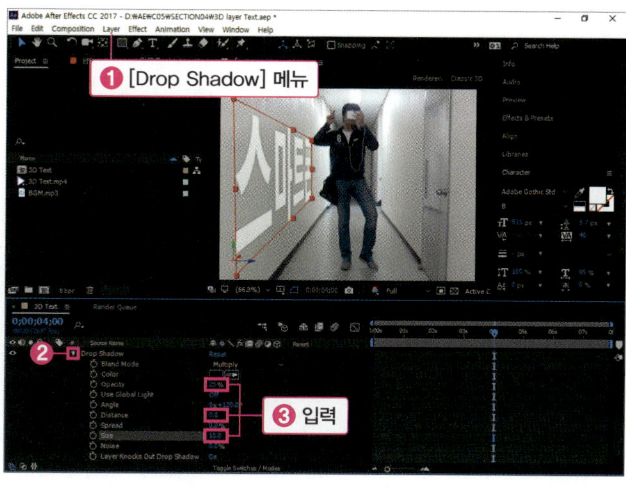

4 '스마트폰' 레이어를 선택하고, [Ctrl]+[D]
를 눌러 레이어를 하나 더 복사한 후 복사된 '스
마트폰 2' 레이어의 [Transform]을 클릭해 열고,
다음과 같이 입력합니다.

- [Position] : '640, 310, 2100'
- [Y Rotation] : '90°'

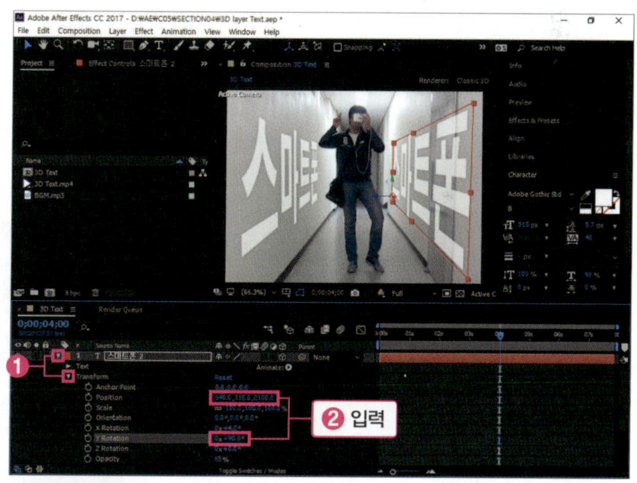

5 마스크를 만들기 위해서 [Timeline] 패널의
'스마트폰' 레이어를 선택한 후 [Tools] 패널의
[Rectangle Tool](▢)을 클릭하고, [Composi-
tion] 패널의 그림과 같은 위치에 마스크를 만들
어 '스마트폰' 글자가 보이지 않도록 합니다.

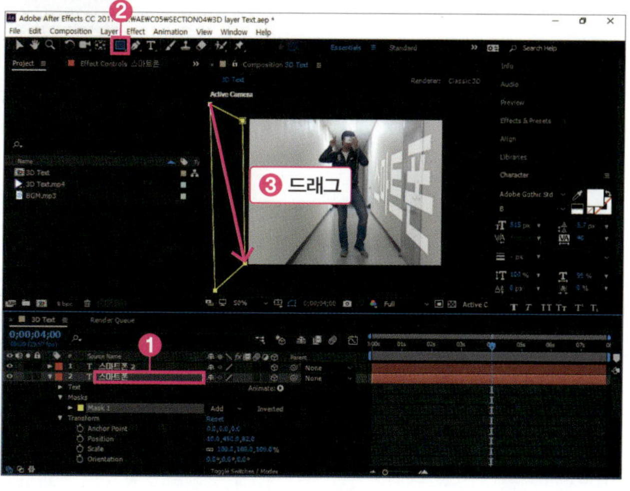

6 비트에 맞춰 마스크 모션을 만들기 위해서 숫자패드 **0**을 눌러 BGM을 듣고 비트를 파악합니다. 첫 번째 비트가 있는 0:00:00:15 위치로 [Current Time Indicator]를 옮긴 후 '스마트폰' 레이어를 클릭해 열고, [Mask 1] 〉 [Mask Path] 〉 [Time–Vary stop watch](🕐)를 클릭하여 활성화합니다.

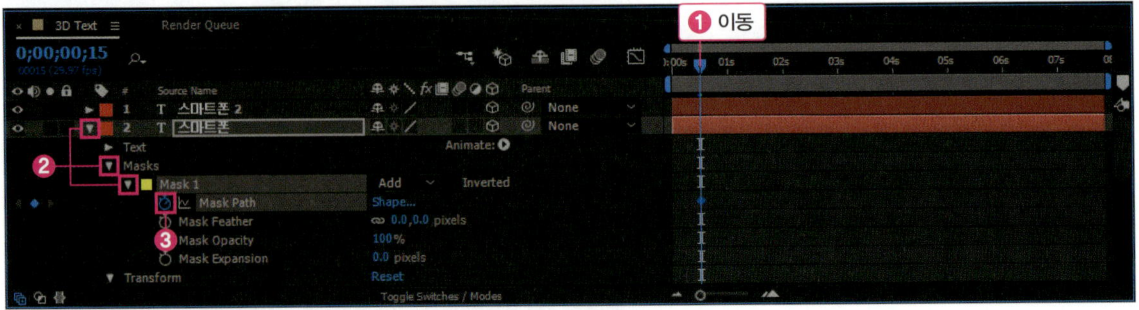

바로 알기

BGM의 비트를 찾으려면 **Ctrl**을 누른 채 [Current Time Indicator]를 서서히 드래그하면 BGM의 소리를 들으면서 비트가 강한 부분을 쉽게 찾을 수 있습니다. 또는 'Bgm.mp3' 레이어에서 [Audio] 〉 [Waveform]을 열어 파형을 통해 비트가 강한 부분을 찾을 수도 있습니다.

---

7 [Current Time Indicator]를 0:00:00:16 위치로 옮긴 후 [Selection Tool](▶)을 이용하여 마스크의 조절점을 드래그하여 다음과 같이 '스' 문자가 보이도록 변형합니다.

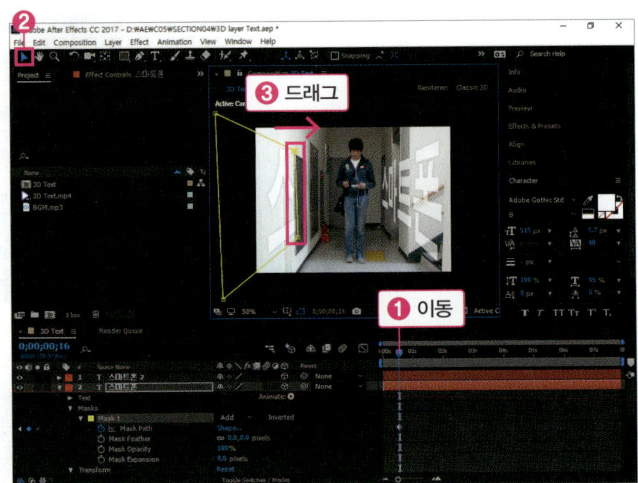

8 두 번째 비트가 있는 0:00:00:29 위치로 [Current Time Indicator]를 옮긴 후 왼쪽의 0:00:00:16에 위치한 키프레임을 선택하고, **Ctrl**+**C**, **Ctrl**+**V**를 눌러 키프레임을 복사하고 붙여 넣습니다.

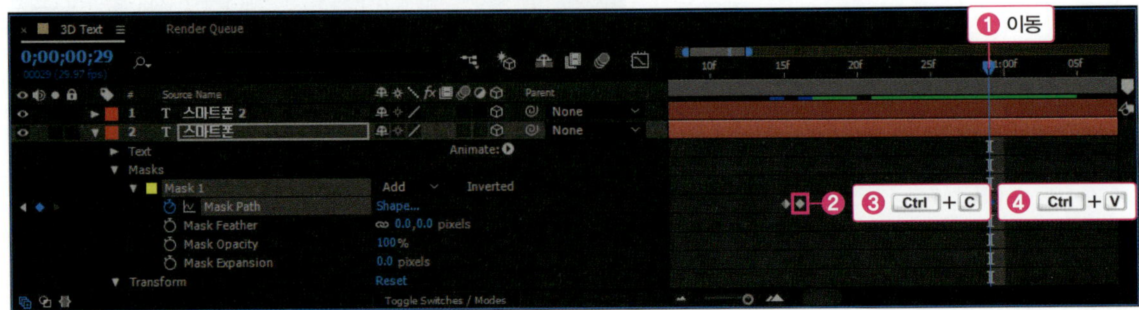

9 [Current Time Indicator]를 0:00:01:00 위치로 옮긴 후 마스크의 조절점을 드래그하여 그림과 같이 '스마' 문자가 보이도록 변형합니다.

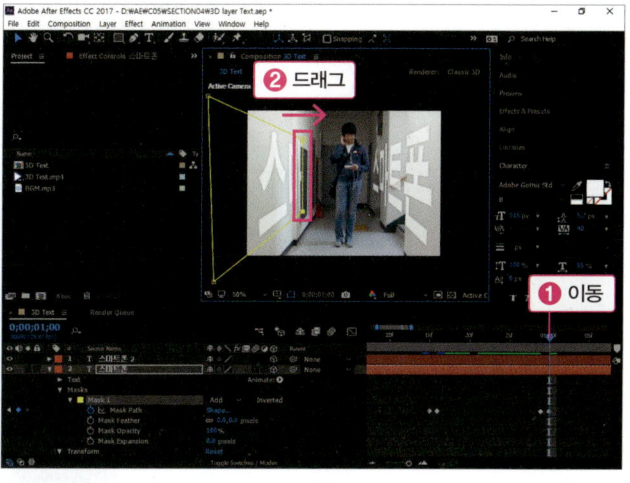

10 위와 같은 방법으로 BGM의 비트에 맞춰 문자가 차례대로 보이도록 마스크를 변형하여 0:00:01:12, 0:00:01:13 지점, 그리고 0:00:01:23, 0:00:01:24 지점에 다음과 같이 각각 키프레임을 생성합니다.

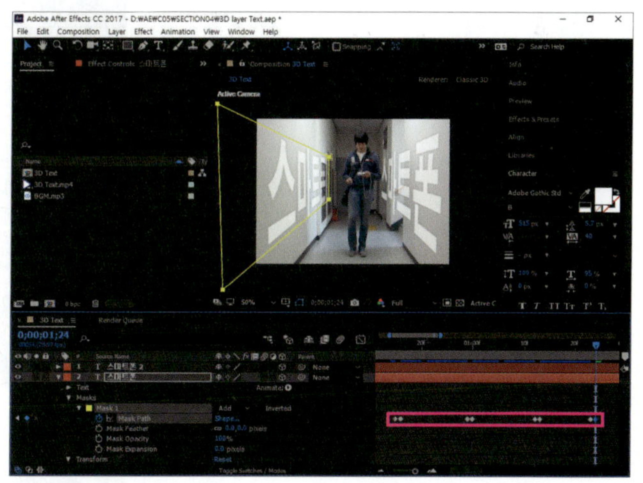

11 이번에는 반대편에 위치한 문자 레이어에 모션을 적용해 보겠습니다. 먼저 마스크를 만들기 위해서 [Timeline] 패널의 '스마트폰 2' 레이어를 선택한 후 [Tools] 패널의 [Rectangle Tool](□)을 클릭합니다. [Composition] 패널의 그림과 같은 위치에 마스크를 만들어 문자가 모두 안보이게 합니다.

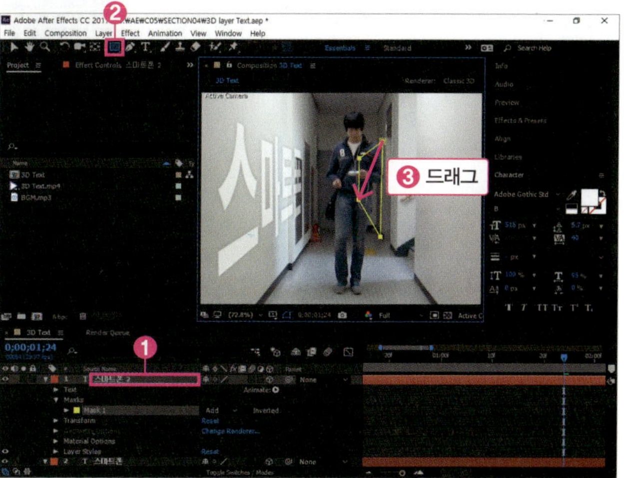

12 배경음악의 비트가 있는 0:00:02:10 위치로 [Current Time Indicator]를 옮긴 후 '스마트폰 2' 레이어를 열고, [Mask Path] 〉 [Time-Vary stop watch](圖)를 클릭하여 활성화합니다.

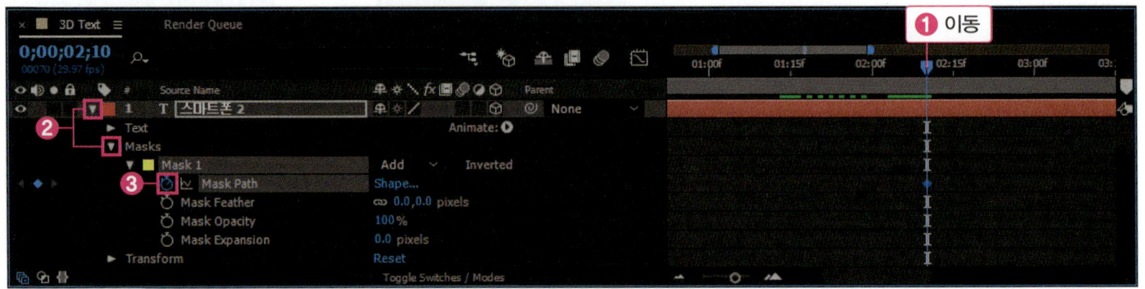

13 [Current Time Indicator]를 0:00:02:11 위치로 옮긴 후 [Selection Tool](▶)로 마스크를 그림과 같이 '스' 문자가 보이도록 변형합니다.

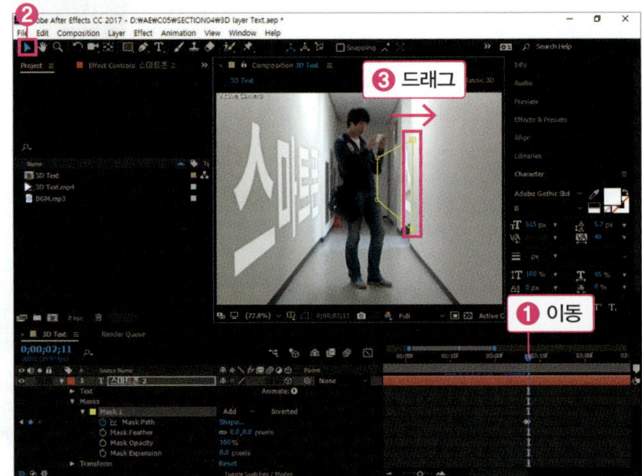

14 위와 같은 방법으로 BGM의 비트에 맞춰 문자가 차례대로 보이도록 마스크를 변형하여 0:00:02:22, 0:00:02:23 지점, 0:00:03:05, 0:00:03:06 지점, 그리고 0:00:03:18, 0:00:03:19 지점에 각각의 키프레임을 생성합니다.

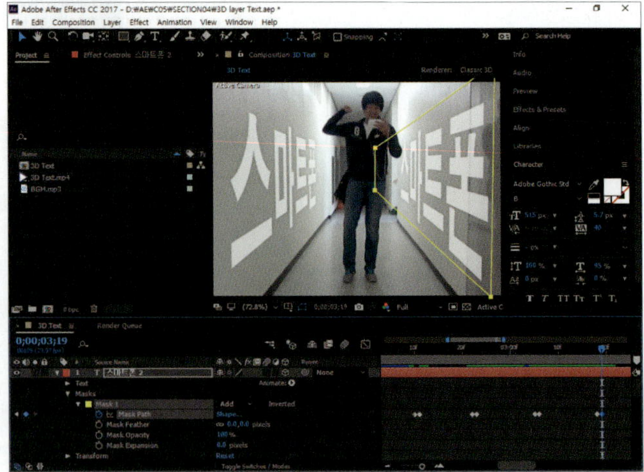

15 마스크 모션을 한 번 더 반복하기 위해서 [Timeline] 패널의 '스마트폰', '스마트폰 2' 레이어를 동시에 선택하고 Ctrl+C, Ctrl+V를 눌러 레이어를 복사하고 붙여 넣습니다. [Current Time Indicator]를 0:00:03:20 위치로 옮기고, [를 눌러 복사된 '스마트폰 3', '스마트폰 4' 레이어를 [Current Time Indicator] 뒤로 옮깁니다. 숫자패드 0을 눌러 반복되는 원근 문자 영상을 확인합니다.

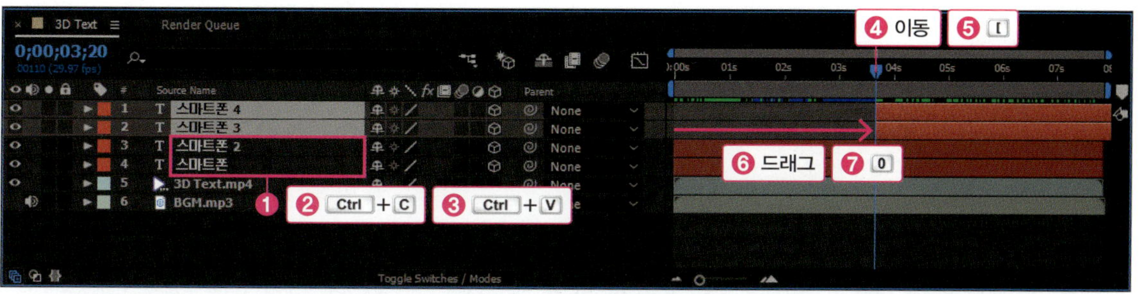

16 이 원근 문자를 조금 더 강조하기 위해 '스마트폰 4' 레이어를 선택하고, 상단의 [Layer] 〉 [Layer Styles] 〉 [Stroke] 메뉴를 클릭합니다. [Timeline] 패널에서 '스마트폰 4' 레이어의 [Layer Styles] 〉 [Stroke]를 클릭해 열고 그림과 같이 설정합니다.

- [Color] : '검은색(#000000)'
- [Size] : '2.0'
- [Opacity] : '5%'

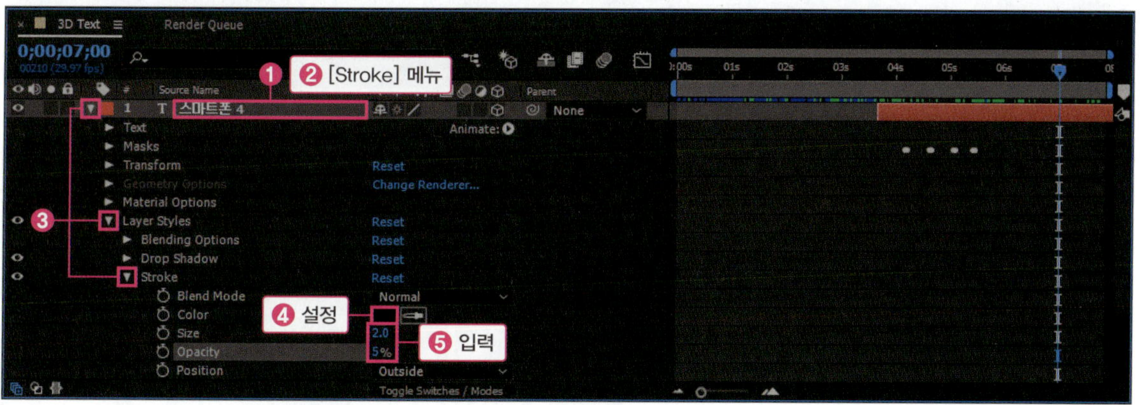

17 [Stroke] 바로 위에 있는 [Drop Shadow]를 그림과 같이 입력하여 문자를 강조합니다. 설정된 [Stroke], [Drop Shadow] 효과를 '스마트폰 3' 레이어에 똑같이 적용하기 위해서 '스마트폰 4' 레이어를 클릭해 열고, [Layer Styles]를 선택한 후 Ctrl + C 를 눌러 복사합니다. '스마트폰 3'을 선택하고 Ctrl + V 를 눌러 효과 설정을 붙여 넣습니다.

- [Opacity] : '70%'
- [Angle] : '84°'
- [Distance] : '6'
- [Spread] : '5%'
- [Size] : '10'

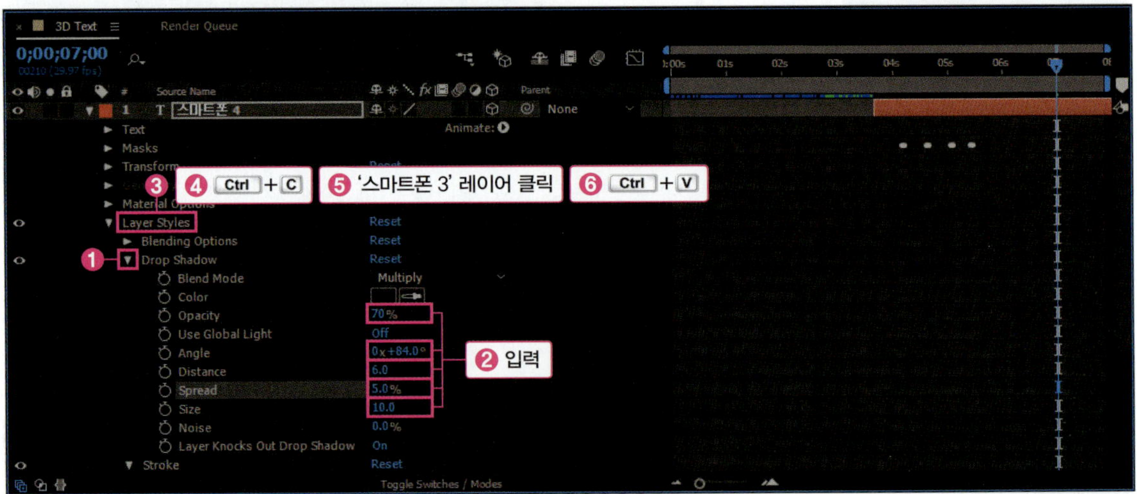

18 원근 배경에 어울리는 문자를 디자인하고, 모션을 적용하였습니다. 숫자패드 0 을 눌러 영상을 확인합니다.

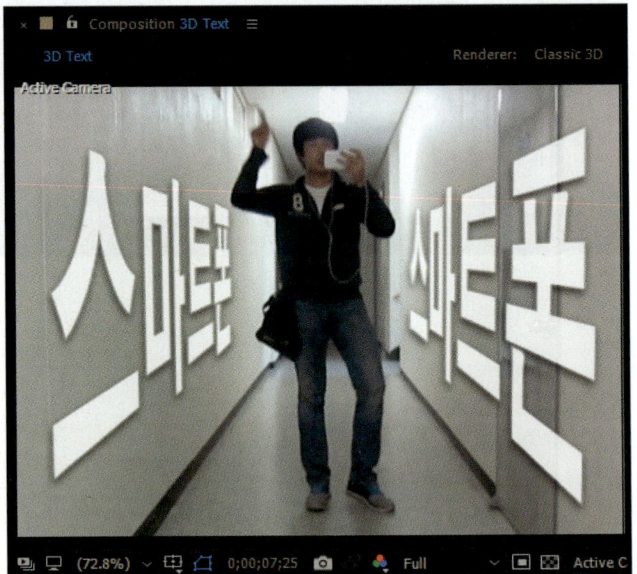

3D 영사기 효과 모션 만들기

핵심내용

3D View 실무는 스크린을 입체적으로 보이도록 하고 싶을 때, 또는 관찰자적 시점에서 바라보도록 할 때 사용하는 기법입니다. 3D Layer를 중심으로 Wiggler 효과를 적용하여 학습해 보겠습니다.

핵심기능

3D Layer + Wiggler

STORYBOARD

2010 한센인 편견해소 아이디어 공모전 '우수상' 수상 작품 중 일부분

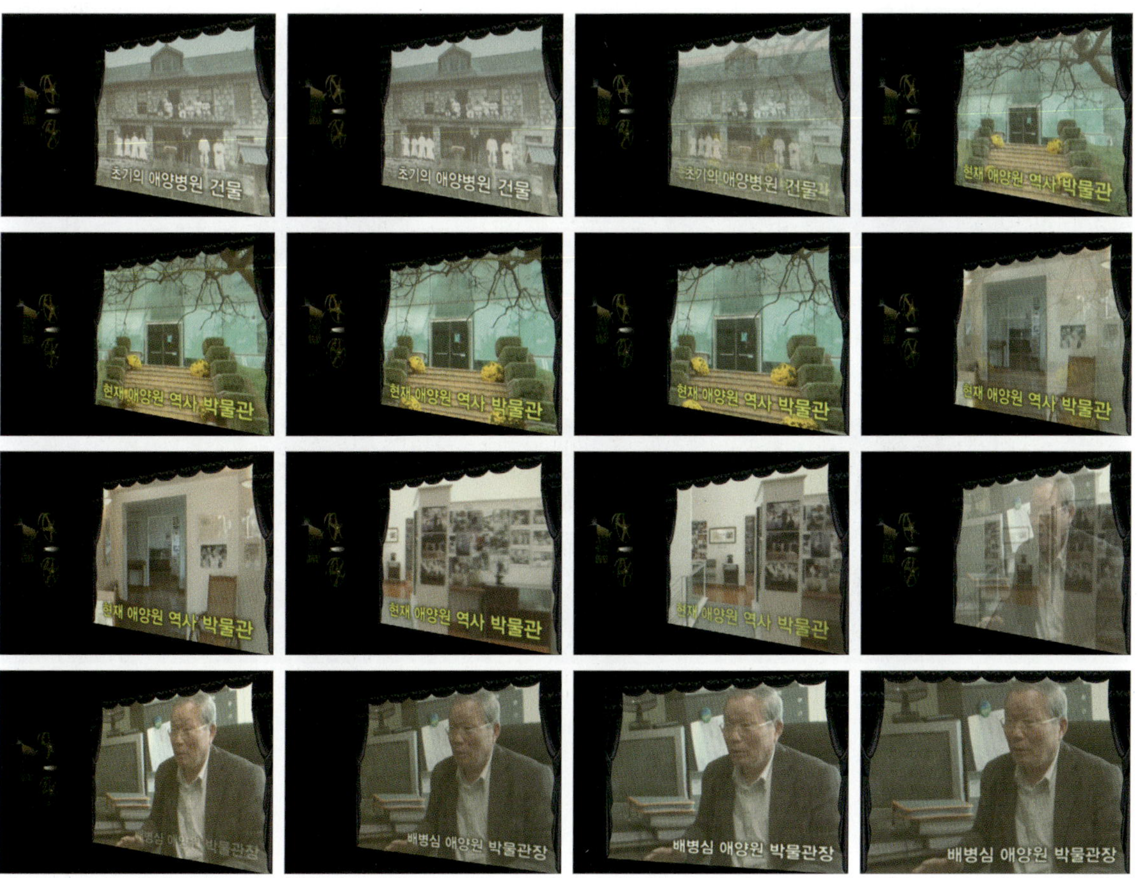

: 준비 파일 : Part 03 〉 Chapter 05 〉 Section 05 〉 Projector.aep   **완성 파일 :** Part 03 〉 Chapter 05 〉 Section 05 〉 Projector 완성.aep

1 제공된 애프터 이펙트 파일을 불러오기 위해서 [File] 〉 [Open Project](Ctrl+O) 메뉴를 클릭합니다. 'Projector.aep' 파일을 찾아 선택한 후 [열기] 버튼을 클릭합니다. 파일이 열리면 1번, 2번, 3번 레이어를 각각 확인합니다.

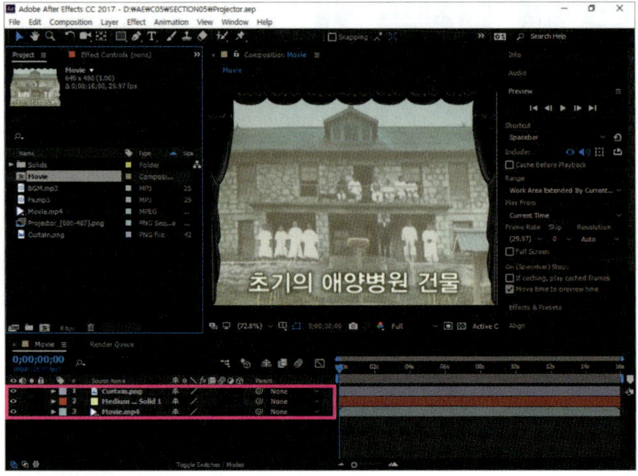

2 3개의 레이어를 연결하여 같은 모션을 주기 위해서 'Medium Yellow Solid 1' 레이어에서 [Parent]의 'None'을 클릭하여 'Movie.mp4'로 설정합니다. 레이어를 연결했으므로 해당 레이어는 [Parent]로 설정한 레이어의 모션을 따라갑니다.

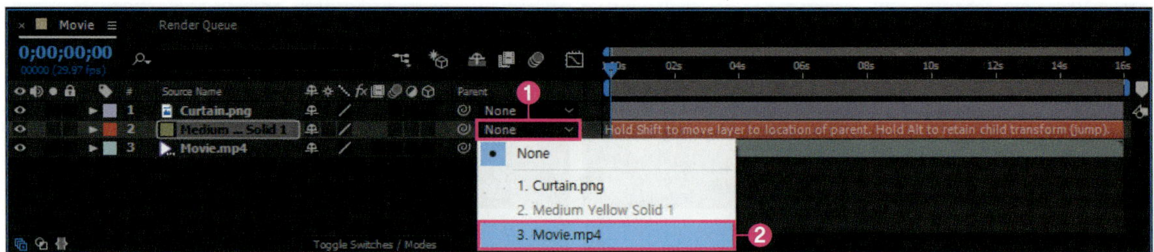

3 'Curtain.png' 레이어의 [Parent]도 'Movie.mp4'로 설정한 후 [Timeline] 패널에서 3개 레이어의 [3D Layer]( )를 클릭해 활성화합니다.

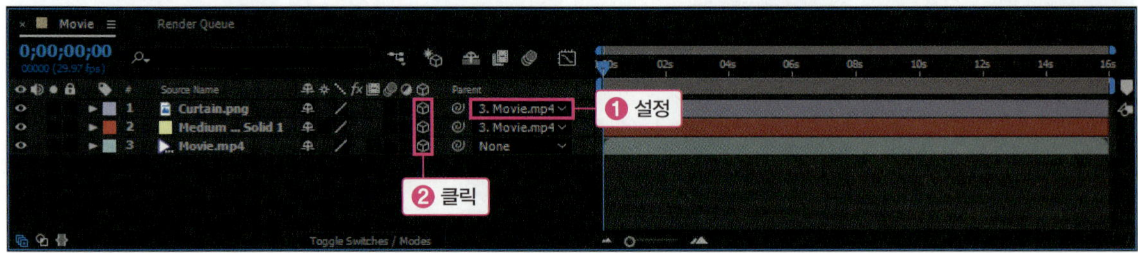

4 [Timeline] 패널에서 'Moive.mp4' 레이어의 [Transform]을 클릭해 열고, 다음과 같이 입력하여 입체감을 만듭니다.

• [Anchor Point] : '640, 240, 0'
• [Position] : '640, 240, 0'
• [Y Rotation] : '42°'

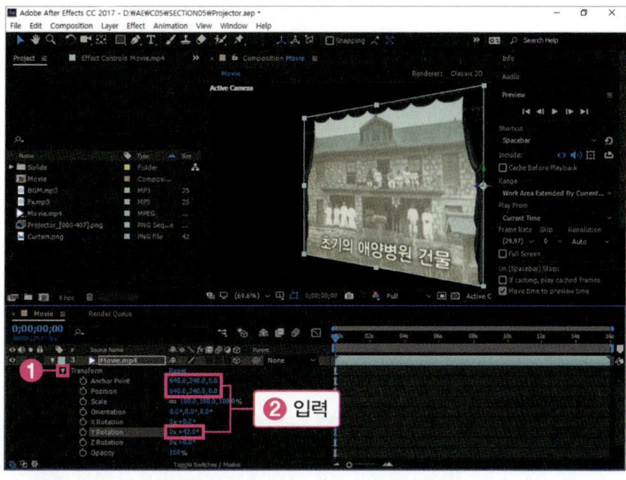

5 영사기를 배치하기 위해서 [Project] 패널의 'Projector_[000~407].png' 푸티지를 [Timeline] 패널로 드래그합니다.

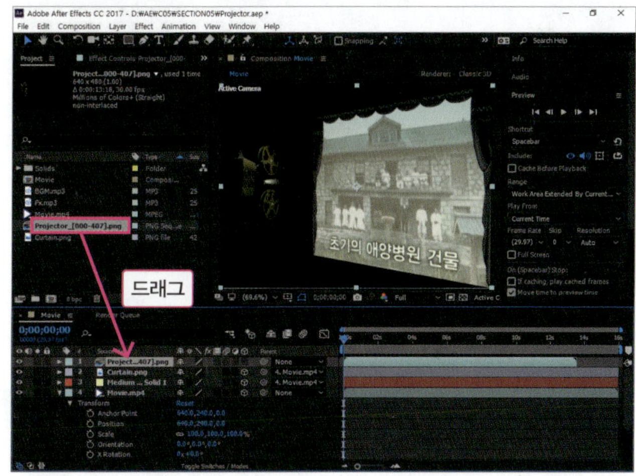

6 옛날 극장과 같은 느낌으로 영상이 깜빡거리는 효과를 만들기 위해 0:00:00:00 위치에서 'Moive.mp4' 레이어 [Opacity] 〉 [Time-Vary stop watch]( )를 클릭하여 활성화합니다. [Current Time Indicator]를 0:00:15:29 위치로 옮기고, '80%'로 입력한 후 생성한 2개의 키프레임을 모두 선택합니다.

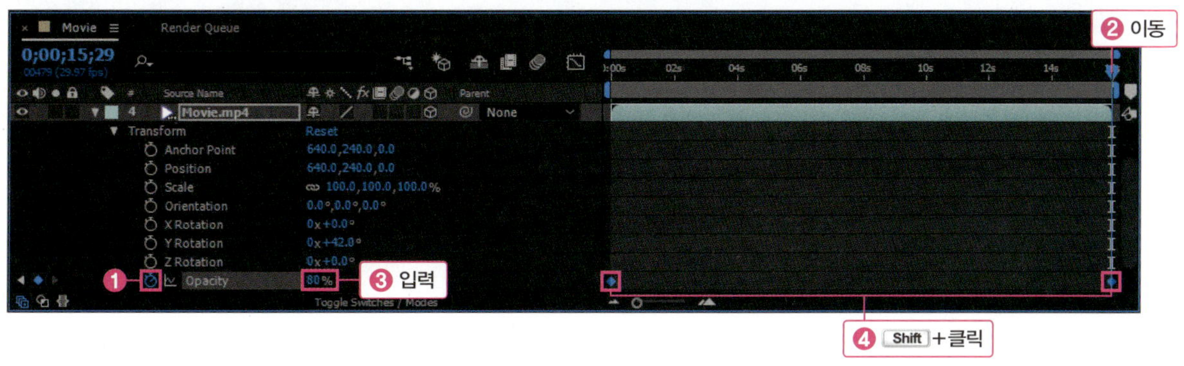

7 [Windows] 〉[Wiggler] 메뉴를 클릭하고, [Wiggler] 패널이 열리면 다음과 같이 설정한 후 [Apply] 버튼을 클릭합니다.

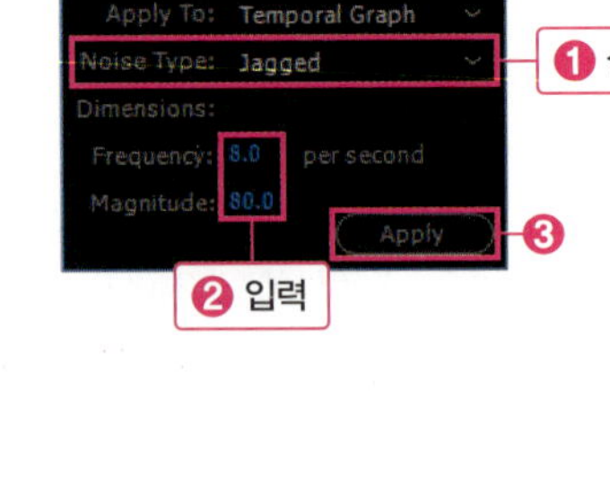

• [Noise Type] : 'Jagged'
• [Frequency] : '8.0'
• [Magnitude] : '80.0'

TIP :: Wiggler
선택한 두 개의 키프레임 사이에 불규칙한 키프레임을 생성합니다.

8 [Opacity]에 그림과 같이 불규칙한 키프레임이 생성되었습니다.

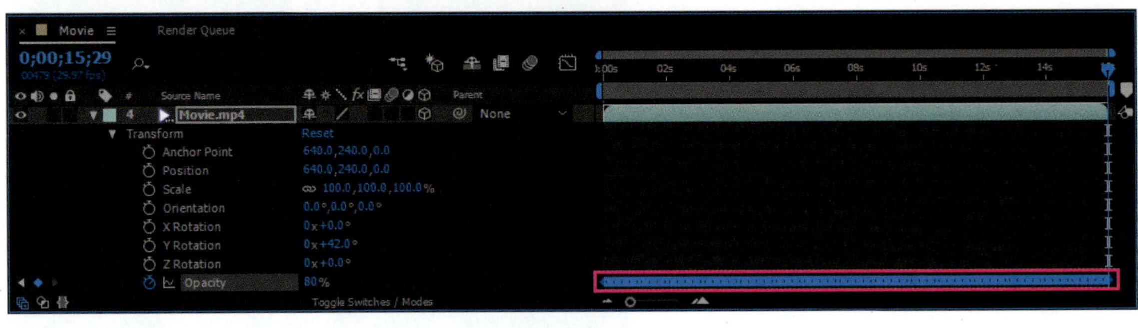

9 영사기 레이어가 뒷부분에서 자연스럽게 사라지도록 하기 위해서 'Projector_[000–407].png' 레이어를 선택하고 **T**를 누른 후 [Current Time Indicator]를 0:00:12:00 위치로 옮깁니다. [Opacity] 〉[Time–Vary stop watch] (⏱)를 클릭하여 활성화한 후 [Current Time Indicator]를 0:00:13:00 위치로 옮기고 '0%'로 입력합니다.

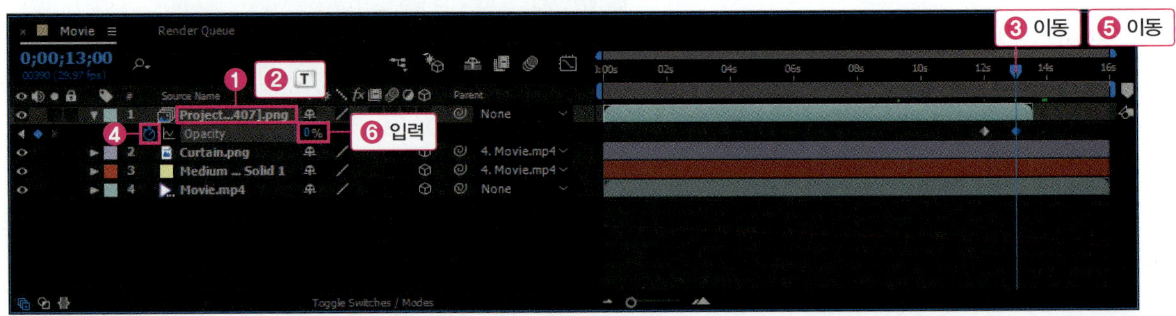

10 영사기가 사라진 이후 영상을 원래대로 화면에 맞게 다시 원래 자리로 회전하기 위해서 'Movie.mp4' 레이어를 선택하고 **R**을 누른 후 [Current Time Indicator]를 0:00:12:20 위치로 옮깁니다. [Y Rotation] 〉 [Time–Vary stop watch](📷)를 클릭하여 활성화한 후 [Current Time Indicator]를 0:00:13:20 위치로 옮기고 '0°'로 입력합니다. 숫자 패드 **0**을 눌러 영상을 확인합니다.

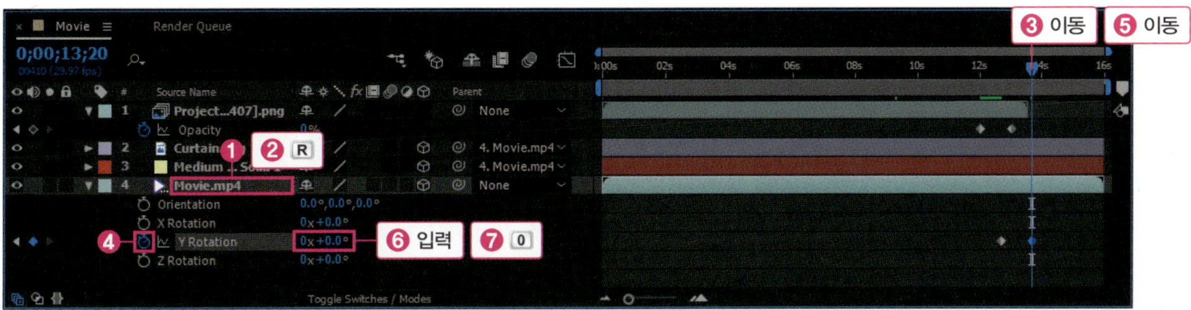

11 마지막으로 영상을 가리고 있는 커튼이 자연스럽게 사라지도록 하기 위해서 'Curtain.png' 레이어를 선택하고 **T**를 누른 후 [Current Time Indicator]를 0:00:12:20 위치로 옮깁니다. [Opacity]의 [Time–Vary stop watch](📷)를 클릭하여 활성화한 후 [Current Time Indicator]를 0:00:13:20 위치로 옮기고 '0%'로 입력합니다. [Current Time Indicator]를 좌우로 옮기면서 모션을 확인합니다.

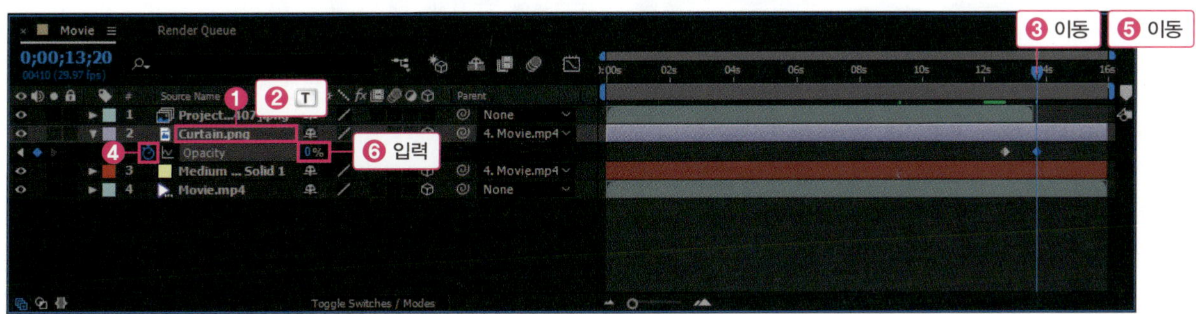

12 [Project] 패널의 'BGM.mp3', 'Fx.mp3' 푸티지를 [Timeline] 각각 패널로 드래그하여 배경음악과 효과음을 삽입합니다. 숫자패드 **0**을 눌러 3D 레이어 모션을 확인합니다.

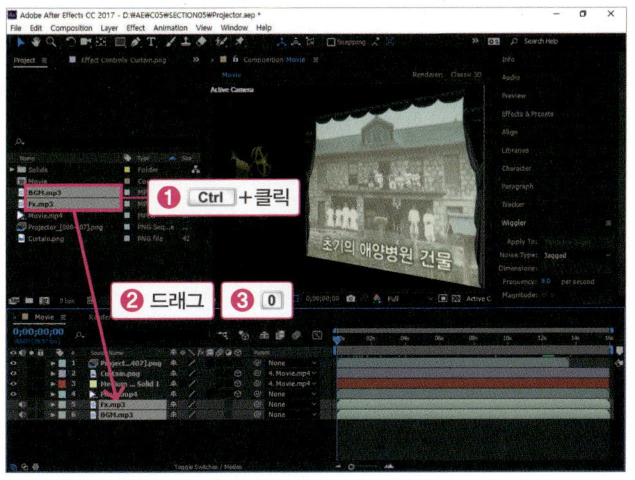

6

현장에서 많이 사용하는 특수 효과 테크닉 l : 타이틀 응용

영상 콘텐츠 공모전 10년 도전 노하우!

애프터 이펙트의 최대 강점은 특수 효과입니다. 오프닝이나 타이틀 제작에서 다양하게 활용할 수 있는 먼지 합성, 빛 퍼짐 효과, 사운드 비트에 맞추는 특수 효과, 플래시 효과, 칠판 글씨 효과, 줌 인/줌 아웃 효과, 포커스 인/포커스 아웃 특수 효과 등의 예제를 학습하면 실무에 적용할 수 있습니다. 또한, 본 챕터 안에는 특수 효과와 함께 특수 효과 사운드 파일이 내재되어 있습니다.

ADOBE AFTER EFFECTS

먼지 합성
테크닉

핵심내용

본 예제는 단순한 이미지 소스를 활용해 분필 가루 먼지가 퍼지는 특수 효과입니다. 이를 응용하면 연기나 먼지, 폭발 등의 특수 효과 적용이 가능합니다. Scale과 Blending Mode 기능 위주로 실습해보겠습니다.

핵심기능

Scale + Blending Mode

STORYBOARD

제4회 한국도로공사 교통안전 UCC 공모전 '금상' 수상 작품 중 일부분

01 먼지 합성 Scale + Blending Mode

제4회 한국도로공사 교통안전 UCC 공모전
'금상' 수상 작품 중 일부분

: 준비 파일 : Part 03 〉 Chapter 06 〉 Section 01 〉 Transform Compose.aep **: 완성 파일 :** Part 03 〉 Chapter 06 〉 Section 01 〉 Transform Compose 완성.aep

1 제공된 애프터 이펙트 파일을 불러오기 위해서 [File] 〉 [Open Project](Ctrl + O) 메뉴를 클릭합니다. 'Transform Compose.aep' 파일을 선택한 후 [열기] 버튼을 클릭합니다.

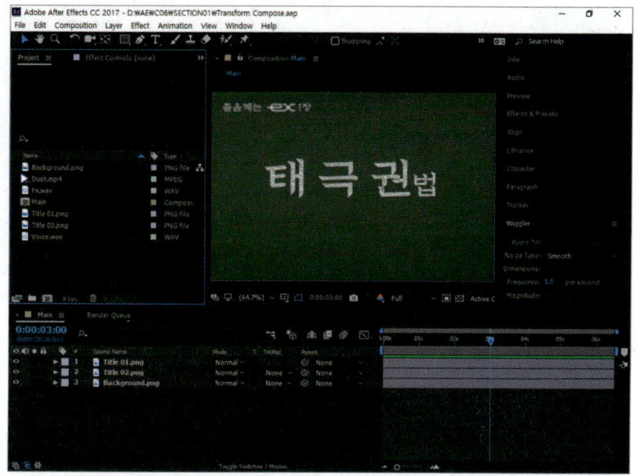

2 [Timeline] 패널에서 'Title 01.png', 'Title 02.png' 레이어의 [Mode]를 'Screen'으로 설정하여 배경과 자연스럽게 합성합니다.

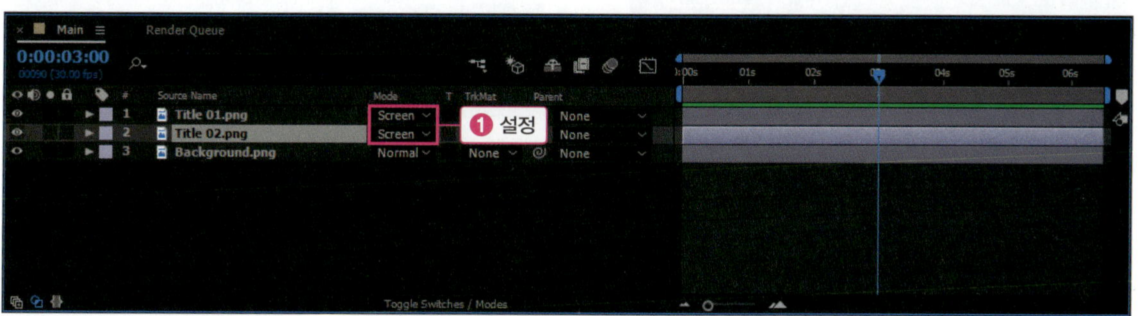

3 첫 번째 타이틀이 자연스럽게 나타나는 모션을 만들기 위해서 'Title 02.png' 레이어를 선택하고 T 를 눌러 [Opacity]를 보이게 한 후 [Current Time Indicator]를 0:00:00:15 위치로 옮깁니다. [Opacity] 〉 [Time-Vary stop watch]( )를 클릭하여 활성화하고 '0%'로 입력한 후, [Current Time Indicator]를 0:00:02:00 위치로 옮기고 '100%'로 입력합니다.

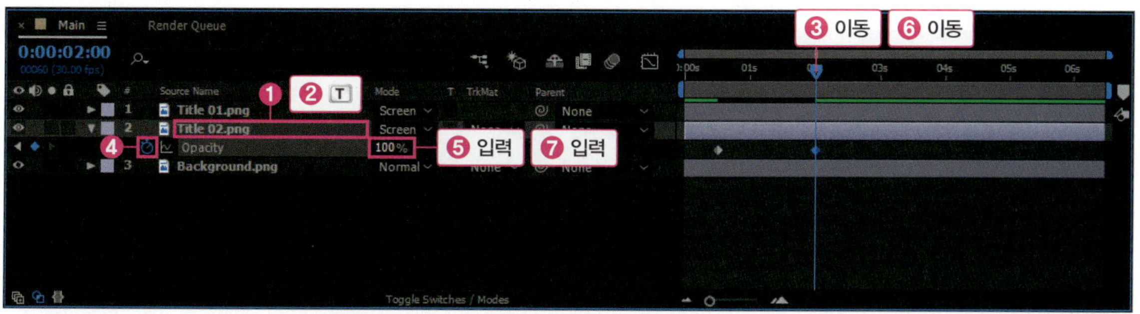

4 중앙의 타이틀이 Z축 방향으로 빠르게 나타나는 모션을 만들기 위해서 'Title 01.png' 레이어를 열고, [Current Time Indicator]를 0:00:02:12 위치로 옮깁니다. [Scale]과 [Opacity] 〉 [Time-Vary stop watch](버튼)를 클릭하여 활성화한 후 [Scale]은 '150, 150%', [Opacity]는 '0%'로 입력합니다.

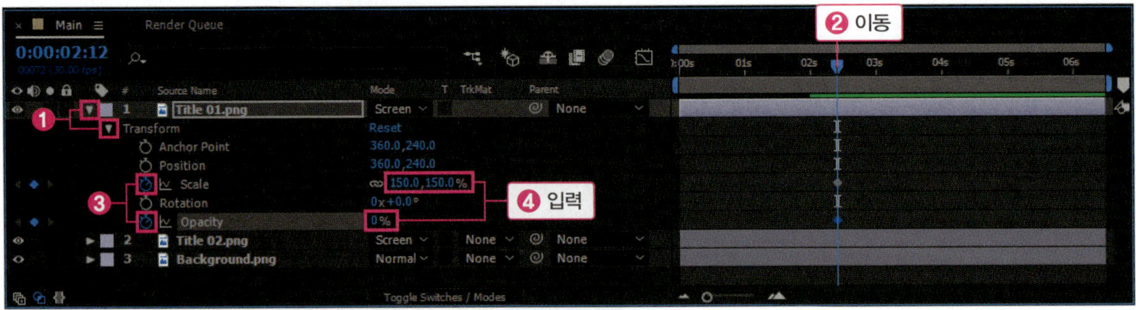

5 [Current Time Indicator]를 0:00:02:15 위치로 옮기고, [Opacity]를 '100%'로 입력한 후 [Scale]은 원래 크기인 '100, 100%'로 입력하여 크기를 줄입니다.

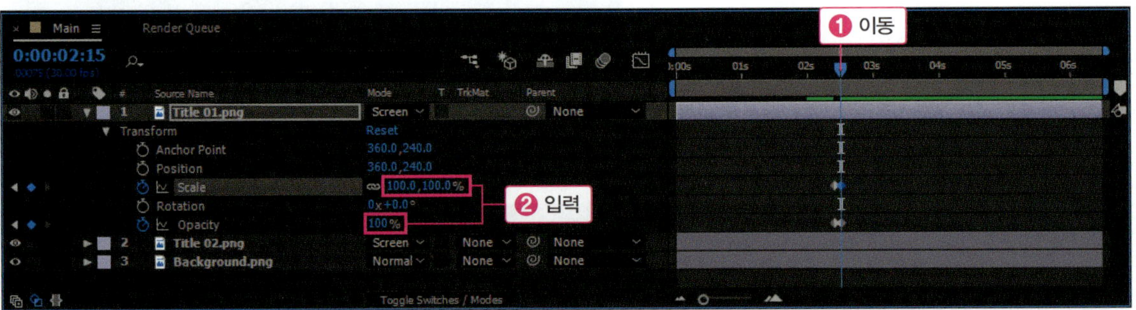

> **바로 알기 레이어 크기 조절**
> 레이어의 크기를 숫자 입력이 아닌 이미지 자체를 보면서 조절할 수도 있습니다. 실무에서는 이미지의 크기를 눈으로 확인하며 조절해야 합니다. 해당 레이어를 선택하고 [Composition] 패널에서 레이어의 모서리 조절점을 드래그하면 됩니다.

6 중앙의 타이틀이 나타나며 통통 튀기는 듯 반동 효과를 추가하기 위해서 [Composition] 패널에서 'Title 01.png' 레이어의 [Scale]을 다음과 같이 입력하고, 숫자패드 **0**을 눌러 트랜스폼 모션을 확인합니다.

- 0:00:02:16 지점 : 103, 103%
- 0:00:02:17 지점 : 100, 100%

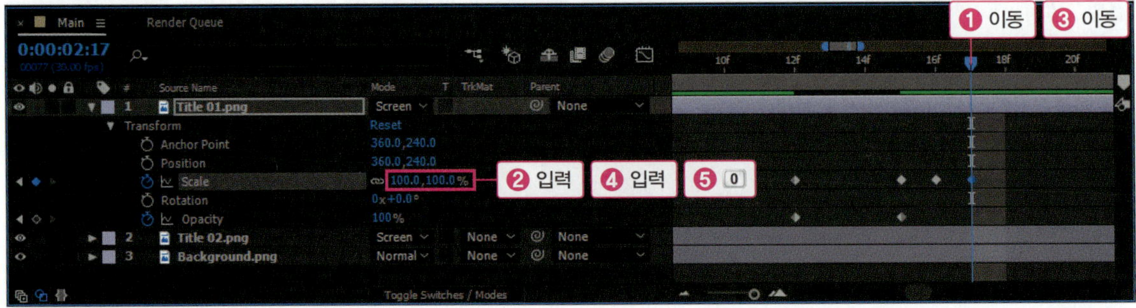

7 다음으로 트랜스폼 모션에 어울리는 먼지 효과를 합성하기 위해서 [Project] 패널의 'Dust. mp4' 푸티지를 [Timeline] 패널의 1번 위치로 드래그합니다.

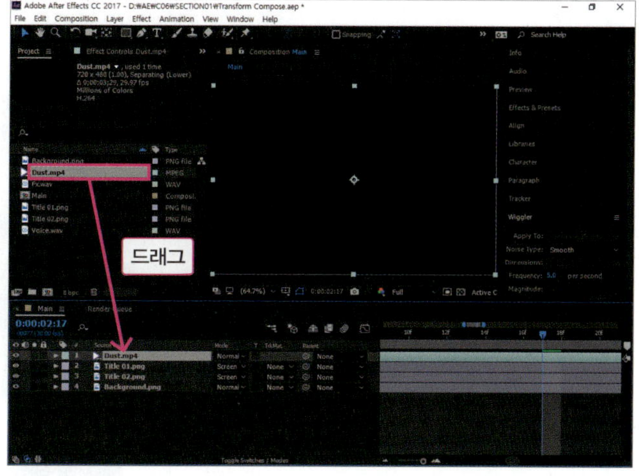

8 [Current Time Indicator]를 0:00:02:16 위치로 옮긴 후 ⌈[⌉를 눌러 레이어의 위치를 [Current Time Indicator] 뒤로 옮기고, [Mode]의 'None'을 클릭하여 'Screen'으로 설정합니다.

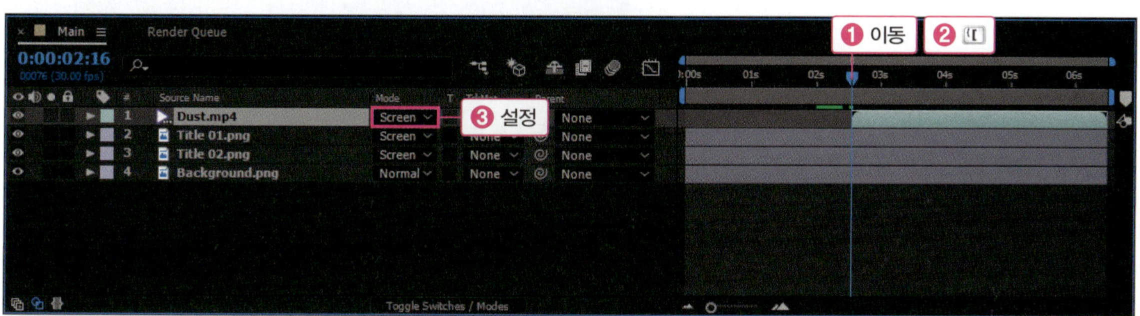

9 [Project] 패널의 'Voice.wav', 'Fx.wav' 푸티지를 [Timeline] 패널로 드래그하여 배경음악과 효과음을 넣습니다.

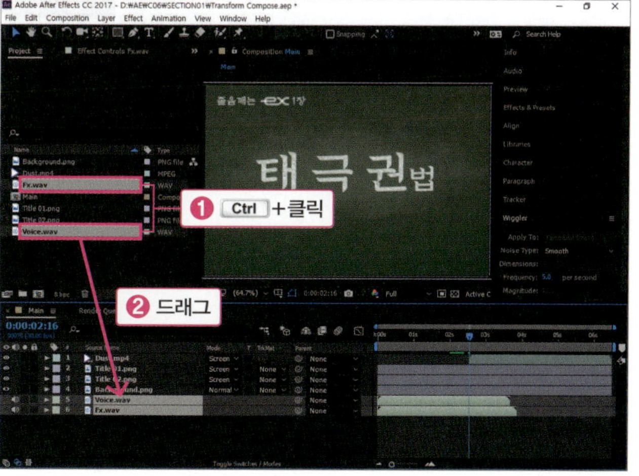

10 [Current Time Indicator]를 0:00:02:14 위치로 옮긴 후 'Fx.wav' 레이어를 선택하고 [ ] 를 눌러 위치를 [Current Time Indicator] 뒤로 옮깁니다.

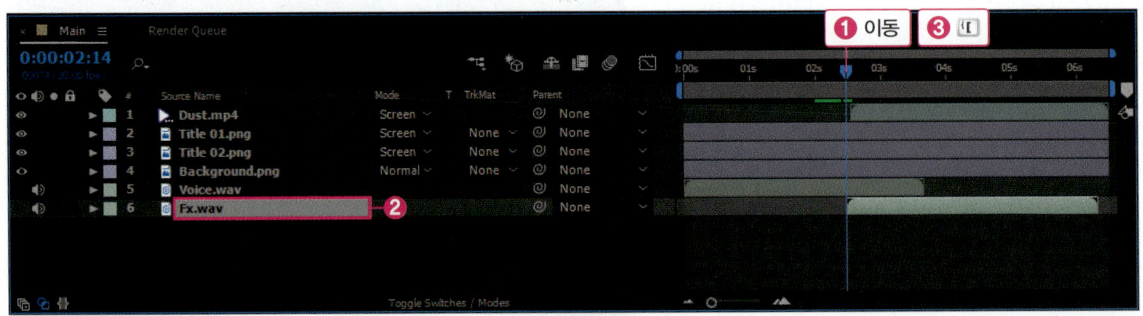

11 먼지 효과 합성 타이틀을 완성하였습니다. 숫자패드 **0**을 영상을 확인합니다.

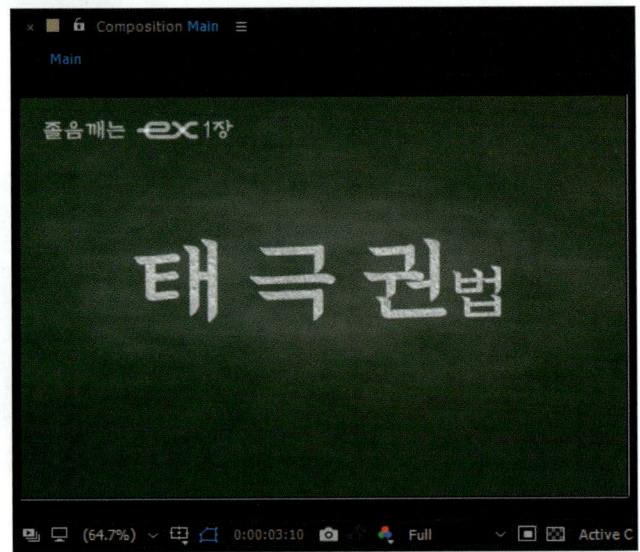

MGM 오프닝 테크닉

SECTION **02**

핵심내용

다음 예제는 이미지의 명도를 활용하여 빛이 퍼지는 모션으로 CC Light Burst라는 효과를 적용하여 빛이 퍼지는 특수 효과를 만들었습니다. 디자인을 조금만 바꾸어도 결과가 달라지기 때문에 다양한 응용력을 발휘해 보기 바랍니다.

핵심기능

CC Light Burst

STORYBOARD

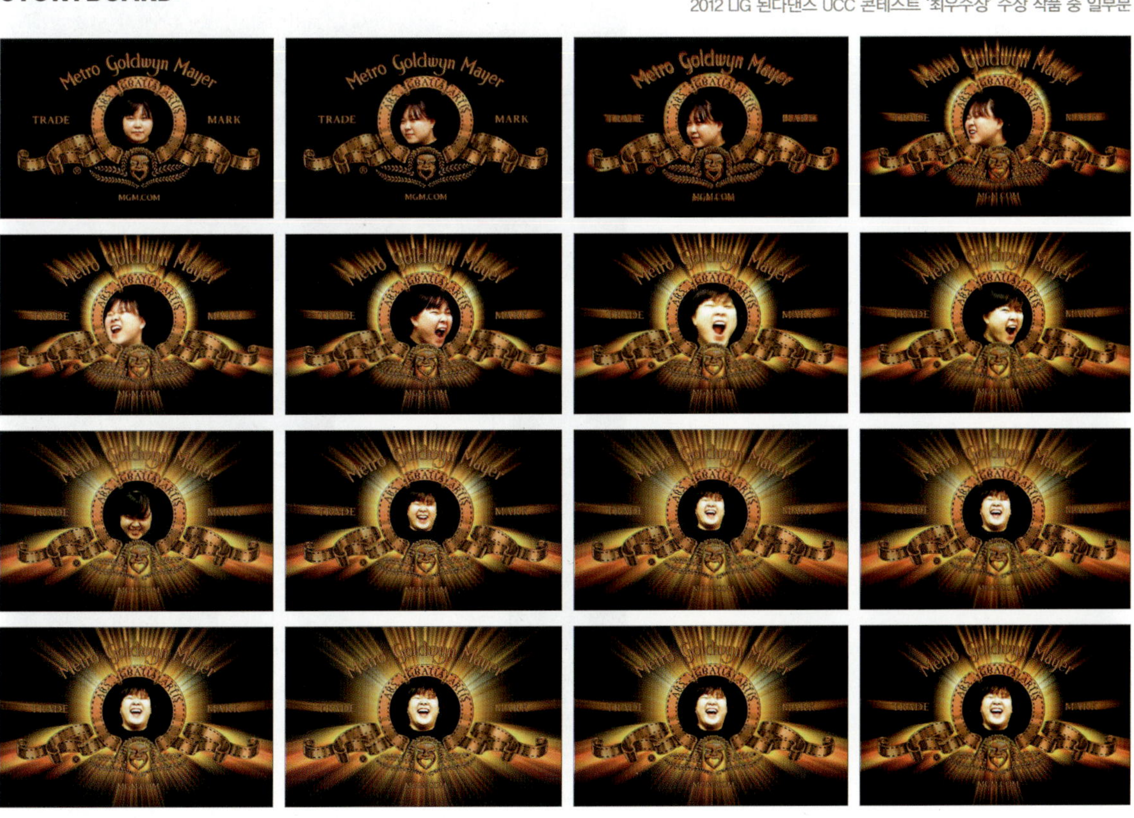

: 준비 파일 : Part 03 〉 Chapter 06 〉 Section 02 〉 Light Burst.aep   **: 완성 파일 :** Part 03 〉 Chapter 06 〉 Section 02 〉 Light Burst 완성.aep

1 제공된 애프터 이펙트 파일을 불러오기 위해서 [File] 〉 [Open Project](Ctrl+O) 메뉴를 클릭합니다. 'Light Burst.aep' 파일을 선택한 후 [열기] 버튼을 클릭하고, 숫자패드 0을 눌러 [Timeline] 패널의 영상을 확인합니다.

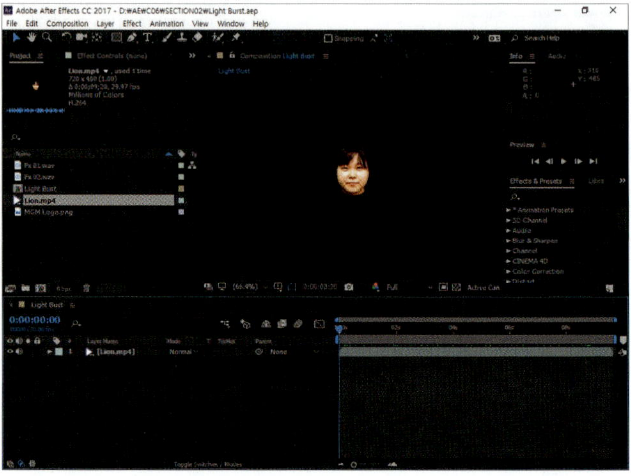

2 로고 문양을 합성하기 위해서 [Project] 패널의 'MGM logo.png' 푸티지를 [Timeline] 패널의 1번 위치로 드래그한 후 S를 눌러 [Scale]을 보이게 하고, '45, 45'로 입력하여 크기를 얼굴에 맞게 적당히 줄입니다.

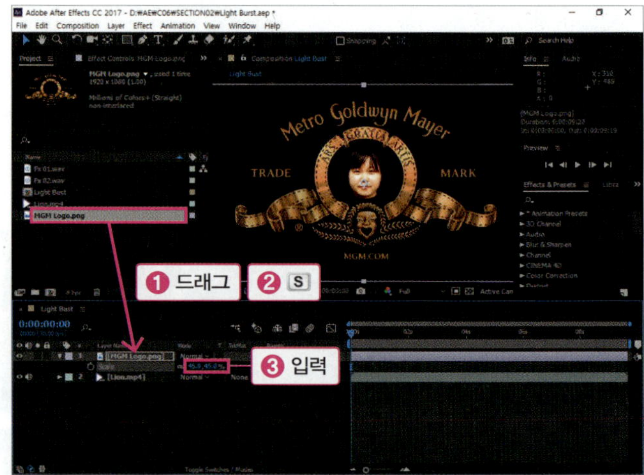

3 Ctrl+D를 눌러 레이어를 하나 더 복사합니다. 아래쪽 원본 'MGM logo.png' 레이어를 선택하고, 로고 문양에 빛이 퍼져나가는 효과를 적용하기 위해서 [Effect] 〉 [Generate] 〉 [CC Light Burst] 메뉴를 클릭합니다.

4 이어서 [Effect] 〉 [Stylize] 〉 [Glow] 메뉴를 클릭한 후 [Effect Controls] 패널에 [Glow] 효과의 옵션이 보이면 다음과 같이 입력하여 밝게 빛나도록 합니다.

....

• [Glow Threshold] : '45%'
• [Glow Radius] : '24'
• [Glow Intensity] : '0.6'

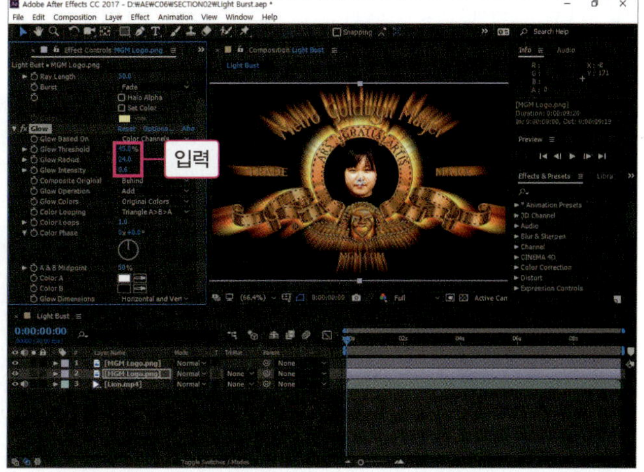

5 적용된 효과의 옵션을 설정하여 모션을 넣기 위해 'MGM logo.png' 레이어를 열고, [Current Time Indicator]를 0:00:01:15 위치로 옮깁니다. [CC Light Burst 2.5]의 [Ray Length] 〉 [Time-Vary stop watch]( )를 클릭하여 활성화합니다.

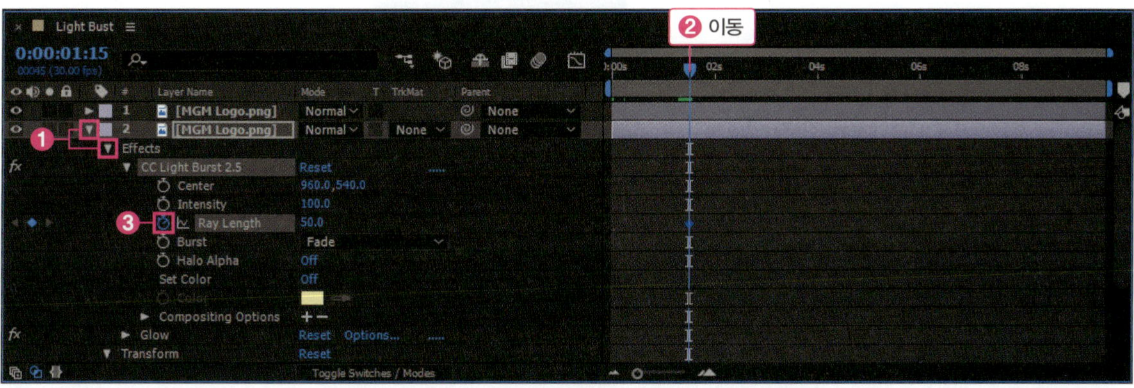

6 [Ray Length]의 수치를 시간대에 따라 다음과 같이 입력하여 빛이 커졌다가 작아지고, 다시 커지는 모션을 만듭니다.

....

• 0:00:02:00 지점 : '70'
• 0:00:05:20 지점 : '0'
• 0:00:06:10 지점 : '120'
• 0:00:09:19 지점 : '90'

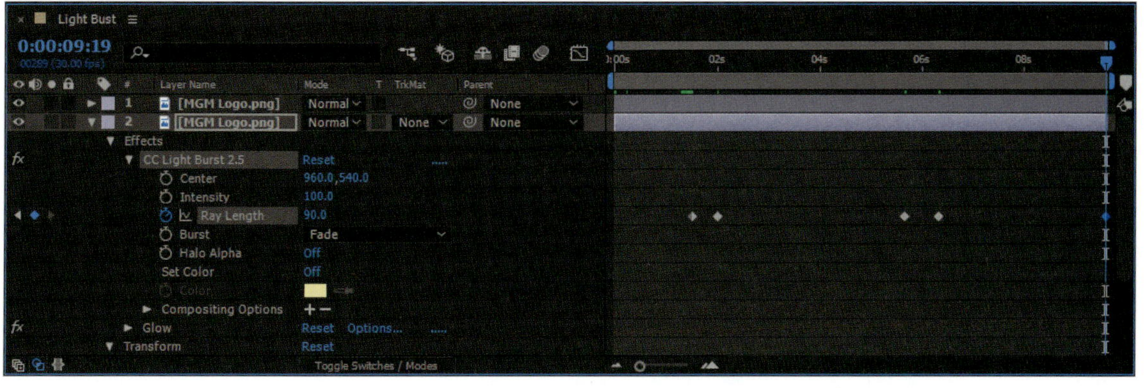

7 뒤쪽 부분에서 빛이 더욱 반짝이는 느낌을 추가하기 위해서 0:00:06:10과 0:00:09:19에 위치한 키프레임을 함께 선택하고, [Window] 〉 [Wiggler] 메뉴를 클릭합니다.

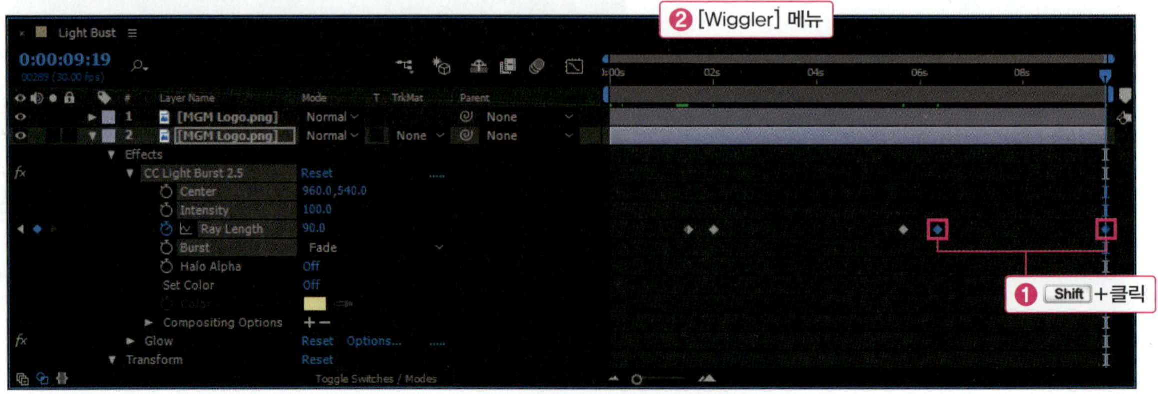

8 [Wiggler] 패널이 열리면 다음과 같이 입력하고, [Apply] 버튼을 클릭합니다.

- [Frequency] : '5.0'
- [Magnitude] : '40.0'

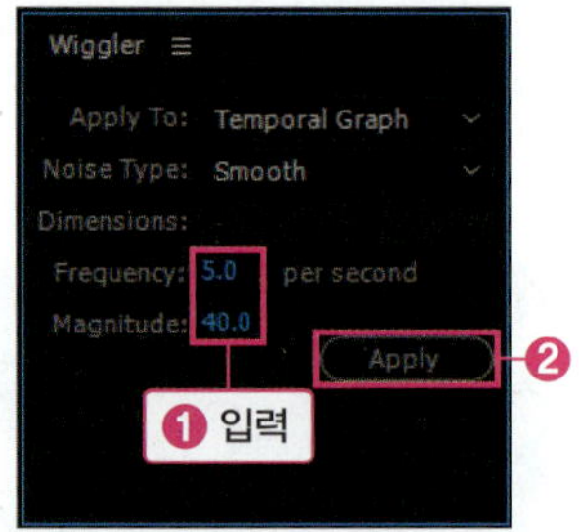

9 선택한 2개의 키프레임 사이에 그림과 같이 수많은 키프레임이 생성됩니다.

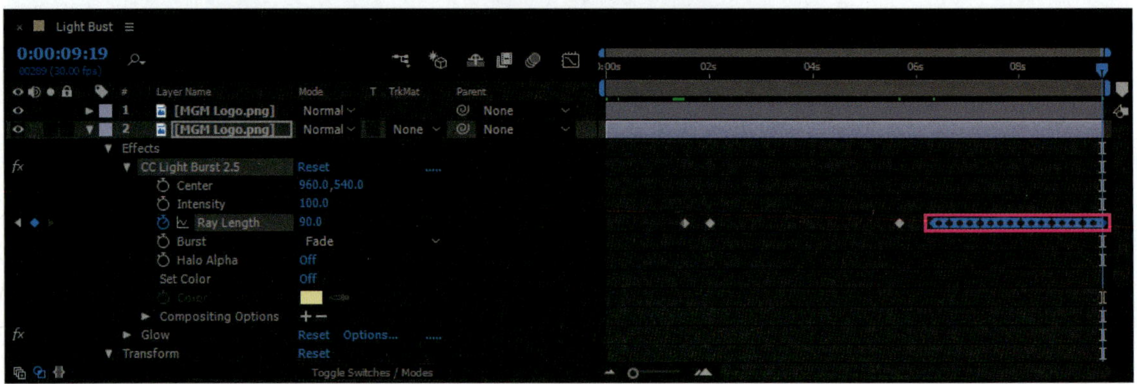

10 [Project] 패널의 'Fx 01.wav', 'Fx 02.wav' 푸티지를 [Timeline] 패널로 드래그하여 효과음을 넣습니다. MGM 영화 오프닝 패러디 타이틀을 완성하였습니다. 숫자패드 **0** 을 눌러 영상을 확인합니다.

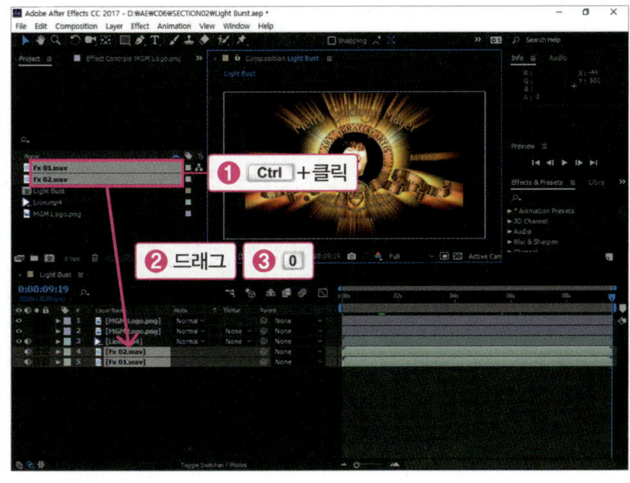

TIP : : 많이 사용하는 Generate 효과

■ Audio Spectrum 효과

비디오 레이어에 효과를 적용하면 오디오 스펙트럼이 표시됩니다. 이 효과는 오디오 레벨의 강도를 표시합니다.

■ Audio Waveform 효과

오디오가 포함된 레이어의 오디오 파형을 표시하려면 비디오 레이어에 효과를 적용합니다.

■ Beam 효과

레이저 빔 같은 빔의 이동을 만듭니다. 빔을 쏠 수도 있고 정지된 시작점이나 끝점을 사용하여 지팡이 모양의 빔을 만들 수도 있습니다.

■ Ellipse 효과

단색 원 또는 고리를 만듭니다.

■ Eyedropper Fill 효과

선택한 색상을 레이어에 적용합니다. 이 효과는 한 레이어에서 색상을 선택하고 블렌딩 모드를 사용하여 해당 색상을 다른 레이어에 적용하려는 경우에 유용합니다.

■ Fill 효과

선택한 마스크를 원하는 색상으로 채웁니다.

■ Lens Flare 효과

카메라 렌즈에 밝은 조명이 비쳐 발생하는 반사, 굴절을 만듭니다. 플레어의 중심을 배치할 위치를 지정하여 만듭니다.

■ Paint Bucket 효과

레이어 영역을 단색으로 칠하는 페인트 효과입니다.

■ Stroke 효과

패스 주변에 선 또는 테두리를 만듭니다. 선 색상, 불투명도, 간격 및 브러시 특성을 지정할 수도 있습니다.

타짜 오프닝
테크닉

핵심내용

본 예제는 사운드의 비트에 맞추어 시각적인 효과를 강조하는 특수 효과입니다. 애프터 이펙트의
Trapcode— Starglow 효과를 적용하여 타이틀이 비트에 맞추어 반짝이는 모션을 만들어보겠습니다.

핵심기능

Trapcode Starglow

STORYBOARD

제2회 도박중독예방치유공모전 '우수상' 수상 작품 중 일부분

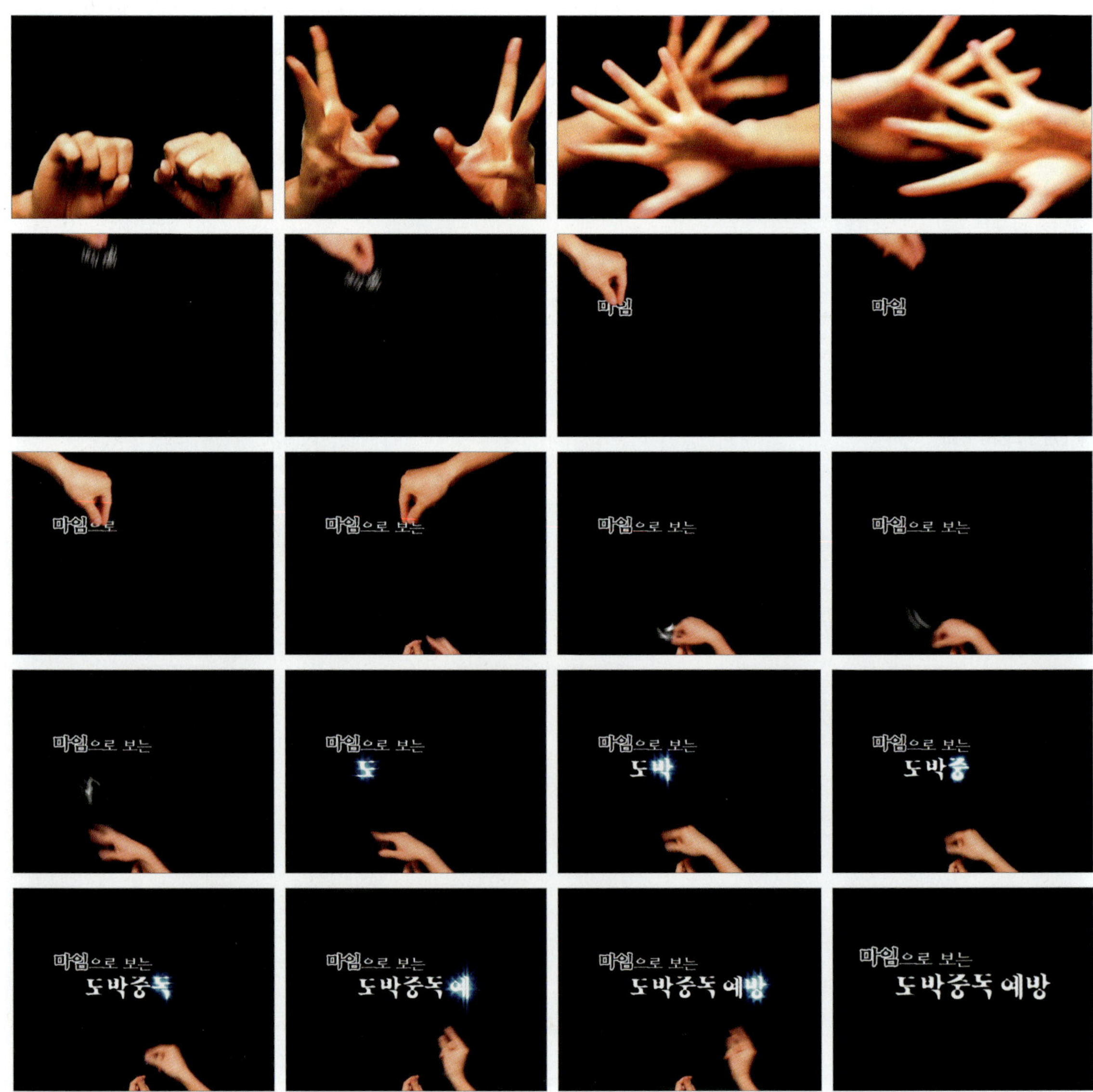

"

01 타짜 오프닝 — Trapcode Starglow

: 준비 파일 : Part 03 〉 Chapter 06 〉 Section 03 〉 Transform Motion.aep　　**: 완성 파일 :** Part 03 〉 Chapter 06 〉 Section 03 〉 Transform Motion 완성.aep

1　제공된 애프터 이펙트 파일을 불러오기 위해서 [File] 〉 [Open Project](**Ctrl** + **O**) 메뉴를 클릭합니다. 'Transform Motion.aep' 파일을 선택한 후 [열기] 버튼을 클릭하고 [Current Time Indicator]를 좌우로 옮기며 제공된 레이어와 영상을 확인합니다. 이번에 만들 영상은 손의 움직임에 맞춰 타이틀에 모션을 적용하고, 반짝이는 효과를 추가하는 것입니다.

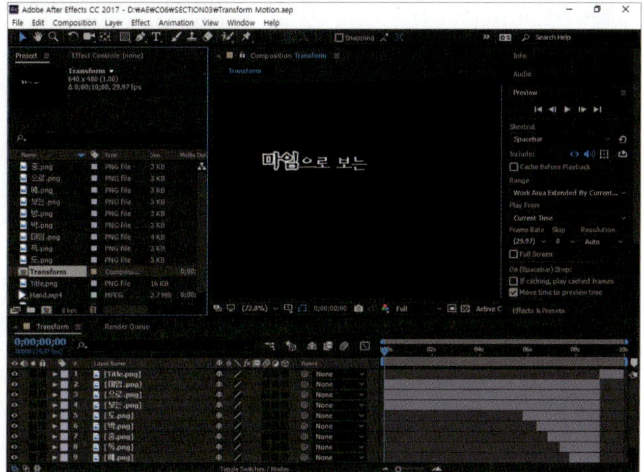

2　첫 번째로 '마임.png' 레이어를 손의 움직임에 맞춰 모션을 적용해 보겠습니다. [Timeline] 패널의 '마임.png' 레이어를 선택하고, **P** 를 눌러 [Position]을 보이게 하고, [Current Time Indicator]를 손과 '마임' 문자가 만나는 위치인 0:00:03:07 지점으로 옮긴 후 [Position] 〉 [Time-Vary stop watch](◎)를 클릭하여 활성화합니다.

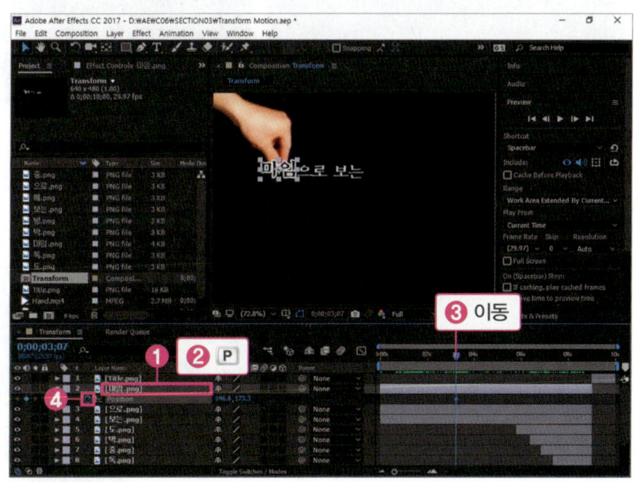

3　이제부터 시간대별로 손의 위치에 맞춰 문자를 이동해 보겠습니다. [Current Time Indicator]를 0:00:03:05 위치로 옮기고, [Composition] 패널에 보이는 손의 위치에 맞춰 '마임.png' 레이어를 옮깁니다. 레이어를 옮기면 [Timeline] 패널에 키프레임이 생성됩니다.

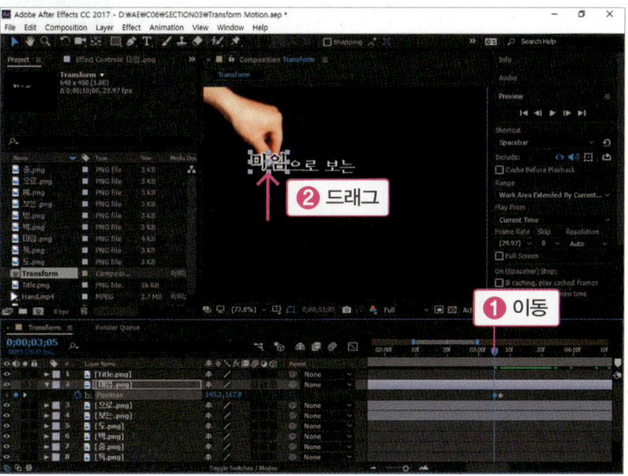

4 [Current Time Indicator]를 시간대별로 옮겨가며 손이 이동하는 방향에 따라 '마임' 문자를 옮깁니다.

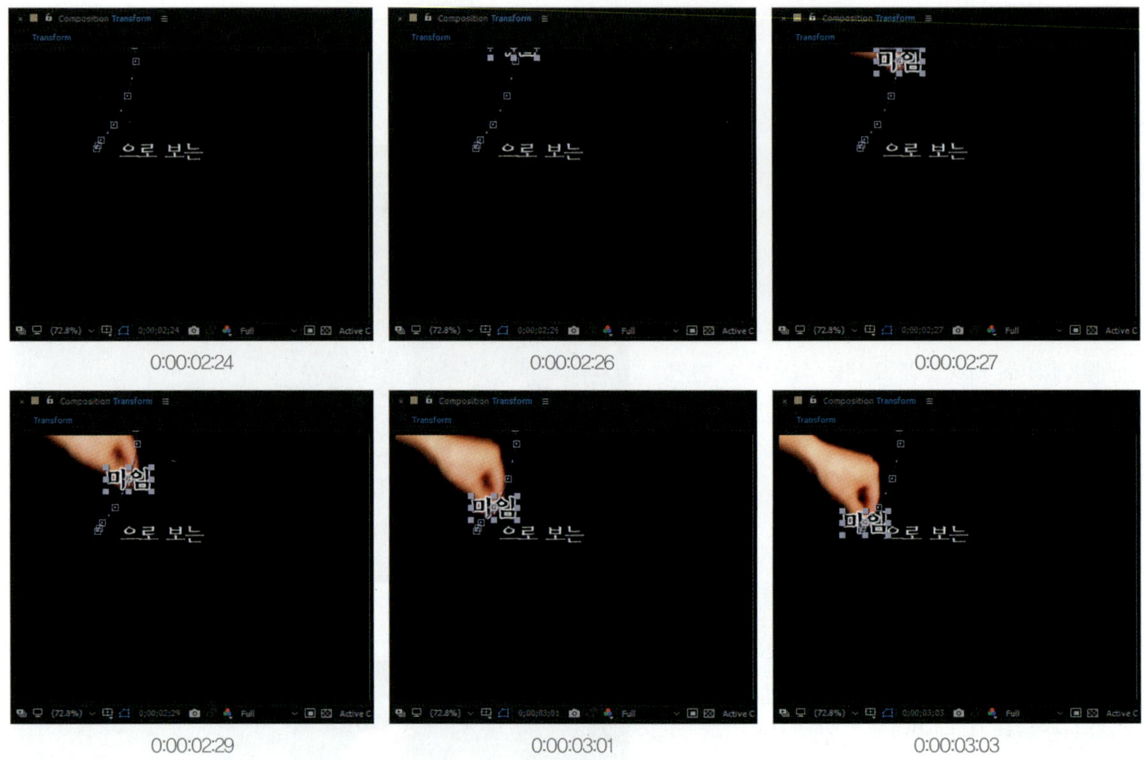

0:00:02:24   0:00:02:26   0:00:02:27

0:00:02:29   0:00:03:01   0:00:03:03

TIP :: 시간대를 좀 더 세분화하여 키프레임을 추가할수록 자연스러운 모션이 만들어집니다.

5 다음으로 문자에서 손가락이 집고 있는 부분을 가리기 위해서 [Current Time Indicator]를 0:00:03:07 위치로 옮긴 후 '마임.png' 레이어가 선택된 상태에서 [Tools] 패널의 [Pen Tool](🖊)을 클릭하고, 손가락의 모양에 따라 마스크를 그립니다.

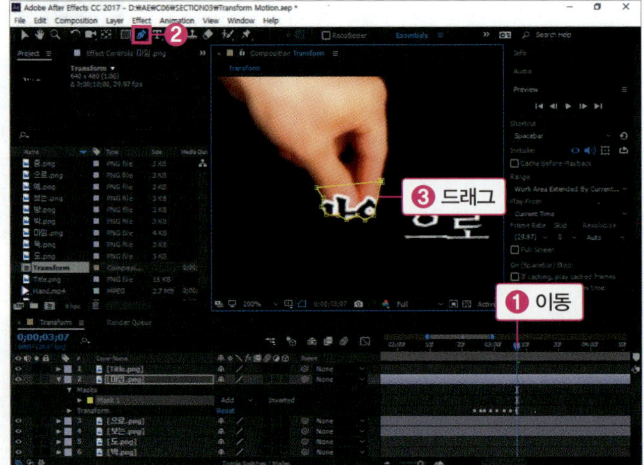

6 '마임.png' 레이어를 열고, [Mask 1]의 'Add'를 클릭하여 'Subtract'로 설정하면 마스크가 반대로 적용되어 손가락이 있는 부분의 문자는 가려지게 됩니다. 손의 움직임에 맞춰 마스크에 모션을 적용하기 위해서 [Mask Path]의 [Time–Vary stop watch](⏱)를 클릭하여 활성화한 후 마스크 경계 부분을 부드럽게 만들기 위해서 [Mask feather]를 '3, 3'으로 입력합니다.

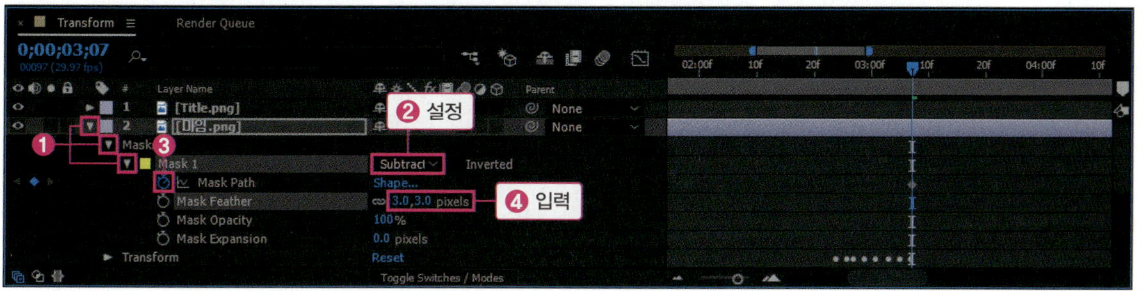

7 [Current Time Indicator]를 다음과 같은 시간 지점대로 옮겨가며 손가락의 위치에 따라 마스크를 옮깁니다. 숫자패드 **0** 을 눌러 손과 문자의 모션을 확인합니다.

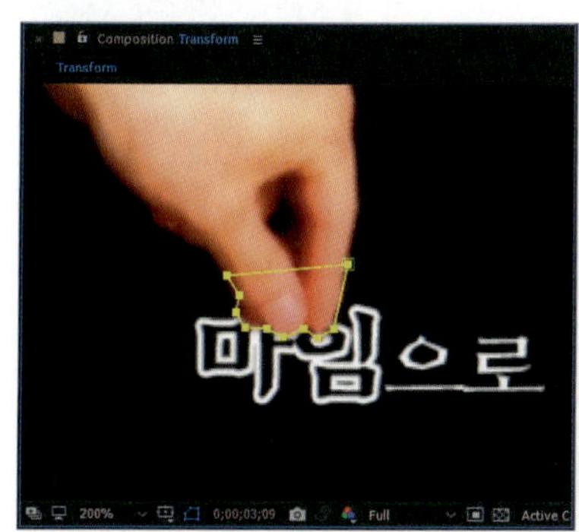

0:00:03:09

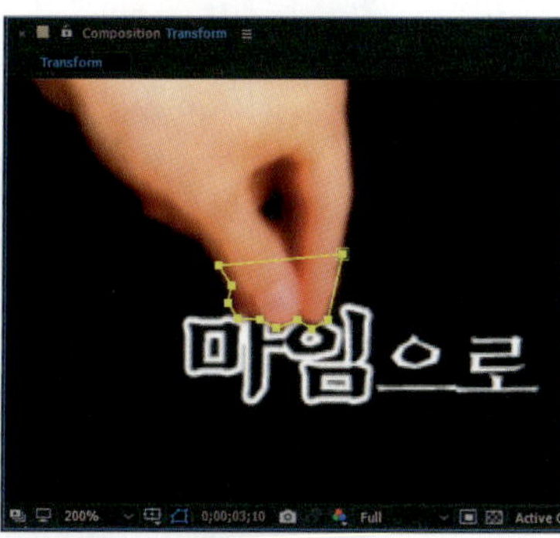

0:00:03:10

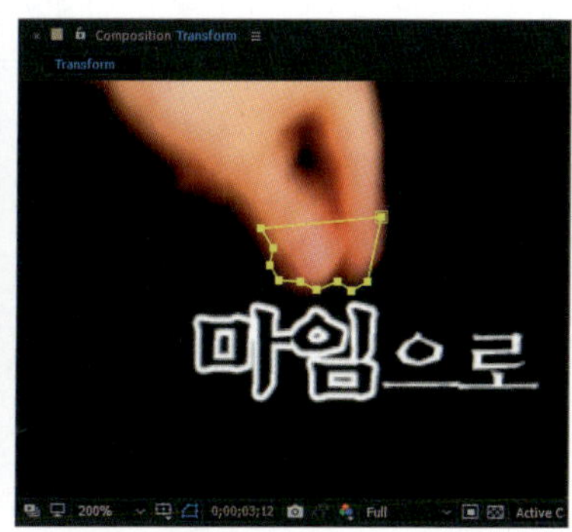

0:00:03:12

8 이제 다음 문자에 모션을 적용하기 위해서 [Timeline] 패널의 '으로.png' 레이어를 선택하고, **P** 를 눌러 [Position]을 보이게 합니다. [Current Time Indicator]를 0:00:04:08 위치로 옮긴 후 [Position] 〉 [Time–Vary stop watch](⏱)를 클릭하여 활성화합니다.

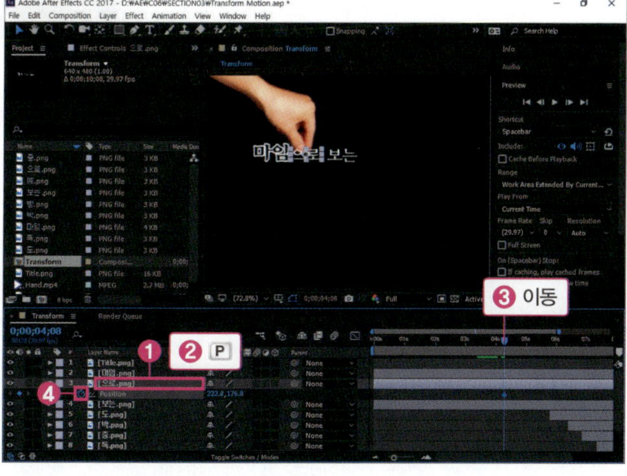

9 [Current Time Indicator]를 다음과 같은 시간 지점대로 옮겨가며 손이 이동하는 방향에 따라 '으로' 문자를 옮깁니다.

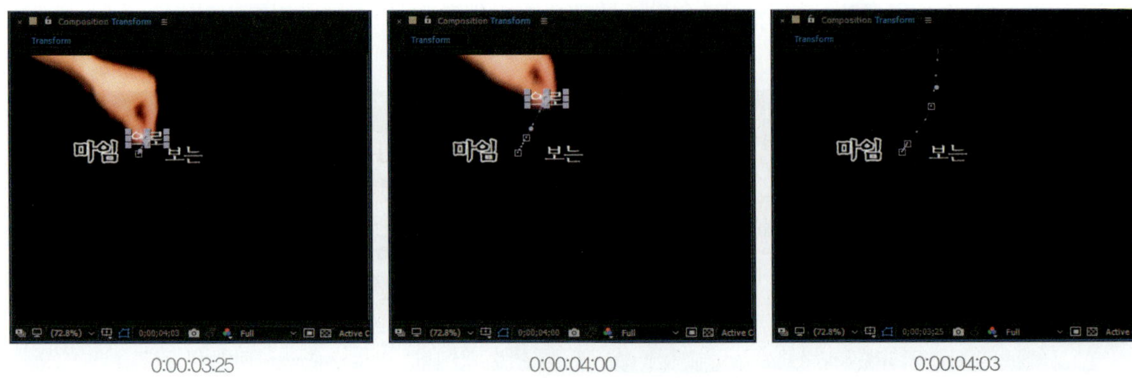

0:00:03:25   0:00:04:00   0:00:04:03

10 [Current Time Indicator]를 0:00:04:08 위치로 옮긴 후 '으로.png' 레이어가 선택된 상태에서 [Tools] 패널의 [Pen Tool](✎)을 클릭하고 손가락의 형태에 따라 마스크를 그립니다.

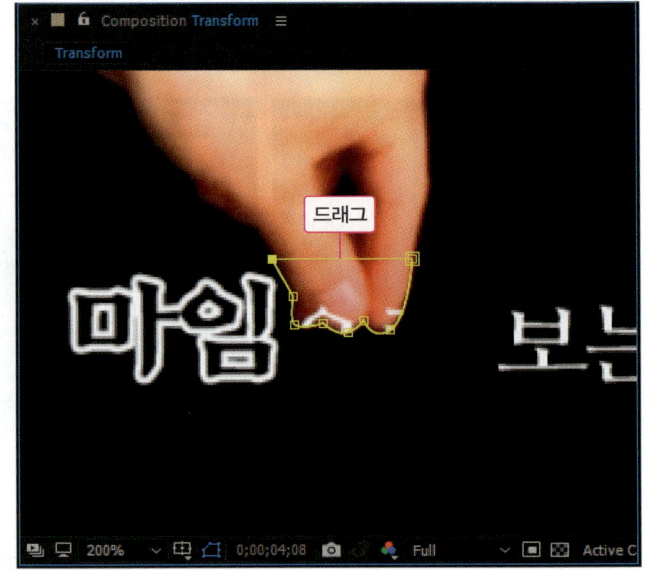

11 '으로.png' 레이어를 클릭해 열고, [Mask 1]의 'Add'를 클릭하여 'Subtract'로 설정하여 마스크를 반대로 적용합니다. 손의 움직임에 맞춰 마스크에 모션을 적용하기 위해서 [Mask Path]의 [Time-Vary stop watch](◔)를 클릭하여 활성화한 후 마스크 경계 부분을 부드럽게 만들기 위해서 [Mask feather]를 '3, 3'으로 입력합니다.

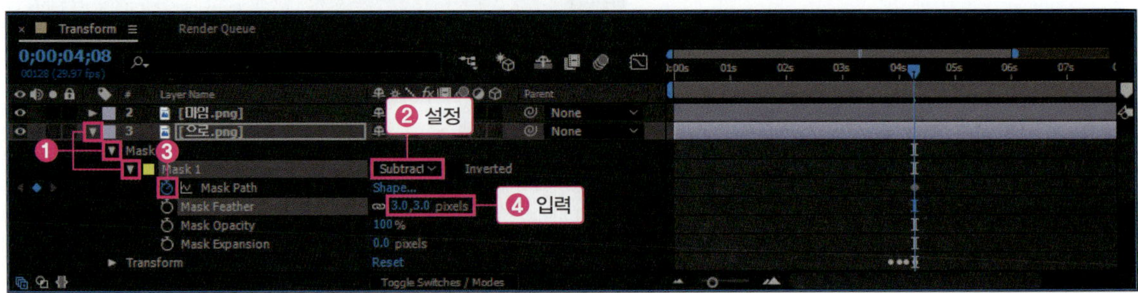

12 [Current Time Indicator]를 다음과 같은 시간 지점대로 옮겨가며 손가락의 위치에 따라 마스크를 옮깁니다. 숫자패드 **0**을 눌러 손과 문자의 모션을 확인합니다.

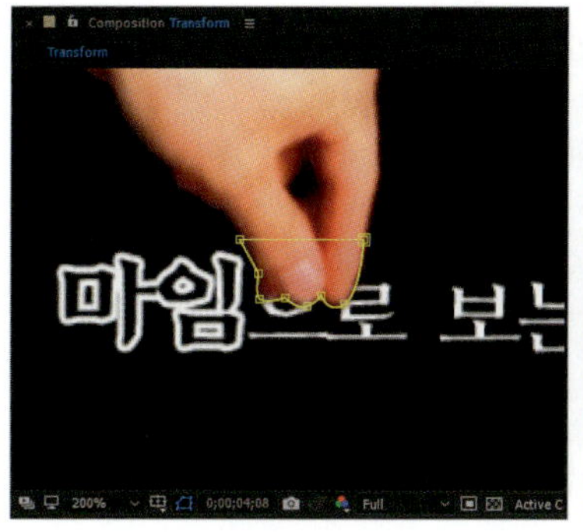

0:00:04:08

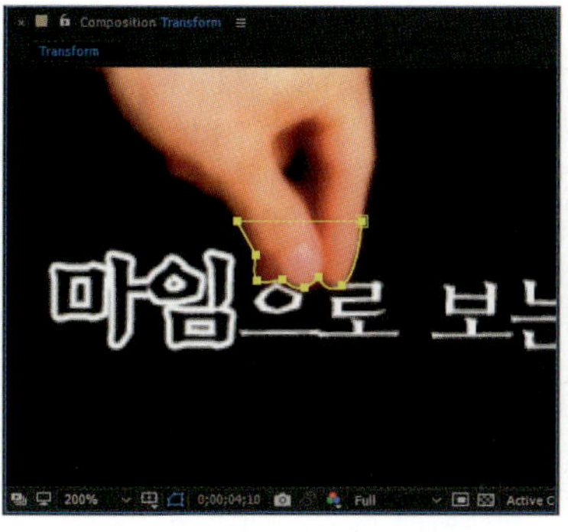

0:00:04:10

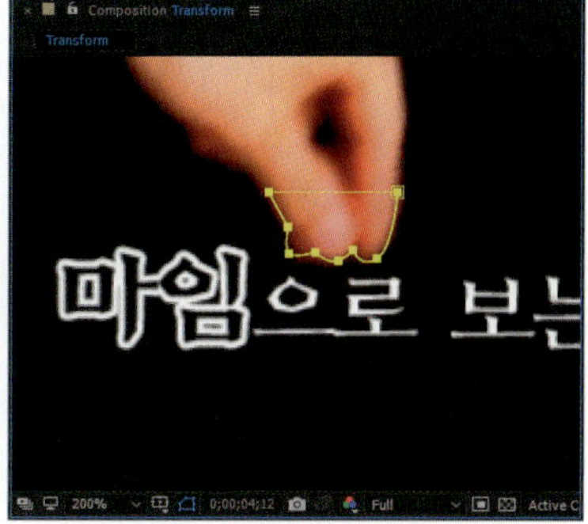

0:00:04:12

13 다음 문자에 모션을 적용하기 위해서 [Timeline] 패널의 '보는.png' 레이어를 클릭해 열고, 0:00:05:06 위치에서 [Position]의 [Time-Vary stop watch](📷)를 클릭하여 활성화한 후 앞선 방법으로 모션을 적용하고 마스크를 만듭니다. 타이틀의 위쪽에 위치한 문자의 모션이 모두 만들어졌습니다. 숫자패드 **0**을 눌러 모션을 확인합니다.

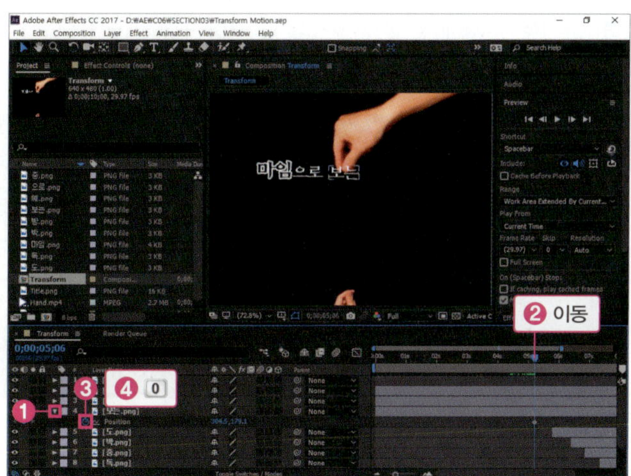

14 다음으로 타이틀 아래쪽에 위치한 문자에 모션을 만들어 보겠습니다. [Timeline] 패널의 '도.png' 레이어를 클릭해 열고, 0:00:06:04 위치에서 [Position]과 [Rotation]의 [Time-Vary stop watch](📷)를 클릭하여 활성화합니다.

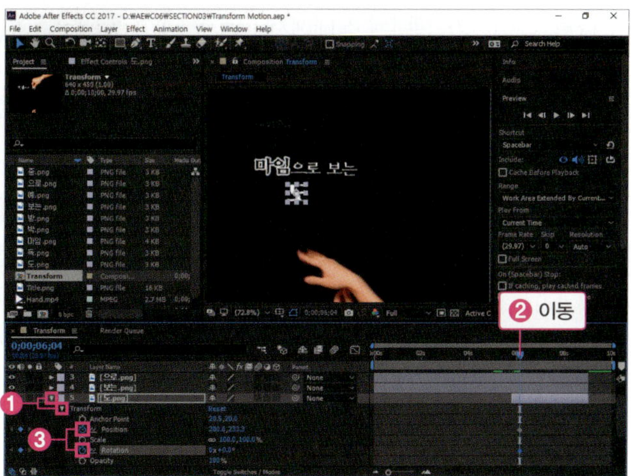

15 [Current Time Indicator]를 다음과 같은 시간 지점대로 옮겨가며 손이 이동하는 방향에 따라 '도' 문자를 옮깁니다.

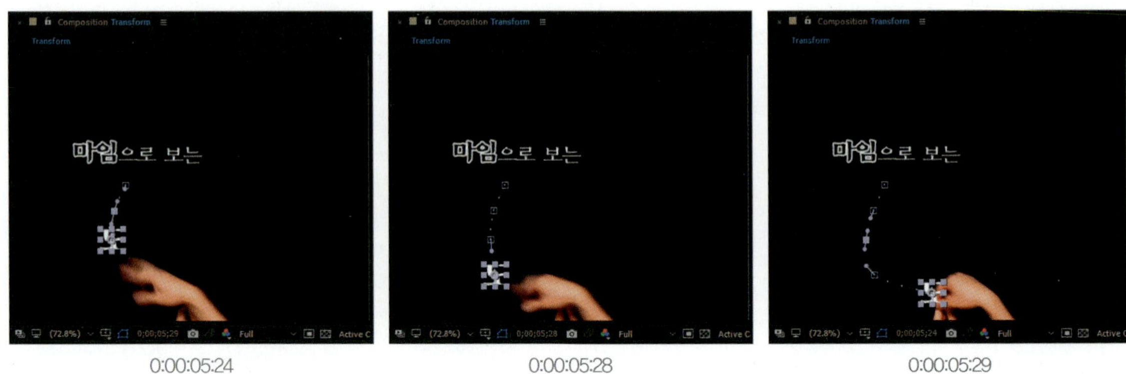

0:00:05:24   0:00:05:28   0:00:05:29

16 아래쪽 문자에는 회전 모션을 추가하기 위해서 0:00:05:24 위치에서 [Rotation]을 '−1x+0°'으로 입력하고, '도.png' 레이어의 [Motion Blur]( )를 클릭하여 활성화합니다.

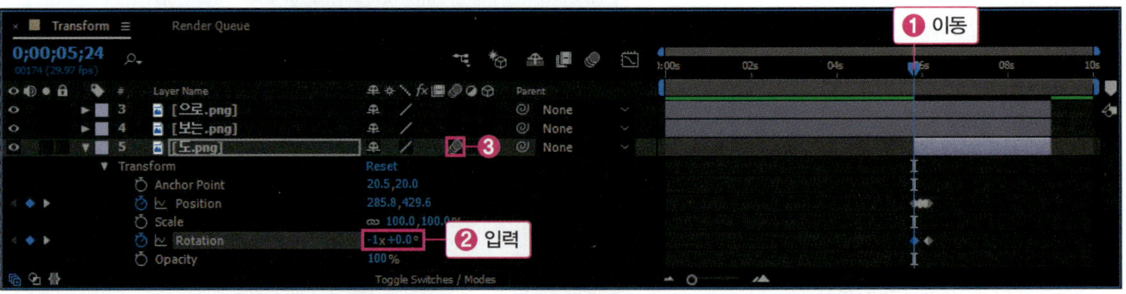

TIP :: [Rotation]의 수치가 '0x+0°'에서 '−1x+0°'으로 적용되면 시계반대방향으로 360° 회전을 의미합니다.

17 문자가 빛나는 효과를 적용하기 위해서 '도.png' 레이어가 선택된 상태에서 [Layer] 〉 [Pre-compose] 메뉴를 클릭합니다. [Pre-compose] 대화상자가 열리면 [Move all attributes into the new composition]을 선택하고 [OK] 버튼을 클릭하여 레이어를 컴포지션으로 바꿉니다.

TIP :: 레이어를 컴포지션으로 바꾸는 이유는 효과의 적용 범위를 늘이기 위함입니다. 레이어 상태에서 효과를 적용할 경우 문자 바깥으로 빛이 퍼져나가지 않습니다.

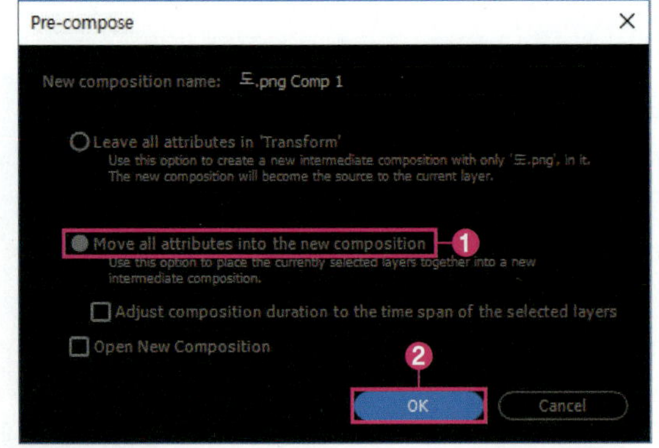

18 [Current Time Indicator]를 0:00:06:03 위치로 옮긴 후 '도.png Comp 1' 레이어가 선택된 상태에서 [Effect] 〉 [Trapcode] 〉 [Starglow] 메뉴를 클릭하고, [Effect Controls] 패널에 [Starglow]의 옵션이 보이면 [Preset]을 'Blue'로 설정합니다.

TIP :: [Starglow]는 Redgiant사에서 개발된 외부 플러그인입니다. 메뉴에 [Trapcode] 〉 [Starglow]가 없을 경우, 애프터 이펙트 Chapter 07 〉 Section 05에서 Trapcode 플러그인 설치 방법을 참조하여 설치합니다.

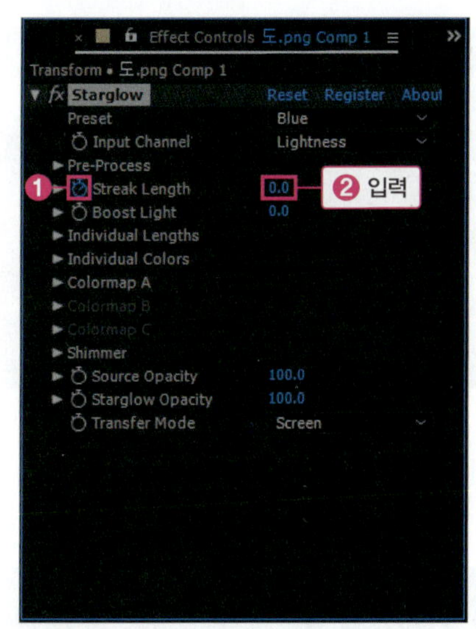

19 빛이 반짝이는 모션 효과를 주기 위해서 [Starglow]의 [Streak Length] 〉 [Time-Vary stop watch](🕐)를 클릭하여 활성화하고, '0.0'을 입력합니다.

20 '도.png Comp 1' 레이어를 클릭해 연 후 [Starglow] 〉 [Streak Length]를 0:00:06:04 위치는 '20', 0:00:06:09 위치는 '0'으로 입력합니다.

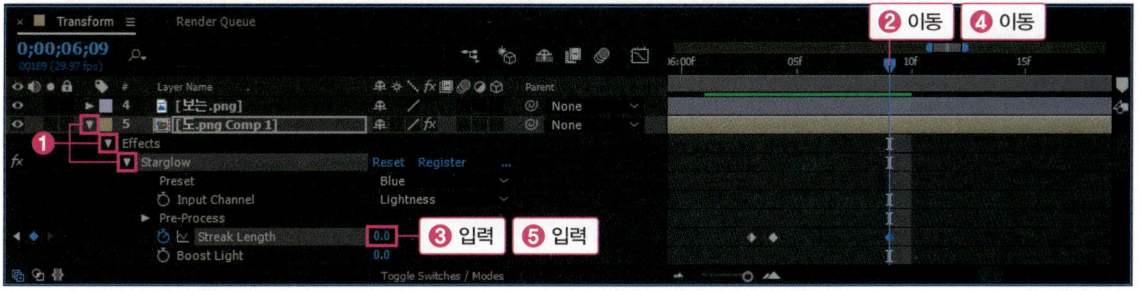

21 다음 문자에 같은 모션과 효과를 적용하기 위해서 [Timeline] 패널의 '박.png' 레이어를 클릭해 열고, 0:00:06:18 위치에서 [Position]과 [Rotation]의 [Time-Vary stop watch](⏱)를 클릭하여 활성화한 후 앞선 방법으로 모션과 Starglow 효과를 적용합니다.

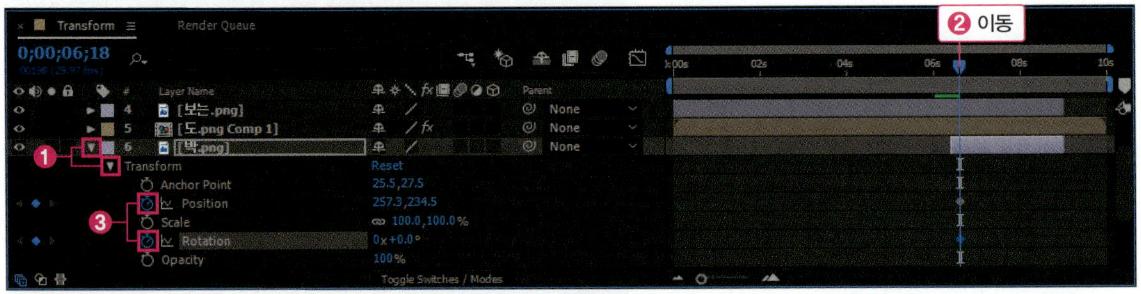

22 '중.png', '독.png', '예.png', '방.png' 레이어도 앞선 방법으로 모션과 효과를 적용합니다.

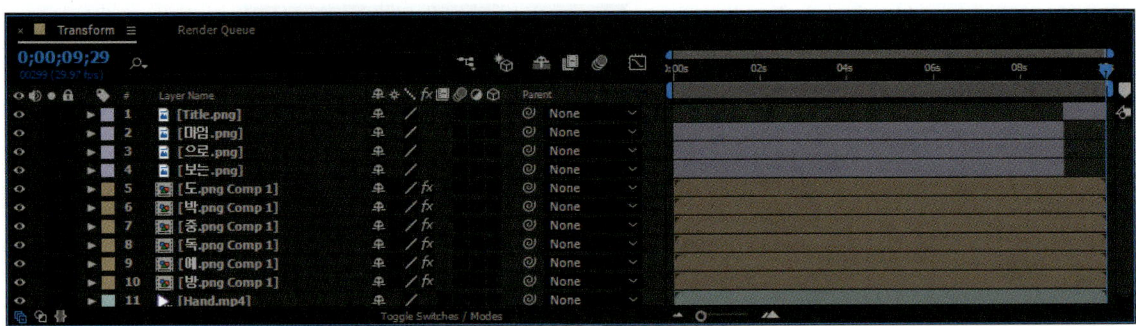

23 속도감 있는 모션 블러 효과를 적용하기 위해서 '마임.png', '으로.png', '보는.png' 레이어의 [Motion Blur](◎)와 [Timeline] 패널의 [Enables Motion Blur](◎)를 클릭하여 활성화합니다.

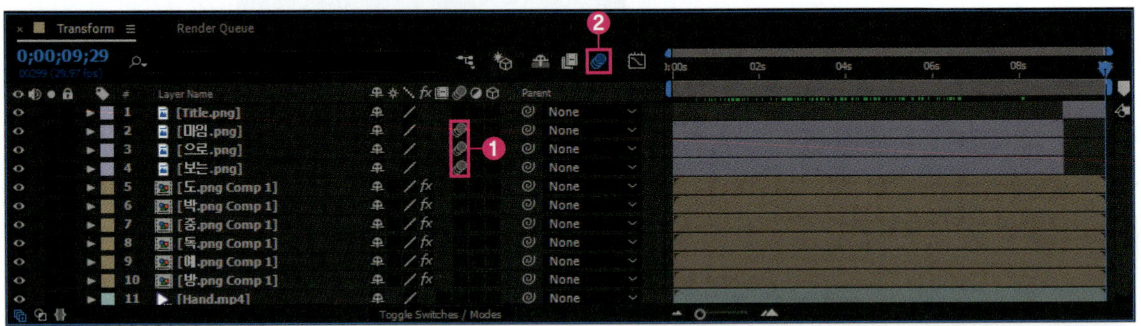

24 [Project] 패널의 'BGM.mp3' 푸티지를 [Timeline] 패널로 드래그하여 배경음악을 넣습니다. 타짜 패러디 타이틀이 완성되었습니다. 숫자패드 **0** 을 눌러 영상을 확인합니다.

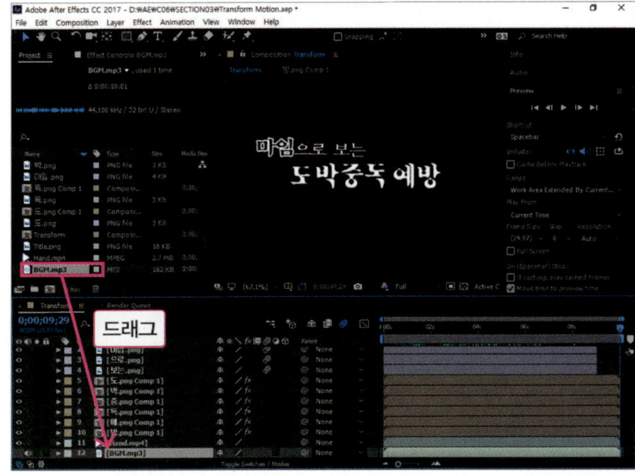

TIP :: 애프터 이펙트 트랩코드(Trapcode) 플러그인

애프터 이펙트가 사용된 이후로 초창기부터 가장 널리 알려져 있고, 자주 사용되는 외부 플러그인입니다. 유료 프로그램이긴 하지만 강력한 효과로 인해 특수효과가 필요한 부분에서는 반드시 사용해야 할 플러그인입니다.

■ Particular 효과

입자 효과로써 수많은 입자를 생성하여 눈, 비 등의 자연 효과를 만들어 냅니다. 꽃잎이 날리는 모습 혹은 모래가 날려서 글자가 생성되는 효과까지 다양한 곳에서 사용합니다.

■ Mir 효과

3차원 오브젝트를 만들어 아른 이미지 또는 영상과 합성하기 위해서 주로 사용합니다. 3차원 오브젝트는 단순한 물체부터 물줄기 표현과 같은 복잡한 유체 표현에도 사용됩니다.

■ Shine 효과

빛이 생성되어 나오는 효과입니다. 예로 글자에서 빛이 퍼져 나오는 것을 표현하거나 빛이 나왔다가 없어지는 효과 등을 만들 수 있습니다.

■ Lux 효과

조명효과로써 다양한 색상과 효과를 지원합니다. 옵션 설정을 통해. 가상 무대 등. 조명을 들어간 기타 배경을 만들 수 있습니다.

■ Starglow 효과

반짝 반짝 빛나는 효과을 만듭니다. 로고 타이틀 제작에서 자주 사용합니다.

■ Psumami

물을 표현해주는 효과입니다. 컴퓨터 사양만 좋다면 3D 프로그램이 없어도 바다와 같은 물 표현을 애프터 이펙트에서도 쉽게 할 수 있습니다.

■ Form 효과

규칙적이거나 불규칙적인 것을 자연스럽게 표현할 수 있는 3D 입자 효과입니다.

칠판 글씨
테크닉

SECTION **04**

핵심내용

다음 예제는 이전의 '붓글씨 실무 예제'와 비슷하지만, 글씨 외에 손 모션이 추가로 등장하여 느낌이 다릅니다. Pen Tool과 Stroke, Keyframe의 복사, 붙여 넣기를 활용하여 칠판 글씨 특수 효과를 실습해보겠습니다.

핵심기능

Pen Tool + Stroke + Keyframe
Ctrl+C, Ctrl+V

STORYBOARD

2012 전국 인터넷중독예방 UCC 공모전 '우수상' 수상 작품 중 일부분

01 칠판 글씨 Pen Tool + Stroke + Keyframe Ctrl+C, Ctrl+V

2012 전국 인터넷중독예방 UCC 공모전
'우수상' 수상 작품 중 일부분

: **준비 파일 :** Part 03 〉 Chapter 06 〉 Section 04 〉 Path Motion.aep   **· 완성 파일 :** Part 03 〉 Chapter 06 〉 Section 04 〉 Path Motion 완성.aep

1 제공된 애프터 이펙트 파일을 불러오기 위해서 [File] 〉 [Open Project](**Ctrl** + **O**) 메뉴를 클릭합니다. 'Path Motion.aep' 파일을 선택한 후 [열기] 버튼을 클릭합니다.

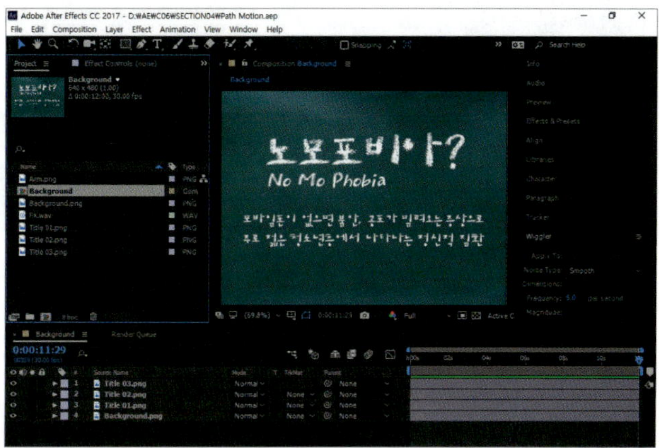

2 타이틀이 글씨 쓰는 순서에 따라 만들어지는 모션을 만들기 위해서 우선 패스를 그려야 합니다. [Timeline] 패널의 'Title 01' 레이어를 선택하고, [Tools] 패널의 [Pen Tool]( )을 클릭한 후 [Composition] 패널에서 마우스 휠로 그림과 같이 화면을 확대합니다.

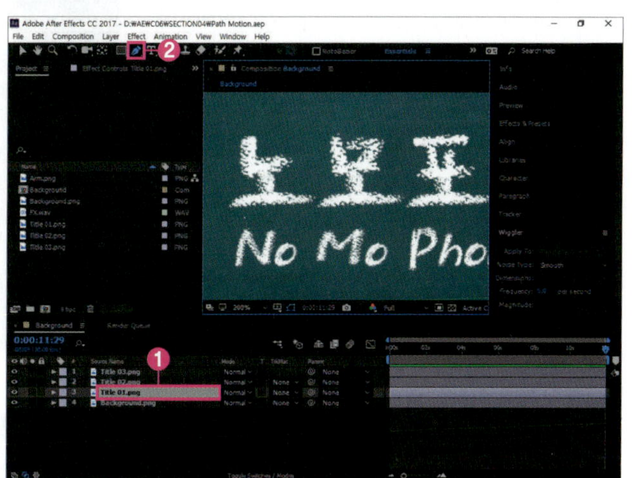

3 [Composition] 패널에서 '노' 문자에 맞춰 글씨를 쓰는 순서에 따라 그림과 같이 이어진 패스를 연속해서 그립니다.

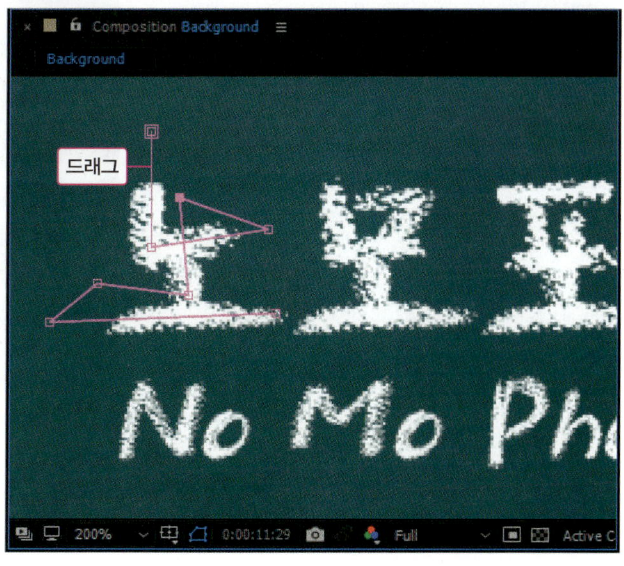

4 패스가 끊어지지 않도록 '노모포비아?'라는 문자가 써지는 경로를 그림과 같이 순서대로 그립니다.

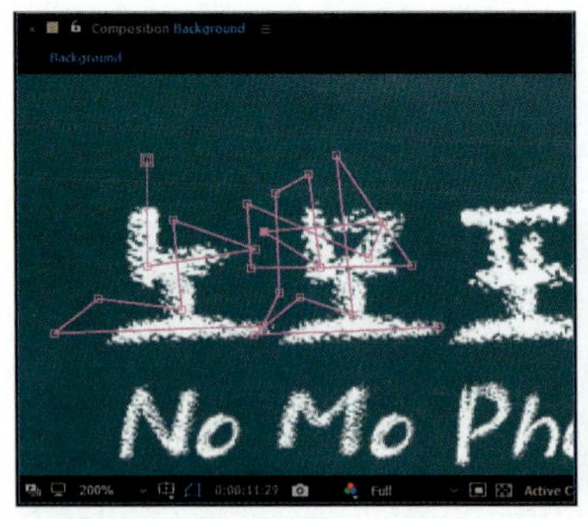 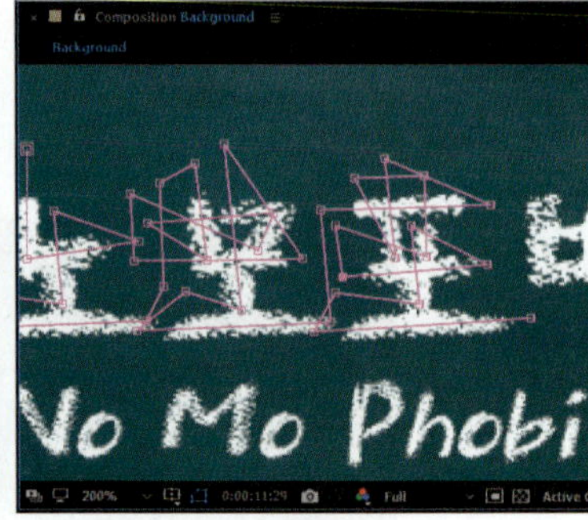 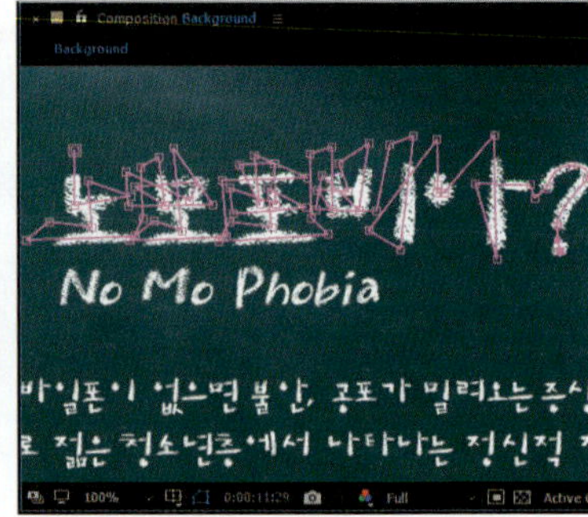

TIP :: 패스가 중간에 끊어졌을 경우, `Ctrl`+`Z`를 눌러 잘못된 마스크 선을 취소하고, [Pen Tool]로 마지막 점을 클릭한 후 다시 이어서 그리면 됩니다.

5 [Timeline] 패널에서 'Title 01' 레이어를 클릭해 열어 [Mask 1]이 선택되어 있음을 확인한 후 순서대로 그리기 효과를 주기 위해서 [Effects] 〉 [Generate] 〉 [Stroke] 메뉴를 클릭합니다. [Effect Controls] 패널에 [Stroke] 옵션이 보이면 [Brush Size]를 문자 두께보다 살짝 두껍게 '10.0' 정도로 입력합니다.

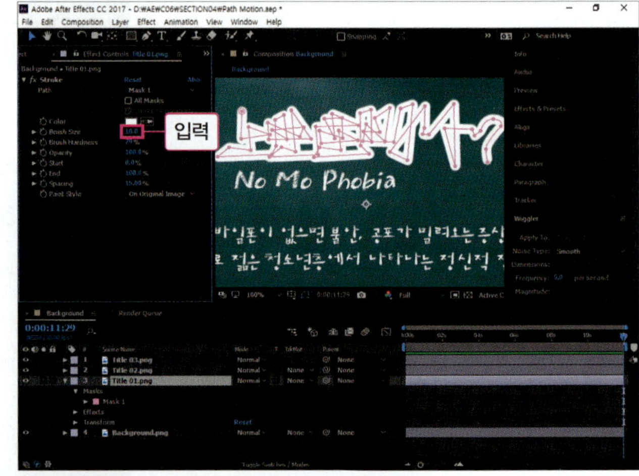

6 [Current Time Indicator]를 0:00:00:15 위치로 옮긴 후 [Stroke] 효과 [End]의 [Time-Vary stop watch](⏱)를 클릭해 활성화하고, '0.0%'로, [Paint Style]은 'Reveal Original Image'로 설정합니다.

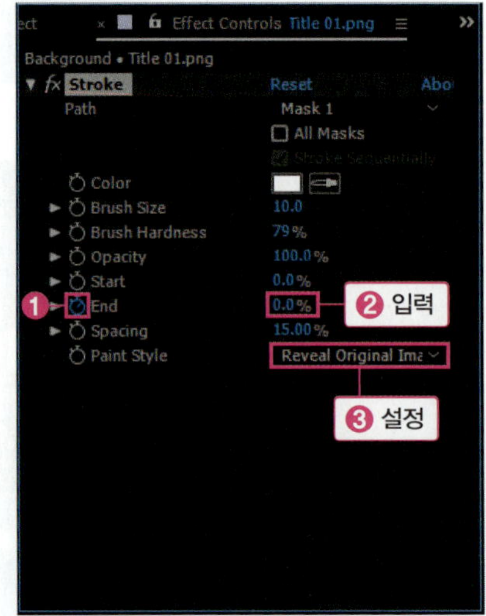

7 [Current Time Indicator]를 0:00:05:00 위치로 옮기고, [End]를 '100.0%'로 입력한 후 숫자패드 **0**을 눌러 글자 쓰는 애니메이션을 확인합니다.

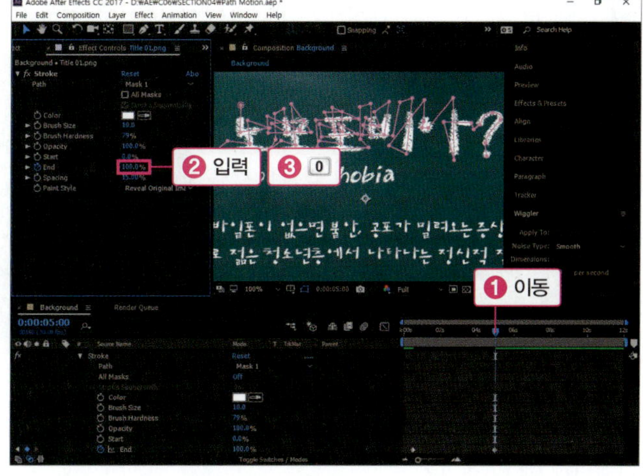

8 다음으로 사람이 직접 분필로 문자를 쓰는 것처럼 효과를 적용하기 위해서 [Project] 패널의 'Arm.png' 푸티지를 [Timeline] 패널의 1번 위치로 드래그하여 팔 이미지를 삽입합니다.

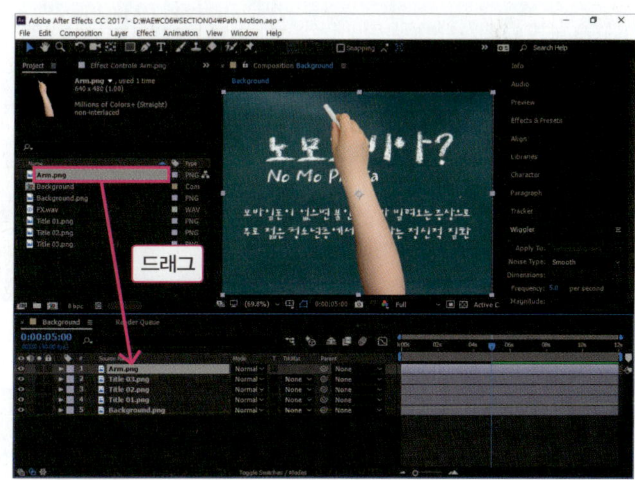

9 팔 이미지에 글자 모션을 똑같이 적용하기 위해서 [Timeline] 패널에서 'Title 01' 레이어를 클릭해 열고, [Current Time Indicator]를 0:00:00:15 위치로 옮긴 후 [Mask 1]의 [Mask Path]를 선택하고, **Ctrl** + **C** 를 누릅니다.

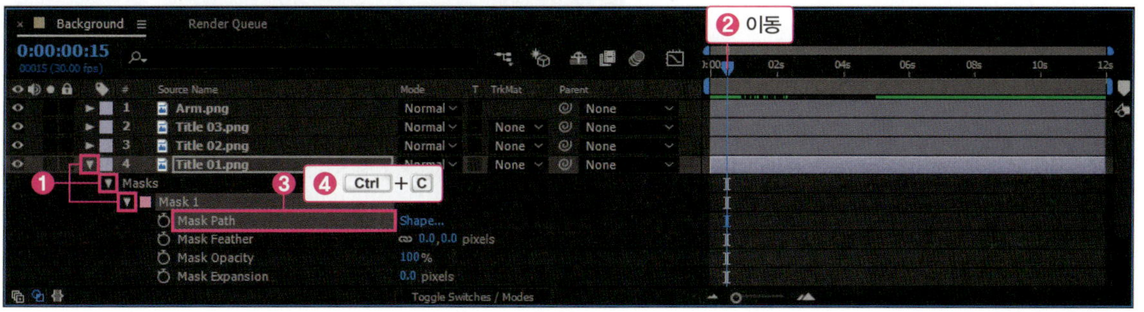

10 'Arm.png' 레이어를 클릭해 연 후 [Position]을 선택하고, **Ctrl** + **V** 를 눌러 키프레임을 붙여 넣습니다.

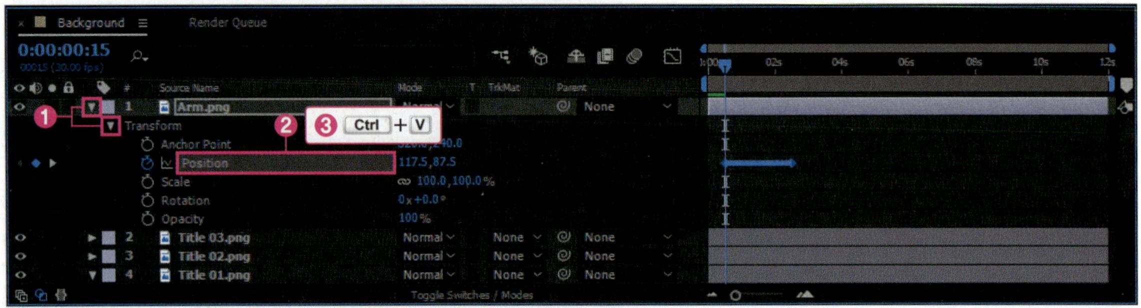

11 [Current Time Indicator]를 0:00:05:00 위치로 옮긴 후 왼쪽의 마지막 키프레임을 드래그하여 [Current Time Indicator]에 맞춥니다.

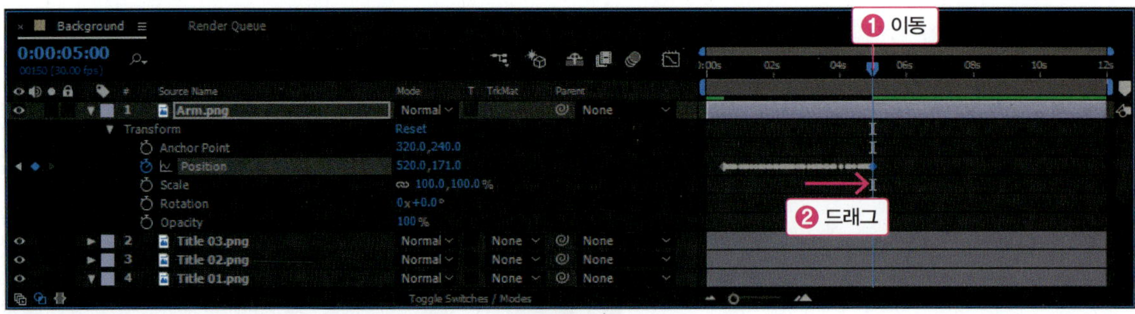

12 'Arm.png' 레이어의 [Anchor Point]의 수치를 적당하게 조정하여 그림과 같이 손에 들고 있는 분필의 끝을 물음표의 점과 일치시킵니다.

TIP :: 그려진 패스의 길이와 형태에 따라 [Anchor Point]의 수치가 다릅니다.

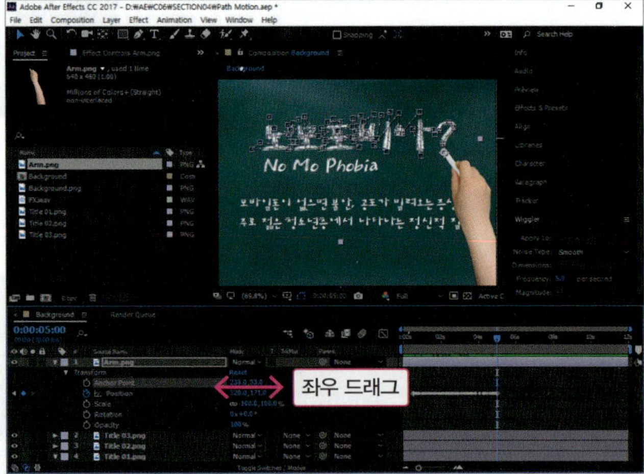

13 숫자패드 **0**을 눌러 '칠판 글씨 테크닉' 영상을 확인합니다.

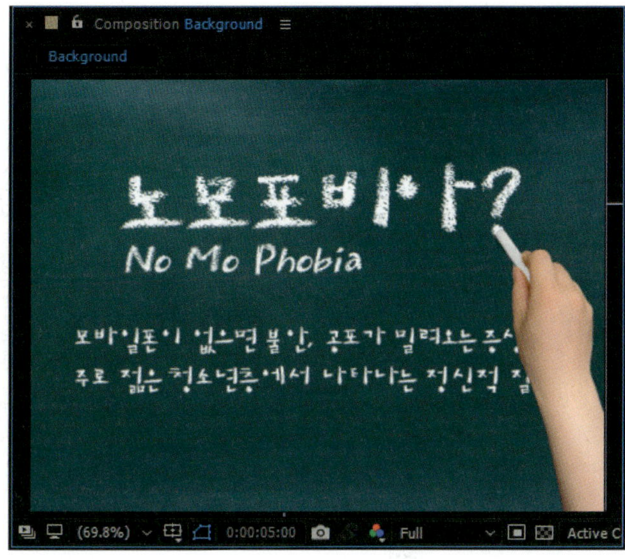

TIP :: Stroke 효과

Stroke 효과는 마스크로 만들어진 패스 주변에 선 또는 테두리를 만듭니다. 선 색상, 불투명도, 간격 및 브러시 특성을 지정할 수도 있습니다. 효과 선을 이미지 위에 표시할지, 투명한 이미지에 표시할지 또는 알파 채널로 선이 있는 곳의 이미지를 표시할지 설정을 통해 각각 다르게 지정할 수 있습니다.

이 효과는 손으로 직접 이미지를 그린 것처럼 표현하는 효과, 글씨를 손글씨처럼 쓰는 효과 등에 많이 사용합니다.

■ 옵션

- [Color] : 선의 색상을 설정합니다. 글씨를 쓰는 효과를 위해서는 흰색 또는 검은색으로 설정합니다.
- [Brush Size] : 선의 두께를 설정합니다.
- [Brush Hardness] : 선의 가장자리를 강하게 또는 부드럽게 처리합니다.
- [Opacity] : 선의 투명도를 설정합니다.
- [Start] : 전체 선의 길이에서 효과가 시작될 위치를 설정합니다. 키프레임 애니메이션을 통해 글씨가 지워지거나 생성되는 것을 표현합니다.
- [End] : 전체 선의 길이에서 효과가 끝나는 위치를 설정합니다. 키프레임 애니메이션을 통해 글씨가 지워지거나 생성되는 것을 표현합니다.
- [Spacing] : 선 사이의 간격을 지정합니다.
- [Paint Style] : 선을 원본 레이어에 적용할지 투명 레이어에 적용할지 지정합니다.

줌 인/
줌 아웃
테크닉

핵심내용

다음 예제는 애프터 이펙트 실무에서 많이 사용하는 핵심 기법 중 하나인 줌 인/줌 아웃의 블러 모션 특수 효과입니다. Scale을 활용하여 CC Radial Blur에 모션을 주는 방법에 대해 안내하였습니다.

핵심기능

Scale + CC Radial Blur

STORYBOARD

2006 대한민국 관광 애니메이션 공모전 '우수상' 수상 작품 중 일부분

: 준비 파일 : Part 03 〉 Chapter 06 〉 Section 05 〉 Zoom.aep **: 완성 파일 :** Part 03 〉 Chapter 06 〉 Section 05 〉 Zoom 완성.aep

1 제공된 애프터 이펙트 파일을 불러오기 위해서 [File] 〉 [Open Project](**Ctrl** + **O**) 메뉴를 클릭합니다. 'Zoom.aep' 파일을 선택한 후 [열기] 버튼을 클릭하고 숫자패드 **0**을 눌러 영상을 확인합니다. [Timeline] 패널에서 '01B 숭례문.bmp' 레이어를 선택하고, 줌 인/줌 아웃을 위한 블러 효과를 적용하기 위해서 [Effects] 〉 [Blur & Sharpen] 〉 [CC Radial Blur] 메뉴를 클릭합니다. [Effect Controls] 패널의 [CC Radial Blur] 옵션이 보이면 [Type]은 'Straight Zoom', [Center]는 한복 입은 여자아이가 들고 있는 그림의 중앙 지점(330.0, 380.0)을 입력합니다.

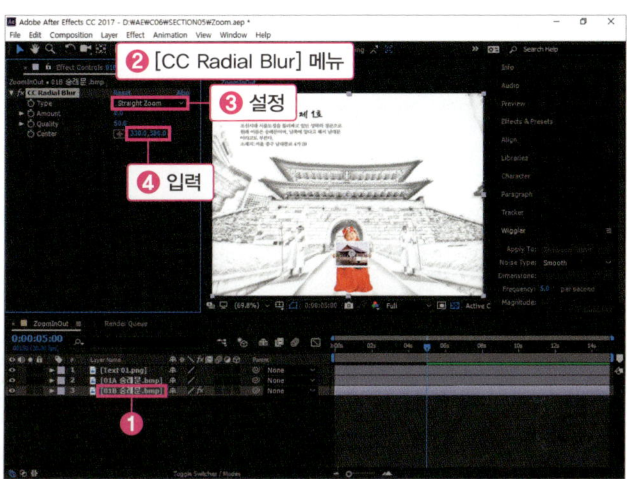

2 배경이 빠른 속도의 느낌으로 확대하는 효과를 만들기 위해서 '01B 숭례문.bmp' 레이어를 클릭해 열어 [CC Radial Blur]를 보이게 하고, 0:00:05:00 위치에서 [Amount] 〉 [Time-Vary stop watch]( )를 클릭하여 활성화합니다. [Current Time Indicator]를 0:00:06:00 위치로 옮기고, '40.0'을 입력합니다.

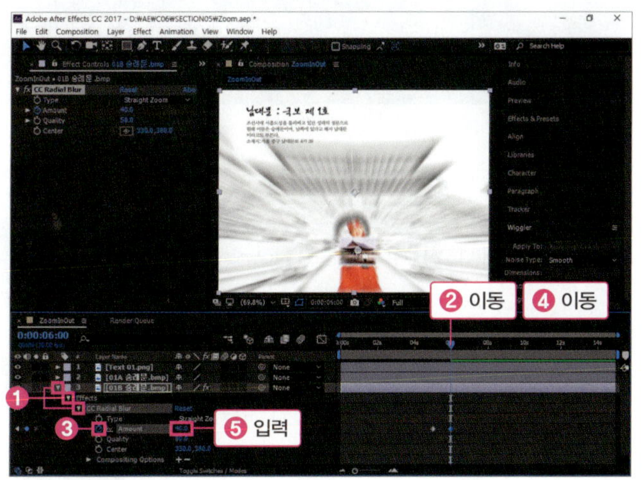

3 소녀가 들고 있는 이미지가 커지는 모션을 만들기 위해서 0:00:06:00 위치에서 '01B 숭례문.bmp' 레이어의 [Position]과 [Scale]의 [Time-Vary stop watch]( )를 클릭하여 활성화한 후 [Current Time Indicator]를 0:00:06:10 위치로 옮기고, 여자아이가 들고 있는 그림이 화면에 꽉 차게 보이도록 다음과 같이 입력합니다.

- [Scale] : '775, 775%'
- [Position] : '250, −854'

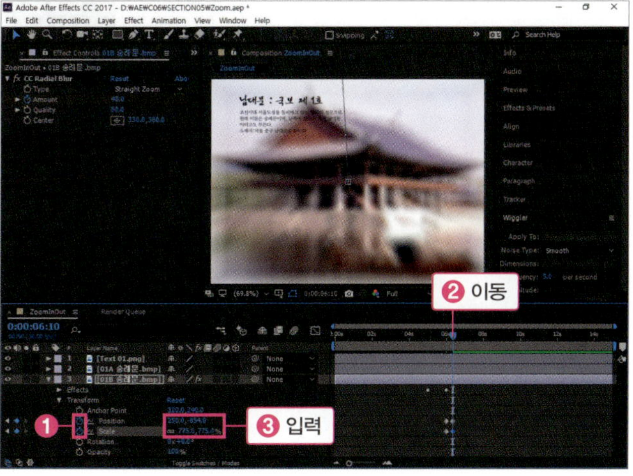

4 위쪽에 위치한 타이틀이 자연스럽게 나타난 후 뒤쪽에서 사라지는 모션을 만들기 위해서 'Text 01' 레이어를 선택하고, **T**를 눌러 [Opacity]를 보이게 한 후 다음과 같이 입력합니다.

- 0:00:00:20 지점 : '0%'
- 0:00:01:20 지점 : '100%'
- 0:00:05:10 지점 : '100%'
- 0:00:05:20 지점 : '0%'

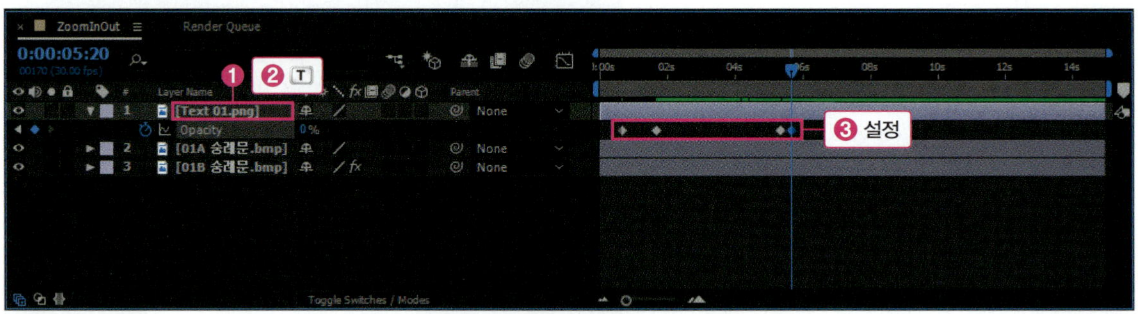

5 소녀가 들고 있는 이미지의 크기가 작아 확대가 되면 화질이 안 좋습니다. 따라서 확대될 때 선명한 이미지로 바꾸기 위해서 [Project] 패널의 '02A 경회루.bmp' 푸티지를 [Timeline] 패널의 2번 위치로 드래그한 후 [Transform]을 클릭해 엽니다. 이미지가 자연스럽게 나타나는 모션을 만들기 위해서 0:00:05:20 위치에서 [Opacity] 〉 [Time-Vary stop watch](⏱)를 클릭하여 활성화하고, '0%'로 입력합니다. [Current Time Indicator]를 0:00:06:00 위치로 옮기고 '100%'로 입력합니다.

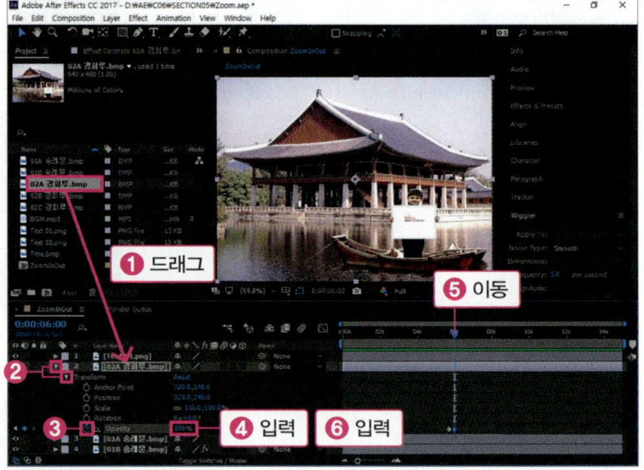

6 소녀가 들고 있는 이미지가 확대되는 모션과 같이 '02A 경회루.bmp' 레이어에도 같은 모션을 만들기 위해서 0:00:06:00 위치에서 [Position]과 [Scale] 〉 [Time–Vary stop watch](◯)를 클릭하여 활성화합니다. 한복 입은 여자아이가 들고 있는 이미지의 크기와 위치가 같아지도록 다음과 같이 입력합니다.

- [Scale] : '13, 13%'
- [Position] : '329, 382'

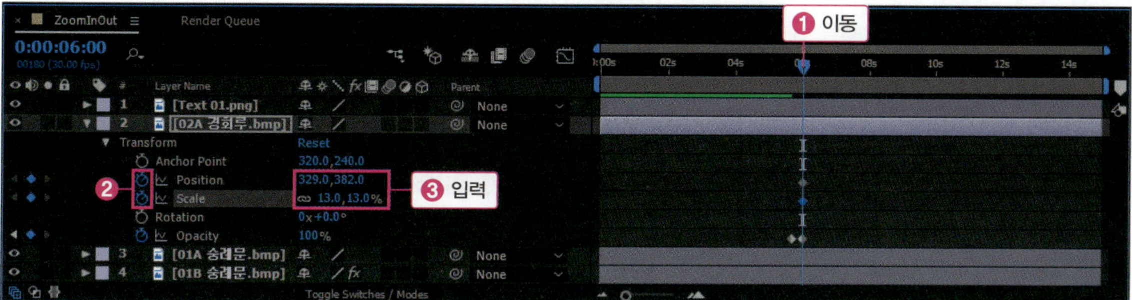

7 [Current Time Indicator]를 0:00:06:10 위치로 옮기고, 원래 크기와 위치로 다음과 같이 입력합니다.

- [Scale] : '100, 100%'
- [Position] : '320, 240'

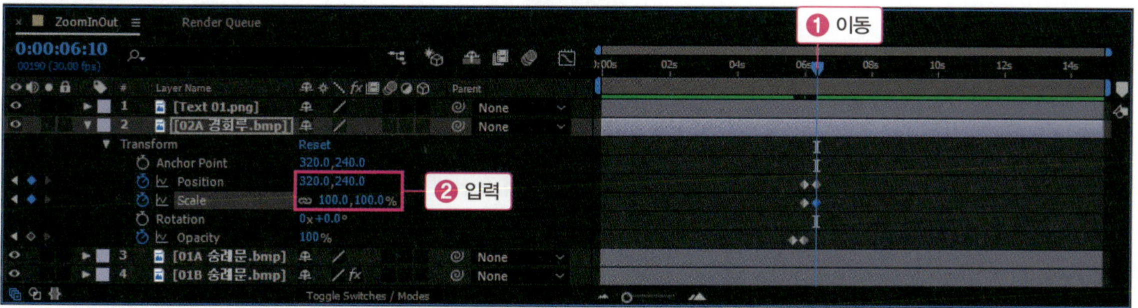

8 '02A 경회루.bmp' 레이어에도 같은 블러 효과를 적용하기 위해서 [Effects] 〉 [Blur & Sharpen] 〉 [CC Radial Blur] 메뉴를 클릭합니다. [Effect Controls] 패널에 [CC Radial Blur]의 옵션이 보이면 [Type]은 'Straight Zoom', [Center]는 남자아이가 들고 있는 그림의 중심지점 (458.0, 336.0)을 입력합니다.

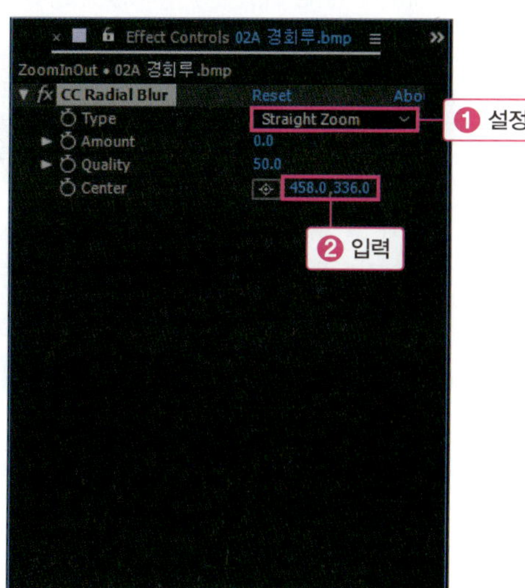

9 '02A 경회루.bmp' 레이어의 [CC Radial Blur]를 클릭해 보이게 하고, [Amount] 〉 [Time–Vary stop watch](⏱)를 클릭하여 활성화합니다. [Current Time Indicator]를 0:00:06:05 위치로 옮기고, '–40.0'을 입력합니다. 숫자패드 ⓪을 눌러 '줌 인/줌 아웃' 모션을 확인합니다.

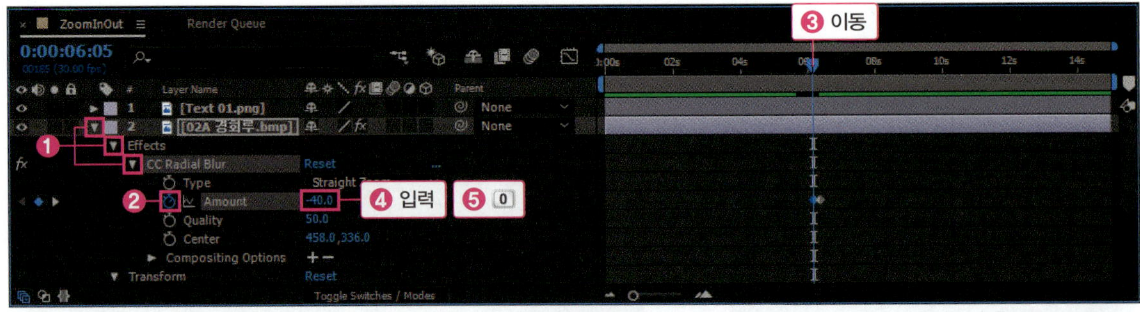

10 처음에 봤던 배경과 같이 흑백의 이미지로 바꾸기 위해서 [Project] 패널의 '02B 경회루.bmp' 푸티지를 [Timeline] 패널의 2번 위치로 드래그한 후 [Current Time Indicator]를 0:00:07:10 위치로 옮기고, [［]를 눌러 레이어를 옮깁니다.

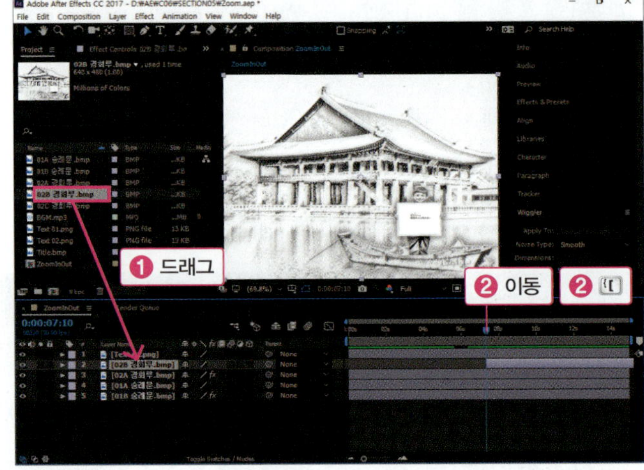

11 '02B 경회루.bmp' 레이어가 자연스럽게 나타나는 모션을 만들기 위해서 ［T］를 눌러 [Opacity]를 보이게 합니다. 0:00:07:10 위치에서 [Opacity] 〉 [Time–Vary stop watch](⏱)를 클릭하여 활성화합니다. '0%'를 입력한 후 [Current Time Indicator]를 0:00:08:10 위치로 옮기고 '100%'로 입력합니다.

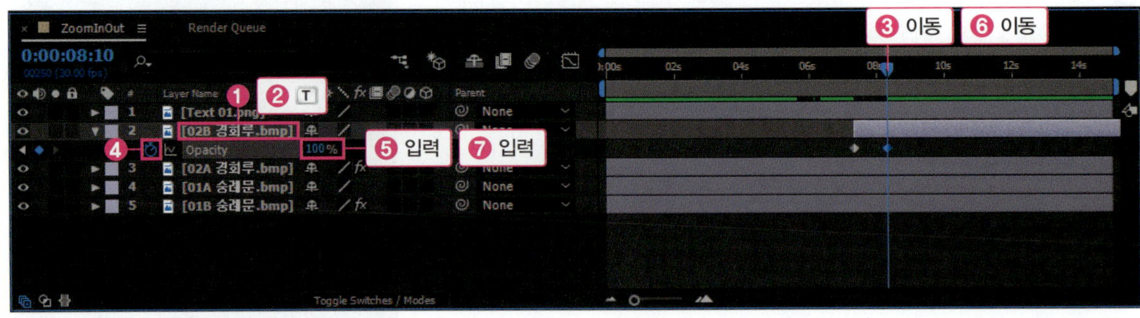

12 상단의 타이틀을 넣기 위해서 [Project] 패널의 'Text 02.png' 푸티지를 [Timeline] 패널의 2번 위치로 드래그하고 [T]를 눌러 [Opacity]를 보이게 합니다. 0:00:08:10 위치에서 [Opacity] 〉 [Time—Vary stop watch](📷)를 클릭하여 활성화하고, '0%'로 입력한 후 [Current Time Indicator]를 0:00:09:10 위치로 옮기고, '100%'로 입력하여 타이틀이 자연스럽게 나타나도록 합니다.

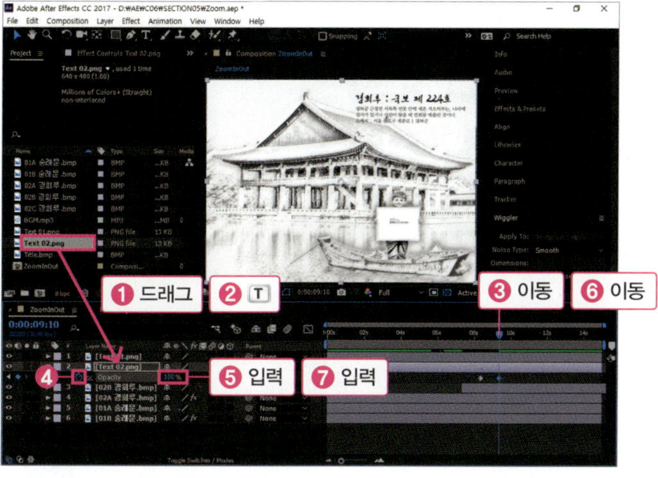

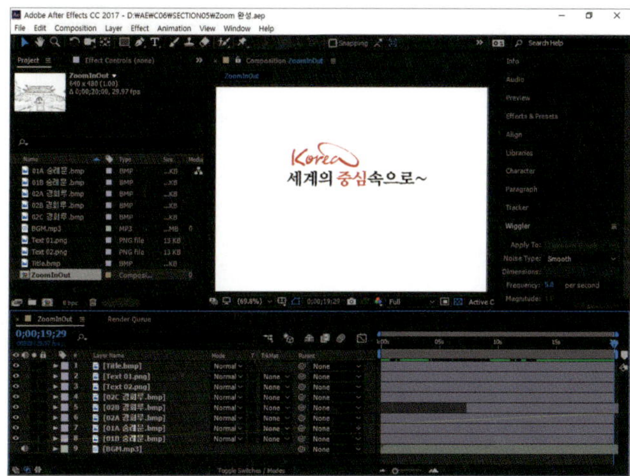

13 지금까지 배운 방법을 이용하여 [Project] 패널의 'Title.bmp' 푸티지도 [Timeline] 패널에 드래그하고, 줌 인/줌 아웃 효과를 만듭니다. 마지막으로 [Project] 패널의 'BGM.mp3' 푸티지를 [Timeline] 패널로 드래그하여 배경음악을 넣고, 숫자패드 [0]을 눌러 영상을 확인합니다.

포커스 인/
포커스 아웃
테크닉

SECTION **06**

핵심내용

다음 예제는 애프터 이펙트 실무에서 많이 사용하는 포커스 인/포커스 아웃 모션 특수 효과입니다.
Camera와 Depth of Field, 그리고 Focus Distance에 대해 실습해 보겠습니다.

핵심기능

Camera + Depth of Field + Focus
Distance

STORYBOARD

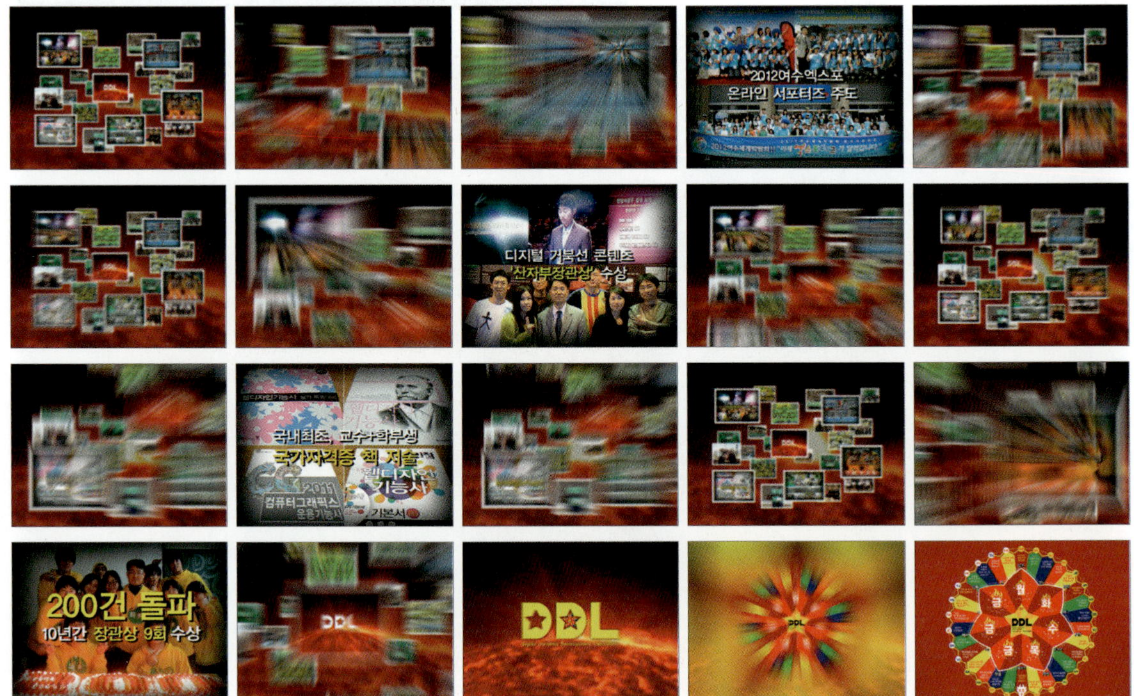

01 포커스 인/포커스 아웃 Camera + Depth of Field + Focus Distance

2013 DDL 포럼 영상프레젠테이션
중 일부분

: 준비 파일 : Part 03 〉 Chapter 06 〉 Section 06 〉 FocusInOut.aep　　**완성 파일 :** Part 03 〉 Chapter 06 〉 Section 06 〉 FocusInOut 완성.aep

1　제공된 애프터 이펙트 파일을 불러오기 위해서 [File] 〉 [Open Project](**Ctrl** + **O**) 메뉴를 클릭합니다. 'FocusInOut.aep' 파일을 선택한 후 [열기] 버튼을 클릭합니다.

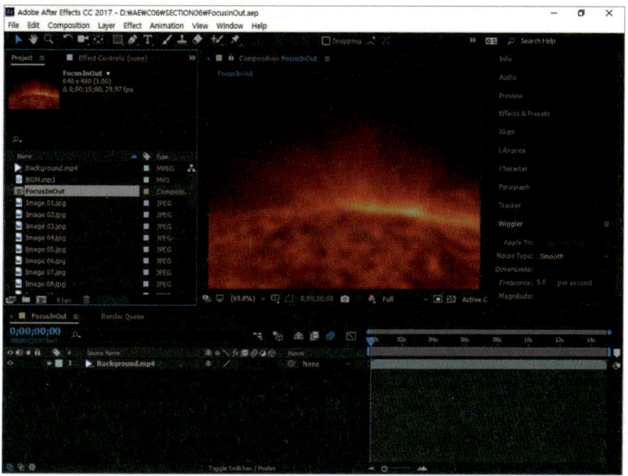

2　이번 예제는 가상의 카메라를 통해 역동적인 모션이 있는 영상을 만들어 보겠습니다. 가상의 카메라를 만들기 위해 [Timeline] 패널이 선택된 상태에서 [Layer] 〉 [New] 〉 [Camera] (**Ctrl** + **Shift** + **Alt** + **C**) 메뉴를 클릭합니다. [Camera Settings] 대화상자가 열리면 다음과 같이 설정하고 [OK] 버튼을 클릭합니다.

- [Type] : 'One-Node Camera'
- [Preset] : '28mm'

TIP :: Preset
렌즈의 규격을 설정하는 옵션으로써 실제 카메라의 렌즈 규격과 같습니다.

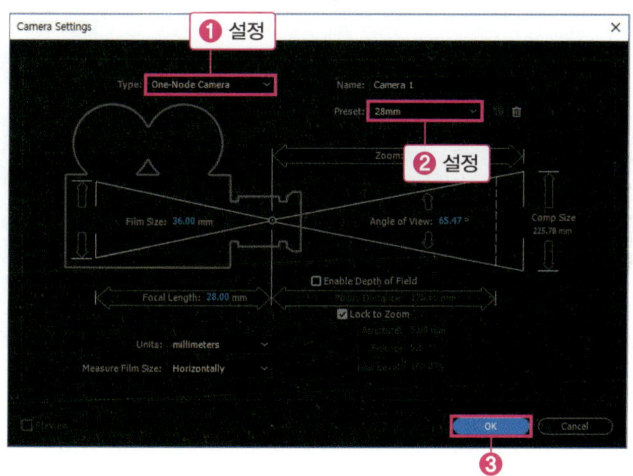

3　[Warning] 대화상자가 뜨면 [OK] 버튼을 클릭합니다.

TIP :: 카메라는 기존 2D 레이어에서는 작동하지 않는다는 메시지입니다. 카메라의 모션을 위해서는 [Timeline] 패널에 적어도 하나의 3D 레이어가 필요합니다.

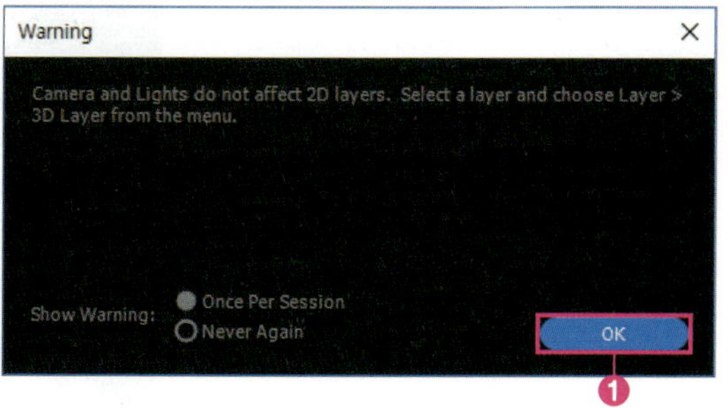

4 [Timeline] 패널에 'Camera 1'이 만들어지면 레이어를 클릭해 열고, [Position]을 마우스 오른쪽 버튼으로 클릭한 후 [Separate Dimensions]를 클릭합니다.

TIP :: Separate Dimensions

하나의 항목으로 표시된 x, y, z 좌표를 각각 따로 분리합니다. 분리된 항목에 개별 설정이나 모션을 만들 수 있습니다.

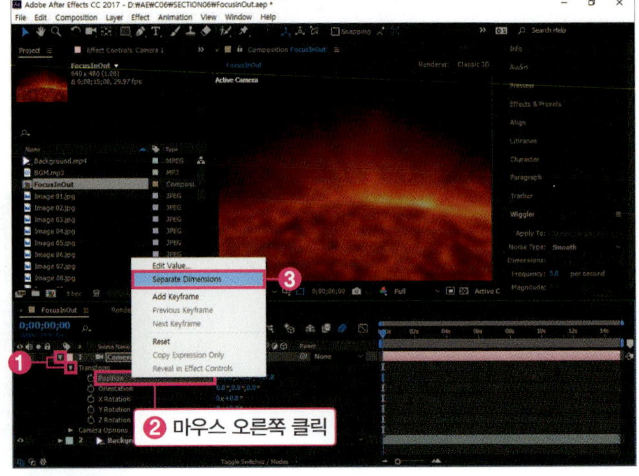

5 'Camera 1' 레이어의 [Camera Options]를 클릭해 열고 다음과 같이 설정합니다.

- [Zoom] : '500 pixels'
- [Depth of Field] : 'On'
- [Focus Distance] : '500 pixels'

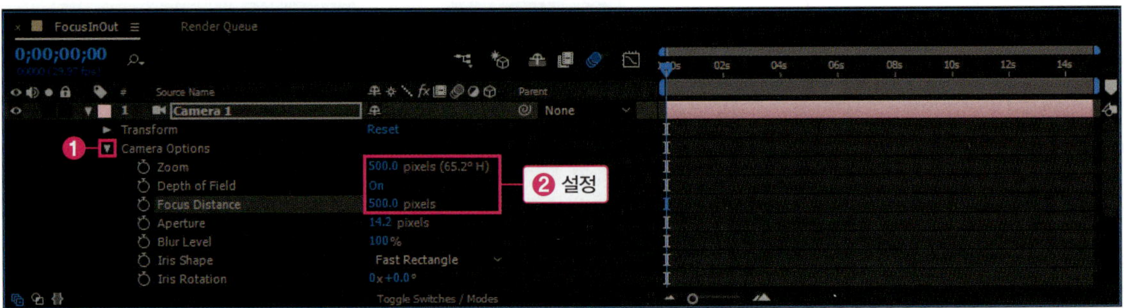

TIP :: Depth of Field

카메라의 초점이 맞는 범위를 가리키는 말로 'On'으로 설정하면 설정된 범위 밖의 영역은 블러 효과를 주어 원근감, 공간감, 특정 이미지에 집중 효과를 만들 수 있습니다.

6 [Composition] 패널에서 [3D View Popup]을 클릭하여 'Camera 1'로 설정합니다.

TIP :: 3D View Popup

현재 선택한 [Composition]의 뷰 설정입니다. 가상의 카메라를 만들면 목록에 추가되고, 선택하면 카메라 뷰를 통해 컴포지션에서 작업할 수 있습니다. 3D 레이어로 작업할 경우, 필요에 따라 Top 뷰, Back 뷰 등 다른 각도에서 보면서 영상을 만들 수 있습니다.

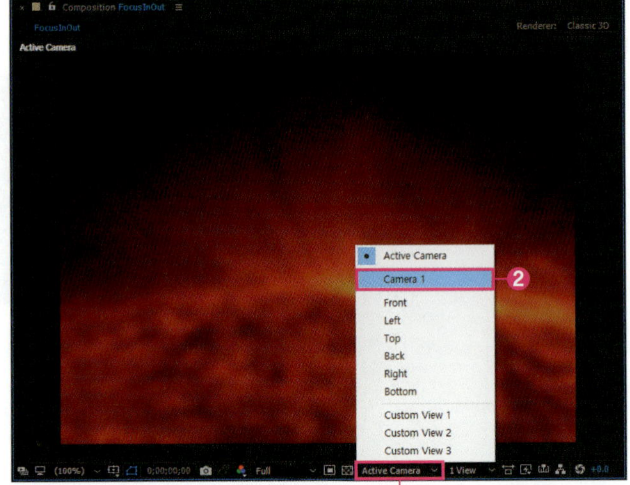

7 카메라가 설정되었으므로 이제 가상의 공간에 준비된 이미지들을 배치해 보겠습니다. [Project] 패널의 'Image 01.jpg~Image 06.jpg' 푸티지를 [Timeline] 패널로 드래그한 후 [3D Layer](⬛)를 클릭해 활성화하여 3D 레이어로 만듭니다.

TIP : : [3D Layer] 버튼이 보이지 않는 경우

[Timeline] 패널의 왼쪽 아래 [Expand or Collapse the Layer Switches Pane](⬛)이 활성화되어 있는지 확인하세요.

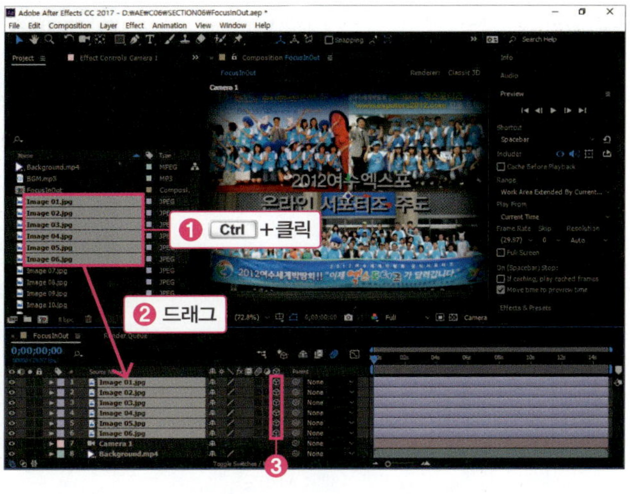

8 이미지들의 거리를 각각 다르게 하여 화면에서 가깝게 보이거나 멀리 보이는 원근감을 주기 위해서[Composition] 패널의 [Select view layout]를 '2 Views–Horizontal'로 설정하여 화면을 두 개로 분리한 후 왼쪽 화면을 클릭하여 활성화합니다. [3D View Popup]을 'Top'으로 설정합니다. 왼쪽과 오른쪽 화면의 [Magnification ratio popup]을 'Fit'으로 설정합니다.

TIP : : Magnification ratio popup

[Composition] 패널에서 작업 화면의 크기를 설정하며 실제 출력되는 영상의 크기와는 무관합니다. 'Fit'으로 설정하면 [Composition] 패널 크기에 맞춰 작업 화면 크기를 설정합니다.

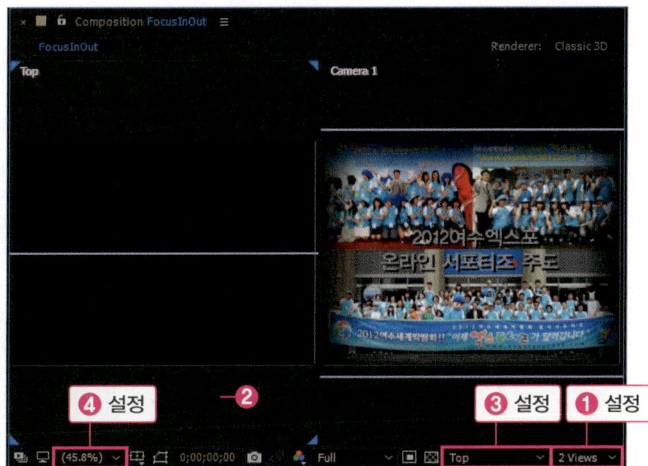

9 [Timeline] 패널에서 'Image 01.jpg~Image 06.jpg' 레이어를 선택하면 [Composition] 패널의 양쪽 화면에 선택된 이미지에 X, Y, Z축을 알려주는 화살표가 표시됩니다. 빨간색은 X축, 녹색은 Y축, 파란색은 Z축입니다.

TIP : : [Composition] 패널에서 마우스 커서를 레이어의 축으로 옮기면 해당 축의 문자가 커서에 표시됩니다. 이때 이미지를 드래그하면 해당된 축 방향으로만 움직일 수 있습니다.

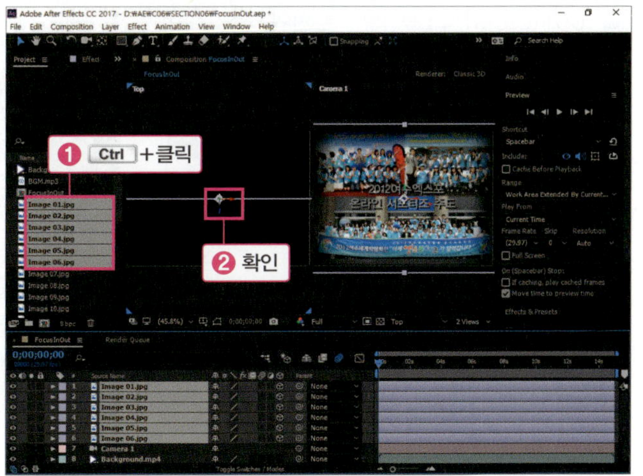

10 [Composition] 패널 왼쪽 화면(Top)에서 선택된 레이어의 파란색 화살표(Z축)에 마우스 커서를 위치시키고 커서에 'Z' 문자가 표시되면 드래그하여 위쪽으로 그림과 같이 드래그하여 옮깁니다.

TIP :: Top에서 레이어들을 위쪽으로 옮기면 정면(Camera 1)에서 보았을 때 화면상에서 뒤쪽으로 멀어지게 되므로 이미지가 작아지는 것처럼 보입니다.

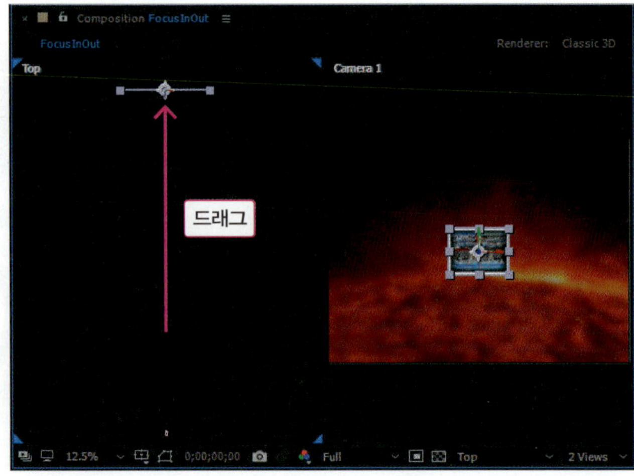

11 오른쪽 화면(Camera 1)에서 각각의 레이어를 차례로 드래그하여 그림과 같이 위치를 적당히 옮긴 후 왼쪽 화면(Top)에서 Z축의 위치를 각각 다르게 배치합니다.

바로 알기

[Camera 1]에서 레이어들을 배치할 때 조절점을 잘못 드래그하면 이미지의 크기가 변형되므로 레이어의 중앙 부분을 드래그해야 합니다.

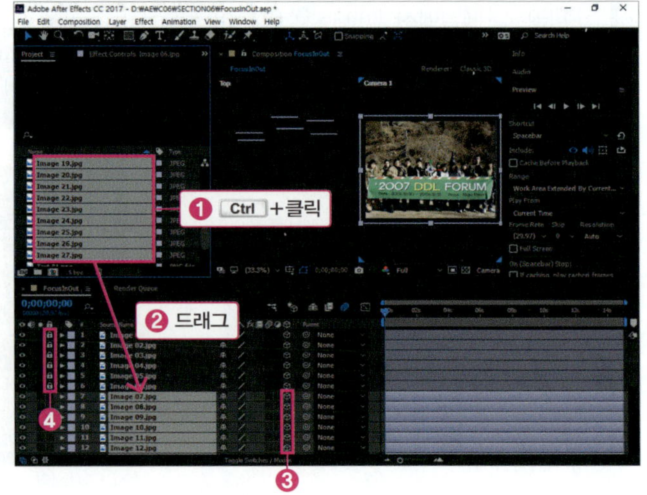

12 이제 나머지 푸티지들도 불러와 같은 방법으로 배치해 보겠습니다. [Project] 패널의 'Image 07.jpg~Image 27.jpg' 푸티지를 [Timeline] 패널로 다음과 같이 드래그한 후 [3D Layer](아이콘)를 활성화하여 3D 레이어로 만들고, 'Image 01.jpg~Image 06.jpg' 레이어의 [Lock](아이콘)을 클릭해 활성화합니다.

TIP :: Lock

활성화되면 해당 레이어에 대한 모든 수정이 불가능하게 됩니다.

13 오른쪽 화면(Camera 1)에서 'Image 07.jpg~Image 27.jpg' 레이어의 위치를 랜덤하게 배치한 후 왼쪽 화면(Top)에서 'Image 01.jpg~Image 06.jpg' 레이어 위쪽으로 다음과 같이 각각 다르게 옮깁니다. 왼쪽 화면(Top)에서 Z축의 위치를 서로 벌릴수록 레이어 간의 공간감이 깊어집니다.

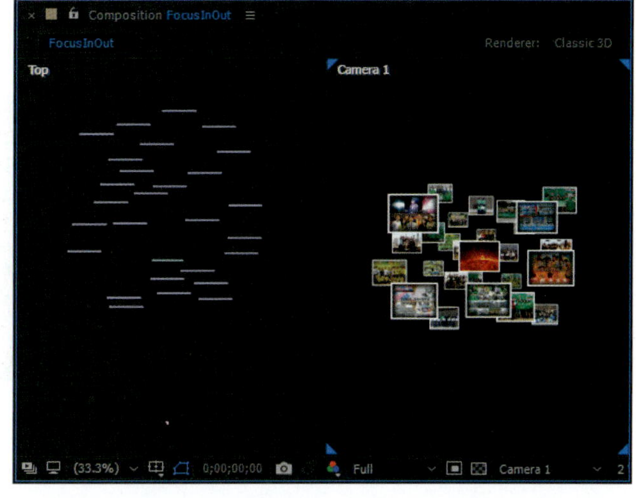

14 레이어의 위치를 모두 옮기고 난 후 [Composition] 패널의 [Select view layout]을 '1 View'로 설정하여 [Camera 1]의 화면만 보이게 합니다.

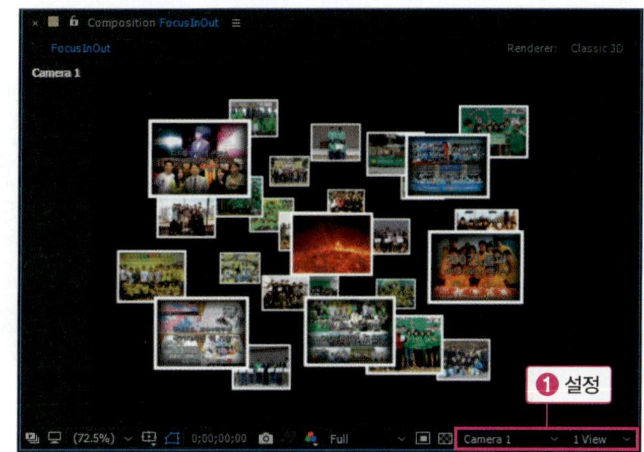

15 다음으로 카메라에 위치 이동 모션을 만들어 'Image 01.jpg' 레이어가 화면에 꽉 차도록 확대해 보겠습니다. 'Camera 1' 레이어를 열고, 0:00:00:00 위치에서 [X Position], [Y Position], [Z Position]의 [Time-Vary stop watch] ( )를 클릭해 활성화합니다.

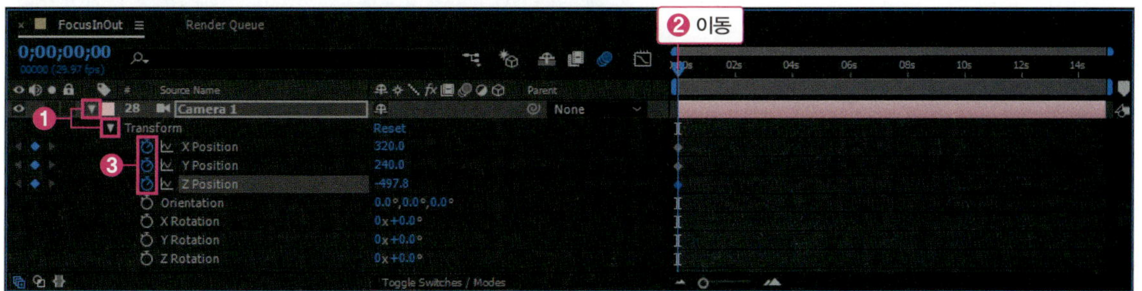

16 'Image 01.jpg' 레이어의 [Lock](🔒)을 클릭하여 해제합니다. 레이어를 선택하고, P를 눌러 [Position]을 보이게 한 후 설정된 수치를 기억합니다.

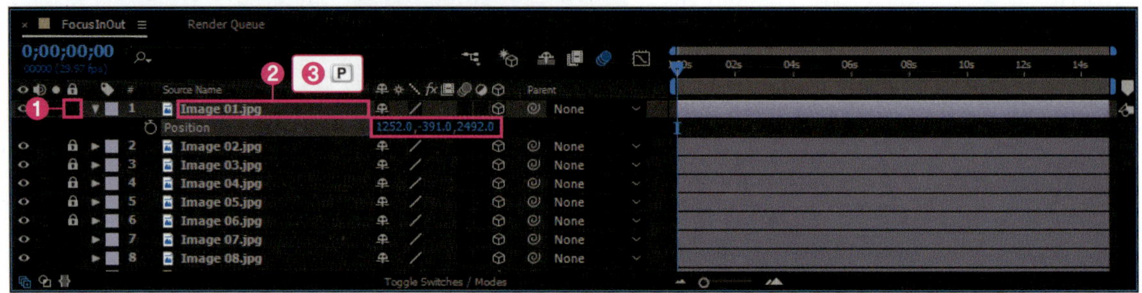

TIP :: 'Image 01.jpg' 레이어의 위치를 랜덤하게 배치했으므로 [Position] 값은 사용자마다 다릅니다. 각자 작업 중인 이미지의 [Position] 값을 기억하도록 합니다.

17 [Current Time Indicator]를 0:00:00:20 위치로 옮기고, 'Image 01.jpg' 레이어 [Position]의 첫 번째 수치를 'Camera 1' 레이어의 [X Position]에, 두 번째 수치를 [Y Position]에 입력합니다.

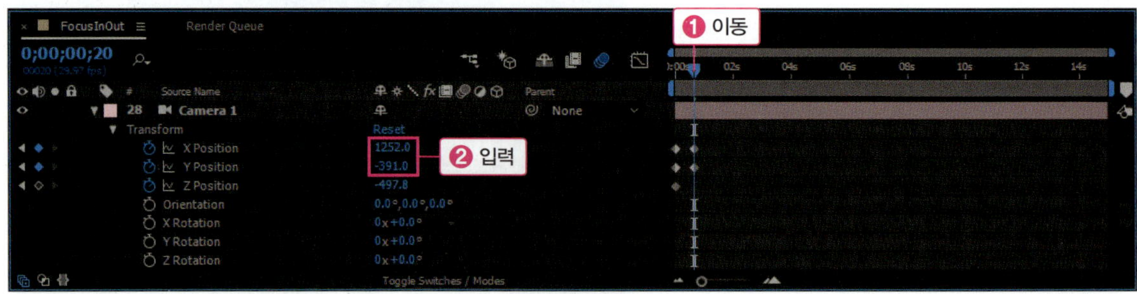

18 'Image 01.jpg' 레이어 [Position]의 세 번째 수치에서 '500'을 뺀 수치를 'Camera 1' 레이어의 [Z Position]에 입력하여 그림과 같이 'Image 01.jpg' 레이어가 [Composition] 패널에서 전체 화면으로 보이게 합니다. 숫자패드 0을 눌러 카메라의 모션을 확인합니다.

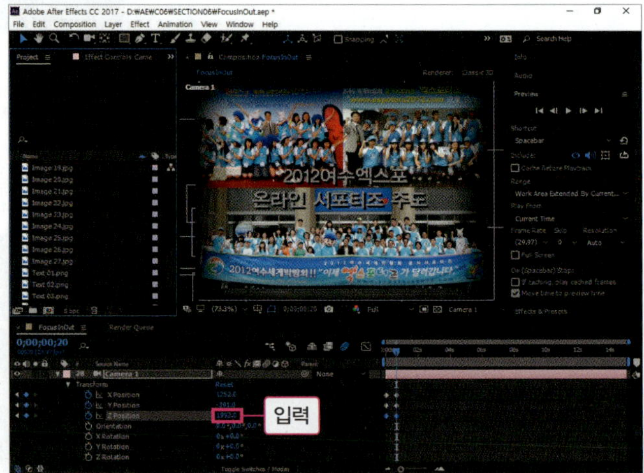

19 [Current Time Indicator]를 0:00:02:00 위치로 옮긴 후 'Camera 1' 레이어의 0:00:00:20에 위치한 세 개의 키 프레임을 모두 선택하고, Ctrl + C, Ctrl + V를 눌러 키프레임을 복사하고 붙여 넣습니다. 같은 프레임을 복사했으므로 0:00:00:20~0:00:02:00 구간은 카메라의 모션이 정지된 채로 이미지를 화면에 보여줍니다. 나중에 이 구간에는 타이틀 애니메이션을 추가하겠습니다.

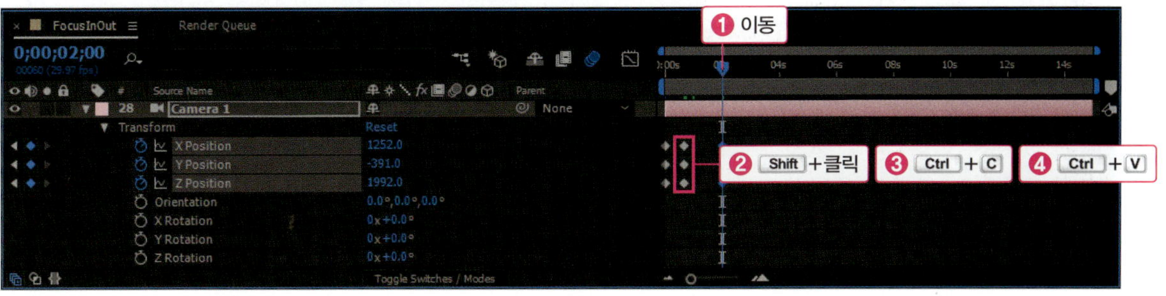

20 [Current Time Indicator]를 0:00:02:20 위치로 옮긴 후 카메라의 위치를 원래대로 되돌리기 위해서 'Camera 1' 레이어의 0:00:00:00에 위치한 세 개의 키프레임을 모두 선택합니다. Ctrl + C, Ctrl + V를 눌러 키프레임을 복사하고 붙여 넣습니다.

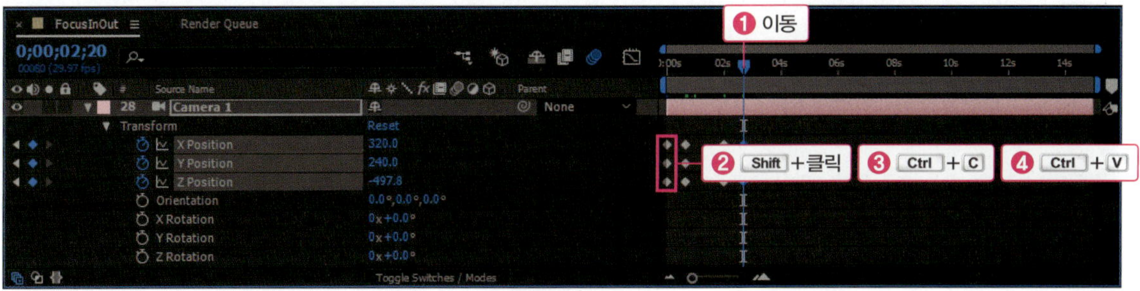

21 카메라의 모션에 가속도 효과를 추가하여 움직임을 부드럽게 만들기 위해서 'Camera 1' 레이어 0:00:02:20에 위치한 세 개의 키프레임을 선택한 후 키프레임을 마우스 오른쪽 버튼으로 클릭한 후 [Keyframe Assistant] 〉 [Easy Ease](F9)를 클릭합니다.

TIP :: Easy Ease

키프레임에 가속도 효과를 추가하여 출발할 때 천천히 속도가 가속됩니다. 이후 속도가 점점 빨라지고, 멈출 때도 속도가 서서히 줄어듭니다. 가속도 효과는 현실과 같은 움직임을 구현할 수 있어서 자주 사용됩니다.

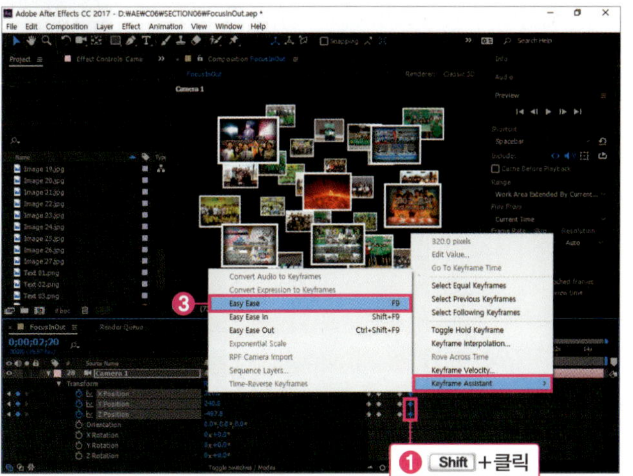

22 'Camera 1' 레이어 0:00:00:00에 위치한 세 개의 키프레임을 선택한 후 키프레임에 마우스 오른쪽 버튼을 클릭하고, 팝업 메뉴가 열리면 [Keyframe Assistant] 〉 [Easy Ease](F9)를 클릭하여 시작 부분에도 가속도 효과를 추가합니다.

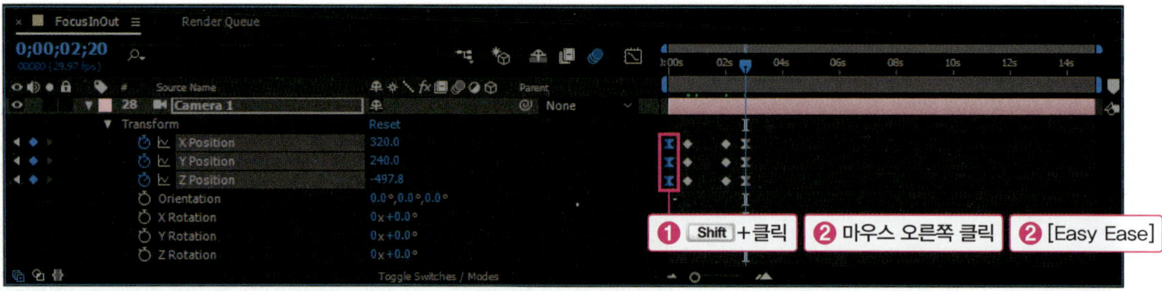

23 속도감 있는 모션 블러 효과를 추가하기 위해서 'Image 01.jpg~Image 27.jpg' 레이어의 [Motion Blur]( )와 [Timeline] 패널의 [Enables Motion Blur]( )를 클릭해 활성화한 후 숫자패드 0 을 눌러 모션을 확인합니다.

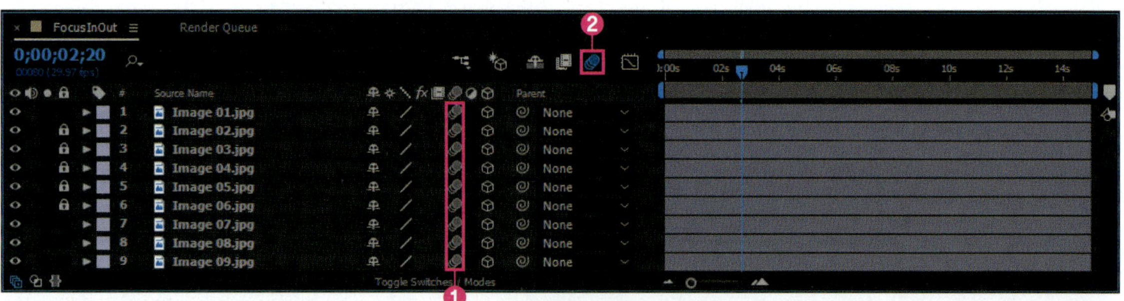

24 다음으로 타이틀 모션을 만들기 위해서 [Project] 패널의 'Text 01.png' 푸티지를 [Timeline] 패널의 1번 위치로 드래그한 후 [Current Time Indicator]를 0:00:00:20 위치로 옮기고, Alt +[[를 눌러 필요 없는 앞부분을 잘라냅니다.

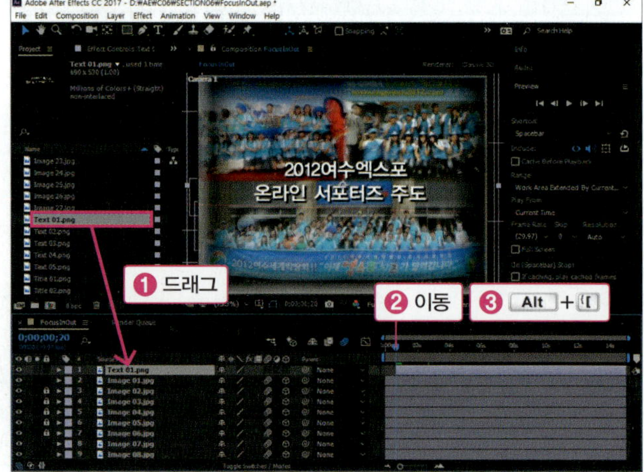

25 'Text 01.png' 레이어의 [Enables Motion Blur]( )와 [3D Layer]( )를 클릭해 활성화합니다. 타이틀의 X, Y, Z 위치를 'Image 01.jpg' 레이어와 정확하게 맞추기 위해서 'Image 01.jpg' 레이어를 선택하고, **P**를 눌러 [Position]을 보이게 합니다. [Position]을 선택하고, **Ctrl**+**C**를 눌러 복사하고, 'Text 01.png' 레이어를 선택한 후 **Ctrl**+**V**를 눌러 [Position] 값을 복사합니다.

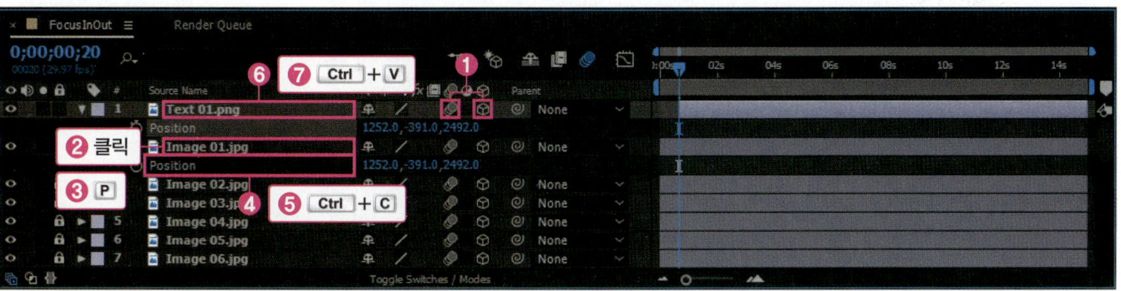

26 다음으로 타이틀에 마스크를 추가하여 타이틀이 왼쪽부터 나타나는 모션을 만들어 보겠습니다. 'Text 01.png' 레이어가 선택된 상태에서 [Pen Tool]( )을 클릭한 후 [Composition] 패널에서 타이틀의 왼쪽 부분에 그림과 같은 형태의 마스크를 그립니다. 마스크 모션을 만들기 위해서 [Current Time Indicator]를 0:00:00:25 위치로 옮기고, 레이어를 클릭해 열어 [Mask Path]의 [Time–Vary stop watch]( )를 클릭하여 활성화합니다.

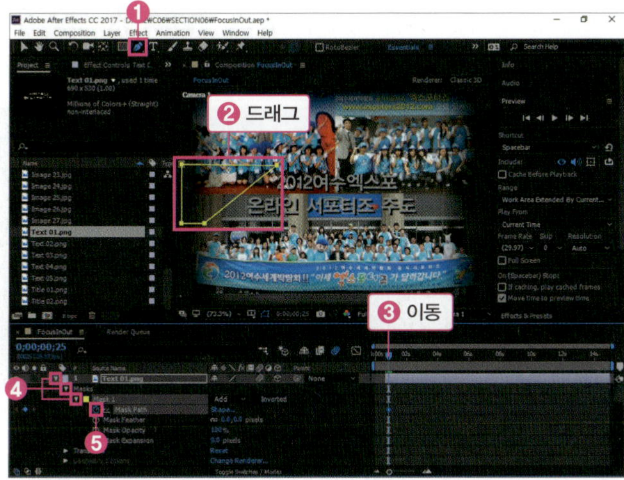

27 [Current Time Indicator]를 0:00:01:15 위치로 옮기고, [Tools] 패널의 [Selection Tool]( )로 그림과 같이 마스크의 두 점을 오른쪽으로 옮긴 후 숫자패드 **0**을 눌러 타이틀 모션을 확인합니다.

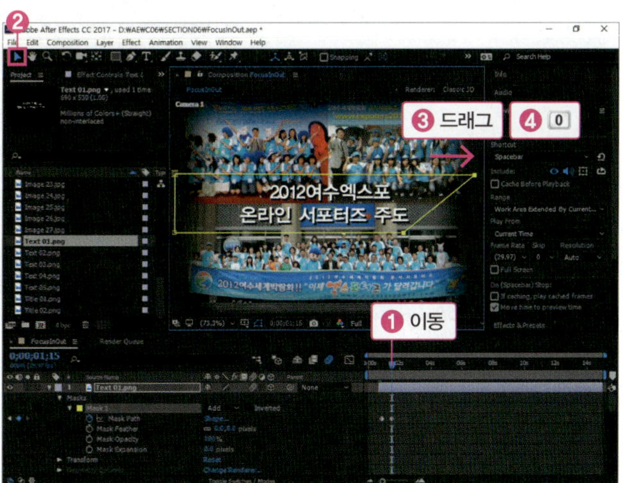

28 다음으로 카메라가 이동하여 두 번째 이미지를 확대하는 모션을 만들어 보겠습니다. 이제부터는 같은 모션을 반복하게 됩니다. 'Image 02.jpg' 레이어의 [Lock](🔒)을 클릭하여 해제합니다. 레이어를 선택하고, P 를 눌러 [Position]을 보이게 한 후 설정된 수치를 기억합니다.

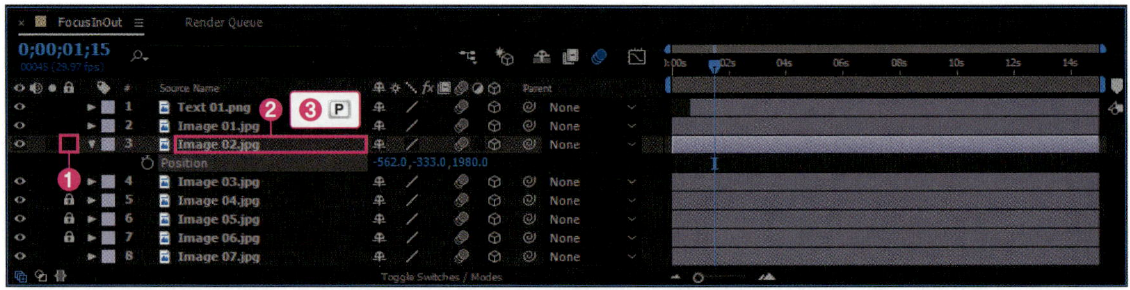

29 카메라와 'Image 02.jpg' 레이어의 위치를 맞춰 화면에 꽉 차게 만들기 위해서 [Current Time Indicator]를 0:00:03:10 위치로 옮기고, 'Image 02.jpg' 레이어 [Position]의 첫 번째 수치를 [Camera 1]의 [X Position]에, 두 번째 수치를 [Y Position]에, 세 번째 수치에서 '500'을 뺀 수치를 [Z Position]에 입력합니다.

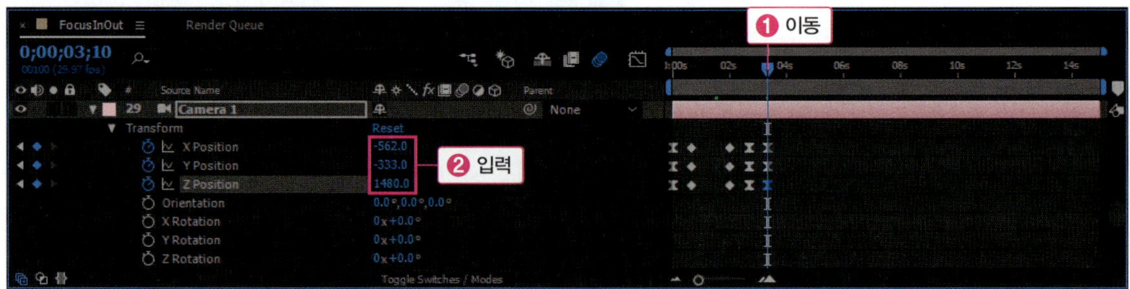

30 'Camera 1' 레이어 0:00:03:10에 위치한 세 개의 키프레임을 Ctrl 을 누른 채 클릭하여 가속도 효과를 제거하고, 기본 키프레임으로 바꿉니다.

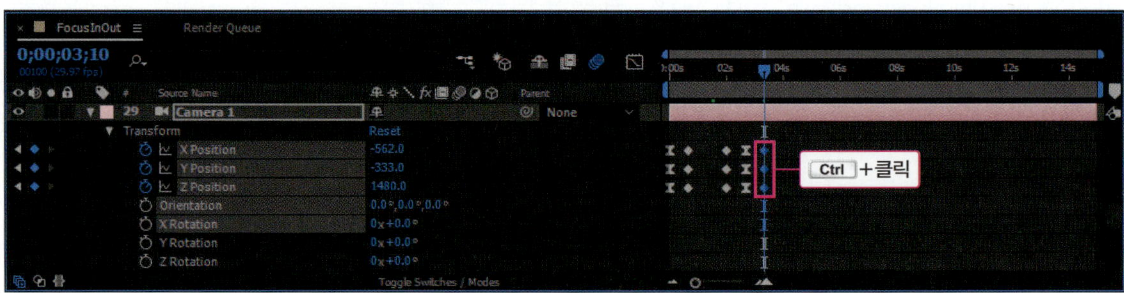

31 [Current Time Indicator]를 0:00:04:20 위치로 옮긴 후 'Camera 1' 레이어의 0:00:03:10에 위치한 세 개의 키프레임을 모두 선택하고, **Ctrl**+**C**, **Ctrl**+**V**를 눌러 키프레임을 복사하고 붙여 넣습니다. 같은 프레임을 복사했으므로 정지된 구간이며 이전과 마찬가지로 타이틀 애니메이션을 추가할 것입니다.

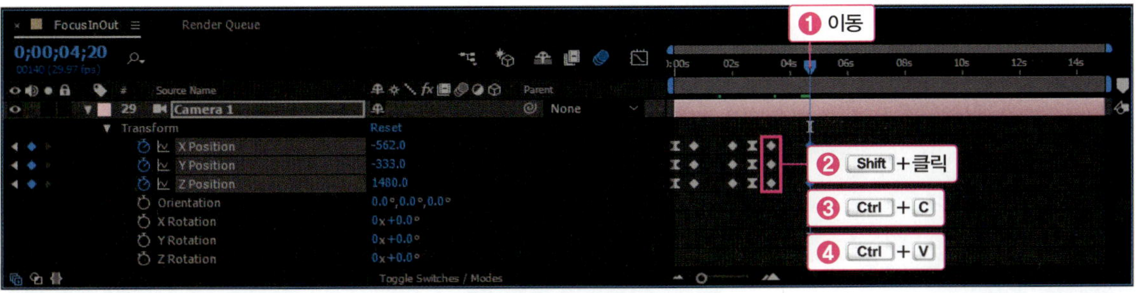

32 카메라의 위치를 원래 위치로 되돌리기 위해서 [Current Time Indicator]를 0:00:05:10 위치로 옮긴 후 'Camera 1' 레이어의 0:00:00:00에 위치한 세 개의 키프레임을 모두 선택하고, **Ctrl**+**C**, **Ctrl**+**V**를 눌러 키프레임을 복사하고 붙여 넣습니다.

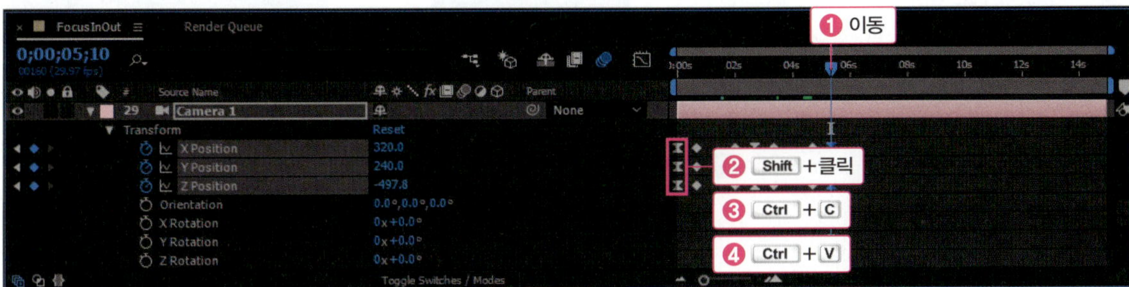

33 타이틀을 넣기 위해서 [Project] 패널의 'Text 02.png' 파일을 [Timeline] 패널의 1번 위치로 드래그한 후 [Current Time Indicator]를 0:00:03:10 위치로 옮기고, **Alt**+**[**를 눌러 필요 없는 앞부분을 잘라냅니다.

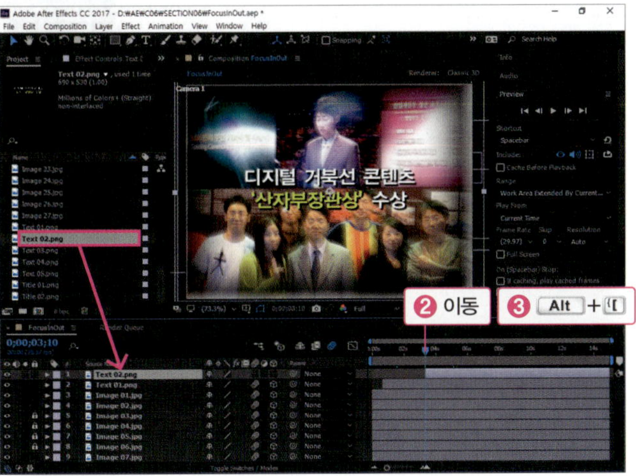

34 'Text 02.png' 레이어의 [Enables Motion Blur](📄)와 [3D Layer](📦)를 클릭해 활성화합니다. 타이틀의 X, Y, Z축 위치를 'Image 01.jpg' 레이어와 정확하게 맞추기 위해서 'Image 02.jpg' 레이어를 선택하고, **P**를 눌러 [Position]을 보이게 합니다. [Position]을 선택하고, **Ctrl**+**C**를 눌러 복사합니다. 다시 'Text 02.png' 레이어를 선택한 후 **Ctrl**+**V**를 눌러 [Position] 값을 복사합니다.

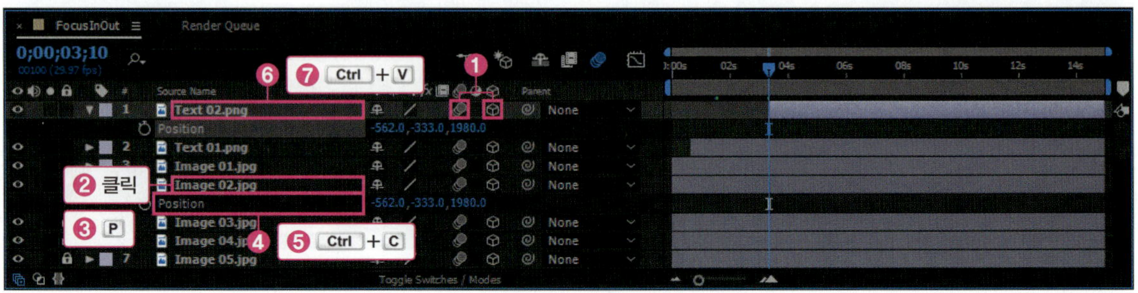

35 'Text 02.png' 레이어가 선택된 상태에서 [Tools] 패널의 [Pen Tool](✒)을 클릭한 후 [Composition] 패널의 타이틀 왼쪽 부분에 다음과 같은 형태의 마스크를 그립니다. 마스크 모션을 만들기 위해서 [Current Time Indicator]를 0:00:03:15 위치로 옮기고, 레이어를 클릭해 열어 [Mask Path]의 [Time-Vary stop watch](⏱)를 클릭하여 활성화합니다.

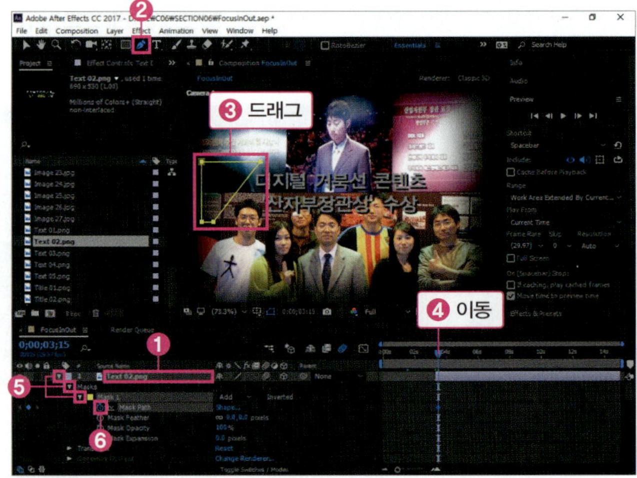

36 [Current Time Indicator]를 0:00:04:05 위치로 옮기고, [Tools] 패널의 [Selection Tool](▶)로 그림과 같이 마스크의 두 점을 오른쪽으로 옮긴 후 숫자패드 **0**을 눌러 타이틀 모션을 확인합니다.

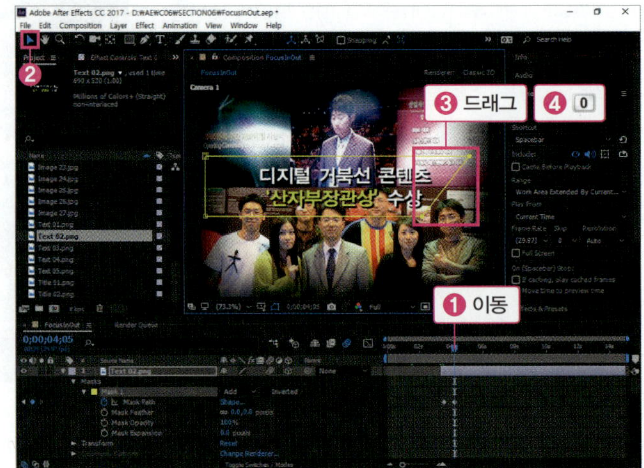

37 앞선 방법으로 나머지 이미지에도 카메라의 위치 이동 모션을 만들어 봅니다.

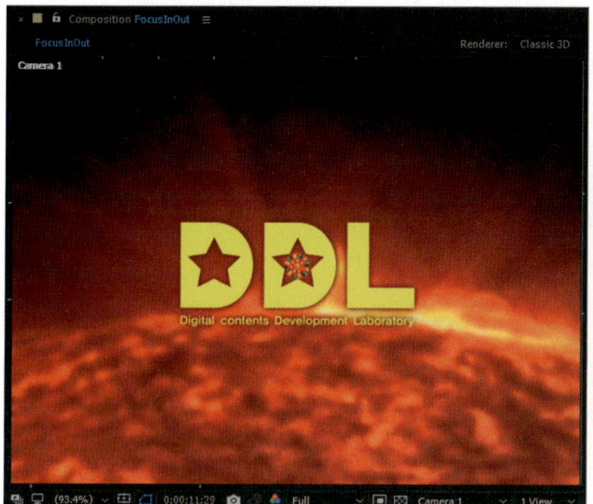

38 [Project] 패널의 'BGM.mp3' 푸티지를 [Timeline] 패널로 드래그하여 배경음을 삽입한 후 숫자패드 **0**을 눌러 카메라의 포커스 인, 포커스 아웃 영상을 확인합니다.

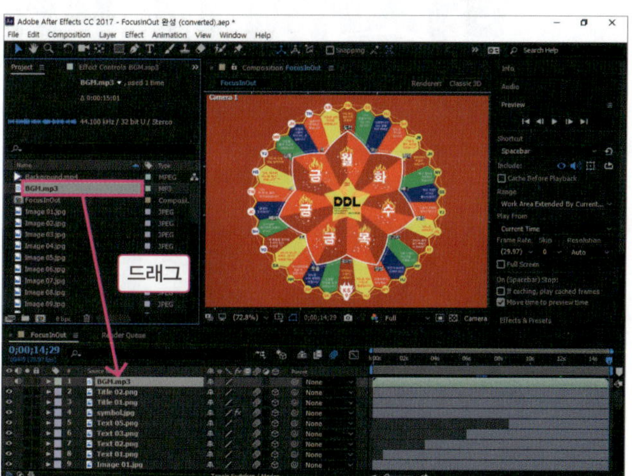

: CHAPTER :

현장에서 많이 사용하는 특수 효과 테크닉 II : 자연 효과

영상 콘텐츠 공모전 10년 도전 노하우!

애프터 이펙트의 특수 효과 중에는 자연 효과를 활용한 사례가 의외로 많습니다. 일반인들은 느끼지 못하지만, 대부분의 영화에서도 빛 특수 효과, 비와 번개, 천둥 특수 효과, 색 줄이기 특수 효과, 연기와 불 특수 효과, 구름과 눈 특수 효과 등이 숨어있습니다. 이를 학습하면 자신의 작품에 창의적으로 적용할 수 있습니다. 또한, 본 챕터 안에는 특수 효과와 함께 특수 효과 사운드 파일이 내재되어 있습니다.

ADOBE AFTER EFFECTS

빛
특수 효과
테크닉

핵심내용

애프터 이펙트에서 빛 특수 효과는 가장 흔하게 사용하는 테크닉입니다. 본 예제에서는 배경 영상의 기획에 맞추어 Glow와 CC Particle System II 효과를 이용하여 태양을 만들고, 태양 안에서 또 하나의 빛을 만들어 이동하는 예제를 만들어보겠습니다.

핵심기능

Glow + CC Particle System II

STORYBOARD

제3회 대한민국청소년 UCC 캠프대회 '여성가족부장관상' 수상 작품 중 일부분

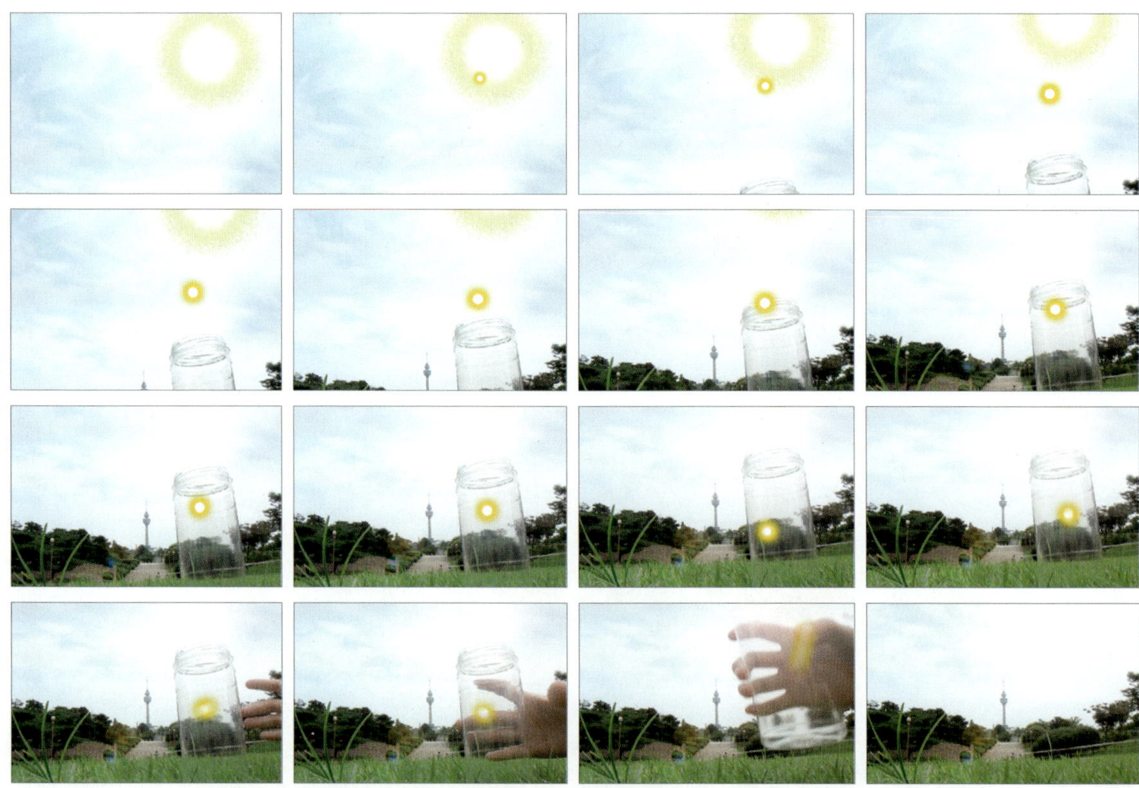

01 빛 특수 효과 Glow + CC Particle System II

: 준비 파일 : Part 03 〉 Chapter 07 〉 Section 01 〉 Glow.aep, ball.png　　**: 완성 파일 :** Part 03 〉 Chapter 07 〉 Section 01 〉 Glow 완성.aep

1　제공된 애프터 이펙트 파일을 불러오기 위해서 [File] 〉 [Open Project](**Ctrl** + **O**) 메뉴를 클릭합니다. 'Glow.aep' 파일을 선택한 후 [열기] 버튼을 클릭하고 파일이 열리면 [Project] 패널에 있는 푸티지를 확인합니다. 현재는 만들어진 컴포지션이 없으며 영상을 제작하기 위해서는 새 컴포지션을 반드시 먼저 설정해야 합니다.

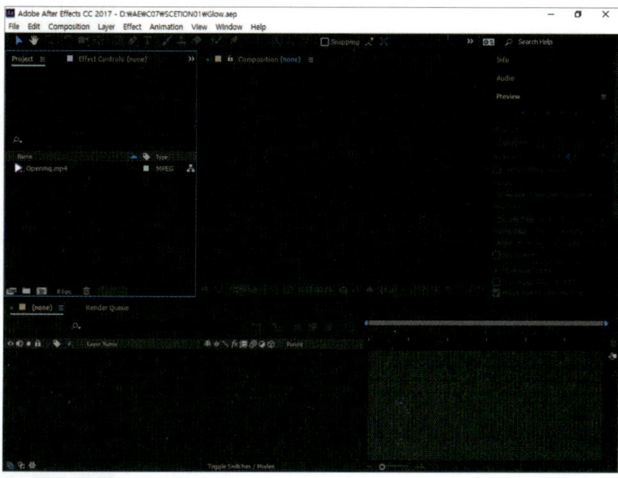

2　새 컴포지션을 만들기 위해서 [Project] 패널의 'Opening.mp4' 푸티지를 [Timeline] 패널로 드래그하여 새 컴포지션을 만든 후 숫자패드 **0** 을 눌러 제공된 영상을 확인합니다.

TIP ∷ 새 컴포지션 만들기

[Composition] 〉 [New Composition] 메뉴를 클릭합니다. 세부 설정을 한 후 새 컴포지션을 만들 수도 있지만 컴포지션이 없는 상태에서 푸티지를 [Timeline] 패널에 드래그하여 자동으로 푸티지의 크기와 길이와 같은 설정에 의해 쉽게 새 컴포지션을 만들 수 있습니다.

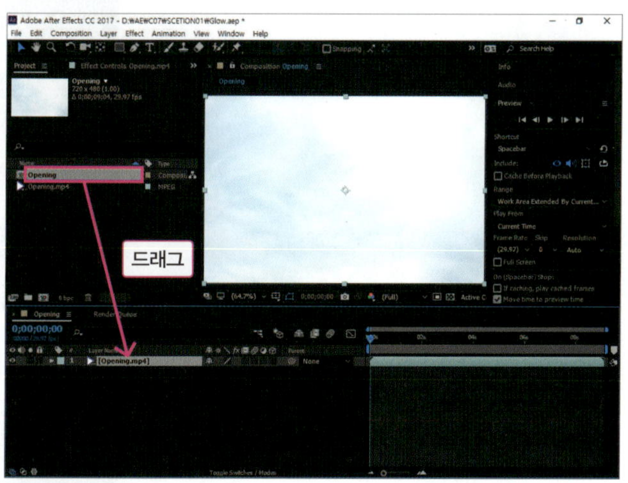

3　영상에서 보이는 하늘에 태양을 만들기 위해서 단색의 이미지가 필요합니다. [Layer] 〉 [New] 〉 [Solid](**Ctrl** + **Y**) 메뉴를 클릭하고, [Solid Settings] 대화상자가 열리면 [Name]을 'Sun'으로 입력한 후 [OK] 버튼을 클릭하여 솔리드 레이어를 만듭니다.

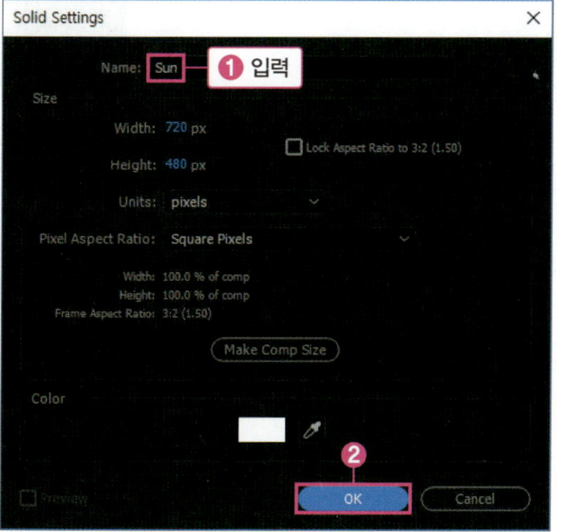

4 단색의 솔리드 레이어에 특수 효과를 추가하여 태양을 만들기 위해서 [Timeline] 패널의 'Sun' 레이어가 선택된 상태에서 [Effect] 〉 [Simulation] 〉 [CC Particle System II] 메뉴를 클릭합니다.

TIP : : 파티클 시스템(Particle System)

입자 발생기입니다. 불, 연기, 눈, 비 등의 효과에 많이 사용됩니다.

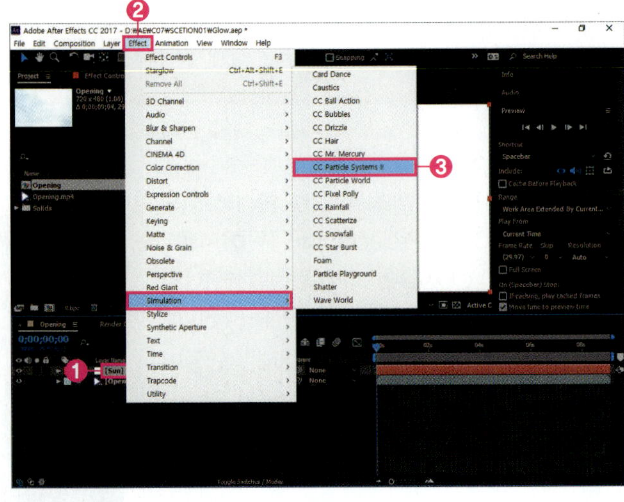

5 [Current Time Indicator]를 0:00:00:20 위치로 옮겨 솔리드 레이어에 적용된 CC Particle System II 효과를 확인합니다.

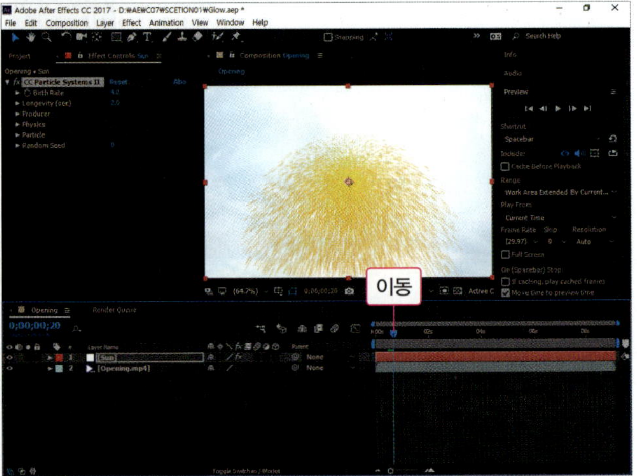

6 [Effect Controls] 패널에서 [CC Particle System II]을 다음과 같이 설정하여 태양과 비슷한 형태로 설정합니다.

- **[Birth Rate]** : '6'
- **[Producer]**
  [Position] : '530, 110'
- **[Physics]**
  [Velocity] : '0.2'
  [Gravity] : '0'
- **[Particle]**
  [Birth Color]/[Death Color] : '노란색(#ffff64)'

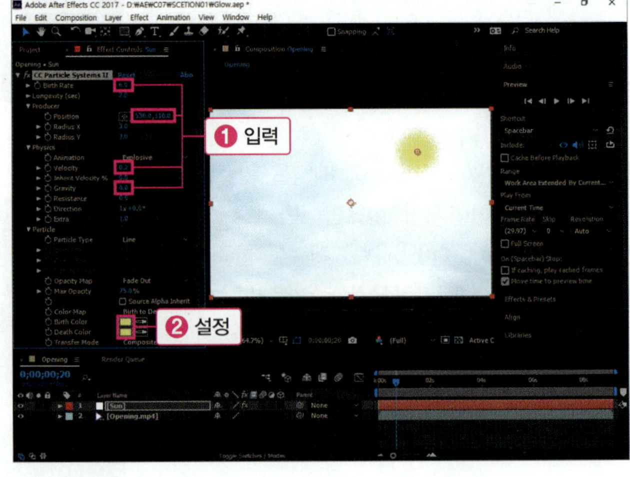

7 6초 이후에는 태양 효과가 필요 없으므로 [Current Time Indicator]를 0:00:06:00 위치로 옮기고, `[1]`를 눌러 레이어의 위치를 옮깁니다.

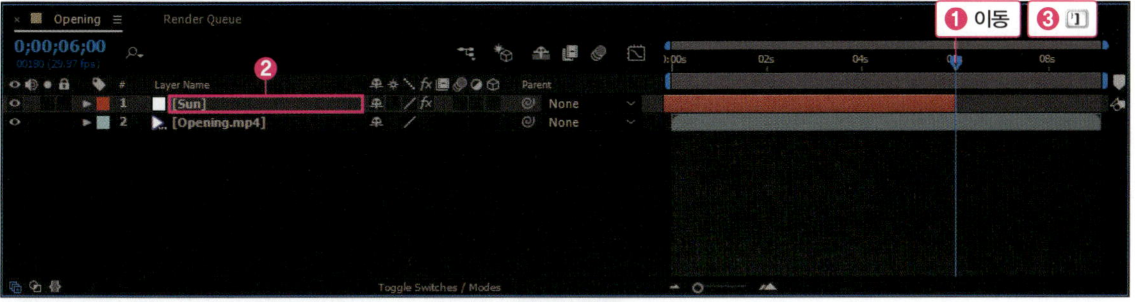

8 태양에 밝게 빛나는 효과를 추가하여 좀 더 태양에 가까운 형태로 바꾸기 위해서 'Sun' 레이어가 선택된 상태에서 [Effect] 〉 [Stylize] 〉 [Glow] 메뉴를 클릭합니다. [Effect Controls] 패널에 [Glow]의 옵션이 보이면 [Glow Threshold]의 수치를 조절해가며 그림과 같이 태양의 중심이 밝게 빛나도록 합니다.

TIP : : [Glow Threshold]는 상황에 따라 다르게 적용되므로 적당한 수치를 찾을 때까지 조절합니다.

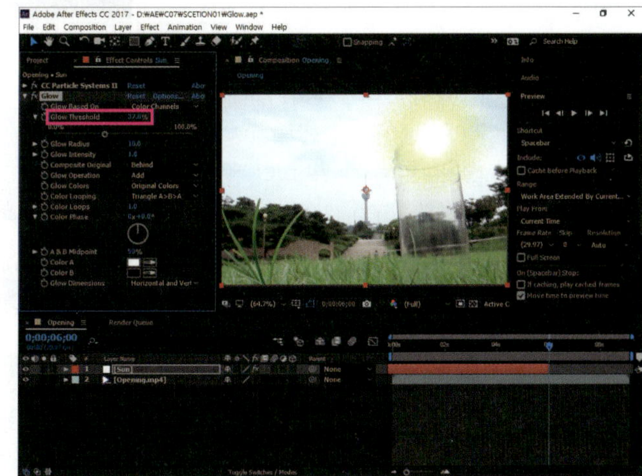

9 태양이 만들어졌으므로 모션을 만들어 보겠습니다. 영상에 따라서 태양의 위치도 이동해야 하므로 'Sun' 레이어가 선택된 상태에서 `[P]`를 눌러 [Position]을 보이게 하고, [Current Time Indicator]를 0:00:01:09로 옮긴 후 [Position] 〉 [Time-Vary stop watch](⏱)를 클릭하여 활성화합니다.

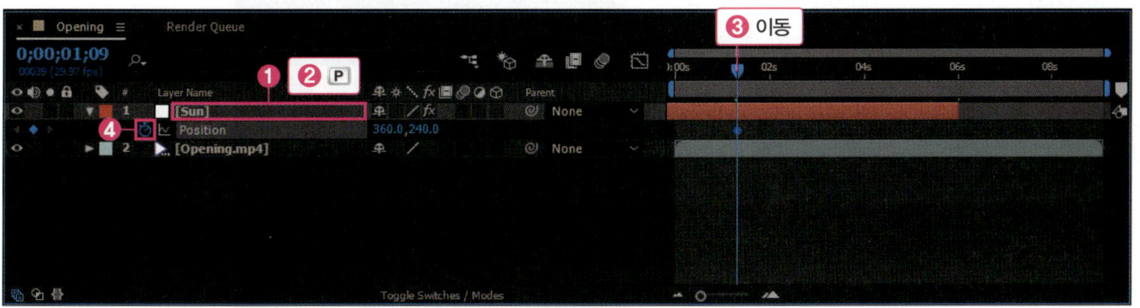

10 [Current Time Indicator]를 0:00:02:15 위
치로 옮기고, [Composition] 패널에서 Shift 를
누른 채 'Sun' 레이어를 위로 드래그하여 태양
이 보이지 않도록 옮깁니다. 숫자패드 0 을 눌
러 태양의 위치 이동 모션을 확인합니다.

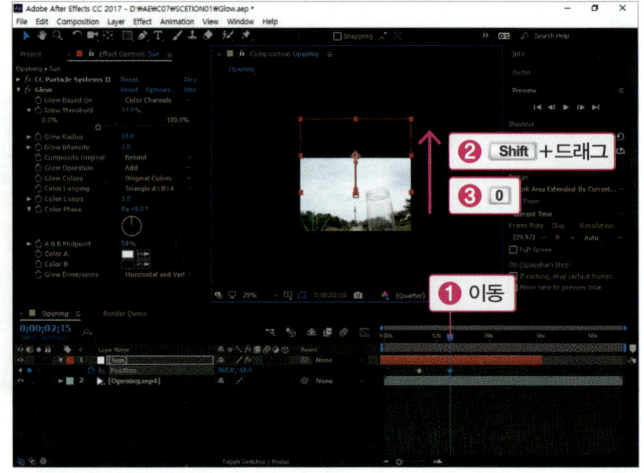

11 다음으로 태양에서 빛나는 공이 내려와 빈
병으로 들어가는 애니메이션을 만들기 위해서
준비된 파일을 불러오도록 하겠습니다. [File] 〉
[Import] 〉 [File](Ctrl + I) 메뉴를 클릭합니
다. 'Ball.png' 파일을 불러온 후 [Project] 패널의
'Ball.png' 푸티지를 [Timeline] 패널 1번 레이어
위치로 드래그합니다.

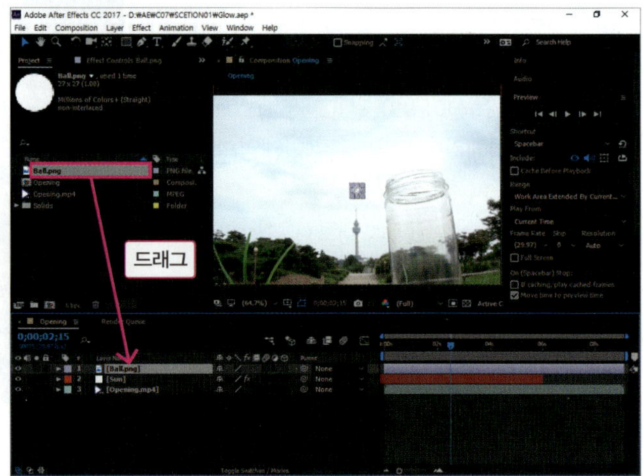

12 공에 빛나는 효과를 추가하기 위해서
[Timeline] 패널의 'Ball.png' 레이어가 선택된
상태에서 [Effect] 〉 [Stylize] 〉 [Glow] 메뉴를 클
릭합니다. [Effect Controls] 패널에 [Glow]의 옵
션이 보이면 다음과 같이 설정합니다.

- [Glow Radius] : '35'
- [Glow Intensity] : '6'
- [Glow Colors] : 'A & B Colors'
- [Color A] : '노란색(#fff331)'
- [Color B] : '주황색(#ffde00)'

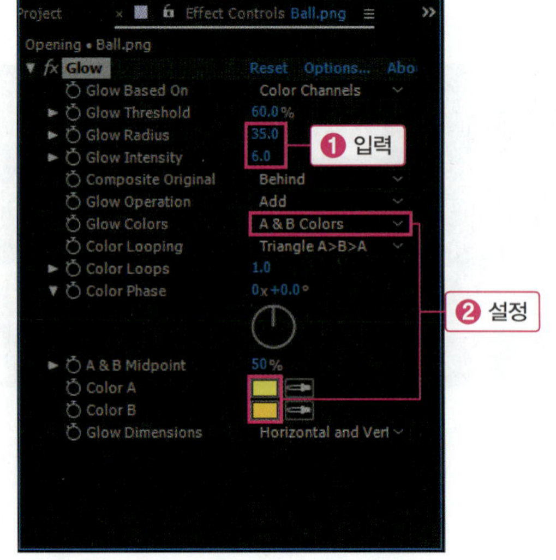

13 다음으로 공이 태양에서 내려와 빈병으로 움직이는 모션을 만들기 위해서 [Current Time Indicator]를 0:00:00:00 위치로 옮긴 후 [Com-position] 패널에서 'Ball.png' 레이어의 위치를 태양의 중심으로 옮깁니다.

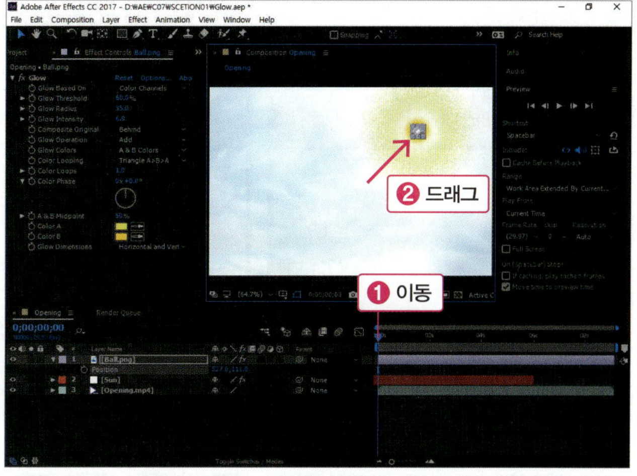

14 'Ball.png' 레이어에 위치 이동과 크기 조절 모션을 조합하기 위해서 [Current Time Indicator]를 0:00:00:19 위치로 옮깁니다. [Position]과 [Scale]의 [Time-Vary stop watch](　)를 클릭하여 활성화하고 [Scale]을 '0.0, 0.0%'로 입력합니다.

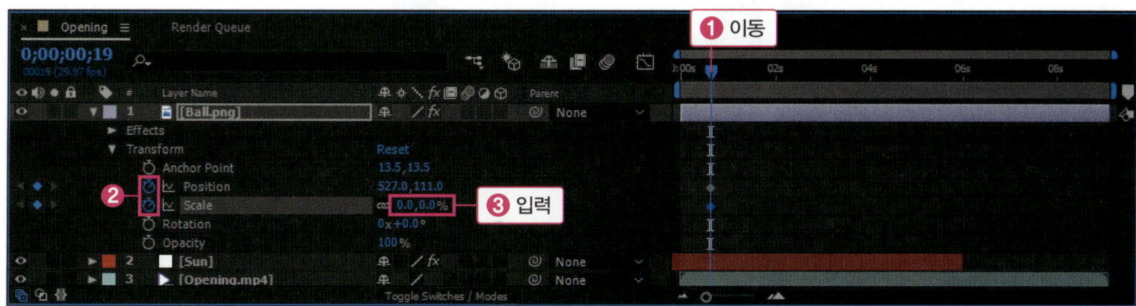

15 [Current Time Indicator]를 0:00:01:25 위치로 옮긴 후 [Scale]을 '100.0, 100.0%'로 입력합니다. [Composition] 패널에서 'Ball.png' 레이어의 위치를 태양에서 빈병 부근으로 옮깁니다.

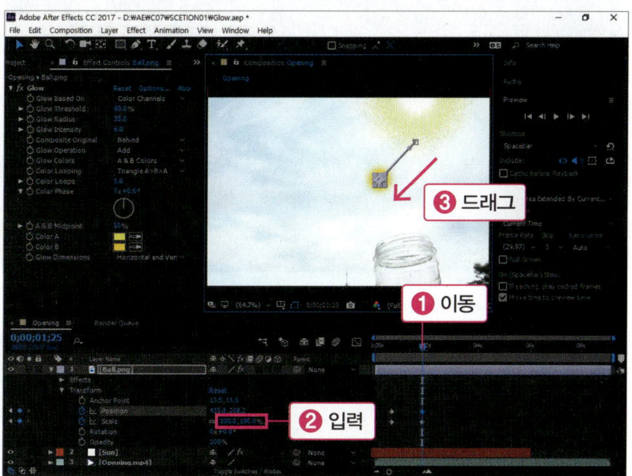

16 [Composition] 패널에서 'Ball.png' 레이어의 위치를 각각의 시간대에서 병의 중심에 위치하도록 옮긴 후 숫자 패드 **0**을 눌러 위치 이동 모션을 확인합니다.

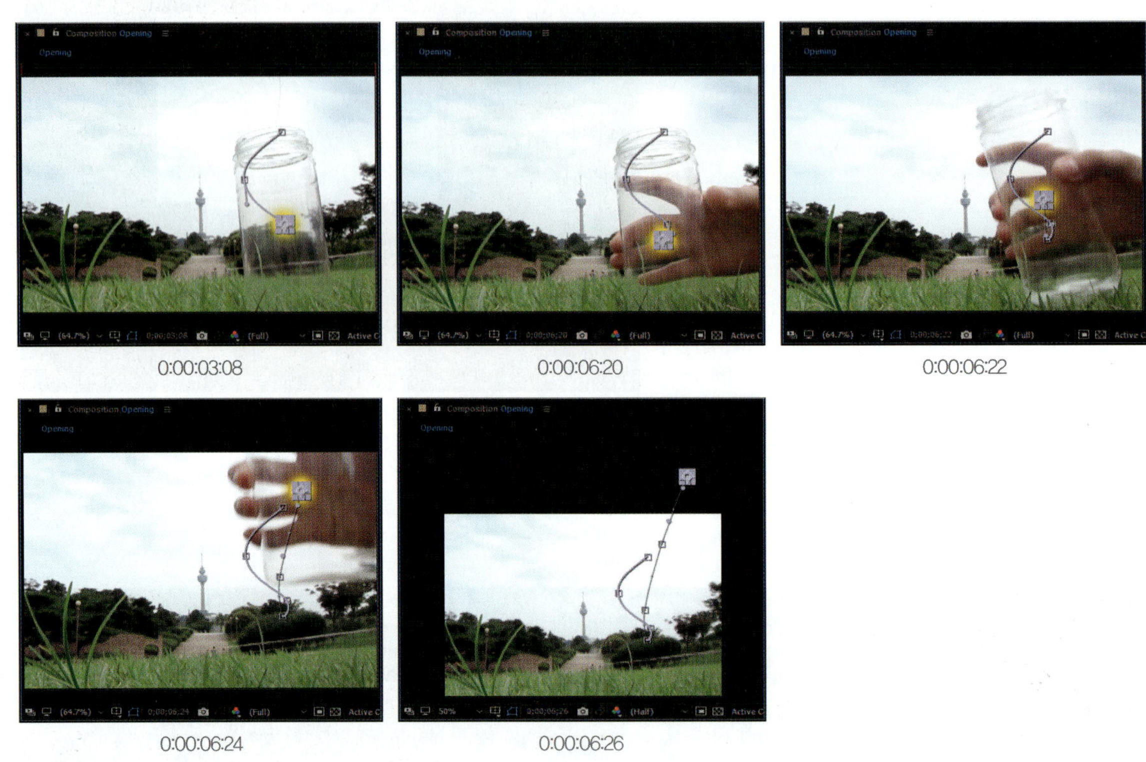

0:00:03:08   0:00:06:20   0:00:06:22

0:00:06:24   0:00:06:26

17 빛나는 공에 불규칙하게 떨리는 움직임을 주기 위해서 [Position]의 0:00:03:08과 0:00:06:20에 위치한 두 개의 키프레임을 선택합니다.

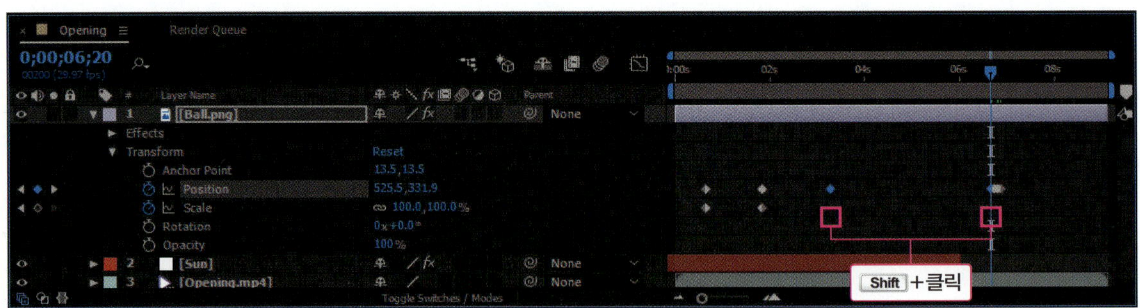

18 두 개의 키프레임이 선택된 상태에서 [Window] 〉 [Wiggler] 메뉴를 클릭합니다. [Wiggler] 패널이 열리면 다음과 같이 설정한 후 [Apply] 버튼을 클릭합니다.

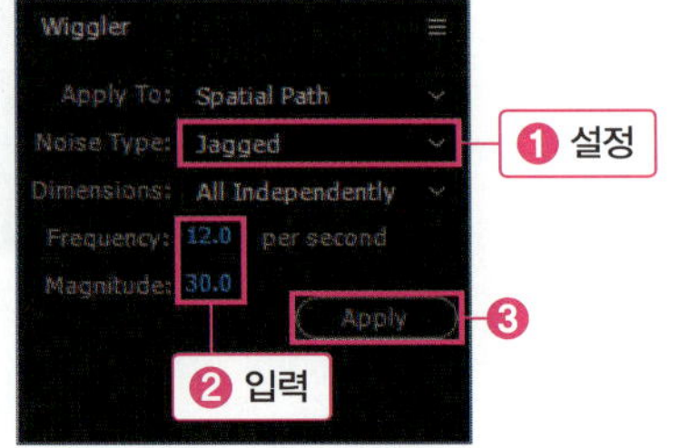

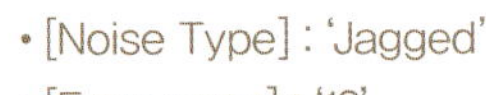

• [Noise Type] : 'Jagged'
• [Frequency] : '12'
• [Magnitude] : '30'

19 빛 특수 효과를 완성하였습니다. 숫자패드 **0**을 눌러 영상을 확인합니다.

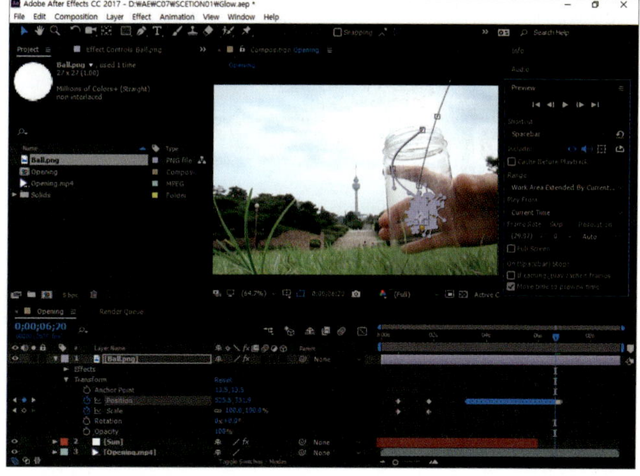

TIP :: 많이 사용하는 Stylize 효과

■ **Brush Strokes 효과**

거칠게 붓질한 모양을 이미지에 적용합니다. 설정을 통해 점묘파 화풍 스타일을 구현할 수도 있습니다.

■ **Cartoon 효과**

이미지의 색상을 단순화하고 가장자리에 선을 만들어 스케치 또는 만화와 유사한 이미지를 만듭니다. 효과를 사용하면 이미지를 단순화하거나 또는 원본의 낮은 품질을 숨길 수 있습니다.

■ **Color Emboss 효과**

Emboss 효과와 비슷하지만 이미지의 원래 색상이 바뀌진 않습니다.

■ **Emboss 효과**

이미지에 있는 가장자리를 돋보이게 하고, 색상의 채도를 낮게 만듭니다. 이 효과를 사용하여 이미지를 입체적인 질감으로 표현할 수도 있습니다.

■ **Find Edges 효과**

이미지 영역 식별을 통해 가장자리를 강조합니다. 가장자리는 흰색 배경 위에 어두운 선으로 표시되거나 검은색 배경 위에 색상이 있는 선으로 표시되어 원본의 스케치 느낌과 비슷해질 수 있습니다.

■ **Glow 효과**

이미지의 더 밝은 부분을 밝게 하여 확산되는 빛 효과를 만듭니다. 효과를 사용하면 밝은 조명을 받은 물체를 표현할 수 있습니다.

■ **Mosaic 효과**

이미지를 픽셀화하여 단색 색상 사각형으로 채웁니다. 이 효과는 얼굴을 감추거나 영상에서 어떠한 정보를 감추는 데 사용할 수 있습니다. 애니메이션을 적용하여 화면 전환 효과를 얻을 수도 있습니다.

■ **Posterize 효과**

포스터를 그린 것처럼 색상을 표현합니다. 색상 수가 줄어들고 경계가 뚜렷한 색상으로 표시됩니다.

■ **Roughen Edges 효과**

녹이나 부식을 표현하여 이미지를 자연스럽고 거칠게 만듭니다.

■ **Scatter 효과**

이미지의 픽셀을 분산시켜 흐리거나 문지른 듯한 모양을 만듭니다.

■ **Texturize 효과**

다른 레이어의 텍스처가 포함된 모양을 다른 레이어에 적용합니다. 예를 들어 벽돌 텍스처가 있는 듯한 나무 이미지를 만들 수도 있습니다.

■ **Threshold 효과**

회색 명암 또는 컬러 이미지를 흑백 이미지로 변환합니다.

색
줄이기
테크닉

핵심내용

본 예제 역시 CF 홍보에서 많이 등장하는 특수 효과입니다. Leave Color와 Fast Blur를 이용하여 특정 색상만 남기고, 나머지 색상은 회색으로 바꾸는 테크닉에 대하여 실습해보겠습니다.

핵심기능

Leave Color + Fast Blur

STORYBOARD

제10회 LH 대학생 광고 공모전 출품작 중 일부분

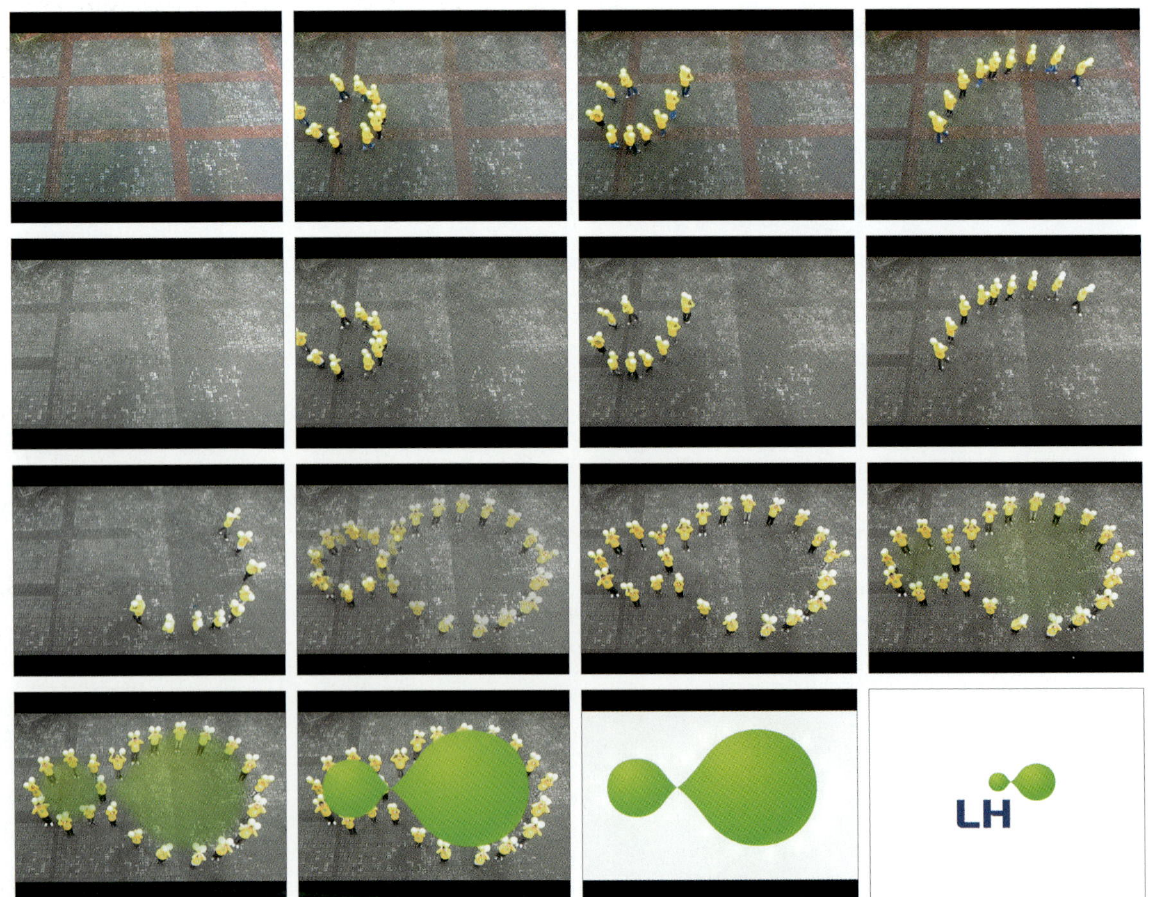

01 색 줄이기 Leave Color + Fast Blur

: 준비 파일 : Part 03 〉 Chapter 07 〉 Section 02 〉 Leave Color.aep   : 완성 파일 : Part 03 〉 Chapter 07 〉 Section 02 〉 Leave Color 완성.aep

1 제공된 애프터 이펙트 파일을 불러오기 위해서 [File] 〉 [Open Project](**Ctrl** + **O**) 메뉴를 클릭합니다. 'Leave Color.aep' 파일을 선택한 후 [열기] 버튼을 클릭합니다.

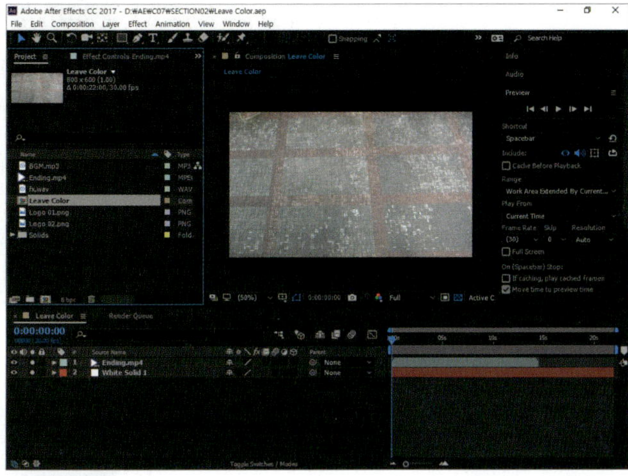

2 영상에서 지저분한 배경의 색상을 제거하여 필요한 색상만 남기기 위해서 [Current Time Indicator]를 0:00:08:00 위치로 옮깁니다. [Timeline] 패널의 'Ending.mp4' 레이어를 선택한 후 [Effect] 〉 [Color Correction] 〉 [Leave Color] 메뉴를 클릭합니다.

TIP :: Leave Color
영상에서 특정한 색상만 남기고, 나머지 색상을 제거하여 흑백으로 만듭니다.

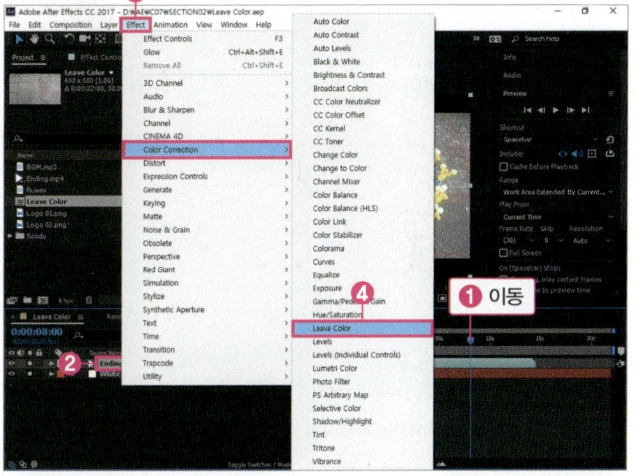

3 [Effect Controls] 패널에 [Leave Color]의 옵션이 보이면 다음과 같이 설정하고 숫자패드 **0**을 눌러 색 줄이기 효과를 확인합니다.

- [Color To Leave] : '노란색(#ffff00)'
- [Amount to Decolor] : '100%'
- [Tolerance] : '42%'

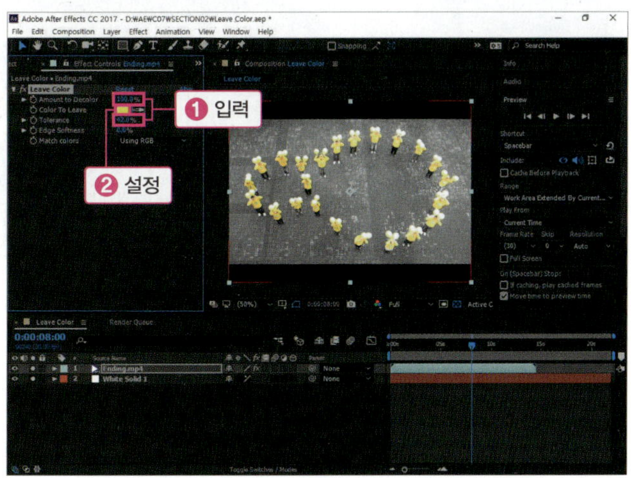

4 영상에 로고를 넣기 위해서 [Project] 패널의 'Logo 01.png' 푸티지를 [Timeline] 패널의 1번 위치로 드래그합니다. 'Logo 01.png' 레이어가 선택된 상태에서 블러 효과를 넣기 위해서 [Effect] 〉 [Blur & Sharpen] 〉 [Gaussian Blur] 메뉴를 클릭합니다.

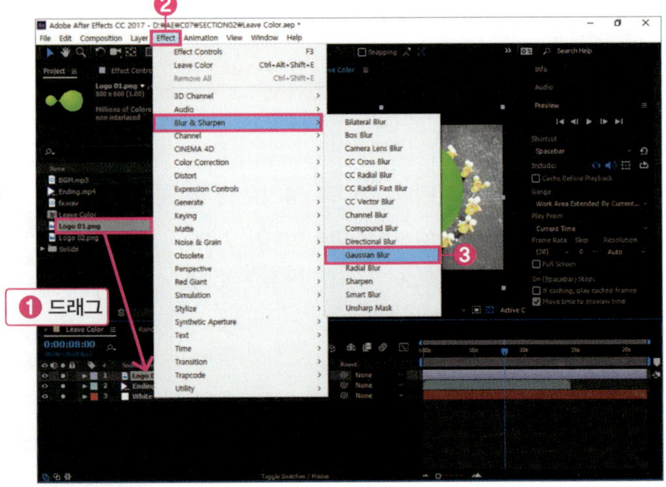

5 [Current Time Indicator]가 0:00:08:00 위치에 있음을 확인한 후 [Effect Controls] 패널에서 [Gaussian Blur]의 [Blurriness] 〉 [Time-Vary stop watch](⏱)를 클릭하여, '60.0'으로 입력합니다.

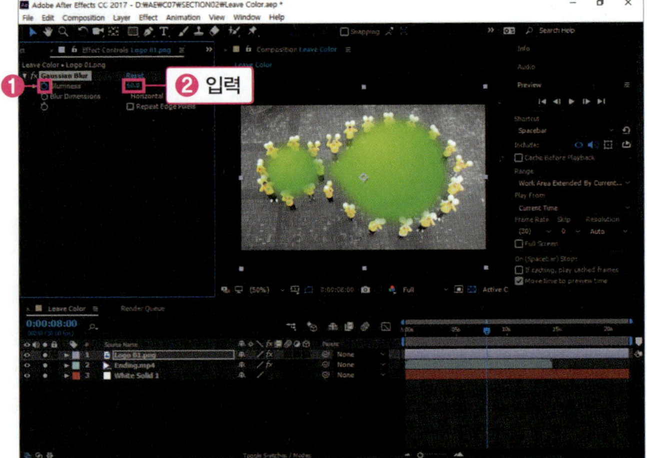

6 [Current Time Indicator]를 0:00:10:10 위치로 옮긴 후 [Timeline] 패널의 'Logo 01.png' 레이어를 클릭해 열고, [Gaussian Blur] 〉 [Blurriness]를 '0.0'으로 입력합니다.

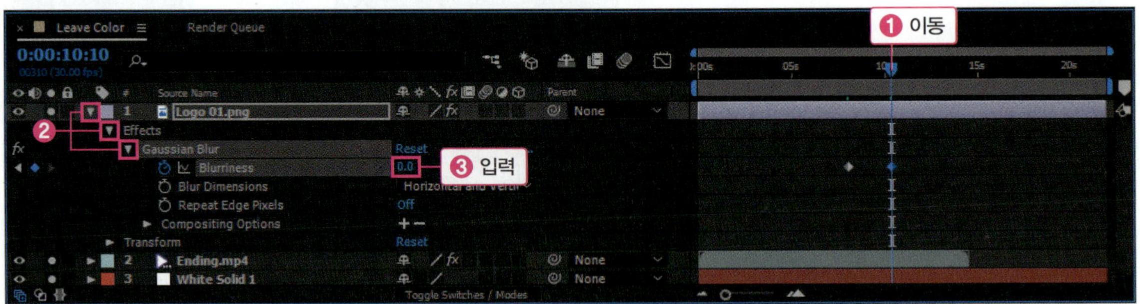

7 'Logo 01.png' 레이어의 [Transform]을 열고, [Current Time Indicator]를 0:00:08:00 위치로 옮깁니다. 로고가 자연스럽게 나타나는 모션을 만들기 위해서 [Opacity] 〉 [Time-Vary stop watch](⏱)를 클릭하여 활성화하고, '0%'로 입력한 후 [Current Time Indicator]를 0:00:10:10 위치로 옮기고 '100%'로 입력합니다.

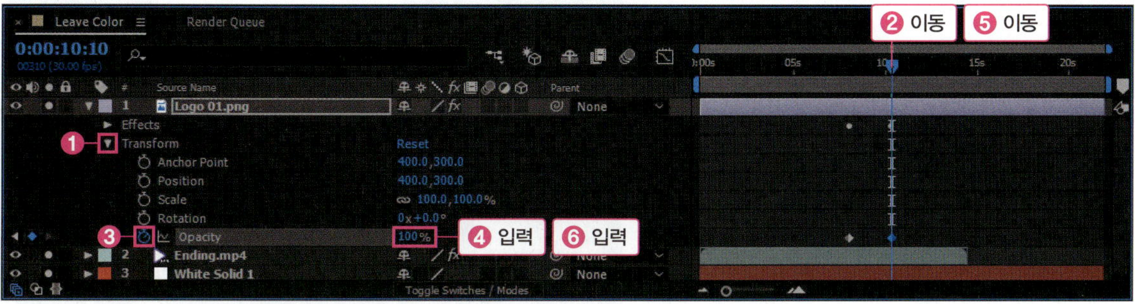

8 로고의 위치 이동과 크기 모션을 만들기 위해서 [Current Time Indicator]를 0:00:15:15 위치로 옮기고, [Position]과 [Scale]의 [Time-Vary stop watch](⏱)를 클릭하여 활성화한 후 [Current Time Indicator]를 0:00:16:15 위치로 옮기고, [Position]은 '450, 272', [Scale]은 '32, 32%'로 입력합니다.

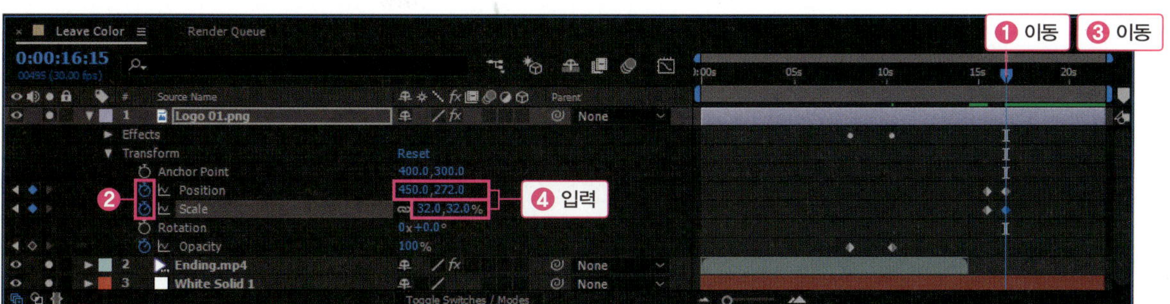

9 로고 타이틀을 넣기 위해서 [Project] 패널의 'Logo 02.png' 푸티지를 [Timeline] 패널의 2번 위치로 드래그합니다. 'Logo 02.png' 레이어가 선택된 상태에서 T를 눌러 [Opacity]를 보이게 한 후 [Current Time Indicator]를 0:00:16:20 위치로 옮깁니다. [Opacity] 〉 [Time-Vary stop watch](⏱)를 클릭하여 활성화하고, '0%'로 입력한 후 [Current Time Indicator]를 0:00:18:00 위치로 옮기고 '100%'로 입력합니다.

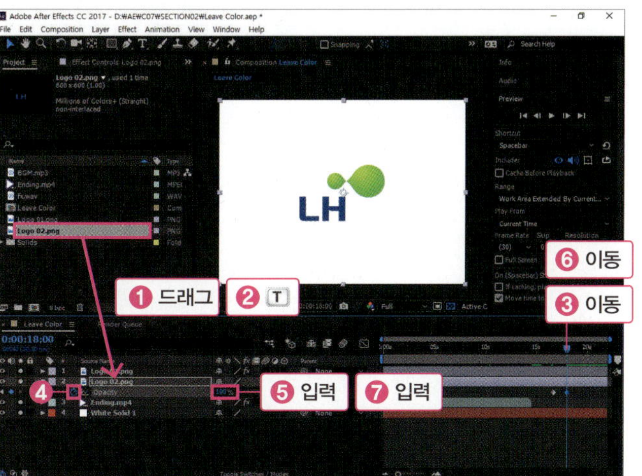

10 [Project] 패널의 'Fx.wav', 'BGM.mp3' 푸티지를 [Timeline] 패널로 드래그하여 효과음과 배경음악을 넣습니다. 숫자패드 **0** 을 눌러 영상을 확인합니다.

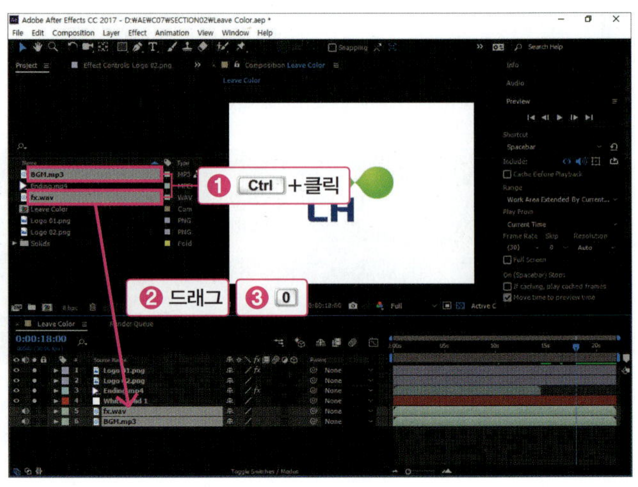

TIP ∷ 많이 사용하는 Blur & Sharpen 효과

■ **Bilateral Blur 효과**
이미지 가장자리 및 세부 표현을 그대로 유지한 채 이미지에 흐림 효과를 선택적으로 적용합니다.

■ **Box Blur 효과**
일반 흐림 효과와 비슷하지만 반복 속성을 통해 흐림 품질을 제어할 수 있다는 이점이 있습니다.

■ **Camera Lens Blur 효과**
흐림 반경이 크고 처리 속도가 빠른 흐름 효과입니다.

■ **Channel Blur 효과**
레이어의 빨강, 녹색, 파랑 또는 알파 채널에 개별적으로 흐림 효과를 적용할 수 있습니다.

■ **Compound Blur 효과**
레이어의 밝기 값을 기반으로 픽셀을 흐리게 합니다. 기본적으로 밝은 값은 더 흐리게 되고 어두운 값은 덜 흐리게 됩니다. 반대로 하려면 '흐림 반전'을 선택합니다.

■ **Directional Blur 효과**
마치 사물이 한 방향으로 빠르게 움직이는 듯한 느낌을 표현합니다.

■ **Fast Blur 효과**
흐림 효과가 대부분 렌더링 시간이 많이 걸리는 반면 이 효과는 결과를 빠른 속도로 확인할 수 있습니다.

■ **Gaussian Blur 효과**
가장 기본적인 흐림 효과로써 이미지를 흐리게 하고 부드럽게 표현하며 노이즈를 제거합니다.

■ **Radial Blur 효과**
한 점을 중심으로 흐림 효과를 표현합니다.

■ **Sharpen 효과**
색상이 변하는 지점의 대비를 높여 이미지를 시각적으로 선명하게 만듭니다.

■ **Smart Blur 효과**
이미지의 선과 가장자리를 그대로 유지하면서 이미지를 흐리게 표현합니다.

■ **Unsharp Mask 효과**
가장자리 색상 사이의 대비를 높여 이미지를 선명하게 만듭니다.

비 + 번개 + 천둥
특수 효과
테크닉

핵심내용

비, 번개, 천둥 등의 자연 효과도 애프터 이펙트에서 자주 사용하는 특수 효과입니다. 본 예제에서는 CC Rainfall과 Advanced Lightning, 그리고 Glow의 적절한 활용법에 대해 실습해 보겠습니다.

핵심기능

CC Rainfall + Advanced Lightning + Glow

STORYBOARD

2010 깨끗한 바다만들기 콘텐츠 공모전 출품작 중 일부분

: 준비 파일 : Part 03 〉 Chapter 07 〉 Section 03 〉 Rainy.aep   **완성 파일 :** Part 03 〉 Chapter 07 〉 Section 03 〉 Rainy 완성.aep

1 제공된 애프터 이펙트 파일을 불러오기 위해서 [File] 〉 [Open Project](Ctrl+O) 메뉴를 클릭합니다. 'Rainy.aep' 파일을 찾아 선택한 후 [열기] 버튼을 클릭하고, 파일이 열리면 숫자패드 **0**을 눌러 [Timeline] 패널에 있는 영상을 확인합니다.

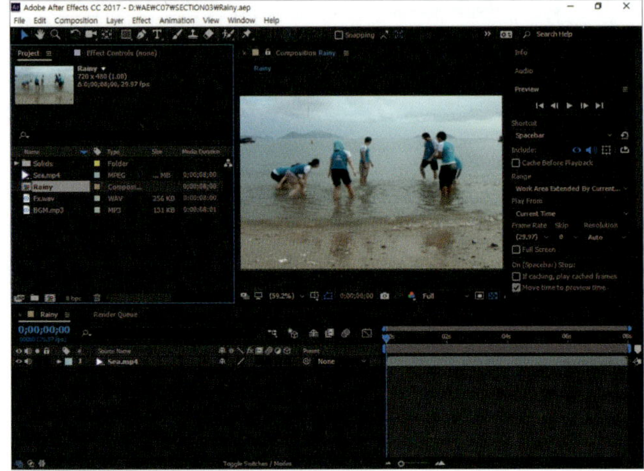

2 영상에 비가 내리는 효과를 적용하기 위해서 [Timeline] 패널의 'Sea.mp4' 레이어를 선택한 후 [Effect] 〉 [Simulation] 〉 [CC Rainfall] 메뉴를 클릭합니다.

TIP :: CC Rainfall

애프터 이펙트에서 기본으로 제공하는 비 내리는 효과입니다. 기본 효과이지만 옵션 설정에 따라 실제와 비슷한 효과를 낼 수 있습니다.

3 [Effect Controls] 패널에 [CC Rainfall]의 옵션이 보이면 다음과 같이 입력한 후 숫자패드 **0**을 눌러 비 내리는 효과를 확인합니다.

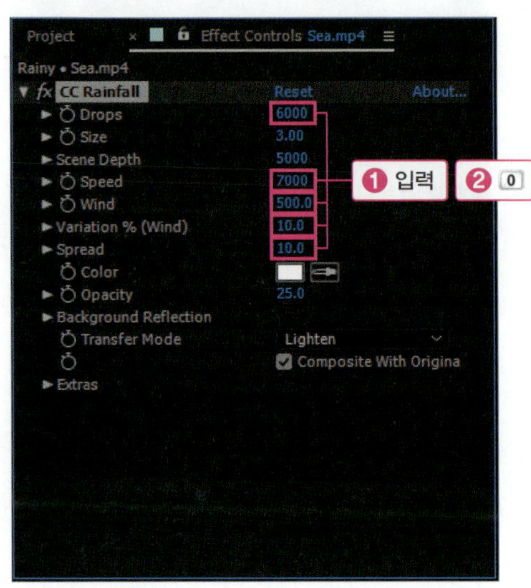

- [Drops] : '6000'
- [Speed] : '7000'
- [Wind] : '500'
- [Variation % (Wind)] : '10'
- [Spread] : '10'

TIP :: 위에서 제시된 설정 값뿐만 아니라 직접 여러 가지 수치를 입력해 보고 비 내리는 효과를 확인해 보세요.

4 다음으로 번개 효과를 영상에 추가해 보겠습니다. 번개 효과를 적용할 솔리드 레이어를 만들기 위해서 [Layer] 〉 [New] 〉 [Solid](**Ctrl** +**Y**) 메뉴를 클릭합니다. [Solid Settings] 대화상자가 열리면 [Name]에 'Lightning'을 입력하고 [OK] 버튼을 클릭합니다.

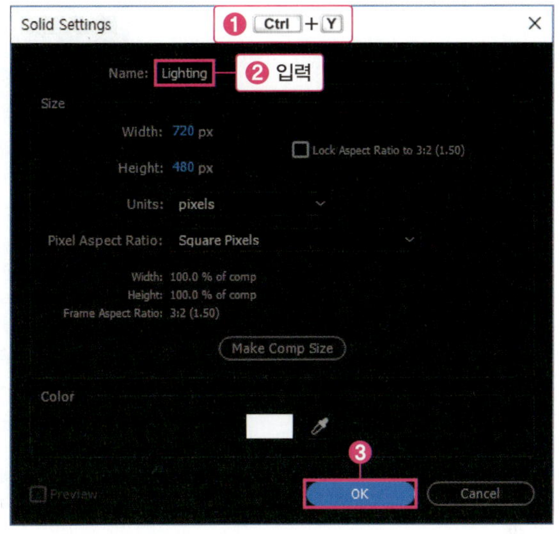

5 [Timeline] 패널의 'Lightning' 레이어를 클릭해 열고 다음과 같이 입력합니다.

- [Position] : '360, −5'
- [Scale] : '50, 50'

TIP :: 이제 솔리드 레이어에 효과를 적용하면 설정된 위치와 크기 영역 내에서만 작동합니다.

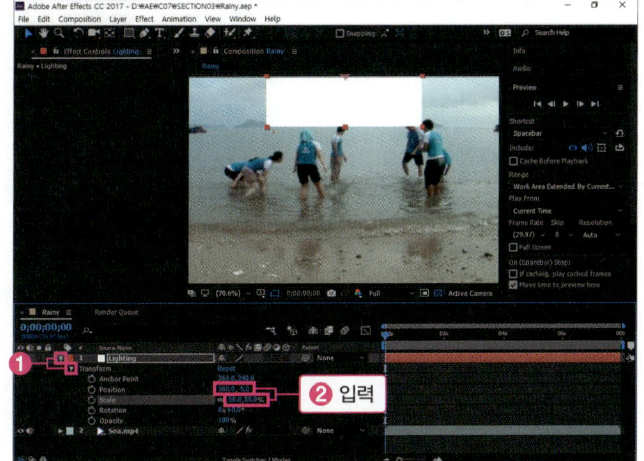

6 솔리드 레이어에 번개 효과를 적용하기 위해서 'Lightning' 레이어가 선택된 상태에서 [Effect] 〉 [Generate] 〉 [Advanced Lightning] 메뉴를 클릭합니다.

TIP :: Advanced Lightning
애프터 이펙트에서 기본으로 제공하는 번개, 천둥 치는 효과입니다. 기본 효과이지만 옵션 설정에 따라 실제와 비슷한 효과를 낼 수 있습니다.

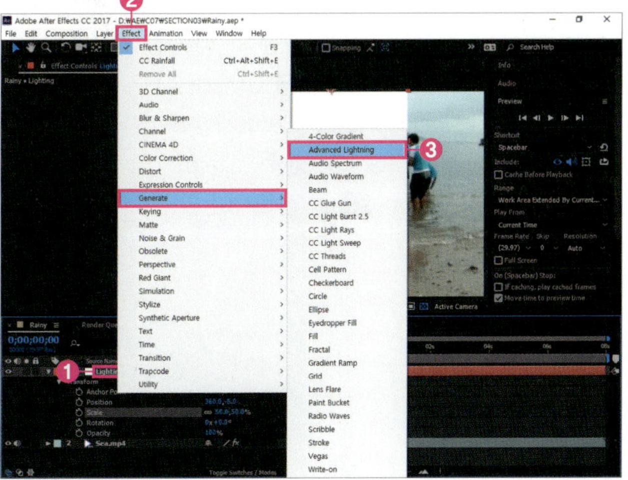

7 [Composition] 패널에서 [Advanced Lightning] 효과로 생긴 2개의 점을 그림과 같은 위치로 옮겨 번개 모양을 만듭니다.

TIP :: 위쪽에 위치한 점은 번개가 시작되는 점이고, 아래에 위치한 점은 번개가 끝나는 점입니다.

8 [Effect Controls] 패널에서 [Advanced Lightning] 효과의 옵션을 다음과 같이 설정하여 번개를 좀 더 현실적인 느낌으로 변형합니다.

- [Conductivity State] : '1.4'
- **[Glow Settings]**
  [Glow Radius] : '10'
  [Glow Color] : '흰색(#ffffff)'
- [Turbulence] : '1.25'
- [Forking] : '10%'
- [Decay] : '0.35'

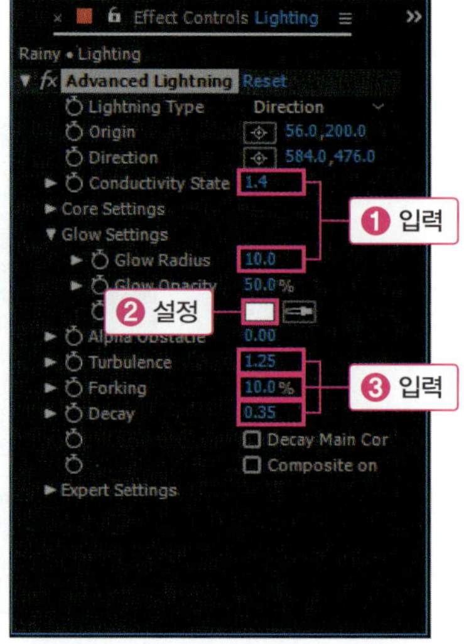

9 번개가 순간적으로 생기는 모션을 만들기 위해서 [Current Time Indicator]를 0:00:01:20 위치로 옮기고, [Effect Controls] 패널에서 [Advanced Lightning]의 [Conductivity State] 〉 [Time–Vary stop watch]( )를 클릭하여 활성화합니다.

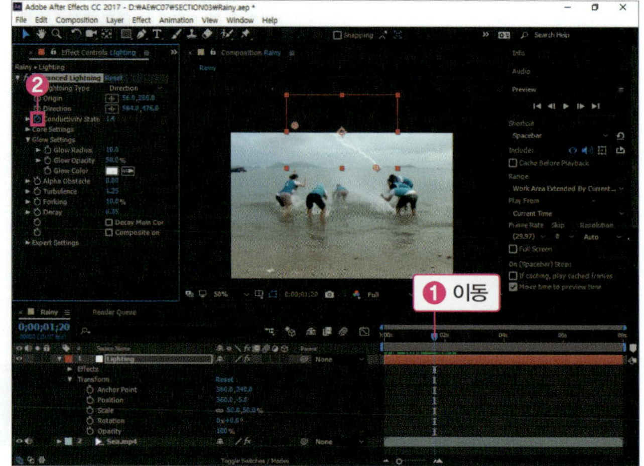

10 [Current Time Indicator]를 0:00:01:23 위치로 옮기고, [Conductivity State]를 '3.4'로 입력합니다. 숫자패드 **0**을 눌러 번개의 모션을 확인해 봅니다.

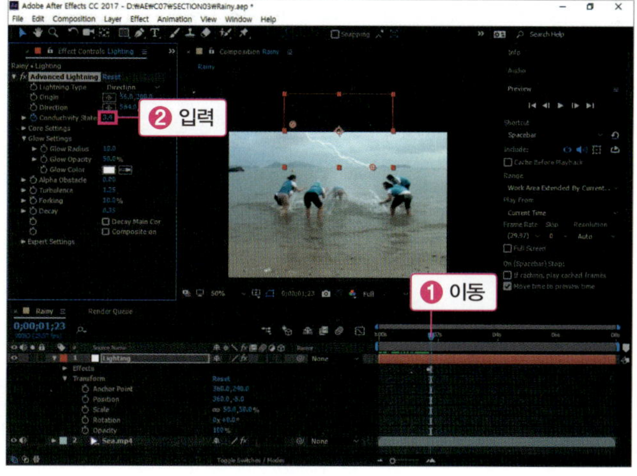

11 [Current Time Indicator]를 0:00:01:20 위치로 옮깁니다. 번개 효과가 필요한 구간에만 보이도록 하기 위해서 'Lightning' 레이어 [Opacity] 〉 [Time-Vary stop watch](🕐)를 클릭하여 활성화하고, '0%'로 입력한 후 [Current Time Indicator]를 0:00:01:21 위치로 옮기고 '100%'로 입력합니다.

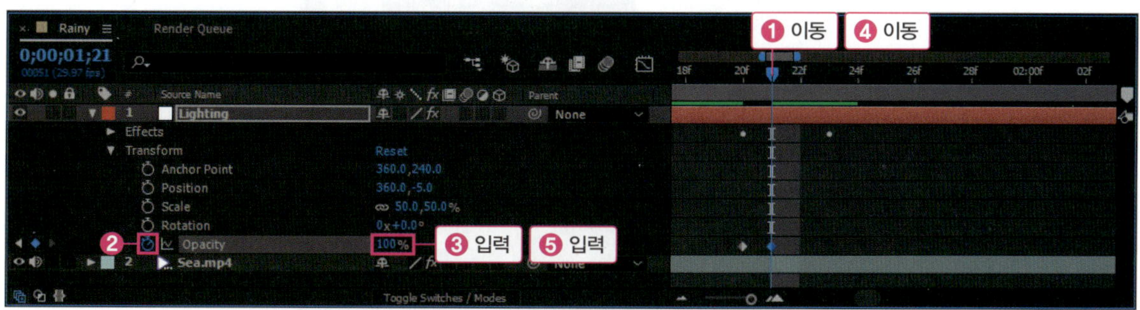

12 [Current Time Indicator]를 0:00:01:27 위치로 옮긴 후 왼쪽의 0:00:01:21에 위치한 키프레임을 선택하고, **Ctrl**+**C**, **Ctrl**+**V**를 눌러 복사하고 붙여 넣습니다. [Current Time Indicator]를 0:00:02:15 위치로 옮기고, '0%'로 입력합니다. 숫자패드 **0**을 눌러 번개의 모션을 확인해 봅니다.

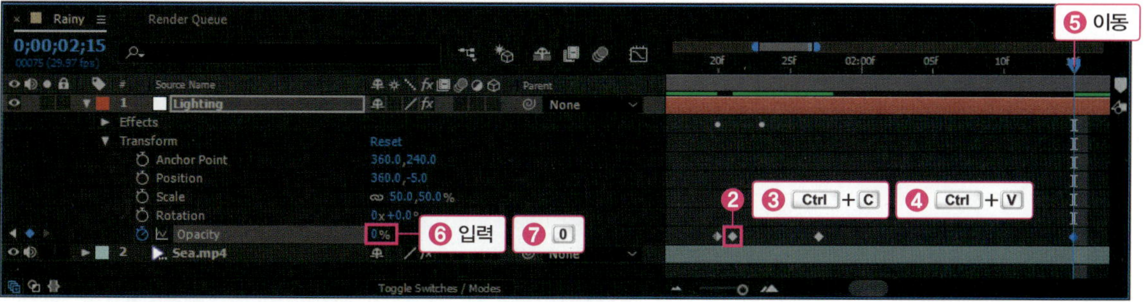

13 다음으로 번개 효과를 돋보이게 하기 위해서 번개가 칠 때 영상의 밝기를 조절해 보겠습니다. [Timeline] 패널의 'Sea.mp4' 레이어를 선택하고, [Effect] 〉 [Stylize] 〉 [Glow] 메뉴를 클릭합니다.

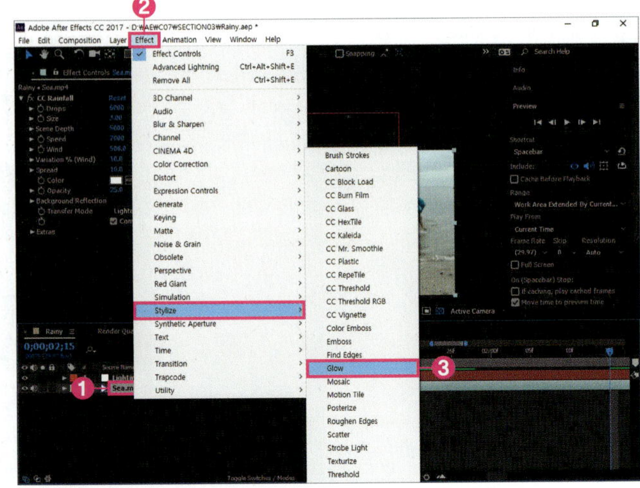

14 [Effect Controls] 패널에 [Glow]의 옵션이 보이면 다음과 같이 입력합니다.

- [Glow Threshold] : '43.0%'
- [Glow Radius] : '0.0'
- [Glow Intensity] : '0.0'

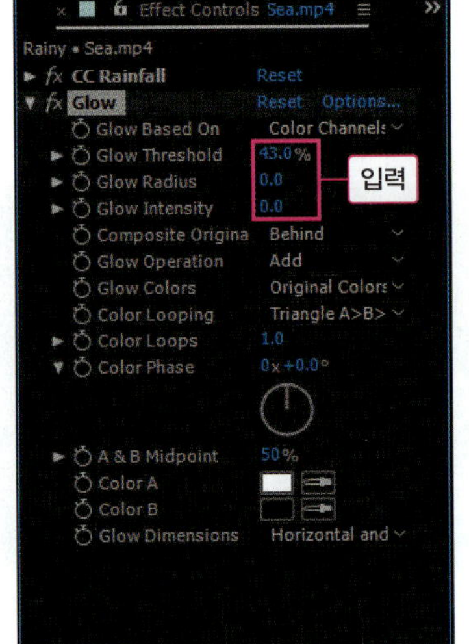

15 [Timeline] 패널의 'Sea.mp4' 레이어를 클릭해 연 후 [Current Time Indicator]를 0:00:01:20 위치로 옮깁니다. [Glow]의 [Glow Intensity] 〉 [Time-Vary stop watch](⏱)를 클릭하여 활성화합니다.

16 [Current Time Indicator]를 0:00:01:21 위치로 옮기고, [Glow Intensity]를 '0.1'로 입력합니다.

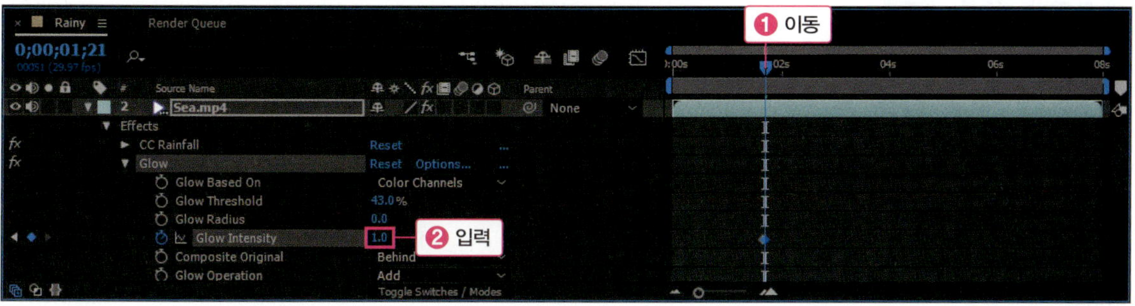

17 시간대별로 [Glow Intensity]를 다음과 같이 입력합니다.

- 0:00:01:22 지점 : '0'
- 0:00:01:23 지점 : '0.1'
- 0:00:01:25 지점 : '0'

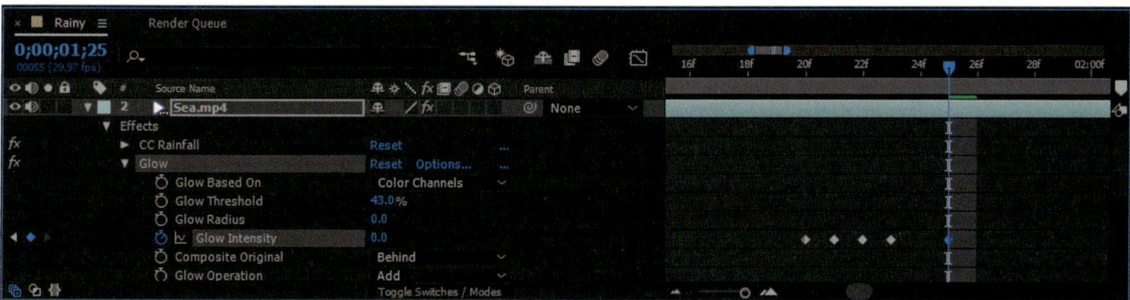

18 [Project] 패널의 'Fx.wav', 'BGM.mp3' 푸티지를 [Timeline] 패널로 드래그하여 천둥소리, 빗소리 효과음을 넣습니다. 비, 번개, 천둥 특수 효과를 완성하였습니다. 숫자패드 **0** 을 눌러 영상을 확인합니다.

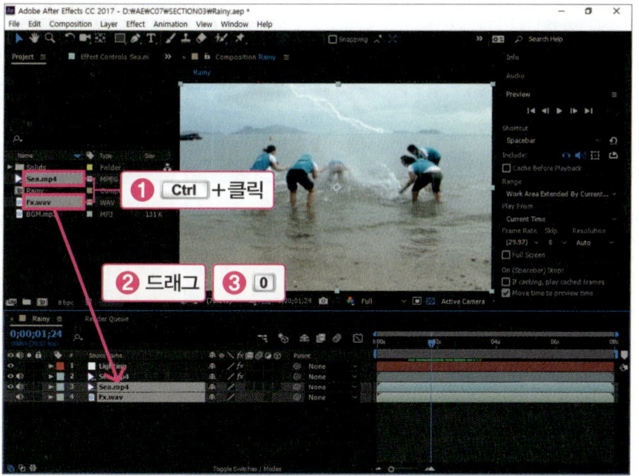

연기와 불 특수 효과 테크닉

핵심내용

본 예제는 쇼 프로그램이나 어린이 SF 영화에서 자주 등장하는 불과 연기의 특수 효과입니다. 다양한 특수 효과 중 Extract, Mask, Wiggler를 소개하겠습니다.

핵심기능

Extract + Mask + Wiggler

STORYBOARD

2005년 대한민국창업대전 '산업자원부장관상' 프레젠테이션 중 일부분

01 빛 특수 효과 Extract + Mask + Wiggler

: 준비 파일 : Part 03 〉 Chapter 07 〉 Section 04 〉 Fire.aep　**완성 파일 :** Part 03 〉 Chapter 07 〉 Section 04 〉 Fire 완성.aep

1 제공된 애프터 이펙트 파일을 불러오기 위해서 [File] 〉 [Open Project](**Ctrl**+**O**) 메뉴를 클릭하고 'Fire.aep' 파일을 찾아 선택한 후 [열기] 버튼을 클릭합니다. 파일이 열리면 숫자패드 **0** 을 눌러 [Timeline] 패널에 있는 영상을 확인합니다.

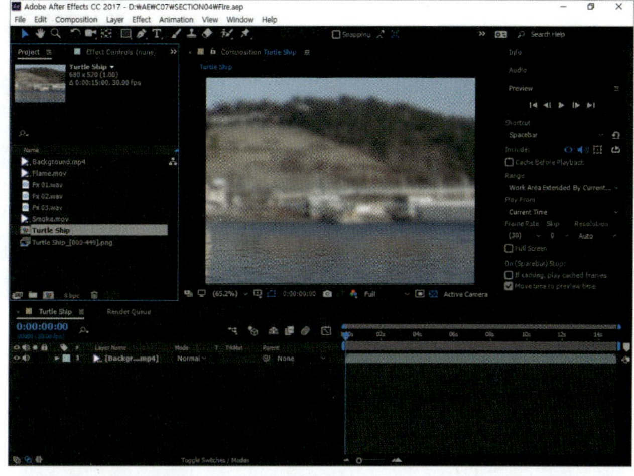

2 [Project] 패널의 'Turtle Ship_[000–449]. png' 푸티지를 [Timeline] 패널의 1번 위치로 드래그한 후 숫자패드 **0** 을 눌러 영상의 거북선을 확인합니다.

TIP :: 'Turtle Ship_[000–449].png'는 시퀀스 이미지입니다. 시퀀스 이미지는 이미지로 이루어진 영상 파일로써 여러 개의 이미지들이 순차적으로 재생되어 영상처럼 작동합니다. 보통 3D 프로그램에서 원본 화질의 보존을 위해서 영상 포맷으로 압축하지 않고 낱장의 이미지들로 저장할 때 사용합니다.

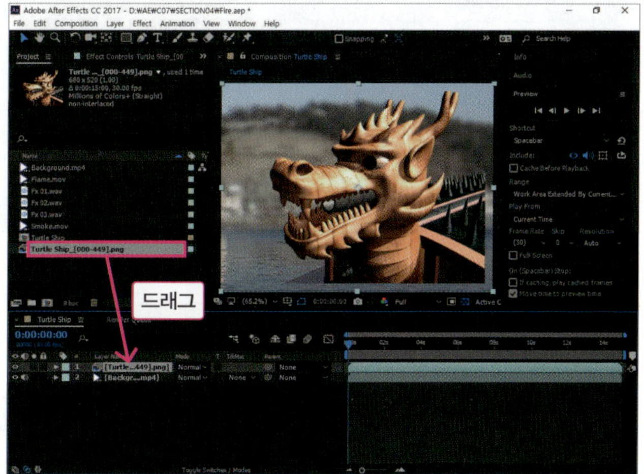

3 거북선의 코에서 연기가 나오는 모션을 합성하기 위해서 [Project] 패널의 'Smoke.mov' 푸티지를 [Timeline] 패널의 1번 위치로 드래그합니다.

TIP ::
• 'Smoke.mov' 푸티지가 안보일 경우, 제공된 Quicktime Codec을 설치하기 바랍니다.
• 연기를 합성하기 위한 영상은 유튜브 등에서 '연기 소스'로 검색하면 쉽게 찾을 수 있습니다.

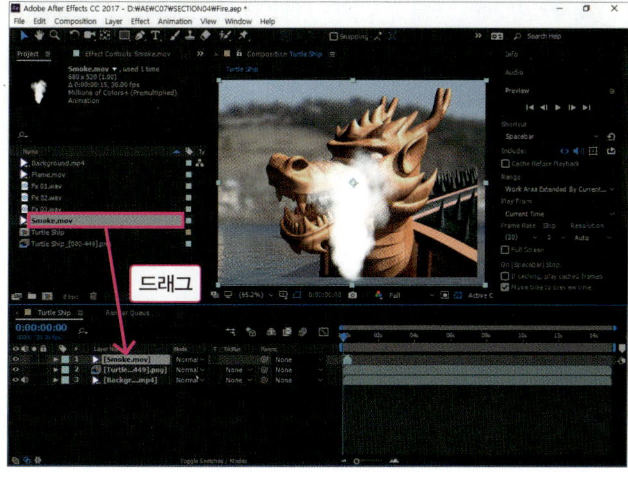

4 [Composition] 패널에서 'Smoke.mov' 레이어를 클릭해 열고, 크기와 위치, 회전 각도를 조절하여 그림과 같이 거북선의 코에서 연기가 나오도록 합니다. 정확한 수치는 다음을 참조합니다.

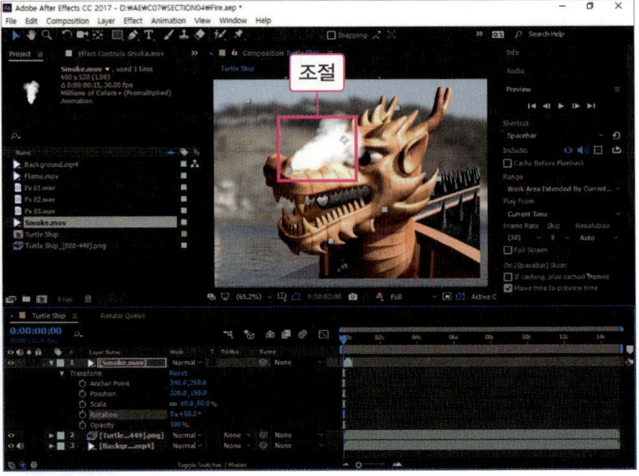

• Position : '320, 150'
• Scale : '60, 60%'
• Rotation : '60°'

5 연기가 시작되는 지점을 설정하기 위해서 [Current Time Indicator]를 0:00:01:00 위치로 옮긴 후 'Smoke.mov' 레이어가 선택된 상태에서 []를 눌러 [Current Time Indicator] 뒤로 옮깁니다.

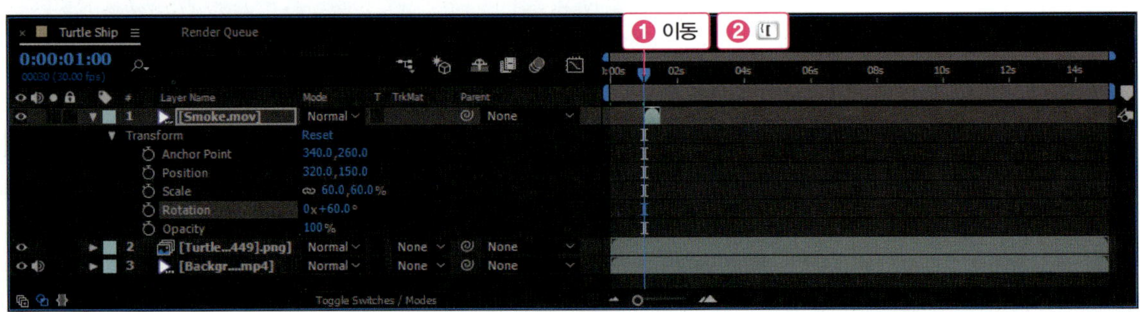

6 'Smoke.mov' 레이어 [Opacity] 〉 [Time-Vary stop watch]( )를 클릭해 활성화합니다. '0%'로 입력한 후 [Current Time Indicator]를 0:00:01:02 위치로 옮기고 '100%'로 입력합니다.

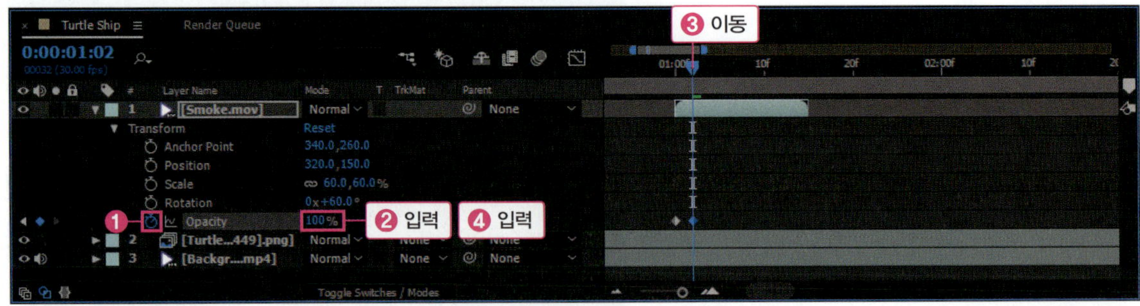

7 [Current Time Indicator]를 0:00:01:10 위치로 옮깁니다. 왼쪽의 0:00:01:02에 위치한 키프레임을 선택하고 Ctrl+C, Ctrl+V를 눌러 복사하고 붙여 넣습니다. [Current Time Indicator]를 0:00:01:15 위치로 옮기고, '0%'로 입력한 후 숫자패드 0을 눌러 자연스러운 연기 모션을 확인합니다.

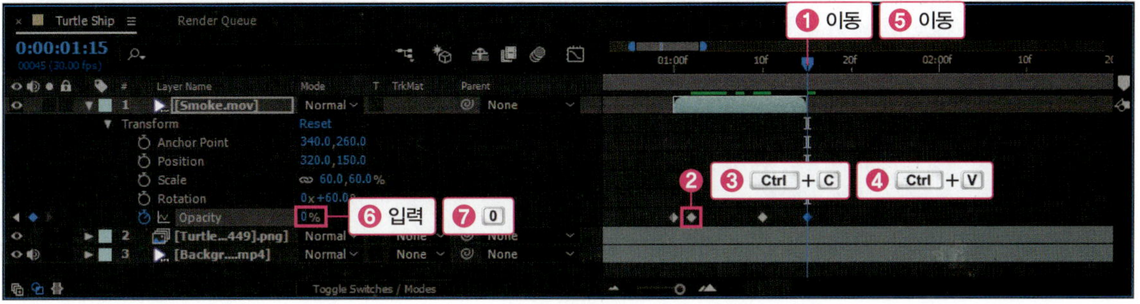

8 연기 효과에 어울리는 효과음을 넣기 위해서 [Project] 패널의 'Fx 01.wav' 푸티지를 [Timeline] 패널로 드래그한 후 연기가 나오는 지점과 맞추기 위해서 [Current Time Indicator]를 0:00:01:00 위치로 옮기고, [[를 눌러 [Current Time Indicator] 뒤에 맞춥니다.

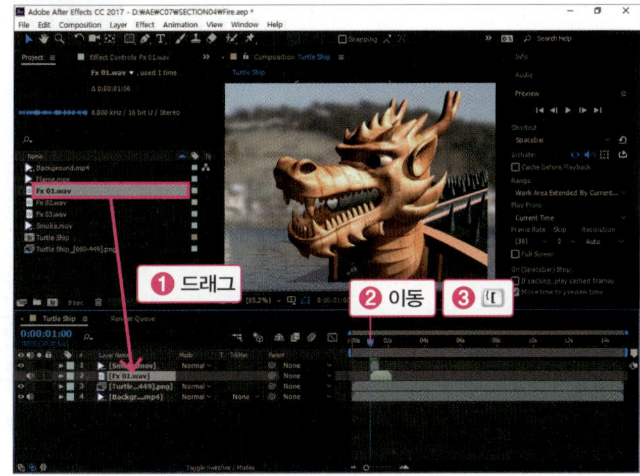

9 반대편 콧구멍에도 연기 효과를 넣기 위해서 'Smoke.mov'와 'Fx 01.wav' 레이어를 선택한 후 Ctrl+C, Ctrl+V를 눌러 레이어를 복사하고 붙여 넣습니다.

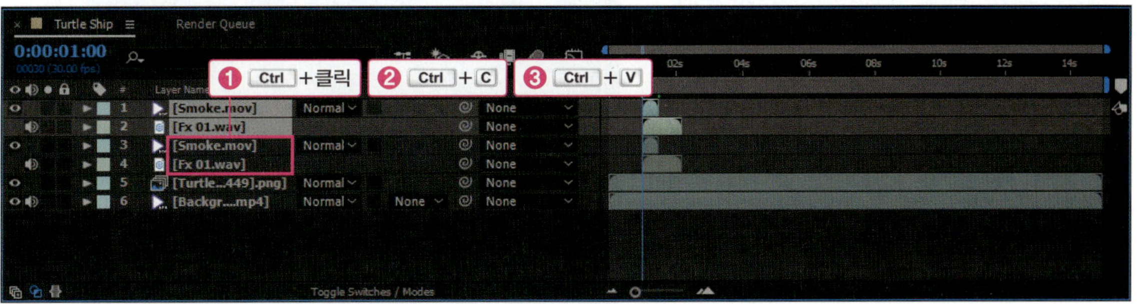

10 복사된 연기 레이어는 거북선보다 순서상 아래쪽에 위치해야 하므로 [Timeline] 패널에서 'Smoke.mov'와 'Fx 01.wav' 레이어를 드래그하여 위치를 'Turtle Ship_[000–449].png' 레이어 아래로 옮깁니다.

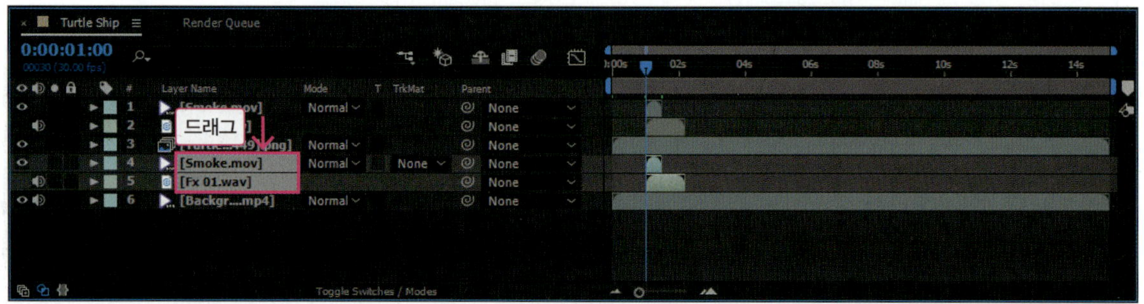

11 연기가 보이는 지점인 [Current Time Indicator]를 0:00:01:02 위치로 옮긴 후 뒤쪽 연기의 크기와 위치, 회전 각도를 맞추기 위해서 [Composition] 패널에서 다음과 같이 조절합니다. 정확한 값은 다음을 참조하여 거북의 코에서 연기가 나오도록 합니다.

- Position : '115, 120'
- Scale : '40, 40%'
- Rotation : '−20°'

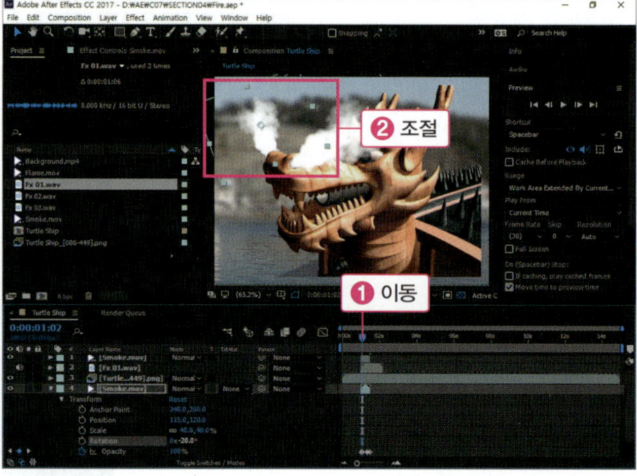

12 다음으로 거북선의 입에서 나오는 불 효과를 만들기 위해서 [Composition] 〉 [New Composition](Ctrl+N) 메뉴를 클릭합니다. [Composition Settings] 대화상자가 열리면 다음과 같이 설정한 후 [OK] 버튼을 클릭합니다.

- [Composition Name] : 'Fire'
- [Width] : '640'
- [Height] : '480'
- [Pixel Aspect Ratio] : 'Square Pixels'
- [Frame Rate] : '30'
- [Start Timecode] : '0:00:00:00'
- [Duration] : '0:00:15:00'
- [Background Color] : 검은색(#000000)

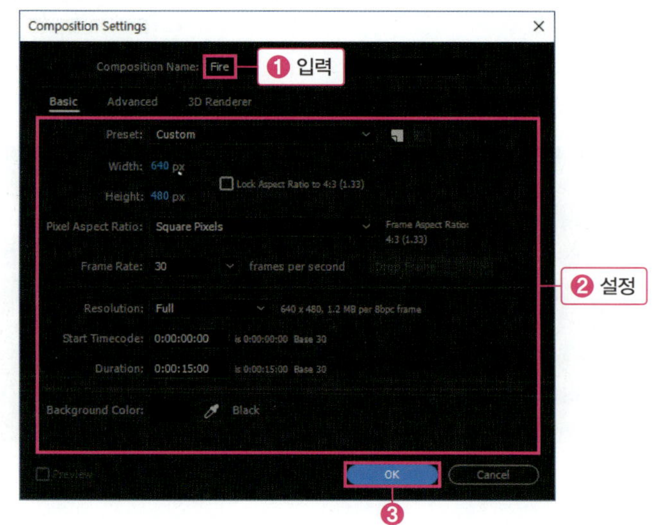

13 [Timeline] 패널에 [Fire] 컴포지션이 만들어
졌음을 확인한 후 [Project] 패널에서 아까 작업
한 거북선 및 연기가 있는 'Turtle Ship' 컴포지
션을 [Timeline] 패널로 드래그합니다.

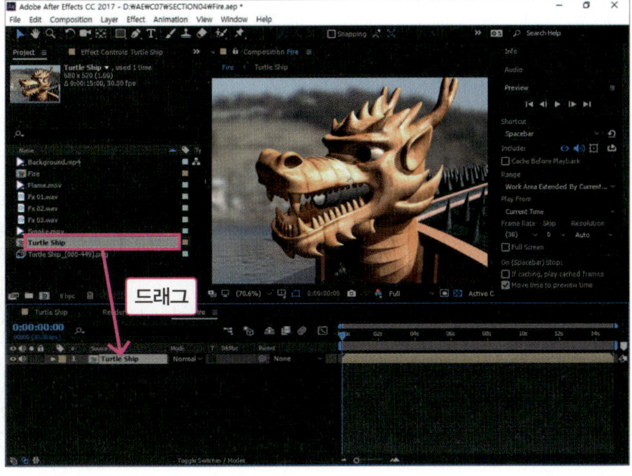

14 우선 거북선이 불대포를 쏠 때의 반동 모션
을 표현하기 위해서 [Current Time Indicator]를
0:00:04:15 위치로 옮깁니다. 'Turtle Ship' 레이
어를 클릭해 열고, [Position]과 [Scale]의
[Time–Vary stop watch](○)를 클릭해 활성화
합니다. [Current Time Indicator]를 0:00:04:25
위치로 옮기고 다음과 같이 입력합니다.

• [Position] : '332, 270'
• [Scale] : '115, 115%'

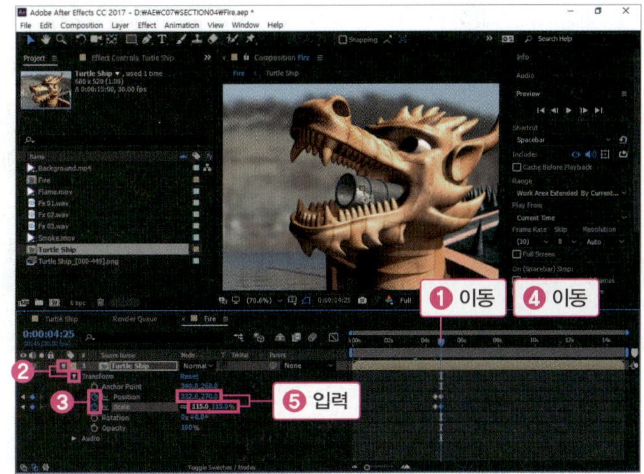

15 [Current Time Indicator]를 0:00:06:15 위치로 옮긴 후 왼쪽 0:00:04:25에 위치한 [Position]의 키프레임을 선
택하고 Ctrl + C, Ctrl + V를 눌러 복사합니다.

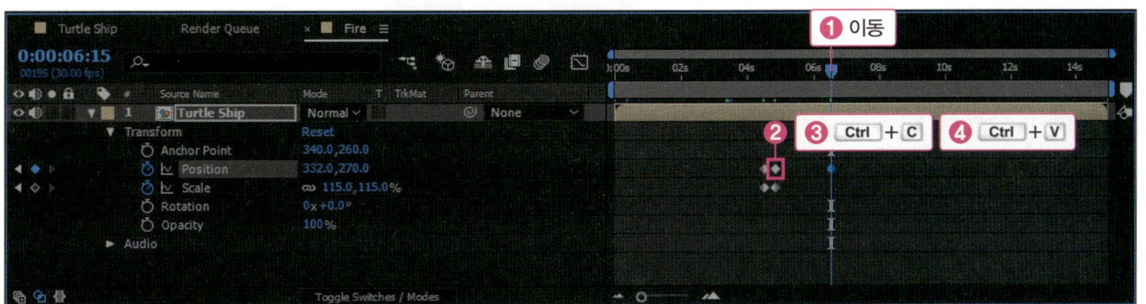

16 이어서 [Position]을 다음과 같이 입력하여 반동 모션을 만듭니다.

- 0:00:07:15 지점 : '350, 270'
- 0:00:09:10 지점 : '332, 270'

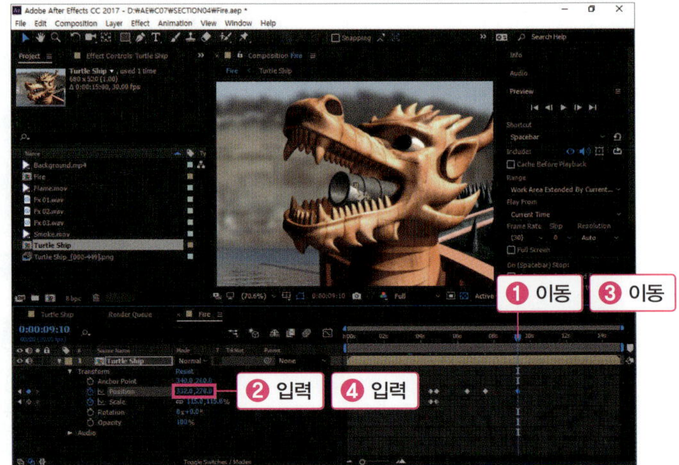

17 반동 모션에 불규칙한 떨림을 추가하기 위해서 [Position]의 0:00:04:15와 0:00:06:15에 위치한 키프레임을 선택한 후 [Window] > [Wiggler] 메뉴를 클릭합니다.

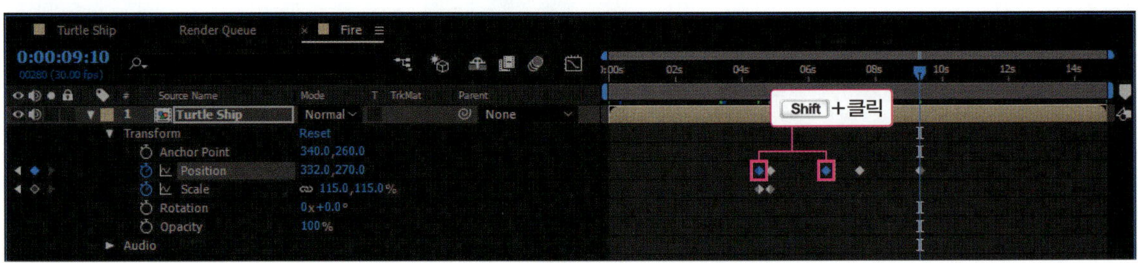

18 [Wiggler] 패널이 열리면 다음과 같이 설정하고, [Apply] 버튼을 클릭합니다.

- [Noise Type] : 'Jagged'
- [Frequency] : '15.0'
- [Magnitude] : '12.0'

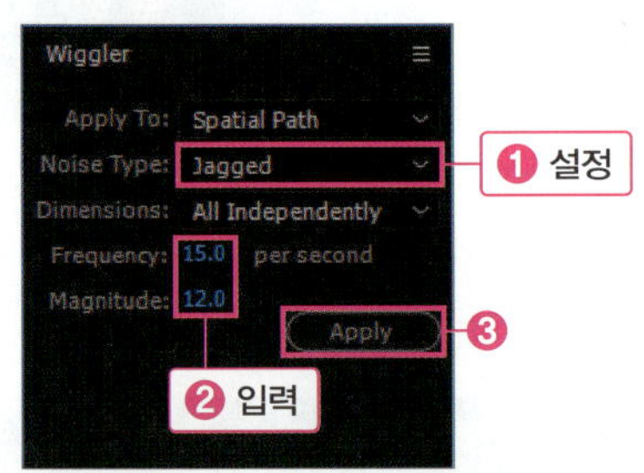

19 거북선이 움직일 때 포효하는 효과음을 넣기 위해서 [Project] 패널의 'Fx 02.wav' 푸티지를 [Timeline] 패널로 드래그합니다. 모션에 맞게 효과음의 위치를 맞추기 위해서 [Current Time Indicator]를 0:00:04:10 위치로 옮기고 [[]를 눌러 [Current Time Indicator] 뒤로 옮깁니다.

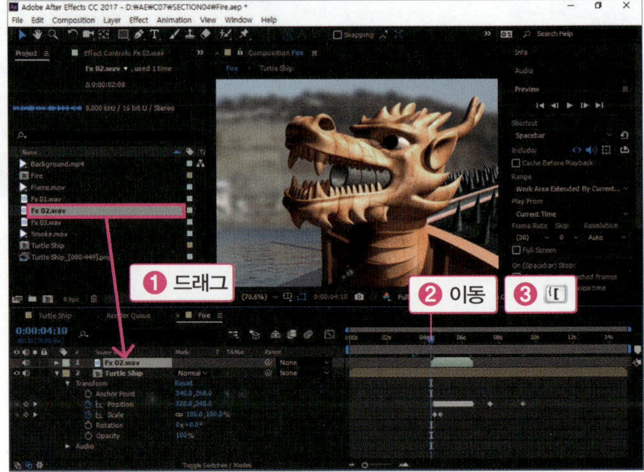

20 거북선의 입에 불을 합성하기 위해서 [Project] 패널의 'Flame.mov' 푸티지를 [Time-line] 패널로 드래그합니다. 영상 소스의 검은색 배경을 지우기 위해서 'Flame.mov' 레이어가 선택된 상태로 [Effect] 〉 [Keying] 〉 [Extract] 메뉴를 클릭합니다.

TIP :: Extract

영상에서 특정 색상을 제거하여 투명하게 만듭니다. 영상 합성에서 주로 사용됩니다.

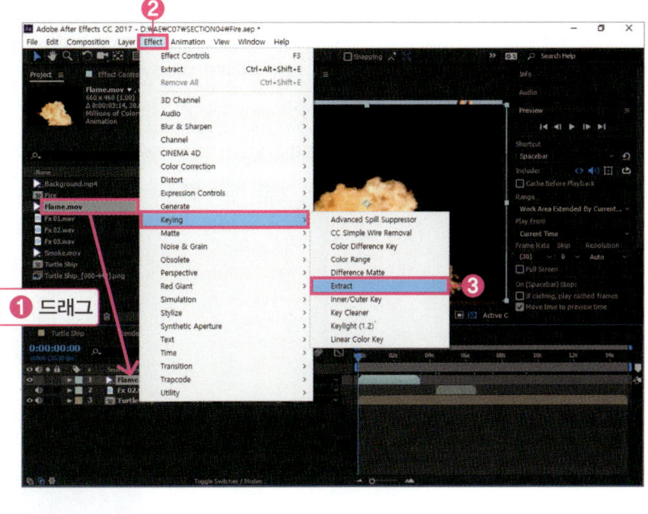

21 [Effect Controls] 패널에 [Extract]의 옵션이 보이면 다음과 같이 입력하여 배경을 제거합니다.

- [Black Point] : '115'
- [Black Softness] : '60'

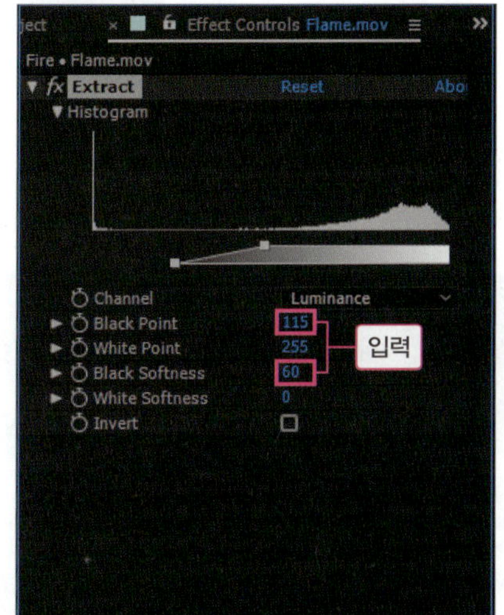

22 불 효과 영상을 거북선의 입의 위치에 맞게 맞추기 위해서 [Current Time Indicator]를 0:00:06:15 위치로 옮깁니다. 'Flame.mov' 레이어가 선택된 상태에서 []를 눌러 [Current Time Indicator] 뒤로 옮긴 후 레이어를 클릭해 열고 다음과 같이 입력합니다.

- [Position] : '94, 230'
- [Rotation] : '74°'

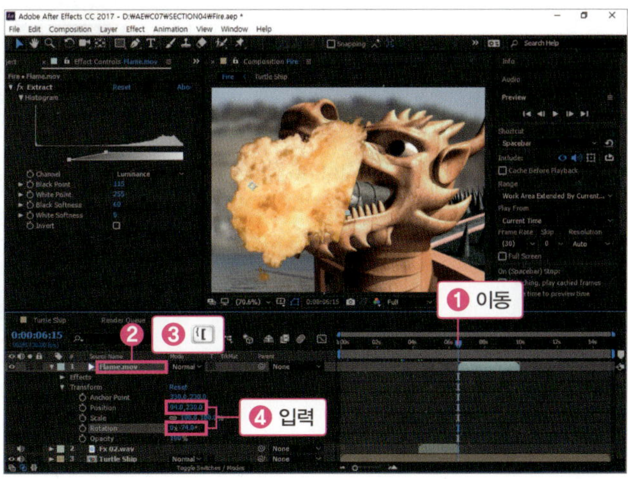

23 불 효과 영상을 입의 모양에 맞게 잘라내기 위해서 [Timeline] 패널의 'Flame.mov' 레이어가 선택된 상태에서 [Tools] 패널의 [Pen Tool] (✐)을 클릭합니다. [Composition] 패널을 마우스 휠로 축소하고, 그림과 같은 모양으로 패스를 그립니다.

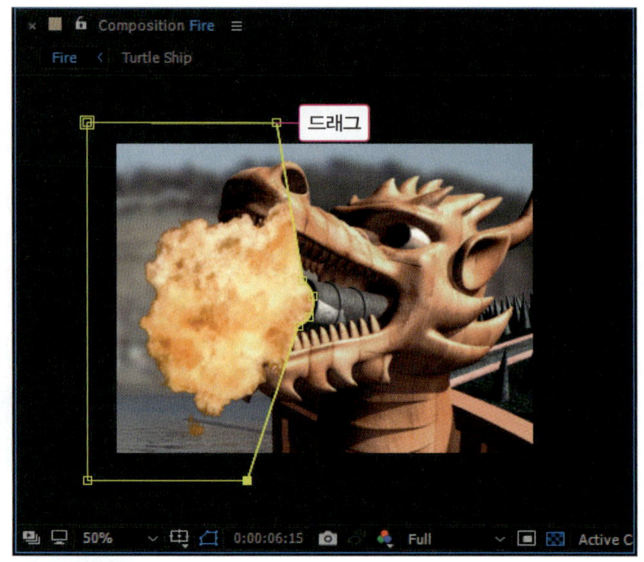

24 불 영상과 거북선 입의 경계 부분을 부드럽게 만들기 위해서 'Flame.mov' 레이어를 클릭해 엽니다. [Mask 1]의 [Mask Feather]를 '10.0, 10.0'으로 입력한 후 불 영상에 모션을 주기 위해서 [Mask Path]의 [Time-Vary stop watch](⏱)를 클릭하여 활성화합니다.

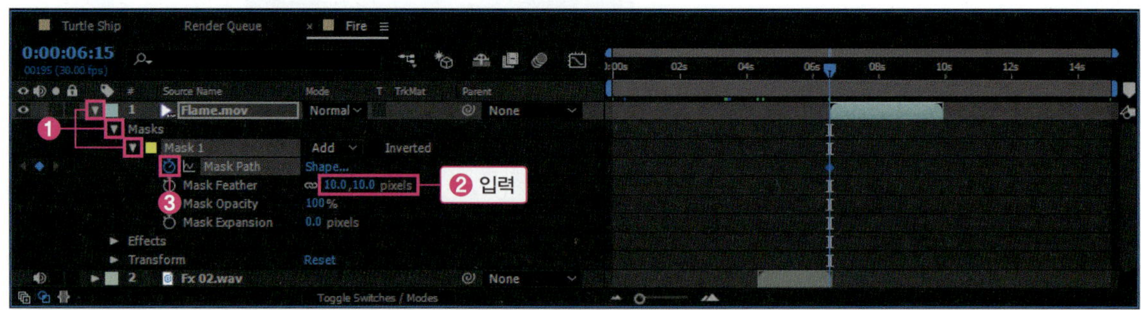

25 [Current Time Indicator]를 0:00:07:15 위치로 옮기고, 'Flame.mov' 레이어의 [Mask 1]이 선택된 상태에서 [Tools] 패널의 [Selection Tool](▶)을 이용하여 마스크를 거북선의 대포 입구에 맞춰 그림과 같은 위치로 옮깁니다.

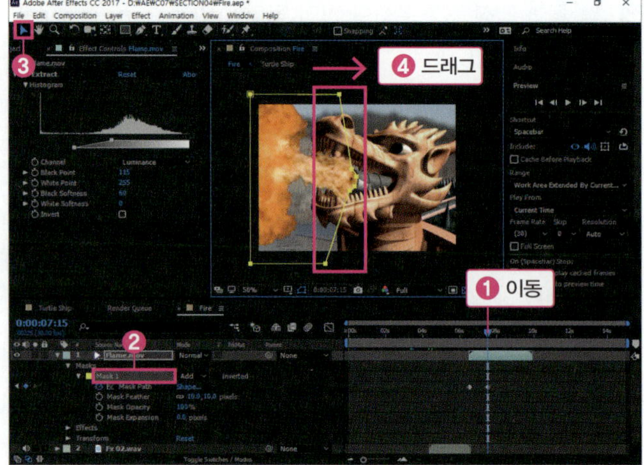

26 [Current Time Indicator]를 0:00:09:10 위치로 옮기고, 마스크를 거북선의 대포입구에 맞춰 그림과 같은 위치로 옮깁니다.

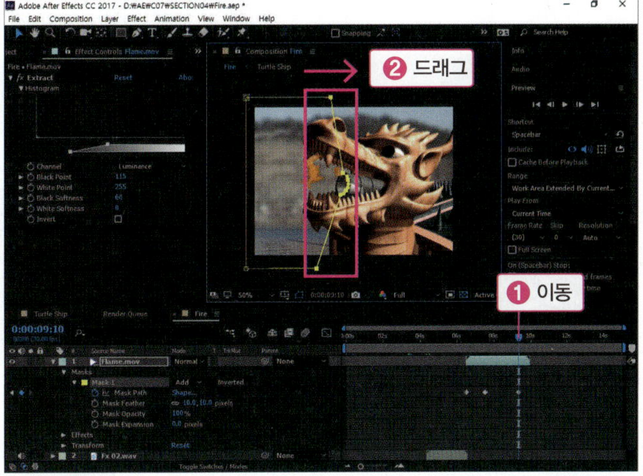

27 불 영상을 여러 번 반복하기 위해서 'Flame.mov' 레이어가 선택된 상태에서 Ctrl + D 를 눌러 레이어를 복사합니다. [Current Time Indicator]를 0:00:07:15 위치로 옮기고, [를 눌러 [Current Time Indicator] 뒤에 맞춥니다.

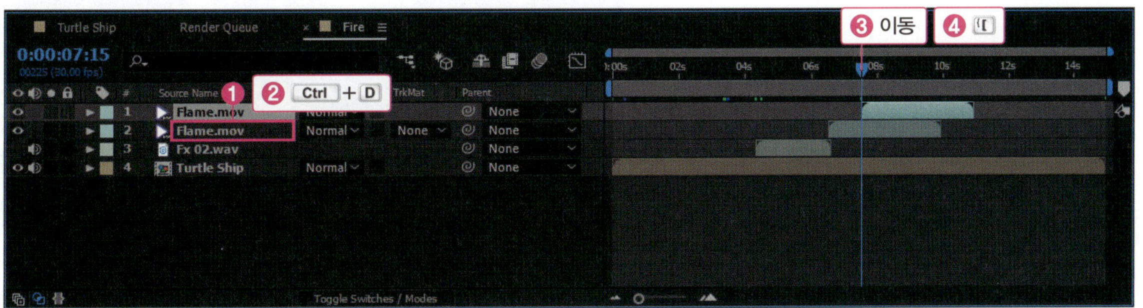

28 Ctrl + D 를 눌러 한 번 더 레이어를 복사한 후 [Current Time Indicator]를 0:00:08:15 위치로 옮기고, [를 눌러 [Current Time Indicator] 뒤에 맞춥니다.

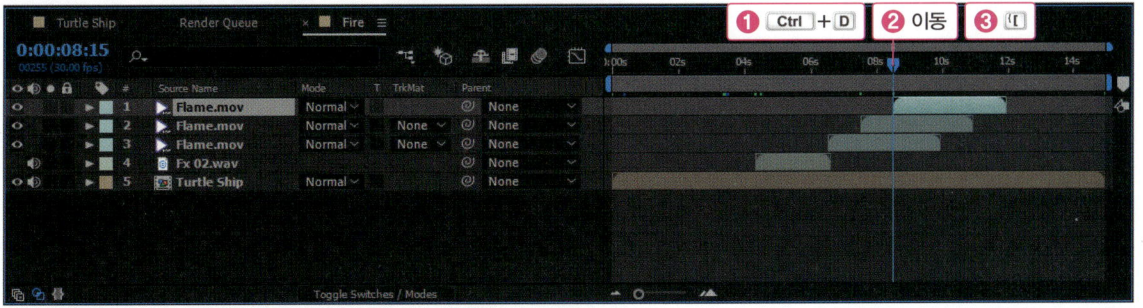

29 복사한 'Flame.mov' 레이어의 [Mode]를 'Lighten'으로 설정하여 자연스럽게 합성합니다.

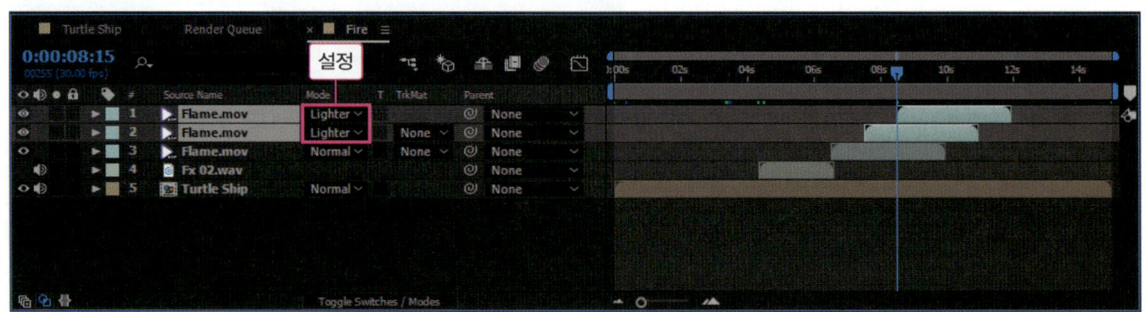

30 불 영상에 맞는 효과음을 넣기 위해서 [Project] 패널의 'Fx 03.wav' 푸티지를 [Time-line] 패널로 드래그한 후 [Current Time Indi-cator]를 0:00:06:15 위치로 옮기고, [[]를 눌러 [Current Time Indicator] 뒤로 옮깁니다.

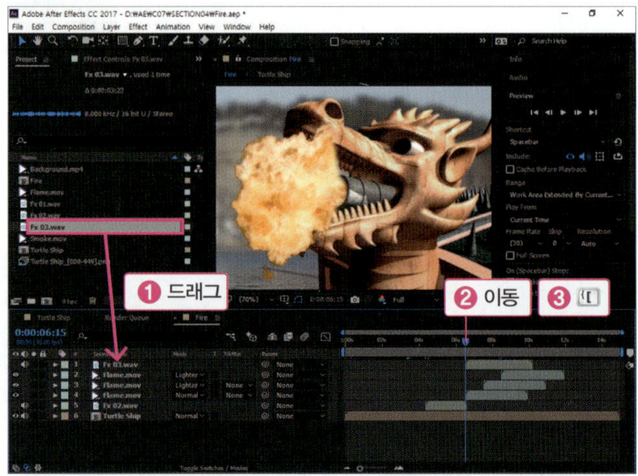

31 거북선에 맞춰 연기와 불 특수 효과를 완성하였습니다. 숫자패드 **0** 을 눌러 영상을 확인합니다.

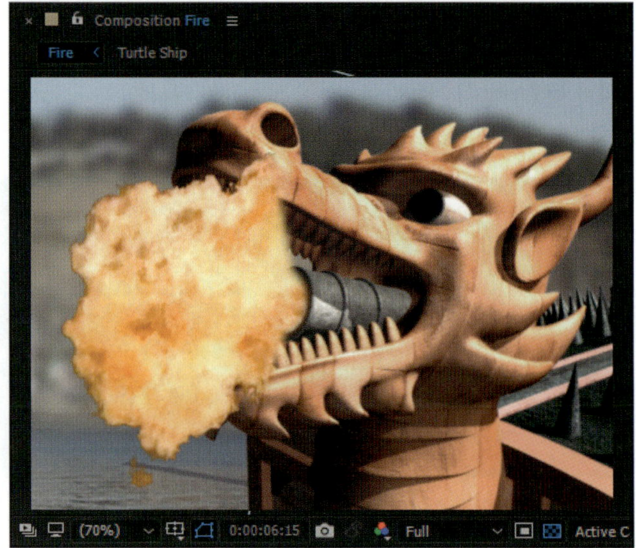

눈과 구름
특수 효과
레크닉

핵심내용

애프터 이펙트 기본 효과 이외에 외부에는 헤아릴 수 없이 많은 플러그인이 있습니다. 이 '플러그인 설치법'에 대해 안내하고, 하나의 사례로 Particular와 Fractal Noise를 불러와서 눈과 구름의 특수 효과를 만드는 방법에 대해 설명하겠습니다.

핵심기능

Trapcode Suite Install + Particular + Fractal Noise

STORYBOARD

2012 DDL 포럼 프레젠테이션 작품 중 일부분

: **준비 파일** : Part 03 〉 Chapter 07 〉 Section 05 〉 Snow.aep : **완성 파일** : Part 03 〉 Chapter 07 〉 Section 05 〉 Snow - 완성.aep

1 이번 예제에서는 외부 플러그인을 이용하여 눈과 구름 특수 효과 영상을 제작해 보겠습니다. 필요한 Trapcode 특수 효과 플러그인을 설치하기 위해서 http://www.redgiant.com/에 접속한 후 아래쪽 첫 번째에 위치한 'TRAP-CODE SUITE' 메뉴를 클릭합니다.

TIP :: RedGiant사는 애프터 이펙트의 플러그인 개발사 중 가장 알려져 있고, 이들이 제작한 플러그인들은 매우 유용한 기능들로 구성되어 있습니다. 특히, 후반 작업의 완성도를 높여주는 Trapcode 플러그인은 애프터 이펙트를 사용하는 분들이라면 반드시 알아두어야 합니다.

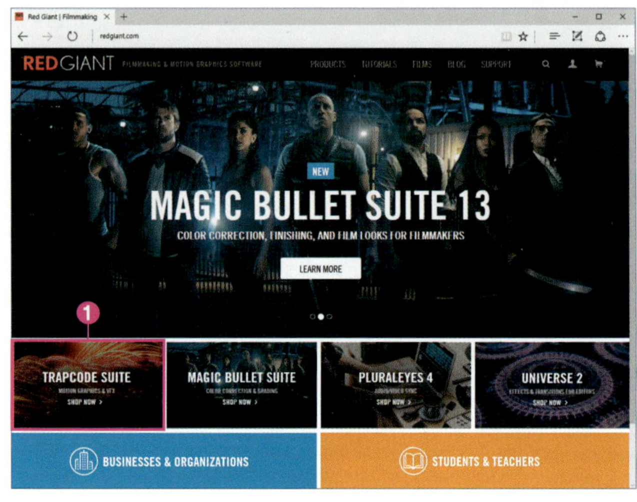

2 Trapcode Suite 페이지가 열리면 오른쪽 아래에 위치한 'FREE TRIAL'를 클릭하고, 메뉴가 열리면 자신의 컴퓨터에 설치된 운영체제를 선택합니다.

TIP :: Trapcode 플러그인은 정당한 비용을 주고 구입해서 사용해야 하지만 구입 전에 시험판을 사용하여 성능을 테스트할 수 있는 'Free Trial' 버전을 제공하고 있습니다.

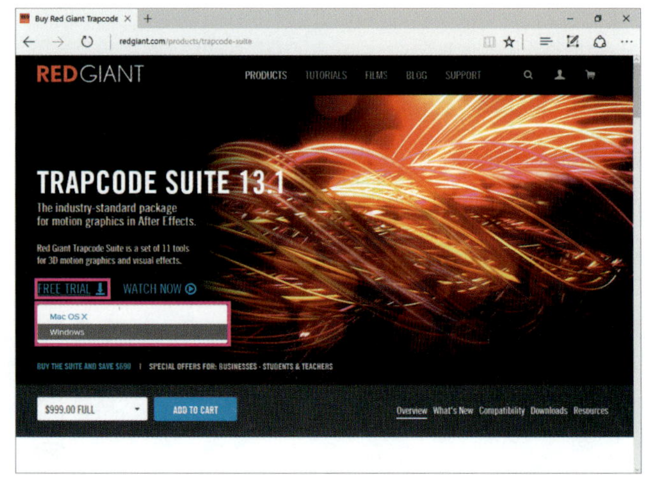

3 자신의 컴퓨터에 맞는 운영체제를 클릭하면 등록된 아이디와 패스워드를 입력하라는 페이지가 뜹니다. 먼저 등록해야 하므로 상단의 'create an account' 메뉴를 클릭하여 새로운 계정을 등록합니다.

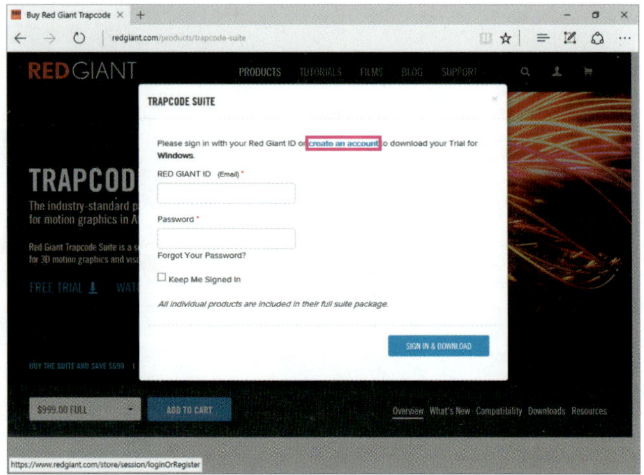

4 계정 등록 페이지가 열리면 다음과 같이 입력한 후 [CREATE ACCOUNT & DOWNLOAD] 버튼을 클릭하고, 파일이 다운로드 되는지 확인합니다.

- [First Name] : 이름
- [Last Name] : 성
- [RED GIANT ID] : 이메일 계정
- [Confirm RED GIANT ID] : 이메일 계정(확인용)
- [Password] : 패스워드
- [Confirm Password] : 패스워드(확인용)

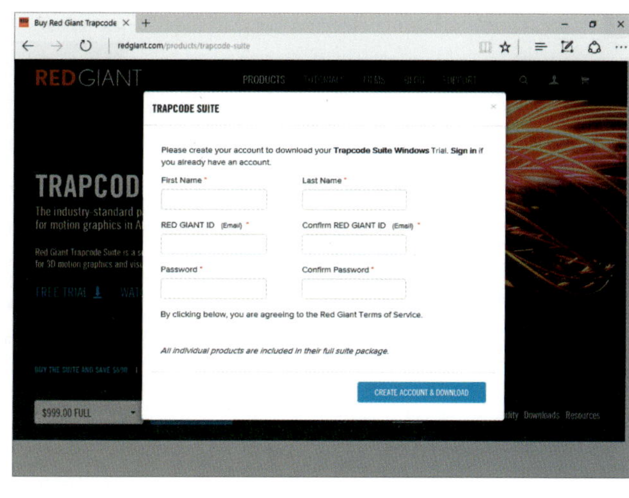

5 다운로드가 끝나면 파일이 있는 곳의 폴더를 찾아 파일의 압축을 풀고, 폴더 안의 'Trapcode Suite Setup' 파일을 더블클릭합니다.

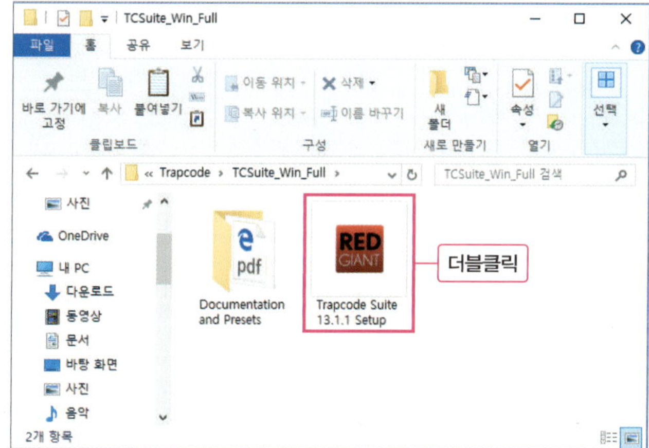

6 [Setup – Trapcode Suite] 대화상자가 열리면 [Next〉] 버튼을 클릭합니다.

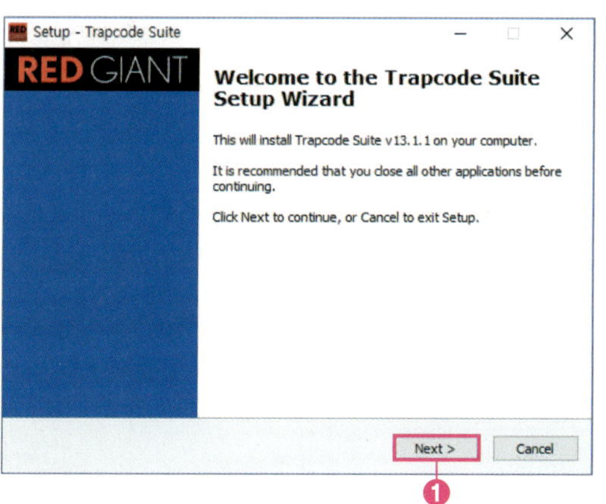

7 [Red Giant Software Registration] 대화상
자가 열리면 [Products]에서 필요한 플러그인을
체크한 후 [Next〉] 버튼을 클릭합니다.

TIP ::

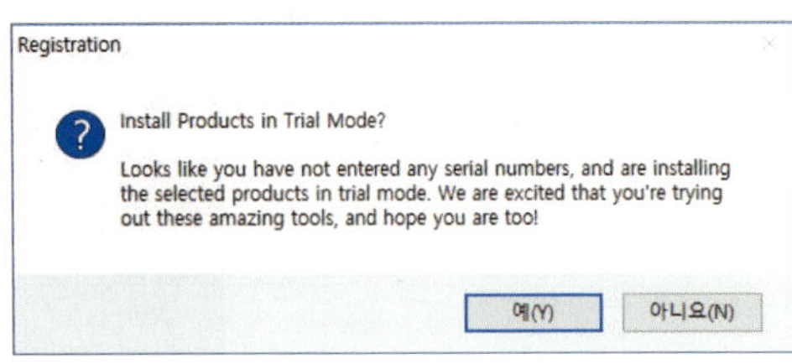

[Registration] 메시지 창에서 시험용 버전 설치에 대한 내용
이 보이면 정식 버전이 아닌 시험용 버전을 설치할 것이므로
[예] 버튼을 클릭합니다.

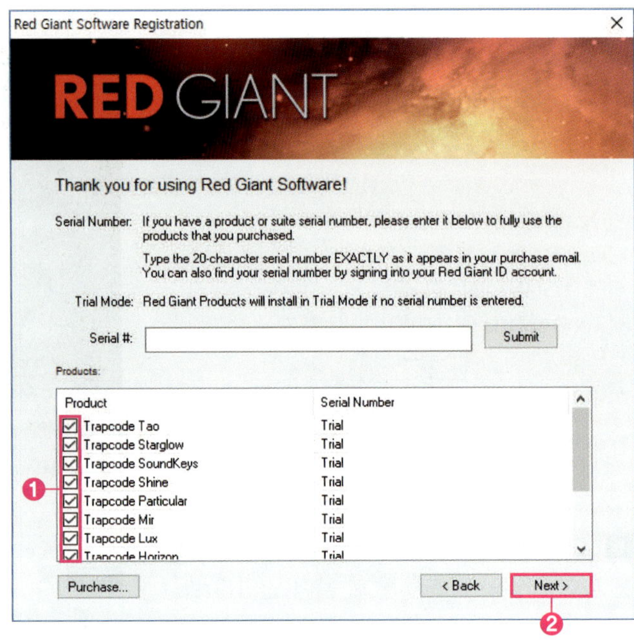

8 [License Agreement]의 약관을 읽은 후 [I
accept the agreement]에 체크하고, [Next] 버
튼을 클릭합니다.

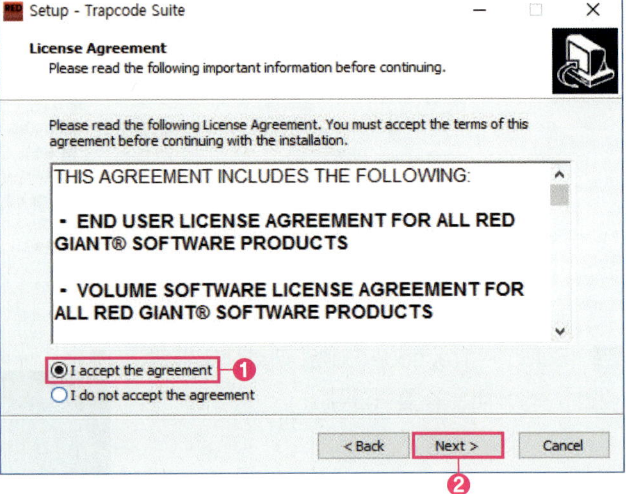

9 [Select Components] 대화상자가 열리면
자신의 컴퓨터에 설치된 애프터 이펙트 버전을
체크하고 [Next] 버튼을 클릭합니다.

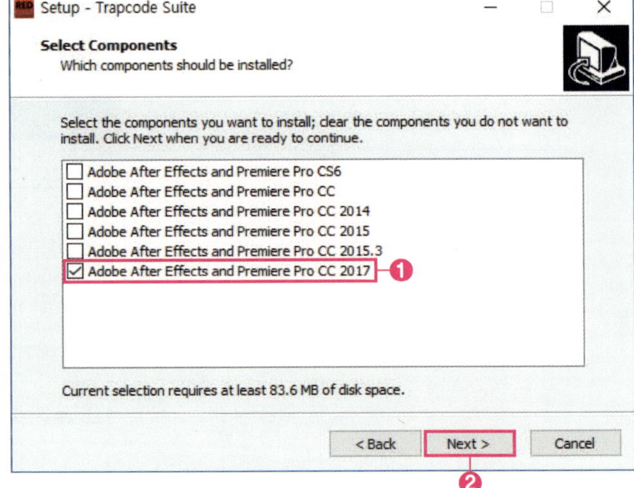

10 [Ready to Install] 대화상자가 열리면 [In-stall] 버튼을 클릭하여 프로그램 설치를 시작합니다.

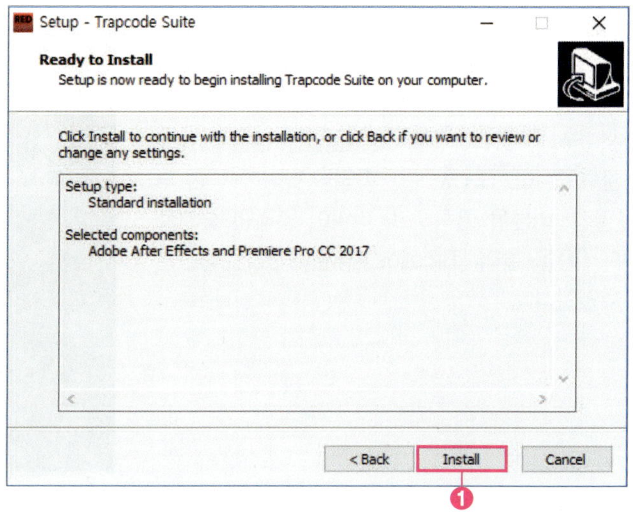

11 진행 바가 보이고 설치되면 그림과 같은 창이 열립니다. 업데이트하지 않아도 되므로 [UPDATE LATER] 버튼을 클릭하여 취소합니다.

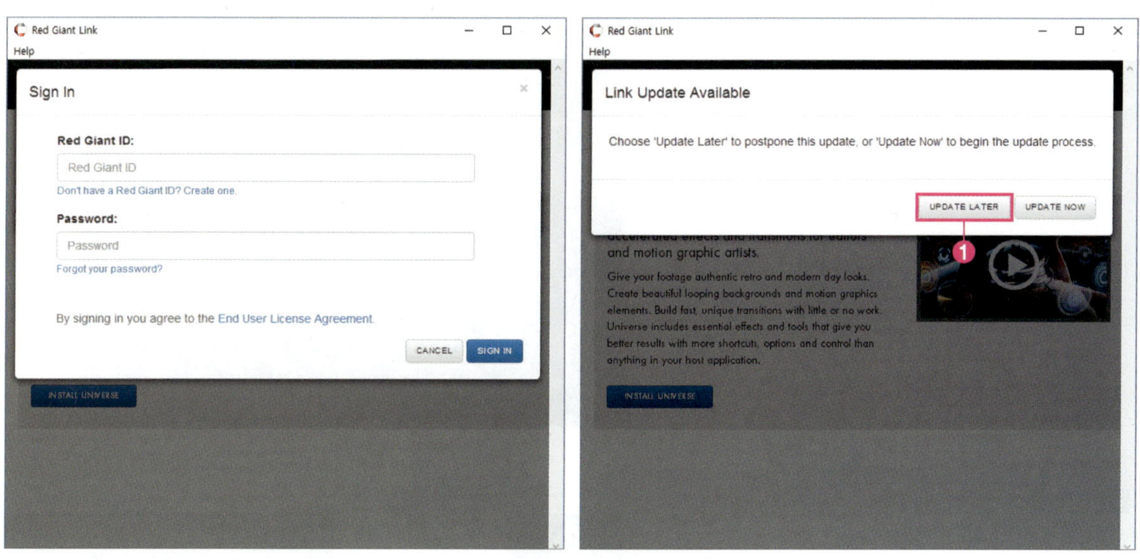

12 모든 설치가 끝나면 [Finish] 버튼을 클릭하여 컴퓨터를 재부팅합니다.

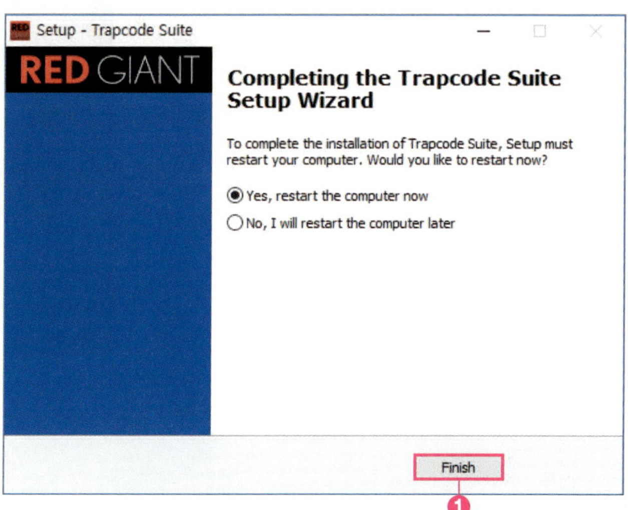

13 플러그인 설치가 끝나고 컴퓨터가 재부팅되면 애프터 이펙트 CC 2017을 다시 실행합니다. 제공된 애프터 이펙트 파일을 불러오기 위해서 [File] 〉 [Open Project](**Ctrl**+**O**) 메뉴를 클릭합니다. 'Snow.aep' 파일을 찾아 선택한 후 [열기] 버튼을 클릭하고, 파일이 열리면 숫자패드 **0**을 눌러 [Timeline] 패널에 있는 영상을 확인합니다.

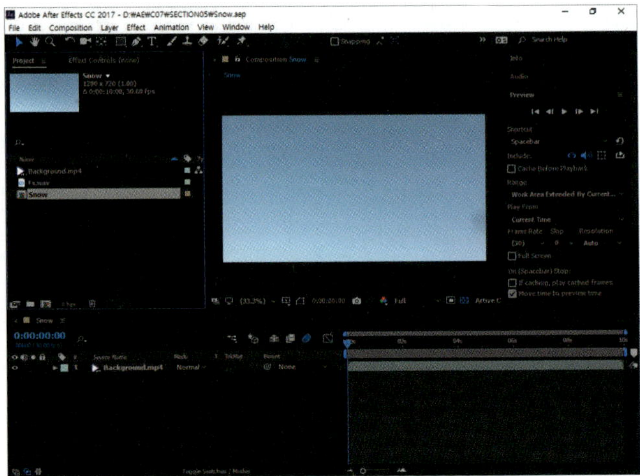

14 다음으로 영상에 눈 내리는 효과를 적용해 보겠습니다. 효과를 적용할 솔리드 레이어를 만들기 위해서 [Layer] 〉 [New] 〉 [Solid](**Ctrl**+**Y**) 메뉴를 클릭한 후 [Solid Settings] 대화상자가 열리면 [Name]을 'Snow'으로 입력하고 [OK] 버튼을 클릭하여 솔리드 레이어를 만듭니다.

15 [Timeline] 패널의 'Snow' 솔리드 레이어가 선택된 상태에서 효과를 적용하기 위해서 [Effect] 〉 [Trapcode] 〉 [Particular] 메뉴를 클릭합니다.

TIP :: 입자 시스템 효과로써 눈, 비 불꽃 등의 효과 제작에 사용됩니다. 비슷한 종류의 플러그인 중에서 [Trapcode Particular]는 가장 강력한 플러그인입니다.

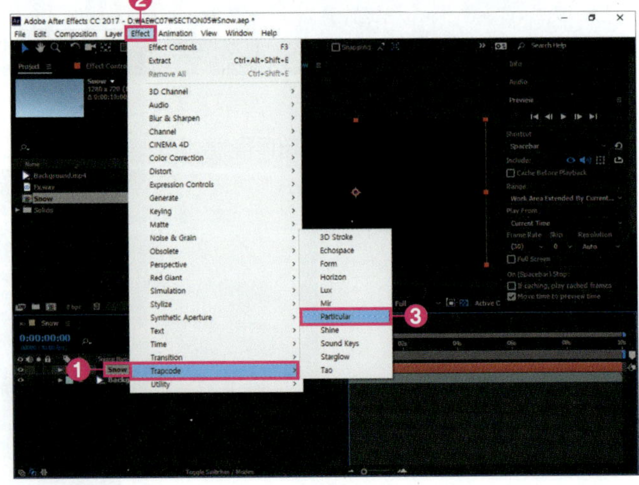

16 [Effect Controls] 패널에 [Particular]의 옵션이 보이면 [Emitter]을 열어 다음과 같이 입력하여 입자의 개수, 모양, 위치, 속도 등을 눈의 모양에 맞게 설정합니다.

- [Particles/sec] : '1500'
- [Emitter Type] : 'Box'
- [Position XY] : '−1000, −400'
- [Position Z] : '−1000'
- [Velocity] : '60'
- [Emitter Size Y] : '5000'
- [Emitter Size Z] : '28000'

TIP :: 각각 다른 수치로도 입력해보고 영상에서 어떠한 변화가 있는지 확인합니다.

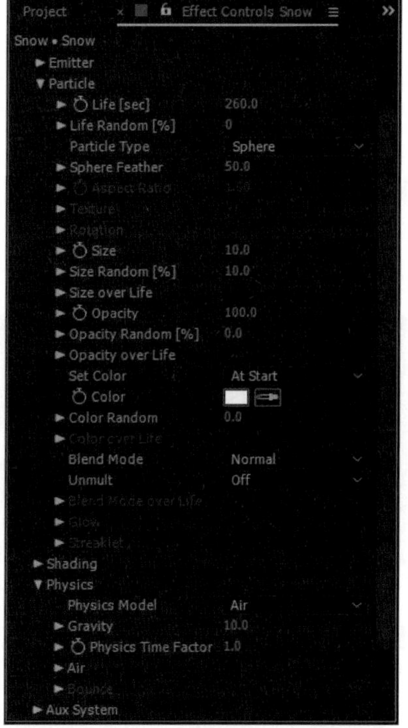

17 이어서 [Particular]의 [Particle]를 열고, 다음과 같이 입력하여 입자의 지속시간, 크기, 중력 등을 설정합니다.

- [Particle]
  [Life] : '260'
  [Size] : '10'
  [Size Random] : '10'
- [Physics]
  [Gravity] : '10'

18 [Physics]의 [Air]를 열고, 다음과 같이 입력하여 모션에 필요한 물리법칙 설정을 합니다.

- [Physics] 〉 [Air]
  [Wind X] : '600'
  [Wind Y] : '200'
- [Physics] 〉 [Air] 〉 [Turbulence Field]
  [Affect Position] : '1800'
  [Scale] : '5'

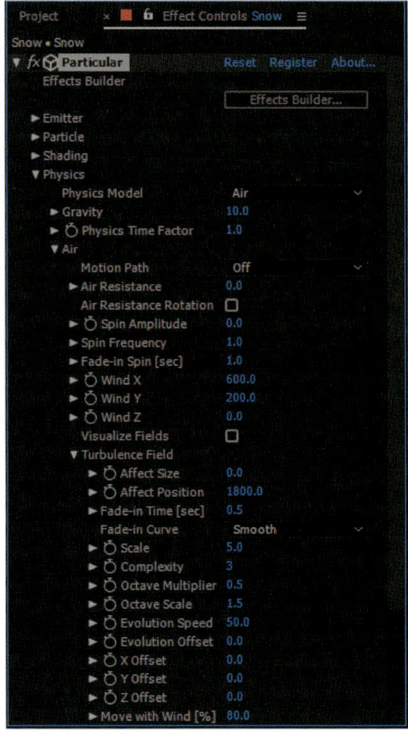

19 눈 효과는 입자가 생성될 시간이 필요하므로 시작 부분에서는 눈이 보이지 않습니다. 따라서 처음부터 눈이 보이도록 하기 위해서 [Current Time Indicator]를 0:00:03:00 위치로 옮긴 후 'Snow' 레이어가 선택된 상태에서 [이 를 눌러 레이어를 앞쪽으로 옮깁니다.

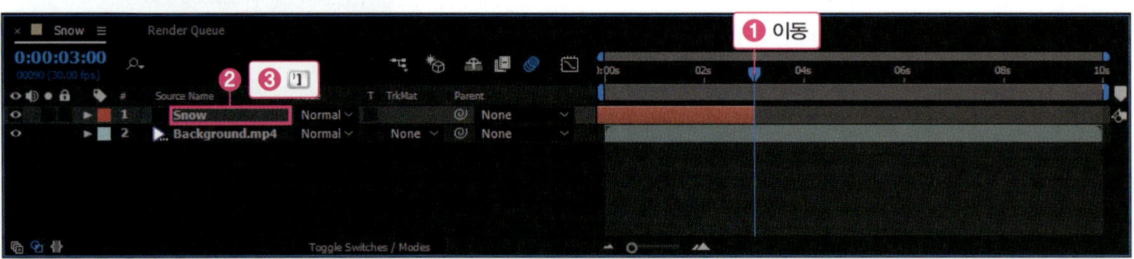

20 레이어의 비어있는 뒤쪽 부분을 채우기 위해서 'Snow' 레이어의 [Out 점]을 오른쪽으로 드래그하여 재생 길이를 [Timeline]의 끝까지 늘입니다.

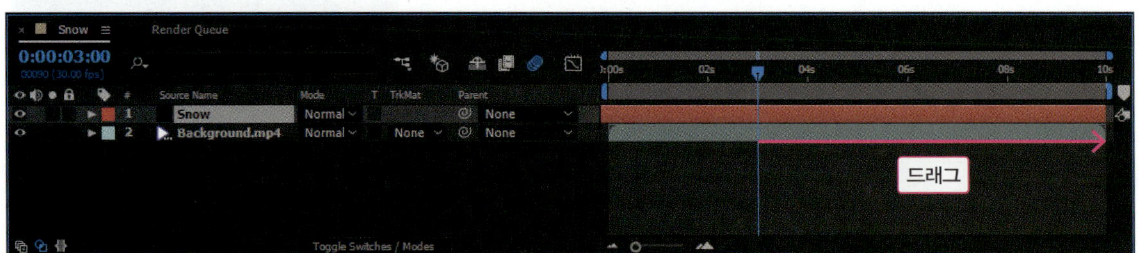

21 'Snow' 레이어가 선택된 상태에서 블러 효과를 적용하기 위해서 [Effect] 〉 [Blur & Sharpen] 〉 [Gaussian Blur] 메뉴를 클릭합니다. [Effect Controls] 패널에 [Gaussian Blur]의 옵션이 보이면 [Blurriness]를 '1.0'으로 입력한 후 숫자패드 **0** 을 눌러 눈 내리는 효과를 확인합니다.

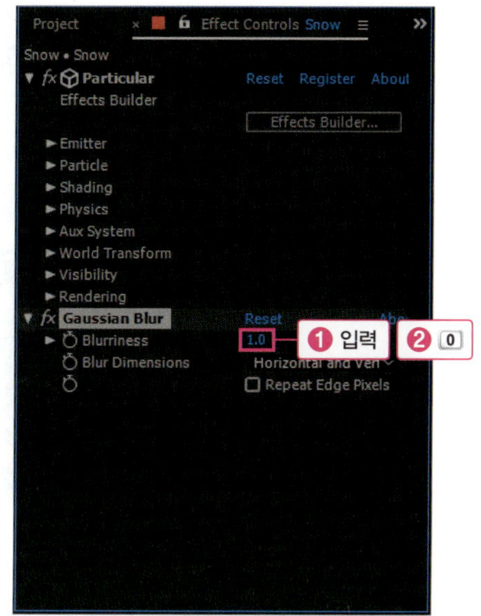

22 다음으로 구름을 만들기 위해서 새 컴포지션을 하나 더 생성하겠습니다. [Composition] 〉 [New Composition](**Ctrl** + **N**) 메뉴를 클릭하고, [Composition Settings] 대화상자가 열리면 다음과 같이 설정한 후 [OK] 버튼을 클릭합니다.

• [Composition Name] : 'Cloud'
• [Width] : '1280'
• [Height] : '720'
• [Pixel Aspect Ratio] : 'Square Pixels'
• [Frame Rate] : '30'
• [Start Timecode] : '0:00:00:00'
• [Duration] : '0:00:10:00'
• [Background Color] : 검은색(#000000)

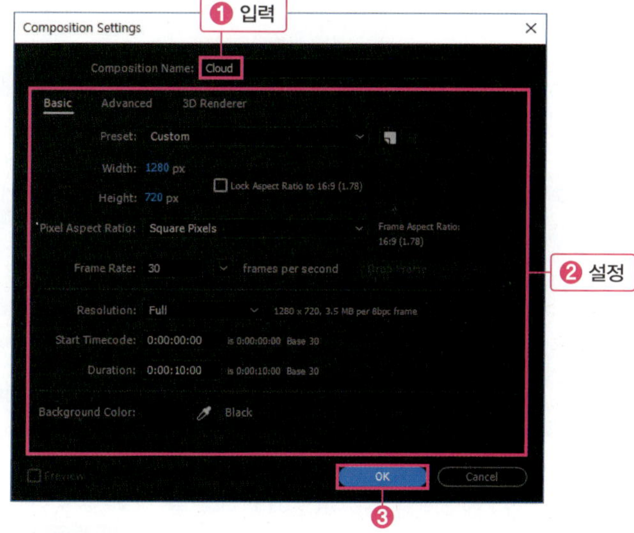

23 새 컴포지션이 만들어지면 [Layer] 〉 [New] 〉 [Solid] 메뉴를 클릭하여 'Cloud'라는 이름으로 솔리드 레이어를 만듭니다.

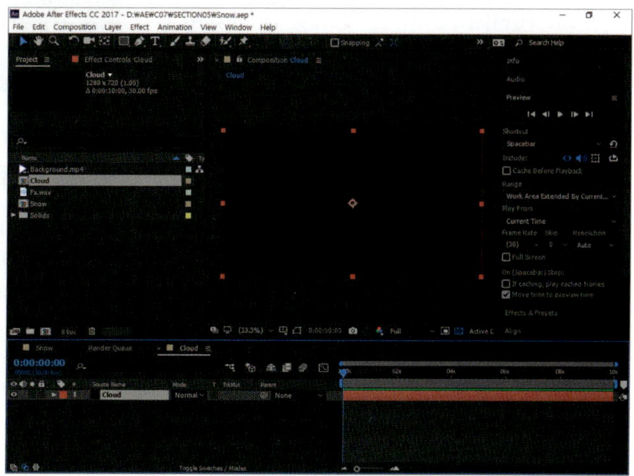

24 ‘Cloud’ 레이어가 선택된 상태에서 구름 효과를 적용하기 위해서 [Effect] 〉 [Noise & Grain] 〉 [Fractal Noise] 메뉴를 클릭합니다. [Effect Controls] 패널에 [Fractal Noise]의 옵션이 보이면 [Contrast]는 ‘120’, [Brightness]는 ‘-10’으로 입력합니다.

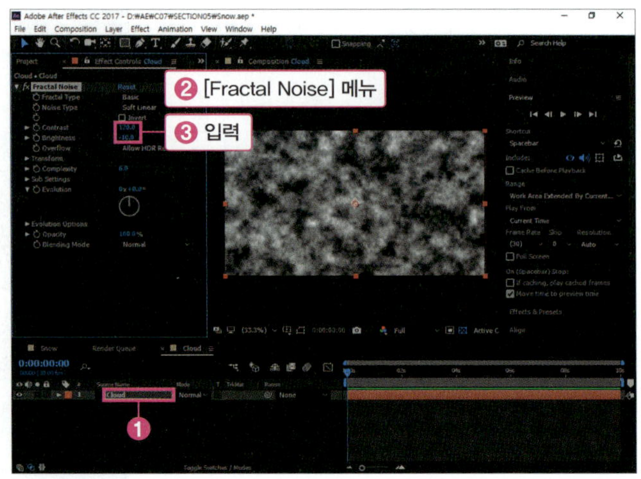

25 구름에 움직이는 모션을 만들기 위해서 [Current Time Indicator]가 0:00:00:00 위치에 있음을 확인한 후 ‘Cloud’ 레이어를 열고, [Evolution] 〉 [Time-Vary stop watch]( )를 클릭해 활성화합니다. [Current Time Indicator]를 0:00:09:29 위치로 옮기고, [Evolution]을 ‘2x+0”으로 입력합니다.

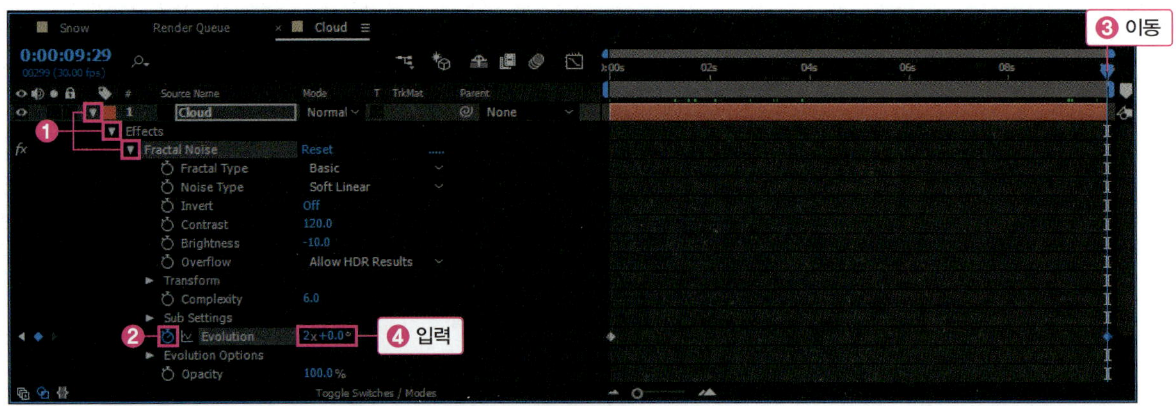

26 [Timeline] 패널에서 [Snow] 컴포지션을 클릭하여 원래 작업 창으로 돌아옵니다. [Project] 패널의 [Cloud] 컴포지션을 [Timeline] 패널의 1번 위치로 드래그하고, [Mode]의 [Normal]을 클릭하여 ‘Screen’으로 설정하여 아래 영상과 자연스럽게 합성합니다.

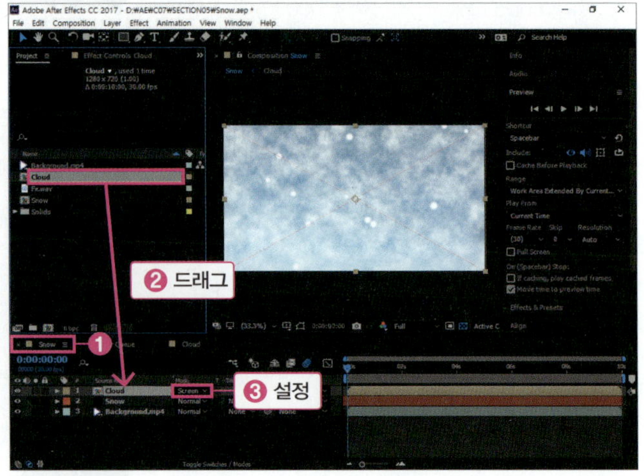

27 배경 영상과 어울리도록 구름의 아래 부분을 삭제하기 위해서 [Timeline] 패널의 'Cloud' 레이어가 선택된 상태에서 [Tools] 패널의 [Rectangle Tool](■)을 클릭한 후 [Composition] 패널에 다음과 같은 위치와 모양으로 마스크를 그립니다.

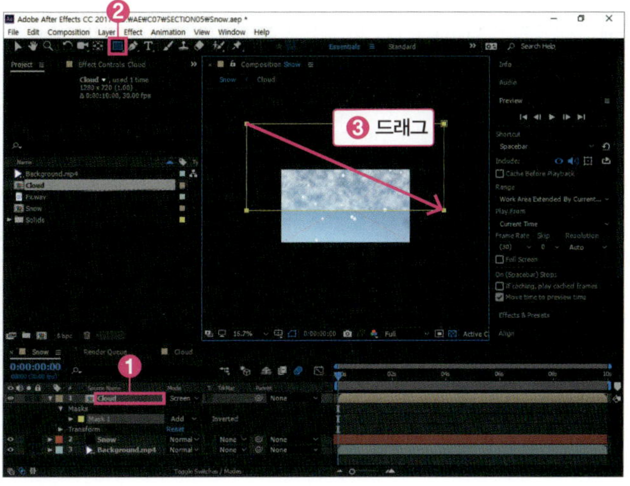

28 마스크의 경계 부분을 부드럽게 만들기 위해서 'Cloud' 레이어를 열고, [Mask 1]의 [Mask Feather]를 '360, 360'으로 입력합니다.

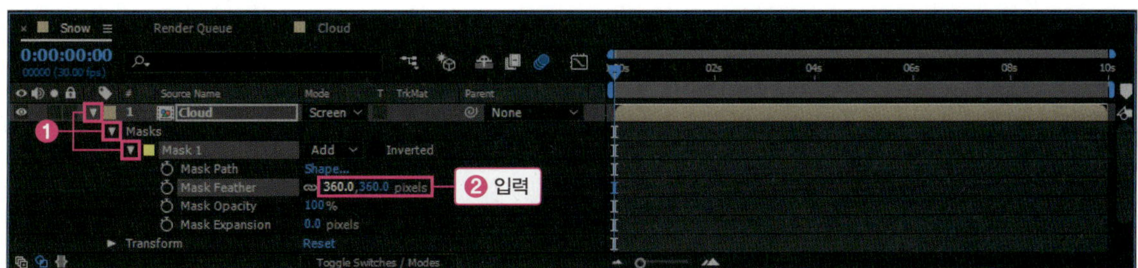

29 배경 영상과 어울리도록 구름에 위치 이동 모션을 주기 위해서 [Current Time Indicator]가 0:00:00:00 위치에 있음을 확인하고, 'Cloud' 레이어 [Position] 〉 [Time-Vary stop watch](Ö)를 클릭합니다. [Current Time Indicator]를 0:00:06:00 위치로 옮기고, [Position]에 '640, -160'을 입력합니다.

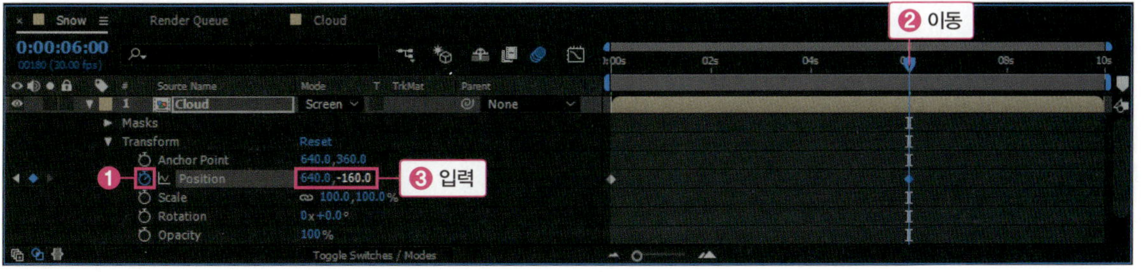

30 구름을 하나 더 만들기 위해서 [Project] 패널의 [Cloud] 컴포지션을 [Timeline] 패널의 1번 위치로 드래그합니다.

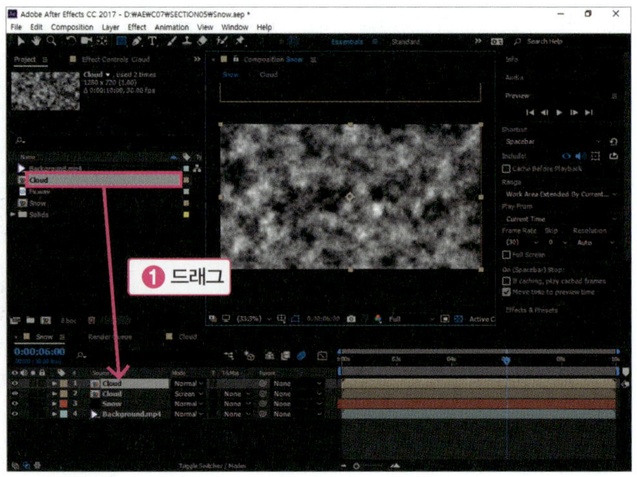

31 구름과 배경을 자연스럽게 합성하기 위해서 1번 위치 'Cloud' 레이어 [Mode]의 [Normal]을 클릭하여 'Screen'으로 설정합니다.

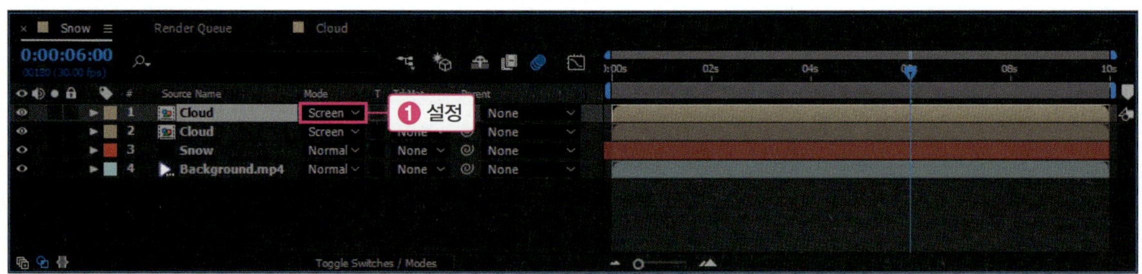

32 구름을 좀 더 자연스럽게 만들기 위해서 2개 구름 레이어를 각각 다른 크기로 배치해야 합니다. 1번 위치 'Cloud' 레이어의 [3D Layer]()를 클릭해 활성화하여 3D 레이어로 만듭니다.

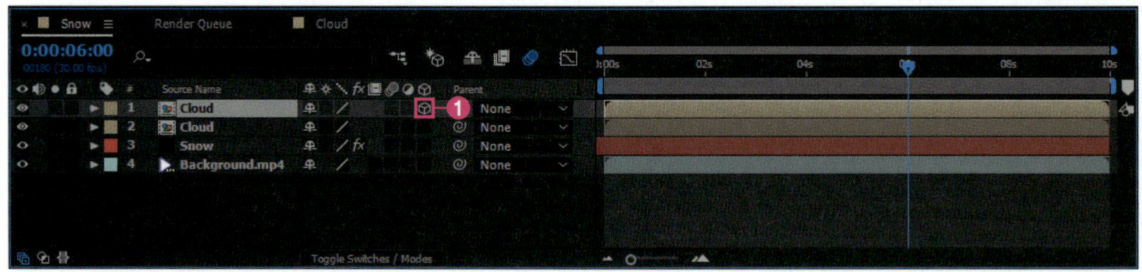

33 1번 'Cloud' 레이어를 클릭해 열고, [Position]에 '640, 360, −600'을 입력하여 영상 앞쪽으로 당겨서 화면상에서 보이는 크기를 크게 만듭니다.

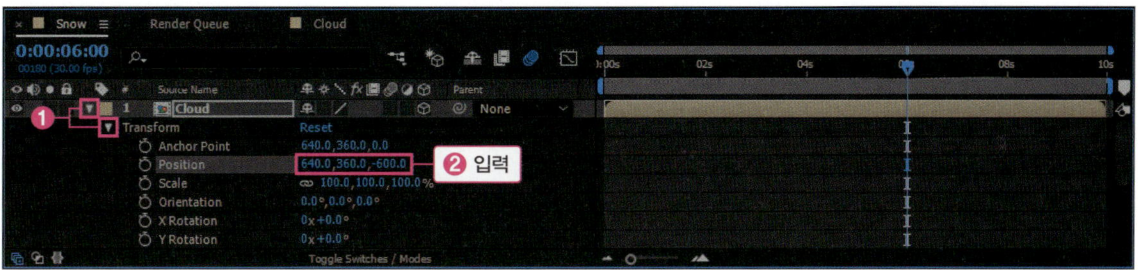

34 같은 방법으로 배경 영상과 어울리도록 구름의 아랫부분을 삭제하기 위해서 [Timeline] 패널의 1번 위치 'Cloud' 레이어가 선택된 상태에서 [Tools] 패널의 [Rectangle Tool](■)을 클릭한 후 [Composition] 패널에 그림과 같은 위치와 모양으로 마스크를 그립니다.

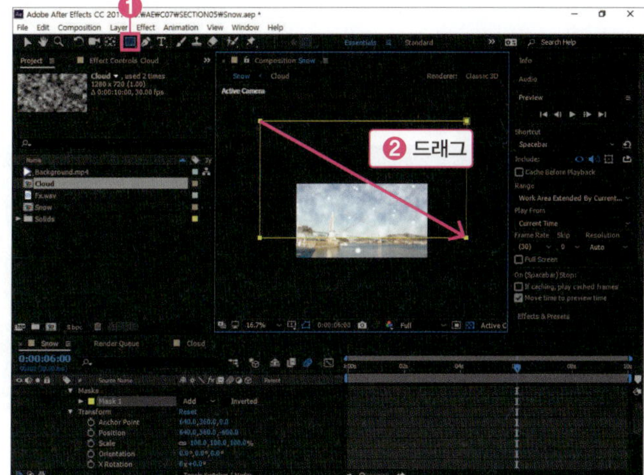

35 'Cloud' 레이어를 열고, [Mask 1]의 [Mask Feather]에 '400, 400'을 입력하여 경계 부분을 자연스럽게 만듭니다.

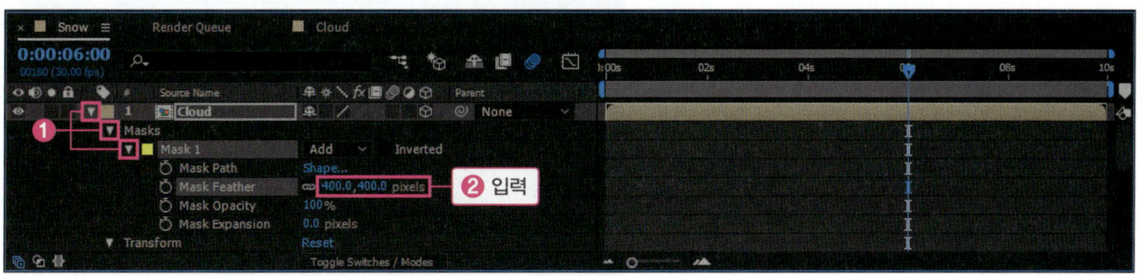

36 구름에 위치 이동 모션을 만들기 위해서 [Current Time Indicator]가 0:00:00:00 위치에 있음을 확인하고, 1번 'Cloud' 레이어 [Position] 〉 [Time–Vary stop watch]를 클릭해 활성화합니다. [Current Time Indicator]를 0:00:06:00 위치로 옮기고, [Position]에 '710, 70, –600'을 입력합니다.

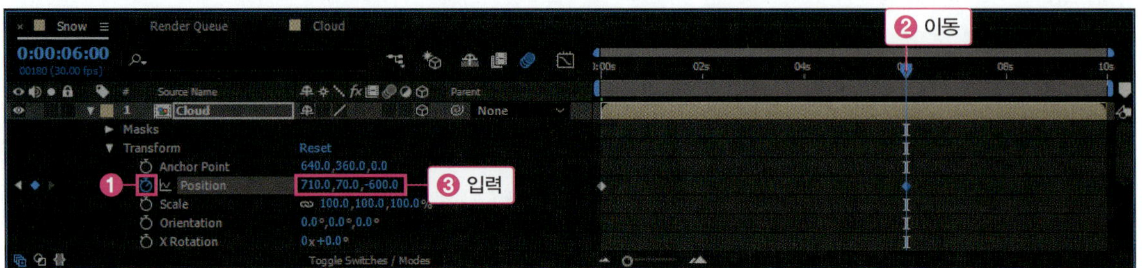

37 자연스러운 모션을 위한 블러 효과를 추가하기 위해서 [Timeline] 패널에서 [Enables Motion Blur]와 'Snow' 레이어의 [Motion Blur]를 클릭해 활성화합니다.

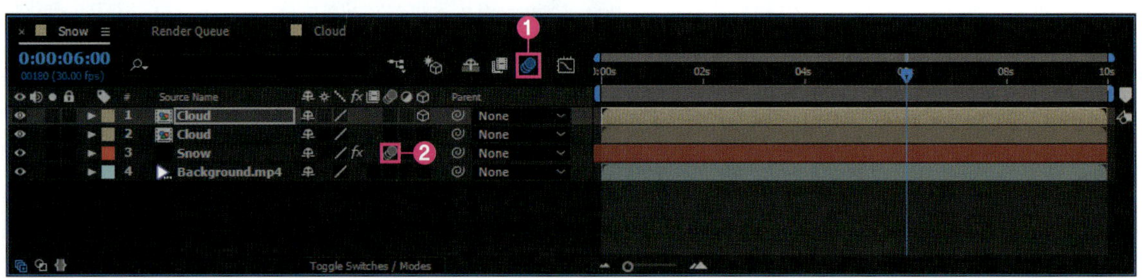

38 [Project] 패널의 'Fx.wav' 푸티지를 [Time–line] 패널로 드래그하여 효과음을 넣습니다. 눈과 구름 특수 효과를 완성하였습니다. 숫자패드 **0**을 눌러 영상을 확인합니다.

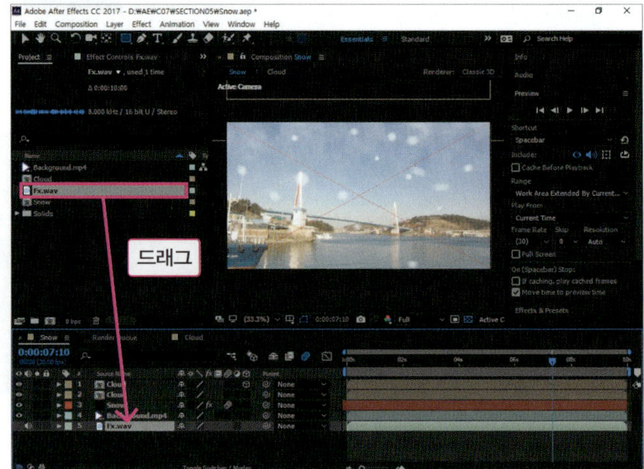

가장 많이 사용하는 핵심 기능

AFTER EFFECTS CC

키프레임 애니메이션, 레이어 링크, 가속도, 모션 블러, 모션 트래킹, 크로마키 합성

01 키프레임 애니메이션

Chapter 02 - Section 01

❶ **편집 소스 넣기** : 키프레임 애니메이션의 첫 걸음은 편집할 소스를 불러와 배치하는 것입니다.
- 푸티지(Footage) : [Project] 패널로 불러오는 이미지, 영상, 사운드 등 소스 파일을 '푸티지'로 표현합니다.
- 레이어(Layer) : 푸티지가 작업 창인 컴포지션으로 들어오면 [Timeline] 패널에서는 '레이어'라고 합니다.

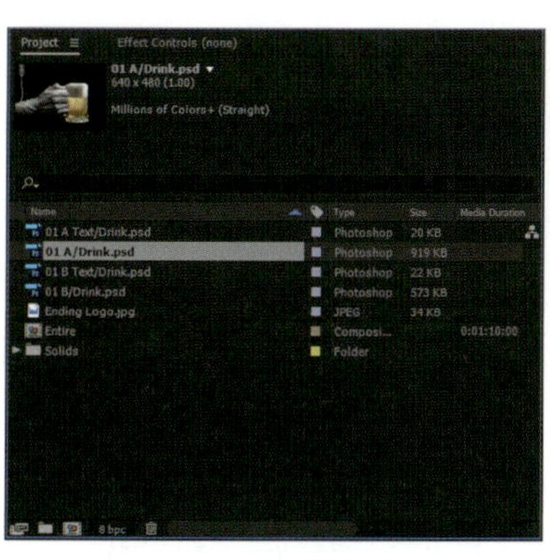

[Project] 패널의 푸티지

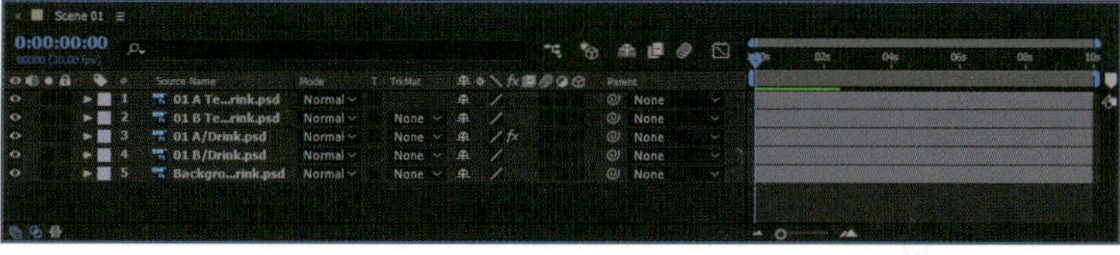

[Timeline] 패널의 레이어

❷ **키프레임 기준점 정하기** : 키프레임 애니메이션은 기준점(시:분:초:프레임)을 정하는 것으로 시작됩니다.
- [Current Time Indicator] : 키프레임의 기준점으로써 [Timeline] 패널에 위치한 수직선을 말합니다.
- [Playhead Position] : 시:분:초:프레임으로 표시되며 기준점을 숫자로 변경할 수 있습니다.

❸ **키프레임 종류 설정하기** : 애니메이션을 적용할 항목을 설정합니다. 기본 항목은 다음과 같습니다.
- [Anchor Point] : 푸티지의 중심점을 말합니다. 주로 회전의 중심점을 변경할 때 사용합니다.
- [Position] : 푸티지의 위치 이동 애니메이션에 사용합니다.
- [Scale] : 크기 조절 애니메이션에 사용합니다.
- [Rotation] : 푸티지의 회전 애니메이션에 사용합니다. Anchor Point와 조합하여 사용합니다.
- [Opacity] : 푸티지의 투명도를 이용하여 애니메이션 합니다. 주로 화면전환 용도로 사용합니다.

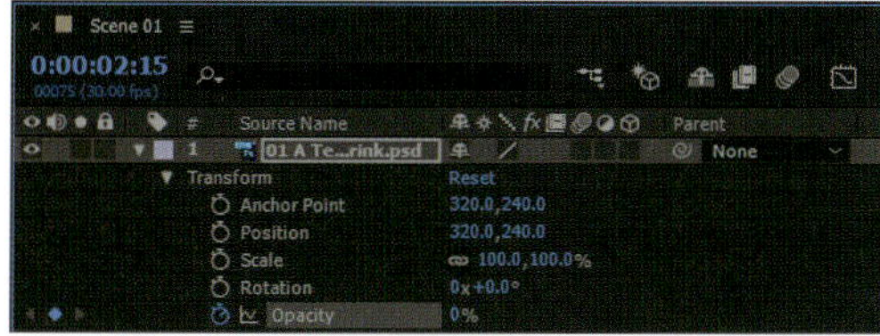

키프레임 애니메이션 기본 항목

❹ **키프레임 만들기** : 기준점이 있는 곳에 키프레임을 만듭니다. 키프레임 애니메이션을 하기 위해서는 최소 2개 이상의 키프레임이 필요합니다.

- [Time-Vary stop watch] : 트랜스폼의 각 항목에 있는 스톱워치 모양의 아이콘을 말하여 키프레임을 생성할 때 사용합니다.
- 변수값 조절하기 : 두 개 이상의 키프레임을 만들고, 각 키프레임에 각각 다른 변수 값을 입력합니다.
- 키프레임 애니메이션 확인하기 : 키프레임 사이의 변수는 컴퓨터에 의해 자동으로 계산됩니다.

Position 키프레임 애니메이션

레이어 간의 종속 관계를 지정합니다. 하나의 레이어가 다른 레이어의 모든 모션을 따라가는 기능입니다. 단, Opacity 모션은 각각 따로 적용됩니다.

❶ **레이어 배치하기** : 레이어 링크를 하기 위해서는 먼저 레이어를 배치해야 합니다.

- [Timeline] 패널에 레이어 배치하기 : 최소 두 개 이상의 레이어를 [Timeline] 패널에 배치합니다.
- [Composition] 패널에서 위치 설정하기 : 링크를 하기 전 정확한 위치를 설정해야 합니다.

❷ **레이어 연결하기** : 두 개의 레이어를 연결하여 하나의 레이어만 움직여도 다른 하나의 레이어가 자동으로 움직임을 따라 가도록 설정합니다.

- [Parent] : 두 개의 레이어 중 하나를 Parent로 선택하고, 다른 하나를 Parent에 연결하여 줍니다.
- 애니메이션 확인하기 : 두 개의 레이어 중 Parent를 움직이면 연결된 다른 하나의 레이어는 자동으로 Parent 의 움직임을 따라가게 됩니다. 하지만 Parent가 아닌 레이어를 움직이면 Parent는 따라가지 않습니다.

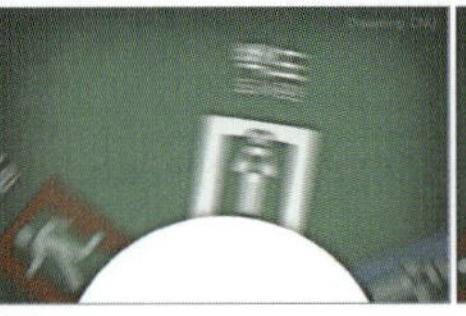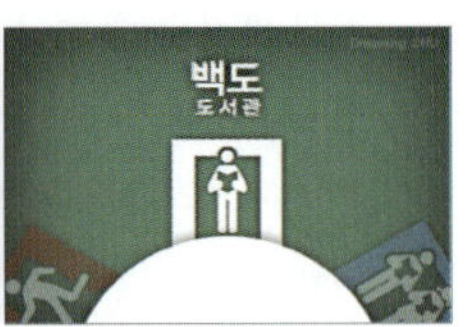

레이어 링크를 이용한 회전 키프레임 애니메이션

현실의 물리학 법칙에 따른 애니메이션 효과를 내기 위해서 가속도 효과를 추가합니다.

❶ **[Keyframe Assistant] 조절하기** : 모션 속도를 점점 빠르게 하거나 느리게 조절하는 '가속도' 옵션입니다.

- [Easy Ease] : 키프레임에서 느리게 출발했다 점점 빨라지고 끝나는 지점에서 다시 속도가 느려집니다.

- [Easy Ease In] : 모션 속도가 점점 느려집니다.
- [Easy Ease Out] : 모션 속도가 점점 빨라집니다.

Position 키프레임 애니메이션 가속도 조절

❷ **[Graph Editor] 수정하기 :** 가속도를 시각적으로 확인하면서 수정합니다.
- 직선 그래프 : 속도가 일정하다는 의미로 가속도가 0입니다.
- 곡선 그래프 : 속도가 빨라지거나 느려집니다. 애니메이션이 자연스러워 집니다.

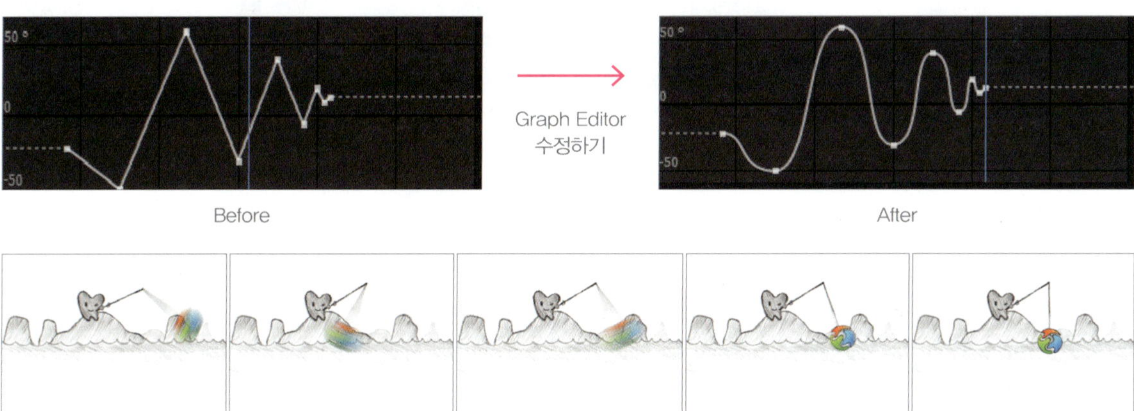

Graph Editor 수정 회전 애니메이션

04 모션 블러

움직임 애니메이션에 잔상 효과를 추가합니다. 속도가 빠를수록 잔상은 심해집니다.

- [Motion Blur] : 선택한 레이어에 블러 효과를 적용합니다.
- [Enables Motion Blur for all layers with the Enables Motion switch set] : 모션 블러가 적용된 레이어 효과를 화면에 표시합니다.

Before

모션 블러

After

모션 트래킹이란 영상에서 지정된 피사체의 움직임을 추적하여 기록하는 기능입니다.

❶ **움직임 추적하기 :** 영상에서 움직이는 물체의 동선을 추적하여 기록합니다.
- [Track Motion] : [Tracker] 패널에서 피사체의 움직임을 추적하는 기능입니다.
- [Track Point] : 움직이는 물체의 크기에 따라 박스를 조절하여 배치합니다.
- [Analyze forward] : [Track Point]가 피사체를 따라가며 움직임을 컴퓨터상에 기록합니다.

❷ **움직임 적용하기 :** 기록된 내용을 다른 레이어에 적용하여 피사체를 따라서 움직이게 합니다.
- [Edit Target] : 피사체를 따라서 움직일 다른 레이어(문자, 이미지 등)를 지정합니다.
- [Apply Motion To] : 기록한 내용을 지정된 레이어에 적용합니다.

모션 트래킹 애니메이션

배경이 녹색 또는 파란색으로 촬영된 영상에서 자동으로 색상을 추출하여 투명으로 만들고, 여기에 다른 배경을 합성하는 것을 말합니다.

❶ **배경 투명으로 만들기 :** 크로마키 촬영된 영상의 배경을 투명으로 만듭니다.
- [Keying] : 애프터 이펙트에서 제공하는 크로마키 기능으로 배경의 녹색 또는 파란색을 투명으로 만들기 위한 [Effect] 기능입니다.
- 색상 추출 : [Keying] 기능에서 제공하는 옵션으로 배경의 색상을 제거합니다. 한 가지 기능뿐 아니라 다양한 [Keying]을 조합하여 배경을 제거하는 것이 좋습니다.

❷ **합성하기 :** 배경에 제거된 영상에 다른 배경을 합성하여 새로운 영상을 만듭니다.

A 크로마키 영상

B 배경

A+B 크로마키 합성

프리미어 프로 &
애프터 이펙트 & 포토샵 CC

★ ★ ★

다년간의 공모전 수상 경력으로 축척된
'이미지+텍스트+사운드'가 함께 어우러진 실전 활용 예제 수록!

영상 · 디자인 콘텐츠 제작 전문가가 되기 위한
저자의 '기획 · 제작 · 편집 333 실무' 이론 소개!!

더욱 강력해진 프리미어 프로, 애프터 이펙트,
포토샵 CC의 핵심 기능 소개!!!

★ ★ ★

그래픽 | 값 28,000원

9 788931 456790
ISBN 978-89-314-5679-0
13000

YoungJin.com Y.
영진닷컴

프리미어 프로 & 애프터 이펙트 & 포토샵 CC

부록 DVD :
'이미지＋텍스트＋사운드(효과음)'
실무 예제/완성 파일 수록

김기백, 김경수 지음

영상 콘텐츠
기획·제작·편집 333 전략!
환상의 콤비

YoungJin.com Y.
영진닷컴

3권 · 포토샵

: PART :

4

포토샵 실무

포토샵은 '홍보 영상'에서도 필수입니다. 그런데 이 분야의 포토샵 책을 찾기는 어렵습니다. 시각적 스토리텔링으로 구성된 연속 이미지이기 때문입니다. 물론 프리미어 프로 또는, 애프터 이펙트로만으로 영상을 제작할 수도 있습니다. 그러나 포토샵이 없다면 표현의 한계에 부딪치게 됩니다. 모든 기획이 포토샵에서 시작되기 때문입니다. 특히 타이틀 영상에서 포토샵은 절대적입니다. 본 파트에서는 타이틀 영상을 디자인할 수 있는 포토샵의 실무 예제들을 제공하였습니다.

포토샵의 비중이 최대 3분의 2입니다. 홍보 영상은 오감(五感) 중에 시각(視覺)과 청각(聽覺)으로 어우러진 결과물입니다. '이미지', '텍스트', '사운드'의 3요소 중에서 '이미지'와 '텍스트'가 시각에 해당되고, 이 두 가지 시각 요소가 3분의 2를 차지하기 때문에 포토샵의 역할도 그만큼 커지는 것입니다. 홍보 영상에서 이미지 소스는 크게 '영상 소스'와 '이미지 소스'로 구분되는데, '이미지 소스'만으로 영상을 만들 경우, 포토샵의 비중이 3분의 2가 됩니다. 이처럼 영상에서 비중이 큰 포토샵이기에 실무 테크닉을 반드시 마스터할 수 있도록 안내하였습니다.

포토샵 실무는 '완성도'가 중요합니다. '완성도가 높다'는 것은 '고객을 설득할 수 있는 힘을 가진 예제'라는 뜻입니다. 이것은 영상뿐만 아니라 다른 콘텐츠에도 다양하게 사용할 수 있습니다. 반대로 완성도가 낮은 것은 아깝더라도 버리는 게 실무입니다. 독자 여러분이 완성도가 높은 포토샵 예제를 통해 창의적으로 응용하고 다양한 실무에 활용할 수 있기를 기대합니다.

포토샵 실무

  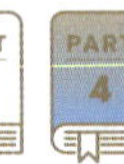

| 예제 | 2008 대한민국 절주 UCC 공모전 '우수상' 수상 작품 이미지 중 일부분

 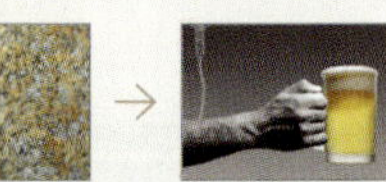 

| 예제 | 2012 여수세계박람회 영상 애니메이션 공모전 '금상' 수상 작품 이미지 중 일부분

| 예제 | 2013 Dream CNU 영상 콘텐츠 공모전 '우수상' 수상 작품 이미지 중 일부분

SECTION 04　다수의 사진 이미지 보정 노하우　59

| 예제 | 2012 DDL 극장 프레젠테이션 작품 이미지 중 일부분

SECTION 05　뽀샤시 효과! 얼굴 사진 보정 노하우　67

| 예제 | 2012 DDL 극장 프레젠테이션 작품 이미지 중 일부분

SECTION 06　스톱모션을 위한 Free Transform 노하우　76

| 예제 | 제3회 대한민국 청소년 UCC 캠프대전 '여성가족부장관상' 수상 작품 이미지 중 일부분

CHAPTER 04

현장에서 많이 사용하는 타이틀 디자인 테크닉

ADOBE PHOTOSHOP

1

포토샵 화면 안내

영상 콘텐츠 공모전 10년 도전 노하우!

포토샵은 전 세계인들이 가장 많이 사용하는 그래픽 소프트웨어 중 하나입니다. 초보자와 일반 사용자 누구나 가 쉽고 편리하게 사용이 가능하도록 각 윈도우의 기능별 배열과 화면상의 팔레트를 자유롭게 변형하고, 분리 및 이동할 수 있으며, 무엇보다 다양한 툴과 최강의 옵션, 편리한 레이어와 채널, 패널 등을 이용한 합성, 보정, 드로잉, 리터칭, 다양한 효과 등을 적용할 수 있는 최적의 화면으로 구성되어 있습니다.

ADOBE PHOTOSHOP

포토샵의 기본 화면 살펴보기

포토샵의 기본 화면은 상단에 위치한 상단 메뉴와 [상단 옵션바], 그리고 [Tools] 패널, [Document Window] [Panel Groups in Vertical]로 구성되어 있습니다. 포토샵의 기본 화면에 대해 알아보겠습니다.

01 포토샵의 기본 화면 살펴보기 1

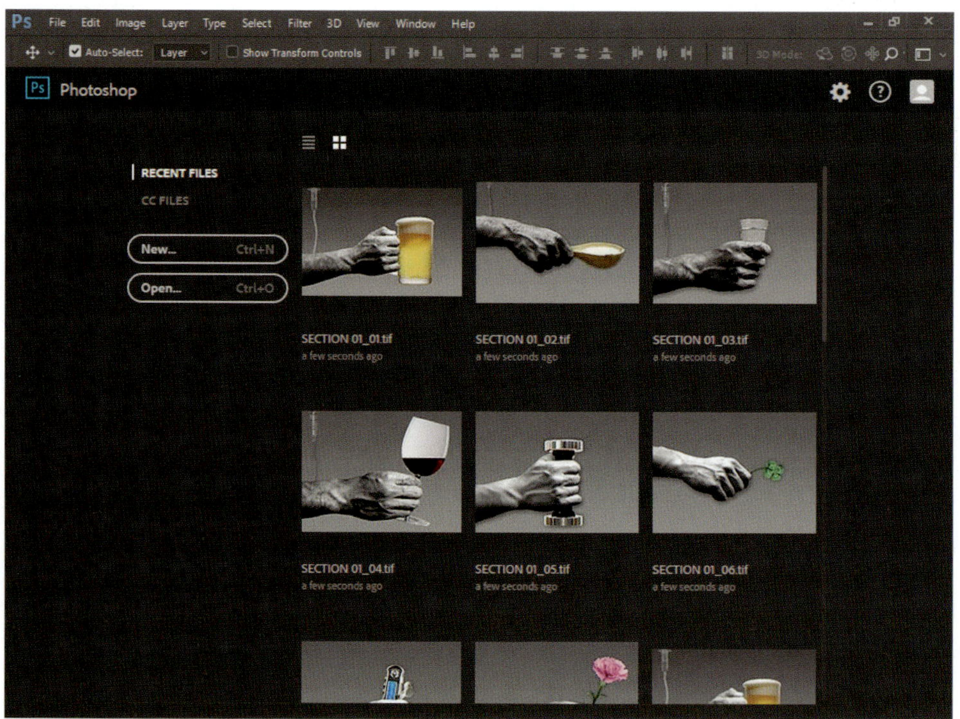

포토샵 최신 버전인 포토샵 CC 2017의 가장 큰 변화는 시작 화면 인터페이스의 도입입니다. 이전 버전의 경우 포토샵 CC를 실행했을 때 툴박스와 [Layers] 패널 등 기본 화면 구성과 비어있는 작업 창이 보였습니다. 하지만, 포토샵 CC 2017에서는 작업을 시작할 때 가장 중요한 메뉴인 [New](Ctrl+N)와 [Open](Ctrl+O) 메뉴를 큰 버튼 형식으로 왼쪽에 표시하고, 오른쪽에는 최근 작업했던 파일의 섬네일 사진과 이름, 작업 시기를 보여주어 쉽게 기존 작업물을 열 수도 있습니다. 물론 기존 버전과 마찬가지로 위쪽에 위치한 상단 메뉴를 통해서도 새 파일 만들기와 같은 작업을 진행할 수 있습니다. 중앙에 위치한 작업 파일 표시는 작은 이미지를 표시하는 섬네일 방식과 간단한 정보만 표시하는 리스트의 두 가지 방식이며, 사용자가 표시 방식을 쉽게 바꿀 수 있습니다. 이전 버전에서는 포토샵을 열고 기존에 작업하던 파일을 찾아 열어야 했지만, 포토샵 CC 2017에서는 작업하던 파일 목록을 통해 한 번에 쉽게 기존 작업을 이어갈 수 있으므로 사용자의 작업 시간을 단축해주고, 파일 관리의 편리함을 더 했습니다.

하지만 기존 버전을 이용하던 사용자에 따라서 시작 화면 기능이 필요하지 않거나 컴퓨터의 사양 문제로 작업 속도에 문제가 있는 경우, 다음과 같은 방법을 통해 이를 해제하고 기존 버전의 화면으로 돌아갈 수 있습니다.

① [Edit]–[Preferences]–[General] 메뉴 클릭
② [Options] 대화상자의 [Show "Start" Workspace When no Documents Are Open] 체크 해제

02 포토샵의 기본 화면 살펴보기 2

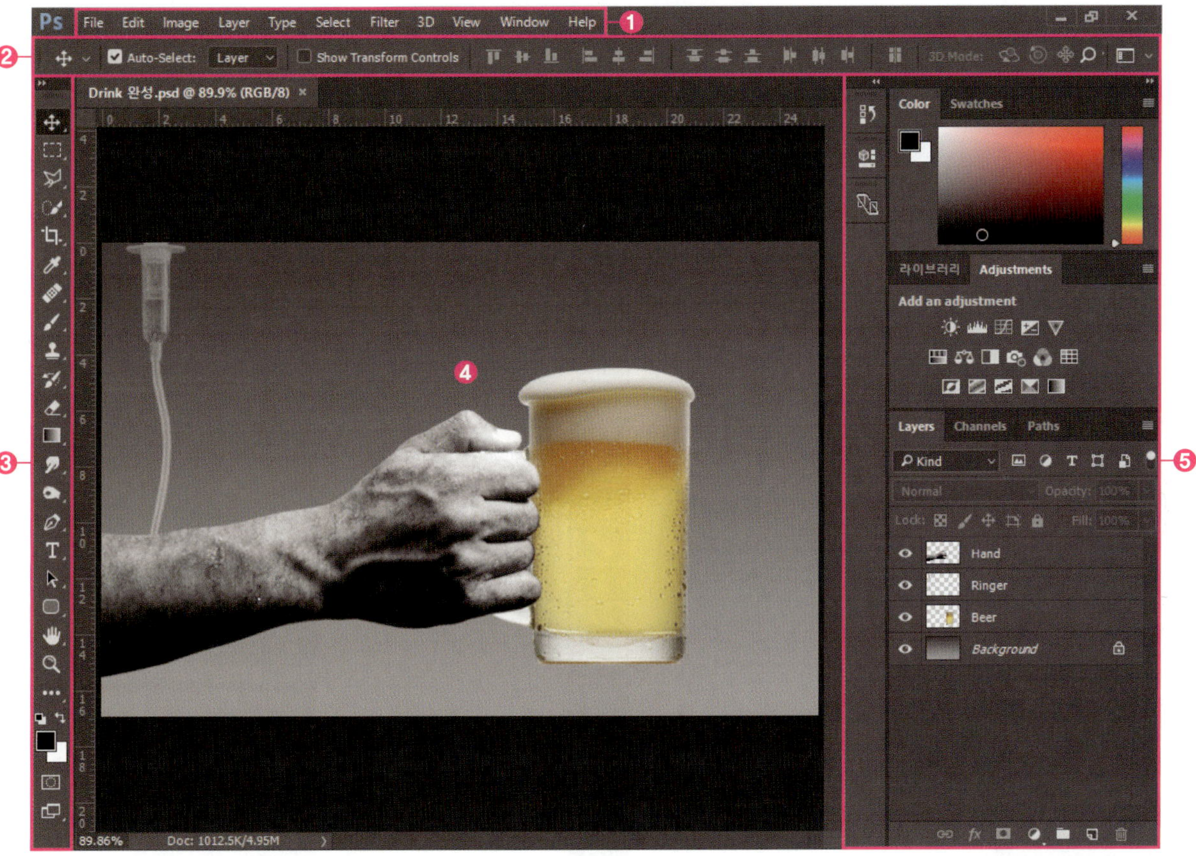

시작 화면에서 새 파일을 만들었거나 작업하던 파일을 열었을 경우 위와 같은 화면 구성을 확인할 수 있습니다.

❶ [상단 메뉴] : 포토샵의 모든 기능과 도움말이 풀다운 메뉴로 정리되어 있습니다.

❷ [상단 옵션바] : 툴에 대한 상세한 옵션을 조절합니다.

❸ [Tools] 패널 : 포토샵의 주요 기능과, 화면 크기 제어, 색상 조절 등의 기능이 버튼 형태로 정리되어 있습니다.

❹ [Document Window] : 작업 중인 이미지가 표시되고, 실질적인 작업 공간 역할을 합니다.

❺ [Panel Groups in Vertical] : [Layers], [Channels], [Paths], [Color], [Swatches], [Adjustments], [Styles] 패널 등을 모아둔 그룹입니다. 사용자의 필요에 따라 각각 다르게 구성할 수 있으며 필요할 때만 열어서 사용하고 다시 닫을 수 있습니다.

[Tools] 패널 살펴보기

[Tools] 패널은 포토샵의 툴 모음과 화면 표시, 색상 조절 기능 등을 제공합니다. 버튼의 오른쪽 하단에 보이는 작은 삼각형은 숨겨진 기능이 있다는 표시로써 해당 버튼을 길게 클릭하면 팝업 메뉴가 열리고, 필요한 툴을 선택하여 사용할 수 있습니다.

01 [Tools] 패널의 각 툴 살펴보기

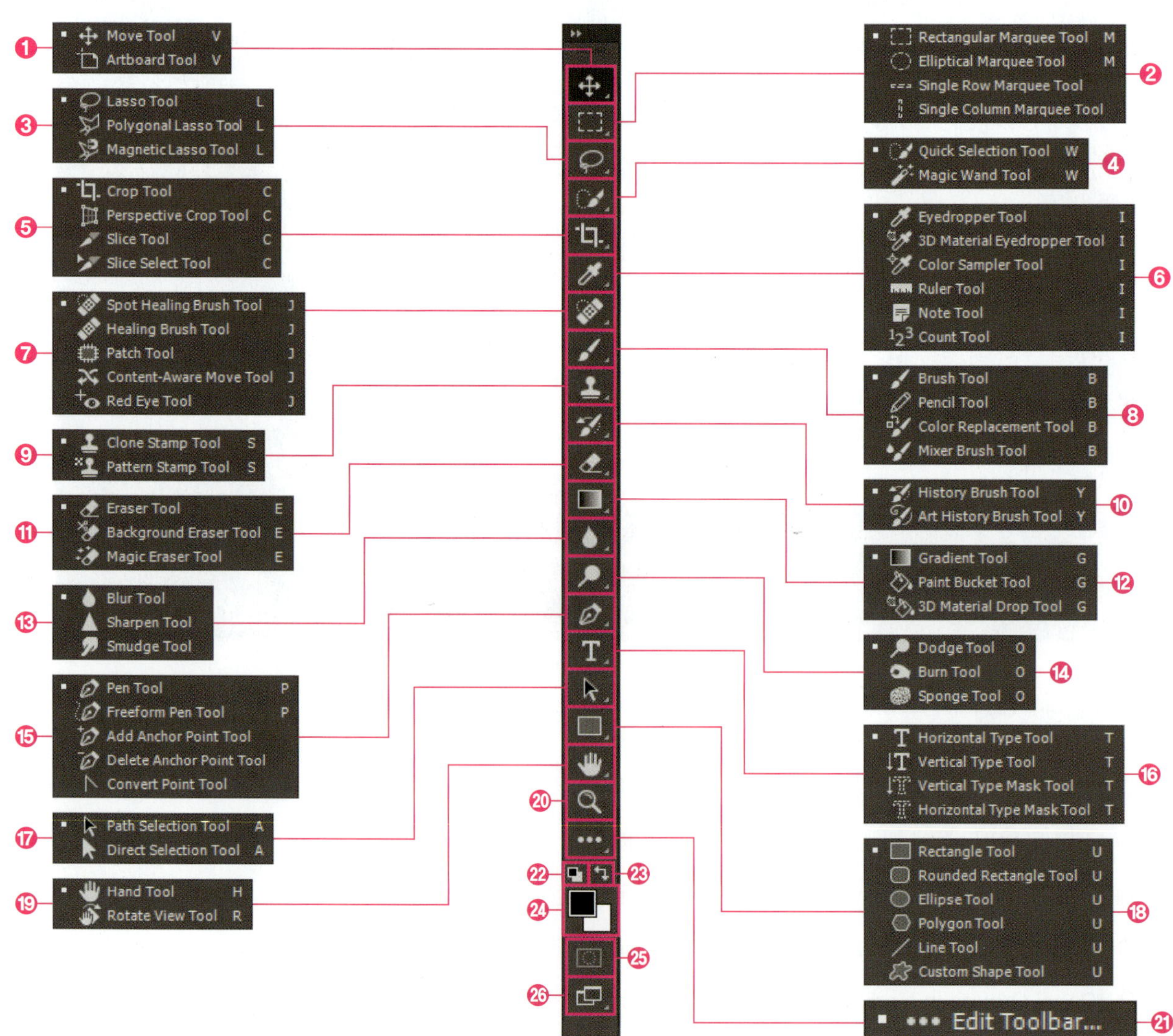

❶ [Move Tool/Artboard Tool](V) : 이미지 또는, 선택한 오브젝트를 옮깁니다. [Artboard Tool]은 한 작업 창에 여러 개의 페이지를 만들 수 있는 기능으로써 일러스트와 같은 기능입니다.

❷ [Rectangular Marquee Tool(M)/Elliptical Marquee Tool(M)/Single Row Marquee Tool/Single Column Marquee Tool] : 기본 도형을 이용한 선택 툴입니다. 사각형과 원형, 1 픽셀 가로 선과 세로 선의 선택 영역을 만듭니다.

❸ [Lasso Tool/Polygonal Lasso Tool/Magnetic Lasso Tool](L) : 사용자가 원하는 모양으로 선을 그려 선택 영역을 만듭니다.

❹ [Quick Selection Tool/Magic Wand Tool](W) : 이미지의 색상 또는, 명도 대비를 기반으로 원하는 영역을 자동으로 쉽게 선택할 수 있습니다.

❺ [Crop Tool/Perspective Crop Tool/Slice Tool/Slice Select Tool](C) : 이미지를 자르거나 영역을 분할합니다.

❻ [Eyedropper Tool/3D Material Eyedropper Tool/Color Sampler Tool/Ruler Tool/Note Tool/Count Tool](I) : 색상을 추출하거나 길이를 재고, 간단한 메모를 남기거나 번호를 매길 수 있습니다.

❼ [Spot Healing Brush Tool/Healing Brush Tool/Patch Tool/Content-Aware Move Tool/Red Eye Tool](I) : 이미지를 합성하거나 부분 수정할 때 사용되며 특히, 얼굴의 주름과 잡티, 적목 현상을 쉽게 보정할 수 있습니다.

❽ [Brush Tool/Pencil Tool/Color Replacement Tool/Mixer Brush Tool](B) : 붓 터치로 그림을 그리거나 채색을 할 수 있습니다.

❾ [Clone Stamp Tool/Pattern Stamp Tool](S) : 이미지의 특정 부분을 합성하거나 수정하기 위해서 부분 복사 후, 붙여넣기 합니다.

❿ [History Brush Tool/Art History Brush Tool](Y) : 잘못된 수정 작업 등을 복원하기 위해서 붓 터치로 이미지를 원본으로 되돌립니다.

⓫ [Eraser Tool/Background Eraser Tool/Magic Eraser Tool](E) : 지우개로 지우듯이 이미지의 특정한 부분을 지워서 없앨 수 있습니다.

⓬ [Gradient Tool/Paint Bucket Tool/3D Material Drop Tool](G) : 이미지에 색상을 혼합하여 다양한 방법으로 색을 채웁니다.

⓭ [Blur Tool/Sharpen Tool/Smudge Tool] : 이미지의 특정한 부분을 흐릿하게 하거나 선명하게 하고, 변형을 줄 수 있습니다.

⓮ [Dodge Tool/Burn Tool/Sponge Tool](O) : 붓 터치로 밝기, 색상, 채도 등을 조절할 수 있습니다.

⓯ [Pen Tool(P)/Freeform Pen Tool(P)/Add Anchor Point Tool/Delete Anchor Point Tool/Convert Point Tool] : 벡터 형식의 도형 또는 패스를 그리고, 수정할 수 있습니다.

⓰ [Horizontal Type Tool/Vertical Type Tool/Horizontal Type Mask Tool/Vertical Type Mask Tool](T) : 문자나 문자 마스크를 가로 또는 세로 방향으로 입력합니다.

⓱ [Path Selection Tool/Direct Selection Tool](A) : 만들어진 도형 또는, 패스를 옮기거나 수정할 수 있습니다.

⓲ [Rectangle Tool/Rounded Rectangle Tool/Ellipse Tool/Polygon Tool/Line Tool/Custom Shape Tool](U) : 사각형, 모서리가 둥근 사각형, 원형, 다각형, 직선 등의 벡터 도형을 만들 수 있습니다.

⑲ [Hand Tool(H)/Rotate View Tool(R)] : 해상도가 큰 이미지 또는 확대되어 전체가 보이지 않는 이미지의 경우, 원하는 부분으로 이동할 수 있는 기능과 이미지를 원하는 각도로 볼 수 있는 기능입니다.

⑳ [Zoom Tool](Z) : 이미지를 확대하거나 축소합니다.

㉑ [Edit Toolbar] : [Tools] 패널에서 툴의 배치 등을 사용자가 자유롭게 바꿀 수 있습니다.

㉒ [Default Foreground and Background Colors](D) : 전경색과 배경색을 기본 설정인 흰색과 검은색으로 되돌립니다.

㉓ [Switch Foreground and Background Colors](X) : 전경색과 배경색을 서로 바꿉니다.

㉔ [Set Foreground Color/Set Background Color] : 전경색 또는, 배경색의 색상을 설정합니다.

㉕ [Edit in Quick Mask Mode/Edit in Standard Mode](Q) : 빠른 선택 영역 지정을 위한 퀵 마스크 모드 또는, 일반 모드로 전환합니다.

㉖ [Standard Screen Modes/Full Screen Mode With Menu Bar/Full Screen Mode](F) : 화면 표시 형식을 설정합니다.

TIP :: [Tools] 패널 관련 팁

■ **[Tools] 패널에서 툴 이름과 단축키 보기**

마우스 커서를 툴 위에 올려놓으면 그에 대한 정보를 볼 수 있습니다. 커서 아래에 이름과 단축키가 표시됩니다.

※ 툴 팁 안 보이게 하기 : 포토샵 작업에 어느 정도 숙달되면 툴 팁 설명이 나타나는 것이 방해가 될 수도 있습니다. 이때는 [Edit] 〉 [Preferences] 〉 [Tools] 메뉴를 클릭한 후 [Show Tool Tips] 체크를 해제합니다.

■ **[Tools] 패널 사용자 정의하기**

[Tools] 패널의 툴은 사용자에 맞게 빼거나 더하여 새롭게 구성할 수 있습니다.
① [Edit] 〉 [Toolbar] 메뉴를 클릭하여 [Customize Toolbar] 대화상자를 엽니다.
② 각 툴 또는 툴이 모여져 있는 그룹을 드래그하여 새로운 툴 모음을 구성합니다.
③ 사용자 정의 툴 모음을 저장하려면 [Save Preset] 버튼을 클릭합니다.
④ [Done] 버튼을 클릭하여 대화상자를 닫습니다.
　　※ 이전에 저장한 사용자 정의 모음을 열려면 [Load Preset] 버튼을 클릭합니다.
　　※ 기본 툴 설정을 복원하려면 [Restore Defaults] 버튼을 클릭합니다.

[새로 만들기 문서]
대화상자
살펴보기

포토샵은 이미지를 불러와서 수정하고 사용하는 방법 이외에 새 파일을 만들어서 사용하는 방법이 있습니다. 이때, 시작 화면의 [New](Ctrl + N) 버튼 또는 위쪽에 위치한 [File]–[New](Ctrl + N) 메뉴를 클릭하여 [새로 만들기 문서] 대화상자를 열고, 사용자가 원하는 크기와 색상 모드 등을 설정한 후, 작업을 시작할 수 있습니다.

01 [새로 만들기 문서] 대화상자의 기능 살펴보기

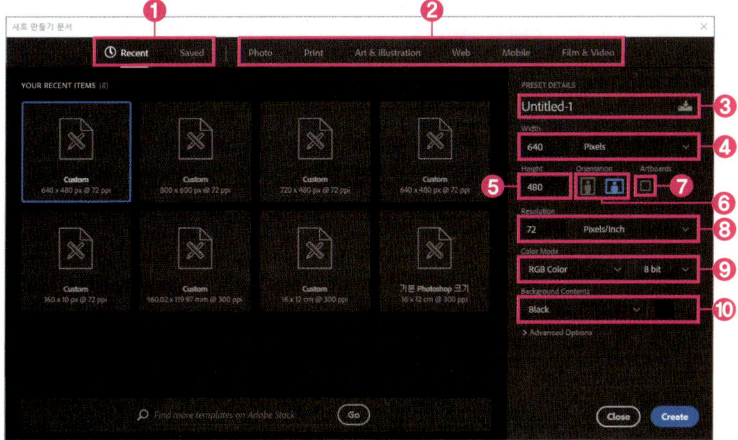

❶ [Recent/Saved] : 가장 최근에 만들었거나 저장했던 파일의 설정을 불러와 새 파일을 만들 수 있습니다.

❷ [Photo/Print/Art & Illustration/Web/Mobile/Film & Video] : 사진, 출력용, 모바일 등 미리 설정된 내용을 불러와 새 파일을 만들 수 있습니다.

❸ [Name] : 새 캔버스의 이름을 입력합니다.

❹ [Width] : 새 캔버스의 가로 크기와 단위를 설정합니다.

❺ [Height] : 새 캔버스의 세로 크기와 단위를 설정합니다.

❻ [Orientation] : 새 캔버스의 방향을 세로 또는, 가로로 설정합니다.

❼ [Artboards] : 새 캔버스에 아트보드 적용을 설정하거나 해제합니다.

❽ [Resolution] : 새 캔버스의 해상도와 단위를 설정합니다.

❾ [Color Mode] : 새 캔버스의 용도에 따라 색상 모드를 설정합니다.

❿ [Background Contents] : 캔버스의 배경색을 흰색/검은색 또는, 투명으로 설정할 수 있습니다.

포토샵 핵심 단축키 알아두기

01 [File] 메뉴 단축키

New	Ctrl + N
Open	Ctrl + O
Close	Ctrl + W
Close All	Alt + Ctrl + W
Save	Ctrl + S
Save As	Ctrl + Shift + S
Save for Web	Alt + Shift + Ctrl + S
Print	Ctrl + P
Exit	Ctrl

02 [Edit] 메뉴 단축키

Undo/Redo	Ctrl + Z
Step Forward	Shift + Ctrl + Z
Step Backward	Alt + Ctrl + Z
Cut	Ctrl + X
Copy	Ctrl + C
Paste	Ctrl + V
Paste In Place	Shift + Ctrl + V

Fill	Shift + F5
Free Transform	Ctrl + T
Preferences 〉 General	Ctrl + K

03 [Image] 메뉴 단축키

Levels	Ctrl + L
Curves	Ctrl + M
Hue/Saturation	Ctrl + U
Color Balance	Ctrl + B
Desaturate	Shift + Ctrl + U
Auto Tone	Shift + Ctrl + L
Auto Contrast	Alt + Shift + Ctrl + L
Auto Color	Shift + Ctrl + B
Image Size	Alt + Ctrl + I
Canvas Size	Alt + Ctrl + C

04 [Layer] 메뉴 단축키

New Layer	Shift + Ctrl + N
Layer Via Copy	Ctrl + J
Layer Via Cut	Shift + Ctrl + J
Create/Release Clipping Mask	Alt + Ctrl + G
Group Layers	Ctrl + G
Ungroup Layers	Shift + Ctrl + G
Lock Layers	Ctrl + /
Merge Layers	Ctrl + E
Merge Visible	Shift + Ctrl + E

All	**Ctrl** + **A**
Deselect	**Ctrl** + **D**
Inverse	**Shift** + **Ctrl** + **I**
All Layers	**Alt** + **Ctrl** + **A**
Modify 〉 Feather	**Shift** + **F6**

06 [Filter] 메뉴 단축키

Last Filter	**Alt** + **Ctrl** + **F**
Lens Correction	**Shift** + **Ctrl** + **R**
Liquify	**Shift** + **Ctrl** + **X**

07 [View] 메뉴 단축키

Zoom In	**Ctrl** + **+**
Zoom Out	**Ctrl** + **−**
Fit on Screen	**Ctrl** + **0**
100%	**Ctrl** + **1**
Grid	**Ctrl** + **~**
Guides	**Ctrl** + **;**
Lock Guides	**Alt** + **Ctrl** + **;**
Rulers	**Ctrl** + **R**
Snap	**Shift** + **Ctrl** + **;**

08 [Tools] 패널 단축키

Tool	Key	Tool	Key
Move Tool	V	Dodge Tool	O
Artboard Tool		Burn Tool	
Rectangular Marquee Tool	M	Sponge Tool	
Elliptical Marquee Tool		Pen Tool	P
Lasso Tool	L	Freeform Pen Tool	
Polygonal Lasso Tool		Horizontal Type Tool	T
Magnetic Lasso Tool		Vertical Type Tool	
Quick Selection Tool	W	Horizontal Type Mask Tool	
Magic Wand Tool		Vertical Type Mask Tool	
Crop Tool	C	Path Selection Tool	A
Perspective Crop Tool		Direct Selection Tool	
Slice Tool		Rectangle Tool	U
Slice Select Tool		Rounded Rectangle Tool	
Eyedropper Tool	I	Ellipse Tool	
3D Material Eyedropper Tool		Polygon Tool	
Color Sampler Tool		Line Tool	
Ruler Tool		Custom Shape Tool	
Note Tool		Hand Tool	H
Count Tool		Rotate View Tool	R
Spot Healing Brush Tool	J	Zoom Tool	Z
Healing Brush Tool		Default Foreground and Background Colors	D
Patch Tool		Switch Foreground and Background Colors	X
Content-Aware Move Tool		Edit in Quick Mask Mode	Q
Red Eye Tool		Edit in Standard Mode	
Brush Tool	B	Standard Screen Modes	F
Pencil Tool		Full Screen Mode With Menu Bar	
Color Replacement Tool		Full Screen Mode	
Mixer Brush Tool		Toggle Preserve Transparency	/

Clone Stamp Tool		Decrease Brush Size	`[`
Pattern Stamp Tool	**S**	Increase Brush Size	`]`
History Brush Tool		Decrease Brush Hardness	**Shift** + `[`
Art History Brush Tool	**Y**	Increase Brush Hardness	**Shift** + `]`
Eraser Tool			
Background Eraser Tool	**E**		
Magic Eraser Tool			
Gradient Tool			
Paint Bucket Tool	**G**		
3D Material Drop Tool			

그 밖의 단축키는 [Edit]–[Keyboard Shortcuts] 메뉴를 클릭하여 확인할 수 있습니다.

TIP :: 포토샵을 원활하게 구동하기 위한 시스템 요구 사항(Window 운영체제)

■ **최소 시스템 요구 사항 및 권장 사항**

- Intel® Core 2 또는 AMD Athlon® 64 프로세서(2GHz 이상)
- Microsoft Windows 7 서비스 팩 1, Windows 8.1 또는 Windows 10
- 2GB 이상 RAM(8GB 권장)
- 32비트 설치에 2.6GB 이상의 사용 가능한 하드 디스크 공간, 64비트 설치에 3.1GB 이상의 사용 가능한 하드 디스크 공간, 설치하는 동안 추가 여유 공간 필요(대/소문자 구분 파일 시스템을 사용하는 볼륨에 설치할 수 없음)
- 16비트 색상 및 512MB 이상 전용 VRAM 장착(2GB 권장) 1024x768 디스플레이(1280x800 권장)
- OpenGL 2.0 지원 시스템
- 소프트웨어를 활성화하거나 가입을 확인하고 온라인 서비스를 이용하려면 인터넷 연결 및 등록 필요

■ **그래픽 프로세서 시스템 요구 사항**

더 나은 성능의 그래픽 카드 더 많은 기능을 사용할 수 있습니다. 또한, 권장되지 않는 그래픽 카드는 디스플레이 문제, 성능 문제, 오류 또는 충돌이 발생할 수 있습니다. 그래픽 프로세서가 지원되지 않거나 드라이버에 결함이 있으면 다음 기능이 작동하지 않습니다.

- 3D
- Oil Paint
- Render : Flame, Picture Frame, and Tree
- Scrubby Zoom
- Birds Eye View
- Flick Panning
- Smooth Brush Resizing

TIP :: 포토샵의 새로운 기능들 요약

■ **포토샵을 위한 수많은 템플릿 지원**

이제 포토샵에서 문서를 만들 때 빈 캔버스에서 시작하지 않고 Adobe Stock에서 제공하는 수많은 템플릿에서 선택할 수 있습니다. 템플릿에는 작업을 위한 소스와 일러스트레이션이 포함되어 있습니다. 포토샵에서 템플릿을 열어 다른 포토샵에서 사진을 수정하고 새 디지털 이미지를 작업하듯이 작업할 수 있습니다. 템플릿 외에도 미리 저장된 여러 사전 설정 중 하나를 선택하여 문서를 만들거나 사용자 정의 크기를 만들 수도 있습니다.

■ **강력한 검색 기능**

이제 포토샵에서 UI 요소, 문서, 도움말 및 학습 콘텐츠, Stock 자산 등 이 모든 것을 통합된 대화상자에서 검색할 수 있는 강력한 검색 기능을 제공합니다. 포토샵을 실행한 후에 바로 또는 하나 이상의 문서가 열려 있는 경우 항목을 검색할 수 있습니다. 검색을 시작하려면 포토샵에서 다음 메뉴를 클릭합니다.

① [Edit] 〉 [Search](**Ctrl** + **-**) 메뉴를 클릭합니다.
② 검색할 내용을 입력하고 **Enter**를 누릅니다.

■ **OpenType SVG 글꼴 지원**

이제 OpenType SVG 글꼴을 지원하며 Trajan Color Concept와 EmojiOne 글꼴이 함께 제공됩니다. Emoji 글꼴은 OpenType SVG 글꼴의 예입니다. Emoji 글꼴을 사용하여 웃는 얼굴, 깃발, 도로명 게시판, 동물, 사람, 음식, 랜드마크와 같은 여러 가지 화려한 그래픽 캐릭터를 문서에 포함할 수 있습니다. EmojiOne 글꼴과 같은 OpenType SVG emoji 글꼴을 사용하여 하나 이상의 글리프에서 특정한 합성 글리프를 만들 수 있습니다. 예를 들면 국기를 만들거나 색상으로 지정된 사람을 묘사하는 특정 기본 글리프의 피부색을 변경할 수 있습니다. 글리프 패널을 보려면 [Window] 〉 [Glyphs] 메뉴를 클릭합니다.

■ **Creative Cloud 라이브러리**

필요한 라이브러리 요소를 보관하고 복원할 수 있습니다. 검색을 사용하여 라이브러리 요소와 유사한 Stock 자산을 찾고, 검색 결과를 Creative Cloud 라이브러리로 드래그하여 놓습니다. 라이브러리와 라이브러리 자산을 공유하고, 다른 사용자가 해당 라이브러리와 라이브러리 자산을 팔로우할 수 있도록 선택할 수 있습니다.

■ **기타 향상된 기능 및 수정 사항**

– 로컬로 설치된 글꼴에서 더 많은 결과를 포함하도록 글꼴 개선 사항 일치
– 이제 텍스트 상자 외부를 클릭하여 텍스트를 수행할 수 있습니다.
– 시작 화면에서 Creative Cloud Files 디렉토리의 PSD 파일을 직접 여는 기능
– 문서에 레이어 및 그룹 내용을 보다 정확하게 나타내는 레이어 수 기능
– UI에서 강조 색상을 선택할 수 있는 환경 설정: 파랑 또는 회색.
– 고급 반경을 선택한 경우 UI에서 최소 반경 한계값이 적용되지 않습니다.
– 표면 흐림 효과가 16비트 이미지의 경우 최대 10배 빠릅니다.
– [Edit] 〉 [Preferences] 〉 [Interface] 메뉴에서 가장 밝은 색상 테마 3개의 대비 개선
– 픽셀 유동화 대화상자의 새 미리보기 확인란
– 얼굴 인식 픽셀 유동화에서 화면 위젯을 숨길 수 있는 추가 기능

포토샵 실무 단번에 마스터하기

영상 콘텐츠 공모전 10년 도전 노하우!

본 챕터에서는 영상 실무 현장에서 가장 많이 사용하고 꼭 알아야 하는 포토샵의 기본 기능에 대하여 알아보겠습니다. 어디에도 잘 어울리는 Gray 테크닉, 수상 가능성이 높은 이미지 합성, 약방의 감초처럼 사용하는 Layer Style, 색상 보정 및 다수의 이미지를 한꺼번에 보정하는 실무, 뽀샤시 효과의 얼굴 보정, 스톱모션을 통한 Free Transform 등의 기초 실무를 통해 영상 데이터 제작은 물론, 디자인 실무를 수행할 수 있는 방법에 대해 안내하겠습니다.

ADOBE PHOTOSHOP

어디에도 잘 어울리는 Gray 합성 노하우

핵심내용

색상을 선택할 때 '빨주노초파남보'를 사용하는 사람들이 많습니다. 필자는 '투명색'과 '회색'을 먼저 생각해보길 권유합니다. 투명이나 회색은 디자인 경험이 부족한 사람일지라도, 또 어디에 사용해도 세련된 결과가 나오기 때문입니다. 본 섹션에서는 회색 배경을 깔고, 그 위에 강조할 부분만 컬러로 남기는 Gray 테크닉과 새로운 재질을 합성하는 방법에 대해 안내하고 실습해 보겠습니다.

핵심기능

Gradient Tool/Lasso Tool/
Copy & Paste Selections/Blending
Mode(Overlay) + ABC Gray 합성

A(맥주) + B(손) + C(재질)

Gradient Tool/Lasso Tool/Copy & Paste Selections/Blending Mode(Overlay)

ABC Gray 합성

STORYBOARD

2008 대한민국 절주 UCC 공모전 '우수상' 수상 작품 이미지 중 일부분

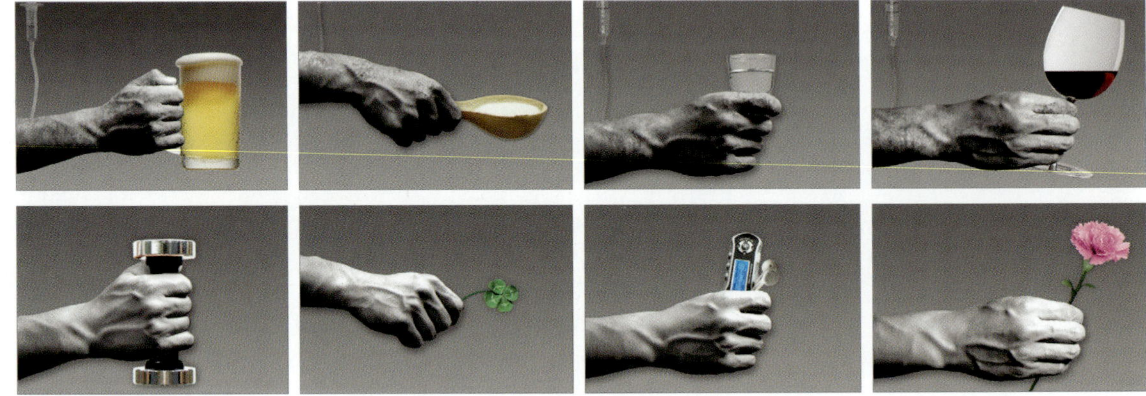

1 윈도우 바탕화면에서 [시작] 버튼을 클릭한 후 알파벳 [A] 섹션에서 [Adobe Photoshop CC 2017]을 클릭하여 실행합니다.

TIP :: 개인 설정에 따라 [시작] 메뉴의 모양이 다를 수 있습니다.

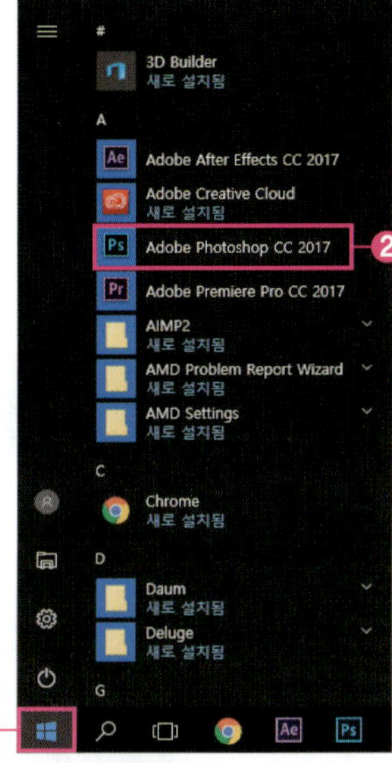

2 포토샵 CC 2017의 기본 작업 화면이 열리면 새 캔버스를 만들기 위해서 화면 왼쪽 부분에 위치한 [New](**Ctrl** + **N**) 버튼을 클릭합니다.

TIP ::
• 다음과 같은 초기 화면은 포토샵 CC 2017에서 새로 적용된 기능으로써 기존에 작업한 파일을 쉽게 불러올 수 있도록 섬네일 이미지를 보여줍니다.
• 기존 버전의 경우 [File] > [New] 메뉴를 클릭합니다.

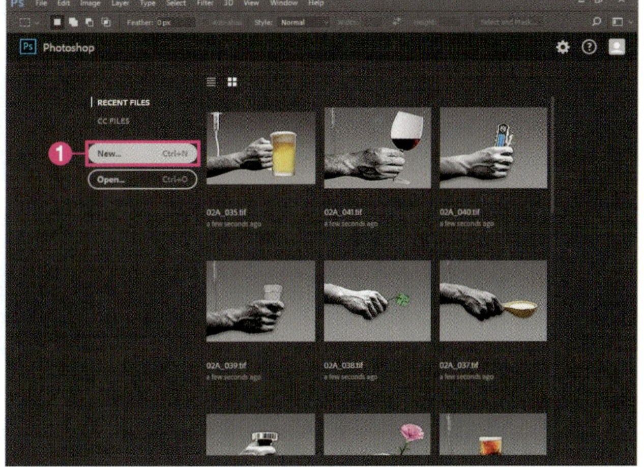

3 [새로 만들기 문서] 대화상자가 열리면 다음과 같이 설정하고 [Create] 버튼을 클릭합니다.

• [Name] : 'Drink'
• [Width] : '720 Pixels'
• [Height] : '480 Pixels'
• [Resolution] : '72 Pixels/Inch'
• [Color Mode] : 'RGB Color'
• [Background Contents] : 'White'

TIP :: 이전 버전의 경우 [Create] 버튼 대신 [OK] 버튼으로 표시됩니다.

4 작업 화면에 [Drink] 캔버스가 만들어지면 [Tools] 패널의 [Gradient Tool](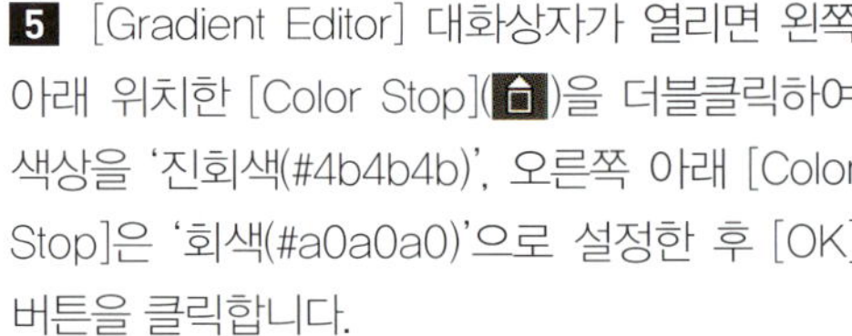)을 클릭한 후 상단 옵션바의 [Click to edit the gradient]를 클릭합니다.

TIP ::
• 작업 화면은 개인 설정 및 버전에 따라 다를 수 있습니다. 작업 화면을 넓게 사용하기 위해서 불필요한 패널은 잠시 숨길 수 있습니다.
• 초기 작업 화면으로 되돌리기 위해서는 [Window] 〉 [Workspace] 〉 [Essentials] 메뉴를 클릭한 후 [Window] 〉 [Workspace] 〉 [Reset Essentials] 메뉴를 이용하여 작업 화면을 초기화합니다.

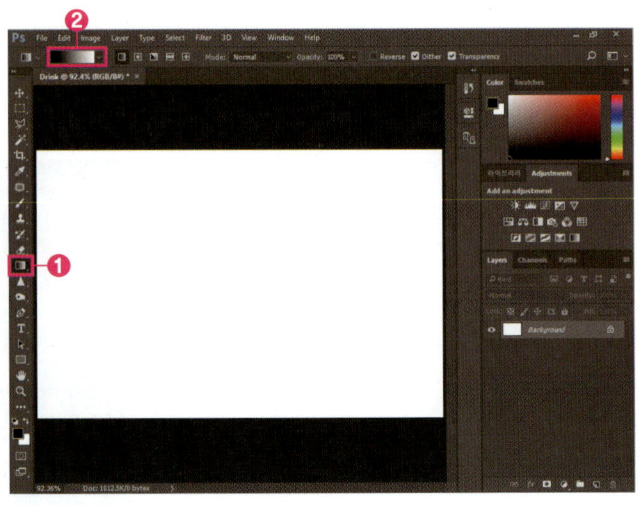

5 [Gradient Editor] 대화상자가 열리면 왼쪽 아래 위치한 [Color Stop]을 더블클릭하여 색상을 '진회색(#4b4b4b)', 오른쪽 아래 [Color Stop]은 '회색(#a0a0a0)'으로 설정한 후 [OK] 버튼을 클릭합니다.

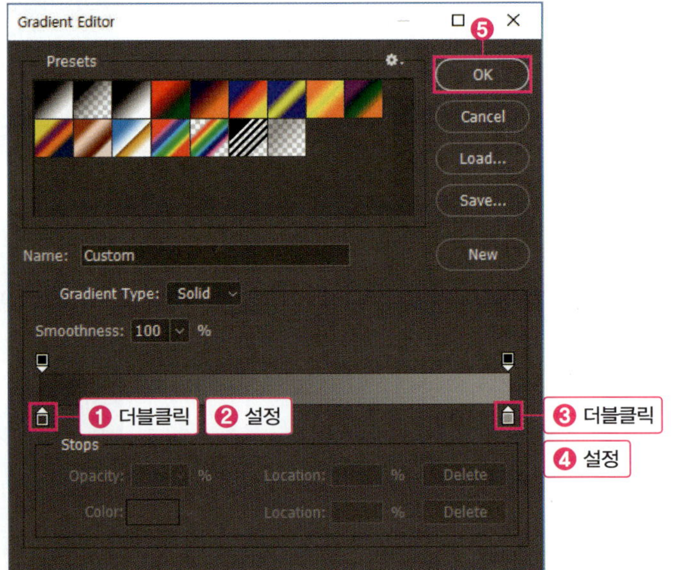

6 [Gradient Tool]이 선택된 상태에서 캔버스의 위쪽 부분을 클릭하고, **Shift**를 누른 채 하단으로 드래그합니다.

TIP :: 그레이디언트 적용 시 **Shift**를 누르게 되면 수평, 수직 또는 45° 대각선 방향으로 고정됩니다.

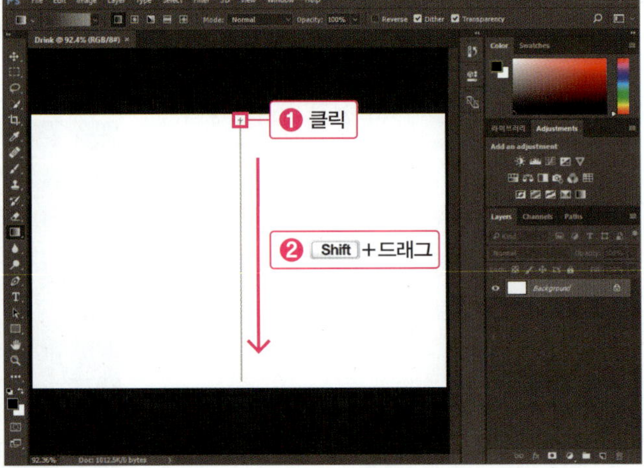

7 'Background' 레이어에 그림과 같은 그레이디언트 배경이 만들어졌음을 확인합니다.

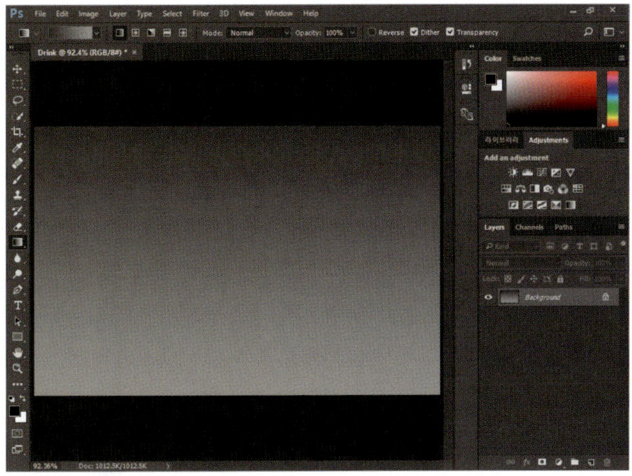

8 지금까지 진행 상황을 파일로 저장하기 위해서 [File] 〉 [Save](**Ctrl**+**S**) 메뉴를 클릭합니다. [다른 이름으로 저장] 대화상자가 열리면 개인작업 폴더를 만든 후 다음과 같이 설정하고, [저장] 버튼을 클릭합니다.

• [파일 이름] : 'Drink'
• [Format] : 'Photoshop'

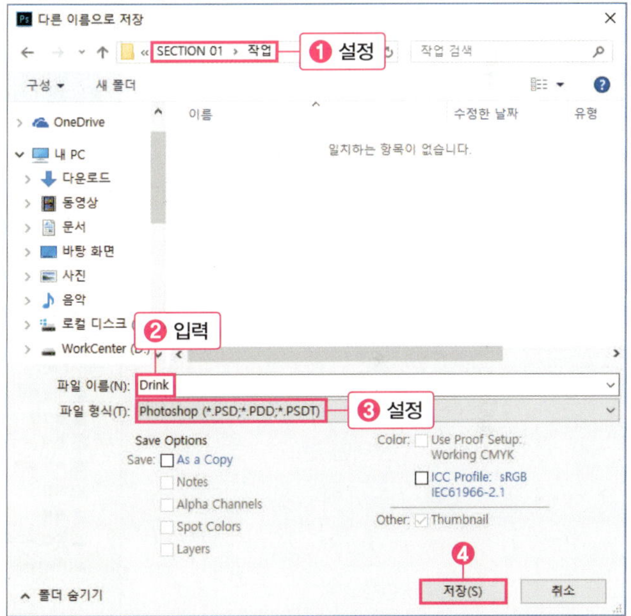

바로 알기
• 효율적인 파일 관리를 위해 작업 폴더를 반드시 따로 생성합니다.
• 파일 이름은 작업자가 임의로 바꿀 수 있으며 쉽게 인지할 수 있는 이름으로 만드는 것이 좋습니다.

: **준비 파일 :** Part 04 〉 Chapter 02 〉 Section 01 〉 Hand.jpg　**완성 파일 :** Part 04 〉 Chapter 02 〉 Section 01 〉 Drink 완성.psd

1 합성에 사용할 이미지 파일을 불러오기 위해서 [File] 〉 [Open](**Ctrl** + **O**) 메뉴를 클릭합니다.

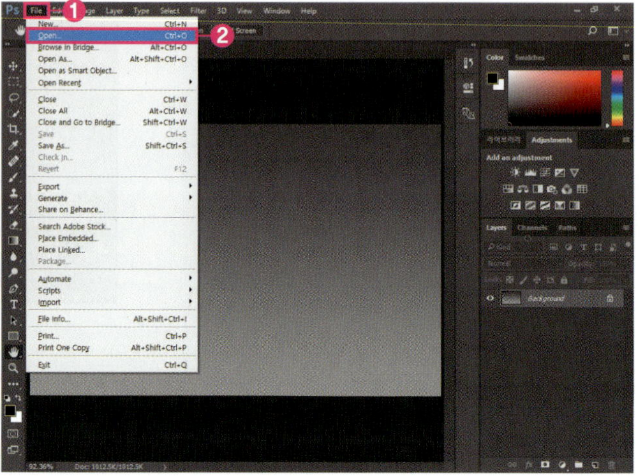

2 [열기] 대화상자가 열리면 제공된 소스 중에서 'Hand.jpg' 파일을 선택하고, [열기] 버튼을 클릭합니다.

TIP :: 해당 폴더에 파일이 보이지 않는 경우
오른쪽 아래에 파일 형식이 'All Formats'로 설정되어 있는지 확인합니다.

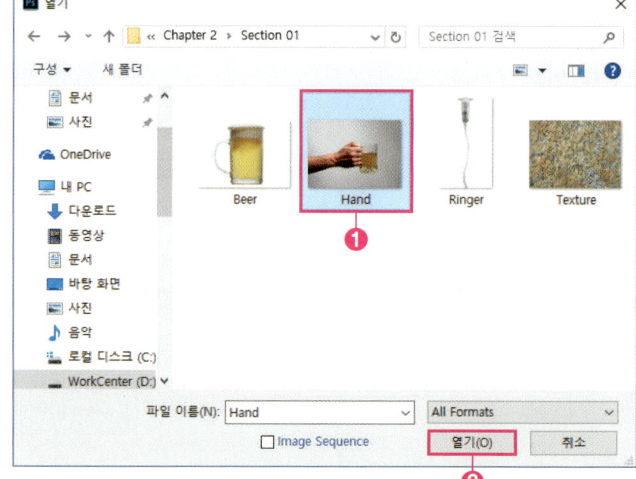

3 작업 화면에 [Hand.jpg] 캔버스가 새 탭으로 추가되었음을 확인합니다. [Tools] 패널의 [Lasso Tool]을 길게 클릭해서 메뉴가 열리면 [Polygon Lasso Tool]( )을 클릭하고, 손의 외곽 경계를 따라 클릭하여 선을 그립니다.

TIP ::

• [Lasso Tool]과 [Polygon Lasso Tool]을 활용해보고 각 툴의 장점과 단점을 파악하여 필요에 따라 선택하여 사용할 수 있도록 합니다.
• 화면을 확대하여 선택 작업을 하면 정교하게 선을 그릴 수 있습니다.

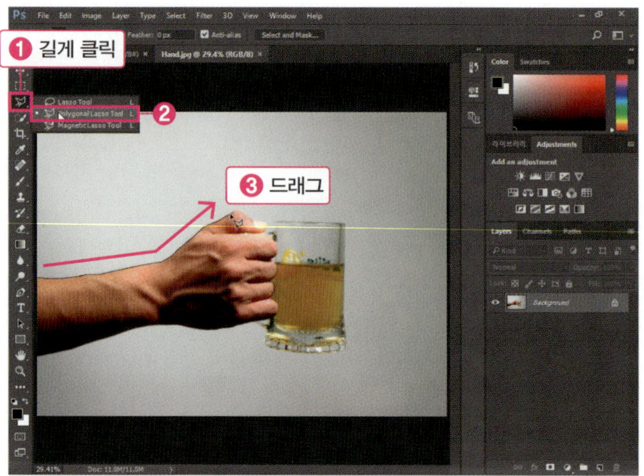

4 손의 외곽선을 따라 선을 그리고, 시작점과 끝점을 연결시키면 선택이 완료됩니다. `Ctrl` + `C` 를 눌러 선택된 영역을 복사합니다.

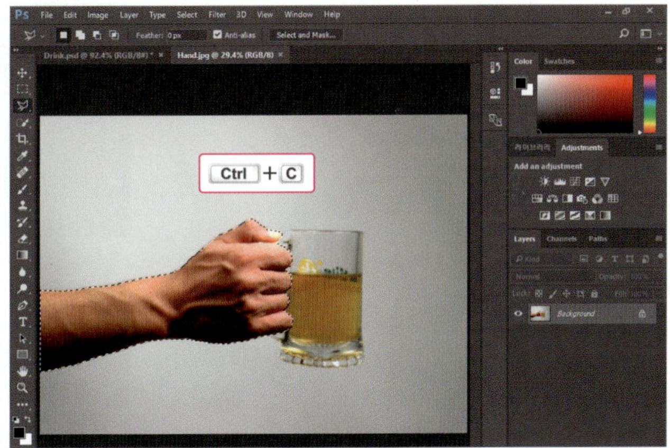

5 [Drink.psd] 캔버스를 클릭하여 작업 창으로 돌아온 후 `Ctrl` + `V` 를 눌러 선택한 영역을 붙여 넣기하면 [Layers] 패널에 새로운 레이어 'Layer 1'이 만들어집니다.

TIP :: 손 이미지의 크기가 새로 만든 캔버스에 비해 매우 크므로 다음과 같이 손의 일부분만 보입니다.

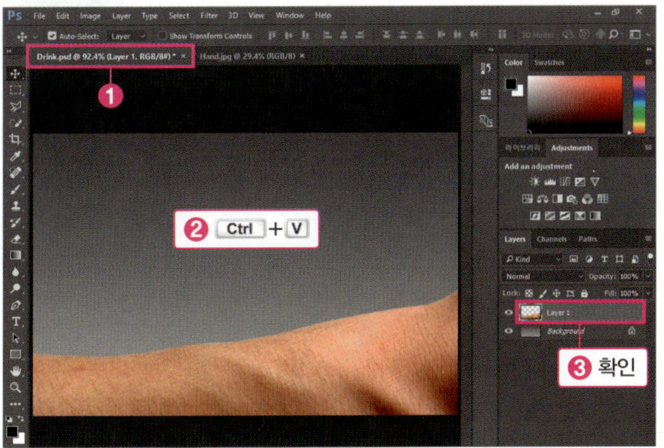

6 붙여 넣은 이미지가 새로 만든 캔버스보다 크기 때문에 크기를 줄이기 위해서 [Edit] 〉 [Free Transform](**Ctrl**+**T**) 메뉴를 클릭합니다.

TIP :: [Free Transform] 단축키는 **Ctrl**+**T** 로 포토샵에서 가장 많이 사용하는 단축키 중의 하나입니다. 선택된 이미지의 크기와 위치, 회전 각도를 자유롭게 변형할 수 있는 기능입니다.

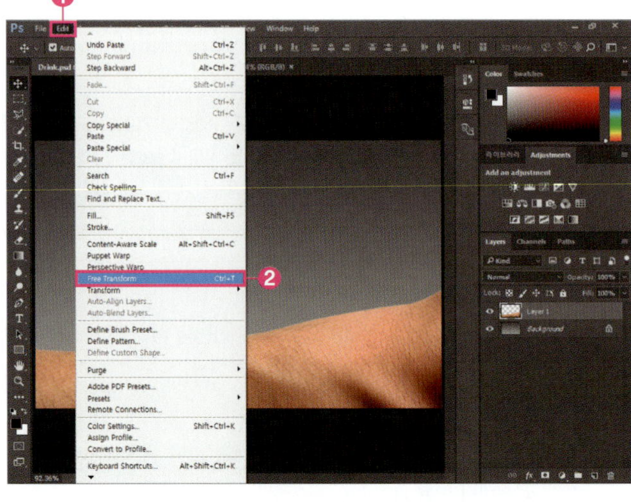

7 **Ctrl**+**−**를 여러 번 눌러 화면을 축소하면 8개의 조절점이 보입니다. 오른쪽 하단 모서리의 점을 **Shift**를 누른 채 왼쪽 대각선 방향으로 드래그하여 크기를 줄입니다.

TIP :: 이미지의 크기를 조절할 때 좌우 비율이 기존 비율과 달라지면 어색하게 보이므로 반드시 **Shift**를 눌러 비율을 유지하며 크기를 조절합니다.

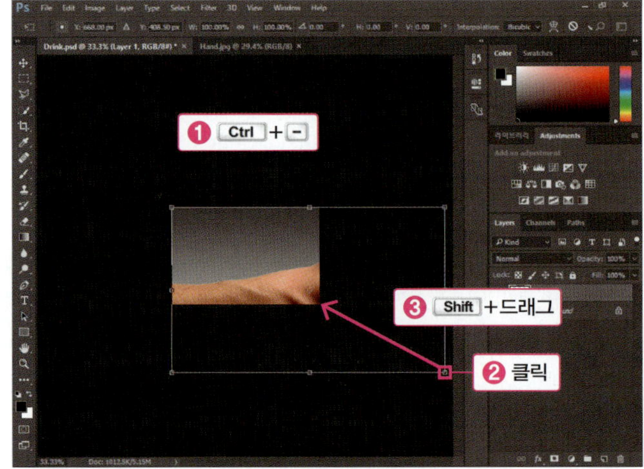

8 손의 크기를 다음과 같은 크기로 조절한 후 **Enter**를 누르면 [Free Transform] 조절박스가 사라지고 변형이 적용됩니다. [Layers] 패널에서 'Layer 1' 레이어의 이름을 더블클릭하여 'Hand'로 입력합니다.

TIP :: 레이어 이름은 제작자 임의로 설정해도 됩니다. 각자 쉽게 인지할 수 있는 이름으로 입력합니다.

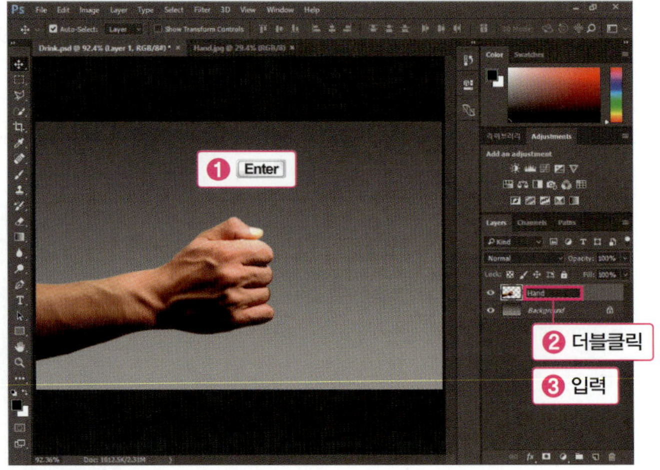

바로 알기 [Layers] 패널의 기능

[Layers] 패널은 작업 중인 레이어들을 보여주고, 레이어에 대한 정보를 표시합니다. 작업한 이미지에 레이어 정보를 저장하기 위해서는 특정한 이미지 포맷(PSD, TIFF 등)으로 저장해야 합니다.

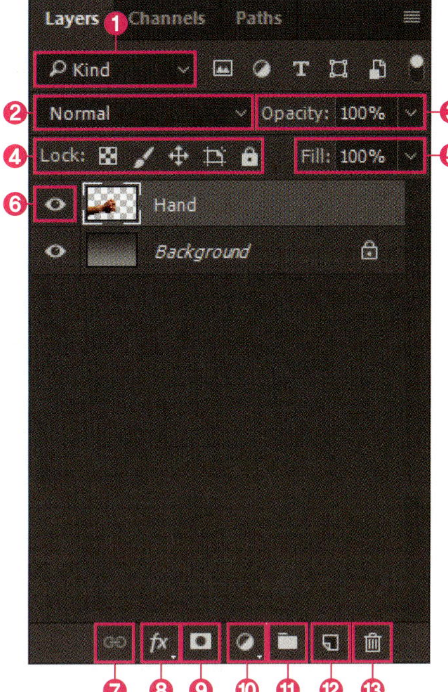

❶ [Pick a filter type] : 레이어를 아래 기준에 따라 표시하거나 검색하는 옵션입니다.
- [Kind] : 레이어를 종류별로 표시합니다.
- [Name] : 레이어의 이름을 입력하여 검색합니다.
- [Effect] : 레이어 효과별로 표시합니다.
- [Mode] : 블렌딩 모드별로 레이어를 표시합니다.
- [Attribute] : 레이어 속성별로 표시합니다.
- [Color] : 레이어 색상별로 표시합니다.
- [Smart Object] : 스마트 오브젝트 레이어를 표시합니다.
- [Selected] : 선택된 레이어만 표시합니다.
- [Artboard] : 아트보드 레이어를 표시합니다.

❷ [Set the blending mode for layer] : 선택한 레이어와 아래 위치한 레이어의 혼합 방식을 설정합니다.

❸ [Opacity] : 레이어의 불투명도를 %단위로 설정합니다.

❹ [Lock] : 선택한 레이어를 특정 작업이 적용되지 않도록 잠급니다.
- [Lock transparent pixels] : 투명한 영역이 수정되지 않도록 합니다.
- [Lock image pixels] : 이미지 픽셀이 만들어지거나 수정되지 않도록 합니다.
- [Lock position] : 이미지를 이동할 수 없도록 합니다.
- [Prevent Auto-nesting into and out of Artboards] : 아트보드가 합쳐지거나 분리되는 것을 방지합니다.
- [Lock all] : 어떠한 작업도 적용되지 않도록 합니다.

❺ [Fill] : 레이어의 색상 적용 정도를 조절합니다. 수치가 낮아질수록 투명해져서 아래 위치한 레이어의 색상과 겹쳐집니다.

❻ [Indicates layer visibility] : 눈 모양의 아이콘을 클릭하여 해제하면 해당 레이어가 캔버스에 보이지 않고, 활성화하면 다시 보입니다.

❼ [Link layers] : 2개 이상의 레이어를 선택하고, 클릭하면 레이어가 연결되어 하나처럼 수정할 수 있습니다. 연결된 레이어를 선택하고, [Link layers]를 클릭하면 연결을 해제할 수 있습니다.

❽ [Add a layer style] : [Layer] > [Layer Style] 메뉴와 같은 기능으로 선택한 레이어에 그림자 등의 효과를 적용할 수 있습니다.

❾ [Add layer mask] : [Layer] > [Layer Mask] 메뉴와 같은 기능으로 선택한 레이어에 마스크를 적용합니다.

❿ [Create new fill or adjustment layer] : [Layer] > [New Adjustments Layer] 메뉴와 같은 기능으로 조정 레이어를 만들어 아래 위치한 모든 레이어의 색상, 밝기, 채도 등을 한꺼번에 설정할 수 있습니다.

⓫ [Create a new group] : 다수의 레이어를 쉽게 관리할 수 있는 폴더를 만듭니다.

⓬ [Create a new Layer] : 새 레이어를 만듭니다.

⓭ [Delete layer] : 선택한 레이어를 삭제합니다.

: **준비 파일 :** Part 04 〉 Chapter 02 〉 Section 01 〉 Beer.jpg, Ringer.jpg

1 합성할 두 번째 이미지 파일을 불러오기 위해서 [File] 〉 [Open](**Ctrl** + **O**) 메뉴를 클릭합니다. [열기] 대화상자가 열리면 'Beer.jpg' 파일을 선택하고 [열기] 버튼을 클릭합니다.

2 [Tools] 패널의 [Polygonal Lasso Tool]( )을 클릭하고, 그림과 같이 맥주잔의 경계를 따라 선을 그려 선택을 완료합니다. 선택이 완료되면 손잡이 안쪽 빈 공간은 **Alt** 를 누른 채 선을 그려 선택 영역을 뺍니다.

> **바로 알기** **선택 영역 추가 및 삭제**
> 기존 선택 영역이 있는 상태에서 **Shift** 를 누른 채 선을 그리면 선택 영역 '더하기'가 되고, **Alt** 를 누른 채 선을 그리면 선택 영역 '빼기'가 됩니다.

3 그림과 같이 흰색 배경을 제외한 이미지가 선택되면 **Ctrl** + **C** 를 눌러 복사합니다.

4 [Drink.psd] 캔버스를 클릭하여 활성화한 후 **Ctrl** + **V** 를 눌러 선택한 영역을 붙여 넣고, [Layers] 패널에서 'Layer 1' 레이어의 이름을 더블클릭하여 'Beer'로 입력합니다.

5 [Layers] 패널에서 'Beer' 레이어를 드래그하여 위치를 'Hand' 레이어 아래로 옮깁니다.

TIP : : 레이어의 순서에 따라 결과물이 달라질 수 있으므로 주의해야 합니다.

6 'Beer' 레이어가 선택된 상태에서 [Edit] 〉 [Free Transform](**Ctrl** + **T**) 메뉴를 클릭합니다. 조절박스가 보이면 사각 모서리의 점을 **Shift** 를 누른 채 드래그하여 크기를 줄이고 그림과 같이 배치한 후 **Enter** 를 누릅니다.

7 [File] > [Open](Ctrl + O) 메뉴를 클릭하고, [열기] 대화상자가 열리면 'Ringer.jpg' 파일을 선택한 후 [열기] 버튼을 클릭합니다.

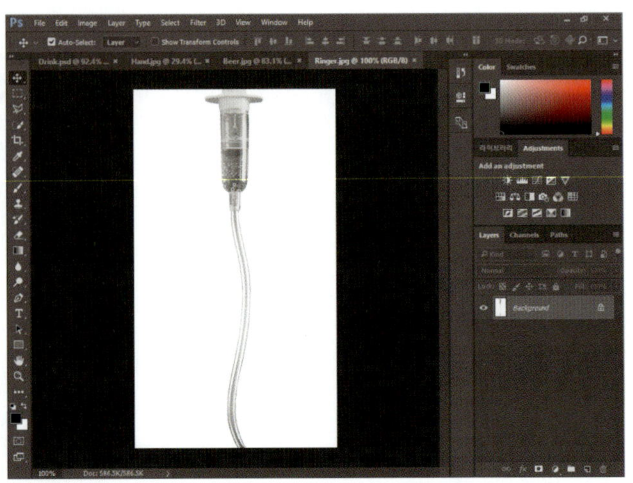

8 앞에서 배운 방법으로 흰색 배경을 제외한 영역을 선택하고, 이미지를 복사, 붙여 넣은 후 Ctrl + T 를 눌러 Free Transform 기능으로 그림과 같은 위치와 크기로 조절합니다. [Layers] 패널에서 레이어 이름을 'Ringer'로 변경하고 [Layers] 패널에서 레이어의 위치를 'Hand' 레이어 아래로 옮깁니다.

9 'Ringer' 레이어가 선택된 상태에서 [Layers] 패널의 [Opacity] : 45%로 입력하여 링거 이미지와 배경이 자연스럽게 어울리게 합니다. [Tools] 패널의 [Rectangular Marquee Tool] (▣)을 클릭하고, 왼쪽 하단의 링거 줄이 튀어나온 부분을 드래그하여 영역을 선택한 후 Delete 를 눌러 삭제합니다. [Select] > [Deselect] (Ctrl + D) 메뉴를 클릭하여 선택 영역을 해제합니다.

바로 알기 **선택 영역 해제와 재선택**
선택 영역 해제 단축키는 Ctrl + D , 재선택 단축키는 Ctrl + Shift + D 입니다.

04 흑백 디자인과 재질 합성 테크닉 Layer Blending Mode (Overlay)

: 준비 파일 : Part 04 〉 Chapter 02 〉 Section 01 〉 Texture.jpg

1 [Layers] 패널에서 'Hand' 레이어를 선택하고, [Image] 〉 [Adjustments] 〉 [Desaturate] (**Shift**+**Ctrl**+**U**) 메뉴를 클릭하여 흑백 이미지로 바꿉니다.

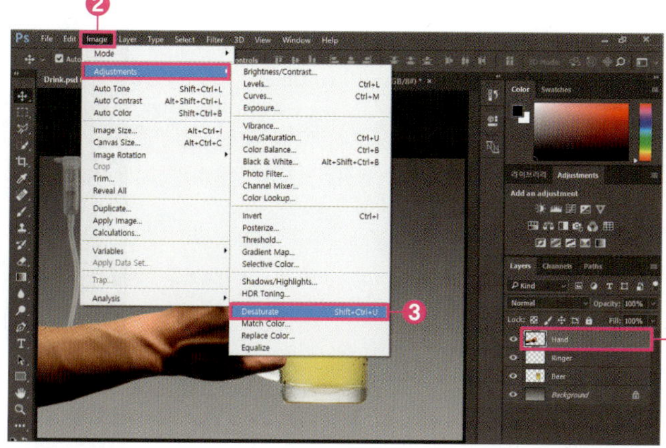

2 'Hand' 레이어에 Desaturate 효과를 적용하여 흑백 이미지로 만들어졌음을 확인합니다.

> **바로 알기 컬러 레이어를 흑백 레이어로 바꾸는 방법**
> [Desaturate] 이외에 [Image] 〉 [Adjustments] 〉 [Hue/Saturation](**Ctrl**+**U**) 메뉴로 채도를 낮추어 흑백으로 바꿀 수도 있습니다.

3 손 이미지의 밝기와 대비를 좀 더 강하게 만들기 위해서 [Image] 〉 [Adjustments] 〉 [Levels](**Ctrl**+**L**) 메뉴를 클릭합니다. [Levels] 대화상자가 열리면 [Input Levels] 아래에 위치한 작은 삼각형을 좌우로 드래그하면서 적당한 값을 적용합니다.

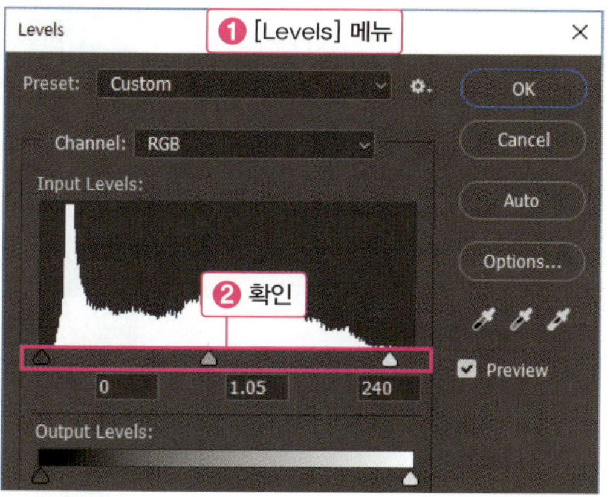

> **바로 알기** [Levels](**Ctrl**+**L**)
> • 이미지의 밝기와 대비를 조절하며 가장 많이 쓰이는 기능이므로 반드시 조절 방법을 익히도록 합니다.
> • [Levels] 대화상자에서 중앙에 위치한 3개의 슬라이더 조절점은 각각 밝기 조절 역할을 합니다. [Input Levels]의 [Black Point Slider], [Mid tone Slider], [White Point Slider] 3개 삼각형은 어두움, 중간, 밝음을 조절하고, [Output Levels]는 전체적인 명도를 조절합니다. 각 슬라이더를 드래그하여 조절하거나, 직접 수치를 입력할 수도 있습니다.

4 [File] 〉 [Open](Ctrl + O) 메뉴를 클릭하고, [열기] 대화상자가 열리면 'Texture.jpg' 파일을 선택한 후 [열기] 버튼을 클릭합니다. Ctrl + A 를 눌러 이미지의 전체 영역을 선택하고, Ctrl + C 를 눌러 복사합니다.

TIP :: Ctrl + A : 전체 영역 선택

5 [Drink.psd] 캔버스로 돌아온 후 Ctrl + V 를 눌러 선택한 이미지를 붙여 넣습니다. [Image] 〉 [Adjustments] 〉 [Desaturate] 메뉴를 클릭하여 흑백 이미지로 바꾸고, [Layers] 패널에서 레이어 이름을 'Skin'으로 입력합니다.

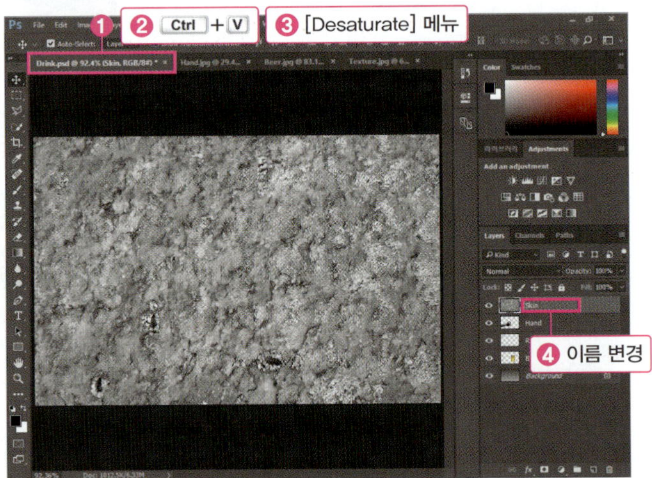

6 [Edit] 〉 [Free Transform](Ctrl + T) 메뉴를 클릭한 후 조절박스가 보이면 사각 모서리의 점을 Shift 를 누른 채 드래그하여 그림과 같이 손의 크기와 비슷하게 조절합니다.

7 손의 모양대로 잘라내기 위해서 [Layers] 패널의 'Skin' 레이어를 마우스 오른쪽 버튼으로 클릭하고, [Create Clipping Mask]를 선택합니다. 이때 'Skin' 레이어는 'Hand' 레이어 위쪽에 반드시 위치해야 합니다.

TIP :: Create Clipping Mask
선택된 레이어가 아래 위치한 레이어의 픽셀 영역만큼만 보이도록 하는 기능입니다.

8 'Skin' 레이어가 아래 위치한 손 모양 형태로 보이는지 확인합니다.

TIP :: Clipping Mask 기능을 해제하기 위해서는 해당 레이어에 마우스 오른쪽 버튼을 클릭하고, [Release Clipping Mask] 메뉴를 클릭합니다.

9 'Skin' 레이어가 선택된 상태에서 [Set the blending mode for layer]를 클릭하고, [Blending Mode] 메뉴에서 'Overlay'로 설정하여 재질을 합성합니다.

TIP :: Overlay
두 개 레이어를 자연스럽게 혼합하는 방법 중에 하나입니다. 이외에 다른 혼합 옵션들도 테스트해 보길 바랍니다.

1 'Skin' 레이어와 'Hand' 레이어를 합치기 위해서 두 개의 레이어를 함께 선택하고, [Layer] 〉 [Merge Layers](Ctrl + E) 메뉴를 클릭합니다.

TIP :: 두 개의 레이어 중 위쪽 레이어만 선택하고, [Merge Down](Ctrl + E) 메뉴를 이용해도 됩니다.

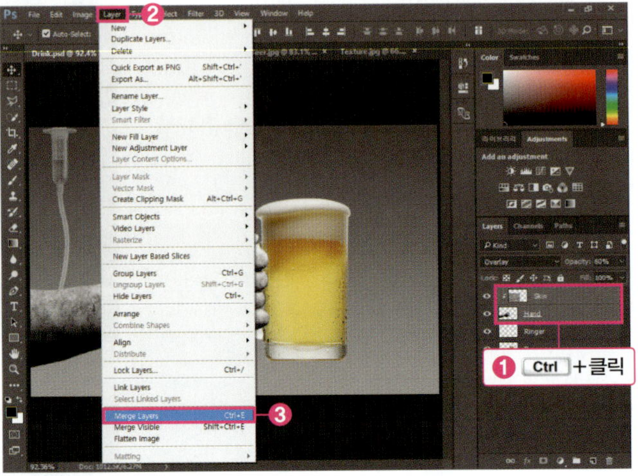

2 [Layers] 패널에서 'Skin' 레이어와 'Hand' 레이어가 합쳐졌음을 확인합니다. 레이어 이름을 'Hand'로 변경합니다. 레이어의 다양한 기능을 이용하여 그림과 같은 합성 이미지를 완성합니다.

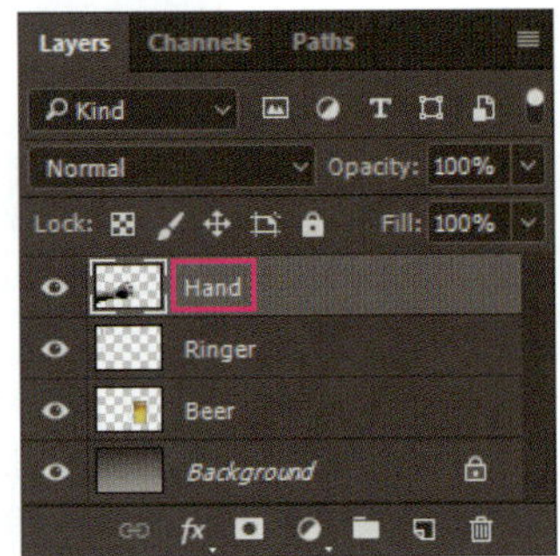

3 위와 같은 방법으로 흑백 테크닉과 새 이미지를 합성하여 다음과 같이 완성합니다.

Scene 01 (맥주)

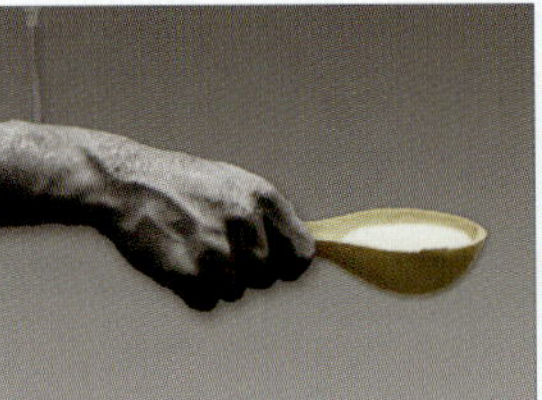

Scene 02 (동동주)

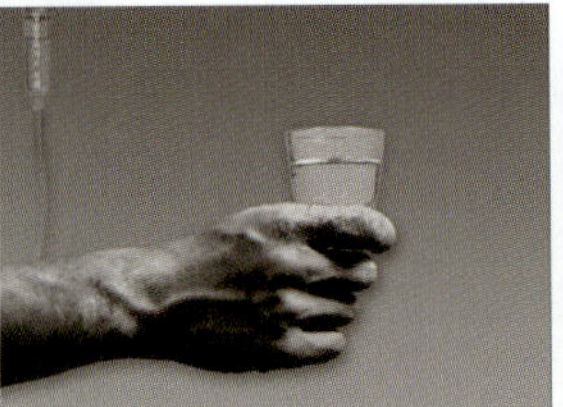

Scene 03 (소주)

Scene 04 (양주)

Scene 01 (건강)

Scene 02 (우정)

Scene 03 (여가)

Scene 04 (감사)

수상 가능성이 높은 Story 이미지 합성 노하우

SECTION 02

핵심내용

포토샵의 합성에는 2개의 이미지를 단순하게 결합하는 'Graphic 이미지 합성'과 스토리로 연결하는 'Story 이미지 합성'이 있습니다. 창의성을 중시하는 공모전 실무에서는 Story 이미지 기획이 절실할 때가 많습니다. 이 섹션에서는 두 개 이미지의 결합으로 인한 교차 이미지를 뽑아내어 자연스러운 Story 합성을 이끌어내는 방법에 대해 소개하겠습니다.

핵심기능

Layer Via Copy + Load Selection + Hue/Saturation

심벌

Layer Via Copy + Load Selection + Hue/Saturation

원

Story 이미지 합성(이미지 은유법)

STORYBOARD

2012 여수세계박람회 영상 애니메이션공모전 '금상' 수상 작품 이미지 중 일부분

: **준비 파일** : Part 04 〉 Chapter 02 〉 Section 02 〉 Egg.jpg　　**: 완성 파일** : Part 04 〉 Chapter 02 〉 Section 02 〉 Expo 완성.psd

1　포토샵 CC 2017을 실행한 후 작업 화면이 열리면 이미지 파일을 불러오기 위해서 [File] 〉 [Open](**Ctrl**+**O**) 메뉴를 클릭합니다. [열기] 대화상자가 열리면 'Egg.jpg' 파일을 선택하고, [열기] 버튼을 클릭합니다.

TIP :: 기본적인 명령(새 파일, 열기 등)은 단축키를 외워서 작업 시간을 단축하고, 간편하게 명령을 적용할 수 있도록 연습합니다.

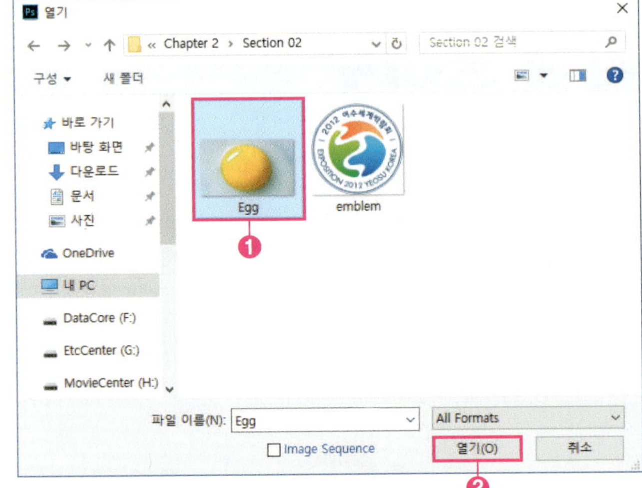

2　'Egg.jpg' 파일이 열리면 [Tools] 패널의 [Rectangular Marquee Tool]을 길게 클릭하여 [Elliptical Marquee Tool](◯)을 선택합니다. 옵션바에서 [Elliptical Marquee Tool]을 다음과 같이 설정합니다.

- [Feather] : '6 px'
- [Style] : 'Normal'

TIP :: Feather
선택 영역에 관련된 옵션으로 선택 영역의 외곽을 부드럽게 선택할 수 있습니다.

3　[Elliptical Marquee Tool](◯)로 그림과 같이 계란의 노른자 부분을 선택합니다.

TIP :: [Elliptical Marquee Tool] 사용법
Shift를 누르면서 드래그하면 정원이 그려지고, **Alt**를 누르면서 드래그하면 중앙에서부터 원이 그려집니다. **Shift**와 **Alt**를 동시에 누르면서 드래그하면 정원이 중앙에서부터 그려집니다. 선택 영역을 그리는 도중 **Space Bar**를 누르면 선택 영역의 위치를 자유롭게 이동하면서 그릴 수 있습니다.

4 선택 영역을 복사하기 위해서 [Layer] 〉
[New] 〉 [Layer Via Copy](**Ctrl** + **J**) 메뉴를
클릭합니다.

TIP ::
- [Layer Via Copy](**Ctrl** + **J**) : 기존 레이어를 그대로 두고 선택 영역만 새 레이어로 복사합니다.
- [Layer Via Cut](**Shift** + **Ctrl** + **J**) : 기존 레이어에서 선택 영역을 오려내서 복사합니다.

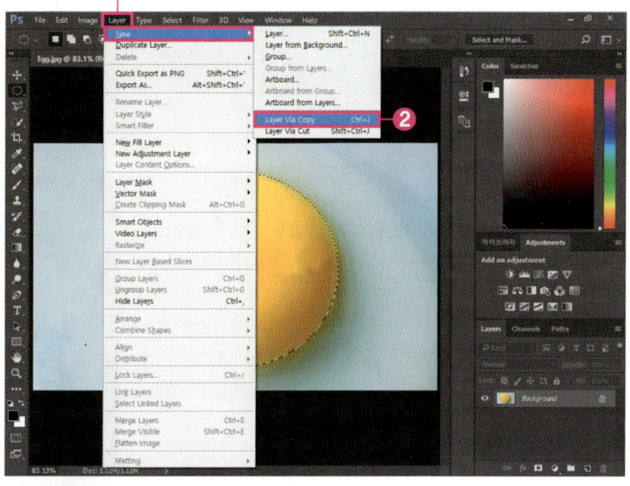

5 선택 영역이 그림과 같이 새 레이어 'Layer
1'로 복사되었음을 확인합니다.

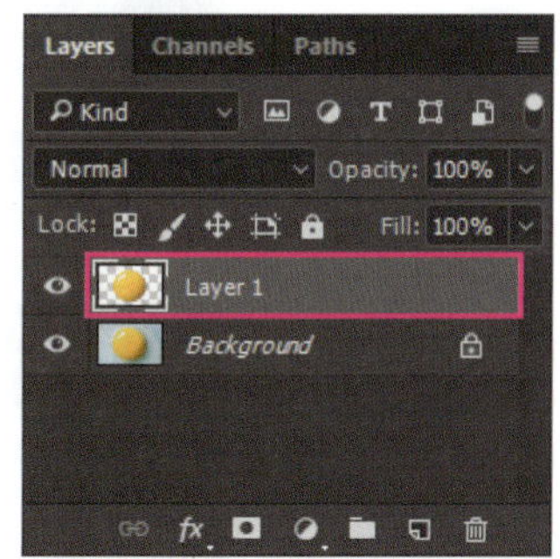

6 [Layers] 패널에서 'Background' 레이어
의 [Visibility]( )를 클릭하여 이미지를 숨기면
'Layer 1' 레이어의 배경이 투명으로 비어있는
것을 확인할 수 있습니다.

TIP :: 항상 작업 시작과 도중에는 수시로 저장하는 습관을
길러야 합니다. 갑자기 컴퓨터가 꺼지거나 프로그램이 오류
가 나면 다시 처음부터 작업을 해야 하는 경우가 생길 수 있
기 때문입니다.

: **준비 파일** : Part 04 〉 Chapter 02 〉 Section 02 〉 Emblem.png

1 이미지 파일을 불러오기 위해서 [File] 〉 [Open](**Ctrl** + **O**) 메뉴를 클릭한 후 [열기] 대화상자가 열리면 'Emblem.png' 파일을 선택하고, [열기] 버튼을 클릭합니다.

TIP :: PNG 포맷

원본을 손상시키지 않는 압축과 배경이 투명한 알파 채널 (alpha channel)이 있는 파일 포맷입니다.

2 [Tools] 패널의 [Elliptical Marquee Tool] ( )을 클릭하고, 상단 옵션바의 [Feather]를 '0 px'로 입력합니다. 글자를 제외한 가운데 엑스포 심벌만 그림과 같이 선택하고, **Ctrl** + **C** 를 눌러 이미지를 복사합니다.

3 [Egg.jpg] 캔버스로 돌아와서 **Ctrl** + **V** 를 눌러 선택한 영역을 붙여 넣습니다. 이미지의 크기를 줄이기 위해서 [Edit] 〉 [Free Transform](**Ctrl** + **T**) 메뉴를 클릭합니다.

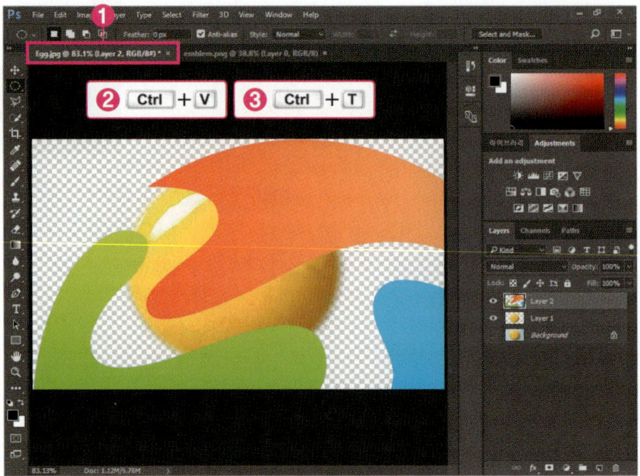

4 `Ctrl`+`-`를 눌러 화면을 축소하고, 조절 박스가 보이면 모서리 점을 `Shift`를 누른 채 드래그하여 크기를 조절합니다. 다시 박스 안쪽을 드래그하여 위치를 옮깁니다.

TIP :: 이미지의 크기를 조절할 때 좌우 비율이 기존 비율과 틀려지면 어색하게 보이므로 반드시 `Shift`를 눌러 비율을 유지하며 크기를 조절합니다.

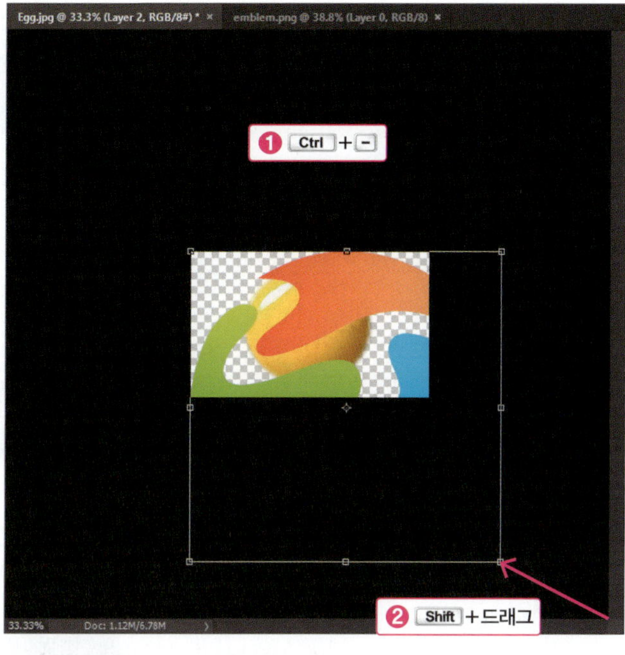

5 심벌을 그림과 같은 정도의 크기로 조절한 후 `Enter`를 눌러 변형을 적용합니다.

TIP :: 크기 조절 결과가 맘에 들지 않으면 다시 `Ctrl`+`T`를 눌러 Free Transform을 적용하거나 `Ctrl`+`Z`를 눌러 이전 단계로 돌아가서 다시 크기 조절을 해도 됩니다.

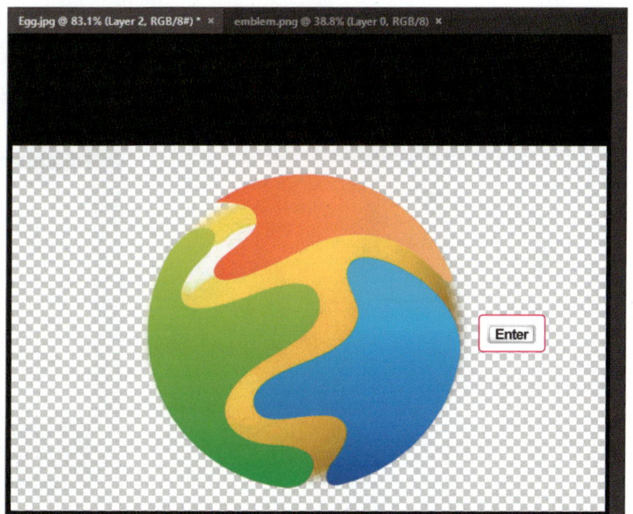

6 [Layers] 패널에서 'Layer 1' 레이어를 선택한 후 `Ctrl`을 누른 채 'Layer 2' 레이어의 섬네일 이미지를 클릭하여 선택 영역을 다음과 같이 불러옵니다.

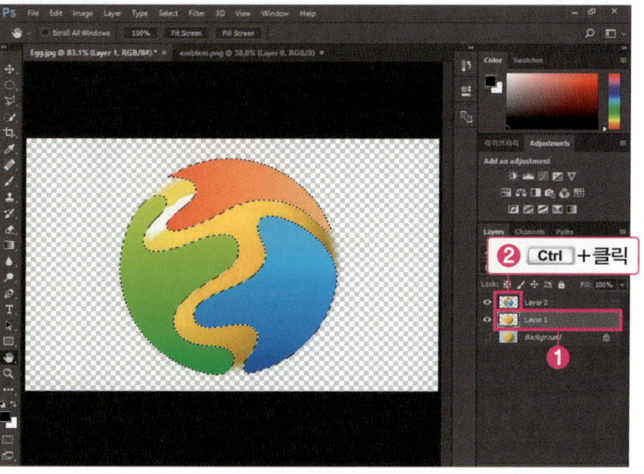

7 선택 영역의 외곽 경계 부분을 부드럽게 만들기 위해서 [Select] 〉 [Modify] 〉 [Feather] (**Shift** + **F6**) 메뉴를 클릭합니다.

TIP :: Feather

선택 영역에 관련된 옵션으로 선택 영역의 외곽을 부드럽게 선택할 수 있습니다. 수치가 높을수록 외곽 경계 부분이 넓은 범위로 부드럽게 적용됩니다.

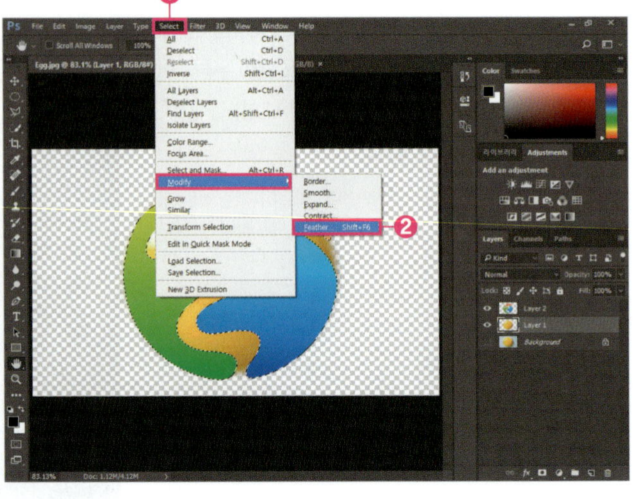

8 [Feather Selection] 대화상자가 열리면 [Feather Radius]를 '6'으로 입력하고, [OK] 버튼을 클릭합니다.

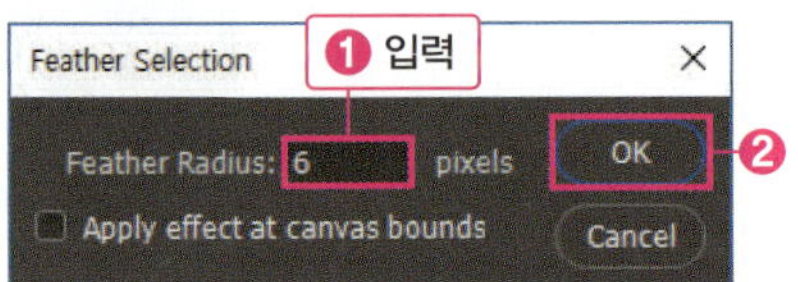

9 **Delete** 를 눌러 선택된 부분을 지우고, **Ctrl** + **D** 를 눌러 선택 영역을 해제합니다.

TIP :: 선택 영역 해제 : **Ctrl** + **D**

10 [Layers] 패널에서 'Layer 2' 레이어를 선택하고, **Delete** 를 눌러 레이어를 삭제합니다. 그림과 같은 모양만 남아 있는지 확인합니다.

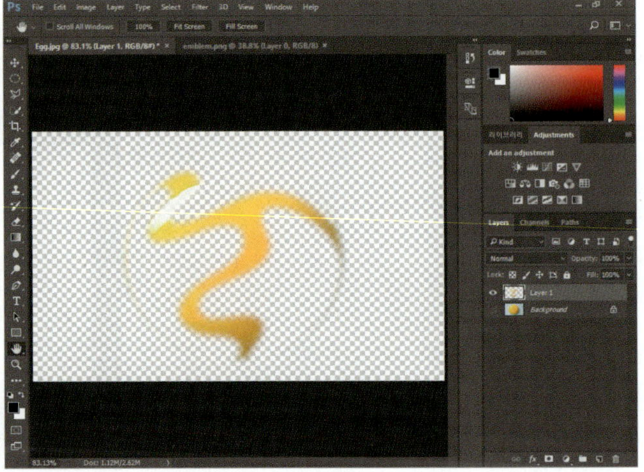

1 이미지의 밝기를 수정하기 위해 'Layer 1' 레이어가 선택된 상태에서 [Image] 〉 [Adjustments] 〉 [Hue/Saturation](**Ctrl**+**U**) 메뉴를 클릭합니다. [Hue/Saturation] 대화상자가 열리면 [Lightness]를 '+100'으로 설정하고, [OK] 버튼을 클릭합니다.

TIP ::
• 이미지의 밝기를 조절하는 방법은 [Image] 〉 [Adjustments] 〉 [Brightness/Contrast] 또는 [Levels] 등이 있습니다.
• [Hue/Saturation](**Ctrl**+**U**) : [Hue]는 색상, [Saturation]은 채도, [Lightness]는 명도를 각각 조절할 수 있습니다.

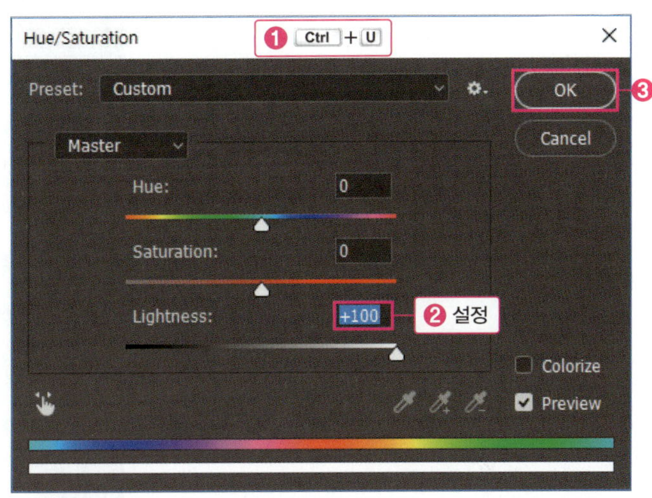

2 'Layer 1' 레이어의 색상이 그림과 같이 흰색으로 바뀌었음을 확인합니다.

3 [Layers] 패널에서 'Background' 레이어의 [Visibility](👁)를 다시 활성화하여 계란 노른자 이미지와 심벌 마크가 합성되었음을 확인합니다. 두 개의 레이어를 하나로 합치려면 'Layer 1' 레이어가 선택된 상태에서 마우스 오른쪽 버튼을 클릭하여 [Merge Down](**Ctrl**+**E**)을 선택합니다.

TIP ::
• [Merge Down] : 아래에 있는 레이어와 합칩니다.
• [Merge Layers] : 선택된 모든 레이어를 하나로 합칩니다.

1 배경 레이어(Background)를 일반 레이어로 바꾸기 위해서 [Layers] 패널에서 'Background' 레이어를 더블클릭합니다.

TIP :: 'Background' 레이어는 레이어 이동, 위치 변경 등의 수정이 불가능합니다. 'Background' 레이어를 일반 레이어로 변경하면 모든 수정 작업이 가능하게 됩니다.

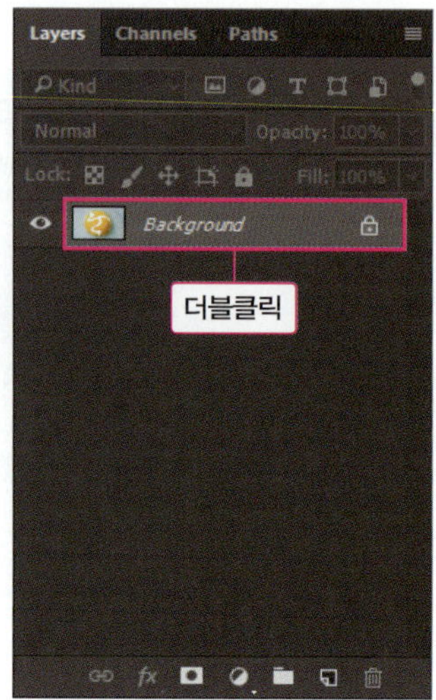

2 [New Layer] 대화상자가 열리면 [Name]에 임의의 레이어 이름을 입력하고, [OK] 버튼을 클릭하여 일반 레이어로 변경합니다.

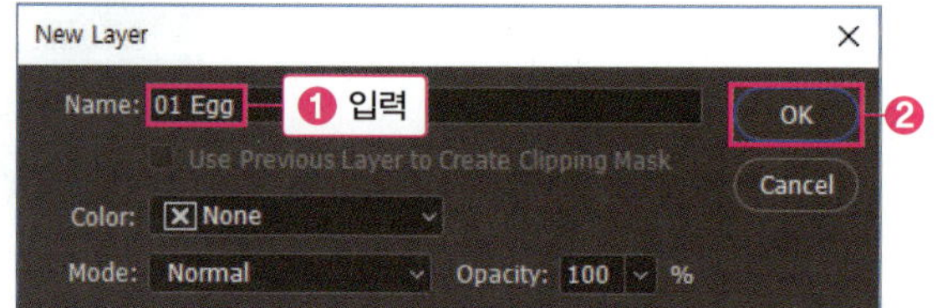

3 완성한 파일을 저장하기 위해서 [File] [Save](Ctrl + S) 메뉴를 클릭합니다. [다른 이름으로 저장] 대화상자가 열리면 파일 이름을 입력하고, [Format]을 'Photoshop'으로 설정한 후 [저장] 버튼을 클릭합니다.

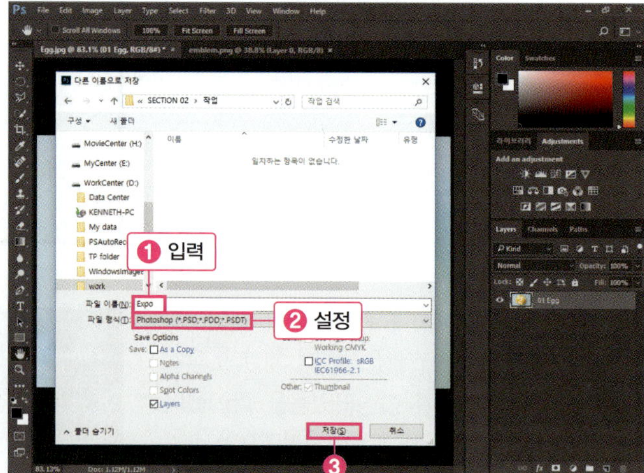

4 앞선 방법으로 다양한 합성 이미지를 만들 수 있습니다.

Scene 01	Scene 02	Scene 03
Scene 04	Scene 05	Scene 06
Scene 07	Scene 08	Scene 09
Scene 10		

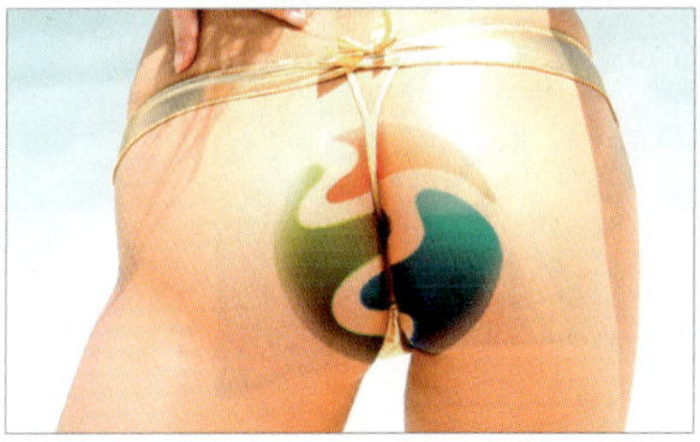

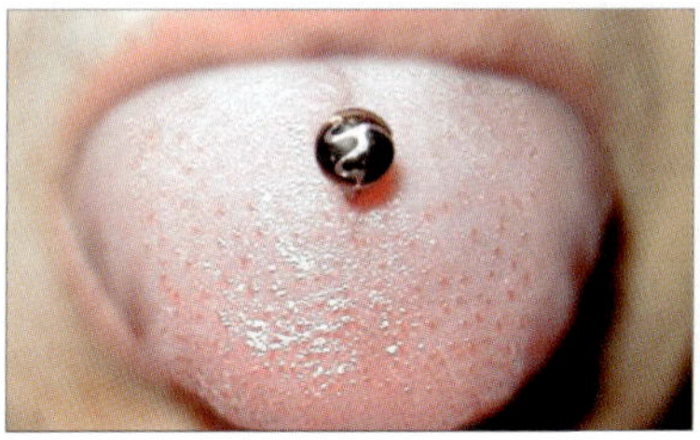

약방에 감초!
Layer Style 노하우

핵심내용

포토샵 실무에서 약방에 감초처럼 빠지지 않는 기능이 'Layer Style'입니다. 이 기능은 활용도가 높습니다. 하지만 단순히 기능만 안다고 해서 실무를 잘할 수 있는 것은 아닙니다. 잘못 사용하면 오히려 지저분한 결과가 나오기 때문입니다. 이러한 점을 해결하기 위해 이 섹션에서 레이어에 글로우 효과와 외곽선 효과, 그리고 그림자 효과 등을 적용하는 디자인에 대해 소개하겠습니다.

핵심기능

Out Glow + Stroke + Drop Shadow

Before

Out Glow + Stroke +
Drop Shadow

After

STORYBOARD

2013 Dream CNU 영상 콘텐츠 공모전 '우수상' 수상 작품 이미지 중 일부분

01 드래그로 레이어 복사하기 Copy Layer

: **준비 파일 :** Part 04 〉 Chapter 02 〉 Section 03 〉 Background.jpg, Earth.png   : **완성 파일 :** Part 04 〉 Chapter 02 〉 Section 03 〉 Layer Style 완성.psd

1 포토샵 CC 2017을 실행한 후 작업 화면이 열리면 이미지 파일을 불러오기 위해서 [File] 〉 [Open](**Ctrl**+**O**) 메뉴를 클릭합니다. [열기] 대화상자가 열리면 'Background.jpg' 파일을 선택하고, [열기] 버튼을 클릭합니다.

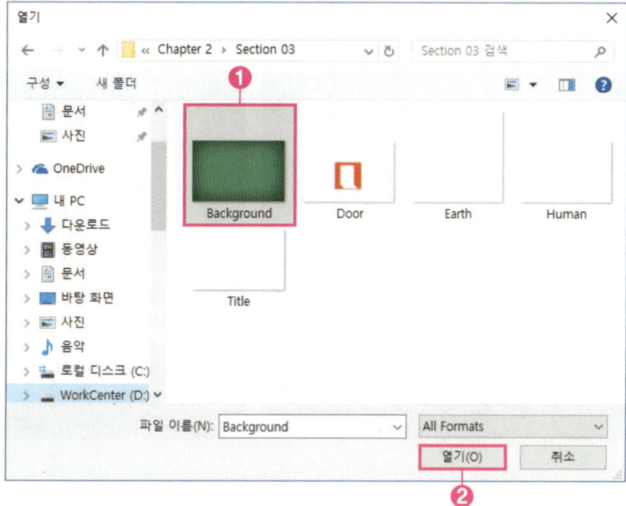

2 작업 화면에 'Background.jpg' 파일을 확인합니다.

TIP :: 외곽으로 갈수록 어두워지는 배경은 영상 디자인에서 시선을 안쪽으로 모아주는 역할을 합니다. [Tools] 패널의 [Gradient Tool]을 이용해서 쉽게 만들 수 있습니다.

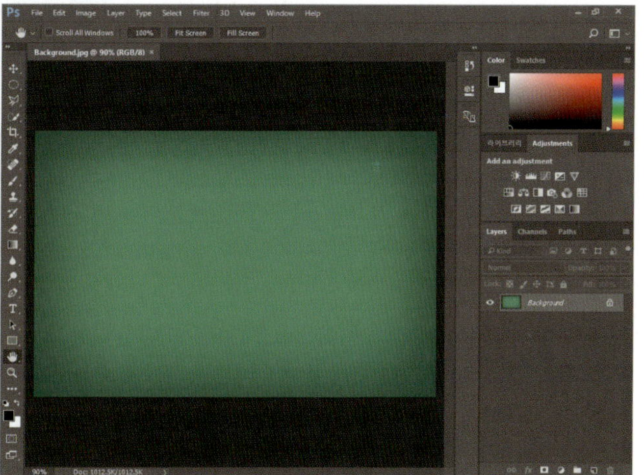

3 이미지 파일을 불러오기 위해서 [File] 〉 [Open](**Ctrl**+**O**) 메뉴를 클릭한 후 [열기] 대화상자가 열리면 'Earth.png' 파일을 선택하고, [열기] 버튼을 클릭하여 이미지를 불러옵니다.

TIP :: PNG 포맷
원본을 손상시키지 않는 압축과 배경이 투명한 알파 채널 (alpha channel)이 있는 파일 포맷입니다.

4 [Tools] 패널의 [Move Tool](⊕)을 클릭하고, 원의 중앙 부분을 클릭한 후 [Background.jpg] 캔버스로 드래그합니다. [Background.jpg] 이미지가 활성화되면 마우스 포인터를 이미지의 중앙으로 드래그하고, **Shift** 를 누른 채 마우스 버튼을 놓습니다.

TIP : :
- 복사가 마무리 될 때까지 마우스 버튼을 놓지 않아야 합니다.
- **Shift** 를 누르고 복사를 하게 되면 원본과 같은 위치로 복사됩니다.

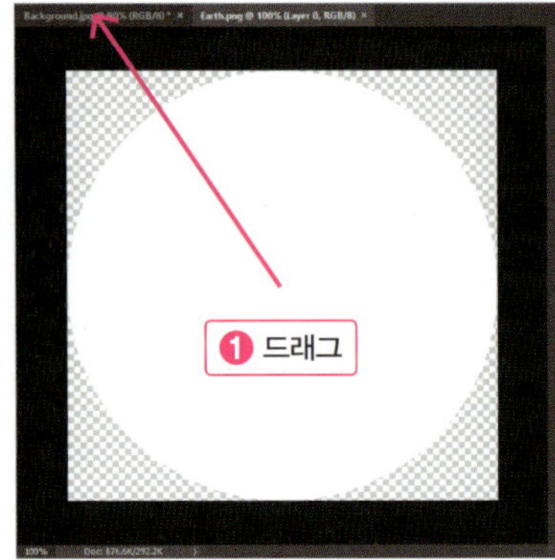

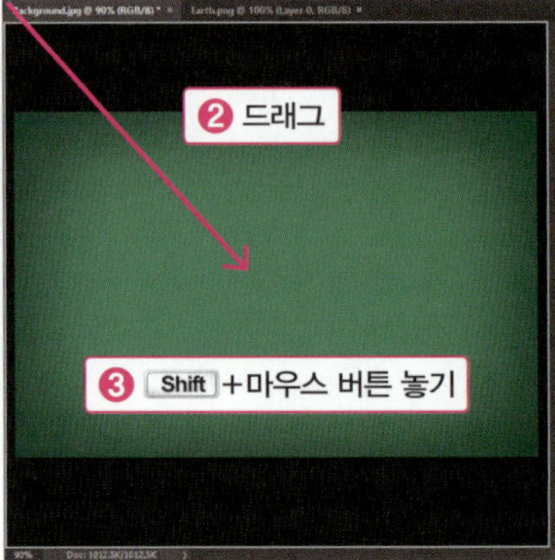

5 [Layers] 패널에서 'Layer 1' 레이어의 이름을 'Earth'로 변경한 후 [Move Tool](⊕)로 **Shift** 를 누른 채 아래로 드래그하여 그림과 같은 위치로 옮깁니다.

TIP : : 이미지를 이동할 때, **Shift** 를 누르면 정확하게 상하좌우 직선으로 이동할 수 있습니다.

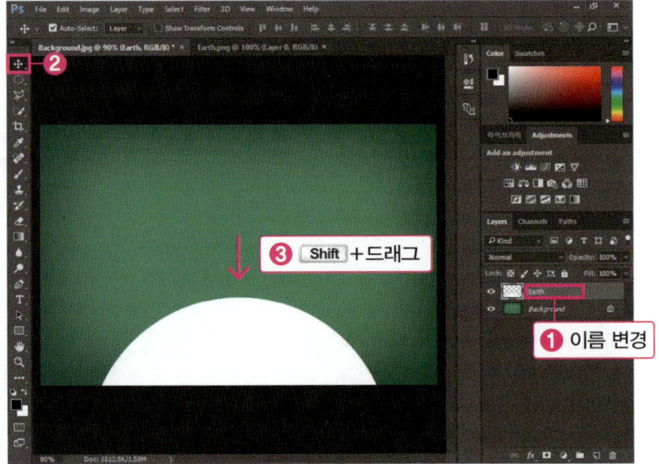

1 'Earth' 레이어가 선택된 상태에서 [Layer] 〉 [Layer Style] 〉 [Outer Glow] 메뉴를 클릭합니다.

TIP ::
- Layer Style 기능은 레이어에 그림자, 테두리, 입체효과 등을 적용할 수 있습니다.
- 메뉴를 이용하지 않고도 [Layers] 패널에서 해당 레이어의 이름 왼쪽의 빈 공간을 더블클릭하여 [Layer Style] 대화상자가 열리면 [Outer Glow]를 선택해도 됩니다.

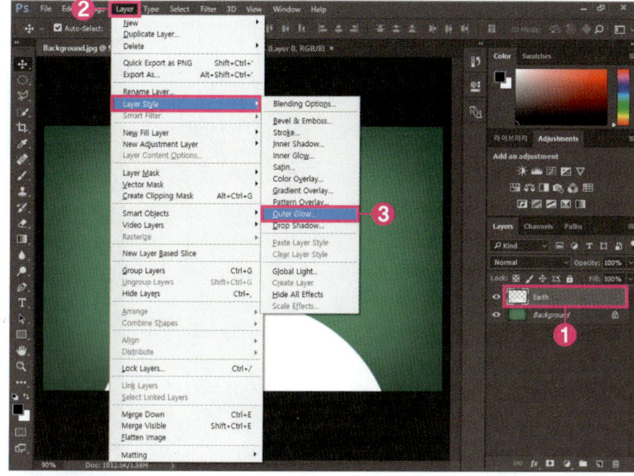

2 [Layer Style] 대화상자가 열리면 [Outer Glow]를 다음과 같이 설정하고, [OK] 버튼을 클릭합니다.

- [Structure]
  [Blend Mode] : 'Normal'
  [Opacity] : '60'
  [Set Color of Glow] : '진녹색(#1b3a2e)'
- [Elements]
  [Spread] : '3'
  [Size] : '52'

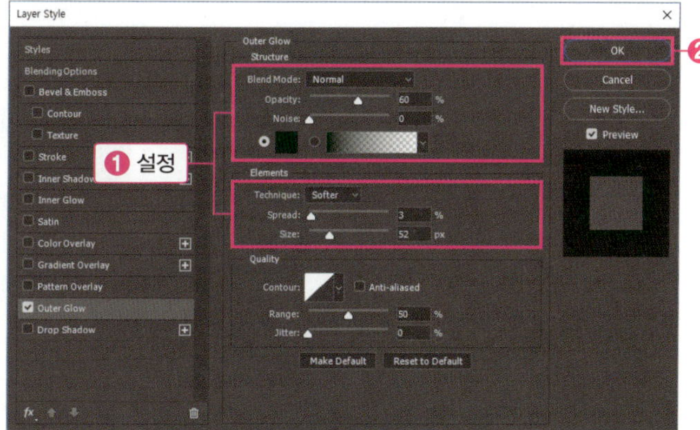

3 'Earth' 레이어 외곽에 그림과 같이 진녹색의 [Outer Glow]가 적용되었음을 확인합니다.

TIP :: [Outer Glow]는 이미지의 외곽으로 퍼져나가는 빛이나 그림자 등을 만들 수 있는 기능입니다. [Drop Shadow]는 한쪽 방향으로만 그림자가 생기지만 [Outer Glow]는 중앙부터 외곽으로 균일하게 퍼져나가는 그림자를 만들 수 있는 특징이 있습니다.

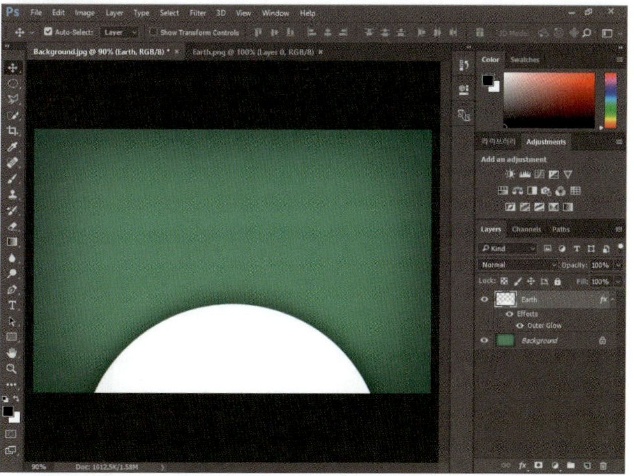

: **준비 파일** : Part 04 〉 Chapter 02 〉 Section 03 〉 Door.png

1 이미지 파일을 불러오기 위해서 [File] 〉 [Open](**Ctrl** + **O**) 메뉴를 클릭합니다. [열기] 대화상자가 열리면 'Door.png' 파일을 선택하고, [열기] 버튼을 클릭합니다. **Ctrl** + **A** 를 눌러 전체 영역을 선택하고, **Ctrl** + **C** 를 눌러 이미지를 복사합니다.

TIP :: 기본적인 명령(새 파일, 열기 등)은 단축키를 외워서 작업 시간을 단축하고, 간편하게 명령을 적용할 수 있도록 연습합니다.

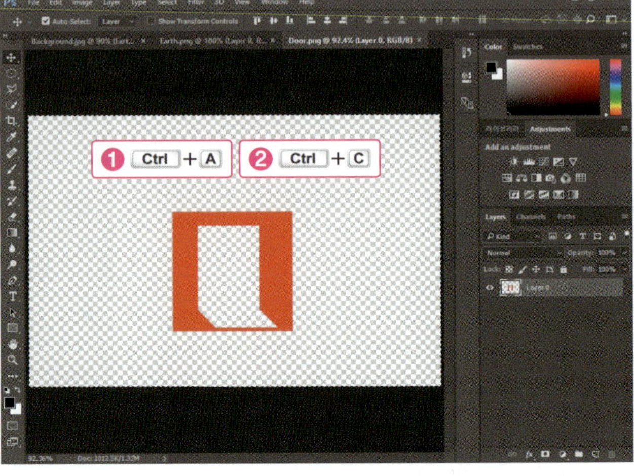

2 [Background.jpg] 캔버스를 클릭하고, **Ctrl** + **V** 를 눌러 선택 영역을 붙여 넣습니다. [Layers] 패널에서 레이어의 이름을 'Door'로 변경하고 'Earth' 레이어 아래로 옮깁니다.

TIP :: 이미지의 위치를 화면과 같이 나올 수 있도록 아래의 원과 문 이미지를 움직여 배치합니다. 필요에 따라 앞서 배운 Free Transform 기능을 이용하여 크기를 조절해도 됩니다.

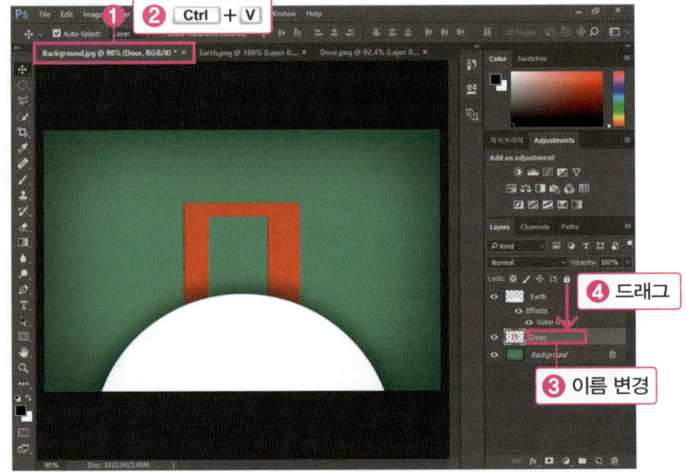

3 'Door' 레이어에도 같은 [Outer Glow] 효과를 주기 위해 [Layers] 패널에서 'Earth' 레이어를 마우스 오른쪽 버튼으로 클릭한 후 [Copy Layer Style]을 선택하여 효과를 복사합니다.

TIP :: 같은 Layer Style 효과를 주기 위해서 여러 번 같은 수치를 설정하지 않고도 위와 같이 효과를 복사하여 다른 레이어에 쉽게 붙여 넣을 수 있습니다.

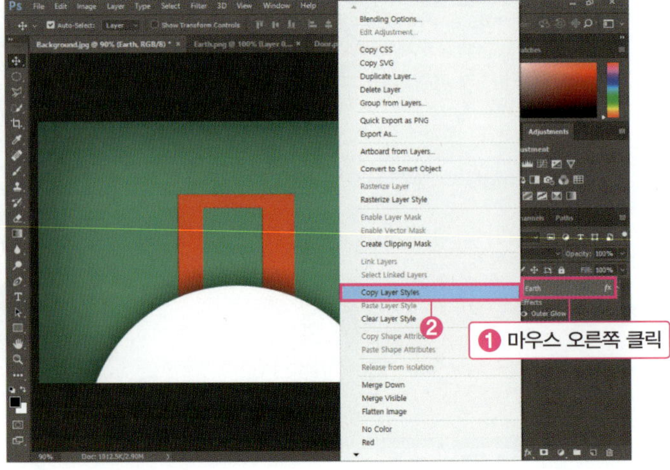

4 'Door' 레이어를 마우스 오른쪽 버튼으로 클릭한 후 [Paste Layer Style]을 선택하여 [Outer Glow] 효과를 붙여 넣습니다.

TIP :: Layer Style 복사, 붙여 넣기는 여러 가지 복잡하게 적용된 효과를 한 번에 다른 레이어로 적용할 때 매우 유용합니다.

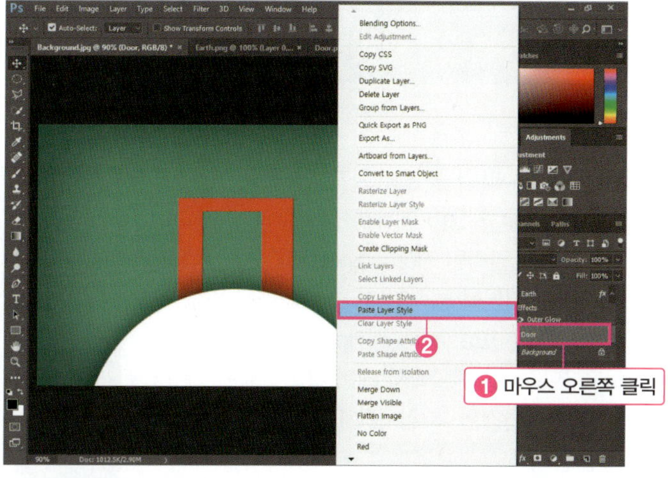

5 'Door' 레이어 외곽에 [Outer Glow]가 적용되었음을 확인한 후 세밀한 수정을 위해서 [Layers] 패널의 'Door' 레이어 아래에 표시된 [Outer Glow]를 더블클릭합니다.

TIP :: 효과 앞쪽에 보이는 눈 모양 아이콘은 효과 적용을 해제하거나 다시 적용하는 기능으로써 효과 적용 전후를 비교하거나 잠시 효과를 해제할 때 자주 사용합니다.

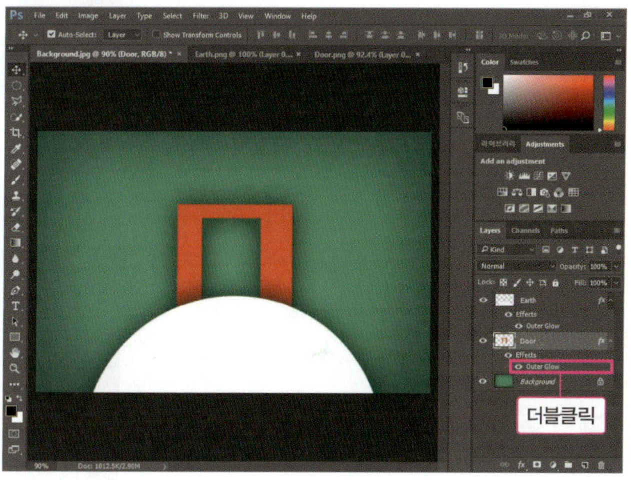

6 [Layer Style] 대화상자가 열리면 [Elements]의 [Size]를 '26'으로 입력한 후 [OK] 버튼을 클릭합니다. [Outer Glow] 효과의 범위가 그림과 같이 수정되었음을 확인합니다.

TIP ::
• 입력할 수치를 책에서 지시한 대로 하지 않고, 임의로 적용해보는 것이 좋습니다. 이외에 다른 옵션들도 조절해가며 효과 적용을 확인합니다.
• [Elements]의 [Size]를 줄인 이유는 'Door' 이미지가 상대적으로 작기 때문입니다.

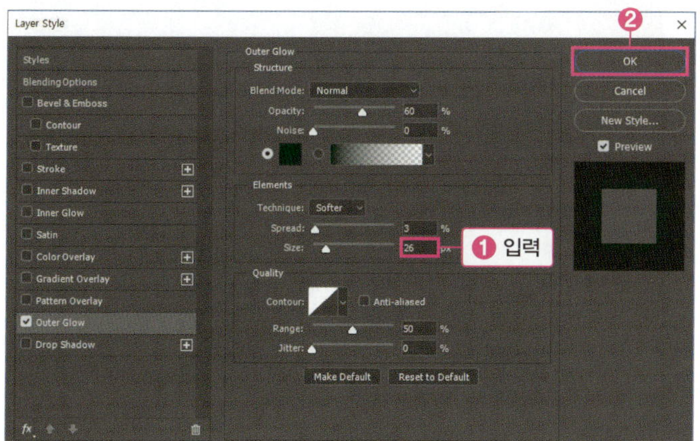

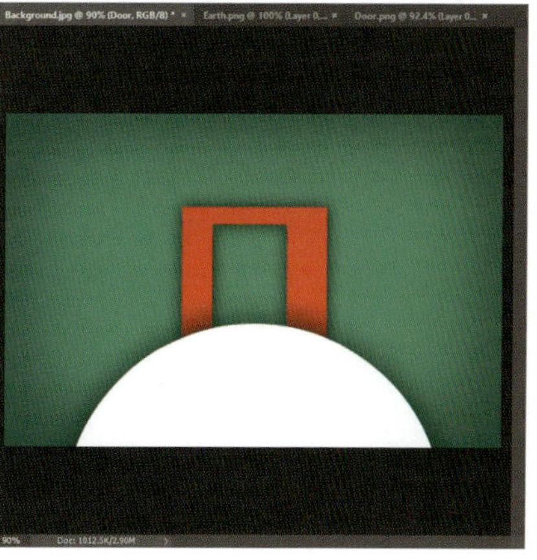

: 준비 파일 : Part 04 〉 Chapter 02 〉 Section 03 〉 Human.png

1 이미지 파일을 불러오기 위해서 [File] 〉 [Open](**Ctrl** + **O**) 메뉴를 클릭합니다. [열기] 대화상자가 열리면 'Human.png' 파일을 선택하고, [열기] 버튼을 클릭합니다. 앞서 배운 방법으로 이미지를 [Background.jpg] 캔버스에 복사하고, [Layers] 패널에서 레이어의 이름을 'Human'으로 변경한 후 위치를 'Earth' 레이어 아래로 옮깁니다.

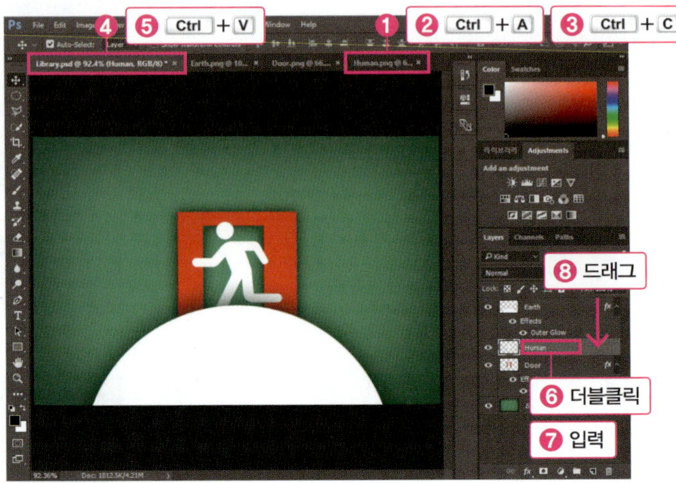

2 'Human' 레이어가 선택된 상태에서 [Layer] 〉 [Layer Style] 〉 [Stroke] 메뉴를 클릭합니다. [Layer Style] 대화상자가 열리면 [Stroke]를 다음과 같이 설정하고 [OK] 버튼을 클릭합니다.

- **[Structure]**
  [Size] : '7'
  [Position] : 'Outside'
  [Blend Mode] : 'Color'
  [Opacity] : '100'
- **[Fill Type]**
  [Color] : '청록색(#529371)'

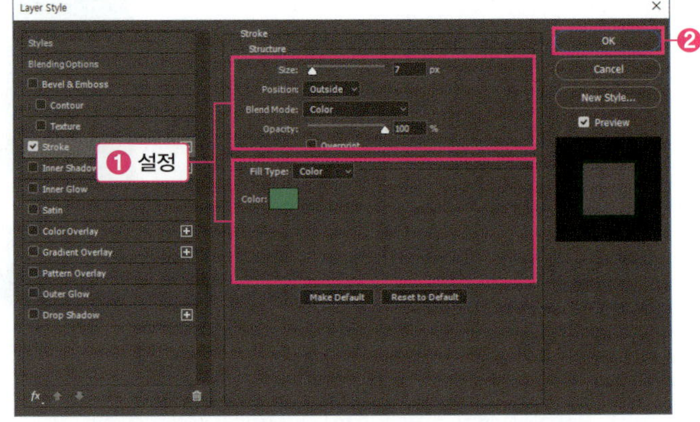

3 'Human' 레이어 외곽에 그림과 같이 청록색의 Stroke 효과가 적용되었음을 확인합니다.

바로 알기
Stroke 효과는 이미지의 외곽에 선을 만드는 기능입니다. 글자에 적용하여 글자의 가독성을 높이는데 자주 사용합니다.

05 그림자 효과 테크닉 Drop Shadow

: 준비 파일 : Part 04 〉 Chapter 02 〉 Section 03 〉 Title.png

1 이미지 파일을 불러오기 위해서 [File] 〉 [Open](Ctrl +O) 메뉴를 클릭합니다. [열기] 대화상자가 열리면 'Title.png' 파일을 선택하고, [열기] 버튼을 클릭합니다. 같은 방법으로 이미지를 [Background.jpg] 캔버스에 복사하고, [Layers] 패널에서 레이어의 이름을 'Title'으로 변경합니다.

2 'Title' 레이어가 선택된 상태에서 [Layer] 〉 [Layer Style] 〉 [Drop Shadow] 메뉴를 클릭합니다. [Layer Style] 대화상자가 열리면 [Drop Shadow]를 다음과 같이 설정하고 [OK] 버튼을 클릭합니다.

· **[Structure]**
  [Opacity] : '60'
  [Angle] : '120'
  [Distance] : '7'
  [Spread] : '0'
  [Size] : '8'

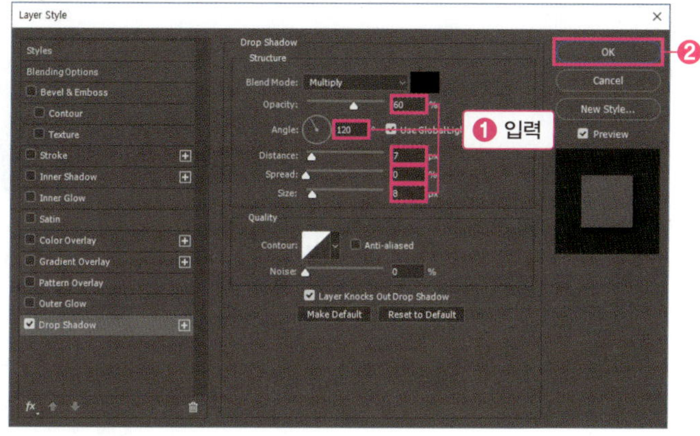

3 'Title' 레이어에 그림과 같은 Drop Shadow 효과가 적용되었음을 확인합니다.

1 PNG 포맷으로 저장하기 전에 지금까지 작업한 파일을 원본으로 저장하기 위해서 [File] 〉 [Save](Ctrl + S) 메뉴를 클릭합니다. [다른 이름으로 저장] 대화상자가 열리면 임의의 파일 이름을 입력하고, [Format]을 'Photoshop'으로 설정한 후 [저장] 버튼을 클릭합니다.

TIP ∷ PNG 포맷
배경이 투명한 이미지를 저장할 수 있습니다. 주로 이미지 합성을 위한 포맷으로 사용됩니다.

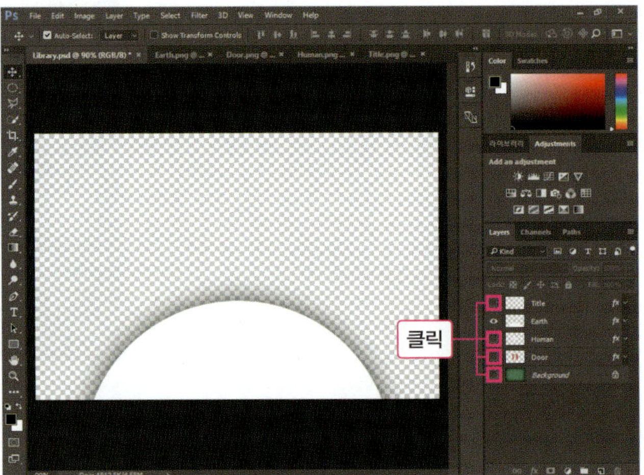

2 애니메이션을 위한 영상 소스로 사용할 이미지를 저장하기 위해서 각각의 레이어를 PNG 포맷으로 저장해야 합니다. 첫 번째로 [Layers] 패널에서 'Earth' 레이어를 제외한 모든 레이어의 [Visibility](◉)를 클릭하여 해제합니다.

TIP ∷ 여러 개의 눈 아이콘을 하나씩 클릭하지 않고, 순서대로 드래그하여 쉽게 해제하거나 다시 적용할 수 있습니다.

3 [File] 〉 [Save As](Shift + Ctrl + S) 메뉴를 클릭합니다.

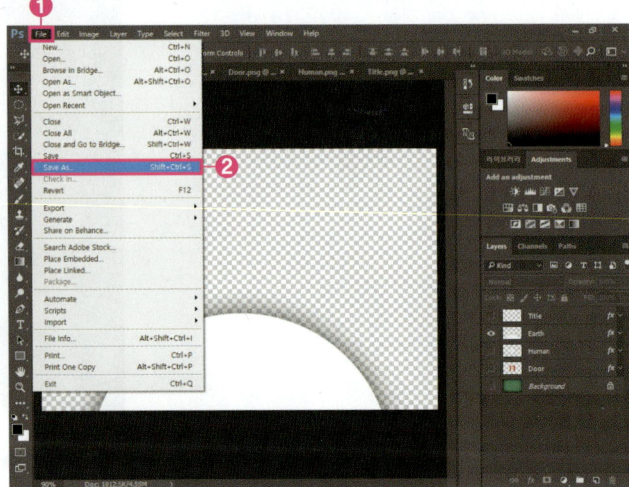

4 [다른 이름으로 저장] 대화상자가 열리면 임의의 파일 이름을 입력하고, [Format]을 'PNG(*.PNG;*.PNS)'로 설정한 후 [저장] 버튼을 클릭합니다.

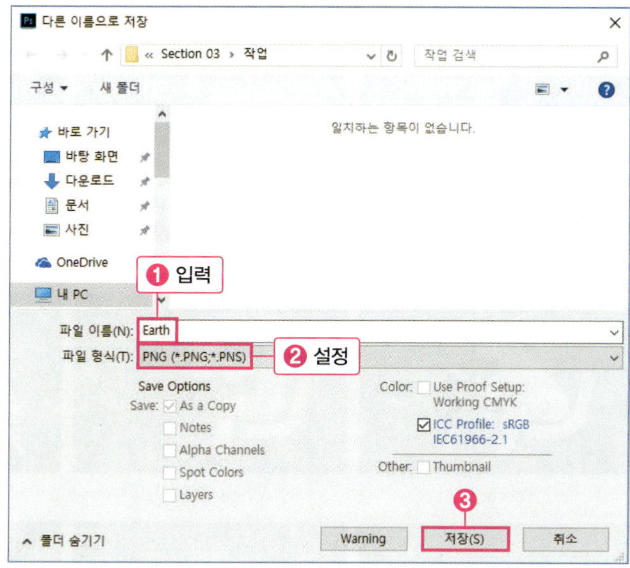

5 [PNG Options] 대화상자가 열리면 다음과 같이 설정하고 [OK] 버튼을 클릭합니다.

- [Compression] : 'Smallest/Slow'
- [Interlace] : 'None'

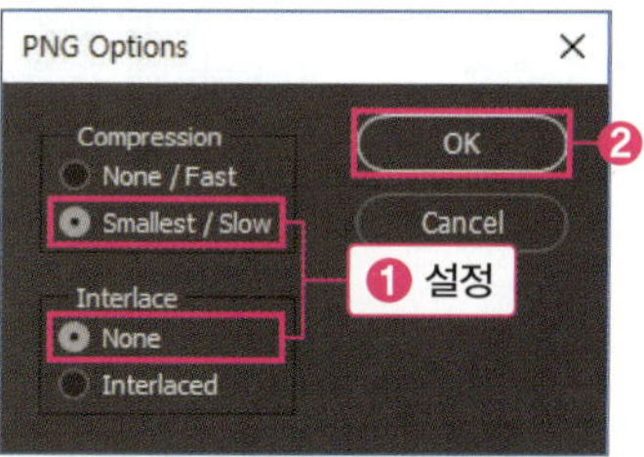

6 나머지 다음 소스들도 위와 같은 방법으로 각각 PNG 포맷으로 저장합니다.

7 저장 폴더를 열어 PNG 파일을 확인합니다.

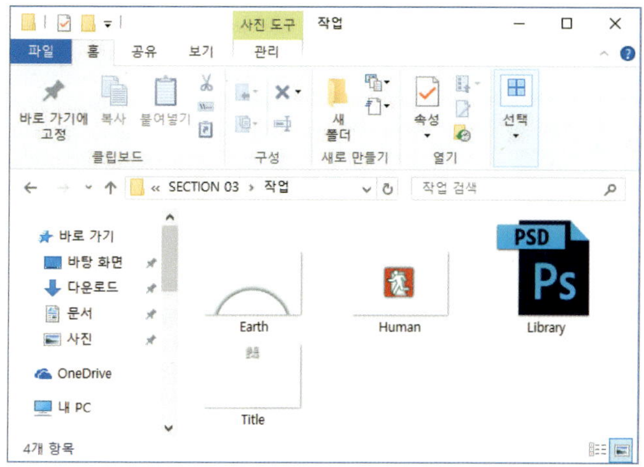

 Layer Style 기능을 이용하여 그림과 같이 영상 콘텐츠에 사용될 이미지들을 만들 수 있습니다.

다수의 사진 이미지 보정 노하우

SECTION 04

핵심내용

영상 실무에서 부득이하게 야간 촬영이 필요할 때가 있습니다. 야간 촬영은 조명의 색온도에 따라 다른 색상으로 출력되기 때문에 포토샵에서 이를 보정해줘야 합니다. 또한, 이러한 이미지 보정이 연속 사진일 경우, 한꺼번에 수정하는 방법에 대해 알아야 합니다. 본 섹션에서는 Level과 Hue/Saturation으로 이미지의 명도와 색상을 보정하고, Actions에서 한꺼번에 이미지를 보정하는 방법에 대해서 알아보겠습니다.

핵심기능

Hue/Saturation + Level, Actions

Before

Hue/Saturation + Level, Actions

After

STORYBOARD

2012 DDL 극장 프레젠테이션 작품 이미지 중 일부분

: **준비 파일** : Part 04 〉 Chapter 02 〉 Section 04 〉 Jump 001.jpg   **완성 파일** : Part 04 〉 Chapter 02 〉 Section 04 〉 Jump 완성 001.jpg ~ Jump 완성 020.jpg

1 포토샵 CC 2017을 실행한 후 작업 화면이 열리면 이미지 파일을 불러오기 위해서 [File] 〉 [Open](**Ctrl** + **O**) 메뉴를 클릭합니다. [열기] 대화상자가 열리면 'Jump 001.jpg' 파일을 선택하고 [열기] 버튼을 클릭합니다.

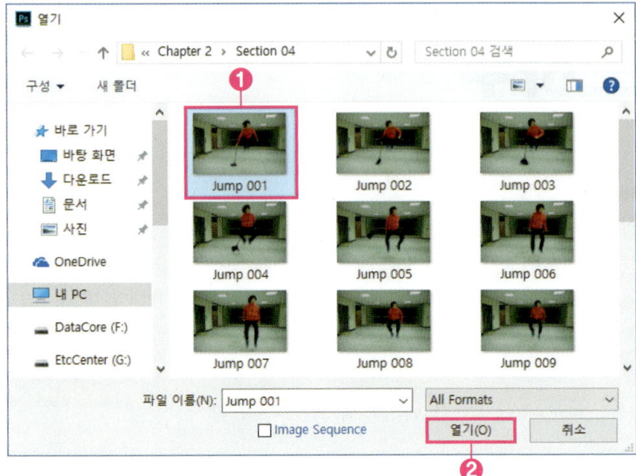

2 'Jump 001.jpg'는 스톱모션 영상에 사용될 이미지입니다. 어두운 실내에서 촬영하여 밝기 보정이 필요하고, 색감이 푸른색 계열이기 때문에 자연스럽게 보정해줘야 합니다.

> **바로 알기** **색온도(White Balance)**
> 일반적으로 실내의 백열등 아래에서 촬영한 사진은 붉은색 계열로 나오고, 형광등에서는 푸른 계열로 나옵니다. 이렇게 다양한 조명 아래에서 촬영한 사진은 포토샵에서 색상을 보정해줘야 합니다. 참고로 카메라에서는 색상 보정을 위해서 White Balance 값을 조정할 수 있고, AWB(오토 화이트 밸런스)라는 기능을 제공합니다.

3 우선 이미지의 색상을 조절하기 위해서 [Image] 〉 [Adjustments] 〉 [Hue/Saturation] (**Ctrl** + **U**) 메뉴를 클릭한 후 [Hue/Saturation] 대화상자가 열리면 다음과 같이 설정하고, [OK] 버튼을 클릭합니다.

- [Hue] : '–22'
- [Saturation] : '–12'

> **바로 알기** **[Hue/Saturation](Ctrl + U)**
> [Hue]는 색상, [Saturation]은 채도, [Lightness]는 명도를 각각 조절할 수 있습니다.

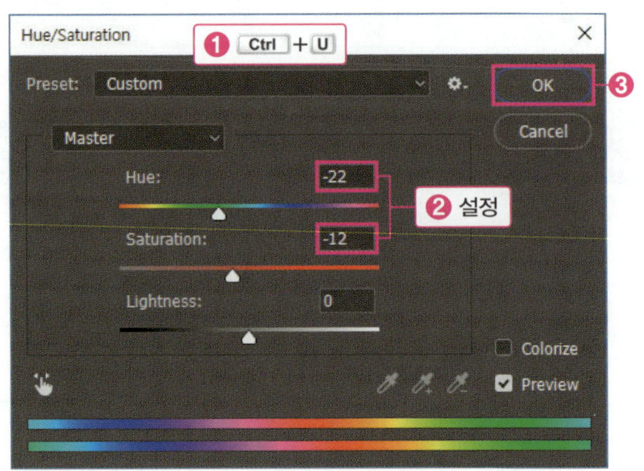

4 이어서 이미지의 밝기 조절을 위해 [Image] 〉[Adjustments] 〉[Levels](`Ctrl`+`L`) 메뉴를 클릭합니다. [Levels] 대화상자가 열리면 첫 번째로 중앙에 위치한 [Midtone Slider]를 왼쪽으로 드래그하여 '1.6'으로 설정하고, [White Point Slider]는 왼쪽으로 드래그하여 '225', [Black Point Slider]는 오른쪽으로 드래그하여 '8'로 각각 설정한 후 [OK] 버튼을 클릭하여 밝기를 조절합니다.

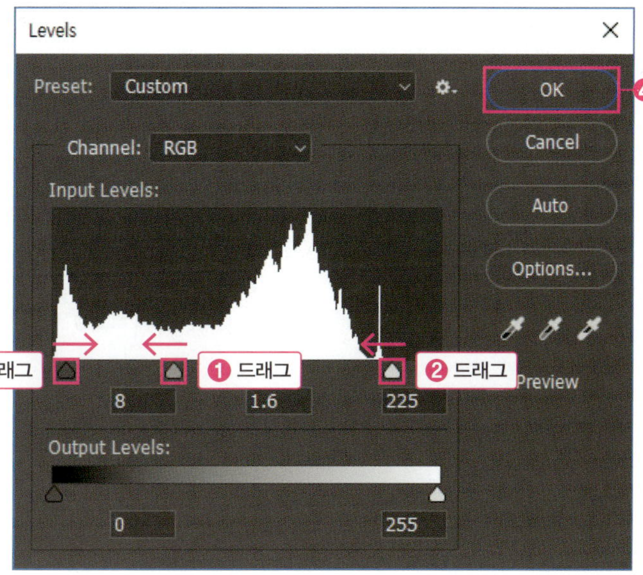

바로 알기 [Levels](`Ctrl`+`L`)
- 이미지의 밝기와 대비를 조절하며 가장 많이 쓰이는 기능이므로 반드시 조절 방법을 익히도록 합니다.
- [Levels] 대화상자에서 중앙에 위치한 3개의 슬라이더 조절점은 각각 밝기 조절 역할을 합니다. [Input Levels]의 [Black Point Slider], [Mid tone Slider], [White Point Slider] 3개 삼각형은 어두움, 중간, 밝음을 조절하고, [Output Levels]는 전체적인 명도를 조절합니다. 각 슬라이더를 드래그하여 조절하거나, 직접 수치를 입력할 수도 있습니다.

---

5 이미지의 '색상'과 '명도'가 자연스러워짐을 확인합니다.

보정 전

보정 후

6 밝기와 색상이 보정된 이미지 파일을 저장하기 위해서 [File] 〉 [Save](Ctrl + S) 메뉴를 클릭합니다. [다른 이름으로 저장] 대화상자가 열리면 임의의 파일 이름을 입력하고, [파일 형식]을 'JPEG'로 설정한 후 [저장] 버튼을 클릭합니다.

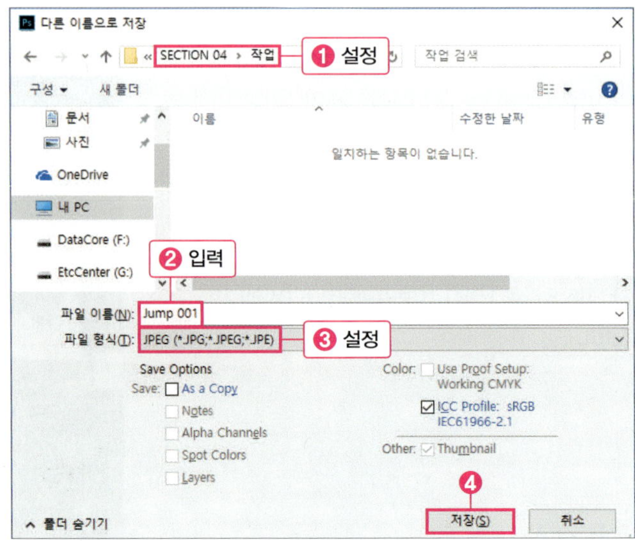

7 [JPEG Options] 대화상자가 열리면 [Image Options]의 [Quality]를 '12 Maximum'으로 설정하고, [OK] 버튼을 클릭하여 저장한 후 다음 작업을 위해서 포토샵에서 파일을 닫습니다.

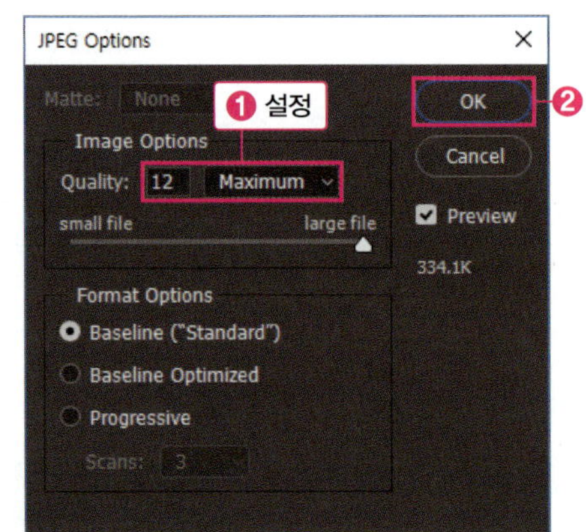

바로 알기 JPEG(Joint Photographic Experts Group)

• [Quality]가 높을수록 화질이 좋아지고, 용량은 증가됩니다. 반대로 낮게 설정하면 화질은 떨어지지만 용량은 매우 감소합니다.

• [JPEG(Joint Photographic Experts Group)] : 가장 광범위하게 사용되는 이미지 파일 포맷의 하나로 손실 압축임에도 불구하고 이미지의 화질을 크게 손상시키지 않고, 파일의 크기를 매우 작게 줄일 수 있는 장점이 있습니다.

: **준비 파일 :** Part 04 〉 Chapter 02 〉 Section 04 〉 Jump 002.jpg' ~ 'Jump 020.jpg

1 이미지 파일을 불러오기 위해서 [File] 〉 [Open](**Ctrl** + **O**) 메뉴를 클릭합니다. [열기] 대화상자가 열리면 'Jump 002.jpg' ~ 'Jump 020.jpg' 파일을 모두 선택하고, [열기] 버튼을 클릭하여 여러 장의 이미지를 한꺼번에 불러옵니다.

TIP :: 여러 개의 파일을 선택할 때는 **Ctrl** 을 누른 채 파일을 각각 선택하여 하나씩 추가하거나 **Shift** 를 누른 채 가장 마지막 파일을 선택하여 한꺼번에 선택할 수 있습니다.

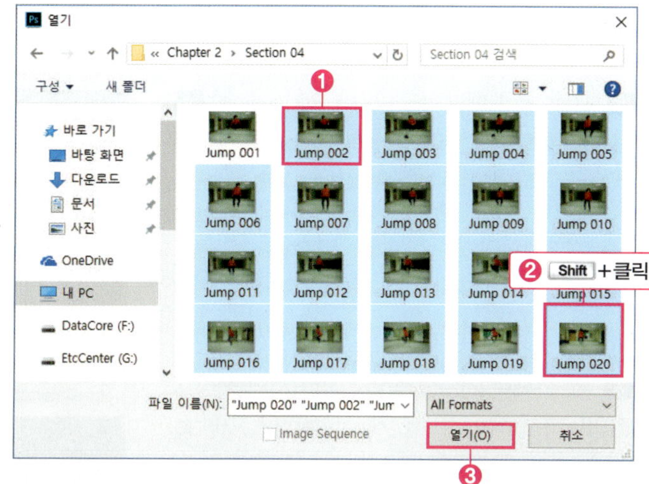

2 파일이 모두 열리면 [Windows] 〉 [Actions] (**Alt** + **F9**) 메뉴를 클릭하여 숨겨져 있는 [Actions] 패널을 엽니다.

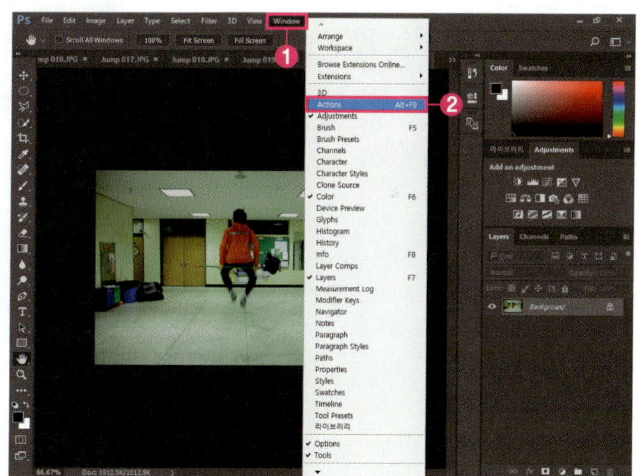

3 [Actions] 패널이 열리면 새 액션을 만들기 위해서 [Create New Action](⬚)을 클릭합니다.

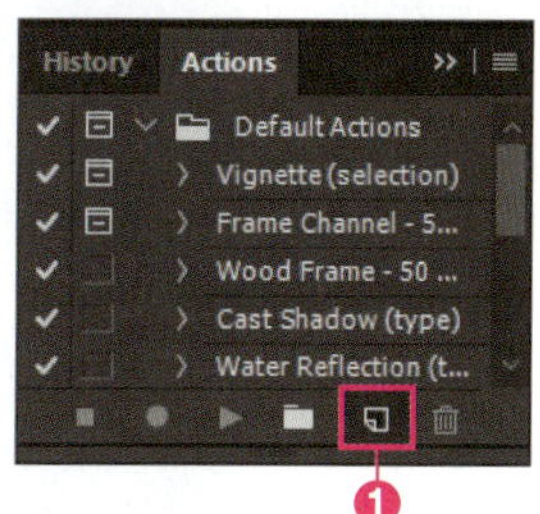

TIP :: [Actions] 패널
1장의 이미지에 적용된 여러 작업 과정의 기록을 한꺼번에 다른 여러 장의 이미지에 자동으로 적용할 때 사용하는 기능입니다.

4 [New Action] 대화상자가 열리면 [Name]에 임의의 이름을 입력하고, [Record] 버튼을 클릭합니다.

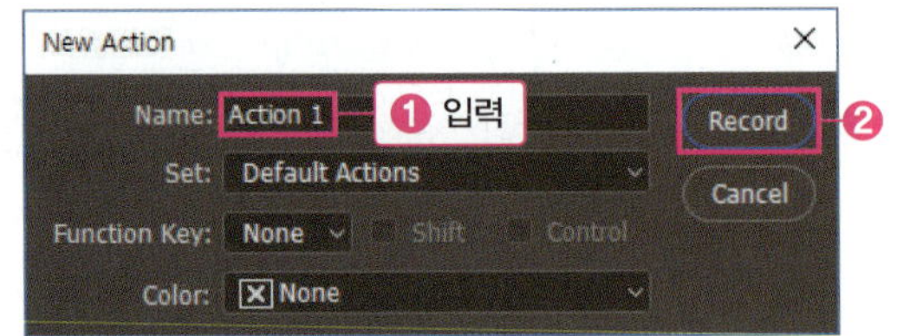

5 [Actions] 패널의 [Begin Recording](●)이 활성화되면 지금부터 실행되는 모든 작업은 [Actions] 패널에 순서대로 기록됩니다.

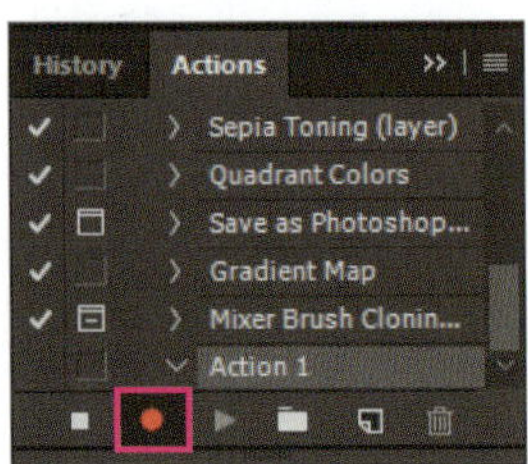

6 첫 번째로 기록할 작업은 이미지의 색상 조절입니다. [Image] 〉 [Adjustments] 〉 [Hue/Saturation](**Ctrl**+**U**) 메뉴를 클릭한 후 [Hue/Saturation] 대화상자가 열리면 다음과 같이 설정하고 [OK] 버튼을 클릭합니다.

• [Hue] : '–22'
• [Saturation] : '–12'

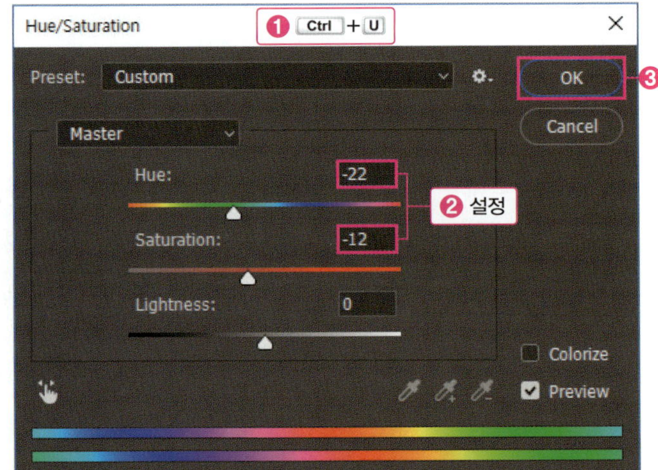

7 두 번째로 기록할 작업은 이미지의 밝기 조절입니다. [Image] 〉 [Adjustments] 〉 [Levels](**Ctrl**+**L**) 메뉴를 클릭합니다. [Levels] 대화상자가 다음과 같이 설정한 후 [OK] 버튼을 클릭하여 밝기를 조절합니다.

• [Midtone Slider] : '1.6'
• [White Point Slider] : '225'
• [Black Point Slider] : '8'

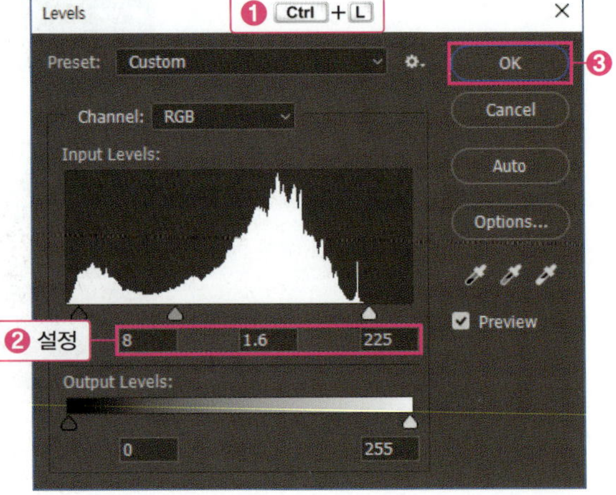

8 마지막으로 기록할 작업은 저장과 파일 닫기입니다. [File] 〉 [Save As](**Shift** + **Ctrl** + **S**) 메뉴를 클릭합니다. [다른 이름으로 저장] 대화상자가 열리면 저장 폴더에 다음과 같이 설정하고 [저장] 버튼을 클릭합니다. [JPEG Options] 대화상자가 열리면 [Quality]를 '12 Maximum'으로 설정하고, [OK] 버튼을 클릭한 후 **Ctrl** + **W** 를 눌러 파일을 닫습니다.

• [파일 이름(N)] : 수정 없음
• [Format] : 'JPEG(*.JPG;*.JPEG;*.JPE)'

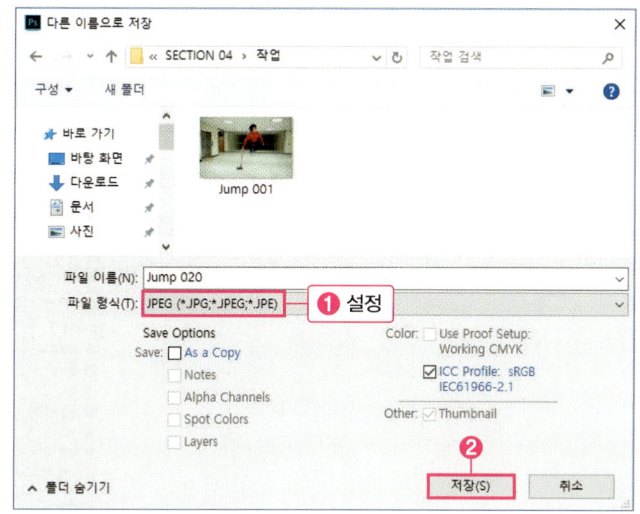

TIP :: **Ctrl** + **W** : 파일 닫기. [File] 〉 [Close] 메뉴를 클릭해도 됩니다.

9 [Actions] 패널에 '▶ Hue/Saturation ▶ Levels ▶ Save ▶ Close' 작업이 그림과 같이 순서대로 기록된 것을 확인한 후 [Stop Playing/Recording](■)을 클릭하여 기록을 중단합니다.

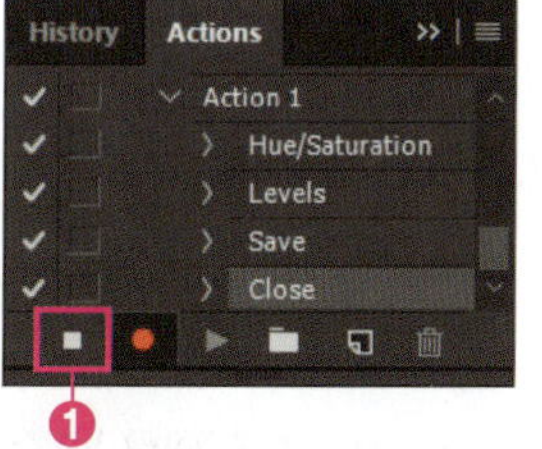

10 [Actions] 패널의 'Action 1'을 선택하고, [Play Selection](▶)을 클릭하여 지금까지 기록된 모든 작업 내용들을 이미지에 자동으로 적용합니다.

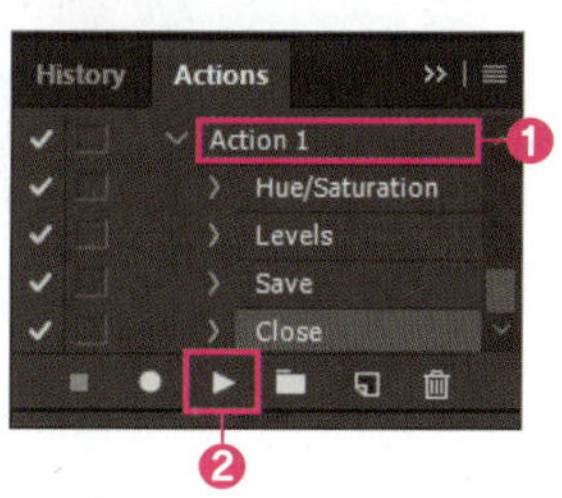

11 [윈도우 탐색기]를 이용하여 파일이 저장된 폴더를 찾은 후 액션이 적용된 이미지 결과를 확인합니다.

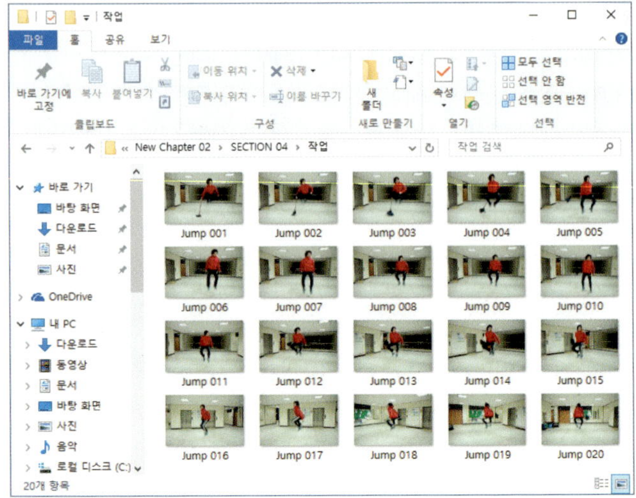

12 위와 같은 방법으로 스톱모션용 이미지를 다음과 같이 완성하였습니다.

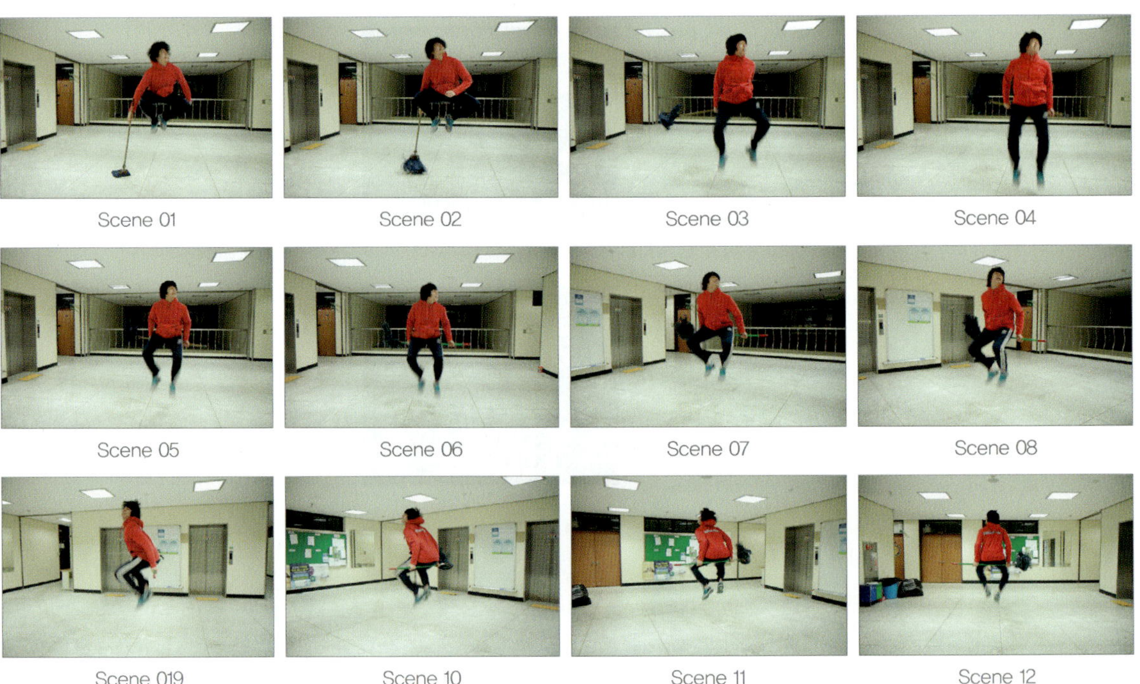

Scene 01   Scene 02   Scene 03   Scene 04

Scene 05   Scene 06   Scene 07   Scene 08

Scene 019   Scene 10   Scene 11   Scene 12

뽀샤시 효과!
얼굴 사진
보정 노하우

SECTION **05**

핵심내용

얼굴 보정은 누구나 한 번 쯤 관심을 갖는 포토샵 실무입니다. 본 예제에서는 Healing Brush Tool, Patch Tool을 이용해서 얼굴의 잡티나 주름살을 제거하고, Stamp Tool로 불필요한 외곽선을 정리하며, Liquify를 이용하여 사각턱을 V라인으로 바꿔보는 실습을 하겠습니다. 또 마지막에 얼굴에 뽀샤시 효과를 주어 피부를 부드럽게 표현하는 테크닉에 대해 배워보겠습니다.

핵심기능

Healing Brush Tool, Patch Tool
Stamp Tool, Liquify, Sharpen Tool

Before

Healing Brush Tool, Patch Tool
Stamp Tool, Liquify, Sharpen Tool

After

STORYBOARD

2012 DDL 극장 프레젠테이션 작품 이미지 중 일부분

: **준비 파일** : Part 04 〉 Chapter 02 〉 Section 05 〉 Face.jpg   : **완성 파일** : Part 04 〉 Chapter 02 〉 Section 05 〉 Face 완성.pad

1 포토샵 CC 2017을 실행한 후 작업 화면이 열리면 이미지 파일을 불러오기 위해서 [File] 〉 [Open](Ctrl + O) 메뉴를 클릭합니다. [열기] 대화상자가 열리면 'Face.jpg' 파일을 선택하고 [열기] 버튼을 클릭합니다. [Tools] 패널에서 [Spot Healing Brush Tool]을 길게 눌러 메뉴가 열리면 [Healing Brush Tool]( )을 클릭한 후 Ctrl + + 를 여러 번 눌러 얼굴을 확대합니다. Space Bar 를 눌러 화면을 이동하여 그림과 같이 팔자 주름 부분을 확대합니다.

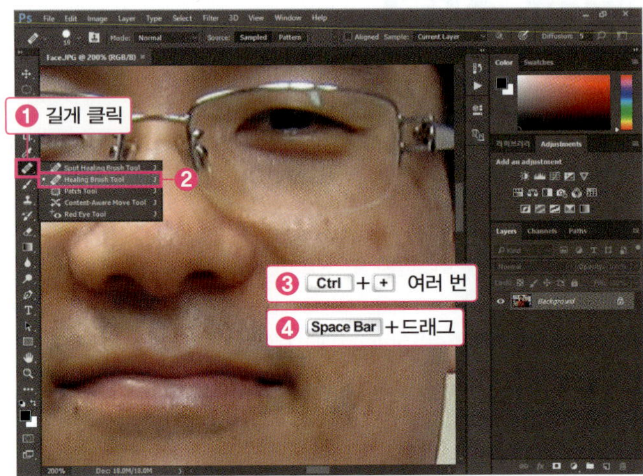

바로 알기 **얼굴 보정에 사용되는 툴**

- [Healing Brush Tool]( ) : 이미지의 속성을 유지하면서 주름이나 점, 흠 등 세밀한 부분을 제거할 때에 사용합니다.
- [Spot Healing Brush Tool]( ) : 깨끗한 부분을 복사하여 원하는 곳에 붙여넣기 합니다.
- [Patch Tool]( ) : 광범위한 영역을 제거하거나 복사 및 복원할 때 사용합니다.
- [Content Aware Move Tool]( ) : 선택한 것을 원하는 위치로 이동하고, 그 부분을 자동으로 계산하여 메울 때 사용합니다.
- [Red Eye Tool]( ) : 사진의 적목 현상을 제거할 때 사용합니다.

---

2 상단 옵션바에서 [Brush Picker]를 클릭하여 [Size]를 '15 px'로 설정한 후 Alt 를 누른 채 근처에 위치한 깨끗한 피부를 클릭합니다. Alt 를 뗀 상태에서 팔자 주름 부분을 드래그하여 깨끗한 피부로 채워줍니다.

TIP :: Brush Size 활용법
[[또는]]을 눌러 브러시 크기를 조절합니다. 얼굴 모양과 세밀한 수정을 위해서 필요에 따라 브러시 크기를 조절하여 정밀하게 보정합니다. Caps Lock 을 누르면 브러시 크기를 확인할 수 있습니다.

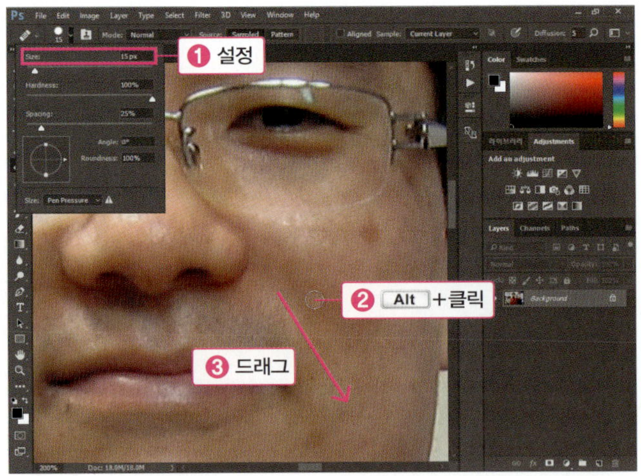

3 잡티나 반점 등의 제거를 위한 다른 테크닉이 있습니다. [Tools] 패널에서 [Healing Brush Tool]을 길게 눌러 메뉴가 열리면 [Patch Tool] (■)을 클릭한 후 잡티가 있는 부분에 그림과 같이 감싸듯이 원을 그려 선택 영역을 만듭니다. 선택된 영역을 주변의 깨끗한 피부가 있는 부분으로 드래그하여 잡티를 없앱니다.

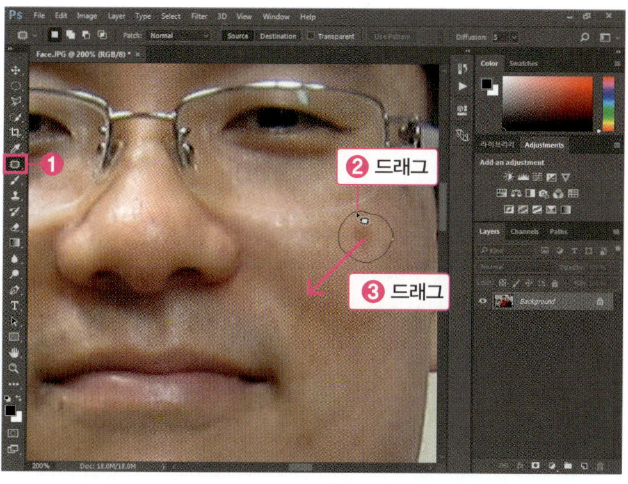

4 선택된 영역 안의 잡티가 깨끗한 피부로 대체되었음을 확인한 후 Ctrl + D 를 눌러 선택 영역을 해제합니다.

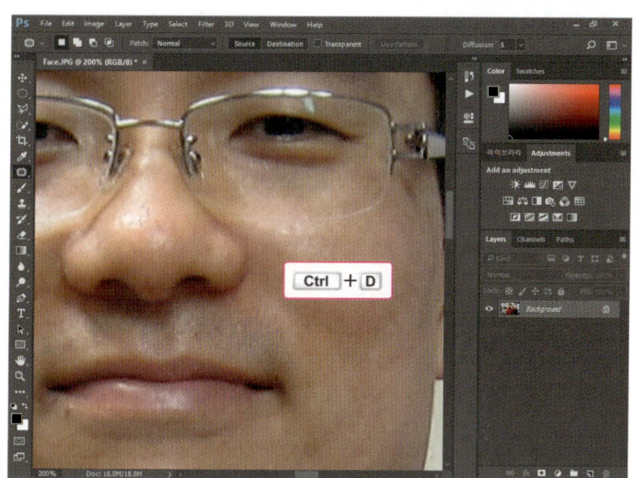

5 앞선 방법으로 얼굴의 잡티나 주름살이 있는 부분을 보정하여 얼굴 보정의 첫 번째 단계로 깨끗한 피부를 만듭니다.

1 [Tools] 패널에서 [Clone Stamp Tool](🔳) 을 클릭하고, 상단 옵션바의 [Brush Preset]을 클릭하여 다음과 같이 설정한 후 화면의 머리 위쪽 부분을 확대합니다.

- [Size] : '50 px'
- [Hardness] : '0%'

바로 알기 Stamp Tool
- [Clone Stamp Tool](🔳) : 이미지의 특정한 부분을 복사할 때 사용합니다. Alt 를 누른 상태에서 클릭하여 기준점을 찾아 복사합니다.
- [Pattern Stamp Tool](🔳) : 패턴으로 지정된 이미지를 복사할 때 사용합니다. 단, 패턴은 [Edit] 〉 [Define Pattern] 메뉴로 패턴을 등록한 후 원하는 이미지 위에 드래그하면 적용됩니다.

2 화면에서 Alt 를 누른 채 배경의 벽 부분을 클릭하고, Alt 를 뗀 상태에서 머리카락의 삐져나온 부분을 드래그하여 배경 색상으로 지저분한 부분을 다음과 같이 지워줍니다.

TIP :: 세밀한 부분은 브러시 크기를 축소해서 수정을 합니다.

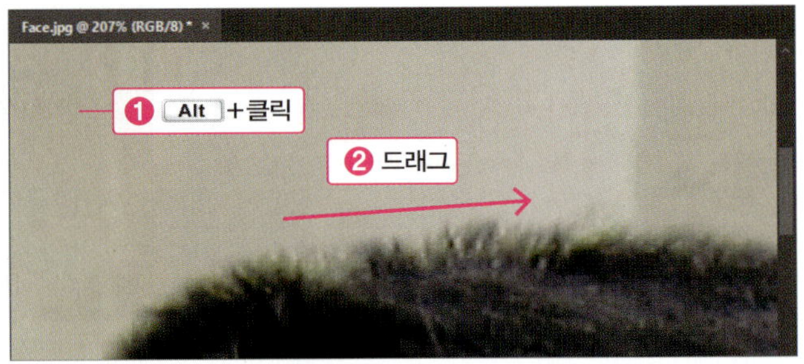

3 작업 화면에서 필요한 부분을 확대하거나 축소하고, 마찬가지로 수정해야 할 부분의 정밀도에 따라 브러시 크기의 확대와 축소를 반복하며 머리카락이 삐져나온 부분을 깨끗하게 정리합니다.

03 사각턱의 V라인 변형 테크닉 Liquify

1 얼굴의 외곽라인 변형을 위해서 [Filter] 〉 [Liquify](**Shift** + **Ctrl** + **X**) 메뉴를 클릭합니다.

> **바로 알기** [Liquify] 필터
> 이미지를 왜곡하고, 변형하는 효과로써 얼굴 및 몸매를 보정할 때 많이 사용합니다.

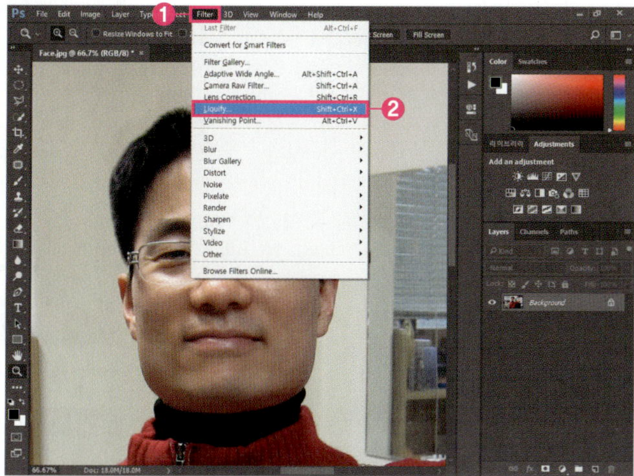

2 [Liquify] 대화상자가 열리면 [Forward Warp Tool](🖐)을 클릭한 후 다음과 같이 설정하고 얼굴 부분만 확대합니다.

• **[Tool Options]**
  [Brush Size] : '150'
  [Brush Pressure] : '60'
  [Density] : '50'

3 사각턱을 보정하기 위해서 왼쪽 턱의 경계 부분을 클릭하고, 얼굴 안쪽으로 드래그합니다. 반대쪽 턱도 같은 방법으로 보정합니다. 역시 같은 방법으로 코를 좀 더 갸름하게 하거나 광대뼈, 머리 등도 임의로 보정을 해봅니다.

4 눈을 좀 더 크게 만들기 위해서 [Bloat Tool]( )을 클릭하고, [Tool Options]의 [Brush Size]를 '100'으로 설정한 후 눈을 가볍게 한두 번 클릭하여 눈의 크기를 살짝 키웁니다. 변형이 끝나면 [OK] 버튼을 클릭합니다.

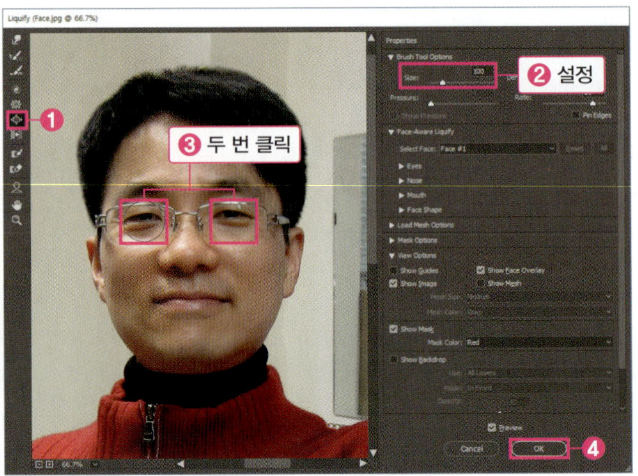

5 그림과 같이 변형된 얼굴을 확인합니다.

04 뽀샤시 효과 테크닉 Overlay, Gaussian Blur, Sharpen Tool

1 이미지를 밝게 만들기 위해서 [Image] 〉 [Adjustments] 〉 [Levels](**Ctrl** +**L**) 메뉴를 클릭하여 [Levels] 대화상자가 열리면 다음과 같이 설정한 후 [OK] 버튼을 클릭합니다.

- [White Point Slider] : '250'
- [Midtone Slider] : '1.55'
- [Black Point Slider] : '18'

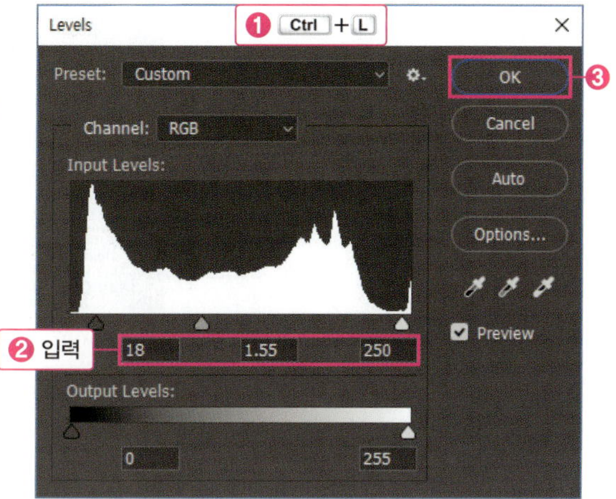

> **바로 알기** [Levels](**Ctrl** +**L**)
> 이미지의 밝기와 대비를 조절하며 가장 많이 쓰이는 기능이므로 반드시 조절 방법을 익히도록 합니다.

2 [Layer] 〉 [New] 〉 [Layer Via Copy](**Ctrl** +**J**) 메뉴를 클릭하여 레이어를 그림과 같이 복사한 후 [Layers] 패널에서 'Layer 1' 레이어를 다음과 같이 설정합니다.

- [Blending Mode] : 'Overlay'
- [Opacity] : '30%'

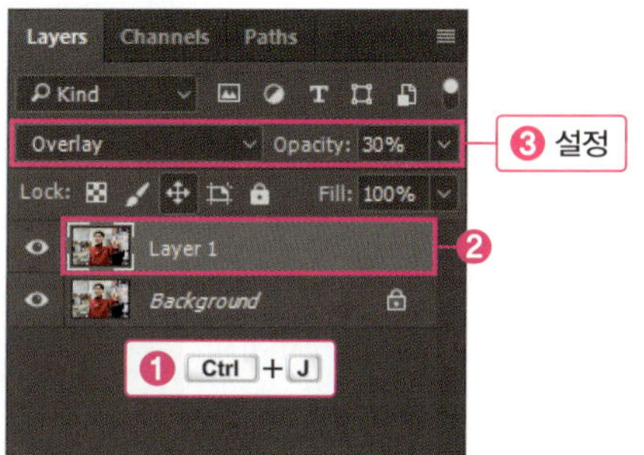

3 필터 적용을 위해 [Layers] 패널의 'Layers 1' 레이어가 선택된 상태에서 [Filter] 〉 [Blur] 〉 [Gaussian Blur] 메뉴를 클릭합니다.

> **바로 알기** Gaussian Blur 효과
> 이미지를 흐리게 하는 도구입니다. 배경을 흐리게 하여 중심의 피사체를 돋보이게 만들 때도 사용하지만, 거친 느낌의 이미지를 부드럽게 할 때도 사용합니다.

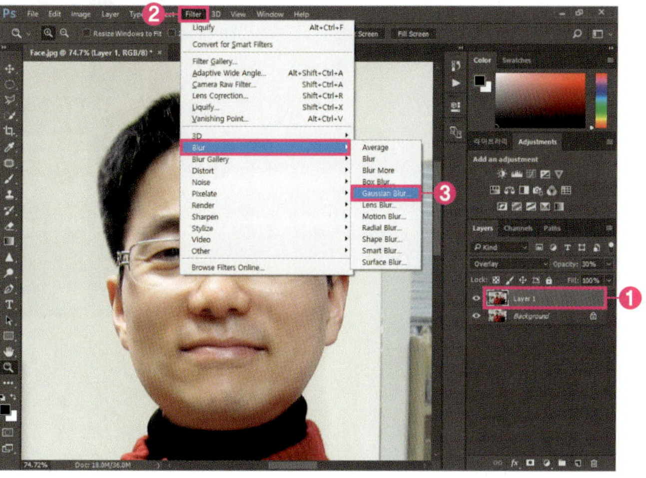

4 [Gaussian Blur] 대화상자가 열리면 [Ra-dius]를 '8.0'으로 설정하고, [OK] 버튼을 클릭합니다.

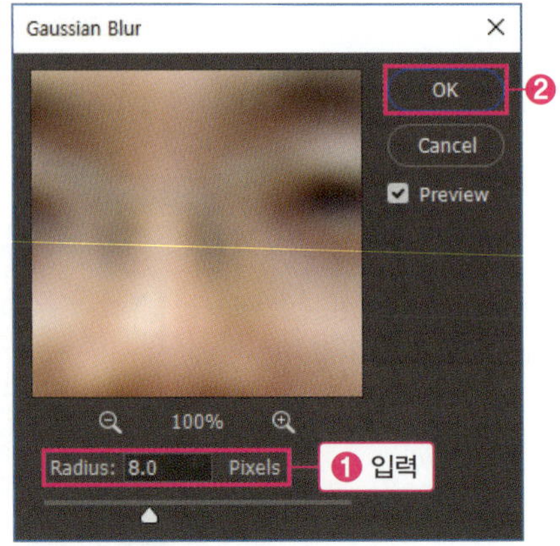

5 얼굴에 그림과 같이 뽀샤시 효과가 적용되었음을 확인합니다.

6 마지막으로 눈을 선명하게 하기 위해 [Tools] 패널에서 [Blur Tool]을 길게 눌러 [Sharpen Tool](▲)을 클릭한 후 상단 옵션바의 [Brush Preset]을 클릭하여 다음과 같이 설정합니다.

- [Size] : '90 px'
- [Hardness] : '0%'
- [Strength] : '80%'

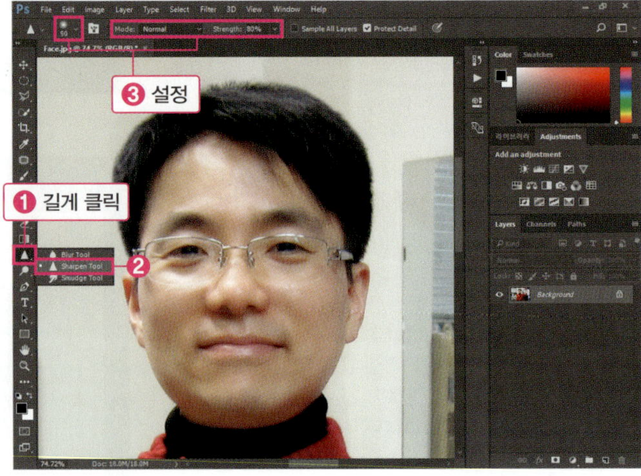

TIP : : [Sharpen Tool](▲)

Blur의 반대 개념으로 이미지를 선명하게 할 때 사용합니다. 그러나 과도하게 사용할 경우 이미지의 질이 손상되므로 주의해야 합니다.

7 눈동자와 눈 주위를 두 번 정도 클릭하거나 드래그하여 선명하게 합니다. 같은 방법으로 눈썹, 코, 입술 등을 가볍게 터치하여 흐릿한 부분을 선명하게 수정합니다.

8 보정 전과 후의 이미지를 확인합니다.

보정 전

보정 후

스톱모션을 위한 Free Transform 노하우

핵심내용

스톱모션은 여러 장의 사진이 연결되어 하나의 영상이 됩니다. 따라서 한 장의 동작이 다음 장의 동작으로 자연스럽게 연결되어야 할 때가 많습니다. 이러한 경우에 Guide Line을 활용해서 동작을 정렬 및 배열하고, Free Transform을 이용하여 연속 이미지를 한 장 한 장 연결하는 작업과정이 필요합니다. 이번 섹션에서 이러한 테크닉에 대해서 안내하고 실습해 보겠습니다.

핵심기능

Guide Line + Free Transform

Before

Guide Line + Free Transform

After

STORYBOARD

제3회 대한민국청소년 UCC 캠프대전 '여성가족부장관상' 수상 작품 이미지 중 일부분

01 가이드 라인 만들기   Guide Line

1 포토샵 CC 2017을 실행한 후 작업 화면이 열리면 새 캔버스를 만들기 위해서 [New](Ctrl + N) 버튼을 클릭합니다. [새로 만들기 문서] 대화상자가 열리면 다음과 같이 설정하고, [Create] 버튼을 클릭합니다.

- [Name] : 'Scene A'
- [Width] : '720'
- [Height] : '480'
- [Resolution] : '72' 'Pixels/Inch'
- [Color Mode] : 'RGB Color' '8 bit'

2 작업 화면에 [Scene A] 캔버스가 만들어지면 [View] 〉 [Rulers](Ctrl + R) 메뉴를 클릭하여 메뉴 이름 왼쪽에 체크 표시가 나타나도록 합니다. 또한 [Snap](Shift + Ctrl + ;) 메뉴 역시 체크되어 있는지 확인합니다. 작업 화면 캔버스의 오른쪽과 위쪽에 눈금자가 나타납니다.

바로 알기 Snap
이 기능으로 인해 쉽게 캔버스의 정중앙에 가이드 라인을 위치시킬 수 있습니다.

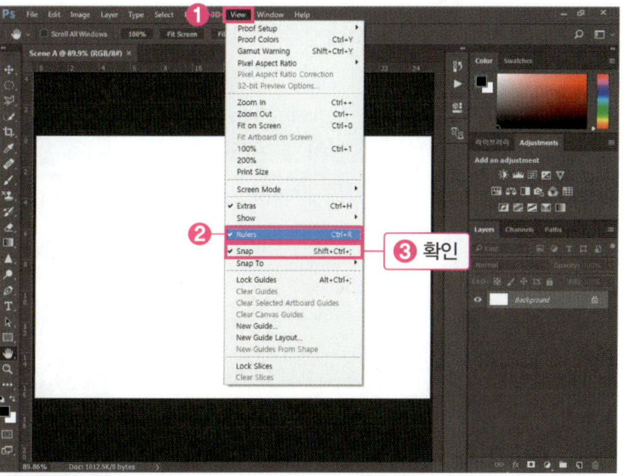

3 [Tools] 패널의 [Move Tool](⤧)을 클릭합니다. 캔버스의 왼쪽 가장자리에 위치한 눈금자를 클릭하고, 가운데로 드래그하여 가이드 라인이 캔버스의 중앙에 정확히 위치하도록 합니다.

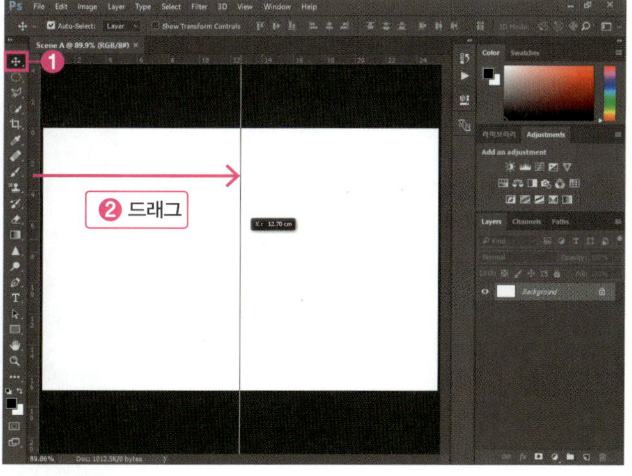

: **준비 파일 :** Part 04 〉 Chapter 02 〉 Section 06 〉 IMG_A001.jpg **완성 파일 :** Part 04 〉 Chapter 02 〉 Section 06 〉 Scene A.psd

1 이미지 파일을 불러오기 위해서 [File] 〉 [Open](**Ctrl** + **O**) 메뉴를 클릭합니다. [열기] 대화상자가 열리면 'IMG_A001.jpg' 파일을 선택하고, [열기] 버튼을 클릭합니다.

2 작업 화면에 'IMG_A001.jpg' 파일이 열리면 [Image] 〉 [Adjustments] 〉 [Levels](**Ctrl** + **L**) 메뉴를 클릭합니다. [Levels] 대화상자가 열리면 이미지의 밝기를 조절한 후 **Ctrl** + **A** 를 눌러 이미지의 전체 영역을 선택하고, **Ctrl** + **C** 를 눌러 선택 영역을 복사합니다.

TIP :: Levels을 이용한 밝기 조절을 여러 장의 이미지에 한 꺼번에 같은 수치로 적용하려면 [Actions] 패널을 이용합 니다.

3 [Scene A] 캔버스 클릭하여 활성화하고, **Ctrl** + **V** 를 눌러 이미지를 붙여 넣습니다. 이 미지의 크기 조절을 위해서 [Edit] 〉 [Free Transform](**Ctrl** + **T**) 메뉴를 클릭하고, **Ctrl** + **-** 를 여러 번 눌러 화면을 축소하여 조절박스가 보이게 합니다.

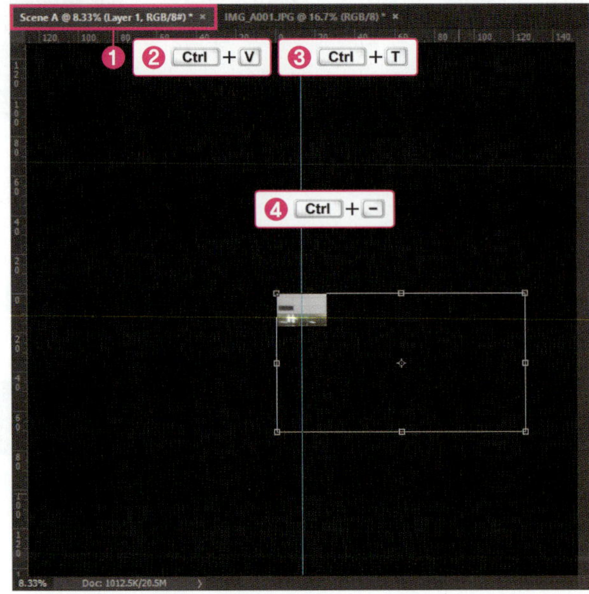

4 조절박스의 모서리 점을 **Shift** 를 누른 채 드래그하여 크기를 그림과 같이 조절합니다. 박스 안쪽을 드래그하여 이미지의 위치를 옮겨 인물이 다음과 같은 가이드 라인의 정중앙에 위치시킨 후 **Enter** 를 눌러 변형을 적용합니다.

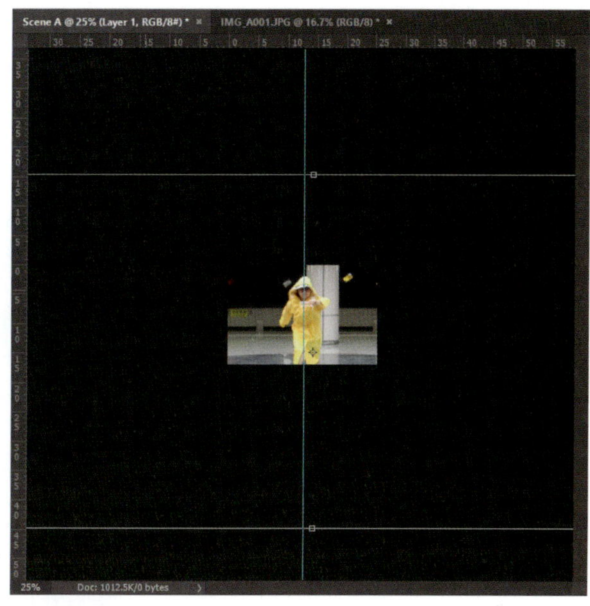

5 [Layer] 〉 [New] 〉 [Layer Via Copy](**Ctrl**+**J**) 메뉴를 클릭하여 레이어를 복사한 후 [Layers] 패널에서 레이어의 이름을 각각 'A 01', 'A 02'로 변경합니다. 'A 02' 레이어가 선택된 상태에서 [Edit] 〉 [Free Transform](**Ctrl**+**T**) 메뉴를 클릭하여 크기와 줄이고, 위치를 그림과 같이 배치한 후 **Enter** 를 눌러 변형을 적용합니다.

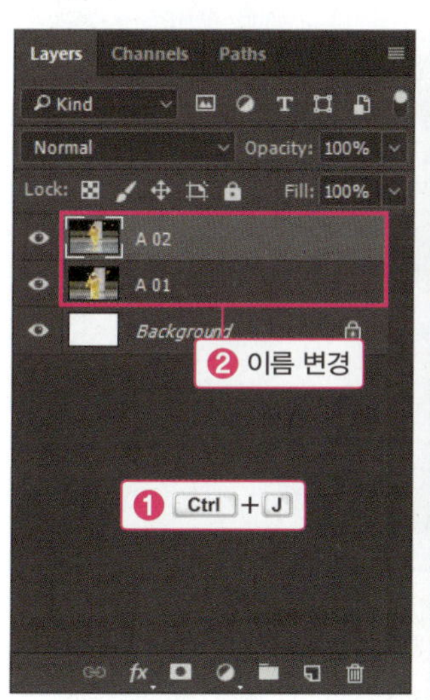

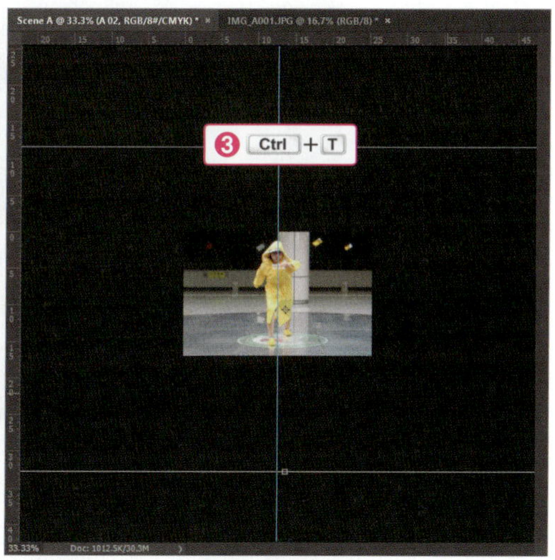

6 'A 02' 레이어가 선택된 상태에서 [Layer] 〉 [New] 〉 [Layer Via Copy](**Ctrl**+**J**) 메뉴를 클릭하여 레이어를 복사한 후 조절박스로 크기와 위치를 그림과 같이 변형하고, [Layers] 패널에서 레이어의 이름을 'A 03'으로 변경합니다. 레이어를 복사하고, 다시 조절박스를 이용하여 그림과 같이 3장의 연속 이미지를 만들었습니다.

: 준비 파일 : Part 04 〉 Chapter 02 〉 Section 06 〉 IMG_A003.jpg' ~ 'IMG_A008.jpg

1　캔버스의 외곽 위쪽에 위치한 눈금자를 클릭하고, 가운데로 드래그하여 인물의 머리끝과 발끝에 가이드 라인을 각각 만듭니다.

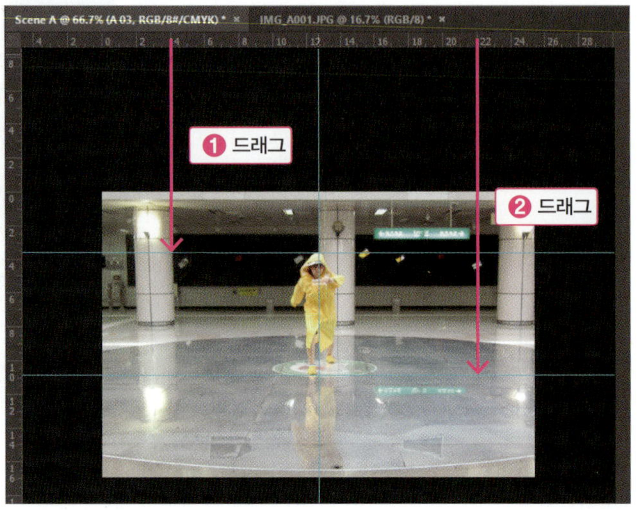

2　이미지 파일을 불러오기 위해서 [File] 〉 [Open](Ctrl+O) 메뉴를 클릭합니다. [열기] 대화상자가 열리면 'IMG_A002.jpg' 파일을 선택하고 [열기] 버튼을 클릭합니다. 파일이 열리면 Ctrl+A 를 눌러 이미지의 전체 영역을 선택하고, Ctrl+C 를 눌러 선택 영역을 복사합니다.

3　[Scene A] 캔버스를 클릭하여 활성화하고, Ctrl+V 를 눌러 이미지를 작업창에 복사합니다. [Edit] 〉 [Free Transform](Ctrl+T) 메뉴를 클릭하여 가이드 라인에 맞춰 그림과 같은 크기와 위치로 변형한 후 Enter 를 눌러 적용하고, [Layers] 패널에서 레이어의 이름을 'A04'로 입력합니다. 위와 같은 방법으로 'IMG_A003.jpg' ~ 'IMG_A008.jpg' 파일을 각각 불러와 가이드 라인에 맞춰 크기와 위치를 조절한 후 레이어의 이름을 각각 그림과 같이 입력합니다.

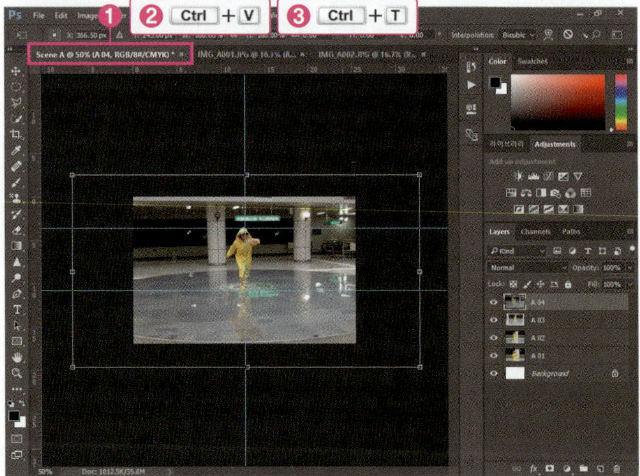

1 JPEG 포맷으로 저장하기 전에 지금까지 작업한 내용을 PSD 포맷으로 저장하기 위해서 [File] 〉 [Save](**Ctrl** + **S**) 메뉴를 클릭합니다. [다른 이름으로 저장] 대화상자가 열리면 임의의 파일 이름을 입력하고, [파일 형식]을 'Photo-shop'으로 설정한 후 [저장] 버튼을 클릭합니다.

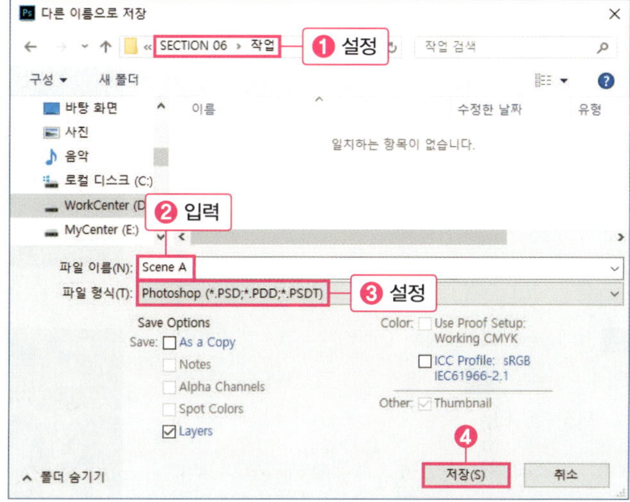

2 이번에는 JPEG 포맷으로 저장하기 위해 [Layers] 패널에서 'A 01' 레이어를 제외한 모든 레이어의 [Visibility](👁)를 해제한 후 [File] 〉 [Save As](**Shift** + **Ctrl** + **S**) 메뉴를 클릭합니다.

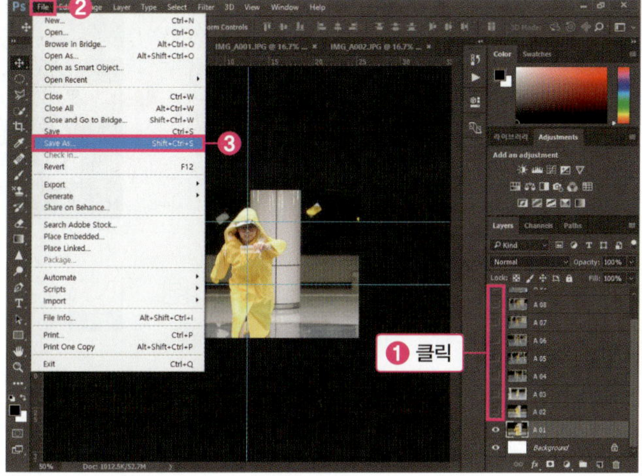

3 [다른 이름으로 저장] 대화상자가 열리면 임의의 파일 이름을 입력하고, [파일 형식]을 'JPEG'로 설정한 후 [저장] 버튼을 클릭합니다.

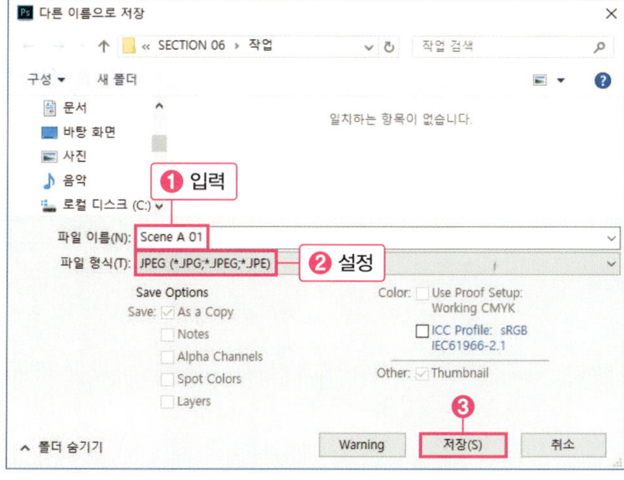

4 [JPEG Options] 대화상자가 열리면 [Im-age Options]의 [Quality]를 '12 Maximum'으로 설정하고, [OK] 버튼을 클릭합니다.

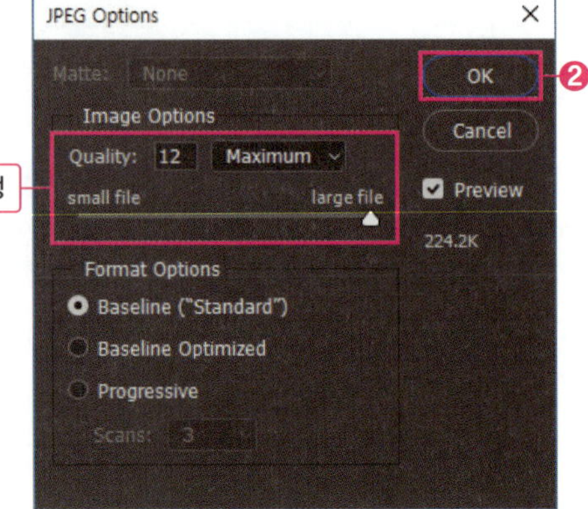

5 [Layers] 패널에서 이번에는 'A 02' 레이어의 [Visibility](👁)를 활성화하고, JPEG 포맷으로 저장합니다.

TIP :: JPEG 파일을 연속된 번호로 저장하면 프리미어 프로와 애프터 이펙트에서 연속된 이미지를 자동으로 불러오는 기능을 통해 영상으로 만들 수 있습니다.

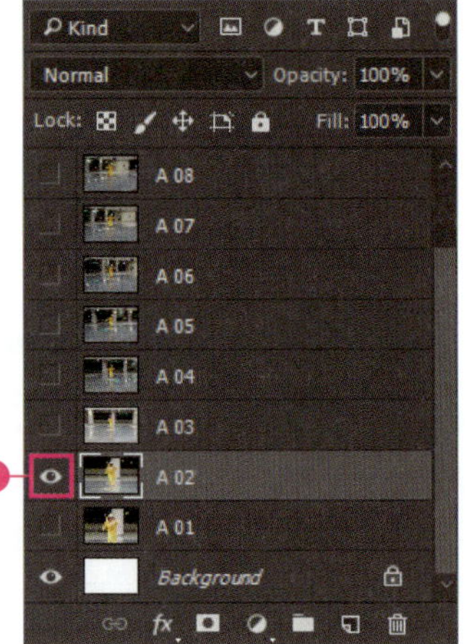

6 [윈도우 탐색기]를 이용하여 파일이 저장된 폴더를 찾은 후 JPEG 시퀀스로 저장된 파일을 확인합니다.

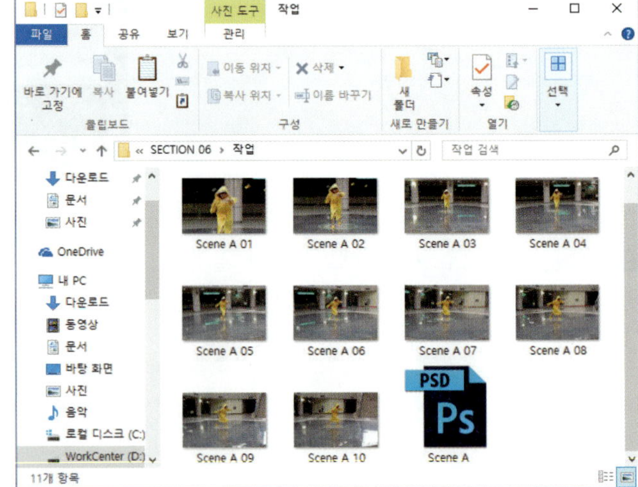

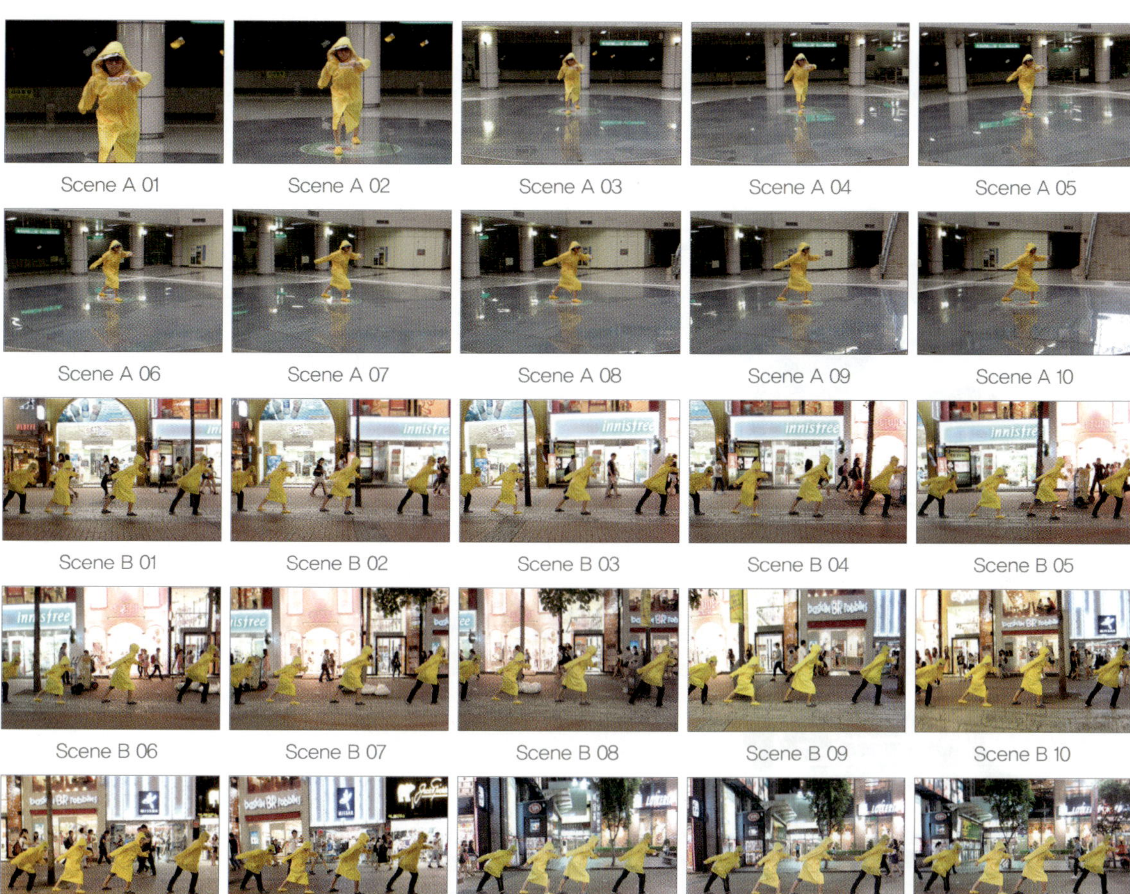

Scene A 01	Scene A 02	Scene A 03	Scene A 04	Scene A 05
Scene A 06	Scene A 07	Scene A 08	Scene A 09	Scene A 10
Scene B 01	Scene B 02	Scene B 03	Scene B 04	Scene B 05
Scene B 06	Scene B 07	Scene B 08	Scene B 09	Scene B 10
Scene B 11	Scene B 12	Scene B 13	Scene B 14	Scene B 15

3

다양한 응용이 가능한 필터 효과 테크닉

영상 콘텐츠 공모전 10년 도전 노하우!

포토샵에는 수많은 필터가 있습니다. 외부의 플러그인까지 합치면 그 수는 헤아릴 수 없을 정도로 많습니다. 그런데 필터 효과는 어떻게 사용하느냐에 따라서 약이 될 수도, 독이 될 수도 있습니다. 화려한 변화 때문에 배가 산으로 갈 수도 있기 때문입니다. 따라서 본 챕터에서는 사진 왜곡 보정, 아웃포커스 효과, 블러 효과, 집중선 효과, 칠판과 분필 효과, 스케치 효과, 판화 효과 등의 실무 예제를 통해 영상 콘텐츠에서 활용도가 높은 필터 효과들에 대해 배워보겠습니다.

ADOBE PHOTOSHOP

사진
왜곡 보정
테크닉

핵심내용

단체 사진 촬영의 결과물을 보면 대부분 수직선에 대한 왜곡 현상이 눈에 띄는 경우가 많습니다. 본 예제에서는 이를 바로 잡아주는 Lens Correction 테크닉에 대해 안내하고 실습해 보겠습니다.

핵심기능

Lens Correction

Before

Lens Correction

After

STORYBOARD

Before A

After A

Before B

After B

01 사진 왜곡 보정 Lens Correction

: 준비 파일 : Part 04 〉 Chapter 03 〉 Section 01 〉 Lens.jpg   **완성 파일 :** Part 04 〉 Chapter 03 〉 Section 01 〉 Lens Correction 완성.psd

1 포토샵 CC 2017을 실행한 후 작업 화면이 열리면 이미지 파일을 불러오기 위해서 [File] 〉 [Open](**Ctrl** + **O**) 메뉴를 클릭합니다. [열기] 대화상자가 열리면 'Lens.jpg' 파일을 선택하고 [열기] 버튼을 클릭합니다.

2 촬영된 사진의 왜곡을 보정하기 위해서 [Filter] 〉 [Lens Correction](**Shift** + **Ctrl** + **R**) 메뉴를 클릭합니다.

> **바로 알기** Lens Correction 효과
> 광각이나 망원으로 촬영된 사진의 왜곡을 보정할 수 있습니다.

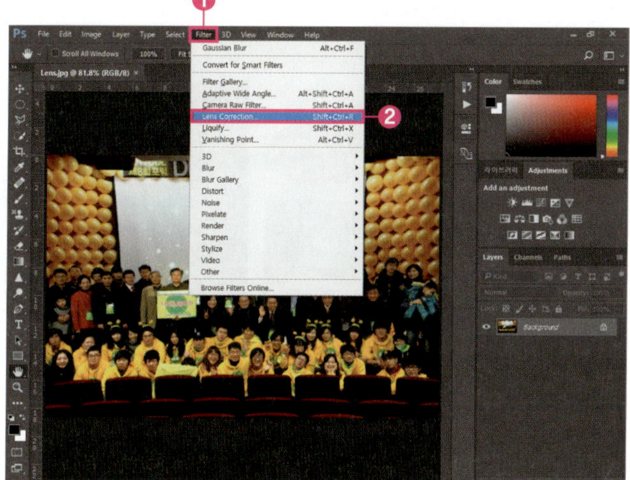

3 [Lens Correction] 대화상자가 열리면 [Custom] 탭을 클릭하고 다음과 같이 설정한 후 [OK] 버튼을 클릭합니다.

- **[Geometric Distortion]**
  [Remove Distortion] : '–9'
- **[Transform]**
  [Vertical Perspective] '+10'
  [Angle] : '1.20'

TIP :: 광각으로 촬영된 사진은 [Remove Distortion] 값을 마이너스 쪽으로 입력하고, 망원으로 촬영된 사진은 플러스 쪽으로 입력합니다.

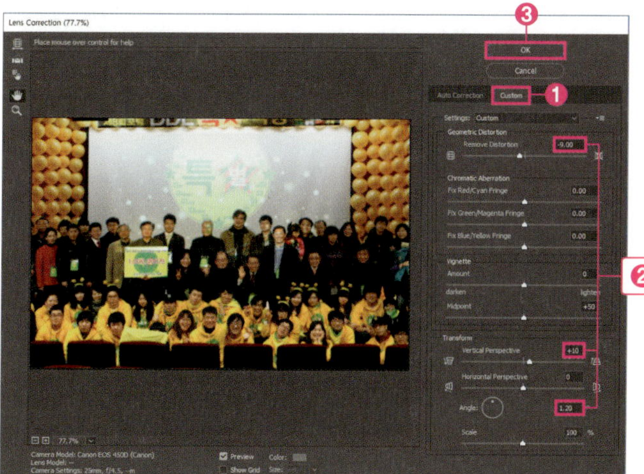

4 사진의 왜곡이 그림과 같이 보정되었음을
확인합니다.

5 위와 같은 방법으로 다양한 사진의 왜곡을 보정할 수 있습니다.

Picture 01

Picture 02

Picture 03

TIP :: 광각 렌즈로 인한 심한 왜곡을 수정하는 고급 필터

이 필터는 광각 렌즈 사용 때문에 발생한 심한 왜곡을 수정할 수 있습니다. 파노라마에서 구부러져 보이는 선 또는 어안 및 광각 렌즈로 찍은 사진을 똑바로 펼 수 있습니다.

① [Filter] 〉 [Adaptive Wide Angle] 메뉴를 클릭합니다.

② [Correction]에서 렌즈 유형을 선택합니다.
  – Fisheye : 어안 렌즈로 유발되는 극단적인 곡률을 교정합니다.
  – Perspective : 사각 및 카메라 기울기로 유발되는 수렴선을 교정합니다.
  – Panorama : Photomerge 기능으로 만들어진 파노라마 사진을 교정합니다.
  – Full Spherical : 360도 파노라마를 교정합니다. 파노라마는 2:1 종횡비여야 합니다.
  – Auto : 적절한 교정을 자동으로 감지합니다.

③ 추가 옵션을 설정합니다. 이미지에 렌즈 데이터가 있을 경우 이러한 값은 자동으로 감지됩니다.
  • [Scale] : 필터를 적용한 후 생긴 빈 영역을 최소화합니다.
  • [Focal Length] : 렌즈의 초점 거리를 지정합니다. 렌즈 정보가 사진에 감지되면 이 값은 자동으로 채워집니다.
  • [Crop Factor] : 값을 지정하여 최종 이미지를 자르는 방법을 결정합니다.

아웃포커스 효과 테크닉

핵심내용

아웃포커스(Out Focus)는 주변의 배경이나 피사체를 흐리게 만드는 효과로 다른 피사체와의 대비 효과를 노리거나, 한 화면이 다른 화면으로 바뀔 경우에 사용합니다. 특히, 짧은 시간에 고객의 시선을 사로잡아야 하는 홍보 영상에서 아웃포커스가 없으면 주제 전달력이 떨어질 수 있기 때문에 영상 콘텐츠에서 많이 사용하는 효과입니다. 본 예제에서는 Iris Blur와 Tilt-Shift를 이용한 아웃포커스 효과에 대해서 소개하겠습니다.

핵심기능

Iris Blur + Tilt-Shift + Dodge Tool, Burn Tool

Before A

Iris Blur

After A

Before B

Tilt-Shift + Dodge Tool, Burn Tool

After B

STORYBOARD

제25회 정보문화의달 Clean IT 공모전 '행정안전부장관상' 수상 작품 이미지 중 일부분

: **준비 파일** : Part 04 〉 Chapter 03 〉 Section 02 〉 Smartphone.jpg, Smartphone B.jpg　　**완성 파일** : Part 04 〉 Chapter 03 〉 Section 02 〉 Iris Blur 완성.psd, Tilt-Shift 완성.jpg

1 포토샵 CC 2017을 실행한 후 작업 화면이 열리면 이미지 파일을 불러오기 위해서 [File] 〉 [Open](**Ctrl**+**O**) 메뉴를 클릭합니다. [열기] 대화상자가 열리면 'Smartphone.jpg' 파일을 선택하고 [열기] 버튼을 클릭합니다.

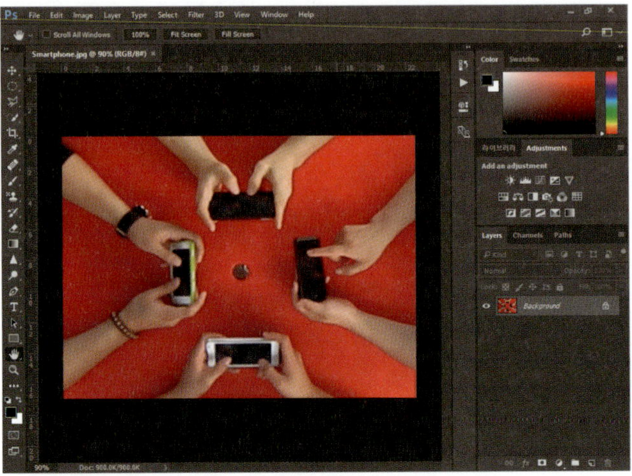

2 이미지의 외곽 부분에 블러 효과 적용을 통해 아웃포커스 효과를 만들기 위해서 [Filter] 〉 [Blur Gallery] 〉 [Iris Blur] 메뉴를 클릭합니다. 캔버스의 오른쪽에는 [Blur Tools] 패널과 [Blur Effects] 패널이 열리고, 캔버스에는 [Iris Blur]를 설정하기 위한 원 모양의 [Blur Pin]이 보입니다.

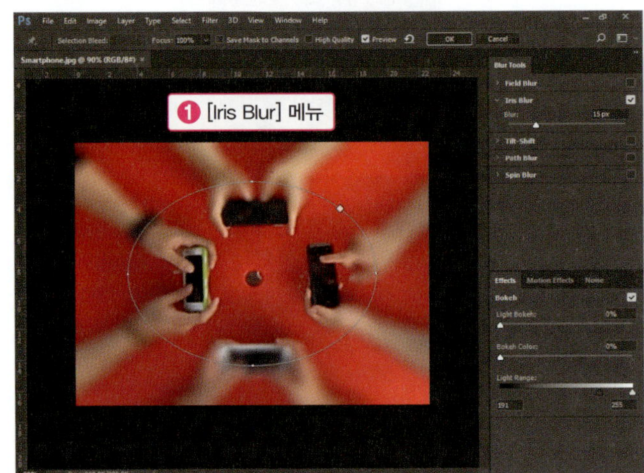

바로 알기

- 버전에 따라 메뉴의 위치가 다를 수 있습니다.
  [Filter] 〉 [Blur] 〉 [Iris Blur] 메뉴
- [Blur Pin] : 중심에서 흰색의 점까지는 블러 효과가 적용되지 않는 [Sharp area]고, 점에서 선까지는 블러 효과가 자연스럽게 적용되는 [Fade area], 원 바깥쪽은 블러 효과가 가장 많이 적용되는 [Blur area]입니다. 이러한 [Blur Pin]의 영역을 조절하여 아웃포커스 효과를 적용할 수 있습니다.

3 [Blur Pin]의 가운데 중심점을 드래그하여 빨간 테이블의 중앙으로 옮기고, 외곽에 위치한 원의 선상에 위치한 조절점을 드래그하여 그림과 같은 타원형을 만듭니다.

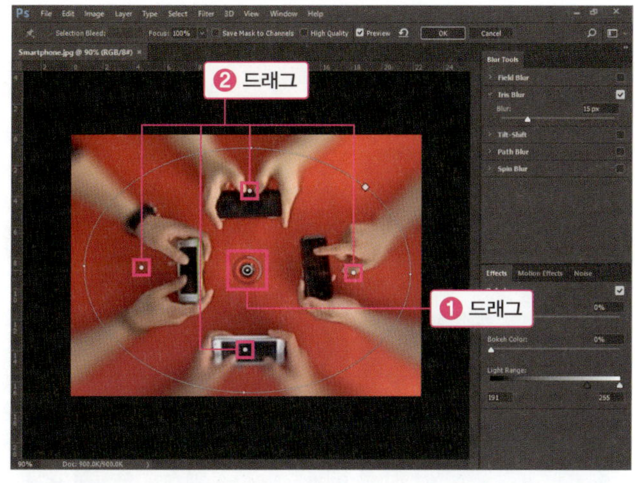

4 원 안쪽에 위치한 조절점을 Alt 를 누른 채 드래그하여 블러가 적용되는 지점을 각각 그림과 같이 다르게 조절합니다.

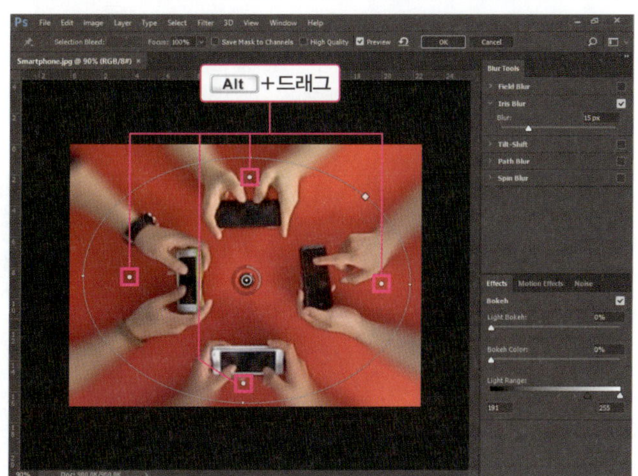

5 [Blur Tools] 패널에서 [Iris Blur]의 [Blur] 값을 좌우로 드래그하면서 블러 효과를 적절하게 적용한 후 상단 옵션바 오른쪽에 위치한 [OK] 버튼을 클릭합니다.

TIP :: [Blur] 값은 블러 효과의 중심점 외곽에서 드래그하는 방법도 있습니다.

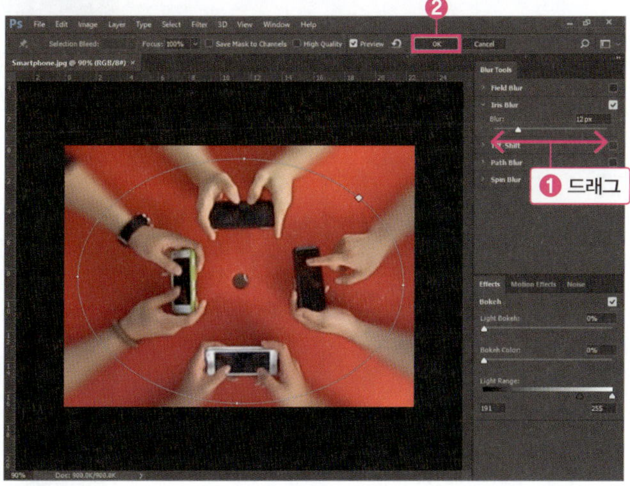

6 앞선 방법으로 아웃포커스 효과를 적용하여 연속되는 이미지를 만들 수 있습니다.

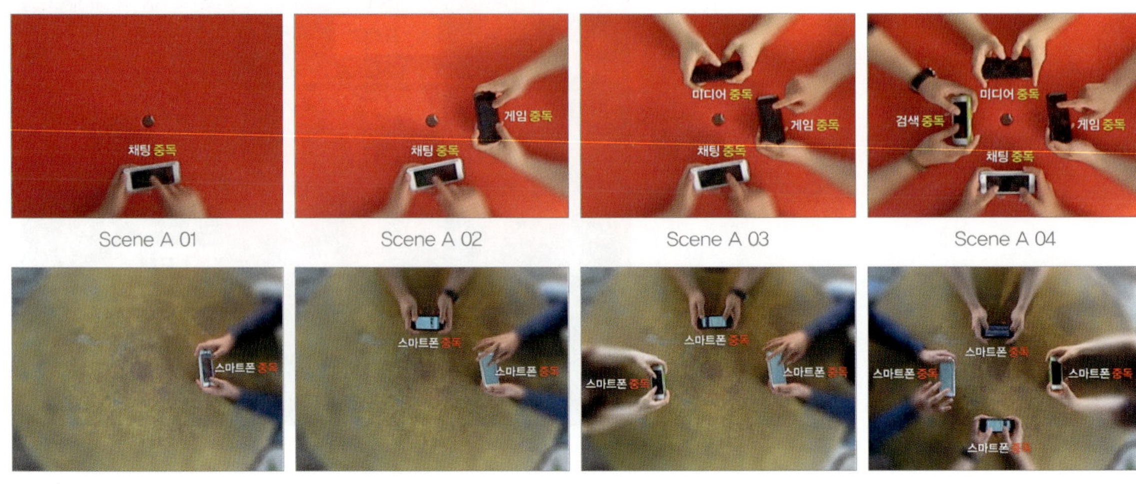

TIP :: 만약 포토샵 버전이 달라서 [Iris Blur]가 없다면 다른 방법으로도 아웃포커스 효과를 적용할 수 있습니다. [Elliptical Marquee Tool]에서 [Feather] 값을 적절하게 입력하고, 선택 영역을 반전시킨 후 Gaussian Blur 효과를 적용하면 됩니다.

7 다음으로 작업할 이미지 파일을 불러오기 위해서 [File] 〉 [Open](Ctrl + O) 메뉴를 클릭합니다. [열기] 대화상자가 열리면 'Smartphone B.jpg' 파일을 선택하고 [열기] 버튼을 클릭합니다.

8 이미지에서 보이는 거리에 따라 깊이 있는 아웃포커스 효과를 만들기 위해서 [Filter] 〉 [Blur Gallery] 〉 [Tilt-Shift] 메뉴를 클릭합니다. 작업 화면에 실선과 점선의 조절선이 보입니다.

바로 알기
- 버전에 따라 메뉴의 위치가 다를 수 있습니다.
  [Filter] 〉 [Blur] 〉 [Tilt-Blur] 메뉴
- [Tilt-Shift] : 일직선 모양으로 블러가 적용되는 효과입니다. 중심점의 외곽에 있는 실선에서 블러가 시작되어 바깥쪽 점선으로 갈수록 심해집니다.

[Tilt-Shift] 메뉴

9 흰색 실선 위에 위치한 점을 [Shift]를 누른 채 드래그하여 90°만큼 회전시키고, 블러의 중심을 그림과 같이 옮깁니다.

TIP :: [Blur Pin]을 회전시킬 때 [Shift]을 누르면 정확하게 90°로 맞춰서 돌릴 수 있습니다.

10 왼쪽 실선은 왼쪽 끝으로 옮겨 블러 효과를 없애고, 오른쪽 점선은 멀어지는 지점으로 옮겨서 블러 효과가 거리에 따라 심해지도록 합니다. [Blur Tools] 패널에서 [Tilt Shift] 〉 [Blur] 값을 좌우로 드래그하면서 블러 효과를 적절하게 적용한 후 오른쪽 상단의 [OK] 버튼을 클릭하여 마무리합니다.

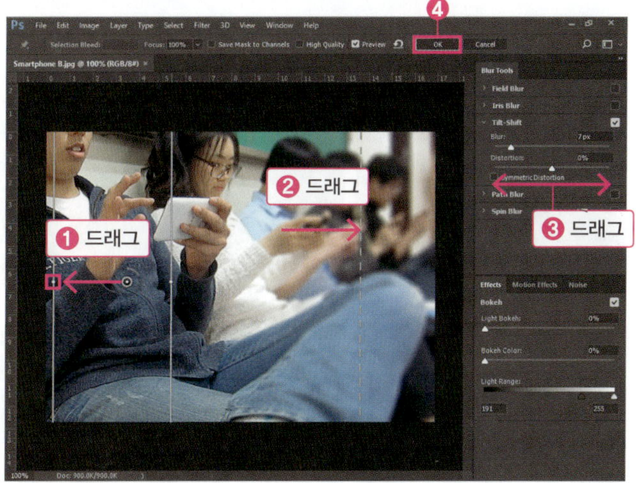

11 시선에서 가까운 곳을 밝게 하기 위해서 [Tools] 패널의 [Dodge Tool](🔍)을 클릭합니다. 상단 옵션바의 [Brush Preset Picker]을 클릭하여 [Hardness]를 '0%'로 설정하고, 시선에서 가까운 부분을 두 번 정도 클릭하여 밝게 해 줍니다.

바로 알기

- [Dodge Tool] : 클릭하거나 드래그하여 이미지를 밝게 만듭니다.
- [Hardness]를 '0%'로 설정하는 이유는 효과의 경계 부분을 부드럽게 만들기 위함입니다.

12 시선에서 먼 곳을 어둡게 하기 위해서 [Tools] 패널의 [Burn Tool](◑)을 클릭한 후 ⊓를 눌러 브러시 크기를 다음과 같이 조절하고, 시선에서 멀어지는 부분을 클릭하여 어둡게 해줍니다.

13 위와 같은 방법으로 아웃포커스 효과를 적용하여 연속되는 이미지를 만들 수 있습니다.

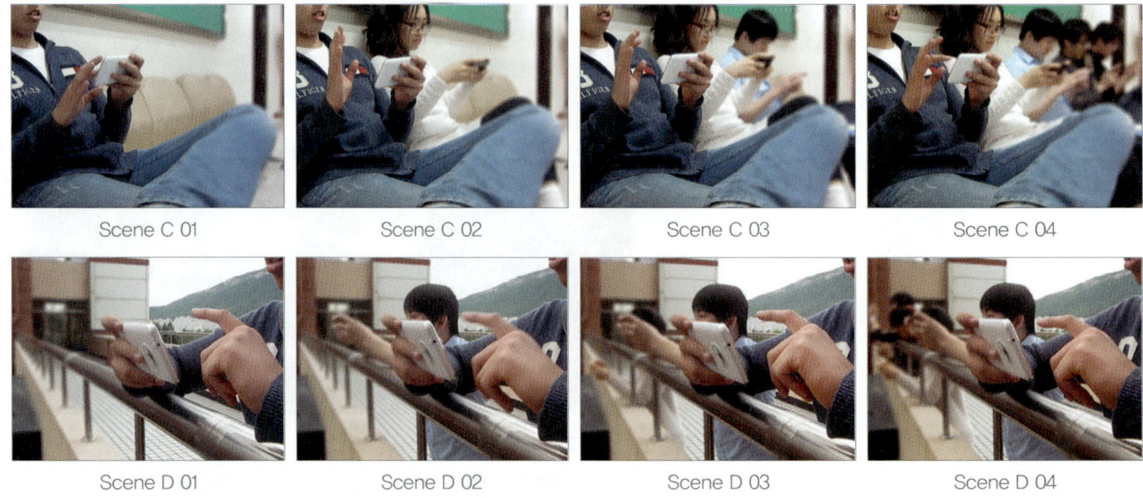

Scene C 01   Scene C 02   Scene C 03   Scene C 04

Scene D 01   Scene D 02   Scene D 03   Scene D 04

TIP :: 만약 포토샵 버전이 달라서 [Tilt-Shift] 메뉴가 보이지 않는다면 다른 방법으로도 아웃포커스 효과를 줄 수 있습니다. [Rectangular Marquee Tool]에서 [Feather] 값을 적절하게 입력하고, 선택 영역을 3~4단계 정도로 구분하여 Gaussian Blur 효과를 주면 됩니다.

블러 효과
테크닉

핵심내용

포토샵에서 가장 많이 사용하는 효과 중에 하나는 Blur 효과입니다. 모든 움직임에는 반드시 잔상
이 따르기 때문입니다. 본 예제에서는 애니메이션 캐릭터와 배경을 예제로 사용하여 가로 잔상 효
과인 Motion Blur와 원형 잔상 효과인 Radial Blur 효과에 대해서 실습해 보겠습니다.

핵심기능

Motion Blur + Radial Blur

Before A

Motion Blur

After A

Before B

Radial Blur

After B

STORYBOARD

2007 전국도서해양문화콘텐츠공모전 '대상' 수상 작품 이미지 중 일부분

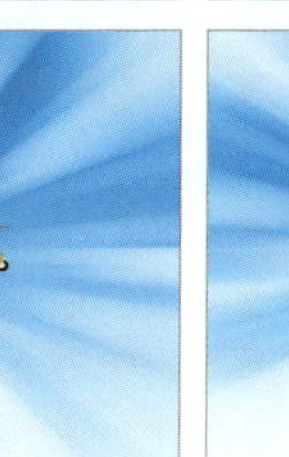

: **준비 파일 :** Part 04 〉 Chapter 03 〉 Section 03 〉 Superman 01.png, Superman 02.png **: 완성 파일 :** Part 04 〉 Chapter 03 〉 Section 03 〉 Motion Blur 완성.psd, Radial Blur 완성.psd

1 포토샵 CC 2017을 실행한 후 기본 작업 화면이 열리면 새 캔버스를 만들기 위해서 [New](**Ctrl** + **N**) 버튼을 클릭합니다. [새로 만들기 문서] 대화상자가 열리면 다음과 같이 설정하고, [Create] 버튼을 클릭합니다.

- [Width] : '640 Pixels'
- [Height] : '480 Pixels'
- [Resolution] : '72 Pixels/Inch'
- [Color Mode] : 'RGB Color 8 bit'

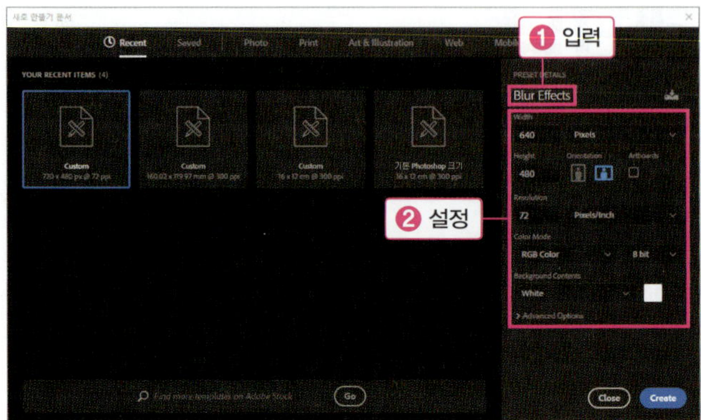

2 작업 화면에 새 캔버스가 만들어지면 [Tools] 패널의 [Gradient Tool]( )을 클릭하고, 그레이디언트 설정을 위해서 상단 옵션바의 [Click to edit the gradient]를 클릭합니다.

3 [Gradient Editor] 대화상자가 열리면 왼쪽 [Color Stop]을 더블클릭하고 색상을 '파란색(#0096ff)', 오른쪽 [Color Stop]을 더블클릭하여 '하늘색(#d9eeff)'으로 설정한 후 [OK] 버튼을 클릭합니다.

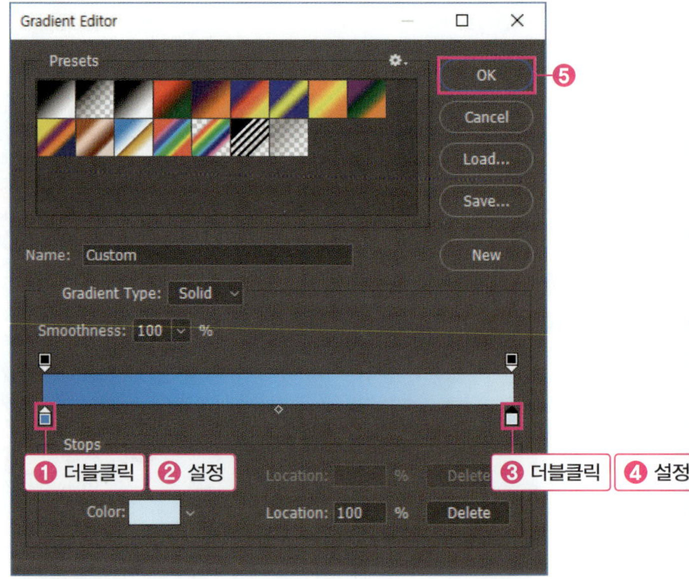

4 [Gradient Tool](■)이 선택된 상태로 캔버
스의 위쪽에서 **Shift** 를 누른 채 아래쪽으로 드
래그하여 다음과 같은 그레이디언트 배경을 만
듭니다. [Layers] 패널에서 [Create a new lay-
er](🗖)를 클릭하여 새 레이어를 만들고, 이름을
'Cloud'로 입력합니다. [Tools] 패널의 [Brush
Tool](✔)를 클릭하고, 브러시 설정을 위해 옵션
바의 [Brush Preset Picker]를 클릭하여
[Hardness]를 '100%'로 설정합니다.

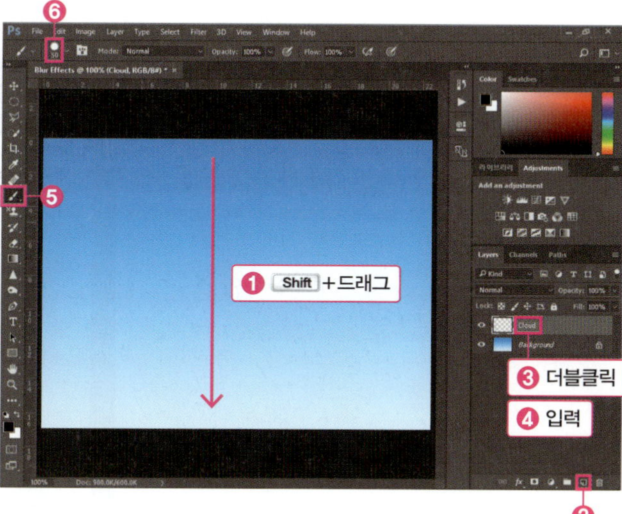

TIP ∷ [Brush Tool]과 옵션
- [Brush Tool] : 붓 터치와 같은 툴입니다.
- [Hardness] : 브러시 테두리의 투명도입니다. 수치가 높을수록 브러시 테두리가 선명하고, 낮을수록 경계 부분이 부드럽게 표현됩니다.

5 [Tools] 패널의 [Set foreground color]를
클릭하여 전경색을 '흰색(#ffffff)'으로 설정한 후
[Brush Tool](✔)로 캔버스를 클릭하여 원을 만
듭니다. [[], []를 눌러 [Brush Size]에 다양하
게 변화를 주면서 흰색의 원들을 그림과 같이
여러 개 만듭니다.

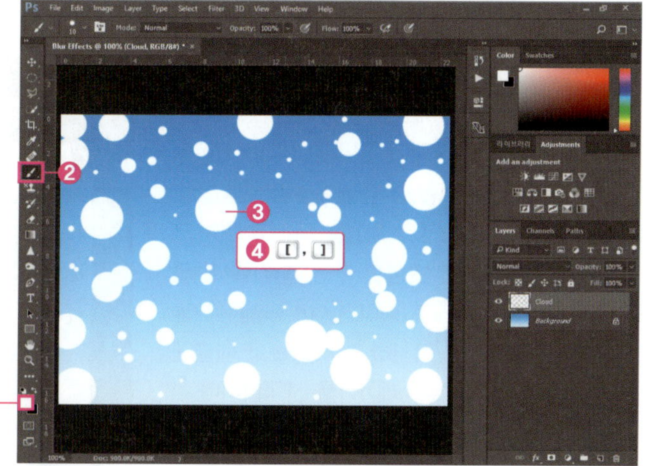

6 'Cloud' 레이어에 블러 효과를 주기 위해서
[Filter] 〉 [Blur] 〉 [Motion Blur] 메뉴를 클릭하
고, [Motion Blur] 대화상자가 열리면 다음과 같
이 설정한 후 [OK] 버튼을 클릭합니다.

- [Angle] : '0'
- [Distance] : '300'

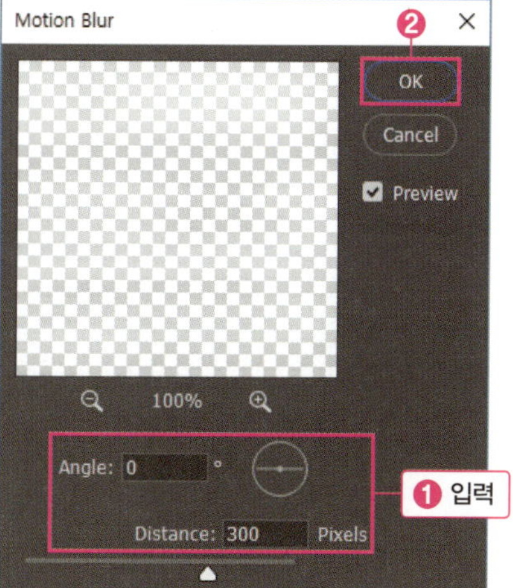

7 'Cloud' 레이어에 그림과 같이 Motion Blur
효과가 수평 방향으로 적용되었음을 확인합니다.

8 캐릭터 이미지를 삽입하기 위해서 [File] 〉
[Place Embedded] 메뉴를 클릭합니다. [Place
Embedded] 대화상자가 열리면 'Superman
01.png' 파일을 선택한 후 [Place] 버튼을 클릭
합니다. 파일이 열리면 조절점을 드래그하여 크
기와 위치를 적절히 변형한 후 Enter 를 눌러
조절박스를 사라지게 합니다. Ctrl + J 를 눌
러 삽입한 레이어를 복사하고, [Layers] 패널에
서 원본 'Superman 01' 레이어를 선택합니다.

9 캐릭터 레이어에 블러 효과를 주기 위해서 [Filter] 〉 [Blur] 〉 [Motion Blur] 메뉴를 클릭합니다. [Motion Blur] 대화상자가 열리면 다음과 같이 설정한 후 [OK] 버튼을 클릭합니다.

- [Angle] : '0'
- [Distance] : '200'

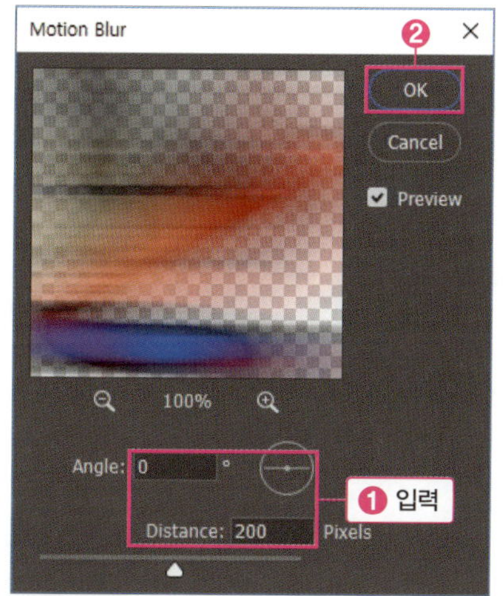

10 'Superman 01' 레이어에 그림과 같이 Motion Blur 효과가 적용되었음을 확인합니다.

11 [Tools] 패널의 [Move Tool](⊹)을 클릭하고, [Layers] 패널의 'Superman 01' 레이어가 선택된 상태에서 →를 여러 번 눌러 블러가 적용된 레이어의 위치를 오른쪽으로 옮긴 후 [Opacity]를 '60%'로 입력합니다. Motion Blur 효과를 이용하여 그림과 같이 속도감 있는 이미지를 완성하였습니다.

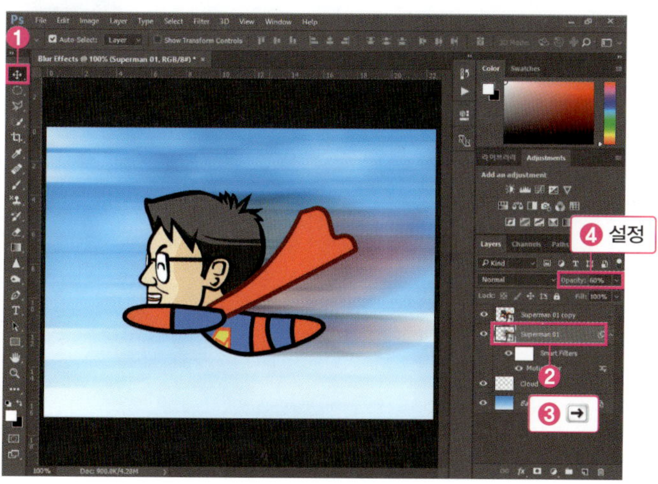

12 앞선 방법으로 Motion Blur 효과를 이용하여 그림과 같은 이미지를 완성합니다.

Scene A 01

Scene A 02

Scene A 03

13 Motion Blur 효과와 같은 설정으로 새 캔버스를 만든 후 마찬가지 방법으로 그레이디언트 배경을 만듭니다. 'Cloud' 레이어에 [Brush Tool]로 그림과 같이 흰색 원들을 무작위로 만듭니다.

TIP :: 이미지의 가장자리에는 큰 원을 만들고, 중앙 부분으로 갈수록 작은 원을 배치하면 Radial Blur 효과를 더욱 돋보이게 만들 수 있습니다.

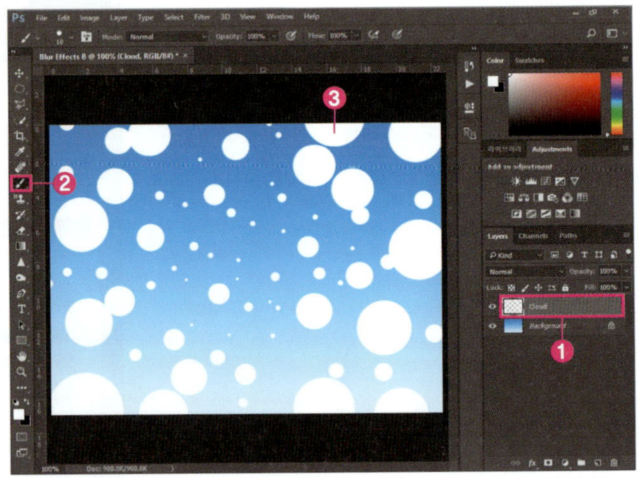

14 'Cloud' 레이어가 선택된 상태에서 [Filter] 〉 [Blur] 〉 [Radial Blur] 메뉴를 클릭합니다. [Radial Blur] 대화상자가 열리면 다음과 같이 설정한 후 [OK] 버튼을 클릭합니다.

- [Amount] : '100'
- [Blur Method] : 'Zoom'

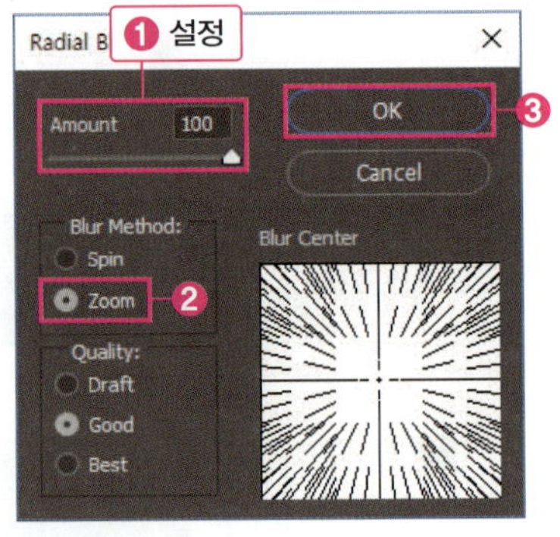

15 'Cloud' 레이어에 그림과 같이 Radial Blur 효과가 적용되었음을 확인합니다. **Alt** +**Ctrl**+**F**를 연속으로 5번 눌러 Radial Blur 효과를 반복해서 적용합니다.

TIP :: [Last Filter](**Alt** + **Ctrl** + **F**) : 마지막으로 사용한 효과를 같은 설정으로 반복하여 적용합니다.

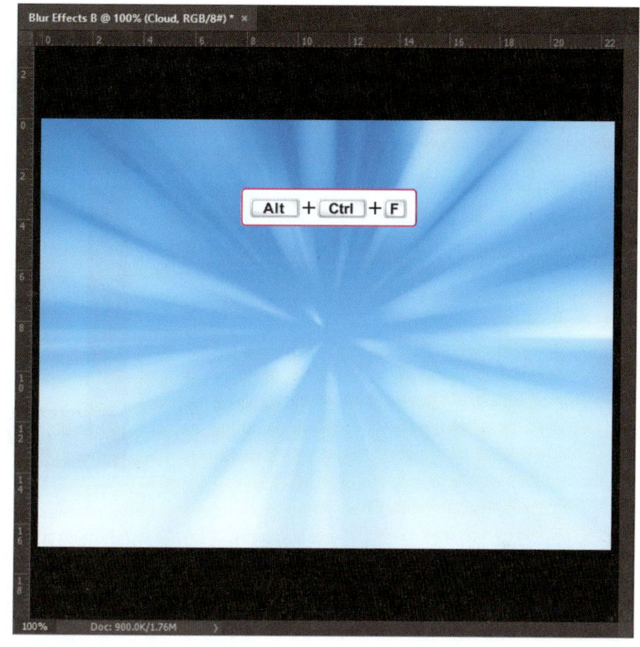

16 Radial Blur 효과를 더욱 선명하게 만들기 위해서 **Ctrl**+**J**를 눌러 'Cloud' 레이어를 복사한 후 **Ctrl**+**E**를 눌러 복사된 레이어와 원본 레이어를 합칩니다.

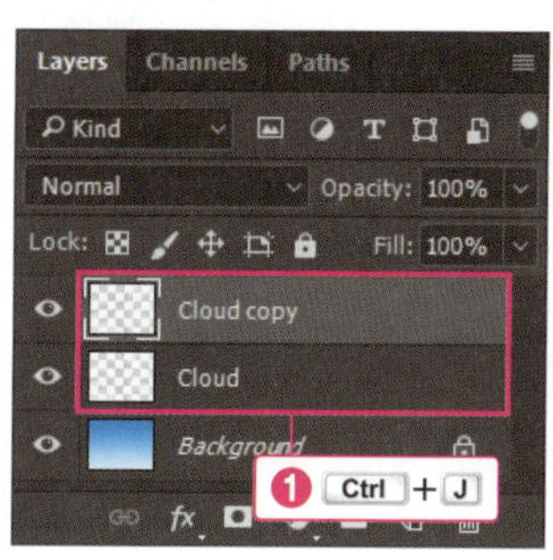

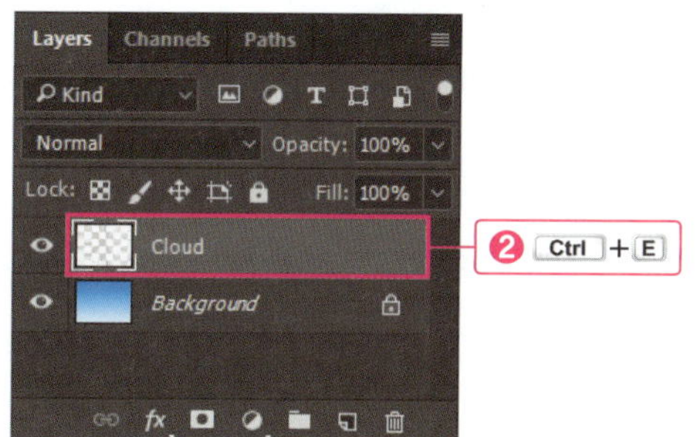

17 Radial Blur 효과가 그림과 같이 선명해졌음을 확인합니다.

18 캐릭터 이미지를 삽입하기 위해서 [File] 〉 [Place Embedded] 메뉴를 클릭합니다. [Place Embedded] 대화상자가 열리면 'Superman 02.png' 파일을 선택하고 [Place] 버튼을 클릭합니다. 파일이 열리면 조절점을 드래그하여 크기와 위치를 그림과 같이 변형한 후 Enter 를 눌러 조절박스를 사라지게 합니다.

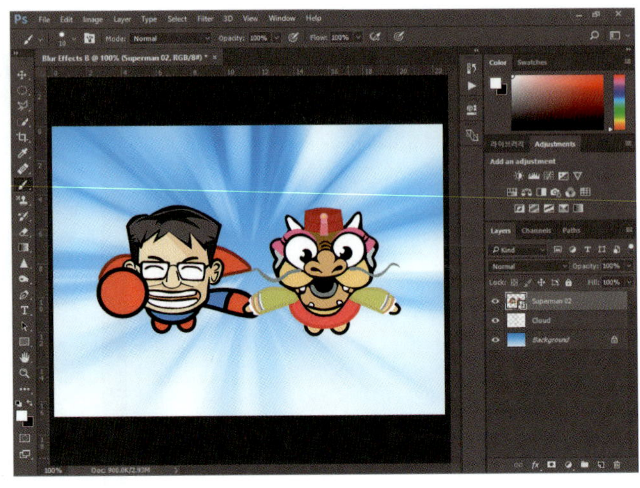

19 위와 같은 방법으로 Radial Blur 효과를 이용하여 그림과 같은 이미지를 만들 수 있습니다.

Scene B 01

Scene B 02

Scene B 03

TIP :: 자주 사용하는 Blur 필터

Blur 필터는 선택 영역이나 전체 이미지를 부드럽게 합니다. 특히 이미지에서 근경과 원경을 분리하여 효과를 적용하거나 움직임을 역동적으로 표현하기 위해서 자주 사용됩니다. 레이어의 가장자리에 필터를 적용하려면 [Layers] 패널에서 [Lock Transparent Pixel] 옵션을 해제해야 합니다.

- **Average**
  이미지나 선택 영역의 평균 색상을 찾은 후 이 색상으로 이미지나 선택 영역을 칠해 매끄러운 모습을 만들어 냅니다. 예를 들어, 잔디를 선택하면 이 필터는 해당 영역을 균일한 초록색으로 바꿉니다.

- **Blur and Blur More**
  이미지에서 뚜렷한 색변환이 일어나는 노이즈를 없앱니다.

- **Gaussian Blur**
  가장 기본적으로 사용되는 Blur 필터입니다. 조정할 수 있는 양만큼 재빨리 선택 영역을 부드럽게 만들 수 있습니다.

- **Lens Blur**
  이미지의 일부 개체에만 초점이 맞게 되고 다른 영역은 흐리게 표시됩니다.

- **Motion Blur**
  지정된 방향(−360에서 +360까지)에서 지정된 강도(1에서 999까지)로 이미지를 흐리게 합니다. 이동하는 개체의 사진을 찍는 것과 같은 운동감을 주는 효과를 낼 수 있습니다.

- **Radial Blur**
  카메라의 확대/축소 또는 회전 시 이미지가 흐려지는 효과를 냅니다.

- **Smart Blur**
  정밀하게 이미지에 흐림 효과를 줄 수 있습니다. 반경, 한계값 및 블러 품질을 지정할 수 있습니다.

집중선 효과 테크닉

핵심내용

홍보 영상이나 애니메이션의 스토리 기법 중 주인공의 특수한 심리 상황 등을 표현하기 위해 캐릭터를 중심으로 원형의 배경이 회전하며 중심 방향으로 시선이 집중되는 기법이 있습니다. 이를 '집중선 효과'라고 하는데, Polar Coordinate를 통해 집중선 효과에 대해 배워보겠습니다.

핵심기능

Polar Coordinate

Define Pattern

Polar Coordinate

집중선

\+

캐릭터

After

STORYBOARD

제2회 전국 자살예방 및 생명사랑 UCC 공모전 '최우수상' 수상 작품 이미지 중 일부분

: 준비 파일 : Part 04 〉 Chapter 03 〉 Section 04 〉 Stage.png, Character 01.png, Sub.png   **: 완성 파일 :** Part 04 〉 Chapter 03 〉 Section 04 〉 Polar Coordinate 완성.psd

1 포토샵 CC 2017을 실행한 후 기본 작업 화면이 열리면 새 캔버스를 만들기 위해서 화면 상단 부분에 위치한 [New](Ctrl + N) 버튼을 클릭합니다. [새로 만들기 문서] 대화상자가 열리면 다음과 같이 설정한 후 [Create] 버튼을 클릭합니다.

- [Width] : '160 Pixels'
- [Height] : '10 Pixels'
- [Resolution] : '72 Pixels/Inch'
- [Color Mode] : 'RGB Color 8 bit'

2 작업 화면에 새 캔버스가 만들어지면 Ctrl + + 를 여러 번 눌러 화면을 확대합니다. [Tools] 패널의 [Rectangular Marquee Tool]( )을 클릭한 후 상단 옵션바에서 다음과 같이 설정하고, 캔버스의 왼쪽 끝부분을 클릭하여 그림과 같은 위치에 선택 영역을 만듭니다.

- [Feather] : '0'
- [Style] : 'Fixed Size'
- [Width] : '40 px'
- [Height] : '10 px'

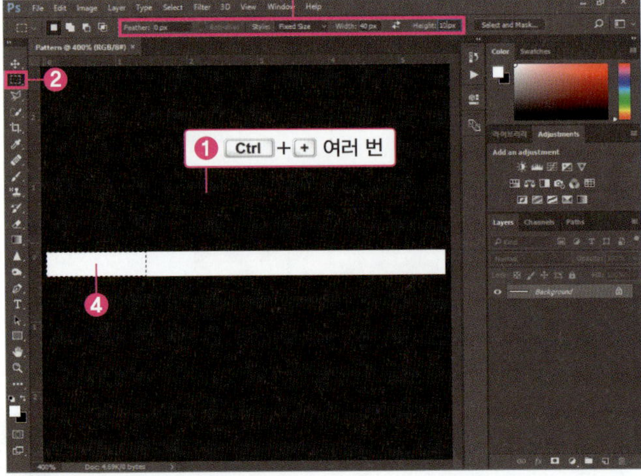

3 [Tools] 패널의 [Set foreground color]를 클릭하고 전경색을 '빨간색(#db1a00)'으로 설정한 후 Alt + Delete 를 눌러 선택 영역에 색을 채웁니다.

> **바로 알기** 배경색 채우기
> - 전경색 채우기 단축키 : Alt + Delete
> - 배경색 채우기 단축키 : Ctrl + Delete

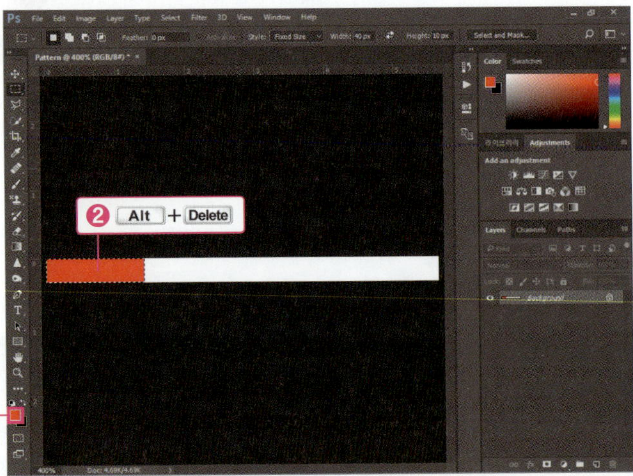

4 [Rectangular Marquee Tool](▦)로 선택 영역을 오른쪽으로 드래그하여 그림과 같은 위치로 옮깁니다.

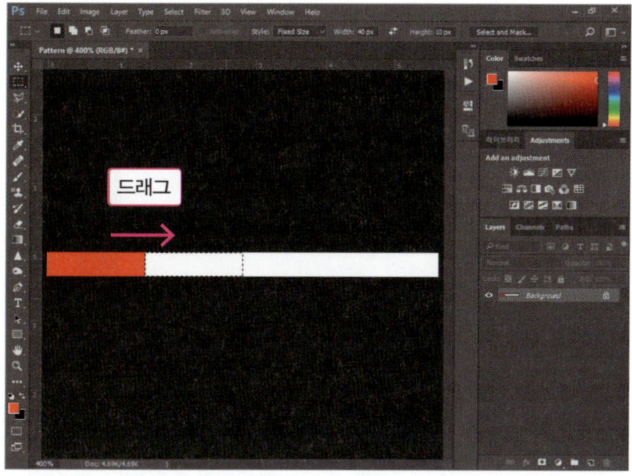

5 [Tools] 패널의 [Set foreground color]를 클릭하고, 전경색을 '주황색(#da7700)'으로 설정한 후 Alt+Delete를 눌러 선택 영역에 색을 채웁니다.

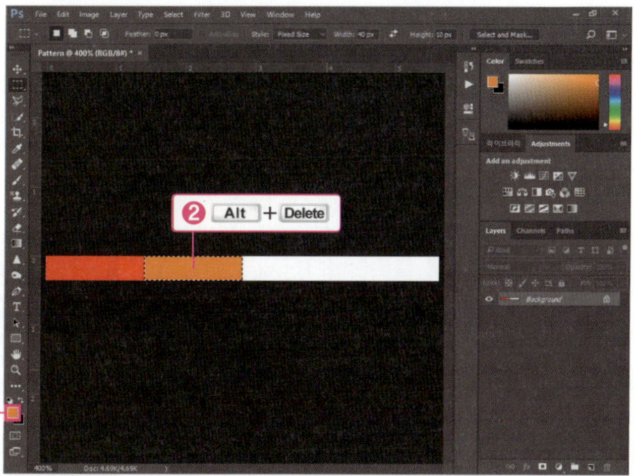

6 앞선 방법으로 나머지 선택 영역에 '오렌지색(#e4b200)'과 노란색(#e0d800)을 채운 후 Ctrl+D를 눌러 선택 영역을 해제합니다.

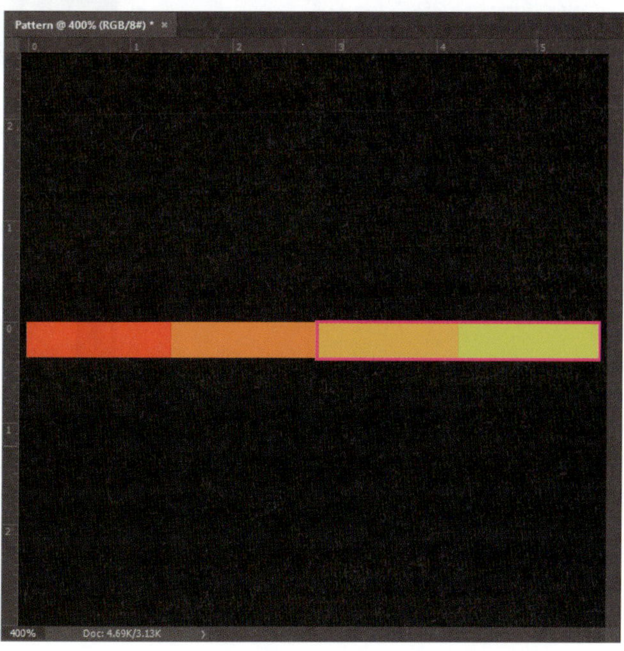

7 만들어진 이미지를 패턴으로 등록하기 위해서 [Edit] 〉 [Define Pattern] 메뉴를 클릭합니다.

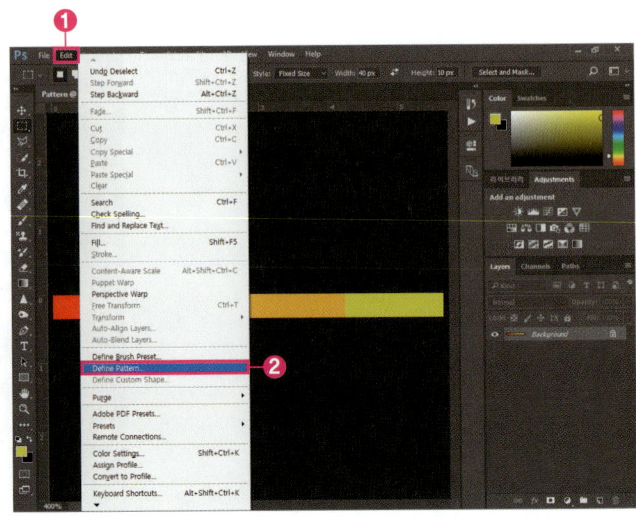

> **바로 알기** Define Pattern
> 이미지의 선택된 부분을 패턴으로 등록하여 홈페이지의 배경과 같은 반복적인 무늬를 넣을 때 사용합니다.

8 [Pattern Name] 대화상자가 열리면 [Name]에 임의로 적당한 이름을 입력하고 [OK] 버튼을 클릭하여 사용자 정의 패턴을 등록합니다.

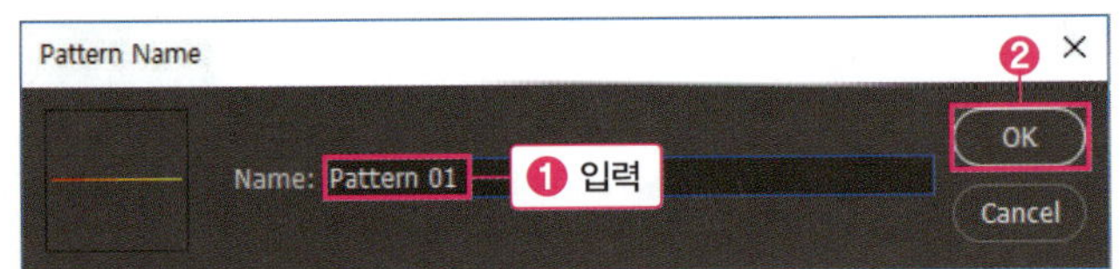

9 새 캔버스를 만들기 위해서 [File] 〉 [New](Ctrl + N) 메뉴를 클릭합니다. [새로 만들기 문서] 대화상자가 열리면 다음과 같이 설정한 후 [Create] 버튼을 클릭합니다.

- [Width] : '640 Pixels'
- [Height] : '480 Pixels'
- [Resolution] : '72 Pixels/Inch',
- [Color Mode] : 'RGB Color 8 bit'

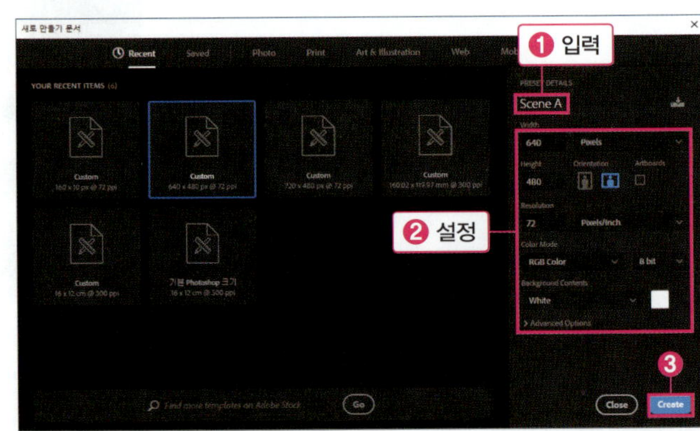

10 작업 화면에 새 캔버스가 만들어지면 캔버스에 패턴을 채우기 위해서 [Edit] 〉 [Fill](Shift + F5) 메뉴를 클릭합니다.

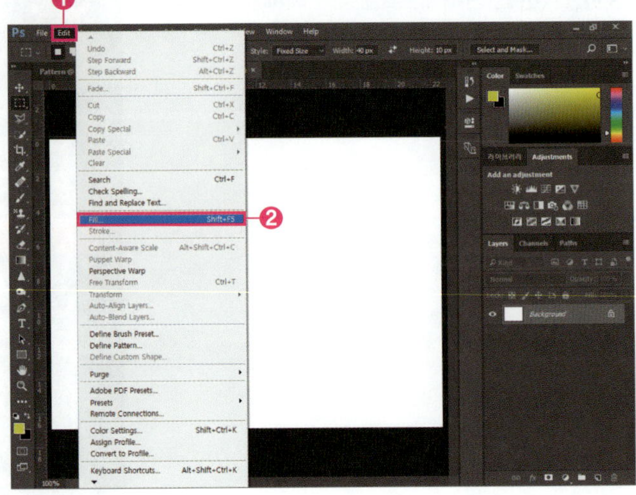

11 [Fill] 대화상자가 열리면 [Contents]를 'Pattern'으로 설정하고, [Custom Pattern]을 클릭하여 방금 전 등록한 패턴을 선택한 후 [OK] 버튼을 클릭합니다.

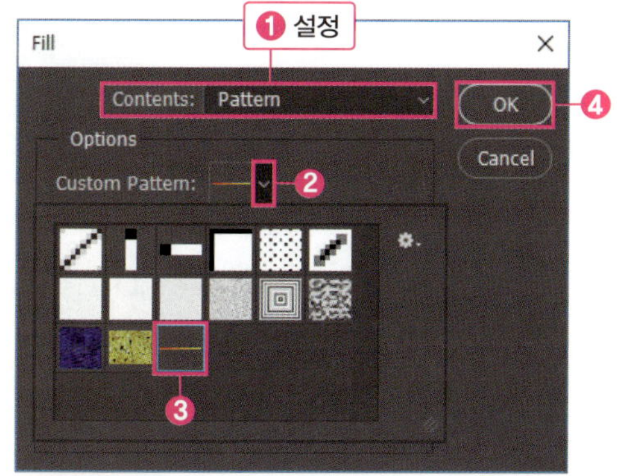

12 캔버스에 그림과 같이 패턴이 반복되어 채워졌음을 확인합니다.

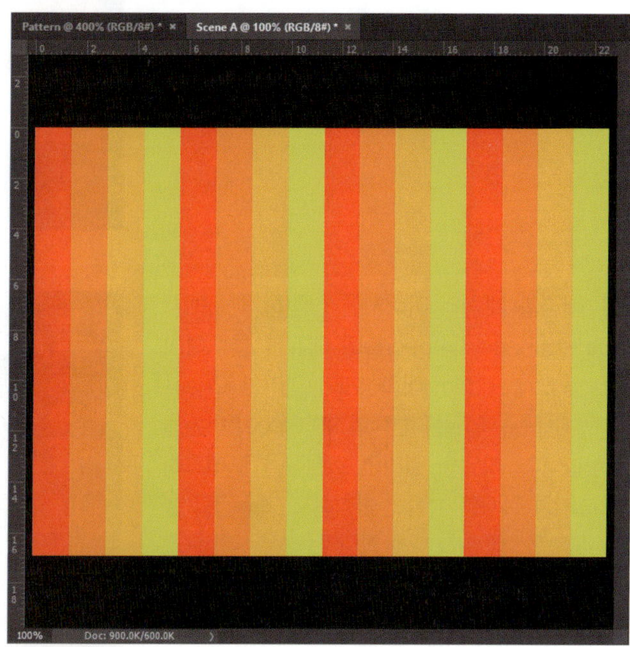

13 패턴에 집중선 효과를 주기 위해서 [Filter] 〉 [Distort] 〉 [Polar Coordinates] 메뉴를 클릭합니다. [Polar Coordinates] 대화상자가 열리면 [Rectangular to Polar]로 설정한 후 [OK] 버튼을 클릭합니다.

> **바로 알기** Polar Coordinates 효과
> 이미지의 좌표를 변형하는 필터로써 원통형 모양으로 말아놓은 것처럼 왜곡할 수 있습니다.

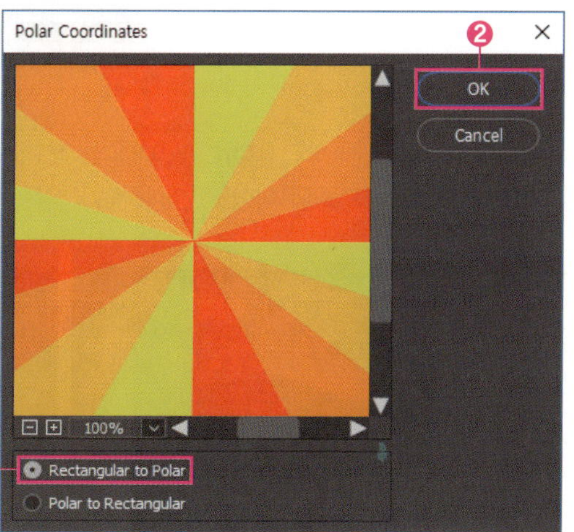

14 수직 모양이었던 패턴에 Polar Coordi-
nates 효과를 적용하여 그림과 같이 원형으로
변형되었음을 확인합니다.

15 배경과 캐릭터 이미지를 삽입하기 위해서
[File] 〉 [Place Embedded] 메뉴를 클릭하고
[Place Embedded] 대화상자가 열리면 'Char-
acter 01.png' 파일을 선택한 후 [Place] 버튼을
클릭합니다. 파일이 열리면 조절점을 드래그하
여 크기와 위치를 적절히 변형하고 Enter 를 눌
러 조절박스를 사라지게 합니다. 같은 방법으로
'Stage.png'과 'Sub.png' 파일을 각각 불러온
후 그림과 같이 배치합니다.

TIP :: 레이어의 순서에 주의해야 합니다.

16 'Background' 레이어를 선택하고 Ctrl + U 를 눌러 [Hue/saturation] 대화상자를 엽니다. Hue 효과를 통해
그림과 같이 '집중선 효과' 이미지들의 색상을 변경하여 다양한 이미지를 만들 수 있습니다.

Scene 01

Scene 02

Scene 03

Scene 04

칠판과 분필 효과 테크닉

핵심내용

칠판 배경과 분필 글씨는 CF 홍보 영상이나 애니메이션에서 자주 등장하는 효과입니다. 그런데 실무에서는 칠판에 그리는 게 아니라 손으로 그려서 분필 효과를 줍니다. 이 섹션에서는 Add Noise와 Blending Mode를 이용해서 칠판과 분필 글씨 효과를 주는 방법에 대해 안내하겠습니다.

핵심기능

Add Noise + Blending Mode(Screen)

Before

Add Noise + Blending Mode(Screen)

After

STORYBOARD

2011 대한민국 국회 UCC 공모전 '국회사무총장상' 수상 작품 이미지 중 일부분

: 준비 파일 : Part 04 〉 Chapter 03 〉 Section 05 〉 Board.jpg, Sketch.jpg　**: 완성 파일 :** Part 04 〉 Chapter 03 〉 Section 05 〉 Add Noise 완성.psd

1 포토샵 CC 2017을 실행한 후 기본 작업 화면이 열리면 새 캔버스를 만들기 위해서 화면 상단 부분에 위치한 [New](**Ctrl** + **N**) 버튼을 클릭합니다. [새로 만들기 문서] 대화상자가 열리면 다음과 같이 설정한 후 [Create] 버튼을 클릭합니다.

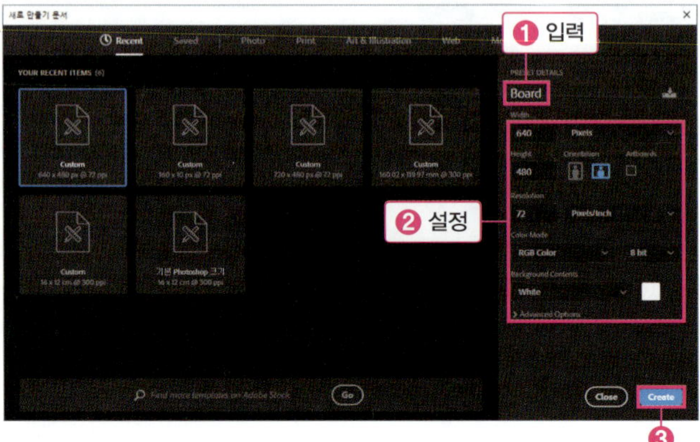

- [Width] : '640 Pixels'
- [Height] : '480 Pixels'
- [Resolution] : '72 Pixels/Inch'
- [Color Mode] : 'RGB Color 8 bit'

2 [Tools] 패널의 [Set foreground color]를 클릭하여 전경색을 '진녹색(#375a42)'으로 설정하고 **Alt** + **Delete** 를 눌러 'Background' 레이어에 전경색을 채웁니다.

TIP :: 색상 채우기
- 전경색 채우기 단축키 : **Alt** + **Delete**
- 배경색 채우기 단축키 : **Ctrl** + **Delete**

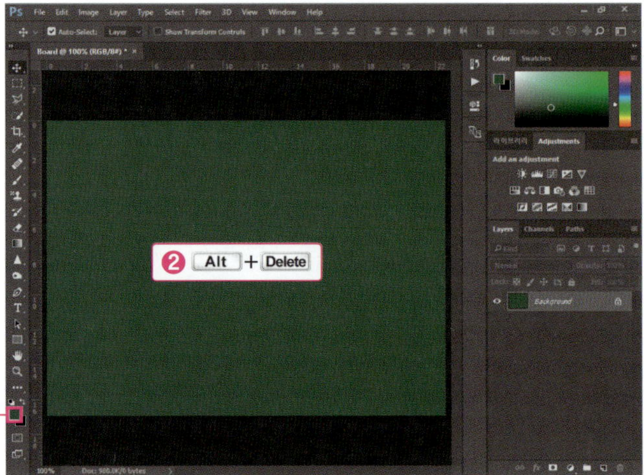

3 칠판 표면의 느낌을 표현하기 위해서 [Filter] 〉 [Noise] 〉 [Add Noise] 메뉴를 클릭하고, [Add Noise] 대화상자가 열리면 다음과 같이 설정한 후 [OK] 버튼을 클릭합니다.

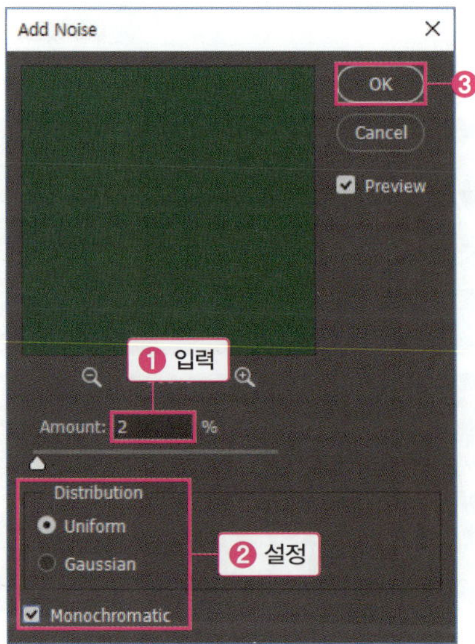

- [Amount] : '2%'
- [Distribution] : 'Uniform'
- [Monochromatic] : 체크

바로 알기 Add Noise 효과
이미지에 불규칙한 픽셀을 뿌리는 효과입니다.

4 Add Noise 효과가 적용되었음을 확인합니다.

5 칠판에 합성할 이미지를 불러오기 위해서 [File] 〉 [Open](**Ctrl**+**O**) 메뉴를 클릭합니다. [열기] 대화상자가 열리면 'Sketch.jpg' 파일을 선택하고 [열기] 버튼을 클릭합니다.

6 이미지의 밝기를 조절하기 위해서 [Image] 〉 [Adjustments] 〉 [Levels](**Ctrl**+**L**) 메뉴를 클릭합니다. [Levels] 대화상자가 열리면 다음과 같이 설정한 후 [OK] 버튼을 클릭합니다.

• [Midtone Slider] : '1.1'
• [White Point Slider] : '245'
• [Black Point Slider] : '40'

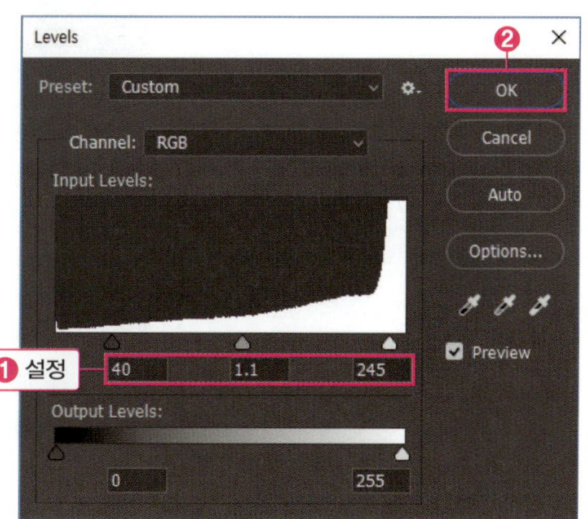

7 [Ctrl]+[A]를 눌러 전체 영역을 선택하고, [Ctrl]+[C]를 눌러 복사합니다. 칠판이 있는 캔버스를 클릭하고 [Ctrl]+[V]를 눌러 이미지를 붙여 넣습니다.

8 붙여 넣은 레이어의 이름을 'Sketch'로 입력하고, [Image] > [Adjustments] > [Invert] ([Ctrl]+[I]) 메뉴를 클릭하여 이미지의 색상을 반전합니다.

> **바로 알기** Invert 효과
> 이미지를 보색 색상으로 반전시킵니다.

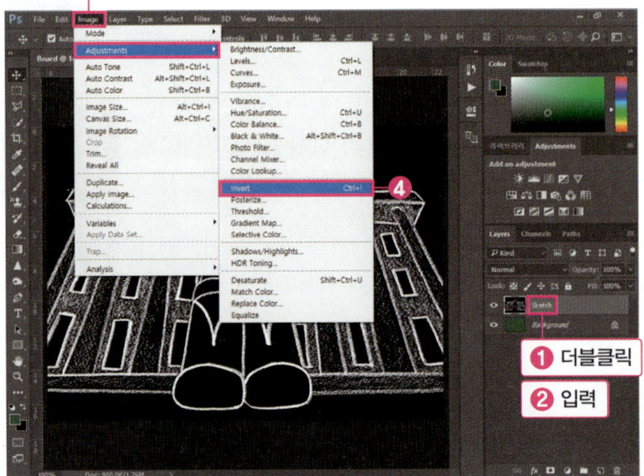

9 [Layers] 패널에서 'Sketch' 레이어의 [Blending Mode]를 'Screen', [Opacity]를 '90%'로 설정하여 마무리합니다.

> **바로 알기** Screen 효과
> 2개의 이미지에서 밝은 부분만을 이용하여 합성하는 효과입니다.

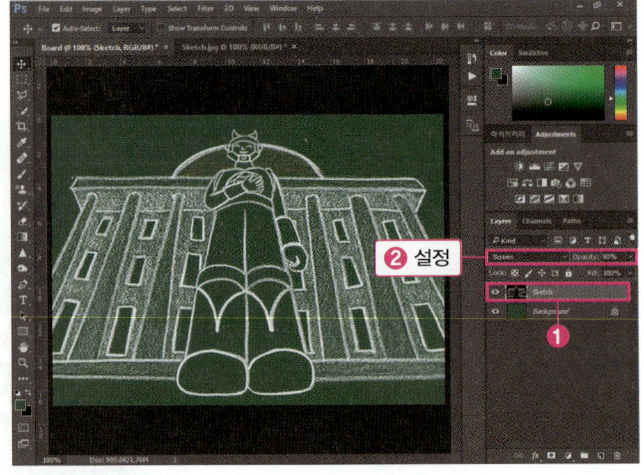

10 앞선 방법으로 [Blending Mode]의 'Screen' 효과를 이용하여 다양한 이미지들을 만들 수 있습니다.

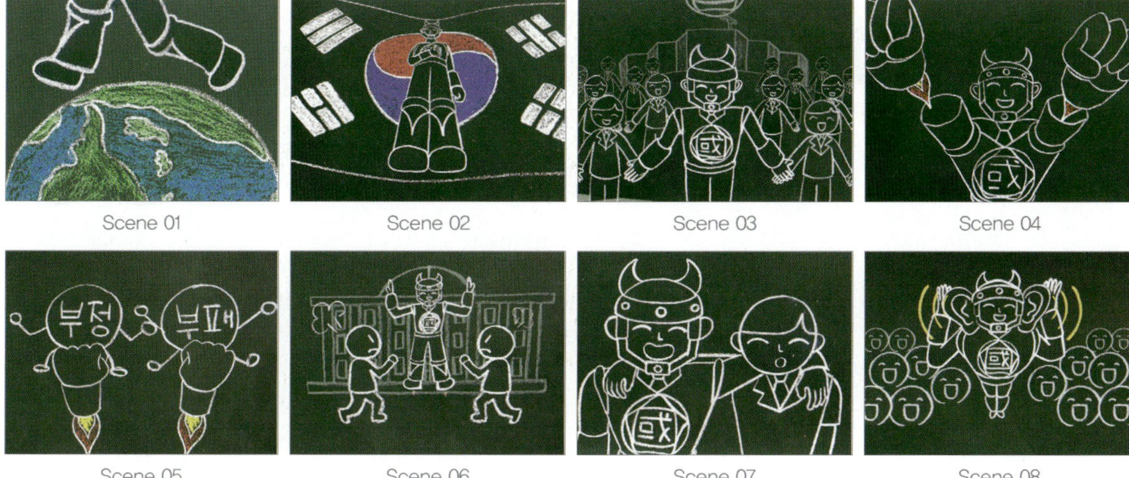

Scene 01　　Scene 02　　Scene 03　　Scene 04

Scene 05　　Scene 06　　Scene 07　　Scene 08

스케치 효과 테크닉

핵심내용

홍보 영상이나 애니메이션에서 자주 사용하는 기법 중 하나가 스케치 효과입니다. 특히, 우리의 전통 가옥이나 동양적인 풍경 등의 영상에 자주 사용됩니다. 이 필터 효과를 이용하면 실재로 그림을 그리는 시간과 부담을 대폭 줄일 수 있는 장점이 있습니다. 본 예제에서는 Blur와 Noise를 이용해서 스케치 효과를 실습해 보겠습니다.

핵심기능

Gaussian Blur, Motion Blur + Noise

Before

Gaussian Blur, Motion Blur + Noise

After

STORYBOARD

2006 대한민국관광애니메이션공모전 '우수상' 수상 작품 이미지 중 일부분

01 스케치 효과 Gaussian Blur, Motion Blur + Noise

: 준비 파일 : Part 04 〉 Chapter 03 〉 Section 06 〉 IMG A.jpg   : 완성 파일 : Part 04 〉 Chapter 03 〉 Section 06 〉 Blur and Noise 완성.psd

1 포토샵 CC 2017을 실행한 후 작업 화면이 열리면 이미지 파일을 불러오기 위해서 [File] 〉 [Open](Ctrl + O) 메뉴를 클릭합니다. [열기] 대화상자가 열리면 'IMG A.jpg' 파일을 선택하고 [열기] 버튼을 클릭합니다.

TIP :: 기본적인 명령(새 파일, 열기 등)은 단축키를 외워서 작업 시간을 단축하고, 간편하게 명령을 적용할 수 있도록 연습합니다.

2 이미지를 흑백으로 바꾸기 위해서 [Image] 〉 [Adjustments] 〉 [Desaturate](Shift + Ctrl + U) 메뉴를 클릭합니다. 그림과 같이 이미지가 흑백으로 바뀐 것을 확인한 후   Ctrl + J 를 눌러 레이어를 하나 더 복사합니다.

3 복사한 'Layer 1' 레이어가 선택된 상태에서 이미지의 색상을 반전하기 위해서 [Image] 〉 [Adjustments] 〉 [Invert](Ctrl + I) 메뉴를 클릭합니다.

4 [Layers] 패널에서 'Layer 1' 레이어의 [Blending Mode]를 'Color Dodge'로 설정합니다.

> **바로 알기** Color Dodge 효과
> 두 개 이미지에서 밝은 부분을 섞는 합성 효과입니다.

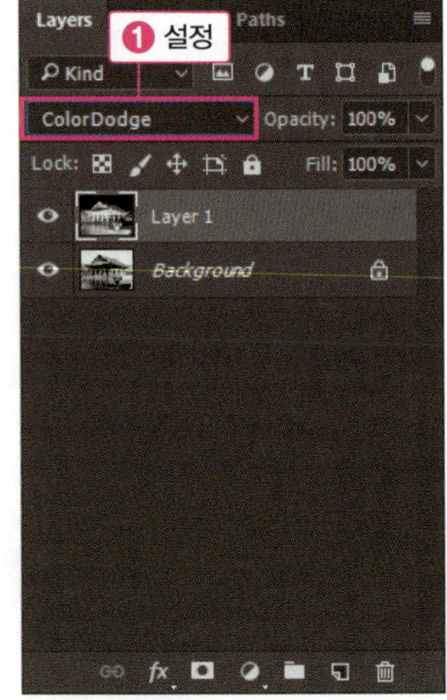

5 [Filter] 〉 [Blur] 〉 [Gaussian Blur] 메뉴를 클릭합니다. [Gaussian Blur] 대화상자가 열리면 [Radius]를 '5'로 설정한 후 [OK] 버튼을 클릭하여 'Layer 1' 레이어에 블러 효과를 적용합니다.

TIP :: [Radius] 값에 따라 스케치 효과의 결과가 달라집니다. 이를 잘 이용하면 수채화나 동양화 느낌도 줄 수 있습니다. 이미지의 결과를 확인하면서 수치를 조절하길 바랍니다.

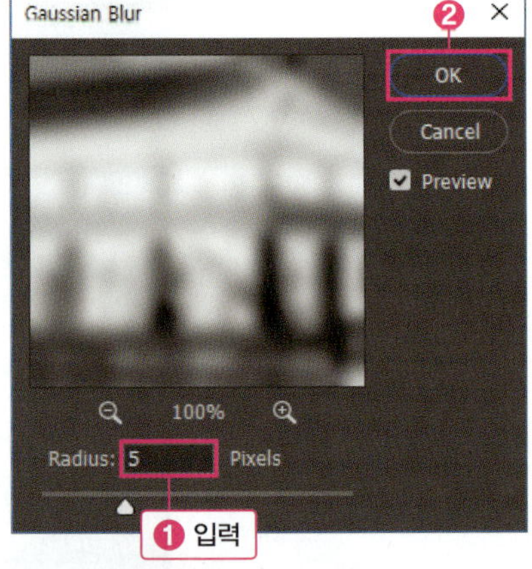

6 이미지에 그림과 같은 흑백 효과가 적용되었음을 확인한 후 Ctrl + E 를 눌러 레이어를 하나로 합칩니다.

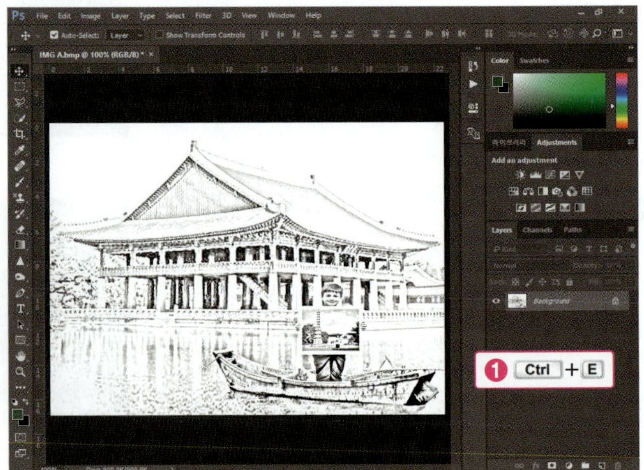

7 Ctrl + J 를 눌러 레이어를 하나 더 복사합니다.

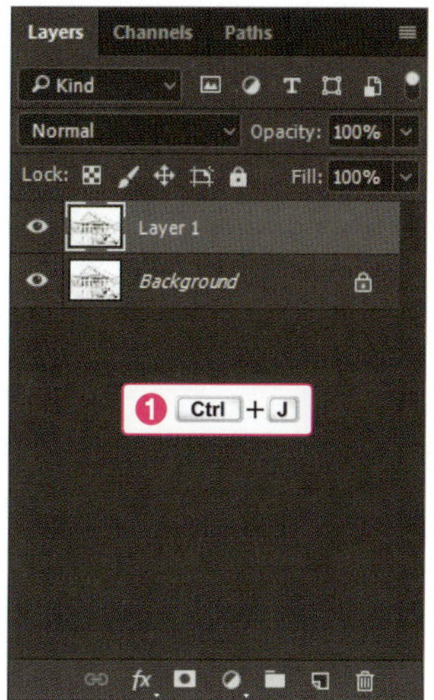

8 연필 스케치 느낌을 추가하기 위해서 'Layer 1' 레이어가 선택된 상태에서 [Filter] 〉 [Noise] 〉 [Add Noise] 메뉴를 클릭합니다. [Add Noise] 대화상자가 열리면 다음과 같이 설정한 후 [OK] 버튼을 클릭합니다.

- [Amount] : '30'
- [Distribution] : 'Uniform'
- [Monochromatic] : 체크

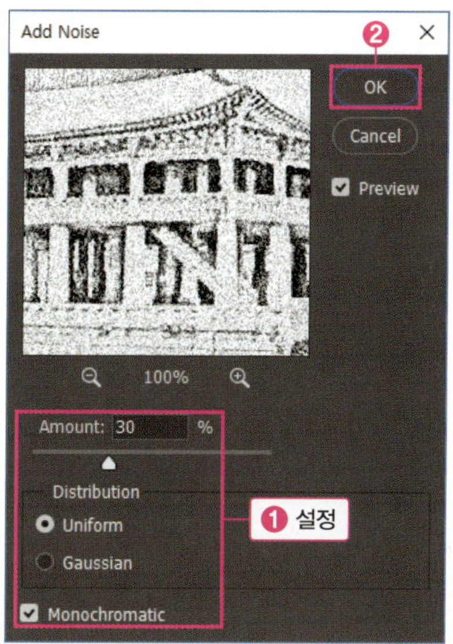

9 [Filter] 〉 [Blur] 〉 [Motion Blur] 메뉴를 클릭하고 [Motion Blur] 대화상자가 열리면 다음과 같이 설정한 후 [OK] 버튼을 클릭하여 모션 블러 효과를 추가합니다.

- [Angle] : '40'
- [Distance] : '30'

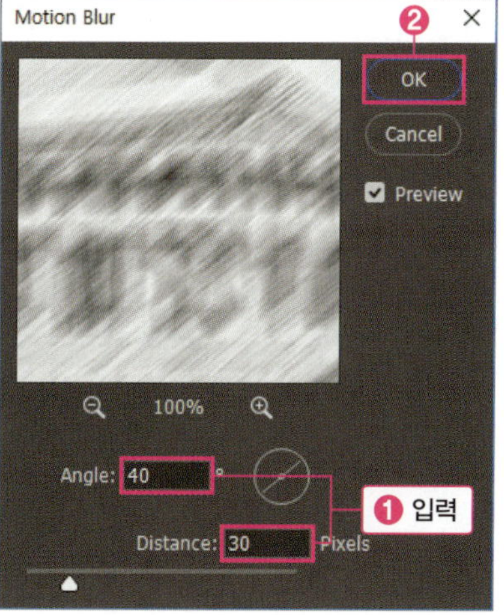

10 [Layers] 패널에서 'Layer 1' 레이어의 [Opacity]를 '40%' 정도로 낮추어서 두 개의 레이어가 자연스럽게 혼합되도록 한 후 `Ctrl`+`E`를 눌러 레이어를 하나로 합칩니다.

11 위와 같은 방법으로 여러 장의 스케치 효과 이미지를 만들 수 있습니다.

Scene 01 Scene 02 Scene 03 Scene 04

Scene 05 Scene 06 Scene 07 Scene 08

판화 효과 테크닉

핵심내용

포토샵의 판화 효과가 실재 판화와 똑같을 수는 없지만, 빠르게 흘러가는 홍보 영상에서는 효과적으로 사용할 수 있습니다. 본 예제에서는 Filter의 Minimum 기능을 이용한 판화 효과 테크닉에 대해 실습해 보겠습니다.

핵심기능

Minimum

Before

Minimum

After

STORYBOARD

2007 전국 디지털 영상 애니메이션 공모전 '대상' 수상 작품 이미지 중 일부분

: **준비 파일** : Part 04 〉 Chapter 03 〉 Section 05 〉 Yeosu.jpg, Background.jpg　　**• 완성 파일** : Part 04 〉 Chapter 03 〉 Section 05 〉 Minimum 완성.psd

1　포토샵 CC 2017을 실행한 후 작업 화면이 열리면 이미지 파일을 불러오기 위해서 [File] 〉 [Open](　**Ctrl**　+　**O**　) 메뉴를 클릭합니다. [열기] 대화상자가 열리면 'Yeosu.jpg' 파일을 선택하고 [열기] 버튼을 클릭합니다.

2　이미지를 흑백으로 바꾸기 위해서 [Image] 〉 [Adjustments] 〉 [Desaturate](　**Shift**　+　**Ctrl**　+　**U**　) 메뉴를 클릭합니다. 그림과 같이 이미지가 흑백으로 바뀐 것을 확인한 후 　**Ctrl**　+　**J**　를 눌러 레이어를 하나 더 복사합니다.

3　복사한 'Layer 1' 레이어가 선택된 상태로 이미지의 색상을 반전하기 위해서 [Image] 〉 [Adjustments] 〉 [Invert](　**Ctrl**　+　**I**　) 메뉴를 클릭합니다.

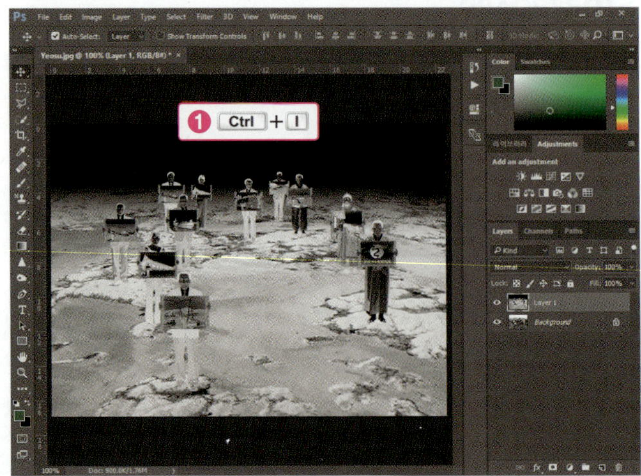

4 [Layers] 패널에서 'Layer 1' 레이어의 [Blend-ing Mode]를 'Color Dodge'로 설정합니다.

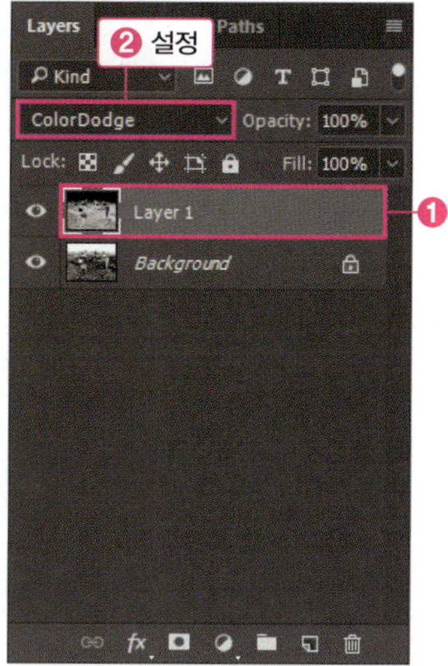

5 [Filter] 〉 [Other] 〉 [Minimum] 메뉴를 클릭하고 [Minimum] 대화상자가 열리면 [Radius]를 '1'로 설정한 후 [OK] 버튼을 클릭합니다.

TIP :: 이 효과의 결과를 정확하게 확인하려면 아래 'Back-ground' 레이어의 눈(Visibility) 아이콘을 해제하고, 효과를 적용한 레이어의 이미지만 확인합니다.

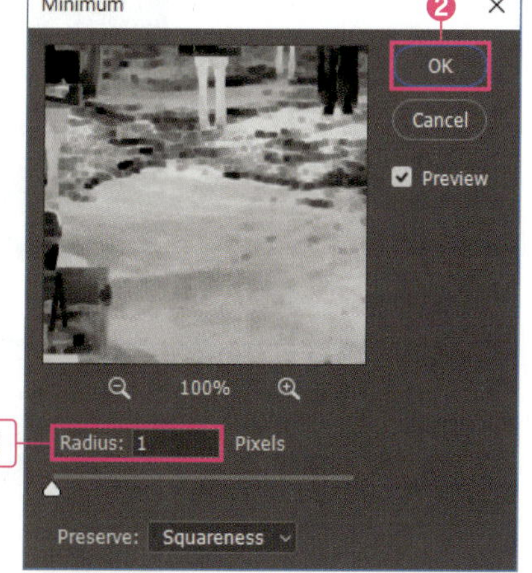

6 [Layers] 패널에서 'Layer 1' 레이어의 [Opaci-ty]를 '75%'로 설정한 후 Ctrl + E 를 눌러 레이어를 하나로 합칩니다.

7 동판화 효과를 위한 소스 이미지를 불러오기 위해서 [File] 〉 [Open](Ctrl+O) 메뉴를 클릭합니다. [열기] 대화상자가 열리면 'Background.jpg' 파일을 선택하고 [열기] 버튼을 클릭합니다.

8 [Layer] 〉 [Duplicate Layer] 메뉴를 클릭하고, [Duplicate Layer] 대화상자가 열리면 [As]는 'Paper', [Destination]의 [Document]는 'Yeosu.jpg'로 설정한 후 [OK] 버튼을 클릭합니다.

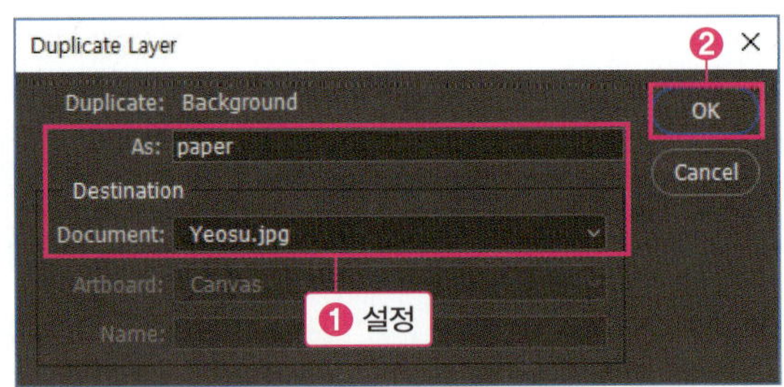

9 [Yeosu.jpg] 캔버스를 클릭하여 활성화한 후 [Layers] 패널에서 'Paper' 레이어의 [Blending Mode]를 'Multiply'로 설정하여 두 이미지가 자연스럽게 합성되게 합니다.

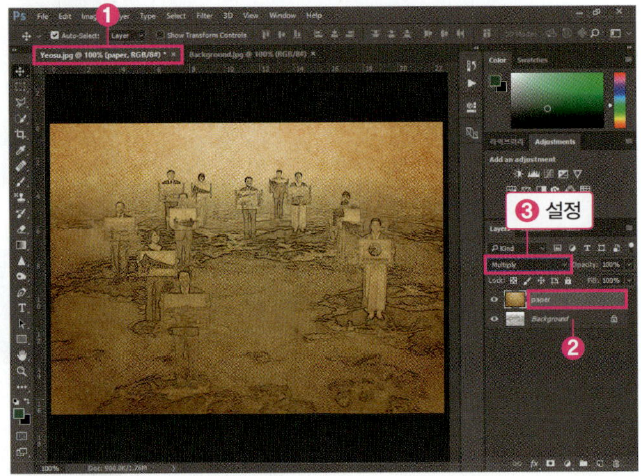

10 'Paper' 레이어가 선택된 상태로 이미지의 밝기를 조절하기 위해서 [Image] > [Adjust-ments] > [Levels](Ctrl+L) 메뉴를 클릭합니다. [Levels] 대화상자가 열리면 다음과 같이 설정한 후 [OK] 버튼을 클릭합니다.

- [Midtone Slider] : '1.05'
- [White Point Slider] : '245'
- [Black Point Slider] : '20'

11 그림과 같이 동판화 느낌의 이미지를 만들 수 있습니다.

12 위와 같은 방법으로 여러 장의 판화 효과 이미지를 만들 수 있습니다.

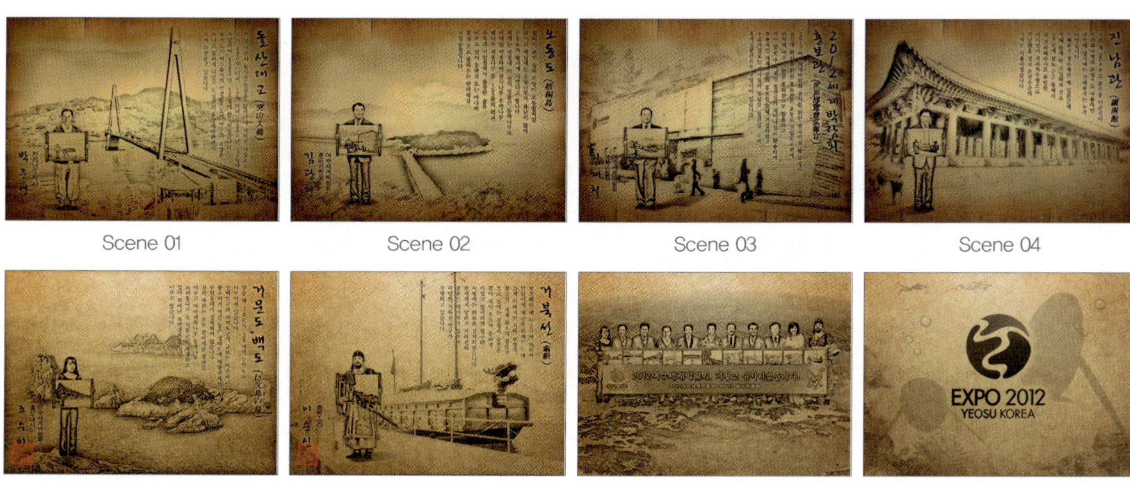

Scene 01   Scene 02   Scene 03   Scene 04

Scene 05   Scene 06   Scene 07   Scene 08

4

현장에서 많이 사용하는 타이틀 디자인 테크닉

영상 콘텐츠 공모전 10년 도전 노하우!

홍보를 목적으로 하는 대부분의 타이틀 콘텐츠는 포토샵을 사용합니다. 영상도 마찬가지입니다. 상당수의 이미지 데이터를 포토샵에서 만듭니다. 본 챕터에서는 현장에서 많이 사용하는 반사 효과, 물방울 효과, 색상 변환, 패스 문자, 재질 합성, 금속 재질, 엠보스 스타일, 불꽃 문자 테크닉에 대해 안내하였습니다. 그러나 필터 효과는 옵션 설정을 조금만 다르게 입력해도 결과가 달라지므로 다양한 응용을 해보기 바랍니다.

ADOBE PHOTOSHOP

반사 효과 테크닉

핵심내용

홍보를 목적으로 하는 디자인 실무에서 가장 많이 사용하는 기법 중 하나가 반사 효과입니다. 이를 잘 응용하면 다양한 디자인에 활용할 수 있습니다. 본 예제에서는 Mask와 Gradient Tool을 이용한 반사 효과 테크닉에 대해서 안내하고 실습해보겠습니다.

핵심기능

Mask + Gradient Tool

Before

Mask + Gradient Tool

After

STORYBOARD

2008 대한민국 절주 UCC 공모전 '우수상' 수상 작품 이미지 중 일부분

01 반사 효과 Mask + Gradient Tool

: 완성 파일 : Part 04 〉 Chapter 04 〉 Section 01 〉 Reflection 완성.psd

1 포토샵 CC 2017을 실행한 후 기본 작업 화면이 열리면 새 캔버스를 만들기 위해서 화면 상단 부분에 위치한 [New](**Ctrl** + **N**) 버튼을 클릭합니다. [새로 만들기 문서] 대화상자가 열리면 다음과 같이 설정한 후 [Create] 버튼을 클릭합니다.

- [Width] : '720 Pixels'
- [Height] : '480 Pixels'
- [Resolution] : '72 Pixels/Inch'
- [Color Mode] : 'RGB Color 8 bit'
- [Background Contents] : 'White'

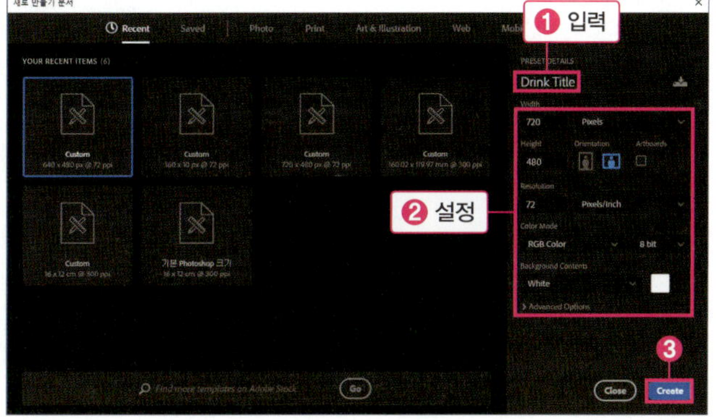

2 [Tools] 패널의 [Horizontal Type Tool](**T**)을 클릭하고 문자를 입력합니다. '알콜중독자의'와 '선택' 문자를 각각 다른 레이어로 입력하고, 폰트의 종류, 색상과 크기를 적절하게 설정합니다.

> **바로 알기**
> [Window] 〉 [Character] 메뉴를 클릭하여 [Character] 패널을 열어서 문자의 폰트, 자간, 행간 등 상세한 설정을 바꿀 수 있습니다.

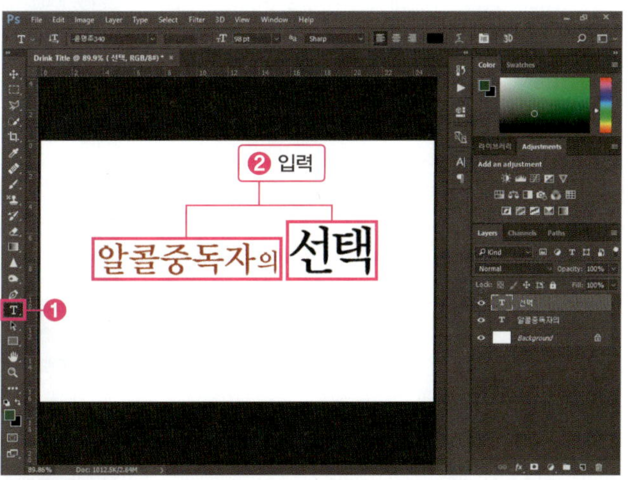

3 [Tools] 패널에서 [Rectangle Tool]을 길게 눌러 메뉴가 열리면 [Ellipse Tool](**O**)을 클릭한 후 '선택' 문자 위에 그림과 같은 크기로 원을 2개 그립니다.

> **바로 알기**
> 원의 색상은 [Ellipse Tool]을 선택한 후 상단 옵션바에서 변경할 수 있습니다.
> - [Fill] : 채우기 색상
> - [Stroke] : 선 색상

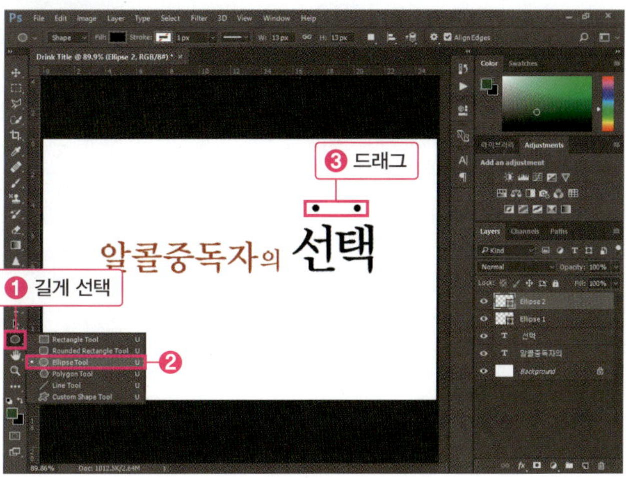

4 [Layers] 패널의 문자 레이어('선택', '알콜 중독자의')를 모두 선택하고 Ctrl+J를 눌러 복사합니다. Ctrl+E를 눌러 복사한 레이어를 합치고, 레이어 이름을 '반사'로 변경합니다.

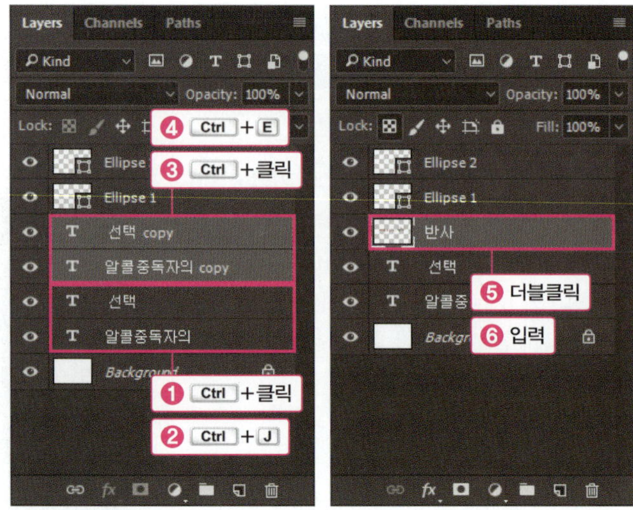

5 [Layers] 패널의 '반사' 레이어가 선택된 상태에서 Ctrl+T를 눌러 [Free Transform]을 적용합니다. 상단 가운데 있는 점을 아래로 드래 그하여 반대로 뒤집고, Enter를 눌러 변형을 적용합니다.

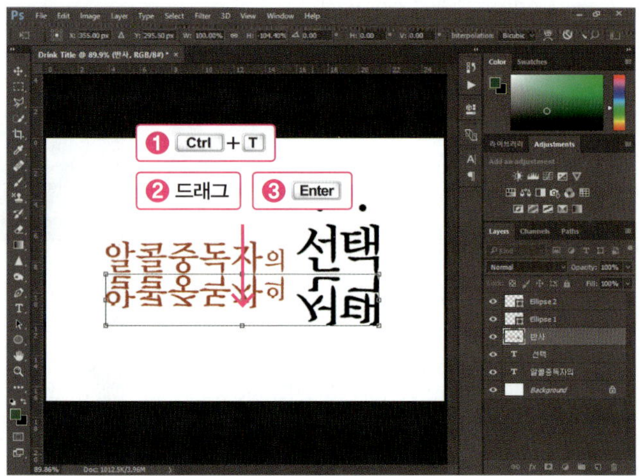

6 [Layers] 패널의 [Add Layer Mask](□)를 클릭하여 '반사' 레이어에 마크스를 적용합니다.

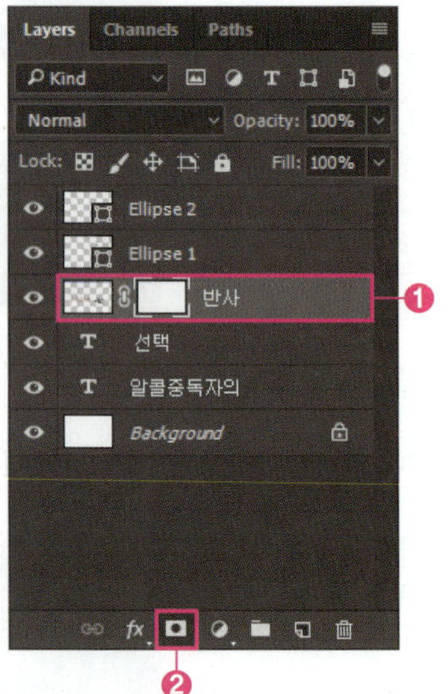

> **바로 알기** Layer Mask
> [Layer] 〉 [Layer Mask] 메뉴와 같은 기능으로써 선택한 레이어에 마스크 효과를 적용할 수 있습니다. 마스크 효과는 사용자가 임의로 필요한 부분만 보이게 하고 원하지 않는 부분은 숨겨놓는 기능입니다.

7 [Tools] 패널에서 [Gradient Tool](■)을 클릭하고, 상단 옵션바의 [Gradient Picker]를 클릭합니다. 세 번째 [Black, White] 그레이디언트 설정을 선택한 후 문자의 아랫부분에서 위쪽으로 드래그합니다.

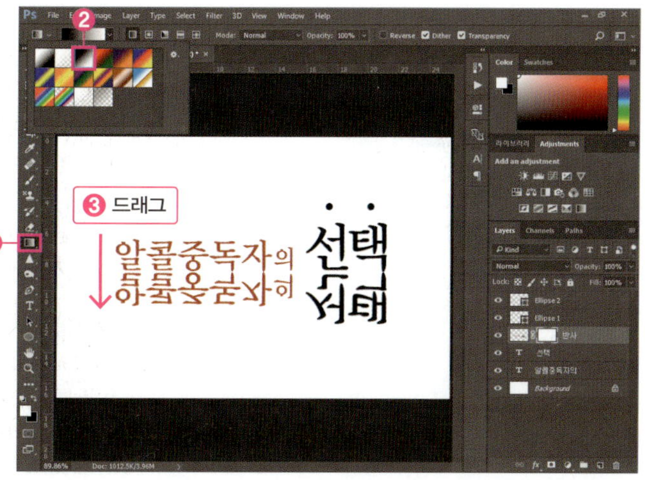

8 '반사' 레이어의 아랫부분이 자연스럽게 사라졌음을 확인한 후 [Layers] 패널에서 [Opacity]를 '30%'로 설정하여 반사 효과 타이틀을 마무리합니다.

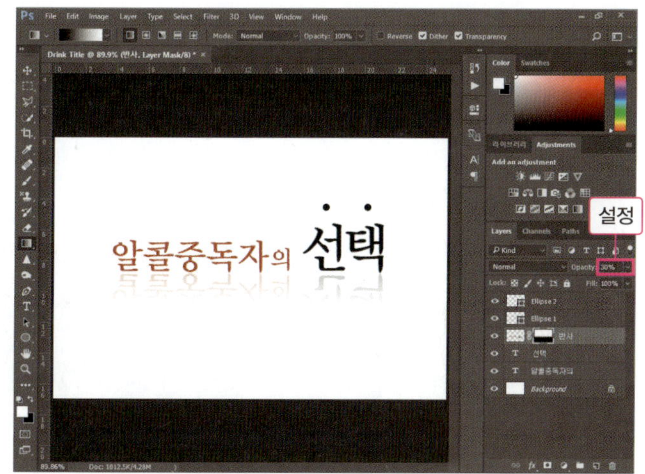

9 앞선 방법으로 반사 효과를 적용하여 다양한 이미지를 만들 수 있습니다.

Scene 01

Scene 02

Scene 03

물방울 효과 테크닉

핵심내용

물방울, 투명 아이콘과 같은 아쿠아 이미지는 디자인을 세련되게 표현합니다. 그러나 이를 아무 곳이나 사용하면 이해할 수 없는 디자인이 됩니다. 배경 그림과 어울리는 디자인을 해야 스토리로 연결됩니다. 본 예제에서는 물방울 소스를 제공하고 Place와 Layer Style을 이용하여 배경과 어울리는 물방울 효과 테크닉에 대해서 안내하겠습니다.

핵심기능

Place + Layer Style(Outer Glow, Drop Shadow)

STORYBOARD

OO고등학교 총학생회장 선거홍보 이미지 중 일부분

Scene 01
Place + Layer Style(Outer Glow, Drop Shadow)

Scene 02
Layer copy(Alt + 마우스 드래그)

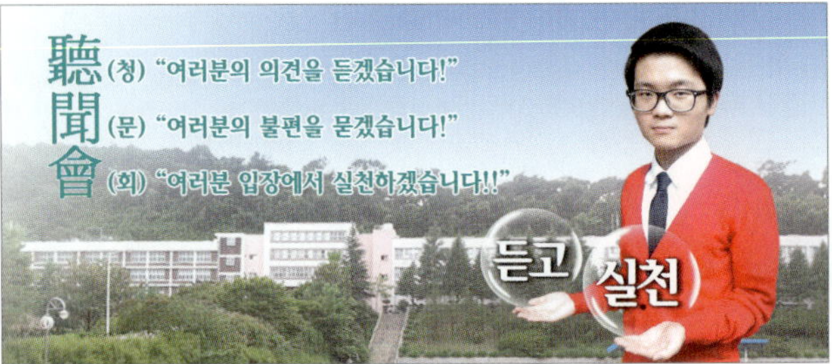

Scene 03

01 물방울 효과 Place + Layer Style

: 준비 파일 : Part 04 〉 Chapter 04 〉 Section 02 〉 Bubble.psd, Bubble.png **: 완성 파일 :** Part 04 〉 Chapter 04 〉 Section 02 〉 Bubble 완성.pad

1 포토샵 CC 2017을 실행한 후 작업 화면이 열리면 이미지 파일을 불러오기 위해서 [File] 〉 [Open](**Ctrl** + **O**) 메뉴를 클릭합니다. [열기] 대화상자가 열리면 'Bubble.psd' 파일을 선택하고 [열기] 버튼을 클릭합니다.

2 물방울 이미지를 삽입하기 위해서 [File] 〉 [Place Embedded] 메뉴를 클릭합니다. [Place Embedded] 대화상자가 열리면 'Bubble.png' 파일을 선택한 후 [Place] 버튼을 클릭합니다. 파일이 열리면 조절점을 드래그하여 크기와 위치를 그림과 같이 변형한 후 **Enter** 를 눌러 조절박스를 사라지게 합니다.

바로 알기

- 포토샵 버전에 따라 메뉴의 위치가 다를 수 있습니다.
  – [File] 〉 [Place] 메뉴
- [Place Embedded] : 이미지를 [Smart Object] 형태로 불러옵니다. 이때 이미지는 현재 작업 중인 캔버스와 같이 저장됩니다.

3 [Layers] 패널의 'Bubble' 레이어를 마우스 오른쪽 버튼으로 클릭한 후 [Rasterize Layer]를 선택하여 스마트 오브젝트에서 일반 레이어로 만듭니다.

TIP :: 스마트 오브젝트는 색상 변경, 필터 적용 등의 수정 작업이 불가능하므로 위와 같은 작업이 필요한 경우에는 일반 레이어로 변경해야 합니다.

4 물방울 이미지의 밝기를 조절하기 위해서 [Image] 〉 [Adjustments] 〉 [Levels](Ctrl + L) 메뉴를 클릭합니다. [Levels] 대화상자가 열리면 다음과 같이 설정한 후 [OK] 버튼을 클릭합니다.

- [Midtone Slider] : '1.16'
- [White Point Slider] : '190'

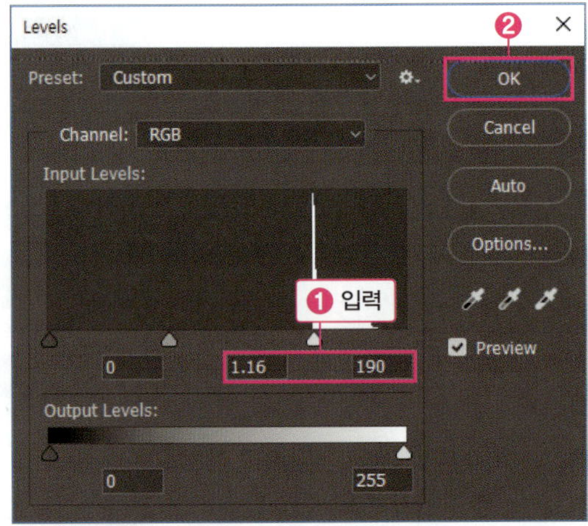

5 [Levels]를 적용한 후 탁해보였던 물방울이 선명해졌습니다.

6 [Layers] 패널의 'Bubble' 레이어가 선택된 상태에서 [Tools] 패널의 [Move Tool]( )을 클릭합니다. 상단 옵션바의 [Auto-Select] 기능을 클릭해 해제합니다. 캔버스에서 물방울을 Alt 를 누른 채 뒤쪽 손으로 드래그하여 하나 더 복사합니다.

바로 알기 Auto-Select

이 옵션이 체크되어 있으면 [Move Tool]로 캔버스를 클릭한 곳의 레이어가 자동으로 선택됩니다. 마우스를 이용한 복사하기 기능을 사용할 때는 다른 레이어가 자동으로 선택될 수 있으므로 잠시 해제해두는 것이 좋습니다.

7 복사된 물방울의 크기를 줄이기 위해서 [Edit] 〉 [Free Transform](Ctrl + T) 메뉴를 클릭합니다. 조절점을 움직여 크기를 오른쪽에 위치한 물방울보다 작게 줄입니다.

TIP :: 비록 평면의 이미지이지만 각각 물체의 크기를 보이는 거리에 따라 조절하여 서로 대비를 주게 되면 원근감이 생깁니다.

8 [Tools] 패널의 [Horizontal Type Tool](T) 로 '실천' 문자를 오른쪽 물방울 중앙에 입력한 후 폰트, 크기, 색상을 그림과 같이 적절하게 조절합니다.

TIP :: 문자가 잘 보여야 하므로 두꺼운 폰트를 고르는 것이 좋습니다.

9 문자를 더욱 잘 보이게 만들기 위해서 문자 레이어('실천')가 선택된 상태에서 [Layer] 〉 [Layer Style] 〉 [Outer Glow] 메뉴를 클릭합니다. [Layer Style] 대화상자가 열리면 [Outer Glow]를 다음과 설정합니다.

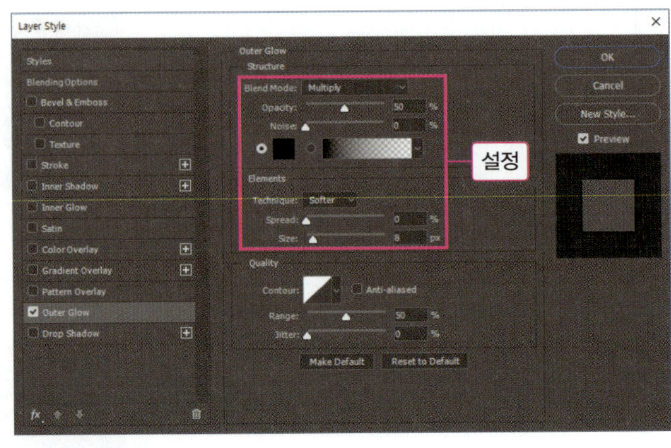

• [Structure]
[Blend Mode] : 'Multiply'
[Opacity] : '50'
[Set Color of Glow] : '검은색(#000000)'
• [Elements]
[Spread] : '0'
[Size] : '8'

10 이어서 [Layer Style] 대화상자에서 [Drop Shadow]를 클릭하고 다음과 같이 설정한 후 [OK] 버튼을 클릭합니다.

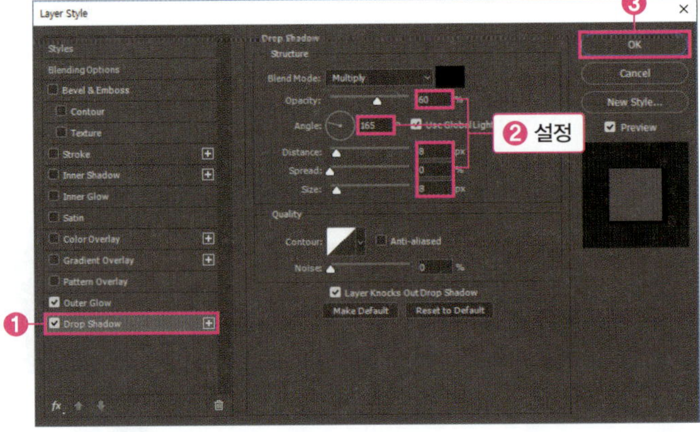

• [Structure]
[Opacity] : '60'
[Angle] : '165'
[Distance] : '8'
[Spread] : '0'
[Size] : '8'

11 '실천' 문자에 Outer Glow와 Drop Shadow 효과가 적용되었음을 확인합니다.

12 왼쪽에 위치한 물방울에도 '듣고'라는 문자를 입력합니다. 원근감을 위해서 '실천' 문자보다 크기를 작게 조절한 후 앞선 방법으로 [Layer Style]을 적용하여 마무리합니다.

TIP :: 앞서 배운 [Copy Layer Style], [Paste Layer Style] 기능으로 레이어 스타일을 복사하여 붙여 넣어도 됩니다.

TIP :: [Layer Style] 관련 팁

포토샵에서는 레이어의 내용을 표현하는 그림자, 광선, 경사 등의 다양한 효과를 제공합니다. [Layer Style]은 레이어 내용과 연결되어 있습니다. 레이어 내용을 이동하거나 편집하면 수정된 내용에 동일한 효과가 적용됩니다. 예를 들어, 텍스트 레이어에 그림자 효과를 적용하고 새 텍스트를 추가하면 새 텍스트에 그림자 효과가 자동으로 추가됩니다.

※ 배경, 잠긴 레이어 또는 그룹에는 효과를 적용할 수 없습니다.

※ 배경 레이어에 레이어 효과를 적용하려면 먼저 배경 레이어를 일반 레이어로 변환합니다.

※ [Layer Style] 대화상자를 닫지 않고도 여러 효과를 편집할 수 있습니다. 대화상자 왼쪽에 있는 효과 이름을 클릭하면 해당 옵션이 표시됩니다.

• [Drop Shadow]

레이어 내용 뒤쪽에 그림자를 추가합니다.

• [Inner Shadow]

레이어가 움푹 들어가 보이도록 레이어 내용의 가장자리 바로 안쪽에 그림자를 추가합니다.

• [Outer Glow and Inner Glow]

레이어 내용의 바깥 가장자리나 안쪽 가장자리에서 나오는 광선을 추가합니다.

• [Bevel and Emboss]

밝은 영역과 그림자를 다양하게 결합하여 레이어에 추가합니다.

• [Satin]

매끈하게 윤이 나는 음영을 레이어 내부에 적용합니다.

• [Color, Gradient, and Pattern Overlay]

색상, 그레이디언트 또는 패턴으로 레이어 내용을 칠합니다.

• [Stroke]

색상, 그레이디언트 또는 패턴을 사용하여 현재 레이어의 개체에 윤곽선을 그립니다. 이 효과는 문자와 같이 가장자리가 선명한 모양에 특히 유용합니다.

색상 변환 테크닉

핵심내용

포토샵의 장점은 색상 변환을 쉽게 할 수 있다는 것입니다. 색상 변환 옵션에서 드래그로 조금씩 이동하면 색상환을 모르는 초보자도 색상을 자연스럽게 수정하고 만들 수 있기 때문입니다. 본 예제에서는 Layer Copy와 Hue/Saturation을 이용해 색상을 변환하는 테크닉에 대해 실습해 보겠습니다.

핵심기능

Layer Copy + Hue/Saturation

Before

Layer Copy + Hue/Saturation

After

STORYBOARD

○○대학교 총장선거 프레젠테이션 작품 이미지 중 일부분

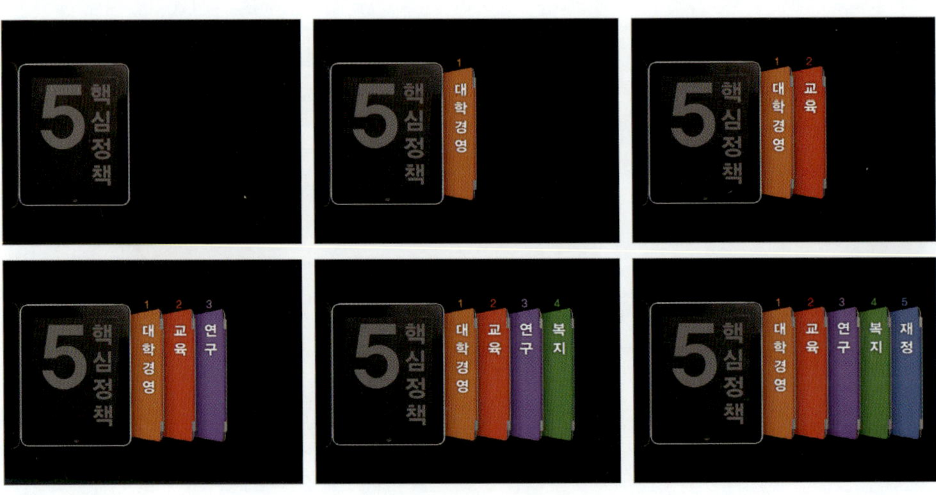

01 색상 변환 Layer Copy + Hue/Saturation

○○대학교 총장선거 프레젠테이션 작품
이미지 중 일부분

: **준비 파일** : Part 04 〉 Chapter 04 〉 Section 03 〉 IPad.png, Contents.png   : **완성 파일** : Part 04 〉 Chapter 04 〉 Section 03 〉 Hue Title 완성.psd

1 포토샵 CC 2017을 실행한 후 기본 작업 화면이 열리면 새 캔버스를 만들기 위해서 화면 오른쪽 상단 부분에 위치한 [New](**Ctrl** + **N**) 버튼을 클릭합니다. [새로 만들기 문서] 대화상자가 열리면 다음과 같이 설정한 후 [Create] 버튼을 클릭합니다.

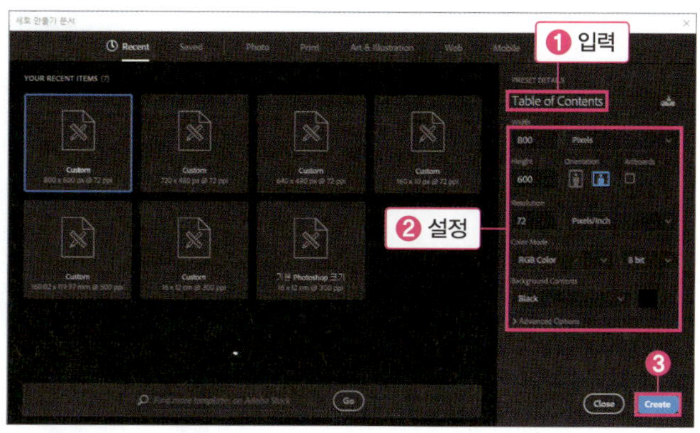

- [Width] : '800 Pixels'
- [Height] : '600 Pixels'
- [Resolution] : '72 Pixels/Inch'
- [Color Mode] : 'RGB Color 8 bit'
- [Background Contents] : 'black'

2 검은색 배경의 새 캔버스가 만들어지면 이미지를 삽입하기 위해서 [File] 〉 [Place Embedded] 메뉴를 클릭합니다. [Place Embedded] 대화상자가 열리면 'IPad.png' 파일을 선택한 후 [Place] 버튼을 클릭합니다. 파일이 열리면 조절박스의 안쪽을 드래그하여 위치를 그림과 같이 왼쪽으로 옮긴 후 **Enter** 를 눌러 조절박스를 사라지게 합니다.

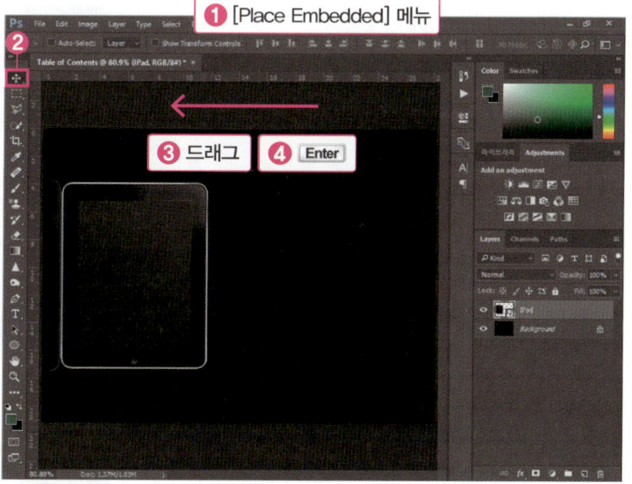

바로 알기
- 포토샵 버전에 따라 메뉴의 위치가 다를 수 있습니다.
  - [File] 〉 [Place] 메뉴

3 [Tools] 패널의 [Horizontal Type Tool](**T**)를 클릭하고 '5'와 '핵심정책'이란 문자를 각각 입력합니다. 색상은 회색(#656565), 폰트와 크기는 그림과 같이 적절하게 설정합니다.

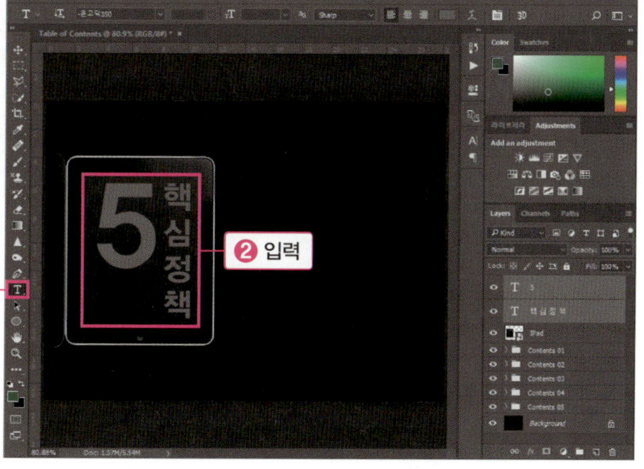

4 이미지 파일을 하나 더 삽입하기 위해서 [File] 〉 [Place Embedded] 메뉴를 클릭합니다. [Place Embedded] 대화상자가 열리면 'Contents.png' 파일을 선택한 후 [Place] 버튼을 클릭합니다. 파일이 열리면 조절박스를 드래그하여 위치를 그림과 같이 왼쪽으로 옮긴 후 Enter 를 눌러 조절박스를 사라지게 하고, [Layers] 패널에서 위치를 'IPad' 레이어 아래로 옮깁니다.

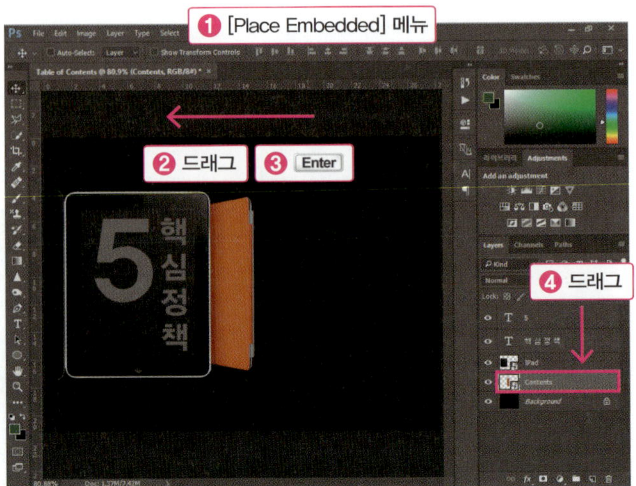

5 [Tools] 패널의 [Horizontal Type Tool](T)로 '1(#b25b1a)'과 '대학경영(#ffffff)' 문자를 그림과 같은 위치에 각각 입력한 후 폰트와 크기는 적절하게 설정합니다.

6 [Layers] 패널에서 '대학경영' 문자 레이어를 선택합니다. 문자를 더 잘 보이게 하기 위해서 [Layer] 〉 [Layer Style] 〉 [Outer Glow] 메뉴를 클릭합니다. [Layer Style] 대화상자가 열리면 [Out Glow]를 다음과 같이 설정한 후 [OK] 버튼을 클릭합니다.

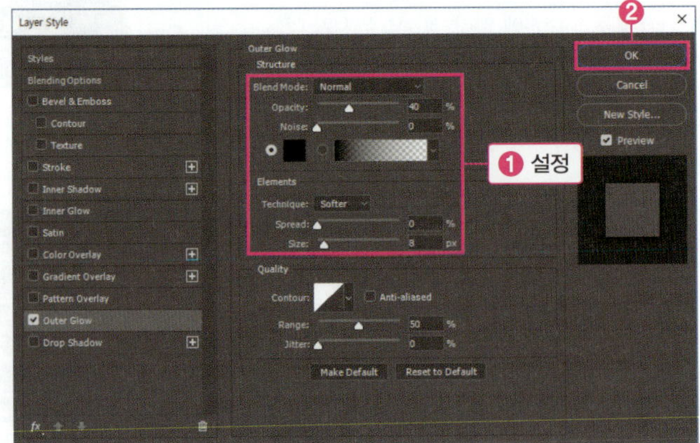

- [Structure]
  [Blend Mode] : 'Normal'
  [Opacity] : '40'
  [Set Color of Glow] : '검은색(#000000)'
- [Elements]
  [Spread] : '0'
  [Size] : '8'

7 문자의 외곽에 Outer Glow 효과가 적용되었음을 확인합니다.

8 [Layers] 패널에서 '1', '대학경영', 'Contents' 레이어를 선택한 후 [Create a new group](■)으로 드래그하여 그룹으로 만들고, 이름을 'Contents 01'로 변경합니다.

> **바로 알기** Create a new group
> 여러 개의 레이어를 하나로 묶어서 관리할 수 있는 그룹을 생성합니다. 복사 및 수정이 매우 편리해집니다.

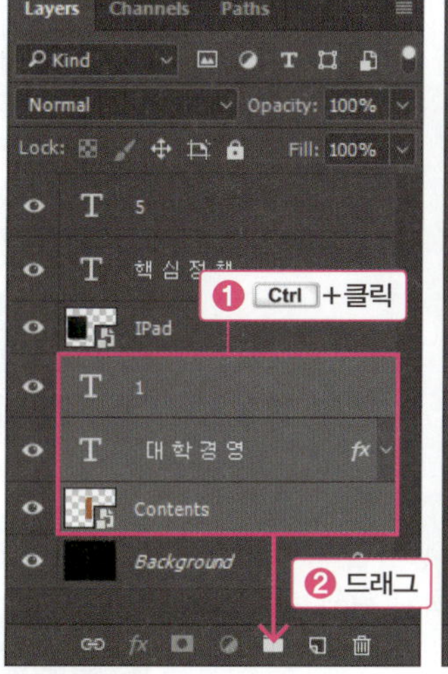

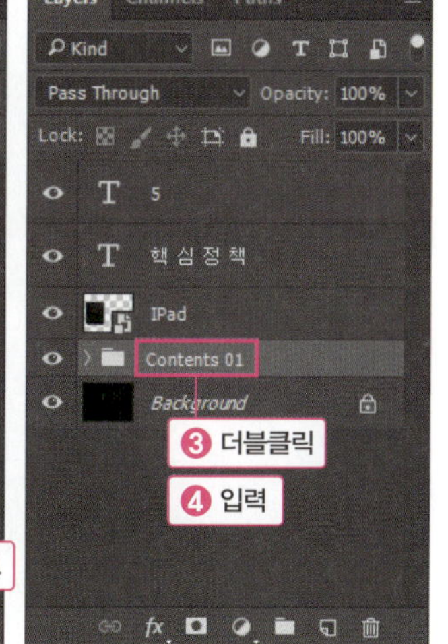

9 'Contents 01' 그룹이 선택된 상태에서 Ctrl + J 를 눌러 그룹을 하나 더 복사합니다. [Layers] 패널에서 이름을 'Contents 02'로 입력한 후 위치를 'Contents 01' 그룹 아래로 옮깁니다.

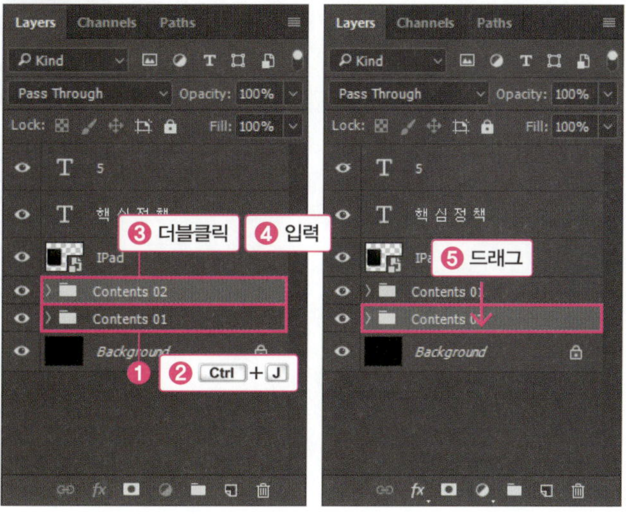

10 [Layers] 패널의 'Contents 02' 그룹이 선택된 상태에서 [Tools] 패널의 [Move Tool]( )을 클릭하고, ➡를 여러 번 눌러 그룹의 위치를 오른쪽으로 그림과 같이 옮깁니다.

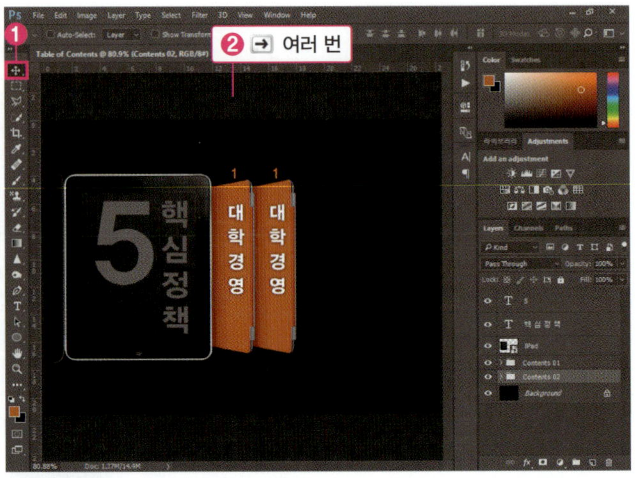

11 [Layers] 패널에서 'Contents 02' 그룹을 열고, 아래 위치한 'Contents' 레이어의 이름을 마우스 오른쪽 버튼으로 클릭한 후 [Rasterize Layer]를 선택하여 일반 레이어로 변경합니다.

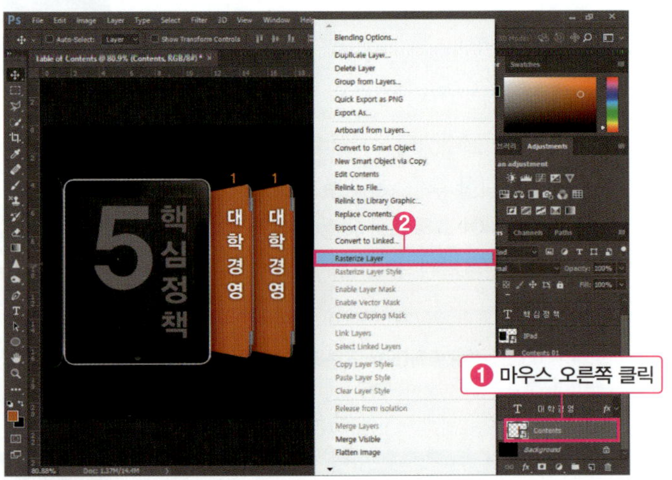

12 'Contents 02' 그룹의 'Contents' 레이어가 선택된 상태에서 색상을 변경하기 위해 [Image] 〉 [Adjustments] 〉 [Hue/Saturation](Ctrl +U) 메뉴를 클릭합니다. [Hue/Saturation] 대화상자가 열리면 [Hue]를 '-20'으로 설정하고 [OK] 버튼을 클릭합니다.

13 색상이 다음과 같이 빨간색 계열로 변경되었음을 확인한 후 [Tools] 패널의 [Horizontal Type Tool](**T**)을 클릭하고 'Contents 02' 그룹의 문자들을 다음과 같이 수정합니다.

- '대학경영' → '교육'
- '1' → '2(#b12b1d)'

14 앞선 방법으로 그룹을 복사하고, [Hue/Saturation]의 색상 변환 기능을 이용하여 그림과 같은 이미지를 완성합니다.

15 [Hue/Saturation]을 이용하여 그림과 같은 이미지를 만들 수 있습니다.

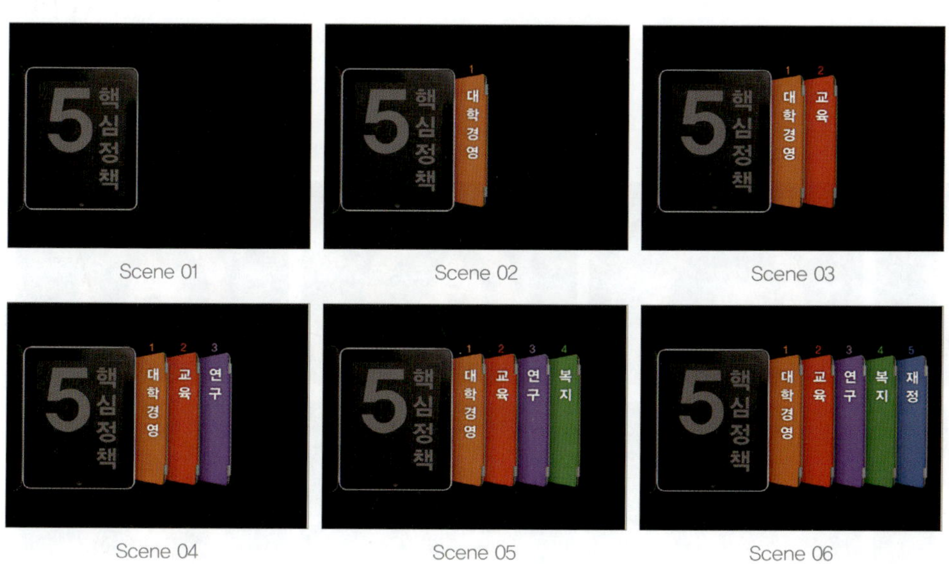

Scene 01 Scene 02 Scene 03

Scene 04 Scene 05 Scene 06

패스 문자 테크닉

핵심내용

곡면의 패스를 따라가는 문자 디자인 테크닉은 포토샵에서 꼭 알아두어야 할 기능으로 활용도가 높습니다. 자유 곡선의 형태를 따라가는 문자 디자인이 의외로 많기 때문입니다. 본 예제에서는 타-lipse Tool과 Path, 그리고 Type Tool을 이용해서 패스를 따라가는 연속 이미지를 만들어 보겠습니다.

핵심기능

Ellipse Tool(Path) + Type Tool

Before

Ellipse Tool(Path) +
Type Tool

After

STORYBOARD

2012 LIG 된다댄스 UCC 콘테스트 '최우수상' 수상 작품 이미지 중 일부분

2012 LIG 된다댄스 UCC 콘테스트
'최우수상' 수상 작품 이미지 중 일부분

: 준비 파일 : Part 04 〉 Chapter 04 〉 Section 04 〉 MGM Opening.psd　**: 완성 파일 :** Part 04 〉 Chapter 04 〉 Section 04 〉 Path Type 완성.psd

1 포토샵 CC 2017을 실행한 후 작업 화면이 열리면 이미지 파일을 불러오기 위해서 [File] 〉 [Open](**Ctrl** + **O**) 메뉴를 클릭합니다. [열기] 대화상자가 열리면 'MGM Opening.psd' 파일을 선택하고 [열기] 버튼을 클릭합니다.

바로 알기
제공 PSD 파일의 레이어들은 애니메이션을 위한 다양한 얼굴 이미지입니다.

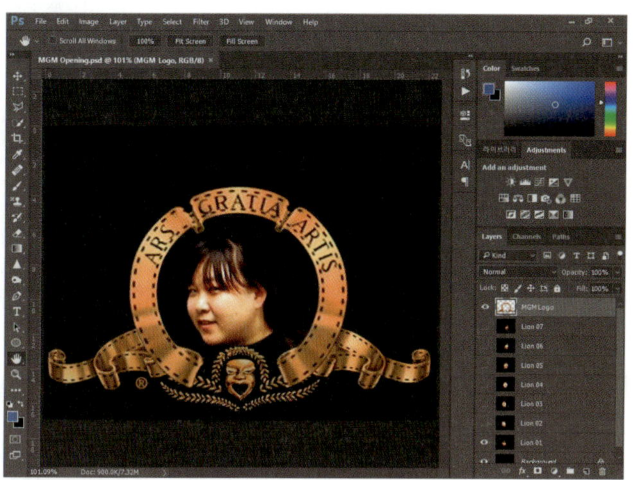

2 [Tools] 패널에서 [Ellipse Tool](◯)을 클릭한 후 상단 옵션바의 [Pick tool mode]를 'Path'로 설정하고, 금색 원에 맞춰서 살짝 크게 원을 그립니다.

TIP :: 패스를 그리는 도중에 **Space Bar** 를 누르고 드래그하면 위치를 옮기면서 그릴 수 있습니다.

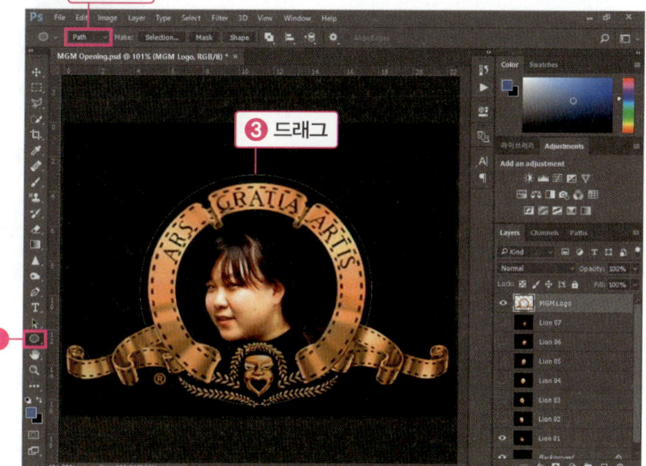

TIP :: **도형 그리기 옵션**

- Pick tool mode : 포토샵 CS5까지는 버튼 형태로 표시됩니다.
- Shape : 새 레이어가 자동으로 만들어지며 색이 채워진 벡터 형식의 도형을 생성합니다.
- Paths : 현재 선택된 레이어에 색이 채워지지 않는 벡터 형식의 선 도형을 생성합니다. 선택 및 다른 기능을 위한 기준으로 사용됩니다.
- Pixels : 현재 선택된 레이어에 색이 채워진 비트맵 형식의 도형을 생성합니다.

3 윈도우의 [시작] 메뉴에서 [메모장]을 선택하여 실행한 후 '된다! 패러디女'를 입력하고, 모두 드래그하여 **Ctrl** + **C** 를 누릅니다.

TIP :: 포토샵에서는 곡면 문자를 입력할 때 한자 입력이 불가능합니다. 이러한 경우, 메모장 같은 텍스트 편집기를 이용해 한자를 입력하고, 복사하면 됩니다.

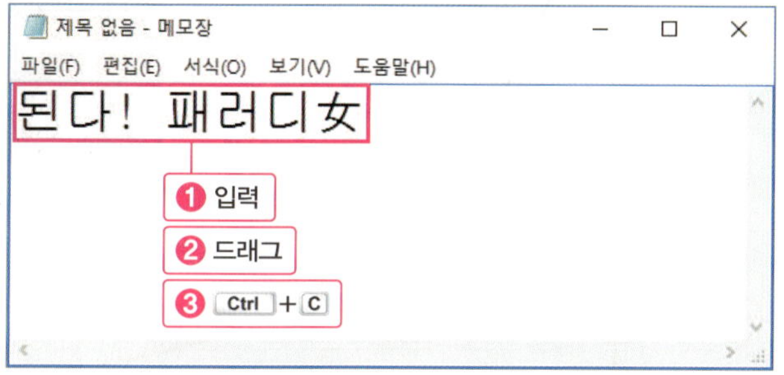

4 [Tools] 패널에서 [Horizontal Type Tool]
(T)을 클릭하고, 상단 옵션바에서 다음과 같이
설정한 후 패스의 왼쪽 상단을 클릭합니다.
Ctrl + V 를 눌러 문자를 다음과 같이 복사합
니다.

• 폰트 : '돋움체'
• 크기 : '60 pt'
• 색상 : '주황색(#ff9042)'

5 [Tools] 패널의 [Horizontal Type Tool](T)
로 '패러디女' 부분만 드래그하여 선택하고,
[Window] 〉 [Character] 메뉴를 클릭하여 패널
을 엽니다. 그리고 [Faux Bold] 버튼을 활성화
합니다.

TIP :: [Character] 패널에서 문자에 관련된 다양한 옵션을
설정할 수 있습니다.

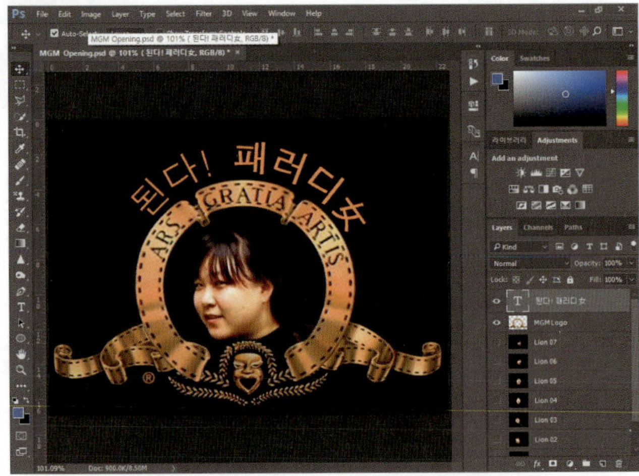

6 선택한 문자에 볼드 효과가 적용되었음을
확인합니다.

7 [Layers] 패널의 '된다! 패러디女' 문자 레이어가 선택된 상태에서 Ctrl+J를 눌러 레이어를 하나 더 복사합니다. [Layer] 〉 [Rasterize] 〉 [Type] 메뉴를 클릭하여 복사된 문자 레이어를 일반 레이어로 바꿉니다.

TIP ∷ 상단 메뉴 대신에 문자 레이어를 마우스 오른쪽 버튼으로 클릭한 후 [Rasterize Type]을 선택해도 됩니다.

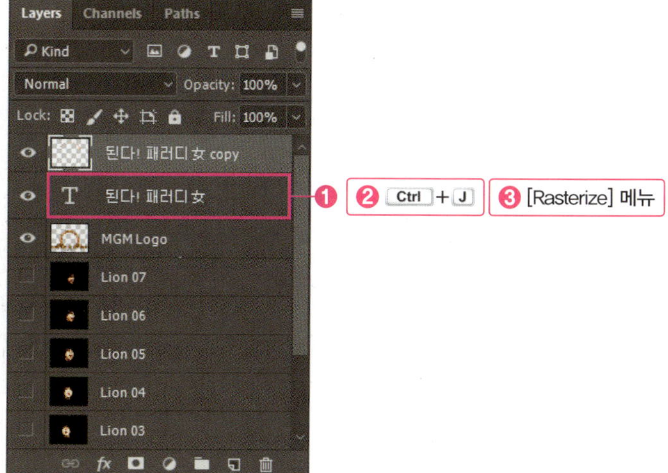

8 복사된 일반 레이어가 선택된 상태에서 [Tools] 패널의 [Polygonal Lasso Tool](🔲)을 클릭하여 그림과 같이 '된' 부분만 선택합니다.

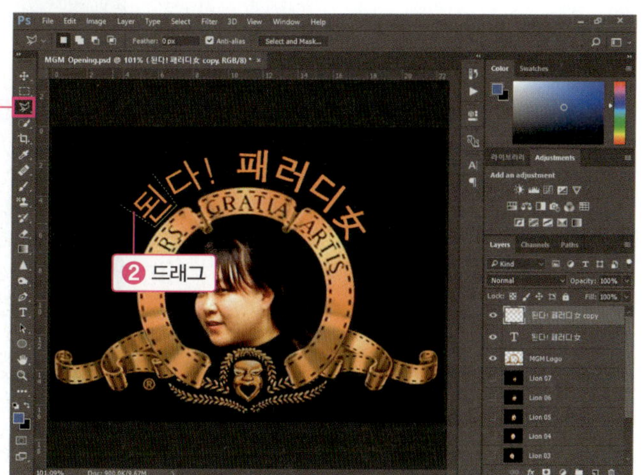

9 Ctrl+J를 눌러 선택 영역을 복사하여 새 레이어로 만들고, [Layers] 패널에서 레이어의 이름을 'Glow 01'로 변경합니다. 그리고 '된다! 패러디女 copy' 레이어의 [Visibility](👁)를 해제합니다.

10 'Glow 01' 레이어가 선택된 상태에서 [Layer] 〉 [Layer Style] 〉 [Outer Glow] 메뉴를 클릭합니다. [Layer Style] 대화상자가 열리면 다음과 같이 설정한 후 [OK] 버튼을 클릭합니다.

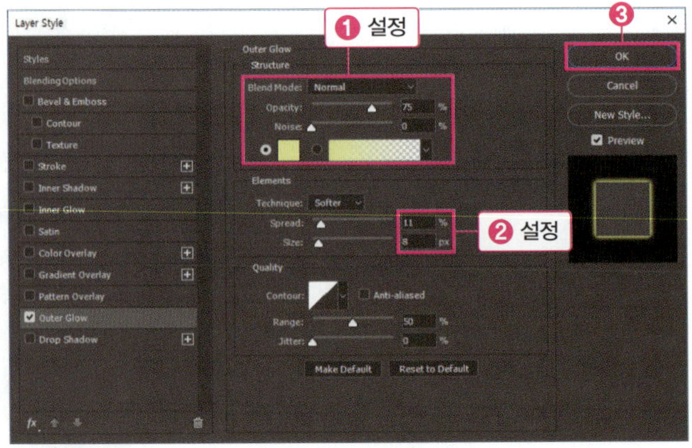

- [Structure]
  [Blend Mode] : 'Normal'
  [Opacity] : '75%'
  [Set color of Glow] : '연노랑색(#ffff8b)'
- [Elements]
  [Spread] : '11'
  [Size] : '8'

11 '된' 문자의 외곽에 Outer Glow 효과가 적용되었음을 확인합니다.

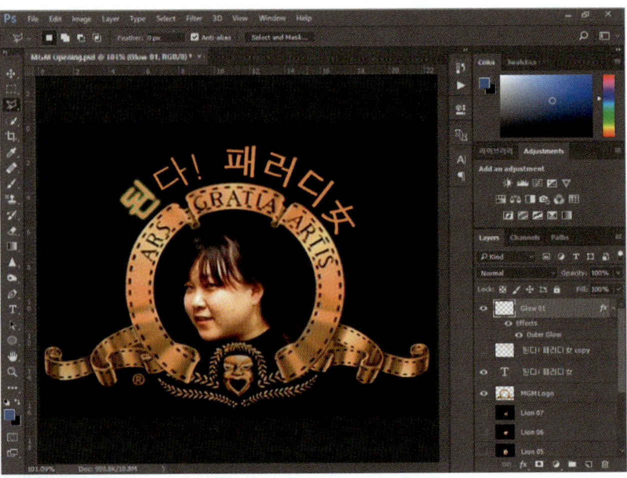

12 앞선 방법으로 나머지 문자에도 Glow 효과를 적용하여 패스 문자 이미지를 만들어 봅니다.

Scene 01   Scene 02   Scene 03   Scene 04

Scene 05   Scene 06   Scene 07   Scene 08

재질 합성 테크닉

SECTION 05

핵심내용

드라마 타이틀이나 영화 포스터를 보면 다양한 재질의 문자가 많습니다. 이를 타이포그라피(Typography), 또는 캘리그래피(Calligraphy)라고 하는데 대부분 포토샵의 합성을 통해 제작한 이미지들입니다. 본 예제에서는 Clipping Mask와 Blending Mode를 사용해서 거친 느낌의 재질 합성 테크닉에 대해서 실습해 보겠습니다.

핵심기능

Clipping Mask + Blending Mode(Pin Light)

타이틀 + 재질 + 배경

↓

Clipping Mask + Blending Mode(Pin Light)

↓

타이틀 재질 합성

STORYBOARD

제2회 대한민국청소년 UCC 캠프대전 '금상' 수상 작품 이미지 중 일부분

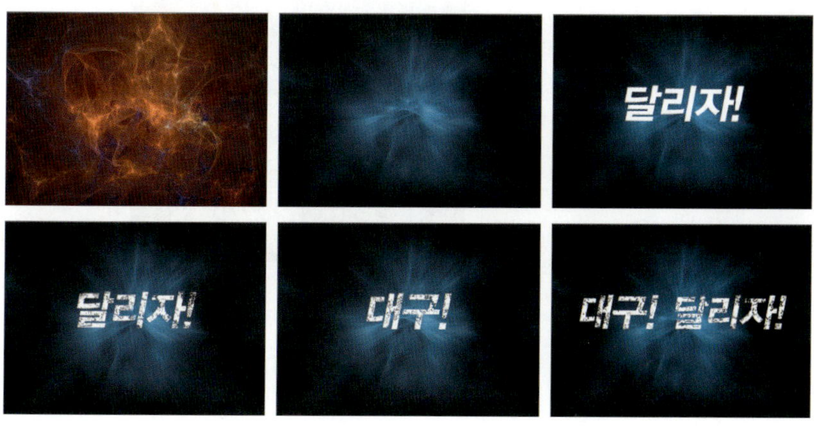

: 준비 파일 : Part 04 〉 Chapter 04 〉 Section 05 〉 Universe.jpg, Texture.jpg   **: 완성 파일 :** Part 04 〉 Chapter 04 〉 Section 05 〉 Clipping Mask 완성.psd

1 포토샵 CC 2017을 실행한 후 작업 화면이 열리면 이미지 파일을 불러오기 위해서 [File] 〉 [Open](**Ctrl**+**O**) 메뉴를 클릭합니다. [열기] 대화상자가 열리면 'Universe.jpg' 파일을 선택하고 [열기] 버튼을 클릭합니다.

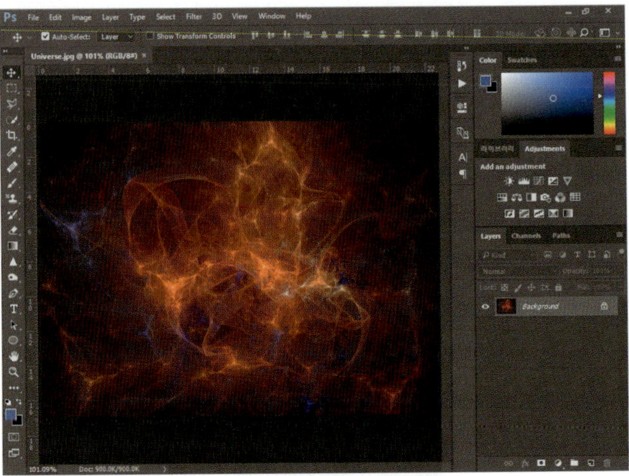

2 이미지의 색상을 변경하기 위해서 [Image] 〉 [Adjustments] 〉 [Hue/Saturation](**Ctrl**+**U**) 메뉴를 클릭합니다. [Hue/Saturation] 대화상자가 열리면 [Colorize]를 체크하고 다음과 같이 설정한 후 [OK] 버튼을 클릭합니다.

• [Hue] : '200'
• [Saturation] : '60'

> **바로 알기** Colorize
> 이미지를 단일 색상으로 만듭니다.

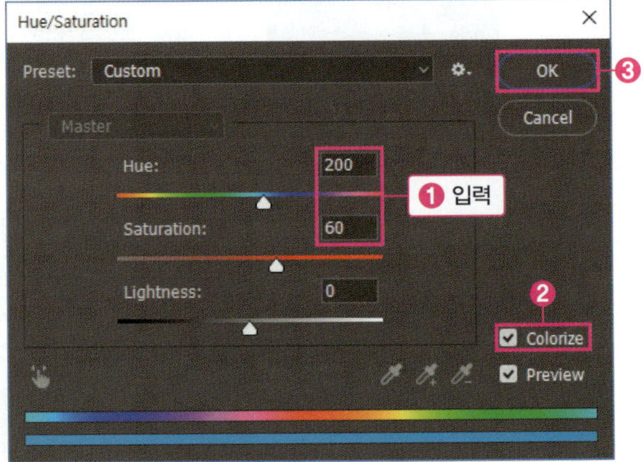

3 블러 효과를 주기 위해서 [Filter] 〉 [Blur] 〉 [Radial Blur] 메뉴를 클릭합니다. [Radial Blur] 대화상자가 열리면 다음과 같이 설정한 후 [OK] 버튼을 클릭합니다.

• [Amount] : '75'
• [Blur Method] : 'Zoom'
• [Quality] : 'Good'

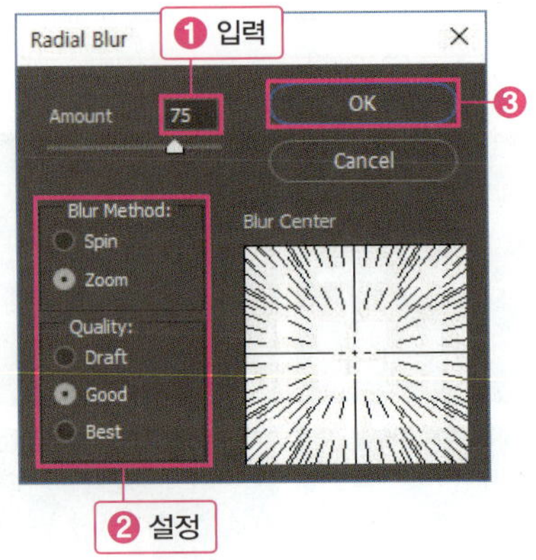

4 'Universe.jpg' 이미지의 색상이 다음과 같이 바뀌고, 속도감 있는 Motion Blur 효과가 적용되었음을 확인합니다. 배경을 추가하기 위해서 현재 이미지의 레이어를 일반레이어로 변경해야 합니다. [Layers] 패널의 'Background' 레이어를 더블클릭합니다.

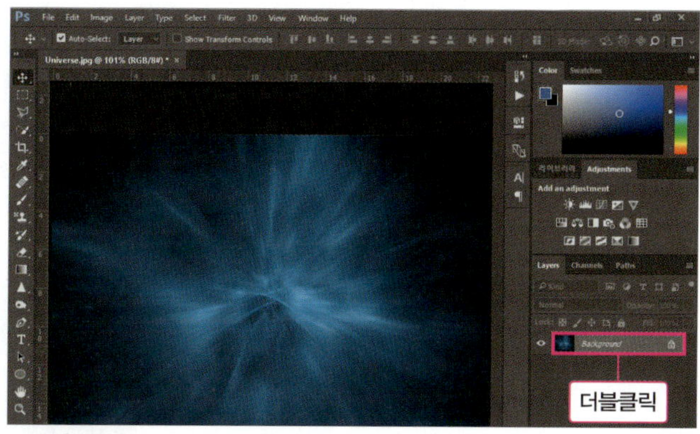

5 [New Layer] 대화상자가 열리면 [Name]에 'Universe'를 입력하고, [OK] 버튼을 클릭하여 일반 레이어로 바꿉니다.

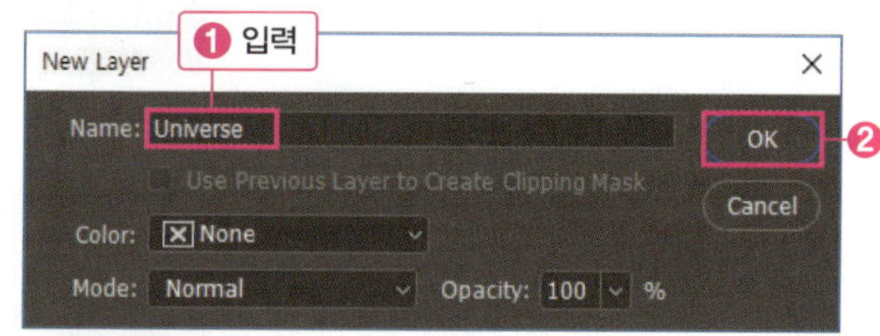

6 새 배경 이미지를 만들기 위해서 [Layers] 패널의 [Create a New Layer]( )를 클릭하여 새 레이어를 만듭니다. 레이어의 위치를 그림과 같이 'Universe' 레이어 아래로 옮기고, 레이어의 이름을 'Back'으로 변경합니다. [Tools] 패널에서 전경색을 검은색(#000000)으로 설정한 후 Alt + Delete 를 눌러 검은색 배경 이미지로 만듭니다.

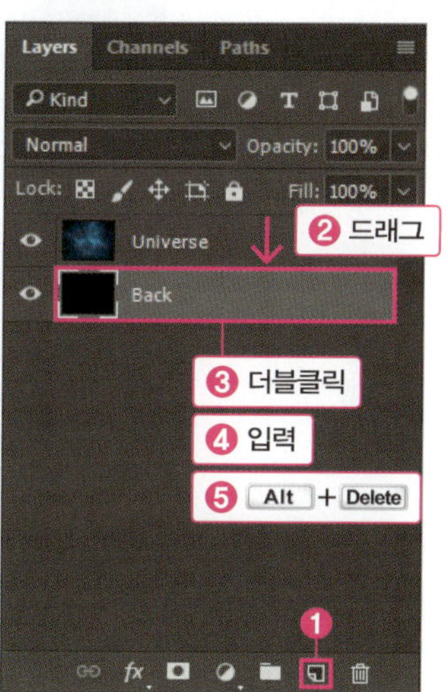

7 [Layers] 패널의 'Universe' 레이어를 선택한 후 [Add Layer Mask]( )를 클릭하여 레이어에 마스크를 추가합니다.

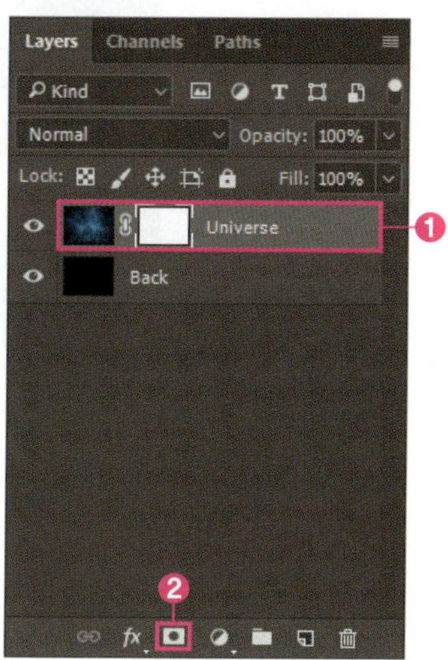

8 방금 만든 레이어 마스크에 흑백의 불규칙한 색상을 추가하기 위해서 [Filter] 〉[Render] 〉[Clouds] 메뉴를 클릭하여 마스크에 구름 효과를 만듭니다.

TIP : :
- 반드시 레이어 마스크가 선택된 상태에서 필터 효과를 적용합니다.
- 마스크의 흰색 부분에는 해당레이어의 이미지를 화면에 표시해주고, 반대로 검은색은 가려서 보이지 않게 됩니다.

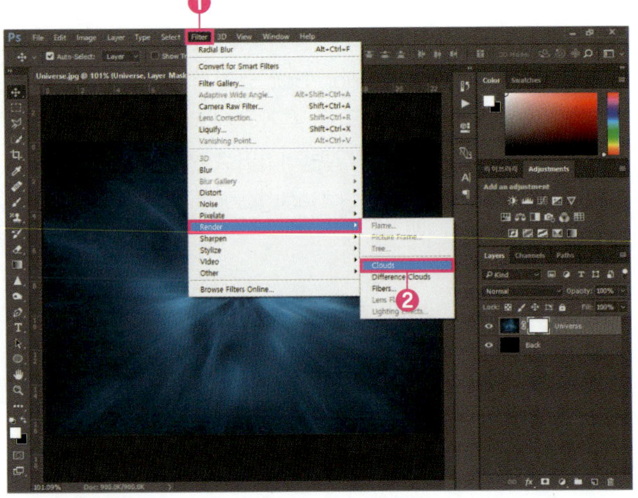

9 중앙 부분을 좀 더 강조하기 위해서 [Tools] 패널의 [Brush Tool](🖌)을 클릭합니다. 상단 옵션바의 [Brush preset picker]를 클릭하여 다음과 같이 설정한 후 이미지의 중앙을 두 번 정도 클릭합니다.

- [Size] : '400'
- [Hardness] : '0%'

TIP : :
- 반드시 레이어 마스크가 선택된 상태에서 브러시를 적용합니다.
- 마스크의 중앙을 흰색으로 채워서 해당 레이어의 가려져 있던 부분이 보이기 때문에 강조되어 보이는 것입니다.

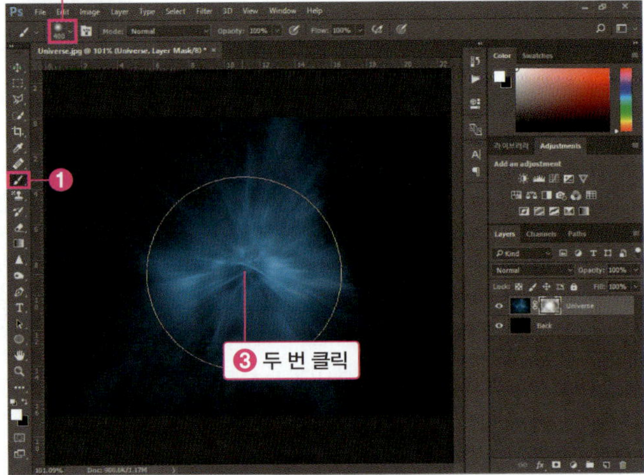

10 [Tools] 패널의 [Horizontal Type Tool](T)로 다음과 같은 위치에 '달리자!'를 입력한 후 색상은 흰색(#ffffff), 폰트와 크기는 적절히 설정합니다.

TIP : : 다음과 같은 비슷한 폰트를 찾아 적용합니다. 효과를 좀 더 강조하기 위해서는 두꺼운 폰트가 좋습니다.

11 문자에 재질을 입히기 위한 이미지를 불러오기 위해서 [File] 〉 [Open](**Ctrl**+**O**) 메뉴를 클릭합니다. [열기] 대화상자가 열리면 'Texture.jpg' 파일을 선택하고 [열기] 버튼을 클릭합니다.

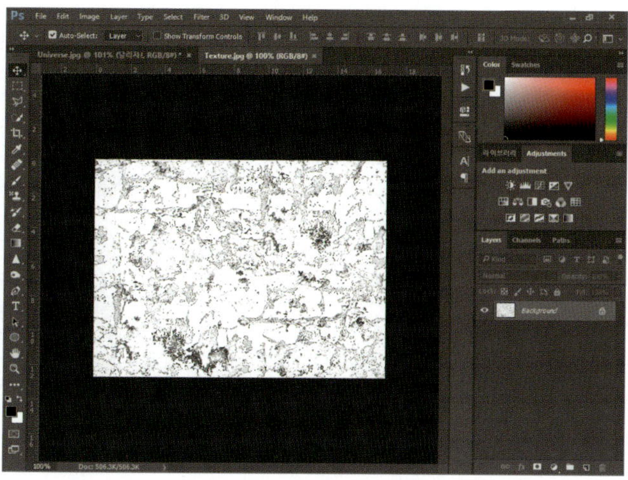

12 불러온 이미지를 작업 중인 캔버스로 복사하기 위해서 [Layer] 〉 [Duplicate Layer] 메뉴를 클릭합니다. [Duplicate Layer] 대화상자가 열리면 [Destination]의 [Document]를 'Universe.jpg'로 설정한 후 [OK] 버튼을 클릭합니다.

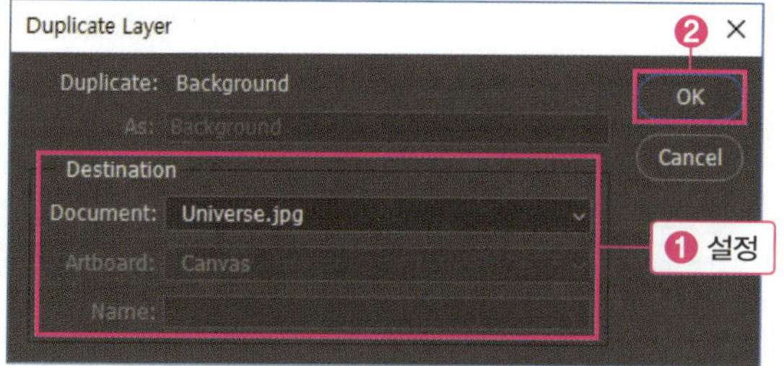

13 [Universe.jpg] 캔버스를 클릭하여 활성화하고, 복사된 'Background' 레이어를 선택한 후 [Layer] 〉 [Create Clipping Mask](**Alt**+**Ctrl**+**G**) 메뉴를 클릭합니다.

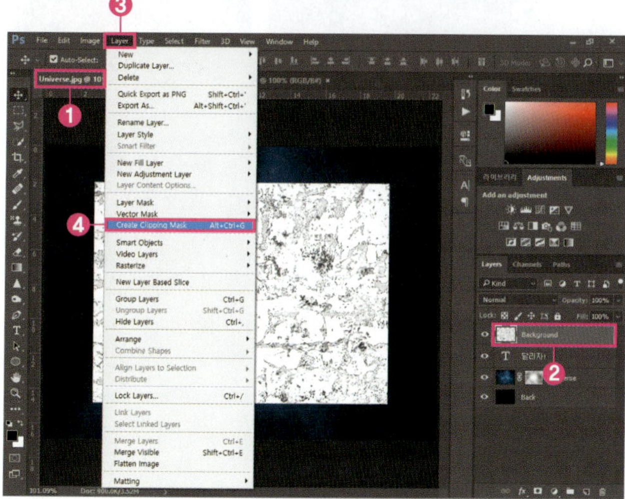

바로 알기 Create Clipping Mask
해당 레이어를 바로 아래 있는 레이어의 모양대로 잘라내어 표시합니다.

14 [Layers] 패널에서 '달리자!' 문자 레이어를 선택하고, [Blending Mode]를 'Pin Light'로 뒷배경과 적절히 혼합되도록 설정하여 마무리합니다.

바로 알기 Pin Light
검은색과 흰색 등은 그대로 두고 중간색을 반전하여 아래 레이어와 혼합합니다.

15 앞선 방법으로 그림과 같은 재질 합성 이미지를 만들 수 있습니다.

Scene 01

Scene 02

Scene 03

금속 재질
테크닉

SECTION **06**

핵심내용

액션, SF 등의 영화, 드라마, 게임 타이틀에서 금속 재질의 문자 디자인을 많이 보았을 겁니다. 이번 예제에서는 Layer Style과 Clipping Mask 기능을 활용하여 금속 재질의 문자 디자인을 제작하는 방법에 대해 실습해 보겠습니다.

핵심기능

Layer Style(Bevel & Emboss) + Clipping Mask

타이틀　　　　　　　　금속 재질　　　　　　　　효과

Layer Style(Bevel & Emboss) + Clipping Mask

금속 재질 타이틀 효과

STORYBOARD

2012 LIG 된다댄스 UCC 콘테스트 '최우수상' 수상 작품 이미지 중 일부분

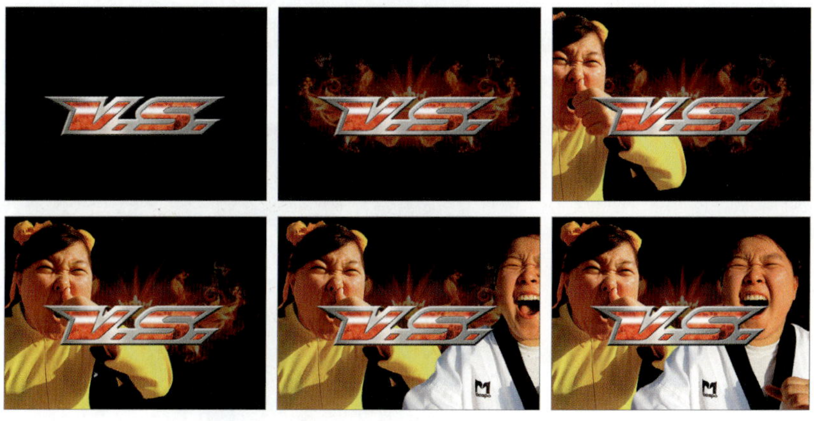

: 준비 파일 : Part 04 〉 Chapter 04 〉 Section 06 〉 Background.jpg, VS 02.png, VS 01.png, Metal.jpg, Fire.jpg, Character 01.png, Character 02.png
: 완성 파일 : Part 04 〉 Chapter 04 〉 Section 06 〉 Metal Title 완성.psd

1 포토샵 CC 2017을 실행한 후 작업 화면이 열리면 이미지 파일을 불러오기 위해서 [File] 〉 [Open](Ctrl + O) 메뉴를 클릭합니다. [열기] 대화상자가 열리면 'Background.jpg' 파일을 선택하고 [열기] 버튼을 클릭합니다. 로고 이미지를 삽입하기 위해서 [File] 〉 [Place Embedded] 메뉴를 클릭하고, [Place Embedded] 대화상자가 열리면 'VS 02.png' 파일을 선택한 후 [Place] 버튼을 클릭합니다. Enter 를 눌러 조절박스를 사라지게 합니다.

TIP ::
• 포토샵 버전에 따라 메뉴의 위치가 다를 수 있습니다.
  – [File] 〉 [Place] 메뉴

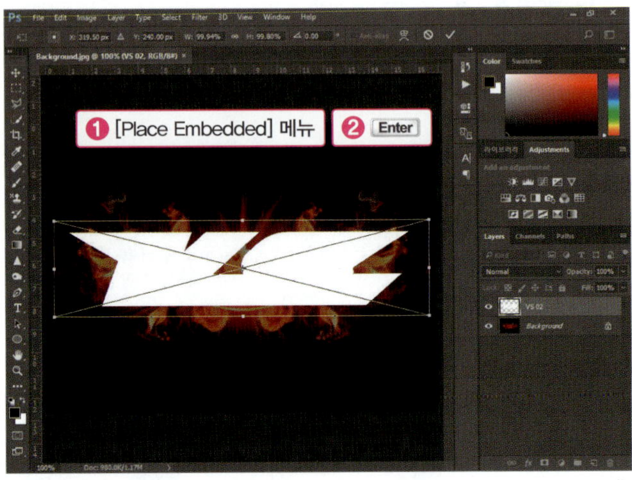

2 같은 방법으로 'VS 01.png' 파일을 [Place Embedded] 메뉴로 삽입한 후 [Layers] 패널에서 'VS 01', 'VS 02' 레이어를 함께 선택합니다.

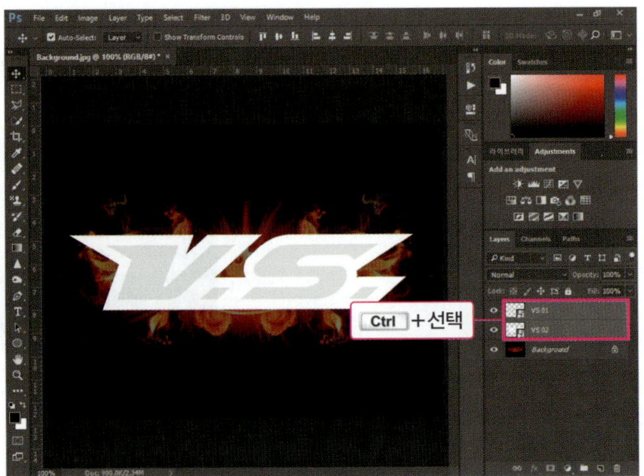

3 크기를 조절하기 위해서 [Edit] 〉 [Free Transform] 메뉴를 클릭한 후 모서리의 점을 Shift 와 Alt 를 함께 누른 채 드래그하여 크기를 그림과 같이 조절합니다.

TIP :: Free Transform 조절 방법
• Shift : 이미지의 원래 비율을 유지하며 조절합니다.
• Alt : 이미지의 중앙 점을 중심으로 조절합니다.

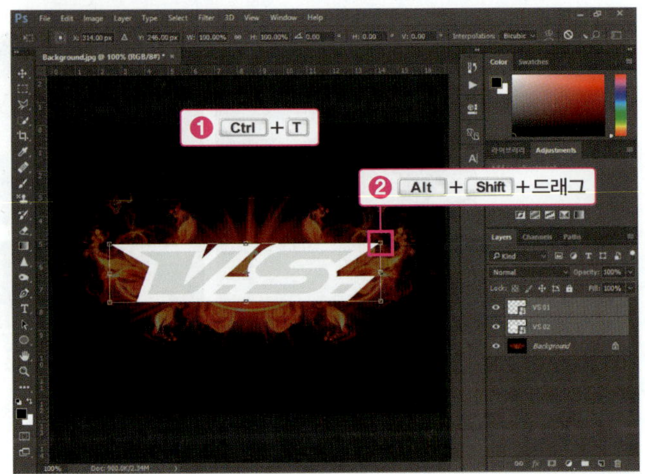

4 [Layers] 패널에서 'VS 02' 레이어만 선택하고, 입체 효과를 주기 위해서 [Layer] 〉 [Layer Style] 〉 [Bevel & Emboss] 메뉴를 클릭합니다. [Layer Style] 대화상자가 열리면 다음과 같이 설정하고 [OK] 버튼을 클릭합니다.

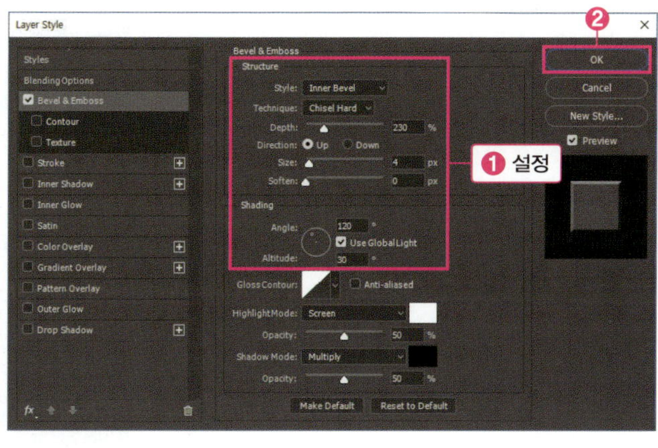

- **[Structure]**
  [Style] : 'Inner Bevel'
  [Technique] : 'Chisel Hard'
  [Depth] : '230%'
  [Direction] : 'Up'
  [Size] : '4'
  [Soften] : '0'
- **[Shading]**
  [Angle] : '120'
  [Altitude] : '30'

5 'VS 02' 레이어에 그림과 같이 Bevel & Emboss 입체 효과가 적용되었음을 확인합니다.

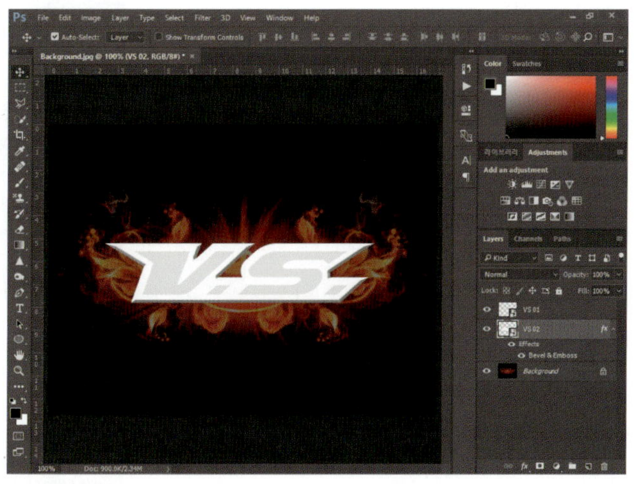

6 금속 재질 이미지를 삽입하기 위해서 [File] 〉 [Place Embedded] 메뉴를 클릭합니다. [Place Embedded] 대화상자가 열리면 'Metal.jpg' 파일을 선택한 후 [Place] 버튼을 클릭합니다. 파일이 열리면 Enter 를 눌러 조절박스를 사라지게 합니다.

7 [Layers] 패널의 'Metal' 레이어가 선택된 상태에서 [Layer] 〉 [Create Clipping Mask] (**Alt** + **Ctrl** + **G**) 메뉴를 클릭하여 'VS 02' 레이어에 금속 질감을 입힙니다.

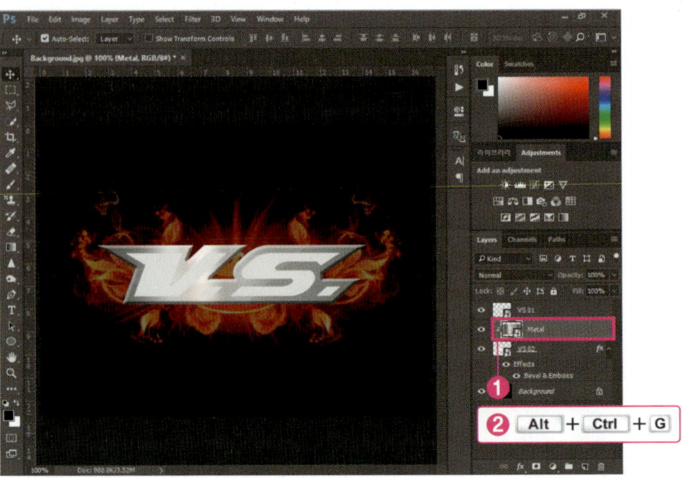

8 [Layers] 패널의 'VS 01' 레이어를 선택합니다. 입체감을 주기 위해서 [Layer] 〉 [Layer Style] 〉 [Bevel & Emboss] 메뉴를 클릭합니다. [Layer Style] 대화상자가 열리면 다음과 같이 설정한 후 [OK] 버튼을 클릭합니다.

- [Structure]
  [Style] : 'Pillow Emboss'
  [Technique] : 'Smooth'
  [Depth] : '100%'
  [Direction] : 'Up'
  [Size] : '1'
  [Soften] : '0'

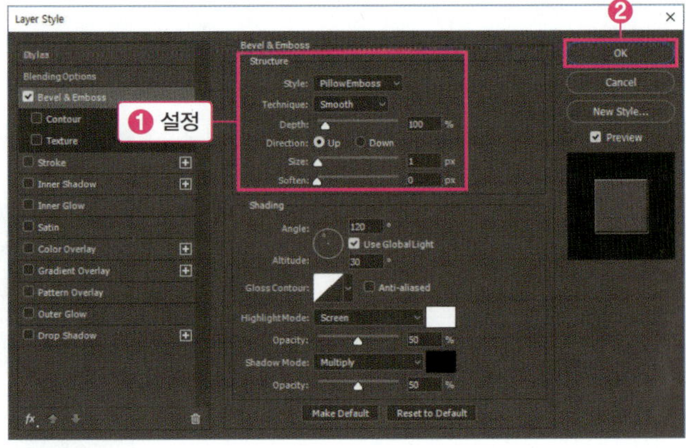

9 'VS 01' 레이어에 그림과 같이 Bevel & Emboss 효과가 적용되었음을 확인합니다.

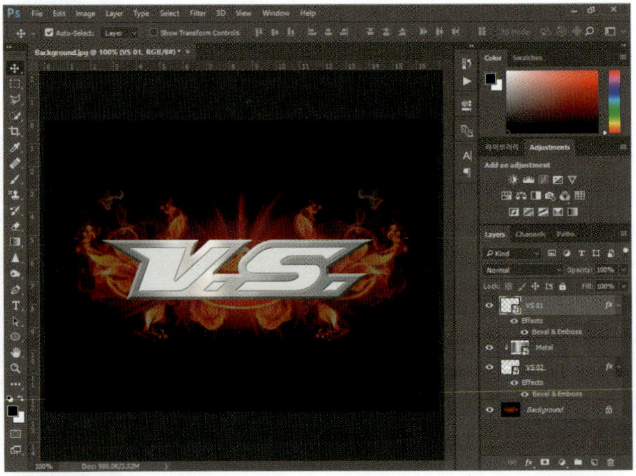

10 로고에 화염 재질 이미지를 삽입하기 위해서 [File] 〉 [Place Embedded] 메뉴를 클릭합니다. [Place Embedded] 대화상자가 열리면 'Fire.jpg' 파일을 선택하고 [Place] 버튼을 클릭합니다. 파일이 열리면 Enter 를 눌러 조절박스를 사라지게 하고, [Layer] 〉 [Create Clipping Mask](Alt + Ctrl + G) 메뉴를 클릭하여 'VS 02' 레이어에 화염 질감을 입힙니다.

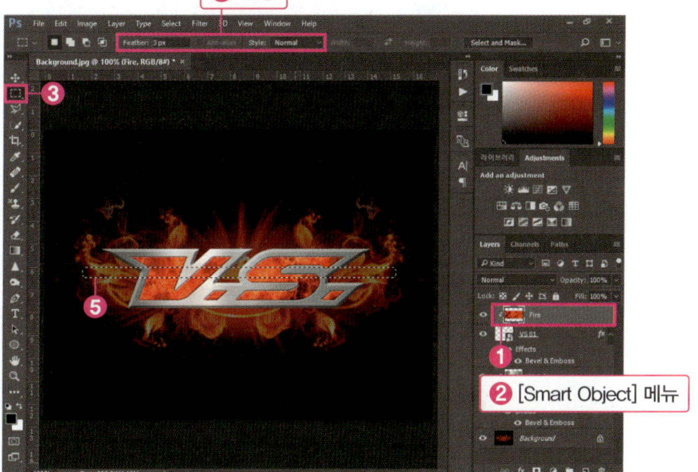

11 'Fire' 레이어가 선택된 상태에서 [Layer] 〉 [Rasterize] 〉 [Smart Object] 메뉴를 클릭하여 일반 레이어로 바꿉니다. [Tools] 패널의 [Rectangular Marquee Tool]( )을 클릭하고, 상단 옵션바에서 다음과 같이 설정한 후 다음과 같은 크기로 로고 위에 선택 영역을 그립니다.

- [Feather] : '3'
- [Style] : 'Normal'

12 선택한 부분을 밝게 만들기 위해서 [Image] 〉 [Adjustments] [Levels](Ctrl + L) 메뉴를 클릭한 후 [Levels] 대화상자가 열리면 [Output Levels]의 [Black Point Slider]를 '255'로 설정하고, [OK] 버튼을 클릭합니다.

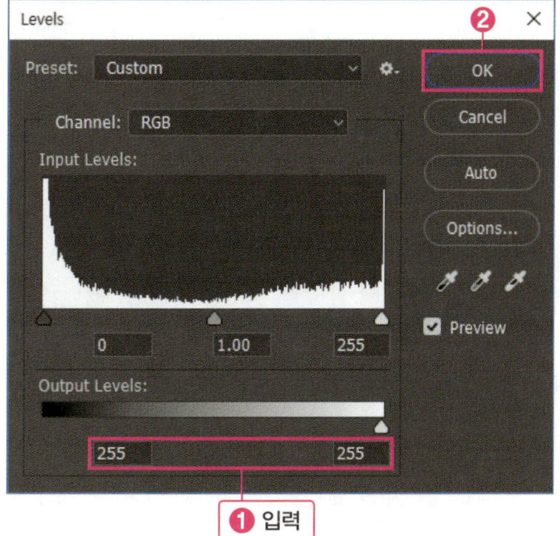

13 'VS 01' 레이어의 문자에 금속 재질의 반사 효과가 만들어졌음을 확인합니다.

14 [Layers] 패널의 'Background' 레이어를 신딕합니다. 캐릭터를 배경에 삽입하기 위해서 [File] 〉 [Place Embedded] 메뉴를 이용하여 'Character 01.png'와 'Character 02.png' 파일을 각각 삽입한 후 크기와 위치를 그림과 같이 각각 조절합니다.

15 앞선 방법으로 금속 재질 문자를 만들어 연속 이미지를 만들어 봅니다.

Scene 01   Scene 02   Scene 03

Scene 04   Scene 05   Scene 06

3D 스타일 테크닉

핵심내용

포토샵에서 평면을 입체적으로 표현할 때, 가장 많이 사용하는 툴이 Layer Style의 Bevel & Emboss입니다. 여기에 포토샵 CS6 버전에서 새로 나온 3D 기능을 추가하면 더욱 입체적인 형태를 표현할 수 있습니다. 이 예제 이외에도 다양한 3D 형태를 디자인해보길 바랍니다.

핵심기능

Layer Style(Bevel & Emboss) + 3D

Before A

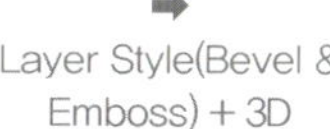
Layer Style(Bevel & Emboss) + 3D

After A

Before B

Layer Style(Bevel & Emboss) + 3D

After B

STORYBOARD

제10회 대한민국 인터넷윤리 콘텐츠 공모전 '동상' 수상 작품 이미지 중 일부분

: **준비 파일 :** Part 04 〉 Chapter 04 〉 Section 07 〉 Layer Style Title 완성.psd

1 포토샵 CC 2017을 실행한 후 포토샵의 기본 작업 화면이 열리면 새 캔버스를 만들기 위해서 화면 상단 부분에 위치한 [New](Ctrl +N) 버튼을 클릭합니다. [새로 만들기 문서] 대화상자가 열리면 다음과 같이 설정한 후 [Create] 버튼을 클릭합니다.

- [Width] : '640 Pixels'
- [Height] : '480 Pixels'
- [Resolution] : '72 Pixels/Inch'
- [Color Mode] : 'RGB Color 8 bit'
- [Background Contents] : 'black'

2 [Tools] 패널에서 [Rounded Rectangle Tool](◻)을 클릭합니다. 상단 옵션바에서 다음과 같이 설정한 후 Shift 를 누른 채 그림과 같은 크기로 박스를 그립니다.

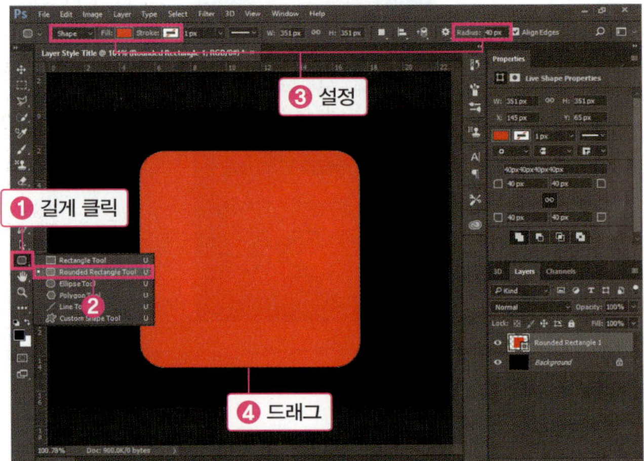

- [Tool mode] : 'Shape'
- [Fill] : '빨간색(#ce160c)'
- [Stroke] : No Color
- [Radius] : '40 px'

바로 알기 [Radius] 옵션
박스 모서리의 둥근 정도를 조절합니다.

3 입체 효과를 주기 위해서 [Layer] 〉 [Layer Style] 〉 [Bevel & Emboss] 메뉴를 클릭합니다. [Layer Style] 대화상자가 열리면 다음과 같이 설정한 후 [OK] 버튼을 클릭합니다.

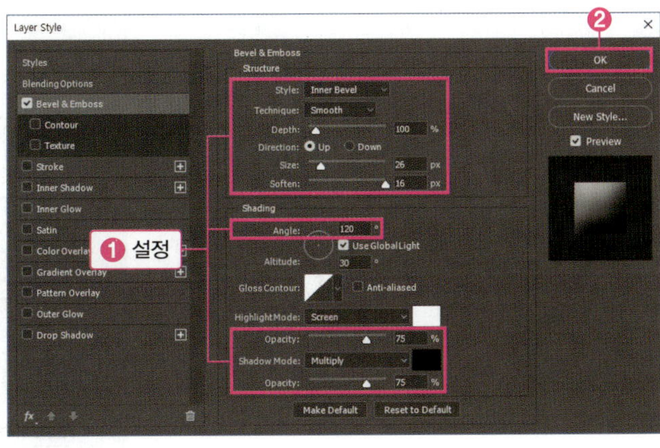

- **[Structure]**
  [Style] : 'Inner Bevel'
  [Technique] : 'Smooth'
  [Depth] : '100%'
  [Direction] : 'Up'
  [Size] : '26'
  [Soften] : '16'
- **[Shading]**
  [Angle] : '120°'
  [Highlight Mode : Opacity] : '75%'
  [Shadow Mode : Opacity] : '75%'

4 박스에 그림과 같이 Bevel & Emboss 효과가 적용되었음을 확인한 후 [Layers] 패널에서 아래쪽 빈 공간을 클릭하여 모든 레이어 선택을 해제합니다.

5 [Tools] 패널에서 [Polygon Tool](◯)을 클릭합니다. 상단 옵션바에서 다음과 같이 설정한 후 Shift 를 누른 채 정삼각형을 그립니다.

- [Fill] : '흰색(#ffffff)'
- [Sides] : '3'

TIP : :
- 'Rounded Rectangle 1' 레이어가 선택된 상태에서 [Fill]의 색상을 바꾸면 박스의 색상이 바뀌니 주의합니다.
- [Sides] : 다각형 변의 개수를 조절합니다.

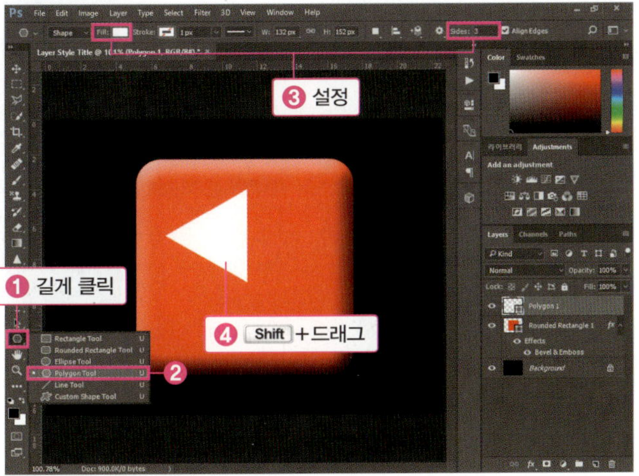

6 [Tools] 패널에서 [Move Tool](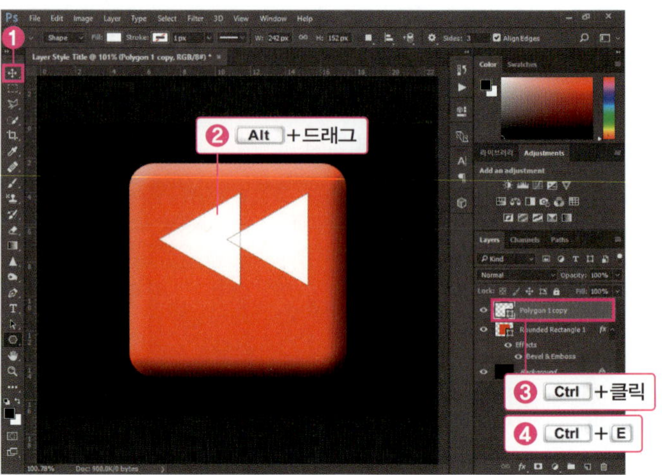)을 클릭하고, 삼각형을 `Alt`를 누른 채 오른쪽으로 드래그하여 복사한 후 [Layers] 패널의 'Polygon 1'과 'Polygon 1 copy'를 함께 선택하고, `Ctrl`+`E`를 눌러 레이어와 레이어를 합칩니다.

7 삼각형 안쪽에 그림자 효과를 주기 위해서 [Layer] 〉 [Layer Style] 〉 [Inner Shadow] 메뉴를 클릭합니다. [Layer Style] 대화상자가 열리면 다음과 같이 설정한 후 [OK] 버튼을 클릭합니다.

- [Structure]
  [Opacity] : '75'
  [Distance] : '5px'
  [Size] : '10px'

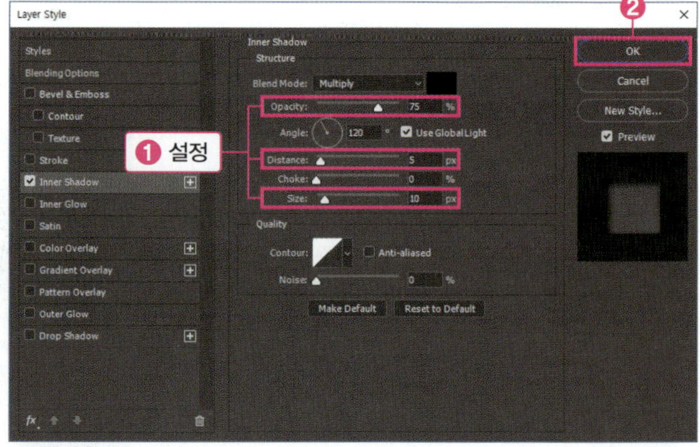

8 삼각형에 그림과 같이 Inner Shadow 효과가 적용되었음을 확인합니다.

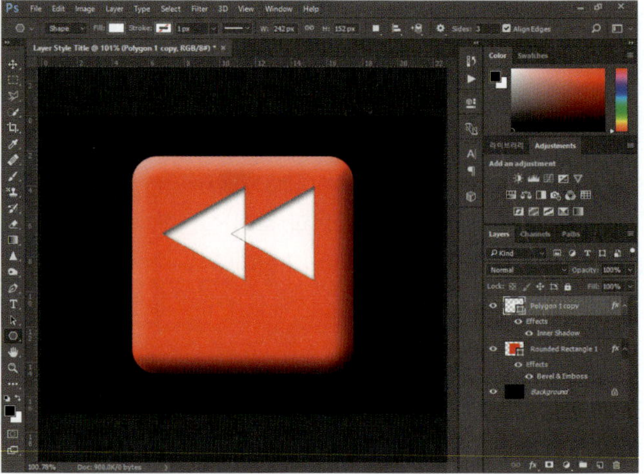

9 [Tools] 패널의 [Horizontal Type Tool](T)
로 '인터넷 중독(#000000)'과 '되돌리기(#ffffff)'
를 입력한 후 다음과 같이 폰트와 크기를 적절
하게 설정합니다.

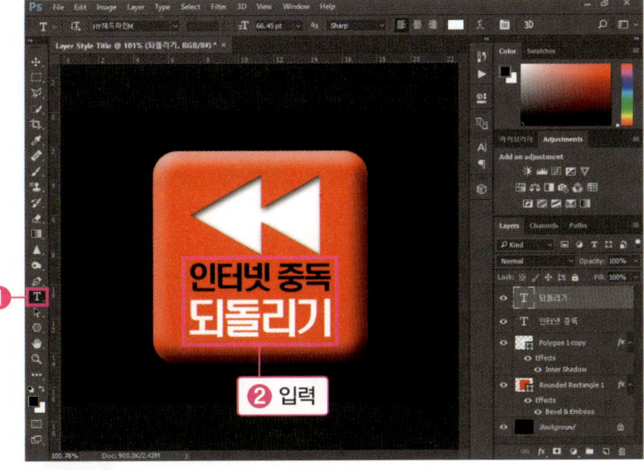

10 'Background' 레이어를 제외한 모든 레이
어를 선택하고, Ctrl + E 를 눌러 레이어를 하
나로 합친 후 레이어의 이름을 '버튼'으로 변경
합니다. 'Background' 레이어의 [Visibility](●)
를 해제하여 배경을 투명으로 만듭니다.

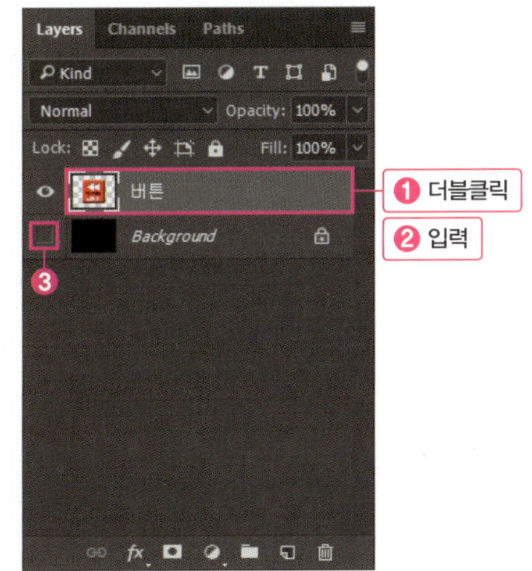

11 '버튼' 레이어가 선택된 상태에서 [Window]
〉[3D] 메뉴를 클릭합니다. [3D] 패널을 연 후
패널이 표시되면 [Create New 3D Object]에서
다음과 같이 설정하고 [Create] 버튼을 클릭합
니다.

- [Source] : 'Selected Layer(s)'
- [3D Extrusion] : 체크

바로 알기

- [Create] 버튼을 클릭했을 때 3D 환경에 대한 메시지 창이 열리면 [Yes] 버튼을 클릭하면 됩니다. 메시지가 나오지 않을 경우,
  [Window] 〉 [Workspace] 〉 [3D] 메뉴를 클릭하여 3D 작업 환경으로 바꿉니다.
- [3D] : 'Photoshop CS6 Extended' 이상 버전에서만 사용할 수 있습니다.

12 캔버스가 3D 환경으로 바뀌면 오른쪽 상단
의 [3D Mode]에서 [Rotate the 3D Object](아이콘)
를 클릭합니다. 캔버스 화면을 왼쪽으로 드래그
하면 돌출된 3D 레이어를 확인할 수 있습니다.

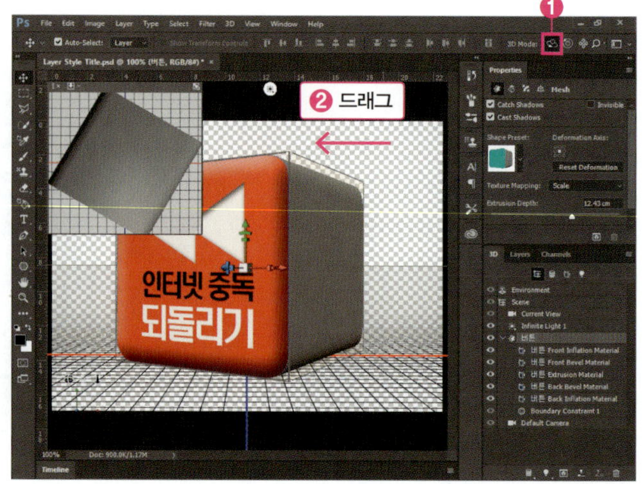

13 [3D] 패널에서 '버튼'을 선택하고, [Proper-
ties] 패널의 [Extrusion Depth]를 그림과 같이
적절히 설정하여 두께를 줄입니다.

TIP :: 수치는 자신이 사용 중인 단위 체계에 따라 다르게 표
시될 수 있습니다.

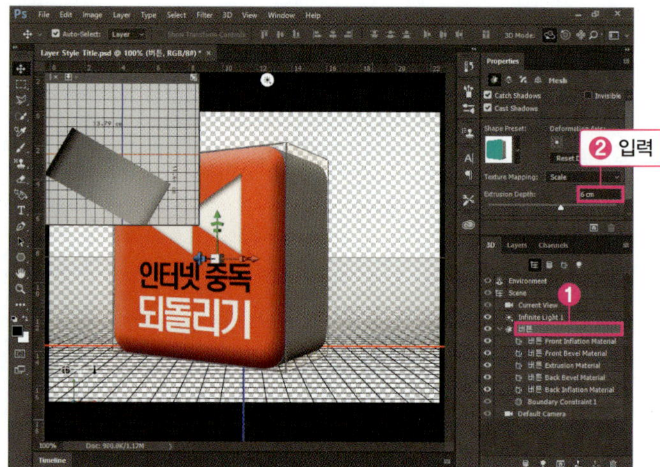

14 뒤쪽으로 돌출된 부분의 재질 색상을 앞쪽
과 맞추기 위해서 [3D] 패널의 '버튼 Extrusion
Material'을 선택하고, [Properties] 패널에서
[Materials]을 다음과 같이 설정합니다.

- [Diffuse] : '붉은색(R:100, G:10 B:10)'
- [Specular] : '분홍색(R:185, G:73 B:67)'
- [Illumination] : '갈색(R:68, G:33 B:31)'

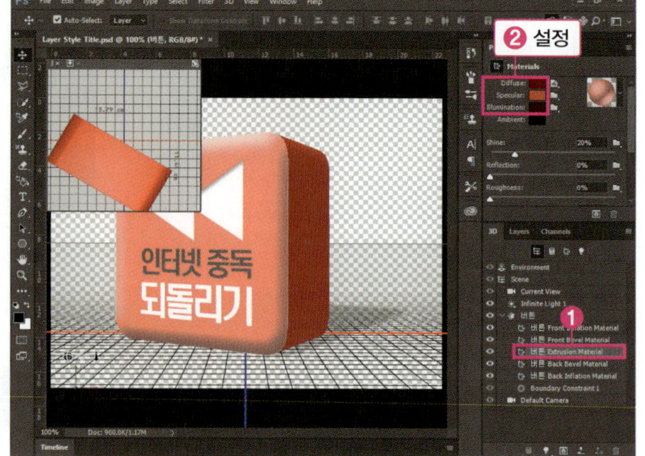

15 [3D] 패널의 'Infinite Light 1'을 선택한 후 [Properties] 패널에서 [Shadow] : [Softness]를 12% 정도로 변경하여 그림자를 부드럽게 만듭니다.

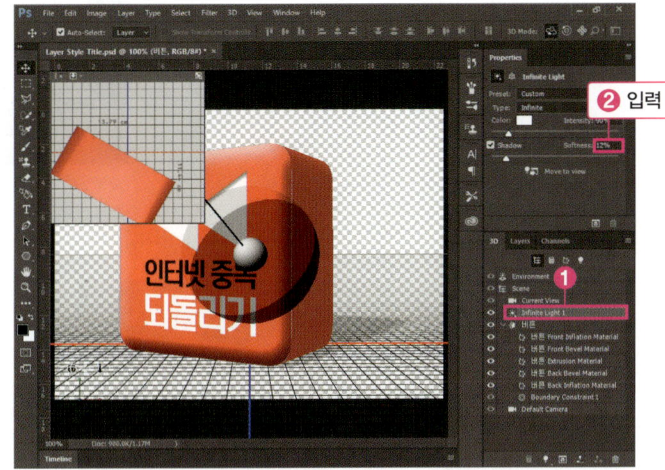

16 [Layers] 패널에서 [Create a new layer](□)를 클릭하여 새 레이어를 만들고, [Tools] 패널에서 [Gradient Tool]로 그림과 같이 회색의 그레이디언트 배경을 만듭니다.

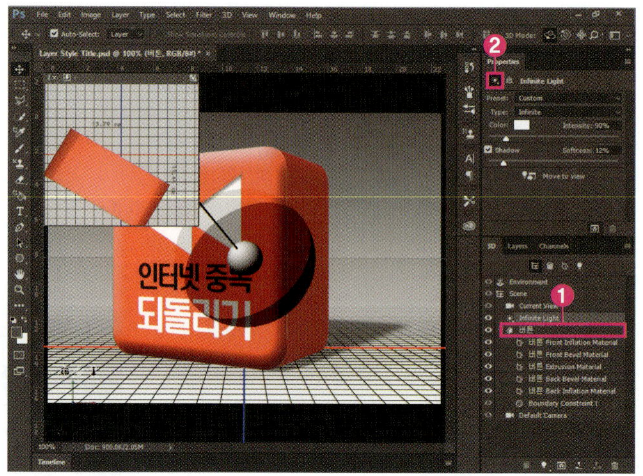

17 '버튼' 레이어를 선택하고, [Properties] 패널에서 [Render](⊡)를 클릭하여 3D 작업을 마무리합니다. Render 작업이 끝나면 이미지 파일을 저장합니다.

18 Bevel & Emboss 기능과 3D 기능을 이용하여 그림과 같은 3D 입체 이미지를 만들 수 있습니다.

불꽃 문자 테크닉

핵심내용

영상 효과에서 불꽃을 표현할 때, 애프터 이펙트의 특수효과를 사용하기도 하지만, 포토샵에서 이미지를 오버랩하여 표현할 수도 있습니다. 본 예제에서는 포토샵의 Wind 효과와 Gaussian Blur, 그리고 Hue/Saturation, Smudge Tool을 이용하여 다양한 형태의 불꽃을 만들어 보겠습니다.

핵심기능

Wind + Gaussian Blur + Hue/Saturation + Smudge Tool

Before

Wind + Gaussian Blur
+ Hue/Saturation
+ Smudge Tool

After

STORYBOARD

2012 DDL 극장 배경 애니메이션 작품 이미지 중 일부분

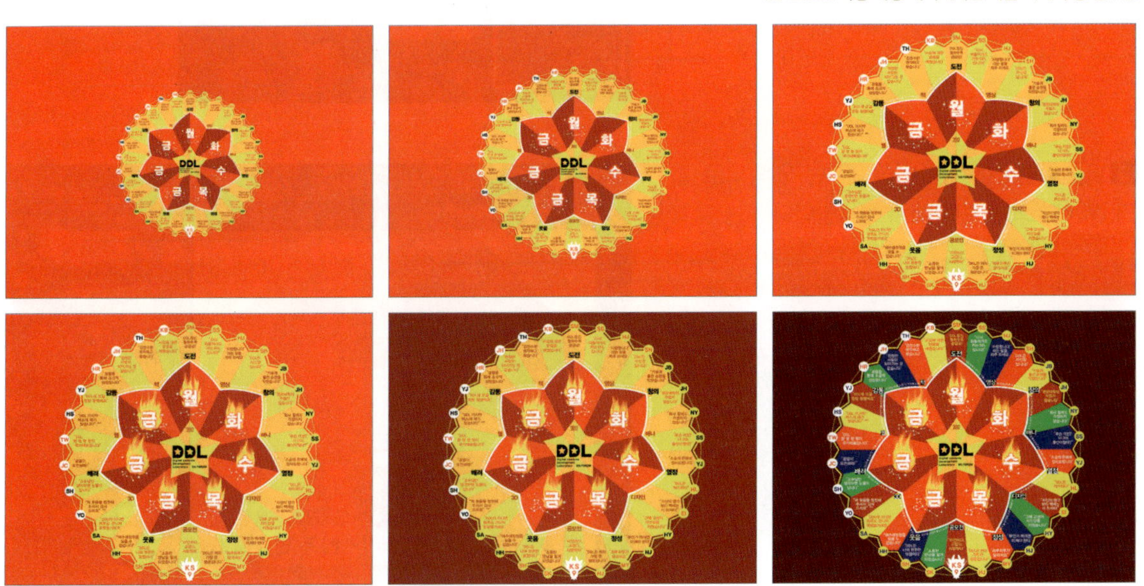

: **준비 파일** : Part 04 〉 Chapter 04 〉 Section 08 〉 DDL Symbol.psd   : **완성 파일** : Part 04 〉 Chapter 04 〉 Section 08 〉 Fire Title 완성.psd

1 [File] 〉 [Open](**Ctrl**+**O**) 메뉴를 클릭합
니다. [열기] 대화상자가 열리면 'DDL Symbol.
psd' 파일을 선택하고 [열기] 버튼을 클릭합니
다. **Ctrl**+**+**를 여러 번 눌러 화면을 확대하
여 '월' 문자가 화면의 중앙에 보이도록 합니다.
[Layers] 패널의 'Title 01' 레이어를 선택하고,
Ctrl+**J**를 눌러 레이어를 하나 더 복사합니
다. [Edit] 〉 [Transform] 〉 [Rotate 90° Counter
Clockwise] 메뉴를 클릭하여 복사한 레이어를
시계 반대 방향으로 90° 회전합니다.

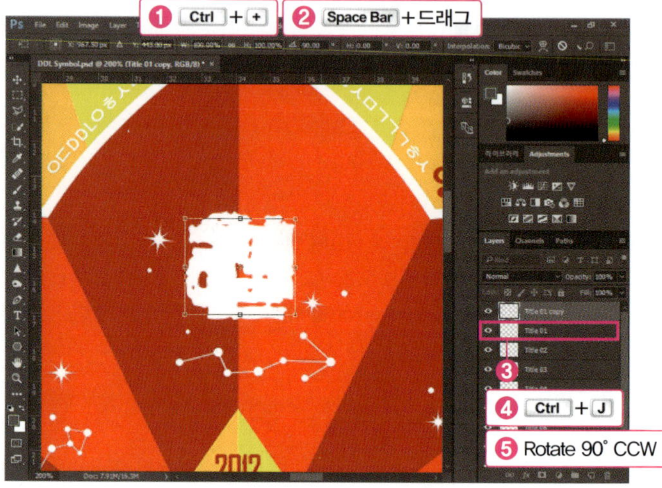

2 'Title 02 Copy' 레이어가 선택된 상태에서
필터 효과를 주기 위해서 [Filter] 〉 [Stylize] 〉
[Wind] 메뉴를 클릭합니다. 다음과 같이 설정한
후 [OK] 버튼을 클릭합니다.

• [Method] : 'Wind'
• [Direction] : 'From the Right'

> **바로 알기** Wind 효과
> 바람이 불어 이미지에 잔상이 생기는 효과입니다.
> Motion Blur 효과와 마찬가지로 속도감을 표현할
> 때 사용할 수 있습니다.

3 **Alt**+**Ctrl**+**F**를 두 번 연속으로 눌
러 Wind 효과를 반복해서 적용합니다.

TIP :: **Alt**+**Ctrl**+**F** : 마지막으로 실행한 필터 효과를
같은 설정으로 적용합니다. 포토샵 버전에 따라 단축키가 다
를 수 있습니다.(**Ctrl**+**F**)

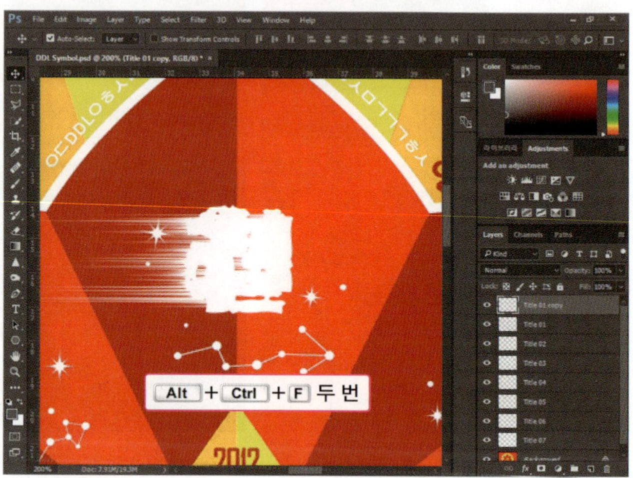

4 [Layers] 패널에서 'Title 01 copy' 레이어의 위치를 'Title 01' 레이어 아래로 옮긴 후 [Edit] 〉 [Transform] 〉 [Rotate 90° Clockwise] 메뉴를 클릭하여 원래 모양대로 되돌려 놓습니다. [Tools] 패널의 [Move Tool](✥)을 클릭하고, 방향키 ➡와 ⬆를 연속으로 눌러 원본 '월' 문자와 겹치도록 위치를 옮깁니다.

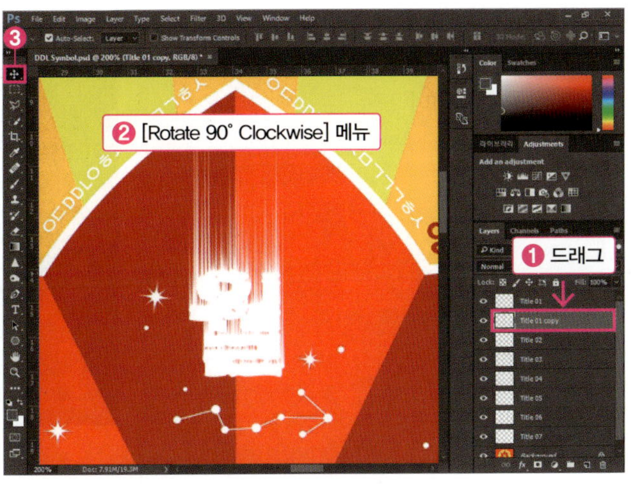

5 Wind 효과를 좀 더 부드럽게 만들기 위해서 [Filter] 〉 [Blur] 〉 [Gaussian Blur] 메뉴를 클릭합니다. [Gaussian Blur] 대화상자가 열리면 [Radius]를 '3' 정도로 설정한 후 [OK] 버튼을 눌러 Blur 효과를 적용합니다.

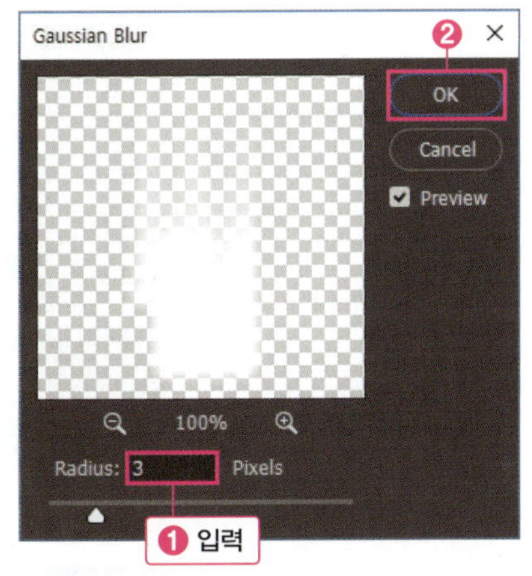

6 'Title 01 copy' 레이어가 선택된 상태에서 Ctrl + J 를 눌러 레이어를 복사합니다. 색상을 변경하기 위해서 [Image] 〉 [Adjustments] 〉 [Hue/Saturation](Ctrl + U) 메뉴를 클릭합니다.

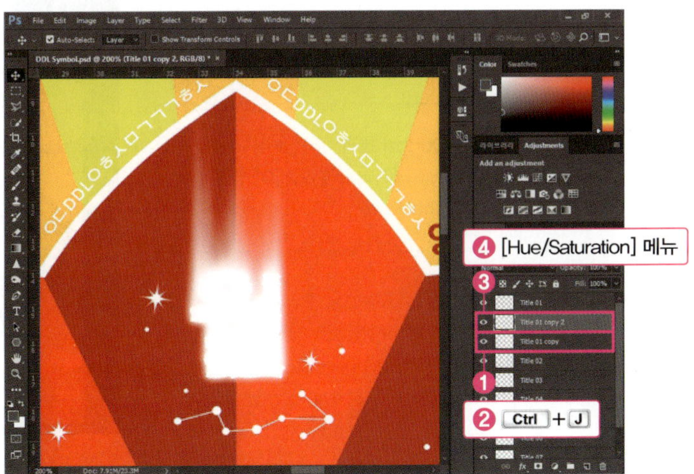

7 [Hue/Saturation] 대화상자가 열리면 [Colorize]를 체크하고, 다음과 같이 설정한 후 [OK] 버튼을 클릭합니다.

- [Hue] : '15'
- [Saturation] : '100'
- [Lightness] : '–45'

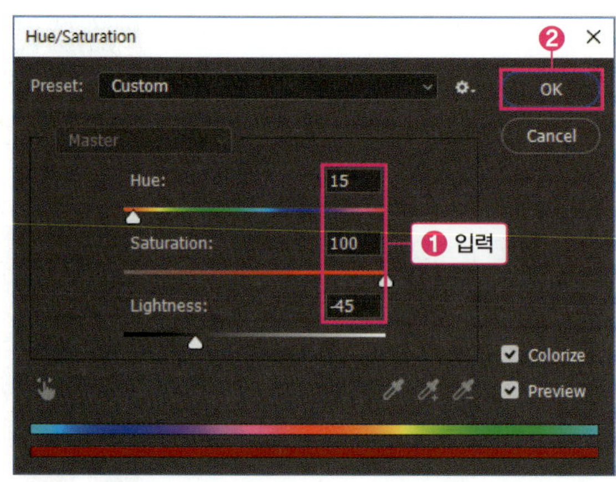

8 이어서 [Layers] 패널의 'Title 01 copy' 레이어를 선택합니다. [Image] 〉 [Adjustments] 〉 [Hue/Saturation](**Ctrl**+**U**) 메뉴를 클릭합니다. [Hue/Saturation] 대화상자가 열리면 [Colorize]를 체크하고 다음과 같이 설정한 후 [OK] 버튼을 클릭합니다.

- [Hue] : '45'
- [Saturation] : '100'
- [Lightness] : '–45'

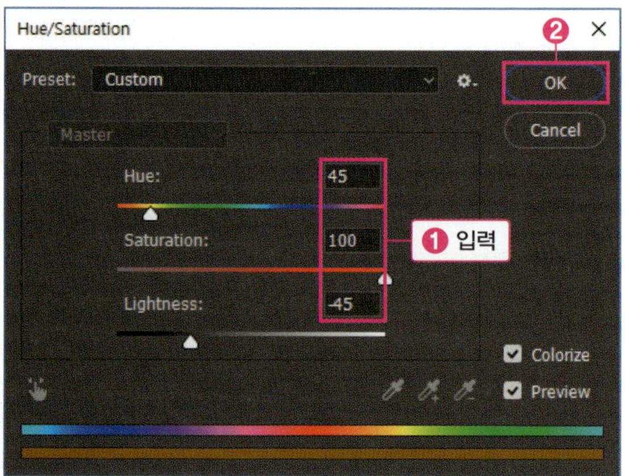

9 [Layers] 패널에서 'Title 01 copy 2' 레이어의 [Blending Mode]를 'Color Dodge'로 설정합니다.

> **바로 알기** Color Dodge 효과
> 밝은 색 부분을 아래 레이어와 혼합하여 명도와 대비를 강하게 만듭니다.

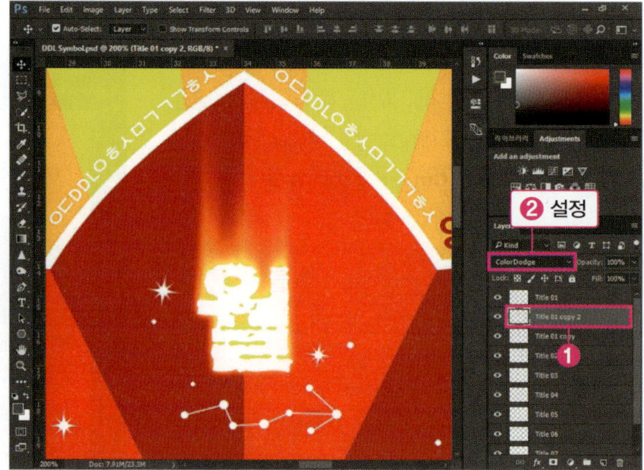

10 'Title 01 copy 2' 레이어가 선택된 상태에서
`Ctrl`+`E`를 눌러 'Title 01 copy' 레이어와 합
친 후 이름을 'Title 01 Fire'로 변경합니다. 다음
으로 레이어 스타일을 주기 위해서 'Title 01' 레
이어를 선택합니다.

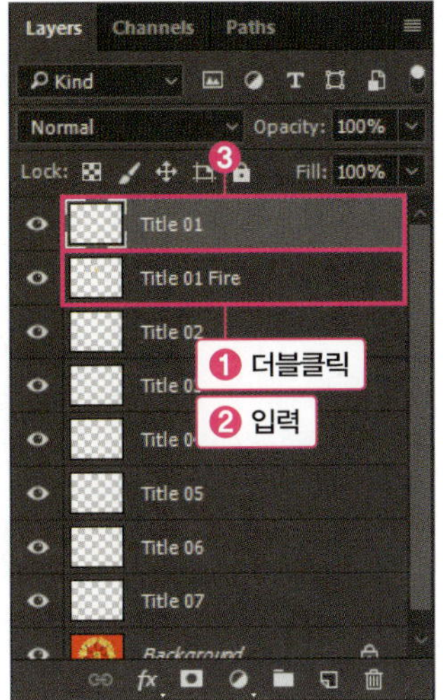

11 [Layer] 〉 [Layer Style] 〉 [Outer Glow] 메
뉴를 클릭합니다. [Layer Style] 대화상자가 열
리면 다음과 같이 설정한 후 [OK] 버튼을 클릭
합니다.

- [Structure]
  [Blend Mode] : 'Normal'
  [Opacity] : '75%'
  [Set Color of Glow] : '빨간색(#ff0000)'
- [Elements]
  [Spread] : '0%'
  [Size] : '15px'

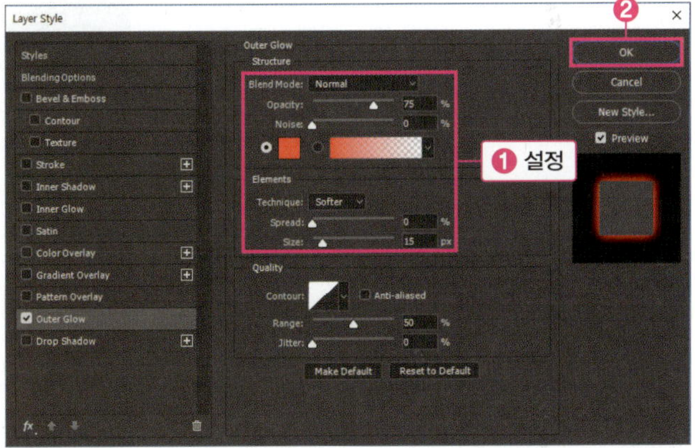

12 'Title 01' 레이어에 Outer Glow 효과가 적
용되어 문자가 선명하게 잘 보이는 것을 확인한
후 'Title 01 Fire' 레이어를 선택합니다. [Tools]
패널의 [Smudge Tool]( )을 클릭하고, 상단
옵션바의 [Brush Preset Picker]를 클릭하여 다
음과 같이 설정합니다.

- [Size] : '20 px'
- [Hardness] : '0%'
- [Mode] : 'Normal'
- [Strength] : '50%'

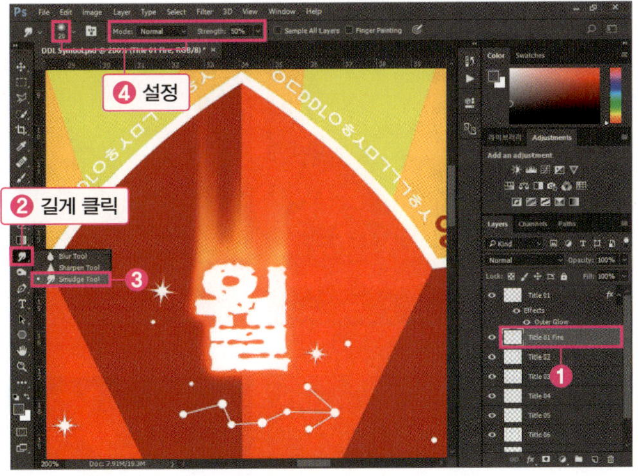

바로 알기 Smudge Tool 효과
드래그한 부분의 픽셀을 밀어서 다른 픽셀과 합성하는 툴로서 도화지의 물감을 손으로 문지르는 듯한 효과와 같습니다.

13 'Title 01 Fire' 레이어가 선택된 상태에서 안에서 바깥쪽으로 여러 번 드래그하여 불꽃 모양을 만듭니다.

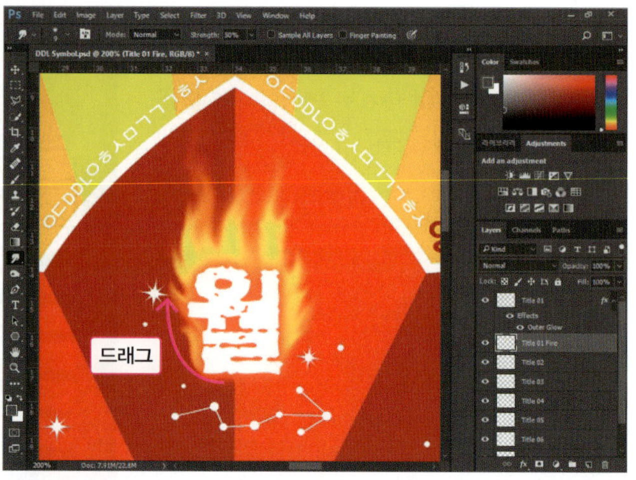

14 앞선 방법으로 나머지 문자에도 불꽃을 만들어 그림과 같이 이미지를 마무리합니다.

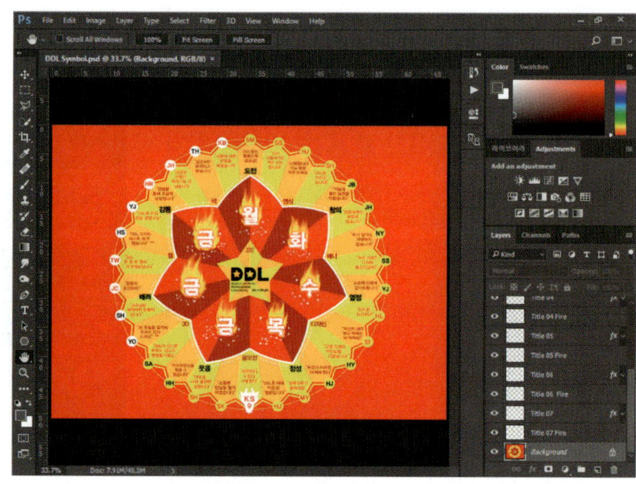

15 앞선 방법으로 불꽃 문자 이미지를 완성합니다.

Scene 01

Scene 02

Scene 03

Scene 04

Scene 05

Scene 06

가장 많이 사용하는 핵심 기능

PHOTOSHOP CC

이미지 합성, 레이어 스타일, 필터 효과

01 이미지 합성

Chapter 02 - Section 01

❶ **영역 선택하기 :** 이미지의 특정 부분을 '선택'하는 것으로써 모든 작업의 기초가 됩니다.
　• [Marquee Tool]/[Lasso Tool] : 선택 툴로 이미지의 특정 영역을 선택합니다.
　• [Magic Wand Tool]/[Quick Selection Tool] : 특정 영역(색상이 동일한 영역)을 자동으로 선택합니다.
　• [Pen Tool] : 자유 그리기 툴을 이용하여 특정 영역을 그리면서 선택합니다.

❷ **복사와 붙여 넣기 :** 선택된 영역을 복사, 붙여 넣기하여 두 개 이상의 이미지를 조합합니다.
　• [Copy] : 선택한 영역을 메모리에 복사합니다.
　• [Paste] : 메모리에 복사된 영역을 붙여 넣습니다.
　• [Free Transform] : 붙여 넣은 영역의 크기, 위치, 회전을 조절하여 배치합니다.

❸ **레이어 혼합하기 :** 조합된 두 개 이상의 레이어를 자연스럽게 혼합합니다.
　• [Blending Mode] : [Layers] 패널에서 위쪽 레이어의 [Blending Mode]를 바꿔 아래의 레이어와 혼합합니다.

※ 자주 사용하는 Blending Mode 정리
– [Multiply] : 두 개의 색상이 곱하여 표시되며, 어두운색은 더욱 어두워집니다.
– [Screen] : 어두운 부분은 투명하게 밝은 부분은 더 밝아집니다.
– [Overlay] : 밝은 부분은 Screen 모드로, 어두운 부분은 Multiply 모드로 적용합니다.

A(맥주) 선택

B(손) 선택

C(피부 재질) 혼합

A+B+C 이미지 합성

레이어를 선택하고, [Layer] 〉 [Layer Style] 메뉴를 클릭하거나 [Layers] 패널에서 해당 레이어를 더블클릭하여 효과를 적용합니다. 자주 사용하는 핵심 레이어 스타일은 다음과 같습니다.

❶ [Drop Shadow] 추가하기 : 레이어 뒤쪽에 그림자를 추가합니다.

❷ [Outer Glow] 추가하기 : 레이어 바깥 가장자리에서 나오는 광선을 추가합니다.

❸ [Bevel and Emboss] 추가하기 : 밝은 영역과 그림자를 다양하게 결합하여 레이어에 입체감을 줍니다.

Before

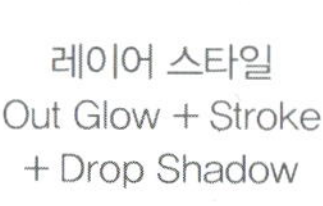

레이어 스타일
Out Glow + Stroke
+ Drop Shadow

After

❶ [Filter Gallery] 효과 적용하기 : 필터의 결과를 미리 확인하면서 효과를 적용할 수 있습니다.

❷ [Lens Correction] 효과 적용하기 : 렌즈로 인한 왜곡을 수정할 수 있습니다.

❸ [Liquify] 효과 적용하기 : 주로 인물 사진 보정에 사용하는 필터입니다.

Before

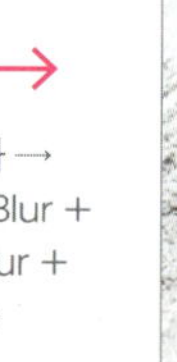

필터 효과 →
Gaussian Blur +
Motion Blur +
Noise

After

영상·디자인 콘텐츠 공모전 최多 도전 실무 노하우

프리미어 프로 &
애프터 이펙트 & 포토샵 CC

1판 1쇄 발행　2017년 12월 11일
1판 6쇄 발행　2021년 4월 22일

저　　자 | 김기범, 김경수
발 행 인 | 김길수
발 행 처 | (주)영진닷컴
주　　소 | (우)08507 서울특별시 금천구 가산디지털1로 128
　　　　　 STX-V타워 4층 401호
등　　록 | 2007. 4. 27. 제16-4189

©2017., 2021. (주)영진닷컴
ISBN | 978-89-314-5679-0

이 책에 실린 내용의 무단 전재 및 무단 복제를 금합니다.

도서문의처 | http://www.youngjin.com

YoungJin.com Y.
영진닷컴